민사피해구제법

홍 성 재

도서출판 대영문화사

머 리 말

민법은 이른바 판덱텐의 체계에 따라 재산권을 물권과 채권으로 준별하여 규율하고 있다. 이러한 규율방법은 '**경제적 생활관계**'의 차이가 아니라 '**법적 효과**'의 차이에 따른 것으로, '**이론과 실무의 괴리**' 발생을 초래하게 한다. 즉, 사람들로 하여금 현실의 생활관계를 법적 틀로 재구성하여 파악하도록 함으로써, 법적 생활경험이 부족한 사람들이 그에 따른 법개념이나 법제도의 틀을 이해하기란 쉽지 않게 된다. 가령, 하나의 물건에 대하여 채권적 지배와 물권적 지배가 충돌하는 경우에 원칙적으로 물권적 지배가 우선하는 법리를 잘 이해하지 못한다.

그렇다면 민법의 틀을 어떻게 이해하는 것이 바람직한가? 주지하듯이 민법은 재산관계와 가족관계를 규율대상으로 한다. 이 경우 재산관계를 규율하는 재산법은 우리 삶에 필요한 재화와 용역의 획득 내지 교환관계를 규율하는 계약법과 부동산이나 동산과 같은 물건에 대한 지배관계를 규율하는 물권법을 내용으로 한다. 또한 재산법은 사회생활을 하면서 권리 기타 법익의 침해로 인하여 발생하는 피해에 대한 구제법을 포함한다.

이렇게 보면, 재산법은 자기사무(**신상보호, 의식주에 필요한 재화와 용역의 획득, 획득한 재산의 관리**)의 처리에 관한 법이면서 권리 기타 법익의 침해로 인한 피해에 대한 구제법(**물권적 구제법, 채권적 구제법**)이라고 할 수 있다.

이 책은 민사적 피해구제법의 영역을 체계화한 것이다. 이 책은 기존의 체계서에서는 특별히 독립하여 서술하지 않았던 권리 기타 법익의 침해관계를 상정하고, 그로 인한 피해에 대한 구제법리의 체계화를 시도하였다. 즉, 민법상의 피해구제법리를 총론과 각론으로 구분하여, 총론부분에서는 물권적 피해구제방법과 채권적 피해구제방법에 대한 일반적인 법리를 서술하고, 각론부분에서는 권리 기타 법익의 침해 유형을 인격적 법익의 침해, 계약적 법익의 침해, 물건의 지배적 법익의 침해, 환경적 법익의 침해로 구분하여 그 각각에 대한 피해구제법리를 서술하였다. 이러한 서술 형태는 민법의 기능 내지 역할을 그 규율대상에 즉응하여 파악할 수 있도록 할 것이며, 법조인에게 실천적으로 요구되는 민사문제의 법적 해결능력을 기능적으로 습득할 수 있게 될 것이다.

대체로 민사적 피해구제와 관련하여 형사책임에 대응하는 개념으로 민사책임이라는 용어를 사용한다. 그리고 민사책임의 내용을 질서위반 상태를 회복시키는 채무불이행책임(계약책임)과 불법행위책임으로 파악하고 있다. 그런데 이 책은 질서위반 상태를 중지시키는 물권적 청구권과 질서위반 상태를 시정하는 강제이행제도를 포함하고 있다. 따라서 책의 제목을 민사책임을 포함하는 보다 넓은 범주를 내용으로 정할 필요가 있었다. 여기에서 책의 제목을 민사피해구제법으로 정하였다.

아무튼 이 책을 출간함에 있어서는 전체 체계와 아울러 논의 전개에 다양한 지적을 해 주신 충남대학교 강사 최영덕 박사의 도움이 컸다. 또한 법학교육을 위한 학제개편의 영향으로 법 이론서에 대한 수요가 감소함에 따라 출판계의 사정은 말할 수 없이 어렵다. 더구나 낯설은 책을 출간하는 것은 경영상 많은 어려움이 따르는 것으로 책에 대한 무한한 애정이 없으면 할 수 없는 일이다. 그럼에도 불구하고 책의 출간을 흔쾌히 들어 주신 대영문화사 임춘환 사장님의 후의와 배려에 감사드린다. 그리고 정재훈 과장님의 책에 대한 애정과 관심에 고마움을 전한다.

2017년 1월 1일
洪性載 씀

차　　례

제 1 편　민사피해구제법 총론

제 2 편 민사피해구제법 각론

제 1 편

민사피해구제법 총론

제 1 장 총 설

Ⅰ. 민법의 의의와 규율대상

1. 민법의 의의

민법은 실질적 의미로 사회공동생활의 질서유지를 위한 법규범의 일부로서, 개인 상호간의 경제적·가족적 생활관계를 규율대상으로 하는 사법의 일반법이다.[1] 즉, 민법은 개인적 법익을 실현하고 보호하는 사법으로서 사회적 국가적 법익을 보호하고 실현하기 위한 공법과 구별된다. 그리고 특정한 사람, 장소, 사항에 한정하지 않고 일반적으로 적용될 것이 예정되어 있는 일반법이다. 따라서 민사특별법이 있는 경우에는 민법은 적용되지 않고 특별법이 없거나 특별법에 특별한 규정이 없는 경우에 민법이 적용된다.

판례 ➡ 국·공유 잡종재산에 관한 관리·처분의 권한을 위임받은 기관이 국·공유 잡종재산을 대부하는 행위는 국가나 지방자치단체가 사경제 주체로서 상대방과 대등한 위치에서 행하는 사법상의 계약이고, 따라서 국·공유 잡종재산의 대부 등 권리관계에 대하여는 사법의 규정이 적용됨이 원칙이지만, 계약당사자의 일방이 국가나 지방자치단체이고 그 목적물이 국·공유 재산이라는 공적 특성때문에 국유재산법, 공유재산 및 물품관리법, 산림법 등 특별법의 규제를 받게 된다. 그런데 이 건 대부계약의 기간만료로 인한 종료와 관련하여서는 공유재산 및 물품관리법 등의 특별법에 이에 관한 아무런 규정이 없으므로, 이 건 대부계약의 기간만료로 인한 종료와 관련한 법적 효과에 관하여는 일반법인 민법의 규정이 적용되게 된다(2011다1231 판결).[2]

이러한 민법이 추구하는 기본가치로는 인격의 존중, 소유의 보장, 계약의 자유, 가족의 보호를 들 수 있다. 즉, 민법은 모든 사람을 인격자로 승인하고 모든 사람을 평등하게 다루며, 각 개인의 재산권과 자유로운 활동을 보장하는 것을 목적으로 한다. 그리하여 민법은 모든 사람에게 권리주체로서의 법적 지위를 부여함과 동시에 개인의 의사에 권리형성력을 부여하는 사적 자치의 원칙을 채택하고 있다.

[권리 주체의 법적 의미]

권리 주체가 된다는 것은 일반적으로 권리와 의무의 귀속 주체가 된다는 것을 의미하는데, 구체적으로는 '계약의 당사자'가 될 수 있고, 물건을 지배하면서 자기의 재산에 대한 '등기 또는 등록의 명의자'가 될 수 있다는 것이며, 권리구제를 위한 '소송의 당사자'가 될 수 있다는 법적 의미를 가진다.

---

* "이 책은 2014년도 하반기 공주대학교 학술연구지원사업의 연구지원에 의하여 작성되었다."

1) 형식적 의미의 민법은 1958년 2월 22일 법률 제471호로 제정·공포되고, 1960년 1월 1일부터 시행된 '민법'을 말한다.

2) 이 책에서는 판례를 인용하면서 인터넷검색에 필요한 판례번호만을 표기하기로 한다.

i) 계약의 당사자

사람은 계약을 체결하여 자기의 삶에 필요한 재화와 용역을 획득하거나 교환할 수 있다. 본래 의식주에 필요한 재화와 용역의 획득은 스스로 해결하여야 하고, 만약 다른 사람이 보유하고 있는 재화를 획득하거나 다른 사람의 기술과 재능을 제공받기 위해서는 그 사람의 동의, 즉 계약을 필요로 한다. 특히 상품경제 시대에 있어서는 먹고 사는데 필요한 것들을 자연으로부터 얻을 수는 없고, 대체로 다른 사람으로부터 얻거나 다른 사람이 가지고 있는 것과 교환하여야 한다. 이와 같이 다른 사람이 가지고 있는 재화와 용역을 얻기 위해서는 그 상대방과 계약을 체결해야 하는 것이다. 즉, 개인의 경제영역에서의 수요충족은 재화와 용역의 교환을 목적으로 하는 계약에 의하여 이루어진다.[3]

계약을 체결할 수 있는 당사자는 법적 주체인 사람(자연인과 법인) 뿐이다. 민법은 사람에게만 법적 주체로서의 지위를 인정하고 그 의사에 권리형성력을 부여하고 있다. 동물은 인지능력이 있다고 하더라도 법적 주체가 될 수 없다. 가령, 원숭이가 계약을 체결할 수 없는 것은 지적 능력이 낮기 때문이 아니고, 단순히 그 자격이 없기 때문이다. 즉, 아무리 지능이 높은 원숭이라도 계약의 주체가 될 수는 없다. 그래서 동물들은 스스로 먹을 것을 구하거나 사람에 의존하여 사람의 지배를 받으면서 살아가야 한다. 사람은 이제 막 태어난 어린아이처럼 지적 능력이 전혀 없다고 하더라도 친권자인 부모가 대리하여 다른 사람과 계약을 체결하여 그에 필요한 것을 얻을 수 있다. 가령, 어린아이가 감기에 걸려서 의사의 치료가 필요한 경우에 그 아이의 부모는 의사와 의료계약(제3자를 위한 계약)을 체결할 수도 있고, 부모는 아이를 대리하여 아이의 이름으로 의사와 의료계약을 체결하여 치료를 받도록 할 수 있다. 마찬가지로 아이에게 필요한 것들을 가게에서 사는 경우에도 위와 같이 제3자를 위한 계약을 체결하거나 부모가 대리하여 아이의 이름으로 매매계약 등을 체결할 수 있다. 제3자를 위한 계약을 체결하는 경우에 계약의 당사자는 부모이고, 부모가 대리하는 경우에 계약의 당사자는 어린아이가 된다.

ii) 재산의 관리자

사람은 동산이나 부동산에 대한 지배자가 될 수 있으며, 특히 부동산권리(예, 소유권)에 대한 등기명의자가 될 수 있다. 자기 명의로 토지나 건물의 소유권 등의 권리를 등기할 수 있다(부동산등기법 제23조 제1항 및 제26조 참조). 물건을 지배한다는 것은 해당 물건을 보존, 사용, 수익, 개량, 처분 등의 행위를 하는 것을 말한다. 보존은 물건의 가치를 유지시키거나 훼손된 가치를 회복시키는 행위를 의미하고, 사용은 물건의 용법대로 이용하는 것이고, 수익은 물건을 사용하여 경제적 이익을 얻는 것을 말한다. 그리고 개량은 물건의 성질을 변하게 하지 않는 범위에서 물건의 가치를 증대시키는 것을 말하고, 처분은 물건의 가치를 감소시키는 것을 의미한다. 가령, 4대강 사업은 강(江)의 가치를 보존시키는 것인지, 혹은 개량하는 것인지, 아니면 강의 가치를 훼손시키는 것인지를 둘러싸고 논의가 분분하다.

아무튼 민법은 물건에 대한 지배관계를 물권적 지배와 채권적 지배로 준별하여 규율한다. 물권적 지배는 물건을 직접 지배하며, 일물일권주의가 적용되고, 절대적이고 배타적 권리의 성질을 가진다. 그리고 채권적 지배는 물건을 채무자를 통해 간접적으로 지배하며 상대적 성질을 가진다. 가령, 민법은 전세권자의 전세목적물에 대한 지배를 물권적 지배로 규율하고, 임차권자의 임대목적물에 대한 지배는 채권적 지배로 규율한다.

이처럼 물권은 채권과 달리 배타성과 절대성이 있기 때문에 어떤 물건에 대하여 어떠한 내용의 권리가 존재하는지, 권리자는 누구인지, 또 물권변동이 있는 경우에 이를 대외적으로 표상할 것이 요청

---

3) 지원림, 민법강의, Rn. 5-2.

된다. 물권의 존재 또는 변동에 일정한 공시방법이 요구되는 것이다. 이를 공시의 원칙이라 한다. 만약 물권의 내용과 변동을 어떠한 방법에 의하든 표상하여 외부적으로 인식할 수 있게 하지 않으면 일반 제3자에게 불측의 손해를 줄 염려가 있고 나아가 거래의 안전을 해친다. 가령, 갑 소유의 부동산에 관하여 을이 저당권을 가지고 있는 경우에, 그 저당권을 공시하지 않으면 갑과 거래관계에 들어간 병이 을의 저당권의 실행으로 불측의 손해를 입게 된다. 물권은 채권에 우선하는 효력이 있고, 물권 상호간에는 선순위원칙이 적용되기 때문이다.

부동산물권의 공시방법은 등기이다. 그리고 이러한 등기의 명의인은 자연인이나 법인 또는 적어도 부동산등기법 제26조 소정의 등기능력자이어야 한다. 그러므로 허무인(虛無人) 명의의 등기는 무효이고 사자(死者)와 이미 소멸한 법인명의의 등기도 무효이다. 다만, 사망자를 등기의무자로 하여 경료된 등기라도 그의 상속인들의 의사에 따라 이루어진 것이라면 실체상 권리관계에 합치되는 유효한 등기로 될 수 있다. 가령, 아버지가 사망하기 전에 그가 소유하는 토지를 갑에게 팔기로 하는 매매계약을 체결하고 매매대금을 모두 수령하였으나, 갑의 명의로 소유권이전등기를 해 주지 못하고 사망하게 되었는데, 그 상속인이 사망한 아버지의 이름으로 등기를 신청하여 소유권이전등기가 이루어진 경우를 들 수 있다. 그리고 경상북도 예천군에 '석송령'이라는 소나무가 있는데, 그 소나무 명의로 토지에 대한 등기가 존재하고, 그 소나무 명의의 장학재단이 있다. 문제는 그 소나무 명의로 된 토지소유권등기가 유효한가에 있다. 그런데 부동산등기법상 법인 아닌 단체도 등기명의자가 될 수 있다. 따라서 그 등기상의 명의가 소나무라는 '석송령'으로 등기되어 있어도, 그 때의 소나무는 식물의 이름을 지칭하는 것이 아니라 법인 아닌 재단을 지칭하는 것으로 볼 수 있다면, 그 명의의 등기를 유효한 것으로 볼 수 있다고 할 것이다.

iii) 소송의 당사자

사람은 권리구제를 위한 소송의 당사자가 될 수 있다(민사소송법 제51조, 제52조). 즉, 사회생활을 하면서 손해를 입은 경우에 피해자는 원고가 되어 가해자를 상대로 피해구제를 받을 수 있다. 가령, 자동차 운전자의 부주의로 사고가 나서 그 자동차에 치인 행인이 사망했다고 하자. 이 경우 사망한 행인의 상속인은 자동차 운전자 또는 그 자동차의 운행자를 상대로 행인의 사망으로 인한 손해를 금전으로 환산해서 배상을 청구할 수 있다. 이 경우 손해에는 재산적 손해와 정신적 손해가 포함된다. 또한 이 경우 행인의 직계혈족과 배우자는 간접피해자로서 가해자를 상대로 위자료의 배상을 청구할 수 있다. 하지만, 사람이 아닌 동물은 아무리 피해가 크더라도 그 피해구제를 위한 소송의 당사자가 될 수 없다. 법원은 도롱뇽(2004마1148, 1149 결정)이나 검은머리물떼새 혹은 개와 같은 동물은 권리구제를 위한 소송의 당사자가 될 수 없다고 한다. 가령, 반려견이 행인의 가해행위로 상해를 입었더라도 그 반려견은 가해자인 행인을 상대로 손해배상을 청구할 수는 없다. 이 경우 반려견의 소유자가 소유권 침해를 이유로 행인에 대하여 손해배상을 청구할 수 있을 뿐이다. 대법원은 개 주인으로부터 위탁받은 애완견 2마리를 수탁자의 직원이 유기견으로 오인하여 안락사시킨 사건에서, "동물의 생명보호, 안전보장 및 복지증진을 꾀하고 동물의 생명존중 등 국민의 정서를 함양하는 데에 이바지함을 목적으로 한 동물보호법의 입법취지나 그 규정 내용 등을 고려하더라도, 민법이나 그 밖의 법률에 동물에 대하여 권리능력을 인정하는 규정이 없고 이를 인정하는 관습법도 존재하지 아니하므로, 동물 자체가 위자료청구권의 귀속주체가 된다고 할 수 없다. 그리고 이는 그 동물이 애완견 등 이른바 반려동물이라고 하더라도 달리 볼 수 없다"(2012다118594판결)고 판시하면서, 개 주인의 위자료청구는 인정하였으나, 안락사 당한 개 2마리 자체의 위자료 청구 부분은 인정하지 아니하였다.

2. 민법의 규율대상

(1) 민법은 경제적 생활관계인 재산관계와 가족적 생활관계인 가족관계를 그 규율대상으로 한다.

(2) 우선 재산관계는 다음의 세 가지 관계를 내용으로 한다. 예를 들어, A와 B라고 하는 사람이 각각 자신의 재산인 부동산과 금전을 보유하고 있고, C는 A와 B 또는 그들의 재산에 대하여 침해행위를 행한 자인 경우를 보자.

① 위의 경우에 3 당사자 관계로 나타나는 모델적 상황을 상정할 때, 규율의 필요가 있는 관계는 다음과 같다.

i) A, B 사이의 약속관계 ii) A, B와 그 소유하는 부동산 및 금전에 대한 지배관계 iii) A, B에 대한 가해자 C의 침해관계

② i)의 약속관계 중에서 법적 구속관계를 계약관계라 한다. A와 B 사이에 계약이 성립하게 되면 A는 B에 대하여 일정한 권리를 취득한다. 반면에 B는 A에 대하여 일정한 의무를 부담하게 된다. 이에 대하여 단순한 약속관계는 인간관계로서 이를 어기더라도 상대방은 법적 책임을 물을 수 없다. 단순한 약속관계인지 계약관계인지는 당사자의 의사해석에 의하여 결정하여야 한다.

판례 ➡ 어떠한 의무를 부담하는 내용의 기재가 있는 문면에 "최대한 노력하겠습니다"라고 기재되어 있는 경우, 특별한 사정이 없는 한 당사자가 위와 같은 문구를 기재한 객관적인 의미는 문면 그 자체로 볼 때 그러한 의무를 법적으로는 부담할 수 없지만 사정이 허락하는 한 그 이행을 사실상 하겠다는 취지로 해석함이 상당하다(93다32668 판결).

특히 민법은 계약상의 권리관계를 채권관계로 규율한다. 채권은 대인적·상대적인 권리로서 원칙적으로 채무자에 대해서만 행사할 수 있다. 채권의 효력으로 채권자는 채무자에 대하여 채무의 이행을 청구할 수 있으며, 만약 채무자가 계약상의 의무를 이행하지 않은 때에는 강제이행, 손해배상, 계약의 해제권을 행사하여 피해를 구제받을 수 있다.

ii)는 지배관계인데, A와 B의 부동산과 금전에 대한 사실상의 지배, 즉 점유가 성립하게 되면, 그 점유자에게 점유권이 인정되고 나아가 그 물건에 대한 완전한 지배권으로서 소유권이 인정되면, 민법은 이를 중심으로 제한물권으로서 용익물권과 담보물권을 형성할 수 있도록 한다.

판례 ➡ 어떠한 물건에 대한 소유권과 다른 물권이 동일한 사람에게 귀속한 경우 그 제한물권은 혼동에 의하여 소멸하는 것이 원칙이지만, 본인 또는 제3자의 이익을 위하여 그 제한물권을 존속시킬 필요가 있다고 인정되는 경우에는 혼동으로 소멸하지 않는다(2012마745 결정 등).

이와 같이 민법은 물건에 대한 지배관계를 물권관계로 규율하고 있다.[4] 상대적인 권리인 채권과는 달리 물권은 절대적이고 배타적인 권리로서 누구에게나 주장할 수 있다. 따라서 누구든지 물권자의 지배권을 침해하는 경우 불법행위가 성립할 수 있다.

iii)은 침해관계로서, C의 가해행위로 인하여 인격적 법익(생명, 신체, 자유, 명예 등의 법익)이나 재산적 법익(계약적 법익이나 물건의 지배법익)을 침해받은 A 또는 B는 그 피해를 구제받아야 한다. 가령, 이 경우 물건의 지배법익이 침해받은 경우에 민법은 그 구제방법을 크게 2가지 경우로 나누어 규율한다.

하나는 물건을 침탈당한 때에 그 물건을 그대로 반환시키는 경우인데, 민법은 이를 물권의 효력으로 규율하고 있다. 즉, 물권자는 물권을 침해 내지 방해받거나 받을 염려가 있는 경우에는 물권적 청구권을 행사하여 그 침해 내지 방해를 배제할 수 있다.

다른 하나는 물건이 손괴되어 물건을 반환시킬 수 없다든가 과실이 있는 경우에 금전으로 손해의 배상을 하도록 하는 경우이다. 민법은 이 경우 손해의 전보는 불법행위 내지 부당이득의 법리에 의하도록 하며, 이들을 계약상의 권리관계와 마찬가지로 채권관계로서 규율한다.

판례 ➡ 소유권에 기한 방해배제청구권에 있어서 '방해'라 함은 현재에도 지속되고 있는 침해를 의미하고, 법익 침해가 과거에 일어나서 이미 종결된 경우에 해당하는 '손해'의 개념과는 다르다 할 것이어서, 소유권에 기한 방해배제청구권은 방해결과의 제거를 내용으로 하는 것이 되어서는 아니되며(이는 손해배상의 영역에 해당한다 할 것이다) 현재 계속되고 있는 방해의 원인을 제거하는 것을 내용으로 한다(2003다5917 판결). 따라서 현재 계속되고 있는 방해의 원인을 제거하는 방해배제청구와 이미 발생한 방해결과의 제거 또는 청산을 내용으로 하는 부당이득 또는 손해배상 등의 금전청구는 그 요건을 달리하는 별개의 청구이다(2009다3494, 3500 판결).

(3) 그리고 가족관계는 사람의 혼인·출생·사망으로 인하여 발생하는 혼인관계·친자관계·상속관계를 그 내용으로 한다. 가족관계에는 혼인과 출생에 의해서 이루어지는 인간관계로서 친족관계를 포함한다.

Ⅱ. 재산관계의 규율방법

재산관계는 타인과의 약속, 물건에 대한 지배, 타인의 권리 기타 법익의 침해를 원인으로 형

4) 물론 임대차나 사용대차와 같이 물건에 대한 지배관계를 채권관계로 규율하는 경우도 있다.

성된다. 민법은 이러한 재산관계를 채권관계와 물권관계로 준별하여 규율하고 있다. 즉, 재산권을 채권과 물권으로 나누어 양자를 대립시키고 있다.

1. 채권과 물권의 준별

(1) **채권**은 채무자에 대하여 '일정한 행위'를 요구할 수 있는 권리를 말한다. 즉, 채권은 특정인에 대하여 '일정한 행위'를 청구하는 것을 내용으로 하는 청구권이라 할 수 있다. 이 경우 '일정한 행위'를 급부라고 한다. 여기에서 채권은 채권자가 채무자에게 급부를 요구할 수 있는 권리라고 할 수 있는데, 이러한 채권은 계약, 사무관리, 부당이득, 불법행위를 원인으로 하여 발생한다.

채권의 목적인 급부는 금전으로 산정할 수 없는 것이라도 상관 없다(민법 제373조).[5] 급부는 대체로 내용상 '하는 급부'와 '주는 급부'로 구별할 수 있으며, 채권에 대응하여 채무자가 부담하는 급부의무를 채무라고 한다.

'하는 급부'는 작위・부작위 채무를 포함하고, 대체적 채무와 불대체적 채무로 구별된다. 그리고 판례는 '하는 급부'를 내용으로 하는 채무를 결과채무와 수단채무로 구별하기도 한다. 결과채무는 급부의 내용이 일정한 결과를 실현하는 데 있는 채무를 말하고, 수단채무는 채무의 이행을 위하여 최선을 다하는 것을 급부의 내용으로 하는 채무를 말한다.

> 가령, 부동산 매도인의 재산권이전의무는 결과채무로서 등기서류의 교부만으로 그 급부의무를 다한 것이 아니고 매수인 명의로 등기가 경료되어야 급부의무가 소멸한다(65다1367 판결, 91다6368 판결, 91다12349 판결 참조). 이에 대하여 의사가 환자에게 부담하는 진료채무는 질병의 치료와 같은 결과를 반드시 달성해야 할 결과채무가 아니라 환자의 치유를 위하여 선량한 관리자의 주의의무를 가지고 현재의 의학 수준에 비추어 필요하고 적절한 진료 조치를 다해야 할 채무, 즉 수단채무이다(85다카1491 판결, 92다15031 판결, 2001다52568 판결).

'주는 급부'는 물건과 금전의 인도를 내용으로 하며, 특정물채무와 종류물채무로 나뉜다. 특히 특정물채무자는 선관주의의무를 부담하며(제374조) 변제장소에 관한 지참채무의 원칙에 대한 예외가 인정된다(제467조 제1항).

이러한 채권은 채무자의 행위를 매개로 하여 비로소 이익을 향유할 수 있다는 점에서 채권자의 이익향유는 간접적이다.

(2) 반면에 **물권**은 그 객체인 물건에 대한 지배권으로서, 타인의 행위를 개입함이 없이 객체를 직접 지배하여 그 권리를 실현할 수 있다. 물권의 객체로서 물건이기 위해서는 그 대상이 특정되어야 한다. 집합물도 장소, 수량, 종류 등에 의해 특정할 수 있으면 물권의 객체로 될 수 있지만 불특정물에는 물권이 성립할 수 없다. 그리고 물권의 객체는 현존하는 것이어야 하므로 장래 생겨날 물건에 대해서는 물권이 성립할 수 없다. 또한 물권의 객체로서 물건은 독립성이 인

---

5) 이하 특별한 표시가 없으면 민법의 조항을 가리킨다.

정되어야 한다.

판례➡ 건물의 신축공사를 한 수급인이 그 건물을 점유하고 있고 또 그 건물에 관하여 생긴 공사금 채권이 있다면, 수급인은 그 채권을 변제받을 때까지 건물을 유치할 권리가 있는 것이지만(95다16202, 16219 판결), 건물의 신축공사를 도급받은 수급인이 사회통념상 독립한 건물이라고 볼 수 없는 정착물을 토지에 설치한 상태에서 공사가 중단된 경우에 위 **정착물은 토지의 부합물에 불과하여 이러한 정착물에 대하여 유치권을 행사할 수 없는 것**이고, 또한 공사중단시까지 발생한 공사금 채권은 토지에 관하여 생긴 것이 아니므로 위 공사금 채권에 기하여 토지에 대하여 유치권을 행사할 수도 없는 것이다(2007마98 결정).

그리고 지배란 물건을 보존·이용 내지 사용·수익·개량·처분하는 것을 그 내용으로 한다. 물건에 대한 지배관계는 채권적 지배와 물권적 지배로 준별하고, 물권적 지배는 다시 사실상의 지배와 법률상의 지배로 구분하여 규율한다. 법률상의 지배관계 중에서 물건을 완전하게 지배할 수 있는 권리를 소유권이라 한다. 즉, 소유권은 물건을 배타적으로 지배하는 권리로서 대세적 효력이 있고, 누구의 개입 없이 직접 사용, 수익, 처분 등의 권능을 그 내용으로 하는 혼일적 권리에 해당한다(제211조). 따라서 처분권능이 없거나(2009다105215 판결), 사용·수익권능이 없는 소유권은 인정될 수 없다(2009다228, 235 판결).

판례➡ 소유권은 외계물자의 배타적 지배를 규율하는 기본적 법질서에서 그 기초를 이루는 권리로서 대세적 효력이 있으므로, 그에 관한 법률관계는 이해당사자들이 이를 쉽사리 인식할 수 있도록 명확하게 정하여져야 한다. 그런데 소유권의 핵심적 권능에 속하는 사용·수익의 권능이 소유자에 의하여 대세적으로 유효하게 포기될 수 있다고 하면, 이는 결국 처분권능만이 남는 민법이 알지 못하는 새로운 유형의 소유권을 창출하는 것으로서, 객체에 대한 전면적 지배권인 소유권을 핵심으로 하여 구축된 물권법의 체계를 현저히 교란하게 된다. 그리하여 토지의 소유권자가 그 토지에 관한 사용수익권을 점유자에 대한 관계에서 채권적으로 '포기'하였다고 하여도, 그것이 점유자의 사용·수익을 일시적으로 인정하는 취지라면, 이는 사용대차의 계약관계에 다름아니다. 그렇다면 사용대주인 소유권자는 계약관계의 해지 기타 그 종료를 내세워 토지의 반환 및 그 원상회복으로서의 건물의 철거(제615조)를 청구할 수 있다. 그러므로 사용수익권의 채권적 포기를 이유로 위 청구들이 배척되려면, 그 포기가 일시적인 것이 아닌 영구적인 것이어야 한다(2009다228, 235 판결).

그러나 물건에 대한 권리는 소유권만으로는 불편하다. 그래서 민법은 가령, 토지를 단순히 이용만 할 수 있는 물권의 설정도 가능하도록 하고 있다. 지상권이라든가 지역권 및 전세권이 그것이다. 즉, 용익물권은 부동산만을 그 객체로 하여 목적부동산을 점유하여 사용·수익할 수 있으나 목적물의 처분권은 인정되지 않는다.

또한 소유권의 권능에는 물건의 가치를 파악하는 권리가 있다. 그래서 민법은 물건을 이용하지 않고 이러한 처분권능만을 파악하는 물권의 설정도 가능하도록 하고 있다. 이것도 역시 소유권의 권능의 일부분만을 내용으로 하는 권리로서 담보물권이라 한다. 이에는 유치권이라든가 질권 및 저당권이 있다. 가령, 저당권자는 저당부동산을 점유하여 사용·수익할 수 없고, 다만 채무자가 변제기에 변제하지 않으면 저당부동산을 현금화하여 그 대금으로부터 다른 채권자에 우선하여 피담보채권의 변제를 받을 수 있다. 그런데 전세권자는 전세기간 동안 전세목적물을 사용·수익할 수 있을 뿐 아니라 전세금의 반환에 관하여 전세부동산에 대하여 우선변제권이 인정된다(제303조).

2. 채권과 물권의 법적 성질

(1) **채권**은 다양성, 평등성, 상대성을 가진다. 채권관계의 형성은 원칙적으로 사적 자치의 원칙상 '선량한 풍속 기타 사회질서'에 위반하지 않는 한 당사자에게 일임되어 있다. 따라서 채권의 내용은 다양성을 가지며, 그 발생의 선후에 관계없이 모든 채권자의 채권은 평등하게 다루어진다.

그리고 채권은 물권과 달리 배타성이 인정되지 않으므로 같은 채무자에 대하여 동일한 내용의 채권이 병존할 수 있다. 즉, 동일한 채무자에 대하여 같은 내용의 채권을 가진 채권자가 여럿일 수 있다. 또한 채권은 대인적인 권리로서 원칙적으로 채무자에 대해서만 권리를 주장하고 행사할 수 있는 상대성을 가진다. 가령, 임대차 등 채권계약에 터잡은 통행권은 지역권과 같이 물권적 효력이 있는 것이 아니고 채권적 효력만 갖는 것이므로, 계약을 체결한 상대방에 대해서만 통행권을 주장할 수 있고, 토지 자체를 지배하는 효력이 없을 뿐만 아니라 당사자가 변경되면 승계인에 대하여 통행권을 주장할 수 없다(92다30528 판결). 따라서 채무자 이외의 제3자는 채권자에 대하여 어떠한 법률상의 의무를 부담하지 않는다. 그리하여 제3자가 채권을 침해한 경우라도 고의로 침해한 경우가 아닌 한 불법행위책임을 지지 않는다(2005다25021 판결). 그리고 채권자는 제3자의 채권침해에 대하여 방해배제청구권을 행사할 수 없다는 입장이 일반적이다(80다1362판결).

물론 계약의 당사자는 제3자를 위한 계약을 통해서 급부청구권을 제3자에게 귀속시킬 수 있으며(제539조), 채권자는 자기 채권의 보전을 위하여 채무자의 권리를 행사할 수 있고(채권자대위권 제404-405조), 또 모든 채권자들의 이익을 위하여 사해행위(채권자를 해(害)함을 알고 행한 재산적 법률행위)를 취소하고 그 원상회복을 법원에 청구할 수 있다(채권자취소권 제406-407조).

한편 채권은 채무자에 대하여 급부를 청구할 수 있는 권리로서, 채권에는 **청구력**이 인정된다. 이 경우 청구력은 재판 외에서 청구할 수 있는 효력이다. 채권자가 청구력을 행사할 수 있는 시기는 원칙적으로 변제기가 도래한 때이다. 물론 채무자가 기한의 이익을 포기하거나 상실한 때(제153조 제2항, 제388조)에는 이행기가 도래하지 않았더라도 청구력을 가진다. 유의할 것은 위와 같이 채권자에게 청구력이 인정된다고 해도 채무자에 대하여 채무의 이행을 청구할 수 있을 뿐이지, 자력으로 채무이행의 효과를 거둘 수는 없다는 점이다.

그리고 채권자는 **급부보유력**을 가진다. 즉, 채권에는 채무자가 급부를 이행하는 행위가 있는 경우에 그것을 수령하고 적법하게 보유하는 효력인 급부보유력이 있다. 이와 같이 급부보유력이 있기 때문에 채권자가 채무자로부터 수령한 급부를 보유하는 것은 적법하고 부당이득이 되지 않는다. 물론 이는 채무자에 대해서만 상대적으로 그렇다. 가령, 매도인이 타인 소유의 부동산을 인도한 경우에 매수인은 매도인에 대해서는 급부보유력이 있지만, 부동산 소유자에 대해서는 급부보유력이 없어 소유자의 반환청구에 응해야 한다(제463조 참조).

또한 법질서는 원칙적으로 자력구제를 금지(예외, 제209조)하는 대신에, 채권자에게 채무자에 대한 그의 채권을 '국가의 도움을 받아 실현할 수 있는 가능성'을 부여하고 있다. 즉, 채권자는 채무자가 채무(급부의무)를 이행하지 않는 경우에 그의 채권을 소구(訴求)하여(**소구력**), 그리고 그 소를 인용한 판결에 기하여 채무자에 대하여 강제이행을 요구하여(**집행력**) 채권의 만족을 받을 수 있다. 이처럼 법률은 채권에 채무의 내용실현을 강제하는 힘을 부여하고 있는데(제389조), 이는 채무자의 재산을 강제집행하는 방법으로 행하여진다. 물론 강제집행을 하려면 먼저 채권자는 이행판결(확정판결 또는 가집행선고 있는 종국판결) 기타 집행권원을 얻어야 한다.

(2) **물권**은 절대적 배타적 성질을 가지는 권리이다. 즉, 물권은 대물적이고 절대적인 권리인 바 물권자는 모든 사람에 대하여 자기의 권리를 주장할 수 있다. 따라서 다른 사람들은 물권자의 권리를 침해 내지 방해하지 않을 의무를 부담한다. 그리하여 물권에 대한 침해행위는 불법행위를 구성하게 되는 바 물권자는 침해자에 대하여 손해배상을 청구할 수 있다.

이러한 점에서 민법은 법률 또는 관습법이 인정하는 종류 및 내용과 다른 물권을 당사자가 임의로 창설할 수 없도록 하고 있다(제185조). 즉, 채권과는 달리 물권에는 그 법정주의가 인정되고 있는 것이다. 민법은 이른바 **물권법정주의**를 채택하고 있다. 물론 채권도 등기하면 제3자에 대하여 대항할 수 있다(제592조, 제621조). 그렇다고 채권의 성질이 물권으로 전환되는 것은 아니다(2004다69741 판결).

한편 물권은 물건을 직접적・배타적・절대적으로 지배할 수 있는 권리로서, 물건에 대한 보존, 사용, 수익, 개량, 처분의 권능을 내용으로 한다. 다만, 점유권자는 물건을 사실상 지배할 뿐이고 물건에 대한 사용・수익・처분의 권능은 없다. 그리고 용익물권자는 처분권능이 없고, 담보물권자는 용익권능이 없다. 이러한 물권에는 우선적 효력이 인정되며, 그 실효성을 보장하기 위하여 물권적 청구권이 인정된다. 물권은 배타적인 성질이 있는 권리이므로, 하나의 물건 위에 동일한 내용의 물권이 동시에 2개 이상 성립할 수는 없으나, 다른 종류의 물권은 동시에 성립할 수 있다(다만, 목적물을 달리하는 질권과 저당권은 동시에 성립할 수 없다). 이 경우 우선순위는 시간적으로 먼저 설정된 물권이 우선한다.

그리고 물권의 완전한 실현이 어떤 사정으로 말미암아 침해 내지 방해당하거나 침해 내지 방해당할 염려가 있는 경우에, 물권자(명의신탁이 이루어진 경우에는 명의수탁자가 물권적 청구권자이고(77다1079 판결), 임차권자는 임대인의 물권적 청구권을 대위행사할 수 있다(93다59502 판결))가 방해 상태의 지배자에 대하여 목적물의 반환 및 그 방해의 제거 또는 예방에 필요한 행위를 청구할 수 있는 **물권적 청구권**이 인정된다.

3. 채권과 물권의 규율원리

(1) **채권**은 채무자에 대한 급부청구권으로서 배타적 지배권이 아니므로 채무자를 같이 하는 동일한 내용의 권리가 동시에 성립할 수 있다. 가령, 이중매매가 행하여진 경우에 제1매수인과 제2매수인은 각각 매도인에 대하여 동일한 내용의 재산권이전청구권을 가지게 된다. 물론 판례에 따르면 제2매수인이 매도인의 배신행위에 적극 가담한 경우에는 제2매매행위는 제103조에 위반하여 무효로 되는 바(97다362 판결), 제2매수인의 매도인에 대한 재산권이전청구권은 인정되지 않는다. 한편, 판례는 동산의 이중매도인에 대해서는 배임죄의 성립을 부정하고 있다(2008도10479 전원합의체 판결).

판례 ➡ 매매와 같이 당사자 일방이 재산권을 상대방에게 이전할 것을 약정하고 상대방이 그 대금을 지급할 것을 약정함으로써 그 효력이 생기는 계약의 경우(제563조), 쌍방이 그 계약의 내용에 좇은 이행을 하여야 할 채무는 특별한 사정이 없는 한 '자기의 사무'에 해당하는 것이 원칙이다. 매매의 목적물이 동산일 경우, 매도인은 매수인에게 계약에 정한 바에 따라 그 목적물인 동산을 인도함으로써 계약의 이행을 완료하게 되고 그때 매수인은 매매목적물에 대한 권리를 취득하게 되는 것이므로, 매도인에게 자기의 사무인 동산인도채무 외에 별도로 매수인의 재산의 보호 내지 관리행위에 협력할 의무가 있다고 할 수 없다. 동산매매계약에서의 매도인은 매수인에 대하여 그의 사무를 처리하는 지위에 있지 아니하므로, 매도인이 목적물을 매수인에게 인도하지 아니하고 이를 타에 처분하였다 하더라도 형법상 배임죄가 성립하는 것은 아니다(2008도10479 전원합의체 판결).

이와 같이 채권자라도 채무자의 행위를 배타적으로 지배할 수는 없는 바, 채권의 실현은 오로지 채무자의 자유로운 의사에 의한 이행행위에 달려있게 된다. 또한 담보물권에 의하여 우선변제권을 확보하지 않는 한, 채권의 발생원인이나 발생시기의 선후에 상관 없이 모든 채권은 평등하게 다루어진다. 물론 이러한 **채권자평등의 원칙**은 파산절차 등 청산절차에서나 관철되며, 일반의 강제집행절차에서는 그 절차에 참가한 채권자 사이에서만 평등한 배당이 이루어진다.

(2) **물권**은 배타적 지배권으로서, 하나(특정·독립)의 물건에 대하여는 동일한 내용의 물권은 동시에 2개 이상 성립할 수 없다. 물권에는 **일물일권주의 원칙**이 적용된다. 이와 같은 배타성으로 인하여 물권은 채권과는 달리 그에 대한 공시방법이 요구된다. 부동산물권의 공시방법은 등기와 명인방법이고, 동산물권의 공시방법은 점유와 인도이다. 다만, 동산은 물론이고 부동산에 대한 유치권의 공시방법은 점유이다.

그리고 물권에 대하여는 그 대세적 성질로부터 채권에 대하여 **우선적 효력**이 인정된다. 가령, 지상권설정등기가 경료되면 그 지상권의 내용과 범위는 등기된 바에 따라서 대세적인 효력이 발생하고, 제3자가 지상권설정자에 대하여 해당 토지를 사용·수익할 수 있는 채권적 권리를 가지고 있다고 하더라도 이러한 사정만으로 지상권자에게 대항할 수는 없다(2005다47205 판결). 다만, 물권 상호간에는 선순위우선의 원칙이 적용된다.

Ⅲ. 민법의 역할

민법은 기능적 측면에서 볼 때, 자기사무(**신상보호, 의식주에 필요한 재화와 용역의 획득, 획득한 재산의 관리**)의 처리에 관한 법이면서, 권리 기타 법익의 침해로 인한 피해에 대한 구제법(**물권적 구제방법, 채권적 구제방법**)이라고 할 수 있다. 자기사무의 처리에 관하여는 사적 자치의 원칙이 적용되고 피해구제에 관하여는 과실책임의 원칙이 적용된다. 이에 따라 각 개인은 자기의 법률관계를 자기의 의사에 따라 자유롭게 형성하고(**자기결정**), 그 결과에 대하여 책임을 져야 하는 것이다(**자기책임**). 다만, 민법은 자기사무의 처리능력이 결여되거나 부족한 자를 보호하기 위하여 제한능력자제도를 마련하고 있다.

판례 ➡ 우리의 사법질서는 사적 자치의 원칙과 과실책임의 원칙 등을 근간으로 한다. 사적 자치의 원칙은 개인이 자신의 법률관계를 그의 자유로운 의사에 의하여 형성할 수 있다는 것을 의미하고, 과실책임의 원칙은 개인이 자신에게 귀책사유가 있는 행위에 대하여만 책임을 지고 그렇지 아니한 타인의 행위에 대하여는 책임을 지지 아니한다는 것을 의미한다. 이에 따라 개인은 자신의 자유로운 선택과 결정에 따라 행위하고 그에 따른 결과를 다른 사람에게 귀속시키거나 전가하지 아니한 채 스스로 이를 감수하여야 한다는 '자기책임의 원칙'이 개인의 법률관계에 대하여 적용되고, 계약을 둘러싼 법률관계에서도 당사자는 자신의 자유로운 선택과 결정에 따라 계약을 체결한 결과 발생하게 되는 이익이나 손실을 스스로 감수하여야 할 뿐 일방 당사자가 상대방 당사자에게 손실이 발생하지 아니하도록 하는 등 상대방 당사자의 이익을 보호하거나 배려할 일반적인 의무는 부담하지 아니함이 원칙이라 할 것이다(2010다92438 전원합의체 판결, 2014다9212 판결).

1. 자기사무의 처리에 관한 법

민법은 의·식·주에 필요한 재화와 용역의 획득을 목적으로 계약을 체결하는 등 사적인 법률관계를 형성하고자 하는 경우라든가 획득한 물건을 지배하는 경우 등 재산의 관리에 관한 행위준칙으로서 기능한다. 예컨대, 재화와 용역의 획득은 **계약법**에서, 획득한 재산의 관리는 **물권법**이 규율한다. 다만, 신상관리에 대해서는 적극적 규정을 두고 있지 않다. 특히 민법은 자기사무의 처리에 있어서는 사적 자치의 원칙을 기본원리로 하면서, 질병·노령·장애 그 밖의 정신적 장애로 인하여 자기사무의 처리능력이 결여되거나 부족한 자를 제한능력자로서 보호하고 있다(제5조, 제13조 등).

[타인의 사무를 처리할 수 있는 권원]

타인사무를 처리하기 위해서는 대리권(임의대리, 법정대리) 또는 처분권(권한부여)이 있거나 위임, 임치, 고용 등 계약관계가 존재하여야 한다. 그리고 사자(표시, 전달기관)라든가 대표(법인의 기관) 또는 보조자(채무의 이행보조, 계약체결 보조)의 지위에서도 타인사무를 처리할 수 있다.

판례 ➡ 대물변제예약의 궁극적 목적은 차용금반환채무의 이행 확보에 있고, 채무자가 대물변제예약에 따라 부동산에 관한 소유권이전등기절차를 이행할 의무는 궁극적 목적을 달성하기 위해 채무자에게 요구되는 부수적 내용이어서 이를 가지고 배임죄에서 말하는 신임관계에 기초하여 채권자의 재산을 보호 또는 관리하여야 하는 '타인의 사무'에 해당한다고 볼 수는 없다(2014도3363 전원합의체 판결).

2. 법익의 침해로 인한 피해에 대한 구제법

법의 일반원칙상 법이 보호하고자 하는 권리나 이익이 침해되었다면 피해자는 그 침해로부터 회복될 수 있는 가장 적절하고 유효한 수단에 의하여 구제되어야 한다. 여기에서 민법은 권리 기타 법익의 침해에 대하여 과실책임의 원칙을 기초로 물권적 또는 채권적 권리구제 수단을 마련하여 그 피해를 구제할 수 있도록 하고 있다. 그리하여 재화와 용역의 지배 내지 귀속과 그 이전을 확보해 주고 있다. 또한 인격적 이익을 보장해 준다.

(1) 그 하나는 질서위반 상태의 중지이다. 가령, 위의 예에서 C가 A가 소유하는 부동산의 이용을 방해하는 경우에 A는 방해행위의 중지를 청구할 수 있다. 이를 **물권적 청구권**이라 한다(제213조, 제214조). 이는 객관적 위법 상태만 있으면 행사할 수 있다. 즉, 방해자의 고의나 과실과 같은 책임요건은 필요로 하지 않는다.

판례 ➡ 소유자가 자신의 소유권에 기하여 실체관계에 부합하지 아니하는 등기의 명의인을 상대로 그 등기말소나 진정명의회복 등을 청구하는 경우에, 그 권리는 물권적 청구권으로서의 방해배제청구권(제214조)의 성질을 가진다. 그러므로 소유자가 그 후에 소유권을 상실함으로써 이제 등기말소 등을 청구할 수 없게 되었다면, 이를 위와 같은 청구권의 실현이 객관적으로 불능이 되었다고 파악하여 등기말소 등 의무자에 대하여 그 권리의 이행불능을 이유로 민법 제390조상의 손해배상청구권을 가진다고 말할 수 없다. 위 법규정에서 정하는 채무불이행을 이유로 하는 손해배상청구권은 계약 또는 법률에 기하여 이미 성립하여 있는 채권관계에서 본래의 채권이 동일성을 유지하면서 그 내용이 확장되거나 변경된 것으로서 발생한다. 그러나 위와 같은 등기말소청구권 등의 물권적 청구권은 그 권리자인 소유자가 소유권을 상실하면 이제 그 발생의 기반이 아예 없게 되어 더 이상 그 존재 자체가 인정되지 아니하는 것이다. 이러한 법리는 선행소송에서 소유권보존등기의 말소등기청구가 확정되었다고 하더라도 그 청구권의 법적 성질이 채권적 청구권으로 바뀌지 아니하므로 마찬가지이다(2010다28604 전원합의체 판결).

(2) 그 둘은 질서위반 상태의 시정이다. 가령, A 또는 B가 계약에 따른 의무를 이행하지 않으면 B 또는 A는 강제적으로 의무의 이행을 청구할 수 있다(제389조). 이를 강제이행의 청구라 한다. 이 경우에도 귀책사유는 요구하지 않는다.

판례 ➡ 채권자가 본래적 급부청구인 부동산소유권 이전등기청구에다가 이에 대신할 전보배상을 부가하여 대상청구를 병합하여 소구한 경우의 대상청구는 본래적 급부청구의 현존함을 전제로 하여 이것이 판결확정 전에 이행불능되거나 또는 판결확정 후에 집행불능이 되는 경우에 대비하여 전보배상을 미리 청구하는 경우로서 양자의 병합은 현재의 급부청구와 장래의 급부청구와의 단순병합에 속하는 것으로 허용되고(75다450 판결 등), 또 부동산소유권 이전등기청구의 판결확정 후 그 소유권이전등기의무가 집행불능이 된 뒤에 별소로 그 전보배상을 구하는 것도 당연히 허용되며, 이는 부동산소유권이전등기 말소청구권의 경우에도 마찬가지이다(2005다55411 판결).

판례 ➡ 당사자 사이에 일정한 행위를 하지 않기로 하는 부작위 약정을 체결하였는데 채무자가 이러한 의무를 위반한 경우, 채권자는 채무자를 상대로 부작위의무의 이행을 소구할 수 있고, 부작위를 명하는 확정판결을 받아 이를 집행권원으로 하여 대체집행 또는 간접강제 결정을 받는 등으로 부작위의무 위반 상태를 중지시키거나 위반 결과를 제거할 수 있다(2009다92883 판결).

(3) 그 셋은 질서위반 상태의 회복이다. 즉, 질서위반 상태가 없던 상태로 되돌리는 것이다. 이를 형사책임에 대응하여 민사책임이라 한다. 가령, 제3자인 C가 A의 부동산을 과실로 손괴한 경우에는 C는 그 손해를 배상해 주어야 한다(제750조). 이를 불법행위책임이라 한다. 또한 A 또는 B가 계약에 따른 이행을 하지 않은 경우에는 B 또는 A는 손해배상을 청구할 수 있다(제390조). 이를 채무불이행책임이라 한다. 이 경우 민법은 금전배상의 원칙을 취하고 있다(제394조). 즉, 원칙적으로 금전배상 대신에 원상회복청구권은 허용되지 아니한다.

다만, 손해배상에서는 물권적 청구권 및 강제이행의 경우와는 달리 방해 내지 침해자의 고의·과실을 요구한다(제750조). 이를 과실책임의 원칙이라 한다.

[채무불이행책임에서의 위법성과 과실]

당사자 사이에 채무가 미리 존재하는 채무불이행책임에 있어서는 확정된 채무의 내용에 좇은 이행이 행하여지지 아니하였다면 그 자체가 바로 위법한 것으로 평가되는 것이고, 다만 그 이행하지 아니한 것이 위법성을 조각할 만한 행위에 해당하게 되는 특별한 사정이 있는 때에는 채무불이행이 성립하지 않는 경우도 있을 수 있다(2000다47361 판결). 또한 채무불이행에 채무자의 고의나 과실이 없는 때에는 채무자는 손해배상책임을 부담하지 않는다(2011다85352 판결). 그리고 채무의 이행은 채권자의 이익을 위한 행위라는 점에서, 채무불이행에 있어서는 원칙적으로 타인사무를 처리하는 경우에 요구되는 선량한 관리자의 주의의무를 위반하여 채무의 내용에 좇은 이행을 하지 못한 경우에 과실이 있는 것으로 되지만(제374조, 제681조, 2009다83629 판결), 무상임치 등의 경우에는 자기사무를 처리하는 때에 기울이는 정도의 주의의무를 위반하여 채무를 불이행한 경우에 비로소 과실이 인정된다(제695조, 제922조).

불법행위책임요건으로서의 과실은 위법한 결과의 발생에 대한 예견의무와 그 회피의무의 위반을 내용으로 한다. 즉, 행위자가 사회생활상 요구되는 주의를 태만히 하여 위법한 결과의 발생을 예견할 수 있었음에도 불구하고 그 결과의 발생을 예견하지 못하였거나, 그 결과의 발생을 회피할 수 있었음에도 불구하고 그 결과의 발생을 회피하지 못한 경우에 비로소 과실을 인정할 수 있다(86다카1469 판결). 다만, 그와 같이 하지 아니한 것이 불가항력적이었다면 과실이 있다고 볼 수 없다(79다1843 판결). 그러므로 사회생활상 요구되는 주의의무를 위반하여 타인의 권리 기타 법익을 침해한 경우에는 위법하여 책임을 부담하되, 그 법익침해의 결과에 대한 예견가능성과 회피가능성이 없는 경우에는 책임을 지지 않는다. 이 경우 사회생활상 요구되는 주의 내지 행위의무는 법률·계약·관습 또는 조리 등에 근거하여 인정될 수 있고, 행위의 성질이나 위험성에 비례하여 요구된다고 할 것이다. 그리고 과실은 사회평균인으로서의 주의 내지 행위의무를 위반한 경우를 가리키는 것인데, 여기서의 '사회평균인'이라고 하는 것은 추상적인 일반인을 말하는 것이 아니라 그와 같은 업무와 직무에 종사하는 보통인을 말하는 것이다(66다1938 판결, 2000다12532 판결).

특히 불법행위책임에 있어서 과실책임의 원칙은 사람의 자유로운 활동의 한계를 그어 준다. 따라서 사람은 사회생활상 다른 사람에게 피해를 주지 않도록 요구되는 주의의무를 다하여 행동하는 한 타인에게 손해가 발생하더라도 배상책임이 없는 것이 원칙이다. 이리하여 사람들의 행동의 자유가 확보되는 것이다.

판례 ➡ 공동불법행위에 있어 방조라 함은 불법행위를 용이하게 하는 직접·간접의 모든 행위를 가리키는 것으로서 형법과 달리 손해의 전보를 목적으로 하여 과실을 원칙적으로 고의와 동일시하는 민법의 해석으로서는 과실에 의한 방조도 가능하다고 할 것이며, 이 경우의 과실 내용은 불법행위에 도움을 주지 말아야 할 주의의무가 있음을 전제로 하여 이 의무를 위반하는 것을 말한다(2009다1313 판결, 2012다15060, 15077 판결, 2011다82438, 82445, 82452 판결).

판례 ➡ 피해자의 부주의를 이용하여 고의로 불법행위를 저지른 자가 바로 그 피해자의 부주의를 이유로 자신의 책임을 감하여 달라고 주장하는 것이 허용되지 아니하는 것은, 그와 같은 고의적 불법행위가 영득행위에 해당하는 경우 과실상계와 같은 책임의 제한을 인정하게 되면 가해자로 하여금 불법행위로 인한 이익을 최종적으로 보유하게 하여 공평의 이념이나 신의칙에 반하는 결과를 가져오기 때문이므로, 고의에 의한 불법행위의 경우에도 위와 같은 결과가 초래되지 않는 경우에는 과실상계와 공평의 원칙에 기한 책임의 제한은 얼마든지 가능하다(2013다31137 판결).

Ⅳ. 민사피해 구제법리의 내용

1. 법에 의하여 보호되는 이익은 대체로 개인적 법익, 사회적 법익, 국가적 법익으로 나누어 볼 수 있는데, 민법은 개인적 법익을 보호목적으로 한다. 민법이 보호하는 개인적 법익은 인격적 법익, 계약적 법익, 물건에 대한 지배법익, 환경적 법익으로 구별할 수 있다. 이러한 개인적 법익을 민법은 채권적 피해구제수단과 물권적 피해구제수단으로 준별하여 보호한다.

〈표 1〉 민사피해구제수단

구분	종류
물권적 구제수단	○점유권에 기한 점유보호청구권(**점유회수청구권, 점유보유청구권, 점유보전청구권**) ○소유권에 기한 물권적 청구권(**소유물반환청구권, 방해제거청구권, 방해예방청구권**) ⇒ 다른 물권에 준용
채권적 구제수단	○계약상의 청구권(**강제이행, 손해배상책임, 계약의 해제**) ○사무관리에 기한 비용상환청구권(**운용이익 전부반환**) ○부당이득반환청구권(**손실의 범위에서 반환. 다만, 불법원인급여, 비채변제, 도의관념에 적합한 비채변제의 경우에는 반환청구 불허**) ○불법행위로 인한 손해배상청구권(**손해배상책임: 금전배상**)

2. 물권적 피해구제수단으로는 점유권에 기한 점유보호청구권과 소유권에 기한 물권적 청구권을 마련하여, 위법행위를 중지하거나 피해회복을 청구할 수 있도록 하고 있다. 특히 민법은 물건을 사실상 지배하고 있는 경우, 그 지배를 정당화하여 주는 법률상의 권리가 있느냐 없느냐를 묻지 않고, 물건에 대한 사실상의 지배, 즉 물건을 '점유'하는 자에 대하여 일정한 법적 지위를 인정하고 있다. 가령, 물건을 사실상 지배하는 자에게는 점유권을 인정하고, 점유를 침해 내지 방해받는 경우에는 점유보호청구권을 인정하여 점유자를 보호한다. 그리고 소유물반환청구권, 방해제거청구권, 방해예방청구권을 내용으로 하는 소유권에 기한 물권적 청구권은 다른 물권에도 준용된다.

판례 ➡ 소유권은 물건을 배타적으로 지배하는 권리로서 대세적 효력이 있으므로, 그에 관한 법률관계는 이해관계인들이 이를 쉽사리 인식할 수 있도록 명확하게 정하여져야 한다. 그런데 소유자에게 소유권의 핵심적 내용에 속하는 처분권능이 없다고 하면(제211조 참조), 이는 결국 민법이 알지 못하는 새로운 유형의 소유권 내지 물권을 창출하는 것으로서, 객체에 대한 전면적 지배권인 소유권을 핵심으로 하여 구축되어 있고 또한 물권의 존재 및 내용에 관하여 일정한 공시수단을 요구하는 물권법의 체계를 현저히 교란하게 된다. 따라서 소유자가 제3자에 대하여 목적물의 소유권을 이전하기로 하는 매매·증여·교환 기타의 채권계약을 체결하는 것만에 의하여서는 자신의 소유권에 어떠한 물권적 제한을 받지 아니하여서, 그는 다른 특별한 사정이 없는 한 자신의 소유물을 여전히 유효하게 달리 처분할 수 있고, 또한 소유권에 기하여 소유물에 대한 방해 등을 배제할 수 있는 민법 제213조, 제214조의 물권적 청구권을 가진다(2009다105215 판결).

3. 채권적 피해구제수단으로 우선 계약위반이 있는 경우에는 계약상의 청구권으로서 계약의무의 강제이행(〈표 2〉 참조)과 불이행에 대한 손해배상청구권 및 계약의 해제권을 인정하고, 나아가 법률상 의무 없이 타인사무를 관리하여 비용을 지출한 경우에는 비용상환청구권을 인정하고, 법률상 원인 없이 이득을 얻고 타방에게 손실을 입힌 경우에는 부당이득반환의무를 인정한다. 그리고 위법행위로 타인에게 손해를 발생하게 한 경우에 피해자는 가해자에 대한 불법행위로 인한 손해배상청구권을 인정하여 위법행위에 대한 시정 내지 피해회복을 할 수 있도록 하고 있다.

〈표 2〉 채무의 종류에 따른 강제이행의 방법

채무의 종류	구체적인 채무의 종류의 예	강제이행의 방법
주는 채무	동산의 인도나 부동산의 명도, 금전의 인도	직접강제(제389조 제1항)
대체적 작위채무	채무자가 건물을 철거해야 할 채무	대체집행(제389조 제2항 후단)
부대체적 작위채무	수임인의 사무처리의무(제680조), 이사의 재산목록작성의무(제55조)	간접강제(민사집행법 제261조)
의사표시를 해야 할 채무	채권양도의 통지 또는 승낙, 등기신청에 대한 협력, 검인신청이나 토지거래허가 신청에 대한 협력	법원의 판결(제389조 제2항 후단)
부작위채무	채무자가 어떤 행위를 하지 않는다는 의무를 지니는 경우(협의의 부작위의무)와 채권자 또는 제3자가 일정한 행위를 하는 것에 대해 방해하지 않을 의무(인용의무)	부작위 자체의 관철: 간접강제(예, 접근금지) 위법한 결과의 제거나 장래에 대한 적당한 처분: 대체집행(담장의 철거)

Ⅴ. 민사피해 구제법리의 구체적 적용

1. 위에서 본 바와 같이 민법이 보호하는 개인적 법익은 인격적 법익, 계약적 법익, 물건에 대한 지배법익, 환경적 법익으로 구별할 수 있다. 이 경우 인격적 법익에는 신체적 인격과 정신적 인격을 포함하고, 계약위반은 이행지체, 이행불능, 불완전이행의 형태로 나타나는데, 각각의 채무불이행의 유형에 따라 구제요건을 달리한다. 그리고 물건에 대한 지배법익은 물권적 지배와 채권적 지배에 따라 그 구제법리를 달리한다. 한편 환경적 법익은 생활방해, 환경방해, 환경침해로 나누어 각각에 대한 구제법리를 고찰할 필요가 있다.

〈표 3〉 민법이 보호하는 개인적 법익의 침해에 따른 피해구제 법리

구분	구제방법	비고
인격적(**정신적 내지 신체적 인격가치**) 법익의 침해	물권적 청구권, 불법행위책임	부당이득(퍼블리시티권의 침해)
계약적 법익의 침해(**계약위반**)	강제이행(이행불능시 불가), 손해배상책임, 계약의 해제	채권자의 선택
물건에 대한 지배(**보존, 이용·사용, 수익, 개량, 처분**)법익의 침해	물권적 청구권, 부당이득반환청구권, 불법행위책임	물권적 청구권 (점유권, 소유권)
환경적 법익(매연·열기체·액체·음향·진동 등 생활방해, **일조·조망·소음 등 환경방해, 환경오염 등 환경침해**)의 침해	물권적 청구권(**중지 및 예방**), 불법행위책임	생활방해, 환경방해, 환경침해

2. 인격적 법익이 침해된 경우에 피해자는 불법행위로 인한 손해배상을 청구할 수 있다. 그러나 이는 사후적 구제방법으로서 인격적 법익의 완전한 보호를 위해서는 사전예방적 구제방법으로서 침해행위의 중지 내지 예방청구가 요청된다. 이는 물권적 청구권을 준용하는 방법에 의

할 수 있을 것이다. 또한 이른바 인격재산권이 침해된 경우에는 불법행위로 인한 손해배상청구권이라든가 물권적 청구권만으로는 부족하고, 인격피해자에게 부당이득반환청구권을 인정하여 부당이득자에 대하여 그 손실에 따른 이득의 반환을 청구할 수 있도록 하여야 한다.

3. 계약적 법익이 침해된 경우에는 의무위반의 유형에 따라 피해구제법리의 적용을 달리한다고 할 것이며, 그 침해가 계약의 체결과정에서 일어나는 경우에도 계약의 법리가 적용될 수 있을 것이다. 그리고 민법은 매매계약과 같은 유상계약의 경우에는 채무자의 과실 유무를 묻지 않고 권리 또는 물건의 하자담보책임을 인정하고 있다. 물론 계약의 당사자는 상대방이 계약을 위반한 경우에 계약을 유지할 것인지, 아니면 계약을 해소할 것인지도 선택하여 계약위반에 따라 권리침해에 대한 구제를 강구할 수 있다.

4. 물건에 대한 지배법익이 침해된 경우는 그 지배법익의 성질과 아울러 지배유형의 침해에 따라 피해구제법리의 적용을 달리한다고 하겠다. 물건에 대한 지배권능은 물건의 가치를 유지하거나 훼손된 가치를 회복시키는 보존권능, 물건의 용법대로 그 물건을 이용하는 사용권능, 물건의 사용을 통해서 경제적 이익을 얻는 수익권능, 물건의 성질을 변하지 않게 하는 범위에서 그 가치를 증대시키는 개량권능, 물건의 객관적 가치를 감소 내지 훼손시킬 수 있는 처분권능으로 구분할 수 있다. 따라서 그 각각의 권능의 침해에 대한 피해구제법리의 적용을 검토할 것이 요청된다.

5. 환경적 법익이 침해된 경우는 환경적 법익의 침해를 생활방해, 환경침해로 나누어 그 각각에 대한 피해구제법리의 적용을 검토할 필요가 있을 것이다. 생활방해는 불가량물에 의하여 이웃토지의 사용을 방해하거나 생활의 방해를 의미하고, 여기에는 일조방해라든가 조망방해와 같은 간접적 생활환경의 방해로서 환경방해를 포함한다. 그리고 환경침해는 환경 그 자체의 침해에 대한 구제가 아니고, 환경침해로 인하여 피해자의 인격이나 재산적 법익에 침해가 발생하여 피해를 입은 경우에, 그 피해에 대한 피해구제가 문제된다.

6. 권리 기타 법익의 침해에 대하여 피해구제가 문제되는 경우에는, 무엇보다도 먼저 당사자 사이에서 서로 상대방에 대하여 어떠한 권리와 의무를 가지고 있는지 또는 계쟁물에 대하여 누가 어떠한 권리를 가지고 있는지를 명확히 하여야 하며, 그런 다음 누가 어떠한 내용(계약적 법익, 지배적 법익, 인격적 법익, 환경적 법익)의 피해를 입은 피해자인지를 확정하여, 그에 따른 피해구제의 법리를 모색하여야 할 것이다.

권리구제수단을 선택함에 있어서는, 먼저 권리구제의 필요성이 있는 피해 내용이 무엇인지 파악하여야 한다. 즉, **인격적 법익의 침해**인지, 계약상 의무위반으로 인한 **계약적 법익의 침해**인지, 물건에 대한 **지배적 법익의 침해**인지, **환경적 법익의 침해**인지를 확정하여야 한다. 권리 기타 법익의 침해로 인한 피해구제의 방법은 그 피해의 내용에 따라 각각 차이가 있기 때문이다.

물론 침해는 중첩적으로 일어날 수 있다. 그리고 이 경우 피해구제를 위한 법적 수단도 하나일 수 있고, 여럿일 수 있다. 가령, A 소유의 자전거를 B가 침탈한 경우를 예로 들면 A가 선택할 수 있는 피해구제방법은 다양하다. 우선 A는 물권적 구제방법으로 자전거의 침탈을 이유로 점유권에 기한 점유회수청구권을 행사하여 자전거의 반환 및 손해의 배상을 받을 수 있으며, 소유권에 기하여 소유물반환청구권을 행사하여 자전거를 반환받을 수 있다. 그리고 A는 B에 대하여 채권적 구제방법으로 불법행위를 이유로 한 손해배상청구권을 행사하거나 부당이득반환청구권을 행사하여 손해를 전보받거나 손실을 매꿀 수 있다.

제 2 장 물권적 피해구제법

제 1 절 물권적 청구권 서설

Ⅰ. 의의와 연혁

1. 의 의

물권의 완전한 실현이 어떤 사정으로 말미암아 침해 내지 방해당하거나 침해 내지 방해당할 염려가 있는 경우에, 물권자[1]가 방해 상태의 지배자에 대하여 목적물의 반환 및 그 방해의 제거 또는 예방에 필요한 행위를 청구할 수 있는 권리를 물권적 청구권이라 한다.[2]

본래 권리가 위법하게 침해받는 경우에 피해자는 불법행위를 이유로 손해배상을 청구할 수 있다(제750조). 그런데 불법행위 가해자의 고의·과실이 있는 때에 성립하고 손해배상은 금전배상을 원칙으로 하므로 물권 내용 자체를 실현시킬 수 없고, 따라서 그것만으로는 물권의 보호로서 충분하지 않다. 불법행위제도는 피해자보호를 위해 위법한 행위를 한 자에게 그 책임을 묻는 제도임에 대하여, 물권적 청구권은 물권의 실효성을 확보하기 위한 제도이다.[3] 다만, 물권적 청구권의 행사가 권리남용이 되는 경우에는 물권자의 권리주장이 제한된다(제2조 제2항. 2003다40422 판결 등 참조).

2. 연 혁

연혁적으로 볼 때 물권적 청구권은 로마법에서부터 인정되었다. 즉, 점유의 보호를 위해서 점유소권이 인정되었으며, 점유권으로부터 소유권이 분리됨과 동시에 로마법에서 소유물 반환청구권과 소유물 방해제거청구권이 인정되었다. 이를 계수하여 근대법에서 소유권에 기한 물권적 청구권을 인정하고, 이를 다른 물권에 준용하게 되었다(독일 민법 제985조, 제1004조, 제1005조; 스위스 민법 제640조 제2항). 일본 민법은 점유권에 기한 물권적 청구권만을 규정하고 있으나(일본 민법 제197조 내지 제201조), 일본의 판례·학설은 당연히 소유권 및 기타 물권에 기한 물권적 청구권을 인정하고 있다.[4]

민법은 소유권에 기한 물권적 청구권과는 별도로 점유권에 기한 물권적 청구권을 명문으로 규정함과 동시에, 소유권에 기한 물권적 청구권을 다른 물권에 준용하고 있다(제204조, 제205조, 제

---

1) 명의신탁이 이루어진 경우에는 명의수탁자가 물권적 청구권자이고(77다1079 판결), 임차권자는 임대인의 물권적 청구권을 대위행사할 수 있다(93다59502 판결).

2) 이하의 설명은 홍성재, 물권법, 15면 이하, 72면 이하, 117면 이하와 같다.

3) 김증한/김학동, 물권법, 24면.

4) 原島重義 外 6人 共著, 民法講義 2, 有斐閣, 1979, 26面 이하.

206조, 제213조, 제214조, 제290조, 제301조, 제319조, 제370조. 다만, 질권에는 준용규정을 두고 있지 않다).

Ⅱ. 물권적 청구권의 상대방

물권적 청구권의 상대방은 물권의 방해 상태를 지배하고 있는 자이다. 방해 상태의 야기자와 방해 상태의 지배자가 다른 경우에는 현재 방해 상태를 지배하고 있는 자에 대하여 물권적 청구권을 행사하여야 한다. 가령, 타인의 지배에 속하는 사정으로 인하여 방해를 받거나 받을 염려가 있는 경우에 그 방해하는 사정을 지배하는 지위에 있는 자에 대하여 그 방해의 제거 내지 예방을 청구하여야 한다(67다2073 판결 등).

그리고 물권적 청구권은 직접점유자에 대해서 뿐 아니라 간접점유자에 대하여도 청구할 수 있다. 가령, 불법점유를 이유로 한 건물 명도청구를 하려면 현실적으로 불법점유하고 있는 사람을 상대로 하여야 할 것이나 간접점유자를 상대로 명도를 청구할 수도 있다(81다187 판결). 이 경우 상대방의 선의·악의, 고의·과실을 그 요건으로 하지 않고, 위법성만 인정되면 족하다(65다1458 판결).

판례 ➡ 건물철거는 그 소유권의 종국적 처분에 해당되는 사실행위이므로 원칙적으로는 그 소유자(등기명의자)에게만 그 철거처분권이 있다 할 것이나, 예외적으로 건물을 전 소유자로부터 매수하여 점유하고 있는 등 그 권리의 범위 내에서 그 점유중인 건물에 대하여 법률상 또는 사실상 처분을 할 수 있는 지위에 있는 자에게도 그 철거처분권이 있다(87다카257, 258 판결). 그러나 미등기 건물에 대한 양도담보계약상의 채권자의 지위를 승계하여 건물을 관리하고 있는 자는 건물의 소유자가 아님은 물론 건물에 대하여 법률상 또는 사실상 처분권을 가지고 있는 자라고 할 수도 없다 할 것이어서 건물에 대한 철거처분권을 가지고 있는 자라고 할 수 없다(2002다61521 판결).

Ⅲ. 물권적 청구권의 종류

1. 점유권에 기한 점유보호청구권

점유보호청구권에는 점유회수청구권·점유보유청구권·점유보전청구권이 있다. 물건에 대한 점유의 침탈을 당한 때에 그 물건의 반환 및 손해의 배상을 청구할 수 있는 권리가 점유회수청구권이고(제204조), 침탈 이외의 방법으로 점유의 방해를 받은 때에 그 방해의 제거 및 손해의 배상을 청구할 수 있는 권리가 점유보유청구권이다(제205조). 그리고 점유보전청구권은 점유의 방해를 받을 염려가 있는 때에 그 방해의 예방 또는 손해배상의 담보를 청구할 수 있는 권리이다(제206조). 이러한 점유보호청구권은 제척기간의 제한을 받는다.

2. 소유권에 기한 물권적 청구권

소유권에 기한 물권적 청구권에는 소유물 반환청구권·소유물 방해제거청구권·방해예방청구권이 있다. 소유물 반환청구권은 소유자가 그 소유에 속한 물건을 정당한 권원 없이 점유하고 있는 자에 대하여 그 물건의 반환을 청구하는 권리이다(제213조). 소유물 방해제거청구권은 점유 이외의 방법으로 소유권을 방해하는 자에 대하여 방해의 제거를 청구할 수 있는 권리이며, 방해예방청구권은 소유권을 방해할 염려가 있는 행위를 하는 자에 대하여 그 예방이나 손해배상의 담보를 청구할 수 있는 권리이다(제214조). 이러한 물권적 청구권을 행사함에 있어서는 점유보호청구권의 행사의 경우와는 달리 제척기간의 제한을 받지 아니하며, 소유권의 침해로 인하여 소유자에게 손해가 발생한 경우에는 불법행위를 근거로 손해를 배상받아야 한다(제750조).

[물권적 청구권의 확장]

(1) 채권에 기한 방해제거청구권

상대적인 권리인 채권을 침해한 경우에 채권자는 침해자를 상대로 방해의 제거를 청구할 수 있겠는가. 대체로 채권에 기한 방해제거청구권은 부정되고, 다만 임차권자가 목적물에 대한 점유를 가지거나 대항력을 갖춘 경우에는, 점유권에 기한 물권적 청구권을 인정할 수 있고, 등기를 갖춘 임차권은 제3자에 대하여 대항력이 인정되는 결과 물권에 준하여 임차권자에게 방해제거청구권을 인정한다(99다67079 판결(가등기말소) 참조).

(2) 인격권 침해에 대한 방해제거청구권

사람은 누구나 신체·생명·정신의 자유와 그 완전성에 대한 이익을 가진다. 이를 목적으로 하는 권리를 인격권이라 한다. 인격권을 침해하는 경우 범죄로 되고 사법상 불법행위를 구성하게 된다(88다카29269 판결 등). 문제는 인격권에 기하여 물권적 청구권을 인정할 수 있겠는지에 있다. 이를 인정한다면 인격권의 배후에 물권 유사의 권리를 인정하는 것이 되고, 이를 근거로 성명의 참칭(僭稱), 초상의 무단촬영, 명예훼손 등 인격권 침해에 대하여 중지나 예방 등의 유지(留止)청구를 할 수 있게 된다.[5]

(3) 환경권에 기한 유지(중지 및 예방)청구

토지소유자는 그 소유권을 방해당하거나 생활에 고통을 받는 경우에 소유권에 기한 방해배제청구권을 행사하거나(제214조), 불법행위에 기한 손해배상청구권(제750조)을 행사하여 그 피해를 구제받을 수 있다. 다만, 생활방해가 있는 경우에는 그 방해가 수인한도를 넘는 경우에 비로소 방해배제청구권을 행사할 수 있으며(제217조), 또 그 방해가 수인한도를 넘는 경우에 위법성이 인정되어 불법행위가 성립하고, 피해자는 그로 인한 손해배상을 청구할 수 있게 된다.

문제는 생활방해의 대규모화 내지 광역화라고 할 수 있는 환경이익의 침해가 있는 경우에, 그러한 환경이나 생활이익을 침해하는 행위자에 대하여 일정한 작위 또는 부작위를 청구(유지청구)할 수 있는지 또 인정한다면 그 근거를 어디에서 구할 것인지에 있다. 유지청구의 근거로서는 물권적 청구권설, 인격권설, 불법행위설, 환경권설이 주장되고 있다.

---

5) 이영준, 물권법, 517면; 김증한/김학동, 물권법, 396면; 2003마1477 결정 등.

Ⅳ. 물권적 청구권의 성질

1. 물권에의 부종성

물권적 청구권은 물권의 효력으로서 발생하는 점에서, 물권에 부종하며 물권과 독립하여 양도 등 처분할 수는 없다. 따라서 부동산에 대한 소유권을 상실하였다면 소유권에 기한 물권적 청구권, 즉 말소등기청구권이나 진정명의회복을 원인으로 한 이전등기청구권도 인정되지 않는다(2010다89814 판결).

판례➡ 소유권을 양도함에 있어 소유권에 의하여 발생되는 물상청구권을 소유권과 분리, 소유권 없는 전 소유자에게 유보하여 제3자에 대하여 이를 행사케 한다는 것은 소유권의 절대적 권리인 점에 비추어 허용될 수 없는 것이라 할 것으로써, 일단 소유권을 상실한 전 소유자는 제3자인 불법점유자에 대하여 물권적 청구권에 의한 방해배제를 청구할 수 없다(68다725 전원합의체판결).

다만, 물권적 청구권은 특정인에 대하여 일정한 행위를 요구할 수 있는 권리라는 점에서 채권에 기한 청구권과 유사한 성질을 가진다. 즉, 물권적 청구권은 누구에게나 청구할 수 있는 것이 아니라, 현재 물권의 방해 상태를 지배하고 있는 자에 대하여 청구하는 권리이다. 문제는 물권적 청구권이 불능이 된 경우에 채무불이행책임의 법리가 유추적용될 수 있는가에 있다. 판례는 이를 부인하고 있다(2010다28604 전원합의체 판결).

판례➡ 소유자가 자신의 소유권에 기하여 실체관계에 부합하지 아니하는 등기의 명의인을 상대로 그 등기말소나 진정명의회복 등을 청구하는 경우에, 그 권리는 물권적 청구권으로서의 방해배제청구권(민법 제214조)의 성질을 가진다. 그러므로 소유자가 그 후에 소유권을 상실함으로써 이제 등기말소 등을 청구할 수 없게 되었다면, 이를 위와 같은 청구권의 실현이 객관적으로 불능이 되었다고 파악하여 등기말소 등 의무자에 대하여 그 권리의 이행불능을 이유로 민법 제390조상의 손해배상청구권을 가진다고 말할 수 없다. 위 법규정에서 정하는 채무불이행을 이유로 하는 손해배상청구권은 계약 또는 법률에 기하여 이미 성립하여 있는 채권관계에서 본래의 채권이 동일성을 유지하면서 그 내용이 확장되거나 변경된 것으로서 발생한다. 그러나 위와 같은 등기말소청구권 등의 물권적 청구권은 그 권리자인 소유자가 소유권을 상실하면 이제 그 발생의 기반이 아예 없게 되어 더 이상 그 존재 자체가 인정되지 아니하는 것이다. 이러한 법리는 선행소송에서 소유권보존등기의 말소등기청구가 확정되었다고 하더라도 그 청구권의 법적 성질이 채권적 청구권으로 바뀌지 아니하므로 마찬가지이다(2010다28604 전원합의체 판결).

2. 물권적 청구권의 시효소멸 여부

물권적 청구권은 채권에 유사한 성질을 가지는 점에서 물권과 독립하여 소멸시효의 대상이 되는지가 문제된다. 물권적 청구권은 소유권에 기한 것이든 제한물권에 기한 것이든 소멸시효의 대상이 되지 않는다는 견해,[6] 제한물권에 기한 물권적 청구권에 한하여 소멸시효의 대상이 된다는 견해,[7] 제한물권에 기한 물권적 청구권의 소멸시효는 별도로 문제될 여지가 없고, 소유권에 기한 물권적 청구권도 소멸시효에 걸린다는 견해[8]가 대립한다.

그런데 소유권에 기한 물권적 청구권은 소유권과 독립하여 소멸시효에 걸리지 않는다고 보아야 할 것이다. 판례도 소극적이다. 가령, 피담보채무가 변제된 이후에 양도담보권 설정자가 행사하는 등기청구권은 양도담보권 설정자의 실질적 소유권에 기한 물권적 청구권이므로 따로이 시효로 소멸되지 아니한다(78다2412 판결, 80다2968 판결도 참조). 만약 소멸시효에 걸린다고 하면 소유권을 허유권(虛有權)화할 우려가 있다. 예컨대, 20년 이상 토지소유권을 침해하고 있는 자에 대하여 토지소유자가 물권적 청구권을 행사하지 아니하였다고 하여, 그 물권적 청구권이 시효로 인하여 소멸한다고 하면 소유자는 소유권은 있으나 소유권능이 없다는 결과가 된다는 점에서 소유권을 인정한 취지가 없어지게 된다. 물론 점유자가 취득시효에 의하여 소유권을 취득하는 결과(제245조 제1항), 소유권자가 반사적으로 소유권을 상실할 수 있음은 별개의 문제이다. 마찬가지로 제한물권에 기한 물권적 청구권도 본권과 독립하여 소멸시효에 걸리지 않는다고 새겨할 것이다.

V. 물권적 청구권의 행사에 따르는 비용부담

1. 문제의 소재

물권적 청구권의 행사의 결과 발생하는 침해의 제거 및 예방을 위하여 들어가는 비용을 누가 부담할 것이냐가 문제된다. 이 경우 상대방이 방해 상태를 야기한데 대하여 귀책사유(고의·과실)가 있으면 상대방에게 그 비용을 부담지운다고 하더라도 불합리한 점은 발생하지 않는다(4287민상116 판결. 또 환경이익의 침해에 관한 95다23378 판결도 참조). 그러나 상대방이 물권의 방해 상태를 사실상 지배하고는 있지만 상대방이 스스로 그 방해 상태를 야기하지 않은 경우에는 문제이다.

2. 판례·학설

(1) 상대방이 물권 내용의 실현을 방해하고는 있지만 그 방해 상태를 야기하지 않은 경우에 대하여도 방해 상태의 제거에 따르는 비용을 상대방에게 부담지울 것이냐에 대하여 판례의 태도는 명확하지 않다. 물론 판례가 "타인의 토지 위에 건립된 건물로 인하여 그 토지의 소유권이 침해되는 경우, 그 건물을 철거할 의무가 있는 사람은 그 건물의 소유권자이나 그 건물이 미등기 건물일 때에는 이를 매수하여 법률상, 사실상 처분할 수 있는 지위에 있는 사람"(87다카257, 258 판결)도 이에 해당한다고 판시하고 있는 점에서, 상대방의 적극적인 행위를 청구하는 권리, 즉 상대방의 노력과 비용으로 침해 내지 방해를 제거하여야 한다는 이른바 행위청구권설의 입

---

6) 김증한/김학동, 물권법, 28면.
7) 곽윤직, 물권법, 23면.
8) 이영준, 물권법, 53면.

장에 있는 것으로 새길 수는 있다.

(2) 학설은 물권적 청구권의 본질의 이해를 비용부담의 문제에까지 관철하고 있는 입장과 물권적 청구권의 본질과 비용부담의 문제는 동일차원의 것이 아니라는 이유로 이를 별개의 문제로 파악하는 견해로 나뉘어 있다. 전자의 입장은 다시 적극적으로 상대방의 행위를 요구하고 그 비용도 상대방이 부담하는 권리로 이해할 것이냐, 아니면 권리자의 권리행사를 방해하지 않을 것을 요구하는, 즉 소극적인 인용을 요구하는 데 그치고, 따라서 비용은 권리자가 부담하는 권리로 이해할 것이냐에 따라 행위청구권설과 인용청구권설이 대립한다. 그런데 적극적 행위청구권설을 취하는 견해가 없는 것은 아니지만,[9] 대체로 행위청구권설이든 인용청구권설이든 그 불합리를 제거하기 위하여 그 각각에 대한 수정설이 주장되고 있다. 물권적 청구권의 본질을 행위청구권으로 이해하고, 따라서 그 비용은 원칙적으로 상대방이 부담하고, 다만 상대방이 스스로 목적물을 가지고 가는 것을 인용하는 것만으로도 반환청구의 목적을 이룰 수 있는 경우(상대방이 자기의 의사에 의하여 점유를 취득한 것이 아닌 경우)에는 상대방은 그 이상의 의무를 지지 않는다고 하거나,[10] 물권적 청구권의 본질을 인용청구권이라고 전제한 다음 비용은 공평의 원리에 비추어 원고와 피고의 공동부담으로 하는 것이 타당하다고 한다.[11]

그런데 물권적 청구권의 본질과 비용부담의 문제를 별개의 문제로 파악하는 후자의 입장은, 다시 물권적 청구권의 본질을 당연히 행위청구권이라고 전제한 다음, 방해의 상태가 상대방의 귀책사유에 기하여 발생하였느냐의 여부에 따라 구별하자는 책임요건설[12]과 민법 제473조의 유추적용에 의하여 해결하자는 견해[13]로 나뉘어 있다.

◦물권적 청구권의 본질문제를 비용부담의 문제에 연계시키는 입장
　　↳ 행위청구권설, 행위청구권설의 수정설, 인용청구권설의 수정설
◦물권적 청구권의 본질문제와 비용부담의 문제를 구별하는 입장
　　↳ 책임요건설, 제473조 유추적용설

3. 판례 · 학설의 검토

(1) 우선 물권적 청구권의 본질과 그 행사로 인하여 나타나는 비용을 누가 부담할 것이냐는 전자가 물권의 효력의 문제인 반면에 후자는 책임의 문제이므로 이를 동일 차원의 문제로 파악하는 것은 타당하지 않다. 그리고 비용부담에 관한 문제는 어떤 사실(침해 내지는 방해)에 의하여 발생한 손해를 누가 부담하느냐 하는 책임귀속에 관한 문제인 점에서, 어디까지나 적법한 법률관계를 전제로 한 채무이행의 비용부담에 관한 규정인 제473조를 유추적용하는 것은 무리가

9) 장경학, 물권법, 134면.
10) 김증한, 물권법, 211면.
11) 김용한, 물권법론, 54면.
12) 곽윤직, 물권법, 24면.
13) 이영준, 물권법, 49면.

있다.[14] 오히려 물권적 청구권의 행사에 따르는 비용을 누구에게 부담지울 것이냐의 문제가 책임의 문제라면, 원칙적으로 방해 상태의 야기에 대하여 상대방에게 귀책사유가 있으면 상대방의 비용으로 방해 상태를 제거할 것을 청구할 수 있다고 하겠다. 그러나 방해 상태의 발생에 대하여 양자(兩者)에게 귀책사유가 없는 경우에는 양자 모두 비용을 부담할 의무가 없다는 결과가 되어 문제이다.

> 가령, 장마로 인하여 갑소유의 돌담이 무너져 을소유의 토지에 토사가 쌓여 있는 경우라든가, 제3자가 갑소유의 물건을 훔쳐 달아나다 을소유의 토지에 버리고 도망간 경우에 방해상태의 제거에 따르는 비용을 누구에게 부담지울 것이냐가 문제인 것이다. 갑과 을은 다같이 방해 상태를 야기한 데 대하여 책임이 없기 때문이다.

(2) 위의 사례에서 문제는 물권적 청구권을 누가 누구에게 행사할 수 있는가에 있다. 우선 갑이 을을 상대로 점유회수청구권 내지 목적물 반환청구권을 행사할 수 있느냐가 문제된다. 이 경우 물권적 청구권이 인정되기 위하여는 을이 갑소유의 물건을 침탈하거나 점유하고 있어야 한다. 그런데 위의 예에서 을이 갑소유의 물건을 침탈한 것이 아님은 명백하다. 그렇다고 을이 갑소유의 물건을 점유하고 있는 것으로, 즉 방해 상태를 지배하고 있는 것으로 볼 수도 없다고 할 것이다. 제213조 소정의 점유가 인정되기 위하여는 점유자에게 점유설정의사가 있어야 하는데(통설), 위의 경우 을에게 점유설정의사가 존재하는 것으로 볼 수는 없기 때문이다. 따라서 위의 예에서 갑은 물권적 청구권을 행사할 수 없다.[15] 물론, 위의 예에서 을이 점유를 취득한 경우에는 갑은 물권적 청구권을 행사할 수 있으나, 을은 유치권(손해배상) 또는 사무관리의 성립을 주장할 수 있을 것이다. 사무관리가 성립하는 경우에는 사무관리 비용의 상환문제가 발생한다(제734조).

그렇다면 을은 갑에 대하여 방해제거청구권을 행사할 수 있는가.[16] 무엇보다도 방해제거청구권을 행사하기 위해서는 물권을 침해하고 있는 방해상태가 위법하여야 한다.[17] 즉, 방해를 정당화하는 사유가 존재하면 방해제거청구권은 인정될 수 없다. 절대권인 물권에 대한 침해행위는 위법하다. 그렇지만 물권자가 그 침해 내지 방해를 인용할 의무를 부담하는 경우에는 위법하지 않으므로 물권적 청구권을 행사할 수 없다(독일 민법 제1004조 제2항 참조). 이 경우 인용의무는 법률의 규정(제216조 등 상린관계에 관한 규정) 또는 법률행위(지역권 등의 설정)를 근거로 인정될 수 있다. 특히 제217조 제2항은 명문으로 방해행위가 수인한도 내에 있는 경우에는 인용의무가 있음을 정하고 있다. 이러한 점에서 물권의 방해행위가 있는 경우에 그 위법성의 인정은 민법 제217조 제2항을 유추적용하여 동조 소정의 수인한도를 초과하였는가를 기준으로 판단함이 적절하다.[18] 그런데 위 사례에서는 토지소유자인 을에게 수인의무를 인정하여야 할 이유가 없고,

---

14) 고상룡, 물권법, 38면.
15) 서광민, "물권적 청구권에 관한 일고찰", 민사법학 제17호, 한국사법행정학회, 1999, 485면.
16) 서광민, "물권적 청구권에 관한 일고찰", 497면; 양창수, 민법주해(5), 194면은 이를 인정한다.
17) H. J. Wieling, Sachenrecht, Zweite Auflage, 1994, §23Ⅳ1dd, S. 341.

따라서 절대권인 토지소유권을 방해하고 있다는 점에서 위법성을 인정하는 데 어려움이 없을 것이다.

그렇지만 방해제거청구권의 상대방은 방해 상태를 지배하는 지위에 있는 자이어야 하는데, 위 사례에서 방해가 갑의 행위에 의하여 야기된 것이 아니라는 점에서, 갑이 방해 상태를 지배하는 지위에 있는지 여부가 문제될 수 있다. 일반적으로 방해 상태를 지배하는 지위에 있는지 여부는 그 방해를 발생시켰는지 여부와는 무관한 것이고, 일단 방해물의 소유자라는 점에서 갑이 방해물을 매개로 하여 을의 토지를 방해하고 있는 것으로 볼 수 있는 점에서 갑이 방해상태를 지배하고 있는 지위에 있다고 할 수 있을 것이다. 따라서 을은 갑에 대하여 방해제거청구를 행사할 수 있다고 할 것이다.

다만, 문제는 방해가 순수 자연력에 의해서 발생한 경우에 상대방은 방해제거의무를 부담하는가에 있다. 다툼이 있으나, 물권의 방해 상태가 순수 자연력에 의하여 발생한 경우에는 물건의 지배자에게 사회생활상 요구되는 방호조치의무의 위반을 물을 수 없다는 점(제758조 참조)에서, 이 경우 피해물권자는 방해제거청구권을 행사할 수 없고 그 방해를 수인할 수밖에 없다고 할 것이다. 가령, 홍수・태풍・폭우・폭설・지진 사태의 경우와 같이 순수한 자연력에 의하여 발생한 방해 상태는 일반적 생활위험인 것으로, 이는 방호조치의무의 위반으로 발생한 불법상태가 아니고 불운(不運)에 해당하여 방해제거청구권은 성립하지 않는다.[19] 따라서 위의 담장이 무너진 사례에서 순수 자연력에 의하여 방해 상태가 야기된 경우라면 토지소유자는 자기의 비용으로 방해를 제거할 수 있고, 방해물의 소유자는 이것을 인용해야 할 것이다.

물론 이 경우 방해물의 소유자는 방해 상태를 스스로 제거할 수 있다고 할 것이다. 가령, 위의 담장이 무너진 사례에서 갑이 방해 상태를 스스로 제거하는 경우에는 상린관계의 규정에 따라 을에게 소극적인 인용을 요구할 수 있다. 즉, 갑은 인지사용청구권에 의하여 제216조 제2항이 정하는 보상의무의 부담하에 을의 토지에 들어가 그 소유의 물건을 수거하여 올 수 있고, 을은 이를 인용하여야 한다.[20] 그런데 위의 전자의 경우처럼 인접지 소유자 상호 간에 문제가 발생한 경우에는 위의 법리가 타당하다고 할 것이지만, 위의 후자의 경우처럼 A 소유의 승용차를 제3자가 침탈하여 운행하다가 B 소유의 토지에 전복시킨 후 도주한 경우와 같은 사례는 상린자 관계에 있는 상황이 아니라는 점에서 제216조 제2항을 적용하는 것은 무리가 있다.[21] 따라서 점유물 수거 인용청구권에 관한 규정을 신설할 필요가 있다. 즉, 물건이 점유자의 지배를 벗어나

---

18) 서광민, "물권적 청구권에 관한 일고찰", 민사법학 제17호(99. 4), 490면; 양창수, 민법주해(5), 246면 이하. 95다23378 판결도 참조. 다만, 우리 민법에는 독일 민법 제1004조 제2항에 대응하는 규정을 두고 있지 않다는 점, 또 제217조 제2항은 독일 민법 제906조에 해당하는 규정이라는 점에서 검토의 여지는 있다. 그리고 제217조 제2항 소정의 수인의무의 판단과 달리, 위의 경우에 수인의무 여부를 판단하는 때에는 장소 통상적인 용도에 적합한지 여부를 중요한 요소로 삼을 것은 아니다.

19) 동지: 이은영, 물권법, 451면; 김진우, "물권적 수거청구권", 저스티스 통권 제76호(2003. 12), 122면.

20) 양창수, 민법주해(5), 195면.

21) 물론 이 경우 방해 상태는 순수 자연력에 의하여 발생한 것이 아니라는 점에서 B는 자동차 소유자 A에 대하여 방해제거청구권을 행사할 수 있다고 할 것이다.

타인이 점유하는 부동산에 있는 경우에 그 물건에 대한 점유가 성립하지 아니한 한 그 부동산의 점유자는 그 물건의 점유자가 이를 수거하는 것을 인용하여야 한다. 그러나 물건의 점유자는 수거로 인하여 그 부동산 점유자의 생활의 안온(安穩)이 방해받지 아니하도록 배려하여야 한다. 위의 경우에 부동산의 점유자는 그 수거로 인하여 입은 손해의 보상을 청구할 수 있다(2004년 민법개정안 제204조의2(점유물 수거의 인용)).

(3) 물론 이 경우 방해 상태의 제거에 따르는 비용은 일단 방해하고 있는 물건(방해물) 그 자체에 대한 손해라든가 그 물건으로 인하여 방해받고 있는 물건(점유물)의 지배자가 입은 손해와는 구별하여야 한다. 이러한 손해들은 불법행위법의 일반원칙에 따라 책임의 귀속자를 결정하여야 하는데, 불법행위법에 의하여 그 책임 귀속자를 정할 수 없는 경우에는 물건의 관리책임은 궁극적으로 소유자에게 있는 점에서(제212조), 그 관리에 따른 손해는 궁극적으로 물건의 소유자가 부담하여야 할 것이다. 따라서 방해물 그 자체에 관한 손해는 방해를 야기한 자가 부담하여야 하지만 궁극적으로는 방해물의 소유자가 부담하여야 한다. 그리고 방해받고 있는 물건(점유물) 자체의 손해는 방해물이 공작물인 경우에는 제758조에 따라 1차적으로는 방해하는 물건의 점유자가 2차적으로는 그 소유자가 부담한다고 할 것이다. 즉, 방해물의 점유자가 손해의 방지에 필요한 주의를 게을리 하지 않았다면 점유자는 책임을 면하고, 그 방해물의 소유자가 손해 발생의 위험성을 내포한 하자 있는 공작물을 방치한 데 대하여 이른바 위험책임을 진다. 방해물이 공작물이 아닌 경우 또 불법행위의 요건을 갖추지 못한 경우(예, 순수 자연력에 의한 방해)에는 방해물의 소유자에게 점유물의 손해에 대한 책임을 지울 수는 없고, 그러한 손해는 불운에 해당하여 점유물의 소유자가 부담하는 것으로 새겨야 할 것이다.

(4) 그러면 방해제거에 따르는 비용은 누가 부담하여야 하는가? 앞서 지적한 바와 같이 방해물의 제거에 따르는 비용부담에 관한 문제가 책임의 문제에 해당한다면, 그 방해물이 공작물인 경우에는 제758조에 의하여 비용부담자를 가려야 할 것이다. **어차피 방해물의 점유자 또는 소유자는 방해결과에 대해 책임을 져야 한다는 점에서 그 침해상태를 제거할 의무 역시 부담하게 하는 것이 효과적이기 때문이다.** 따라서 방해물의 설치·보존의 하자로 인한 방해가 그 점유자의 방호조치의무의 해태로 발생한 경우에는 그 방해물의 점유자가 그 제거비용을 부담하여야 할 것이다.[22] 그러나 방해 상태가 점유자의 책임 없이 야기된 경우에는 방해물 자체의 제거비용은 방해물의 소유자가 부담한다고 할 것이다. 그리고 방해물이 공작물이 아닌 경우에도 물건의 관리비용은 궁극적으로 물건의 소유자가 부담하여야 한다는 점(제212조 참조)에서, 이 경우 방해물의 제거비용도 방해물의 소유자가 부담하여야 할 것이다.

22) 이 경우 방해물의 점유자에게 부과되는 방호조치의무의 정도는 그 물건의 위험성에 비례하여 사회통념상 일반적으로 요구되는 정도의 것을 말한다(91다37652 판결 참조).

판례 ➡ 소유자는 소유권을 방해하는 자에 대하여 그 방해제거행위를 청구할 수 있고, 소유권을 방해할 염려가 있는 행위를 하는 자에 대하여 그 방해예방행위를 청구하거나 소유권을 방해할 염려가 있는 행위로 인하여 발생하리라고 예상되는 손해의 배상에 대한 담보를 지급할 것을 청구할 수 있으나, 소유자가 침해자에 대하여 방해제거행위 또는 방해예방행위를 하는 데 드는 비용을 청구할 수 있는 권리는 위 규정에 포함되어 있지 않으므로, 소유자가 민법 제214조에 기하여 방해배제비용 또는 방해예방비용을 청구할 수는 없다(2014다52612 판결). 즉, 소유자는 방해제거나 예방을 위한 구체적인 행위를 명하는 집행권원을 받아 상대방이 이를 자발적으로 이행하지 않는 경우 이를 강제집행하고 그 집행비용을 상환받으면 되고, 물권적 청구권으로서의 소유물 방해예방청구권에 방해예방조치를 위한 비용을 본안소송으로 청구할 수 있는 권리까지 포함되는 것은 아니라는 것이다.

결국, 방해제거청구권이 인정되는 경우에 그 방해물의 제거에 따른 비용은 상대방이 부담한다고 할 것이다.[23] 이 경우 물권적 청구권의 상대방에게 방해 상태의 야기에 대하여 책임이 없더라도, 상대방은 일단 비용을 부담하여 방해상태를 제거한 후 그 방해 상태를 야기한 자에게 비용을 구상하도록 하여야 할 것이다. 그리고 만약 피해자(방해받고 있는 물권자)가 스스로 그 존속하는 방해 내지 침해상태를 제거한 경우에는 그 제거에 따르는 비용은 당연히 손해배상으로서 방해물의 점유자 또는 소유자에게 청구할 수 있다고 할 것이다. 그러나 방해제거청구권을 인정할 수 없는 경우(예, 순수 자연력에 의한 방해)에는 상대방에게 제거비용을 부담지울 수는 없고, 다만 방해물의 소유자가 자기 비용으로 수거해 가는 경우에 이를 인용하여야 할 것이다. 물론 방해가 순수 자연력에 의하여 발생한 경우에 방해물의 소유자는 그 소유권을 포기함으로써 제거 및 그 비용의 부담으로부터 벗어날 수 있을 것이다. 이 경우 방해물의 제거비용을 포함하여 피해자가 입은 손해는 불법에 기한 것이 아니기 때문에 피해자 스스로 감수할 수밖에 없다고 새겨야 할 것이다.

Ⅵ. 물권적 청구권과 채권적 청구권의 경합

1. 개 관

물권적 청구권의 행사를 위하여 상대방의 귀책사유는 묻지 않는다(이설 없음). 그런데 만약 물권의 침해가 상대방의 귀책사유에 기하여 발생한 경우에는 물권자는 물권적 청구권을 행사할 수 있으며, 또 귀책사유를 들어 불법행위로 인한 손해배상청구권도 행사할 수 있다(제750조).

> 침 탈
> A(소유) → B(점유)
> 자전거
> (물권적 청구권: 소유권·점유권에 기한 물권적 청구권)
> (채권적 청구권: 불법행위로 인한 손해배상청구권, 부당이득반환청구권)

23) 결과에 있어서 동지: 양창수, 민법주해(5), 192면 이하; 백경일, 물권법, 105면.

그리고 점유자는 점유권에 기하여 타인의 소유물을 사용수익할 수는 없지만, 타인의 소유물을 법률상 원인 없이 점유하고 있으면 점유 그 자체가 이득이 되므로(점유는 점유권을 발생케 하고, 이 점유권에 관하여는 여러 법률효과가 인정된다), 물권자에게는 물권적 반환청구권과 함께 점유의 부당이득 반환청구권이 발생한다(제741조). 즉, 소유자는 그 소유에 속한 소유물을 점유할 권원 없이 점유하는 자에 대하여 소유물 반환청구권을 행사하여 그 반환을 구할 수 있으며, 점유의 부당이득으로서 그 반환을 구할 수 있다.

물론 계약이 종료한 경우에는 계약에 기한 청구권과 물권적 청구권도 경합하게 된다. 그리고 무권리자가 부동산을 매도하여 소유권이전등기를 경료하여 준 경우에 그 처분은 무효이므로 진정한 권리자는 상대방에 대하여 방해제거청구권으로서 소유권이전등기말소를 청구할 수 있다. 또한 이 경우 권리자는 무권리처분자에 대하여 부당이득으로 그가 얻은 처분대가의 반환을 청구할 수도 있다고 할 것이다. 만약 소유자가 그 처분대가를 부당이득으로 반환받은 경우에는 무권리자의 처분행위를 추인한 것으로 된다(92다15550 판결). 물론 무권리자의 처분이 선의취득에 의하여 유효한 경우에는 처분자는 그 처분대가를 부당이득으로서 진정한 권리자에게 반환하여야 한다.[24]

한편 점유자와 물권자(본권자) 간의 관계를 규율하는 제도는 물권적 청구권이지만, 이것만 가지고는 충분히 규율할 수 없다. 그리하여 민법은 물권적 청구권을 보완하는 장치로서 점유자의 과실취득권(제201조), 점유물의 멸실훼손에 대한 책임감면(제202조), 비용상환청구권(제203조)을 규정하고 있다. 또한 이러한 권리관계는 동시에 기타의 채권적 청구권의 요건을 충족하는 경우가 있게 된다. 이 경우 물권적 청구권과 다른 청구권과의 경합 및 적용범위가 문제된다.

2. 물권적 청구권과 채권적 청구권 경합에 따른 이해조정

(1) 계약상의 청구권

계약이 존속하고 있는 경우에는 원칙적으로 계약법에 따라야 한다. 계약이 해제된 경우에도 마찬가지이다(제548조).

판례 ➡ 매수인이 명도받은 건물을 매매계약 해제 후 매도인에게 반환함에 있어서는 매도인이 반환하는 금전에 법정이자를 부가하는 법의 취지에 견주어 볼 때 그 건물을 사용함으로 인하여 얻은 이익을 부가하여 반환하는 것이 형평의 요구에 합치한다(74다1383, 1384 판결, 92다25946 판결). 그 이익반환의 범위는 이익의 현존 여부나 선의·악의에 불문하고 특단의 사유가 없는 한 받은 이익의 전부이다(96다47586 판결).

계약관계가 종료한 경우에는 물권적 청구권과의 경합을 인정하는 것이 통설이다. 소수설은 계약 규정은 당사자 간의 특별한 이해관계를 규율하는 데 목적이 있고, 따라서 제201조 이하의

---

24) 양창수, "무권리자의 처분에서 권리자의 물권적 청구권과 부당이득반환청구권의 긴장관계", 서울대 법학 제42권 제2호(2001), 210면.

규정은 특별관계를 고려하고 있지 않는 점에서 계약에 관한 규정이 배타적 또는 우선적으로 적용된다고 한다. 다만, 소수설 중에는 물권적 청구권과 계약상의 청구권과의 경합 자체를 인정하지 않는 견해가 있는가 하면,[25] 원칙적으로 그 경합은 인정하면서도 그에 부수하는 이해조정에 대해서는 계약적인 법리 또는 그에 준하는 법리가 배타적으로 적용되어야 한다는 견해가 있다.[26] 계약관계가 무효·취소·해제된 경우와 마찬가지로 계약이 종료한 경우에도 물권적 청구권과 계약상의 청구권과의 경합은 인정하되(95다23996 판결), 부수적 이해조정에 대해서는 계약법리가 적용된다고 할 것이다.

(2) 불법행위로 인한 손해배상청구권

악의점유자가 불법행위로 인한 손해배상책임을 부담함은 당연하다. 역시 판례도 악의점유자의 불법행위로 인한 손해배상책임을 인정한다(4293민상704 판결). 문제는 선의점유자의 불법행위책임의 인정 여부인 데, 즉 제201조 제1항과 제750조와의 관계에 대하여, 학설은 경합설[27]과 실제상으로는 병존하지 않는다는 견해[28] 및 제201조 제1항만이 적용된다는 견해[29]가 있다. 판례는 제201조 제1항과 불법행위로 인한 손해배상청구권의 경합을 인정한다(66다994 판결). 즉, 과실취득권있는 선의점유자의 불법행위로 인한 손해배상책임을 인정하고 있다.

그리고 제202조와 제750조와의 관계에 대하여, 학설은 제202조는 제750조의 특칙이라는 견해[30]가 통설이나, 제202조는 점유물에 대하여 발생한 손해의 배상만에 관한 것이기 때문에 불법행위의 일반원칙을 배제하는 것은 아니라는 견해[31]도 있다. 제202조는 선의의 자주점유자의 책임을 경감하는 데 그 입법취지가 있다는 점에서, 악의점유자나 타주점유자와 달리 선의의 자주점유자가 점유물을 멸실·훼손한 경우에는 제750조의 불법행위책임은 부담하지 않고, 제202조에 따라 현존이익의 배상책임을 질 뿐이라고 새겨야 할 것이다.

(3) 부당이득반환청구권

① 불법침탈 내지 불법점거

악의점유자와 악의수익자의 반환 범위에 차이가 없는 점에서 점유자는 점유회수청구권과 부당이득반환청구권을, 소유자는 소유물반환청구권과 부당이득반환청구권을 선택적으로 행사할 수 있다고 할 것이다. 다만, 선의점유자에게는 과실취득권이 인정되므로 부당이득은 문제되지 않는다(77다2169 판결 등).

② 계약이 무효·취소된 경우

매매계약이 무효 또는 취소에 의하여 실효된 경우에, 매도인의 매매대금반환의무의 성질은 부당이득반환의무에 해당한다(96다54997 판결). 따라서 매수인은 부당이득반환청구권을 가진다.

---

25) 이은영, 채권각론, 505면 이하.
26) 양창수, 민법주해(4), 363면.
27) 곽윤직, 물권법, 156면; 백경일, 물권법, 101면.
28) 김증한/김학동, 물권법, 231면.
29) 양창수, 민법주해(4), 395면.
30) 곽윤직, 물권법, 157면; 이영준, 물권법, 386면; 양창수, 민법주해(4), 407면.
31) 김용한, 물권법, 204면.

문제는 이 경우에 매수인이 부담하는 목적물의 반환의무의 법적 성질도 부당이득반환의무의 성질만을 갖는가. 아니면 매도인은 소유물반환청구권도 행사할 수 있는지 문제된다. 물권행위의 무인론에 의하면 이를 부정할 것이지만, 물권행위의 유인론에 의하면 이를 인정할 수 있다. 다만, 유인론에 따라 그 경합을 인정하는 경우 이른바 부수적 이해조정(가령, 과실 내지 사용이익(과실에 준한다(86다카1996, 1997 판결))의 반환 여부)에 관해서는 문제가 발생한다. 제201조에 따르면 선의의 점유자는 과실취득권이 인정되지만(물론 선의점유자의 과실취득권을 소극적으로 이해하면 문제는 제거된다), 제748조 제1항에 따르면 과실이 현존하면 반환하여야 하기 때문이다.

판례 ➡ 판례는 "쌍무계약이 취소된 경우 선의의 매수인에게 민법 제201조가 적용되어 과실취득권이 인정되는 이상 선의의 매도인에게도 민법 제587조의 유추적용에 의하여 대금의 운용이익 내지 법정이자의 반환을 부정함이 형평에 맞는다"(92다45025 판결)고 하여, 계약이 취소된 경우에 통설과 마찬가지로 제201조에 의하여 선의점유자의 과실취득권을 인정하면서 대금의 운용이익 내지 이자의 반환을 민법 제587조를 근거로 부정하고 있다. 즉, 판례는 매수인에게 과실취득권을 인정한 나머지 매도인의 대금반환의무의 성질을 부당이득반환의무로 보면서도 대금의 운용이익의 반환을 부정하고 있다. 하지만 "매매계약이 무효인 때의 매도인의 매매대금 반환 의무는 성질상 부당이득반환의무로서 그 반환 범위에 관하여는 민법 제748조가 적용된다 할 것이고, 명문의 규정이 없는 이상 그에 관한 특칙인 민법 제548조 제2항이 당연히 유추적용 또는 준용된다고 할 수 없다"(96다54997 판결)고 한다. 즉, 매매계약이 무효인 경우에는 취소의 경우와 달리 매도인이 매매대금을 반환하는 경우에 이자의 반환을 인정하되 선의·악의에 따라 그 반환범위에 차이를 인정하여야 한다는 것이다. 결국 판례의 태도는 분명하지 않다.

통설은 물권행위의 유인론이든 무인론이든 관계없이, 원물반환을 부당이득에 의하여 구하는 경우에는 제201조가 적용되고, 가액반환인 경우에는 제741조가 적용된다고 한다. 이는 물권행위의 무인론에 의한 종래의 통설[32]을 비판하고 전개된 이론으로서, 물권행위의 유인론(이에 따르면 수익자는 단순히 물건의 점유만을 취득한 것이 된다)에 의하더라도 점유의 부당이득을 인정할 수 있다는 점[33]에서, 소유권에 기한 물권적 청구권과 점유의 부당이득반환청구권의 경합은 인정되지만, 제741조를 적용하는 경우에는 제201조를 적용하는 경우보다 반환범위가 넓다는 것을 그 이유로 들고 있다. 즉, 과실 내지 사용이익 반환에 관하여 제741조는 현존이익을 반환하도록 규정하고 있으며, 따라서 과실도 현존하면 반환하여야 하는데 대하여, 제201조는 선의점유자의 과실취득권을 인정하고 있다는 것이다(물론 반환의무를 면제한다고 보는 견해에 의하면 소비하지 않고 남은 「현존이익」은 반환되어야 한다).

그러나 통설에 대해서는 원물반환과 가액반환의 경우를 나누어 판단하여야 한다는 근거가

---

32) 물권행위의 무인론의 입장에서 계약의 무효·취소로 인하여 생기는 목적물반환청구권을 소유권이전의 경우에는 부당이득, 불이전의 경우에는 물권적 청구권에 의한다고 준별한다.

33) 곽윤직, 채권각론, 426면. 수익자는 점유물의 소유권을 취득하지 못하지만 점유는 점유권을 발생시키고, 이 점유권에 기하여 인정되는 여러 법률효과에 의하여 그 취득자의 법적 지위가 유리하게 됨을 들 수 있을 것이다.

없을 뿐 아니라 법률행위의 취소로 인한 제한능력자의 반환범위를 현존이익으로 제한하고 있는 제141조와도 어울리지 않는다는 비판이 있다.[34] 제141조에 의하면 제한능력자가 선의인 경우에도 이익이 현존하고 있으면 반환하여야 하는데, 통설을 따르면 제한능력자가 선의인 경우에는 제201조에 의해서 과실수취권을 가진다고 해석하여야 한다는 것이다. 이러한 결과는 오히려 제한능력자의 보호를 위한 제141조가 제한능력자를 보호하지 못하는 규정이 되어 버리는 해석을 낳게 된다는 것이다.

유력설은 이른바 급부부당이득이 문제되는 경우에는 계약관계의 청산의 경우에는 물권적 청구권은 아예 인정되지 않으며 원칙적으로 부당이득의 법리에 의해서 규율할 것이라고 하거나,[35] 양 청구권의 경합을 인정하되 물권적 청구권의 행사에 따르는 부수적인 이해조정에 한해서만은 부당이득법이 우선 적용되어야 한다고 주장한다.[36]

전자의 견해에 따르면 제201조 내지 제203조의 규정은 점유자와 회복자 사이의 일반적인 관계에서의 이익의 조정을 목적으로 하는 규정이지만, 계약의 무효·취소로 인한 급부의 반환은 계약을 전제로 급부한 물건의 반환청구라는 점에서 일반적인 점유자·회복자의 관계보다는 특수성을 띤다는 것이다. 따라서 부당이득법이 제201조에 우선해서 적용되어야 한다고 한다. 결국 부당이득법에 따라 선의의 수익자도 과실을 반환할 것이라고 한다.[37] 이 입장에서는 쌍무계약이 무효·취소·해제된 경우 물건 자체를 반환하는 경우에도 경합을 인정하지 않고 부당이득반환청구권 내지 계약상의 청구권만이 인정된다고 해석한다.[38]

후자의 견해는 물권행위의 유인론의 입장에서 계약상의 청구권과 물권적 청구권과의 경합을 인정하면서도, 점유자가 계약상의 의무로서 또는 계약상 급부의 원상회복의무로서 물건을 소유자에게 반환하여야 하는 경우에는 제201조 내지 제203조의 적용을 배제하여야 한다고 한다. 만약 이 경우에도 경합을 인정하게 되면, 가령 매매계약이 해제된 경우에 매도인은 제548조 제2항의 규정에 의하여 이자를 가하여 받은 대금을 반환하여야 하고, 매수인은 민법 제201조 제1항에 의하여 원물만을 반환하고 그 동안의 사용이익은 반환하지 않아도 된다는 모순된 결과를 낳게 되기 때문이라고 한다.[39]

문제는 계약이 실효된 경우에 물권행위의 유인론에 따라 물권적 청구권을 인정한다면 부당이득반환청구권은 인정할 필요가 없는가에 있다. 생각건대 물권적 청구권과 부당이득반환청구권은 그 목적 및 요건과 효과를 달리한다. 그리고 수익자가 물건의 점유를 전득자에게 이전한 경우에 수익자는 전득자에 대하여 소유물반환청구권을 행사할 수는 없는 바, 부당이득반환청구

---

34) 김학동, "물권적 청구권과 부당이득반환청구권과의 관계", 판례월보 제341호(1999. 2), 50면 이하.
35) 김증한/김학동, 물권법, 288면; 이은영, 채권각론, 505면 이하.
36) 양창수, 민법주해(4), 363면.
37) 이은영, 채권각론, 517면.
38) 김용담, "쌍무계약을 청산하는 여러 가지 제도에 관하여 - 제도상의 비교를 중심으로 -" 민사법의 제문제, 189면 이하.
39) 양창수, 민법주해(4), 363면.

권과의 경합을 인정할 실익이 있다. 물론 이 경우 전득자에 대한 부당이득반환청구권은 무상·악의의 전득자에 대해서만 인정된다(제747조 제2항). 그렇지만 이 경우 물건의 반환에 따른 부수적인 이해조정에 대해서는 부당이득법이 우선해서 적용된다고 할 것이다. 가령, 매매계약이 무효·취소되는 경우 매도인의 목적물반환청구는 물권적 청구권에 의하고 매수인의 대금반환청구는 부당이득반환청구에 의한다면, 상환적으로 이행된 급부가 서로 다른 법리에 의해서 반환되고 그 반환범위도 달라지게 되어 급부 간의 등가성이 파괴되고 당사자 간의 이익균형이 무너지는 부당한 결과를 가져오게 된다. 또한 민법의 해석상 계약의 유효성에 대한 신뢰는 보호되지 않는다. 즉, 선의취득에 의하여 동산의 소유권을 취득하기 위해서는 양도인이 무권리자라는 점 외에는 유효하게 성립한 거래계약을 통해서 양수인이 점유를 취득하여야 한다. 비교법적 관점에서 제201조 내지 제203조는 계약의 무효·취소로 인한 원상회복의 경우를 그 적용대상으로 상정한 것이 아니고 무권리자로부터 점유물을 취득한 선의의 점유자를 보호하기 위하여 입안된 규정이다.[40] 이러한 법리에 비추어 볼 때 계약이 무효 또는 취소된 경우에 **점유자가 선의라도 점유물을 사용·수익할 수는 없고**, 그 이득은 반환되어야 할 것이다(제741조). 따라서 계약관계의 소멸로 인한 원상회복의 문제는 그 성질상 계약당사자 사이의 특수한 이해관계를 고려할 수 있는 계약법리에 의하여 처리할 것이고, 소유자와 비소유자 사이의 물권적 청구권의 행사에 따른 이해관계의 조정을 위한 제201조 내지 제203조에 의할 것은 아니다.

제 2 절 점유권에 기한 점유보호청구권

Ⅰ. 자력구제권

1. 의의와 성질

자력구제란 점유를 자력으로 방위하거나 탈환하는 것을 말한다. 이 점에서 법원에 의하여 실현되는 점유보호청구권과는 다르다. 자력구제권과 점유보호청구권은 원칙과 예외의 관계[41]인지, 아니면 서로 보완적 관계[42]인지가 문제된다. 점유침탈이 있으면 일반적으로 먼저 자력구제(방위나 탈환)를 하고, 그 기회를 상실한 때에 비로소 점유보호청구권을 행사할 것이라는 점에서, 이를 보완적 관계에 있는 것으로 볼 것이고 원칙과 예외의 관계로 파악할 것은 아니다.

2. 요 건

자력구제권은 직접점유자나 점유보조자가 가지며, 간접점유자는 자력구제권을 행사할 수 없

40) 김형석, "점유자와 회복자의 법률관계와 부당이득의 경합", 서울대 법학 제49권 1호(2008), 257면 이하.
41) 곽윤직, 물권법, 164면.
42) 이영준, 물권법, 409면.

다(통설). 점유보조자의 자력구제권은 점유주를 위한 것이므로 점유주에 대하여 자력구제권을 행사할 수는 없다(이설 없음). 법정대리인은 재산관리의 범위에서는 당연히 그 재산에 속하는 물건의 점유자로서 자력구제권을 가진다. 자력구제권의 상대방은 점유를 침탈·방해하는 자 뿐 아니라 그 승계인에 대하여도 행사할 수 있다. 위법한 강제집행에 의하여 점유를 침탈하는 경우에도 자력구제가 허용된다(86다카1683 판결). 주의할 것은 자력구제는 상당성의 원칙의 지배를 받는다는 점이다. 따라서 자력방위나 자력탈환이 그 필요한 한계를 유월한 경우에는 불법행위가 성립할 수 있다. 상당성의 판단은 사회 통념에 따라 객관적으로 정할 것이다. 보통은 법률이 정하는 절차로는 위법한 침해에 대항하여 현상유지가 불가능하거나 현저히 곤란하다고 인정될 특별한 사정이 있는 경우에는 자력구제가 인정될 수 있다. 물론 점유를 침탈당한 후 상대방의 점유가 확립되면 자력구제는 위법하다.

3. 종 류

(1) 자력방위권

자력방위권이란 자기의 점유를 침탈 또는 방해하려는 자에 대하여 스스로 방어할 수 있는 권리를 말한다(제209조 제1항). 따라서 점유 침해행위가 완료된 후에는 자력방위권의 행사는 허용되지 않는다. 침해행위는 완료하였으나 방해 상태가 계속되고 있는 경우에는 자력구제권을 행사할 수 있다는 견해[43]가 있으나, 이 경우에는 자력구제권은 행사할 수 없고 점유보호청구권만을 행사할 수 있다고 할 것이다.[44] 그리고 상대방의 점유가 확립되어 더 이상 자력방위권을 행사할 수 없음에도 불구하고, 즉 위법성조각사유가 없음에도 있다고 잘못 믿고 방위행위를 하여 상대방이 손해를 입은 경우에는 불법행위로 인한 손해배상책임을 질 수 있다. 문제는 오상(誤想)자력방위의 경우에 점유자는 과실이 없더라도 손해배상책임을 지는가에 있다. 학설은 긍정설[45]과 부정설[46]로 갈린다. 위법성조각사유에 관한 착오가 있는 경우에는 착오자에게 과실이 있는 것으로 추정할 것이다. 따라서 점유자인 오상방위자가 과실 없음을 입증하지 못하는 한 불법행위책임을 진다고 할 것이다.

(2) 자력탈환권

자력탈환권이란 점유자의 점유가 불법한 실력행사에 의하여 침탈된 때에 점유자가 실력으로 이를 다시 회복하는 것을 말한다. 자력탈환에는 현장성 내지 추적가능성이라는 시적 한계가 있다. 부동산의 점유침탈에 대해서는 침탈 후 직시 가해자를 배제하여 점유를 회복하여야 하고, 동산일 때에는 현장에서 또는 추적하여 이를 탈환하여야 한다(제209조 제2항). 여기에서 '직시(直時)'란 "사회 관념상 가해자를 배제하여 점유를 회복하는 데 필요하다고 인정되는 범위 안에서 되도록 속히"라는 의미로 해석할 것이다(91다14116 판결). 따라서 점유자가 침탈 사실을 알고

---

43) 곽윤직, 물권법, 165면.
44) 이영준, 물권법, 412면.
45) 곽윤직, 물권법, 165면; 이영준, 물권법, 412면.
46) 이상태, 물권법, 183면.

모르고와는 관계없이 침탈을 당한 후 상당한 시간이 흘렀다면 자력탈환권을 행사할 수 없다. 그리고 '추적(追跡)'이란 침탈행위가 종료된 후에 그것을 발견하고 행위자를 인지하여 이를 따라가는 것을 말한다.[47] 오상(誤想)자력탈환의 경우에도 오상자력방위의 경우와 마찬가지로 상대방에게 손해배상책임을 진다.

Ⅱ. 점유회수청구권

1. 의 의

점유제도는 원칙적으로 구 점유자를 보호하는 것이 아니라 신 점유자를 보호하는 데 그 목적이 있으나, 이를 언제나 관철하면 침탈이라는 반사회적 행위를 법이 시인하고 조장하는 결과가 된다. 이러한 부당성을 해소하기 위하여 인정된 권리가 점유회수청구권이다(제204조). 즉, 점유가 침탈된 경우에 그 반환청구를 인정하여 구 점유자를 보호하고 있다. 물론 침탈자인 신 점유자라도 제3자와의 관계에서는 점유자로서 보호를 받게 된다.

2. 요 건

점유를 침탈(의사에 반하여 또는 기하지 않고 점유를 빼앗기는 것)당하였어야 한다. 가령, 위법한 강제집행에 의하여 유체동산의 인도를 받은 것은 공권력을 빌려서 상대방의 점유를 침탈한 것이 된다(62다919 판결). 이 경우 적어도 점유자의 의사에 반하여 불법으로 그 점유를 자기에게 옮긴 자는 점유를 침탈한 자에 해당하며, 점유물에 대하여 침탈자가 소유권 기타의 본권을 가지고 있거나 점유자가 점유할 법률상 정당한 권리를 가지지 않는 사실은 점유의 침탈자에 대한 점유회수의 청구권에 아무런 영향이 없다(4294민상793 판결). 그러나 사기의 의사표시에 의해 건물을 명도해 준 것이라면 건물의 점유를 침탈당한 것이 아니므로 피해자는 점유회수의 소권을 가지지 못한다(91다17443 판결). 또한 직접점유자가 임의로 점유를 타에 양도한 경우에는 점유이전이 간접점유자의 의사에 반한다 하더라도 간접점유자의 점유가 침탈된 경우에 해당하지 않는다(92다5300 판결).

문제는 점유를 침탈당한 자가 점유를 탈환한 경우 피탈환자에게도 동 청구권이 성립하느냐이다. 가령, 갑이 자기 소유의 자전거를 을이 절취하여 타고 다니는 것을 발견하고 실력으로 빼앗은 경우 을은 갑에 대하여 점유회수청구권을 행사할 수 있는가이다. 통설은 이를 부정한다.[48] 즉, 을에게 점유회수청구권을 인정한다고 하더라도 다시 갑이 반환을 청구할 수 있게 되어 소송상 불경제적이라는 것을 그 논거로 한다. 다만, 갑이 반환청구권을 행사할 수 있는 기간, 즉 도난당한 때로부터 1년 내에, 도로 빼앗은 경우에 한한다고 한다. 반면에 점유회수청구권을 부정하게 되면 본권이 있는 자는 실력행사에 의하여 점유의 탈환을 하더라도 적법한 것으로 되는 점에서 이를 인정하여야 한다는 견해가 있다.[49] 사회의 평화와 질서의 유지라고 하는 점유제도의

---

47) 이영준, 물권법, 413면.
48) 곽윤직, 물권법, 161면. 독일 민법 제861조 제2항도 이를 부정한다.

존재이유에 비추어 볼 때 이를 인정함이 타당하다. 즉, 물건을 지배하고 있는 사실 상태 그 자체는 일단 존중해 주어야지, 만약 법이 정하는 절차에 의하지 아니하고 이를 함부로 어지럽히게 되면 사회의 평화가 유지될 수 없기 때문이다. 다만, 본권에 관하여 확정판결이 있는 경우에는 예외를 인정하여 피탈환자의 점유회수청구권을 허용할 것이 아니다. 물론 이 경우 갑의 침탈행위가 자력구제에 해당하는 경우에는 을의 점유회수청구권은 허용되지 않는다(제209조 제2항).

3. 당사자

청구권자는 침탈당한 자이며, 직접점유자・간접점유자이든 상관없고(제207조 제1항), 본권이 있든 없든 상관이 없다. 물론 간접점유자는 직접점유자가 그 점유를 침탈당한 경우에 점유회수청구권을 행사할 수 있다. 점유회수의 소의 상대방은 현재 그 물건을 점유하는 자이고 그 보조자는 아니다(77다 865 판결). 물론 중첩된 점유침탈관계에 놓인 때 그 중 어느 하나를 골라 점유를 풀라는 청구를 할 수 있음은 본권을 가진 자의 자유이다(73다703 판결). 또한 침탈자의 특별승계인은 악의인 경우에 한하여 상대방이 될 수 있다(제204조 제2항. 95다12927 판결). 이 경우 손해배상청구권의 상대방은 침탈자이다. 다만, 선의의 특별승계인으로부터 점유를 승계받은 악의의 특별승계인에게는 반환을 청구할 수 없다. 즉, 선의취득과의 균형상 점유회수청구권은 선의의 특별승계인에 의해서 이미 차단되었다고 보아야 할 것이다.[50] 그리고 침탈자가 간접점유자인 경우에도 반환을 청구할 수 있으며, 직접점유자가 선의인 경우 그에게는 반환을 청구할 수 없다.

4. 내 용

물건의 반환 및 손해의 배상을 청구한다. 물건의 반환에 따르는 비용은 침탈자가 부담한다. 문제는 목적물이 환가처분에 의하여 금전으로 변한 경우에 그 환가금의 반환을 청구할 수 있는가이다. 점유회수청구권의 대상은 점유물 그 자체이고 그 대체물은 아니라고 할 것이므로 점유물의 환가가치의 반환을 청구하는 것은 허용되지 않는다.[51]

그리고 간접점유자가 점유회수청구권을 행사하는 경우에는 직접점유자에게 반환할 것을 청구할 수 있을 뿐이며, 다만, 직접점유자가 반환을 받을 수 없거나 또는 받기를 원하지 않는 때에 간접점유자는 자기에게 반환할 것을 청구할 수 있다(제207조 제2항). 손해는 일반적으로 물건의 사용이익을 기준으로 산정한다.

5. 제척기간

점유회수의 소는 점유 침탈시부터 1년이 경과한 때에는 허용될 수 없다(4290민상736 판결). 따라서 점유를 침탈당한 자가 점유에 관한 소 이외의 소송에서 원래 계속된 본권의 소와 교환적으로 점유회수의 소로 변경한 경우에도 그 변경할 당시가 침탈시부터 1년이 경과한 때에는 허

49) 이영준, 물권법, 401면.
50) 이영준, 물권법, 401면; 백경일, 물권법, 262면.
51) 곽윤직, 물권법, 162면; 이영준, 물권법, 402면; 김증한/김학동, 물권법, 218면; 백경일, 물권법, 263면. 다만, 김상용, 물권법, 312면은 환가가치의 반환을 청구할 수 있다고 한다.

용될 수 없다(71다2641 판결). 판례는 이 경우 제척기간의 성질을 출소기간으로 본다(2001다8097, 8103 판결).

Ⅲ. 점유보유청구권

1. 의 의

점유보유청구권은 침탈 이외의 방법으로 점유를 방해하는 경우 점유자가 점유권에 기하여 그 방해의 제거 및 손해의 배상을 청구하는 권리이다(제205조).

2. 요 건

점유의 방해가 있어야 한다. 점유의 방해라 함은 침탈 이외의 방법으로 점유를 침해하는 것을 말한다(86다카2942 판결). 점유권에 기한 방해제거청구권은 물건에 대한 사실상의 지배상태, 즉 점유권에 대한 방해행위가 있으면 성립되고 점유를 정당화할 권원이 있음을 요하지 않는다(68다1416 판결). 따라서 점유가 비록 불법점유라 하더라도 점유권에 기한 청구는 보호되어야 하고 그것이 본권에 관한 이유로 배척될 수 없다(64다1556 판결). 점유보유청구권은 점유를 현실적으로 방해하고 있는 자를 상대로 제기하여야 한다(4288민상363 판결). 가령, 취득시효가 완성된 점유자는 점유권에 기한 방해배제청구권의 행사로서 토지소유자를 상대로 담장 등의 철거를 청구할 수 있다(2004다23899, 23905 판결).

3. 내 용

점유보유청구권의 내용은 방해의 제거와 손해의 배상을 청구할 수 있는 권리이다. 따라서 원상회복을 청구할 수는 없다(4291민상583 판결). 방해의 제거에는 방해자의 고의·과실 등의 귀책사유를 요하지 않지만, 손해의 배상청구에는 고의·과실을 요한다(통설). 이 경우 손해배상은 물건의 점유를 계속하는 것에 의하여 얻는 이익 기타 점유의 효과로서 인정되는 이익을 기준으로 하여야 하고 이와 달리 본권으로부터 나오는 이익, 즉 물건의 교환가치, 수리비, 사용료, 영업상의 수익을 기준으로 할 것이 아니다(서울고법 86나958 판결). 물론 방해제거에 따르는 비용은 방해자가 부담한다.

4. 제척기간

손해의 배상 및 방해의 제거는 방해가 종료한 날로부터 1년 내에 행사하여야 한다(제205조 제2항). 방해가 종료한 후에는 방해제거는 문제되지 않으므로 제척기간은 손해배상의 청구에만 관련된다. 그리고 공사로 인하여 점유의 방해를 받은 경우에는 공사 착수 후 1년을 경과하거나, 그 공사가 완료한 때에는 방해의 제거를 청구하지 못한다(제205조 제3항).

Ⅳ. 점유보전청구권

1. 의 의

점유보전청구권은 점유의 방해를 받을 염려가 있는 경우에 점유권에 기하여 방해의 예방 또는 손해배상의 담보를 청구하는 것이다(제206조).

2. 요 건

점유의 방해를 받을 염려가 있어야 한다. 가령, 농지경작자에 대하여 그 농지를 경작하겠다고 통고하고 그 농지상의 입도를 가처분한 사실은 객관적으로 보아 농지에 대한 점유를 방해할 염려가 있는 것으로 인정할 수 있다(4294민상1443 판결). 점유를 방해할 염려 및 위험성이 있는지 여부는 구체적인 사정하에서 일반 경험법칙에 따라 객관적으로 판정되어야 할 것이다(86다카2942 판결).

3. 내 용

방해의 예방 또는 손해배상의 담보를 청구하는 것이다. 이 경우 방해의 예방은 방해를 방지하는 조치로서 작위 또는 부작위를 묻지 않는다. 손해배상의 담보청구에는 고의·과실을 요하지 않는다. 그러나 손해가 장래 현실적으로 발생하면 상대방에게 고의·과실이 있어야 손해배상을 청구할 수 있다.[52)]

4. 제척기간

공사착수 후 1년을 경과하거나 또는 그 공사가 완성한 때에는 청구하지 못한다(제206조 제2항, 제205조 제3항).

Ⅴ. 점유의 소와 본권의 소와의 관계

1. 점유의 소와 본권의 소의 의의

점유보호청구권에 기한 소를 점유의 소라 하고, 소유권·지상권·전세권 기타 점유할 수 있는 권리에 기한 소를 본권의 소라 한다. 가령, X의 소유물을 Y가 빼앗아 권원 없이 점유하고 있는 경우에, X는 Y에 대하여 점유회수청구의 소를 제기할 수 있고, 또한 본권인 소유권에 기한 반환청구의 소를 제기할 수 있다.

2. 점유의 소와 본권의 소의 관계

점유의 소와 본권의 소는 서로 영향을 미치지 아니한다(제208조 제1항). 가령, 선박의 점유자가 타인이 자기에게 소유권이 있음을 이유로 점유를 침탈하려 한다면, 그 점유자는 점유의 방해예방을 청구할 수 있고, 타인이 점유자를 상대로 한 인도청구소송이 제기되어 있다고 하더라도

---

52) 곽윤직, 물권법, 163면; 이영준, 물권법, 406면.

점유방해의 예방청구에는 영향이 없다(70다327 판결). 따라서 두 가지 소를 동시에 제기할 수 있고 따로 따로 제기할 수 있으며, 점유의 소에서 패소하더라도 본권의 소를 제기할 수 있다.

3. 점유의 소에 대한 본권의 항변금지

점유권에 기한 소는 본권에 관한 이유로 재판하지 못한다(제208조 제2항). 점유의 소와 본권의 소는 전혀 별개의 소로 다루어야 하므로, 점유의 소의 옳고 그름을 판단함에 있어서는 본권의 이유를 내세워 항변할 수 없도록 한 것이다. 가령, X가 점유하고 있는 물건을 소유자인 Y가 탈환한 경우에, X는 Y에 대하여 점유회수청구의 소를 제기할 수 있으며, 이에 대하여 Y는 자기가 소유자임을 들어 항변할 수 없다. 즉, 점유회수의 청구에 대하여 점유침탈자가 점유물에 대한 본권이 있다는 주장으로 점유회수를 배척할 수 없다(67다479 판결). 다만, 본권의 존재가 확정판결에 의하여 확인된 경우에는 본권자가 실력행사에 의하여 점유를 침탈한 것이라도 점유자의 점유보호청구권은 소멸한다고 할 것이다.[53] 물론 위의 예에서 Y는 X에 대하여 소유물반환청구권을 행사할 수 있고, 이에 대하여 X는 Y가 자기의 점유를 침탈한 것이라고 항변할 수 없다. 물론 X의 청구가 승소로 확정된 후에도 Y는 소유물반환청구를 할 수 있다고 할 것이다.

문제는 X의 점유의 소송에 Y의 본권에 기한 반소(항변이 아닌)를 허용할 것이냐이다. 판례는 점유의 본 소송에 본권에 기한 반소를 허용한다(4290민상454, 455 판결). 학설은 반소의 제기가 원고가 주장하는 점유침해를 부인하는 것에 해당하는 범위 내에서만 이를 긍정하는 견해가 있으며,[54] 양 청구권 모두를 인용하는 외견상 모순되는 판결을 한 후에 집행의 단계에서 본권을 우선시키는 배려가 타당하다는 견해도 있다.[55]

생각건대 점유소송에 대하여 본권에 기한 반소를 허용하면 점유의 침탈을 법이 방조하는 결과가 될 뿐 아니라, 점유보호청구권을 인정한 취지가 몰각될 염려가 있다. 그러나 본권에 기한 반소를 허용하지 않고 본권자에게 별소로서 본권에 기한 소송을 제기하게 하는 것은 소송경제상 비효율적이다. 또한 한정적 긍정설의 내용은 반소는 청구기각신청 이상의 적극적 내용을 가지는 경우에 허용된다는 것(2005다40709, 40716 판결)과 부합하지 않는다. 전면적 긍정설이 타당하다고 할 것이다.[56] 결국 점유권에 기한 본소와 본권에 기한 반소가 모두 인용되는 경우도 생길 수 있다. 다만, 이 경우 본소에 기한 점유회수의 집행은 무의미하여 실익이 없게 된다고 할 것이다.

판례 ➡ 점유의 침탈을 이유로 한 점유물반환청구권을 피보전권리로 하는 점유이전금지가처분신청에 대하여는 민법 제208조에 따라 소유권 그 밖의 본권에 관한 이유로 피보전권리나 보전의 필요성을 부정할 수는 없다. 그러나 그 가처분신청에 따라 점유이전금지가처분결정을 받은 채권자가 채무자

53) 이영준, 물권법, 407면.
54) 한정적 긍정설: 이영준, 물권법, 408면; 고상룡, 물권법, 231면.
55) 전면적 긍정설: 황적인, 현대민법론Ⅱ(물권법), 129면.
56) 최병조, 민법주해(4), 459면; 김증한/김학동, 물권법, 222면; 백경일, 물권법, 266면.

를 상대로 제기한 점유회수의 본소에 대하여, 채무자가 본소청구가 인용되어 채권자에게 점유가 회복될 경우를 대비하여 조건부로 소유권에 기한 인도청구를 구하는 반소를 제기하고, 본소청구와 반소청구가 모두 인용되어 확정된 경우에는, 본소 확정판결에 기한 점유회수의 집행은 무의미한 점유상태의 변경을 반복하는 결과를 초래할 뿐 아무런 실익이 없으므로, 그 집행을 보전하기 위한 점유이전금지가처분결정은 이를 더 이상 유지할 필요가 없는 사정변경이 생겼다고 보아야 한다(2013마198 결정).

제3절 소유권에 기한 물권적 청구권

Ⅰ. 개 관

소유권은 완전한 지배권으로서 절대성과 배타성을 가지는 권리이다. 따라서 소유자는 소유물을 침해당한 경우, 즉 소유권이 침탈 내지 방해당하고 있는 경우에는 그 내용의 실현을 위하여 그 소유물의 반환과 방해의 제거 및 예방을 청구할 수 있어야 한다. 이에 민법은 제213조 및 제214조에서 소유권에 기한 목적물 반환청구권과 소유물 방해제거 및 방해예방청구권을 규정하여 소유권의 실효성을 확보하고 있다.

소유권에 기한 물권적 청구권은 다른 물권에 준용된다. 제213조는 지상권, 전세권에 준용되며, 제214조는 지상권, 지역권, 전세권, 저당권에 준용된다(제290조 제1항, 제301조, 제319조, 제370조). 그러나 유치권과 질권에는 명문의 준용규정을 두고 있지 않다. 하지만 학설은 질권에는 소유권에 기한 물권적 청구권이 준용된다는 것이 통설이다. 유치권의 경우에는 유치권자가 그 물건에 대한 점유를 상실하는 때에는 물권적 청구권을 부여하지 않고 유치권 자체가 소멸한다(제328조). 물론 유치권자가 점유회수청구권을 행사하여(제204조 제1항), 점유를 회복한 경우에는 유치권은 소멸하지 않은 것으로 된다(제192조 제2항 단서).

소유권에 기한 물권적 청구권은 소유권으로부터 발생하는 권리로서 소유권과 분리하여 양도할 수 없으며(68다725 전원합의체 판결), 독립하여 시효로 인하여 소멸하지 않는다(반대설 있음). 그리고 소유권에 기한 물권적 청구권의 행사를 위하여 상대방의 귀책사유는 묻지 않으며, 침해 내지 방해행위가 위법하면 족하다. 물론 소유권에 기한 물권적 청구권과 계약상의 청구권, 부당이득반환청구권, 불법행위에 기한 손해배상청구권과는 경합할 수 있다.

Ⅱ. 소유물반환청구권

1. 의 의

소유자는 그 소유에 속한 물건을 점유한 자에 대하여 반환을 청구할 수 있다(제213조 본문). 다만, 점유자가 그 물건을 점유할 권리가 있는 때에는 반환을 거부할 수 있다(제213조 단서). 판례는 불법원인급여를 이유로 물건의 반환청구가 인정되지 않는 경우에는 소유권에 기한 물권적 청구권에 기해서도 그 반환을 청구할 수 없다고 한다(79다483 전원합의체 판결). 그리고 상속회복청구권에 기한 소유물의 반환에 대해서는 특별규정이 있다(제999조).

2. 요 건

(1) 소유물반환청구권의 주체는 사실심의 변론종결시를 기준으로 소유자이다. 다만, 동 청구권의 주체를 '점유를 잃은' 소유자로 해석하는 견해[57]가 있으나, 의문이다. 민법 제213조는 제204조와 달리 단순히 '소유자'로 규정하고 있으며, 또한 점유를 상실한 소유자로부터 소유권을 양수받은 자도 목적물반환청구권의 주체가 될 수 있어야 하기 때문이다.[58] 그리고 공유자도 여기서 말하는 소유자인 점에서, 공유물을 점유하고 있는 제3자 또는 다른 공유자에 대하여 그 물건을 자기에게 반환할 것을 청구할 수 있다. 즉, 공유자 전원에게 반환할 것을 청구하여야 하는 것은 아니다(93다9392, 9408 전원합의체 판결). 합유자도 마찬가지로 소유물반환청구권의 주체가 된다(제272조 단서. 4292민상191 판결).

한편 소유물반환청구권을 가지는 사람은 법적인 의미의 소유자인 점에서 사실상의 소유자(지방세법 제182조)라든가 사실상의 양수자(부동산 소유권 이전등기 등에 관한 특별조치법 제9조)는 이에 해당하지 않는다.[59] 또 명의신탁된 물건에 대해서는 수탁자만이 소유물반환청구권을 가지며 실질적 소유권을 가지는 신탁자는 직접 제3자에 대하여 동 청구권을 행사하지 못한다(77다1079 전원합의체 판결). 역시 소유권을 상실한 전 소유자는 제3자인 불법점유자에 대하여 소유권에 기한 물권적 청구권에 의한 방해배제를 구할 수 없다(68다725 전원합의체 판결, 80다7 판결).

(2) 소유물 반환청구권의 상대방은 현재 소유물을 점유함으로써 소유권을 침해하고 있는 자이다. 따라서 소유권을 침해한 자라고 하여도 그 물건을 다른 사람에게 인도하여 현실적으로 점유를 하고 있지 않은 이상 그 자를 상대로 하는 인도 또는 명도청구는 부당하다(70다1508 판결, 98다9045 판결). 특히 건물은 사회통념상 그 부지를 떠나서는 존재할 수 없는 것이므로 건물의 부지가 된 토지는 그 건물의 소유자가 점유하는 것으로 볼 것이고, 이 경우 건물의 소유자가 현실적으로 건물이나 그 부지를 점거하고 있지 아니하고 있더라도 그 건물의 소유를 위하여 그 부지를 점유한다고 보아야 한다(미등기건물의 양수인은 그러하지 아니하다. 2002다57935 판결). 따라서 건물의 소유자에게 그 건물이 차지하고 있는 대지의 반환을 청구할 수 있다. 간접점유자에 대하여도 동 청구권은 성립한다(81다187 판결). 이 경우 상대방의 고의・과실은 묻지 않는다.

다만, 상대방에게 점유할 권리, 즉 정당한 권원이 있으면 동 청구권을 행사할 수 없다(제213조 단서). 점유할 권리에는 지상권, 전세권, 유치권, 질권과 같이 점유를 그 권리의 내용으로 하는 제한물권이 이에 포함됨은 물론이다. 그리고 유치권자로부터 유치물을 유치하기 위한 방법으로 유치물의 점유 내지 보관을 위탁받은 자도 특별한 사정이 없는 한 점유할 권리가 있다(2011

57) 곽윤직, 물권법, 204면; 김증한/김학동, 물권법, 290면.
58) 이영준, 물권법, 560면.
59) 양창수, 민법주해(5), 210면.

다62618 판결). 건물소유를 위한 법정지상권도 점유할 권리에 해당한다(97다10314 판결). 또한 점유자가 소유자에 대하여 물건을 점유하는 것을 내용으로 하는 채권을 가지는 경우에도 그 점유자는 점유할 권리가 있다. 가령, 매매계약으로 인한 매수인의 점유는 점유할 권리에 기한 것이다(76다2461 판결). 그리고 동시이행의 항변권도 점유할 권리에 해당한다(77다1241, 1242 전원합의체 판결). 취득시효 기간이 완성된 점유자도 점유할 권리가 있다(87다카1979 판결). 사유지상에 무단으로 도로개설 내지 도로시설이 되어 있는 경우에도 도로법에 의하여 사권이 제한되므로 소유물반환청구권을 행사할 수 없다(92다19804 판결).

한편 순수한 자연력에 의하여 물건을 지배하게 된 경우에 물건의 소유자는 그 지배자에 대하여 소유물반환청구권을 행사할 수 있는지가 문제된다. 이 경우 소유물반환청구권이 성립하지 않는다는 견해[60]가 있으며, 이 때에는 순수한 자연력에 의한 것이기 때문에 곧바로 소유물반환청구가 인정되지 않는다고 새길 것이 아니라, 그 물건에 대한 상대방의 점유가 성립하는지 여부가 문제된다고 할 것이고, 대부분의 경우에는 이를 인정할 수 없기 때문에 소유물반환청구권이 부인된다고 할 것이라는 입장도 있다.[61] 이 경우에는 상대방의 점유가 성립하지 않는다고 보아 소유물반환청구권은 인정되지 않고, 오히려 상대방의 소유자에 대한 방해배제청구권이 문제된다고 할 것이다. 물론 이 경우 방해상태는 위법하여야 한다. 따라서 순수 자연력에 의한 방해의 경우에는 위법성을 인정할 수 없는 점에서 방해배제청구권도 성립하지 않는다고 할 것이다.

(3) 청구자는 목적물에 대한 소유권과 목적물을 상대방이 점유하고 있다는 사실을 주장·입증하면 되고, 상대방이 이러한 청구를 배척하려면 자신의 점유가 정당한 권원에 의한 것임을 주장·입증하여야 한다. 즉, 상대방은 점유할 권리가 있음을 입증하여야 한다. 이러한 범위에서 제200조의 점유의 적법추정은 제한된다(통설).

3. 내 용

(1) 소유물반환청구권의 내용은 목적물에 대한 점유의 이전을 청구하는 것이다. 따라서 상대방은 소유물의 점유를 이전하여야 한다. 점유의 이전은 현실의 인도인 것이 원칙이지만, 소유물반환청구권의 상대방이 간접점유자인 경우에는 그가 직접점유자에 대하여 가지고 있는 반환청구권의 양도를 청구하는 것이다.

판례➡ 건물의 소유자가 그 건물의 소유를 통하여 타인 소유의 토지를 점유하고 있다고 하더라도 그 토지소유자로서는 그 건물의 철거와 그 대지 부분의 인도를 청구할 수 있을 뿐, 자기 소유의 건물을 점유하고 있는 자에 대하여 그 건물에서 퇴거할 것을 청구할 수는 없다(98다57457, 57464 판결). 다만, 토지소유권의 실현에 부당한 곤란이 따름을 들어 퇴거청구를 인정하여야 한다는 견해가 있다.[62] 그런데 건물소유자가 아닌 사람이 건물을 점유하고 있다면 토지소유자는 그 건물 점유를 제거하지 아니하는 한 위의 건물철거 등을 실행할 수 없다. 따라서 그때 토지소유권은 위와 같은 점유에

---

60) 이영준, 물권법, 562면. 반대의 경우로는 백경일, 물권법, 303면.
61) 양창수, 민법주해(5), 216면.

의하여 그 원만한 실현을 방해당하고 있다고 할 것이므로, 토지소유자는 자신의 소유권에 기한 방해배제로서 건물점유자에 대하여 건물로부터의 퇴출을 청구할 수 있다. 그리고 이는 건물점유자가 건물소유자로부터의 임차인으로서 그 건물임차권이 이른바 대항력을 가진다고 해서 달라지지 아니한다(2010다43801 판결).

(2) 소유물의 반환은 그것이 소재하는 장소에서 하여야 한다(제467조 제1항 참조). 이 경우 소유물의 반환에 따르는 비용을 누가 부담하느냐의 문제는 책임의 문제에 속한다는 점에서, 점유물이 공작물이라면 제758조에 따라 그 위법상태가 점유자의 책임있는 사유로 발생한 경우에는 점유자가 비용을 부담하여야 할 것이다. 다만, 그 위법상태가 점유자의 책임없이 야기된 경우에는 점유물의 제거비용은 그 소유자가 부담한다고 할 것이다. 또한 점유물이 공작물이 아닌 경우에도 물건의 관리비용은 궁극적으로 소유자가 부담하여야 한다는 점에서, 점유물의 제거비용은 그 소유자가 부담한다고 하겠다. 결국 소유물반환청구권의 상대방인 점유자가 부담한다.[63]

Ⅲ. 소유물방해제거청구권

1. 의 의

소유권의 내용이 점유 이외의 방법으로 방해받는 경우에 소유자는 방해자에 대하여 그 방해의 제거를 청구할 수 있다(제214조 전단). 민법은 이를 지상권, 지역권, 전세권, 저당권에 준용한다(제290조 제1항, 제301조, 제319조, 제370조). 이러한 방해제거청구권은 토지·건물 등 부동산소유권의 방해의 경우에 중요한 기능을 담당하고, 동산소유권에 대한 방해의 경우에는 별로 문제되지 않는다.

한편 생활방해금지(제217조), 저수(貯水) 등 시설의 공사청구(제223조), 수지(樹枝) 등의 제거청구(제240조), 토지의 심굴금지(제241조), 경계건축(제242조), 차면시설의무(제243조), 지하시설 등에 대한 제한(제244조) 등 많은 규정들은 방해제거청구로서의 실질을 가지고 있으며, 인지사용청구(제216조)나 주위토지통행권(제219조) 등도 인지(隣地) 소유자에게 이러한 사용을 인용할 의무를 부과하고 그 배제를 청구할 수 없다는 점에서 이른바 소극적인 방해제거청구에 관한 규정이다. 따라서 이들 규정은 제214조에 대하여 특별규정의 지위에 있다고 할 수 있다. 그렇다고 이들 규정이 적용되는 범위에서 제214조의 적용이 배제된다고 이해할 것은 아니다.[64]

[사유지상의 도로를 통행할 수 있는 권원]

○ **법률행위에 기한 통행권**
- ► 임대차, 사용대차 등 채권계약에 의한 통행권

---

62) 양창수, 민법주해(5), 220면.
63) 동지: 양창수, 민법주해(5), 229면.
64) 양창수, 민법주해(5), 239면. 다만, 이영준, 물권법, 569면은 제217조에 의하여 규율할 수 있는 경우에는 별도로 소유물방해제거청구권이 성립하지 않는다고 한다.

판례 ➡ 채권계약에 터잡은 통행권은 지역권과 같이 물권적 효력이 있는 것이 아니고 채권적 효력만 갖는 것이므로, 계약을 체결한 상대방에 대해서만 통행권을 주장 청구할 수 있고 토지 자체를 지배하는 효력이 없을 뿐만 아니라 당사자가 변경되면 승계인에 대하여 통행권을 주장할 수 없는 것이 원칙이고, 따라서 채권계약에 터잡은 통행권에 관한 확정판결의 변론종결 후에 당해 토지를 특정승계취득한 자는 민사소송법 제204조 제1항의 변론종결 후의 승계인에 해당하지 아니하여 판결의 기판력이 미치지 않는다(92다30528 판결).

판례 ➡ 통행의 장소, 방법 등 통행권의 범위는, 약정통행권의 경우에는 당사자 사이의 구체적인 약정의 내용에 의하여 정하여지고, 법정통행권의 경우는 민법 제219조 제1항에 의하여 통행권을 가진 자에게 필요할 뿐만 아니라 이로 인한 주위토지 소유자의 손해가 가장 적은 장소와 방법의 범위 내에서 인정되어야 하며, 그 범위는 결국 사회통념에 비추어 쌍방토지의 지목과 지형적, 위치적 형상 및 그에 따른 이용관계, 부근의 지리상황, 상인지 이용자의 이해득실 기타 제반 사정을 참작한 구체적 사정에 따라 합목적적으로 판단하여야 한다(92다30528 판결).

► 지역권, 전세권의 설정에 의한 물권적 통행권

판례 ➡ 분양택지들을 매각하면서 토지 중 일부를 분양택지들을 위한 도로로 제공한 것이 아니라 다만 토지의 매수인으로서 그 부분에 대한 다른 택지소유자들의 통행을 묵인한 것에 불과하다면 묵시적인 지역권설정계약이 성립되었다고 볼 여지가 없다(90다15167 판결).

○ **법률의 규정에 따른 통행권**

► 주위토지통행권(유상 · 무상) ⇒ 기존의 통행로가 있는 경우 통행장소와 통로의 폭이 문제된다.

판례 ➡ 어느 토지가 타인 소유의 토지에 둘러싸여 공로에 통할 수 없는 경우뿐만 아니라, 별도의 진입로가 이미 있다고 하더라도 그 진입로가 당해 토지의 이용에 부적합하여 실제로 통로로서의 충분한 기능을 하지 못하거나 통로를 개설하는 데 과다한 비용을 요하는 때에는 민법 제219조에 의한 주위토지통행권이 인정될 수 있다(92다36311 판결, 2002다53469 판결, 2012마1417 결정).

판례 ➡ 민법 제219조에 정한 주위토지통행권은 인접한 토지의 상호이용의 조절에 기한 권리로서 토지의 소유자 또는 지상권자, 전세권자 등 토지사용권을 가진 자에게 인정되는 권리이다. 따라서 명의신탁자에게는 주위토지통행권이 인정되지 아니한다(2007다22767 판결).

판례 ➡ 민법 제219조에 규정된 주위토지통행권은 공로와의 사이에 그 용도에 필요한 통로가 없는 토지의 이용이라는 공익목적을 위하여 피통행지 소유자의 손해를 무릅쓰고 특별히 인정되는 것이므로, 그 통행로의 폭이나 위치 등을 정함에 있어서는 피통행지의 소유자에게 가장 손해가 적게 되는 방법이 고려되어야 할 것이고, 어느 정도를 필요한 범위로 볼 것인가는 구체적인 사안에서 사회통념에 따라 쌍방 토지의 지형적 · 위치적 형상 및 이용관계, 부근의 지리상황, 상린지 이용자의 이해득실 기타 제반 사정을 기초로 판단하여야 하며, 토지의 이용방법에 따라서는 자동차 등이 통과할 수 있는 통로의 개설도 허용되지만 단지 토지이용의 편의를 위해 다소 필요한 상태라고 여겨지는 정도에 그치는 경우까지 자동차의 통행을 허용할 것은 아니다(2005다70144 판결).

판례 ➡ 분할 또는 토지의 일부 양도로 인하여 공로에 통하지 못하는 토지가 생긴 경우에 분할 또는 일부 양도 전의 종전 토지 소유자가 그 포위된 토지를 위하여 인정한 통행사용권은 직접 분할자, 일부 양도의 당사자 사이에만 적용되므로, 포위된 토지 또는 피통행지의 특정승계인의 경우에는 주위토지통행권에 관한 일반원칙으로 돌아가 그 통행권의 범위를 따로 정하여야 한다(96다33433, 33440 판결).

► 관습상의 통행권(통행지역권의 전단계의 권리, 2001다64165 판결은 이를 부정한다)

판례 ➡ 민법 제185조는, "물권은 법률 또는 관습법에 의하는 외에는 임의로 창설하지 못한다"고 규정하여 이른바 물권법정주의를 선언하고 있고, 물권법의 강행법규성은 이를 중핵으로 하고 있으므로, 법률(성문법과 관습법)이 인정하지 않는 새로운 종류의 물권을 창설하는 것은 허용되지 아니한다. 관습상의 통행권은 성문법과 관습법 어디에서도 근거가 없으므로, 관습상의 통행권이 있다고 판단하여 통행권 확인 청구를 인용한 것은 물권법정주의에 관한 법리를 오해하여 판결 결과에 영향을 미친 위법을 저지른 것이다(2001다64165 판결).

► 통행지역권(시효취득)

판례 ➡ 민법 제294조의 규정에 의하여 지역권은 계속되고 표현된 것에 한하여 민법 제245조의 규정을 준용하도록 되어 있으므로, 통행지역권은 요역지의 소유자가 승역지 위에 도로를 설치하여 승역지를 사용하는 객관적 상태가 민법 제245조에 규정된 기간 계속된 경우에 한하여 그 시효취득을 인정할 수 있다(78다2482 판결, 92다20385 판결 등).

판례 ➡ 통로의 개설이 없는 일정한 장소를 오랜 시일 통행한 사실이 있다거나 또는 토지의 소유자가 다만 이웃하여 사는 교분으로 통행을 묵인하여 온 사실이 있다고 하더라도 그러한 사실만으로는 지역권을 취득할 수 없고 본조에 의하여 지역권을 취득함에 있어서는 요역지의 소유자가 승역지상에 통로를 개설하여 승역지를 항시 사용하고 있는 객관적 상태가 민법 제235조에 규정된 기간 계약한 사실이 있어야 한다(65다2305, 2306 판결).

► 도로법 등에 의한 자유통행권(95다2203 판결, 2002다9202 판결은 이를 사법상의 권리로 보지 않는다)

판례 ➡ 어떠한 토지가 일반 공중의 통행에 제공되는 상태에 있다는 사유만으로 이를 통행하고자 하는 사람이 그 통행을 방해하는 사람에 대하여 당연히 지장물의 제거 등을 포함하여 방해의 배제를 구할 수 있는 사법상 권리를 갖게 되는 것은 아니다. 다만 통행의 방해가 특정인에 대하여만 이루어지고 그로 인하여 일상생활에 지장을 초래하는 때와 같이 통행방해행위가 특정인의 통행의 자유에 대한 위법한 침해로서 민법상 불법행위를 구성한다고 평가될 정도에 이른 경우에는 그 금지를 구하는 것이 허용될 수도 있다(95다2203 판결, 2010다63720 판결, 2012마1417 결정).

2. 요 건

(1) 방해제거청구권자는 소유권의 내용의 실현이 점유의 상실 이외의 방법으로 방해받고 있는 자이다. 제한물권을 설정한 경우에도 토지소유권자는 방해제거청구권을 행사할 수 있다. 가령, 토지소유권은 그 토지에 대한 지상권 설정에 있어서도 그 권리의 전부 또는 일부가 소멸하는 것은 아니고 지상권의 범위에서 그 권리행사가 제한되는 것에 불과하며 지상권이 소멸되면 토지소유권은 완전한 제한없는 권리로 회복되는 것이므로, 소유자가 그 토지에 대하여 지상권을 설정하여도 그 토지를 불법으로 점유하는 자에 대하여 방해제거를 구할 수 있는 물권적 청구권이 있다(74다1150 판결). 그러나 차양(遮陽)시설을 목적으로 도로의 공간 점용허가를 받은 후 매년 그에 관하여 점용기간 연장허가를 받아 온 사실만으로는 그 도로 지상에 설치된 시설물의 철거와 그 부지의 인도를 구할 권원이 없다(97다19373 판결).

판례 ➡ 재산을 타인에게 신탁한 경우, 대외적인 관계에 있어서는 수탁자만이 소유권자로서 그 재산에 대한 제3자의 침해에 대하여 배제를 구할 수 있고, 신탁자는 수탁자를 대위하여 수탁자의 권리를 행사할 수 있을 뿐, 직접 제3자에게 신탁재산에 대한 침해의 배제를 구할 수 없다(77다1079 전원합의체 판결). 다만, 부동산의 양도담보설정자는 그 부동산의 등기명의가 양도담보권자 앞으로 되어 있다고 할지라도 그 부동산의 불법점유자인 제3자에 대하여는 그 실질적 소유자임을 주장하여 불법점유 상태의 배제권을 행사할 수 있다(87다카2696 판결).

(2) 여기서 '방해'란 소유권에 의하여 법적으로 보장되는 물건에 대한 전면적 지배의 권능(사용, 수익, 처분권능. 제211조 참조)이 타인의 개입에 의해서 실현되지 못하고 있는 상태를 의미한다. '방해'가 인정되기 위해서는 방해되는 물건 및 그에 대한 소유권이 현존하여야 한다. 따라서 소유권이 목적물의 멸실 등으로 인하여 소멸한 때에는 방해제거청구권도 생길 여지가 없다. 이 경우 판례는 등기말소청구 등 방해배제청구권의 실현이 객관적으로 불능이 되었다고 하여 등기말소 등 의무자에 대하여 그 권리의 이행불능을 이유로 제390조상의 손해배상청구권을 행사할 수 없다고 한다(2010다28604 전원합의체 판결). 그리고 방해는 이미 과거에 종결되어 버린 것이어서는 안되고, 현재(사실심변론종결 당시)도 지속되고 있어야 한다(70다2600 판결). 방해가 이미 종결된 경우에 소유자가 입은 손해는 불법행위법의 원칙에 따라 전보받을 수 있다. 다만, 점유자와 회복자 사이의 부수적 이해조정에 관한 규정에 의하여 선의·자주점유자의 책임은 현존이익의 한도로 제한된다(제202조).

한편 타인의 토지에 계약위반 또는 불법으로 쓰레기를 매립한 경우에 이는 채무불이행 또는 불법행위로서 손해배상책임이 발생한다. 문제는 이 경우 계약위반 또는 불법으로 매립한 쓰레기가 토지소유권을 방해하는 것으로 보아 토지소유자는 매립된 쓰레기의 수거를 청구할 수 있는가에 있다. 가령, 성토를 목적으로 한 도급계약의 수급인이 약정에 위반한 쓰레기를 매립한 경우에, 수급인은 도급계약 위반에 따른 손해배상책임 이외에 소유권침해를 들어 불법 매립한 쓰레기의 수거 내지 제거의무를 부담하는가에 대하여, 대법원은 쓰레기 매립으로 조성한 토지에 소유권자가 매립에 동의하지 않은 쓰레기가 매립되어 있다 하더라도 이는 과거의 위법한 매립공사로 인하여 생긴 결과로서 소유권자가 입은 '손해'에 해당한다 할 것일 뿐, 그 쓰레기가 현재 소유권에 대하여 별도의 침해를 지속하고 있다고 볼 수 없다는 이유로 소유권에 기한 '방해'배제청구권을 행사할 수 없다고 한 바 있다(2003다5917 판결). 그런데 대법원은 전원합의체 판결을 통해서 토지에 폐기물이 매립되면, 그것이 토지의 토사와 물리적으로 분리할 수 없을 정도로 혼합되어 토지의 일부를 구성하게 되지 않는 이상, 토지소유자의 소유권을 방해하는 상태가 계속되며, 이에 따라 폐기물을 매립한 자는 그 폐기물이 매립된 토지의 소유자에 대하여 민법상 소유물방해제거의무의 하나로서 폐기물처리의무를 부담할 수 있다고 하여 사실상 그 태도를 변경하였다(2009다66549 판결).

물론 방해는 위법한 것이어야 한다. 방해가 위법한 것이 아니면 소유자는 방해의 제거를 청구할 수 없다. 따라서 방해가 소유권과 같은 물권이나 채권에 기한 것이라든가 상린관계의 규정이나 특별법에 의해서 타인의 방해를 인용하여야 하는 경우에는 방해제거청구권은 인정되지 않는다. 즉, 방해를 정당화하는 사유가 존재하면 방해제거청구권은 인정되지 않는다. 이를 판단함에 있어서는 소유자가 그러한 방해를 수인할 의무가 있는가를 사회통념에 비추어 검토하여야 한다(95다23378 판결).[65]

그리고 이 경우 '방해'에는 이른바 소극적 방해도 포함된다고 할 것이다.[66] 이를 배제할 이유가 없고 방해의 유무는 방해당하는 물건 소유자의 입장에서 판단할 것이기 때문이다.[67] 가령, 토지소유자가 자신의 토지에 공작물을 설치함으로써 이웃 건물의 채광을 어렵게 하는 등으로 인하여 인근 건물소유자의 건물 사용수익이 실질적으로 침해되는 결과를 초래하였다면 건물소유권에 기한 방해제거청구권을 행사하여 토지소유자를 상대로 그 공작물의 철거를 구할 수 있다(2010다59783 판결). 그런데 정신적 침해의 경우는 문제이다. 이에 대해서는 이 경우도 본조의 방해에 포함된다는 견해[68]와 정신적 침해의 경우는 보다 엄격한 요건 내지 이익형량을 요구하는 인격권 침해에 의한 방해제거청구권만을 허용하는 것이 타당하다는 견해[69]가 있다. 다만, 그 침해가 단순히 정신적인 것이 아니고 어떠한 유형적인 모습을 가지게 되는 경우에는 소유권에 기한 방해제거를 허용할 것이라고 한다. 인격적 침해에 관하여도 소유권에 기한 방해제거청구권의 법리가 유추적용된다는 점에서 정신적 침해의 경우에도 본조 소정의 방해제거청구가 인정된다고 할 것이다.

65) 그리고 제217조 제2항 및 독일 민법 제1004조 제2항도 참조. 다만, 우리 민법에는 독일 민법 제1004조 제2항에 대응하는 규정을 두고 있지 않다는 점, 또 제217조 제2항은 독일 민법 제906조에 해당하는 규정이라는 점에서 검토의 여지는 있다.
66) 이영준, 물권법, 519면.
67) 양창수, 민법주해(5), 245면.
68) 이영준, 물권법, 569면; 김증한/김학동, 물권법, 299면; 백경일, 물권법, 306면.
69) 양창수, 민법주해(5), 245면.

(3) 방해제거청구의 상대방은 현재 방해 상태를 지배하는 지위에 있는 자이다(65다218 판결). 여기서 방해 상태를 지배하는 지위에 있는지 여부는 그 방해를 발생시켰다는 사정과는 무관한 것이다.[70] 가령, 임야의 소유권에 터잡아 분묘의 철거를 청구함에 있어서는 분묘의 설치를 누가 하였건 현재 그 침해의 배제행위를 할 수 있는 분묘의 관리처분권을 가진 자를 상대로 하여야 한다(67다2073 판결). 그리고 공동상속인들의 건물철거의무는 그 성질상 불가분채무라고 할 것이므로 각자 그 지분의 한도 내에서 건물 전체에 대한 철거의무를 진다(80다756 판결, 68다1102 판결). 따라서 토지소유자는 반드시 공동상속인 전원을 상대로 건물철거청구를 할 필요는 없다.

판례는 건축물의 철거는 그 소유권의 종국적 처분에 해당하는 것이므로 원칙적으로 소유자만이 그 철거처분권이 있다고 할 것이나, 미등기건물을 전 소유자로부터 매수하여 점유하고 있는 이상, 그 권리의 범위 내에서는 그 점유 중인 건물에 대하여 법률상 또는 사실상 처분을 할 수 있는 지위에 있고 그 건물이 건립되어 있음으로써 불법하게 점유를 당하고 있는 대지소유자는 위와 같은 지위에 있는 건물점유자에게도 그 철거를 요구할 수 있다고 한다(66다2228 판결, 92다48963 판결 등). 그런데 미등기건물의 양수인이 건물에 대하여 법률상 또는 사실상 처분할 수 있는 지위에 있는지는 의문이 있다. 건물을 점유할 수 있다고 하여 점유자에게 그 점유하는 건물의 처분권한이 법률상 인정된다고 볼 수는 없기 때문이다. 또한 미등기건물을 양수하면서 양수인이 양도인으로부터 건물의 처분권을 부여받았다고 하더라도 그러한 처분권을 대세적인 권리로 파악할 수는 없기 때문이다. 물론 판례는 미등기건물의 원시취득자를 탐색하여야 하는 등 소유권의 실현에 과도한 부담을 줄 수 있다는 점, 건물의 존속 여부에 대하여 현실적으로 가장 첨예한 이해관계를 가지는 자는 현재의 점유자인 양수인이라는 점에서 그 근거를 찾고 있는 것으로 보인다. 방해 상태를 지배하고 있는가의 여부는 사실심변론종결시를 기준으로 한다.

판례 ➡ 가등기에 기한 소유권이전등기청구권이 시효의 완성으로 소멸된 경우 그 가등기 이후에 부동산을 취득한 제3자는 그 소유권에 기한 방해배제청구로서 그 가등기권자에 대하여 본등기청구권의 소멸시효를 주장하여 그 가등기의 말소를 청구할 수 있다(90다27570 판결).

이 경우 상대방에게 고의·과실 등 귀책사유가 있어야 하는 것은 아니다(통설). 문제는 방해가 타인의 행위로 생긴 경우뿐만 아니라 자연력에 기하여 생긴 경우에도 방해배제청구권의 성립을 인정할 것이냐이다. 이는 방해가 사람의 행태에 연원해야 하는 것인가의 문제이다. 방해가 순수한 자연력에 의하여 생긴 경우에도 방해물의 소유자가 방해제거의무를 부담하는 것이 타당하다는 견해[71]와 방해제거청구권의 상대방은 침해에 대하여 원인을 부여하는 의사적 행위를 한 자이어야 하므로, 순수한 자연력에 귀착될 수 있는 침해는 소유물방해제거청구권의 대상으로 되지 않는다는 견해[72]가 있다.

---

70) 곽윤직, 물권법, 206면.

71) 곽윤직, 물권법, 206면; 서광민, "물권적 청구권에 관한 일고찰", 498면. 이른바 상태책임설.

생각건대 홍수·태풍·폭우·폭설·지진 사태의 경우와 같이 순수한 자연력에 의하여 발생한 방해 상태는 일반적 생활위험인 것으로 그의 위법성을 인정하기 어렵다는 점에서 소유물반환청구권을 행사할 수 없음은 물론이고 방해제거청구권도 성립하지 않는다고 보아야 할 것이다.[73] 이 경우 점유자는 자기의 비용으로 방해를 제거할 수 있고, 방해물의 소유자는 이것을 인용해야 할 것이다.

3. 내 용

소유권을 방해하는 자에 대하여 방해의 제거를 청구하는 것이다. 이 경우 방해의 제거는 그것이 가능한 범위에서 허용된다(85다카557 판결). 유의할 것은 방해제거청구권은 방해 결과의 제거를 내용으로 하는 것이 아니고(이는 손해배상법의 영역이다), 현재 계속되고 있는 방해의 원인을 제거하는 것을 내용으로 한다.[74] 이는 마치 소유물반환청구의 경우에 점유자는 소유물을 반환할 의무를 부담할 뿐이고, 그 점유로 인한 결과까지, 가령 수취한 과실을 반환하는 것 등은 그 권리의 내용이 아닌 것과 같다(이 문제는 후술하는 점유자와 회복자 사이의 법률관계로서 처리된다. 제201조 참조). 따라서 불법설치물로 소유자에게 손해가 발생한 경우에 손해 자체는 방해의 결과로서 손해배상법의 영역이고, 이 경우 방해제거청구의 내용은 설치물의 제거이다(97다19373 판결). 방해제거행위에 따른 비용은 상대방이 부담하여야 한다.

판례 ➡ 민법 제214조의 소유권에 기한 방해배제청구는 현재 계속되고 있는 방해의 원인을 제거하는 것을 내용으로 하여야 하므로, 방해자에 대하여 그 방해행위를 장래를 향하여 무력화할 것을 요구하는 방식으로 행사되어야 한다(2009다3494, 3500 판결).

Ⅳ. 소유물방해예방청구권

1. 의 의

소유자는 그 소유권을 방해할 염려가 있는 행위를 하는 자에 대하여 그 예방이나 손해배상의 담보를 청구할 수 있다(제214조 후문). 이를 방해예방청구권이라 한다.

2. 요 건

(1) 방해예방청구권자는 소유권의 실현이 방해될 염려가 있는 소유권자이다. 상대방은 소유권을 방해하는 행위를 할 염려가 있는 자이다. 즉, 방해 염려가 있는 사정을 그의 지배범위 내에 가지고 있는 자이다.

(2) 방해의 염려란 방해가 현존하고 있지는 않으나 장래 발생할 개연성이 있는 것을 말한다. 이 경우 이미 한번 방해행위가 있을 것을 그 권리의 발생요건으로 요구하지는 않는다.[75] 그리고

---

72) 이영준, 물권법, 570면. 이른바 행위책임설.

73) 동지: 이은영, 물권법, 451면; 김진우, "물권적 수거청구권", 저스티스 통권 제76호(2003. 12), 122면.

74) 양창수, 민법주해(5), 243-4면.

방해의 염려는 방해의 발생을 기다리지 않고서 곧바로 예방수단을 취할 것을 인정하는 것이므로, 그 염려는 객관적 사실에 기하여 인정되는 것이어야 하며, 주관적 의심이나 신념에 기한 것이어서는 안 된다. 즉, 방해 염려의 판단은 객관적으로 결정되어야 하며, 그 염려 내지 개연성이 커야 한다(94다50533 판결).

3. 내 용

소유자는 소유권을 방해할 염려가 있는 자에 대하여 그 예방이나 손해배상의 담보를 청구할 수 있다. 방해의 예방이란 방해의 염려가 있는 원인을 제거하여 방해의 발생을 미연에 방지할 수 있는 적절한 조치를 하는 것을 말한다. 이에 대해서는 상대방의 부작위뿐 아니라 작위도 요구할 수 있다.[76] 손해배상의 담보란 장래 방해가 현실화할 경우에 상대방이 부담할 손해배상의무를 미리 담보하는 것이다. 손해배상의 담보청구에는 상대방의 고의·과실을 요하지 않는다. 소유자는 방해의 예방과 손해배상의 담보를 모두 청구할 수는 없으며, 그 중 하나를 선택하여 행사하여야 한다.[77]

Ⅴ. 소유물반환청구권의 행사에 따른 부수적 이해조정

1. 개 설

소유자는 그 소유에 속한 물건을 점유하는 자에 대하여 그 반환을 청구할 수 있다(제213조 본문). 이 경우 점유자는 소유권 자체가 아니라 물건의 점유를 반환할 의무를 부담하게 된다. 그런데 점유자가 반환하여야 할 물건을 점유하는 동안 그 물건으로부터 과실이 발생했거나 점유자가 물건을 사용함으로써 일정한 이익을 얻은 경우라든가 혹은 점유자의 책임있는 사유로 점유물이 멸실·훼손된 경우 또는 점유자가 물건에 일정한 비용을 지출한 때에는, 점유자가 물건의 점유를 소유자에게 반환하는 것만으로는 문제를 완전히 해결할 수 없다. 가령, 훔친 자동차를 점유자가 이용하면서 훼손한 경우에 소유자는 사용에 의한 이익의 반환과 훼손에 따른 손해의 배상을 요구하고자 할 것이다. 반대로 점유자가 자동차를 수리한 경우에는 소유자에 대하여 비용의 상환을 요구하고자 할 것이다.

민법은 부당이득이나 불법행위의 규정과는 별도로 이른바 물권적 반환청구권에 따르는 부수적 이해조정을 위하여 제201조 내지 제203조를 두고 있다. 제201조는 과실의 반환 여부에 대하여, 제202조는 점유물이 점유자의 책임있는 사유로 멸실 또는 훼손된 경우 책임내용에 대하여, 제203조는 점유자가 점유물에 대하여 비용을 지출한 경우 그 상환에 대하여 규정하고 있다.

---

75) 양창수, 민법주해(5), 248면.
76) 곽윤직, 물권법, 207면.
77) 곽윤직, 물권법, 207면.

2. 선의점유자의 과실취득권

(1) 제201조의 취지

제201조 제1항에서 선의의 점유자에게 점유물의 과실취득권을 인정하고 있는 이유는, 보통 점유자는 과실을 수취하여 소비하게 되는데 후에 소유자로부터 원물의 반환을 청구당한 경우에 그 과실까지도 반환하게 하는 것은 그 과실을 얻기 위하여 적지 않은 노력과 자본을 들였을 것임에 비추어 너무 가혹하기 때문이다(통설).

(2) 과실취득권의 성질

제201조 제1항 소정의 과실을 취득한다는 의미가 무엇인지에 대해서는 견해가 갈린다. 선의의 점유자의 적극적인 과실취득권을 의미하는 것이냐,[78] 아니면 반환의무를 면제하는 것이냐가 문제된다.[79] 만약 반환의무를 면제하는 것으로 이해하면, 소비하지 않고 현존한 것이 있으면 원권리자에게 반환하여야 한다. 판례는 적극적인 과실취득권으로 새긴다(81다233 판결).

생각건대, 부당이득반환에 관한 규정(제741조, 제748조)과 별도로 선의의 점유자의 과실취득권을 규정하고 있는 것은 부당이득에 관한 규정을 배척하고자 하는 것이므로(67다2272 판결), 과실의 소비 여부에 상관없이 선의의 점유자는 과실을 적극적으로 취득할 수 있다고 새겨야 할 것이다. 만약 제201조 제1항을 축소해석하여, 선의의 점유자라도 현존하는 과실에 대해서는 부당이득에 기한 반환의무를 부담한다고 하면, 점유자가 과실을 취득한 때에는 통상의 필요비는 청구할 수 없다는 제203조 제1항 단서와 충돌하게 된다는 점도 유의할 필요가 있다.

이러한 법리는 선의점유자가 점유를 무상으로 취득한 경우에도 적용되는가. 명문의 규정(독일 민법 제988조는 선의이더라도 무상으로 점유를 취득한 자의 과실취득권을 부인한다)이 없는 한 그와 같이 해석하는 것은 적절하지 않다는 견해[80]와 과실취득권을 부인하는 것이 형평에 부합하고 선의취득 및 부당이득의 경우와 균형이 맞는다는 이유로 이를 부인하자는 견해[81]가 있다. 부인설은 무상점유자의 과실은 부당이득법에 의하여 소유자에게 반환하여야 한다고 새긴다.

무상으로 점유를 취득하였다고 하여 그를 악의의 점유자로 볼 근거가 없다는 점에서 부정설은 문제가 있다. 하지만, 점유자의 노력과 비용의 지출 없이 과실 내지 사용이익을 얻었다면 이를 소유자에게 반환함이 균형에 맞는다고 하겠다(76다661 판결). 가령, 집의 가재도구를 정리하는 과정에서 잠시 동안 집 밖에 내놓은 책상을 버린 것으로 잘못 알고 타인이 가져다 사용한 경우에, 그 타인은 주인에게 사용이익을 반환할 필요없이 책상만을 돌려주어도 되는가, 아니면 그 사용이익이 현존하면 그것도 반환해야 할 것인가? 이 경우에는 제748조 제1항에 따라 현존이익의 범위에서 그 사용이익을 반환하는 것이 타당하다고 할 것이다.

---

78) 고상룡, 물권법, 219면.
79) 곽윤직, 물권법, 155면.
80) 김증한/김학동, 물권법, 230면.
81) 이영준, 물권법, 381면.

(3) 과실취득의 요건

① **점유자가 선의이어야 한다.** 선의의 점유자라 함은 과실취득권을 포함하는 권원(소유권, 지상권, 전세권, 임차권 등)이 있다고 믿은 점유자를 말한다(94다27069 판결). 따라서 과실취득권을 수반하지 않는 권리인 질권과 유치권이 있다고 오신한 경우에는, 선의였더라도 과실을 취득하지 못한다(69다1234 판결). 또한 점유할 권리가 있다고 오신하였다면 그 권리가 물권적 성질을 가진 것인지, 채권적 성질을 가진 것인지를 불문한다.[82] 가령, 무효인 매매계약에 기하여 목적물을 인도받아 사용·수익한 매수인은 그 부동산의 소유권을 취득하지 못한 경우에도 그 매매계약의 유효를 믿었다면 매수인은 선의의 점유자에 해당한다. 다만, 계약이 무효인 경우 과실의 반환 여부에 대해서는 후술하는 바와 같이 견해가 갈린다.

그러나 과실을 수취하였더라도 그것이 점유가 인정되지 않은 상태에서 일어난 경우에는 비록 점유자가 과실(또는 사용이익)을 수취할 본권이 있다고 믿은 경우에도 제201조가 적용되지 않는다.[83] 따라서 성질상 점유가 허용되지 않는 특허권 등의 무체재산권을 권원 없이 사용한 자는 비록 그가 선의이더라도 이득의 반환을 거부할 수 없다.

문제는 점유자가 과실(過失)로 권원이 있다고 오신한 경우에도 선의의 점유자로서 과실취득권이 인정되느냐이다. 과실의 유무는 이를 묻지 않는다는 견해가 있으며,[84] 오신한 데 대하여 중대한 과실이 있다고 하더라도 악의로 되는 것은 아니라는 견해도 있다.[85] 점유자에게 과실이 있는 경우에도 과실취득권을 인정하게 되면, 선의의 점유자에게 과실취득권을 인정하면서 그에게 과실(過失)이 있는 경우에 불법행위책임을 부담하게 되어 법률관계가 복잡해질 염려는 있다.

그런데 과실있는 선의의 점유자에게 과실취득권을 인정하지 않으면 수취한 과실을 반환하여야 하고, 또 불법행위로 인한 손해배상책임도 부담하게 되어 점유자에게 가혹하다는 점에서 과실있는 선의의 점유자의 과실취득권을 인정함이 타당하다. 판례는 선의점유자의 과실취득권을 인정하면서도 과실을 들어 불법행위로 인한 손해배상청구권을 인정한다(66다994 판결). 다만, 학설 중에는 선의의 점유자에게는 과실에 의한 불법행위가 성립할 수 없다는 견해가 있다.[86]

② **점유자가 과실을 수취하여야 한다.** 과실에는 천연과실(제101조 제1항) 뿐 아니라 법정과실(제101조 제2항)을 포함한다. 또한 법정과실 자체는 아니지만 점유물의 사용이익도 과실과 마찬가지로 취급하여야 한다는 것이 통설·판례이다(81다233 판결). 본래 점유권 자체로부터는 타인 소유의 물건을 사용·수익할 권능은 발생하지 않기 때문이다. 다만, 점유자가 원물을 매도한 경우의 매매대금이라든가 점유물의 소비는 과실이 아니므로 취득의 대상이 아니다. 따라서 이는 부당이득법에 따라 반환하여야 한다(제748조).

③ **과실을 수취할 때에 목적물반환관계**(소유물반환관계)**가 존재하여야 한다.** 제201조 내지 제

82) 양창수, 민법주해(4), 379면.
83) 김증한/김학동, 물권법, 229면.
84) 곽윤직, 물권법, 155면; 백경일, 물권법, 250면.
85) 이영준, 물권법, 378면. 독일 민법 제932조 제2항은 이 경우 선의가 아니라고 규정한다.
86) 양창수, 민법주해(4), 394면.

203조는 목적물반환청구권을 행사하는 경우에 부수적으로 발생하는 법률관계를 규율하기 위한 규정이라는 점[87]에서, 이들 규정이 적용되기 위해서는 점유자와 회복자(소유자) 사이에 목적물반환관계가 존재하는 경우이어야 한다. 따라서 과실을 수취할 당시에 점유자에게 점유할 권리가 있기 때문에 제213조 단서에 따라 목적물반환청구가 인정되지 않는 경우에는 제201조가 적용되지 않고 목적물의 점유를 정당화하는 법률의 규정이 적용된다. 계약이 해제된 경우에도 부당이득에 관한 특별규정인 제548조가 적용되고 제201조 제1항을 적용할 것은 아니다.

(4) 과실취득의 효과

제201조 제1항은 선의점유자에게 수취한 과실을 적극적으로 취득할 권리를 부여하는 규정이다. 따라서 비록 선의의 점유자가 과실을 취득함으로써 타인에게 손해를 입혔다 할지라도 그 과실취득으로 인한 이득을 그 타인에게 반환할 의무는 없다(86다카1996, 1997 판결). 즉, 과실취득권이 인정되는 범위에서는 부당이득의 문제는 발생하지 않는다(77다2169 판결). 다만, 선의의 점유자에게 과실취득권이 있다하여 불법행위로 인한 손해배상책임까지 배제되는 것은 아니다(66다994 판결).

3. 악의점유자의 과실반환의무

(1) **악의점유자는 수취한 과실을 반환하여야 한다**(제201조 제2항 전단). 악의의 점유자란 폭력 또는 은비에 의한 점유자(제201조 제3항)를 말한다. 물론 과실취득권이 없는 본권에 관하여 오신한 자도 처음부터 악의의 점유자로 된다. 그리고 점유자가 점유 취득 당시에 선의였더라도 점유자가 후에 점유할 권리가 없음을 알게 된 때에는 그 때로부터 악의의 점유자로 된다(77다550 판결).

또한 선의의 점유자가 본권에 관한 소에서 패소한 때에는 그 소를 제기한 때로부터 악의의 점유자로 된다(제197조 제2항). 따라서 타인의 점유물을 점유하는 자가 소유자로부터 인도청구의 소가 제기되었음에도 불구하고 이를 계속 점유하여 오다가 그 소에서 패소하였을 때에는 그 소가 제기된 때부터 악의의 점유자가 되는 것이고, 그러한 점유자의 제소 이후의 점유는 일면에 있어서 소유자의 권리를 침해하는 불법행위를 구성하므로 소유자는 그 점유자에 대하여 그 선택에 따라 악의점유자에 대한 과실(果實)반환청구권 또는 불법행위로 인한 손해배상청구권을 행사할 수 있다(4293민상704 판결). 그러나 제소 이전에는 선의의 점유자라고 보아야 하므로 그 제소 이전에 수익한 부분은 취득할 권원이 있다고 할 것이므로 그 부분은 반환할 의무가 없다(66다939 판결).

이 경우 본권에 관한 소는 소유물반환청구소송(66다939 판결), 등기의 말소청구소송(86다카1327 판결, 2000다14934, 14941 판결) 등 소유권에 기하여 제기된 일체의 소송이 포함된다고 할 것이다.[88] 다만, 이 경우 소(訴)는 권리귀속에 관한 소로서 엄격하게 해석하여야 한다는 견해[89]도

87) 양창수, 민법주해(4), 351면; 김증한/김학동, 물권법, 226면.
88) 김증한/김학동, 물권법, 229면; 양창수, 민법주해(4), 388면.
89) 이영준, 물권법, 380면은 88다카3618 판결을 예로 든다.

있다.

그리고 통설・판례에 따르면 악의의 점유자가 반환해야 할 과실에 사용이익이 포함된다. 이 경우 사용이익은 점유자가 물건을 사실상 이용하였는가를 고려함이 없이 발생하며, 보통 통상의 차임 등에 상당하는 가액이 사용이익으로 고려된다(96다47586 판결, 2006다56367 판결도 참조). 한편 사해행위의 취소 및 원상회복은 책임재산의 보전을 위하여 필요한 범위 내로 한정되어야 하므로, 사해행위 취소로 인한 원상회복으로 부동산을 반환하는 경우에는 그 사용이익이나 임료 상당액을 반환해야 하는 것은 아니다(2007다69162 판결).

문제는 악의점유자가 과실(사용이익도 포함)을 반환하는 경우에 그 반환범위이다. 부당이득의 반환범위에 관한 제748조 제2항에 의하면 악의의 수익자는 그 받은 이익에 이자를 붙여 반환하고 손해가 있으면 이를 배상하여야 한다. 이와는 달리 제201조 제2항에 따르면 악의의 점유자는 수취한 과실 또는 그 대가를 반환하여야 하는데, 그 받은 이익에 이자를 붙여 반환하여야 하는지에 대해서는 명확하지 않다. 즉, 제201조 제2항에 따라 법정과실인 임료 상당의 사용이익을 반환하면 족한 것인지 아니면 제748조 제2항에 따라 임료 상당의 사용이익에 법정이자를 가산하여 반환하여야 하는지 문제된다.

이에 대하여는 점유로 인한 과실의 반환에 관해서는 제201조 제2항이 우선적으로 적용된다는 견해[90]와 제748조 제2항에 따라 이자를 가산하여 반환하여야 한다는 견해로 갈린다.[91] 이자반환설은 제201조 제2항에서 악의점유자는 수취한 과실을 반환하여야 한다고 규정하고 있을 뿐 수취한 과실에 이자를 붙이지 말라고 규정한 것은 아니고, 또 악의점유자는 사용이익을 회복자에게 반환하여야 하는데 계속 보유함으로써 적어도 이자 상당의 이익을 추가로 얻고 있는 셈이므로, 악의점유자로 하여금 이자를 반환하지 않아도 된다고 해석하는 것은 악의의 점유자를 보호하는 결과가 되어 형평에 반한다는 점을 들고 있다. 물론 악의의 점유자는 과실이나 사용이익을 반환하는 것으로 충분하다고 해석하더라도 악의의 무단점유의 경우에 불법행위가 성립할 수 있으며(4293민상704 판결), 불법행위로 인한 손해배상에서는 지연이자가 포함되기 때문에 동일한 결론에 도달할 수 있다. 판례는 악의의 점유자는 과실(사용이익)에 이자를 붙여 반환하여야 한다고 한다(2001다61869 판결).

한편 판례에 따르면 적법한 경작권 없이 타인의 토지를 경작하였더라도 그 경작한 입도(立稻)가 성숙하여 독립한 물건으로서의 존재를 갖추었으면 그 입도의 소유권은 경작자에게 귀속한다고 한다(79다784 판결). 따라서 농지의 소유자는 농작물의 경작자가 악의의 점유자인 경우에도 그 농작물의 반환을 청구하지 못한다. 이 경우 판례는 농작물을 토지의 과실이나 사용이익으로 보아 악의의 점유자라도 그 반환을 거부할 수 있다고 본 것이 아니라, 경작자가 권원 없이 타인의 토지에 농작물을 경작・재배한 경우에는 명인방법을 갖출 필요 없이 그 농작물의 소유권은 언제나 그 경작자에게 귀속한다고 보았기 때문에 토지소유자는 그 농작물의 반환을 청구

90) 곽윤직, 채권각론, 427면.
91) 김재형, "점유자의 소유자에 대한 부당이득반환범위", 민법론 I (2004), 169면 이하.

할 수 없다고 본 것이다. 따라서 이 경우에도 제201조 제2항에 따라 토지소유자는 악의의 점유자(경작자)에 대하여 그 농지의 사용이익의 반환을 청구할 수 있다고 하겠다.

(2) **악의의 점유자는 과실을 소비하였거나 과실(過失)로 인하여 훼손하였거나 수취하지 못한 경우에 그 과실의 대가를 보상하여야 한다**(제201조 제2항 후단). 이는 정당한 권리자로 하여금 적당한 시기에 과실을 수취할 수 없게 하였기 때문에 생긴 손해를 배상시키려는 취지의 규정이다. 이 경우 소비란 과실을 사용하여 소멸시키는 것을 말하며, 그 소비가 점유자에게 이익을 주었는지는 문제되지 않는다. 선의의 제3자에게 과실을 양도하여 그 제3자가 과실의 소유권을 취득하는 경우를 포함한다.[92] 그리고 과실(過失)로 인하여 과실(果實)을 반환할 수 없는 경우에 그 대가를 보상하여야 한다는 점에서 불가항력으로 과실이 멸실・훼손된 경우에는 대가의무를 부담하지 않는다고 할 것이다.[93] 또한 악의점유자는 현실적으로 수취하지 못한 과실이라도 수취할 수 있었던 것이면, 수취하지 못한 것이 점유자의 과실에 기한 것이면 그 대가를 보상하여야 한다.

(3) **사용이익의 반환과 관련하여 이른바 과잉수익(초과이득)도 반환하여야 하는지 문제된다.** 이에 대하여 선의점유자의 과실취득권은 경제법칙에 따라 통상 수취할 수 있었던 과실에 한정하며(독일 민법 제987조 제2항 참조), 이를 초과하여 취득한 사용이익은 모두 부당이득으로서 반환하여야 한다는 견해가 있으며,[94] 초과수익에 대한 취득권을 제한하는 규정을 두고 있지 않을 뿐 아니라 그 반환을 인정하면 회복자(소유자)는 점유자의 특별한 수완으로 취득한 것을 반환받음으로써 오히려 부당한 이득을 보게 된다는 점을 들어 선의점유자는 과잉수익의 반환을 거절할 수 있다는 견해가 있다.[95]

요컨대 부당이득이란 원칙적으로 손실의 범위 내에서만 인정되는 것이고, 즉 통상의 가치에 한정되고 초과이득은 부당이득이라 할 수 없어 반환할 필요가 없다. 따라서 선의점유자는 물론이고 악의의 점유자로서 사용이익의 반환이 인정되더라도 초과이득에 대해서는 반환을 부정하여야 할 것이다.

판례 ➡ 일반적으로 수익자가 법률상 원인 없이 이득한 재산을 처분함으로 인하여 원물반환이 불가능한 경우에 있어서 반환하여야 할 가액은 특별한 사정이 없는 한 그 처분 당시의 대가이나, 이 경우에 수익자가 그 법률상 원인 없는 이득을 얻기 위하여 지출한 비용은 수익자가 반환하여야 할 이득의 범위에서 공제되어야 하고, 수익자가 자신의 노력 등으로 부당이득한 재산을 이용하여 남긴 이른바 운용이익도 그것이 사회통념상 수익자의 행위가 개입되지 아니하였더라도 부당이득된 재산으로부터 손실자가 당연히 취득하였으리라고 생각되는 범위 내의 것이 아닌 한 수익자가 반환하여야 할 이득의 범위에서 공제되어야 한다(94다25551 판결).

92) 양창수, 민법주해(4), 399면.
93) 양창수, 민법주해(4), 400면.
94) 이영준, 물권법, 381면.
95) 김증한/김학동, 물권법, 230면; 양창수, 민법주해(4), 391면.

(4) **점유자가 반환의무를 부담하는 목적물에 과실수취권 있는 제한물권, 즉 지상권이나 전세권이 설정되어 있는 경우에**, 악의의 점유자는 당해 제한물권이 과실의 수취를 그 권리의 내용으로 하는 때에는 제한물권자에게 과실을 반환하여야 하고, 그렇지 않은 경우에는 소유자에게 과실을 반환하여야 한다.[96]

(5) **악의점유자의 과실(果實)** 반환의무에 관한 제201조 제2항은 불법행위에 관한 제750조와 경합적으로 적용된다. 즉, 회복자(소유자)는 악의점유자에 대하여 과실의 반환을 청구할 수 있으며, 악의점유자의 과실을 들어 불법행위로 인한 손해배상청구권을 행사할 수 있다(4293민상704 판결).

4. 점유물의 멸실·훼손에 대한 책임

(1) 제202조의 취지

점유자가 고의·과실로 물건을 멸실·훼손한 경우 불법행위가 성립함은 물론이다. 이 경우에는 불법행위의 일반적 성립요건을 갖추어야 한다. 그런데 제202조는 점유물이 점유자의 책임있는 사유로 인하여 멸실 또는 훼손된 때에는 악의점유자와 타주점유자는 그 손해의 전부를 배상하여야 하지만, 선의의 자주점유자는 이익이 현존하는 한도에서 배상하도록 규정하고 있다. 즉, 선의의 자주점유자에 대하여 불법행위책임을 완화하고 있다. 그 이유는 타인 소유의 물건을 선의·무과실로 자기에게 소유권이 있다고 믿은 선의·자주점유자는 악의점유자나 타주점유자와 달리, 그 물건을 선량한 관리자의 주의로써 관리·보존하지 않음이 보통이며, 점유자가 점유물을 멸실·훼손하는 때에 타인의 권리를 침해한다는 의식이 존재하지 않으므로, 악의점유자나 타주점유자와 마찬가지로 선의의 자주점유자에게 책임을 부가하게 되면 가혹하다는 점에서 선의·자주점유자의 손해배상책임을 경감한 것이다.

(2) 제202조의 적용요건

① **점유자가 타인의 물건을 멸실·훼손하여야 한다.** '멸실'이라 함은 물리적·경제적 멸실에 한하지 않고 널리 점유물의 반환불능의 상태도 멸실에 해당한다.[97] 따라서 점유자가 물건을 분실하거나 선의의 제3자에게 양도한 경우도 멸실에 해당한다. '훼손'은 물리적인 완전성을 해치는 경우뿐 아니라 그 물건의 가치를 저하시키는 일체의 행위, 즉 통상적인 관리·수익행위를 하지 않아 물건의 가치를 저하시키는 것을 말한다.

② **점유자에게 책임있는 사유가 존재하여야 한다.** 책임 있는 사유란 점유자에게 고의 또는 과실이 있는 경우를 가리킨다. 고의는 위법한 결과의 발생을 의욕 또는 인식하는 것을 말하고, 과실이란 사회생활상 요구되는 주의를 태만히 하여 위법한 결과의 발생을 예견할 수 있었음에도 불구하고 그 결과의 발생을 예견하지 못하였거나, 그 결과의 발생을 회피할 수 있었음에도 불구하고 그 결과의 발생을 회피하지 못한 경우를 말한다. 다만, 선의·자주점유자의 책임있는

---

96) 양창수, 민법주해(4), 400면.
97) 양창수, 민법주해(4), 405면.

사유란 자기재산에 대한 주의를 게을리 한 것을 의미한다.[98] 따라서 선의의 자주점유자가 물건에 대하여 자기재산에 대한 주의와 동일한 주의를 하였는 데도 물건이 멸실·훼손된 경우에는 배상책임을 부담하지 않는다. 점유자의 피용자 또는 이행보조자의 책임있는 멸실·훼손에 대하여는 제756조 및 제391에 의하여 점유자가 책임을 진다.

③ 제202조가 적용되기 위해서도 회복자(소유자)**와 점유자 사이에 목적물 반환관계가 존재하여야 한다.** 따라서 점유자가 계약에 의하여 점유할 권리를 가지고 있는 경우에는 제202조는 적용되지 않고, 점유자와 회복자의 법률관계는 계약에 의하여 정하여진다. 계약이 기간 도래나 해지에 의하여 종료한 경우에도 제202조는 적용되지 않는다고 할 것이다. 또한 불법행위법의 일반원칙에 따라 회복자(소유자)에게 손해가 발생하여야 하며, 멸실·훼손의 위법행위와 손해 사이에 인과관계가 존재하여야 한다. 따라서 물건의 멸실·훼손으로 인하여 손해를 입은 자만이 손해배상청구권을 가진다. 그리하여 가령, 멸실·훼손 당시에 이미 소유권을 타인에게 양도한 자는 이러한 손해배상청구권을 가지지 못한다.

(3) 제202조의 적용효과

① 악의점유자 및 타주점유자의 책임

악의점유자는 자주점유인가 타주점유인가를 묻지 않고 멸실·훼손에 따른 손해 전부를 배상할 책임을 진다(제202조 전문 전단). 타주점유자는 그가 선의인 경우에도 점유물의 멸실·훼손에 대하여 악의점유자와 마찬가지로 책임을 진다(제202조 후문). 즉, 악의점유자·타주점유자는 이익의 현존 여부와 상관없이 손해의 전부를 배상하여야 한다. 이들은 처음부터 타인의 물건으로 점유하였거나 또는 본권이 없는 것을 알면서 점유한 것이므로 특별히 보호할 필요가 없기 때문에 불법행위의 일반원칙에 따라 배상책임을 인정한 것이다. 손해배상의 범위는 제763조 및 제393조에 의하여 정하여진다. 즉, 멸실·훼손으로 인하여 소유자에게 발생한 손해를 모두 배상하여야 하는 것은 아니고, 통상손해를 그 한도로 배상하여야 한다.

② 선의·자주점유자의 책임

점유자가 책임있는 사유로 점유물을 멸실·훼손한 경우에도 그가 선의의 자주점유자인 경우에는 배상책임이 제한된다. 즉, '현존이익'의 한도에서 배상할 의무만 있다(제202조 전문 후단). 이 경우 현존이익은 점유자가 물건을 점유하는 동안에 취득한 모든 이익을 말하는 것이 아니고, 그 멸실·훼손으로부터 얻은 것만을 의미한다.[99] 가령, 건물의 점유자가 건물을 철거하여 그 자재(資材)를 점유한 경우에는 그것을 반환하여야 하고, 매도하였다면 이익이 현존하는 한도에서 그 대금을 반환하여야 한다. 본권이 있다고 오신한 점유자는 선의의 수익자(제748조)와 동일한 배상의무를 진다. 제197조에 따라 상대방(회복자)이 타주점유임을 입증하여야 한다.

---

98) 제695조 참조. 책임의 주체가 자주점유자이기 때문이다. 김증한/김학동, 물권법, 233면; 양창수, 민법주해(4), 406면.

99) 양창수, 민법주해(4), 407면.

5. 점유자의 비용상환청구권

(1) 제203조의 취지

점유자가 점유물에 관하여 비용을 지출한 경우 그 비용의 상환은 본권적 법률관계(제310조, 제325조, 제343조, 제594조 제2항, 제611조 제2항, 제617조, 제626조 등)에 의하여, 본권이 없다면 사무관리(제734조)나 부당이득(제741조, 제748조)의 규정에 의하여 소유자로부터 지출비용의 상환을 받을 수 있다. 다만, 제213조에 의해서 목적물반환의무를 부담하는 권원없는 점유자가 타인의 소유물에 비용을 지출한 경우에는 사무관리의 성립요건인 타인사무의 관리의사가 결여되어 있는 점에서 사무관리의 성립은 상정하기 어렵다.[100] 따라서 이 경우 지출비용의 상환은 부당이득법에 의해서 이루어질 수 있다.

그런데 민법은 제203조에서 부당이득의 규정과 별도로 점유자의 회복자에 대한 필요비와 유익비의 상환청구권을 규정하고 있다. 특히 부당이득의 규정에 의하면 점유자의 선의·악의 또는 소송계속의 선후에 따라 상환의무의 존부나 범위가 달라지는 데, 제203조에서는 점유자의 선의·악의 또는 소송계속 전후를 구별하지 않고 단지 필요비와 유익비의 구별에 따라 부당이득 상환청구권의 존부와 범위를 정하고 있다. 더욱이 필요비의 경우에는 현존이익이 없더라도 그 상환을 인정한다. 여기에서 이른바 강요된 이득에 대한 상환의무자의 보호가 문제된다. 비용의 개념을 좁게 보면 소유자에게 유리한 반면에 넓게 보면 점유자에게 유리하다. 따라서 이 경우 비용은 지출자의 손실을 보전함과 아울러 상환의무자를 강요된 이득으로부터 보호하는 방향에서 파악되어야 할 것이다.[101]

(2) 제203조의 적용범위

제203조는 제213조의 목적물반환청구권을 행사하는 경우에 부수적으로 발생하는 문제를 규율하는 규정이므로, 동 규정이 적용되기 위해서는 회복자(소유자)와 점유자 사이에 비용지출을 할 당시에 목적물반환관계가 존재하여야 한다. 따라서 비용지출 당시에 본권관계라든가 계약 등 점유할 권리가 있는 경우에는 법률의 규정이나 계약상의 특별규정만이 적용된다. 가령, 임차인이 임대차기간 중에 목적물에 대하여 비용을 지출한 경우에는 제618조에 의하여 임차인은 점유할 권리가 있으므로 제626조에 따라 임차인은 임대인에 대하여 비용상환을 청구할 수 있다(2001다64752 판결).

(3) 점유자의 필요비상환청구권

① 점유자가 점유물을 반환할 때에는 회복자에 대하여 점유물을 보존하기 위하여 지출한 금액 기타 필요비의 상환을 청구할 수 있다(제203조 제1항 본문). 필요비란 물건의 보존을 위하여 지출한 비용과 같이 물건 자체에 기여하기 위한 비용을 말하는 바(예, 병든 가축의 치료비라든가 자동차의 수리비 등), 지출의 결과와는 무관하다. 유익비상환청구권과 달리 점유자의 비용의 지출

---

100) 양창수, 민법주해(4), 357면.

101) 최상호, "점유자와 회복자의 관계에 관한 연구", 고려대 대학원 박사학위청구논문, 1992, 118면.

이 객관적으로 점유물에 이익을 주었는지를 묻지 않는다. 역시 점유자의 비용지출이 소유자의 목적이나 계획에 비추어 전혀 무익한 경우에도 점유자에게 비용상환청구권을 인정할 것이다.[102] 다만, 필요비는 물건 자체의 유지나 용법에 따른 사용에 기여하는 것이므로, 점유물의 취득을 위하여 지출한 비용이나 점유자의 사업에 필요한 비용의 지출은 필요비가 아니다.

② 점유자가 과실을 수취한 경우, 회복자에 대하여 통상의 필요비는 청구할 수 없다(제203조 제1항 단서). 역시 점유자가 점유물을 이용한 경우에는 점유자는 회복자에 대하여 통상의 필요비는 청구하지 못한다(63다1119 판결). 가령, 기계의 점유자가 그 기계장치를 계속 사용함에 따라 마모되거나 손상된 부품을 교체하거나 수리하는 데에 소요된 비용은 통상의 필요비에 해당하고, 그러한 통상의 필요비는 점유자가 과실을 취득하면 회복자로부터 상환을 구할 수 없다(95다41161, 41178 판결). 그러나 임시 또는 특별필요비(예, 태풍으로 인한 대수선비 등)는 청구할 수 있다.

판례 ➡ 경작자가 자기들의 생산고를 높이기 위하여 토지에 적지 않은 퇴비 기타 비료를 넣고 또 배토(培土) 등을 하여 완전한 숙전(熟田)으로 만듬에 소요된 비용은 객관적으로 유익비로 볼 수 없고 경작자 자신들이 부담할 통상의 필요비라 할 것이다(66다1857 판결).

제203조 제1항 단서 소정의 '점유자가 과실을 취득한 때'의 의미는 제201조 제1항에 의한 선의의 점유자로서 과실을 취득할 권리가 있는 경우에 점유자가 과실을 취득한 때를 말한다. 악의의 점유자 등은 과실을 반환하여야 하므로 필요비의 상환을 받을 수 있다. 과실을 반환하면서 점유물의 보존을 위하여 그가 지출한 비용의 상환을 청구할 수 없다고 하면 악의점유자 등에게 가혹한 반면에 소유자는 자신이 부담할 통상의 필요비를 면하게 되어 부당한 이득을 얻게 되기 때문이다.

③ 비용상환청구권의 당사자는 현재의 점유자와 소유자이다. 우선 필요비의 상환을 청구할 수 있는 자는 현재의 점유자이다. 문제는 점유가 승계된 경우에 현재의 점유자는 전 점유자가 지출한 비용의 상환을 청구할 수 있는가이다. 독일 민법은 이를 긍정한다(제999조 제1항). 학설은 승계인의 비용상환청구권을 인정하는 견해[103]와 포괄승계한 경우에는 이를 인정하지만 단지 점유승계만을 한 경우에는 이를 부정하는 견해[104]가 있다. 점유자가 점유물에 비용을 지출한 후 점유물을 매각하는 경우에는 목적물에 지출한 비용도 함께 고려하여 매매가격을 산정함이 일반적이므로 현재의 점유자에게 비용의 상환청구권을 인정함이 타당하다.

그리고 점유자는 신 소유자에 대하여 비용상환청구권을 행사하여야 한다. 즉, 비용상환청구

102) 양창수, 민법주해(4), 427면. 악의의 점유자에 대해서는 부정하거나 비용의 결과가 남아 있는 경우에는 그 한도에서만 이를 인정해야 한다는 견해도 있다. 김증한/김학동, 물권법, 237면.
103) 이영준, 물권법, 391면.
104) 양창수, 민법주해(4), 421면.

권의 상대방은 현재의 소유자이다. 문제는 소유권을 양수하기 전에 점유자가 비용을 지출한 경우에도 신 소유자가 그 비용의 상환의무를 부담하는 가이다. 점유자가 비용을 지출할 때가 소유권을 양수하기 전이라는 이유로 현재의 소유자가 상환을 거부할 수 있다고 하면 제203조의 취지를 무의미하게 할 염려가 있다는 점에서 신 소유자는 그 상환의 책임이 있다고 할 것이다.

(4) 점유자의 유익비상환청구권

① 점유자가 점유물을 개량하기 위하여 지출한 금액 기타 유익비는 가액의 증가가 '현존하는 한도'에서 회복자의 선택에 좇아 지출금액이나 증가액의 상환을 청구할 수 있다(제203조 제2항). 이 경우 법원은 회복자의 청구에 의하여 상당한 상환기간을 허여할 수 있다(제203조 제3항).

유익비란 물건을 개량하기 위하여 지출한 비용과 같이 물건의 가치(사용가치 또는 교환가치)를 증대케 하는 비용을 말하며, 물건을 본질적으로 변경시키는 비용은 이에 해당하지 않는다. 학설 중에는 타인의 농지나 나대지를 용도변경하여 주택을 건축하는 데 든 비용지출도 제203조의 비용에 포함된다고 하는 견해[105]가 있으나, 독일과 달리 타인의 토지 위에 건축한 주택의 소유권은 점유자의 소유에 귀속한다는 점에서 주택을 건축하는 데 지출한 비용을 유익비로 보아 그 상환을 청구할 수 있다고 새기는 것은 타당하지 않다. 물론 농지를 대지화시키는 데 든 비용은 유익비로서 상환청구가 가능할 것이다(76다2731 판결 참조).

② 필요비와 달리 유익비는 그 가액의 증가가 현존하는 경우에 한하여 회복자의 선택에 좇아 지출금액 또는 증가액의 상환을 청구할 수 있다. 가액의 증가가 현존하는지 여부를 객관적으로 판단하여야 하는지 아니면 소유자에게 유익한가에 따라 판단하여야 하는지 문제되나, 소유자에게 유익하지 않더라도 목적물의 가치가 객관적으로 증가된 경우에는 소유자는 상환의무를 부담한다고 할 것이다.

③ 유익비상환청구권의 발생시기는 점유물의 반환을 청구받거나 회복자에게 점유물을 반환하는 때이다(93다30471, 30488 판결). 그리고 유익비상환청구권의 범위는 점유자가 사실상 점유물을 개량하기 위하여 지출한 비용과 그 증가가 현존하는 가액 중 회복자가 선택하는 바에 따라 정하여지므로, 유익비상환의무자인 회복자의 선택권을 위하여 그 유익비는 실제로 지출한 비용과 현존하는 증가액을 모두 산정하여야 한다(86다카2342 판결).

④ 필요비와 마찬가지로 유익비상환청구권의 당사자는 현재의 점유자와 소유자이다. 그러나 점유자가 유익비를 지출할 당시 계약관계 등 적법한 점유의 권원을 가진 경우에 그 지출비용의 상환에 관하여는 그 계약관계를 규율하는 법조항이나 법리가 적용된다(2001다64752 판결, 2008다34828 판결). 다만, 민법은 사용차주나 환매수인이 목적물에 비용을 지출한 경우에는 제203조를 적용하도록 하는 규정을 두고 있다(제594조 제2항, 제612조).

105) 이영준, 물권법, 389면.

판례 ➡ 유효한 도급계약에 기하여 수급인이 도급인으로부터 제3자 소유 물건의 점유를 이전받아 이를 수리한 결과 그 물건의 가치가 증가한 경우, 도급인이 그 물건을 간접점유하면서 궁극적으로 자신의 계산으로 비용지출과정을 관리한 것이므로, 도급인만이 소유자에 대한 관계에 있어서 민법 제203조에 의한 비용상환청구권을 행사할 수 있는 비용지출자라고 할 것이고, 수급인은 그러한 비용지출자에 해당하지 않는다고 보아야 한다(99다66564, 66571 판결).

(5) 점유자의 비용상환청구권에 기한 유치권 항변

제203조의 필요비와 유익비는 '물건에 관하여 생긴 채권'(제320조)이므로, 점유자는 유치권에 의하여 비용의 상환을 받을 때까지 점유물의 반환을 거절할 수 있다. 다만, 유익비상환청구권은 점유자가 그 점유물을 반환할 때 비로소 회복자에 대해 발생하는 것이므로 소유권이전등기의 말소만을 구하는 경우에 있어서는 그 유익비상환청구권으로서 동시이행 또는 유치권 행사의 항변을 할 수 없다(76다172 판결). 그리고 점유자가 비용상환청구권을 가지고 있는 경우에도 '그 점유가 불법행위로 인한 경우'에는 비용상환청구권에 대하여 유치권을 행사할 수 없다. 판례는 점유물에 대하여 필요비와 유익비상환청구권을 기초로 하는 유치권 주장을 배척하려면 적어도 점유가 불법행위로 인하여 개시되었거나 점유자가 필요비와 유익비를 지출할 당시 점유권원이 없음을 알았거나 중대한 과실로 알지 못하였다고 인정할 만한 사유에 대한 상대방 당사자의 주장·증명이 있어야 한다고 한다(2009다5162 판결). 아무튼 권원없이 타인의 물건을 점유하는 자는 그 물건에 관하여 필요비나 유익비를 지출하였더라도 불법점유자이기 때문에 유치권이 성립하지 않는다. 또한 유익비에 관하여 법원으로부터 상당한 상환기간을 허여(許與)받은 경우에는 유치권이 봉쇄될 수 있다.

제 3 장 채권적 피해구제법

제 1 절 채무불이행으로 인한 책임

제 1 관 채무불이행의 의의

Ⅰ. 채무불이행의 개념

채권은 채무의 완전한 이행이 있으면 소멸한다. 즉, 채무자의 '채무의 내용에 좇은 이행'(제390조 본문)이 있으면, 채권자는 만족을 얻고 채권은 그 목적을 다하여 소멸한다. 그런데 채무의 이행이 언제나 정상적으로 또는 완전하게 이행되는 것은 아니다. 그 이유가 어떠하든 채무의 내용에 좇은 이행이 이루어지지 않은 상태를 채무불이행이라고 할 수 있다. 견해에 따라서는 급부장애 개념을 상정하고, 채무의 내용을 실현하는 것이 불가능하게 되거나, 지체되거나 또는 불완전하게 되어 제대로 이행할 수 없게 된 때에는, 이른바 급부장애의 상태가 발생한 것으로 본다.[1] 그리고 급부장애를 채무자의 책임을 수반하는 급부장애와 채무자의 책임을 수반하지 않는 급부장애로 구별한 다음, 전자를 채무불이행이라 한다. 그 결과 채무불이행과 채무불이행책임을 같은 의미로 이해한다.

Ⅱ. 채무불이행과 채무불이행책임의 관계

그러나 채무불이행과 채무불이행책임은 구별하여야 할 것이다. 채무불이행은 채무불이행 책임의 요건사실에 해당하기 때문이다. 즉, 채무불이행책임은 채무불이행 사실이 존재하고 그에 부가하여 손해의 발생, 귀책사유, 위법성 등의 요건사실이 충족되어야 발생한다. 특히 채무불이행의 효과로는 손해배상책임 이외에 강제이행이라든가 계약의 해제 · 해지권이 발생한다.

우선 채무불이행책임(손해배상책임)은 채무불이행이라는 사실을 전제로 채무자의 귀책사유를 요건으로 하여, 채권자에게 발생한 손해를 배상할 의무를 지우는 책임을 의미한다. 민법 제390조는 "채무자가 채무의 내용에 좇은 이행을 하지 아니한 때에는 채권자는 손해배상을 청구할 수 있다. 그러나 채무자의 고의나 과실없이 이행할 수 없게 된 때에는 그러하지 아니하다"고 규정하고 있다. 다만, 이행지체로 인한 채무불이행책임의 경우에 과연 채무자에게 귀책사유가 요구되는지에 대해서는 다툼이 있다.[2] 그런데 이는 제390조의 해석에 관한 문제로서 동규정은

---

1) 김형배, 채권총론, 165면 이하.
2) 김형배, "우리 민법의 채무불이행법체계", 민법학논총(후암곽윤직교수화갑기념논문집), 338면 이하; 안법영,

이행불능만을 규율하는 것이 아니라 구체적 계약에서 발생된 채무의 내용을 제대로 이행하지 않은 채무불이행 일반을 규율하는 것으로 해석할 것이라는 점에서 이행지체로 인한 채무불이행 책임의 경우에도 동규정이 적용되어 채무자에게 귀책사유가 요구된다고 할 것이다. 특히 민법이 제392조에서 채무자가 그의 이행지체 중에 생긴 손해에 대하여는 '자기에게 과실이 없는 경우에도' 이를 배상할 책임이 있다고 정한 것은 이행지체책임이 원칙적으로 채무자에게 귀책사유가 있는 경우에 발생함을 전제로 한 것이다. 또한 민법 제397조 제2항에서 금전채무불이행에 대하여 특칙을 두고 있음을 볼 때, 금전채무자는 원칙적으로 과실없음을 항변하여 손해배상책임을 면할 수 있는 것으로 보아야 할 것이다. 역시 민법 제391조에서 이행보조자의 고의나 과실을 채무자의 그것으로 본다고 규정한 것은 일반적으로 채무자의 고의나 과실이 채무불이행책임의 일반적 요건임을 토대로 하고 있는 것으로 새겨야 할 것이다.[3]

그리고 채권자는 채무자가 그 이행이 가능함에도 채무를 이행하지 않은 경우에는 채권자는 그 강제이행을 법원에 청구할 수 있다(제389조). 강제이행의 경우에는 채무자에게 귀책사유를 요구하지 않는다. 강제이행의 방법으로는 직접강제(제389조 제1항 전문), 대체집행(작위채무: 제389조 제2항 후단, 부작위채무: 제389조 제3항), 의사표시의무의 집행(제389조 제2항 전단), 간접강제(민사집행법 제261조 제1항) 등의 집행방법이 허용된다.

또한 당사자가 계약상의 채무를 이행하지 않은 경우에는 상당한 기간을 정하여 최고한 후, 그 기간 내에 이행이 없으면 계약을 해제할 수 있다(제544조). 우선 이행지체로 인한 계약해제의 경우에는 유예기간의 부여와 최고를 필요로 한다. 이 경우 채무자의 귀책사유를 요하는지 문제되고 있으나 후술하는 바와 같이 채무자에게 귀책사유가 없더라도 계약을 해제할 수 있다고 할 것이다. 그리고 이행불능의 경우에도 상대방은 해제권을 가지는데, 이 경우에는 유예기간과 최고를 요하지 않는다. 계약의 성질 또는 당사자의 의사표시에 의하여 일정한 시일 또는 일정한 기간 내에 이행하지 아니하면 계약의 목적을 달성할 수 없는 정기행위의 경우에도 최고를 요하지 않는다(제545조). 이행불능으로 인한 계약해제의 경우에는 이행지체로 인한 계약해제의 경우와 달리 명문으로 채무자의 책임있는 사유를 그 요건으로 하고 있다(제546조). 한편 계속적 채권관계에 있어서는 계약해지권이 문제된다.

"채무불이행법 체계의 재고찰", 사법질서의 변동과 현대화(김형배교수고희기념논문집, 2004), 132면 특히 각주 94) 참조.

3) 양창수, 민법주해(9), 351면 이하.

제2관 채무불이행의 유형

Ⅰ. 유형화의 필요성과 기준

1. 유형화의 필요성

(1) 종래 학설은 채무의 불이행을 이행지체, 이행불능, 불완전이행으로 구별하여 각각의 요건과 효과를 검토하고 있다. 먼저 채무가 아직 이행되지 않은 경우에는 이행지체와 이행불능을 검토한다. 그리고 이행은 있었으나 그것이 부적절한 경우에는 이행이 불완전한 것으로, 먼저 추완이행이 가능하면 이행지체, 추완이 불가능하면 담보책임 또는 일부불능을 문제삼고, 경우에 따라서는 전부불능을 인정한다. 그리고 채무의 부적절한 이행으로 이행이익을 초과하는 손해(확대손해) 또는 그와는 별도의 부가적 손해가 발생하는 경우에는 불완전이행을 검토한다. 또한 급부가 부작위를 내용으로 하는 경우에도 부작위의무위반으로 인한 결과의 제거가 가능하면 이행지체의 문제로, 그것이 불가능하면 이행불능으로 처리한다. 역시 부작위의무위반으로 부가적 손해가 발생하였으면 불완전이행을 문제삼는다. 그 밖에 채무자의 명백한 이행의 거절도 독자적 채무불이행의 유형으로 검토하고 있다.

(2) 물론 채무불이행을 유형적으로 파악하는 것에 대해서는 비판적인 입장도 있다. 즉, 채무불이행의 유형은 '불이행'이라는 요건을 구체적으로 파악하기 위한 해석방법에 머물러야 하고, 이행지체 · 이행불능 · 불완전이행의 각 유형별로 완전히 분리하여 효과를 논하는 것은 일반조항주의를 취하는 민법의 취지에 어긋난다는 것이다. 다만, 불확정 개념에 의해 구성된 일반조항은 거래실태를 기초로 유형화됨으로써 그 법해석이 구체성과 일관성을 지닐 수 있다는 점에서, 다양한 거래실태를 좀더 효율적으로 규율하기 위해서는 '불이행'을 몇 가지로 분류하는 것이 필요하다고 하면서, 채무불이행책임의 요건 중 '불이행'을 그 모습에 기초하여 '이행지체', '이행불능', '불완전이행'의 세 가지로 분류하고 있다.[4)]

(3) 그런데 무엇보다도 채무불이행의 효과로서 손해배상책임에 한정하여 보더라도 채무불이행을 유형화할 필요가 있다고 할 것이다. 가령, 이행불능의 경우 채권자는 본래의 급부에 갈음하여 전보배상을 청구할 수 있지만(제390조), 이행지체의 경우에는 본래의 급부와 함께 손해배상을 청구하는 경우에 전보배상이 아니라 지연배상을 청구할 수 있을 뿐이다(제395조). 그리고 해제의 경우에도 이행불능의 경우에는 최고를 요하지 않지만(제546조), 이행지체의 경우에는 최고를 요구하고 있다(제544조). 또한 이행지체의 경우에는 강제이행을 청구할 수 있으나, 이행불능의 경우에는 강제이행을 청구할 수 없다.

4) 이은영, 채권각론, 200면.

판례 ➡ 이행지체에 의한 전보배상에 있어서의 손해액 산정은 본래의 의무이행을 최고한 후 상당한 기간이 경과한 당시의 시가를 표준으로 하고, 이행불능으로 인한 전보배상액은 이행불능 당시의 시가 상당액을 표준으로 할 것인바, 채무자의 이행거절로 인한 채무불이행에서의 손해액 산정은, 채무자가 이행거절의 의사를 명백히 표시하여 최고없이 계약의 해제나 손해배상을 청구할 수 있는 경우에는 이행거절 당시의 급부목적물의 시가를 표준으로 해야 한다(2005다63337 판결, 2007다37721 판결).

2. 유형화의 기준

우선 채무불이행은 불이행의 모습에 따라 이행지체, 이행불능, 불완전이행으로 유형화할 수 있을 것이다.[5] 그리고 채무불이행은 이행이 가능한지 여부에 따라 이행불능과 그 밖의 채무불이행으로 나누어 볼 수 있을 것이다. 또한 채무불이행은 그 원인에 따라 급부의무위반과 부수의무위반으로 나눈 다음, 그 효과로서 이행불능, 이행지체, 불완전이행, 이행거절 등으로 유형화할 수 있을 것이다.[6] 나아가 채무불이행은 채권자의 의사를 중심으로 급부의 강제적 실현이 가능한 이행지체, 그 실현가능성이 없어진 이행불능, 그리고 이행이익을 초과하는 또는 그와 별도의 부가적 손해가 발생한 이행가해(履行加害)로 유형화할 수도 있을 것이다.[7] 이하에서는 채무불이행을 불이행의 모습에 따라 이행지체, 이행불능, 불완전이행으로 유형화한 다음, 특히 이행지체의 특수한 형태로서 이행거절도 채무불이행의 독자적 유형으로 파악하고자 한다. 또한 채무자의 채무불이행에 대응하여 채권자의 의무불이행이라고 할 수 있는 채권자지체에 대해서도 함께 보기로 한다.

Ⅱ. 채무불이행의 종류

1. 이행지체

(1) 의 의

이행지체란 채무가 이행기에 있고 그 이행이 가능함에도 채무자가 적시에 이행하지 아니한 경우를 말한다. 좀더 구체적으로 말하면 채무자가 이행기에 변제의 제공을 하지 않은 상태를 가리킨다. 이른바 부수의무위반에 의하여 '채무의 내용'의 완전한 실현이 아직 이루어지지 않은 경우에도 이행지체가 성립한다고 할 것이다.

(2) 요 건

채무불이행이 이행지체로 되기 위해서는 이행기가 도래하여야 한다. 이행기가 언제 도래하느냐에 대해서는 기한의 종류에 따라 구별된다. 확정기한의 경우에 채무자는 기한이 도래한 때 지체책임이 있다(제387조 제1항 전문). 다만, 지시채권과 무기명채권과 같은 증권적 채권에서는, 그

5) 이은영, 채권각론, 200면 이하.
6) 양창수, 민법주해(9), 226면 이하.
7) 지원림, 민법강의, Rn. 4-153.

확정기한이 도래한 후 소지인이 그 증서를 제시하여 이행을 청구한 때부터 이행지체가 되며(제517조, 제524조, 제526조), 추심채무 기타 채무의 이행에 채권자의 협력을 필요로 하는 채무의 경우에는 채권자의 협력행위가 없는 한 이행지체로 되지 않는다. 또한 쌍무계약에서는 동시이행의 항변권이 인정되므로(제536조), 이행기에 의무를 이행하지 않고 있더라도 상대방 채무의 이행의 제공이 있을 때까지는 위법성이 결여되어 이행지체책임을 부담하지 않는다. 즉, 상대방의 변제의 제공이 있는 때로부터 이행지체가 된다. 쌍무계약에서 당사자 쌍방이 모두 변제의 제공을 하지 않고서 이행기가 경과한 때에는 **기한의 정함이 없는 채무로서 존속**하게 된다(71마155 결정).

판례 ➡ 부동산의 매매계약에 있어 매도인이 선이행의무 있는 매매목적물의 일부를 명도하지 아니하였다 하더라도 계약이 해제되지 아니한 상태에서 잔대금지급기일이 도래하여 그때까지 잔대금이 지급되지 아니하고 잔대금과 동시이행관계에 있는 매도인의 그 소유권이전등기 소요서류가 제공된 바 없이 그 기일을 도과하였으면 매도인의 위 명도의무 및 소유권이전등기 소요서류의 제공과 매수인의 잔대금지급은 동시이행의 관계에 있다 할 것이므로 그때부터는 매도인은 위 매매목적물의 일부를 명도하지 아니한데 대한 이행지체의 책임을 지지 아니한다(87다카2739, 2740 판결).

그런데 기한이익의 상실(제388조)은 채권자의 이익을 위한 것으로, 채무자가 기한의 이익을 상실한 경우에는 채권자가 채무의 이행을 청구하게 되면 그 때부터 이행지체가 된다. 그리고 채무자가 파산선고를 받은 때에도 기한의 이익을 상실하게 되고, 따라서 기한부채무라도 파산선고 시에 이행기에 이른 것이 된다(채무자회생 및 파산에 관한 법률 제425조).

불확정기한의 채무에 있어서는 채무자가 기한의 도래를 안 때로부터 지체책임이 있다(제387조 제1항 후문). 이 경우 채권자는 채무자에게 기한의 도래를 통지하고 이행청구를 함으로써 채무자를 이행지체에 빠트릴 수 있다.

기한이 없는 채무의 경우에는 채권자로부터 이행청구를 받은 때로부터 지체책임이 있다(제387조 제2항). 가령, 부당이득반환채무는 기한의 정함이 없는 채무이므로 수익자는 이행청구를 받은 때로부터 지체책임이 있다(94다45753, 45760 판결, 2009다24187, 24194 판결). 그리고 유류분반환청구권의 행사로 인하여 생기는 원물반환의무 또는 가액반환의무는 이행기한의 정함이 없는 채무이므로, 반환의무자는 그 의무에 대한 이행청구를 받은 때에 비로소 지체책임을 진다(2010다42624, 42631 판결). 역시 금전채무의 확정된 지연손해금채무에 대하여도 지체책임이 발생하고, 이 경우 이행지체로 인한 지연손해금채무는 금전채무의 이행지체로 인한 손해배상채무로서 이행기의 정함이 없는 채무에 해당하므로, 채무자는 채권자로부터 이행청구를 받은 때부터 지체책임을 부담하게 된다(97다7868 판결, 2004다11582판결, 2009다59237 판결). 또한 신원보증인의 채무는 피보증인의 불법행위로 인한 손해배상채무 그 자체가 아니고 신원보증계약에 기하여 발생한 채무로서 이행기의 정함이 없는 채무이므로 채권자로부터 이행청구를 받지 않으면 지체의 책임이 생기지 않는다(2009다59671 판결).

한편 판례는 자녀의 부모에 대한 과거의 부양료청구를 인정한 것(92스21 결정)과 달리 부부간의 과거의 부양료에 관하여는 부양을 받을 자가 부양의무자에게 부양의무의 이행을 청구하였음에도 불구하고 부양의무자가 부양의무를 이행하지 아니한 경우에 비로소 이행지체에 빠진다고 한다(2005스50 결정). 그리고 민법은 소비대차에서 반환시기의 약정이 없는 경우에는, 차주의 보호를 위하여 대주(貸主)는 상당한 기간을 정하여 그 반환을 최고하도록 하고 있다(제603조 제2항). 그런데 불법행위로 인한 손해배상채무는 그 성립과 동시에, 즉 채권자의 청구없이도 당연히 이행지체가 된다는 것이 통설·판례(74다1393 판결, 92다48413 판결)이다. 불법행위가 없었더라면 피해자가 그 손해를 입은 법익을 계속해서 온전히 향유할 수 있었다는 점에서, 불법행위로 인한 손해배상채무에 대하여는 원칙적으로 별도의 이행최고가 없더라도 공평의 관념에 비추어 그 채무성립과 동시에 지연손해금이 발생한다고 보아야 한다. 다만, 판례는 불법행위시와 변론종결시 사이에 장기간의 세월이 경과되어 위자료를 산정함에 있어 반드시 참작해야 할 변론종결시의 통화가치 등에 변동이 생긴 때에는 불법행위로 인한 위자료 배상채무의 지체책임 발생시기를 예외적으로 사실심변론종결시로 보아야 한다고 한다(2009다103950 판결).

그리고 이행지체는 이행기에 이행이 가능함에도 채무자가 이행을 하지 않는 경우에 인정된다.

판례 ➡ 기존채무와 어음, 수표채무가 병존하는 경우 원인채무의 이행과 어음, 수표의 반환이 동시이행의 관계에 있다 하더라도 채권자가 어음, 수표의 반환을 제공을 하지 아니하면 채무자에게 적법한 이행의 최고를 할 수 없다고 할 수는 없고, 채무자는 원인채무의 이행기를 도과하면 원칙적으로 이행지체의 책임을 지고, 채권자로부터 어음, 수표의 반환을 받지 아니하였다 하더라도 이 어음, 수표를 반환하지 않음을 이유로 위와 같은 항변권을 행사하여 그 지급을 거절하고 있는 것이 아닌 한 이행지체의 책임을 면할 수 없다(93다11203, 11210 판결).

판례 ➡ 기한이익상실의 특약은 그 내용에 의하여 일정한 사유가 발생하면 채권자의 청구 등을 요함이 없이 당연히 기한의 이익이 상실되어 이행기가 도래하는 것으로 하는 것(정지조건부 기한이익상실의 특약)과 일정한 사유가 발생한 후 채권자의 통지나 청구 등 채권자의 의사행위를 기다려 비로소 이행기가 도래하는 것으로 하는 것(형성권적 기한이익상실의 특약)의 두 가지로 대별할 수 있는데, 일반적으로 기한이익상실의 특약이 채권자를 위하여 둔 것임에 비추어 명백히 전자로 볼 만한 특별한 사정이 없는 한 후자로 해석한다(2002다28340 판결). 형성권적 기한이익상실의 특약이 있는 경우에는 그 특약은 채권자의 이익을 위한 것으로서 기한이익의 상실 사유가 발생하였다고 하더라도 채권자가 나머지 전액을 일시에 청구할 것인가 또는 종래대로 할부변제를 청구할 것인가를 자유로이 선택할 수 있으므로, 이와 같은 기한이익상실의 특약이 있는 할부채무에 있어서는 1회의 불이행이 있더라도 각 할부금에 대해 그 각 변제기의 도래시마다 그 때부터 순차로 소멸시효가 진행하고 채권자가 특히 잔존채무 전액의 변제를 구하는 취지의 의사를 표시한 경우에 한하여 전액에 대하여 그 때부터 소멸시효가 진행한다(97다12990 판결).

(3) 효 과

이행지체가 있는 경우에도 급부의무는 존속하므로 귀책유무와 상관없이 강제이행을 청구할 수 있으며(제389조), 귀책사유가 있으면 손해배상을 청구할 수 있다(제390조). 나아가 채무자의 책임이 가중된다. 즉, 채무자는 자기에게 과실이 없는 경우에도 그 이행지체 중에 생긴 손해를 배상하여야 한다. 다만, 채무자가 이행기에 이행하여도 손해를 면할 수 없는 경우에는 그러하지 아니하다(제392조).

판례 ➡ 임차물반환지체로 인한 부당이득의 반환은 손해의 배상과 달라서 임차목적물의 임대인이 손해를 입은 것 만으로는 부족하고 임차인이 얻은 이익이 있어야 그 반환을 청구할 수 있다(90다카20210 판결. 한편 이 판결은 이른바 휴업손해의 배상을 청구할 수 없다고 한 판결이지만, 이 부분은 2001다82507 전원합의체 판결에 의하여 변경되었다).

이행지체로 인한 손해배상은 원칙적으로 지연배상이다. 그러나 이행지체의 경우 채권자가 상당한 기간을 정하여 최고하여도 그 기간 내에 이행하지 않거나 지체 후의 이행이 채권자에게 이익이 없을 때에는 채권자는 수령을 거절하고 이행에 갈음한 손해배상, 즉 전보배상을 청구할 수 있다(제395조). 이 경우 손해의 산정시기에 관하여는 견해의 대립이 있다. 판례는 "채권자의 최고 후 상당기간 경과시의 시가"라는 판결이 주류를 이루지만(66다1842 판결, 97다24542 판결, 2005다63337 판결), "사실심 변론종결 당시의 시가"에 따라 산정되어야 한다는 취지의 판례도 있다(68다1726 판결). 학설도 같은 취지로 대립하고 있다.[8]

판례 ➡ 건물을 병원용도로 임차한다는 것을 임대차계약 내용으로 한 경우 건물의 준공이 54일이나 지연되어 그 동안 임차인이 병원업을 하지 못하였다면 임대인의 귀책사유로 인한 영업수익손실이 없었다고 할 수 없다(88다카13332 · 13349 판결).

판례 ➡ 이행지체에 의한 전보배상청구에 있어서는 다른 특별한 사정이 없는 한, 채권자는 채무자에게 상당한 기간을 정하여 그 본래의 의무이행을 최고하고 그 이행이 없는 경우에 그 본래 의무의 이행에 대신하는 전보배상을 청구할 수 있고, 그 전보배상에 있어서의 손해액 산정의 표준 시기는 원칙적으로 최고하였던 '상당한 기간'이 경과한 당시의 시가에 의하여야 한다(97다24542 판결).

그리고 채무자가 채무를 이행하지 아니한 때에는 채권자는 상당한 기간을 정하여 그 이행을 최고하고 그 기간 내에 이행하지 아니한 때에는 계약을 해제할 수 있다(제544조). 물론 일부 이행지체의 경우에도 계약 전부를 해제할 수 있다(62다420 판결). 다만, 불이행 부분이 아주 경미한 경우에는 신의칙상 해제권의 행사가 권리남용이 될 수도 있을 것이다(71다352, 353, 354 판결).

판례 ➡ 채권자의 이행최고가 본래 이행하여야 할 채무액을 초과하는 경우에도 본래 급부하여야 할 수량과의 차이가 비교적 적거나 채권자가 급부의 수량을 잘못 알고 과다한 최고를 한 것으로서 과

8) 양삼승, 민법주해(9), 600면 참조.

다하게 최고한 진의가 본래의 급부를 청구하는 취지라면, 그 최고는 본래 급부하여야 할 수량의 범위 내에서 유효하다고 할 것이나, 그 과다한 정도가 현저하고 채권자가 청구한 금액을 제공하지 않으면 그것을 수령하지 않을 것이라는 의사가 분명한 경우에는 그 최고는 부적법하고 이러한 최고에 터잡은 계약의 해제는 그 효력이 없다(2004다13083 판결).

판례 ➡ 매매계약에 있어서 매매목적물의 일부가 부족하여 매수인이 대금감액을 청구할 수 있는 경우라면 매도인이 매수인의 감액요구를 거절하고 대금 전액의 지급만을 요구하면서 그 불이행을 이유로 한 계약해제는 부적법하다(79다1948 판결, 89다카10767 판결).

문제는 이행지체로 인한 계약해제의 경우에 채무자에게 귀책사유가 요구되는가에 있다. 민법은 이행불능으로 인한 계약해제의 경우에는 명시적으로 채무자에게 귀책사유를 요구하면서(제546조), 이행지체로 인한 계약해제의 경우에는 단지 "당사자 일방이 그 채무를 이행하지 아니하는 때"(제544조)라고만 규정하고 있기 때문이다. 학설은 귀책사유가 필요없다는 소극설[9]과 귀책사유가 요구된다는 적극설[10]로 갈린다. 요컨대 이행불능으로 인한 해제의 경우와 달리 이행지체를 이유로 계약을 해제하기 위해서는 유예기간의 부여와 최고가 요구된다(제544조 전문). 다만, 채무자에 의한 확정적 이행거절(제544조 후문)이나 정기행위(제545조)의 경우에는 해제권의 취득을 위한 유예기간의 설정을 요구하지 않는다. 그 이유는 이행기 후의 이행이 채권자에게 이익이 없기 때문인 것으로 보인다.[11] 물론 이행지체의 경우에는 이행이 가능하다는 점에서 이행기 이후의 이행이 반드시 채권자에게 이익이 없다고 할 수는 없다. 그렇다고 언제까지 채권자로 하여금 채무자의 이행을 기다리라고 요구할 수도 없다고 할 것이다. 그래서 민법은 채무자의 책임있는 사유 여부를 묻지 않고, 유예기간이 경과한 후의 이행은 채권자에게 이익이 없는 것으로 보아 채권자에게 해제권을 인정한 것으로 이해할 것이다. 이와 같이 볼 때 이행지체로 인한 해제의 경우에는 특별히 채무자의 귀책사유가 그 요건이라고 해석할 것은 아니라고 하겠다.[12]

(4) 이행지체의 종료

이행지체는 이행불능의 성립 및 변제기 이후의 이행으로 종료한다. 역시 채권이 소멸한 때에도 이행지체는 종료한다. 그리고 채권자가 이행을 유예(猶豫)하는 경우에도 그 유예기간 중에는 이행지체의 책임이 생기지 않는다. 다만, 이미 발생한 지체책임까지 면제하는 것은 아니라고 보아야 할 것이다. 물론 채권자가 지체의 책임을 면제한 때에는 그러하지 아니하다. 또한 채무자가 지연배상과 함께 변제의 제공을 한 때에도 이행지체는 종료한다. 특히 이행이 가능함에도 채권자가 급부청구권을 포기하거나, 정기행위 및 제395조에 따라 상당기간을 정하여 이행을 최고하여도 그 기간 내에 이행이 없거나 지체 후의 이행이 채권자에게 이익이 없는 경우에는 채권자

---

9) 이은영, 채권총론, 229면; 김형배, "독일채권법현대화법안", 저스티스 제34권 제5호(2001), 93면 이하.
10) 곽윤직, 채권총론, 86면.
11) 명순구, "민법 제544조 본문의 '최고'와 제387조 제2항의 '이행청구'의 구별", 안암법학 제3집(1995), 430면.
12) 동지: 하경효, "채무불이행과 계약해제의 요건－유책성 요건의 비판적 검토를 중심으로－", 고려법학 제40호(2003. 6), 95면.

는 수령을 거절하고 이행에 갈음한 손해배상을 청구하거나 계약을 해제할 수 있는데, 이 경우에도 이행지체는 종료한다.

2. 이행불능

(1) 의 의

이행불능이란 채권 발생 후 급부의무의 실현이 불가능한 경우를 말한다. 불능으로 인하여 더 이상 급부를 할 수 없다는 점에서 이행지체와 불완전이행과 구별된다. 채무이행의 불능 여부는 사회통념에 따라 결정하여야 한다. 일반적으로 목적물이 멸실되거나 훼손되는 등 물리적으로 급부가 불가능하게 되는 경우는 물론이고, 사회생활상 경험법칙이나 거래상의 관념에 비추어 채권자가 채무자의 이행의 실현을 기대할 수 없는 때에도 이행불능이 된다(93다37977 판결, 94다42020 판결, 96다14616 판결, 2000다22850 판결, 2005다39211 판결 등). 다만, 목적물에 대하여 압류나 가압류가 행해진 경우에 그러한 사실만으로는 채무자의 이행이 불능이 되었다고 볼 것은 아니다(87다카655 판결 참조). 또한 매도인이 매매목적물인 부동산을 제3자에게 신탁하고 소유권이전등기를 마친 경우는 신탁의 성질상 매도인이 소유권에 관한 등기명의를 회복하여 매수인에게 이전등기를 해 주는 것이 불가능하게 되는 것은 아니다(2009다99129 판결). 그러나 매매계약 후 당해 목적물에 대한 거래 자체가 법률에 의해서 금지되거나 수출입금지명령 또는 인·허가의 불허와 같은 고권적인 개입이 있는 경우에는 법적인 불능으로 이행불능이 발생한다(75다765 판결, 94다44132 판결 참조).

판례 ➡ 갑이 을을 강박하여 그에 따른 하자있는 의사표시에 의하여 부동산에 관한 소유권이전등기를 마친 다음 타인에게 매도하여 소유권이전등기를 경료하여 준 경우, 을이 그 부동산의 전득자들을 상대로 제기한 소유권이전등기 말소청구소송이 패소확정된 때에 갑의 소유권이전등기 말소등기의무가 집행불능 상태에 이른다(2005다55411 판결, 2005다39013 판결).

판례 ➡ 갑이 토지를 을에게 증여하기로 하는 계약을 체결하고, 또 병에게도 노무제공에 대한 보수조로 양도하기로 하는 계약을 체결하는 등의 2중양도 약정을 하였다가 위 을에게 소유권이전등기가 됨으로써 병에게는 그 소유권 이전등기를 하여 줄 수 없게 된 것이라면 갑으로서는 병에게 위 약정의 이행불능으로 인한 손해를 배상할 의무가 있다 할 것이고, 이 경우, 병이 토지를 양도받기로 하는 약정을 할 때 갑의 위 을에 대한 증여사실을 알고 있었는지의 여부는 갑의 이행불능으로 인한 손해배상의무와는 아무런 관련이 없다(84다카1542, 1543 판결).

판례 ➡ 마을버스운송사업조합과 광고업자 갑 사이의 마을버스 차체 내부 및 정류소표지판을 이용한 광고계약에 기한 같은 조합의 광고업자 갑에 대한 채무이행은, 같은 조합이 광고업자 을과 광고계약을 새로 체결하고 광고업자 을로 하여금 마을버스 차체 내부 및 정류소표지판을 이용하여 광고를 하게 함으로써 광고업자 갑의 마을버스 차체 내부 및 정류소표지판 이용을 거부하고 채권실현을 불가능하게 만든 것이므로, 사회통념상 이행불능이 되었다고 할 것이다(2001다76397 판결).

(2) 요 건

이행불능이기 위해서는 채권 성립 후 이행이 불능으로 되어야 한다. 즉, 채권이 발생한 때에는 이행이 가능하였으나, 후에 이르러 불능으로 된 후발적 불능이어야 한다. 후발적 이행불능 여부의 판단은 이행기를 표준으로 한다. 물론 이행기 전에 이행이 불가능한 것이 확실한 경우에는 그 당시 곧 이행불능이 된다. 그리고 이행지체 중에 이행불능이 된 경우에는 그 불능시부터 이행불능으로 다룬다. 따라서 지체 후 불능시까지는 지연배상을 불능 이후에는 전보배상을 하여야 한다.

그런데 매매계약 체결 전에 목적물이 소실된 경우처럼 급부가 계약체결 당시에 이미 불능인 원시적 전부불능의 경우에는 채무 자체가 발생하지 않아 채무불이행이 문제될 여지가 없다. 가령, 매매계약의 목적물이 매수인의 소유라면 이는 원시적 불능에 해당하여 그 계약은 무효가 된다.[13] 다만, 이 경우 판례는 그 계약의 효력을 인정한 후 착오취소를 인정하고 있다(93다31634, 31641 판결). 아무튼 원시적 불능으로 인하여 계약교섭의 상대방에게 손해가 발생한 경우에는 계약체결상의 과실책임이 문제될 수 있다(제535조).

판례 ➡ 외형적인 경계(담장)를 기준으로 하여 갑, 을 사이에 인접토지에 관한 교환계약이 이루어졌으나 그 경계가 실제의 경계와 일치하지 아니함으로써, 결국 을이 그 소유대지와 교환으로 제공받은 갑의 대지 또한 그 대부분이 을의 소유인 것으로 판명되었다면, 이는 토지의 경계(소유권의 귀속)에 관한 착오로서 특단의 사정이 없는 한 법률행위의 중요부분에 관한 착오라 봄이 상당하다(93다31634, 31641 판결).

판례 ➡ 특정한 매매의 목적물이 타인의 소유에 속하는 경우라 하더라도, 그 매매계약이 원시적 이행불능에 속하는 내용을 목적으로 하는 당연무효의 계약이라고 볼 수 없다(93다20283 판결). 그리고 타인의 권리를 매매의 목적으로 한 경우에 있어서 그 권리를 취득하여 매수인에게 이전하여야 할 매도인의 의무가 매도인의 귀책사유로 인하여 이행불능이 되었다면, 매수인이 악의이어서 매도인의 담보책임에 관한 민법 제570조 단서의 규정에 의해 손해배상을 청구할 수 없다 하더라도, 채무불이행 일반의 규정(제546조, 제390조)에 좇아서 계약을 해제하고 손해배상을 청구할 수 있다(93다37328 판결).

이와 같이 원시적 전부불능에 해당하는 법률행위는 무효임이 원칙이지만, 그것은 원시적 객관적 불능의 경우이고, 원시적 주관적 불능의 경우, 즉 타인 권리의 매매의 경우와 같이 비록 원시적 불능이라도 주관적 불능의 경우에는 무효로 할 필요가 없다. 이 경우 매도인은 매매계약 당시에는 소유권이 없었지만 이후 이행기까지 타인에게 속한 물건의 소유권을 취득한 다음에 매수인에게 소유권을 이전시켜 줄 수 있기 때문이다. 제569조는 원시적 주관적 불능에 해당하는 매매계약을 유효로 보고, 매도인으로 하여금 권리를 취득하여 매수인에게 이전할 의무를 부과하고 있다. 물론 매도인이 이행기까지 목적물의 소유권을 취득하여 매수인에게 이전할 수 없는 경

13) 양창수, 민법주해(9), 278면.

우에는 제570조 이하의 권리의 하자담보책임을 지게 된다.

그리고 원시적 일부불능의 경우에는 원칙적으로 그 전부가 무효로 되지만, 그 일부가 없더라도 법률행위를 하였을 것이라고 인정될 때에는 나머지 부분은 무효로 되지 않는다(제137조). 그러나 매매 등 유상계약의 경우에는 나머지 부분도 유효로 보고, 담보책임의 문제로 처리한다(제567조). 즉, 매매목적물의 수량부족 또는 일부멸실의 경우에, 선의의 매수인은 대금감액청구권과 손해배상청구권 및 계약해제권을 가진다(제574조, 제572조). 그리고 특정물 매매의 경우 그 목적물에 하자가 존재하는 경우에 선의·무과실의 매수인은 계약해제와 손해배상을 청구할 수 있으며(제580조, 제575조 제1항), 불특정물의 경우에는 이에 갈음하여 완전물청구권을 행사할 수도 있다(제581조).

(3) 효 과

이행불능이 발생하면 채무자는 급부의무를 면하게 된다. 따라서 채권자는 채무의 이행을 강제할 수 없다. 다만, 불능이 채무자의 귀책사유에 의한 경우에는 채권자는 손해배상청구권을 행사할 수 있으며, 계약해제권(부정기적 채권관계의 경우에는 해지권)이 발생한다(제545조, 제546조). 계약의 일부이행불능이 있는 경우에도 그 계약의 목적을 달성할 수 없는 경우에는 그 계약전부를 해제할 수 있다(86다카2943 판결, 94다57817 판결). 그리고 판례는 일부이행불능의 경우 일부해제를 인정한다(94다56098 판결). 물론 계약을 해제하더라도 손해배상의 청구에 영향을 미치지 않는 바(제551조), 채권자는 계약을 해제하고 손해배상청구도 할 수 있다.

판례 ➡ 채무불이행을 이유로 계약해제와 아울러 손해배상을 청구하는 경우에 그 계약이행으로 인하여 채권자가 얻을 이익, 즉 이행이익의 배상을 구하는 것이 원칙이지만, 그에 갈음하여 그 계약이 이행되리라고 믿고 채권자가 지출한 비용, 즉 신뢰이익의 배상을 구할 수도 있다고 할 것이고, 그 신뢰이익 중 계약의 체결과 이행을 위하여 통상적으로 지출되는 비용은 통상의 손해로서 상대방이 알았거나 알 수 있었는지의 여부와는 관계없이 그 배상을 구할 수 있고, 이를 초과하여 지출되는 비용은 특별한 사정으로 인한 손해로서 상대방이 이를 알았거나 알 수 있었던 경우에 한하여 그 배상을 구할 수 있다(2001다75295 판결). 다만, 중복배상 및 과잉배상금지원칙에 비추어 그 신뢰이익은 이행이익에 갈음하여서만 구할 수 있고, 그 범위도 이행이익을 초과할 수 없다(91다29972 판결, 99다13621 판결, 2002다2539 판결, 2003다15501판결, 2004다51825 판결).

문제는 이행불능의 경우 손해배상액을 산정함에 있어 어느 시점에서 목적물의 가치를 평가할 것인가에 있다. 이에 대하여는 견해가 갈린다. 이행불능시설,[14] 사실심변론종결시설,[15] 손해배상청구시설,[16] 종합적 고려설,[17] 원칙적으로 이행불능시설에 따르되 예외적인 경우에는 별론종결시를 기준으로 삼아야 한다는 절충설[18] 등이 그것이다. 판례는 손해배상액의 산정은 이행불

14) 곽윤직, 채권총론, 116면.
15) 김상용, 채권총론, 182면; 김용한, 채권법총론, 210면; 김증한/김학동, 채권총론, 149면.
16) 이태재, 채권총론, 139면.
17) 김형배, 채권총론, 271면.

능이 확정된 때의 목적물의 전체 시가를 표준으로 하여 결정하여야 한다고 한다(86다카2943 판결, 80다3122 판결, 72다2207 판결). 공평한 손해분담과 실손해의 전보라는 손해배상제도의 이상에 비추어 볼 때, 이행불능시설이 타당하다고 할 것이다.

판례 ➡ 매도인이 그의 명의로 등기된 목장용지와 임야 등을 매수인에게 매도하였으나 그 중 일부 토지의 진정한 소유자가 매도인을 상대로 소유권이전등기말소소송을 제기하여 확정 승소판결을 받음으로써 매수인에게 손해배상책임을 부담하게 된 사안에서, 매수인이 위 토지를 비롯한 그 일대의 토지에 대단위 아파트단지를 건설할 계획을 확정하였고 이를 추진하기 위하여 매도인과 매매계약을 체결하게 되었고 실제로도 그러한 사업을 추진하였다는 점 등과 그 매매대금은 매도인이 원래 매수한 대금의 수십 배에 달하는 액수라는 사정 등을 고려하여 보면, 매도인은 매매계약 체결 당시에 위 토지를 비롯한 그 일대의 토지에 대단위 아파트단지가 건설될 것이라는 사정을 잘 알면서 이로 인한 지가상승을 반영하여 매매대금을 정하였다고 보아야 할 것이고, 따라서 매도인이 매수인에게 배상할 손해액은 위 매매계약 당시 그 토지의 장래 예정되어진 형상이며 이행불능 당시의 형상인 아파트 부지로 조성중인 상태를 기준으로 산정하여야 한다(2002다33557 판결).

그러나 불능이 채무자의 귀책사유에 의하지 않은 경우에는 위험부담의 문제가 발생한다(제537조). 즉, 쌍무계약상의 채무자는 채무를 면하나 반대급부는 청구할 수 없게 된다. 따라서 쌍방 급부의 이행이 없었던 경우에는 계약관계는 소멸하고, 이미 이행한 급부는 법률상 원인 없는 급부가 되어 부당이득의 법리에 따라 반환청구할 수 있다. 가령, 매매목적물이 경매절차에서 매각됨으로써 당사자 쌍방의 귀책사유 없이 이행불능에 이르러 매매계약이 종료된 사안에서, 위험부담의 법리에 따라 매도인은 이미 지급받은 계약금을 반환하여야 하고 매수인은 목적물을 점유・사용함으로써 취득한 임료 상당의 부당이득을 반환할 의무가 있다(2008다98655, 98662 판결).

한편 이행불능의 효과에 대해서는 제385조(선택채권) 및 제747조(원물반환불능한 경우의 부당이득)에 특칙이 있다.

(4) 대상청구권

통설・판례에 의하면, 이행불능으로 채무자가 급부목적물에 대신하는 이익[19]을 취득한 경우에는 채권자는 채무자의 귀책사유와 무관하게 대상청구권(代償請求權)을 행사할 수 있다고 한다. 이 경우 채무자는 그가 취득한 것 모두를 채권자에게 인도하여야 한다. 즉, 채권의 목적물의 가치를 넘는 초과가치도 인도하여야 한다(2013다7769 판결).[20] 가령, 화재보험금에 대한 대상청구권을 행사하는 경우에 대상청구금액이 매매대금 상당액으로 제한되지 않는다. 물론 채권자가 대상청구권을 행사하는 경우에는 반대급부의무를 부담한다. 이 경우 독일 민법 제326조 제3항은 대상이나 대상청구권의 가액이 채무의 목적인 급부의 가액에 미치지 못하는 범위에서, 반대

18) 이은영, 채권총론, 338면.
19) 급부에 갈음하는 이익과 계약에 의하여 얻은 이익을 포함한다. 김대정, 채권총론, 513면.
20) 송덕수, 신민법강의, C-197 이하; 이은영, 채권총론, 232면. 다만, 김상용, 채권총론, 130면은 '손해의 한도에서 대상청구권을 인정할 것'이라고 한다.

급부는 제441조(대금감액)가 정하는 바에 따라 감소된다고 규정하고 있다. 그리고 채무자의 유책사유로 이행불능이 발생한 경우에는 채권자는 손해배상청구권과 아울러 대상청구권을 행사할 수 있다. 우리 민법에는 이행불능의 효과로서 채권자의 전보배상청구권과 계약해제권 외에 별도로 대상청구권을 규정하고 있지는 않으나 해석상 대상청구권을 부정할 이유가 없기 때문이다(95다38080 판결, 94다27113 판결, 92다4581 · 4598 판결). 다만, 대상청구권이 인정되기 위하여는 급부가 후발적으로 불능하게 되어야 하고, 급부를 불능하게 하는 사정의 결과로 채무자가 채권의 목적물에 관하여 '대신하는 이익'을 취득하여야 한다(2003다35482 판결).

판례 ➡ 소유권이전등기의무의 목적부동산이 수용되어 그 소유권이전등기의무가 이행불능이 된 경우, 등기청구권자는 등기의무자에게 대상청구권의 행사로써 등기의무자가 지급받은 수용보상금의 반환을 구하거나 또는 등기의무자가 취득한 수용보상금청구권의 양도를 구할 수 있을 뿐 그 수용보상금청구권 자체가 등기청구권자에게 귀속되는 것은 아니다(95다56910 판결). 그리고 취득시효가 완성된 토지가 수용됨으로써 취득시효 완성을 원인으로 하는 소유권이전등기의무가 이행불능이 된 경우에는, 그 소유권이전등기청구권자는 소위 대상청구권의 행사로서, 그 토지의 소유자가 그 토지의 대가로서 지급받은 수용보상금의 반환을 청구할 수 있다고 보아야 할 것이다(94다25025 판결). 다만, 이 경우 대상청구권을 행사하기 위하여는, 그 이행불능 전에 등기명의자에 대하여 점유로 인한 부동산 소유권 취득기간이 만료되었음을 이유로 그 권리를 주장하였거나 그 취득기간 만료를 원인으로 한 등기청구권을 행사하였어야 하고, 그 이행불능 전에 그와 같은 권리의 주장이나 행사에 이르지 않았다면 대상청구권을 행사할 수 없다고 봄이 공평의 관념에 부합한다고 한다(94다43825 판결).[21] 특히 취득시효가 완성된 부동산의 소유자가 점유자의 취득시효 사실을 알았거나 알 수 있었으면서 그 부동산을 처분하였을 경우에는 불법행위가 될 수 있다는 점에서(93다60779 판결), 그와 유사하게 볼 수 있는 상태에서 등기청구권이 이행불능되었을 경우에 한하여 대상청구권을 인정함이 소유권자와 시효취득자 간의 이해조절과 공평의 관념에 부합한다고 할 것이기 때문이다.

그런데 쌍무계약의 당사자 일방이 상대방의 급부가 이행불능이 된 사정의 결과로 상대방이 취득한 대상에 대하여 급부청구권을 행사할 수 있다고 하더라도, 그 당사자 일방이 대상청구권을 행사하려면 상대방에 대하여 반대급부를 이행할 의무가 있는바, 이 경우 당사자 일방의 반대급부도 그 전부가 이행불능이 되거나 그 일부가 이행불능이 되고 나머지 잔부의 이행만으로는 상대방의 계약목적을 달성할 수 없는 등 상대방에게 아무런 이익이 되지 않는다고 인정되는 때에는, 상대방이 당사자 일방의 대상청구를 거부하는 것이 신의칙에 반한다고 볼 만한 특별한 사정이 없는 한, 당사자 일방은 상대방에 대하여 대상청구권을 행사할 수 없다고 한다(95다6601 판결). 또한 토지거래허가구역 내에 있는 토지가 수용됨으로써 객관적으로 허가가 날 수 없는 경우에는 매매계약이 확정적으로 무효이므로, 그 주된 의무인 소유권이전등기의무의 이행불능에 대한 효과로서 대상청구권은 발생할 여지가 없다고 한다(2008다54877 판결).

---

21) 이 판결에 대한 평석으로 엄동섭, "대상청구권의 제한", 법률신문 제2603호(1996. 12. 10), 14면이 있다.

3. 불완전이행

(1) 의 의

불완전이행이란 채무자가 이행행위를 하였으나 그것이 채무의 내용에 좇은 이행이 아닌 경우, 또는 채무의 부적당한 이행으로 채권자에게 부가적인 손해가 발생한 경우를 말한다. 가령, 지붕수리를 부탁받은 채무자의 적합하지 못한 수리로 인하여 비가 새어 채권자의 다른 재산이 침해되어 손해가 발생한 경우라든가, 약품을 판매하면서 사용방법을 설명하지 아니하여 채권자에게 손해가 발생한 경우, 또는 가축의 사료를 판매함에 있어서 유독물이 섞여 있었기 때문에 그 사료를 먹은 가축이 죽는 등 손해를 입은 경우를 들 수 있다.

불완전이행은 1902년 독일의 H. Staub에 의하여 적극적 계약침해론으로 주장되었다. 그런데 독일의 적극적 계약침해론에 대해서는 그것의 이론적 전제가 된 채무구조론이 우리의 법의식에 맞지 않으므로 도입할 필요는 없고, 다만 불완전이행의 요건은 포괄적인 이행의무의 위반으로서 파악되어야 한다는 입장이 있다.[22] 또한 불완전이행이라는 제3의 태양을 들고 나오지 않더라도 채권자의 보호에 지장이 없다는 견해도 있다.[23] 즉, 불완전이행은 일부지체 또는 일부불능에 해당하여 이에 대해서는 이행지체 또는 이행불능의 법리를 적용할 수 있는 점에서 이를 특별히 불완전이행으로 다룰 필요는 없다는 것이다. 다만, 개정 독일 민법은 채무불이행을 개별유형(이행불능, 이행지체, 불완전이행)으로 분류하는 것을 폐기하고 계약상 '의무위반'이라는 요건으로 통일하였다. 즉, '의무위반'을 급부장애법의 중심적 구성요건으로 삼았다(제280조 제1항 1문). 그리고 이 경우 의무위반에는 급부의 이행불능, 이행지체, 불완전이행 등 급부와 관련된 의무위반 뿐 아니라, 상대방의 권리나 법익에 대한 보호의무의 위반을 포함한다(제241조 제2항, 제311조 제2항 · 제3항). 따라서 의무위반에 있어서는 어떤 종류의 의무위반인지의 여부가 중요하지 않게 되어, 주된 급부의무이든 부수적 급부의무이든 또는 보호의무이든 구별의 실익이 없어지게 되었다. 결국 이제는 불완전이행 내지 적극적 채권침해론을 특별히 논의할 실익이 없어지게 되었다.

어쨌든 불완전이행은 이행지체 · 이행불능과 나란히 제3의 채무불이행의 유형으로서 논의되어 왔음은 주지의 사실이다. 초기의 불완전이행론은 이행이익을 넘는 '확대손해'의 발생이라는 효과의 측면에서 채권자를 어떻게 보호할 것이냐의 문제로서 제기되었으나, 근래에는 채무자는 급부의무와 그에 대한 부수적인 의무를 부담할 뿐 아니라 상대방의 계약외적 법익의 보호를 목적으로 하는 '보호의무'를 부담한다는 채무구조론을 받아들여 요건의 측면에서 불완전이행론을 전개하고 있다.[24] 다만, 불완전이행을 분류함에 있어서 확대손해나 보호의무에 초점을 맞추는 것은 적합치 않다고 전제한 다음, 불완전이행도 채무불이행책임의 발생원인인 이상 채무의 본래 내용과 관련된 급부의무의 불이행의 한 모습일 뿐이며, 이와 같이 불이행의 모습에 초점을 맞추어 이행행위의 존재 및 그의 불완전성을 불완전이행의 특성이라고 본다면 이행행위가 전혀 행

---

22) 조규창, "민법 제390조와 적극적 계약침해", 민법학논총, 박영사, 1985, 368면; 이은영, 채권총론, 176면.
23) 이태재, "불완전이행론에 관한 재고", 고시계, 1972. 5, 38면.
24) 곽윤직, 채권총론, 114면 이하; 김형배, 채권총론, 237면 이하.

하여지지 않은 이행지체와 이행불능을 제외한 거의 모든 불이행의 모습이 불완전이행의 유형 속에 포함되어진다는 견해도 있다.[25]

(2) 근 거

문제는 현행 민법의 해석상 불완전이행을 인정한다고 할 때, 그 실정법적 근거를 어디에서 찾을 것인가에 있다. 민법은 불완전이행의 요건과 효과에 관하여 명시적 규정을 갖고 있지 않기 때문이다. 학설은 특히 제390조를 불완전이행의 실질적 근거로 볼 것인가를 둘러싸고 견해가 갈린다. 즉, 불완전이행을 급부의무의 불이행으로 파악할 것인지, 또는 급부의무 이외의 부수의무 내지 용태의무의 위반으로 파악할 것인지, 또는 급부의무의 불이행을 포함하여 부수의무 내지 보호의무의 위반에 의한 불이행을 망라하여 불완전이행으로 파악할 것인지를 둘러싸고 입장을 달리한다. 특히 보호의무를 계약상의 의무로 파악하지 않는 입장에 의하면, 불완전이행은 채무의 본래의 내용과 관련된 급부의무 및 종된 급부의무(부수적 의무)를 위반하여 이행행위를 전부 또는 일부 하였지만 변제의 효과를 가져오기에는 미흡한 상태를 가리킨다고 한다.[26] 즉, 불완전이행을 그 요건의 측면에서 이해하지 않고 그 결과에서 고찰한다.

그리고 불완전이행을 부수의무 내지 용태의무 위반으로 파악하는 학설은 다음과 같은 이해를 보인다. 즉, "우리 민법도 기본적으로는 모법인 독일민법에 있어서와 마찬가지로, 역시 채무불이행의 모습으로서 이행지체와 이행불능의 두 가지를 예정하고, 이행이 불완전한 경우는 이를 하자담보책임으로서 해결하려는 것이라고 보아야 할 것이다. 따라서 불완전이행 내지 적극적 채권침해를 또 하나의 채무불이행의 모습으로서 인정하려면, 그 실질적 근거를 밝힌다는 것이 필요하다"고 한 다음, "이행지체와 이행불능은 기본채무 불이행의 모습인 것이다. 그러나, 당사자는 기본채무 이외에도 여러 부수적인 용태의무를 부담하게" 되므로, "기본채무 위반의 경우는 물론이고, 그 밖의 부수적인 용태의무에 위반하여 채무내용에 좇지 않은 이행을 하고, 그로 말미암아 채권자에게 손해를 준 때에도, 채무자는 언제나 그 손해를 제390조에 의하여 배상하여야 한다"고 새기면서, 불완전이행 내지 적극적 채권침해의 본질은, 본래의 급부의무에 따르는 부수적 의무 내지 '기본채무 이외의 용태의무'의 위반인 것이라고 새긴다.[27]

한편 불완전이행을 급부의무위반의 불완전이행, 부수의무위반의 불완전이행, 보호의무위반의 불완전이행으로 유형구분하여 파악하는 견해에 의하면, 우리 민법은 채무불이행에 관하여 제390조에서 그 요건 및 효과상의 포괄적 규정을 두고 있으나, 우리 민법의 입법자는 이행지체와 이행불능을 채무불이행의 전형적 형태로서 규정하고 있을 뿐이며, 불완전이행이라는 제3의 불이행형태를 의식하지는 않았다고 하면서, 채무자의 이행이 있었으나 그것이 하자있는 불완전한 것인 경우에 하자담보에 관한 규정이 적용될 수 있지만, 이러한 규정에 의하여 불완전이행에 관한 모든 문제들이 해결될 수 있는 것은 아니며, 더욱이 불완전이행은 하자담보책임의 경우와는

25) 이은영, 채권총론, 183면.
26) 이은영, 채권총론, 234면 이하.
27) 곽윤직, 채권총론, 114-115면.

달리 채무자의 귀책사유를 그 요건으로 하는 채무불이행의 한 종류라는 점에서, 우리 민법에는 불완전이행에 대한 입법자의 규율의도가 흠결되어 있다고 보아야 한다는 것이다. 그렇지만, 제390조가 규정하고 있는 '채무의 내용에 좇은 이행을 하지 아니한 때'라 함은 바로 채권관계를 구성하고 있는 여러 의무를 채무자가 제대로 이행하지 않거나 침해하는 것을 말하므로, 제390조에는 채무불이행으로서 이행지체 및 이행불능뿐만 아니라 불완전이행도 포섭될 수 있으며, 그 효과로서 손해배상책임이 불완전이행에 대해서도 발생한다고 설명한다.[28]

이상과 같이 살펴 볼 때 우리 민법 제390조 본문을 이행지체의 경우만으로 풀이하는 것은 논리상 타당치 않으며, 또 그러할 필요도 없다. 그러므로 본문은 이행지체는 물론이고 이행불능을 포함한 채무불이행 전반을 의미하는 것이라고 풀이해야 할 것이다.[29] 다만, 이와 같이 민법은 불완전이행이 포섭될 수 있는 포괄적인 규정을 두고 있으면서도, 불완전이행의 구제수단에 대해서는 이행지체나 이행불능과 달리 손해배상청구권을 제외하고는 아무런 규정을 두지 않고 있다.

(3) 요건과 모습

불완전이행이 인정되기 위해서는, 이행행위가 없는 것이 아니라 이행기까지 이행행위는 있었지만 어딘가에 불완전한 점이 있는 경우, 즉 이행이 불완전한 것을 요건으로 한다. 부언하면 외관상 채무자의 이행행위가 존재하여야 하고, 그 이행이 채무의 내용에 좇지 않아야 한다. 이행행위가 불완전한가 여부는 일반적·추상적으로 말할 수 없고 또한 실질적인 의미도 없다. 그것은 계약의 목적·거래의 관행을 고려하여 개별적·구체적으로 계약의 해석에 의하여 정할 수밖에 없는 성질의 것이다.

그런데 급부의무의 내용이 **권리이전**인 경우, 권리를 종국적으로 이전하지 못하는 때, 또는 이전은 하였지만 그러한 권리에 대항력 있는 임차권·제한물권이 부착되어 있는 경우에는 급부의무를 이행했다고 볼 수 없다. 그러나 이러한 경우에는 제569조 이하의 규정에 의하여 처리될 것이므로 반드시 불완전이행의 유형에 포함시킬 것은 아니다. 다만, 권리의 하자담보책임은 무과실책임이므로 가령 매도인에게 귀책사유가 있을 때에는 매수인은 담보책임의 규정에 불구하고 불완전이행으로 인한 채무불이행책임을 물을 수도 있을 것이다. 판례도 이를 인정한다(93다37328 판결).

판례 ➡ 타인의 권리를 매매의 목적으로 한 경우에 있어서 그 권리를 취득하여 매수인에게 이전하여야 할 매도인의 의무가 매도인의 귀책사유로 인하여 이행불능이 되었다면 매수인이 매도인의 담보책임에 관한 민법 제570조 단서의 규정에 의해 손해배상을 청구할 수 없다 하더라도 채무불이행 일반의 규정(제546조, 제390조)에 좇아서 계약을 해제하고 손해배상을 청구할 수 있다(93다37328 판결).

그리고 급부의무의 내용이 물건의 인도인 경우에도 특정물이든 불특정물이든 불완전이행으

28) 김형배, 채권총론, 241면 이하; 서광민, "불완전이행론", 한국민법이론의 발전Ⅱ, 506면.
29) 고상룡, 민법특강, 469면.

로 물건에 하자가 있는 경우에는 물건의 하자담보책임이 문제된다. 그렇다고 불완전이행으로 인한 채무불이행책임이 배제되는 것은 아니다.

아래에서는 불완전이행의 모습을 채무의 성질상 '주는 채무'와 '하는 채무'의 경우로 나누어 살펴본다.[30] 물론 견해에 따라서는 불완전이행의 모습을 채무의 이행이 불완전한 경우(일부이행지체 내지 일부이행불능인 경우)와 불완전이행으로 인하여 채권자에게 부가적인 손해가 발생한 경우로 나누어 파악하기도 한다.[31]

① 먼저 **주는 채무**의 경우, 불완전이행은 급부의무의 불완전이행과 부수적 의무위반 그리고 보호의무위반의 불완전이행으로 나누어 파악해 볼 수 있다.

i) 우선 급부의무의 내용이 불특정물인 때에는 이행이 가능한 경우에는 이행지체로, 불가능한 경우에는 이행불능으로 처리될 수 있을 것이다. 또한 이 경우 목적물에 원시적 하자가 있는 경우에는 증여자의 담보책임 규정(제559조)이나, 매도인의 담보책임 규정(제581조)에 의하여도 책임을 진다고 할 것이다. 그 내용은 계약의 해제 및 손해배상을 청구하거나 완전한 물건의 급부를 청구하는 것이다. 다만, 목적물의 원시적 하자로 인하여 채권자의 법익을 침해하여 손해가 발생한 경우에는 채무자에게 귀책사유가 있다면 보호의무의 위반을 근거로 확대손해에 대하여 불완전이행으로 인한 손해배상의 책임을 져야 할 것이다.

판례 ➡ 종류매매에 있어서 매매목적물의 하자에 관하여 매도인이 매수인에게 배상하여야 할 손해액의 범위는 매수인이 매매목적물에 하자가 없다고 믿었기 때문에 받은 손해, 즉 이른바 신뢰이익으로서, 매도인이 매수인에게 하자없는 물건을 인도하였을 경우에 매수인이 얻었을 이익, 즉 이른바 이행이익을 그 한도로 한다(88나1621 판결).

그리고 급부의무의 내용이 특정물인 경우, 즉 특정물매매의 경우에 그 목적물에 원시적 하자가 있을 때에는 제559조 또는 제580조에 의해서 처리될 수 있을 것이다. 그 내용은 계약의 해제와 손해의 배상이다(제575조 제1항). 그러나 이 경우에도 하자가 목적물 자체의 하자에 그치지 않고 그 하자로 인하여 부가적인 손해가 발생한 때에는 보호의무위반을 이유로 매도인에게 귀책사유가 있는 경우에 불완전이행으로 인한 채무불이행책임을 물어 부가적인 손해를 해결할 수 있을 것이다.

판례 ➡ '일의 완성'이라는 도급계약의 성질과 피고가 종래 수동으로 해오던 오일쿨러 용접공정 전체를 자동화하기 위하여 원고로부터 탱크자동용접기와 평판자동용접기 각 1식을 발주한 계약목적에 비추어 볼 때, 평판자동용접기의 제작공급만으로는 당초 피고가 이루려고 하였던 계약목적은 달성될 수 없는 것이라고 보아야 할 것이므로, 결국 위 탱크자동용접기에 관한 원고의 채무불이행(불완전이행)만으로도 피고는 위 계약 전체를 해제할 수 있다(93다45480, 45497 판결).

30) 서광민, "불완전이행론", 522면 이하도 참조.
31) 김준호, 채권법, 94면.

ii) 부수적 의무란 채무의 내용에 좇은 이행의 실현 및 급부이익의 보호를 목적으로 하는 의무를 말하며, 이러한 의무위반에 의하여 이행지체 또는 이행불능이 될 때에는 물론 그에 따른 법리에 의하여 해결된다. 그러나 지체와 불능 이외의 태양으로 채권자의 급부이익을 침해한 경우, 예컨대 매도인이 목적물의 사용방법에 대하여 매수인에게 적절한 지시를 하지 않았기 때문에 매수인이 사용을 잘못하여 목적물을 훼손한 경우에는 부수적 의무위반으로서 매도인은 손해배상의 의무를 진다. 다만, 판례는 부수적 의무의 위반을 들어 계약을 해제할 수는 없다고 한다(74다2151 판결).

iii) 보호의무는 부수적 의무와는 달리, 채무자가 급부의무를 실현하는 과정에서 당사자가 서로 상대방의 생명·신체·재산에의 침해를 가하지 않도록 주의해야 할 의무를 말한다. 즉, 보호의무는 급부이익과 무관하게 상대방이 가지고 있는 법익이나 재화를 손해로부터 보호해 주어야 할 의무를 의미한다. 이러한 보호의무는 실정법상의 근거를 신의칙에 두고 있으며, 거래적 결합관계(단순한 사회적 접촉은 여기에서의 결합관계에 있다고 볼 수 없다고 할 것이다)에 의하여 상대방의 인격이나 재산에 대한 영향가능성이 증대한다는 것을 실제적 이유로 한다. 이와 같은 보호의무는 채무의 내용에 좇은 이행의 실현 및 급부이익의 보호를 목적으로 하지 않는 점에서 급부의무에 부종하는 부수적 의무라고 하기는 곤란하고, 상대방의 완전성 내지 현상 이익을 보호하기 위하여 요청되는 의무라는 점에서 불법행위법상의 주의의무 내지 거래안전의무와 그 내용을 같이 한다.

그러나 불법행위법상의 주의의무 내지 거래안전의무와 계약법상의 보호의무는 그 기능을 달리한다고 할 것이다. 즉, 과실 내지 위법성의 판단기준이 되는 불법행위법상의 주의의무 내지 거래안전의무와 달리 보호의무는 채무의 내용으로 평가되어 그 위반이 있으면 채무불이행, 즉 불완전이행이 문제된다고 할 것이다.

아무튼 보호의무를 위반한 경우에는 계약의 해제[32]나 급부의 이행을 강제하는 것은 적절하지 않고, 손해의 배상만을 청구할 수 있다고 할 것이다. 그리고 이 경우 손해는 신뢰이익을 포함하고, 상대방이 입은 손해가 이행이익을 넘는 경우에도 그 손해배상의 범위는 제393조에 의하여 결정하여야 할 것이다. 보호의무위반으로 인한 손해배상의 범위도 전 손해가 아니라 통상손해를 그 한도로 하며(제393조 제1항), 특별한 사정으로 인한 손해는 특별손해로서 채무자가 그 사정을 알았거나 알 수 있었을 때에 한하여 배상의 책임을 진다(제393조 제2항).

② 그리고 **하는 채무**의 경우에 불완전이행은 결과채무와 수단채무로 나누어 파악하는 것이 적절하다.

i) 탁아소에 맡긴 아이들의 안전을 지키는 의무, 도급계약에 기한 일의 완성의무 등과 같이 하는 채무의 내용에 일정한 결과를 실현해야 할 경우에 채무자가 불완전하게 결과를 실현한 때

---

32) 물론 보호의무에 해당하는 '기타 행위의무'의 위반으로 인하여 계약목적을 달성할 수 없게 된 경우에는 계약을 해제할 수 있다는 견해도 있다. 송덕수, 신민법강의, Rn. C-219. 그런데 보호의무의 위반으로 계약목적을 달성할 수 없게 된 경우는 결과적으로 급부의무의 불이행의 문제로 보아야 하지 않을까?

에는 급부의무 또는 부수적 의무의 불완전이행이 된다. 그러나 일정한 결과를 실현하는 과정에서 채권자의 다른 법익을 침해한 경우, 즉 창문을 수리하다가 꽃병을 깨는 경우는 급부의무 자체와는 별개의 보호의무위반이 된다.

판례 ➡ 방송출연계약에 따라 60분 간 방송하기로 한 프로그램을 위해 63분에 걸쳐 강연을 녹화하였으나 강연자가 연술한 내용 중 23분에 해당하는 중요부분의 내용을 방송사가 임의로 삭제수정하여 40분 간 방송하였다면 방송사는 강연자와의 그 출연계약을 적극적으로 침해함과 동시에 강연자의 저작인격권(동일성유지권)을 침해한 것이므로 방송사는 그 고의에 의한 불완전이행이나 불법행위로 인하여 강연자가 입은 손해를 전보할 의무가 있다(92나35846 제9민사부 판결).

ii) 병원·의사의 진료계약상의 의무와 같이 어떤 결과의 달성 자체가 아니고 이에 대한 최선의 처치를 할 것을 내용으로 하는 채무에 있어서는 채무의 불이행은 대개 급부의무 또는 부수적 의무의 불완전이행으로 나타난다. 이러한 경우 급부의무와 환자의 생명·신체에 대한 보호의무는 불가분적으로 결부되어 있기 때문이다.

판례 ➡ 의사가 환자에게 부담하는 진료채무는 질병의 치료와 같은 결과를 반드시 달성해야 할 결과채무가 아니라 환자의 치유를 위하여 선량한 관리자의 주의의무를 가지고 현재의 의학 수준에 비추어 필요하고 적절한 진료조치를 다해야 할 채무, 즉 수단채무라고 보아야 할 것이므로, 위와 같은 주의의무를 다하였는 데도 그 진료 결과 질병이 치료되지 아니하였다면 치료비를 청구할 수 있으나, 의사가 위와 같은 선량한 관리자의 주의의무를 다하지 아니한 탓으로 오히려 환자의 신체기능이 회복불가능하게 손상되었고, 또 위 손상 이후에는 그 후유증세의 치유 또는 더 이상의 악화를 방지하는 정도의 치료만이 계속되어 온 것 뿐이라면 의사의 치료행위는 진료채무의 본지에 따른 것이 되지 못하거나 손해전보의 일환으로 행하여진 것에 불과하여 병원측으로서는 환자에 대하여 그 수술비 내지 치료비의 지급을 청구할 수 없다(92다15031 판결 등).

(4) 효 과

일반적으로 불완전이행의 효과로서 손해배상청구권, 완전이행청구권 내지 추완청구권, 계약의 해제권을 인정한다. 불완전이행으로 인하여 손해배상책임이 인정되기 위해서는 불완전한 이행행위가 채무자의 귀책사유로 인한 것일 것과 불완전한 이행행위와 손해 사이에 인과관계가 있을 것이 요구됨은 일반 채무불이행에 있어서와 마찬가지이다. 이 경우 채권자는 불완전이행 사실과 그로 인하여 손해가 발생한 사실을 주장·입증하여야 하고, 채무자는 불완전이행에 대한 귀책사유가 없음을 입증하여야 한다. 물론 채권자로서도 그 급부의 불완전에 관한 주장·입증책임을 부담하는 것이므로 구체적 행위의무의 존재와 그 위반사실에 대해서는 채권자가 이를 주장·입증하여야 한다.

그리고 불완전한 이행의 경우에 채권자는 변제의 수령을 거절할 수 있지만, 채권자가 이를 수령한 경우에도 본래의 채무는 소멸하지 않는다고 할 것이다. 따라서 채권자는 당연히 채무자에 대하여 하자의 보수 등 완전한 급부의 이행을 청구할 수 있는 완전이행청구권 내지 추완청구권을 가진다.[33] 다만, 제462조에 관한 완전이행설에 의하면, 특정물의 인도가 채무의 내용인 경우에 이행기 전에 그 특정물이 훼손되었더라도 채무자는 훼손된 대로 인도하면 된다고 한다.[34] 따라서 채무의 이행으로 인도받은 특정물에 하자가 있더라도 채권자는 추완청구권을 행사할 수 없고, 하자담보책임이 문제될 뿐이다(제580조). 이 경우 그 훼손이 채무자에게 책임있는 사유로 발생한 경우에는 제374조의 선관주의의무 위반으로 되어 채무자는 그 훼손으로 인하여 발생한 채권자의 손해를 배상해 주어야 한다는 것이다. 물론 추완청구권은 완전이행이 가능한 경우에 인정될 수 있고, 완전이행이 불가능한 경우에는 인정될 여지가 없다. 그리고 이 경우 채권자는 채무가 계약에 기하여 생긴 때에는 이행지체(제544조, 제545조)와 이행불능(제546조)에 따른 계약의 해제조항에 근거하여 계약을 해제할 수도 있을 것이다.

그런데 불완전이행으로 인하여 채권자의 생명・신체・재산 등 채권자에게 이행이익을 초과하는 또는 그와 별도의 부가적 손해가 야기될 수 있다. 이 경우에는 채권자에게 급부청구권을 인정하는 것은 의미가 없고, 부가적 손해에 대한 손해배상청구권이 검토되어야 할 것이다. 역시 계약해제권도 문제되지는 않는다고 할 것이다. 계약의 해제는 채무불이행에 대한 제재의 의미를 가지기도 하지만, 채권자가 자신의 급부의무로부터의 해방을 의미하기도 하는 바, 불완전이행으로 인하여 부가적 손해가 발생한 경우에는 급부의무로부터의 해방은 의미가 없고, 그 손해에 대한 배상이 문제되기 때문이다. 다만, 계속적 채권관계에 있어서는 계약해지권이 문제될 수 있다.

한편 매매의 목적인 권리에 하자가 있어서 그 전부 또는 일부를 이전할 수 없거나 매매의 목적인 물건에 하자가 있는 경우에 매도인이 부담하는 하자담보책임(제569조 이하)과 불완전이행책임과의 관계가 문제된다. 특히 하자담보책임의 법적 성질에 대하여는 법정의 무과실책임설(신뢰이익설), 채무불이행책임설(대금감액설, 손해배상설)이 대립하는 데, 어느 설을 취하든 매도인이 담보책임을 지더라도 매수인은 매도인의 귀책사유를 들어 채무불이행책임을 물을 수 있다고 할 것이다. 즉, 이 경우 매매목적물의 하자로 인하여 확대손해 내지 2차 손해가 발생하였다는 이유로 매도인에게 그 확대손해에 대한 배상책임을 지우기 위하여는 채무의 내용으로 된 하자없는 목적물을 인도하지 못한 의무위반 사실 외에 그러한 의무위반에 대하여 매도인에게 귀책사유가 인정될 수 있어야만 한다(96다39455 판결).

판례 ➡ 액젓 저장탱크의 제작・설치공사 도급계약에 의하여 완성된 저장탱크에 균열이 발생한 경우, 보수비용은 민법 제667조 제2항에 의한 수급인의 하자담보책임 중 하자보수에 갈음하는 손해배상이고, 액젓 변질로 인한 손해배상은 위 하자담보책임을 넘어서 수급인이 도급계약의 내용에 따른 의무를 제대로 이행하지 못함으로 인하여 도급인의 신체・재산에 발생한 손해에 대한 배상으로서 양자는 별개의 권원에 의하여 경합적으로 인정된다(2001다70337 판결). 역시 토지 매도인이 성토작업을

---

33) 양창수, 민법주해(9), 310면; 김상중, 주석민법[채권총칙(1)], 737면 이하.
34) 곽윤직, 채권각론, 50면; 송덕수, 신민법강의, C-87 이하.

기화로 다량의 폐기물을 은밀히 매립하고 그 위에 토사를 덮은 다음 도시계획사업을 시행하는 공공사업시행자와 사이에서 정상적인 토지임을 전제로 협의취득절차를 진행하여 이를 매도함으로써 매수자로 하여금 그 토지의 폐기물처리비용 상당의 손해를 입게 하였다면 매도인은 이른바 불완전이행으로서 채무불이행으로 인한 손해배상책임을 부담하고, 이는 하자있는 토지의 매매로 인한 민법 제580조 소정의 하자담보책임과 경합적으로 인정된다(2002다51586 판결).

4. 이행거절

(1) 의 의

이행거절이란 채무자가 채무를 이행하지 아니할 의사를 진지하고 종국적으로 표시함으로써 채무이행을 기대할 수 없는 경우를 말한다. 즉, 채무자가 채무이행이 가능함에도 이를 이행할 의사가 없음을 채권자에 대하여 진지하고 종국적으로 표시하여 채권자로 하여금 채무자의 임의의 이행을 더 이상 기대할 수 없게 하는 경우이다. 물론 이 경우 이행거절은 쌍무계약상 동시이행의 관계에서 일방이 갖는 이행거절권의 행사와는 구별된다.

그런데 이행거절을 채권자의 의사 또는 이익이라는 관점에서 접근한다면, 여전히 이행이 가능함에도 불구하고 채무자가 이행하려 하지 않는다는 점 및 그럼에도 불구하고 장차 이행기가 도래하면 채권자는 급부의 실현을 강제할 수 있다는 점에 비추어, 이행거절과 이행지체 사이에 본질적인 차이가 있다고 보기 어렵다는 견해도 있다.[35] 그러나 채무자가 이행거절의사를 진지하고 종국적으로 표시한 경우에 채권자는 비록 이행기 전이라도 제395조 소정의 최고 또는 이익 없음의 증명 없이 전보배상을 청구할 수 있으며, 역시 계약상 채무의 이행을 최고하지 않고서도 해제권을 행사할 수 있다는 점에서, 이행지체와 구별되는 특징을 가지고 있다고 할 것이므로, 채무불이행의 유형으로 파악하더라도 무의미한 것은 아니라고 하겠다.

(2) 요 건

이행거절이 있기 위해서는 이행이 가능함에도 채무를 이행하지 아니할 의사가 명백히 표시되어야 한다. 이 경우 이행거절 의사의 표명이 있었는지 여부는 계약의 이행에 관한 당사자의 행동과 계약 전후의 구체적인 사정 등을 종합적으로 살펴서 판단하여야 한다(90다8374 판결, 97다30257 판결, 2007다4196 판결). 특히 채무불이행에 의한 계약해제에 있어서 미리 이행하지 아니할 의사를 표시한 경우로서, 이른바 '이행거절'로 인한 계약해제의 경우에는 최고 및 동시이행관계에 있는 자기 채무의 이행제공을 요하지 아니하는 바(92다9463 판결), 이행지체시의 계약해제와 비교할 때 계약해제의 요건이 매우 완화되어 있으므로, 명시적으로 이행거절의사를 표명하는 경우 이외에 계약 당시나 계약 후의 여러 사정을 종합하여 묵시적 이행거절의사를 인정함에 있어서는 이행거절의사가 명백하고 종국적으로 표시되어야 할 것이다(2004다22971 판결).

이와 같이 이행거절의사는 명백히 표시되어야 할 뿐 아니라 종국적이어야 한다. 그리고 위법하여야 한다.

---

35) 송덕수, 신민법강의, Rn. C-148; 지원림, 민법강의, Rn. 4-153.

판례 ➡ 계약관계에 있는 당사자 일방이 미리 그 채무를 이행하지 아니할 의사를 표시한 경우에는 상대방은 이행의 최고를 하지 아니하고서도 바로 계약을 해제할 수 있는 것이고, 채무를 이행할 의사의 유무는 계약 당시나 계약 후의 여러가지 구체적 사정에 따라 판단하여야 할 것인바, 매수인이 자기의 귀책사유로 인한 채무불이행의 경우 상대방의 계약해제권의 행사를 회피할 목적으로 매매계약 체결시 자신의 주소를 허위기재하거나 실지 주소를 매도인에게 알리지 아니하고 소재를 밝히지 아니하여 매도인은 과실없이 매수인의 소재를 알지 못함으로써 자기의 채무의 이행을 제공하여 상대방의 이행을 최고할 수 없게 된 채 이행기가 지나버린 경우에는 신의성실의 원칙상 특별한 사정이 없는 한 매수인에게 있어서는 이행의 의사가 없다고 봄이 상당하다 할 것이므로 매도인은 이행의 최고없이 바로 계약을 해제할 수 있다(90다카14611 판결).

판례 ➡ 채무자가 채무를 이행하지 아니할 의사를 명백히 표시한 경우에 채권자는 신의성실의 원칙상 이행기 전이라도 이행의 최고없이 채무자의 이행거절을 이유로 계약을 해제하거나 채무자를 상대로 손해배상을 청구할 수 있지만, 이러한 이행거절이라는 채무불이행이 인정되기 위해서는 채무를 이행하지 아니할 채무자의 명백한 의사표시가 위법한 것으로 평가되어야 한다(2014다227225 판결).

물론 이행거절의 의사를 표시한 자는 상대방이 이를 신뢰하여 일정한 조치를 취하기 전에는 이를 철회할 수 있다고 할 것이다. 이행거절의사의 철회가 있는 경우에는 이행거절에 따른 효과가 발생하지 않는다.

(3) 효 과

이행거절이 있는 경우 채권자는 이행기를 기다려서 강제이행을 청구할 수 있으나, 최고 또는 이익없음의 증명없이 손해배상을 청구할 수 있고, 해제권을 행사할 수 있다(제544조 단서. 2004다53173 판결). 그러나 이러한 법리가 이행기 전 이행거절시에 채권자가 이행기의 도래를 기다려 지연배상과 함께 이행을 청구하는 것 자체를 배제하는 것은 아니다. 이행거절이 인정되면, 채권자는 아직 이행기가 도래하기 전이라도 바로, 즉 유예기간을 설정함이 없이 계약을 해제하거나 전보배상을 청구할 수 있고, 채권자는 이행기의 도래를 기다려 원래의 구제수단에 호소할 수도 있는 것이다. 채권자는 이행거절이 있는 경우에 두 가지의 선택가능성, 즉 이행불능의 효과를 주장하거나 이행지체의 효과를 주장할 수 있다.

판례 ➡ 채무자의 이행거절로 인한 채무불이행에서의 손해액 산정은 채무자가 이행거절의 의사를 명백히 표시하여 최고없이 계약의 해제나 손해배상을 청구할 수 있는 경우에는 이행거절 당시의 급부목적물의 시가를 표준으로 해야 할 것이다(2005다63337 판결, 2007다37721 판결).

물론 쌍무계약에서의 이행거절의 경우에도 상대방은 변제기의 도래를 기다리거나 반대급부의 변제제공을 할 필요없이 계약을 해제할 수 있다. 가령, 부동산 매도인이 중도금의 수령을 거절하였을 뿐만 아니라 계약을 이행하지 아니할 의사를 명백히 표시한 경우 매수인은 신의성실의 원칙상 소유권이전등기의무 이행기일까지 기다릴 필요없이 이를 이유로 매매계약을 해제할 수 있다(93다11821 판결).

이와 같이 쌍무계약에 있어서 계약 당사자의 일방은 상대방이 채무를 이행하지 아니할 의사를 명백히 표시한 경우에는 최고나 자기채무의 이행제공없이 그 계약을 적법하게 해제할 수 있으나(2007다54979 판결), 그 이행거절의 의사표시가 적법하게 철회된 경우 상대방으로서는 자기채무의 이행을 제공하고 상당한 기간을 정하여 이행을 최고한 후가 아니면 채무불이행을 이유로 계약을 해제할 수 없다(2000다40995 판결).

5. 채권자지체

(1) 의 의

채무자가 채무를 이행하기 위해서는 채권자의 협력이 필요한 경우가 있다. 이 경우 채무이행의 경우에 요구되는 채권자의 협력의 모습과 정도는 채무의 내용에 따라 달라진다. 즉, 금전채무에서처럼 단순히 급부를 수령하기만 하면 되는 경우도 있지만, 수술을 받기로 한 환자가 그의 신체를 의사에게 맡기거나, 가전제품의 수리를 의뢰한 자가 수리업자에게 그 가전제품을 보여주거나, 소프트웨어 공급자에게 특별한 목적을 위한 소프트웨어의 제작을 의뢰하는 경우에 채무자가 원하는 사항을 알려주어야 하는 것과 같이 채무자가 채무를 이행하기 위해서는 채권자가 적극적으로 협력해야 할 경우도 있다. 이와 같이 채무의 이행에 채권자의 협력이 요구되는 경우에 채권자가 그러한 협력을 하지 않는 것을 채권자지체라 한다.

민법은 채권자가 이행을 받을 수 없거나 받지 아니한 때에는 이행의 제공이 있는 때로부터 지체책임이 있다(제400조)고 규정하면서, 그 효과로서 채무자의 책임을 경감하고(제401조) 이자부책임에 있어서 이자의 발생을 정지시키고(제402조), 쌍무계약에 있어서의 위험부담에 관한 채무자위험부담주의에 대한 예외를 인정하고 있다(제538조 제1항 후단). 다만, 채권자지체의 법적 성질을 채무불이행책임으로 이해하면, 채권자지체의 효과로서 계약의 해제권과 손해배상청구권을 인정한다.

(2) 채권자지체의 본질

① 학설

채권자지체로 인한 채권자의 책임을 채무불이행책임으로 파악할 것인지에 대해서는 학설상 견해의 대립이 있어 왔다. **법정책임설**에 의하면, 채권은 권리이지 의무가 아니어서 그것을 행사하느냐 마느냐는 전적으로 채권자의 자유에 속하는 것으로, 채권자지체는 법률·특약 및 관습이 없는 한 책무(Obliegenheit)를 해태한 것에 지나지 않는다고 한다. 따라서 민법이 규정하고 있는 채권자지체책임은 채권자와 채무자 사이의 이해관계를 조정하기 위하여, 채권자의 귀책사유의 유무를 불문하고 증가비용의 채권자부담이나 반대급부위험의 채권자로의 이전 등의 법정책임을 부담시키는 것이라고 한다.[36]

---

36) 김준호, 채권법, 142면; 김증한/김학동, 채권총론, 173-175면; 이은영, 채권총론, 404-405면; 백태승, "종류채무의 특정, 채권자지체 및 위험부담", 고시계 1995. 6, 221-222면; 양창수, "채권자지체", 법정고시 1995. 11, 112면; 최광준, "채권자지체와 채무불이행책임의 본질", 민사법학 제19호, 206면 이하.

채무불이행책임설에 의하면, 채권자지체는 '협력의무의 위반 = 채무불이행'으로서 그 효과로는 법정의 효과(401조 내지 제403조, 제538조 제1항 제2문) 외에 채무자에게 손해배상청구권 또는 계약해제권이 인정된다고 한다. 즉, 채권관계에서 채권자와 채무자는 공동의 목적을 향하여 서로 협력해야 할 일종의 협동체이므로, 채권자에게도 신의칙이 요구하는 협력의무가 인정되며, 따라서 채권자지체책임은 채권자가 이러한 협력의무를 위반한 것에 대한 채무불이행책임이라는 것이다.[37)]

수취의무설에 의하면, 일반적으로 채권의 행사는 채권자의 권리이지 의무는 아니므로, 채권자의 '일반적 수령의무'란 인정될 수 없고, 따라서 채권자지체의 경우에는 채권자의 귀책사유 유무를 불문하고 제401조 내지 제403조 및 제538조 제1항 후문만이 적용된다. 그러나 매매·도급 및 임치계약의 경우에는 채권자에게 귀책사유가 있을 때에는, 공평의 차원에서 부수의무 내지 신의칙에 기초한 수취의무를 인정함이 타당하다고 한다. 여기에서 수취는 수령과 구별되는 개념으로, 그러한 수취의무위반은 채무불이행이므로 채무자는 손해배상을 청구할 수 있다고 한다.[38)]

귀책사유설에 의하면, 귀책사유없는 채권자지체에 대하여는 제400조 내지 제403조의 법정의 효과만이 발생하지만, 귀책사유있는 채권자지체의 경우에는 계약유형을 불문하고 채무자는 손해배상청구나 계약을 해제할 수 있다고 한다.[39)]

② 판례

의용민법하에서의 판례 중에는 채권자에게 수령의무를 인정함으로써 채무불이행책임설을 취한 것이 있었다(4290민상372 판결). 그러나 현행 민법하에서의 판례는 아직 이에 대한 명확한 입장을 밝히고 있는 판결을 찾을 수는 없지만, 법정책임설의 입장에 있다고 보아야 할 것이다(83다카1476 판결). 다만, 견해에 따라서는 부동산의 매도인이 중도금의 수령을 거절하고 계약을 이행하지 아니할 의사를 명백히 표시한 경우, 매수인은 이를 이유로 매매계약을 해제할 수 있다는 판례(93다11821 판결)를 들어, 판례가 채무불이행책임설을 취하고 있는 것으로 보는 입장이 있다.[40)] 그런데 위 판결은 채권자지체에 관한 것이 아니라 매도인의 채무불이행으로서 이행거절의 경우에는 매수인이 매매계약을 해제할 수 있다는 것으로 이해하여야 할 것이다.

---

37) 곽윤직, 채권총론, 123면; 현승종, 채권총론, 138면; 김용한, 채권총론, 170면 이하; 김증한, 채권총론, 63-64면; 김현태, 신채권총론, 149면; 이태재, 채권총론, 1989, 171면; 임정평, "채권자지체론", 고시계 1991. 4, 17-18면, 24면.

38) 김형배, 채권총론, 304면; 권오승, "채권자지체", 월간고시 1987. 7, 51면; 연기영, "채권자지체의 본질론", 월간고시 1985. 7, 91면; 정기웅, "채권자지체에 관한 법리연구", 이영준박사 화갑기념논문집, 1999, 663-664면, 670-671면; 하경효, "채권자지체와 그 효과로서의 위험이전", 고시연구 1995. 11, 191면.

39) 이호정, "채권자지체", 월간고시 1984. 2, 41면; 김상용, 채권총론, 223면; 서광민, "채권자지체의 법리구성상의 문제", 김형배교수화갑기념논문집, 1994, 322-331면, 342면.

40) 김주수, 채권총론, 147면; 이성룡, "부동산의 매도인이 중도금의 수령을 거절할 뿐더러 계약을 이행하지 아니할 의사가 명백한 경우, 매수인의 해제권의 유무", 대법원판례해설 제19호(1993. 6), 119면.

판례 ➡ 채권자는 채무자의 채무이행의 제공을 수령하여야 할 의무가 있고, 만약 채권자가 위 의무에 위배하여 그 수령을 지체한 경우에는 그 이후에 있어서의 불가항력에 의한 이행불능에 대하여도 채권자에게 책임이 있다고 해석함이 신의성실의 원칙상 타당하다(4290민상372 판결).

판례 ➡ 수치인이 적법하게 임치계약을 해지하고 수치인에게 임치물의 회수를 최고하였음에도 불구하고 임치인의 수령지체로 반환하지 못하고 있는 사이에 임치물이 멸실 또는 훼손된 경우에는 수치인에게 고의 또는 중대한 과실이 없는 한 채무불이행으로 인한 손해배상책임이 없다(83다카1476 판결).

③ 사견

채권자지체의 법적 성질은 이를 어떻게 파악하느냐에 따라 채권자지체의 요건 및 효과를 달리한다. 그런데 민법이 채권자지체의 성립요건으로 귀책사유를 요구하는 명문규정을 두지 않고, 또 계약해제권의 발생사유로 이행지체와 이행불능을 들고 있을 뿐이며, 의용민법과 달리 채권자지체에 관한 규정을 이행지체에 관한 규정 다음에 규정하지 않고(의용민법은 제412조에서 이행지체를, 제413조에서 채권자의 수령지체를 규정하고 있었다), 채무불이행의 효과에 관한 규정의 다음에 위치지우고 있다는 점을 고려할 때, 채권자지체는 채무불이행과는 다른 독자적인 책임제도로 파악된다고 할 것이다. 따라서 채권관계에서 수령의무를 채권자의 채무로서 인정할 것은 아니며, 채권자지체로 인한 제400조 이하의 책임은 채권자의 귀책사유를 요하지 않는 법정의 무과실책임으로 이해하여야 할 것이다. 그러므로 채권자지체의 효과로서 채무자에게 손해배상청구권과 계약해제권을 인정할 것은 아니라고 하겠다.

(3) 채권자지체의 요건

① 채무의 이행에 채권자의 협력 또는 수령이 필요한 채무일 것

채무자의 이행만으로 변제의 효과를 달성할 수 있는 경우, 가령 부작위채무라든가 의사표시를 하여야 할 채무는 채권자의 협력이 없이도 이행될 수 있으므로, 채권자지체는 성립할 수 없다.

② 채무의 내용에 좇은 이행의 제공이 있을 것

i) 채무의 내용에 따른 이행의 제공일 것

채무자가 이행의 제공을 하더라도 그것이 채무의 내용에 좇은 것이 아닌 때에는 채권자는 그 수령을 거절할 수 있으므로 채권자지체는 발생하지 않는다. 일반적으로 채무의 내용에 좇은 이행인지 여부는 당사자, 대상, 장소, 시기 등의 면에서 적합하여야 한다. 문제는 채무자가 변제기 전에 변제의 제공을 한 경우에 채권자는 이를 수령하여야 하는가이다. 이를 긍정할 것이다. 따라서 채권자는 변제기 전에 변제임을 들어 그 수령을 거절할 수 없다고 할 것이고, 수령하지 않으면 채권자지체가 된다고 할 것이다.

ii) 이행의 제공은 제460조에 따른 변제제공의 방법에 따를 것

지참채무의 경우에는 현실제공에 의한 변제제공이 있어야 한다. 그러나 채권자가 미리 변제

의 수령을 거절한 때, 혹은 채무의 이행에 채권자의 협력을 요하는 경우에는 구두제공으로 족하다. 가령, 추심채무의 이행을 위한 채권자의 추심행위라든가 선택채무의 이행을 위하여 채권자의 선택이 필요한 경우에는 구두제공으로 족하다. 송부채무의 경우에는 발송시에 채무자가 이행에 필요한 행위를 완료한 것으로 볼 것이라는 점에서 발송으로 변제의 제공을 한 것으로 새길 것이다.

③ 채권자가 이행을 받을 수 없거나 받지 아니할 것

채권자의 수령거절 또는 수령불능은 채무의 이행이 가능한 경우에만 문제된다. 즉, 채권자지체는 채무자가 이행의 제공을 하였을 것, 그리고 채권자가 이를 수령할 수 있을 것을 전제로 하므로, 채무가 이행불능인 경우에는 채권자지체는 문제되지 않는다. 따라서 채권자가 수령지체에 빠진 후 급부가 불능으로 된 경우에는 불능으로 된 때 수령지체는 종료한다. 그런데 이행불능인지 수령불능인지 판단하기 어려운 경우도 있다. 가령, 의료계약이 있었으나 그 의료행위가 실시되기 전에 환자가 사망한 경우에 의료행위가 이행불능인지 환자의 수령불능인지 문제되며, 공장이 사용자의 과실없이 소실된 경우에도 근로자의 채무가 이행불능인지 사용자의 수령불능인지 문제될 수 있다.

본래 채권자의 수령불능으로 인하여 채무자가 급부의무를 이행할 수 없는 경우에는 이행불능이 아니다. 따라서 중요한 것은 채권자의 협력 내지 수령이 있으면 채무자가 급부의무를 이행할 수 있었는지에 있다. 즉, 급부를 실현할 수 없다면 급부불능이고 실현할 수 있다면 수령지체에 해당한다. 이와 같이 볼 때 의료행위가 있기 전에 환자가 사망한 경우라든가 공장이 소실된 경우에는 채권자의 수령을 기대할 수 없는 점에서는 수령불능으로 볼 수 있지만, 결과적으로 급부를 실현할 수 없는 점에서 급부불능에 해당한다고 할 것이다. 그리고 이 경우 급부불능에 대하여는 채무자에게 책임이 없는 점에서 위험부담이 문제된다.[41]

> **판례 ➡** 수치인이 임치인에게 보관중인 마른고추를 속히 처분하지 않으면 벌레가 먹어 못쓰게 되니 빨리 처분하든지 인도받아 가라고 요구하였다면, 이는 임치계약을 해지하고 임치물의 회수를 최고한 의사표시라고 볼 여지가 있고 이에 대하여 임치인이 시세가 싸다는 이유로 그 회수를 거절하였다면 이때로부터 수령지체에 빠진 것이라고 할 것이다(83다카1476 판결).

④ 채권자에게 귀책사유가 필요한가?

채권자지체의 본질에 관하여 법정책임설을 취하는 경우에는 채권자의 귀책사유를 채권자지체의 성립요건으로 보지 않지만, 채무불이행책임설에 의하면 채권자지체가 성립하기 위해서는 채권자의 귀책사유를 요한다.

41) 동지: 김준호, 채권법, 145면.

(4) 채권자지체의 효과

① 채권자의 주의의무경감

채권자지체 중에는 채무자는 고의 또는 중대한 과실이 없으면, 불이행으로 인한 모든 책임이 없다(제401조). 이 규정은 채무자의 책임을 가중하고 있는 제392조에 대응한다.

② 이자지급의무의 면제

채권자지체 중에는 이자있는 채권이라도 채무자는 이자를 지급할 의무가 없다(제402조). 즉, 채무자는 변제의 제공으로 그 후부터의 이자의 지급의무를 면할 수가 있다.

③ 보관 및 변제비용 증가의 채권자 부담

채권자지체로 인하여 그 목적물의 보관 또는 변제의 비용이 증가된 때에는 그 증가액은 채권자의 부담으로 한다(제403조). 따라서 수령지체로 인하여 목적물의 보관 또는 변제비용이 증가된 때에는 그 비용을 채권자에게 상환청구할 수 있다.

④ 쌍무계약에 있어서의 대가위험의 이전

채권자지체 중에 불가항력으로 인하여 이행불능이 된 경우에는 채무자는 채권자의 이행을 청구할 수 있다(제538조 제1항 후단). 이 경우에는 채무자위험부담주의가 적용되지 않아 채무자는 반대급부를 청구할 수 있다. 가령, 수령지체 중에 목적물이 채무자의 경과실이나 당사자 쌍방의 책임없는 사유로 멸실한 경우에 채무자는 반대급부를 청구할 수 있다. 따라서 반대급부를 이미 수령한 경우에는 이를 반환할 필요가 없다.

⑤ 계약해제권 및/또는 손해배상청구권의 발생 여부

채권자지체의 본질에 관한 채무불이행설에 의하면, 채무자는 채권자지체를 이유로 계약을 해제하거나 손해배상을 청구할 수 있는 것으로 새긴다. 그러나 법정책임설에 의하면 그렇지 않다.

(5) 채권자지체의 종료

채권자지체는 ① 채권이 소멸한 때, ② 채무자가 채권자지체를 면제한 때, ③ 채권자지체 중에 채무자의 책임있는 사유로 이행불능이 된 때 채권자지체는 종료한다. 다만, 이 경우 채무자에게 고의 또는 중대한 과실이 있는 경우에는 손해배상책임을 진다(제401조). 그리고 ④ 채권자가 수령에 필요한 모든 준비를 하고 또한 지체 중의 모든 효과를 승인하여 수령의 의사표시를 한 때에도 당연히 채권자지체는 종료한다.

제3관 채무불이행에 대한 구제방법

Ⅰ. 강제이행

1. 개 관

강제이행이라 함은 채무자가 채무의 이행이 가능함에도 불구하고 임의로 이행하지 않는 경우에 채권자가 국가의 힘을 빌려 채권의 내용인 급부를 강제적으로 실현하는 것을 말한다. 본래 채무의 강제이행은 실체법의 영역에 속한다고 하기보다는 절차법의 영역에 해당한다고 할 것이다. 그런데 민법은 제389조에서 채무불이행과 관련하여 강제이행에 관한 규정을 두고 있다. 특히 채권자가 강제이행에 의하여 급부의 내용을 실현하기 위해서는 채권의 존재를 확인하고 채무자에 대하여 채무이행을 명하는 이행판결 기타 집행권원(민사집행법 제24조, 제56조)에 기하여 법원에 강제이행을 신청하여야 한다. 가령, 사법상의 채권으로서 민법상의 부당이득반환청구권은 원칙적으로 그 존부 내지는 금액에 관하여 법원의 판단을 거쳐 사법기관에 그 강제이행을 구하여야 한다(2004다8630 판결). 강제이행의 방법에는 직접강제, 대체집행, 간접강제가 있으며, 간접강제에 갈음하는 의사표시의무의 집행이 인정되고 있다.

판례 ➡ 강제이행은 손해배상의 청구에 영향을 미치지 않는다(제389조 제4항). 즉, 강제이행과 함께 지연배상을 청구할 수 있다. 역시 계약을 해제하면서도 손해배상을 청구할 수 있다(제551조). 이 경우 손해배상은 이행이익액을 청구하는 것이 원칙이지만, 그에 갈음하여 그 계약이 이행되리라고 믿고 채권자가 지출한 비용, 즉 신뢰이익의 배상을 청구할 수도 있다. 다만, 이 경우 신뢰이익은 과잉배상금지의 원칙에 비추어 이행이익액을 넘지 못한다(2002다2549 판결).

2. 직접강제

채권의 내용을 채무자의 협력행위없이 집행기관의 집행행위만에 의하여 직접 실현시키는 강제이행방법이다. 직접강제는 주는 채무의 집행방법으로서, 금전채무 및 유체물의 인도채무의 집행에 적합하다.

(1) 금전채권의 집행은 채무자의 지배에 귀속하고 금전적 가치를 가지는 유체·무체의 재산으로서 법률상 매각 가능한 것에 대해서 행하여진다. 집행절차는 유체동산과 채권 기타 재산권, 부동산, 선박에 따라 다르다. 동산에 대한 강제집행은 목적물의 압류, 압류물의 매각, 매각으로 취득한 금전의 채권자에의 교부라는 단계를 거쳐 행해진다(민사집행법 제188조 이하). 부동산에 대한 강제집행의 방법은 강제경매와 강제관리라는 두 가지 방법이 허용된다(민사집행법 제78조 제2항).

채권에 대한 강제집행은 집행법원의 압류명령에 의하여 개시되며, 압류한 채권이 금전채권인 경우에 압류채권자는 집행법원으로부터 추심명령이나 전부명령을 받아 집행한다(민사집행법 제229조). 압류는 제3채무자에게 지급을 금지할 뿐이지 압류채권자에게 압류한 채권을 추심할 권한을 부여하는 것은 아니다(민사집행법 제227조). **추심명령**이란 집행법원이 압류채권자에게 채무자를 대신하여 제3채무자에게 지급을 청구·수령하여 자기의 채권에 충당할 권한을 부여하는 명령을 말한다. **전부명령**이란 압류한 채권을 권면액(券面額)으로 변제에 갈음하여 압류채권자에게 이전하는 이부명령(移付命令)을 말한다. 특히 전부명령을 받으면 압류채권자는 채권자평등주의를 깨고 압류채권으로부터 우선적 만족을 얻을 수 있다. 추심명령의 경우에도 채무자의 신청에 의해 압류액이 압류채권자의 채권액으로 한정된 경우에는 그에 대해 다른 채권자가 배당요구할 수 없다(민사집행법 제232조 제2항). 부동산·유체동산·선박·자동차·건설기계·항공기 등 유체물의 인도청구권 등에 대한 집행에 대하여도 민사집행법 제243조 및 제245조의 규정을 제외하고 금전채권의 집행에 관한 제227조 내지 제240조의 규정을 준용한다(민사집행법 제242조).

[금전채권의 강제집행]

i) 추심명령 ⇒ 채무자의 금전채권에 대한 추심권을 부여하는 것으로 가령, 을(채무자)이 병 은행에 예금채권을 가지고 있는 경우에, 먼저 갑(채권자)은 법원으로부터 추심명령을 받아 을 명의의 예금채권을 추심할 수 있다. 원래 을 명의의 예금채권에 대한 추심권은 을에게만 있으나, 추심명령을 받으면 갑에게도 추심의 권리가 생긴다. 예를 들어, 을 명의로 50만 원의 예금채권이 은행에 있는 경우에, 갑은 50만 원의 예금채권에 대한 추심명령을 받아 추심하여 채권의 변제에 충당할 수 있고, 나머지 50만 원의 채무는 잔존하여 추후에 받을 수 있다.

ii) 전부명령 ⇒ 채무자의 제3채무자에 대한 금전채권을 채권자에게 강제로 이전시키는 것으로, 만약 갑이 위의 예금채권에 대하여 전부명령을 받은 경우에는 을 명의의 예금채권은 갑에게 이전한다. 이 경우 갑의 을에 대한 채무는 1백만 원이지만, 전부명령을 받게 되면 을 명의의 50만 원의 예금채권이 갑에게 이전하는 대신에, 갑의 을에 대한 채무는 소멸한다.

(2) 특정 동산에 대한 집행은 채무자가 그를 소지하고 있으면 집행관이 그를 수취하여 채권자에게 인도하는 방법에 의한다(민사집행법 제257조). 목적물이 제3자의 점유하에 있는 경우에는 채권자의 신청에 의하여 금전채권의 압류절차에 따라 채무자의 인도청구권을 채권자에게 이전하는 방법으로 한다(동법 제259조).

부동산의 명도집행은 그를 점유하는 거주자를 퇴거시키고 그곳에 있는 동산을 철거한 후에 채권자의 직접지배의 상태가 될 수 있도록 인도하는 방법에 의한다(동법 제258조 제1항). 부동산의 명도집행은 채권자나 그 대리인이 인도받기 위하여 출석한 때에만 할 수 있다(동법 제258조 제2항). 그리고 이 때 강제집행물이 아닌 동산은 집행관이 제거하여 채무자에게 인도하여야 하고, 채무자가 없는 때에는 채무자와 같이 사는 사리를 분별할 지능이 있는 친족 또는 채무자의 대리인이나 고용인에게 그 동산을 인도하여야 하고(동법 제258조 제3항, 제4항), 위의 사람이 없는 때에는 집행관은 그 동산을 채무자의 비용으로 보관하여야 한다(동법 제258조 제5항).

판례 ➡ 토지의 인도를 명한 채무명의의 효력은 그 지상에 건립된 건물이나 식재된 수목의 인도에까지 미치는 것이 아니고 또한 위와 같은 건물이나 수목을 그대로 둔 채 토지에 대한 점유만을 풀어 채권자에게 인도할 수도 없는 것이니, 집달관(현 집행관)으로서는 지상에 건물이 건축되어 있거나 수목이 식재되어 있는 토지에 대하여는 그 지상물의 인도, 철거 등을 명하는 채무명의가 따로 없는 이상 토지를 인도하라는 채무명의만으로는 그 인도집행을 실시할 수 없다(86마902 결정). 따라서 건물철거와 토지인도를 명한 가집행선고부 판결주문에 그 토지상에 그 토지와 독립하여 그 토지 거의 전부에 걸쳐 식재되어 있는 피고 소유의 감귤나무의 수거를 명하는 기재가 없는 이상 집달리(현 집행관)가 그 감귤나무를 그대로 두고는 토지인도를 집행할 수 없다고 하여 그 집행을 거부하였음은 정당하다(80마528 결정).

3. 대체집행

채무의 성질이 직접강제를 허용하지 않는 경우로서(제389조 제1항) 채무자의 일신에 전속하지 아니한 작위를 목적으로 하는 경우(제389조 제2항), 또는 채무자가 부작위채무에 위반한 경우(제389조 제3항) 등의 제한된 범위에서 대체집행이 허용된다. 대체집행이란 채권자나 제3자로 하여금 대신 급부내용을 실현하도록 용인하고 그 비용을 금전으로 채무자에게 추심할 수 있도록 하는 집행방법이다.

(1) 기계적인 노무의 제공을 목적으로 하는 채무가 대체적 작위채무에 해당한다. 채권자는 대체집행을 법원에 청구할 수 있으며, 법원은 채무자의 비용으로 제3자로 하여금 작위를 하도록 하는 취지의 수권결정을 한다. 수권결정에 의하여 채권자나 제3자가 스스로 작위행위를 함으로써 이행에 갈음한다.

판례 ➡ 확정판결의 강제집행을 하는 방법으로 대체집행할 것을 명하는 법원의 결정에 대하여는 그 집행방법으로의 하자있음을 이유로 하는 경우에 한하여 항고할 수 있다 할 것이고 그 내용되는 청구권 자체에 대한 불복사유나 채무명의의 당부를 다투는 사유로서는 적법한 항고이유가 될 수 없다(71마399 결정 등).

(2) 채권자는 채무자가 부작위를 목적으로 하는 채무를 위반한 경우(82마카50 결정), 법원에 채무자의 비용으로 그 위반한 것을 제거하고 장래에 대한 적당한 처분을 청구할 수 있다. 위반행위로 인하여 발생한 물적 결과에 대하여 채무자는 제거의무를 지는데, 그 제거의무의 집행은 대체집행의 방법에 의한다. 물적 결과가 없는 경우에는 강제이행은 할 수 없고 손해배상청구만이 가능하다. 그리고 수인의무의 위반이 채무자나 그의 지시를 받은 제3자에 의한 경우에는, 채권자는 집행관에게 참여를 구하여 직접 그를 배제하도록 할 수 있다(민사집행법 제260조). 의무위반이 반복되는 경우 법원은 장래에 대한 적당한 처분을 명할 수 있다(제389조 제3항).

판례 ➡ 당사자 사이에 일정한 행위를 하지 않기로 하는 부작위 약정을 체결하였는 데 채무자가 이러한 의무를 위반한 경우, 채권자는 채무자를 상대로 부작위의무의 이행을 소구할 수 있고, 부작위를 명하는 확정판결을 받아 이를 집행권원으로 하여 대체집행 또는 간접강제결정을 받는 등으로 부작위의무 위반상태를 중지시키거나 위반결과를 제거할 수 있다(2009다92883 판결).

4. 간접강제

채무자에게 불이익을 예고하거나 부과하여 심리적 압박을 줌으로써 채무자 자신이 채무를 이행하도록 하는 집행방법을 간접강제라 한다(민사집행법 제261조). 간접강제의 결정에는 채무의 이행의무 및 상당한 이행기간을 밝히고, 채무자가 그 기간 이내에 이행을 하지 아니하는 때에는 늦어진 기간에 따라 일정한 배상을 하도록 명하거나 즉시 손해배상을 하도록 명할 수 있다. 간접강제배상금은 채무자로부터 추심된 후 국고로 귀속되는 것이 아니라 채권자에게 지급하여 채무자의 작위의무 불이행으로 인한 손해의 전보에 충당된다(2012다49933 판결).

이러한 간접강제는 채무불이행에 대한 제재를 고지함으로써 그 제재를 면하기 위하여 채무를 이행하도록 동기를 부여하는 것을 목적으로 하는 집행방법이다(2003다36331 판결). 따라서 간접강제는 채무자 자신의 행위에 의해서만 목적을 달성할 수 있는 부대체적 행위에 적합하다. 출연행위나 감정행위, 재산목록작성행위나 계산보고행위, 증권에 서명하는 행위 등이 이에 해당한다. 그리고 불대체적 채무인 부작위채무도 그에 대한 강제집행은 간접강제만 가능하다(93다40614, 40621 판결, 2011다31225 판결). 이러한 간접강제는 직접강제, 대체집행, 의사표시의 의무집행 등 다른 집행방법이 실시될 수 없는 경우에 최후로 허용되는 집행방법이다. 다만, 이행행위에 제3자의 동의를 얻어야 하는 경우처럼 외부적인 장애가 있는 때, 채무자의 자유의사에 반하여 강제하는 것이 사회관념상 용인되기 어려운 때, 또는 채무자의 자유의사를 억압하여 강제하면 만족스러운 행위를 기대하기 어려운 때에는 간접강제도 불가능하다. 이러한 경우에는 강제이행은 불가능하고 손해배상을 청구하는 길 밖에 없다.

판례 ➡ 민사집행법 제261조 제1항의 간접강제결정에 기한 배상금은 채무자에게 이행기간 이내에 이행을 하도록 하는 심리적 강제수단이라는 성격뿐만 아니라 채무자의 채무불이행에 대한 법정제재금이라는 성격도 가진다고 보아야 한다. 따라서 채무자가 간접강제결정에서 명한 이행기간이 지난 후에 채무를 이행하였다면, 채권자는 특별한 사정이 없는 한 채무의 이행이 지연된 기간에 상응하는 배상금의 추심을 위한 강제집행을 할 수 있다(2012다26398 판결).

판례 ➡ 고속도로로부터 발생하는 소음이 피해주민들 주택을 기준으로 일정 한도를 초과하여 유입되지 않도록 하라는 취지의 유지청구는 소음발생원을 특정하여 일정한 종류의 생활방해를 일정 한도 이상 미치게 하는 것을 금지하는 것으로 청구가 특정되지 않은 것이라고 할 수 없고, 이러한 내용의 판결이 확정될 경우 민사집행법 제261조 제1항에 따라 간접강제의 방법으로 집행을 할 수 있으므로, 이러한 청구가 내용이 특정되지 않거나 강제집행이 불가능하여 부적법하다고 볼 수는 없다(2004다37904, 37911 판결).

판례 ➡ 영업양도계약의 약정 또는 상법 제41조에 따라 영업양도인이 부담하는 경업금지의무는 스스로 동종 영업을 하거나 제3자를 내세워 동종 영업을 하는 것을 금하는 것을 내용으로 하는 의무이므로, 영업양도인이 그 부작위의무에 위반하여 영업을 창출한 경우 그 의무위반 상태를 해소하기 위하여는 영업을 폐지할 것이 요구되고 그 영업을 타에 임대한다거나 양도한다고 하더라도 그 영업의 실체가 남아있는 이상 의무위반 상태가 해소되는 것은 아니므로, 그 이행강제의 방법으로 영업양도인 본인의 영업금지 외에 제3자에 대한 영업의 임대, 양도 기타 처분을 금지하는 것도 가능하다(96다37985 판결).

판례 ➡ 부부의 동거의무는 인격존중의 귀중한 이념이나 부부관계의 본질 등에 비추어 일반적으로 그 실현에 관하여 간접강제를 포함하여 강제집행을 행하여서는 안 된다고 하더라도, 또 위와 같은 손해배상이 현실적으로 동거의 강제로 이끄는 측면이 있다고 하더라도, 동거의무 또는 그를 위한 협력의무의 불이행으로 말미암아 상대방에게 발생한 손해에 대하여 그 배상을 행하는 것은 동거 자체를 강제하는 것과는 목적 및 내용을 달리하는 것으로서, 후자가 허용되지 않는다고 하여 전자도 금지된다고는 할 수 없다(2009다32454 판결).

5. 의사표시의무의 집행

직접강제를 할 성질의 것이 아닌 의사표시를 목적으로 하는 채무는 채권자가 채무자의 의사표시에 갈음하는 재판을 청구함으로써 강제이행을 행하는데, 이러한 강제이행방법이 의사표시의무의 집행이다(제389조 제2항). 법적 효과있는 의사의 진술을 명하는 판결이 확정된 때에 그 판결을 의사의 진술로 본다(민사집행법 제263조 제1항. 2016다200552 판결). 채권자의 상환급부의 이행을 조건으로 행하여질 의사표시는 확정판결 후에 채권자가 그 이행을 증명하여 집행력있는 정본을 부여받은 때에 의사표시를 한 효력이 발생한다(민사집행법 제263조 제2항).

[부모 또는 친권자의 동의 거부와 동의에 갈음하는 재판 또는 심판]

가정법원은 친권자의 동의가 필요한 행위에 대하여 친권자가 정당한 이유없이 동의하지 아니함으로써 자녀의 생명, 신체 또는 재산에 중대한 손해가 발생할 위험이 있는 경우에는 자녀, 자녀의 친족, 검사 또는 지방자치단체의 장의 청구에 의하여 친권자의 동의에 갈음하는 재판을 할 수 있다(제922조의2). 그리고 가정법원은 성년자입양의 경우에 부모가 정당한 이유없이 동의를 거부하는 경우에 양부모가 될 사람이나 양자가 될 사람의 청구에 따라 부모의 동의를 갈음하는 심판을 할 수 있다(제871조 제2항).

판례 ➡ 공동명의예금의 인출방법은 공동명의자와 금융기관 사이의 공동명의예금계약의 내용에 따라 결정되는 것이고, 계약의 내용이 공동명의자 전원의 인감증명이 날인된 예금청구서에 의하는 한 공동명의자 중 1인이 단독으로 예금청구를 할 수 있다는 것이면 공동명의자 중 1인은 다른 공동명의자의 동의를 받아 단독으로 예금을 청구할 수 있고, 다른 공동명의자와 금융기관을 공동피고로 하여 다른 공동명의자에 대하여는 단독 예금청구에 관한 동의를, 금융기관에 대하여는 다른 공동명의자에 대한 승소를 전제로 한 예금청구를 소구할 수 있다고 할 것이며, 공동명의자 중 1인이 다른 공동명의자 전원의 동의를 받은 이상 공동명의예금 전액을 청구할 수 있는 것이므로, 금융기관이 공동명의자들 사이의 내부적 지분을 들어 정당한 예금청구를 거절할 수는 없다(2000다70989 판결).

판례 ➡ 식품위생법과 같은 법 시행규칙의 여러 관계 규정을 종합하여 고려하면, 임차인이 임대인으로부터 종래 다방 용도로 사용되어 왔던 임대인 소유인 건물의 지하 부분을 임차함에 있어 임대차기간 중에 임차인 명의로 다방영업허가를 받아 다방업을 경영하되 임대차기간 만료시에는 그 허가명의를 임대인 명의로 변경하여 주기로 약정하고 다방영업허가를 받아 다방업을 영위하다가 임대차기간이 만료되어 임대인에게 건물 부분을 명도한 경우, 이는 임차인이 그 영업을 양도한 때에 준한다고 봄이 상당하여 임대인이 다방의 영업자의 지위를 승계하는 경우라고 할 것이므로, 임차인은 임대인에게 다방영업허가명의의 변경절차를 이행할 의무가 있고, 임대인은 이를 소구할 수 있다(95다19591 판결).

Ⅱ. 손해배상책임

1. 개 관

채무자의 채무불이행으로 인하여 채권자에게 손해가 발생한 경우에, 채권자는 그 손해의 배상을 청구할 수 있다(제390조). 즉, 이행지체의 경우에는 지연배상 또는 전보배상을, 이행불능의 경우에는 전보배상을, 불완전이행의 경우에는 지연배상이나 전보배상 또는 확대손해의 배상을 청구할 수 있으며, 이행거절의 경우에는 전보배상은 물론 지연배상도 청구할 수 있다. 또한 채무불이행을 이유로 채권자가 계약을 해제한 경우에도 손해가 있으면 그 배상을 청구할 수 있다(제551조). 물론 채권자는 손해배상청구권을 포기할 수 있다(91다14956 판결).

판례 ➡ 채무불이행에 의한 손해배상청구권은 원채권의 연장이라 보아야 할 것이므로 물건과 원채권과 사이에 견련관계가 있는 경우에는 그 손해배상채권과 그 물건과의 사이에도 견련관계가 있다 할 것으로서 손해배상채권에 관하여 유치권항변을 내세울 수 있다 할 것이다(76다582 판결).

판례 ➡ 채권자의 가등기를 말소할 의무와 채무자의 소유권이전등기절차를 이행할 의무가 동시이행의 관계에 있는 경우, 위 가등기말소의무는 위 소유권이전등기절차이행의무가 이행불능이 됨으로 인하여 발생한 채무자의 채권자에 대한 손해배상의무와도 여전히 동시이행의 관계에 있다(96다40677, 40684 판결).

채무불이행으로 인한 손해배상의 범위는 전 손해가 아니라 통상손해를 그 한도로 하며(제393조 제1항), 특별한 사정으로 인한 손해는 특별손해로서 채무자가 그 사정을 알았거나 알 수 있었을 때에 한하여 배상의 책임을 진다(제393조 제2항).

그리고 손해배상의 방법은 원상회복 등 다른 의사표시가 없으면 금전으로 배상한다(제394조).

한편 계약의 당사자는 장래의 채무불이행에 대비하여 손해배상액을 미리 약정할 수 있다(제398조). 그리고 채무자가 채권의 목적인 물건 또는 권리의 가액 전부에 대하여 손해배상을 한 경우에는, 그 물건 또는 권리에 관하여 당연히 채권자를 대위한다(제399조).

2. 손해배상책임의 요건

(1) 서 설

손해배상책임, 즉 채무불이행책임이 발생하기 위해서는 다음의 요건을 갖추어야 한다. 첫째, 채무불이행의 사실이 존재하여야 한다. 즉, 채무자가 '채무의 내용에 좇은 이행'을 하지 않아야 한다. 둘째, 채무자에게 귀책사유가 있어야 한다. 귀책사유에는 채무자의 고의·과실 및 이행보조자의 고의·과실을 포함한다. 셋째, 채무불이행의 상태가 위법하여야 한다. 이 경우 위법성은 각각의 채무불이행에 있어서 구비하여야 하는 적극적 요건이 아니고, 채무의 내용에 좇은 이행이 없으면 동시이행의 항변권·유치권·기한유예·긴급피난 등의 위법성 조각사유가 없는 한 위법한 것으로 평가되는 소극적 요건이라고 할 수 있다. 다만, 채무자의 고의·과실의 개념 속에는 이미 위법성이 포함되어 있으므로 위법성은 별개의 요건이 아니라는 입장도 있다.[42] 일반적으로 채무불이행 사실이 존재하면 특별히 위법성 조각사유(동시이행의 항변권이나 유치권 등)가 없는 한 그 자체가 바로 위법한 것으로 평가된다고 할 것이다. 이하 채무불이행책임의 요건에 대해서 좀더 자세히 설명하기로 하되, 위법성에 관해서는 달리 설명하지 않는다.

판례 ➡ 채무불이행에 있어서 확정된 채무의 내용에 좇은 이행이 행하여지지 아니하였다면 그 자체가 바로 위법한 것으로 평가되는 것이고, 다만 그 이행하지 아니한 것이 위법성을 조각할 만한 행위에 해당하게 되는 특별한 사정이 있는 때에는 채무불이행이 성립하지 않는 경우도 있을 수 있다(2000다47361 판결). 여기에서 위법성을 조각하는 사유에는 동시이행의 항변권, 유치권 이외에도 사회상규에 반하지 아니하는 정당행위와 같이 법질서 전체의 정신이나 배후에 놓여 있는 사회윤리 내지 사회통념에 비추어 그 미지급 상태가 용인될 수 있는 경우도 해당한다고 보아야 하고, 그 해당 여부는 구체적인 사정 아래서 합목적적·합리적으로 고찰하여 개별적으로 판단하여야 한다(2011두2477, 2484 판결). 이렇게 보면 강박에 의하여 원고에게 부동산에 관한 증여의 의사표시를 한 피고가 그 취소권을 행사하지 않은 채 그 부동산을 제3자에게 이중양도하고 취소권의 제척기간 마저 도과하여 버린 후 그 이중양도계약에 기하여 제3자에게 부동산에 관한 소유권이전등기를 경료하여 줌으로써 원고에 대한 증여계약상의 소유권이전등기의무를 이행불능케 한 경우, 피고의 원고에 대한 증여계약 자체에 대한 채무불이행이 성립하고, 피고의 위와 같은 이중양도행위가 사회상규에 위배되지 않는 정당행위 등에 해당하여 위법성이 조각된다고 볼 수 없다(2000다47361 판결).

(2) 채무불이행 사실이 존재할 것

채권자는 채무자가 '채무의 내용에 좇은 이행을 하지 아니한 때'에 손해배상을 청구할 수 있다(제390조). 따라서 채무자에게 손해배상책임이 발생하기 위해서는 채무불이행 사실이 존재하여야 한다. 즉, 채무자가 부담하는 급부의무 또는 부수적 의무, 보호의무 등을 이행하지 않은 사실이 존재하여야 한다. 채무불이행의 유형 및 내용에 대해서는 앞에서 살펴본 바와 같다. 채무의 내용과 그 불이행 사실에 대한 입증책임은 채권자에게 있다.

판례 ➡ 매수인이 매도인과 사이에 매매계약을 체결함에 있어 토지거래신고를 하는 경우 매수인이 매도인의 인장을 새겨서 대행하기로 약정하였다면, 매도인이 토지거래신고의 협력의무를 해태하였다고 단정할 수는 없다(94다26646 판결).

판례 ➡ 공중접객업인 숙박업을 경영하는 자가 투숙객과 체결하는 숙박계약은 숙박업자가 고객에게 숙박을 할 수 있는 객실을 제공하여 고객으로 하여금 이를 사용할 수 있도록 하고 고객으로부터 그 대가를 받는 일종의 일시사용을 위한 임대차계약으로서 객실 및 관련 시설은 오로지 숙박업자의 지배 아래 놓여 있는 것이므로 숙박업자는 통상의 임대차와 같이 단순히 여관 등의 객실 및 관련 시

42) 김형배, 채권총론, 174면.

설을 제공하여 고객으로 하여금 이를 사용·수익하게 할 의무를 부담하는 것에서 한 걸음 더 나아가 고객에게 위험이 없는 안전하고 편안한 객실 및 관련 시설을 제공함으로써 고객의 안전을 배려하여야 할 보호의무를 부담하며, 이러한 의무는 숙박계약의 특수성을 고려하여 신의칙상 인정되는 부수적인 의무로서 숙박업자가 이를 위반하여 고객의 생명, 신체를 침해하여 투숙객에게 손해를 입힌 경우 불완전이행으로 인한 채무불이행책임을 부담하고, 이 경우 피해자로서는 구체적 보호의무의 존재와 그 위반 사실을 주장·입증하여야 하며 숙박업자로서는 통상의 채무불이행에 있어서와 마찬가지로 그 채무불이행에 관하여 자기에게 과실이 없음을 주장·입증하지 못하는 한 그 책임을 면할 수는 없다고 할 것이고, 이와 같은 법리는 장기투숙의 경우에도 마찬가지이다(96다47302 판결).

판례 ➡ 주식회사가 대표이사를 상대로 주식회사에 대한 임무 해태를 내세워 채무불이행으로 인한 손해배상책임을 물음에 있어서는 대표이사의 직무수행상의 채무는 미회수금 손해 등의 결과가 전혀 발생하지 않도록 하여야 할 결과채무가 아니라, 회사의 이익을 위하여 선량한 관리자로서의 주의의무를 가지고 필요하고 적절한 조치를 다해야 할 채무이므로, 회사에게 대출금 중 미회수금 손해가 발생하였다는 결과만을 가지고 곧바로 채무불이행사실을 추정할 수는 없다(96다30465, 30472 판결).

그리고 제390조는, 그 총칙적 성격에 비추어, 당연히 계약 외의 원인(법정채권관계)에 기하여 발생한 채무가 불이행된 경우에도 적용되어야 한다. 그러나 법정채권관계의 주요한 예인 불법행위로 인한 손해배상청구권은 원칙적으로 금전의 지급을 내용으로 하고(제763조, 제394조), 사무관리의 중요한 효과인 비용상환청구권(제739조)도 대부분 금전의 지급을 내용으로 하며, 부당이득반환청구권 역시 많은 경우에 마찬가지이다(특히 제747조 제1항의 가액반환의 경우). 그런데 금전채무불이행에 관하여는 제397조의 특칙이 있으므로, 위와 같은 채무의 불이행은 거의 전적으로 동조에 의하여 규율된다. 이러한 점에서 채무불이행의 법리는 주로 계약불이행의 경우를 염두에 두고 전개되어도 좋을 것이다.[43]

(3) 채무자에게 귀책사유가 있을 것

① 귀책사유의 의의

위에서 지적한 바와 같이 채무불이행책임이 성립하기 위해서는 채무불이행에 대하여 채무자에게 귀책사유가 존재하여야 한다. 즉, 과실책임의 원칙상 채무자는 채무불이행에 대하여 그 책임에 돌아갈 사유가 있는 경우에만 책임을 진다. 귀책사유란 채무자의 책임에 돌아갈 사유를 의미하는 데, 이는 채무자 본인의 고의·과실(유책사유)과 그 이행보조자의 고의·과실을 포괄하는 개념이다. 귀책사유에 대한 입증책임은 채무자에게 있다(통설. 87다카1575 판결). 즉, 채무자는 과실없음을 입증하여야 한다. 이 점은 불법행위로 인한 손해배상청구에서 피해자가 가해자의 고의·과실을 입증하여야 하는 것과 차이가 있다. 그리하여 가령, 부동산의 매도인은 그 매수인에 대한 소유권이전등기절차이행의무의 이행불능이 자기의 귀책사유에 의한 것이 아니라는 주장과 그에 대한 입증을 하지 않는 한 그로 인하여 발생한 매수인의 손해를 배상할 의무가 있다(72다

43) 지원림, 민법강의, Rn. 4-150.

982 판결).

판례 ➡ 일반적으로 채무불이행으로 인한 손해배상청구에 있어서 그 불이행의 귀책사유에 관한 입증책임은 채무자에게 있으므로, 동업계약에 따라 서로 업무를 분담하여 동 업체를 운영하여 오다가 동업자 중 1인이 그 맡은 업무를 수행하지 아니하기 때문에 부득이 제3자를 고용하여 그 업무를 대행케 함으로써 손해가 발생한 경우에 있어서 동업계약에 따른 업무수행의무불이행의 귀책사유에 관한 입증책임은 업무를 수행하지 않은 그 의무자에게 있다고 보아야 한다(84다카1864 판결, 2007다83755, 83762 판결).

판례 ➡ 임차인의 임차물반환채무가 이행불능이 된 경우에 임차인이 그 이행불능으로 인한 손해배상책임을 면하려면 그 이행불능이 임차인의 귀책사유에 의하지 않은 것임을 입증할 책임이 있으며, 임차건물이 화재로 소실된 경우에 그 화재의 발생원인이 불명인 때에도 임차인이 그 책임을 면하려면 그 임차건물의 보존에 관하여 선량한 관리자의 주의의무를 다하였음을 입증하여야 한다(82다카254 판결, 93다22227 판결, 99다36273 판결 등).

다만, 채무자는 자기의 고의나 과실에 대해서만 책임을 지는 것이 아니고 타인의 고의나 과실에 대해서도 책임을 지는 경우가 있다(제391조). 또한 경우에 따라서는 누구의 고의나 과실을 전제로 하지 않고 책임을 지는 경우도 있다(제397조, 제392조, 제570조 이하 및 제667조 이하). 이러한 점에서 채무불이행책임의 경우 과실책임의 원칙이 언제나 관철되어 있는 것으로 해석할 것은 아니다.

② 채무자의 고의 · 과실

고의란 채무자가 채무불이행이라는 결과가 발생한다는 것을 인식하면서도 이를 의욕하거나 또는 적어도 이를 시인하면서 일정한 행위(작위나 부작위)를 하는 것을 말한다. 과실이란 채무자가 선량한 관리자로서 통상 요구되는 주의의무를 게을리 하여 일정한 행위(작위나 부작위)를 하는 것을 말한다(제374조 및 독일 민법 제276조 제1항 참조). 채무의 이행은 채권자의 이익을 위한 행위라는 점에서, 채무불이행에 있어서는 원칙적으로 타인사무(예, 고용, 임치, 위임 등)를 처리하는 경우에 요구되는 선량한 관리자의 주의의무를 위반하면 과실이 있는 것으로 판단된다(제681조, 2009다83629 판결 참조). 다만, 무상임치에 있어서의 수치인은 선관주의의무가 아니고 자기재산과 동일한 주의의무를 부담한다(제695조. 미성년자의 재산관리에 있어서 친권자도 같다. 제922조). 일반적으로 전자를 추상적 경과실이라고 하고 후자는 구체적 경과실이라고 한다.

한편 민법은 일정한 경우에는 중과실을 요건으로 하는 특별규정을 두고 있다(제109조 제1항 단서, 제401조, 제518조 단서, 제735조, 제757조 단서, 제765조 제1항). 이 경우 중과실은 선량한 관리자로서의 주의의무를 통상적이 아닌 현저히 위반하는 것을 가리킨다(91다6764 판결). 즉, 조금만 주의를 기울였더라도 어떤 사실이나 위법한 결과의 발생을 알 수 있었을 텐데 주의를 현저히 위반하여 이를 알지 못한 상태를 말한다. 보통은 선량한 관리자로서의 주의의무를 일반인들은 위반하지 않는데, 유독 행위자만이 위반하는 경우에 중과실을 인정할 수 있을 것이다. 나아가 판례는 고의에 준하여 중과실이 있는 경우에도 불이익을 가하는 경우가 있다. 가령, 당사자의 의사표시에 의한 채권양도금지는 제3자가 악의의 경우는 물론 제3자가 채권양도금지를 알지 못한 데에 중대한 과실이 있는 경우에도 그 채권양도금지로써 대항할 수 있다는 것이다(99다8834 판결, 2012다118020 판결). 그리고 피용자의 불법행위가 외관상 사무집행의 범위 내에 속하는 것으로 보이는 경우에 있어서도, 피용자의 행위가 사용자의 사무집행행위에 해당하지 않음을 피해자 자신이 알았거나 또는 중대한 과실로 알지 못한 경우에는 사용자에 대하여 사용자책임을 물을 수 없다고 한다(94다29850 판결, 2000다1327 판결, 2012다61377 판결).

판례 ➡ 채무자가 자신에게 채무가 없다고 믿었고 그렇게 믿은 데 정당한 사유가 있는 경우에는 채무불이행에 고의나 과실이 없는 때에 해당한다고 할 수 있다. 그러나 채무자가 채무의 발생원인 내지 존재에 관한 법률적인 판단을 통하여 자신의 채무가 없다고 믿고 채무의 이행을 거부한 채 소송을 통하여 이를 다투었다고 하더라도, 채무자의 그러한 법률적 판단이 잘못된 것이라면 특별한 사정이 없는 한 채무불이행에 관하여 채무자에게 고의나 과실이 없다고는 할 수 없다(2011다85352 판결, 2013다100750 판결).

판례 ➡ 계약당사자 일방이 자신이 부담하는 계약상 채무를 이행하는 데 장애가 될 수 있는 사유를 계약을 체결할 당시에 알았거나 예견할 수 있었음에도 이를 상대방에게 고지하지 아니한 경우에는, 비록 그 사유로 말미암아 후에 채무불이행이 되는 것 자체에 대하여는 그에게 어떠한 잘못이 없다고 하더라도, 상대방이 그 장애사유를 인식하고 이에 관한 위험을 인수하여 계약을 체결하였다거나 채무불이행이 상대방의 책임있는 사유로 인한 것으로 평가되어야 하는 등의 특별한 사정이 없는 한, 그 채무가 불이행된 것에 대하여 귀책사유가 없다고 할 수 없다. 그것이 계약의 원만한 실현과 관련하여 각각의 당사자가 부담하여야 할 위험을 적절하게 분배한다는 계약법의 기본적 요구에 부합한다(2011다43778 판결).

판례 ➡ 사용자책임이 면책되는 피해자의 중대한 과실이라 함은 거래의 상대방이 조금만 주의를 기울였더라면 피용자의 행위가 그 직무권한 내에서 적법하게 행하여진 것이 아니라는 사정을 알 수 있었음에도 만연히 이를 직무권한 내의 행위라고 믿음으로써 일반인에게 요구되는 주의의무에 현저히 위반하는 것으로 거의 고의에 가까운 정도의 주의를 결여하고, 공평의 관점에서 상대방을 구태여 보호할 필요가 없다고 봄이 상당하다고 인정되는 상태를 말한다(97다49978 판결).

특히 여기에서 유의할 것은 채무불이행책임의 경우에는 불법행위의 경우와는 달리 채무자의 책임능력은 요구되지 않는다는 점이다. 우선 채무자가 제한능력자인 경우에는 법정대리인이 채무부담행위와 채무이행행위를 모두 대리 또는 대신하게 될 것이고, 그러한 경우에는 법정대리인의 고의나 과실을 채무자의 고의나 과실로 보게 되어 법정대리인의 고의나 과실에 대하여 제한능력자인 채무자가 책임을 부담하게 될 것이다(제391조). 따라서 그러한 경우에는 채무자의 책임능력이 특별히 문제되지 않는다. 그리고 채무자가 행위능력자임에도 불구하고 채무불이행 당시에 책임을 변식할 능력을 사실상 가지지 못했거나 상실한 경우에 책임무능력을 이유로 채무불이행책임을 면하게 되는지 문제된다고 할 수도 있겠지만, 이러한 경우에도 채무자는 불법행위책임의 경우와 달리 채무불이행책임을 면할 수 없다고 새겨야 할 것이다. 채무자는 자기 자신의 고의·과실 뿐 아니라 그 법정대리인이나 이행보조자의 고의·과실에 대해서도 책임을 부담한다는 점에 비추어 책임무능력을 들어 채무불이행책임을 면할 수는 없다고 보아야 할 것이다. 민법이 가해자의 책임능력을 요구하는 불법행위책임의 경우(제753조 내지 제754조)와 달리 채무불이행책임의 경우에는 채무자의 책임능력을 요구하는 규정을 두고 있지 않다는 점도 고려할 것이다.

③ 이행보조자의 고의·과실

i) 이행보조자의 의의

일반적으로 이행보조자라고 하면 채무자가 채무의 이행을 위하여 사용하고 있는 자, 즉 피용자만을 의미하고 채무자의 법정대리인은 여기에 포함하지 않는다. 그런데 민법 제391조는 법정대리인의 고의·과실도 이행보조자의 고의·과실과 마찬가지로 채무자의 고의·과실로 보고 있다.

판례 ➡ 임차인은 임대차의 종료시까지 선량한 관리자의 주의로서 임차목적물을 보관할 의무를 부담하는 것이고 이 의무를 이행함에 있어서 임차인의 피용자에게 과실이 있는 경우에는 임차인에게도 과실이 있는 것으로 볼 것이다(66다758, 759 판결).

ii) 이행보조자의 고의·과실에 대하여 채무자가 책임을 지는 근거

일반적으로 자기 자신의 고의·과실이 있는 행위의 결과에 대해서만 책임을 지도록 하고 있는 자기행위책임의 원칙하에서, 이처럼 이행보조자의 고의나 과실에 대하여 채무자 자신의 고의나 과실을 묻지 않고 바로 채무자에게 그 책임을 인정하는 이유는, 채무자 자신의 어떠한 잘못된 행위(부적절한 이행보조자를 사용하였다든지 또는 그의 이행보조행위에 대한 지시나 감독을 잘못하는 등)에 있는 것이 아니고, 채무자 스스로 이행보조자를 사용하여 그의 활동범위를 확대하였다는 데에 있다. 즉, 이행보조자를 사용하여 스스로 거래범위 내지 활동범위를 확대함으로써 **위험범위를 확대**한 채무자는 이행보조자의 고의·과실로 인한 채무불이행에 대해서도 책임을 지는 것이 타당하다는 데에 있다. 법정대리인의 경우도 채무자는 법정대리인의 활동을 통하여 이익을 얻고 있으므로 그의 고의나 과실로 인한 불이익도 부담하는 것이 타당하다는 데서 찾을 수 있다. 제391조 소정의 법정대리인에는 친권자와 후견인은 물론이고, 부재자재산관리인(제24조), 파산관재인(채무자회생 및 파산에 관한 법률 제355조 이하), 일상가사대리권을 가진 부부(제827조), 유언집행자(제1093조, 1103조), 상속재산관리인(제1023조, 1040조, 1047조, 1053조)이 포함된다.

iii) 이행보조자이기 위한 요건

이행보조자는 채무자의 의사에 의하여 채무의 이행을 위하여 끌어 들인 자이어야 한다.[44] 채

무자의 명시적 또는 묵시적 의사에 의하여 개입된 자가 아닌 자는 사실상 채무의 이행을 보조하고 있다고 하여도 이행보조자라고 할 수 없다. 이러한 경우는 채무자가 스스로 이행보조자를 사용함으로써 그 활동범위를 확대하였다고 할 수 없기 때문이다. 그러나 채무자의 의사에 의하여 개입된 자라고 하기 위해서는 채무자와의 사이에 반드시 고용과 같은 법률관계가 있어야 하는 것은 아니고 채무자의 양해하에 채무자의 채무이행을 사실상 보조하는 자이면 된다. 따라서 채무자의 양해하에 호의로 채무의 이행을 보조하는 자도 여기서 말하는 이행보조자에 해당한다. 또한 이행보조자가 채무의 이행을 위하여 제3자를 복이행보조자로서 사용하는 경우에도 채무자가 이를 승낙하였거나 적어도 묵시적으로 동의한 경우에는 채무자는 복이행보조자의 고의·과실에 관하여 민법 제391조에 의하여 책임을 부담한다고 보아야 한다(2011다1330 판결).

판례 ➡ 민법 제391조에서의 이행보조자로서의 피용자라 함은 일반적으로 채무자의 의사관여 아래 그 채무의 이행행위에 속하는 활동을 하는 사람이면 족하고, 반드시 채무자의 지시 또는 감독을 받는 관계에 있어야 하는 것은 아니므로 채무자에 대하여 종속적인가 독립적인 지위에 있는가는 문제되지 않는다. 따라서 임대인이 임차인과의 임대차계약상의 약정에 따라 제3자에게 도급을 주어 임대차목적 시설물을 수선한 경우에는 그 수급인도 임대인에 대하여 종속적인지 여부를 불문하고 이행보조자로서의 피용자라고 보아야 할 것이고, 이러한 수급인이 시설물 수선공사 등을 하던 중 수급인의 과실로 인하여 화재가 발생한 경우에는 임대인은 민법 제391조에 따라 위 화재발생에 귀책사유가 있다 할 것이어서 임차인에 대한 채무불이행상의 손해배상책임이 있다(2001다44338 판결, 98다51077, 51084 판결). 특히 이행보조자의 행위가 채무자에 의하여 그에게 맡겨진 이행업무와 객관적·외형적으로 관련을 가지는 경우에는 채무자는 그 행위에 대하여 책임을 져야 하고, 채무의 이행에 관련된 행위이면 가사 이행보조자의 행위가 채권자에 대한 불법행위가 된다고 하더라도 채무자가 면책될 수는 없다(90다카10343 판결, 2005다69458 판결).

판례 ➡ 운송인과 중간운송업자 사이에 지휘·감독관계가 존재하는 것으로 볼 수 없고, 운송인이 중간운송업자를 통하여 보세창고업자를 간접적으로 지휘·감독하였다고 할 수 없는 경우, 운송인의 의뢰로 운송물을 보관하던 중 멸실시킨 보세창고업자는 운송물의 인도업무에 관하여 운송인의 이행보조자라고는 할 수 있으나 운송인의 지시·감독을 받은 피용자적인 지위에 있다고는 볼 수 없다(96다20093 판결).

그런데 학설은 이행보조자라고 하기 위해서는 채무자의 이행보조자에 대한 선임, 지휘, 감독 등의 간섭가능성이 있어야 하는 것으로 본다. 따라서 채무자가 채무의 이행을 위하여 우편이나 철도 등을 이용하는 경우에는 우체국 집배원이나 철도원 등은 이들에 대한 채무자의 간섭가능성이 없기 때문에 이행보조자가 아니고, 그 결과 이들의 고의나 과실로 인한 채무불이행에 대해서는 채무자가 책임을 부담하지 않는다고 한다. 그러나 채무자가 채무의 이행을 위하여 우편이나 철도를 이용하는 경우의 집배원이나 철도원의 고의나 과실에 대하여 채무자가 책임을 지는

---

44) 서광민, "채무불이행에 있어서의 귀책사유", 저스티스 제30권 3호(1997), 49면 이하 참조.

지 여부는 그 채무가 지참채무인가 추심채무인가 또는 송부채무인가를 고려하여 판단할 문제이지, 단순히 간섭가능성의 유무에 따라 이행보조자인가 아닌가를 판단하여 해결할 문제는 아니다. 즉, 지참채무의 경우에 채무자가 직접 현실제공을 하지 않고 비록 간섭가능성이 없는 철도나 우편을 통하여 현실제공을 한다고 하더라도 채무자는 이들의 고의나 과실에 대하여 책임을 지는 것이 당연하다. 결국 이들 운송기관은 채무자의 이행보조자로 보아야 한다. 그리고 송부채무의 경우 발송시에 종류채무의 특정과 아울러 변제의 제공이 있는 것으로 볼 것인가를 둘러싸고 견해가 갈리는 데, 이 경우 발송시에 변제의 제공까지 있는 것으로 보는 견해[45]에 의하면, 송부채무의 경우에는 채무자는 목적물을 우편이나 철도 등 운송기관을 이용하여 발송하면 채무의 이행에 필요한 행위가 완료된 것으로 보아 변제제공의 효과가 발생한다고 할 것이므로, 이들 운송기관이 이행보조자라고 하더라도, 이들의 고의나 중과실에 대해서만 채무자가 책임[46]을 지고 경과실에 의한 이행불능에 대해서는 책임을 지지 않는 것으로 새길 것이다(이 경우에는 위험부담이 문제된다고 할 것이다). 물론 송부채무의 경우 발송시에 종류채무의 특정만이 이루어지고 변제제공의 효과는 발생하지 않는 것으로 보게 되면, 지참채무의 경우와 마찬가지로 채무자는 철도나 우편을 통하여 현실제공을 하는 경우에 이들의 고의나 과실에 대하여 책임을 진다고 할 것이다. 아무튼 이행보조자인지 여부는 간섭가능성을 그 판단기준으로 삼을 것이 아니라 채무자의 의사에 의하여 이행보조자를 사용하였는지를 그 판단기준으로 삼아야 할 것이다.[47]

그런데 이행보조자 중에는 단순히 채무의 이행을 보조하는 것이 아니고 채무자에 갈음하여 채무의 전부 또는 일부를 이행하는 자가 있다. 가령, 수치인에 갈음하여 임치물을 보관하는 제3수치인이나 운송인에 갈음하여 운송물의 전부 또는 일부를 운송하는 제3운송인은 각각 수치인이나 운송인이 부담하는 의무를 이들에 갈음하여 이행하는 자라고 할 수 있다. 이러한 자를 이행대행자라고 한다.[48] 이행대행자는 채무자에 대해서만 대행의무를 부담하며 채권자에 대한 관계에서는 보통의 이행보조자에 지나지 않는다. 다만, 민법은 이행대행자의 사용을 금지하는 경우가 있으며(제120조, 657조 제2항, 682조 제1항, 제701조, 제1103조 제2항), 이 경우 이행대행자를 사용하는 것은 곧바로 채무불이행이 되므로 채무자는 책임을 진다. 그리고 부득이한 사유가 있는 경우 이행대행자의 사용이 허용되는 경우라든가(제122조) 또는 채무자가 채권자의 승낙을 얻어 이행대행자를 사용하는 경우에는 채무자는 이행대행자의 선임・감독에 대하여 과실이 있는 경우에만 그 책임을 부담한다(제121조, 682조 제2항, 제701조, 제1103조). 이상의 경우가 아닌 이행대행자는 이행보조자와 같이 취급된다. 물론 운송인을 위하여 운송계약의 이행을 보조하거나 대행하고 있더라도 운송인으로부터 직접 지휘・감독을 받지 않고 독립하여 영업활동을 수행하고 있

45) 이은영, 채권총론, 115면; 송덕수, 민법주해(8), 156면.

46) 채무자는 변제제공에 의하여 채권자가 수령지체에 빠지는 경우에도 급부의무를 면하는 것은 아니고 여전히 급부의무를 부담하되, 그 책임이 경감될 뿐이다.

47) 김형배, 채권총론, 176면; 이은영, 채권총론, 194면. 비판적 견해로는 고상룡, "이행보조자의 과실", 법률연구 제3집, 삼영사, 1983, 62면 이하가 있다.

48) 수급인과 하도급계약을 체결한 하수급인도 도급인의 이행대행자에 해당한다(97다29264 판결).

을 뿐이라면 그러한 자를 운송인의 피용자라고 할 수는 없는 것이므로, 운송인은 그러한 자의 불법행위에 대하여 사용자로서의 손해배상책임을 지지 아니한다(99다55052 판결).

한편 임차인의 동거인이나 가족과 같은 이용보조자는 임차인과 마찬가지로 목적물을 이용하면서 목적물의 보존의무나 목적물반환의무를 부담한다. 따라서 이러한 의무의 이행과 관련된 이들의 고의나 과실은 임차인 자신의 고의나 과실과 동일시된다. 그러면 전차인과 같은 이용보조자를 이행보조자라고 할 수 있는가? 물론 임대인의 동의를 얻지 않고 전대(轉貸)를 한 경우에는 그 자체가 의무위반이 되어 임차인은 전대에 대한 모든 책임을 지므로 별 문제가 없다. 그러면 임대인의 동의를 얻고 전대를 한 경우에 전차인을 이행보조자로 볼 수 있는가. 제630조 제1항의 규정상 전차인은 임대인에 대하여 직접 의무를 부담하기 때문에 전차인을 과연 이행보조자로 볼 수 있는지 의문이다. 그러나 제630조 제1항의 규정은 임대인의 보호를 위하여 인정되는 것일 뿐 전대차로 인하여 임대인과 전차인 사이에 임대차관계가 성립하는 것은 아니고, 전대차 후에도 여전히 임대인과 임차인 사이의 임대차계약은 존재한다. 그렇다면 전차인의 고의나 과실에 대하여 임차인이 아무런 책임을 지지 않는다는 것은 타당하다고 할 수 없을 것이다. 또한 임대인의 동의를 얻어 전대한 점에서 전차인의 고의나 과실에 대하여 무조건 책임을 지게 하는 것도 타당하지 않다.

그런데 민법은 위에서 적시한 바와 같이 위임인의 승낙을 얻어 수임인이 수임사무를 제3자에게 처리하게 한 경우라든가(제682조 제2항) 수치인이 임치인의 승낙을 얻고 임치물을 제3자로 하여금 보관하게 한 경우에(제701조), 수임인이나 수치인은 그 제3자의 선임·감독에 과실이 있는 경우에만 책임을 지도록 하고 있다. 이들 경우는 임대인의 동의를 얻고 임차인이 목적물을 제3자에게 전대한 경우와 비슷하다. 따라서 임차인은 전차인의 선정이나 감독에 과실이 있는 경우에만 책임을 진다고 새기는 것이 타당하다.

iv) 이행보조자의 과실유무의 판단기준

이행보조자의 과실유무의 판단기준은 이행보조자 개인의 주의능력을 기준으로 하는 것이 아니라, 채무자가 속한 거래권이나 채무자의 직업에 있어서의 평균인에게 요구되는 주의의무의 정도를 기준으로 하여 판단하여야 한다. 이행보조자가 하는 행위는 채무자가 부담하는 채무의 이행행위이고, 채무의 이행행위는 이를 채무자 자신이 하든 이행보조자가 하든 채무자 본인의 책임에 속하는 사항이므로, 그러한 이행행위를 이행보조자가 하는 경우라도 채무자가 직접 하는 경우와 마찬가지의 주의의무가 요구된다고 할 것이기 때문이다. 그렇지 않고 채무자가 부담하는 이행행위를 채무자가 직접 하지 않고 이행보조자를 통하여 한다고 하여 그 주의 정도가 달라진다면 그것은 채권자에게는 결코 용납될 수 없다.

다만, 이행보조자의 고의나 과실로 인하여 채무자가 책임을 진다는 것은 채무불이행에 대하여 책임을 진다는 것을 의미하는 바, 즉 급부의무위반이라든가 부수적 의무위반 나아가 채무이행과 관련한 보호의무를 위반한 경우에 책임을 진다는 것을 말한다. 따라서 채무이행과 관련이 없이 이행보조자가 채권자의 법익을 침해한 경우에는 채무자가 책임을 지는 것이 아니고, 이행보조자 자신이 불법행위를 이유로 책임을 지든가 아니면 채무자가 책임을 지는 경우에도 제756조에 의한 사용자책임을 질 뿐이다.

3. 손해배상책임의 내용: 손해의 배상

(1) 손해의 개념

손해란 채무불이행으로 인한 법익상태와 채무이행이 있었더라면 있었을 가정적 법익상태의 차이를 말한다. 즉, 채무불이행으로 인한 손해는 채무자의 채무내용에 좇은 이행이 있었더라면 채권자가 얻었을 이익을 얻지 못한 재산상의 불이익을 말한다. 가령, 타인의 권리를 매매한 자가 권리이전을 할 수 없게 된 때에는 매도인은 선의의 매수인에 대하여 불능 당시의 시가를 표준으로 그 계약이 완전히 이행된 것과 동일한 경제적 이익을 배상할 의무가 있다(66다2618 전원합의체 판결). 이처럼 채무불이행으로 인한 손해배상은 채무이행이 있었을 상태로 시정하는 것(이행이익)을 목적으로 하는 점에서, 불법행위가 없었던 상태로 회복하는 것(원상회복이익)을 목적으로 하는 불법행위로 인한 손해배상과 차이가 있다. 판례도 채무불이행책임에서 손해배상의 목적은 채무가 제대로 이행되었더라면 채권자가 있었을 상태를 회복시키는 것이므로, 계약을 위반한 채무자는 계약이 완전히 이행된 것과 동일한 경제적 이익을 배상하여야 한다고 한다(2006다25745 판결). 다만, 판례 중에는 채무불이행으로 인한 손해의 개념을 불법행위로 인한 손해의 개념과 마찬가지로 파악하고 있는 경우도 있다. 채무불이행으로 인한 재산상 손해는 채무불이행으로 인하여 발생한 재산상 불이익, 즉 그 채무불이행이 없었더라면 존재하였을 재산상태와 그 채무불이행이 있는 현재의 재산 상태의 차이를 말하는 것이라고 한다(2007다83991 판결, 2009다30762 판결). 이는 후술하는 바와 같이 이행이익에 대한 배상이 아니고 지출한 비용, 즉 신뢰이익의 배상을 구하는 경우에 채무자의 채무불이행이 없었더라면 채권자에게는 손해가 발생하지 않았을 것이라고 인정되는 손해로 파악한다(2008다87556 판결, 2011다15292 판결).

판례 ➡ 불법행위로 인한 재산상 손해는 위법한 가해행위로 인하여 발생한 재산상 불이익, 즉 그 위법행위가 없었더라면 존재하였을 재산 상태와 그 위법행위가 가해진 현재의 재산 상태의 차이를 말하는 것이고, 그것은 기존의 이익이 상실되는 적극적 손해의 형태와 장차 얻을 수 있을 이익을 얻지 못하는 소극적 손해의 형태로 구분된다(91다33070 전원합의체 판결, 96다38971 판결, 2007다44194 판결).

(2) 손해의 종류

① 손해는 우선 **직접손해**와 **간접손해**(후속손해라고도 한다)로 나누어 파악해 볼 수 있다. 직접손해는 이행지체의 경우는 이행기보다 늦게 급부이익을 취득하게 되어 받는 불이익을 말하고(지연배상이 문제됨), 이행불능의 경우는 이행이익을 취득할 수 없게 되어 받는 불이익을 말한다(전보배상이 문제됨). 그리고 불완전이행의 경우는 부적절한 이행으로 이행이익에 미치지 못하는 불이익을 말한다(추완 내지 대금감액이 문제됨).

판례 ➡ 보증채무는 주채무와는 별개의 채무이기 때문에 보증채무 자체의 이행지체로 인한 지연손해금은 보증한도액과는 별도로 부담한다(2001다29803 판결, 2004다30675 판결, 2005다18955 판결).

판례 ➡ 시유지상에 건축되어 있는 개인 소유의 건물을 임차하였다가 화재로 멸실됨으로써 임차인이 임대인에 대하여 임차목적물반환채무이행불능으로 인한 채무불이행책임을 지는 경우, 그 건물이 시 소유의 토지상에 건축되어 있어 일반적으로 그 매매 등에 있어서는 건물 자체의 가격뿐 아니라 건물의 부지인 시유지에 대한 점유권(부지사용권)까지 포함된 가격으로 거래되고 있으나, 건물이 멸실되었다 하여 이로 인하여 그 부지사용권까지 소멸되었다고 볼 수 있는 증거가 없다는 이유로, 건물의 멸실로 인한 손해액은 부지사용권을 제외한 건물만의 교환가치이다(96다19420, 19437 판결).

판례 ➡ 토지매도인이 성토작업을 기화로 다량의 폐기물을 은밀히 매립하고 그 위에 토사를 덮은 다음 도시계획사업을 시행하는 공공사업시행자와 사이에서 정상적인 토지임을 전제로 협의취득절차를 진행하여 이를 매도함으로써 매수자로 하여금 그 토지의 폐기물처리비용 상당의 손해를 입게 하였다면 매도인은 이른바 불완전이행으로서 채무불이행으로 인한 손해배상책임을 부담하고, 이는 하자있는 토지의 매매로 인한 민법 제580조 소정의 하자담보책임과 경합적으로 인정된다(2002다51586 판결).

판례 ➡ 방송출연계약에 따라 60분 간 방송하기로 한 프로그램을 위해 63분에 걸쳐 강연을 녹화하였으나 강연자가 연술한 내용 중 23분에 해당하는 중요부분의 내용을 방송사가 임의로 삭제수정하여 40분 간 방송하였다면 방송사는 강연자와의 그 출연계약을 적극적으로 침해함과 동시에 강연자의 저작인격권(동일성 유지권)을 침해한 것이므로 방송사는 그 고의에 의한 불완전이행이나 불법행위로 인하여 강연자가 입은 손해를 전보할 의무가 있다(92나35846 제9민사부 판결).

이에 대하여 간접손해는 직접손해를 기점으로 다시 발생한 손해로서 이행지체의 경우는 건물의 인도지연으로 인한 영업수익의 상실 등 활용기회의 상실을 들 수 있으며(88다카13332, 13349 판결), 이행불능의 경우는 동종의 다른 물건의 구입비용을 들 수 있다. 가령, 판례는 수출업자의 목적물의 인도채무불이행에 대한 배상범위의 기준으로서 수입업자가 시장에서 다른 회사로부터 같은 종류와 수량의 물건을 적정한 가액으로 구입하였다면 "그의 구입가격과 수출업자와의 매매대금과의 차액과 그 구입에 소요된 합리적인 범위 안에서의 부대비용을 합산한 금액"이 배상할 책임이라고 한다(97다26982, 26999 판결). 그리고 불완전이행의 경우는 목적물의 하자로 인하여 채권자에게 이행이익을 넘는 손해가 발생한 경우를 들 수 있다. 가령, 연탄가스 유입방지를 위한 근본적인 수리를 하지 않고 가옥을 임대한 결과 임차인이 가스중독사고로 손해를 입은 경우를 들 수 있다.

판례 ➡ 수급인은 목적물이 하자로 인하여 훼손된 경우 그 훼손된 부분을 철거하고 재시공하는 등 복구하는 데 드는 비용 상당액의 손해를 배상할 의무가 있고, 공사도급계약의 목적물인 건물에 하자가 있어 이로부터 화재가 발생한 경우 그 화재 진압시 사용한 물이 유입됨으로써 훼손된 부분을 복구하는 데 드는 비용 상당액도 그 하자와 상당인과관계가 있는 손해에 해당한다(96다4442 판결).

판례 ➡ 건물의 구조가 가운데 부분에 방 4개와 부엌 3개가 서로 인접하여 있고 그 둘레에 1층짜리 점포 4개가 각자 방 1개씩과 연결되어 있는 목조 스레트 지붕 1층 건물로서, 각 점포와 방 및 부엌이 구조상 독립하여 있는 것이 아니라 서로 벽을 통하여 인접하여 있어서 그 존립과 유지에 있어 불가분의 일체를 이루는 관계에 있는 경우, 그 중 한 점포 임차인의 과실로 그 건물 전체가 소실되었다면, 그 임차인은 화재로 인한 임차물반환의무의 이행불능으로 인한 손해배상으로서 자기가 임차한 점포뿐만 아니라 그 건물의 존립과 유지에 불가분의 일체의 관계에 있는 나머지 점포들이 소실되어 건물 소유주인 임대인이 입은 손해도 배상할 의무가 있다(97다41509 판결).

판례 ➡ 매도인이 매수인에게 공급한 부품이 통상의 품질이나 성능을 갖추고 있는 경우, 나아가 내한성이라는 특수한 품질이나 성능을 갖추고 있지 못하여 하자가 있다고 인정할 수 있기 위하여는, 매수인이 매도인에게 완제품이 사용될 환경을 설명하면서 그 환경에 충분히 견딜 수 있는 내한성 있는 부품의 공급을 요구한 데 대하여, 매도인이 부품이 그러한 품질과 성능을 갖춘 제품이라는 점을 명시적으로나 묵시적으로 보증하고 공급하였다는 사실이 인정되어야만 할 것이고, 특히 매매목적물의 하자로 인하여 확대손해 내지 2차 손해가 발생하였다는 이유로 매도인에게 그 확대손해에 대한 배상책임을 지우기 위하여는 채무의 내용으로 된 하자없는 목적물을 인도하지 못한 의무위반사실 외에 그러한 의무위반에 대하여 매도인에게 귀책사유가 인정될 수 있어야만 한다(96다39455 판결, 2002다35676 판결).

판례 ➡ 원단의 가공에 관한 도급계약에 의하여 납품된 물건에 하자가 발생함으로 말미암아 도급인이 외국에 수출하여 지급받기로 한 물품대금을 지급받지 못한 데 대한 손해배상은, 민법 제667조 제2항 소정의 하자담보책임을 넘어서 수급인이 도급계약의 내용에 따른 의무를 제대로 이행하지 못함으로 인하여 도급인의 신체·재산에 발생한 이른바 '하자확대손해'에 대한 배상으로서, 수급인에게 귀책사유가 없었다는 점을 스스로 입증하지 못하는 한 도급인에게 그 손해를 배상할 의무가 있다(2001다70337 판결, 2004다37676 판결, 2007다26455, 26462 판결).

② 그리고 손해는 **재산적 손해**와 **정신적 손해**로 구별할 수 있다. 다만, 이 경우 그 손해의 구별기준에 대해서는 견해가 갈린다. 즉, 침해의 대상을 표준으로 하여야 한다는 입장[49]과 침해의 결과를 표준으로 하여야 한다는 입장[50]이 그것이다. 침해의 대상을 표준으로 하게 되면 채무불이행의 경우에는 정신적 손해는 발생할 여지가 없게 된다. 채무불이행의 경우에도 정신적 손해는 발생할 수 있는 것으로 보아야 하는 점에서 침해의 결과를 표준으로 하여야 할 것이다. 그리고 학설·판례는 채무불이행으로 인하여 채권자가 받은 정신적인 고통은 재산적 손해에 대한 배상이 이루어짐으로써 회복된다고 본다. 다만, 재산적 손해의 배상만으로는 회복될 수 없는 정

49) 곽윤직, 채권총론, 107면.
50) 김대정, 채권총론, 603면; 김상용, 채권총론, 156면.

신적 고통을 입었다는 특별한 사정이 있고, 상대방이 이와 같은 사정을 알았거나 알 수 있었을 경우에 한하여 정신적 고통에 대한 위자료를 인정할 수 있다고 한다(93다59779 판결, 2002다53865 판결, 2005다213 판결, 2007다18959 판결).

③ 한편 손해는 **적극적 손해**와 **소극적 손해** 내지 **일실이익의 손해**로 구별해 볼 수 있다. 가령, A가 그 소유의 주택을 1억 원에 B에게 처분하고, B는 다시 이를 1억 2천만 원에 C에게 전매하기로 하였는 데, A의 과실로 주택이 소실되어 B가 주택의 소유권을 취득할 수 없게 된 경우에, B가 1억 원의 주택의 소유권을 취득하지 못한 것이 적극적 손해이고, 2천만 원의 전매이익의 상실이 소극적 손해(간접손해)이다. 즉, 소극적 손해 내지 일실이익의 손해는 채무불이행이 있었더라면 채권자가 얻을 수 있었을 이익을 얻지 못한 손해이다. 소극적 손해는 특별한 사정으로 인한 손해로서 A가 전매사실을 알았거나 알 수 있었을 경우에 한하여 그 배상의 책임이 있다(제393조 제2항).

판례 ➡ 종래 판례는 인도를 구하는 특정물이 멸실되어 시가 상당의 손해배상을 구하는 경우 그 손해액은 이행불능 당시의 시가와 그에 대한 지연손해금 상당이고, 장차 그 물건을 사용수익할 수 있었을 이익은 그 시가인 교환가격에 포함되어 있다고 할 것이어서 이를 따로 청구할 수는 없다고 하였으나(90다카20210 판결), 이 판결은 변경되었다. 즉, 불법행위로 영업용 물건이 멸실된 경우, 이를 대체할 다른 물건을 마련하기 위하여 필요한 합리적인 기간 동안 그 물건을 이용하여 영업을 계속하였더라면 얻을 수 있었던 이익, 즉 휴업손해는 그에 대한 증명이 가능한 한 통상의 손해로서 그 교환가치와는 별도로 배상하여야 하고, 이는 영업용 물건이 일부 손괴된 경우, 수리를 위하여 필요한 합리적인 기간 동안의 휴업손해와 마찬가지라고 보아야 할 것이다(2001다82507 전원합의체 판결).

④ 나아가 채무불이행으로 인한 손해는 **이행이익의 손해**와 **신뢰이익의 손해**[51]로 구별하여 파악해 볼 수 있다. 물론 손해를 이행이익의 손해와 신뢰이익의 손해로 구별하여 파악하는 것에는 비판적인 입장이 대세를 이루고 있다.[52]

본래 계약상의 채무자가 채무의 내용에 좇은 이행을 하지 않으면 채권자는 손해배상을 청구할 수 있는데(제390조). 이 경우 채권자가 구하는 손해배상은, 계약상의 채무가 그 내용대로 이행되었다면 있었을 상태를 지향하게 된다는 점에서, 이를 '이행이익의 배상'이라고 할 수 있다. 그런데 채권자는 채무자의 이행을 신뢰하여 비용을 들이는 경우도 흔히 있다.[53] 가령, 극장 건물

---

51) 신뢰야기로 인한 손해. 이 경우 신뢰이익은 계약이 유효함을 믿음으로써 입은 손실과 상대방의 급부이행을 믿음으로써 입은 손실로 구분할 수 있다.

52) 곽윤직, 채권총론, 139면; 김용한, 채권총론, 197면; 김형배, 채권총론, 244면.

53) 이 점은 영국도 마찬가지임을 우리 대법원이 확인하고 있다. 즉, 영국법상 계약위반으로 인한 손해배상은 계약이 정상적으로 이행되었더라면 당사자가 있어야 할 상태로 만들어 주는 계약당사자의 이행이익을 보호하는 것이 원칙으로, 이는 계약이 이행되었더라면 채권자가 장래에 얻을 수 있었던 기대이익의 상실로 인한 손해의 배상 및 채무자의 계약위반의 결과 채권자가 실제로 입게 된 현실적인 손해의 배상을 포함한다. 그리고 계약이 이행되었더라면 채권자가 얻을 수 있었던 장래의 기대이익이 상실되지 않았거나 상실된 이익을 증명할 수 없는 경우에는, 채권자가 계약을 준비·이행하면서 지출한, 채무자의 계약위반으로 '낭비된 비용(wasted expenditure)'을 기대이익의 상실로 인한 손해액으로 배상받을 수 있다고 한다(2014다67614 판결)

임대차계약의 경우에 임차인은 계약소개비라든가 선전비 등을 지출할 수 있는데, 임대인이 계약을 이행하지 않으면 이런 비용은 무의미해진다(4294민상 667판결). 또 면제품을 수입하는 사람은 이를 판매하기 위하여 판매사원을 고용하고, 제품의 판매를 위한 홍보비용을 지출하게 되는데, 매도인이 하자있는 물품을 매도하여 이를 팔수 없게 되었다면 이러한 비용은 무의미해진다(91다29972 판결).

판례 ➡ 계속적 거래계약에 있어서 개별계약의 체결이 당사자의 의무로 되는 경우 그 의무를 부담하는 자가 정당한 이유없이 거래를 일방적으로 중단하여 계속적 거래계약을 부당하게 파기하는 것은 상대방에 대한 관계에서 채무불이행이 되고, 상대방은 그로 인한 손해의 배상을 청구할 수 있으며, 그 경우 배상하여야 할 손해의 범위는 거래계약이 계속되었더라면 얻을 수 있었던 이익, 즉 이행이익의 배상에까지 미친다(99다7183 판결).

판례 ➡ 매매대금을 완불하지 않은 토지의 매수인이 그 토지상에 건물을 신축하기 위하여 설계비 또는 공사계약금을 지출하였다가 계약이 해제됨으로 말미암아 이를 회수하지 못하는 손해를 입게 되었다 하더라도 이는 이례적인 사정에 속하는 것으로서, 설사 토지의 매도인이 매수인의 취득 목적을 알았다 하더라도 마찬가지라 할 것이므로, 토지의 매도인으로서는 소유권이전의무의 이행기까지 최소한 매수인이 설계계약 또는 공사도급계약을 체결하였다는 점을 알았거나 알 수 있었을 때에 한하여 그 배상책임을 부담한다(95다47619 판결).

물론 이 때의 비용은 자신의 계획과 책임하에 자발적으로 지출하는 것이다. 그런데 자발성의 측면에서 볼 때, 손해라 함은 법익에 대한 모든 비자발적인 손실을 말하고, 이에 대해서 자발적인 희생을 비용이라고 할 수 있다.[54] 따라서 비용은 본래 자기의 위험하에 들이는 것이라는 점에서 타인에게 전가할 수 없다. 다만, 그 비용이 결과적으로 타인에게 이익이 되는 경우에는, 부당이득의 관점에서 일정한 범위의 비용에 대하여 반환을 청구할 수는 있을 것이다. 이것이 일반적인 비용상환의 모습이다(제741조, 제203조 참조).

계약관계에서의 비용지출도 자발적이라고 할 수 있다. 즉, 계약상의 채무자는 급부를 하기 위해 들여야 할 비용을 스스로의 계획과 위험하에 결정하고, 채권자도 급부의 수령과 활용에 필요한 비용을 스스로 결정한다. 그리고 채무자는 반대급부를 통해 비용을 회수할 수 있으며, 채권자는 급부수령을 통해 비용을 회수할 수 있다. 그렇지만 상대방으로부터 급부나 반대급부를 받지 못할 경우, 이러한 비용은 결국 무용한 것이 된다. 이 경우 양 당사자 모두에게 귀책사유가 없다면, 각자는 자신이 들인 비용을 스스로 부담해야 한다(제537조). 그러나 상대방에게 귀책사유가 있다면, 상대방으로부터 비용을 회수할 수 있다고 할 것이다. 가령, 채권자에게 귀책사유있는 사유로 급부가 불능이 되면 채무자는 반대급부를 청구할 수 있고(제538조 제1항), 이를 통해 비용을 회수할 수 있다. 반면, 채무자에게 귀책사유있는 사유로 비용이 무용해지면, 채권자는

54) 김규완, "손해배상과 비용배상", 재산법연구 제21권 1호(2004. 8), 179면.

이행이익의 손해배상을 청구하여 비용을 회수할 수 있다(제390조). 이 때 채권자가 손해배상을 받기 위해서는 그 손해를 증명하여야 하는데, 이행이익을 증명하기 곤란한 경우에는 채무자에게 귀책사유가 있더라도 손해배상을 받지 못하게 될 수 있다. 이러한 경우에 채권자가 자신이 들인 비용 만큼이라도 배상을 받을 수 있는가가 문제된다.[55)]

판례는 초기에는 이행이익의 배상만이 가능하다는 입장이었다(82다카1667 판결). 그러나 그 후 대법원은 "계약의 일방당사자가 상대방의 이행을 믿고 지출한 비용도 그러한 지출사실을 상대방이 알았거나 알 수 있었고 또 그것이 통상적인 지출비용의 범위 내에 속한다면 그에 대하여도 이행이익의 한도 내에서는 배상을 청구할 수 있"다고 하여 그 태도를 변경하였다(91다29972 판결, 98다49104 판결, 99다13621 판결). 이는 비용지출에 관해서 채무자의 인식가능성과 비용의 통상성이라는 두 가지 요건을 갖추었다면 이행이익의 범위 내에서 비용배상이 가능하다는 입장이라고 할 수 있다. 그리고 이러한 입장은 이후의 판결에서 좀더 구체화되었다. 즉, 계약채무의 불이행으로 인해 채권자가 손해배상을 청구하는 경우에, 이행이익의 배상을 구하는 것이 원칙이지만, 그에 갈음하여 그 계약이 이행되리라고 믿고 채권자가 지출한 비용, 즉 신뢰이익의 배상을 구할 수도 있고, 이 때 채무불이행에 있어서 채권자에게 발생한 손해는 채무자의 채무불이행이 없었더라면 채권자에게는 손해가 발생하지 않았을 것이라고 인정되는 손해이어야 한다(2008다87556 판결, 2001다15292 판결). 이 경우 통상손해는 상대방의 인식가능성과 상관없이 배상되며, 특별손해는 상대방의 인식가능성이 있었던 경우에 한하여 배상을 구할 수 있으며, 다만 과잉배상금지의 원칙에 비추어 이행이익의 범위를 초과할 수 없다고 한다(2002다2539 판결, 2001다75295 판결, 2003다15501 판결, 2004다51825 판결).

(3) 손해의 발생과 손해배상청구권자

① 손해의 발생

채무불이행을 이유로 손해배상을 청구하기 위해서는 손해가 발생하여야 한다. 손해의 발생 여부는 사회통념에 비추어 객관적이고 합리적으로 판단하여야 한다(97다28568 판결, 99다55632 판결).

판례 ➡ 불법행위나 채무불이행을 이유로 배상하여야 할 손해는 현실로 입은 확실한 손해에 한하는 것이기 때문에 불법행위나 채무불이행 등으로 인하여 피해자 또는 채권자가 제3자에 대하여 어떤 채무를 부담하게 된 경우 상대방에게 채무액과 동일한 배상을 구하기 위하여는 채무의 부담이 현실적·확정적이어서 실제로 변제하여야 할 성질의 것임을 요한다(92다29948 판결). 가령, 부동산교환계약의 일방당사자가 상대방의 대출금채무 및 임차보증금반환채무를 인수하여 이행하기로 약정하고서도 이를 위반함에 따라 그 상대방이 은행과 임차인으로부터 대출금 및 임차보증금반환청구소송을 제기당하여 패소판결을 선고받고 나아가 그들로부터 다른 부동산을 가압류당하기까지 하였다면, 그 상대방의 은행 및 임차인에 대한 채무의 부담은 현실적, 확정적이어서 실제로 변제하여야 할 성질의 것이 되므로 그 채무액 상당의 손해를 현실적으로 입게 되었다고 할 것이다(2001다22833 판결).

55) 박영목, "계약채무의 불이행으로 인한 비용배상", 비교사법 제15권 3호(2008. 9), 46면 이하.

판례 ➡ 매매목적물이 자체 결함으로 정상적으로 작동되지 않고, 매도인이 매수인에게 매매목적물을 매도하기까지 보관만 한 경우, 매매계약 해제 후 매수인의 귀책사유로 매매목적물의 반환이 지체되었다 하더라도 매수인에게 손해배상책임이 없다(96다41106 판결).

판례 ➡ 제587조에 의하면, 매매계약이 있은 후에도 인도하지 아니한 목적물로부터 생긴 과실은 매도인에게 속하고, 매수인은 목적물의 인도를 받은 날로부터 대금의 이자를 지급하여야 한다고 규정하고 있는 바, 이는 매매당사자 사이의 형평을 꾀하기 위하여 매매목적물이 인도되지 아니하더라도 매수인이 대금을 완제한 때에는 그 시점 이후의 과실은 매수인에게 귀속되지만, 매매목적물이 인도되지 아니하고 또한 매수인이 대금을 완제하지 아니한 때에는 매도인의 이행지체가 있더라도 과실은 매도인에게 귀속되는 것이므로 매수인은 인도의무의 지체로 인한 손해배상금의 지급을 구할 수 없다(2004다8210 판결).

물론 무효인 법률행위는 그 법률행위가 성립한 당초부터 당연히 효력이 발생하지 않는 것이므로, 무효인 법률행위에 따른 법률효과를 침해하는 것처럼 보이는 위법행위나 채무불이행이 있다고 하여도 법률효과의 침해에 따른 손해는 없는 것이므로 그 손해배상을 청구할 수는 없다(2002다72125 판결). 다만, 법률행위가 불능을 목적으로 하여 무효인 경우에는 계약체결상의 과실책임이 발생할 수 있다(제535조).

② 손해발생의 입증

손해발생의 입증은 채권자에게 있다. 즉, 채무불이행으로 인한 손해배상액의 청구에 있어서 **손해의 발생사실**과 그 손해를 금전적으로 평가한 **배상액**에 관하여는 손해배상을 구하는 채권자가 주장・입증하여야 한다. 따라서 채권자가 손해배상책임의 **발생원인사실**(채무불이행사실)에 관하여는 주장・입증을 하였더라도 손해의 발생사실에 관한 주장・입증을 하지 아니하였다면 변론주의의 원칙상 법원은 당사자가 주장하지 아니한 손해의 발생사실을 기초로 하여 손해액을 산정할 수는 없다(99다49644 판결). 다만, 이 경우 법원은 손해액에 대한 입증이 불충분하다 하더라도 그 이유만으로 원고의 청구를 배척할 것이 아니라 그 손해액에 관하여 적극적으로 석명권을 행사하고 입증을 촉구하여 이를 밝혀야 한다(91다29972 판결, 97다42892, 42908 판결, 2005다52078, 52085 판결). 그렇지만 손해배상책임의 원인사실이 인정되지 않는 이상 법원이 손해액에 대한 입증을 촉구하거나 석명권을 행사할 의무가 있는 것은 아니고, 채무의 이행불능사실이 인정된다 하더라도 채권자가 그로 인한 전보배상을 구하고 있지 않는 이상 법원이 전보배상에 대한 주장・입증을 촉구할 의무는 없다(96다14616 판결). 물론 채무불이행으로 인한 손해배상액의 예정이 있는 경우에는 채권자는 채무불이행사실만 증명하면 손해의 발생 및 그 액을 증명하지 아니하고 예정배상액을 청구할 수 있다(74다296 판결, 90다8053 판결, 2006다15755 판결).

판례 ➡ 금전채무불이행에 관한 특칙을 규정한 민법 제397조는 그 이행지체가 있으면 지연이자 부분 만큼의 손해가 있는 것으로 의제하려는 데에 그 취지가 있는 것이므로 지연이자를 청구하는 채권자는 그 만큼의 손해가 있었다는 것을 증명할 필요가 없는 것이나, 그렇다고 하더라도 채권자가 금전채무의 불이행을 원인으로 손해배상을 구할 때에 지연이자 상당의 손해가 발생하였다는 취지의 주장은 하여야 하는 것이지 주장조차 하지 아니하여 그 손해를 청구하고 있다고 볼 수 없는 경우까지 지연이자 부분 만큼의 손해를 인용해 줄 수는 없는 것이다(99다49644 판결).

한편 판례에 의하면 채무불이행을 이유로 재산적 손해배상 이외에 정신적 손해배상은 청구할 수 없고, 예외적으로 재산적 손해의 배상만으로는 회복될 수 없는 정신적 고통을 입은 경우에 비로소 정신적 손해배상을 특별손해로서 청구할 수 있다(2002다53865 판결 등). 물론 이 경우 재산적 손해로 인한 배상청구와 정신적 손해로 인한 배상청구는 각각 소송물을 달리하는 별개의 청구이므로, 소송당사자로서는 그 금액을 특정하여 청구하여야 하고, 법원으로서도 그 내역을 밝혀 각 청구의 당부에 관하여 판단하여야 한다(99다55632 판결).

판례 ➡ 일반적으로 신축한 건물에 하자가 있는 경우에 이로 인하여 수분양자가 받은 정신적 고통은 하자가 보수되거나 하자보수에 갈음한 손해배상이 이루어짐으로써 회복되는 것이나, 수분양자가 하자의 보수나 손해배상만으로 회복할 수 없는 정신적 고통을 입고 분양자가 이와 같은 사정을 알았거나 알 수 있었다면 정신적 고통에 대한 위자료도 인정되어야 한다(69다2016 판결, 93다59779 판결, 2003다29524, 29531 판결, 2004다17993, 18002, 18019 판결). 역시 일반적으로 위임계약에 있어서 수임인의 채무불이행으로 인하여 위임의 목적을 달성할 수 없게 되어 손해가 발생한 경우, 그로 인하여 위임인이 받은 정신적인 고통은 그 재산적 손해에 대한 배상이 이루어짐으로써 회복된다고 보아야 하고, 위임인이 재산적 손해에 대한 배상만으로는 회복될 수 없는 정신적 고통을 입었다는 특별한 사정이 있고, 수임인이 그와 같은 사정을 알았거나 알 수 있었을 경우에 한하여 정신적 고통에 대한 위자료를 인정할 수 있다(96다36289 판결). 또한 일반적으로 임대차계약에 있어서 임대인의 채무불이행으로 인하여 임차인이 임차의 목적을 달할 수 없게 되어 손해가 발생한 경우, 이로 인하여 임차인이 받은 정신적 고통은 그 재산적 손해에 대한 배상이 이루어짐으로써 회복된다고 보아야 할 것이므로, 임차인이 재산적 손해의 배상만으로는 회복될 수 없는 정신적 고통을 입었다는 특별한 사정이 있고, 임대인이 이와 같은 사정을 알았거나 알 수 있었을 경우에 한하여 정신적 고통에 대한 위자료를 인정할 수 있다(93다59779 판결).

③ 손해배상청구권자

채무불이행으로 인하여 발생한 손해의 배상청구권자는 채권자이다. 즉, 채권자는 채무자의 채무불이행으로 말미암아 손해가 발생한 경우에 채무자에 대하여 그 손해의 배상을 청구할 수 있다(제390조). 그런데 채무자의 채무불이행으로 인하여 채권자 이외에 제3자도 손해를 입는 경우가 있다. 이러한 경우에 채권관계의 당사자가 아닌 제3자가 채무자에 대하여 채무불이행책임을 물을 수 있는지 문제된다. 가령, 택시운전자의 과실로 배우인 승객이 부상을 입고, 그로 인하여 배우가 공연을 하지 못하여 극장주가 손해를 입은 경우에, 극장주는 운전자를 상대로 채무불이행책임을 물을 수 있느냐 하는 것이다.[56] 계약의 상대적 효력에 따라 원칙적으로 운송계약의 당사자가 아닌 극장주에게는 계약상의 채무불이행책임을 주장할 수는 없다. 다만, 극장주는 운전자에 대하여 불법행위책임을 물을 수 있는 여지가 있는데, 이 경우 극장주는 간접피해자로서 그가 입은 손해는 통상손해라기보다는 특별손해에 해당한다고 하겠다. 특히 불법행위의 경우에는 간접피해자에게 손해배상청구권을 인정하는 명문의 규정을 두고 있으나(제752조), 위의 극장주는 이 규정 소정의 간접피해자에 해당하지 않는다. 즉, 이 규정 소정의 간접피해자는 생명침해를 받은 피해자의 직계존속, 직계비속 및 배우자에 한하기 때문이다.

또한 택시운전자에게 그 손해의 발생 사정에 대한 예견가능성을 인정하기 어렵다는 점에서(제393조 제2항), 극장주의 택시운전자에 대한 손해배상청구는 부정된다고 할 것이다. 물론 위의 경우 극장주는 제3자의 채권침해를 들어 불법행위책임을 물을 수도 있겠으나, 극장주가 배우에 대하여 가지는 출연계약상의 권리를 침해하는 것에 대한 운전자의 고의를 인정하기 어렵다는 점에서, 제3자의 채권침해도 부정되어야 할 것이다.

판례 ➡ 숙박업자가 숙박계약상의 고객 보호의무를 다하지 못하여 투숙객이 사망한 경우, 숙박계약의 당사자가 아닌 그 투숙객의 근친자가 그 사고로 인하여 정신적 고통을 받았다 하더라도 숙박업자의 그 망인에 대한 숙박계약상의 채무불이행을 이유로 위자료를 청구할 수는 없다(2000다38718, 38725 판결).

판례 ➡ 여객운송계약의 당사자 아닌 사람(운송계약의 당사자의 상속인)이 여객운송계약을 이유로 하는 위자료청구를 아무런 근거없이 인용한 것은 위법이다(74다997 판결).

문제는 만약 승객이 안고 택시에 함께 탄 그 아들도 운전자의 과실로 다친 경우처럼, 제3자가 간접피해자가 아니고 직접피해자인 경우라면 그 제3자는 운송계약의 당사자가 아니라도 계약상의 의무 위반을 들어 채무불이행을 이유로 손해배상을 청구할 수 있는지에 있다. 독일법학에서 논의되고 있는 이른바 **'제3자보호효를 가진 계약**(Vertrag mit Schutzwirkung für Dritte)' 이론에 의하면, 신의칙상 계약상의 권리자와 일체로 볼 수 있는 제3자에 대해서는 계약의 효력이 미치는 것으로 파악하여, 제3자도 채무자에 대하여 채무불이행을 이유로 한 손해배상청구를 인정하게 된다.[57] 물론 위의 경우 아들은 운전자에 대하여 불법행위를 근거로 손해배상청구를 할 수 있음은 당연하다. 그렇다면 승객은 채무불이행책임을 물을 수 있는데, 같은 사고로 인하여 다 같이 손해를 입은 경우임에도 그 아들은 입증책임이나 소멸시효와 관련하여 소송상 불리한 불법행위책임만에 의하여 그 손해의 배상을 청구할 수 있다고 하는 것은 합리적이라고 생각되

56) 김형배, 채권총론, 268면; 김준호, 채권법, 117면; 김상중, "순수 재산상 손해에 대한 책임법적 규율에 관한 비교법적 고찰을 통한 일 시론", 인권과 정의 제328호(2003. 12), 75면.

57) 자세히는 송덕수, "제3자보호 효력있는 계약", 민법학논총(곽윤직교수화갑기념논문집, 1985), 454면 이하; 김민중, "계약과 제3자", 민법학의 회고와 전망(민법전시행三十주년기념논문집, 1993), 502면 이하; 김상중, "간접피해자의 보호", 민사법학 제36호(2007. 5), 461면 이하 참조.

지 않는다. 오히려 이 경우 이른바 '제3자보호효를 가진 계약이론'을 적용하여 아들도 운전자에 대하여 채무불이행책임을 물을 수 있는 것으로 보는 것이 타당하다.

판례 ➡ 용역경비계약의 약관에 나타난 계약의 목적 및 경비대상물의 정의 규정과 손해배상규정상 경비회사의 용역경비의무의 불이행으로 인한 손해배상청구에 있어서 위 약관상의 사용자는 계약당사자 외의 다른 제3자를 의미하고, 따라서 위 계약은 최소한 그 범위 내에서 제3자를 위한 계약으로서, 여기서 제3자라 함은 계약상 용역경비업무의 성질, 손해배상책임의 대인배상한도액, 용역경비대상물의 소유 및 사용관계, 계약당사자가 위 계약을 체결한 동기 내지 경위 등에 비추어 보면 경비대상물인 건물을 일상적으로 사용하는 건물 소유자 및 그의 처를 포함한 동거가족을 말한다고 봄이 상당하고, 위 건물에 일시 방문한 자들은 위 제3자의 범위에 속하지 아니한다(92다23339 판결).

한편 채무불이행이 있는 경우에도 채권자에게는 손해가 발생하지 않고 제3자가 손해를 입은 경우가 있다. 이 경우 제3자는 채무자에 대하여 채권관계가 존재하지 않은 점에서 채무불이행을 이유로 손해의 배상을 청구할 수는 없다. 이러한 경우에 제3자의 손해를 전보해 주기 위해서 등장한 법리가 **제3자손해청산이론**이다. 즉, 일정한 요건하에 채권자가 제3자의 손해를 채무자에게 주장하는 것을 허용하고 있다.

가령, 송부채무의 경우 목적물이 운송도중에 멸실된 경우에는 매도인은 급부의무를 면하지만 그의 대금청구권은 소멸하지 않는다(반대설 있음). 그리하여 이 경우 매도인은 손해를 입은 바가 없다. 오히려 손해는 매수인이 입게 된다. 그는 목적물의 소유권을 취득하지 못하는 반면에 매매대금을 지급하여야 하기 때문이다. 운송인이 멸실에 대하여 책임이 있는 경우(경과실)라도 매수인은 운송인의 계약상대방이 아니며 또한 목적물의 소유권을 취득하지 못하여 불법행위에 의하여 보호되는 법익의 침해를 주장할 수도 없기 때문이다. 매도인은 이러한 경우에 매수인을 위하여 운송인에게 손해의 배상을 청구할 수 있다는 것이다. 또한 간접대리에 있어서도 간접대리인은 자기 자신의 이름으로 타인의 계산하에 법률행위를 한다. 예컨대 A가 위탁매매인 B에게 일정한 상품을 사달라고 위탁한 경우에는 B는 A의 계산하에 자기의 이름으로 매도인 C와 매매계약을 체결하게 된다. 만약 C가 물건을 너무 늦게 인도함으로써 의무를 위반한 경우에는 계약당사자인 B만이 C에게 손해배상청구권을 행사할 수 있으나 B는 아무런 손해를 입은 것이 아니다. 그렇다고 B가 A에게 손해배상의무를 지지도 않는다. 그에게는 이행지체에 대하여 귀책사유가 없기 때문이다. 손해를 입은 자는 오직 A일뿐이다. 하지만 A는 C에게 손해배상청구권을 행사할 수 없다. 그렇다면 이 경우 간접대리인 B가 A를 위하여 제3자의 손해를 매매계약의 상대방인 C로부터 배상받아서 제3자의 손해를 매꾸어 줄 수 있도록 하여야 한다.

이 경우 가해자는 보호가치가 없다. 그는 법익의 침해를 받은 자와 손해를 입은 자가 동일인이었더라면 당연히 손해배상의무를 부담했어야 했기 때문이다. 다만, 제3자의 손해청산이 인정되기 위해서는 손해가 계약당사자 또는 불법행위의 상대방이 아니라 제3자에게 발생하여야 한다.

④ 채무불이행과 불법행위의 경합

가령, 택시운전자의 과실로 택시가 전복되는 바람에 승객이 다친 경우에, 택시운전자는 한편으로 운송계약상의 의무를 위반한 것이고(채무불이행), 다른 한편으로 택시운전자는 승객의 인격적 법익을 침해한 결과가 된다(불법행위). 이 경우 승객은 택시운전자에게 운송계약 위반을 들어 채무불이행으로 인한 책임만을 물을 수 있는지, 아니면 채무불이행으로 인한 손해배상책임과 경합하여 불법행위로 인한 손해배상책임을 행사할 수 있는지 여부가 문제된다. 판례는 채권자 내지 피해자보호를 위하여 채무불이행으로 인한 손해배상청구권과 불법행위로 인한 손해배상청구권의 경합을 인정하고 있다(67다2251 판결). 통설은 청구권경합설의 입장에 있으나, 불법행위법과 채무불이행법은 일반법과 특별법의 관계에 있으므로, 양 청구권이 경합하는 경우에는 특별법인 채무불이행으로 인한 손해배상청구권만이 성립한다는 법조경합설도 있다.

판례 ➡ 전세권자는 전세물인 가옥을 선량한 관리자의 주의로써 보관할 의무가 있고 계약이 해지되면 전세물을 반환하여야 하는 채무를 지는 것이므로 전세권자의 실화로 인하여 가옥을 소실케 하여 그 반환의무를 이행할 수 없게 된 때에는 한편으로는 과실로 인하여 전세물에 대한 소유권을 침해한 것으로서 불법행위가 되는 동시에 한편으로는 과실로 인하여 채무를 이행할 수 없게 됨으로써 채무불이행이 되는 것이다(67다2251 판결).

판례 ➡ 해상운송인이 운송 도중 운송인이나 그 사용인 등의 고의 또는 과실로 인하여 운송물을 감실 훼손시킨 경우, 선하증권 소지인은 운송인에 대하여 운송계약상의 채무불이행으로 인한 손해배상청구권과 아울러 소유권침해의 불법행위로 인한 손해배상청구권을 취득하며 그 중 어느 쪽의 손해배상청구권이라도 선택적으로 행사할 수 있다(82다카1533 전원합의체 판결).

판례 ➡ 물품을 제조하여 판매하는 제조자는 제품의 구조, 품질, 성능 등에 있어서 현대의 기술수준과 경제성에 비추어 기대가능한 범위 내의 안전성과 내구성을 갖춘 제품을 제조하여야 할 책임이 있고, 이러한 안전성과 내구성을 갖추지 못한 결함 내지 하자로 인하여 소비자에게 손해가 발생한 경우에는 계약상의 배상의무와는 별개로 불법행위로 인한 배상의무를 부담한다(92다18139 판결, 98다15934 판결).

아무튼 이와 같은 청구권의 경합은 채무자 내지 가해자를 달리하는 경우에도 발생할 수 있다. 가령, 임대인인 피고 갑은 이행보조자인 피고 을이 임차물인 점포의 출입을 봉쇄하고 내부시설공사를 중단시켜, 임차인인 원고로 하여금 그 사용·수익을 하지 못하게 한 행위를 하여 임대인으로서의 채무불이행으로 인한 손해를 배상할 의무가 있고, 또한 피고 을이 원고가 임차인이라는 사정을 알면서도 위와 같은 방법으로 원고로 하여금 점포를 사용·수익하지 못하게 한 것은 원고의 임차권을 침해하는 불법행위를 이룬다고 할 것이므로, 피고 을은 원고에게 불법행위로 인한 손해배상의무가 있다. 이 경우 피고 갑의 채무불이행책임과 피고 을의 불법행위책임은 동일한 사실관계에 기한 것으로 부진정연대채무관계에 있다(94다22446 판결).

판례 ➡ 채무자가 부담하는 채무불이행으로 인한 손해배상채무와 제3자가 부담하는 불법행위로 인한 손해배상채무의 원인이 동일한 사실관계에 기한 경우에는 하나의 동일한 급부에 관하여 수인의 채무자가 각자 독립해서 그 전부를 급부하여야 할 의무를 부담하는 경우로서 부진정연대채무관계에 있다(2004다55230 판결).

그리고 문제는 계약상의 채무의 발생과정이나 이행과정에서 이른바 보호의무를 위반하여 상대방의 완전성 이익(생명, 신체, 재산 등)이 침해된 경우에 채무불이행을 이유로 손해의 배상을 청구할 수 있는지에 있다. 물론 이 경우 상대방은 완전성 이익의 침해를 들어 불법행위로 인한 손해배상청구를 행사할 수 있다고 할 것인데, 이른바 상대방의 완전성 이익을 보호할 의무를 계약상의 의무로 파악하여 그 위반의 경우에 채무불이행을 이유로 손해의 배상을 청구할 수 있는지 문제되는 것이다. 만약 이를 인정한다면 역시 이 경우에도 청구권의 경합이 문제된다.

(4) 손해배상의 범위: 배상하여야 할 손해

① 문제의 소재와 민법의 태도

i) 채무불이행으로 인하여 채권자가 입은 손해와 그에 대하여 채무자가 배상하여야 할 손해배상의 범위는 구별되어야 한다. 물론 손해배상에 관하여 완전배상주의를 채택하고 있는 입법례에서는 채권자가 입은 손해와 채무자가 배상하여야 할 손해배상의 범위는 일치할 것이 요청될 것이다.

문제는 인과적 측면에서 볼 때 채무자의 채무불이행과 사실적 내지 조건적 인과관계에 있는 채권자의 손해는 무한히 확대될 수 있다는 데 있다. 가령, 택시운전자 A의 부주의로 발생한 사고로 승객 B는 대퇴부의 부상을 입게 되었다. 병원에서 B는 다른 환자에 의해 돈을 도둑맞았다. 그로 인하여 그는 우울증에 걸려 정신병원에 이감되었다. 그곳에서 그는 다른 정신병환자로부터 매를 맞아 생명이 위태롭게 되었다. 또한 B는 택시의 사고로 기차를 타지 못하였는 바 그 때문에 그에게 100만 원의 이득을 가져다 주었을 C와의 계약을 체결하지 못하였다. 이 경우 B가 입은 위의 모든 손해는 A의 운송계약위반이 원인이 되어 야기된 것이다.

위의 경우에 만약 자연과학적 의미에서의 인과관계에 따라 손해배상의 범위를 정한다면, 즉 조건설에 따르면 A는 B에게 위의 모든 손해를 배상해 주어야 한다. 그러나 이는 A로 하여금 한없는 손해배상의무를 부담지우는 결과가 되어 A에게 너무 가혹하다. 나아가 손해배상의 범위를 조건설에 따라 정한다면 아마도 누구든지 사회생활을 할 수 없게 될 것이다. 그러므로 손해분담의 공평이라는 손해배상제도의 취지에 비추어 계약상 의무위반으로 인하여 발생한 손해 중에서 채무자에게 귀속시켜야 할 손해의 범위를 제한할 필요가 있다.

ii) 민법은 제393조에서 손해배상의 범위를 획정하는 기준을 정하고 있다. 즉, 채무불이행으로 인한 손해배상은 통상의 손해를 그 한도로 하며(제1항), 특별한 사정으로 인한 손해는 채무자가 그 사정을 알았거나 알 수 있었을 때에 한하여 배상의 책임이 있는 것으로 정하고 있다(제2항). 그리하여 손해배상의 범위는 통상손해를 그 한도로 하지만, 통상적인 손해가 아니고 특별한 사정으로 인한 손해라도 그 사정에 대하여 채무자에게 예견가능성이 있는 경우에는 그 손해도 배상범위에 포함된다.

이러한 제393조는 그 구조와 기본적인 원리에 있어서 일본 민법 제416조와 동일하다. 다만, 제2항의 특별한 사정에 대한 예견주체가 일본 민법은 '당사자'로 되어 있는데 반하여, 민법은 '채무자'로 되어 있다는 점, 그리고 동조를 불법행위로 인한 손해배상에도 준용한다는 점이다(제763조).

문제는 손해배상의 범위를 정하는 제393조의 해석, 특히 제1항의 **통상손해의 의미**를 어떻게 이해할 것이냐에 있다. 종래의 통설・판례(2002다6951, 6968 판결 등)는 상당인과관계설의 입장에서 제393조를 해석하지만, 상당인과관계설에 대해서는 다양한 비판이 제기되고 있다. 규범목적설, 위험성관련설, 상당인과관계설의 보충설 등이 그것이다. 항을 나누어서 본다. 물론 손해배상의 범위에 관한 학설의 전개는 제393조의 해석을 둘러싸고 행해진 것이라기보다는, 채무불이행 내지 불법행위로 인하여 무한히 연속하여 발생하는 손해 중에서 어느 범위의 손해까지 채무자에게 귀속시킬 것인가의 판단기준을 둘러싸고 행해진 것이다.

② **학설**

i) 종래의 통설: 상당인과관계설

채무불이행으로 인하여 발생한 손해 중에서 채무자가 어느 범위까지 책임을 져야 하는가의 문제에 대한 종래의 통설은 상당인과관계설이다. 연속되는 인과관계 중에서 상당성 있는 인과관계만이 법적인 인과관계에 해당한다는 것이다. 즉, 원인과 결과의 관계에 놓여 있는 무한한 사실 가운데서 어떤 전행사실로부터 일반적으로 초래되는 후행사실이 있는 때 양자가 상당인과관계에 있고, 그러한 상당인과관계에 있는 손해만이 배상되어야 할 손해라고 한다. 따라서 우연한 사정 내지 특수한 사정으로 인한 손해는 배상의 대상에서 제외됨이 원칙이지만, 그것을 전적으로 배제하게 되면 피해자에게 너무 가혹하다. 그리하여 그것이 당사자에 의하여 예견가능했던 것이라면 그러한 사정으로 인한 손해도 배상되어야 할 손해의 범위에 포함된다고 한다.

상당인과관계설은 다시 어떠한 사정을 어느 정도 고려하여 상당성을 판단할 것이냐를 둘러싸고 입장이 갈린다. 주관적 상당인과관계설, 객관적 상당인과관계설, 절충설이 그것이다. **주관적 상당인과관계설**은 채무자가 채무불이행이 있은 당시에 인식한 사정을 기초로 하여 그러한 사정하에서 일반적으로 발생할 수 있는 결과만을 고려한다. 이 설에 의하면 고려되는 사정의 범위가 너무 좁다는 비판이 있다. **객관적 상당인과관계설**은 당사자의 지(知)・부지(不知)를 묻지 않고 제3자가 일반적인 지식과 경험으로 알 수 있었던 모든 사정을 기초로 하여 판단하여야 한다는 것이다. 그러나 이는 고려하여야 할 사정이 너무 넓게 되어 채무자가 알지 못하는 우연한 사정에 불과한 것도 고려되는 사정이 되어 상당인과관계의 취지에 어긋난다는 비판이 있다. **절충설**은 채무불이행의 당시에 평균적 제3자가 일반적인 지식으로 알 수 있었던 사정과 채무자가 특히 알 수 있었던 사정을 고려의 대상으로 삼아야 한다는 견해이다. 결국 절충설은 채무자가 알고 있었던 사정과 과실로 알지 못한 사정이지만 제3자의 입장에서 객관적으로 알 수 있었던 사정을 기초로 하여 채무자의 책임을 묻는 것이라고 한다.

절충설이 통설이다.[58] 그리하여 통설은 제393조를 상당인과관계설 중 절충설에 입각한 것이라고 새긴다. 즉, 통상손해는 채무불이행과 손해와의 사이에서 사회의 일반의 관념에 따라 보통 발생하는 것으로 볼 수 있는 범위의 손해(객관적 상당인과관계에 있는 손해)를 말하고, 특별손해는 채무자가 손해발생의 원인된 사정을 알았거나 알 수 있었을 때의 손해(주관적 상당인과관계에 있는 손해)를 의미하는 것으로 이해한다. 이 경우 통상손해는 채권자가 손해발생을 입증하면 족하지만 특별손해는 손해발생의 입증 외에 특별한 사정의 예견이나 예견가능성을 입증하여야 한다는 것이다.

다만, 객관적 상당인과관계설[59]에 의하면, 어떠한 원인이 일반적으로 결과발생에 적합한 것이냐 아니냐의 판단은 채무자 내지 가해자의 주관적 예측을 기준으로 행해져서는 안된다고 한다. 왜냐하면 가해자 내지 채무자가 손해결과를 예측하고 있었는지 여부의 판단은 과책(過責)의 문제이기 때문이라는 것이다. 따라서 상당인과관계의 존재 여부를 판단하는 기준은 객관적 제3자의 예측이라고 한다. 그리고 상당인과관계는 통상손해인지를 판단하는 기준이라고 한다.

ii) 새로운 학설

a) 개관 상당인과관계설을 비판하고 나타난 학설로는 규범목적설과 위험성관련설, 상당인과관계설의 보충설이 있으며, 일본에서는 이 외에 보호범위설이 주장되고 있다.

무엇보다도 상당인과관계설은 완전배상주의를 취하고 있는 독일 민법 제249조를 제한해서 해석할 필요성을 충족시키기 위하여 형성된 이론이라는 점에서 제한배상주의를 취하고 있는 민법 제393조의 해석론으로서는 적합하지 않다고 한다. 또한 상당인과관계설은 침해된 규범이 정하고 있는 유책성과 위법성의 내용, 행위의 위험성 등을 고려하지 아니하므로 책임귀속이론으로서 적합하지 않다고 한다. 즉, 손해배상의 범위를 결정하는 것은 인과관계의 문제가 아니라 책임귀속의 문제라는 인식하에 상당인과관계설을 비판한다.[60]

한편 일본에서의 **보호범위설**에 의하면, 종래의 상당인과관계설에 의하여 처리하던 문제를 **사실적 인과관계, 보호범위, 손해의 금전적 평가**라는 세 개의 영역으로 구분하고서는 일본 민법 제416조는 보호범위를 규정한 것이라고 본다. 그리하여 일본 민법 제416조는 제한배상주의를 취한 것임에도 불구하고 완전배상주의를 취하는 독일법의 상당인과관계설을 받아들인 것은 잘못이라고 지적한다. 이러한 보호범위설에 따르면 사실적 인과관계란 '선행사실이 없다면 후행사실이 없을 것이다'라는 관계로서, 이는 법적 가치판단을 포함하지 않는 사실관계라는 점에서, 배상범위를 결정하기 위해서는 법관의 정책적 가치판단이 요구되며, 이 판단에 의하여 고려되는 배상의 범위가 보호범위라고 한다. 그리고 손해의 배상은 금전배상주의를 취하는 바 손해의 금전적 평가의 단계가 필요하다고 한다. 즉, 보호범위 내의 손해를 금전으로 평가하는 단계가 요청된다고 한다. 그리하여 손해와 손해액은 구분된다는 것이다. 그런데 보호범위설에 대해서는 보호범위와 상당인과관계는 용어상의 상위에 불과하며 구체

58) 김준호, 채권법, 118면.
59) 지원림, 민법강의, Rn. 4-202 이하.
60) 양삼승, "손해배상의 범위 및 방법에 관한 독일·일본 및 우리나라 민법의 비교", 민사법의 제문제: 온산방순원선생고희기념, 박영사, 77면 이하.

적 해결에 있어서는 별로 차이가 없다는 비판이 있다.

우리나라에서도 보호범위설의 입장에 따라 손해배상의 범위의 문제를 해결하려는 입장이 있다.[61] 즉, 무한히 연속되는 인과고리를 단절함으로써 발생한 손해를 적절하게 귀책시켜야 한다는 요청은 외면되어서는 안되지만, 종래의 통설·판례가 손해배상책임의 발생과 손해배상의 범위의 문제를 상당인과관계라는 개념에 의하여 한꺼번에 처리하려는 것은 적절하지 않다고 하면서, 다음과 같이 사고의 단계를 나누어 파악함이 타당하다고 한다. 즉, 채무자의 채무불이행과 채권자의 손해 사이에 자연적 인과관계가 존재하여야 하며, 그러한 인과관계가 증명된 손해 중에서 제393조에 따라 통상손해와 특별손해가 배상범위에 포함되게 되며, 마지막으로 그와 같이 배상범위에 포함되는 손해의 산정이라는 작업이 필요하게 된다는 것이다.

b) 규범목적설 규범목적설에 의하면, 손해배상시 중요한 것은 책임규범 내지 보호법규를 목적론적으로 해석하는 일과 계약을 그의 보호목적을 존중하여 해석하는 일이라고 한다.[62] 그리하여 계약의 의미와 목적에 의하여 손해배상의 범위를 결정하여야 한다는 것이다. 즉, 채무자는 채권자의 권리를 침해하여 생긴 모든 결과를 배상해야 하는 것이 아니고 계약에 의하여 보호되고 있는 채권자의 이익을 침해한 경우에만 책임을 지므로 손해배상의 범위를 한정하는 것은 계약의 해석문제가 된다고 한다. 특히 손해배상의 범위는 개개의 구체적인 규범의 보호목적에 의하여 결정되는 것이기 때문에 적정한 관찰자라든지 인간의 전경험적 지식을 기초로 하여 그 범위를 제한하는 것은 타당하지 않다는 것이다.

특히 규범목적설에 의하면, 채무불이행으로 인한 손해배상의 범위에는 채무자가 계약체결시에 고려한 손해, 즉 규범목적인 급부의무위반으로 인한 손해만이 속하게 된다. 그런데 계약의 경우 당사자의 의무는 급부의무 이외에도 부수의무 내지 보호의무도 있는데, 이러한 부수적 의무라든가 보호의무를 고려하지 않고 급부의무만으로 고려하여 손해배상의 범위를 결정하게 되면 손해의 공평한 분배를 가져오기 어렵다는 비판이 있다.

c) 위험성관련설 위험성관련설은 손해를 1차 손해와 후속손해로 구별한 다음, 1차 손해는 손해배상책임의 성립요건의 문제이고, 어떤 후속손해가 배상되어야 하는지가 손해배상범위의 문제라고 한다. 즉, 1차 손해는 채무불이행행위(가해행위)와의 사이에 인과관계가 있는 것을 말하고, 후속손해는 1차 손해에 의하여 후속적으로 조건지워진 손해를 의미한다. 즉, 채무불이행행위와 1차 손해 사이의 인과관계를 책임설정적 인과관계라 한다면, 1차 손해와 후속손해 사이의 인과관계는 책임충족적 인과관계라 할 수 있다는 것이다.

위험성관련설에 의하면, 1차 손해는 채무불이행상의 요건을 갖춘 원인행위에 의하여 발생한 불이익을 의미한다. 가령, 이행불능의 경우에 채권자가 채무자의 이행불능으로 인하여 재산을 취득할 수 없게 된 것 자체가 1차손해이다. 그러므로 1차 손해의 배상책임을 채무자에게 귀속시키는 것은 채무자가 그의 귀책사유로 인하여 계약을 위반했기 때문이다. 그 책임귀속의 근거는

61) 지원림, 민법강의, Rn. 4-204.
62) 이종복, "일반조항 불법행위법에 의한 손해배상책임의 제한", 사법체계와 자율(1993), 3면 이하.

제390조라고 한다. 이 경우 인과관계는 조건관계로 충분하다고 한다. 그리고 채무불이행에 의하여 채권자에게 1차 손해가 발생하면, 이를 기점으로 하여 다시 여러 가지 손해가 발생하는 데, 이를 후속손해라고 한다. 그런데 후속손해에 대한 배상책임이 채무자에게 귀속되기 위해서는 채무불이행행위와 후속손해 사이에 사실적 인과관계가 있어야 하지만, 그 모든 후속손해가 손해배상의 대상이 될 수는 없다고 한다. 일반적으로 1차 손해는 다시 후속손해를 파생시킬 위험성을 가지고 있다는 점에서, 어떤 후속손해가 손해배상의 대상이 되는가는 1차 손해가 가지는 위험성과 후속손해 사이의 평가적 관계, 즉 위험성관련이라는 규준에 의하여 판단되어야 할 것이라고 한다.

제393조는 바로 1차 손해를 기점으로 하여 무한히 연속되는 후속손해의 배상범위를 획정하려는 규정으로서, 제1항의 통상손해는 어떤 사정에 관한 채무자의 인식가능성을 문제로 함이 없이 위험성관련이 인정되는 경우의 손해라고 한다. 이 경우 위험성관련은 첫째, 1차 손해와 후속손해와의 관계가 **우연적인 경우**라든가 **제3자의 행위가 개재되어 있는 경우** 둘째, 1차 손해와 후속손해 사이에 후속손해를 발생시킬 가능성이 있는 **채권자의 위험한 행위가 개재되어 있는 경우**와 같이 특별한 경우를 제외하고는 일반적으로 긍정되어야 한다고 한다.

그리고 제2항의 특별한 사정으로 인한 손해는 통상손해에 속하지 않지만, 손해발생과 관련되는 특별사정에 대한 채무자의 예견 또는 예견가능성이 증명되는 경우에 손해배상책임이 인정되는 손해라고 한다. 이 경우 채무자의 예견가능성은 개별사안에 있어서 계약체결시의 당사자의 직업, 목적물의 종류, 거래관행 등을 기초로 하여 판단할 것이지만, 채무자의 예견 또는 예견가능성은 채권자가 증명하여야 한다고 한다.

d) 상당인과관계설의 보충설 이 설에 의하면,[63] 독일 민법에서의 상당인과관계설은 손해배상책임의 성립의 단계에서 책임원인이 된 행위와 발생한 손해 사이의 법적 인과관계를 다루고 있는데 반해서, 우리 민법에서의 상당인과관계설은 손해배상책임의 성립단계와 그 이후의 배상범위의 결정단계를 구분하지 않고 통틀어 법적 인과관계의 문제로서 취급하는 결과가 되었다고 한다. 또한 '연속되는 인과관계의 한정'이란 역할은 완전배상주의나 제한배상주의의 법제하에서 모두 외면할 수 없는 과제라고 한다. 더구나 규범목적설이나 위험성관련설이라 해서 채무불이행이나 불법행위와 인과관계가 전혀 없는 손해에 대해 규범목적이나 위험성관련의 존재만으로 배상책임을 인정하는 것은 아니고, 그 이론들은 인과관계연속의 손해 중에서 규범목적이나 위험성관련의 가치기준을 갖고 적정한 배상범위로 인과관계를 한정시키는 역할을 한다는 것이다. 결과적으로 상당성에 의한 인과관계의 한정과 규범목적 또는 위험성관련에 의한 인과관계의 한정이나 제한의 기준이 다를 뿐이지 그 역할은 같다는 것이다.

어쨌든 제393조에서 명시하는 배상범위제한의 가치기준은 '통상의 손해'와 '채무자에게 예견가능한 특별사정으로 인한 손해'라고 한다. 보충설은 어떤 손해가 통상적이라는 것은 원인행위

63) 이은영, 채권총론, 284면 이하.

와 결과발생 사이에 개연성이 농후함을 가리킨다고 해석한다. 특별사정으로 인한 손해는 객관적으로는 개연성이 희박하지만 당해 채무자나 가해자의 개인적 환경에 비추어 그러한 손해발생의 가능성이 높은 특별한 사정이 존재함을 그들이 알았거나 또는 예견하였으리라고 기대되는 경우의 손해를 말한다고 새긴다. 이 경우 특별사정의 손해는 그것이 배상범위에 포함되는 경우에만 법적 의미를 갖는다고 한다. 결국 배상범위결정에 있어서 중요한 문제는 어떤 침해이익이 배상범위 내의 손해가 되는가에 있다는 것이다.

다만, 보충설은 상당성을 원인과 결과 사이의 개연성에 국한하여 판단하지 말고 손해배상에 관한 법정책적 배려도 상당성 판단시에 함께 해야 한다고 주장한다. 즉, 손해배상의 경제적 공평성, 어떤 가해행위가 사회에 던지는 위험성의 크기와 제동의 급박성, 어떤 손해를 누구에게 부담시키는 것이 손해방지에 도움이 되며 효율적인가 등을 상당성 판단시에 고려대상에 넣어야 할 것이라고 한다. 또한 손해배상법의 사상적 기초가 '정당한 손해전보' 내지 '일정한 손해위험의 정당한 분배'에 있다는 점도 상당성 판단을 할 때 고려되어야 할 것이라고 한다. 이 점이 손해배상의 귀책의 중요한 다른 요인들은 무시한 채 단지 개연성 하나에만 의존하여 상당성을 인정하는 종래의 상당인과관계설과 다른 점이라고 한다. 특히 우리 민법은 채무불이행책임과 불법행위책임에 공통하는 배상범위기준을 찾도록 요구하는 특성을 감안할 때, 현대사회의 다양한 손해발생원인들 사이에 공통되는 하나의 합리적 기준을 설정하는 것은 추상적일 수밖에 없다는 것이다. 그렇다고 배상범위결정의 기준을 하나의 막연한 추상적인 개념으로 제시하는 것에 만족한다면, 그것은 법학의 임무를 해태하는 것이 될 것이라고 한다. 따라서 배상범위를 결정하기 위해서는 인과관계의 상당성 판단이란 큰 범주를 설정하여 놓고 그 안에서 다양한 규범적 가치들을 종합적으로 검토해서 구체적 타당성 있는 판단을 해야 한다는 것이다.

iii) 판례의 태도

판례는 채무자가 배상하여야 할 손해의 범위를 채무불이행과 **상당인관관계**에 있는 손해로 제한하고 있다. 즉, 채무불이행으로 인한 손해배상청구소송에 있어, 재산적 손해의 발생사실이 인정되고 그의 최대한도인 수액은 드러났으나 거기에는 당해 채무불이행으로 인한 손해액 아닌 부분이 구분되지 않은 채 포함되었음이 밝혀지는 등으로 구체적인 손해의 액수를 입증하는 것이 사안의 성질상 곤란한 경우, 법원은 증거조사의 결과와 변론의 전취지에 의하여 밝혀진 당사자들 사이의 관계, 채무불이행과 그로 인한 재산적 손해가 발생하게 된 경위, 손해의 성격, 손해가 발생한 이후의 제반 정황 등의 관련된 모든 간접사실들을 종합하여 상당인과관계 있는 손해의 범위인 수액을 판단할 수 있다고 한다(2002다6951, 6968 판결). 이러한 태도는 불법행위로 인한 재산적 손해배상청구소송에서도 관철되고 있다. 즉, 재산적 손해의 발생사실은 인정되나 구체적인 손해의 액수를 증명하는 것이 사안의 성질상 곤란한 경우, 법원은 증거조사의 결과와 변론 전체의 취지에 의하여 밝혀진 당사자들 사이의 관계, 불법행위와 그로 인한 재산적 손해가 발생하게 된 경위, 손해의 성격, 손해가 발생한 이후의 제반 정황 등 관련된 모든 간접사실들을 종합하여 손해의 액수를 판단할 수 있지만, 그 경우에도 불법행위와 재산적 손해 사이에는 **상당**

인과관계가 있어야 한다는 것이다(2006다21880 판결).

〈통상손해〉

판례 ➡ 원래 물건의 인도의무의 이행지체를 이유로 한 손해배상의 경우에는 일반적으로 그 물건을 사용·수익함으로써 얻을 수 있는 이익, 즉 그 물건의 임료 상당액을 통상의 손해라고 볼 것이므로, 건물건축공사에 관한 도급계약에 있어서도 그 수급인이 목적물인 건물의 건축공사를 지체하여 약정기한까지 이를 완성, 인도하지 않은 때에는 적어도 당해 건물에 대한 임료 상당의 손해액을 배상하여야 한다(94다44774·44781 판결).

판례 ➡ 토지의 매매계약이 매수인측의 귀책사유로 해제되는 경우에 매도인측이 입는 통상의 손해액은, 그 계약이 해제되지 아니하고 이행된 경우에 매도인이 얻게 되는 경제적 이익과 계약이 해제된 경우에 매도인에게 남아 있는 경제적 이익의 차액이라고 할 것이고, 따라서 위 매매계약이 해제된 후에 매도인이 제3자에게 그 매매목적물을 다시 매도한 경우라면, 제3자에의 매도가격이 시가에 비추어 현저히 저렴하게 책정된 것이라는 등의 특별한 사정이 없는 한, 매도인이 당초의 매매계약에 의하여 취득할 것으로 예상되었던 매매대금과 제3자와 사이의 매매계약에 의하여 취득하게 되는 매매대금과의 차액에 당초의 매매대금의 취득예정시기로부터 후의 매매대금의 취득시기까지의 기간 동안 당초의 매매대금에 대한 법정이율에 의한 이자 상당액을 합한 금액이라고 할 것이다(2001다16432 판결, 2004다3543 판결).

판례 ➡ 채무불이행으로 소유물이 훼손되었을 때 그 손해는 수리가 가능하다면 그 수리비, 그 수리가 불가능하다면 그 훼손 당시의 교환가치(시가)가 통상의 손해이다(94다13008 판결). 다만, 수리를 한 후에도 일부 수리가 불가능한 부분이 남아있는 경우에는 수리비 외에 수리불능으로 인한 교환가치의 감소액도 통상의 손해에 해당한다(2001다52889 판결). 가령, 임대차목적물인 건물이 훼손된 경우에 그 수리나 원상복구가 불가능하다면 훼손 당시의 건물의 교환가치가 통상의 손해일 것이고 수리나 원상복구가 가능한 경우에는 그 수리비가 통상의 손해일 것이나 그것이 임대차목적물의 교환가치를 넘는 경우에는 형평의 원칙상 그 손해액은 그 건물의 교환가치 범위 내로 제한되어야 한다(94다3964 판결, 97다15104 판결, 87다카1926 판결).

판례 ➡ 도급계약에 있어서 완성된 목적물에 하자가 있을 경우에 도급인은 수급인에게 그 하자의 보수나 하자의 보수에 갈음한 손해배상을 청구할 수 있으나, 다만 하자가 중요하지 아니하면서 동시에 보수에 과다한 비용을 요할 때에는 하자의 보수나 하자의 보수에 갈음하는 손해배상을 청구할 수는 없고 하자로 인하여 입은 손해의 배상만을 청구할 수 있다고 할 것이고, 이러한 경우 하자로 인하여 입은 통상의 손해는 특별한 사정이 없는 한 도급인이 하자없이 시공하였을 경우의 목적물의 교환가치와 하자가 있는 현재의 상태대로의 교환가치와의 차액이 된다 할 것이므로, 교환가치의 차액을 산출하기가 현실적으로 불가능한 경우의 통상의 손해는 하자없이 시공하였을 경우의 시공비용과 하자있는 상태대로의 시공비용의 차액이라고 봄이 상당하다(97다54376 판결).

판례 ➡ 공장에 필요한 기계의 설치를 위한 공장건물의 개수 및 증축공사를 도급받은 수급인의 이행보조자가 작업 도중에 과실로 화재를 일으켜 도급인이 재산상의 피해를 입은 경우, 그 수급인은 공사를 완전하게 이행하지 못함으로 인한 채무불이행책임으로서 손해배상의무가 있다고 할 것이며, 이 경우 배상하여야 할 손해의 범위는 민법 제393조에 의하여 통상손해인지 특별손해인지만이 문제될 뿐이라고 할 것인데, 이 사건 화재가 발생한 공장건물 안에 있던 인쇄기가 화재로 인하여 수리를 필요로 하는 손상을 입었다면 이는 화재에 기인한 채무불이행과 상당인과관계가 있는 통상손해라고 보아야 할 것이고, 비록 그 기계의 설치・보관에 관한 내용이 도급계약에 명시되지 않았고, 공사 도중에 기계가 공장에 반입되었으며, 그 가격이 고가이고 수리에 많은 돈이 소요되며, 공장이 일반인의 출입이 통제된 구역 안에 있다고 하더라도 화재와 그 기계의 손상 사이에 상당인과관계가 없다고 할 수는 없다(2002다6043 판결).

〈특별손해〉

판례 ➡ 채무자의 부동산에 관한 소유권이전등기의무가 이행불능으로 된 경우, 그 손해배상액은 원칙적으로 이행불능 당시의 목적물의 시가에 의하여야 하고, 그 후 목적물의 시가가 등귀하였다고 하더라도 그로 인한 손해는 특별한 사정에 인한 것이어서 채무자가 이행불능 당시 그와 같은 특별한 사정을 알았거나 알 수 있었을 경우에 한하여 그 등귀한 가격에 의한 손해배상을 청구할 수 있다(95다22337 판결).

판례 ➡ 토지매도인의 소유권이전등기의무가 이행불능상태에 이른 경우, 매도인이 매수인에게 배상하여야 할 통상의 손해배상액은 그 토지의 채무불이행 당시의 교환가격이나, 만약 그 매도인이 매매 당시 매수인이 이를 매수하여 그 위에 건물을 신축할 것이라는 사정을 이미 알고 있었고 매도인의 채무불이행으로 인하여 매수인이 신축한 건물이 철거될 운명에 이르렀다면, 그 손해는 적어도 특별한 사정으로 인한 것이고, 나아가 매도인은 이러한 사정을 알고 있었으므로 위 손해를 배상할 의무가 있다(92다2028 판결. 동지: 64다669 판결, 72다2207 판결).

판례 ➡ 매매대금을 완불하지 않은 토지의 매수인이 그 토지상에 건물을 신축하기 위하여 설계비 또는 공사계약금을 지출하였다가 계약이 해제됨으로 말미암아 이를 회수하지 못하는 손해를 입게 되었다 하더라도 이는 이례적인 사정에 속하는 것으로서, 설사 토지의 매도인이 매수인의 취득 목적을 알았다 하더라도 마찬가지라 할 것이므로, 토지의 매도인으로서는 소유권이전의무의 이행기까지 최소한 매수인이 설계계약 또는 공사도급계약을 체결하였다는 점을 알았거나 알 수 있었을 때에 한하여 그 배상책임을 부담한다(95다47619 판결).

판례 ➡ 매도인이 매수인으로부터 매매대금을 약정된 기일에 지급받지 못한 결과 제3자로부터 부동산을 매수하고 그 잔대금을 지급하지 못하여 그 계약금을 몰수당함으로써 손해를 입었다고 하더라도 이는 특별한 사정으로 인한 손해이므로 매수인이 이를 알았거나 알 수 있었던 경우에만 그 손해를 배상할 책임이 있다(91다25369 판결).

판례 ➡ 매수인의 잔금지급 지체로 인하여 계약을 해제하지 아니한 매도인이 지체된 기간 동안 입은 손해 중 그 미지급 잔금에 대한 법정이율에 따른 이자 상당의 금액은 통상손해라고 할 것이지만, 그 사이에 매매대상 토지의 개별공시지가가 급등하여 매도인의 양도소득세 부담이 늘었다고 하더라도 그 손해는 사회일반의 관념상 매매계약에서의 잔금지급의 이행지체의 경우 통상 발생하는 것으로 생각되는 범위의 통상손해라고 할 수는 없고, 이는 특별한 사정에 의하여 발생한 손해에 해당한다 (2005다75897 판결).

iv) 사견 학설과 판례는 손해배상의 범위를 채무불이행에 의하여 발생한 손해 중에서 채무불이행과 인과관계에 있는 손해로 한정하는 점에서는 일치한다. 다만, 그 인과관계의 한정 기준으로 상당성 판단에 의존할 것인지, 규범목적을 고려할 것인지, 위험성 관련이 있는 경우에만 손해를 배상시킬 것인지에 대하여 견해를 달리한다. 어쨌든 상당인과관계설이 손해배상책임의 성립단계와 그 이후의 배상범위의 결정단계를 구분하지 않고 통틀어 법적 인과관계의 문제로서 취급하는 것이라면 그것은 시정되어야 할 것이다. 또한 '연속되는 인과관계의 한정'의 문제는 완전배상주의를 취하든 제한배상주의를 취하든 요구되는 과제라고 보아야 할 것이다. 그리고 손해배상의 범위를 정함에 있어서는 어디까지나 제393조 소정의 '통상성'과 '예견가능성'을 그 판단기준으로 삼아야 할 것이다. 이와 같이 볼 때 상당인과관계설은 여전히 손해배상의 범위를 결정하는 판단기준으로 적용될 수 있다고 할 것이다. 다만, 상당인과관계의 보충설이 지적하고 있는 것처럼 상당성의 판단에는 규범이 보호하는 목적이나 위험성 관련요소를 종합적으로 고려하여야 할 것이다. 판례도 불법행위에 관한 판결이지만, 상당인과관계의 유무를 판단함에 있어서는 손해발생의 개연성은 물론 입법목적과 보호법익, 법령위배행위의 태양 및 피침해이익의 성질 등을 종합적으로 고려하여 판단하여야 한다고 한다(94다21320 판결).

(5) 손해배상액의 산정

① 의의

손해를 배상함에 있어서는 금전배상주의의 원칙상 그 손해를 금전으로 환산할 필요가 있다. 즉, 구체적 손해액의 산정방법이라든가 산정의 시기 등 손해배상액의 산정이 문제된다. 또한 채권자의 과실이 경합하여 손해발생의 원인을 제공한 경우에 이를 어떻게 참작하여 손해액을 정할 것인지 문제된다(제396조). 그리고 만약 채무불이행으로 말미암아 채권자가 손해를 입음과 동시에 이익을 얻은 경우에 그 손해배상액을 산정함에 있어 이를 어떻게 공제할 것인지도 문제된다.

판례 ➡ 불법행위 또는 채무불이행에 따른 채무자의 손해배상액을 산정할 때에 손해부담의 공평을 기하기 위하여 채무자의 책임을 제한할 필요가 있고, 채무자가 채권자에 대하여 가지는 반대채권으로 상계항변을 하는 경우에는 책임제한을 한 후의 손해배상액과 상계하여야 한다(2012다107662 판결).

② 금전배상의 원칙

손해는 다른 의사표시가 없으면 금전으로 배상하여야 한다(제394조). 재산적 손해뿐만 아니라 정신적 손해도 금전으로 배상된다. 독일 민법은 원칙으로 원상회복주의를 취하고 있으나, 상당한 예외를 인정하여 금전배상을 인정하고 있다(독일 민법 제249조 이하).

판례 ➡ 채무불이행으로 인한 손해배상을 규정하고 있는 민법 제394조는 다른 의사표시가 없는 한 손해는 금전으로 배상하여야 한다고 규정하고 있는 바, 위 법조 소정의 금전이라 함은 우리나라의 통화를 가리키는 것이어서 채무불이행으로 인한 손해배상을 구하는 채권은 당사자가 외국통화로 지급하기로 약정하였다는 등의 특별한 사정이 없는 한 채권액이 외국통화로 지정된 외화채권이라고 할 수 없다(94다61120 판결, 96다48688 판결, 2003다12083 판결, 2007다26455, 26462 판결).

금전배상의 원칙에 대해서는 두 가지 예외가 있다. **하나**는 다른 의사를 표시한 때이다. 즉, 당사자 사이에 다른 특약이 있는 경우에는 원상회복 또는 기타의 방법으로 손해를 배상할 수 있다. 따라서 만약 계약위반에 따른 손해배상으로서 시설물 등을 철거하기로 약정한 것이라면 그 철거를 손해배상의 방법으로 인정할 수 있을 것이다. **다른 하나**는 법률에서 달리 정하고 있는 때이다. 가령, 명예훼손의 경우에는 명예회복에 적당한 처분을 내릴 수 있다(제764조).

판례 ➡ 손해배상으로서 당사자 사이에 금전 아닌 백미로 배상할 것을 약정한 바가 있다면 그 약정에 따라서 백미의 지급을 청구할 수도 있을 이치이니 원고가 손해배상으로 구태여 백미의 지급을 청구하는 것은 그와 같은 특약이 있었기 때문인지 알 수 없는 일이므로 그러한 경우 원심법원으로서는 당사자에게 그러한 특약의 유무를 묻는 등 석명의무를 다하여 되도록 당사자 사이에 분쟁을 실질적으로 해결하도록 노력해야 한다(65다2391 판결).

③ 산정방법

앞에서 본 바와 같이, 일반적으로 손해는 재산적 손해와 정신적 손해의 형태로 구분되고, 재산적 손해는 다시 기존의 이익이 상실되는 적극적 손해의 형태와 장차 얻을 수 있을 이익을 얻지 못하는 소극적 손해의 형태로 구분된다(96다38971 판결 참조).

이 경우 **적극적 손해**는 적극재산이 감소하거나 소극재산이 증가하는 형태로 나타나는 데, 그 산정은 일반거래상 인정되는 통상의 가격(시장가격)을 표준으로 한다. 물론 특수한 경제적·지역적·계층적 여건하에서 형성되는 특별가격도 그것이 생기게 된 사정에 관하여 채무자가 알았거나 알 수 있었을 경우에는 특별손해로서 배상청구할 수 있다. 다만, 피해자의 기호가치 등 감정적 가치는 재산적 손해로서 고려할 필요가 없고, 정신적 손해로서 그 배상을 청구할 수 있다.

판례 ➡ 채무불이행으로 인한 손해배상청구소송에서 재산적 손해의 발생사실은 인정되나 구체적인 손해의 액수를 증명하는 것이 사안의 성질상 곤란한 경우, 가령 당해 채무불이행으로 인한 손해액 아닌 부분이 구분되지 않은 채 포함되었음이 밝혀지는 등으로 구체적인 손해의 액수를 입증하는 것이 사안의 성질상 곤란한 경우(2002다6951, 6968 판결), 법원은 증거조사 결과와 변론 전체의 취지에 의하여 밝혀진 당사자들 사이의 관계, 채무불이행과 그로 인한 재산적 손해가 발생하게 된 경위, 손해의 성격, 손해가 발생한 이후의 여러 정황 등 관련된 모든 간접사실들을 종합하여 손해의 액수를 판단할 수 있다(2010다40505 판결).

판례 ➡ 위임계약에 있어서 수임인이 위임의 본지에 좇은 업무처리를 하지 아니한 까닭에 만약 수임인이 위임의 본지에 좇은 업무처리를 하였더라면 지출하지 아니하여도 될 비용을 위임인이 지출한 경우에, 수임인의 채무불이행으로 인하여 위임인이 입게 된 손해액은 그 지출한 비용이다(96다36289 판결).

판례 ➡ 계약의 일부 이행불능으로 인하여 그 계약목적을 달성할 수 없어서 계약 전부를 해제한 경우 그 전보배상액은 이행불능이 확정된 때의 목적물의 전체 시가를 표준으로 하여 결정하여야 한다(86다카2943 판결).

이에 대하여 **소극적 손해**는 채무불이행이 없었더라면 있었을 이익을 얻지 못한 손해이므로, 장래 일정한 시기에 발생할 것인 경우가 대부분이다. 가령, 사고로 다친 사람이 그 부상으로 인하여 일을 못한 경우에, 일정한 기간 동안 벌지 못한 일실이익을 손해액으로 정하여야 하는데, 문제는 이 경우 기간의 산정도 문제이지만(2001다68358 판결), 특히 장래 발생하게 될 일실이익의 손해를 현재의 시점에서 산정하여 배상되어야 하므로, 피해자가 장래 취득할 수 있었을 가액에서 중간이자를 공제하여야 한다는 데 있다. 즉, 중간이자의 공제방법이 문제된다. 이에 대해서는 실무상 단리(**單利**)에 의하여 중간이자를 공제하는 Hoffmann식(86다카1009 판결)과 복리(**複利**)에 의하여 중간이자를 공제하는 Leibnitz식(83다191 판결)의 두 방법이 사용되지만, 일반적으로 전자가 피해자에게 보다 유리하다.

판례 ➡ 매수인이 매도인으로부터 매수한 감자종자가 잎말림병에 감염된 것이어서 이를 식재한 결과 거기에서 자란 감자가 같은 병 등에 감염되어 수확량이 예년에 비하여 현저하게 줄은 경우 매수인이 입은 손해는 감자를 식재, 경작하여 정상적으로 얻을 수 있었던 평균수입금에서 실제로 소득한 금액을 제한 나머지가 되어야 할 것이고, 매수인이 평균수입금을 기준으로 하여 손해액을 산정, 청구하고 있는 사안에서 그 같은 산정방식에 따르지 않고 실제로 들인 비용에서 소득한 금액을 공제한 금액을 기준으로 하여 손해액을 산정할 것은 아니다(89다카15298 판결).

판례 ➡ 농지가 흙더미의 방치나 논두렁의 훼손 등으로 인하여 경작이 이루어질 수 없었던 경우에 그로 인한 손해는, 실제로 소유자에 의한 원상회복이 완료되어 경작이 가능할 때까지 계속하여 발생하는 것이 아니라 소유자 스스로 원상회복을 할 수 있었던 상당한 기간까지만 발생하는 것으로 봄이 상당하다(2001다47757 판결).

판례 ➡ 임대차 종료시 임차인의 원상회복의무 지체로 인하여 임대인이 입은 손해는 이행지체일로부터 임대인이 실제로 원상회복을 완료한 날까지의 임대료 상당액이 아니라 임대인 스스로 원상회복을 할 수 있었던 기간까지의 임대료 상당액이다(97다15104 판결).

그리고 정신적 손해는 과연 금전으로 전보될 수 있는지가 문제되는 데, 금전배상주의를 채택한 이상 정신적 손해 역시 금전으로 산정하여 배상할 수밖에 없다. 이러한 정신적 손해에 대한 배상금을 위자료라 한다. 위자료액은 배상권리자가 청구하는 범위내에서 법관이 재량에 의하여 결정할 수밖에 없다(불법행위에 관한 99다24218 판결 참조). 특히 계약상의 의무위반으로 인한 피침해이익이 재산적인 것이라면 재산상의 손해의 전보에 의하여 통상 정신적 고통 또는 불이익도 전보되는 것으로 볼 수 있으므로(93다59779 판결, 2002다53865 판결, 2005다67971 판결), 정신적 손해배상이 문제되는 경우는 계약적 법익이 침해되는 경우 이외에 인격적 법익이 침해되는 경우라고 할 것이다.[64] 이 경우 정신적 손해는 특별손해로서 재산적 손해의 배상만으로는 회복될 수 없는 정신적 고통을 입었다는 특별한 사정이 있고, 상대방이 이와 같은 사정을 알았거나 알 수 있었을 경우에 한하여 정신적 고통에 대한 위자료를 인정할 수 있다(96다36289 판결).

판례 ➡ 재산적 손해의 발생이 인정되는 데도 입증곤란 등의 이유로 그 손해액의 확정이 불가능하여 그 배상을 받을 수 없는 경우에 이러한 사정을 위자료의 증액사유로 참작할 수는 있다고 할 것이나, 이러한 위자료의 보완적 기능은 재산적 손해의 발생이 인정되는 데도 손해액의 확정이 불가능하여 그 손해전보를 받을 수 없게 됨으로써 피해회복이 충분히 이루어지지 않는 경우에 이를 참작하여 위자료액을 증액함으로써 손해전보의 불균형을 어느 정도 보완하고자 하는 것이므로, 함부로 그 보완적 기능을 확장하여 재산상 손해액의 확정이 가능함에도 불구하고 편의한 방법으로 위자료의 명목 아래 사실상 재산적 손해의 전보를 꾀하는 것과 같은 일은 허용될 수 없다(84다카722 판결, 2002다53865 판결, 2007다18959 판결 등).

④ 산정시기

손해배상액의 산정시기의 문제는 주로 전보배상의 경우에 발생한다. 우선 물건의 인도채무가 이행불능인 경우에는 그 물건의 **시가상당액**이 이행에 갈음하는 손해배상액이 된다고 할 것인데, 시가상당액은 채무불이행시・배상청구시・사실심변론종결시에 가격의 변동이 있는 경우에 어느 시점을 기준으로 시가상당액을 정할 것이냐가 문제된다. 학설은 책임원인발생시설,[65] 현실적인 배상시점에 가장 가까운 사실심변론종결시설(통설), 절충설[66]이 대립한다. 판례는 이행불능으로 인한 전보배상액은 이행불능 당시의 시가 상당액이라고 하여 책임원인발생시설을 취하고 있다(70다784 판결, 74다584 판결, 90다5672 판결). 다만, 원인발생 후에 채권자가 목적물의 등귀한 가격을 이용할 확실성 있는 특별사정이 있는 경우에는, 채무자가 이를 알았거나 알 수 있었던 때에 한하여 그 등귀가격으로 인한 손해배상을 청구할 수 있다고 한다(4293민상197 판결, 94다61359, 61366 판결). 이행불능을 이유로 계약이 해제된 경우에도 그 전보배상액은 이행불능 당시의 목적물의 시가상당액이고 계약해제시의 시가상당액이 아니라고 한다(70다784 판결, 86다카2943 판결).

---

64) 지원림, 민법강의, Rn. 4-207a.
65) 곽윤직, 채권총론, 117면; 김대정, 채권총론, 647면.
66) 이은영, 채권총론, 337면.

그리고 이행지체로 인한 전보배상을 청구하는 경우에는 원칙적으로 최고 후 상당한 기간이 경과한 당시의 시가에 의한다고 하는 점에서(66다1842 판결, 97다24542 판결), 이행불능의 경우와 마찬가지로 책임원인발생시설을 취하고 있는 것으로 해석된다. 손해액의 확정을 배상청구시나 판결시로 하게 되면 채권자의 기회주의적 손해배상청구를 조장하게 되며, 또 소송지연을 통하여 손해배상액을 자의적으로 확대할 염려가 있다는 점에서 손해의 공평한 분담이라는 손해배상제도의 이상에 부합하지 않는다고 할 것이다. 따라서 책임원인발생시설이 타당하다.

판례 ➡ 이행지체에 의한 전보배상에 있어서의 손해액 산정은 본래의 의무이행을 최고하였던 상당한 기간이 경과한 당시의 시가를 표준으로 하고, 이행불능으로 인한 전보배상액은 이행불능 당시의 시가상당액을 표준으로 해야 할 것인 바, 채무자의 이행거절로 인한 채무불이행에서의 손해액 산정은 채무자가 이행거절의 의사를 명백히 표시하여 최고없이 계약의 해제나 손해배상을 청구할 수 있는 경우에는 이행거절 당시의 급부목적물의 시가를 표준으로 해야 할 것이고(2005다63337 판결 등), 한편 반환의무 이행거절의 목적물이 외화표시채권인 신주인수권부사채인 경우에는 그에 관한 객관적 교환가치가 적정하게 반영된 정상적인 거래의 실례가 있는 때에는 그 거래가격을 시가로 보아 그 사채의 가액을 평가하여야 할 것이다(2007다37721 판결).

⑤ 과실상계

채무불이행에 관하여 채권자에게 과실이 있는 때에는 법원은 손해배상의 책임 및 그 금액을 정함에 있어 이를 참작하여야 한다(제396조). 이는 채권자의 행위가 손해의 발생 내지 확대에 기여했음에도 불구하고 전 손해를 채무자에게 부담시키는 것은 신의칙상 허용될 수 없다는 데 기초하고 있다(통설). 따라서 법원은 채권자에게 과실이 인정되면 손해배상의 책임 및 그 금액을 산정함에 있어 이를 참작하여야 하고, 채무자가 채권자의 과실에 관하여 주장하지 않는 경우에도 소송자료에 의하여 채권자의 과실이 인정되는 경우에는 직권으로 이를 심리판단하여야 한다(96다30113 판결).

과실상계의 비율은 재산상의 손해나 정신상의 손해에 일률적으로 적용되어야 하며(79다1733, 1734 판결), 손익상계는 과실상계를 먼저 한 후에 하여야 한다(80다3277 판결, 89다카29129 판결, 95다24340 판결). 다만, 지체상금이 손해배상의 예정으로 인정되어 이를 감액함에 있어서는 채무자가 계약을 위반한 경위 등 제반사정이 참작되므로 손해배상액의 감경에 앞서 채권자의 과실 등을 들어 따로 감경할 필요는 없다(99다57126 판결).

이러한 과실상계는 원칙적으로 채무불이행으로 인한 손해배상책임에 대하여 인정되는 것이지 채무내용에 따른 본래 급부의 이행을 구하는 경우에 적용될 것은 아니다(99다48801 판결, 99다53742 판결). 역시 매매계약이 해제되어 소급적으로 효력을 잃은 결과 매매당사자에게 당해 계약에 기한 급부가 없었던 것과 동일한 재산상태를 회복시키기 위한 원상회복의무의 이행으로서 이미 지급한 매매대금 기타의 급부의 반환을 구하는 경우에도 적용되지 아니한다(2013다34143 판결). 또한 손해담보계약상 담보의무자의 책임은 손해배상책임이 아니라 이행의 책임이므로,

과실상계 규정이 준용될 수 없다. 다만, 판례는 담보권리자의 고의 또는 과실로 손해가 야기되는 등의 구체적인 사정에 비추어 담보권리자의 권리행사가 신의칙 또는 형평의 원칙에 반하는 경우에는 그 권리행사의 전부 또는 일부가 제한될 수는 있다고 한다(2000다72572 판결).

한편 매도인의 하자담보책임은 법이 특별히 인정한 무과실책임으로서 여기에 과실상계규정이 준용될 수는 없다. 하지만, 판례는 담보책임이 민법의 지도이념인 공평의 원칙에 입각한 것인 이상 하자발생 및 그 확대에 가공한 매수인의 잘못을 참작하여 손해배상의 범위를 정함이 상당하다고 한다(94다23920 판결). 물론 과실상계규정에 근거하여 채무자가 채권자에게 손해배상청구권을 행사할 수는 없고, 채무자는 단지 채권자의 청구에 대한 이의의 근거가 될 뿐이다. 과실상계에 관한 규정은 불법행위의 경우에도 준용된다(제763조).

판례 ➡ 민법상 과실상계제도는 채권자가 신의칙상 요구되는 주의를 다하지 아니한 경우 공평의 원칙에 따라 손해배상액을 산정함에 있어서 채권자의 그와 같은 부주의를 참작하게 하려는 것이므로 사회통념상 혹은 신의성실의 원칙상 단순한 부주의라도 그로 말미암아 손해가 발생하거나 확대된 원인을 이루었다면 채권자에게 과실이 있는 것으로 보아 과실상계를 할 수 있고, 채무불이행으로 인한 손해배상책임의 범위를 정함에 있어서의 과실상계 사유의 유무와 정도는 개별 사례에서 문제된 계약의 체결 및 이행경위와 당사자 쌍방의 잘못을 비교하여 종합적으로 판단하여야 하며, 이 때에 과실상계사유에 관한 사실인정이나 그 비율을 정하는 것은 그것이 형평의 원칙에 비추어 현저히 불합리한 것이 아닌 한 사실심의 전권사항이라고 할 수 있다(98다35389 판결, 98다56416 판결, 2000다47361 판결). 그리고 이와 같은 법리는 소유권이전등기말소의무가 집행불능됨에 따라 전보배상을 하여야 할 경우에도 마찬가지로 적용되며(2007다1364 판결), 불법행위의 경우에도 같다(2001다734 판결).

판례 ➡ 채무자가 채권자에 대하여 채무불이행으로 인한 손해배상책임을 지는 경우에 있어서 채권자에게 과실이 있거나 손해부담의 공평을 기하기 위한 필요가 있는 때에는 채무자의 책임을 제한할 수 있고, 다만 고의로 채무불이행을 야기한 채무자가 채권자의 부주의를 이유로 자신의 책임을 감하여 달라고 주장하는 것은 원칙적으로 허용될 수 없으나, 이는 채무자로 하여금 채무불이행으로 인한 이익을 최종적으로 보유하게 하는 것이 공평의 이념이나 신의칙에 반하는 결과를 초래하기 때문이므로, 위와 같은 결과가 초래되지 않는 경우에는 과실상계나 공평의 원칙에 기한 책임의 제한은 얼마든지 가능하다(2006다16758, 16765 판결, 2007다37721 판결 등). 즉, 고의에 의한 채무불이행으로서 채무자가 그 채무발생의 원인이 된 계약을 체결할 당시 채권자가 계약내용의 중요부분에 관하여 착오에 빠진 사실을 알면서도 이를 이용하거나 이에 적극 편승하여 계약을 체결하고 그 결과 채무자가 부당한 이익을 취득하게 되는 경우 등과 같이 채무자로 하여금 채무불이행으로 인한 이익을 최종적으로 보유하게 하는 것이 공평의 이념이나 신의칙에 반하는 결과를 초래하는 경우에는 채권자의 과실에 터잡은 채무자의 과실상계 주장을 허용하여서는 안 될 것이다(2007다88644 판결, 2007다83991 판결 등 참조).

그리고 과실상계에서 채권자의 과실은 '자기 자신에 대한 과책', 즉 피해자가 자기의 손해를 피하기 위하여 거래상 필요한 주의를 게을리 하는 것을 의미한다.[67] 가령, 토지임대차계약의 이

67) 지원림, 민법강의, Rn. 4-227.

행불능으로 인한 손해배상의 경우에, 임차인이 임대목적물의 소유권이 제3자에게 이전됨으로써 이행불능이 될 가능성이 높다는 사실을 예견하고서도 대비책을 마련하지 않은 상태에서 공사비용을 지출한 경우를 들 수 있다(99다53674, 53681 판결). 따라서 제396조의 과실은 본래 의미의 과실이 아니라 일종의 책무의 위반에 불과하다.[68] 다만, 일부 견해는 과실상계에서의 채권자 내지 피해자의 과실도 일반적 과실과 다르지 않다고 한다.[69] 한편 판례는 부작위의무 위반인 과실상계에 대응하여 적극적 작위의무로서 채권자 내지 피해자의 손해경감의무를 인정하고 있다(2003다12083 판결). 물론 채권자의 법정대리인이나 이행보조자의 과책에 대하여도 과실상계가 행하여진다(제391조의 유추적용, 독일 민법 제254조 제2항 2문). 그리고 불법행위의 경우에 피해자의 과실에는 피해자 본인의 과실뿐만 아니라 그와 신분상 내지 생활관계상 일체를 이루고 있는 자의 과실도 피해자의 과실로 인정한다(98다31868 판결 등).

판례 ➡ 수급인의 하자담보책임에 관한 민법 제667조는 법이 특별히 인정한 무과실책임으로서 여기에 민법 제396조의 과실상계규정이 준용될 수는 없다 하더라도 담보책임이 민법의 지도이념인 공평의 원칙에 입각한 것인 이상 하자발생 및 그 확대에 가공한 도급인의 잘못을 참작하여 손해배상의 범위를 정함이 상당하다(80다923, 924 판결, 88다카31866 판결).

판례 ➡ 신의칙 또는 손해부담의 공평이라는 손해배상제도의 이념에 비추어 볼 때, 불법행위의 피해자에게는 그로 인한 손해의 확대를 방지하거나 감경하기 위하여 노력하여야 할 일반적인 의무가 있으며 피해자가 합리적인 이유없이 손해경감조치의무를 이행하지 않을 경우에는 법원이 그 손해배상액을 정함에 있어 민법 제763조, 제396조를 유추적용하여 그 손해확대에 기여한 피해자의 의무불이행의 점을 참작할 수 있고, 한편 손해의 확대를 방지하거나 경감하는 데 적절한 법적 조치가 존재하는 경우 이는 손해경감조치에 해당될 수 있고, 피해자가 그 법적 조치를 취함에 있어 감당하기 어려운 많은 비용이 소요된다든가, 그 결과가 불확실하다거나, 판단을 받기까지 현저하게 많은 시간이 필요하다는 등의 사정이 없음에도 불구하고 합리적인 이유없이 그 법적 조치를 취하지 아니한 경우에는 그 손해확대에 기여한 피해자의 의무불이행의 점을 손해배상액을 정함에 있어 참작할 수 있다(99다10714 판결, 2003다22912 판결).

판례 ➡ 차량사고에 있어 운전자의 과실을 피해자측의 과실로 보아 동승자에 대하여 과실상계를 하기 위하여는, 그 차량운전자가 동승자와 신분상 또는 생활관계상 일체를 이루고 있어 운전자의 과실을 동승자에 대한 과실상계 사유로 삼는 것이 공평의 원칙에 합치한다는 구체적인 사정이 전제가 되어야 한다(98다23232 판결).

⑥ 손익상계

채무불이행으로 인한 손해배상액을 산정함에 있어서는, 채무자가 채무를 이행하였더라면 채권자가 지출하였을 비용은 손해배상액에서 공제되어야 한다. 가령, 의료과실로 환자가 사망한

68) 김형배, 채권총론, 274면.
69) 곽윤직, 채권총론, 227면.

경우에 손해배상액을 산정함에 있어서 생활비는 공제되어야 한다. 민법에 명문의 규정은 없지만, 손해의 공평분담 내지 실손해의 배상이라는 관점에서 당연하다. 물론 손해배상액의 산정에 있어 손익상계를 허용하기 위하여는, 손해배상책임의 원인인 행위로 인하여 피해자가 새로운 이득을 얻었고 그 이득은 배상의무자가 배상하여야 할 손해의 범위에 대응하는 것이어야 할 것인바(2005다3229 판결), 그 이득과 행위 사이에 상당인과관계가 있어야 한다(2006다8849 판결, 2007다26455, 26462 판결, 2006다19603 판결 등).

판례 ➡ 불법행위 또는 채무불이행에 관하여 채권자의 과실이 있고 채권자가 그로 인하여 이익을 받은 경우에 손해배상액을 산정함에 있어서는 과실상계를 한 다음 손익상계를 하여야 하고(89다카29129 판결, 95다24340 판결, 2009다87621 판결 등), 이는 과실상계뿐만 아니라 손해부담의 공평을 기하기 위한 책임제한의 경우에도 마찬가지이다(2007다37721 판결).

판례 ➡ 채무불이행이나 불법행위 등이 채권자 또는 피해자에게 손해를 생기게 하는 동시에 이익을 가져다 준 경우에는 공평의 관념상 그 이익은 당사자의 주장을 기다리지 아니하고 손해를 산정함에 있어서 공제되어야만 하는 것이므로, 민법 제673조에 의하여 도급계약이 해제된 경우에도, 그 해제로 인하여 수급인이 그 일의 완성을 위하여 들이지 않게 된 자신의 노력을 타에 사용하여 소득을 얻었거나 또는 얻을 수 있었음에도 불구하고, 태만이나 과실로 인하여 얻지 못한 소득 및 일의 완성을 위하여 준비하여 둔 재료를 사용하지 아니하게 되어 타에 사용 또는 처분하여 얻을 수 있는 대가 상당액은 당연히 손해액을 산정함에 있어서 공제되어야 한다(2000다37296, 37302 판결).

⑦ 금전채무불이행에 대한 특칙

금전채무불이행의 손해액은 약정이율에 의하여 산정하고, 그 약정이 없는 경우에는 법정이율에 의한다(제397조 제1항). 다만, 법률에 특별한 규정이 있거나(제685조, 제705조, 제958조 제2항 등), 손해배상액의 예정(제398조)이 있는 때에는 그에 의한다.

판례 ➡ 금전채무불이행에 관한 특칙을 규정한 민법 제397조는 그 이행지체가 있으면 지연이자 부분 만큼의 손해가 있는 것으로 의제하려는 데에 그 취지가 있는 것이므로 지연이자를 청구하는 채권자는 그 만큼의 손해가 있었다는 것을 증명할 필요가 없는 것이나, 그렇다고 하더라도 채권자가 금전채무의 불이행을 원인으로 손해배상을 구할 때에 지연이자 상당의 손해가 발생하였다는 취지의 주장은 하여야 하는 것이지 주장조차 하지 아니하여 그 손해를 청구하고 있다고 볼 수 없는 경우까지 지연이자 부분 만큼의 손해를 인용해 줄 수는 없는 것이다(99다49644 판결).

(6) 위약금의 약정과 손해배상액의 예정(豫定) 등

① 위약금의 약정

일반적으로 위약금은 채무불이행 사실이 발생한 경우에 채무자가 채권자에게 지급하기로 약속한 금전을 지칭한다.[70] 즉, 위약금은 계약에 내재하는 위험상황에 대한 안전장치로서의 역할을 한다. 이러한 위약금 약정은 채무불이행으로 인한 손해배상액을 미리 약정하여 손해의 발생이나 손해액에 대한 입증곤란을 배제하여 사전에 다툼을 방지하거나(손해배상 간이화 기능), 손해배상과는 별개로 채무불이행 사실 자체에 대한 제재의 목적(이행확보기능 내지 제재기능)을 가지는 것으로 이해되고 있다(통설). 전자를 손해배상액의 예정이라 하고 후자를 위약벌이라 한다. 이 경우 위약벌로서의 위약금은 법원이 감액할 수 없다(68다491 판결). 물론 위약벌이 지나치게 과다한 경우에는 제103조에 위반되어 전부 또는 일부가 무효로 될 수 있을 것이다(92다46905 판결, 2000다56976 판결, 2014다14511 판결).

판례 ➡ 전속계약을 체결함에 있어 전속료로 금 5천만 원을 수수하면서 사업자가 계약을 위반하였을 때에는 사업자가 작가에게 지급한 전속료의 반환을 청구할 수 없고, 작가가 계약을 위반하였을 때에는 전속료의 배액을 사업자에게 지급하여야 한다고 약정하였다면, 이는 전속계약에 따른 채무불이행에 대한 위약금의 약정을 한 것으로서 특별한 사정이 없는 한 손해배상액 예정의 성질을 갖는 것이며, 이와 같은 약정이 계약서에 부동문자로 기재되어 있다하더라도 단순한 예문에 불과한 것이라고는 할 수 없다(92다33176 판결).

판례 ➡ 매매계약의 목적물이 성질상 매도인측에서 생산, 공급하는 전량을 매수인이 그때 그때 인수하지 않으면 안되는 물품이어서 매수인은 계약기간 동안 매도인측에서 생산하는 물품을 전량 인수하기로 하고 계약체결과 동시에 계약금액의 100분의 10 이상의 계약보증금을 납부하고 매수인이 정당한 이유없이 인수를 거부하거나 지체할 때 또는 기일내에 대금을 불입하지 않거나 계약의 각 조항을 위배할 때에는 매도인은 사전권고나 통보없이 일방적으로 해약을 할 수 있고, 이 경우 보증금은 매도인에게 귀속하고 또 매수인이 계약을 이행하지 아니하였을 때에는 그 연대보증인이 채무이행은 물론 배상책임을 진다고 약정하였으며, 매수인은 별도로 채무이행을 위하여 계약금액의 100분의 20 이상의 현금이나 지급이행보증보험증서를 제공하기로 약정하였다면, 이 계약에 있어서의 계약보증금은 단순히 매수인이 매도인에게 지게 될 물품대금채무 등을 담보한다거나 손해배상액의 예정으로 추정되는 위약금이라기보다는 매수인의 계약이행을 간접적으로 강제하는 작용을 하고 매수인이 위약하였을 때에는 이를 매도인의 소유로 귀속하게 하여 제재를 가하는 위약벌 또는 제재금의 성질을 가지는 것으로 봄이 타당하다(88다카25601 판결).

문제는 위약금과 계약금의 구별이다. 즉, 계약을 체결할 때에 당사자 일방이 상대방에게 교부하는 계약금과 위약금 약정과의 관계가 문제된다. 물론 계약금은 무엇보다도 계약체결의 증거, 즉 증약금으로서의 성질을 가진다고 할 것이나, 해약금 또는 위약금의 성질을 갖는 경우도 있기 때문이다. 이 경우 당사자 사이에 특별한 약정이 없으면 해약금으로 추정되어 당사자는 해제권을 가진다(제565조). 따라서 계약금이 위약금으로 되기 위해서는 특약, 즉 당사자간에 다른

70) 위약금의 연혁과 입법례에 대해서는 강신웅, "손해배상액의 예정", 충남대 박사학위논문(1991), 5면 이하; 양창수, 민법주해(9), 641면 이하; 임건면, "손해배상액의 예정과 위약벌에 관한 비교법적 고찰", 경암홍천룡교수화갑기념논문집(1997), 382면 이하; 최창렬, "손해배상액의 예정과 위약벌에 관한 연구", 성균관대학교 박사학위논문(1999), 110면 이하; 홍승면, "손해배상액의 예정과 위약벌의 구별방법", 민사판례연구 제24권(심당송상현교수화갑기념, 2002), 124면 이하 등 참조.

약정이 있어야 한다(79다217 판결, 92다23209 판결, 94다18140 판결, 94다51109 판결, 95다11429 판결, 95다54709 판결, 95다54693 판결 등). 보통은 계약을 체결하고 계약금을 수수하면서, "본 계약으로 매도인이 위약하였을 때에는 계약금의 배액을 상환하고 매수인이 위약하였을 때에는 계약금은 무효가 되고 반환청구할 수 없다"라는 계약금의 포기나 배액상환 약정을 한다. 이러한 경우에는 특별한 사정이 없는 한 그 계약금은 제398조 제1항 소정의 손해배상액의 예정의 성질을 가질 뿐 아니라 제565조 소정의 해약금의 성질도 가진 것으로 볼 것이다(91다2151 판결). 물론 이 경우 계약금의 포기나 배액상환에 의한 계약해제를 제한하는 특약을 하는 경우도 있다(2005다41153 판결, 2008다50615 판결). 아무튼 계약금을 위약금으로 하기로 하는 특약이 있는 경우에, 그 위약금은 민법 제398조 제4항에 의하여 손해배상액의 예정으로서의 성질을 가지는 것으로 추정되어 감액할 수 있다. 따라서 그와 같은 특약이 없음에도 계약금에 대하여 손해배상액의 예정임을 전제로 하는 감액청구는 허용되지 않는다(80다2499 판결).

이와 같이 계약금 계약의 내용이 위약금으로 판명된다면 이는 요물계약의 형태로 체결된 위약금 약정이라 할 수 있다. 그렇지만 요물계약인 계약금 계약과 달리 위약금 약정의 성질을 요물계약으로 이해할 것은 아니다. 즉, 해약금으로 추정되는 계약금 계약과 달리 손해배상액의 예정으로 추정되는 위약금 약정으로 인정되는 경우에는 이를 이유로 당연히 무이유해제권이 인정되는 것은 아니기 때문이다. 또한 계약금 계약이 성립하기 위해서는 계약금이 이행착수 전에 교부되어야 하지만, 위약금 약정은 채무불이행으로 인한 손해의 배상을 예정하는 것으로 이행 착수 후에 손해배상에 갈음하여 위약금을 교부할 것을 약정하는 것이기 때문이다. 따라서 계약금이 위약금으로 인정되는 경우에는 약정된 계약금 중 일부만이 지급되었더라도, 이를 근거로 주된 계약을 해제할 수는 없지만, 이를 근거로 위약 손해배상을 청구할 수 있다고 할 것이다. 다만, 이 경우 판례는 실제로 받은 돈이 아니라 원래 약속한 계약금을 기준으로 위약금을 산정해야 한다고 한다(2014다231378 판결).

그런데 실제 거래에 있어서 위약금의 약정이 있는 경우에 그것이 손해배상액의 예정을 한 것인지 아니면 위약벌의 약정을 한 것인지, 아니면 이와 다른 내용을 가진 약정을 한 것인지 분명하지 않은 경우가 많다. 특히 도급계약에서 계약이행보증금의 교부 내지 약정이 있는 경우에 그 성질이 위약금의 약정으로 인정되는 경우에, 그것을 손해배상액의 예정을 한 것으로 볼 것인지 아니면 위약벌의 약정을 한 것인지, 아니면 이와 다른 약정을 한 것인지가 문제된다. 즉, 계약이행보증금의 약정이 위약금의 약정으로 인정되는 경우에도 그 보증금을 손해배상액의 예정이나 위약벌의 어느 하나의 것으로 성질・결정하는 것은 계약자유의 원칙에 따라 다양한 형태로 행해지는 계약이행보증금 약정의 실태를 반영하는 데 한계가 있다고 할 것이기 때문이다. 오히려 **위약금 개념을 유연하게 해석하여 위약금 법리의 확장을 도모할 필요**가 있다고 할 것이다. 이렇게 보면 위약금을 손해배상액의 예정의 성질과 위약벌의 성질을 가진 것으로 이분법적으로 구분하여 성질・결정하는 것은 적절하지 않고, 손해배상액의 예정이나 위약벌 이외의 위약금 유형의 존재를 인정할 필요가 있다고 할 것이다. 가령, **특수한 손해배상액의 예정** 내지 **손해금**

의 담보의 성질을 가진 위약금이라든가 **손해배상액의 예정과 위약벌을 겸유하는 위약금**의 유형을 들 수 있을 것이다.

② 손해배상액의 예정

i) 의의

당사자가 미리 채무불이행이 있는 경우에 지급하여야 할 손해배상액을 정하여 두고, 채무불이행이 발생하면 채권자가 손해의 증명없이 그 예정의 배상액을 청구할 수 있도록 하는 것이 손해배상액의 예정이다(제389조 제1항). 손해배상액의 예정의 목적은 손해의 발생사실과 손해액에 대한 입증의 곤란을 덜고 분쟁의 발생을 미리 방지하여 법률관계를 쉽게 해결할 뿐 아니라 채무자에게 심리적 경고를 함으로써 채무의 이행을 확보하려는 데 있다(90다14478 판결, 92다41719 판결). 그리고 손해배상액의 예정은 채무불이행으로 인한 손해의 유형에 따라 지체상금과 같은 이행지체로 인한 손해배상의 예정(96다6158 판결 등), 불완전이행(2009다41137, 41144 판결 등) 또는 이행불능에 따른 전보배상의 예정(93다17638 판결 등), 그리고 해제 등 계약관계의 청산에 대비한 손해배상액의 예정(2000다35771 판결, 2000다42632 판결 등) 등을 각각 약정할 수 있다.

판례 ➡ 매매계약 당시 매수인들이 대금을 납부 지정일까지 납부하지 아니할 경우 그 체납액에 대하여 연체료를 가산하여 지급하기로 한 연체료 약정은 일종의 지연배상에 대한 예정으로서 이행지체 책임이 발생할 때 비로소 그 지급의무가 발생한다(97다5541 판결).

이러한 손해배상액의 예정약정은 채무불이행을 정지조건으로 하는 조건부 계약이며, 본래의 채권관계의 종된 계약이다(통설). 따라서 본래의 채권관계가 불성립 내지 무효로 되면 손해배상액의 예정약정도 효력을 잃는다. 다만, 손해배상액의 예정이 제한되는 경우가 있다. 즉, 근로기준법 제27조는 근로자의 보호를 위하여 위약금 또는 손해배상액의 예정계약을 체결하지 못하는 것으로 규정하고 있으며, 약관의 규제에 관한 법률 제8조는 고객에 대하여 부당하게 과중한 지연손해금 등의 손해배상의무를 부담시키는 약관조항을 무효로 정하고 있다. 그리고 민법 제103조 또는 제104조에 의해서도 제한될 수 있다. 물론 손해배상액의 예정계약이 위의 규정에 위반한 경우에는 예정계약 전부가 무효로 되지만, 본래의 채권관계까지 무효로 되는 것은 아니다.

물론 손해배상액의 예정이 있다고 하여, 본래의 이행청구권이나 계약의 해제권까지 포기한 것은 아니다(제398조 제3항). 따라서 지연배상액이 예정되어 있는 경우에, 채권자는 예정배상액의 청구와 아울러 급부의 이행을 청구할 수 있는 것이다. 다만, 이행불능의 경우에는 예정전보배상액만을 청구할 수 있다고 할 것이다(92다30320 판결 등). 그리고 계약이 해제되더라도 계약관계의 청산을 위한 손해배상액의 예정은 그대로 유효한 바, 해제에 따른 손해배상의 기준이 된다(제551조).

ii) 요건

손해배상액의 예정은 채무불이행을 정지조건으로 하는 계약이므로 채무불이행이 있기 전에 맺은 약정에 한한다. 따라서 채무불이행이 발생한 후에 구체적으로 얼마를 손해배상액으로 할지를 약정하는 손해배상액의 합의와 구별하여야 한다. 손해배상액의 합의에 관하여는 제398조는 그 적용이 없다. 일반적으로 손해배상액의 예정은 금전으로써 하는 것이 보통이지만, 금전 이외의 것으로 하는 것도 무방하다(제398조 제5항). 그리고 예정배상액을 청구하기 위해서는 채무의 내용에 좇은 이행이 없었다는 사실, 즉 채무불이행사실의 증명이 있으면 족하고, 손해발생의 사실 및 실제의 손해액을 증명하여야 하는 것은 아니다(74다296 판결, 90다8053 판결, 2000다50350 판결, 2006다15755 판결 등). 물론 손해의 발생이 손해배상청구의 요건이라는 견해도 있다.[71] 그런데 만약 실손해가 손해배상액의 예정액보다 적은 경우에는 실손해의 한도에서 손해배상을 하면 족하다는 결과가 되어 손해배상액을 예정한 취지가 무의미해진다고 할 것이다.[72]

문제는 채무불이행에 관하여 채무자에게 귀책사유가 없는 경우에도 예정된 손해배상액을 청구할 수 있는가에 있다. 이에는 귀책사유를 요하지 않는다는 견해가 종래의 통설이지만, 손해배상액의 예정의 경우만을 달리 취급할 이유가 없다는 점을 들어 채무자의 귀책사유를 전제로 한다는 견해가 유력하다.[73] 판례는 채무불이행의 경우에 채무자의 귀책사유를 묻지 아니한다는 약정을 하지 아니한 이상, 채무자는 자신의 귀책사유가 없음을 주장·입증함으로써 예정한 배상액의 지급책임을 면할 수 있다고 한다(2006다9408 판결, 2009다83797 판결 등). 이 경우 채무자의 귀책사유를 묻지 아니한다는 약정의 존재 여부는 원칙적으로 당사자 사이의 의사해석의 문제에 속한다(2006다87040 판결 등).

iii) 효과

손해배상액의 예정은 채무불이행을 정지조건으로 하는 계약이므로 채무불이행이 발생하면, 채권자는 실손해의 증명없이 예정된 손해액을 청구할 수 있다(97다5541 판결). 이 경우 다른 특약이 없는 한 채무불이행으로 인하여 입은 통상손해는 물론 특별손해까지도 예정액에 포함되고, 채권자의 손해가 예정액을 초과한다하더라도 초과부분을 따로 청구할 수는 없다(87다카3101 판결, 86다카2375(본소), 2376(반소) 판결, 92다41719 판결, 2007다18478 판결, 2010다10382 판결, 2012다60954 판결 등). 다만, 학설 중에는 손해배상액의 예정은 당사자가 통상손해를 염두에 두고 약정하는 것이 보통이므로, 특별손해에 대해서는 따로 청구할 수 있다는 견해도 있다(김대정, 채권총론, 665면). 물론 도급계약을 체결하면서 지체상금의 약정과 함께 계약의 해지·해제로 인한 손해배상에 관한 규정을 두고 있는 경우, 수급인이 완공의 지체가 아니라 그 공사를 부실하게 한 것과 같은 불완전한 급부 등으로 인하여 발생한 손해는 지체상금의 약정에 의하여 처리되지 아니하고 도급인은 일반조건의 손해배상 약정에 기하여 별도로 그 배상을 청구할 수 있다(2009다41137, 41144 판결 참조).

그런데 당사자 일방의 채무불이행에 대한 손해배상액의 예정만이 있는 경우에, 상대방 당사

---

71) 김형배, 채권총론, 285면.

72) 양창수, 민법주해(9), 669면; 지원림, 민법강의, Rn. 4-230a.

73) 김증한/김학동, 채권총론, 158면; 양창수, 민법주해(9), 668면; 이은영, 채권총론, 365면; 김형배, 채권총론, 285면.

자의 채무불이행에 대하여도 같은 내용의 손해배상액의 예정이 있는 것으로 볼 것인지가 문제된다. 판례는 이를 부정한다. 그리하여 채무불이행으로 인하여 실제로 입은 손해만을 제393조 등에서 정한 바에 따라 배상받을 수 있을 뿐이라고 한다(98다41469 판결, 99다49095 판결, 2010다590 판결 등).

문제는 과실상계 사유를 들어 손해배상의 예정액을 감경할 수 있는가에 있다. 학설은 긍정하는 견해[74]가 있으나, 판례는 부정한다(99다57126 판결 등).

판례 ➡ 당사자 사이의 계약에서 채무자의 채무불이행으로 인한 손해배상액이 예정되어 있는 경우, 채무불이행으로 인한 손해의 발생 및 확대에 채권자에게도 과실이 있다고 하여도 민법 제398조 제2항에 따라 채권자의 과실을 비롯하여 채무자가 계약을 위반한 경위 등 제반사정을 참작하여 손해배상 예정액을 감액할 수는 있을지언정 채권자의 과실을 들어 과실상계를 할 수는 없다(2014다200763 판결).

그런데 법원은 예정된 손해배상액이 부당하게 과다한 경우에는 직권으로 감액할 수 있다(제398조 제2항). 손해배상예정액의 감액제도는 국가가 계약당사자들 사이의 실질적 불평등을 제거하고 공정을 보장하기 위하여 계약의 내용에 간섭한다는 데에 그 취지가 있다(90다14478 판결). 따라서 여기서 '부당히 과다한 경우'라 함은 사실심의 변론종결시를 기준으로 하여(92다36212 판결, 2002다73852 판결 등), 손해가 없다든가 손해액이 예정액보다 적다는 것만으로는 부족하고, 계약당사자의 경제적 지위, 계약의 목적 및 내용, 손해배상액을 예정한 동기, 채무액에 대한 예정액의 비율, 예상손해액의 크기, 그 당시의 거래관행 등 모든 사정을 참작하여 일반 사회관념에 비추어 그 예정액의 지급이 경제적 약자의 지위에 있는 채무자에게 부당한 압박을 가하여 공정성을 잃는 결과를 초래한다고 인정되는 경우를 뜻하는 것으로 보아야 한다(90다14478 판결, 2000다35771 판결, 99다57126 판결 등). 이 경우 감액된 부분은 처음부터 무효인 것으로 본다(91다11490 판결, 2002다73852 판결, 2008다46906 판결 등).

그렇다면 예정액이 부당하게 과소한 경우에는 증액할 수 있는가? 긍정하는 견해[75]가 있으나, 이를 인정하는 것은 계약자유에 대한 제한이므로 명문의 규정이 없는 한 이를 인정할 것은 아니다.[76]

유의할 것은 계약의 당사자가 손해배상액을 예정한 경우에, 그것은 계약상의 채무불이행으로 인한 손해액에 관한 것이고, 이를 그 계약과 관련된 불법행위상의 손해액까지 예정한 것으로 볼 수는 없다는 점이다(98다48033 판결). 그리고 판례는 채무불이행으로 인한 손해배상 예정액의 청구와 채무불이행으로 인한 손해배상액의 청구는 그 청구원인을 달리하는 별개의 청구이므로 손해배상 예정액의 청구 가운데 채무불이행으로 인한 손해배상액의 청구가 포함되어 있다고

74) 양창수, 민법주해(9), 673면.
75) 김상용, 채권총론, 202면.
76) 송덕수, 신민법강의, Rn. C-278.

볼 수 없다고 한다(99다49644 판결).

③ 위약벌

i) 의의

위약벌은 계약의 이행을 확보하고 채무자의 채무불이행에 대한 제재의 기능을 가진 위약금을 말한다. 즉, 위약벌은 채무자가 계약을 위반할 경우에 그 약정 금액을 채권자에게 귀속시킴으로써 채무자에 대하여 제재를 가함과 동시에 채무자로 하여금 계약의 이행을 간접적으로 강제하는 작용을 한다(97다40131 판결, 2000다56976 판결 등). 이와 같이 위약벌의 약정은 채무의 이행을 확보함과 아울러 계약불이행에 대한 제재의 기능을 가지는 점에서 손해배상의 예정과 그 내용이 다르다(88다카25601 판결, 2005다26277 판결 등).

ii) 요건

위약금이 위약벌로 인정되기 위해서는 그것이 손해의 배상기능을 가지는 것이 아니고, 오로지 이행확보 내지 제재기능을 가지는 것으로 인정되어야 한다. 판례는 위약금은 민법 제398조 제4항에 의하여 손해배상액의 예정으로 추정되므로, 위약금이 위약벌로 인정되기 위해서는 특별한 사정이 주장·입증되어야 한다고 한다(2000다35771 판결, 2000다42632 판결, 2009다60169, 60176 판결 등). 즉, 위약금은 민법 제398조 제4항에 의하여 손해배상액의 예정으로 추정되지만, 당사자 사이의 위약금 약정이 채무불이행으로 인한 손해의 배상이나 전보를 위한 것이라고 보기 어려운 특별한 사정, 특히 하나의 계약에 채무불이행으로 인한 손해의 배상에 관하여 손해배상예정에 관한 조항이 따로 있다거나 실손해의 배상을 전제로 하는 조항이 있고 그와 별도로 위약금 조항을 두고 있어서 위약금 조항을 손해배상액의 예정으로 해석하게 되면 이중배상이 이루어지는 등의 사정이 있을 때에는 위약금은 위약벌로 보아야 한다(2013다82944, 82951 판결). 특히 계약이행보증금의 귀속과 별도로 손해의 전보를 구할 수 있는 약정이 있거나 계약불이행시 별도의 제재가 부과될 정도로 이행의 필요가 절실 또는 강조되는 사정이 있으면 위약벌에 해당할 가능성이 높다고 할 수 있다. 가령, 도급계약의 체결시에 수급인의 채무불이행이 있는 경우에는 계약이행보증금은 도급인에게 귀속함은 물론이고 계약해제로 인한 손해의 배상까지도 청구할 수 있도록 특약한 경우를 들 수 있다(98다33260 판결 등). 다만, 판례는 1990년대에는 도급계약에서 계약이행보증금과 아울러 지체상금의 약정을 한 경우에, 특별한 사정이 없는 한 계약이행보증금은 위약벌 또는 제재금의 성질을 가지고, 지체상금은 손해배상의 예정으로 봄이 상당하다고 판시하다가(95다11436 판결, 97다21932 판결 등), 2000년 이후로는 도급계약서에 계약보증금 외에 지체상금도 규정되어 있다는 점만을 이유로 하여 계약보증금을 위약벌이라고 보기는 어렵다고 판시하고 있다(2000다35771 판결, 2004다40597 판결, 2007다13992 판결, 2007다63997 판결 등).

아무튼 위약금이 계약체결을 담보하는 동시에 계약체결불이행에 대한 위약벌 또는 제재금의 성질을 가진 경우에는 채무불이행으로 인한 계약이행보증금의 귀속에 관하여 손해의 발생이 필요한 것은 아니다(79다1270 판결). 그리고 판례는 계약이행보증금에 관하여 일반조건에서 손해금의 담보 또는 손해배상예정액으로 정한 것과 달리 특수조건에서 위약벌로 정할 수 있다고 한다(2009다9034 판결).

iii) 효과

위약벌로서의 위약금은 손해배상액의 예정과 달리 법원이 감액할 수 없다(68다491 판결, 2005다26277 판결, 2013다27015 판결 등). 따라서 채무자에게 부담을 준다. 다만, 위약벌이 지나치게 과다한 경우에는 제103조에 위반되어 전부 또는 일부가 무효로 될 수 있을 것이다. 즉, 위약벌의 약정은 채무의 이행을 확보하기 위하여 정해지는 것으로서 손해배상의 예정과는 그 내용이 다르므로 손해배상의 예정에 관한 민법 제398조 제2항을 유추적용하여 그 액을 감액할 수는 없고, 다만 그 의무의 강제에 의하여 얻어지는 채권자의 이익에 비하여 약정된 벌이 과도하게 무거울 때에는 그 일부 또는 전부가 공서양속에 반하여 무효로 될 수 있다(92다46905 판결, 2013다63257 판결 등). 물론 계약이 이행된 경우에는 위약금은 공급자에게 반환되어야 한다(90다6880 판결 참조). 판례는 위약벌의 배상배율이 판매수수료의 100배에 해당한다는 사정만으로는 위 위약벌의 약정이 공서양속에 반하여 일부 또는 전부가 무효라고는 할 수 없다고 한다(92다46905 판결). 또한 약관의 규제에 관한 법률 제6조, 제8조의 각 규정에 비추어 보면, 고객에 대하여 부당하게 과중한 손해배상의무나 위약벌 등을 부담시키는 약관 조항은 고객에게 부당하게 불리하여 공정을 잃은 것으로 추정되고 신의성실의 원칙에 반하는 것으로서 무효라고 보아야 할 것이다(2009다20475, 20482 판결 등). 그리고 위약벌에 관한 특약의 유무 등은 채무불이행으로 인한 법정해제권의 성립에 영향을 미치지 않는다(82다카1366 판결, 89다카14110 결정 등).

판례 ➡ 위약벌의 약정은 채무의 이행을 확보하기 위하여 정해지는 것으로서 손해배상의 예정과는 그 내용이 다르므로 손해배상의 예정에 관한 민법 제398조 제2항을 유추적용하여 그 액을 감액할 수 없으나, 그 의무의 강제에 의하여 얻어지는 채권자의 이익에 비하여 약정된 벌이 과도하게 무거울 때에는 그 일부 또는 전부가 공서양속에 반하여 무효로 된다. 다만, 위약벌 약정과 같은 사적 자치의 영역을 일반조항인 공서양속을 통하여 제한적으로 해석함에 있어서는 계약의 체결 경위와 내용을 종합적으로 검토하는 등 매우 신중을 기하여야 한다(2010다56654 판결, 2013다63257 판결 등). 이와 같이 볼 때, 계약의 당사자가 위약벌로 정한 146억 원은 계약이행의 대가인 58억 원의 3배 가까이 되는 점, 채무자의 채무불이행을 이유로 계약이 해제된 이상 채권자도 쌍무계약에서 정한 자신의 의무를 이행하지 않아도 되는 점, 채권자는 채무자로부터 위 위약벌과 별도로 채무불이행으로 인하여 입은 손해의 전부를 배상받을 수 있는 점 등에 비추어 보면, 위 위약벌 약정은 그 의무의 강제에 의하여 얻어지는 채권자의 이익에 비하여 약정된 벌이 과도하게 무거워 공서양속에 위반되어 무효라고 볼 여지가 상당하다(2014다14511 판결).

④ 특별한 위약금

위약금의 약정에는 손해배상액의 예정이나 위약벌의 어느 하나로 성질·결정할 수 없는 경우가 있을 수 있다. 가령, 계약이행보증금을 초과하는 손해가 발생하고 그 보증금의 귀속 외에 그 초과손해의 배상을 청구할 수 있는 경우라든가 계약이행보증금 중의 일부는 손해배상액을 예정한 것이고, 다른 부분은 손해배상과는 무관하여 위약벌로 성질·결정할 필요가 있다고 할 것이다.

i) 특수한 손해배상액의 예정 내지 손해담보의 성질을 가진 위약금

주지하듯이 위약금이 손해배상액의 예정의 성질을 가진 경우에는 초과손해가 발생하더라도 그 초과손해의 배상은 인정되지 않는다. 더욱이 위약벌의 경우와 달리 위약금이 부당히 과다한 경우에는 법원은 이를 감액할 수 있다. 그런데 도급계약의 경우에 수급인의 채무불이행시에 계약보증금을 도급인에게 귀속시키되 보증금을 초과하는 손해가 있으면 그 초과액도 배상하도록 하는 유형의 계약이행보증금도 실무에서 많이 이용되고 있다. 또한 '선수금'에 대해서도 판례는 지방자치단체가 택지를 공급하면서 작성한 택지공급협약서에 "매수인의 귀책사유로 계약이 해지된 경우 매매대금의 10%에 해당하는 선수금을 지방자치단체에 귀속하되 이로 인하여 매수인의 손해배상의무가 면제되는 것은 아니다"라고 규정한 경우, 위 선수금 귀속에 관한 약정은 매수인의 귀책사유로 위 토지공급협약이 해제될 경우 그로 인하여 지방자치단체가 입은 손해 중 위 위약금 범위 내의 손해는 위약금의 몰취로써 그 배상에 갈음하고, 이를 초과하는 손해가 있으면 그에 대하여 매수인이 배상책임을 진다는 취지이지, 위 위약금은 위약벌로서 몰취하고 그로써 전보되는 손해에 대하여도 매수인이 따로 손해배상책임을 진다는 취지는 아니라고 보여지므로, 위 협약 중 전체 매매대금의 10%에 해당하는 금액의 귀속조항은 일종의 손해배상의 예정으로 봄이 상당하다고 한다(99다4634 판결).

이와 같이 추가적인 손해가 발생한 경우에 그 입증을 통하여 추가적인 손해배상청구도 가능한 것으로 약정한 경우에는 약정된 계약이행보증금은 손해배상의 최저액이 된다.[77] 다만, 판례는 다 같이 초과손해의 배상을 인정하면서, 하자보수보증금의 약정의 경우에는 특수한 손해배상액의 예정으로 성질・결정하면서도 계약이행보증금을 약정한 사안에서는 손해담보의 성질을 가지는 것으로 판시하고 있다(99다68652 판결, 2000다17810 판결 등). 즉, 판례는 특수한 손해배상액의 예정으로 보는 하자보수보증금의 경우와 달리 계약이행보증금에 대하여, 판례는 실손해가 예정배상액을 하회(下廻)할 경우에는 손해배상액의 예정이 되고, 예정배상액을 초과하는 손해가 발생하면 예정배상액은 손해의 담보라고 판시하고 있다(98다28886 판결, 2000다42632 판결 등). 그런데 같은 법적 의미를 가진 것이라면 용어의 통일을 기할 필요가 있다고 할 것이다.

ii) 손해배상액의 예정과 위약벌을 겸유하는 위약금

실재 위약금의 약정에는 손해에 대한 배상적 기능과 불이행에 대한 제재적 기능을 함께 갖추고 있는 경우가 있다.[78] 따라서 위약금의 약정이 있는 경우에 이를 손해배상액의 예정과 위약벌로 엄밀하게 구별하여 이분법적으로 해결하려는 것은 당사자들의 의사나 거래의 실체를 제대로 반영하지 못하는 결과가 될 수 있다.[79] 즉, 계약이행보증금의 약정 내용에 따라서는 그 보증금의 일부는 손해배상액의 예정에 해당하지만, 다른 부분은 손해배상과는 무관한 제재의 성질을

77) 김동훈, "계약이행보증금의 성질", 판례월보 제368호(2001), 13면.
78) 이은영, 채권총론, 363면.
79) 김재형, "2013년 분야별 중요판례분석 ④ 민법(하)", 법률신문(2014. 3. 13), 12면.

가진 것인 경우에는 그 보증금의 성질을 일원적으로 손해배상액의 예정이라든가 위약벌로 성질·결정할 것은 아니라고 할 것이다.

(7) 손해배상자의 대위(代位)

① 의의

채권자가 그 채권의 목적인 물건 또는 권리의 가액 전부를 손해배상으로 받은 때에는 채무자는 그 물건 또는 권리에 관하여 당연히 채권자를 대위한다(제399조). 이를 손해배상자 대위라 한다. 가령, A가 B에게 다이아몬드 반지를 빌려주었는 데, C가 그 반지를 훔쳐간 경우를 보자. 이 경우 A는 B에게 손해배상청구권을 가지며(제390조), C에 대해서는 소유물반환청구권을 가진다(제213조). 만약 A가 손해배상청구권을 선택하여 B로부터 반지의 가액에 상당하는 손해배상을 받은 경우에도 여전히 C에 대하여 소유물반환청구권을 행사할 수 있다고 하면, 이는 오히려 채무불이행을 원인으로 하여 채권자가 이중의 이득을 취하는 부당한 결과가 된다. 따라서 제399조는 위의 경우에 반지의 소유권이 법률상 당연히 A로부터 B에게 이전하는 것으로 규정한 것이다. 손해배상자 대위는 불법행위로 인한 손해배상의 경우에도 준용된다(제763조).

② 요건

채무자가 채권의 목적인 물건 또는 권리의 가액 '전부'를 배상하여야 한다. 일부의 배상이 있는 때에는 손해배상자 대위는 발생하지 않는다(통설·판례). 이를 인정하면 관계당사자 사이에 법률관계가 복잡해지기 때문이다. 그리고 채권자가 제3자에 대하여 손해배상청구권을 가지는 경우에 그 손해배상청구권도 대위한다(통설). 가령, 임치물을 제3자가 훼손한 경우에 수치인이 임치인에게 그 물건의 가액으로 손해배상을 하면 임치인이 제3자에 대하여 가지는 손해배상청구권을 수치인이 대위한다. 이 경우 손해배상청구권은 채권의 목적인 물건 또는 권리에 갈음하는 것이기 때문이다.

판례 ➡ 채권의 목적인 물건 또는 권리가 가분적인 것이라는 등의 특별한 사정이 있는 경우는 별론으로 하고 그 밖의 경우에는 성질상 채무자가 채권의 목적인 물건 또는 권리의 가액의 일부를 손해배상한 것만으로는 채권자를 대위할 수 없다(2006다42566 판결).

③ 효과

손해배상이 있으면 그 물건 또는 권리가 법률상 당연히 배상자에게 이전하고, 물건이나 권리의 이전에 필요한 양도행위 기타의 요건을 요하지 않는다(76다408 판결). 유의할 것은 보험금청구권은 대위할 수 없다는 점이다. 가령, 소유자가 손해보험을 든 건물이 임차인의 과실로 멸실되어 임차인이 소유자에게 손해배상을 하였더라도 임차인은 보험금청구권을 대위할 수 없다. 대체로 배상자에게 보험이익을 부여할 이유가 없다는 점을 그 근거로 들고 있다.[80] 그리하여 이 경우 소유자가 채무자로부터 손해배상을 받으면 그 한도에서 보험자는 면책되고, 따라서 보험자

80) 김황식, 민법주해(9), 692면.

대위는 일어나지 않다(2000다29769 판결). 그렇지만 이 경우 보험자가 소유자에게 보험금을 지급한 때에는, 보험자는 그 한도에서 임대인이 임차인에게 가지는 손해배상청구권을 대위한다(상법 제682조). 이를 보험자대위라 한다. 따라서 보험사고의 피해자가 보험금을 지급받은 후, 보험사고에 대해 손해배상책임이 있는 자에 대하여 한 손해배상청구권의 포기는 무권한자의 처분행위로서 효력이 없다(97다37609 판결). 다만, 인보험의 경우에는 보험자대위가 허용되지 않는다(상법 제729조).

판례 ➡ 보험사고에 의하여 손해가 발생하고 피보험자가 그 손해에 관하여 제3자에게 손해배상청구권을 갖게 되면 보험금을 지급한 보험자는 제3자에게 귀책사유가 있음을 입증할 필요가 없이 법률의 규정에 의하여 당연히 그 손해배상청구권을 취득하게 된다고 할 것이므로, 상법 제682조 소정의 '제3자의 행위'란 '피보험이익에 대하여 손해를 일으키는 행위'를 뜻하는 것으로서 고의 또는 과실에 의한 행위만이 이에 해당하는 것은 아니다(95다33092 판결).

판례 ➡ 상법 제729조 전문이나 보험약관에서 보험자대위를 금지하거나 포기하는 규정을 두고 있는 것은, 손해보험의 성질을 갖고 있지 아니한 인보험에 관하여 보험자대위를 허용하게 되면 보험자가 보험사고 발생시 보험금을 피보험자나 보험수익자에게 지급함으로써 피보험자 등의 의사와 무관하게 법률상 당연히 피보험자 등의 제3자에 대한 권리가 보험자에게 이전하게 되어 피보험자 등의 보호에 소홀해질 우려가 있다는 점 등을 고려한 것이므로, 피보험자 등의 제3자에 대한 권리의 양도가 법률상 금지되어 있다거나 상법 제729조 전문 등의 취지를 잠탈하여 피보험자 등의 권리를 부당히 침해하는 경우에 해당한다는 등의 특별한 사정이 없는 한, 상법 제729조 전문이나 보험약관에서 보험자대위를 금지하거나 포기하는 규정을 두고 있다는 사정만으로 피보험자 등이 보험자와의 다른 원인관계나 대가관계 등에 기하여 자신의 제3자에 대한 권리를 보험자에게 자유롭게 양도하는 것까지 금지된다고 볼 수는 없다(2006다54781 판결).

제 2 절 사무관리로 인한 비용의 상환

제 1 관 사무관리의 의의 및 성질

Ⅰ. 의 의

사무관리는 법률상 의무없이 타인을 위하여 그의 사무를 관리하는 행위를 말한다(제734조 제1항). 가령, 세입자가 임대인의 부탁이 없음에도 불구하고, 임대인의 해외여행 중 전기요금을 대신 내주는 경우라든가 집을 잃은 어린이 또는 반려견을 돌보아주는 행위를 들 수 있다. 원칙적으로 타인의 사무에 개입하는 것은 위법하고, 그것이 정당화되기 위해서는 본인의 승낙이나 법률에 근거가 있어야 한다. 즉, 위임계약에 기하여 수임인이 위임인의 사무를 처리하거나 친권에 기초하여 자녀의 사무를 처리하여야 한다. 사무관리가 성립하면 비용상환청구권, 손해배상청구권, 관리계속의무 등의 법률효과가 발생한다. 즉, 법률규정에 의하여 관리자와 본인 사이에 채권·채무가 발생한다. 이와 같이 사무관리는 법정의 채권발생원인이라는 점에서 부당이득, 불법행위와 같다.

판례 ➡ 타인의 사무가 국가의 사무인 경우, 원칙적으로 사인이 법령상의 근거없이 국가의 사무를 수행할 수 없다는 점을 고려하면, 사인이 처리한 국가의 사무가 사인이 국가를 대신하여 처리할 수 있는 성질의 것으로서, 사무처리의 긴급성 등 국가의 사무에 대한 사인의 개입이 정당화 되는 경우에 한하여 사무관리가 성립하고, 사인은 그 범위 내에서 국가에 대하여 국가의 사무를 처리하면서 지출된 필요비 내지 유익비의 상환을 청구할 수 있다고 할 것이다(2012다15602 판결).

Ⅱ. 인정근거

사무관리제도를 인정하는 근거로는 이른바 사회부조설과 재산관계의 조정설이 있다. 사회부조설은 본래 개인은 남의 일에 간섭하지 말아야 하지만, 타인의 사무를 처리하는 것이 결과적으로 그 타인의 이익이 되는 경우가 있다고 하면서, 민법은 상호부조의 이념에 기초하여 사무관리제도를 인정하여 의무가 없는 자로 하여금 타인의 사무를 관리할 수 있게 한다는 입장이다.[81]

재산관계의 조정설에 의하면, 사무관리에 관한 규정은 타인사무의 관리 결과 발생하는 관리인과 본인 사이의 재산관계를 조정하는 것을 목적으로 만들어진 것이라고 한다.[82] 민법이 관리자에게 보수청구권을 인정하지 않고 있음을 그 법적 근거로 들고 있다.

생각건대 사회부조설은 사무관리의 성립근거를 설명하는 데 적합하고, 재산관계의 조정설은 사무관리의 효과에 대한 인정근거로서 적합하다고 하겠다. 따라서 사회부조설과 재산관계의 조정설 다같이 사무관리제도의 인정근거로 삼아야 할 것이다.

Ⅲ. 법적 성질

1. 사무관리는 준법률행위이다

사무관리는 민법이 적법한 것으로 인정한 적법행위이지만, 관리자의 의사표시를 요건으로 하지 않고, 법률상의 의무없이 타인을 위하여 사무를 관리한다는 사실만 있으면 일정한 채권관계가 인정되는 사실행위로서 준법률행위에 해당한다. 사무관리의사는 법률효과의사가 아니고 권리귀속의사에 해당한다.

---

81) 곽윤직, 채권각론, 335면; 김형배, 사무관리·부당이득, 7면.
82) 이은영, 채권각론, 646면.

> **판례 ➡** 사무관리는 의사표시를 요소로 하는 법률행위가 아니므로 본인이 사무관리의 목적이었던 사무를 본인이 직접 관리하려면 사무관리자에게 그 관리를 종료하여 줄 것을 내용으로 하는 의사표시를 하여야 하는 것이 아니고 본인 자신이 직접 관리하겠다는 의사가 외부적으로 명백히 표현된 경우에는 사무관리는 그 이상 성립할 수 없다(75다254 판결).

이처럼 사무관리는 준법률행위이지만, 사무관리의 내용이 되는 구체적인 관리행위는 사실행위인 경우도 있고 법률행위인 경우도 있다. 가령, 관리자가 본인을 위하여 노무를 제공하는 것은 사실행위이고, 본인을 위하여 제3자와 계약을 체결하는 행위는 법률행위에 해당한다.

2. 사무관리자에게 행위능력이 필요한가

사무관리는 법률행위가 아니므로 의사표시 내지 법률행위에 관한 총칙편의 규정은 사무관리에 적용되지 않음이 원칙이다. 그러나 사무관리가 성립하기 위해서는 관리의사가 필요하므로 사무관리자는 의사능력이 있어야 한다. 다만, 사무관리자에게 행위능력이 필요한가에 대해서는 다툼이 있다. 즉, 제한능력자의 사무관리를 인정할 것인지가 문제된다.

행위능력필요설은 사무관리는 위임없는 타인사무의 처리이므로, 위임에 있어서와 동일하게 관리자에게 행위능력이 요구된다는 것이다.[83] 즉, 관리자가 제한능력자인 데도 불구하고 사무관리의 성립을 인정하여, 사무관리에 관한 규정에 따른 의무와 책임을 지우는 것은 제한능력자의 보호의 측면에서 부당하다고 한다. 다만, 행위능력필요설에는 사무관리의 성립을 위해서는 행위능력이 필요하지만, 제한능력자의 면책을 인정하고 있는 제135조 제2항을 유추적용하여 사무관리에 따른 특별책임은 부담하지는 않고, 단지 불법행위 또는 부당이득에 따른 책임만을 부담한다는 입장도 있다.[84]

행위능력불요설은 사무관리의 성립을 위하여 타인사무의 관리행위만 있으면 충분하고, 관리행위 당시에 관리자에게 행위능력이 요구되는 것은 아니라고 한다.[85] 다만, 행위능력이 없는 관리자가 관리행위로 인하여 본인에게 손해를 준 경우에는, 제한능력자제도의 취지를 고려하여 관리자의 채무부담을 경감시켜 주어야 한다는 것이다. 즉, 관리자가 책임능력이 없는 경우에는 불법행위에 있어 책임무능력자의 면책을 규정한 제753조 내지 제755조를 유추적용하여, 관리자의 감독자에게 배상책임을 지우는 것이 타당하다고 한다.

생각건대 준법률행위에도 성질이 허락하는 한 법률행위에 관한 규정이 적용된다는 점에서 제한능력자의 보호를 위해서는 관리자에게 행위능력을 요구할 필요가 있다. 다만, 관리자가 제한능력자인 경우에 사무관리의 규정에 따른 무거운 책임을 부담하는 것은 타당하지 않으므로, 제135조 제2항을 유추적용하여 제한능력자로 하여금 관리자로서의 특별책임을 부담하지 않게 할 필요가 있다고 할 것이다. 물론 사무관리는 대리가 아니므로 관리행위 자체가 법률행위인 경

83) 곽윤직, 채권각론, 337면.
84) 김형배, 사무관리 · 부당이득, 35면.
85) 지원림, 민법강의, Rn. 5-234; 이은영, 채권각론, 663면.

우에는 당연히 관리자에게 행위능력이 요구된다.[86)]

제2관 사무관리의 성립요건

Ⅰ. 타인의 사무를 관리할 것

1. 「타인」의 사무일 것

관리자는 타인의 사무를 관리하여야 한다. 여기에서 타인은 관리자 이외의 자로서 사무관리의 이익이 귀속되는 자를 말한다. 따라서 자기의 집을 수리하는 것과 같은 객관적으로 자기의 사무에 대해서는 사무관리가 성립하지 않는다. 객관적 자기의 사무를 타인의 사무로 오신한 경우에도 타인의 사무가 되지 않는다. 다만, 물품의 구매와 같이 사무가 성질에 있어서 자기의 사무인지 타인의 사무인지 불분명한 경우에는 관리자의 의사에 기초하여 타인성을 판단해야 할 것이다.

판례 ➡ 사용자가 근로자의 업무상 부상에 대한 치료비를 지급하는 것은 근로기준법에 따라 부담하는 사용자 자신의 채무를 이행하는 것으로 이는 자신의 사무처리라 할 것이고, 타인의 사무를 처리하는 것으로 볼 수는 없다(97다54222 판결).

판례 ➡ TV 안테나 가설작업을 시킨 사람이 그 작업을 하다가 고압전선에 감전 사망한 사람의 유족에게 손해배상금을 지급한 것은 망인에 대한 안전작업지시 태만에 대한 자신의 불법행위(공동불법행위)로 인한 손해배상금의 지급이라 볼 것이고, 그 배상책임이 있는 한국전력주식회사의 사무관리라고 볼 수 없다(80나82 제10민사부 판결, 확정).

판례 ➡ 제3자인 원고가 피고의 혼인외 출생자를 양육 및 교육하면서 그 비용을 지출하였다고 하여도 피고가 동 혼인외 출생자를 인지하거나 부모의 결혼으로 그 혼인중의 출생자로 간주되지 않는 한 실부인 피고는 동 혼인외 출생자를 부양할 법률상 의무는 없으므로 피고가 원고의 위 행위로 인하여 부당이득을 하였다거나 원고가 피고의 사무를 관리하였다고 볼 수 없다(80다2515 판결).

2. 타인의 「사무」일 것

관리자는 타인의 사무를 관리하여야 한다. 여기서의 사무에는 본인에게 생활상의 이익을 주는 행위를 모두 포함한다. 따라서 사실행위는 물론이고 법률행위도 포함될 수 있고, 보존행위뿐만이 아니고 필요한 경우에는 처분행위도 포함된다고 하여야 한다. 다만, 단순한 부작위는 사무에 포함될 수 없다.

---

86) 관리자가 본인의 명의로 법률행위를 한 경우에는 무권대리가 된다. 이 경우 본인은 추인에 의하여 그 효과를 자기에게 귀속시킬 수 있다.

3. 타인사무를 「관리」할 것

여기에서의 관리에는 보존 내지 이용행위나 개량행위를 포함함은 물론이고 처분행위도 포함된다(97다58507 판결).

판례 ➡ 양도인이 채권양도 통지를 하기 전에 채무자로부터 채권을 추심하여 금전을 수령한 경우, 아직 대항요건을 갖추지 아니한 이상 채무자가 양도인에 대하여 한 변제는 유효하고, 그 결과 양수인에게 귀속되었던 채권은 소멸하지만, 이는 이미 채권을 양도하여 그 채권에 관한 한 아무런 권한도 가지지 아니하는 양도인이 양수인에게 귀속된 채권에 대한 변제로서 수령한 것이므로, 채권양도의 당연한 귀결로서 그 금전을 자신에게 귀속시키기 위하여 수령할 수는 없는 것이고, 오로지 양수인에게 전달해 주기 위하여서만 수령할 수 있을 뿐이어서, 양도인이 수령한 금전은 양도인과 양수인 사이에서 양수인의 소유에 속하고, 여기에다가 위와 같이 양도인이 양수인을 위하여 채권보전에 관한 사무를 처리하는 지위에 있다는 것을 고려하면, 양도인은 이를 양수인을 위하여 보관하는 관계에 있다고 보아야 할 것이다(97도666 전원합의체 판결).

Ⅱ. 관리의사가 있을 것

사무관리가 성립하기 위해서는 관리자에게 타인의 사무를 처리한다는 의사인 관리의사가 필요하다. 관리의사는 관리의 사실상의 이익을 타인에게 귀속시키려는 의사를 말한다. 따라서 타인의 사무임을 알면서 자기의 이익을 위하여 타인의 사무를 처리하는 때에는 사무관리는 성립하지 않는다.

판례 ➡ 사무관리라 함은 의무 없이 타인을 위하여 그의 사무를 처리하는 행위를 말하는 것이므로, 만약 그 사무가 타인의 사무가 아니라거나 또는 사무를 처리한 자에게 타인을 위하여 처리한다는 관리의사가 없는 경우(94다59943 판결)는 물론, 그 사무의 처리가 본인에게 불리하거나 본인의 의사에 반한다는 것이 명백하지 아니할 것을 요한다(94다41072, 41089 판결). 따라서 의무 없이 타인을 위하여 사무를 관리하는 자는 그 타인과의 사이에서 사무관리가 성립하고 제3자에 대한 관계에서는 사무관리가 성립하지 아니한다고 할 것이다(97다26326 판결).

문제는 타인의 사무를 자기의 사무로 오신하고 타인의 사무를 처리하는 경우에 사무관리의 성립을 인정할 것인지에 있다. 이른바 준사무관리의 성립을 인정할 것이냐이다.

이는 관리자가 타인사무를 관리하여 통상의 수익을 넘는 이득을 얻은 경우에 그 초과이익을 관리자에게 귀속시킬 것인지를 두고 논의된다. 이 경우 본인의 손실 또는 손해의 범위에서만 책임을 지는 불법행위 내지 부당이득이 성립하는 것으로 보게 되면 초과이득은 관리자에게 귀속하게 되며, 사무관리를 인정하면 관리자는 그 초과이익을 본인에게 이전하여야 한다.

학설은 준사무관리부정설,[87] 준사무관리인정설,[88] 사무관리설[89]로 갈리어 있다. 물론 초과이

87) 곽윤직, 채권각론, 343면; 지원림, 민법강의, Rn. 5-236; 송덕수, 채권법각론, Rn. 219.

득을 불법관리자에게 귀속시키는 것은 부당하다. 그렇다고 민법의 문언에 반하는 해석은 문제가 없지 않다. 오히려 타인의 사무를 자기의 사무로 오신하고 타인의 사무를 처리하는 경우에는 관리자에게 불법행위 또는 부당이득의 성립을 인정하고, 그 초과이득의 반환은 손해배상의 범위라든가 반환해야 할 이득액을 산정하는 경우에 고려하면 충분하다고 할 것이다.

물론 관리 당시에 타인이 누구인지 알 수 없어도 무방하고, 타인의 이익을 위한 관리의사는 관리자 자신의 이익을 위한 의사와 병존할 수 있다(2009다71558 판결). 이러한 관리의사는 외부에 표시될 필요는 없다(2013다30882 판결).

판례 ➡ 사무관리가 성립하기 위하여는 우선 그 사무가 타인의 사무이고 타인을 위하여 사무를 처리하는 의사, 즉 관리의 사실상의 이익을 타인에게 귀속시키려는 의사가 있어야 하며, 나아가 그 사무의 처리가 본인에게 불리하거나 본인의 의사에 반한다는 것이 명백하지 아니할 것을 요한다. 여기에서 '타인을 위하여 사무를 처리하는 의사'는 관리자 자신의 이익을 위한 의사와 병존할 수 있고, 반드시 외부적으로 표시될 필요가 없으며, 사무를 관리할 당시에 확정되어 있을 필요가 없다(2013다30882 판결 등).

Ⅲ. 법률상의 의무가 없을 것

1. 본인에 대해 법률상의 의무가 있는 경우

사무관리의 성립을 위해서는 타인의 사무를 법률상의 의무없이 관리하여야 한다. 당사자 사이의 계약이나 법률규정에 의해 관리자가 본인에 대해 의무를 부담하고 있는 경우에는, 그 계약이나 법률규정에 의해 법률관계를 성립시킬 것이고, 사무관리가 성립하는 것은 아니다. 다만, 관리자가 본인의 사무를 처리하는 데 있어서 법률상의 의무를 부담한다고 하더라도, 그 의무의 범위를 넘어서 사무를 처리한 경우에는, 그 초과부분에 대해서는 사무관리가 성립할 수 있다.

판례 ➡ 사무관리가 성립하기 위해서는 관리자가 법적인 의무없이 타인의 사무를 관리해야 하는 바, 관리자가 처리한 사무의 내용이 관리자와 제3자 사이에 체결된 계약상의 급부와 그 성질이 동일하다고 하더라도, 관리자가 위 계약상 약정된 급부를 모두 이행한 후 본인과의 사이에 별도의 계약이 체결될 것을 기대하고 사무를 처리하였다면 그 사무는 위 약정된 의무의 범위를 벗어나 이루어진 것으로서 법률상 의무없이 사무를 처리한 것이며, 이 경우 특별한 사정이 없는 한 그 사무처리로 인한 사실상의 이익을 본인에게 귀속시키려는 의사, 즉 타인을 위하여 사무를 처리하는 의사가 있다고 봄이 상당하다(2007다55477 판결).

---

88) 김형배, 사무관리 · 부당이득, 56면.
89) 이은영, 채권각론, 659면.

판례 ➡ A조합이 B조합의 해산 후 별도의 절차에 따라 새로 설립되었으나 B조합과 조합업무 위임계약 및 조합업무대행 수수료 지급약정을 체결한 갑이 실제로 B조합에 이어 A조합의 업무를 상당 부분 대행해 왔고, A조합도 그 법률적 효과와 경제적 이익을 누려왔다면, 갑은 A조합이 B조합과 실체가 동일하여 B조합과 갑 사이에 체결된 위 약정을 승계한 것으로 생각하였거나, 적어도 A조합과 새로운 조합업무 위임계약이 체결될 것을 기대하고 보수를 지급받을 목적으로 법률상 의무 없이 A조합을 위하여 A조합의 사무를 처리해 온 것임을 인정할 수 있으므로, A조합과 갑 사이에 사무관리에 의한 법정채권관계가 성립한다(2009다98669 판결).

2. 제3자에 대해 법률상의 의무가 있는 경우

관리자가 본인에 대해 법률상의 의무를 부담하는 경우는 물론이고, 제3자에게 법률상의 의무를 부담하는 경우에도 사무관리는 성립하지 않는다. 가령, 제3자를 위한 계약에 의해 낙약자가 요약자에 대해 수익자를 위한 사무처리를 하여야 할 의무를 부담하는 경우에, 제3자를 위한 계약에 관한 규정이 적용되고, 낙약자와 수익자 사이에 사무관리가 성립하지는 않는다. 다만, 요약자와 수익자 사이에 대가관계로서 특별한 법률관계가 존재하지 않는 경우에는, 요약자와 수익자 사이에 사무관리가 성립할 수 있다.

판례 ➡ 의무없이 타인의 사무를 처리한 자는 그 타인에 대하여 민법상 사무관리규정에 따라 비용상환 등을 청구할 수 있으나, 제3자와의 약정에 따라 타인의 사무를 처리한 경우에는 의무없이 타인의 사무를 처리한 것이 아니므로 이는 원칙적으로 그 타인과의 관계에서는 사무관리가 된다고 볼 수 없다(2012다43539 판결).

Ⅳ. 본인의 이익 또는 의사에 명백히 반하지 않을 것

관리자는 사무의 성질에 따라 본인에게 가장 이익이 되는 방법으로 사무를 관리하여야 하고, 본인의 의사를 알거나 알 수 있는 경우에는 그 의사에 적합하도록 관리하여야 한다. 따라서 객관적으로 보아 본인에게 불리한 것이 명백한 경우나 본인의 의사에 반하는 것이 명백한 경우에는 사무관리는 성립하지 않는다(94다41072, 41089 판결 등). 다만, 사무관리가 본인의 이익이나 의사에 반한다고 하더라도, 본인이 추인하면 사무관리의 효력이 발생한다.

판례 ➡ 사무관리는 의사표시를 요소로 하는 법률행위가 아니므로 본인이 사무관리의 목적이었던 사무를 본인이 직접 관리하려면 사무관리자에게 그 관리를 종료하여 줄 것을 내용으로 하는 의사표시를 하여야 하는 것이 아니고 본인 자신이 직접 관리하겠다는 의사가 외부적으로 명백히 표현된 경우에는 사무관리는 그 이상 성립할 수 없다(75다254 판결).

제3관 사무관리의 효과

Ⅰ. 사무관리자의 의무

1. 본인에 대한 통지의무

관리자가 관리를 개시한 경우에는 지체없이 관리개시의 사실을 본인에게 통지하여야 한다(제736조 본문). 본인이 스스로 관리를 하거나 관리자의 관리에 대해 적절한 지시를 할 수 있게 할 필요가 있기 때문이다. 다만, 본인이 이미 그 사실을 알고 있는 경우에는 통지의무가 없다(제736조 단서).

2. 본인의 이익 및 의사의 존중의무

사무관리자는 그 사무의 성질에 좇아 본인에게 가장 이익이 되는 방법으로 사무를 관리해야 하고(제734조 제1항), 본인의 의사를 알거나 알 수 있는 경우에는 그 의사에 적합하도록 해야 한다(제734조 제2항).

만일 관리자가 본인의 이익이나 의사에 반하여 사무를 관리한 경우에는, 관리자에게 과실이 없는 경우에도 이로 인한 손해를 배상할 책임이 있다(제734조 제3항). 관리자는 무과실책임을 부담한다(94다13008 판결 참조). 다만, 관리행위가 공공의 이익에 적합한 경우이거나(제734조 제3항), 관리자가 타인의 생명 · 신체 · 명예 · 재산에 대한 급박한 위해를 면하기 위하여 사무를 관리한 때에는, 관리자에게 고의 또는 중대한 과실이 없으면 손해를 배상할 책임이 없다(제735조).

3. 관리계속의무

관리자가 사무관리를 일단 시작하면 본인이나 그 상속인 또는 법정대리인이 그 사무를 관리할 때까지 관리행위를 계속하여야 한다(제737조 본문). 다만, 사무의 관리를 계속하는 것이 본인의 의사에 명백히 반하거나 본인에게 불리함이 명백한 경우에는 관리행위를 중지하여야 한다(제737조 단서).

4. 위임규정에 의한 의무

사무관리는 타인의 사무를 관리한다는 측면에서 위임과 유사한 법률관계가 발생하므로 위임의 일부규정이 준용된다(제738조). i) 사무관리의 상황을 보고하여야 하고, 사무관리의 종료전말을 보고하여야 한다(제683조). ii) 사무관리로 인하여 받은 금전 기타의 물건 및 수취한 과실을 본인에게 인도하여야 하고(제684조 제1항), 본인을 위하여 자기의 명의로 취득한 권리는 본인에게 이전하여야 한다(제684조 제2항). 이 경우 iii) 관리자가 본인에게 인도할 금전 또는 본인을 위하여 사용할 금전을 자기를 위하여 소비한 때에는, 소비한 날 이후의 이자를 지급하여야 하고, 그 외에 손해가 있으면 배상하여야 한다(제685조).

Ⅱ. 본인의 의무

1. 비용상환의무 · 채무변제의무

사무관리는 본인을 위한 것이므로 관리자가 사무관리를 함에 있어서 본인을 위하여 필요비 또는 유익비를 지출한 때에는, 본인은 그에 대하여 상환의무를 부담한다(제739조 제1항). 그리고 관리자가 본인을 위하여 사무관리에 필요한 채무를 부담하였거나 또는 본인에게 유익한 채무를 부담한 때에는, 본인은 관리자에 갈음하여 이를 변제할 의무가 있고 그 채무가 변제기에 있지 아니한 때에는 상당한 담보를 제공할 의무가 있다(제739조 제2항). 다만, 관리자가 본인의 의사에 반하여 사무를 관리한 때에는, 본인은 현존이익의 한도에서 비용상환의무나 채무변제의무 또는 담보제공의무를 부담한다(제739조 제3항).

판례 ➡ 계약상 급부가 계약상대방 뿐 아니라 제3자에게 이익이 된 경우에 급부를 한 계약당사자는 계약상대방에 대하여 계약상 반대급부를 청구할 수 있는 이외에 제3자에 대하여 직접 부당이득반환청구를 할 수는 없다고 보아야 하고, 이러한 법리는 급부가 사무관리에 의하여 이루어진 경우에도 마찬가지이다. 따라서 의무없이 타인을 위하여 사무를 관리한 자는 타인에 대하여 민법상 사무관리규정에 따라 비용상환 등을 청구할 수 있는 외에 사무관리에 의하여 결과적으로 사실상 이익을 얻은 다른 제3자에 대하여 직접 부당이득반환을 청구할 수는 없다(2011다17106 판결).

판례 ➡ 변제에 의한 대위 또는 대위변제는 제3자 또는 공동채무자의 한 사람이 채무자 또는 다른 공동채무자에 대하여 가지는 구상권의 실현을 확보하는 것을 목적으로 하는 제도이므로, 구상권이 없으면 대위는 성립하지 않는다고 할 것이고, 위와 같은 구상권 발생의 근거로는 먼저 불가분채무자, 연대채무자, 보증인, 물상보증인, 담보물의 제3취득자, 후순위 담보권자가 구상권을 가짐은 민법의 개별적 규정에 의하여 분명하고, 제3자가 채무자의 부탁으로 채무자를 위하여 변제하는 경우에는 민법 제688조 소정의 위임사무처리비용의 상환청구권에 의하여, 제3자가 사무관리에 의하여 채무자를 위하여 변제하는 경우에는 민법 제739조 소정의 사무관리비용의 상환청구권에 의하여 구상권을 취득하는 수가 있을 수 있다(94다38106 판결).

2. 손해보상의무

관리자가 사무관리를 함에 있어서 과실없이 손해를 받은 때에는, 본인은 현존이익의 한도에서 그 손해를 보상할 의무를 부담한다(제740조).

3. 보수지급의무

사무관리에 있어서는 관리자에게 보수청구권이 인정되지 않는다. 다만, 본인이 임의로 보수를 지급한 때에는, 그 지급은 도의관념에 적합한 비채변제로서 본인의 반환청구가 인정되지 않는다고 할 것이다.

판례 ➡ 직업 또는 영업에 의하여 유상으로 타인을 위하여 일하는 사람이 향후 계약이 체결될 것을 예정하여 그 직업 또는 영업의 범위 내에서 타인을 위한 행위를 하였으나 그 후 계약이 체결되지 아니함에 따라 타인을 위한 사무를 관리한 것으로 인정되는 경우에 상법 제61조는 상인이 그 영업범위 내에서 타인을 위하여 행위를 한 때에는 이에 대하여 상당한 보수를 청구할 수 있다고 규정하고 있어 직업 또는 영업의 일환으로 제공한 용역은 그 자체로 유상행위로서 보수 상당의 가치를 가진다고 할 수 있으므로 그 관리자는 통상의 보수를 받을 것을 기대하고 사무관리를 하는 것으로 보는 것이 일반적인 거래관념에 부합하고, 그 관리자가 사무관리를 위하여 다른 사람을 고용하였을 경우 지급하는 보수는 사무관리비용으로 취급되어 본인에게 반환을 구할 수 있는 것과 마찬가지로, 다른 사람을 고용하지 않고 자신이 직접 사무를 처리한 것도 통상의 보수 상당의 재산적 가치를 가지는 관리자의 용역이 제공된 것으로서 사무관리 의사에 기한 자율적 재산희생으로서의 비용이 지출된 것이라 할 수 있으므로 그 통상의 보수에 상응하는 금액을 필요비 내지 유익비로 청구할 수 있다고 봄이 타당하고, 이 경우 통상의 보수의 수준이 어느 정도인지는 거래관행과 사회통념에 의하여 결정하되, 관리자의 노력의 정도, 사무관리에 의하여 처리한 업무의 내용, 사무관리 본인이 얻은 이익 등을 종합적으로 고려하여 판단하여야 한다(2007다55477 판결).

제3절 부당이득의 반환

제1관 서 설

Ⅰ. 부당이득의 의의와 성질

1. 의 의

부당이득이란 법률상 원인이 없이 타인의 재산 또는 노무로 인하여 얻은 이득을 말한다(제741조). 가령, 채권자가 2인 이상의 연대채무자로부터 2중의 변제를 받거나, 채권자가 주채무자와 보증인으로부터 2중의 변제를 받는 경우에 채권자는 부당이득을 얻고 있다. 이 경우 첫 번째 변제로 채권은 소멸하므로 두 번째로 받은 변제는 법률상 원인이 없는 것이 된다. 민법은 부당이득이 발생한 경우에 손실자에게 그 이득을 반환하여야 하는 것으로 규정하고 있다(제741조). 결국 위의 경우 채권자는 두 번째의 변제는 부당이득으로서 변제자에게 반환해야 한다.

2. 성 질

부당이득은 손실자에게 부당이득반환청구권을 발생시키는 법정의 채권발생원인이다. 부당이득은 법률상 원인없는 이득이 생겼다는 사실 자체에 기해 부당이득반환의무가 발생하는 것인 점에서 그 성질은 사람의 행위와는 관계없는 사건이다. 이 점에서 법률행위인 계약과 다르고, 준법률행위인 사무관리와 다르며, 위법한 행위인 불법행위와 다르다. 특히 부당이득은 사건이라는 점에서 이득자에게 귀책사유를 요구하지 않는다.

Ⅱ. 부당이득제도의 존재이유

부당이득제도는 이득자의 재산상 이득이 법률상 원인을 결여하는 경우에 공평과 정의의 이념에 근거하여 이득자에게 그 반환의무를 부담시키는 것으로서(2006다53733 판결 등), 특정한 당사자 사이에서 일정한 재산적 가치의 변동이 생긴 경우에 그것이 일반적·형식적으로는 정당한 것으로 보이지만 그들 사이의 재산적 가치의 변동이 상대적·실질적인 관점에서 법의 다른 이상인 공평의 이념에 반하는 모순이 생기는 경우에 재산적 가치의 취득자에게 가치의 반환을 명함으로써 그와 같은 모순을 해결하려는 제도이다.

이와 같이 부당이득제도는 부당한 재산적 가치의 이동을 조절하려는 제도이므로, 이익에 대응하여 손해를 입은 사람이 있어야 하고, 어떤 사람의 재산이나 노무가 다른 사람에게 이익을 주는 일이 있더라도 그로 말미암아 그 재산 또는 노무의 제공자에게 어떤 손해를 주는 일이 없는 이상, 이득자에 대하여 그 이득의 반환을 명할 이유가 없는 것이다(2014다5531 전원합의체 판결).

[부당이득의 유형론]

부당이득제도를 어떻게 이해할 것인가? 즉, 그 기초를 통일적으로 이해할 것인가, 아니면 유형에 따라 각각 그 기초를 다르게 이해할 것인가이다. 로마법은 개별적으로 부당이득반환소권을 인정하였다. 이에 반해 독일 민법은 통일적으로 규정하였는 데(동법 제812조), 이를 일본 민법(동법 제703조)과 우리 민법(제741조)도 같은 입장에 있다. 하지만 그 규정은 약간 다르다. 독일 민법은 부당이득의 요건을 '타인의 급부로 인하여 또는 그 밖의 방법에 의하여'라고 규정하고 있는데, 일본과 우리 민법은 이를 '법률상 원인없이'라고 규정하고 있다. 그리하여 통일설의 입장에서도 '법률상 원인없이'의 의미를, 독일 민법의 예에 따라 이를 '급부부당이득'과 '기타의 부당이득'으로 나누어 이해하고 있다.[90] 그러나 유형론에서는 모든 부당이득에 대해서 이를 통일적으로 설명하는 것이 부적당하다는 견지에서 여러 유형으로 나누어 그 각각에 대하여 인정이유와 요건을 다르게 설명한다.[91]

일반적으로 유형론에서는 부당이득을 급부부당이득과 그 밖의 비급부부당이득으로 나누고, 비급부부당이득을 다시 침해부당이득, 비용지출부당이득, 구상부당이득으로 세분한다.[92]

급부부당이득은 일단 급여가 이루어졌으나 급여를 정당화할 수 있는 법률상 원인이 처음부터 없었거나, 또는 나중에 소멸한 경우에 그 반환을 청구할 수 있는 부당이득이다. 급부부당이득에서는 부당이득의 일반적인 요건으로 수익자의 이익, 손실자의 손실, 수익과 손실의 인과관계 등은 따로 따질 필요가 없고, 이는 급여의 내용과 급여의 실현을 확인하는 것만으로 충분하다는 것이다(2009다98706 판결 참조).

침해부당이득이란 다른 사람에게 배타적으로 귀속되는 재화를 권한없이 사용, 수익 또는 처분함으로써 이익을 얻고, 그로 인하여 다른 사람에게 손해를 입히는 경우에 그 이익을 반환하게 하는 것이다. 이는 기본적으로 불법행위와 유사하지만, 이익을 얻은 자의 고의나 과실과 같은 귀책사유를 요건

90) 이러한 점에서 통일설과 유형론의 차이는 질적이라기보다는 양적이라고 할 수 있다. 김준호, 채권법, 749면 이하.
91) 이은영, 채권각론, 686면 이하; 김상용, 채권각론, 517면 이하; 김형배, 사무관리·부당이득, 82면 이하 등 참조.
92) 송덕수, 채권법각론, Rn. 220.

으로 하지 않고, 그 반환범위가 이익과 손실 중 작은 것에 국한된다는 점에서 차이가 있다.

비용지출부당이득이란 손실자가 비용을 지출하였고 그 결과 다른 사람이 이익을 얻은 경우에, 그 다른 사람에 대하여 이익의 반환을 청구하는 것이다. 민법에는 비용지출로 인하여 타인 재산의 가치가 유지되거나(필요비), 또는 그 가액이 증가된 경우(유익비)에 그 상환을 청구할 수 있다는 규정이 여러 군데 있는데, 그 중 일부는 비용상환의 근거가 부당이득이 아닌 경우(수임인의 비용상환청구권, 제688조)도 있지만, 부당이득이 그 근거가 되는 경우[93]도 있다.

구상부당이득이란 타인의 채무(그 채무가 동시에 자신의 채무일 수도 있다)를 변제한 경우에 그 채무자에 대하여 변제한 금액을 구상하는 것이다. 이 경우는 실제로 부당이득에 근거하여 구상이 인정되는 경우는 별로 많지 않고, 많은 경우에는 법률이 그 구상의 근거를 규정하고 있다. 예컨대 연대채무자의 다른 연대채무자에 대한 구상권(제425조), 보증인의 주채무자나 공동보증인에 대한 구상권(제441조, 제444조, 제448조) 등이 그것이다. 그러나 그러한 법률의 규정이 없는 경우에도 구상이 인정되는 경우가 있는데,[94] 그 근거는 결국 부당이득에서 찾아야 할 것이다. 물론 이를 연대채무자 상호간의 구상(제425조)을 유추한다고 설명할 수도 있겠으나, 그 유추의 실질적인 근거는 부당이득의 이념일 것이다.[95]

Ⅲ. 다른 제도와의 관계

1. 물권적 청구권과의 관계

손실자가 이득자에 대하여 물권적 청구권을 가지는 경우에 부당이득반환청구권과의 관계가 문제될 수 있다. 가령, 수익자가 법률상 원인없이 타인의 물건을 점유하고 있는 경우에, 손실자는 점유권이나 소유권에 기한 물권적 청구권을 행사할 수 있는데, 이들 물권청구권과 부당이득반환청구권과의 관계가 문제가 된다.

(1) 불법침탈 내지 불법점거

악의점유자와 악의수익자의 반환 범위에 차이가 없는 점에서 점유자는 점유회수청구권과 부당이득반환청구권을, 소유자는 소유물반환청구권과 부당이득반환청구권을 선택적으로 행사할 수 있다고 할 것이다. 다만, 수익자가 손실자의 점유를 불법으로 침탈한 경우에, 그 목적물의 반환을 위해서는 점유회수청구권이나 소유물반환청구권을 인정하는 것으로 충분하고(제204조, 제213조), 따로 부당이득반환청구권을 인정할 필요는 없을 것이다.

(2) 채권행위가 무효 또는 취소된 경우

가령, 매매계약이 무효 또는 취소에 의하여 실효된 경우에, 매도인의 매매대금반환의무의 성질은 부당이득반환의무에 해당한다(96다54997 판결). 따라서 매수인은 부당이득반환청구권을 가진다. 문제는 이 경우에 매수인이 부담하는 목적물의 반환의무의 법적 성질도 부당이득반환의무의 성질만을 갖는가, 아니면 매도인은 소유물반환청구권도 행사할 수 있는지 문제된다. 물권행

---

93) 가령, 점유자의 회복자에 대한 비용상환청구권(제203조), 유치권자의 소유자에 대한 비용상환청구권(제325조) 등.

94) 가령, 공동불법행위자 상호간의 구상(70다2508 판결 등). 그리고 판례는 일반적으로 부진정연대채무자 상호간의 구상을 인정하고 있다(2005다19378 판결, 2007다7959 판결 등).

95) 윤진수, "부당이득법의 경제적 분석", 서울대학교 법학 제55권 제3호(2014), 111면 이하 참조.

위의 무인론에 의하면 이를 부정할 것이지만, 물권행위의 유인론에 의하면 이를 인정할 수 있다. 다만, 유인론에 따라 그 경합을 인정하는 경우 이른바 부수적 이해조정(가령, 과실 내지 사용이익(과실에 준한다(86다카1996, 1997판결))의 반환 여부)에 관해서는 문제가 발생한다. 제201조에 따르면 선의의 점유자는 과실취득권이 인정되지만(물론 선의점유자의 과실취득권을 소극적으로 이해하면 문제는 제거된다), 제748조 제1항에 따르면 과실이 현존하면 반환하여야 하기 때문이다.

2. 불법행위와의 관계

수익자가 법률상 원인없이 손실자의 소유물을 사용 또는 수익하여 이득을 취득하고 손실자에게 손실을 발생시킨 경우에, 불법행위로 인한 손해배상청구권 이외에 부당이득반환청구권을 인정할 필요가 있는가. 경합설은 불법행위제도와 부당이득제도는 그 입법취지를 달리하므로, 불법행위로 인한 손해배상청구권과 부당이득반환청구권의 병존을 인정한다. 즉, 불법행위는 피해자의 손해를 전보시키기 위한 제도이고, 부당이득은 수익자의 이득을 반환시켜서 있어야 할 재산상태를 회복시키기 위한 제도이므로, 양 청구권은 그 목적을 달리하므로 경합을 인정하는 것이 타당하다는 것이다. 판례도 경합설의 입장에 있다(92다56087 판결).

> **판례 ➡** 부당이득반환청구권과 불법행위로 인한 손해배상청구권은 서로 실체법상 별개의 청구권으로 존재하고 그 각 청구권에 기초하여 이행을 구하는 소는 소송법적으로도 소송물을 달리하므로, 채권자로서는 어느 하나의 청구권에 관한 소를 제기하여 승소확정판결을 받았다고 하더라도 아직 채권의 만족을 얻지 못한 경우에는 다른 나머지 청구권에 관한 이행판결을 얻기 위하여 그에 관한 이행의 소를 제기할 수 있다. 그리고 채권자가 먼저 부당이득반환청구의 소를 제기하였을 경우 특별한 사정이 없는 한 손해 전부에 대하여 승소판결을 얻을 수 있었을 것임에도 우연히 손해배상청구의 소를 먼저 제기하는 바람에 과실상계 또는 공평의 원칙에 기한 책임제한 등의 법리에 따라 그 승소액이 제한되었다고 하여 그로써 제한된 금액에 대한 부당이득반환청구권의 행사가 허용되지 않는 것도 아니다(2013다45457 판결).

제 2 관 부당이득의 성립

Ⅰ. 개 관

부당이득이 성립하기 위해서는 수익자가 법률상 원인없이 타인의 재산 또는 노무로 인하여 이득을 얻고, 그로 인하여 타인에게 손실을 가하여야 한다(제741조). 따라서 부당이득이 성립하기 위해서는 i) 법률상 원인이 없을 것, ii) 타인의 재산 또는 노무로 인하여 수익자가 이득을 얻었을 것, iii) 타인에게 손실이 발생하였을 것, iv) 수익과 손실 사이에 인과관계가 있을 것이 요구된다. 다만, 판례는 이른바 급부부당이득에서 이익과 그로 인한 손실의 요건은 계약상 급부의 실행이라는 하나의 사실에 해소된다고 한다(2009다98706 판결).

판례 ➡ 계약상 채무의 이행으로 당사자가 상대방에게 급부를 행하였는 데 그 계약이 무효이거나 취소되는 등으로 효력을 가지지 못하는 경우에 당사자들은 각기 상대방에 대하여 계약이 없었던 상태의 회복으로 자신이 행한 급부의 반환을 청구할 수 있다. 계약의 효력불발생에서의 이러한 원상회복의무를 법적으로 뒷받침하는 것이 민법 제741조 이하에서 정하는 부당이득법이 수행하는 핵심적인 기능의 하나이다. 이 경우의 부당이득반환의무에서는, 예를 들면 소유권 등의 권리에 기하여 소유자 기타의 사람에게 배타적으로 귀속되어야 하는 이익이 제3자에게 귀속됨으로써 그 권리가 객관적으로 침해당하였으나 그 이익취득자에게 이익의 보유를 법적으로 정당화하는 권원이 없어서 권리자가 그에 대하여 그 취득한 이익을 부당이득으로 반환청구하는 경우에 상대방이 얻는 이익의 구체적인 내용을 따져서 과연 부당이득반환의 대상이 될 만한 것인지를 살펴보아야 하는 것(2009다35903 판결 참조)과는 달리, 상대방이 얻은 계약상 급부는 다른 특별한 사정이 없는 한 당연히 부당이득으로 반환되어야 한다. 다시 말하면 이 경우의 부당이득반환의무에서 민법 제741조가 정하는 '이익' 또는 '그로 인한 손해'의 요건은 계약상 급부의 실행이라는 하나의 사실에 해소된다는 것이다(2009다98706 판결).

Ⅱ. 성립요건

1. 법률상 원인이 없을 것

법률상의 원인이 없을 것의 의미에 대하여, 종래의 통설은 수익자에게 발생한 이득을 그대로 보유하는 것이 공평이나 정의의 이상에 반하는 것으로 이해한다. 판례도 부당이득제도를 이득자의 재산상 이득이 법률상 원인을 결여하는 경우에, 공평과 정의의 이념에 근거하여 이득자에게 그 반환의무를 부담시키는 것으로 이해한다(2006다53733 판결, 2014다5531 전원합의체 판결 등). 그리하여 수익에 대한 법률상의 권리가 있더라도 수익의 보유가 정당하지 않으면 법률상의 원인이 없는 것으로 되어 그 수익을 반환하여야 한다는 결과가 된다.[96]

판례 ➡ 부당이득제도는 이득자의 재산상 이득이 법률상 원인을 결여하는 경우에 공평과 정의의 이념에 근거하여 이득자에게 그 반환의무를 부담시키는 것으로서, 특정한 당사자 사이에서 일정한 재산적 가치의 변동이 생기고 그것이 일반적·형식적으로는 정당한 것으로 보이지만 그들 사이의 재산적 가치의 변동이 상대적·실질적인 관점에서 법의 다른 이상인 공평의 이념에 반하는 모순이 생기는 경우에 재산적 가치의 취득자에게 가치의 반환을 명함으로써 그와 같은 모순을 해결하려는 제도이다. 따라서 부당이득의 성립요건 중 '법률상 원인의 흠결' 여부는 공평의 이념을 기초로 한 규범적 판단의 영역에 속하므로, 급부행위의 성질이나 급부자(손실자)의 해당 급부행위에 관한 책임과 의무 등 여러 사정을 고려하여 합리적으로 판단하여야 한다(2015다219733 판결). 이와 같이 부당이득제도는 부당한 재산적 가치의 이동을 조절하려는 제도이므로, 이익에 대응하여 손해를 입은 사람이 있어야 하고, 어떤 사람의 재산이나 노무가 다른 사람에게 이익을 주는 일이 있더라도 그로 말미암아 그 재산 또는 노무의 제공자에게 어떤 손해를 주는 일이 없는 이상, 이득자에 대하여 그 이득의 반환을 명할 이유가 없는 것이다(2014다5531 전원합의체 판결).

96) 송덕수, 채권법각론, Rn. 228.

여기에서 부당이득을 유형화하여 법률상의 원인의 유무를 판단할 필요가 있게 된다. 우선 급부부당이득에서는 '채권·채무의 존재'가 법률상의 원인이 되고, 채무없이 급부된 이득은 부당이득이 된다. 즉, 일정한 채무를 전제로 하여 급부행위가 행해졌으나, 그 채무를 발생시킨 법률행위가 부존재하거나 무효인 경우 또는 취소되거나 해제된 경우라든가 채무자 아닌 자가 잘못하여 변제로서 급부한 경우(제469조. 제742조 내지 제744조의 제한이 있음), 또는 채무자가 변제하였으나 상대방이 채권자가 아니어서 유효한 변제로서 인정되지 못한 경우(제470조, 제471조, 제514조, 제518조, 제524조, 제525조 참조)에 그 급부행위는 법률상 원인이 없는 것이 되고, 그로 인한 이득은 반환의 대상이 된다.

그런데 타인의 물건을 사용·수익·처분하여 이득을 얻는 침해부당이득에서는 '타인의 권리침해를 정당화하는 사유'가 법률상의 원인이 된다. 따라서 타인의 권리침해를 정당화하는 사유없이 권리자의 권리를 침해하여 얻은 이득은 부당이득이 된다. 가령, 타인의 토지를 사용·수익하는 경우에, 수익자가 용익물권이나 임차권 등의 사용수익권을 가지고 있지 못하면 그 사용수익에 따른 이득은 부당이득이 된다. 다만, 유치권이나 동시이행의 항변권에 기하여 목적물을 점유하는 것은 정당한 사유가 있는 것으로 인정된다.

그리고 비용지출부당이득에서는 타인의 사무를 처리하기 위하여 비용을 지출한 경우에 '사무관리의 요건이 존재한다는 것'이 법률상 원인이 되고, 손실자에게 관리의사가 없거나 본인의 이익이나 의사에 반함으로써, 사무관리의 요건이 갖추어지지 않은 상태에서 비용을 지출하여 발생한 이득은 부당이득이 된다.

판례 ➡ 예금거래기본약관에 따라 송금의뢰인이 수취인의 예금계좌에 자금이체를 하여 예금원장에 입금의 기록이 된 때에는 특별한 사정이 없는 한 송금의뢰인과 수취인 사이에 자금이체의 원인인 법률관계가 존재하는지 여부에 관계없이 수취인과 수취은행 사이에는 위 입금액 상당의 예금계약이 성립하고, 수취인이 수취은행에 대하여 위 입금액 상당의 예금채권을 취득한다. 그리고 이때 송금의뢰인과 수취인 사이에 계좌이체의 원인이 되는 법률관계가 존재하지 아니함에도, 계좌이체에 의하여 수취인이 계좌이체금액 상당의 예금채권을 취득한 경우에는, 송금의뢰인은 수취인에 대하여 위 금액 상당의 부당이득반환청구권을 가지게 된다(2010다41263, 41270 판결, 2013다207286 판결). 그러나 수취은행은 이익을 얻은 것이 없으므로 수취은행에 대하여는 부당이득반환청구권을 취득하지 아니한다(2007다51239 판결, 2011다89040 판결).

판례 ➡ 타인 소유의 토지 위에 권한없이 건물이나 공작물 등을 소유하고 있는 자는 그 자체로서 특별한 사정이 없는 한 법률상 원인없이 타인의 재산으로 토지의 차임에 상당하는 이익을 얻고 이로 인하여 타인에게 동액 상당의 손해를 주고 있다고 보아야 할 것이다(94다61144 판결, 98다2389 판결, 2007다21856, 21863 판결, 2012다71978 판결).

2. 수익자에게 이득이 발생할 것

부당이득제도는 부당한 재산적 가치의 이동을 조절하려는 제도로서, 타인의 재산 또는 노무로 인하여 이득을 얻은 경우에 그 귀속에 정당성이 인정되지 않으면 그 반환을 인정하는 제도이다.

수익에는 재산이 증가하는 적극적 이익(물권, 채권, 지식재산권, 등기의 취득, 점유의 취득 등)과 자기의 재산으로부터 지출하였어야 할 비용의 지출을 면하게 된 소극적 이익(채무의 면제 등)도 수익에 해당한다.

판례 ➡ 법률상 원인없이 타인의 재산 또는 노무로 인하여 이익을 얻고 이로 인하여 타인에게 손해를 가하는 이른바 부당이득은 그 수익의 방법에 제한이 없음은 물론, 그 수익에 있어서도 그 어떠한 사실에 의하여 재산이 적극적으로 증가하는 재산의 적극적 증가나 그 어떠한 사실의 발생으로 당연히 발생하였을 손실을 보지 않게 되는 재산의 소극적 증가를 가리지 않는 것으로, 채권도 물권과 같이 재산권의 하나이므로 그 취득도 당연히 이득이 되고 수익이 된다(95다22061 판결).

수익의 방법에는 제한이 없다. 그리고 수익이 타인의 재산 또는 노무로 인한 것이어야 하는데, 이 경우 '타인의 재산'은 현실적으로 타인의 재산으로 귀속되어 있는 것만이 아니고 당연히 타인의 재산으로 귀속되어야 할 재산을 포함한다.

특히 판례에 따르면 부당이득에서의 이득이란 실질적 이득을 가리키는 것이므로, 법률상 원인없이 건물을 점유하고 있더라도 이를 사용수익하지 못하였다면 실질적 이득을 얻었다고 볼 수 없다고 한다(78다2500, 2501 판결, 84다카108 판결, 90다카24076 판결 등). 역시 타인의 차량을 점유하고 있다고 하더라도 이를 사용수익하지 않았다면 실질적 이득을 얻었다고 할 수 없어 부당이득이 성립하지 않는다고 한다(91다22018, 22025 판결).

판례 ➡ 부당이득반환청구에서 이득이란 실질적인 이익을 의미하는 데, 동산에 대하여 양도담보권을 설정하면서 양도담보권설정자가 양도담보권자에게 담보목적인 동산의 소유권을 이전하는 이유는 양도담보권자가 양도담보권을 실행할 때까지 스스로 담보물의 가치를 보존할 수 있게 함으로써 만약 채무자가 채무를 이행하지 않더라도 채권자인 양도담보권자가 양도받은 담보물을 환가하여 우선변제받는 데에 지장이 없도록 하기 위한 것이고, 동산양도담보권은 담보물의 교환가치 취득을 목적으로 하는 것이다. 이러한 양도담보권의 성격에 비추어 보면, 양도담보권의 목적인 주된 동산에 다른 동산이 부합되어 부합된 동산에 관한 권리자가 권리를 상실하는 손해를 입은 경우 주된 동산이 담보물로서 가치가 증가된 데 따른 실질적 이익은 주된 동산에 관한 양도담보권설정자에게 귀속되는 것이므로, 이 경우 부합으로 인하여 권리를 상실하는 자는 양도담보권설정자를 상대로 민법 제261조에 따라 보상을 청구할 수 있을 뿐 양도담보권자를 상대로 보상을 청구할 수는 없다(2012다19659 판결).

판례 ➡ 무권리자가 타인의 권리를 제3자에게 처분하였으나 선의의 제3자 보호규정에 의하여 원래 권리자가 권리를 상실하는 경우, 권리자는 무권리자를 상대로 제3자에게서 처분의 대가로 수령한 것을 이른바 침해부당이득으로 보아 반환청구할 수 있다. 한편 수익자가 법률상 원인없이 이득한 재산을 처분함으로 인하여 원물반환이 불가능한 경우에 반환하여야 할 가액을 산정할 때에는 법률상 원인없는 이득을 얻기 위하여 지출한 비용은 수익자가 반환하여야 할 이득의 범위에서 공제되어야 할 것이나, 타인 소유의 부동산을 처분하여 매각대금을 수령한 경우, 수익자는 그러한 처분행위가 없었다면 부동산 자체를 반환하였어야 할 지위에 있던 사람이므로 자신의 처분행위로 인하여 발생한 양도소득세 기타 비용은 수익자가 이익취득과 관련하여 지출한 비용에 해당한다고 할 수 없어 이를 반환하여야 할 이득에서 공제할 것은 아니다(2010다40239 판결).

3. 상대방에게 손실이 발생할 것

부당이득제도는 부당한 재산적 가치의 이동을 조절하려는 제도로서, 이익에 대응하여 손해를 입은 사람이 있어야 한다. 따라서 어떤 사람의 재산이나 노무가 다른 사람에게 이익을 주는 일이 있더라도 그로 말미암아 그 재산 또는 노무의 제공자에게 어떤 손해를 주는 일이 없는 이상, 이득자에 대하여 그 이득의 반환을 명할 이유가 없는 것이다(2014다5531 전원합의체 판결). 가령, 어떤 토지의 부근이 개발되어 그 토지의 가치가 증가하였더라도 손실을 입은 자가 없어서 부당이득은 존재하지 않는다. 손실은 손실자의 급부에 의하여 일어날 수도 있고, 다른 자의 불법점유로 사용의 기회를 잃은 것도 손실에 해당한다.[97]

판례 ➡ 부당이득은 법률상 원인없이 타인의 재산 또는 노무로 인하여 이익을 얻고 이로 인하여 타인에게 손해를 가함으로써 성립하는 것이므로, 법률상 원인없는 이득이 있다 하더라도 그로 인하여 타인에게 손해가 발생한 것이 아니라면 그 타인은 부당이득반환청구권자가 될 수 없다(70다1012 판결, 81다카1061 판결, 2009다100418 판결).

판례 ➡ 지방자치단체가 도시계획법 또는 도로법상의 수용절차 등 적법한 보상절차를 밟지 아니하고 토지를 도로부지로 점유하고 있다면 위 도로가 일반국도로 노선이 지정되었고 도로법의 적용을 받는 도로인지의 여부에 관계없이 토지소유자와의 사이에서는 법률상 원인없이 이를 점유사용하고 있는 것이라 할 것이고, 도로를 구성하는 부지에 관하여는 도로법 제5조에 의하여 사권의 행사가 제한된다고 하더라도 이는 도로법상의 도로에 관하여 도로로서의 관리, 이용에 저촉되는 사권을 행사할 수 없다는 취지이지 부당이득반환청구권 행사를 배제하는 것은 아니다(92다19804 판결 등).

손실과 이득은 서로 대응하나, 그것의 범위가 같아야 하는 것은 아니고, 둘 사이에 인과관계만 있으면 된다.

판례 ➡ 부당이득은 법률상 원인없이 타인의 재산 또는 노무로 인하여 이익을 얻고 이로 인하여 타인에게 손해를 가함으로써 성립하는 것이므로, 법률상 원인없는 이득이 있다 하더라도 그로 인하여 타인에게 손해가 발생한 것이 아니라면 그 타인은 부당이득반환청구권자가 될 수 없다(70다1012 판결, 81다카1061 판결, 2009다100418 판결 등).

97) 송덕수, 채권법각론, Rn. 225.

판례 ➡ 집합건물의 복도, 계단 등과 같은 공용부분은 구조상 이를 점포로 사용하는 등 별개의 용도로 사용하거나 그와 같은 목적으로 타에 임대할 수 있는 대상이 아니므로 특별한 사정이 없는 한 구분소유자 중 일부가 아무런 권원없이 이를 점유·사용하였다고 하더라도 이로 인하여 다른 구분소유자에게 임료 상당의 이익을 상실하는 손해가 발생하였다고 볼 수 없다(2004다30279 판결, 2014다202608 판결).

판례 ➡ 건물에 관한 임대차계약이 종료된 이후 이를 건물임대인에게 반환하지 않고 그대로 계속 점유·사용하는 자는 점유기간 동안 건물의 사용·수익에 따른 차임 상당액을 부당이득으로 반환할 의무가 있는데, 여기서 차임 상당액을 산정할 때 통상적으로 건물을 임대하는 경우 당연히 부지 부분의 이용을 수반하는 것이고 차임 상당액 속에는 건물 차임 외에도 부지 부분 차임(지대)도 포함되므로, 건물 차임은 물론이고 부지 부분 차임도 함께 계산되어야 한다. 그리고 건물소유자가 부지 부분에 관한 소유권을 상실하였다 하여도 건물소유자는 의연 토지소유자와 관계에서는 토지 위에 있는 건물의 소유자인 관계로 건물 부지의 불법점유자라 할 것이고, 따라서 건물 부지 부분에 관한 차임 상당의 부당이득 전부에 관한 반환의무를 부담하게 되며, 건물을 점유하고 있는 건물임차인이 토지소유자에게 부지점유자로서 부당이득반환의무를 진다고 볼 수 없다. 그러므로 건물소유자는 이러한 채무의 부담한도 내에서 건물임차인의 건물 불법점유에 상응하는 부지 부분의 사용·수익에 따른 임료 상당의 손실이 생긴 것이고, 건물에 관한 임대차계약 종료 이후 이를 계속 점유·사용하는 건물임차인은 건물소유자에 대한 관계에서 건물 부지의 사용·수익으로 인한 이득이 포함된 건물임료 상당의 부당이득을 하였다고 보아야 한다(2012다4633 판결).

판례 ➡ 물건의 소유자는 다른 특별한 사정이 없는 한 법률의 범위 내에서 그 물건에 관한 모든 이익(민법 제211조에서 명문으로 정하는 '사용, 수익, 처분'의 이익이 대표적인 예이다)을 배타적으로 향유할 권리를 가진다. 따라서 소유자가 상대방이 목적물을 권원없이 점유·사용하여 소유권을 침해함으로 말미암아 재산상 손해를 입었다고 주장하여 그 손해의 배상을 청구하는 경우에는, 무엇보다도 상대방의 그러한 권리침해로 인하여 소유자에게 재산상 손해가 발생하였는지를 살펴보아야 할 것인데, 그 경우 손해의 유무는 상대방이 당해 물건을 점유하는지에 의하여 좌우되지 아니하며, 점유 여부는 단지 배상되어야 할 손해의 구체적인 액을 산정함에 있어서 고려될 여지가 있을 뿐이다(2011다74949 판결).

판례 ➡ 부당이득반환책임이 인정되는 경우에 법원은 그 손해액에 관한 당사자의 주장과 증명이 미흡하더라도 적극적으로 석명권을 행사하여 증명을 촉구하여야 하고 경우에 따라서는 직권으로라도 손해액을 심리·판단하여야 한다(85다카2453 판결, 96다47913 판결, 2006다37892 판결, 2009다26824 판결, 2012다20819 판결).

4. 손실과 이득 사이에 인과관계가 존재할 것

부당이득이 성립하기 위해서는 손실자의 손실과 수익자의 이득 사이에 인과관계가 있어야 한다. 여기서의 인과관계는 직접적인 인과관계만이 아니고, 사회관념상 그 연락이 인정되는 것으로 충분하다(통설). 가령, 판례는 채무자가 피해자로부터 횡령한 금전을 그대로 채권자에 대한 채무변제에 사용하거나(2003다8862 판결 등), 제3자에게 증여한 경우(2011다74246 판결), 채권자의 채무를 변제한 경우(2006다53733, 53740 판결)에 피해자의 손실과 채권자의 이득 사이에 인과관계가 있다고 한다. 그런데 위와 같이 판례는 인과관계는 인정하면서도 금전을 수령한 채권자가 변제를 수령하면서 그 금전이 횡령한 것이라는 사실에 대하여 악의 또는 중대한 과실이 없는 한 채권자의 금전취득은 피해자에 대한 관계에서 법률상의 원인이 있는 것이어서 부당이득이 아니라고 한다.[98] 물론 급부부당이득에서는 급부로 인하여 취득한 이득이, 침해부당이득에서는 침해로 인하여 취득한 이득이, 비용지출부당이득에서는 비용의 지출을 면함으로써 취득한 이득이 손실자와의 관계에서 인과관계에 있는 이득이 될 것이다.

한편 계약에 의한 급부가 제3자의 이득으로 된 경우에 급부한 계약당사자의 그 제3자에 대한 부당이득반환청구권을 인정할 것인가에 관한 전용물소권의 문제와 이른바 삼각관계에서 급부가 이루어진 경우에 관해서는 항을 나누어서 보기로 한다.

제 3 관 부당이득의 효과

Ⅰ. 부당이득의 반환의무

1. 부당이득의 산정기준

부당이득의 효과로서 수익자는 손실자에 대하여 그가 받은 이득을 반환할 의무를 부담한다. 다만, 이 경우 수익자가 받은 이득의 산정기준을 둘러싸고 견해가 갈린다.

차액설에 의하면, 수익자의 이득은 부당이득의 사실이 없었을 경우에 가질 수 있을 것으로 예상되는 재산의 총액과, 부당이득의 사실에 의해 현실적으로 존재하게 된 재산의 총액을 비교하여, 전자의 재산보다 후자의 재산이 증가한 것을 가리킨다. 즉, 수익자의 부당이득 전후의 총재산을 비교하여, 그 차액을 부당이득액이라고 한다.

취득이익설에 의하면, 부당이득에서 반환되어야 할 이득은 수익자가 구체적으로 취득한 이득 또는 그 이득의 가액을 원칙으로 한다. 즉, 일정한 시점에서 수익자의 재산을 전부 망라하여 총액을 산정하는 것은 쉽지 않으므로, 부당이득과정에서 수익자가 구체적으로 이행받은 물건 또는 침해한 타인의 권리 등만을 기초로 하여 부당이득을 산정해야 한다고 한다.

이와 같은 견해의 대립은 선의인 수익자의 반환범위인 현존이익을 둘러싸고 차이가 발생한다. 차액설에서는 수익자가 취득한 이득이 소비 등으로 소멸하고 있는 경우에는 현존이익에서 제외된다고 한다. 가령, 수익자가 이득한 금전을 제3자에게 대여하였으나 제3자의 무자력으로 회수하지 못하게 된 경우에는, 이득은 현존하지 않는 것이 된다고 한다. 그러나 취득이익설에 따르면 부당이득한 금전을 제3자에게 대여한 경우에 제3자의 무자력으로 그 금전을 회수하지

98) 이 판결에 대해서는 양창수, "금전의 부당이득으로 인한 반환의무: 소위 편취금전에 의한 변제 문제 서설", 민법연구 제7권(2005), 267면 이하 참조.

못하게 되었다고 하더라도, 반환의무가 소멸하지 않게 된다고 한다. 취득이익설은 현존이익을 결정할 기준설정이 어렵다. 차액설이 타당하다.

판례 ➡ 계약이 해제되면 그 효력이 소급적으로 소멸함에 따라 그 계약상 의무에 기하여 실행된 급부는 원상회복을 위하여 부당이득으로 반환되어야 한다(2006다37982 판결, 2013다34143 판결). 즉, 계약이 해제된 경우에 각 당사자는 민법 제548조에 따라 상대방에 대하여 원상회복의 의무를 지며, 원상회복의무로서 반환할 금전에는 그 받은 날부터 이자를 가산하여 지급하여야 한다. 이와 같이 계약해제의 효과로서 원상회복의무를 규정한 민법 제548조는 부당이득에 관한 특별 규정의 성격을 가진 것이므로, 그 이익 반환의 범위는 이익의 현존 여부나 선의, 악의에 불문하고 특단의 사유가 없는 한 받은 이익의 전부이다(96다47586 판결). 따라서 매도인으로부터 매매목적물의 소유권을 이전받은 매수인이 매도인의 계약해제 이전에 제3자에게 목적물을 처분하여 계약해제에 따른 원물반환이 불가능하게 된 경우에 매수인은 원상회복의무로서 가액을 반환하여야 하며, 이때에 반환할 금액은 특별한 사정이 없는 한 그 처분 당시의 목적물의 대가 또는 그 시가 상당액과 처분으로 얻은 이익에 대하여 그 이득일부터의 법정이자를 가산한 금액이다(2013다14675 판결).

2. 부당이득의 반환범위

부당이득의 반환범위는 손실자의 손실을 한도로 한다. 즉, 수익자의 이득이 손실자의 손실을 초과하는 경우에도 손실자의 손실을 한도로 반환하면 된다. 수익자가 부당이득한 재산에 자신의 노력이나 비용을 투입하여 추가적인 이득을 얻은 경우에 그 추가적인 이득을 반환범위에 포함시키면, 손실자는 타인의 노력에 의해 이득을 가지게 되는 또 다른 부당이득이 성립하는 것이므로, 부당이득의 반환은 역시 손실자의 손실을 한도로 하여야 한다.

판례 ➡ **〈부당이득반환에 있어서 이른바 운용이익의 반환범위〉** 부당이득반환의 경우 수익자가 반환해야 할 이득의 범위는 손실자가 입은 손해의 범위에 한정되고, 여기서 손실자의 손해는 사회통념상 손실자가 당해 재산으로부터 통상 수익할 수 있을 것으로 예상되는 이익 상당이라 할 것이며, 부당이득한 재산에 수익자의 행위가 개입되어 얻어진 이른바 운용이익의 경우, 그것이 사회통념상 수익자의 행위가 개입되지 아니하였더라도 부당이득된 재산으로부터 손실자가 통상 취득하였으리라고 생각되는 범위 내에서는 반환해야 할 이득의 범위에 포함된다(2005다34711 판결).

3. 부당이득의 반환방법

(1) 원물반환

부당이득의 반환은 원물반환을 원칙으로 한다(제741조 제1항 전문). 즉, 부당이득을 반환할 때에는 수익자가 받은 목적물을 반환하여야 하며, 그 목적물이 특정물인 경우는 물론이고 불특정물(대체물)이라고 하더라도 수익자가 받은 그 물건을 그대로 반환해야 한다.

판례 ➡ 부당이득이 성립되는 경우 그 부당이득의 반환은 법률상 원인없이 이득한 것을 반환하여 원상으로 회복하는 것을 말하므로, 법률상 원인없이 제3자에 대한 채권을 취득한 경우, 만약 채권의 이득자가 이미 그 채권을 변제받은 때에는 그 변제받은 금액이 이득이 되어 이를 반환하여야 할 것이나, 아직 그 채권을 현실적으로 추심하지 못한 경우에는 손실자는 채권의 이득자에 대하여 그 채권의 반환을 구하여야 하고 그 채권 가액에 해당하는 금전의 반환을 구할 수는 없으며, 이는 결국 부당이득한 채권의 양도와 그 채권양도의 통지를 그 채권의 채무자에게 하여 줄 것을 청구하는 형태가 된다(95다22061 판결).

(2) 가액반환

① 원물반환의 불능

수익자가 받은 물건을 소비 또는 처분하였거나 노무에 의하여 수익한 것처럼 원물을 반환할 수 없는 때에는 그 가액을 반환하여야 한다(제747조 제1항). 원물의 반환불능은 사회관념에 따라 판단하여야 하며, 목적물이 심하게 훼손되어 동일성을 잃은 경우에도 멸실에 준하여 가액반환을 하여야 한다. 수익자가 얻은 이익이 그 성질상 원물반환이 불가능한 경우에는 당연히 가액반환에 의하게 된다. 가령, 수익자가 얻은 이익이 금전의 지급, 노무의 제공, 물건의 사용 등에 의한 경우가 그렇다.

② 반환불능의 판단시기

원물의 반환불능의 판단시기는 반환청구시가 아니라 반환시라고 하여야 하므로, 반환청구시에는 원물이 존재하였다고 하더라도 반환시에 원물반환이 불가능해진 경우에는 가액반환에 의하게 된다.

③ 가액산정의 기준시기

가액산정의 기준시기는 불능의 사실이 발생한 시기라고 하여야 하므로, 가액은 불능시의 목적물의 시가에 의해 산정하는 것이 원칙이다. 다만, 수익자가 손실자의 노무에 의해 이득을 얻은 경우와 같이 처음부터 원물반환이 불가능한 경우에는 부당이득시를 기준으로 가액을 산정하여야 한다.

④ 반환불능의 입증책임

원물의 반환불능에 관한 입증책임은 수익자가 부담한다. 따라서 수익자가 이에 대해 주장하여 입증하지 못하면 원물을 반환해야 한다.

Ⅱ. 선의의 수익자의 반환범위

1. 현존이익의 반환

(1) 반환범위

선의의 수익자는 받은 이익이 현존하는 한도에서 반환의 책임이 있다(제748조 제1항). 즉, 선의의 수익자는 취득한 이득이 소비 등으로 소멸하고 있는 경우에는, 남은 이익의 한도에서 반환의 책임을 부담한다. 민법이 선의의 수익자에 대하여 반환범위를 현존이익[99]으로 제한하는 이유는, 이득이 법률상의 원인이 있는 유효한 것으로 믿은 수익자의 신뢰를 보호하기 위한 것이다.

물론 현존이익을 정함에 있어서도 이득을 얻기 위하여 지출한 비용을 공제하여야 하고, 수익자가 부당이득한 재산을 이용하여 얻은 운용이익도 그것이 통상 발생할 것이 아닌 이상 반환하지 않아도 된다(94다25551 판결).

판례 ➡ 일반적으로 수익자가 법률상 원인없이 이득한 재산을 처분함으로 인하여 원물반환이 불가능한 경우에 있어서 반환하여야 할 가액은 특별한 사정이 없는 한 그 처분 당시의 대가이나, 이 경우에 수익자가 그 법률상 원인없는 이득을 얻기 위하여 지출한 비용은 수익자가 반환하여야 할 이득의 범위에서 공제되어야 하고, 수익자가 자신의 노력 등으로 부당이득한 재산을 이용하여 남긴 이른바 운용이익도 그것이 사회통념상 수익자의 행위가 개입되지 아니하였더라도 부당이득된 재산으로부터 손실자가 당연히 취득하였으리라고 생각되는 범위 내의 것이 아닌 한 수익자가 반환하여야 할 이득의 범위에서 공제되어야 한다(94다25551 판결).

(2) 수익자의 선의의 의미

여기서 선의는 수익자가 자신이 얻은 수익이 법률상 원인없음을 알지 못하는 것을 가리킨다. 가령, 매매계약이 매도인의 기망행위로 취소되었더라도 매수인은 취소시부터 비로소 악의로 된다(제749조 제1항. 92다48635, 48642 판결). 물론 선의의 수익자가 패소한 때에는 그 소를 제기한 때부터 악의의 수익자로 본다(제749조 제2항). 이 경우 '그 소'는 부당이득을 이유로 그 반환을 구하는 소를 가리킨다(86다카1372 판결). 그리고 수익자는 선의이면 되고 선의에 대해 과실이 있는지의 여부는 묻지 않는다. 수익자의 악의에 대해서는 손실자가 입증하여야 한다(통설. 2009다24187, 24194 판결).

판례 ➡ 선의의 수익자가 패소한 때에는 그 소를 제기한 때부터 악의의 수익자로 간주되고(민법 제749조 제2항), 악의의 수익자는 그 받은 이익에 이자를 붙여 반환하고 손해가 있으면 이를 배상하여야 한다(민법 제748조 제2항). 여기에서 '패소한 때'라고 함은 점유자 또는 수익자가 종국판결에 의하여 패소 확정되는 것을 뜻하지만, 이는 악의의 점유자 또는 수익자로 보는 효과가 그때 발생한다는 것뿐이고 점유자 등의 패소판결이 확정되기 전에는 이를 전제로 하는 청구를 하지 못한다는 의미가 아니다. 그러므로 소유자가 점유자 등을 상대로 물건의 반환과 아울러 그 권원없는 사용으로 얻은 이익의 반환을 청구하면서 물건의 반환청구가 인용될 것을 전제로 하여 그에 관한 소송이 계속된 때 이후의 기간에 대한 사용이익의 반환을 청구하는 것은 허용된다고 할 것이다(2016다220044 판결).

(3) 현존이익의 판단시기

현존이익을 판단하는 시기는 원칙적으로 이득의 반환시를 기준으로 하여야 하고, 소가 제기된 경우에는 소제기시를 기준으로 하여야 한다. 즉, 소제기 없이 이득을 반환하는 경우에는 반

99) 현존이익의 범위에 관하여는 이상욱, "현존이익의 반환의무", 고시계 제48권 10호(2003. 10), 35면 이하 참조.

환할 때를 기준으로 현존이익을 산정하여야 하고, 소가 제기된 경우에는 소제기시를 기준으로 현존이익을 산정하여야 하며, 패소한 때에는 소의 제기시부터 악의의 수익자로서 반환의무를 부담한다(통설).

(4) 현존이익의 입증책임

부당이득에 있어서의 이득은 현존하는 것으로 추정되므로, 현존이익의 존재 여부에 관해서는 반환의무를 부담하는 수익자가 이를 입증하여야 한다. 다만, 판례는 금전의 경우에는 현존하는 것으로 추정하지만, 그 밖의 경우에는 반환청구권자가 현존이익의 존재사실을 입증하여야 하는 것으로 본다(69다2171 판결).

판례 ➡ 법률상 원인없이 타인의 재산 또는 노무로 인하여 이익을 얻고 이로 인하여 타인에게 손해를 가한 경우 그 이득금산정의 시기와 방법에 관하여는 법률상 특별한 제한이 없으며 그 취득한 것이 금전상의 이득인 때에는 그 금전은 이를 취득한 자가 소비하였는가의 여부를 불문하고 현존하는 것으로 추정된다(87다카768 판결, 96다32881 판결).

2. 원물반환의 경우의 문제점

(1) 원물이 훼손된 경우

선의의 수익자는 현존이익만을 반환하면 되므로, 이득의 목적물을 원물로 반환하는 경우에는, 반환할 때 또는 소를 제기할 때의 현상 그대로 반환하면 된다. 원물이 훼손되어 있다고 하더라도 그 상태대로 반환하면 되고, 그 훼손이 수익자의 귀책사유에 의한 것이라고 하더라도 문제가 되지 않는다.

(2) 과실의 반환

부당이득한 물건으로부터 과실이 발생한 경우에 그 과실도 반환하여야 하는가. 선의의 점유자는 과실을 취득하므로(제201조 제1항), 과실을 반환할 필요가 없다. 그리하여 과실에 준하는 사용이익도 반환할 필요가 없다(81다233 판결).

판례 ➡ 유류분권리자가 반환의무자를 상대로 유류분반환청구권을 행사하는 경우 그의 유류분을 침해하는 증여 또는 유증은 소급적으로 효력을 상실하므로, 반환의무자는 유류분권리자의 유류분을 침해하는 범위 내에서 그와 같이 실효된 증여 또는 유증의 목적물을 사용·수익할 권리를 상실하게 되고, 유류분권리자의 목적물에 대한 사용·수익권은 상속개시의 시점에 소급하여 반환의무자에 의하여 침해당한 것이 된다. 그러나 민법 제201조 제1항은 "선의의 점유자는 점유물의 과실을 취득한다"고 규정하고 있고, 점유자는 민법 제197조에 의하여 선의로 점유한 것으로 추정되므로, 반환의무자가 악의의 점유자라는 사정이 증명되지 않는 한 반환의무자는 목적물에 대하여 과실수취권이 있다고 할 것이어서 유류분권리자에게 목적물의 사용이익 중 유류분권리자에게 귀속되었어야 할 부분을 부당이득으로 반환할 의무가 없다. 다만 민법 제197조 제2항은 "선의의 점유자라도 본권에 관한 소에 패소한 때에는 그 소가 제기된 때로부터 악의의 점유자로 본다"고 규정하고 있고, 민법 제201조 제2항은 "악의의 점유자는 수취한 과실을 반환하여야 하며 소비하였거나 과실로 인하여 훼손 또는 수취하지 못한 경우에는 그 과실의 대가를 보상하여야 한다"고 규정하고 있으므로, 반환의무자가 악의의 점유자라는 점이 증명된 경우에는 악의의 점유자로 인정된 시점부터, 그렇지 않다고 하더라도 본권에 관한 소에서 종국판결에 의하여 패소로 확정된 경우에는 소가 제기된 때로부터 악의의 점유자로 의제되어 각 그때부터 유류분권리자에게 목적물의 사용이익 중 유류분권리자에게 귀속되었어야 할 부분을 부당이득으로 반환할 의무가 있다(2010다42624, 42631 판결).

(3) 비용상환의 청구

수익자가 원물에 대하여 비용을 지출한 때에는 그 비용의 상환을 청구할 수 있다(제203조). 부당이득에 관한 민법의 규정에서는 비용상환청구권에 관해 규정하는 바가 없으나, 비용상환청구권을 인정하지 않으면, 수익자의 비용으로 손실자가 부당이득을 하는 결과가 된다.

Ⅲ. 악의의 수익자의 반환범위

1. 반환범위의 확장

(1) 받은 이익에 이자 포함

악의의 수익자는 그 받은 이익에 이자를 붙여 반환하여야 하고, 손실자에게 손해가 있으면 이를 배상하여야 한다(제748조 제2항). 악의의 수익자는 부당이득임을 알고 있는 자이므로, 선의의 수익자에 비하여 반환의 범위를 확장하고 있는 것이다. 수익자가 이자를 지급하여야 하는 경우에 그 이율은 법정이율에 의한다(제379조).

(2) 수익자의 악의

수익자의 악의라고 하는 것은 자신의 이득이 법률상 원인이 없음을 알고 있는 것을 가리킨다. 가령, 계약이 부존재하거나 무효임을 알면서 급부를 수령한 채권자와 같은 경우이다. 부당이득 당시에는 선의였으나, 그 이후에 법률상 원인이 없음을 알게 된 경우에는, 그때부터 악의의 수익자로 인정된다. 가령, 계약이 취소된 경우에, 취소권을 행사하기 전에는 선의의 수익자이나 취소권이 행사된 이후에는 악의의 수익자로 인정된다. 또한 부당이득의 반환을 청구하는 소가 제기되어 수익자가 패소한 경우에는, 그 소를 제기한 때로부터 악의의 수익자로 취급된다. 수익자의 악의의 입증책임은 부당이득을 청구하는 손실자가 부담한다(2009다24187, 24194 판결).

판례 ➡ 제749조 제2항은 선의의 수익자가 패소한 때에는 그 소를 제기한 때부터 악의의 수익자로 본다고 규정하고 있다. 여기서 '악의'라고 함은, 민법 제749조 제1항에서 악의로 의제되는 경우 등은 별론으로 하고, 자신의 이익 보유가 법률상 원인없는 것임을 인식하는 것을 말하고, 그 이익의 보유를 법률상 원인이 없는 것이 되도록 하는 사정, 즉 부당이득반환의무의 발생요건에 해당하는 사실이 있음을 인식하는 것만으로는 부족하다(2009다24187, 24194 판결, 2013다1587 판결). 따라서 계약명의신탁에서 명의수탁자가 수령한 매수자금이 명의신탁약정에 기하여 지급되었다는 사실을 알았다고 하여도 그 명의신탁약정이 부동산 실권리자명의 등기에 관한 법률 제4조 제1항에 의하여 무효임을 알았다는 등의 사정이 부가되지 아니하는 한 명의수탁자가 그 금전의 보유에 관하여 법률상 원인없음을 알았다고 쉽사리 말할 수 없다.

(3) 악의의 수익자의 손해배상의무

악의의 수익자는 반환되어야 하는 이득을 초과하는 손해가 손실자에게 발생한 경우에는, 그에 대한 손해배상의무도 부담한다. 여기서의 손해배상의무는 본래의 부당이득반환의무에 추가된 의무로서, 채무불이행 또는 불법행위로 인한 손해배상의무의 성질을 갖는다. 가령, 계약의 무효 또는 취소로 인하여 목적물을 부당이득으로서 반환하여야 하는데, 이를 지체하여 손실자에게 손해를 발생시킨 경우에는 채무불이행으로 인한 손해배상에 해당된다. 또한 손실자의 물건을 불법점거하여 손해를 발생시킨 경우에는 불법행위로 인한 손해배상의무에 해당된다.

2. 반환하여야 할 내용

(1) 원물반환의 경우

원물이 존재하는 경우에는 원물을 반환하여야 한다. 원물이 수익자의 책임없는 사유로 멸실·훼손된 경우에는 수익자는 그에 대한 책임이 없다. 원물로부터 과실이 발생한 경우에는 과실도 원물과 함께 반환하여야 한다. 이 경우 소비하였거나 과실로 인하여 훼손 또는 수취하지 못한 경우에는 그 대가를 반환하여야 한다. 문제는 법정과실에 이자를 붙여 반환하여야 하는가이다. 판례는 제748조 제2항에 의하여 받은 이익에 이자를 붙여 반환하여야 한다고 한다(2001다61869 판결).

그리고 수익자가 원물에 대하여 비용을 지출한 때에는, 제203조에 의하여 비용상환을 청구할 수 있다. 물론 손실자에게 손해가 발생한 경우에는 그 손해도 배상하여야 한다.

(2) 가액반환의 경우

가액반환의 경우에는 제748조 제2항에 의하여 그 반환범위가 정해진다. 그러므로 원물의 가액을 반환하여야 하고, 그 가액에 이자를 붙여 반환하여야 한다.

판례 ➡ 매매계약이 무효인 때의 매도인의 매매대금반환의무는 성질상 부당이득반환의무로서 그 반환 범위에 관하여는 민법 제748조가 적용된다 할 것이고, 명문의 규정이 없는 이상 그에 관한 특칙인 민법 제548조 제2항이 당연히 유추적용 또는 준용된다고 할 수 없다(96다54997 판결).

Ⅳ. 악의의 전득자의 책임

수익자가 그 이익을 반환할 수 없는 경우에는, 수익자로부터 무상으로 그 이득의 목적물을 양수한 악의의 전득자가 수익자에 갈음하여 원물이나 가액을 반환할 책임을 부담한다(제747조 제2항). 이 경우 전득자는 수익자로부터 물건을 양수한 것이므로 그 수익에 법률상의 원인을 가지므로 손실자에 대하여 부당이득반환의무를 부담할 이유가 없음에도, 부당이득반환청구권의 실효성을 회복하기 위하여 악의의 무상전득자에게 반환의무를 인정한 것이다.

여기서 전득자의 악의란 수익자가 그 이득의 목적이 되는 물건을 법률상의 원인없이 취득하였음을, 전득 당시에 안 경우를 가리킨다. 처분행위의 무상성, 전득자의 악의, 수익자의 반환불능에 관해서는 반환청구권을 행사하는 손실자가 입증해야 한다. 이 경우 전득자는 손실자에 대하여 직접 부당이득반환책임을 부담한다.

제4관 부당이득반환청구가 부인되는 특례

Ⅰ. 비채변제

1. 의 의

비채변제란 채무가 존재하지 않음에도 불구하고 변제로서 급부를 하는 것을 말한다. 이러한 변제자의 급부는 법률상 원인이 없는 급부가 되는 것이므로, 변제자는 급부의 수령자에게 급부한 것을 부당이득으로서 반환청구할 수 있는 것이 원칙이다. 그러나 변제자가 악의인 경우(제742조, 제744조), 채무자가 기한 전에 변제한 경우(제743조), 타인의 채무의 변제 경우(제745조)에는 비채변제라고 하더라도 예외적으로 급부한 것의 반환청구가 인정되지 않는다.

2. 악의의 비채변제

(1) 개 념

악의의 비채변제란 변제자가 채무가 없음을 알면서도 변제로서 급부를 하는 경우를 가리킨다. 이러한 경우에는 변제한 것의 반환을 청구하지 못한다. 변제자가 채무가 없음을 알면서도 변제한 경우에, 나중에 그 반환을 인정하는 것은 신의칙에 반하기 때문이다.

(2) 요 건

① 채무가 존재하지 않을 것

악의의 비채변제가 인정되기 위해서는 채무가 존재하지 않아야 한다. 채무의 부존재는 계약이 무효인 경우와 같이 원래부터 채무가 없는 경우는 물론이고, 계약이 취소 또는 해제된 경우와 같이 채무가 후발적으로 소멸한 경우를 포함한다. 다만, 채무의 소멸시효가 완성되었음을 알면서도 변제로서 급부한 경우에는, 절대적 소멸설에 따르면 악의의 비채변제가 성립하나, 상대적 소멸설에 따르면 변제는 유효한 채무에 대한 것으로서 비채변제 자체가 성립되지 않는다. 절대적 소멸설에 따르더라도 채무의 소멸시효가 완성되었음을 모르고 변제하였다면, 도의관념에 적합한 비채변제로서 역시 반환청구가 인정되지 않는다고 할 것이다.[100]

② 변제로서 급부하였을 것

변제자가 변제할 의사로 수익자에게 급부를 하였어야 한다. 여기서의 급부는 완전한 급부는 물론이고, 일부급부 또는 불완전급부도 포함된다. 또한 본래의 변제에 갈음하여 대물변제가 행

---

100) 송덕수, 채권법각론, Rn. 233.

해진 경우와 제3자에 의한 변제의 경우도 포함된다. 다만, 변제는 변제자의 자유의사에 의한 것이어야 하며, 변제가 강제집행에 의하거나 강박에 의해 행해진 경우에는, 악의의 비채변제에 해당하지 않아서 변제한 것의 반환을 청구할 수 있게 된다(2004다54633 판결).

판례 ➡ 채무없는 자가 착오로 인하여 변제한 것이 아니라면 비채변제는 지급자가 채무없음을 알면서도 임의로 지급한 경우에만 성립하고, 채무없음을 알고 있었다 하더라도 변제를 강제당한 경우나 변제거절로 인한 사실상의 손해를 피하기 위하여 부득이 변제하게 된 경우 등 그 변제가 자기의 자유로운 의사에 반하여 이루어진 것으로 볼 수 있는 사정이 있는 때에는 지급자가 그 반환청구권을 상실하지 않는다(97다5541 판결).

③ 변제자가 채무없음을 알고 변제하였을 것(변제자의 악의)

변제자가 변제할 당시에 채무가 존재하지 않음을 알고 있어야 한다. 변제자가 채무가 없음을 알지 못하였다면 악의의 비채변제가 성립하지 않는데, 알지 못한데 대해 과실이 있었는가 하는 것은 문제가 되지 않는다(97다58453 판결, 2009다96847 판결). 악의 여부는 변제 당시를 표준으로 판단하여야 한다. 변제자의 악의에 대해서는 반환의무를 면하려고 하는 수익자가 입증하여야 한다.

판례 ➡ 민법 제742조 소정의 비채변제에 관한 규정은 변제자가 채무없음을 알면서도 변제를 한 경우에 적용되는 것이어서 채무없음을 알지 못한 경우에는 그 과실 유무를 불문하고 적용되지 아니하며, 변제자가 채무없음을 알았다는 점에 대한 입증책임은 반환청구권을 부인하는 측에 있다고 할 것이다(2008다41857 판결, 2010다68237 판결).

3. 변제기 전의 변제

채무는 변제기 전에 변제할 수 있다. 따라서 채무가 존재하는 한 그것을 변제기 전에 변제하였다고 하여 부당이득이 되지 않는다. 다만, 변제자가 변제기에 있지 않음을 알고 변제한 경우에는 기한의 이익을 포기한 것으로 볼 수 있으므로 변제한 것의 반환을 청구하지 못한다(91다6856 판결). 따라서 변제자가 착오로 인하여 변제기 전의 변제를 한 경우에는, 기한의 이익을 포기하였다고 할 수 없으므로, 수익자가 변제기 전의 변제로 이득을 얻은 경우에는 그 이득을 부당이득으로서 반환청구할 수 있다(제743조).

판례 ➡ 사용자가 근로자에 대하여 중간퇴직처리를 하면서 퇴직금을 지급하였으나 그 퇴직처리가 무효로 된 경우 이는 착오로 인하여 변제기에 있지 아니한 채무를 변제한 경우에 해당한다고 할 수 없으므로, 이미 지급한 퇴직금에 대한 지급일 다음날부터 최종퇴직시까지의 연 5푼의 비율에 의한 법정이자 상당액은 부당이득에 해당하지 않는다(2004다34790 판결).

4. 도의관념에 적합한 비채변제

채무가 없음에도 착오에 의해 채무가 있다고 오인하여 변제한 경우에는 변제한 것의 반환청구가 인정되어야 한다. 그러나 그 변제가 도의관념에 적합한 것이면 반환청구가 인정되지 않는다(제744조). 가령, 친족 간의 부양의무가 없음에도 착오로 부양의무가 있는 것으로 오인하여 부양의무를 이행한 때 그렇다. 또한 채무의 소멸시효가 완성되었는 데도 불구하고 착오로 이를 알지 못하고 변제한 경우에는, 절대적 소멸설에 따르면 도의관념에 적합한 비채변제가 된다.

변제가 도의관념에 적합한가 아닌가는 사회의 미풍양속이나 도덕적인 의무 등을 고려하여 객관적으로 판단되어야 한다.

판례 ➡ '민법' 제744조가 정하는 도의관념에 적합한 비채변제에 있어서 그 변제가 도의관념에 적합한 것인지 여부는, 객관적인 관점에서 그 비채변제의 급부가 수령자에게 그대로 보유되는 것이 일반인의 법감정에 부합하는 것으로서, 그 대상인 착오에 의한 비채변제가 강행법규에 위반한 무효의 약정 또는 상대방의 고의·중과실의 위법행위에 기하여 이루어진 것인 경우에는 그러한 변제행위를 도의관념에 적합한 비채변제라고 속단하여서는 안 될 것이다(95다52222, 52239 판결, 2005다64675 판결, 2007다67654 판결).

5. 타인의 채무의 변제

타인채무의 변제는 두가지 경우가 있다. 하나는 채무자 아닌 자가 '타인의 채무'로서 변제한 경우이고, 다른 하나는 채무자 아닌 자가 '자기의 채무'로서 변제한 경우이다.

우선 변제자가 타인의 채무라는 것을 알면서 변제한 경우에는, 변제는 유효한 것이 되어 채무가 소멸하고, 변제자와 수익자 사이에 부당이득의 문제는 발생하지 않는다(제469조 제1항). 단지 변제자와 원래의 채무자 사이에 사무관리가 성립하여 구상권이 문제될 뿐이다.

그러나 변제자가 착오로 타인의 채무를 자신의 채무로 믿고 변제한 경우에는 변제는 유효하지 않다. 따라서 변제자는 수익자에게 변제한 것을 부당이득으로서 반환청구할 수 있다. 다만, 수익자가 제3자의 변제를 유효한 변제로 믿은 경우에는, 그 신뢰를 보호하여 수익자의 손해를 방지할 필요가 있다(91다17917 판결 참조). 여기에서 민법은 채무자가 아닌 제3자가 착오로 인하여 타인의 채무를 변제한 경우에, 채권자가 선의로 채권에 관한 증서를 훼멸하거나, 담보를 포기하거나, 소멸시효로 인하여 그 채권을 잃은 경우에는, 변제자는 변제한 것의 반환을 청구하지 못하게 하고 있다(제745조 제1항). 이 경우 원래의 채무자는 채무의 소멸에 의하여 부당이득을 한 것이 되므로, 변제자는 채무자에 대하여 구상권을 행사할 수 있다(제745조 제2항).

Ⅱ. 불법원인급여

1. 의 의

불법원인급여는 불법을 원인으로 하여 재산을 급부하거나 노무를 제공하는 것을 말한다. 가령, 사행행위나 범죄행위 또는 불륜행위 등에 기초하여 급여가 행해지는 경우를 가리킨다. 민법은 제746조에서 불법원인급여에 대해서 원칙적으로 그 반환을 인정하지 않는다.

불법원인급여에 관한 제746조는 제103조와 표리관계에 있는 것으로 본다(통설 · 판례). 제103조는 반사회적 법률행위를 무효로 정하고 있는데, 제746조는 제103조에 기해 급부가 이루어진 경우에 법적 보호를 거절함으로써 제103조의 취지를 실천하여 정의를 실현하려는 것으로 이해한다(93다55234 판결).

다만, 불법원인급여의 반환청구권을 인정하지 않는 것은, 불법을 원인으로 하여 급여를 받은 이득을 수익자로 하여금 보유하도록 하는 결과가 되므로 형평에 어긋나는 결과가 될 수도 있다. 따라서 부당이득반환청구권을 인정할 것인지 거절할 것인지 여부는 급여자와 수익자의 불법성을 상호비교하여 판단해야 할 것이다.

2. 요 건

(1) 급여가 불법을 원인으로 할 것

① 불법

제746조의 불법의 의미에 대해서는 견해가 갈린다. i) 선량한 풍속 기타 사회질서에 위반하는 것을 의미하고, 강행법규의 위반은 포함되지 않는다는 견해,[101] ii) 선량한 풍속 기타 사회질서에 위반하는 경우를 의미하나, 강행법규 위반의 경우는 반환금지 내지 반환허용의 경우로 구분될 수 있다는 견해,[102] 선량한 풍속 기타 사회질서에 관한 강행법규와 단속법규 중 효력규정의 위반만을 의미한다는 견해,[103] 제746조의 불법을 인격적 비난을 받아야 할 악으로서 풀이하는 견해[104]로 갈린다.

판례는 불법의 원인이라 함은 그 원인되는 행위가 선량한 풍속 기타 사회질서에 위반하는 것으로서, 법률의 금지에 위반하는 경우라 할지라도 그것이 선량한 풍속 기타 사회질서에 위반하지 않는 경우에는 이에 해당하지 않는다고 한다(2010다77477 판결).

본래 불법을 저지르고 법의 보호를 받는 것은 허용되어서는 아니된다. 하지만, 불법개념을 넓게 해석하면 불법급여자의 반환청구를 배척함으로써 정의의 관념에 부합하는 측면은 있으나, 반사회적 법률행위의 무효를 규정한 제103조에 반하는 결과가 됨과 아울러 수익자로 하여금 반사적 이익을 얻게 함으로써 공평의 관념에 반하게 된다. 그렇다고 불법개념을 좁게 해석하면 불법을 행한 자가 오히려 법의 보호를 받는 결과가 되어 정의관념에 부합하지 않는다. 그러므로 판례처럼 불법개념과 반사회성을 동일선상에 있는 것으로 해석하기보다는 반사회적 법률행위 중에서 선량한 풍속에 위반하지 않는 순수 사회질서 위반의 법률행위로서 무효인 경우에는 제746조의 불법에 해당하지 않는 것으로 해석할 것이다.[105]

---

101) 곽윤직, 채권각론, 364면.
102) 이은영, 채권각론, 710면.
103) 지원림, 민법강의, Rn. 5-261.
104) 고상룡, 민법총칙, 347면.
105) 송덕수, 채권법각론, Rn. 237, 정상현, "민법 제746조 불법의 의미에 대한 일고찰," 민사법학 제19호(2001.3), 188면.

판례 ➡ 부당이득의 반환청구가 금지되는 사유로 민법 제746조가 규정하는 불법원인은 그 원인되는 행위가 선량한 풍속 기타 사회질서에 위반하는 경우를 말하는 것으로서, 법률의 금지에 위반하는 경우라 할지라도 그것이 선량한 풍속 기타 사회질서에 위반하지 않는 경우에는 이에 해당하지 않는다(83다430 판결, 2003다41722 판결 등). 부동산 실권리자명의 등기에 관한 법률이 규정하는 명의신탁약정은 부동산에 관한 물권의 실권리자가 타인과의 사이에서 대내적으로는 실권리자가 부동산에 관한 물권을 보유하거나 보유하기로 하고 그에 관한 등기는 그 타인의 명의로 하기로 하는 약정을 말하는 것일 뿐이므로, 그 자체로 선량한 풍속 기타 사회질서에 위반하는 경우에 해당한다고 단정할 수 없을 뿐만 아니라, 위 법률이 비록 부동산등기제도를 악용한 투기·탈세·탈법행위 등 반사회적 행위를 방지하는 것 등을 목적으로 제정되었다고 하더라도, 무효인 명의신탁약정에 기하여 타인 명의의 등기가 마쳐졌다는 이유만으로 그것이 당연히 불법원인급여에 해당한다고 볼 수 없다(2003다41722 판결, 2013다74769 판결).

② 원인

급여의 원인이 불법이어야 한다. 가령, 마약의 인도와 같이 급여 자체가 불법인 경우, 성매수의 대가로 금전을 지급하는 때와 같이 급여의 원인이 된 법률관계가 불법인 경우, 범죄를 조건으로 증여를 하는 때와 같이 법률관계에 불법의 조건이 붙은 경우, 범죄행위에 소요되는 자금의 지급과 같이 불법적인 동기가 표시된 법률행위의 경우 등에는 불법성이 인정된다.

급여원인의 불법 여부는 법률행위의 목적이 사회질서에 위반하는가 여부를 판단할 때와 마찬가지로 판단할 수 있을 것이다. 따라서 급여의 내용 자체가 불법한 때는 물론이고, 급여 자체는 불법성을 결여하더라도 금전적 대가가 결부되거나 불법을 조건으로 하여 급여한 경우에는 불법성이 인정될 수 있을 것이다. 동기가 불법인 경우에도 급여원인에 불법성이 인정될 수 있을 것이다(4294민상1296 판결).

③ 불법의 인식 여부

급여자가 급여를 함에 있어서 불법을 인식하였어야 하는가가 문제가 된다. 급여자가 급여를 함에 있어서 불법을 인식하지 않았다고 하더라도 불법원인급여의 성립을 인정할 수 있다고 할 것이다(통설). 선량한 풍속은 도덕률에 속하기 때문이다.

(2) 급여가 행해졌을 것

불법원인급여가 성립하기 위해서는 불법의 원인으로 재산을 급여하거나 노무를 제공하였어야 한다. 급여는 급여자의 의사에 기초한 재산적 가치있는 출연을 의미한다. 따라서 급여자의 의사에 기초하지 않은 급여는 여기에서의 급여가 아니다. 여기에서의 이익에는 법률상의 이익 외에 사실상의 이익도 포함한다. 그리고 급여가 있다고 하기 위해서는 종국적이어야 한다.

판례 ➡ 민법 제746조가 불법의 원인으로 인하여 재산을 급여하거나 노무를 제공한 때에 그 이익의 반환을 청구하지 못하도록 규정한 것은, 그에 대한 법적 보호를 거절함으로써 소극적으로 법적 정의를 유지하려고 하는 취지이므로, 위 법조항에서 말하는 이익에는 사실상의 이익도 포함되나, 그 이익은 재산상 가치가 있는 종국적인 것이어야 하고, 그것이 종속적인 것에 불과하여 수령자가 그 이익을 향수하려면 경매신청을 하는 것과 같이 별도의 조치를 취하여야 하는 것은 이에 해당하지 않는다(93다55234 판결).

판례 ➡ 비록 불법원인이라 할지라도 부동산을 급여의 대상으로 하는 때에는 등기를 경유하지 않았거나 등기를 이행한 경우에도 그것이 소재지관서의 증명없는 농지양도로서 그 원인이 무효인 경우에는 '재산의 급여'가 있었다고 볼 수 없다(66다531 판결).

(3) 불법의 원인이 급여자에게 있을 것

불법원인급여는 불법을 저지른 급여자의 반환청구권을 거절하는 제도이다. 따라서 급여자에게는 불법의 원인이 없고 수익자에게만 불법의 원인이 있는 경우에는 반환청구권이 부정되지 않는다. 가령, 폭리행위의 경우에는 불법의 원인이 수익자에게만 있으므로, 급여자는 급여한 것의 반환을 청구할 수 있다.

문제는 수익자에게도 불법의 원인이 있는 경우이다. 판례는 이른바 불법성 비교이론에 입각하여, 수익자의 불법성이 급여자의 그것보다 현저히 커서 급여자의 반환청구를 허용하지 않는 것이 오히려 공평과 신의칙에 반하게 되는 경우에는, 급여자에게 다소 불법의 원인이 있더라도 반환청구가 허용된다고 새긴다(95다49530, 49547 판결).

또한 문제는 불법을 원인으로 하여 무효인 것을 알면서 급여자가 급여를 한 경우에, 악의의 비채변제에 해당하는가 아니면 불법원인급여에 해당하는가에 있다. 물론 어느 경우이든 급여자의 반환청구가 인정되지 않지만, 불법의 원인이 수익자에게만 존재하는 예외적인 경우에는 결과가 달라진다. 악의의 비채변제에 해당한다고 보면, 불법의 원인이 수익자에게만 존재하는 경우에도 반환청구를 인정할 수 없게 되나, 불법원인급여에 해당한다고 하면 반환청구를 인정할 수 있게 된다. 불법의 원인이 존재하지 않는 급여자의 반환청구를 부정할 것은 아니라는 점에서 불법원인급여에 해당하는 것으로 하여 반환청구를 인정해야 할 것이다.

3. 효 과

(1) 반환청구권의 부인

불법원인급여의 경우에는 급여자는 급여로 인한 이익의 반환을 청구하지 못한다(제746조 본문). 원물반환은 물론이고 가액반환도 인정되지 않는다. 급여자 자신은 물론이고 그 상속인과 같은 권리승계인도 같다.

문제는 불법의 원인으로 물건의 소유권을 이전한 경우에 그것이 불법원인급여로서 반환청구가 거절되는 경우에 그 소유권은 누구에게 귀속하는지에 있다. 소유권은 반사적으로 수령자에게 귀속하는 것으로 보아야 할 것이다. 그렇지 않으면 소유자는 소유권은 있어도 소유권을 행사할 수 없게 되고, 수령자는 급여의 목적물을 사용할 수는 있어도 소유권은 없는 것으로 되기 때문이다(89다카5994 판결).

판례 ➡ 민법 제746조는 단지 부당이득제도만을 제한하는 것이 아니라 동법 제103조와 함께 사법의 기본이념으로서, 결국 사회적 타당성이 없는 행위를 한 사람은 스스로 불법한 행위를 주장하여 복구를 그 형식 여하에 불구하고 소구할 수 없다는 이상을 표현한 것이므로, 급여를 한 사람은 그 원인행위가 법률상 무효라 하여 상대방에게 부당이득반환청구를 할 수 없음은 물론 급여한 물건의 소유권은 여전히 자기에게 있다고 하여 소유권에 기한 반환청구도 할 수 없고 따라서 급여한 물건의 소유권은 급여를 받은 상대방에게 귀속된다(79다483 전원합의체 판결).

(2) 반환특약의 효력

당사자가 불법을 원인으로 급여한 것의 반환을 인정하는 특약을 한 경우에, 그 특약의 효력이 문제가 된다. 이 경우 특약의 효력을 인정한다면 불법원인급여제도의 적용을 회피하는 것을 허용하는 결과가 되므로, 특약의 효력은 인정되지 않는다고 보아야 할 것이다. 다만, 불법원인급여는 급여자의 반환청구권을 거절하는 제도에 그치므로, 이러한 특약에 기초하여 수익자가 임의로 반환하는 것까지 금지되는 것은 아니다.

(3) 물권적 청구권과의 관계

불법원인급여에 의해 반환청구권이 금지되는 경우에, 물권적 청구권을 행사해서 반환청구할 수 있는가가 문제된다. 가령, 불법한 원인으로 목적물의 소유권을 수익자에게 이전한 경우에 불법원인급여에 기한 반환청구권은 이전되지 않지만, 급여자는 소유물반환청구권에 기하여 목적물의 반환을 청구할 수 있겠는가이다. 통설・판례는 불법원인급여는 물권적 청구권에도 적용되므로, 소유권에 기한 반환청구권이 인정되지 않는다고 한다(79다483 전원합의체 판결).

판례 ➡ 민법 제746조의 규정취의는 민법 제103조와 함께 사법의 기본이념으로 사회적 타당성이 없는 행위를 한 사람은 그 형식 여하를 불문하고 스스로 한 불법행위의 무효를 주장하여 그 복구를 소구할 수 없다는 법의 이상을 표현한 것이고 부당이득반환청구만을 제한하는 규정이 아니므로 불법의 원인으로 급여를 한 사람이 그 원인행위가 무효라고 주장하고 그 결과 급여물의 소유권이 자기에게 있다는 주장으로 소유권에 기한 반환청구를 하는 것도 허용할 수 없는 것이니, 도박채무가 불법무효로 존재하지 않는다는 이유로 양도담보조로 이전해 준 소유권이전등기의 말소를 청구하는 것은 허용되지 않는다(89다카5994 판결).

(4) 불법행위로 인한 손해배상청구권과의 관계

불법원인급여는 사회질서에 대한 위반행위를 한 자의 반환청구를 인정하지 않는 제도이므로, 불법행위로 인한 손해배상청구권의 형식을 빌려서 반환청구의 목적을 달성하는 것도 인정되지 않는다. 가령, 범죄행위를 위하여 조성한 자금을 공모자의 일부가 횡령한 경우와 같이, 급여자도 그 사회질서의 위반행위에 가담했음이 밝혀진 경우에는, 횡령으로 인한 손해배상청구권이 인정되지 않는다.

판례➡ 불법의 원인으로 재산을 급여한 사람은 상대방 수령자가 그 '불법의 원인'에 가공하였다고 하더라도 상대방에게만 불법의 원인이 있거나 그의 불법성이 급여자의 불법성보다 현저히 크다고 평가되는 등으로 제반 사정에 비추어 급여자의 손해배상청구를 인정하지 아니하는 것이 오히려 사회상규에 명백히 반한다고 평가될 수 있는 특별한 사정이 없는 한 상대방의 불법행위를 이유로 그 재산의 급여로 말미암아 발생한 자신의 손해를 배상할 것을 주장할 수 없다고 할 것이다. 그와 같은 경우에 급여자의 위와 같은 손해배상청구를 인용한다면, 이는 급여자는 결국 자신이 행한 급부 자체 또는 그 경제적 동일물을 환수하는 것과 다름없는 결과가 되어, 민법 제746조에서 실정법적으로 구체화된 법이념에 반하게 되는 것이다(2013다35412 판결).

Ⅲ. 다수당사자 사이에서의 부당이득

1. 단축된 급부에 있어서의 부당이득

단축된 급부는 3인 이상의 당사자가 순차적으로 채무를 부담하고 있는 경우에, 채무의 이행을 위한 급부가 처음의 당사자로부터 마지막 당사자에게로 직접 행해지는 경우를 말한다. 가령, A는 B에게 채무를 부담하고, B는 C에게 채무를 부담하는 데, 급부의 편의를 위한 B의 부탁으로 A가 직접 C에게 급부를 하여 모든 채무관계를 소멸시킨 때와 같은 경우이다.

이 경우에 A와 B의 법률관계가 무효가 되어 A가 부당이득반환청구권을 취득한 때에, C를 상대로 급부한 것의 반환청구권을 행사할 수 있는가 하는 것이 문제된다. A의 법률관계의 상대방은 B뿐이고 C는 법률관계의 상대방이 아니며, C는 B에 대한 채권에 기초하여 급부를 수령한 것이므로 법률상 원인이 있는 급부의 수령이라고 할 수 있다. 따라서 A는 B를 상대로 부당이득반환청구권을 행사하여야 하고(2009다98706 판결 등), C에 대해서는 부당이득반환청구권을 행사할 수는 없다고 하여야 한다.

판례➡ 계약의 일방당사자가 계약상대방의 지시 등으로 급부과정을 단축하여 계약상대방과 또다른 계약관계를 맺고 있는 제3자에게 직접 급부한 경우(이른바 삼각관계에서의 급부가 이루어진 경우), 그 급부로써 급부를 한 계약당사자의 상대방에 대한 급부가 이루어질 뿐 아니라 그 상대방의 제3자에 대한 급부도 이루어지는 것이므로 계약의 일방당사자는 제3자를 상대로 하여 법률상 원인없이 급부를 수령하였다는 이유로 부당이득반환청구를 할 수 없다(2001다46730 판결). 이러한 경우에 계약의 일방당사자가 계약상대방에 대하여 급부를 한 원인관계인 법률관계에 무효 등의 흠이 있거나 그 계약이 해제되었다는 이유로 제3자를 상대로 하여 직접 부당이득반환청구를 할 수 있다고 보면 자기 책임하에 체결된 계약에 따른 위험부담을 제3자에게 전가하는 것이 되어 계약법의 원리에 반하는 결과를 초래할 뿐만 아니라 수익자인 제3자가 계약상대방에 대하여 가지는 항변권 등을 침해하게 되어 부당하다(2006다46278 판결, 2014다77956 판결).

판례➡ 계약상 금전채무를 지는 이가 채권자 갑의 지시에 좇아 갑에 대한 채권자 또는 갑이 증여하고자 하는 이에게 직접 금전을 지급한 경우 또는 남의 경사를 축하하기 위하여 꽃을 산 사람이 경사의 당사자에게 직접 배달시킨 경우와 같이, 계약상 급부가 실제적으로는 제3자에게 행하여졌다고 하여도 그것은 계약상 채무의 적법한 이행(이른바 '제3자방(제삼자방) 이행')이라고 할 것이다. 이때 계약의 효력이 불발생하였으면, 그와 같이 적법한 이행을 한 계약당사자는 다른 특별한 사정이 없는 한 그 제3자가 아니라 계약의 상대방 당사자에 대하여 계약의 효력불발생으로 인한 부당이득을 이유로 자신의 급부 또는 그 가액의 반환을 청구하여야 한다(2009다98706 판결, 2012다92258 판결도 참조).

판례 ➡ 제3자를 위한 계약관계에서 낙약자와 요약자 사이의 법률관계(이른바 기본관계)를 이루는 계약이 무효이거나 해제된 경우 그 계약관계의 청산은 계약의 당사자인 낙약자와 요약자 사이에 이루어져야 하므로, 특별한 사정이 없는 한 낙약자가 이미 제3자에게 급부한 것이 있더라도 낙약자는 계약해제 등에 기한 원상회복 또는 부당이득을 원인으로 제3자를 상대로 그 반환을 구할 수 없다(2010다31860, 31877 판결).

2. 이른바 전용물소권(轉用物訴權)에서의 부당이득

전용물소권이란 채무자의 계약상 급부에 의해 채권자 뿐만이 아니고 제3자도 이득을 얻은 경우에, 채무자가 제3자를 상대로 부당이득의 반환청구권을 인정하는 것이다. 가령, 수급인 A가 도급인 B로부터 제3자 C 소유의 건물을 인도받아 수리한 결과 그 건물의 가치가 증가한 경우에, A가 B에 대하여 도급계약상 보수를 청구하는 이외에 C에 대하여도 부당이득반환청구권을 인정할 수 있는지가 문제된다.

위의 경우에서 수급인 A로 하여금 건물 소유자 C에게 부당이득반환청구권을 행사할 수 있게 하면, 수급인이 자신의 책임하에 체결한 도급계약상의 위험을 제3자인 소유자에게 강요하는 것이 되어 부당하다. 또한 도급인이 무자력자라 하더라도 보수청구권이 소멸하는 것이 아니므로, 이론상으로는 수급인에게 어떠한 손실이 발생한 것이 아니다. 따라서 수급인의 소유자에 대한 부당이득반환청구권은 이를 인정할 것은 아니다.

판례 ➡ 계약상 급부가 계약상대방뿐만 아니라 제3자의 이익으로 된 경우에 급부를 한 계약당사자가 계약상대방에게 계약상 반대급부를 청구할 수 있는 이 외에 제3자에 대하여 직접 부당이득반환청구를 할 수 있다고 보면, 자기 책임하에 체결된 계약에 따른 위험부담을 제3자에게 전가시키는 것이 되어 계약법의 기본원리에 반하는 결과를 초래할 뿐만 아니라, 채권자인 계약당사자가 채무자인 계약상대방의 일반채권자에 비하여 우대받는 결과가 되어 일반채권자의 이익을 해치게 되고, 수익자인 제3자가 계약상대방에게 가지는 항변권 등을 침해하게 되어 부당하므로, 위와 같은 경우 계약상 급부를 한 계약당사자는 이익의 귀속 주체인 제3자에게 직접 부당이득반환을 청구할 수는 없다고 보아야 한다(2011다48568 판결).

판례 ➡ 계약상 급부가 계약상대방 뿐 아니라 제3자에게 이익이 된 경우에 급부를 한 계약당사자는 계약상대방에 대하여 계약상 반대급부를 청구할 수 있는 이 외에 제3자에 대하여 직접 부당이득반환청구를 할 수는 없다고 보아야 하고, 이러한 법리는 급부가 사무관리에 의하여 이루어진 경우에도 마찬가지이다. 따라서 의무없이 타인을 위하여 사무를 관리한 자는 타인에 대하여 민법상 사무관리

규정에 따라 비용상환 등을 청구할 수 있는 외에 사무관리에 의하여 결과적으로 사실상 이익을 얻은 다른 제3자에 대하여 직접 부당이득반환을 청구할 수는 없다(2011다17106 판결).

제 4 절 불법행위로 인한 손해배상책임

제 1 관 서 설

Ⅰ. 불법행위의 의의와 성질

1. 의 의

일반적으로 불법행위는 다른 사람의 자유와 권리를 침해하고 사회의 공동생활을 위협하는 법질서 위반행위를 의미한다. 하지만, 민법은 고의 또는 과실로 인한 위법행위로 타인의 권리 기타 법익을 침해하여 손해를 발생시키는 행위만을 불법행위로 규율한다(제750조). 이러한 불법행위가 행해지면 가해자는 피해자에게 그로 인한 손해를 배상하여야 할 책임이 발생한다.

판례 ➡ 제3자에 의한 채권침해가 불법행위를 구성할 수는 있으나 제3자의 채권침해가 반드시 언제나 불법행위가 되는 것은 아니고 채권침해의 태양에 따라 그 성립 여부를 구체적으로 검토하여 정하여야 하는바, 독립한 경제주체 간의 경쟁적 계약관계에 있어서는 단순히 제3자가 채무자와 채권자 간의 계약내용을 알면서 채무자와 채권자 간에 체결된 계약에 위반되는 내용의 계약을 체결한 것만으로는 제3자의 고의·과실 및 위법성을 인정하기에 부족하고, 제3자가 채무자와 적극 공모하였다거나 또는 제3자가 기망·협박 등 사회상규에 반하는 수단을 사용하거나 채권자를 해할 의사로 채무자와 계약을 체결하였다는 등의 특별한 사정이 있는 경우에 한하여 제3자의 고의·과실 및 위법성을 인정하여야 한다(99다38699 판결).

2. 성 질

불법행위는 채무불이행과 마찬가지로 법질서 전체의 입장에서 허용되지 않는 위법행위로서, 채권발생원인이 된다. 즉, 불법행위는 법률요건으로서 사무관리, 부당이득 등과 함께 법정의 채권발생원인이 된다.

판례 ➡ 불법행위로 인한 손해배상청구권의 법적 성격은 법 제750조에 의하면, 불법행위의 요건이 충족되면 그 효과로서 불법행위로 인하여 생긴 손해의 배상을 청구하는 권리, 즉 가해자에 대한 피해자의 손해배상청구권이 발생하므로 불법행위는 사무관리·부당이득과 더불어 이른바 법정채권발생원인의 하나이고 그로 인한 손해배상청구권은 채권의 일종이므로 헌법이 보장하는 재산권의 내용에 포함되는 권리라고 보는 것이 타당하다. 그러므로 불법행위로 인한 손해배상청구권에 대하여는 헌법 제23조의 재산권보장에 관한 규정이 적용된다(2004헌바90 전원재판부 결정).

판례 ➡ 표시광고법상 허위·과장광고로 인한 손해배상청구권은 불법행위에 기한 손해배상청구권의 성격을 가진다고 할 것인데, 계약상 지위의 양도에 의하여 계약당사자로서의 지위가 제3자에게 이전되는 경우 계약상의 지위를 전제로 한 권리관계만이 이전될 뿐 불법행위에 기한 손해배상청구권은 별도의 채권양도절차없이 제3자에게 당연히 이전되는 것이 아니므로, 표시광고법상 허위·과장광고로 인한 손해배상청구권을 가지고 있던 아파트 수분양자가 수분양자의 지위를 제3자에게 양도하였다는 사정만으로 그 양수인이 당연히 위 손해배상청구권을 행사할 수 있다고 볼 수는 없고, 다만 허위·과장광고를 그대로 믿고 허위·과장광고로 높아진 가격에 수분양자 지위를 양수하는 등으로 양수인이 수분양자 지위를 양도받으면서 허위·과장광고로 인한 손해를 입었다는 등의 특별한 사정이 있는 경우에만 양수인이 그 손해배상청구권을 행사할 수 있다고 할 것이다(2012다15336 판결).

3. 위법행위에 따른 형사책임과 민사책임의 관계

(1) 민사책임과 형사책임의 구별

① 고대사회에서는 Talio 식 동해보복(同害報復) 관념을 거쳐 재화로 복수심을 사는 제도로서 속죄금 내지 화해금이 손해의 처리방식으로 이용되었다. 그 후 속죄금을 피해자측의 복수심을 기준으로 하지 않고 가해행위를 기준으로 산정하면서, 근대적 의미의 배상관념이 나타났다. 그리하여 형사책임으로부터 민사책임이 분화하게 되었다.[106] 민사책임은 손해전보를 통한 피해자의 구제를 목적으로 하면서 가해자에 대한 제재를 목적으로 하는 형사책임으로부터 분화되었다.

② 이처럼 민사책임은 위법한 행위로 타인의 권리 기타 법익을 침해하여 피해가 발생한 경우에 귀책사유 있는 자에게 그로 인한 손해의 배상의무를 지우는 것을 목적으로 한다.

이러한 민사책임은 크게 그 원인에 따라 계약책임(채무불이행책임)과 불법행위책임으로 구별할 수 있다. 물론 점유보호청구권, 물권적 청구권, 사무관리에 기한 비용상환청구권, 부당이득반환청구권에 따른 책임도 넓은 의미에서 민사책임에 속한다.

판례 ➡ 불법행위에 따른 형사책임은 사회의 법질서를 위반한 행위에 대한 책임을 묻는 것으로서 행위자에 대한 공적인 제재(형벌)를 그 내용으로 함에 비하여, 민사책임은 타인의 법익을 침해한 데 대하여 행위자의 개인적 책임을 묻는 것으로서 피해자에게 발생한 손해의 전보를 그 내용으로 하는 것이고, 손해배상제도는 손해의 공평·타당한 부담을 그 지도원리로 하는 것이므로, 형사상 범죄를 구성하지 아니하는 침해행위라고 하더라도 그것이 민사상 불법행위를 구성하는지 여부는 형사책임과 별개의 관점에서 검토하여야 한다(2006다6713 판결).

---

106) 김성태, "민·형사책임의 분화현상에 관한 일고찰", 경희법학 제20권 1호(1985), 95면; 김상용, "불법행위법의 변천", 민사법연구(2), 법원사, 1997, 158면 이하 참조.

③ 민사책임과 형사책임의 차이

가령, 타인 소유의 물건을 훔친 경우에는 민사상 불법행위(제750조)가 됨과 동시에 형사상 절도죄(형법 제329조)에 해당하는 범죄행위가 된다. 민사책임과 형사책임은 규범에 반하는 행위의 억제를 통해서 사회질서의 유지라는 역할을 같이 하지만, 그 목적을 달리하며 그에 따라 다음과 같은 차이가 있다.

민사책임의 목적은 위법행위로 인하여 발생한 손해의 전보, 즉 손해발생 전의 상태로의 회복에 있지만, 형평사상에 입각하여 발생한 손해를 적정하게 분배하는 것을 또한 목적으로 한다. 반면에 형사책임은 위법한 행위자에 대한 제재에 있으며, 부수적으로 범죄발생의 예방을 목적으로 한다.

이에 따라 형사책임은 행위자의 주관적 사정을 중시하여 원칙적으로 고의범을 처벌하며, 행위자의 악성(惡性)에 비추어 미수범도 처벌한다. 이에 대하여 민사책임은 발생한 손해를 전보하는 데 그 목적이 있으므로 가해자의 고의·과실은 동가치적으로 다루어지며 미수는 문제되지 않는다. 즉, 민사책임은 손해가 발생한 경우에만 문제된다. 또한 민사책임은 피해자의 과실을 고려하여 손해를 적정하게 분배함을 목적으로 한다(과실상계). 나아가 민사책임은 가해자에게 유책성이 없는 경우에도 손해배상의무를 인정하는 경우가 있다(무과실책임).

(2) 민사책임과 형사책임의 결합

① 민사책임과 형사책임은 그 요건과 목적에서 별개의 것으로서 하나의 가해행위에 대하여 양 책임이 발생할 수도 있지만, 어느 하나의 책임만이 생길 수도 있다. 가령, 형사재판에서 무죄판결이 선고되었어도 민사재판에서 불법행위로 인한 손해배상책임이 발생할 수 있다. 물론 제도적으로 양 책임이 관련되어 있는 경우도 있다. 배상명령제도라든가 형사면책제도를 들 수 있으며, 징벌적 손해배상제도도 그에 속하는 것으로 볼 수 있다.

② 배상명령제도

배상명령제도는 형사사건의 대상이 된 일정한 범죄행위의 피해자가 민사소송을 별도로 제기하지 않고서 그 배상청구권을 당해 형사재판절차에 부대(附帶)하여 행사하는 제도를 가리킨다. 그 법적 성질은 민사소송의 일종이라기보다는 형사소송에 부수하는 법정의 특수한 소송형태라고 볼 수 있는데, 1981년 소송촉진 등에 관한 특례법에 의해서 신설되었고, 가정폭력범죄의 처벌 등에 관한 특례법 제57조와 성매매 알선 등 행위의 처벌에 관한 특례법 제11조에서도 관련사건에 대한 배상명령을 수용하고 있다. 이 제도는 범죄행위로 인하여 피해자가 입은 일정한 손해를 형사절차와 병행하는 간이·신속한 절차에 의하여 배상받을 수 있게 함으로써 국민 편의를 도모하고자 하는 것이다.

판례 ➡ 소송촉진 등에 관한 특례법 제25조 제1항의 규정에 의한 배상명령은 피고인의 범죄행위로 피해자가 입은 직접적인 재산상 손해에 대하여 그 피해금액이 특정되고 피고인의 배상책임의 범위가 명백한 경우에 한하여 피고인에게 그 배상을 명함으로써 간편하고 신속하게 피해자의 피해회복을 도모하고자 하는 제도로서, 위 특례법 제25조 제3항 제3호의 규정에 의하면 피고인의 배상책임의 유무 또는 그 범위가 명백하지 아니한 경우에는 배상명령을 하여서는 아니되고, 그와 같은 경우에는 위 특례법 제32조 제1항에 따라 배상명령신청을 각하하여야 한다(96도945 판결, 2006도2407 판결, 2011도4194 판결 등).

③ 형사면책제도

형사법은 형사면책제도로서 자수감면(형법 제52조 제1항)·신고감면(특정범죄신고자등 보호법 제16조)제를 두고 있으며, 형사절차에서 수사협조를 적극적으로 유도하기 위하여 수사 등에 협조한 자에게 형벌을 감면하는 공범면책증언제도에 관한 형사소송법 개정안(2010년)이 나온 바 있다. 그리고 교통사고처리특례법은 교통사고를 일으킨 자가 보험업법 등에 따른 보험 또는 공제에 가입한 경우에는 원칙적으로 동법 제3조 제2항 본문에 규정된 죄를 범한 차의 운전자에 대하여 공소를 제기할 수 없도록 하고 있다(동법 제4조 제1항). 이는 자동차 수의 증가와 자가운전 확대에 즈음하여 운전자들의 종합보험 가입을 유도하여 교통사고피해자의 손해를 신속하고 적절하게 구제하고, 교통사고로 인한 전과자 양산을 방지하기 위한 데 그 취지가 있다(2005헌마764, 2008헌마118(병합) 전원재판부 결정).

④ 징벌적 손해배상제도

징벌적 손해배상은 가해자의 행위에 대한 징벌과 가해자 및 제3자의 장래 유사한 행위를 억지할 목적으로 부과되는 배상을 말한다. 징벌적 손해배상제도의 기능으로는 피해자에 대한 충분한 배상에 있기도 하지만, 고의의 불법행위에 대한 억제기능을 달성할 수 있다는 것을 들 수 있다. 특히 불법행위를 통해서 얻을 수 있는 이익이 이로 인해 예상되는 손해배상액보다 크다면 고의로 불법행위를 감행할 가능성이 있는데, 이러한 고의적 불법행위를 억제하기 위한 법적 장치로서 징벌적 손해배상제도의 필요성이 인정된다.

그렇지만 민법은 징벌적 손해배상을 인정하지 않고 있다. 불법행위로 인한 손해배상의 범위는 통상의 손해를 한도로 하고 있다(제763조, 제393조). 이러한 점에서 보면 민법상 불법행위제도의 주된 기능은 피해의 회복에 있으며, 피해의 예방이나 억제적 기능은 보충적 내지 부차적 기능에 속하는 것으로 볼 수 있다. 다만, 하도급거래 공정화에 관한 법률 제35조 제2항, 기간제 및 단시간근로자 보호 등에 관한 법률 제13조 제2항, 개인정보보호법 제39조 제3항, 신용정보의 이용 및 보호에 관한 법률 제43조 제2항에서 징벌적 손해배상제도를 도입하여 손해의 3배 범위에서 손해배상책임을 부과할 수 있는 규정을 두고 있다. 그러나 특히 2011년 징벌적 손해배상제도를 도입한 하도급거래 공정화에 관한 법률이 법원에서 적용된 예는 아직 나타나지 않고 있다. 이처럼 징벌적 손해배상 실적이 미미한 것은 하도급업체나 중소기업이 원청업체나 대기업의 거래중단 같은 보복을 두려워 해 신고 내지 소송을 꺼리기 때문인 것으로 보인다. 이와 같은 현실 속에서는 3배의 보상제도는 실효성이 없다는 것이다. 아무튼 가습기살균제피해사태에 대한 국민적 공분이 커지면서 법조계를 비롯하여 사태의 재발방지책으로 징벌적 손해배상제도를 전면적으로 도입해야 한다는 주장이 강하게 제기되고 있다.

판례 ➡ 징벌적 배상이란 가해자에게 특히 고의 등의 주관적인 악사정이 있는 경우에 보상적 손해배상에 덧붙여 위법행위에 대한 징벌과 동종행위의 억지를 주목적으로 하여 과하여지는 손해배상으로 코몬로(common law)상 인정되고 있는 구제방법의 일종으로서, 불법행위의 효과로 손해의 전보만을 인정하는 우리의 민사법 체계에서 인정되지 아니하는 형벌적 성질을 갖는 배상형태로서 우리 나라의 공서양속에 반할 수 있다(93가합19069 판결).

Ⅱ. 불법행위의 법적 규율과 다른 제도와의 관계

1. 불법행위의 법적 규율

사회공동생활은 양면적인 관계를 지니고 있다. 그 하나는 서로 이익을 주는 공동관계이고, 다른 하나는 필연적으로 서로 손해를 가할 수 있는 관계이다. 따라서 사회가 존재하는 한 타인에게 손해를 가하는 불법행위가 필연적으로 발생할 수 있다. 여기에서 민법은 피해자구제를 목적으로 하여 불법행위를 규율하는 규정을 두고 있다(제750조 이하). 다만, 민법상의 불법행위규정은 그 수가 적고(17개 조항), 일반적 추상적으로 규정되어 있다. 물론 구체적・열거적 규정을 두게 되면 다양한 모습의 불법행위의 발생에 대처하기 어려울 수가 있다. 그렇지만 사회의 변화에 따라 새로이 발생되는 불법행위의 유형에 대하여 민법상의 불법행위에 관한 규정만으로는 규율하는 데 한계가 있다. 여기에서 그러한 경우를 위하여 특별법이 제정되고 있다. 자동차손해배상보장법, 환경정책기본법, 제조물책임법, 원자력손해배상법 등이 그것이다.

판례 ➡ 이른바 개방적 구성요건의 형태를 취하는 우리 민법 제750조의 체제하에서 법원은 변화하는 현실에 부응하여 새로운 유형의 불법행위를 인정할 수 있으나, 과거에는 인정되지 못했던 새로운 유형의 불법행위를 인정함에는 신중하여야 하며 그렇게 하는 경우에도 법적 안정성과 예측가능성이라고 하는 법치주의의 법원리를 담보하기 위하여 불법행위로서 법의 제재를 받는 행위의 유형과 범위가 그 수범자로 하여금 쉽게 인식될 수 있도록 명확히 규정됨을 요한다(서울고법 94나15358 판결).

2. 다른 제도와의 관계

(1) 불법행위제도와 보험제도

사회생활 속에서 불가피하게 손해가 발생한 경우에 피해자의 입장에서는 피해구제를 충분히 받는 것이 중요하다. 문제는 가해자에게 피해를 전보해 줄 만한 충분한 자력이 없는 경우에 발생한다. 이러한 경우에는 피해자는 불법행위제도를 통해서도 손해전보라는 목적을 달성할 수 없게 된다. 물론 가해자에게 자력이 있는 경우에도 피해자에게 배상을 하고 나면 생계가 곤란하게 되는 경우도 있을 수 있다. 특히 무과실책임이 인정되는 기업활동의 분야에서는 손해배상을 하고나면 기업이 도산할 위험에 처할 수도 있다. 이러한 사정은 도시화・산업화로 인한 사고의 증대와 보편화로 인하여 가중될 수 있으며, 누구든지 잠재적 가해자로 만들 수 있다. 여기에서 잠재적 가해자들은 자연적으로 다른 제도적 장치를 통해서 배상능력을 확보함으로써 자신의 위험을 분산시키려고 할 것이다. 이것이 바로 책임보험제도이다.

책임보험제도는 피보험자가 보험자와의 계약에 따라 보험료를 지급하고, 보험기간 중의 사고로 인하여 손해배상책임을 지는 경우에, 보험자가 이를 보상하는 것을 내용으로 하는 보험제도이다(상법 제719조). 그리하여 보험계약자는 보험료를 지급한 것만으로 배상책임으로부터 벗어날 수 있게 되고, 이렇게 하여 같은 종류의 위험을 가진 다수의 보험계약자에게 위험을 분산하는 효과를 가지게 된다. 그리고 피해자는 보험자에게 직접 보험금을 청구할 수 있어서 충분하게 피해를 구제받을 수가 있게 된다(상법 제724조 제2항). 현행법상 책임보험이 강제되는 경우로는 자동차손해배상보장법에 의한 자동차책임보험(동법 제5조), 원자력손해배상법에 의한 원자력책임보험(동법 제5조 이하), 산업재해보상보험법(동법 제4조, 고용보험 및 산업재해보상보험의 보험료징수 등에 관한 법률 제5조 제3항)이 정하고 있는 보험 등을 들 수 있다. 특히 현대산업사회의 급속한 발전에 따라 산업재해의 위험이 증가하게 되고, 이에 따라 재해를 입은 근로자의 보호와 충분한 보상이 불가피하게 되었다. 근로자의 산업재해는 처음에는 주로 '과실책임주의'를 기초로 하여 사법상의 손해배상의 방법에 의해 해결하였으나, 2차 세계대전 이후에는 점차 '무과실책임이론'을 중심으로 한 직접보상제의 형식을 거쳐 사회보험제도로 변하고 있다(2004헌바2 전원재판부 결정, 2004헌바97 전원재판부 결정 참조).

판례 ➡ 자동차손해배상보장법 제26조 이하에서 규정하고 있는 자동차손해배상보장사업은 정부가 자동차의 보유자를 알 수 없거나 무보험 자동차의 운행으로 인한 사고에 의하여 사망하거나 부상을 입은 피해자의 손해를 책임보험의 한도 안에서 보상하는 것을 주된 내용으로 하는 것으로서, 뺑소니 자동차 또는 무보험 자동차에 의한 교통사고의 피해자 보호를 목적으로 하면서 법률상 강제되는 자동차책임보험제도를 보완하려는 것이다(2007다54351 판결).

판례 ➡ 산재보험제도는 현대산업사회에서 생산조직이 기계화되고 대규모화됨으로써 빈번히 발생하는 산업재해를 구제하기 위하여 기업과 산업재해 간의 인과관계를 인정하고 사회보험방식에 의하여 보험급여를 지급하는 것으로 그 본질적인 성격이 업무상 재해를 입은 근로자(이하 '피재근로자'라 한다)의 생존권의 확보에 있는 데 반하여, 손해배상제도는 과실책임주의를 근간으로 하는 개인주의적·자연주의적인 근대시민법원리의 손해배상이론을 그 전제로 하고 있으므로 피재근로자가 동일한 산업재해로 인한 손실 또는 손해에 대하여 이중으로 전보를 받더라도 이는 그 책임의 본질과 법적 성격을 전혀 달리하는 산재보험수급권과 손해배상청구권이 정하는 책임의 범위 내에서 국가와 사용자가 스스로의 책임을 부담하는 것일 뿐, 그 조정과정으로서 공제절차가 필연적으로 요청되는 것은 아니다(2004헌바97 전원재판부 결정). 산재보험법에 의한 산업재해보상보험제도는 불법행위로 인한 손해를 배상하는 제도와 그 취지나 목적을 달리하므로 법률에 특별한 규정이 없는 한 산재보험법에 의한 급여지급책임에는 과실책임의 원칙이나 과실상계의 이론이 적용되지 않고, 그 밖에 산재보험법의 입법취지와 목적, 산재보험법에 의한 보험급여가 갖는 근로자의 생활보장적 성격(93다38826 판결 등 참조) 등에 비추어 보면, 민사상 손해배상사건에서 손해의 확대 등에 기여한 기왕증을 참작하는 법리를 유추적용함으로써 산재보험법상 업무와 재해 사이의 인과관계를 비율적으로 인정할 수는 없다고 할 것이다(2010두4216 판결).

(2) 불법행위책임과 채무불이행책임의 관계

① 하나의 사실이 불법행위의 요건과 채무불이행의 요건을 충족하는 경우가 있다. 가령, 택시운전자의 과실로 사고가 일어나 승객이 다친 경우에 운송계약 위반에 따른 채무불이행책임의 요건과 인격적 법익의 침해로 인한 불법행위책임의 요건을 모두 갖추게 된다. 이 경우 피해자인 승객은 채무불이행으로 인한 손해배상청구권과 불법행위로 인한 손해배상청구권을 모두를 행사할 수 있는지에 대해서는 견해가 갈린다. 청구권경합설, 법조경합설, 청구권규범경합설이 그것이다.

청구권경합설은 채무불이행책임과 불법행위책임은 그 요건과 효과가 별개이므로 양 책임에 따른 손해배상청구권 모두가 성립하며, 피해자는 어느 청구권이라도 선택적으로 청구할 수 있다고 한다(통설).

법조경합설에 의하면 채무불이행책임은 계약관계 등 특별한 법률관계에 있는 사람들 사이의 책임이고, 불법행위책임은 그러한 법률관계를 전제로 하지 않는 책임이므로, 양 책임은 특별법과 일반법의 관계에 있는 것이므로, 특별법우선의 원칙에 따라 먼저 특수한 관계인 채무불이행책임을 적용하여야 하고, 일반법인 불법행위책임은 배제된다고 한다.[107]

청구권규범경합설은 위의 경우에 동일한 손해배상에 대한 청구권이 경합하는 것이 아니라, 즉 이 경우 청구권은 하나이고 단지 청구권규범이 동일한 손해배상에 대한 청구를 근거짓기 위하여 경합하는 것에 불과한 것이라고 한다.[108]

판례는 청구권경합설의 입장에 있다(82다카1533 전원합의체 판결, 2001다58269 판결 등).

판례 ➡ 전세권자는 전세물인 가옥을 선량한 관리자의 주의로써 보관할 의무가 있고 계약이 해지되면 전세물을 반환하여야 하는 채무를 지는 것이므로 전세권자의 실화로 인하여 가옥을 소실케 하여 그 반환의무를 이행할 수 없게 된 때에는 한편으로는 과실로 인하여 전세물에 대한 소유권을 침해한 것으로서 불법행위가 되는 동시에 한편으로는 과실로 인하여 채무를 이행할 수 없게 됨으로써 채무불이행이 되는 것이다(67다2251 판결).

판례 ➡ 운송계약상의 채무불이행책임이나 불법행위로 인한 손해배상책임은 병존하고, 운송계약상의 면책특약은 일반적으로 이를 불법행위책임에도 적용하기로 하는 명시적 또는 묵시적 합의가 없는 한 당연히 불법행위책임에 적용되지 않는다(99다8711 판결).

107) 김증한/김학동, 채권각론, 774면.
108) 황적인, 현대민법론Ⅳ[채권각론], 377면; 이은영, 채권각론, 384면 이하.

판례 ➡ 불법행위를 원인으로 한 손해배상을 청구한 데 대하여 채무불이행을 원인으로 한 손해배상을 인정한 것은 당사자가 신청하지 아니한 사항에 대하여 판결한 것으로서 위법이다(63다241 판결).

판례 ➡ 허위·과장광고로 인한 손해배상청구권은 불법행위에 기한 손해배상청구권의 성격을 가지는데, 계약상 지위의 양도에 의하여 계약당사자로서의 지위가 제3자에게 이전되는 경우 계약상 지위를 전제로 한 권리관계만이 이전될 뿐 불법행위에 기한 손해배상청구권은 별도의 채권양도절차없이 제3자에게 당연히 이전되는 것이 아니므로, 표시광고법상 허위·과장광고로 인한 손해배상청구권을 가지고 있던 아파트 수분양자가 수분양자의 지위를 제3자에게 양도하였다는 사정만으로 양수인이 당연히 위 손해배상청구권을 행사할 수 있다고 볼 수는 없고, 다만 허위·과장광고를 그대로 믿고 허위·과장광고로 높아진 가격에 수분양자 지위를 양수하는 등으로 양수인이 수분양자 지위를 양도받으면서 허위·과장광고로 인한 손해를 입었다는 등의 특별한 사정이 있는 경우에만 양수인이 손해배상청구권을 행사할 수 있다(2012다15336, 15343, 15350, 15367, 15374, 15381, 15398, 15404 판결).

양 청구권 모두 피해자를 구제하기 위한 법적 수단이다. 따라서 피해자는 사안에 따라 자기에게 유리한 방법을 선택하여 피해구제를 받을 수 있어야 할 것이다. 그리고 청구권경합설을 취하더라도 피해자는 자기가 입은 피해의 범위에서만 손해배상을 받을 수 있다는 점에서 가해자에게 가혹한 것이 아니다. 청구권경합설이 타당하다. 이러한 법리는 채무불이행책임과 부당이득반환청구권 등과의 관계에서도 적용된다.

판례 ➡ 법률행위가 사기에 의한 것으로서 취소되는 경우에 그 법률행위가 동시에 불법행위를 구성하는 때에는 취소의 효과로 생기는 부당이득반환청구권과 불법행위로 인한 손해배상청구권은 경합하여 병존하는 것이므로, 채권자는 어느 것이라도 선택하여 행사할 수 있지만 중첩적으로 행사할 수는 없다(92다56087 판결).

② 불법행위책임과 채무불이행책임의 차이점

불법행위와 채무불이행은 다 같이 위법행위로서 손해배상책임의 원인행위라는 점에서 같다. 그리하여 불법행위책임과 채무불이행책임은 과실책임의 원칙, 손해배상의 범위, 과실상계 및 책임능력에 있어서 차이가 없다. 그러나 채무불이행책임은 계약관계 등 일정한 채무관계를 전제로 하는 데 반해, 불법행위책임은 그러한 관계를 전제로 하지 않는다. 여기에서 입증책임, 타인의 행위에 대한 책임, 소멸시효기간, 위자료의 배상, 이행기, 상계, 간접피해자의 보호 등에서 차이가 있다.

판례 ➡ 계약 당시 당사자 사이에 손해배상액을 예정하는 내용의 약정이 있는 경우에는 그것은 계약상의 채무불이행으로 인한 손해액에 관한 것이고 이를 그 계약과 관련된 불법행위상의 손해까지 예정한 것이라고는 볼 수 없다(98다48033 판결).

판례 ➡ 구 표시·광고의 공정화에 관한 법률(2011. 9. 15. 법률 제11050호로 개정되기 전의 것, 이하 '표시광고법'이라 한다)상 허위·과장광고로 인한 손해배상청구권은 불법행위에 기한 손해배상청구권의 성격을 가지는 데, 계약상 지위의 양도에 의하여 계약당사자로서의 지위가 제3자에게 이전되는 경우 계약상 지위를 전제로 한 권리관계만이 이전될 뿐 불법행위에 기한 손해배상청구권은 별도의 채권양도절차없이 제3자에게 당연히 이전되는 것이 아니다(2012다15336 판결).

판례 ➡ 채무자가 부담하는 채무불이행으로 인한 손해배상채무와 제3자가 부담하는 불법행위로 인한 손해배상채무가 그 원인이 동일한 사실관계에 기한 것인 경우에는 하나의 동일한 급부에 관하여 수인의 채무자가 각자 독립해서 그 전부를 급부하여야 할 의무를 부담하는 경우로서 부진정연대채무관계에 있다(94다22446 판결 등).

[채무불이행책임과 불법행위책임의 비교]

구 분	불법행위책임	채무불이행책임
과실책임의 원칙	제750조	제390조
손해배상의 범위	제393조의 준용(제763조)	제393조
과실상계	제763조	제396조
책임능력	제753조(변식능력 없는 미성년자), 제754조(심신상실자) 책임무	의사능력이 없으면 무효
입증책임	피해자	채무자
타인의 행위에 대한 책임	피용자의 행위에 대한 사용자책임 (제756조, 과실책임)	이행보조자의 과실에 대한 채무자의 책임 (제391조, 무과실책임)
소멸시효기간	손해 및 가해자를 안 날로부터 3년, 불법행위 있은 날로부터 10년	이행기로부터 10년
위자료의 청구	명문의 규정 있음(제751조)	특별손해로서 고려(93다59779 판결, 2005다67971 판결 등)
이행기	손해의 발생시	기한의 도래 또는 최고시
상계	고의의 불법행위로 인한 채권을 수동채권으로 한 상계금지(제496조)	제한 없음
간접피해자	위자료청구 가능(제752조)	인정되지 않음

Ⅲ. 불법행위제도의 보호법익과 기능

1. 불법행위제도의 보호법익

(1) 불법행위제도는 권리 기타 법익의 침해로 인한 피해를 금전으로 산정해서 전보해 주는 방법을 통해서 피해자를 구제하는 제도이다. 이러한 불법행위제도에 의한 보호법익으로는 법익의 주체를 중심으로 인격적 법익, 재산적 법익, 환경적 법익을 들 수 있다. 물론 민법은 독일 민법 제823조 제1항(생명, 신체, 건강, 자유, 소유권 기타의 권리)이나 일본 민법 제709조(권리와 법률상 보호되는 이익)와 달리 불법행위법에 의한 보호법익을 그 요건으로 명시적으로 규정하지는 않

고 있다.

(2) 인격적 법익은 정신적 법익과 신체적 법익으로 구분할 수 있다. 정신적 법익에는 자유, 명예, 사생활, 성명, 초상, 가족관계 등이 있으며 신체적 법익에는 육체적 생명, 건강 내지 신체적 완전성 이익 등이 포함된다. 문제는 인격권이 권리인가에 있다. 일반적으로 권리는 외부의 객체를 대상으로 한다. 그런데 인격은 법적 주체라는 점에서 인격권의 객체를 상정하기 어렵다. 그렇지만 인격은 주체이면서 객체로서 보호의 대상이 되는 것으로 이해하면 인격의 보호를 객체로 하는 권리성을 인정할 수 있을 것이다. 물론 불법행위에 관하여 일반적 포괄적 규정을 두고 있는 현행 민법하에서 인격적 가치 내지 이익의 침해에 대한 손해배상청구만으로 충분하다면 인격권을 굳이 사법상의 권리로 승인할 필요는 없을 것이다. 그러나 인격적 가치 내지 이익의 침해에 대하여 손해배상 외에 방해제거 및 예방을 인정해야 할 필요성이 있는 점에서 권리성을 인정할 실익이 있다고 할 것이다.

판례 ➡ 헌법상의 기본권은 제1차적으로 개인의 자유로운 영역을 공권력의 침해로부터 보호하기 위한 방어적 권리이지만 다른 한편으로 헌법의 기본적인 결단인 객관적인 가치질서를 구체화한 것으로서, 사법을 포함한 모든 법 영역에 그 영향을 미치는 것이므로 사인간의 사적인 법률관계도 헌법상의 기본권규정에 적합하게 규율되어야 한다. 다만 기본권규정은 그 성질상 사법관계에 직접 적용될 수 있는 예외적인 것을 제외하고는 사법상의 일반원칙을 규정한 민법 제2조, 제103조, 제750조, 제751조 등의 내용을 형성하고 그 해석기준이 되어 간접적으로 사법관계에 효력을 미치게 된다. 헌법 제11조는 "모든 국민은 법 앞에 평등하다. 누구든지 성별·종교 또는 사회적 신분에 의하여 정치적·경제적·사회적·문화적 생활의 모든 영역에 있어서 차별을 받지 아니한다"라고 규정하여 평등의 원칙을 선언함과 동시에 모든 국민에게 평등권을 보장하고 있다. 따라서 사적 단체를 포함하여 사회공동체 내에서 개인이 성별에 따른 불합리한 차별을 받지 아니하고 자신의 희망과 소양에 따라 다양한 사회적·경제적 활동을 영위하는 것은 그 인격권 실현의 본질적 부분에 해당하므로 평등권이라는 기본권의 침해도 민법 제750조의 일반규정을 통하여 사법상 보호되는 인격적 법익침해의 형태로 구체화되어 논하여질 수 있고, 그 위법성 인정을 위하여 반드시 사인 간의 평등권 보호에 관한 별개의 입법이 있어야만 하는 것은 아니다(2009다19864 판결).

판례 ➡ 사람(종중 등의 경우에도 마찬가지이다.)이 갖는 명예에 관한 권리는 일종의 인격권으로 볼 수 있는 것으로서, 그 성질상 일단 침해된 후에는 금전배상이나 명예회복에 필요한 처분 등의 구제수단만으로는 그 피해의 완전한 회복이 어렵고 손해전보의 실효성을 기대하기 어려우므로, 이와 같은 인격권의 침해에 대하여는 사전예방적 구제수단으로 침해행위의 정지·방지 등의 금지청구권이 인정될 수 있다(96다17851 판결 등).

(3) 재산적 법익은 물권적 법익과 채권적 법익으로 구별할 수 있다. 절대권으로서 물권을 침해한 경우에는 위법성을 인정함에 있어서 논의의 여지가 없다. 그러나 상대권인 채권을 침해한 경우에 위법성을 인정하여 채권을 침해한 자에게 불법행위책임을 물음에 있어서는 신중을 요한다. 즉, 제3자에 의한 채권침해의 경우와 같이 피해자의 생명, 신체나 물건에 대한 침해를 수반

하지 않은 채 그 피해자의 소유권 이외의 재산적 이익에 발생한 순수재산손해도 불법행위법에 의하여 보호되는 법익이라고 할 수 있는데, 그 위법성의 인정에는 신중을 요한다.

판례 ➡ 제3자의 행위가 채권을 침해하는 것으로서 불법행위에 해당한다고 할 수 있으려면, 그 제3자가 채권자를 해한다는 사정을 알면서도 법규를 위반하거나 선량한 풍속 기타 사회질서를 위반하는 등 위법한 행위를 함으로써 채권자의 이익을 침해하였음이 인정되어야 하고, 이때 그 행위가 위법한 것인지 여부는 침해되는 채권의 내용, 침해행위의 태양, 침해자의 고의 내지 해의(害意)의 유무 등을 참작하여 구체적·개별적으로 판단하되, 거래자유보장의 필요성, 경제·사회정책적 요인을 포함한 공공의 이익, 당사자 사이의 이익균형 등을 종합적으로 고려하여 판단하여야 한다(2006다9446 판결, 2008다82582 판결, 2010다77538 판결 등).

(4) 환경적 법익은 생활환경을 통해 향유할 수 있는 법익이다. 생활환경은 신체적으로나 정신적으로 쾌적하게 생활할 수 있는 이익이라고 할 수 있다(헌법 제35조 제1항 참조). 민법은 환경적 법익 중에서 ① 생활방해가 있는 경우에는 이를 인접토지 상호 간의 이용조절의 문제로서 상린관계적 접근방식에 따라 규율하고 있다(제217조). 즉, 그 방해가 수인한도를 넘는 경우에는 적절한 조처를 할 것을 요구할 수 있다. 또한 그 방해가 수인한도를 넘는 경우에는 위법성이 인정되어 불법행위의 성립을 인정할 수 있게 된다(제750조). 그리하여 피해자는 그로 인한 손해배상을 청구할 수 있도록 한다. 가령, 악취를 발생시켜 이웃의 주거의 평온을 해치는 것은 이웃의 환경적 법익을 침해하는 것으로서, 이 경우 피해자는 방해배제 또는 손해배상을 청구할 수 있다.

나아가 ② 판례는 일조권, 조망권 등 환경적 법익이 방해된 경우에 방해의 중지 및 예방과 손해배상의 청구를 인정한다(일조권과 관련하여 2003다64602 판결, 2008다41499 판결 등, 조망권과 관련하여 98다47528 판결, 2000다72213 판결 등, 교육 및 종교적 환경이익의 침해와 관련하여 95다23378 판결, 96다56153 판결 등을 들 수 있다). 특히 환경적 법익의 방해는 정신적 손해 뿐 아니라 재산적 손해도 발생시킨다(2005다72485 판결). 다만, 판례는 환경적 법익의 방해에 대한 구제방법으로 금지청구권을 인정하고 있지만, 환경권을 근거로 하지 않고 소유권 등의 물권적 청구권에 의존하고 있다(98다47528 판결 등).

그리고 ③ 환경침해로 인한 책임은 환경오염이나 훼손 등 환경침해 자체에 대한 책임이 아니라 환경오염 또는 환경훼손으로 인하여 자신의 신체나 소유권이 침해된 경우에 이를 이유로 하는 손해배상의 문제에 해당한다. 환경침해로 인한 책임은 환경침해를 매개로 하여 불이익을 입은 피해자가 그에 대한 제재를 환경침해자에게 구하는 구제수단이라고 할 수 있다.[109]

판례 ➡ 주거의 평온은 거주자의 건강과 사생활 유지를 위하여 꼭 필요한 것이므로, 악취를 발생시켜 주거의 평온을 해치는 행위는 불법행위가 될 수 있다. 다만 악취를 발생시키는 행위가 모두 불법

---

109) 김형석, "민사적 환경책임", 서울대 법학 제52권 1호(2011), 208면.

행위가 되는 것은 아니고, 발생된 악취가 거주자가 사회통념상 참을 수 있는 한도(수인한도)를 넘을 때에만 위법성이 인정되어 불법행위에 해당된다. 악취가 사회통념상 참을 수 있는 한도를 넘었는지 여부는 피해의 정도, 피해이익의 성질 및 그에 대한 사회적 평가, 가해행위의 태양, 지역성, 토지이용의 선후관계, 가해방지 및 피해회피의 가능성, 공법적 규제의 위반 여부, 교섭경과 등 모든 사정을 종합적으로 고려하여 판단하여야 한다(2009가합10372, 2010가합29, 272, 8078 판결).

2. 불법행위제도의 기능

(1) 자기책임의 원칙에 비추어 볼 때, 사회생활을 하면서 발생하는 손해는 피해자 스스로 부담하여야 한다. 그러나 피해자는 불법행위제도를 통해 자기가 입은 손해를 가해자 등에게 전가할 수 있다. 즉, 불법행위제도는 다른 사람에게 자기가 입은 손해를 전가할 수 있는 법적 근거가 된다. 불법행위제도는 손해의 **전보기능**을 가지는 것이다.[110] 그 결과 불법행위제도는 사회에서 발생하는 수많은 사고 중에서 전보될 수 없는 불운의 영역과 불법의 영역에 속하는 것들을 가려내고, 이로 인하여 손해를 입은 자로 하여금 그 이전의 상태로 회복시켜주는 기능을 한다.

판례 ➡ '국가유공자 등 예우에 관한 법률'에 의한 보훈급여금 등은 사회보장적 성격을 가질 뿐만 아니라 국가를 위한 공헌이나 희생에 대한 응분의 예우를 베푸는 것으로서, 불법행위로 인한 손해를 전보하는 데 목적이 있는 손해배상제도와는 그 취지나 목적을 달리하지만, 실질적으로는 사고를 당한 피해자 또는 유족의 금전적 손실을 메꾼다는 점에서 배상과 유사한 기능을 수행하는 측면이 있음을 부인할 수 없다(2010다85942 판결).

(2) 그리고 불법행위제도는 위와 같은 전보기능을 통해서 사회적으로 해로운 행위를 하는 자에 대하여 그 행위에 상응하는 손해배상책임을 부담하도록 하여 다른 사람들로 하여금 그와 같은 해로운 행위로 나아가지 않도록 하는 **예방기능**을 수행한다. 즉, 불법행위법은 사회 내의 행위주체들에게 바람직한 행위를 유도하고 바람직하지 못한 행위는 억제하도록 행위지침을 제시하여 사고를 예방하는 기능을 수행한다. 불법행위제도는 위법행위를 억제하여 사고를 예방하는 기능을 가진다.[111] 민법은 예방기능의 직접적 수단으로서 징벌적 손해배상이나 금지청구권 등을 인정하지는 않고 있다. 하지만, 앞에서 지적한 바와 같이 일부 특별법(하도급거래 공정화에 관한 법률 제35조 제2항)에서는 징벌적 손해배상을 도입하였으며, 불법행위의 효과로서 금지청구권을 인정하자는 주장이 제기되고 있다.[112]

---

110) 김성태, 민법주해(18), 31면에서는 "지배적 견해에 따르면, 발생한 손해를 가해행위 이전의 상태로 회복 내지 전보하는 역할이 불법행위법의 1차적 기능이라 할 수 있다"라고 설명한다. 이은영, 채권각론, 724면에서도 현대 불법행위법에서 '손해전보의 기능'이 중심이 되고 있다고 하면서, 불법행위법의 목적은 사회생활에서 생기는 손해를 정의에 맞게 분배하는 것이라고 한다.

111) 권영준, "불법행위법의 사상적 기초와 그 시사점 – 예방과 회복의 패러다임을 중심으로 –", 저스티스 제109호 (2009. 2), 74면 이하는 불법행위법의 목적으로 회복기능과 예방기능을 들면서, 제재기능에 대해서는 형법이 아닌 사법의 영역에서 제재가 회복이나 예방과 어깨를 나란히 할 정도로 독자적이고 격상된 지위를 차지하는지는 의문이라고 한다.

(3) 물론 불법한 원인으로 발생한 손해를 피해자 이외의 자가 전보하는 손해배상은 발생한 손해의 전보만을 위한 것은 아니다. 즉, 손해를 가해자에게 전가한다는 것은 일정한 제재적 기능이 포함된 것으로 볼 수 있다.[113] 가해자에 대한 **제재기능**은 형사책임에 의해서만 달성할 수 있는 것은 아니다. 손해배상과 형사책임으로서의 형벌적 요소의 구별은 절대적인 것이 아니며 손해배상은 행위에 대한 속죄, 피해자의 만족 등의 요소가 고려되는 것이라고 할 수 있다. 위자료는 피해자에게 생긴 실제의 불이익을 기준으로 하지 않고 객관적 기준에 의해 결정되기 때문에 유아나 태아에게까지 위자료를 인정하는 것은 이미 손해의 전보라는 개념에서 벗어나 일종의 사적 제재의 성질을 인정한 것으로 보아야 할 것이고, 위자료를 고액으로 정함으로써 가해자에 대한 제재적 기능도 실제 담당하고 있는 것으로 보아야 할 것이다.[114] 또한 징벌적 손해배상은 위법행위의 억제기능을 수행하면서 가해자에 대한 제재기능을 담당한다고 할 것이다.

판례 ➡ 항공기사고의 위자료를 산정함에 있어 일반적인 위자료 참작 요소 외에 피해자의 극심한 공포와 고통, 결과의 처참성, 사고수습 및 손해배상의 지연, 가해자측의 과실 정도와 사고 후의 태도, 항공보험을 통한 위험의 분담, 사고발생에 대한 제재와 예방의 필요 등 항공기사고의 특수한 사정도 함께 참작하여 그 직권에 속하는 재량으로 위자료 액수를 정하여야 한다(2008다3527 판결, 2010다35572 판결).

(4) 불법행위제도의 또 하나의 기능으로 손실 내지 위험의 **분산기능**을 들 수 있다.[115] 불법행위제도는 손해전보기능을 통해서 피해자에게 생긴 손해를 가해자가 부담하도록 한다. 물론 가해자에게 과실이 있는 때에는 비난가능성이 있으므로 가해자로 하여금 손실을 부담하도록 하는 것이 정당하다고 할 수 있다. 문제는 가해자에게 과실이 없는 경우에도 손실을 부담하도록 하는 것이 과연 정당한가에 있다. 가령, 가해자가 사업자이고 손실이 사업활동으로 인해 생길 수 있는 경우에, 가해자는 사고로 인한 손해를 미리 예측해서 그것을 사업활동비용으로 제품가격에 반영하여 그 수요자들에게 손실을 분산시키는 것이 가능하다. 특히 가해자는 미리 책임보험에 가입함으로써 사고로 인한 손실을 보험집단 사이에 분산시킬 수 있다. 즉, 불법행위제도는 책임보험과 결부됨으로써 손실분산기능을 달성할 수 있게 된다. 이와 같이 손실을 분산하는 것은 사회적 손실을 경감시켜주기 때문에 바람직한 면이 있다. 하지만, 손실이 넓게 분산되게 하면 개개의 가해자의 손실부담이 현저하게 가벼워지게 되어 사고에 대한 억지적 기능은 줄어들 수도 있다.[116]

---

112) 김상중, "불법행위의 사전적 구제수단으로서 금지청구권의 소고－대법원 2010. 8. 25.자 2008마1541 결정에 관한 평석－", 비교사법 제17권 4호(2010. 12), 142면 이하 등.

113) 박동진, "손해배상법의 지도원리와 기능", 비교사법 제11권 4호(2004. 12), 314면.

114) 이은영, 채권각론, 764면.

115) 김천수, "우리 불법행위법의 소묘, 민법의 자화상과 미래상－한국민법 시행 50주년 기념－", 민사법학 제52호(2010. 12), 529면은 전가론이 가해자와 피해자 내부적 관계의 문제라면, 공동체 전체의 관점에서 손해를 파악하여 공동체 전체의 부담으로 분산하는 것도 불법행위법의 이념이 된지 오래되었다고 한다.

판례 ➡ 손해부담의 원칙은 과실책임주의에 있고 아무런 귀책사유도 없음에도 책임을 부담시키는 경우에는 그것이 상당하다고 볼 만한 이유가 있는 경우에 한정하여야 할 것이라는 점을 비롯하여 카드의 부정사용을 막기 위한 사회적 비용을 최소화할 수 있는 가장 효율적인 방법이 무엇인가 하는 효율성의 원칙, 손해가 특정인에게 집중되지 않고 다수의 사람에게 분산시키는 방법이 무엇인가의 손해분산의 원칙, 공평의 이념에서 경제적 약자인 회원의 권익을 보호하는 방안이 무엇인가의 공평실현의 원칙 등을 함께 고려하면, 위 약관규정을 회원에게 고의나 과실이 없는 경우에도 신용카드 부정사용으로 인한 손해를 회원이 부담하여야 한다고 해석하는 것은 약관의 규제에 관한 법률 제7조 제2호에서 규정하는 상당한 이유없이 사업자가 부담하여야 할 위험을 고객에게 이전시키는 조항에 해당하여 무효라고 할 것이다(2009다31970 판결).

Ⅳ. 불법행위의 규율원리

1. 자기행위책임의 원칙

(1) 내 용

가해자는 자신의 행위에 대해서만 책임을 지고 타인의 행위에 대하여는 책임을 지지 않음이 원칙이다.[117] 이를 자기행위책임의 원칙이라고 한다. 이 경우 행위는 의사에 기한 행위를 의미하고, 작위이든 부작위이든 불문한다. 물론 일부 견해는 자기행위책임의 원칙을 독립된 원칙으로 파악하지 않고 과실책임원칙의 내용으로 파악하기도 한다.[118]

판례 ➡ 자기책임원칙은 자기결정권의 한계논리로서, 책임부담의 근거로 기능하는 동시에 자기가 결정하지 않은 것이나 결정할 수 없는 것에 대하여는 책임을 지지 않고 책임부담의 범위도 스스로 결정한 결과 내지 그와 상관관계가 있는 부분에 국한됨을 의미하는 책임의 한정원리로 기능한다. 이러한 자기책임원칙은 비단 민사법이나 형사법에 국한된 원리라기보다는 근대법의 기본이념으로서 법치주의에 당연히 내재하는 원리로 볼 것이고, 자기책임원칙에 반하는 제재는 그 자체로 헌법위반을 구성한다(2002헌가27 결정, 2011헌바99 전원재판부 결정).

(2) 예 외

민법은 불법행위의 경우에 자기행위책임의 원칙에 대한 예외로서 책임무능력자의 행위에 대한 감독자의 책임(제755조)이나 피용자의 행위에 대한 사용자책임(제756조)에 의하여 타인의 행위에 대하여 책임을 지는 경우를 정하고 있다. 다만, 이에 대해서는 후술하는 바와 같이 그 법적 성질(예, 자기책임설 내지 대위책임설 등)을 둘러싸고 견해의 대립이 있다.

[이행보조자의 행위가 불법행위를 구성하는 경우 채무자의 책임]

민법 제391조의 이행보조자로서의 피용자라 함은 일반적으로 채무자의 의사관여 아래 그 채무의

116) 김재국, "불법행위제도의 기능", 민사법연구 제10권 1호(2001. 6), 232면 이하.
117) 지원림, 민법강의, Rn. 5-269.
118) 곽윤직, 채권각론, 682면.

이행행위에 속하는 활동을 하는 사람이면 족하고, 반드시 채무자의 지시 또는 감독을 받는 관계에 있어야 하는 것은 아니므로 채무자에 대하여 종속적인가 또는 독립적인 지위에 있는가는 문제되지 않는다(2001다44338 판결). 다만, 이행보조자의 행위가 채무자에 의하여 그에게 맡겨진 이행업무와 객관적·외형적으로 관련을 가지는 경우에는 채무자는 그 행위에 대하여 책임을 져야 하고, 채무의 이행에 관련된 행위이면 가사 이행보조자의 행위가 채권자에 대한 불법행위가 된다고 하더라도 채무자가 면책될 수는 없다(90다카10343 판결, 2005다69458 판결).

2. 과실책임의 원칙

(1) 의 의

불법행위(또는 채무불이행)로 인한 손해배상에 있어서는 물권적 청구권 및 강제이행의 경우와는 달리 방해 내지 침해자의 고의·과실을 요구한다(제390조, 제397조, 제750조). 이를 **과실책임의 원칙**이라 한다.

사람은 자기책임의 원칙에 따라 사회생활을 하면서 입은 손해를 스스로 부담하여야 한다. 이는 그가 손해를 야기하지 않은 경우에도 마찬가지이다. 사람은 그의 일상생활에서 발생할 수 있는 위험을 스스로 부담하여야 하고, 그것을 타인에게 전가하여서는 안되기 때문이다. 따라서 다른 사람에게 자기가 입은 손해를 전가하기 위해서는 가해자에게 법익침해의 결과에 대하여 고의 또는 과실 등 귀책사유가 있어야 한다.

(2) 행동의 자유의 보장과 과실책임의 원칙

불법행위책임에 있어서 과실책임의 원칙은 사람의 자유로운 활동의 한계를 그어 준다. 따라서 사람은 사회생활상 다른 사람에게 피해를 주지 않도록 요구되는 주의의무를 다하여 행동하는 한 타인에게 손해가 발생하더라도 배상책임이 없는 것이 원칙이다. 이리하여 사람들의 행동의 자유가 확보되는 것이다. 즉, 과실책임주의는 개인의 자유로운 활동을 보장하기 위해, 과실 없으면 책임없다는 사상에 기반을 두고 있다.

주지하듯이 근대 민법은 자유주의의 사상을 그 이념으로 하여 성립되었다. 근대 민법은 모든 사람을 인격자로 승인하고 모든 사람을 평등하게 다루며, 각 개인의 자유로운 활동을 보장하는 것을 목적으로 한다. 따라서 손해배상제도는 개인에 대한 자유활동의 한계를 정한다. 자유주의의 법이념에 따를 때, 각 개인은 그의 사회생활에 있어서 자유활동을 통하여 타인에게 손해를 주는 일이 있다 하더라도 이것은 자유경쟁의 필연적인 결과로 일어나는 것이므로, 어떠한 배상책임도 부담하지 아니함을 원칙으로 한다. 다만, 그것이 공동생활 자체의 존립을 위협하는 경우에는 위법행위로서 행동의 자유는 제한되어야 한다. 그리고 이 경우 가해자에게 손해배상책임을 지우기 위해서는 그를 비난할 만한 사유로서 고의 또는 과실이 있어야 한다. 만약에 고의·과실이 없는 경우에도 손해배상책임을 인정하게 된다면, 오히려 개인의 자유활동은 지나치게 위축되어서 자유주의 이념에 반하기 때문이다. 우리 민법도 제750조에서 고의·과실을 불법행위의 성립요건으로 규정하여 개인주의·자유주의의 이상을 그 원칙으로 반영하고 있다.

(3) 과실책임원칙의 한계

과실책임주의에 따라, 불법행위피해자는 과실있는 가해자에게 손해배상의 청구를 할 수 있다. 그러나 가해자에게 과실이 없는 경우에는 손해가 아무리 중대하더라도 이를 청구할 수 없게 된다. 그리고 과실책임주의에서는 타인의 행위로 인하여 발생한 손해만이 문제되는 데, 현실사회에 있어서는 누구의 행위로 인하여 발생한 것인지 알 수 없는 손해나 천재지변에 의한 손해가 발생할 수 있다. 이 경우 과실책임주의를 관철하게 되면 가해자를 알 수 없거나 존재하지 아니하는 경우에, 피해자는 손해를 전보받을 수 없게 되는 결과로 된다. 또한 과실책임주의는 행위자의 의사능력 내지 책임능력을 전제로 하고 있으므로(제753조, 제754조), 의사능력이 없는 유아나, 광인이나, 마약 등에 취한 자의 가해행위로 인하여 피해를 입은 자 등에 대하여는 그들에게 배상할 만한 자력이 있다고 하더라도, 가해자의 책임무능력 때문에 손해배상의 청구를 할 수 없게 되어 불공평한 결과가 된다. 또한 과실있는 타인의 행위로 인하여 손해를 받은 경우에도 그 행위자에게 충분한 변제 자력이 없는 때에는, 피해자는 법률상 배상을 받을 권리가 있음에도 불구하고 실제로는 배상을 받을 수 없게 된다. 나아가 피해자가 가해자에게 법적인 권리실현의 절차를 추구하여 갈 능력이 부족한 경우에도 실제로 피해구제를 받을 수가 없게 된다. 과실의 유무와 구체적인 손해액의 확정을 위하여 사실의 확정과 법률의 적용이라는 번잡한 절차를 거쳐야 하기 때문이다.

판례 ➡ 가해자 불명의 불법행위: 다수의 의사가 의료행위에 관여한 경우 그 중 누구의 과실에 의하여 의료사고가 발생한 것인지 분명하게 특정할 수 없는 때에는 일련의 의료행위에 관여한 의사들 모두에 대하여 민법 제760조 제2항에 따라 공동불법행위책임을 물을 수 있다고 봄이 상당하다(2004다52576 판결).

(4) 무과실위험책임론의 대두

① 현대형 불법행위와 과실책임의 배제

과실책임의 원칙은 일반불법행위에 있어서는 타당한 법리라고 할 수 있지만, 교통기관이나 위험한 기업시설과 같이 손해발생의 위험성이 높은 현대형 불법행위의 경우에는 불합리하거나 공평하지 못하다. 즉, 대규모의 기업이나 위험시설은 그 경영 자체 속에 많은 위험을 안고 있기 때문에, 이러한 경우에까지도 과실책임의 원칙을 관철하게 되면 손해분담의 공평을 잃은 것이 되므로, 기업 등에게 **무과실책임**을 인정하여 피해자를 보호할 필요가 있다. 종래 무과실책임의 입법은 활발하지 못하였으나 공업화가 촉진되면서 점차 무과실책임을 인정하는 입법이 늘어가고 있다. 민법은 공작물의 소유자책임을 무과실책임으로 규정하고 있으며(제758조 제1항 단서), 원자력손해배상보장법(제3조)은 원자력손해에 대한 사업자의 무과실책임을 인정하고, 환경정책기본법(제7조)과 제조물책임법(제2조제2호가목) 그리고 자동차손해배상보장법(제3조) 등에서도 무과실책임을 인정하고 있다.

② **적극적 법익보호의무로서 거래안전의무의 인정**

판례는 소극적 법익보호의무로서 타인의 권리 기타 법익을 침해하지 않도록 사회생활상 요구되는 주의의무 이외에 **적극적 위험 내지 손해방지의무**로서 **거래안전의무**를 인정하여, 그러한 거래안전의무의 부작위에 의하여 타인의 권리를 침해한 경우라든가 간접적으로 보호법익을 침해한 경우에 손해배상책임을 인정하고 있다(92다33190 판결(저수지 웅덩이), 98다16012 판결(사유토지 웅덩이) 등). 이 경우 **거래안전의무는 법익침해에 대한 위험방지의무로서 부작위 불법행위에 있어서의 작위의무**를 가리킨다. 이는 공작물의 설치보존의 하자로 인한 손해의 발생을 예방하는 방호조치의무(제758조. 86다카2773 판결(비상계단출입구 덮개의 부실관리), 99다39548 판결(천막지붕 근처에 온풍기의 설치) 등)의 확장을 의미한다.

문제는 법률이나 계약에 의하여 거래안전의무를 부담하는 경우를 넘어 타인의 법익을 보호해야 할 적극적인 의무를 어떠한 근거로 어느 범위에서 인정할 것인가에 있다. 이러한 의무는 행동의 자유와 충돌하는 관계에 있기 때문이다.[119]

일반적으로 타인의 권리침해를 방지할 적극적 행위의무는 요구할 수 없다고 보아야 할 것이다. 어떠한 손해로부터 타인의 권리 기타 법익을 보호해야 할 적극적인 행위의무를 부과하는 것은 개개인의 행위의 자유를 지나치게 제한하는 결과가 되기 때문이다. 이러한 점에서 거래안전의무의 위반책임은 과실책임과 위험책임의 중간영역의 책임에 해당하는 것으로 볼 수 있다. 그리하여 거래안전의무는 위험물 내지 위험원을 지배 및 창출 내지 제공한 경우라든가, 위험원을 인수한 경우 또는 선행행위에 의하여 위험을 야기한 경우 등으로 한정하여야 할 것이다.[120]

대법원도 이를 명확히 하고 있다. 즉, 거래 등의 기초가 되는 정보의 진실성은 스스로 검증하여 거래하는 것이 원칙이므로 정보제공자가 법령상·계약상 의무없이 단지 질의에 응답한 것에 불과한 경우에는 고의로 거짓정보를 제공하거나 선행행위 등으로 위험을 야기하였다는 등의 특별한 사정이 없는 한 위와 같은 응답행위가 불법행위를 구성한다고 볼 수 없다고 한다. 따라서 건축물의 용도변경에 관한 관할관청이 아닌 피고(한국토지주택공사) 직원에 대하여 안마시술소의 개설이 가능하다는 답변을 듣고 시설공사를 하였으나 관련 용도로의 용도변경이 불허된 경우라도 피고가 사용자책임을 지는 것은 아니라는 것이다(2011다14671 판결).

판례 ➡ 작위의무는 법적인 의무이어야 하므로 단순한 도덕상 또는 종교상 의무는 포함되지 않으나 작위의무가 법적인 의무인 한 그 근거가 성문법이건 불문법이건 상관이 없고 또 공법이건 사법이건 불문하므로, 법령, 법률행위, 선행행위로 인한 경우는 물론이고 기타 신의성실의 원칙이나 사회상

---

119) 거래안전의무에 관하여는 이은영, "불법행위법에서의 주의의무(상)", 판례월보 제190호(1986. 7), 17면 이하 및 동, "불법행위법에서의 주의의무(하)", 판례월보 제191호(1986. 8), 22면; 김상용, "부작위불법행위에 있어서의 거래안전의무", 민사법연구 2(1997), 609면 이하; 윤용석, "서독불법행위법상의 소위 'Verkehrspflicht'에 관한 서설적 고찰", 법학연구 제27권 1호(1984), 189면 이하; 임건면, "독일 불법행위법상의 거래안전의무", 성균관법학 제8호(1997), 169면 이하 참조.

120) 임건면, "독일 불법행위법상 거래안전의무", 177면 이하.

규 혹은 조리상 작위의무가 기대되는 경우에도 법적인 작위의무는 있다. 다만 신의성실의 원칙이나 사회상규 혹은 조리상 작위의무는 혈연적인 결합관계나 계약관계 등으로 인한 특별한 신뢰관계가 존재하여 상대방의 법익을 보호하고 그에 대한 침해를 방지할 책임이 있다고 인정되거나 혹은 상대방에게 피해를 입힐 수 있는 위험요인을 지배·관리하고 있거나 타인의 행위를 관리·감독할 지위에 있어 개별적·구체적 사정하에서 위험요인이나 타인의 행위로 인한 피해가 생기지 않도록 조치할 책임이 있다고 인정되는 경우 등과 같이 상대방의 법익을 보호하거나 그의 법익에 대한 침해를 방지하여야 할 특별한 지위에 있음이 인정되는 자에 대하여만 인정할 수 있고, 그러한 지위에 있지 아니한 제3자에 대하여 함부로 작위의무를 확대하여 부과할 것은 아니다(2010다8709 판결).

③ 무과실위험책임론의 전개

위험책임이라 함은 특별히 위험한 시설이나 물질을 운영·보유하는 자가 그 위험원으로부터 발생된 손해를 가해행위자의 유책성 유무에 불구하고 배상해야 할 책임을 말한다. 위험책임의 법리에 따르면 특수한 위험을 수반하지만, 그 자체로서는 허용된 행위를 통해서 타인에게 손해를 가한 자는 과책이 없음에도 불구하고 배상책임을 부담한다는 것이다.[121] 입법례로는 프랑스 민법 제1382조 및 1383조가 faute(과실과 위법성을 포함하는 개념)를 기초로 하는 과실책임주의에 기초한 불법행위를 규정한 조항이라고 한다면, 제1384조(누구든지 자기의 행위에 의하여 발생된 손해 뿐만 아니라 그의 책임하에 있는 자의 행위 또는 그가 보관중인 물건에 의하여 생긴 손해에 대하여도 책임이 있다)는 모든 종류의 물건으로부터 발생되는 손해에 대하여 위험책임을 인정한 규정으로 들 수 있다.

문제는 위험책임과 무과실책임의 관계이다. 무과실책임은 위법성을 전제로 인정되는 데 반하여 위험책임은 반드시 행위자의 위법성을 전제로 하지 않는 것으로 이해되기도 하지만,[122] 적법행위로 인한 책임을 인정하는 것은 적절하지 않고, 어디까지나 위험책임도 위법성을 전제로 인정되는 책임으로 보아야 할 것이다(2002다14242 판결, 2003다49566 판결 등). 다만, '무과실책임'은 유책성, 즉 과실의 증명이 필요없다는 의미로, '위험책임'은 유책성의 입증책임을 면제시켜주는 이유 내지 논거를 가해행위의 위험성에서 찾는다는 의미에서 이해하면 될 것이다.[123] 즉, 위험책임은 위험을 요건으로 하는 무과실책임의 한 유형으로 이해하는 것이 타당하다.[124]

또한 문제는 위험책임을 과실책임의 예외로서 파악할 것이냐, 아니면 과실책임과 병존하는 불법행위책임의 또 하나의 책임체계로서 파악할 것이냐에 있다. 특히 위험원으로부터 발생되는 사고들은 시민의 생존을 위협하는 것들이어서, 그에 대한 대처방안을 마련하는 데 있어서는 행위자의 귀책근거를 따져서 책임을 묻는 것만으로는 충분하지 않다. 그렇지만 위험책임은 **개인의 자유**를 위협하는 위험을 무릅쓰고서라도 인정하는 것이 공평·정의의 입장에서 타당한 경우에

---

121) 김형배, "위험책임론", 민법학의 회고와 전망(1993), 779면 이하.
122) 김형배, "위험책임론", 791면 이하.
123) 김천수, "불법행위법의 확장과 의료과오책임의 현대적 동향", 사법 21호(사법발전재단), 135면.
124) 김형배, "위험책임: 불법행위법 개정안 의견서", 민사법학 제15호(1997), 173면.

만 인정되어야 할 것이다. 따라서 개인 사이의 일상생활이나 보통의 생활관계에 관하여는 여전히 과실책임의 원칙이 유지되어야 할 것이다. 결국 위험책임은 과실책임의 예외로서 인식하면 충분하지 않을까?

판례 ➡ 우리 민법은 헌법 제119조 제1항의 자유시장 경제질서에서 파생된 과실책임의 원칙을 일반불법행위에 관한 기본원리로 삼고 있다. 그런데, 현대산업사회에서는 고속교통수단, 광업 및 원자력 산업 등의 위험원이 발달하고 산업재해 및 환경오염으로 인한 피해가 증가함에 따라, 헌법이념의 하나인 사회국가원리의 실현을 위하여 과실책임의 원리를 수정하여 위험원을 지배하는 자로 하여금 그 위험이 현실화된 경우의 손해를 부담하게 하는 위험책임의 원리가 필요하게 되었다. 위험책임의 원리는 위험원의 지배를 책임의 근거로 하여 위험을 지배하는 자에게 책임을 지우는 원리로서 단순한 결과책임주의와는 다른 것이다(헌법재판소 96헌가4, 97헌가6·7, 95헌바58(병합) 전원재판부 결정).

3. 손해의 공평분담의 원칙

(1) 서 설

불법행위로 인한 피해구제는 손해배상의 방법에 의한다(제750조). 학설과 판례는 손해배상제도의 목적으로 손해의 공평분담의 원칙을 들고 있다.[125] 우리 민법이 손해의 공평·타당한 분담을 위하여, 책임발생원인으로 유책주의를 원칙으로 채택하였고(제390조, 제750조), 책임의 범위는 제한적으로 인정하는(제763조, 제393조) 결단을 내렸으며, 과실상계제도(제763조, 제396조)라든가 손해경감제도(제765조) 등 손해의 공평타당한 분담의 실현을 위한 구체적 제도를 두고 있다는 데에서 그 근거를 찾고 있다. 다만, 손해의 전보를 손해배상의 목적으로 파악하고 손해의 공평한 분담은 그 내용이 될 수 없다는 입장도 있다.[126] 만약 손해배상의 목적을 그와 같이 이해한다면 과실책임과 위험책임과의 차이 및 손해배상제도와 손실보상제도와의 차이 등을 설명할 수 없게 된다는 것이다.

한편 과실책임의 원칙은 전통적 불법행위의 규율원리로 파악하고, 손해의 공평분담의 원칙을 현대형 불법행위의 규율원리로 이해하는 입장도 있다. 즉, 근대 민법의 출발 당시에 개인의 자유보장이 민법 최고이론이었으므로 불법행위제도는 개인의 자유로운 활동의 한계를 긋는 최소한도의 제도이었으나, 20세기에 접어들면서 현대 민법은 개인의 자유보장으로부터 공공복리, 즉 사회 전체의 이익 내지 향상을 그 이념으로 하는 새로운 지도원리가 구축되어 감에 따라 불법행위제도는 사회에서 발생하는 손해의 공평·타당한 부담 내지 분배를 꾀하는 제도로 변모하였다는 것이다.[127]

125) 곽윤직, 채권각론, 657면 이하; 양삼승, "손해배상범위에 관한 기초적 연구", 서울대 박사학위청구논문(1988), 250면 이하; 이은영, 채권총론, 270면; 박동진, "손해배상법의 지도원리와 기능", 비교사법 제11권 4호(2004. 12), 294면 이하; 68다2178 전원합의체 판결, 90다카7569 판결, 97다12884 판결 등. 특히 이은영, "손해배상법과 경제정의", 법과 사회 통권 제5호(1992), 258면 이하는 손해배상법이 개인의 이익조정만을 목적으로 해석되어서는 안되며, 사회구성원의 전체이익을 조정하는 배분적 정의까지 고려하여 사회적인 부를 재분배하는 기능까지 담당해야 한다고 한다.

126) 김증한/김학동, 채권각론, 124면.

판례 ➡ 불법행위법은 피해자의 구제와 손해의 공평·타당한 부담·분배를 그 목적으로 하는바, 이러한 목적에 입각한 불법행위법의 일반원칙에 따르면 직접 불법행위를 한 자 뿐만 아니라 그 사용자, 자동차운행자 등 손해의 발생에 대하여 일정한 책임이 있는 자들로 하여금 각자 피해자의 손해 전부를 배상할 의무를 부담하게 함으로써 피해자를 두텁게 보호하고, 한편 불법행위로 인한 손해발생에 관한 복수의 책임주체 중 일방이 피해자에게 그 손해를 자신의 귀책부분을 넘어서 배상한 때에는 다른 책임주체에 대하여 그들 사이에서 손해발생에 기여한 정도 등 실질관계에 따라 정하여지는 부담부분을 구상할 수 있도록 함으로써 손해의 공평·타당한 부담·분배를 도모하게 되는 것이다(96다42420 전원합의체 판결).

(2) 손해발생의 우연적 사정과 손해의 공평분담의 원칙

사람이 사회생활을 영위해 나감에 있어서는 의식적이든 무의식적이든 다른 사람에게 손해를 끼치거나 손해를 입으면서 살아 갈 수밖에 없다. 이러한 손해는 자기 또는 다른 사람의 유책한 행위로 인하여 발생하기도 하지만, 비합리적이고 우연적인 사정에 기인하는 경우도 있다.[128)]

문제는 이와 같은 사정으로 이미 발생한 손해를 어떠한 기준으로 누구에게 분배할 것이냐에 있다. 물론 자기책임의 원칙에 따라 사회생활을 하는 과정에서 손해가 발생하였을 때에는 스스로 그 손해를 감수해야 한다. 다만, 예외적으로 일정한 법적 원인에 근거해서만 발생한 손해를 타인에게 전가시킬 수 있고 또 전가하는 것이 정의관념에 적합한 경우에만 손해에 대한 배상책임문제가 발생한다. 그리고 발생한 손해를 타인에게 전가하는 경우에는 몰가치적인 관점에서 발생한 전손해를 타인에게 전가하는 것이 아니라 당사자 간에 공평하게 분담되도록 하는 것이 요청된다.[129)]

특히 도시화·산업화로 인하여 사고의 위험성이 높아지고, 그러한 사고로부터 발생하는 손해를 어떠한 기준에 따라 누구에게 어떻게 부담시킬 것인가의 문제가 발생하게 되었다. 한편으로 기업의 가해행위는 무고한 근로자나 국민대중에게 피해를 주는 것이므로 가해자에게 그 손해를 부담시키는 것이 정의라고 할 수 있다. 그러나 다른 한편으로는 그 가해행위를 일으키는 기업은 사회적 효용이 있는 것이고, 피해자 역시 그 기업의 근대적 과학기술에 의하여 일정한 이익을 받는 것이므로 어느 정도의 피해를 용인해야 하는 것이며 따라서 모든 손해를 가해기업에만 부담시켜서는 안된다는 것도 역시 정의라는 것으로 이해되어 왔다. 완전배상의 원리는 사회생활에 있어서 필수적으로 수반되기 마련인 우연적인 요소를 모두 가해자의 부담으로 돌리는 태도로서, 가해자와 피해자를 평등하게 대하지 않고, "각자에게 그의 것을 주어야 한다"는 배분적 정의에 부합하지 아니한다는 것이다.[130)] 다시 말하면 그것은 불법행위법이 노리던 교정적 정의의 문제가 아니라, 배분적 정의의 문제가 되는 것이다.

---

127) 김형배/김규완/김명숙, 민법학강의, Rn. 5. 332 이하; 임정평, "불법행위법의 변천에 관한 연구", 법학논총 제29집(2005. 12), 5면.
128) 양삼승, "손해배상범위에 관한 기초적 연구", 251면.
129) 박동진, "손해배상법의 지도원리와 기능", 비교사법 제11권 4호(2004. 12), 298면 이하 참조.
130) 박동진, "손해배상법의 지도원리와 기능", 299면.

[교정정 정의와 배분적 정의]

교정적 정의(corrective justice)는 아리스토텔레스가 니코마코스 윤리학 제5권에서 처음 주창한 개념으로 배분적 정의(distributive justice)와 대칭을 이룬다. 배분적 정의는 명예나 재화 등을 시민들 각자의 가치나 자격에 따라 비례적으로 균등하게 배분하는 것이다. 교정적 정의는 배분적 정의에 따라 이루어진 형평상태가 깨어졌을 때 이를 원래 상태로 교정하는 정의이다. 교정적 정의는 한 사람이 다른 사람의 자원을 박탈함으로써 '형평상태'를 깨트렸다면, 그 사람은 마땅히 박탈당한 사람에게 이를 보상하여 형평상태를 회복하여야 할 요청이다. 배분적 정의는 '같은 사람에게는 같은 것을, 같지 않은 사람에게는 같지 않은 것을' 배분할 것을 요구하고, 교정적 정의는 '각자에게 그의 것을' 회복할 것을 요구한다. 배분적 정의에는 비례적·차별적 평등의 원리가 적용되고, 교정적 정의에는 산술적·무차별적 평등의 원리가 적용된다. 배분적 정의가 최종목표라면, 교정적 정의는 깨어진 배분적 정의의 복구 수단이다. 배분적 정의가 공동체내 재화의 최초 분배에 관한 것이라면, 교정적 정의는 분배로 인하여 형성된 질서를 침해하는 행위의 교정에 관한 것이다.[131]

(3) 손해배상제도에 나타난 손해의 공평·타당한 분담의 적용 국면

① 우선 손해의 공평분담의 원칙은 과실책임주의를 변화시켰다. 즉, 손해의 공평부담의 원칙은 한편으로 가해자의 책임을 제한하거나 확대된 손해 부분은 피해자가 이를 부담하도록 하는 이론적 근거로 원용되고 있으며(예컨대 과실상계제도, 손익상계제도, 손해경감제도 등), 다른 한편으로는 과실 등의 입증책임을 완화하는 근거 등 피해자를 보호하는 준거원리로서 원용되고 있으며(2002다3822 판결, 2004다52576 판결(의료과오책임), 98다15934 판결, 2003다16771 판결(제조물책임) 등), 나아가 무과실책임제도가 도입되고 책임보험제도가 등장하는 계기가 되었다. 즉, 대규모의 근대적 기업이나 시설은 그 경영 자체 속에 많은 위험을 안고 있음에도 불구하고 기업에서 생기는 이익은 이를 독점하며, 손해는 고의나 과실이 있는 경우에만 배상하면 된다는 것은 손해분담의 공평을 잃은 것이므로 기업은 고의나 과실의 유무를 묻지 않고서 배상책임을 져야 한다는 이른바 '무과실손해배상책임'의 이론이 주장되었다.

판례 ➡ 오늘날 민사책임의 기본원리였던 과실책임주의가 일부 특별한 법률관계에 한정해서 공평한 손해의 부담이란 관점에서 소위 위험책임, 무과실책임 등을 인정하는 쪽으로 변화되고 있긴 하지만, 단순히 금전배상을 명하는 민사상 제재와는 전혀 다른 영역인 후보자의 공무담임권을 박탈하는 특별법상의 이 건 제재에 대해서까지 법정무과실책임으로 규정하는 것은 자기책임의 원리와 결코 함께 갈 수 없는 것이다(2010헌마68 전원재판부 결정).

판례 ➡ 부동산거래당사자가 중개업자에게 부동산거래의 중개를 위임한 경우, 중개업자는 위임 취지에 따라 중개대상물의 권리관계를 조사·확인할 의무가 있고 그 주의의무를 위반할 경우 그로 인한 손해를 배상할 책임을 부담하게 되지만, 그로써 중개를 위임한 거래당사자 본인이 본래 부담하는 거래관계에 대한 조사·확인책임이 중개업자에게 전적으로 귀속되고 거래당사자는 그 책임에서 벗어

131) 권영준, "불법행위법의 사상적 기초와 그 시사점: 예방과 회복의 패러다임을 중심으로", 저스티스 제109호(2009. 2), 86면 이하 참조.

난다고 볼 것은 아니다. 따라서 중개업자가 부동산거래를 중개하면서 진정한 권리자인지 여부 등을 조사·확인할 의무를 다하지 못함으로써 중개의뢰인에게 발생한 손해에 대한 배상의 범위를 정하는 경우, 중개의뢰인에게 거래관계를 조사·확인할 책임을 게을리한 부주의가 인정되고 그것이 손해 발생 및 확대의 원인이 되었다면, 피해자인 중개의뢰인에게 과실이 있는 것으로 보아 과실상계를 할 수 있다고 보아야 하고, 이것이 손해의 공평부담이라는 손해배상제도의 기본원리에 비추어 볼 때에도 타당하다(2012다69654 판결, 2001다734 판결, 91다2977 판결). 그러나 가해행위가 사기, 횡령, 배임 등의 영득행위인 경우 등 과실상계를 인정하게 되면 가해자로 하여금 불법행위로 인한 이익을 최종적으로 보유하게 하여 공평의 이념이나 신의칙에 반하는 결과를 가져오는 경우에만 예외적으로 과실상계가 허용되지 않는다(2012다1146, 1153 전원합의체 판결). 또한 피해자의 부주의를 이용하여 고의로 불법행위를 저지른 자가 바로 그 피해자의 부주의를 이유로 자신의 책임을 감하여 달라고 주장하는 것은 허용될 수 없는 것이나(2012다30892 판결), 이는 그러한 사유가 있는 자에게 과실상계의 주장을 허용하는 것이 신의칙에 반하기 때문이므로, 불법행위자 중의 일부에게 그러한 사유가 있다고 하여 그러한 사유가 없는 다른 불법행위자까지도 과실상계의 주장을 할 수 없다고 해석할 것은 아니다(2007다7768 판결, 2010다48561 판결).

판례 ➡ 이사가 법령 또는 정관에 위반한 행위를 하거나 그 임무를 해태함으로써 회사에 대하여 손해를 배상할 책임이 있는 경우에 그 손해배상의 범위를 정함에 있어서는, 당해 사업의 내용과 성격, 당해 이사의 임무위반의 경위 및 임무위반행위의 태양, 회사의 손해발생 및 확대에 관여된 객관적인 사정이나 그 정도, 평소 이사의 회사에 대한 공헌도, 임무위반행위로 인한 당해 이사의 이득 유무, 회사의 조직체계의 흠결 유무나 위험관리체제의 구축 여부 등 제반 사정을 참작하여 손해분담의 공평이라는 손해배상제도의 이념에 비추어 그 손해배상액을 제한할 수 있다(2003다69638 판결, 2003다66066 판결).

② 그리고 손해의 공평·분담의 이념은 손해배상의 범위를 결정함에 있어 그 기준으로 작용한다. 즉, 손해배상액의 산정을 위한 근거 내지 방법으로 작용한다. 제한배상주의는 발생한 손해를 전부 배상하는 것이 아니라 일정한 범위로 제한하고 있다. 우리 민법은 손해야기사건에 의해 발생한 다양한 손해를 전부 배상시키는 것이 아니라 적절한 범위로 제한하는 입법주의를 채택하고 있다(제393조 참조). 완전배상주의를 취하는 독일 민법의 경우에는 — 독일 민법 제249조제1항은 손해배상의 의무를 부담하는 사람은 배상의무를 발생시키는 사정이 없었더라면 있었을 상태를 회복하여야 한다고 규정하여, 법적인 인과관계가 인정되는 전손해를 배상한다는 점에서 실질적으로 배상범위를 제한하고 있지만 형식적으로는 여전히 완전배상주의를 고수하고 있다 — 손해전보가 우선적인 목적이 되며 손해의 공평·타당한 분담은 부차적으로 보완적 기능을 수행하는 것으로 보아야 한다. 그러나 우리 민법은 제한배상주의를 택함으로써 이미 배상범위 결정에 있어서도 손해의 공평한 분담을 규율원리로 인정한 것으로 해석된다.[132)]

132) 박동진, "손해배상법의 지도원리와 기능", 301면 이하.

판례 ➡ 불법행위로 인한 위자료를 산정할 경우, 피해자의 연령, 직업, 사회적 지위, 재산 및 생활 상태, 피해로 입은 고통의 정도, 피해자의 과실 정도 등 피해자 측의 사정과 아울러 가해자의 고의·과실의 정도, 가해행위의 동기와 원인, 불법행위 후의 가해자의 태도 등 가해자 측의 사정까지 함께 참작하는 것이 손해의 공평부담이라는 손해배상의 원칙에 부합하고, 법원은 이러한 여러 사정을 참작하여 그 직권에 속하는 재량에 의하여 위자료 액수를 확정할 수 있다(98다41377 판결, 2007다77149 판결, 2013다201844 판결).

판례 ➡ 불법행위로 인하여 물건이 훼손되었을 때의 손해액은 수리가 가능한 경우에는 그 수리비가 되고, 만일 수리가 불가능한 경우에는 교환가치의 감소액이 그 통상의 손해액이 되는 것인 바, 수리를 한 후에도 일부 수리가 불가능한 부분이 남아있는 경우에는 수리비 외에 수리불능으로 인한 교환가치의 감소액도 통상의 손해에 해당한다(2001다52889 판결).

판례 ➡ 교통사고 피해자의 기왕증이 그 사고와 경합하여 악화됨으로써 피해자에게 특정 상해의 발현 또는 그 치료기간의 장기화 나아가 치료종결 후의 후유장해의 확대라는 결과발생에 기여한 경우에는 기왕증이 그 특정 상해를 포함한 상해 전체의 결과 발생에 대하여 기여하였다고 인정되는 정도에 따라 피해자의 전 손해 중 그에 상응한 배상액을 부담케 하는 것이 손해의 공평부담이라는 견지에서 타당하다(99다68577 판결, 83다카663 판결).

판례 ➡ 신의칙 또는 손해부담의 공평이라는 손해배상제도의 이념에 비추어 볼 때, 불법행위의 피해자에게는 그로 인한 손해의 확대를 방지하거나 감경하기 위하여 노력하여야 할 일반적인 의무가 있으며 피해자가 합리적인 이유없이 손해경감조치의무를 이행하지 않을 경우에는 법원이 그 손해배상액을 정함에 있어 민법 제763조, 제396조를 유추적용하여 그 손해확대에 기여한 피해자의 의무불이행의 점을 참작할 수 있고, 한편 손해의 확대를 방지하거나 경감하는 데 적절한 법적 조치가 존재하는 경우 이는 손해경감조치에 해당될 수 있고, 피해자가 그 법적 조치를 취함에 있어 감당하기 어려운 많은 비용이 소요된다든가, 그 결과가 불확실하다거나, 판단을 받기까지 현저하게 많은 시간이 필요하다는 등의 사정이 없음에도 불구하고 합리적인 이유없이 그 법적 조치를 취하지 아니한 경우에는 그 손해확대에 기여한 피해자의 의무불이행의 점을 손해배상액을 정함에 있어 참작할 수 있다(99다10714 판결, 2003다22912 판결).

판례 ➡ 의사 등이 진료상 과실 또는 설명의무를 위반함으로써 환자에게 손해를 배상할 책임이 있는 경우에 그 손해배상의 범위를 정함에 있어서는, 의사 측 과실의 내용 및 정도, 진료의 경위 및 난이도, 의료행위의 결과, 해당 질환의 특성, 환자의 체질 및 행태 등 제반 사정을 참작하여 손해분담의 공평이라는 손해배상제도의 이념에 비추어 그 손해배상액을 제한할 수 있고(98다12270 판결 등 참조), 책임감경사유에 관한 사실인정이나 그 비율을 정하는 것은 그것이 형평의 원칙에 비추어 현저히 불합리하다고 인정되지 않는 한 사실심의 전권사항에 속한다(2007다3162 판결, 2009다73295 판결).

(4) 손실보상제도 등과 손해의 공평분담의 원칙

대체로 재산권의 침해가 발생한 경우에 그 구제방법으로는 손해배상과 손실보상제도를 들 수 있다. 위법한 행위의 결과로 발생한 손해에 대한 재산상의 구제를 손해배상이라고 하고 적법한 공권력의 행사에 의한 손해에 대한 재산적 보상을 손실보상이라고 한다. 이와 같이 손해배상과 손실보상제도는 그 원인을 달리할 뿐 재산권의 침해에 대한 구제제도라는 점에서는 차이가 없다. 따라서 손해배상과 마찬가지로 손실보상에 있어서도 손해의 공평분담의 원칙이 적용된다고 할 것이다.

판례 ➡ 손실보상은 공공사업의 시행과 같이 적법한 공권력의 행사로 가하여진 재산상의 특별한 희생에 대하여 전체적인 공평부담의 견지에서 인정되는 것이므로, 공공사업의 시행으로 손해를 입었다고 주장하는 자가 보상을 받을 권리를 가졌는지는 해당 공공사업의 시행 당시를 기준으로 판단하여야 한다(2010다9658 판결).

판례 ➡ 학교안전사고를 예방하고, 학생·교직원 및 교육활동참여자가 학교안전사고로 인하여 입은 피해를 신속·적정하게 보상하기 위한 학교안전사고 보상공제사업의 실시에 관하여 필요한 사항을 규정함을 목적으로 하는 구 학교안전사고 예방 및 보상에 관한 법률(2011. 12. 31. 법률 제11141호로 개정되기 전의 것, 이하 '학교안전사고보상법'이라 한다)은 교육감, 학교장 등에게 학교안전사고의 예방에 관한 책무를 부과하고, 학교안전사고가 발생한 경우 교육감, 학교장 등이 학교안전사고 발생에 책임이 있는지를 묻지 않고 학교안전사고로 피해를 입은 학생·교직원 등 피공제자에 대하여 공제급여를 지급함으로써 학교안전사고로부터 학생·교직원 등의 생명과 신체를 보호하고, 그들이 피해를 입은 경우 그 피해를 신속하고 적정하게 보상하여 실질적인 학교안전망을 구축함을 입법취지로 한다. 따라서 학교안전사고보상법에 따른 공제제도는 위와 같은 입법취지하에 학교안전사고로 인하여 피공제자가 입은 피해를 사회보장 차원에서 직접 전보하는 성질을 가지고 있는 것으로서 불법행위로 인한 손해를 배상하는 제도와 그 취지나 목적을 달리하며, 법률에 특별한 규정이 없는 한 학교안전사고보상법에 의한 급여지급책임에는 과실책임의 원칙이나 과실상계의 이론이 적용되지 않는다(2011다77238 판결).

제 2 관 불법행위의 성립요건

Ⅰ. 개 관

불법행위는 요건의 측면에서 일반불법행위와 특수한 불법행위로 나누어 볼 수 있다. 특수한 불법행위는 일반불법행위의 요건(제750조) 외에 추가적인 요건을 갖추어야 한다(제755조 내지 제760조).

일반불법행위로 인한 손해배상책임을 묻기 위한 요건으로는 가해자의 책임능력, 가해자의 고의·과실(책임한정요건), 가해행위의 위법성(피침해이익의 보호), 손해의 발생, 가해행위와 손해 사이의 인과관계가 있어야 한다. 이러한 요건들은 피해자가 입증하여야 하는데, 실무적으로는 **가해자의 특정, 과실 및 인과관계의 입증, 손해액의 산정** 등의 문제가 중요한 법률적 쟁점이 되고 있다.

판례 ➡ 미성년자가 책임능력이 있어 그 스스로 불법행위책임을 지는 경우에도 그 손해가 당해 미성년자의 감독의무자의 의무위반과 상당인과관계가 있으면 감독의무자는 일반불법행위자로서 손해배상책임이 있다 할 것이지만, 이 경우에 그러한 감독의무위반사실 및 손해발생과의 상당인과관계의 존재는 이를 주장하는 자가 입증하여야 한다(2003다5061 판결).

판례 ➡ 자동차사고로 인한 손해배상청구사건에서 자동차손해배상보장법이 민법에 우선하여 적용되어야 할 것은 물론이지만 그렇다고 하여 피해자가 민법상의 손해배상청구를 하지 못한다고는 할 수 없으므로, 자동차손해배상보장법상의 손해배상책임이 인정되지 않는 경우에도 민법상의 불법행위책임을 인정할 수는 있다(2001다23201, 23218 판결).

Ⅱ. 고의 또는 과실: 유책성 요건

1. 고 의

고의는 자기의 행위로 인하여 일정한 결과가 발생할 것을 인식하면서 그 행위를 하는 심리상태를 말한다. 고의가 인정되기 위해서는 행위자가 결과의 발생을 의욕했을 것까지는 요구하지 않고, 결과가 발생할 것을 인식한 것으로 족하다. 물론 미필적 고의도 고의로 인정된다(90다16771 판결).

문제는 고의의 인식에 일정한 결과발생 사실의 인식 외에 그것이 위법한 것으로 평가된다는 이른바 위법성의 인식이 있어야 하는가에 있다. 통설·판례는 이를 부정한다.

판례 ➡ 불법행위에 있어서 고의는 일정한 결과가 발생하리라는 것을 알면서 감히 이를 행하는 심리상태로서, 객관적으로 위법이라고 평가되는 일정한 결과의 발생이라는 사실의 인식만 있으면 되고 그 외에 그것이 위법한 것으로 평가된다는 것까지 인식하는 것을 필요로 하는 것은 아니다(2001다46440 판결).

2. 과 실

(1) 과실의 개념

불법행위에서의 과실은 위법한 결과의 발생에 대한 예견의무와 그 회피의무의 위반을 의미한다. 즉, 행위자가 사회생활상 요구되는 주의를 태만히 하여 위법한 결과의 발생을 예견할 수 있었음에도 불구하고 그 결과의 발생을 예견하지 못하였거나, 그 결과의 발생을 회피할 수 있었음에도 불구하고 그 결과의 발생을 회피하지 못한 경우에 비로소 과실을 인정할 수 있다(86다카1469 판결, 2005다16034 판결 등). 물론 그와 같이 하지 아니한 것이 불가항력적이었다면 과실이 있다고 볼 수 없다(79다1843 판결). 그러므로 '사회생활상 요구되는 주의의무'를 위반하여 타인의 권리 기타 법익을 침해한 경우에는 위법하여 책임을 부담하되, 그 법익침해의 결과에 대한 예견가능성과 회피가능성이 없는 경우에는 책임을 지지 않는다. 이 경우 '사회생활상 요구되는 주의

의무'는 법률·계약·관습 또는 조리(條理) 등에 근거하여 인정될 수 있고, 행위의 성질이나 위험성에 비례하여 요구된다고 할 것이다.

[과실개념에 관한 논의]

종래의 통설은 과실을 "일정한 결과가 발생한다는 것을 알고 있어야 함에도 불구하고 부주의, 즉 주의를 게을리하였기 때문에 그것을 알지 못하고 어떤 행위를 하는 심리상태"라고 정의하여, 과실을 고의와 함께 '심리상태'로 파악하고 있었다.[133] 그런데 과실판단의 기준에 대해서는 위법행위자 개인의 지식과 능력을 기준으로 하는 것이 아니고, 추상적으로 일반인·평균인에게 요구되는 지식과 능력을 그 기준으로 하고 있다. 즉, 과실개념에 대해서는 주관적·심리적으로 이해하고, 그 판단기준에 대해서는 객관적·규범적으로 파악하고 있었다. 그렇지만 판례(79다1843 판결)와 일부 학설[134]은 과실개념을 '주의의 해태' 내지 '긴장의 결여'라는 심리상태로 파악하는 통설과 달리 객관적 행위규범으로서 '예견가능성'을 전제로 '결과회피'를 위한 '사회생활상 필요한 주의의무' 위반으로 파악한다. 사회평균인이라는 과실의 판단기준에 비추어 과실개념을 객관적으로 파악함이 자연스럽고, 피해자보호라는 정책적 관점에서 과실개념을 '사회생활상 요구되는 주의의무' 위반으로 파악함이 타당하다고 할 것이다.

문제는 과실개념을 '사회생활상 요구되는 주의의무' 위반으로 파악하게 되면, 위법성의 본질에 관한 행위불법론의 입장에서 볼 때, 종래 객관적인 책임요건으로 파악하여 오던 위법성과의 관계가 불명확하게 된다는 점에 있다. 즉, '사회생활상 요구되는 주의의무'의 법적 지위를 과실의 요소로 이해할 것인지 혹은 위법성의 요소로 이해할 것인지, 아니면 과실과 위법성의 통합요소로 파악할 것인지가 문제된다. 과실개념을 주의의무위반으로 파악하는 위의 일부 학설은 '사회생활상 요구되는 주의의무'를 과실과 위법성의 통합요소로 이해한다. 즉, '사회생활상 요구되는 주의의무'는 유책성 요소이면서 불법요소라는 이중적 지위를 가지는 것으로 파악한다. 그리고 행위불법론의 입장에 있는 또 다른 일부 학설은 '사회생활상 요구되는 주의의무'를 이원화하여 이해한다. 즉, 유책성 요소로서의 주의의무위반은 평균인을 기준으로 하여 거래상 요구되는 주의가 중심이 되고, 위법성 요소로서의 주의의무위반은 평균인의 준수 여부를 떠나 판단되는 극단적 최고도의 주의를 의미하는 것으로 이해한다.[135]

그런데 "위법성 요소로서의 주의의무위반을 평균인의 준수 여부를 떠나 판단되는 극단적 최고도의 주의를 의미"하는 것으로 이해하게 되면, 일반적으로 가해자의 행위는 위법성 조각사유가 없는 한 위법성이 인정되어 결과불법론의 결과와 차이가 없게 되는 것은 아닌지 의문이다. 오히려 행위불법론의 입장에 선다면 '사회생활상 요구되는 주의의무'는 유책성 요소이면서 불법요소라는 이중적 지위를 가지는 것으로 이해함이 타당할 것이다. 이와 같이 볼 때, '사회생활상 요구되는 주의의무'를 위반하여 타인의 권리 기타 법익을 침해하면 위법성 조각사유가 없는 한 그 행위는 위법한 행위로서 행위자는 책임을 부담하되, 행위자가 그러한 법익의 침해가능성을 예견할 수 없었거나 회피할 수 없었다면 과실이 있다고 볼 수 없어 불법행위책임을 물을 수 없는 것으로 보아야 할 것이다. 가령, 대학에서 정규적인 수업이나 교육활동의 일환인 졸업연구활동에 있어 그 자체에 내재된 위험에 대하여는 담당 지도교수가 미리 이를 예측하고 졸업연구 수행기간 중 전 기간에 걸쳐 그로 인한 사고발생을 방지하기 위

133) 곽윤직, 채권각론, 686면; 김주수, 채권각론, 610면 등.

134) 이은영, 채권각론, 537면; 서광민, "한국불법행위법의 변천과 불법행위법학의 과제", 저스티스 제32권 제4호, 93면.

135) 최흥섭, "현대불법행위법에서 민법 제750조의 과실과 위법성", 불법행위법의 특수문제(1997), 400면 이하; 박동진, "불법행위법에서의 주의의무: 그 위상 및 판단기준으로 중심으로", 비교사법 제9권 2호(2002), 170면 이하.

하여 필요한 조치와 안전에 관한 지도를 하여야 할 주의의무를 부담한다고 할 것이지만, 비록 그와 같은 졸업연구활동 중에 발생한 사고라고 하여도 그 졸업연구활동에 내재된 위험으로 인하여 발생한 것이라고 볼 수 없는 사고에 대하여는 담당 지도교수 등 대학의 교직원이 구체적인 상황하에서 그 사고가 통상 발생할 수 있다고 특별히 예측하거나 예측가능성이 있고 그 방지조치를 하는 것이 비교적 용이하다는 사정이 있는 경우에 한하여 책임을 진다(99다28289 판결).

판례 ➡ **〈위법성과 과실을 구별하고 있는 판례〉** 관계 법령에 따라 감독관청의 승인이 요구됨에도 이를 위반하여 승인없이 임상시험에 해당하는 의료행위를 하였더라도 그 자체가 의료상의 주의의무 위반행위는 아니므로, 당해 의료행위에 있어 구체적인 의료상의 주의의무 위반이 인정되지 아니한다면 그것만으로 불법행위책임을 지지는 아니한다(2007다3162 판결). 무면허로 의료행위를 한 경우라도 그 자체가 의료상의 주의의무 위반행위는 아니라고 할 것이므로 당해 의료행위에 있어 구체적인 의료상의 주의의무 위반이 인정되지 아니한다면 그것만으로 불법행위책임을 부담하지는 아니한다(2001다27449 판결). 기간임용제 대학교원에 대한 학교법인의 재임용거부결정이 재량권을 일탈·남용한 것으로 평가되어 그 사법상 효력이 부정된다고 하더라도 이것이 불법행위를 구성함을 이유로 학교법인에게 재산적 손해배상책임을 묻기 위해서는 당해 재임용거부가 학교법인의 고의 또는 과실로 인한 것이라는 점이 인정되어야 한다(2012다31734 판결).

(2) 과실판단의 기준

불법행위에서의 과실은 추상적 과실로서 사회평균인으로서의 주의의무를 위반한 경우를 가리키는 것인데, 여기서의 '사회평균인'이라고 하는 것은 추상적인 일반인을 말하는 것이 아니라 그와 같은 업무와 직무에 종사하는 보통인을 말하는 것이다(66다1938 판결, 2000다12532 판결). 따라서 가령, 예견가능성을 판단함에 있어서는 그 과실 등에 의한 불법행위자 자신이 주관적으로 인식한 사정은 물론 객관적으로 존재하였으나 자신이 인식하지 못한 사정이라도 그 자신이나 일반인(평균인)이 인식할 수 있었던 사정까지도 함께 고려하여야 한다(2006다24407 판결).

판례 ➡ 의료사고에 있어서 의료종사자의 과실을 인정하기 위해서는 의료종사자가 결과발생을 예견할 수 있었음에도 그 결과발생을 예견하지 못하였고 그 결과발생을 회피할 수 있었음에도 그 결과발생을 회피하지 못한 과실이 검토되어야 하고, 그 과실의 유무를 판단함에는 같은 업무와 직무에 종사하는 일반적 보통인의 주의 정도를 표준으로 하여야 하며, 이에는 사고 당시의 일반적인 의학의 수준과 의료환경 및 조건, 의료행위의 특수성 등이 고려되어야 한다(2001도3904 판결, 2005도314 판결, 2006도294 판결). 그리고 집단따돌림으로 인하여 피해 학생이 자살한 경우, 자살의 결과에 대하여 학교의 교장이나 교사의 보호감독의무 위반의 책임을 묻기 위하여는 피해 학생이 자살에 이른 상황을 객관적으로 보아 교사 등이 예견하였거나 예견할 수 있었음이 인정되어야 한다. 다만, 사회통념상 허용될 수 없는 악질, 중대한 집단따돌림이 계속되고 그 결과 피해 학생이 육체적 또는 정신적으로 궁지에 몰린 상황에 있었음을 예견하였거나 예견할 수 있었던 경우에는 피해 학생이 자살에 이른 상황에 대한 예견가능성도 있는 것으로 볼 수 있을 것이나, 집단따돌림의 내용이 이와 같은 정도에까지 이르지 않은 경우에는 교사 등이 집단따돌림을 예견하였거나 예견할 수 있었다고 하더라도 이것만으로 피해 학생의 자살에 대한 예견이 가능하였던 것으로 볼 수는 없으므로, 교사 등이 집단따돌림 자체에 대한 보호감독의무 위반의 책임을 부담하는 것은 별론으로 하고 자살의 결과에 대한 보호감독의무 위반의 책임을 부담한다고 할 수는 없다(2005다16034 판결).

(3) 과실의 요소

앞에서 설명한 바와 같이 과실은 법익침해의 결과에 대한 예견의무와 결과회피의무를 요소로 한다. 이 경우 예견의무는 책임능력을 전제로 하며, 결과회피의무는 예견의무를 전제로 한다. 그리고 결과회피의무의 위반은 작위로 인한 경우와 부작위로 인한 경우로 나누어 볼 수 있다. 또한 부작위로 인한 결과회피의무위반은 다시 정보제공의무・업무 내지 직무상의 주의의무・안전조치의무・조사확인의무 등의 위반으로 유형화해 볼 수 있다(후술하는 판례 참조). 특히 부작위로 인한 결과회피의무의 위반이 인정되기 위해서는 법적인 작위의무의 존재가 전제되어야 한다(2010다8709 판결). 그리고 결과회피의무로서 작위의무 또는 부작위의무는 위법성 판단요소이면서 과실판단요소로서 기능하므로, 결과회피의무를 위반하여 위법성이 인정되면 과실은 추정되는 것으로 보아야 할 것이다. 따라서 의무위반자가 위법한 결과의 발생에 대한 예견가능성과 회피가능성이 없음을 입증하여야 불법행위책임을 면할 수 있다고 할 것이다.

판례 ➡ **〈미성년자의 책임능력: 예견능력〉** 미성년자의 과실능력은 그에게 사리를 변식함에 족한 지능을 구유하고 있으면 족하고 책임을 변식함에 족한 지능을 구유함을 요하지 아니한다(70다2986 판결). 8세라 하더라도 특별사정이 없는 한 과실능력은 있다 할 것이다(68다1224 판결). 13세 5월이 된 중학생이 전쟁놀이 중 장난감이라고 할 수 없는 위험한 물건인 고무총으로 땅콩 크기의 돌을 발사하여 같이 놀던 아이의 좌안을 실명하게 한 소위는 불법행위의 책임을 변식할 수 있는 지능을 가진 사람의 행위라고 단정하기는 어렵다(78다729 판결). 14세 3개월이 된 사람은 특단의 사정이 없는 한 사회통념상으로 불법행위에 대한 책임을 변식할 지능이 있다(68다1822 판결).

(4) 과실의 입증

과실의 존재는 손해배상을 청구하는 피해자에게 그 입증책임이 있다(2003다20183 판결). 다만, 민법은 과실책임의 원칙을 취하면서 입증책임을 전환하여 그 책임을 가중하기도 한다. 가령, 책임무능력자의 감독자의 책임(제755조), 사용자책임(제756조), 공작물점유자의 책임(제758조 제1항 본문), 동물점유자의 책임(제759조)의 경우에 책임자는 과실없음을 증명하지 못하면 손해배상책임을 져야 한다. 나아가 대규모의 기업이나 시설은 그 경영 자체 속에 많은 위험을 안고 있기 때문에, 이러한 경우에까지도 과실책임의 원칙을 관철하게 되면 손해분담의 공평을 잃은 것이 되므로, 기업 등에게 무과실책임(공작물소유자의 책임 제758조 제1항 단서, 자동차손해배상보장법 제3조, 원자력손해배상보장법 제3조, 환경정책기본법 제44조, 제조물책임법 제3조)을 인정하여 피해자를 보호하고 있다.

한편 판례는 입증책임의 완화를 통해 피해자를 보호하기도 한다(94다39567 판결(의료상의 과실) 등 이른바 표현증명의 법리, 즉 주요사실의 전제가 되는 간접사실을 증명하여 주요사실을 추인하는 증명방법을 통해 입증부담을 완화하고 있다). 그리고 판례는 공작물의 설치·보존상의 하자나 제조물에 결함이 있으면 과실이 있는 것으로 추정한다.

판례 ➡ 〈**하자**〉 고속도로의 관리상 하자가 인정되는 이상 고속도로의 점유관리자는 그 하자가 불가항력에 의한 것이거나 손해의 방지에 필요한 주의를 해태하지 아니하였다는 점을 주장·입증하여야 비로소 그 책임을 면할 수 있다(2007다29287, 29294 판결).

〈**결함**〉 배합사료와 기초사료에 어떠한 불순물이 함유되었고 또 그것이 어떤 화학적 영양학적 내지는 생리적 작용을 하여 이를 사료로 한 닭들이 난소협착증을 일으키게 되고 산란율을 급격 현저하게 저하케 한 것인지는 구체적으로 밝혀지지는 않았어도 위 사료로서 사양시험을 한 결과 똑같은 시험결과를 보였고 급식방법이나 계사관리 또는 사료보관에 어떤 이상이 없었고 사양시험에 제공했던 사료들이 변질되거나 부패한 것도 아니고 또 이 건 사료를 급식할 무렵 닭들에 시주한 뉴캣슬 예방주사의 시주방법이나 약품에 아무런 하자도 없어 적어도 그 사료에 어떤 불순물이 함유된 것이 틀림없어 제조과정에 과실이 있었고 이로 인하여 원고가 사육하던 닭들이 위와 같은 현상을 초래하게 된 경우에는 그 사료제조판매자에게 불법행위의 책임이 있다(75다2092 판결).

(5) 과실요소에 관한 판례

과실요소에 관한 판례의 태도를 예견의무와 결과회피의무로 나누어 살펴 본다.

① 예견의무위반

〈교장이나 교사의 학생에 대한 보호·감독의무의 위반에 대한 책임요건〉

학교에서 학생들을 지도·감독할 의무는 학교 내에서의 학생의 전 생활관계에 미치는 것이 아니라 학교에서의 교육활동 및 이와 밀접불가분의 관계에 있는 생활관계에 한하고, 그 의무범위 내의 생활관계라 하더라도 교육활동의 때, 장소, 가해자의 분별능력, 가해자의 성행, 가해자와 피해자의 관계, 기타 여러 사정을 고려하여 학교생활에서 통상 발생할 수 있다고 예측되거나 또는 그 예측가능성(사고발생의 구체적 위험성)이 있는 경우에 한한다(96다44433 판결, 2000다55126 판결, 2004다48775 판결, 2005다16034 판결 등).

〈사용자의 근로자에 대한 보호의무위반과 사고예측가능성〉

사용자는 근로계약에 수반되는 신의칙상의 부수적 의무로서 피용자가 노무를 제공하는 과정에서 생명, 신체, 건강을 해치는 일이 없도록 인적·물적 환경을 정비하는 등 필요한 조치를 강구하여야 할 보호의무를 부담하고, 이러한 **보호의무**를 위반함으로써 피용자가 손해를 입은 경우 이를 배상할 책임이 있다. 이 경우 보호의무위반을 이유로 사용자에게 손해배상책임을 인정하기 위하여는 특별한 사정이 없는 한 그 사고가 피용자의 업무와 관련성을 가지고 있을 뿐 아니라 또한 그 사고가 통상 발생할 수 있다고 하는 것이 예측되거나 예측할 수 있는 경우라야 할 것이고, 그 **예측가능성**은 사고가 발생한 때와 장소, 가해자의 분별능력, 가해자의 성행, 가해자와 피해자의 관계 기타 여러 사정을 고려하여 판단하여야 한다(야간에 회사기숙사 내에서 발생한 입사자들 사이의 구타행위에 대하여 회사의 보호의무위반이나 불법행위상의 과실책임을 인정하지 않은 사례이다. 99다56734 판결).

〈자동차운전자의 예견의무와 신뢰의 원칙〉

차량의 운전자로서는 횡단보도의 신호가 적색인 상태에서 반대차선상에 정지하여 있는 차량의 뒤로 보행자가 건너오지 않을 것이라고 신뢰하는 것이 당연하고 그렇지 아니할 사태까지 예상하여 그에 대한 주의의무를 다하여야 한다고는 할 수 없다(92도2077 판결, 89도1395 판결, 89도2547 판결). 운전자가 교차로를 사고없이 통과할 수 있는 상황에서 그렇게 인식하고 교차로에 일단 먼저 진입하였다면 특별한 사정이 없는 한 그에게 과실이 있다고 할 수 없고, 교차로에 먼저 진입한 운전자로서는 이와 교차하는 좁은 도로를 통행하는 피해자가 교통법규에 따라 적절한 행동을 취하리라고 신뢰하고 운전한다고 할 것이므로 특별한 사정이 없는 한 피해자가 자신의 진행속도보다 빠른 속도로 무모하게 교차로에 진입하여 자신이 운전하는 차량과 충격할지 모른다는 것까지 예상하고 대비하여 운전하여야 할 주의의무는 없다고 할 것이다(92도934 판결). 고속도로상에서 자동차는 원칙으로 우측차선으로 통행하여야 하므로 자동차운전자는 반대방향에서 운행하여 오는 차량이 앞지르기를 하거나 도로의 상황 기타 사정으로 부득이 중앙선을 침범하게 되는 경우를 제외하고는 그 차량이 중앙선을 침범하는 일은 없으리라고 믿고 운전하면 족한 것이므로 상대방 차량이 중앙선을 침범하여 진입할 것까지를 예견하고 감속하는 등 조치를 강구하여야 할 주의의무는 없다(81도2720 판결, 71도623 판결). 그리고 일반적으로 중앙선이 설치된 도로를 자기 차로를 따라 운행하는 자동차운전자로서는 마주 오는 자동차도 자기 차로를 지켜 운행하리라고 신뢰하는 것이 보통이므로, 상대방 자동차의 비정상적인 운행을 예견할 수 있는 특별한 사정이 없다면, 상대방 자동차가 중앙선을 침범해 들어올 경우까지 예상하여 미리 2차로나 도로 우측 가장자리로 붙여 운전하여야 할 주의의무는 없고, 또한 운전자가 제한속도를 초과하여 운전하는 등 교통법규를 위반하였다고 하더라도 그와 같이 과속운행 등을 하지 아니하였다면 상대방 자동차의 중앙선 침범을 발견하는 즉시 감속하거나 피행함으로써 충돌을 피할 수 있었다는 사정이 있었던 경우에 한하여 과속운행을 과실로 볼 수 있다(2000다67464 판결, 2000다12068 판결, 90다카2441판결, 85도2651 판결). 또한 도로교통법 제58조는 보행자는 고속도로를 통행하거나 횡단할 수 없다고 규정하고 있으므로 고속도로를 운행하는 자동차의 운전자로서는 특별한 사정이 없는 한 보행자가 고속도로를 통행하거나 횡단할 것까지 예상하여 급정차를 할 수 있도록 대비하면서 운전할 주의의무는 없다 할 것이고, 따라서 고속도로를 무단횡단하는 피해자를 충격하여 사고를 발생시킨 경우라도 운전자가 상당한 거리에서 그와 같은 무단횡단을 미리 예상할 수 있는 사정이 있었고, 그에 따라 즉시 감속하거나 급제동하는 등의 조치를 취하였다면 피해자와의 충돌을 면할 수 있었다는 등의 특별한 사정이 인정되지 아니하는 한 자동차운전자에게 과실이 있다고는 볼 수 없다(98다5135 판결). 신뢰의 원칙은 상대방 교통관여자가 도로교통의 제반법규를 지켜 도로교통에 임하리라고 신뢰할 수 없는 특별한 사정이 있는 경우에는 그 적용이 배제된다(2003다3607, 3614 판결).

② 결과회피 내지 위험방지의무위반

○ 작위에 의한 위험방지의무위반: 작위불법행위(부작위의무위반)

〈통행방해금지의무위반〉

일반공중의 통행에 제공된 도로를 통행하고자 하는 자는, 그 도로에 관하여 다른 사람이 가지는 권리 등을 침해한다는 등의 특별한 사정이 없는 한, 일상생활상 필요한 범위 내에서 다른 사람들과 같은 방법으로 도로를 통행할 자유가 있고, 제3자가 특정인에 대하여만 도로의 통행을 방해함으로써 일상생활에 지장을 받게 하는 등의 방법으로 특정인의 통행자유를 침해하였다면 민법상 불법행위에 해당하며, 침해를 받은 자로서는 그 방해의 배제나 장래에 생길 방해를 예방하기 위하여 통행방해행위의 금지를 소구할 수 있다고 보아야 한다(2010다63720 판결, 95다2203 판결, 2012마1417 결정).

〈적합성의 원칙 위반: 고객의 특성을 파악할 의무위반〉

은행은 환 헤지(hedge) 목적을 가진 기업과 통화옵션계약을 체결함에 있어서 해당 기업의 예상 외화유입액, 자산 및 매출규모를 포함한 재산상태, 환 헤지의 필요 여부, 거래목적, 거래경험, 당해 계약에 대한 지식 또는 이해의 정도, 다른 환 헤지 계약체결 여부 등 경영상황을 미리 파악한 다음, 그에 비추어 해당 기업에 적합하지 아니하다고 인정되는 종류의 상품 또는 그러한 특성이 있는 통화옵션계약의 체결을 권유하여서는 아니된다. 은행이 그러한 의무를 위반하여 해당 기업의 경영상황에 비추어 과대한 위험성을 초래하는 통화옵션계약을 적극적으로 권유하여 이를 체결하게 한 때에는 이러한 권유행위는 이른바 적합성 원칙을 위반하여 고객에 대한 보호의무를 저버리는 위법한 것으로서 불법행위를 구성한다. 특히 장외파생상품은 고도의 금융공학적 지식을 활용하여 개발된 것으로 예측과 다른 상황이 발생할 경우에는 손실이 과도하게 확대될 위험성이 내재되어 있고, 다른 한편 은행은 그 인가요건, 업무범위, 지배구조 및 감독체계 등 여러 면에서 투자를 전문으로 하는 금융기관 등에 비해 더 큰 공신력을 가지고 있어 은행의 권유는 기업의 의사결정에 강한 영향을 미칠 수 있으므로, 은행으로서는 위와 같이 위험성이 큰 장외파생상품의 거래를 권유할 때에는 다른 금융기관에 비해 더 무거운 고객보호의무를 부담한다고 봄이 타당하다(2012다13637 전원합의체 판결).

○ 부작위로 인한 결과회피의무위반: 부작위불법행위(작위의무위반)

■ 정보제공의무위반

〈거래당사자의 고지의무〉

부동산거래에 있어 거래상대방이 일정한 사정에 관한 고지를 받았더라면 그 거래를 하지 않았을 것임이 경험칙상 명백한 경우에는 신의성실의 원칙상 사전에 상대방에게 그와 같은 사정을 고지할 의무가 있으며, 그와 같은 고지의무의 대상이 되는 것은 직접적인 법령의 규정뿐 아니라 널리 계약상, 관습상 또는 조리상의 일반원칙에 의하여도 인정될 수 있다(2004다48515 판결). 일단 고지의무의 대상이 되는 사실이라고 판단되는 경우 이미 알고 있는 자에 대하여는 고지할 의무가 별도로 인정될 여지가 없지만, 상대방에게 스스로 확인할 의무가 인정되거나 거래관행상 상대방이 당연히 알고 있을 것으로 예상되는 예외적인 경우가 아닌 한, 실제 그 대상이 되는 사실을 알지 못하였던 상대방에 대하여는 비록 알 수 있었음에도 알지 못한 과실이 있다 하더라도 그 점을 들어 추후 책임을 일부 제한할 여지가 있음은 별론으로 하고 고지할 의무 자체를 면하게 된다고 할 수는 없다(2005다5843 판결, 2005다5812, 5829, 5836 판결).

〈의사의 설명의무〉

의사는 환자를 진료하는 과정에서 질환이 의심되는 증세가 있는지를 자세히 살피어 그러한 증세를 발견한 경우에는 특별한 사정이 없는 한 그 질환의 발생 여부 및 정도 등을 밝히기 위한 조치나 검사를 받도록 환자에게 설명, 권유할 주의의무가 있는 바(2003다13208, 13215 판결), 의사가 설명의무를 위반한 채 수술 등을 하여 환자에게 예상치 못한 피해를 입히는 등의 중대한 결과가 발생한 경우에 있어서, 그 결과로 인한 모든 손해를 청구하는 경우에는 그 중대한 결과와 의사의 설명의무위반 내지 승낙취득 과정에서의 잘못과의 사이에 상당인과관계가 존재하여야 하며, 그 경우 의사의 설명의무위반은 환자의 자기결정권 내지 치료행위에 대한 선택의 기회를 보호하기 위한 점에 비추어 환자의 생명·신체에 대한 의료적 침습과정에서 요구되는 의사의 주의의무위반과 동일시할 정도의 것이어야 할 것이지만, 환자 측에서 선택의 기회를 잃고 자기결정권을 행사할 수 없게 된 데 대한 위자료만을 청구하는 경우에는 의사의 설명 결여 내지 부족으로 선택의 기회를 상실하였다는 사실만을 입증함으로써 족하고, 설명을 받았더라면 사망 등의 결과는 생기지 않았을 것이라는 관계까지 입증할 필요는 없다(2002다48443 판결, 2008다60162 판결. 한약업자의 설명의무에 관한 2001다56904 판결도 참조).

〈정보제공의무 없는 자의 응답의무의 존부〉

거래 등의 기초가 되는 정보의 진실성은 스스로 검증하여 거래하는 것이 원칙이므로 정보제공자가 법령상·계약상 의무없이 단지 질의에 응답한 것에 불과한 경우에는 고의로 거짓 정보를 제공하거나 선행행위 등으로 위험을 야기하였다는 등의 특별한 사정이 없는 한 위와 같은 응답행위가 불법행위를 구성한다고 볼 수 없다(2011다14671 판결).

■ 업무 내지 직무상의 주의의무위반

〈의사의 주의의무〉

의사가 진찰·치료 등의 의료행위를 함에 있어서는 사람의 생명·신체·건강을 관리하는 업무의 성질에 비추어 환자의 구체적인 증상이나 상황에 따라 위험을 방지하기 위하여 요구되는 최선의 조치를 취하여야 할 주의의무가 있고, 의사의 이와 같은 주의의무는 의료행위를 할 당시 의료기관 등 임상의학 분야에서 실천되고 있는 의료행위의 수준을 기준으로 삼되, 그 의료수준은 통상의 의사에게 의료행위 당시 일반적으로 알려져 있고 또 시인되고 있는 것을 뜻하므로 진료환경 및 조건, 의료행위의 특수성 등을 고려하여 규범적인 수준으로 파악되어야 하며, 또한 진단은 문진·시진·촉진·청진 및 각종 임상검사 등의 결과에 터잡아 질병 여부를 감별하고 그 종류, 성질 및 진행 정도 등을 밝혀내는 임상의학의 출발점으로서 이에 따라 치료법이 선택되는 중요한 의료행위이므로, 진단상의 과실 유무를 판단함에 있어서는 그 과정에서 비록 완전무결한 임상진단의 실시는 불가능하다고 할지라도 적어도 임상의학 분야에서 실천되고 있는 진단 수준의 범위 내에서 그 의사가 전문직업인으로서 요구되는 의료상의 윤리와 의학지식 및 경험에 터잡아 신중하고 정확하게 환자를 진찰하고 진단함으로써 위험한 결과 발생을 예견하고 그 결과 발생을 회피하는 데에 필요한 최선의 주의의무를 다하였는지 여부를 따져보아야 한다(98다45379, 45386 판결, 99다48221 판결, 2010다76849 판결, 2011다26964 판결).

〈인터넷 사업자의 주의의무〉

명예훼손적 게시물이 게시된 목적, 내용, 게시기간과 방법, 그로 인한 피해의 정도, 게시자와 피해자의 관계, 반론 또는 삭제 요구의 유무 등 게시에 관련한 쌍방의 대응태도 등에 비추어, 인터넷 종합정보제공사업자가 제공하는 인터넷 게시공간에 게시된 명예훼손적 게시물의 불법성이 명백하고, 위 사업자가 위와 같은 게시물로 인하여 명예를 훼손당한 피해자로부터 구체적·개별적인 게시물의 삭제 및 차단요구를 받은 경우는 물론, 피해자로부터 직접적인 요구를 받지 않은 경우라 하더라도 그 게시물이 게시된 사정을 구체적으로 인식하고 있었거나 그 게시물의 존재를 인식할 수 있었음이 외관상 명백히 드러나며, 또한 기술적·경제적으로 그 게시물에 대한 관리·통제가 가능한 경우에는, 위 사업자에게 그 게시물을 삭제하고 향후 같은 인터넷 게시공간에 유사한 내용의 게시물이 게시되지 않도록 차단할 주의의무가 있고, 그 게시물 삭제 등의 처리를 위하여 필요한 상당한 기간이 지나도록 그 처리를 하지 아니함으로써 타인에게 손해가 발생한 경우에는 부작위에 의한 불법행위책임이 성립한다(2008다53812 판결).

〈경찰관의 주의의무〉

경찰은 범죄의 예방, 진압 및 수사와 함께 국민의 생명, 신체 및 재산의 보호 기타 공공의 안녕과 질서유지를 직무로 하고 있고, 그 직무의 원활한 수행을 위하여 경찰관직무집행법, 형사소송법 등 관계 법령에 의하여 여러 가지 권한이 부여되어 있으므로, 구체적인 직무를 수행하는 경찰관으로서는 제반 상황에 대응하여 자신에게 부여된 여러 가지 권한을 적절하게 행사하여 필요한 조치를 취할 수 있는 것이고, 그러한 권한은 일반적으로 경찰관의 전문적 판단에 기한 합리적인 재량에 위임되어 있는 것이나, 경찰관에게 권한을 부여한 취지와 목적에 비추어 볼 때 구체적인 사정에 따라 경찰관이 그 권한을 행사하여 필요한 조치를 취하지 아니하는 것이 현저하게 불합리하다고 인정되는 경우에는 그러한 권한의 불행사는 직무상의 의무를 위반한 것이 되어 위법하게 된다(97다54482 판결, 2002다57218 판결, 2003다49009 판결, 2010다37479 판결).

그 밖에 〈**보험모집인의 주의의무**: 2012다91590 판결〉, 〈**은행원의 주의의무**: 2012다91224 판결〉, 〈**인솔교사의 직무상 의무**: 80다551 판결〉, 〈**학교법인의 주의의무**: 2012다31734 판결〉, 〈**도급인의 주의의무**: 2008도7030 판결, 2010도1448 판결〉, 〈**인감증명발급업무를 담당하는 공무원의 주의의무**: 2006다63273 판결〉, 〈**노무도급의 경우 도급인의 수급인에 대한 보호의무**: 96다53086 판결〉, 〈**기관사의 업무상 주의의무**: 66다975 판결〉, 〈**완구용 주사기 제조자의 주의의무**: 79다1772 판결〉, 〈**골프장 카트 운전자의 주의의무**: 2010도1911 판결〉 등을 들 수 있다.

■ 안전조치 내지 배려의무위반

〈친권자 등의 보호감독의무〉

교장, 교사의 보호·감독의무의 성질은 친권자 등 법정감독의무자를 대신하여 부담하는 의무이지만, 그 의무는 교사의 교육활동에 부수하여 발생하는 것이고 그것에 의하여 교육활동 아래에 있는 학생의 안전을 담보하고 있는 특수적이고 전문적인 것이라는 점에서, 친권자 등이 부담하는 보호·감독의무는 학생의 전 생활영역에 미치는 것에 비교하여 그 의무와 그 범위, 정도 등의 점에서 동일하다고 할 수는 없다. 즉, 가해학생 등의 부모 등 법정감독의무자의 책임은 교장, 교사 등 대리감독의무자의 책임과 다르게 보고 있다. 가해학생의 성벽, 사고 전후의 언동, 소지품, 친구관계 등 제반사정으로부터 곧바로 당해 가해행위를 예견할 수 없다 하더라도 어떤 가해행위가 있을 수 있다는 추상적 위험성을 예견할 수 있다면 부모로서는 일반적·포괄적으로 주의, 지도, 인격교육, 가정환경정비 등 사고방지를 위한 적절한 노력을 하지 않은 이상 그 결과인 가해행위에 대하여 교사감독하에서 발생하였다 하여 면책된다고 볼 수 없다(93다22357 판결, 91다37690 판결).

〈자동차운전자, 보행자의 안전조치의무〉

앞차를 뒤따라 진행하는 차량의 운전자로서는 앞차에 의하여 전방의 시야가 가리는 관계상 앞차의 어떠한 돌발적인 운전 또는 사고에 의하여서라도 자기 차량에 연쇄적인 사고가 일어나지 않도록 앞차와의 충분한 안전거리를 유지하고 진로 전방좌우를 잘 살펴 진로의 안전을 확인하면서 진행할 주의의무가 있다고 할 것이다(2001도5005 판결). 또한 운전자는 제3자가 운전할 수 없도록 조치할 주의의무가 있으므로 면허없는 자에게 수리를 의뢰하고 시동열쇠를 꽂아준 채 옆에서 지켜보지 아니하고 방치함은 관리상의 과실책임이 있다 할 것이다(78다928 판결). 차도와 인도의 구분이 없는 도로에서 보행하는 자는 좌측통행을 하면서 차량과의 충돌을 예방하기에 필요한 주의의무를 다하여야 하고 우측통행을 하는 등 주의의무를 다하지 못하여 차량사고를 당한 경우에는 그의 과실책임을 면치 못한다(76다1888 판결).

〈피해자의 손해감경조치의무〉

불법행위의 피해자는 불법행위로 인한 손해의 확대를 방지하거나 감경하기 위하여 노력하여야 할 의무가 있으며, 그 손해경감조치의무가 수술을 받아야 할 의무일 경우, 수술이 위험 또는 중대하거나 결과가 불확실한 경우에까지 용인하여야 할 의무는 없다고 하겠으나, 그렇지 아니하고 관례적이며 상당한 결과의 호전을 기대할 수 있는 수술이라면 이를 용인할 의무가 있으므로, 그와 같은 수술을 거부함으로써 손해가 확대된 경우 그 손해 부분은 피해자가 부담하여야 하고, 더 나아가 그러한 수술이 필요하다는 사실을 알면서도 상당한 기간 내에 수술을 받지 않음으로 인하여 확대된 손해 부분 역시 피해자가 부담하는 것이 공평의 견지에 비추어 타당하다. 다만, 그렇다고 하여 수술을 받는 데 필요한 상당한 기간이 지난 후의 손해 전부를 피해자의 귀책사유로 인한 것이라고 볼 수는 없으며, 상당한 기간 내에 수술을 받았더라도 개선될 수 없는 노동능력 상실 부분에 해당하는 일실수입 손해는 여전히 불법행위자가 부담하여야 한다(2006다20580 판결, 2009다95714 판결, 2010다32078 판결).

그 밖에 〈**호의동승자의 주의의무**: 94다15332 판결, 2010다60769 판결〉, 〈**독성물질이 혼합된 화학제품을 설계·제조하는 제조업자의 위험방지의무**: 2006다17539 판결〉, 〈**손해방지시설의 완비와 과실 여부**: 73다1253 판결〉, 〈**국립공원관리자의 위험방지의무**: 92다33190 판결〉, 〈**전기공작물 소유자의 사고예방조처의무**: 79다1370 판결, 80다2550 판결, 87다카1282 판결 2007다10139 판결〉, 〈**사업주의 근로자에 대한 안전배려의무**: 88다카33190 판결〉, 〈**운동경기에 참가하는 자의 안전배려의무**: 2011다66849, 66856 판결〉, 〈**교도관의 안전확보의무**: 2008다75768 판결〉, 〈**선행사고차량 운전자의 안전조치의무**: 2009다64925 판결, 2011다110692 판결, 2010다28390 판결〉, 〈**공사현장 안전관리자의 안전조치의무**: 94다31334 판결〉, 〈**선박관리자의 안전조치의무**: 88추27 판결〉 등.

■ 조사·확인의무위반

〈공인중개사의 조사·확인의무〉

부동산 거래당사자가 중개업자에게 부동산거래의 중개를 위임한 경우, 중개업자는 위임취지에 따라 중개대상물의 권리관계를 조사·확인할 의무가 있고 그 주의의무를 위반할 경우 그로 인한 손해를 배상할 책임을 부담하게 되지만, 그로써 중개를 위임한 거래당사자 본인이 본래 부담하는 거래관계에 대한 조사·확인책임이 중개업자에게 전적으로 귀속되고 거래당사자는 그 책임에서 벗어난다고 볼 것은 아니다. 따라서 중개업자가 부동산거래를 중개하면서 진정한 권리자인지 여부 등을 조사·확인할 의무를 다하지 못함으로써 중개의뢰인에게 발생한 손해에 대한 배상의 범위를 정하는 경우, 중개의뢰인에게 거래관계를 조사·확인할 책임을 게을리한 부주의가 인정되고 그것이 손해발생 및 확대의 원인이 되었다면, 피해자인 중개의뢰인에게 과실이 있는 것으로 보아 과실상계를 할 수 있다고 보아야 하고, 이것이 손해의 공평부담이라는 손해배상제도의 기본원리에 비추어 볼 때에도 타당하다(2012다69654 판결).

〈마취의사의 주의의무: 관찰의무〉

일반적으로 사람의 생명과 건강을 다루는 의사에게는 그 업무의 성질에 비추어 시술로 인하여 발생 가능한 위험의 방지를 위하여 필요한 최선의 조치를 취할 업무상의 주의의무가 요구되고, 특히 전신마취는 환자의 중추신경계, 호흡기계 또는 순환기계 등에 큰 영향을 미치는 것으로서 환자의 건강상태에 따라 마취방법이나 마취제 등에 의한 심각한 부작용이 올 수 있고, 그 시술상의 과오가 환자의 사망 등의 중대한 결과를 가져올 위험성이 있으므로, 이를 담당하는 의사는 마취시술에 앞서 마취시술의 전 과정을 통하여 발생할 수 있는 모든 위험에 대비하여 환자의 신체구조나 상태를 면밀히 관찰하여야 할 뿐 아니라, 여러 가지 마취방법에 있어서 그 장단점과 부작용을 충분히 비교·검토하여 환자에게 가장 적절하고 안전한 방법을 선택하여야 할 주의의무가 요구된다(99다48221 판결, 2009다73295 판결).

그 밖에 〈**법무사의 확인의무**: 98다36238 판결, 2007다87979 판결 등〉, 〈**은행직원의 본인 확인의**

무: 2012다91224 판결〉, 〈**집행관의 조사 · 확인의무**: 2001다52773 판결, 2009다40615 판결〉, 〈**교도관의 수용자 관찰의무**: 2008다75768 판결〉, 〈**조합업무 담당자의 조사의무**: 2006다46094 판결〉, 〈**감정평가업자의 조사 · 협력의무**: 2001다19295 판결, 2006다82625 판결〉, 〈**금은방운영업자의 조사확인의무**: 2003도348 판결〉 등.

Ⅲ. 가해행위의 위법성

1. 위법성의 의의

불법행위에서의 위법성은 어떤 행위가 사회공동체의 건전한 상식과 법감정에 비추어 볼 때 도저히 용인될 수 있는 한계를 벗어나 사회질서에 위반되는 행위로 평가되는 것을 말한다(2009다19864 판결). 즉, 가해행위가 '사회생활상 요구되는 행위의무'를 위반하여 사회공동체의 법질서에 반하는 것으로 평가되면 위법성이 인정된다.

여기에서 법질서란 실질적 위법론에 따라 법률, 관습, 조리를 포함한다(죄형법정주의가 적용되는 형사법에서는 형식적 위법론이 타당하다). 즉, 구체적 실정법을 위반함은 물론이고 선량한 풍속 기타 사회질서의 위반도 위법하다.[136] 또한 신의칙을 위반한 경우에도 위법성을 인정할 수 있을 것이다. 가령, 부동산거래에 있어 거래상대방이 일정한 사정에 관한 고지를 받았더라면 그 거래를 하지 않았을 것임이 경험칙상 명백한 경우에는 신의성실의 원칙상 사전에 상대방에게 그와 같은 사정을 고지할 의무가 있으며, 그와 같은 고지의무의 대상이 되는 것은 직접적인 법령의 규정뿐 아니라 널리 계약상 · 관습상 또는 조리상의 일반원칙에 의하여도 인정될 수 있다(2004다48515 판결). 이와 같이 일정한 사정에 관하여 고지의무가 인정됨에도 거래의 상대방에게 이를 고지하지 않는 것은 기망행위로서 위법성이 인정되는 것이다(2005다5843 판결).

판례 ➡ 국가배상책임에서 공무원의 가해행위는 법령에 위반한 것이어야 하고, 법령위반이라 함은 엄격한 의미의 법령위반 뿐만 아니라 인권존중, 권력남용금지, 신의성실, 공서양속 등의 위반도 포함하여 널리 그 행위가 객관적인 정당성을 결여하고 있음을 의미한다(2009다70180 판결, 2013다200438 판결).

유의할 것은 과실과 위법성은 다같이 '사회생활상 요구되는 주의의무'를 위반하는 경우에 인정되는 것으로 이해하는 행위불법론의 입장에 있더라도, 과실과 위법성은 구별하여야 한다는 점이다. 사회생활상 요구되는 주의의무를 위반했는지 여부, 즉 위법성 판단은 피침해 법익의 측면과 침해행위의 측면을 상관적으로 고려하여 판단(상관관계설의 입장)하는 반면(2005다25021 판결 등 참조)에, 과실 여부는 평균인의 입장에서 볼 때 가해행위자에게 위법한 결과의 발생에 대한 예견가능성 내지 회피가능성이 인정되는지 여부에 따라 판단하여야 하기 때문이다. 즉 위법성의 척도는 객관적 기준인 반면에 유책성의 척도는 주관적이다. 그리하여 가령, 필요한 통찰력의 결

---

136) 곽윤직, 채권각론, 650면; 김상용, 불법행위법, 법문사, 1997, 79면; 송덕수, 채권법각론, Rn. 258.

여로 말미암아 책임능력이 없어 과실의 비난을 받을 수 없는 아이들이나 정신지체자들도 위법한 행위를 할 수 있다고 할 것이다.

판례 ➡ **〈채무불이행에 있어서의 위법성〉** 채무불이행에 있어서 확정된 채무의 내용에 좇은 이행이 행하여지지 아니하였다면 그 자체가 바로 위법한 것으로 평가되는 것이고, 다만 그 이행하지 아니한 것이 위법성을 조각할 만한 행위에 해당하게 되는 특별한 사정이 있는 때에는 채무불이행이 성립하지 않는 경우도 있을 수 있다(2000다47361 판결).

판례 ➡ **〈적법행위에 대한 위법성 판단〉** 불법행위 성립요건으로서의 위법성은 관련 행위 전체를 일체로만 판단하여 결정하여야 하는 것은 아니고, 문제가 되는 행위마다 개별적·상대적으로 판단하여야 할 것이므로 어느 시설을 적법하게 가동하거나 공용에 제공하는 경우에도 그로부터 발생하는 유해배출물로 인하여 제3자가 손해를 입은 경우에는 그 위법성을 별도로 판단하여야 하고, 이러한 경우의 판단기준은 그 유해의 정도가 사회생활상 통상의 수인한도를 넘는 것인지 여부라고 할 것이다(99다55434 판결).

2. 위법성 판단의 대상(위법성의 본질)

불법행위는 고의 또는 과실있는 위법행위로 타인의 권리 기타 법익을 침해하여 손해를 발생시킨 행위를 말한다. 이 경우 위법성 판단의 대상을 법익침해의 결과로 파악할 것인지, 법익 침해행위의 모습으로 파악할 것인지를 둘러싸고 견해의 대립이 있다. 결과불법론, 행위불법론, 상관관계설이 그것이다.

(1) 결과불법론의 내용과 문제점

결과불법론은 가해행위에 의하여 보호법익의 침해라는 손해가 발생하면 그 가해행위를 일응 위법한 것으로 평가한다.[137]

① 결과불법론의 내용

결과불법론은 소유권 등의 절대권이나 생명·신체 등의 인격적 법익에 대한 침해가 있으면 그 가해행위는 일단 위법하다는 입장을 취하고 있다. 다만, 정당행위라든가 정당방위, 긴급피난 등 위법성조각사유가 있거나 법률의 규정(제216조 등)이나 당사자 사이의 약정(제한물권이나 임차권 등) 기타 사회규범(관습이나 조리)에 의하여, 가해행위에 대한 인용의무를 부담하는 경우에는 위법성을 인정할 수 없어 불법행위를 구성하지 않는다고 한다. 결과불법론은 고의나 과실을 유책성 요소로 보고 위법성과는 별개의 요건으로 파악한다.

② 결과불법론의 문제점

결과불법론에 대해서는 다음과 같은 문제점이 지적되고 있다. 첫째, 부작위 불법행위의 경우에는 법익침해의 결과발생 이외에 결과방지의무, 즉 작위의무를 위반한 경우에 비로소 위법하다고 하여야 하는데, 결과불법론에 의하면 법익침해의 위법성을 결과에서만 찾아야 하기 때문에

137) 송덕수, 채권법각론, Rn. 258면; 지원림, 민법강의, Rn. 5-276.

이러한 경우의 위법성을 설명하기 어렵다. 둘째, 공해물질을 배출하는 공업시설의 운영이나, 사고의 위험성이 큰 자동차 등의 운행은 행위 내지 활동 자체가 법률상 허용되어 있어서 그 행위 내지 활동 자체를 금지할 수는 없고, 행위의무의 위반이 있는 경우에 비로소 그 침해행위의 위법성을 인정할 수 있는데, 결과불법론에 의하면 법익침해의 결과가 발생하면 곧바로 위법성을 인정할 수밖에 없어 부당하다. 셋째, 결과가 발생하지 않아도 행위가 위법한 경우, 예컨대 단속법규위반과 같은 경우를 설명할 수 없는 문제점을 가지고 있다는 것이다.

(2) 행위불법론의 내용과 문제점

행위불법론은 가해행위에 의하여 보호법익의 침해라는 손해가 발생하더라도 그 가해행위를 곧바로 위법한 것으로 평가하지 않고, 그 행위가 법규범이 정하고 있는 행위의무를 위반했는지 여부에 따라 위법성 여부를 판단한다.[138]

① 행위불법론의 내용

행위불법론은 위법성의 본질을 법익침해의 결과에서 찾는 것이 아니라 가해행위에서 찾아야 한다는 입장이다. 결과불법론에 따르면 고의에 의한 불법행위의 위법성 판단에 있어서 법익침해의 결과만 있으면 곧 가해행위는 위법하다고 할 것이지만, 사실은 보호법익침해라는 결과 외에 고의라고 하는 행위자에 대한 비난가능성이 함께 고려된 결과라는 것이다. 그리고 과실에 의한 불법행위에 있어서는 가해행위에 의한 법익침해의 결과만으로서는 그 가해행위의 위법성을 인정할 수 없고, 법익침해의 결과 이외에도 법질서에 의하여 설정된 행위규범이나 법익침해를 피하기 위하여 사회생활에서 요구되는 주의의무를 위반한 경우에 비로소 위법성이 인정된다고 한다(가령, 피해자의 전적인 과실로 교통사고가 발생한 경우에는 위법성을 인정할 수는 없다는 것이다). 또한 타인의 법익을 침해할 위험이 없는 행위는 그 행위를 하는 것이 곧 타인의 권리나 법익을 침해하는 것이 아니다. 따라서 이러한 행위로 법익의 침해가 발생한 경우에 그 행위는 법익침해와의 관계에서 보면 간접적 침해행위가 된다. 이러한 행위는 사회생활에서 요구되는 주의의무(예, 결과회피의무 등 작위의무)를 위반했을 때 비로소 위법한 것으로 인정된다. 행위불법론에 의하면 어떠한 보호법익이 침해되었는가가 중요한 것이 아니고 그 보호법익을 어떠한 방법으로 침해하였는가가 중요하다.

② 행위불법론의 문제점

위법성의 문제는 불법행위에서만 필요한 요건이 아니고 정당방위나 소유물방해배제청구권을 위해서도 필요한 요건이다. 그런데 위법성 개념에 법익침해의 요소 외에 사회생활상 요구되는 주의의무위반의 요소를 더 필요로 한다면, 이러한 주의를 다했는 데도 발생하는 침해에 대해서는 정당방위나 물권적 청구권에 의한 법익보호가 불가능하게 되거나 또는 내용적으로 상이한 두 개의 위법성 개념이 존재해야 된다는 것이다.

---

138) 이은영, 채권각론, 802면: 서광민, "불법행위의 책임귀속구조에 관한 연구", 고려대학교 대학원 박사학위청구논문(1987), 29면.

(3) 상관관계설

상관관계설은 피침해법익의 성질 내지 유형과 침해행위의 모습을 상관적으로 고찰하여 법질서 위반 여부를 판단한다.[139]

① 상관관계설에 따르면, 어떤 행위가 위법한지 여부는 당해 행위에 의하여 침해된 법익의 성질에 의하여 또는 피침해법익과 그 침해행위의 모습 사이의 상관적 관계에 의하여 개별적으로 결정된다는 것이다. 이에 따르면, 피침해이익이 확고한 것이면 침해행위의 불법성이 작더라도 가해행위에 위법성이 있는 것으로 되나, 피침해이익이 그 정도로 확고한 것이 아니면 침해행위의 불법성이 크게 되지 않는 한 가해행위에 위법성이 없는 것으로 된다. 가령, 물권이나 인격권과 같은 절대권을 침해하는 행위는 일응 위법한 것으로 평가되지만, 채권과 같은 상대권을 침해하는 경우에는 제3자가 적극적인 의도로 침해행위를 한 경우에만 위법하게 된다.

② 다만, 상관관계설의 본질에 대해서는 논의가 혼재되어 있다. 즉, 위법성 판단의 대상에 관한 학설인지 위법성 판단의 기준에 관한 학설인지에 대하여 입장의 차이를 보이고 있다. 종래에는 위법성 판단의 기준으로 파악하여 왔으나, 최근에는 위법성의 본질에 관한 학설로 이해하고 있는 것으로 보인다. 상관관계설을 그 실질적 내용의 측면에서 결과불법론과 행위불법론을 절충한 것으로 이해하는 입장이 있다.[140] 즉, 침해이익을 고려하는 측면에서 결과불법론적 사고를, 행위의 태양을 고려하는 측면에서 행위불법론적 사고를 고려하는 것으로 볼 수 있다는 것이다.

③ 연혁적으로 볼 때, 상관관계설은 일본 민법의 해석론으로 결과불법론을 비판하면서 등장한 위법성 판단기준에 관한 학설이고, 행위불법론은 독일 민법의 해석론으로 위법성의 본질에 관한 결과불법론을 비판하면서 등장한 학설이라는 점[141]에서, 상관관계설은 위법성의 본질(위법성 판단의 대상)에 관한 학설이면서 위법성 판단의 기준에 관한 학설이라고 이해해도 틀린 것은 아니라고 할 것이다. 법익의 침해로 인한 피해구제법으로서 불법행위의 위법성은 행위의 측면과 그 결과의 측면을 함께 고려할 필요가 있다는 점에서 상관관계설이 타당하다.

3. 위법성의 판단기준

(1) 민법의 태도

민법은 제750조에서 불법행위의 성립요건으로 가해행위의 위법성을 명시하고 있다. 이는 개정 전 일본 민법 제709조에 대한 비판과 반성에서 연유한 것으로 보인다. 개정 전 일본 민법이 불법행위성립요건으로서 '권리침해'를 규정한 것은, 개인의 활동으로 타인에게 손해를 가하는 일이 있더라도 타인의 권리를 침해하지 않는 한 배상책임을 인정하지 않음으로써 개인의 자유로운 활동을 최대한으로 보장하려는 것이었다.

139) 곽윤직, 채권각론, 709면 이하; 박준서 편(박영식 집필부분), 주석민법[채권각칙](6), 121면 이하; 김상용, 채권각론, 665면; 최흥섭, "불법행위의 성립요건-과실과 위법성을 중심으로-", 한국민법이론의 발전(II), 965면 이하.

140) 양창수/권영준, 권리의 변동과 구제, 박영사, 2011, 542면.

141) 최흥섭, "불법행위의 성립요건-과실과 위법성을 중심으로-", 975면.

그렇지만 권리침해의 요건을 엄격히 해석하게 되면 불법행위제도에 의한 피해자구제의 범위가 너무 협소하게 되므로 '권리'를 넓게 해석하여 법적으로 보호할 가치가 있는 이익으로 해석하려는 경향이 나타났다. 그러던 중 대학탕(大學湯)사건을 계기로 판례의 입장이, 그리고 이 사건을 전후하여 학설이 '권리침해'의 요건을 '위법성'의 의미로 확대해석하기에 이르렀다.[142] 우리 민법은 제정 당시 이러한 점을 고려하여 제750조에서 권리침해 대신 가해행위의 위법성을 요건으로 규정하였던 것이다.[143] 문제는 어떠한 경우에 가해행위의 위법성을 인정할 수 있는지에 있다.

(2) 위법성 판단의 구체적 기준

위법성의 판단기준은 위법성의 본질에 관한 상관관계설의 입장에서 피침해법익의 측면과 침해행위의 측면으로 구별하여 파악할 필요가 있다.

① 피침해법익(보호법익)의 측면

- 재산적 법익(절대권: 소유권, 제한물권, 광업권, 어업권, 지적재산권 등, 상대권: 채권 등)의 침해: 일반적으로 물권의 침해는 위법하다. 그리고 채무자에 의한 채권의 침해는 위법하여 채무불이행책임이 발생하나, 제3자에 의한 채권의 침해는 언제나 위법하여 불법행위가 되는 것은 아니다.

판례 ➡ 제3자에 의한 채권침해가 불법행위를 구성할 수는 있으나 제3자의 채권침해가 반드시 언제나 불법행위가 되는 것은 아니고 채권침해의 태양에 따라 그 성립 여부를 구체적으로 검토하여 정하여야 하는 바, 독립한 경제주체 간의 경쟁적 계약관계에 있어서는 단순히 제3자가 채무자와 채권자 간의 계약내용을 알면서 채무자와 채권자 간에 체결된 계약에 위반되는 내용의 계약을 체결한 것만으로는 제3자의 고의·과실 및 위법성을 인정하기에 부족하고, 제3자가 채무자와 적극 공모하였다거나 또는 제3자가 기망·협박 등 사회상규에 반하는 수단을 사용하거나 채권자를 해할 의사로 채무자와 계약을 체결하였다는 등의 특별한 사정이 있는 경우에 한하여 제3자의 고의·과실 및 위법성을 인정하여야 한다(99다38699 판결).

- 비재산적(인격적) 법익(생명권, 자유권, 명예권, 초상권, 성명권 등 인격권과 가족권 등)의 침해: 인격적 법익의 침해는 물권의 침해와 마찬가지로 위법하다(제751조, 제752조).

판례 ➡ 사람은 누구나 자신의 얼굴 기타 사회통념상 특정인임을 식별할 수 있는 신체적 특징에 관하여 함부로 촬영 또는 그림묘사되거나 공표되지 아니하며 영리적으로 이용당하지 않을 권리를 가지는 데, 이러한 초상권은 우리 헌법 제10조 제1문에 의하여 헌법적으로 보장되는 권리이다. 따라서 이에 대한 부당한 침해는 불법행위를 구성하고(2004다16280 판결), 그 침해를 당한 사람에게는 특별한 사정이 없는 한 정신적 고통이 수반된다고 봄이 상당하다(2010다39277 판결).

---

142) 다만, 현재 일본 민법은 제709조 소정의 '권리침해' 요건을 '권리 또는 법률상 보호되는 이익'으로 개정하였다.
143) 최흥섭, "불법행위의 성립요건－과실과 위법성을 중심으로－", 975면; 서광민, "불법행위 성립요건으로서의 위법성과 고의·과실", 민법학의 회고와 전망: 민법전시행三十주년기념논문집(1993. 12), 608-609면.

판례 ➡ 개인은 자신의 성명의 표시 여부에 관하여 스스로 결정할 권리를 가지나, 성명의 표시행위가 공공의 이해에 관한 사실과 밀접불가분한 관계에 있고 그 목적 달성에 필요한 한도에 있으며 그 표현내용·방법이 부당한 것이 아닌 경우에는 그 성명의 표시는 위법하다고 볼 수 없다. 따라서 범죄사실에 관한 보도과정에서 대상자의 실명공개에 대한 공공의 이익이 대상자의 명예나 사생활의 비밀에 관한 이익보다 우월하다고 인정되어 실명에 의한 보도가 허용되는 경우에는, 비록 대상자의 의사에 반하여 그의 실명이 공개되었다고 하더라도 그의 성명권이 위법하게 침해되었다고 할 수 없다(2007다71 판결).

- 순수재산손해: 피해자의 생명·신체·소유권 등 법적으로 보호되는 이익에 대한 침해없이 경제적 자유의 침해와 같이 순수하게 피해자의 재산 증감의 형태로 나타나는 손해가 발생한 경우에는 손해발생의 개연성과 태양(態樣), 위험의 회피가능성 등을 고려하여 위법성 여부를 판단하여야 한다.

판례 ➡ **〈계약교섭과정의 부당파기〉** 어느 일방이 교섭단계에서 계약이 확실하게 체결되리라는 정당한 기대 내지 신뢰를 부여하여 상대방이 그 신뢰에 따라 행동하였음에도 상당한 이유없이 계약의 체결을 거부하여 손해를 입혔다면 이는 신의성실의 원칙에 비추어 볼 때 계약자유원칙의 한계를 넘는 위법한 행위로서 불법행위를 구성한다고 할 것이다(92다42897 판결, 99다40418 판결, 2001다53059 판결 등). 그 밖에 〈증권사 직원의 부주의한 투자권유: 93다26205 판결 등〉, 〈부정경쟁행위에 의한 시장왜곡행위: 2004다11162 판결〉 등.

- 환경적 법익(공해, 일조, 조망, 소음 등)의 침해: 법적인 보호의 대상이 되는 환경적 법익의 침해는 위법하다. 문제는 어떠한 요건하에 법적인 보호의 대상이 되는 환경적 법익으로 인정할 것인가에 있다. 판례는 대체로 수인한도설을 취한다.

판례 ➡ 어느 토지나 건물의 소유자가 종전부터 향유하고 있던 경관이나 조망이 그에게 하나의 생활이익으로서의 가치를 가지고 있다고 객관적으로 인정된다면 법적인 보호의 대상이 될 수 있는 것인바, 이와 같은 조망이익은 원칙적으로 특정의 장소가 그 장소로부터 외부를 조망함에 있어 특별한 가치를 가지고 있고, 그와 같은 조망이익의 향유를 하나의 중요한 목적으로 하여 그 장소에 건물이 건축된 경우와 같이 당해 건물의 소유자나 점유자가 그 건물로부터 향유하는 조망이익이 사회통념상 독자의 이익으로 승인되어야 할 정도로 중요성을 갖는다고 인정되는 경우에 비로소 법적인 보호의 대상이 되는 것이고, 그와 같은 정도에 이르지 못하는 조망이익의 경우에는 특별한 사정이 없는 한 법적인 보호의 대상이 될 수 없다(2003다64602 판결, 2004다54282 판결, 2005다72485 판결).

- 친족적 법익의 침해: 처에 대한 강간(강간미수도 포함한다. 65다1582, 1583 판결)은 처 뿐 아니라 그 남편에 대하여도 불법행위가 된다. 혼인한 자와 부첩관계라든가 내연관계를 맺는 것도 그 배우자에 대하여 불법행위로 된다. 그리고 타인의 생명침해는 부양청구권자에 대

한 불법행위가 된다. 나아가 자녀를 유괴한 경우에는 그 부모라든가 법정대리인에 대하여 불법행위가 된다.

판례➡ 제3자도 타인의 부부공동생활에 개입하여 부부공동생활의 파탄을 초래하는 등 혼인의 본질에 해당하는 부부공동생활을 방해하여서는 아니된다. 제3자가 부부의 일방과 부정행위를 함으로써 혼인의 본질에 해당하는 부부공동생활을 침해하거나 유지를 방해하고 그에 대한 배우자로서의 권리를 침해하여 배우자에게 정신적 고통을 가하는 행위는 원칙적으로 불법행위를 구성한다. 다만, 비록 부부가 아직 이혼하지 아니하였지만 실질적으로 부부공동생활이 파탄되어 회복할 수 없을 정도의 상태에 이르렀다면, 제3자가 부부의 일방과 성적인 행위를 하더라도 이를 두고 부부공동생활을 침해하거나 유지를 방해하는 행위라고 할 수 없고 또한 그로 인하여 배우자의 부부공동생활에 관한 권리가 침해되는 손해가 생긴다고 할 수도 없으므로 불법행위가 성립한다고 보기 어렵다. 그리고 이러한 법률관계는 재판상 이혼청구가 계속 중에 있다거나 재판상 이혼이 청구되지 않은 상태라고 하여 달리 볼 것은 아니다(2011므2997 전원합의체 판결).

② 침해행위(작위, 부작위)의 측면

- 형사법규 등 타인의 법익보호를 목적으로 하는 법규위반: 현행법상 형사적으로 처벌되는 행위가 위법성을 띠게 되고 그러한 행위로 인하여 재산적 · 정신적 손해를 받은 피해자가 민사적으로 그 배상을 구할 수 있음은 물론이다.
- 명령 · 금지를 내용으로 하는 단속법규 위반: 이 경우 **행정적 단속법규에는 적법하지만 민사상으로는 위법성이 인정**될 수 있다. 가령, 건축법에 적합하지만 건축으로 조망권 내지 일조권을 침해한 경우 위법행위로 평가되어 불법행위가 성립할 수 있다.

판례➡ 건축법 등 관계 법령에 일조방해에 관한 직접적인 단속법규가 있다면 그 법규에 적합한지 여부가 사법상 위법성을 판단함에 있어서 중요한 판단자료가 될 것이지만, 이러한 공법적 규제에 의하여 확보하고자 하는 일조는 원래 사법상 보호되는 일조권을 공법적인 면에서도 가능한 한 보증하려는 것으로서 특별한 사정이 없는 한 일조권보호를 위한 최소한도의 기준으로 봄이 상당하고, 구체적인 경우에 있어서는 어떠한 건물 신축이 건축 당시의 공법적 규제에 형식적으로 적합하다고 하더라도 현실적인 일조방해의 정도가 현저하게 커 사회통념상 수인한도를 넘은 경우에는 위법행위로 평가될 수 있다(98다56997 판결, 98다23850 판결, 2003다64602 판결).

- 강행법규 위반: 계약의 당사자가 강행법규를 위반했다고 하여 곧바로 위법성이 인정되는 되는 것은 아니고, 상대방의 기망이나 협박 등 위법행위가 개입된 경우에 비로소 위법성이 인정될 수 있다.

판례➡ 부동산중개수수료 약정과 같이 당사자 사이에 자유로이 처분할 수 있는 법익인 재산권에 관한 계약이 체결되어 일방 당사자가 상대방에게 계약상의 의무의 이행으로서 일정한 급부를 행하고 상대방이 이를 수령한 경우, 상대방의 위와 같은 급부의 수령행위는 타방 당사자의 자유로운 의사에 기한 급부에 의한 것으로서 그 당사자의 동의를 받은 행위라 할 것이어서 특별한 사정이 없는 한 이를 위법한 행위라고 볼 수는 없으므로 계약상의 급부를 이행한 당사자가 위와 같은 급부에 의하여 재산상 손해가 발생하였다고 하여 상대방에 대하여 불법행위를 이유로 손해배상을 구할 수는 없을 것이고, 다만 그 계약이 상대방의 기망이나 협박 등의 위법한 행위에 의해 체결된 경우에 한하여 이를 원인으로 하여 그 급부 상당의 손해배상을 구할 수 있을 뿐이다. 이러한 법리는 그 계약이, 일정한 내용의 법률행위를 금지하면서 이에 위반한 법률행위에 대해서는 사법상의 효력을 제한하는 이른바 강행법규에 위반하여 무효가 되는 경우에도 마찬가지라고 할 것이고, 이와 달리 당사자 사이의 자유로운 의사에 기하여 체결된 계약이 강행법규에 위반하였다는 사정만으로 위 계약에 기한 급부의 수령행위가 계약 상대방에 대한 위법행위로 그 성질이 바뀌는 것은 아니라고 할 것이다(2008다77108 판결).

• 선량한 풍속 기타 사회질서 위반, 즉 공서양속 위반도 위법성을 띤다.

판례➡ 일반적으로 소송을 제기하거나 제기되어진 소송에 응소하는 것 자체는 헌법에 의하여 보장된 국민의 권리실현이나 권리보호를 위한 수단으로서 원칙적으로 적법하나, 그와 같은 소제기나 응소행위가 권리실현이나 권리보호를 빙자하여 상대방의 권리나 이익을 침해하거나 상당한 이유없이 상대방에게 고통을 주려는 의사로 행하여지는 등 고의 또는 과실이 인정되고, 이것이 공서양속에 반하는 정도에 이른 것인 경우에는 위법성을 띠고 불법행위를 구성한다(96다32126 판결, 2011다91876 판결 등).

• 신의칙 위반: **재량권을 일탈 · 남용**(공익의 원칙, 비례의 원칙, 평등의 원칙 위반)한 경우

판례➡ 공무원인 피징계자에게 징계사유가 있어서 징계처분을 하는 경우 어떠한 처분을 할 것인가는 징계권자의 재량에 의할 것이고, 다만 징계권자가 재량권의 행사로서 한 징계처분이 사회통념상 현저하게 타당성을 잃어 징계권자가 재량권을 남용한 것이라고 인정되는 경우에 한하여 그 처분을 위법하다고 할 수 있으며, 공무원에 대한 징계처분이 사회통념상 현저하게 타당성을 잃었다고 하려면 구체적인 사례에 따라 징계의 원인이 된 비위사실의 내용과 성질, 징계에 의하여 달성하려고 하는 행정목적, 징계 양정의 기준 등 여러 요소를 종합하여 판단할 때 그 징계 내용이 객관적으로 명백히 부당하다고 인정할 수 있는 경우라야 하고, 징계권의 행사가 임용권자의 재량에 의한다고 하여도 공익적 목적을 위하여 징계권을 행사하여야 할 공익의 원칙에 반하거나 일반적으로 징계사유로 삼은 비행의 정도에 비하여 균형을 잃은 과중한 징계처분을 선택함으로써 비례의 원칙에 위반하거나 또는 합리적인 사유없이 같은 정도의 비행에 대하여 일반적으로 적용하여 온 기준과 어긋나게 공평을 잃은 징계처분을 선택함으로써 평등의 원칙에 위반한 경우에 이러한 징계처분은 재량권의 한계를 벗어난 처분으로서 위법하다(98두6951 판결, 2004두5546 판결, 2006두16786 판결).

• **수인한도의 초과: 허용된 행위 또는 위험의 한계를 넘은 경우**

법질서에 의하여 허용되는 행위라도 그것이 사회생활상 수인한도를 넘어서 타인의 이익을

침해한 경우에 위법성을 띠게 된다는 수인한도론은 가해자의 사업활동의 원칙적 적법성을 인정하고 단지 가해자가 권리행사의 범위를 일탈한 경우에만 예외적으로 위법성을 띠게 된다는 권리남용이론을 극복한 점에서는 긍정적으로 평가되나, 환경이익의 침해만으로는 위법성이 인정되지 않고 수인한도를 벗어난 경우에만 위법성이 인정된다는 점에서, 수인한도를 벗어난 것인지의 여부가 피침해이익의 성질과 정도, 가해행위의 공공성, 회피가능성 등 관련기준의 교량적 판단에 좌우되기 때문에 오히려 피해자의 구제를 거부하는 가해자의 이론적 방파제로서 이용된다는 비판을 받기도 한다.[144] 수인한도에 의하여 위법성을 판단한 최초의 판결로는 90다카26607 판결을 들 수 있다.

판례 ➡ 불법행위 성립요건으로서 위법성의 판단기준은 유해 정도가 사회생활상 통상의 수인한도를 넘는 것인지인 데, 수인한도 기준을 결정할 때는 일반적으로 침해되는 권리나 이익의 성질과 침해 정도 뿐만 아니라 침해행위가 갖는 공공성의 내용과 정도, 지역환경의 특수성, 공법적인 규제에 의하여 확보하려는 환경기준, 침해를 방지 또는 경감시키거나 손해를 회피할 방안의 유무 및 난이 정도 등 여러 사정을 종합적으로 고려하여 구체적 사건에 따라 개별적으로 결정하여야 한다(2009다84608, 84615, 84622, 84639 판결).

판례 ➡ 주거의 일조는 쾌적하고 건강한 생활에 필요한 생활이익으로서 법적 보호의 대상이 되는 것이며, 어떤 토지의 거주자가 인접한 타인의 토지 위를 거쳐서 태양의 직사광선을 받고 있는데, 그 인접 토지의 사용권자가 건물 등을 건축함으로써 직사광선이 차단되는 불이익을 입게 되고, 그 일조방해의 정도가 사회통념상 일반적으로 인용하는 수인한도를 넘어서는 경우에는 그 건축행위는 정당한 권리행사로서의 범위를 벗어나거나 권리남용에 이르는 행위로서 위법한 가해행위로 평가되어 일조방해로 인한 불법행위가 성립한다(2000다44928, 44935 판결).

- **이익형량에 의한 위법성 판단: 기본권이 충돌하는 경우**

법익의 침해행위가 또 다른 법익을 실현하는 활동인 경우에 그 행위에 대한 위법성 판단은 충돌되는 법익 간의 형량을 통해 법익을 실현하는 활동의 한계를 설정하는, 즉 자유의 범위를 확정하는 것이다. 이러한 위법성 판단은 수범자들에게 어떠한 행동이 허용되는지 또는 금지되는지를 알려주는 기능을 수행한다고 볼 수 있다. 이는 불법행위법의 예방적 기능과도 관련이 있다. 그런데 그 위법성의 판단기준이 지나치게 포괄적이거나 모호한 경우에는 예방적 기능이 구현되기 어렵다. 또한 구제 여부에 대한 예측이 어려워지게 되어 피해자의 권리구제가 사실적으로 제한되거나, 반대로 금지되는 행위가 무엇인지 알기 어렵게 됨으로써 상대편의 행동의 자유가 위축될 수도 있다.[145]

---

144) 서원우, "환경권의 성질과 효력", 서울대 법학 제25권 1호(1984. 5), 30면; 조은래, "환경권과 생활방해에 대한 위법성 판단의 연구", 법학연구 18집(2005. 6), 한국법학회, 943면.
145) 김태선, "위법한 차별의 구제와 금지청구", 민사법학 제58호(2012. 3), 83면 이하.

판례 ➡ 하나의 법률관계를 둘러싸고 두 기본권이 충돌하는 경우에는 구체적인 사안에서의 사정을 종합적으로 고려한 이익형량과 함께 양 기본권 사이의 실제적인 조화를 꾀하는 해석 등을 통하여 이를 해결하여야 하고, 그 결과에 따라 정해지는 양 기본권 행사의 한계 등을 감안하여 그 행위의 최종적인 위법성 여부를 판단하여야 하며(2008다38288 전원합의체 판결), 이러한 이익형량과정에서, 첫째 침해행위의 영역에 속하는 고려요소로는 침해행위로 달성하려는 이익의 내용 및 그 중대성, 침해행위의 필요성과 효과성, 침해행위의 보충성과 긴급성, 침해방법의 상당성 등이 있고, 둘째 피해이익의 영역에 속하는 고려요소로는 피해법익의 내용과 중대성 및 침해행위로 인하여 피해자가 입는 피해의 정도, 피해이익의 보호가치 등이 있으며, 일단 권리의 보호영역을 침범함으로써 불법행위를 구성한다고 평가된 행위가 위법하지 않다는 점은 이를 주장하는 사람이 증명하여야 한다(2004다16280 판결).

(3) 위법성 판단기준에 관한 판례의 태도

① 피침해법익의 측면

○ 소유권 등의 침해

〈소유권의 상실로 인한 불법행위책임〉

국가 명의로 소유권보존등기가 경료된 토지의 일부 지분에 관하여 갑 등 명의의 소유권이전등기가 경료되었는 데, 을이 등기말소를 구하는 소를 제기하여 국가는 을에게 원인무효인 등기의 말소등기절차를 이행할 의무가 있고 갑 등 명의의 소유권이전등기는 등기부취득시효 완성을 이유로 유효하다는 취지의 판결이 확정되자, 을이 국가를 상대로 손해배상을 구한 사안에서, 갑 등의 등기부취득시효 완성으로 토지에 관한 소유권을 상실한 을이 불법행위를 이유로 소유권 상실로 인한 손해배상을 청구할 수 있음은 별론으로 하고, 애초 국가의 등기말소의무 이행불능으로 인한 채무불이행책임을 논할 여지는 없고, 또한 토지의 소유권 상실로 인한 손해배상을 구하는 을의 청구에 대하여 당사자가 주장하지 아니한 소유권보존등기말소등기절차 이행의무의 이행불능으로 인한 손해배상책임을 인정할 수 없다(2010다28604 전원합의체 판결, 2010다95185 판결, 95다19843 판결, 2008다54617 판결 등).

〈취득시효기간 완성 후 등기명의자의 제3자에 대한 처분의 위법성〉

취득시효가 완성된 토지에 관한 소유자의 처분행위가 불법행위가 되기 위하여는 소유자가 시효취득사실을 알았거나 알 수 있어야 할 것인 바, 특별한 사정이 없는 한 부동산에 관한 시효취득이 완성된 후에 그 시효취득을 주장하거나 이로 인한 소유권이전등기청구를 하기 이전에는 부동산 소유자로서는 그 시효취득사실을 알 수 없는 것이라고 보아야 한다(92다47892 판결, 93다60779 판결).

○ 인격적 법익의 침해

〈초상권의 침해〉

사람은 누구나 자신의 얼굴 기타 사회통념상 특정인임을 식별할 수 있는 신체적 특징에 관하여 함부로 촬영 또는 그림묘사되거나 공표되지 아니하며 영리적으로 이용당하지 않을 권리를 가지는 데, 이러한 **초상권**은 우리 헌법 제10조 제1문에 의하여 헌법적으로 보장되는 권리이다. 따라서 이에 대한 **부당한 침해는 불법행위를 구성**하고(2004다16280 판결), 그 침해를 당한 사람에게는 특별한 사정이 없는 한 정신적 고통이 수반된다고 봄이 상당하다. 한편 불법행위로 입은 정신적 고통에 대한 위자료 액수에 관하여는 사실심법원이 여러 사정을 참작하여 그 직권에 속하는 재량에 의하여 이를 확정할 수 있다(2003다8503 판결, 2010다39277 판결).

〈근로자의 의사에 반하는 근로제공의 거부의 위법성〉

사용자는 특별한 사정이 없는 한 근로자와 사이에 근로계약의 체결을 통하여 자신의 업무지휘권・업무명령권의 행사와 조화를 이루는 범위 내에서 근로자가 근로제공을 통하여 참다운 인격의 발전을 도모함으로써 자신의 인격을 실현시킬 수 있도록 배려하여야 할 신의칙상의 의무를 부담한다. 따라서 사용자가 근로자의 의사에 반하여 정당한 이유없이 근로자의 근로제공을 계속적으로 거부하는 것은 이와 같은 근로자의 **인격적 법익**을 침해하는 것이 되어 사용자는 이로 인하여 근로자가 입게 되는 정신적 고통에 대하여 배상할 의무가 있다(95다6823 판결). 출근한 교사에 대하여 근무를 못하게 하면서 급료를 지급하지 아니한 채 차별대우를 한 소위는 **교사의 인격권 침해**로서 불법행위가 된다(79다1883 판결).

그 밖에 〈**사죄광고의 위법성**: 89헌마160 전원재판부 결정〉, 〈**언론보도에 의한 명예훼손**: 2000다37647 판결, 2007다29379 판결, 2009다11570 판결〉, 〈**표현행위에 의한 인신공격**: 2005다65494 판결〉, 〈**TV프로에서의 의견표명**: 2001다84480 판결〉, 〈**인터넷상 변호사 신상정보의 공개에 따른 인격권 침해**: 2008다42430 전원합의체 판결〉, 〈**영업비밀침해행위에 의하여 재산권이 침해된 경우의 위자료 인정 요건**: 96다31574 판결〉, 〈**법인의 명예훼손에 의한 불법행위**: 96다12696 판결〉 등.

○ 채권의 침해

〈제3자의 행위가 채권을 침해하는 경우〉

제3자가 채무자의 책임재산을 감소시키는 행위를 함으로써 채권자로 하여금 채권의 실행과 만족을 불가능 내지 곤란하게 한 경우 채권의 침해에 해당한다고 할 수는 있겠지만, 그 제3자의 행위가 채권자에 대하여 불법행위를 구성한다고 하기 위하여는 단순히 채무자 재산의 감소행위에 관여하였다는 것만으로는 부족하고 제3자가 채무자에 대한 채권자의 존재 및 그 채권의 침해사실을 알면서 채무자와 적극 공모하였다거나 채권행사를 방해할 의도로 사회상규에 반하는 부정한 수단을 사용하였다는 등 채권침해의 고의・과실 및 위법성이 인정되는 경우라야만 할 것이며, 여기서 채권침해의 위법성은 침해되는 채권의 내용, 침해행위의 태양, 침해자의 고의 내지 해의의 유무 등을 참작하여 구체적・개별적으로 판단하되, 거래의 자유 보장의 필요성, 경제・사회정책적 요인을 포함한 공공의 이익, 당사자 사이의 이익균형 등을 종합적으로 고려하여 신중히 판단하여야 한다(2005다25021 판결, 2008다81534 판결, 2009다24866 판결).

〈제3자가 계약당사자 일방과 그 계약에 위반되는 내용의 계약을 체결한 경우〉

독립한 경제주체 사이의 경쟁적 계약관계에 있어서는 단순히 제3자가 채무자와 채권자 사이의 계약 내용을 알면서 채무자와 채권자 사이에 체결된 계약에 위반되는 내용의 계약을 체결한 것만으로는 제3자의 고의・과실 및 위법성을 인정하기에 부족하고, 제3자가 채무자와 적극 공모하였다거나 또는 제3자가 기망・협박 등 사회상규에 반하는 수단을 사용하거나 채권자를 해할 의사로 채무자와 계약을 체결하였다는 등의 특별한 사정이 있는 경우에 한하여 제3자의 고의・과실 및 위법성을 인정하여야 할 것이다(99다38699 판결).

○ 환경이익의 침해

〈공해물질 배출로 인한 정신적 고통에 대한 위자료 지급의무의 인정〉

공단소재 공장들에서 배출된 공해물질(각종 유해가스 및 분진)로 인하여 초래된 공단주변 주민들의 생활환경 침해 및 장차 발병가능한 만성적인 신체건강상의 장해로 인한 정신적 고통에 대하여 공장주들에게 공동불법행위자로서 위자료 지급의무가 있다(90다카26607 판결).

〈환경오염으로 인한 손해배상책임: 무과실책임〉

환경정책기본법 제31조 제1항 및 제3조 제1호, 제3호, 제4호에 의하면, 사업장 등에서 발생되는 환경오염으로 인하여 피해가 발생한 경우에는 당해 사업자는 귀책사유가 없더라도 그 피해를 배상하여야 하고, 위 환경오염에는 소음·진동으로 사람의 건강이나 환경에 피해를 주는 것도 포함되므로, 이 사건 원고들의 손해에 대하여 피고는 그 귀책사유가 없더라도 특별한 사정이 없는 한 이를 배상할 의무가 있다고 할 것이다(99다55434 판결)

〈생활방해행위의 위법성 판단기준: 수인한도〉

주거의 평온은 거주자의 건강과 사생활 유지를 위하여 꼭 필요한 것이므로, 악취를 발생시켜 주거의 평온을 해치는 행위는 불법행위가 될 수 있다. 다만 악취를 발생시키는 행위가 모두 불법행위가 되는 것은 아니고, 발생된 악취가 거주자가 사회통념상 참을 수 있는 한도(수인한도)를 넘을 때에만 위법성이 인정되어 불법행위에 해당된다. 악취가 사회통념상 참을 수 있는 한도를 넘었는지 여부는 피해의 정도, 피해이익의 성질 및 그에 대한 사회적 평가, 가해행위의 태양, 지역성, 토지이용의 선후관계, 가해방지 및 피해회피의 가능성, 공법적 규제의 위반 여부, 교섭경과 등 모든 사정을 종합적으로 고려하여 판단하여야 한다(부산지법 2009가합10372, 2010가합29, 272, 8078 판결).

② 침해행위의 측면

i) 작위불법행위의 위법성 판단기준

○ 공서양속위반: 선량한 풍속 기타 사회질서위반

〈성적 표현행위의 위법성 판단기준〉

성적 표현행위의 위법성 여부는, 쌍방 당사자의 연령이나 관계, 행위가 행해진 장소 및 상황, 성적 동기나 의도의 유무, 행위에 대한 상대방의 명시적 또는 추정적인 반응의 내용, 행위의 내용 및 정도, 행위가 일회적 또는 단기간의 것인지 아니면 계속적인 것인지 여부 등의 구체적 사정을 종합하여, 그것이 사회공동체의 건전한 상식과 관행에 비추어 볼 때 용인될 수 있는 정도의 것인지 여부, 즉 **선량한 풍속 또는 사회질서에 위반되는 것인지 여부**에 따라 결정되어야 하고, 상대방의 성적 표현행위로 인하여 인격권의 침해를 당한 자가 정신적 고통을 입는다는 것은 경험칙상 명백하다(95다39533 판결).

〈법질서에 의하여 보장된 행위(제소행위나 응소행위)의 위법성 판단기준〉

법적 분쟁의 당사자가 법원에 대하여 당해 분쟁의 종국적인 해결을 구하는 것은 법치국가의 근간에 관계되는 중요한 일이므로 재판을 받을 권리는 최대한 존중되어야 하고, 제소행위나 응소행위가 불법행위가 되는가를 판단함에 있어서는 적어도 재판제도의 이용을 부당하게 제한하는 결과가 되지 아니하도록 신중하게 배려하여야 할 것이므로(98다52513 판결 등), 일반적으로 소송을 제기하거나 제기된 소송에 응소하는 것 자체는 헌법에 의하여 보장된 국민의 권리실현이나 권리보호를 위한 수단으로서 원칙적으로 적법하되, 다만 그와 같은 소제기나 응소행위가 권리실현이나 권리보호를 빙자하여 상대방의 권리나 이익을 침해하거나 상당한 이유없이 상대방에게 고통을 주려는 의사로 행하여지는 등 고의·과실이 인정되고, 그것이 **공서양속에 반하는 정도**에 이른 것인 경우에만 위법성을 띠고 불법행위를 구성한다고 볼 것이다(93다50116 판결, 96다32126 판결, 2005다31033 판결, 2011다91876 판결 등).

〈불법원인 급여자의 상대방에 대한 불법행위책임을 주장하기 위한 요건〉

불법의 원인으로 재산을 급여한 사람은 상대방 수령자가 그 '불법의 원인'에 가공하였다고 하더라도 상대방에게만 불법의 원인이 있거나 그의 불법성이 급여자의 불법성보다 현저히 크다고 평가되는 등으로 제반 사정에 비추어 급여자의 손해배상청구를 인정하지 아니하는 것이 오히려 사회상규에 명백히 반한다고 평가될 수 있는 특별한 사정이 없는 한 상대방의 불법행위를 이유로 그 재산의 급여로 말미암아 발생한 자신의 손해를 배상할 것을 주장할 수 없다고 할 것이다. 그와 같은 경우에 급여자의 위와 같은 손해배상청구를 인용한다면, 이는 급여자는 결국 자신이 행한 급부 자체 또는 그 경제적 동일물을 환수하는 것과 다름없는 결과가 되어, 민법 제746조에서 실정법적으로 구체화된 법이념에 반하게 되는 것이다(2013다35412 판결).

그 밖에 〈**부동산의 이중매수인이 매도인의 배신행위에 적극 가담한 경우에도 그 이중매매행위는 공서양속에 반하여 위법성이 인정된다.** 2009다23283 판결 등〉.

○ 신의칙위반(권리남용: 재량권의 일탈 · 남용이나 합리성이 결여되거나 객관적 정당성의 상실 또는 정의에 반함이 명백한 경우에는 신의칙위반으로서 위법성 인정)

〈공무원에 대한 인사권의 남용〉

공무원에 대한 전보인사가 법령이 정한 기준과 원칙에 위배되거나 인사권을 다소 부적절하게 행사한 것으로 볼 여지가 있다 하더라도 그러한 사유만으로 그 전보인사가 당연히 불법행위를 구성한다고 볼 수는 없고, 인사권자가 당해 공무원에 대한 보복감정 등 다른 의도를 가지고 **인사재량권을 일탈 · 남용**하여 객관적 정당성을 상실하였음이 명백한 경우 등 전보인사가 우리의 건전한 사회통념이나 사회상규상 도저히 용인될 수 없음이 분명한 경우에, 그 전보인사는 위법하게 상대방에게 정신적 고통을 가하는 것이 되어 당해 공무원에 대한 관계에서 불법행위를 구성한다. 그리고 이러한 법리는 구 부패방지법(2001. 7. 24. 법률 제6494호)에 따라 다른 공직자의 부패행위를 부패방지위원회에 신고한 공무원에 대하여 위 신고행위를 이유로 불이익한 전보인사가 행하여진 경우에도 마찬가지이다(2006다16215 판결).

〈허위 · 과장광고가 기망행위로 되기 위한 요건〉

상품의 선전 · 광고에 있어 다소의 과장이나 허위가 수반되었다고 하더라도 일반 상거래의 관행과 신의칙에 비추어 시인될 수 있는 정도의 것이라면 이를 가리켜 기망하였다고는 할 수가 없고, 거래에 있어 중요한 사항에 관한 구체적 사실을 신의성실의 의무에 비추어 비난받을 정도의 방법으로 허위로 고지한 경우에는 기망행위에 해당한다고 할 것이다(92다52665 판결, 99다55601, 99다55618(반소) 판결, 2008다56118 판결). 물론 기망에 의한 손해배상책임이 성립하기 위해서는 거래당사자 중 일방에 의한 고의적인 기망행위가 있고 이로 말미암아 상대방이 착오에 빠져 그러한 기망행위가 없었더라면 사회통념상 하지 않았을 것이라고 인정되는 법률행위를 하여야 한다(2004다62641 판결).

〈계약교섭의 중도파기〉

어느 일방이 교섭단계에서 계약이 확실하게 체결되리라는 정당한 기대 내지 신뢰를 부여하여 상대방이 그 신뢰에 따라 행동하였음에도 상당한 이유없이 계약의 체결을 거부하여 손해를 입혔다면 이는 신의성실의 원칙에 비추어 볼 때 계약자유원칙의 한계를 넘는 위법한 행위로서 불법행위를 구성한다(2002다32301 판결).

그 밖에 〈**공무원의 징계권의 남용**: 98두6951 판결, 2011두19727 판결, 2012두10895 판결〉, 〈**직위해제처분이 불법행위가 되기 위한 요건**: 2006다30730 판결〉, 〈**학생에 대한 징계권의 남용**: 2008다

38288 전원합의체 판결〉, 〈**대학교원의 재임용거부결정의 위법성 판단기준**: 2012다31734 판결〉, 〈**시험에 관한 행위의 위법성 판단기준**: 2005다66770 판결〉, 〈**입시요강에 의해 형성된 응시자들의 정당한 신뢰의 파괴와 불법행위**: 2004다18859 판결〉, 〈**사용자의 근로자에 대한 해고 등 불이익처분의 위법성**: 92다43586 판결, 2006다17355 판결, 2006다33999 판결, 2009다86246 판결〉, 〈**법관의 재판이 위법하기 위한 요건**: 99다24218 판결〉, 〈**피고소인이 무혐의처분 받은 경우와 고소의 위법성 판단기준**: 93다29556 판결, 2005다29481 판결, 2006다46360 판결〉, 〈**본인의 승낙범위를 초과한 사생활 공개의 위법성 판단기준**: 96다11327 판결〉, 〈**사인(私人)에 의한 기본권의 침해와 위법성 판단기준**: 2009다19864 판결〉, 〈**확정판결에 기한 강제집행이 권리남용에 해당하여 허용되지 않기 위한 요건**: 2013다75717 판결〉 등.

○ 수인한도의 초과

〈교육 또는 종교적 환경 이익침해의 위법성 판단기준〉

인접 대지 위에 건축중인 아파트가 24층까지 완공되는 경우, 대학교 구내의 첨단과학관에서의 교육 및 연구활동에 커다란 지장이 초래되고 첨단과학관 옥상에 설치된 자동기상관측장비 등의 본래의 기능 및 활용성이 극도로 저하되며 대학교로서의 경관·조망이 훼손되고 조용하고 쾌적한 교육환경이 저해되며 소음의 증가 등으로 교육 및 연구활동이 방해받게 된다면, 그 부지 및 건물을 교육 및 연구시설로서 활용하는 것을 방해받게 되는 대학교측으로서는 그 방해가 사회통념상 일반적으로 수인할 정도를 넘어선다고 인정되는 한 그것이 민법 제217조 제1항 소정의 매연, 열기체, 액체, 음향, 진동 기타 이에 유사한 것에 해당하는지 여부를 떠나 그 소유권에 기하여 그 방해의 제거나 예방을 청구할 수 있고, 이 경우 그 침해가 사회통념상 일반적으로 수인할 정도를 넘어서는지 여부는 피해의 성질 및 정도, 피해이익의 공공성과 사회적 가치, 가해행위의 태양, 가해행위의 공공성과 사회적 가치, 방지조치 또는 손해회피의 가능성, 공법적 규제 및 인·허가 관계, 지역성, 토지이용의 선후 관계 등 모든 사정을 종합적으로 고려하여 판단하여야 한다(95다23378 판결, 96다56153 판결).

〈집단행동의 위법성 판단기준〉

공동의 이해관계를 갖는 다수의 사람들이 그들의 주장이나 목적을 관철할 의도하에 한 집단행동이 민사상 불법행위를 구성하는 위법성을 갖는지 여부는, 그 집단행동의 구체적인 내용, 방법, 정도 뿐만 아니라 이에 이른 동기나 목적, 경위, 상황 등을 침해이익과 함께 종합적으로 고려하여 그 집단행동이 사회통념상 용인될 만한 정도의 상당성이 있는지 여부에 의하여 판단하여야 할 것이다(2000다35955 판결). 특히 어떤 경제주체의 행동이나 행정기관의 정책 결정 등에 대하여 반대의사를 표명하는 것은 특별한 사정이 없는 한 헌법과 법률이 보호하는 권리행사의 범위 내에 있다고 보아야 하며, 다만 그 반대의사를 표명하는 행위가 폭력성을 동반하거나 법규에 위반하는 방법으로 상대방의 업무를 방해하는 정도에 이르거나 허위사실의 유포 또는 명예훼손에 해당하는 등으로 **사회통념상 수인한도를 넘어선다**고 판단되는 경우에는 위법한 행동이라고 볼 수 있다(서울남부지법 2006가합7489 판결).

〈위험책임에서의 위법성 판단기준〉

'영조물 설치 또는 하자'에 관한 제3자의 수인한도의 기준을 결정함에 있어서는 일반적으로 침해되는 권리나 이익의 성질과 침해의 정도 뿐만 아니라 침해행위가 갖는 공공성의 내용과 정도, 그 지역환경의 특수성, 공법적인 규제에 의하여 확보하려는 환경기준, 침해를 방지 또는 경감시키거나 손해를 회피할 방안의 유무 및 그 난이 정도 등 여러 사정을 종합적으로 고려하여 구체적 사건에 따라 개별적으로 결정하여야 한다(2003다49566 판결 등).

〈환경오염으로 인한 법익침해의 경우 위법성 판단기준〉

유해배출물로 인한 불법행위 성립요건으로서의 위법성의 판단기준은 그 유해의 정도가 사회생활상 통상의 수인한도를 넘는 것인지 여부인 데, 그 수인한도의 기준을 결정함에 있어서는 일반적으로 침해되는 권리나 이익의 성질과 침해의 정도 뿐만 아니라 침해행위가 갖는 공공성의 내용과 정도, 그 지역환경의 특수성, 공법적인 규제에 의하여 확보하려는 환경기준, 침해를 방지 또는 경감시키거나 손해를 회피할 방안의 유무 및 그 난이 정도 등 여러 사정을 종합적으로 고려하여 구체적 사건에 따라 개별적으로 결정하여야 한다(2006다84126 판결, 2009다84608, 84615, 84622, 84639 판결). 가령, 공장에서 배출된 오염물질(아황산가스)의 농도가 환경보전법에 의하여 허용된 기준치 이내라 하더라도 그 유해의 정도가 통상의 수인한도를 넘어 인근 농장의 관상수를 고사케 하는 한 원인이 되었다면 그 배출행위로 인한 손해배상책임을 면치 못한다(89다카1275 판결).

〈**일조방해행위의 위법성 판단기준**: 2000다44928, 44935 판결, 2003다64602 판결, 2007다54282 판결, 2006다35865 전원합의체 판결, 2008다23729 판결〉, 〈**조망이익의 침해와 위법성의 판단기준**: 2004다54282 판결〉 등.

○ 이익형량에 의한 위법성 판단

〈기본권이 충돌하는 경우의 위법성 판단기준〉

초상권이나 사생활의 비밀과 자유를 침해하는 행위를 둘러싸고 서로 다른 두 방향의 이익이 충돌하는 경우에는 구체적 사안에서의 사정을 종합적으로 고려한 이익형량을 통하여 침해행위의 최종적인 위법성이 가려진다. 이러한 이익형량과정에서, 첫째 침해행위의 영역에 속하는 고려요소로는 침해행위로 달성하려는 이익의 내용 및 중대성, 침해행위의 필요성과 효과성, 침해행위의 보충성과 긴급성, 침해방법의 상당성 등이 있고, 둘째 피해이익의 영역에 속하는 고려요소로는 피해법익의 내용과 중대성 및 침해행위로 인하여 피해자가 입는 피해의 정도, 피해이익의 보호가치 등이 있다. 그리고 일단 권리의 보호영역을 침범함으로써 불법행위를 구성한다고 평가된 행위가 위법하지 아니하다는 점은 이를 주장하는 사람이 증명하여야 한다(2012다31628 판결, 96다17257 판결, 2004다16280 판결, 2011마319 결정).

〈교원의 수업거절행위의 위법성〉

학교교육에 있어서 교원의 가르치는 권리를 수업권이라고 한다면, 이것은 교원의 지위에서 생기는 학생에 대한 일차적인 교육상의 직무권한이지만 어디까지나 학생의 학습권 실현을 위하여 인정되는 것이므로, 학생의 학습권은 교원의 수업권에 대하여 우월한 지위에 있다. 따라서 학생의 학습권이 왜곡되지 않고 올바로 행사될 수 있도록 하기 위해서라면 교원의 수업권은 일정한 범위 내에서 제약을 받을 수밖에 없고, 학생의 학습권은 개개 교원들의 정상을 벗어난 행동으로부터 보호되어야 한다. 특히, 교원의 수업거부행위는 학생의 학습권과 정면으로 상충하는 것인 바, 교육의 계속성 유지의 중요성과 교육의 공공성에 비추어 보거나 학생·학부모 등 다른 교육당사자들의 이익과 교량해 볼 때 교원이 고의로 수업을 거부할 자유는 어떠한 경우에도 인정되지 아니하며, 교원은 계획된 수업을 지속적으로 성실히 이행할 의무가 있다(2005다25298 판결).

ii) 부작위불법행위의 위법성 판단기준

〈부작위불법행위의 성립요건〉

부작위로 인한 불법행위가 성립하려면 **작위의무**가 전제되어야 하지만, 작위의무가 객관적으로 인정되는 이상 의무자가 의무의 존재를 인식하지 못하였더라도 불법행위 성립에는 영향이 없다. 이는 고지의무위반에 의하여 불법행위가 성립하는 경우에도 마찬가지이므로 당사자의 부주의 또는 착오 등으로 고지의무가 있다는 것을 인식하지 못하였다고 하여 위법성이 부정될 수 있는 것은 아니다(2010다8709 판결).

〈입법부작위로 인한 불법행위의 성립요건〉

입법부가 법률로써 행정부에게 특정한 사항을 위임했음에도 불구하고 행정부가 정당한 이유없이 이를 이행하지 않는다면 권력분립의 원칙과 법치국가 내지 법치행정의 원칙에 위배되는 것으로서 위법함과 동시에 위헌적인 것이 되는 바, 구 군법무관임용법(1967. 3. 3. 법률 제1904호로 개정되어 2000. 12. 26. 법률 제6291호로 전문 개정되기 전의 것) 제5조 제3항과 군법무관임용 등에 관한 법률(2000. 12. 26. 법률 제6291호로 개정된 것) 제6조가 군법무관의 보수를 법관 및 검사의 예에 준하도록 규정하면서 그 구체적 내용을 시행령에 위임하고 있는 이상, 위 법률의 규정들은 군법무관의 보수의 내용을 법률로써 일차적으로 형성한 것이고, 위 법률들에 의해 상당한 수준의 보수청구권이 인정되는 것이므로, 위 보수청구권은 단순한 기대이익을 넘어서는 것으로서 법률의 규정에 의해 인정된 재산권의 한 내용이 되는 것으로 봄이 상당하고, 따라서 행정부가 정당한 이유없이 시행령을 제정하지 않은 것은 위 보수청구권을 침해하는 불법행위에 해당한다(2006다3561 판결).

〈오픈마켓(Open Market) 운영자의 불법게시물의 삭제의무〉

상표권 침해게시물이 게시된 목적, 내용, 게시기간과 방법, 그로 인한 피해의 정도, 게시자와 피해자의 관계, 삭제 요구의 유무 등 게시에 관련한 쌍방의 대응태도, 관련 인터넷 기술의 발전 수준, 기술적 수단의 도입에 따른 경제적 비용 등에 비추어 볼 때, ① 오픈마켓 운영자가 제공하는 인터넷 게시공간에 게시된 상표권 침해게시물의 불법성이 명백하고, ② 오픈마켓 운영자가 위와 같은 게시물로 인하여 상표권을 침해당한 피해자로부터 구체적·개별적인 게시물의 삭제 및 차단요구를 받거나, 피해자로부터 직접적인 요구를 받지 않았다 하더라도 그 게시물이 게시된 사정을 구체적으로 인식하였거나 그 게시물의 존재를 인식할 수 있었음이 외관상 명백히 드러나고, ③ 나아가 기술적·경제적으로 그 게시물에 대한 관리·통제가 가능한 경우에는, 오픈마켓 운영자에게 그 게시물을 삭제하고 향후 해당 판매자가 위 인터넷 게시공간에서 해당 상품을 판매할 수 없도록 하는 등의 적절한 조치를 취할 것이 요구되며(2008다53812 전원합의체 판결 등), 오픈마켓 운영자가 이를 게을리하여 게시자의 상표권 침해를 용이하게 하였을 때에는 위 게시물을 직접 게시한 자의 행위에 대하여 부작위에 의한 방조자로서 공동불법행위책임을 진다고 할 것이다(2009다4343 판결, 2010마817 결정).

〈경찰권 불행사의 위법성 판단기준〉

경찰은 범죄의 예방, 진압 및 수사와 함께 국민의 생명, 신체 및 재산의 보호 기타 공공의 안녕과 질서유지를 직무로 하고 있고, 그 직무의 원활한 수행을 위하여 경찰관직무집행법, 형사소송법 등 관계 법령에 의하여 여러 가지 권한이 부여되어 있으므로, 구체적인 직무를 수행하는 경찰관으로서는 제반 상황에 대응하여 자신에게 부여된 여러 가지 권한을 적절하게 행사하여 필요한 조치를 취할 수 있는 것이고, 그러한 권한은 일반적으로 경찰관의 전문적 판단에 기한 합리적인 재량에 위임되어 있는 것이나, 경찰관에게 권한을 부여한 취지와 목적에 비추어 볼 때 구체적인 사정에 따라 경찰관이 그 권한을 행사하여 필요한 조치를 취하지 아니하는 것이 현저하게 불합리하다고 인정되는 경우에는 그러한 **권한의 불행사**는 직무상의 의무를 위반한 것이 되어 위법하게 된다(97다54482 판결, 2003다49009 판결, 2010다37479 판결, 2013다20427 판결).

〈부동산거래 당사자의 고지의무위반〉

일반적으로 교환계약을 체결하려는 당사자는 서로 자기가 소유하는 교환목적물은 고가로 평가하고, 상대방이 소유하는 목적물은 염가로 평가하여, 보다 유리한 조건으로 교환계약을 체결하기를 희망하는 이해상반의 지위에 있고, 각자가 자신의 지식과 경험을 이용하여 최대한으로 자신의 이익을 도모할 것이 예상되기 때문에, 당사자 일방이 알고 있는 정보를 상대방에게 사실대로 고지하여야 할 신의칙상의 주의의무가 인정된다고 볼 만한 특별한 사정이 없는 한, 일방당사자가 자기가 소유하는 목적물의 시가를 묵비하여 상대방에게 고지하지 아니하거나, 혹은 허위로 시가보다 높은 가액을 시가라고 고지하였다 하더라도, 이는 상대방의 의사결정에 불법적인 간섭을 한 것이라고 볼 수 없으므로 불법행위가 성립한다고 볼 수 없다(99다38583 판결). 부동산거래에 있어 거래상대방이 일정한 사정에 관한 고지를 받았더라면 그 거래를 하지 않았을 것임이 경험칙상 명백한 경우에는 신의성실의 원칙상 사전에 상대방에게 그와 같은 사정을 고지할 의무가 있으며, 그와 같은 고지의무의 대상이 되는 것은 직접적인 법령의 규정뿐 아니라 널리 계약상·관습상 또는 조리상의 일반원칙에 의하여도 인정될 수 있고(2004다48515 판결 등), 일단 고지의무의 대상이 되는 사실이라고 판단되는 경우 이미 알고 있는 자에 대하여는 고지할 의무가 별도로 인정될 여지가 없지만, 상대방에게 스스로 확인할 의무가 인정되거나 거래관행상 상대방이 당연히 알고 있을 것으로 예상되는 예외적인 경우가 아닌 한, 실제 그 대상이 되는 사실을 알지 못하였던 상대방에 대하여는 비록 알 수 있었음에도 알지 못한 과실이 있다 하더라도 그 점을 들어 추후 책임을 일부 제한할 여지가 있음은 별론으로 하고 고지할 의무 자체를 면하게 된다고 할 수는 없다(2005다5843 판결, 2005다5812, 5829, 5836 판결). 분양자가 오피스텔 분양계약의 교섭단계에 있는 사람들에게 광고를 통하여 잘못된 정보를 제공한 경우, 신의칙상의 고지의무 등을 위반한 것으로서 민법상의 불법행위책임을 진다(2008다19355 판결, 2009다67979, 67986 판결). 고지의무위반은 부작위에 의한 기망행위에 해당하므로 원고들로서는 기망을 이유로 분양계약을 취소하고 분양대금의 반환을 구할 수도 있고 분양계약의 취소를 원하지 않을 경우 그로 인한 손해배상만을 청구할 수도 있다(2004다48515 판결).

그 밖에 〈**공무원의 부작위불법행위의 요건**: 98다18520 판결, 2000다57856 판결, 2003다69652 판결, 2002다53995 판결〉, 〈**간호사가 의사의 진료를 보조할 경우 의사의 지시에 따를 의무가 있는지 여부**: 2008도8606 판결〉, 〈**위법건축물의 철거의무 불이행**: 2006다35865 전원합의체 판결〉, 〈**승수의무위반**: 94다31488 판결, 2007다50663 판결〉 등.

(4) 위법성 조각사유

가해행위가 피해자의 법익을 침해하여 손해를 발생시키는 것이라고 하더라도, 특별한 사유가 있는 경우에는 위법성이 부정되는 경우가 있다. 이러한 사유를 위법성 조각사유라 한다. 민법은 정당방위(제761조 제1항)와 긴급피난(제761조 제2항)을 위법성 조각사유로 규정하고 있다. 그 밖에도 자력구제·피해자의 승낙·정당행위 등이 위법성 조각사유로 인정될 수 있다.

판례 ➡ **〈위법성 조각사유의 입증책임〉** 방송 등 언론매체가 사실을 적시하여 개인의 명예를 훼손하는 행위를 한 경우에도 그것이 공공의 이해에 관한 사항으로서 그 목적이 오로지 공공의 이익을 위한 것일 때에는 적시된 사실이 진실이라는 증명이 있으면 그 행위에 위법성이 없다 할 것이고, 그 증명이 없더라도 행위자가 그것을 진실이라고 믿을 상당한 이유가 있는 경우에는 역시 위법성이 없다고 보아야 하지만, 명예훼손의 피해자가 공직자라고 하여 위 진실성이나 상당한 이유의 입증책임을 피해자가 부담하여야 한다고 볼 수는 없다(2002다63558 판결).

① 민법상의 위법성 조각사유

i) 정당방위

정당방위란 타인의 불법행위에 대하여 자기 또는 제3자의 이익을 방위하기 위해 부득이하게 그 타인에게 손해를 가하는 것을 말한다. 정당방위가 인정되기 위해서는 첫째, '타인의 불법행위'가 있어야 한다. 다만, 이 경우 '불법행위'는 그 성립을 위한 모든 요건을 구비할 것이 요구되는 것은 아니며 객관적으로 위법하기만 하면 된다. 즉, 불법행위자에게 귀책사유나 책임능력을 요구하지 않는다. 둘째, '자기 또는 제3자의 이익을 방위하기 위한 행위'이어야 한다. 이 경우 '이익'은 법적인 보호가치 있는 이익을 말한다. 그리고 '방위'는 그 침해의 위험이 급박하게 닥친 경우, 그리고 지금 침해행위가 행하여지고 있거나 지속되고 있는 경우에 인정될 수 있다. 셋째, 방위행위는 '부득이' 하게 행해져야 한다. 방위자 스스로가 가해행위를 하는 것 외에는 다른 적절한 방법이 없었어야 하며, 방위하려는 이익과 방위행위에 의해 가해지는 상대방에 대한 손해 사이에 적절한 균형관계가 인정되어야 한다. 즉, 정당방위로 인정되려면 그 행위가 자기 또는 타인의 보호법익에 대한 현재의 부당한 침해를 방어하기 위한 것으로서 상당성이 있어야 한다(2003도7878 판결 참조).

판례 ➡ 맞붙어 싸움을 하는 사람 사이에서는 공격행위와 방어행위가 연달아 행하여지고 방어행위가 동시에 공격행위인 양면적 성격을 띠어서 어느 한쪽 당사자의 행위만을 가려내어 방어를 위한 '정당행위'라거나 '정당방위'에 해당한다고 보기 어려운 것이 보통이다. 그러나 겉으로는 서로 싸움을 하는 것처럼 보이더라도 실제로는 한쪽 당사자가 일방적으로 위법한 공격을 가하고 상대방은 이러한 공격으로부터 자신을 보호하고 이를 벗어나기 위한 저항수단으로서 유형력을 행사한 경우에는, 그 행위가 새로운 적극적 공격이라고 평가되지 아니하는 한, 이는 사회관념상 허용될 수 있는 상당성이 있는 것으로서 위법성이 조각된다(2009도12958 판결).

정당방위가 인정되면 위법성이 조각되어 결국 그 방위행위로 인해 발생한 손해에 대해 배상책임을 부담하지 않는다. 다만 방위행위에 의해 제3자에게 손해가 가해진 때에는 그 제3자는 그 방위행위의 원인이 된 불법행위자에 대해 손해배상을 청구할 수 있다(제761조 제1항 단서). 방위행위가 과잉방위가 된 때에는 위법성이 조각되지 않고 방위행위자에게 불법행위책임이 성립한다. 통설은 이 경우 과실상계에 의해 손해배상액이 경감될 수 있다고 한다.[146]

ii) 긴급피난

긴급피난이란 급박한 위난을 피하기 위하여 부득이 타인에게 손해를 가하는 것을 가리킨다.

146) 곽윤직, 채권각론, 498면; 김상용, 채권각론, 672면; 이은영, 채권각론, 807면.

긴급피난의 경우에도 위법성이 조각되어 가해자는 손해배상책임을 부담하지 않게 된다. 긴급피난은 위법하지 않은 침해에 대한 피난이라는 점에서 그 위법한 침해에 대한 반격을 의미하는 정당방위와 구별된다.

긴급피난으로 인정되기 위해서는, 긴급한 위난이 있을 것, 자기 또는 제3자의 이익을 보호하기 위한 것일 것, 피난행위가 부득이한 것일 것이라는 요건이 필요하다. 여기에서 급박한 위난은 피난자의 고의나 과실에 의해 초래된 것이 아니어야 한다(74다1487 판결, 80다1592 판결 등). 또한 피난행위로 인해 보호되는 이익과 피난행위로 인해 발생하는 손해 사이에 현저한 불균형이 없을 것이 요구된다.

긴급피난의 경우에는 정당방위의 규정이 준용되므로, 긴급피난에 의해 제3자에게 손해가 발생한 경우에는, 정당방위와 마찬가지로 피난행위로 인해 발생한 손해에 대해 긴급피난자는 책임이 없다. 하지만, 제3자에 대해 피난행위가 행해진 경우 정당방위와 마찬가지로 그 제3자는 그 위난의 원인이 된 사람에게 손해배상을 청구할 수 있다(제761조 제1항 단서).

② 해석상의 위법성 조각사유

i) 자력구제

자력구제란 피해자에게 발생한 침해에 대하여 국가기관에 의한 구제를 기다리지 않고, 피해자가 스스로의 힘에 의해 구제하는 것을 말한다. 민법은 점유를 부정히 침탈 또는 방해하는 행위에 대해서만 자력구제를 인정하고 있다(제209조 제1항). 그런데 학설은 점유의 침탈 이외의 불법행위의 경우에도 초법규적인 위법성 조각사유로서 자력구제를 인정한다. 즉, 자력구제의 수단이 선량한 풍속 기타 사회질서에 반하지 않고 또한 그 정도가 사회적으로 용인될 수 있는 상당한 것인 때에 인정될 수 있다고 한다.[147] 다만, 판례는 자력구제의 인정에 소극적이라고 할 수 있다(85도122 판결 등). 자력구제는 침해가 일어난 이후에 그의 회복을 인정하는 것으로서, 침해가 일어나기 전에 그 방위를 인정하는 정당방위나 긴급피난과 구별된다.

한편 형법은 법정절차에 의하여 청구권을 보전하기 불능한 경우에 그 청구권의 실행불능 또는 현저한 실행곤란을 피하기 위한 상당한 행위로서 자구행위를 인정한다(형법 제23조. 2005도8081 판결, 2006도4328 판결 등).

ii) 피해자의 승낙

법익의 침해행위라도 피해자의 승낙이 있는 경우에는 원칙적으로 위법성이 조각된다. 가령, 물건의 소유자의 허락이 있은 후에 그 물건을 훼손하거나 멸실시킨 경우에는, 훼손행위나 멸실행위를 한 행위자가 손해배상책임을 부담하지 않음은 사적 자치의 원칙상 당연하다. 다만, 피해자의 승낙이 사회질서에 위반되지 않는 것이어야 한다. 따라서 자살방조나 승낙살인 등은 위법성을 조각하지 않는다. 또한 피해자의 승낙은 피해자가 승낙의 의미를 이해할 만한 정신적 능력을 가지고 있는 경우에만 위법성 조각사유가 될 수 있다. 따라서 유아의 승낙은 가해행위의 위

147) 곽윤직, 채권각론, 500면; 김상용, 채권각론, 673면.

법성을 조각하지 않는다. 그리고 피해자의 승낙은 사전승낙이어야 한다. 침해가 행해지고 난 후에 사후승낙을 하는 것은, 위법성 조각사유가 아니고 손해배상청구권의 포기라고 보아야 한다. 물론 피해자의 승낙은 언제든지 자유롭게 철회할 수 있다고 할 것이고(2005도8074 판결 참조), 그 철회의 방법에는 아무런 제한이 없다(2010도9962 판결).

판례 ➡ 의사는 응급환자의 경우나 그 밖의 특별한 사정이 없는 한, 환자에게 수술 등 인체에 위험을 가하는 의료행위를 함에 있어 그에 대한 승낙을 얻기 위한 전제로서, 당해 환자에 대하여 사전에 질병의 증상, 치료방법의 내용 및 필요성, 예후 및 예상되는 생명·신체에 대한 위험과 부작용 등에 관하여 당시의 의료수준에 비추어 상당하다고 생각되는 사항을 설명함으로써 환자로 하여금 수술이나 투약에 응할 것인가의 여부를 스스로 결정할 기회를 가지도록 할 의무가 있고, 이와 같은 의사의 설명의무는 그 예상되는 생명·신체에 대한 위험과 부작용 등의 발생가능성이 희소하다는 사정만으로는 면제될 수 없으며, 위험과 부작용 등이 당해 치료행위에 전형적으로 발생하는 위험이거나 회복할 수 없는 중대한 경우에는 그 발생가능성의 희소성에도 불구하고 설명의 대상이 된다고 보아야 하고, 이러한 설명을 하지 아니한 채 환자의 승낙없이 의료행위를 한 경우에는, 설령 의사에게 치료상의 과실이 없는 경우에도 그 의료행위는 환자의 승낙권을 침해하는 위법한 행위가 된다(96다7854 판결, 99다10479 판결).

iii) 정당행위

법익의 침해행위가 법률에 의해 허용되는 행위이거나 사회적 타당성을 갖는 행위일 경우에는, 정당한 행위로서 위법성이 조각된다(형법 제20조 참조). 가령, 근로자의 정당한 쟁의행위나 친권자의 징계행위 등의 경우에는, 그로 인하여 상대방에게 손해가 발생한다고 하더라도 위법성이 조각되어 손해배상책임을 부담하지 않는다.

판례 ➡ 어떠한 행위가 사회상규에 위배되지 아니하는 정당한 행위로서 위법성이 조각되는 것인지는 구체적인 사정 아래서 합목적적·합리적으로 고찰하여 개별적으로 판단하여야 할 것이고, 이와 같은 정당행위를 인정하려면, 첫째 그 행위의 동기나 목적의 정당성, 둘째 행위의 수단이나 방법의 상당성, 셋째 보호이익과 침해이익과의 법익균형성, 넷째 긴급성, 다섯째 그 행위 외에 다른 수단이나 방법이 없다는 보충성 등의 요건을 갖추어야 한다(2005도8074 판결, 2006도4328 판결 등).

판례 ➡ 개인의 사생활과 관련된 사항의 공개가 사생활의 비밀을 침해하는 것이더라도, 사생활과 관련된 사항이 공공의 이해와 관련되어 공중의 정당한 관심의 대상이 되는 사항에 해당하고, 공개가 공공의 이익을 위한 것이며, 표현내용·방법 등이 부당한 것이 아닌 경우에는 위법성이 조각될 수 있다(2012다31628 판결).

판례 ➡ 직장 상사의 범법행위에 가담한 부하에 대하여 직무상 지휘·복종관계에 있다는 이유만으로 범법행위에 가담하지 않을 기대가능성이 없다고는 할 수 없다(2004도5685 판결, 2007도1373 판결).

판례 ➡ 주위토지통행권의 존부와 범위에 관한 확인 및 주위통행권을 방해하는 옹벽 부분에 관한 철거를 명하는 판결과 그 강제집행을 따르지 아니하고 임의로 옹벽을 철거한 행위는 도로에 관한 주위통행권을 인정할 수 있는지 여부와 관계없이 정당행위에 해당하지 않는다(2007도7933 판결).

판례 ➡ 민사상으로 타인의 명예를 훼손하는 행위를 한 경우에도 그것이 공공의 이해에 관한 사항으로서 그 목적이 오로지 공공의 이익을 위한 것인 때에는 진실한 사실이라는 증명이 있으면 그 행위에 위법성이 없고, 또한 그 증명이 없더라도 행위자가 그것을 진실이라고 믿을 만한 상당한 이유가 있는 경우에는 위법성이 없다고 보아야 할 것이나, 언론매체의 보도를 통한 명예훼손에 있어서 행위자가 보도내용이 진실이라고 믿을 만한 상당한 이유가 있는지의 여부는 적시된 사실의 내용, 진실이라고 믿게 된 근거나 자료의 확실성과 신빙성, 사실 확인의 용이성, 보도로 인한 피해자의 피해 정도 등 여러 사정을 종합하여 행위자가 보도내용의 진위 여부를 확인하기 위하여 적절하고도 충분한 조사를 다하였는가, 그 진실성이 객관적이고도 합리적인 자료나 근거에 의하여 뒷받침되는가 하는 점에 비추어 판단하여야 한다(95다36329 판결, 2000다50213 판결, 2007다3483 판결 등).

판례 ➡ 갑 등이 을이 운영하는 예식장 앞에서 불법시위를 함으로써 을의 영업을 방해하고 정신적 고통을 가한 것은 갑 등이 시위에 이르게 된 경위와 절차 등을 감안하더라도 을에 대한 모욕 및 업무방해행위가 그 수단이나 방법의 상당성, 보호법익과 침해법익과의 법익균형성, 긴급성이나 그 행위 외에 다른 수단이나 방법이 없다는 보충성 등의 요건을 갖춘 정당행위에 해당한다고 볼 수 없다(2011다2517 판결).

Ⅳ. 손해의 발생

1. 현실적 손해의 발생

불법행위를 이유로 손해배상을 청구하기 위해서는 당연히 피해자에게 손해가 발생하여야 한다. 손해발생의 가능성은 있으나 피해자에게 현실적으로 손해가 발생하지 않았으면, 비록 위법한 가해행위가 있다고 하더라도 불법행위가 성립하지 않는다(2009다30762 판결). 현실적으로 손해가 발생하였는지 여부는 사회통념에 비추어 객관적이고 합리적으로 판단하여야 한다(97다28568 판결). 손해의 발생에 대한 입증책임은 피해자가 부담한다.

판례 ➡ 불법행위나 채무불이행을 이유로 배상하여야 할 손해는 현실로 입은 확실한 손해에 한하는 것이기 때문에 불법행위나 채무불이행 등으로 인하여 피해자 또는 채권자가 제3자에 대하여 어떤 채무를 부담하게 된 경우 상대방에게 채무액과 동일한 배상을 구하기 위하여는 채무의 부담이 현실적·확정적이어서 실제로 변제하여야 할 성질의 것임을 요한다(92다29948 판결).

판례 ➡ 불법행위에 있어 위법행위 시점과 손해발생 시점 사이에 시간적 간격이 있는 경우에 불법행위로 인한 손해배상청구권의 지연손해금은 손해발생 시점을 기산일로 하여 발생한다고 보아야 할 것이다(2010다76368 판결). 그런데 불법행위시와 변론종결시 사이에 장기간의 세월이 경과함으로써 위자료를 산정함에 있어 반드시 참작해야 할 변론종결시의 통화가치 등에 불법행위시와 비교하여 상당한 변동이 생긴 때에는, 불법행위로 말미암은 위자료배상채무의 지연손해금은 그 위자료 산정의 기준시인 사실심 변론종결일로부터 발생한다고 보아야 한다(2009다103950 판결, 2011다38325 판결, 2010다53419 판결, 2010다108494 판결, 2011재다199 전원합의체 판결 등).

판례 ➡ 토양이 오염되고 폐기물이 매립된 토지의 매수인이 그 정화·처리비용을 실제 지출하거나 지출하게 된 것을 민법 제750조가 규정하는 '손해'로 평가할 수 있는지 여부에 대하여, 소수의견은 이는 그 토지의 거래상대방과 사이에서 논의될 수 있을 뿐이고, 그 이전의 매도인이나 오염유발자와 사이에서 논의될 수 있는 성질의 것이 아니므로, 자기소유 토지에 토양오염을 유발하고 폐기물을 매립한 자는, 그 토지의 매매과정에 기망 등 다른 위법행위가 있고 그것이 매도인의 고의 또는 과실로 평가될 수 있는 경우에 그 직접 매수인에 대하여 불법행위책임을 부담할 수 있을 뿐, 전전 매수인에 대하여 불법행위책임을 부담하지 않는다고 하고 있다(2002다46331 판결 참조). 그러나 다수의견은 토지의 소유자라 하더라도 토양오염물질을 토양에 누출·유출하거나 투기·방치함으로써 토양오염을 유발하였음에도 오염토양을 정화하지 않은 상태에서 그 오염토양이 포함된 토지를 거래에 제공함으로써 유통되게 하거나, 토지에 폐기물을 불법으로 매립하였음에도 이를 처리하지 않은 상태에서 그 해당 토지를 거래에 제공하는 등으로 유통되게 하였다면, 다른 특별한 사정이 없는 한 이는 거래의 상대방 및 위 토지를 전전 취득한 현재의 토지 소유자에 대한 위법행위로서 불법행위가 성립할 수 있다고 봄이 타당하다고 한다(2009다66549 전원합의체 판결).

2. 손해의 개념과 구분

(1) 손해의 개념

현행법은 불법행위로 인한 손해의 법적 의미에 관한 규정을 두고 있지 않다.[148] 통설·판례는 손해의 의미에 대해서 차액설에 의하여 파악한다. 즉, 손해란 불법행위로 인한 법익상태와 불법행위가 없었더라면 있었을 가정적 법익상태의 차이로 이해한다(91다33070 전원합의체 판결, 2003다49542 판결). 따라서 불법행위로 인한 재산상 손해는 위법한 가해행위로 인하여 발생한 재산상 불이익, 즉 그 위법행위가 없었더라면 존재하였을 재산상태와 그 위법행위가 가해진 현재의 재산상태의 차이를 말한다.

물론 모든 손해를 차액설에 의하여 인식할 수 있는 것은 아니다. 가령, 노동능력이 상실되었으나 피해자의 소득에 변동이 없는 경우를 들 수 있다. 이 경우 판례는 이른바 평가설에 의한다(78다1491 전원합의체 판결). 그리고 비재산적 손해도 성질상 증거에 의하여 증명할 수 없으므로 차액설에 의하여 그 손해를 인식하기는 곤란하다.[149] 판례는 불법행위로 인하여 입은 정신적 고통에 대한 위자료 액수에 관하여는 사실심 법원이 제반사정을 참작하여 그 직권에 속하는 재량에 의하여 이를 확정할 수 있다고 한다(87다카57 판결).

---

148) 오스트리아 민법 제1293조 제1문은 "어떤 사람의 재산, 권리 또는 인격에 가해진 모든 불이익"을 손해로 규정하고 있다.

149) 손해의 개념에 대해서는 서광민, "손해의 개념", 서강법학연구 제6권(2004. 5), 124면 이하 참조.

판례 ➡ 일반적으로 불법행위로 인한 재산상의 손해는 위법한 가해행위로 인하여 발생한 재산상의 불이익, 즉 불법행위가 없었더라면 존재하였을 재산상태와 불법행위가 가해진 이후의 재산상태의 차이를 말하는 것인 바, 임의매매의 불법행위로 인한 재산상의 손해는 임의매매 이전에 가지고 있던 고객의 주식 및 예탁금 등의 잔고와 그 이후 고객의 지시에 반하여 임의매매를 해 버린 상태, 즉 고객이 그 임의매매 사실을 알고 문제를 제기할 당시에 가지게 된 주식 및 예탁금의 잔고상 차이가 손해라고 보아야 한다(2003다49542 판결).

판례 ➡ 생명이나 신체에 대한 불법행위로 인하여 가동능력의 전부 또는 일부를 상실함으로써 일실하는 이익의 액은 그 피해자가 그로 인하여 상실하게 된 가동능력에 대한 총평가액으로서 소득세 등 제세금액을 공제하지 아니한 금액이라고 보아야 한다(78다1491 전원합의체 판결).

판례 ➡ 위자료의 액수에 관하여서는 재산적 손해액수와 같이 이를 증거에 의하여 입증할 수 없는 성질의 것이라 할 것이므로 법원은 그 직권에 의하여 이를 산정할 것이고 이에 관하여 하등의 증거를 필요로 하지 아니한다(4292민상29 판결).

판례 ➡ 법원은 위자료액을 산정함에 있어서 피해자측과 가해자측의 제반 사정을 참작하여 그 금액을 정하여야 하므로 피해자가 가해자로부터 당해 사고로 입은 재산상 손해에 대하여 배상을 받을 수 있는지의 여부 및 그 배상액의 다과 등과 같은 사유도 위자료액 산정의 참작 사유가 되는 것은 물론이며, 특히 재산상 손해의 발생이 인정되는 데도 입증곤란 등의 이유로 그 손해액의 확정이 불가능하여 그 배상을 받을 수 없는 경우에 이러한 사정을 위자료의 증액사유로 참작할 수 있다고 할 것이다(84다카722 판결, 2002다53865 판결, 2005다5843 판결).

(2) 손해의 구분

불법행위법에 의해서 전보될 수 있는 손해는 재산상의 손해와 정신적 손해를 포함한다. 이 경우 재산적 손해는 다시 기존의 이익 내지 법익이 상실되는 적극적 손해의 형태와 장차 얻을 수 있을 이익을 얻지 못하는 소극적 손해의 형태로 구분된다(91다33070 전원합의체 판결, 96다38971 판결).

이러한 손해는 통상 법익의 침해의 결과 또는 그에 수반하여 발생한다. 그런데 손해는 피해자의 생명, 신체나 소유권 등의 절대적 권리나 법익의 침해를 매개 내지 수반하지 않은 채 그 피해자의 재산적 이익에만 발생할 수도 있다. 이를 순수재산손해(pure economic loss)라 한다. 가령, 불법시위로 인하여 근처에서 가게를 운영하는 상인에게 발생하는 일실이익이라든가 피해자를 고용한 사업주의 손해, 또는 유류오염사고로 인해 그 인근 해안 주민이 입게 된 영업손해 등을 들 수 있다.[150] 판례는 순수재산손해를 특별손해로 파악하고 있다(95다11344 판결 등). 따라서 가해자가 그 사정을 알았거나 알 수 있었을 것이라고 인정되는 경우에만 배상책임을 인정한다.

---

150) 순수재산손해에 대해서는 김상중, "순수 재산상 손해에 대한 책임법적 규율에 관한 비교법적 고찰을 통한 일시론", 인권과 정의 제328호(2003. 12), 74면 이하 및 권영준, "미국법상 순수재산손해의 법리", 민사법학 제58호(2012. 3), 148면 이하 참조.

물론 치료비, 개호비, 일실이익 등은 피해자의 신체침해에 수반하여 발생하므로 순수재산손해가 아니다.

판례➡ 불법행위의 직접적 대상에 대한 손해가 아닌 간접적 손해는 특별한 사정으로 인한 손해로서 가해자가 그 사정을 알았거나 알 수 있었을 것이라고 인정되는 경우에만 배상책임이 있다고 할 것인바, 가해 차량이 전신주를 충격하여 전선을 절단케 함으로써 그 전선으로부터 전력을 공급받아 비닐하우스 내 전기온풍기를 가동하던 피해자가 전력공급의 중단으로 전기온풍기의 작동이 중지됨으로 인하여 입은 손해는 특별한 사정으로 인한 손해로서 가해자가 사고 당시에 이러한 사정을 알았거나 알 수 있었을 때에만 그 책임을 부담한다(95다11344 판결, 94다5472 판결, 2005다31361 판결).

판례➡ 가해자가 공장지대에 위치한 전신주를 충격하여 전선이 절단된 경우, 그 전선을 통하여 전기를 공급받아 공장을 가동하던 피해자가 전력공급의 중단으로 공장의 가동이 상당한 기간 중지되어 영업상의 손실을 입게 될지는 불확실하며 또 이러한 손실은 가해행위와 너무 먼 손해라고 할 것이므로, 전주 충격사고 당시 가해자가 이와 같은 소극적인 영업상 손실이 발생할 것이라는 것을 알거나 알 수 있었다고 보기 어렵지만, 이 경우 그 전신주를 통하여 전력을 공급받고 있는 인근 피해자의 공장에서 예고없는 불시의 전력공급의 중단으로 인하여 갑자기 공장의 가동이 중단되는 바람에 당시 공장 내 가동 중이던 기계에 고장이 발생한다든지, 작업 중인 자료가 못쓰게 되는 것과 같은 등의 적극적인 손해가 발생할 수 있을 것이라는 사정은 가해자가 이를 알거나 알 수 있었을 것이라고 봄이 상당하다(94다5472 판결, 96다52311 판결도 동지).

한편 민법은 채무불이행의 경우와는 달리 불법행위의 경우에는 재산 이외의 손해에 대한 배상과 생명침해로 인한 간접피해자의 위자료의 배상에 관한 규정을 별도로 두고 있다(제751조, 제752조). 다만, 판례는 타인의 불법행위 등에 의하여 재산권이 침해된 경우에는 그 재산적 손해의 배상에 의하여 정신적 고통도 회복된다고 보아야 할 것이므로, 재산적 손해의 배상에 의하여 회복할 수 없는 정신적 손해가 발생하였다면, 이는 특별한 사정으로 인한 손해로서 가해자가 그러한 사정을 알았거나 알 수 있었을 경우에 한하여 그 손해에 대한 위자료를 청구할 수 있다고 한다(96다31574 판결, 96다38971 판결, 2001다82507 전원합의체 판결).

판례➡ 일반적으로 타인의 불법행위로 인하여 물적 침해를 입은 피해자는 그 재산상 손해의 배상에 의하여 정신적 고통도 회복된다고 보아야 하므로 이를 이유로 위자료청구권을 행사하는 것이 허용되지 아니하나, 재산상 손해의 배상이 이루어진다 하여도 그것만으로 회복될 수 없는 정신적 손해가 남는 경우라고 인정된다면 그 물적 침해로 인한 정신적 고통에 대한 위자료청구를 그냥 배척할 것은 아니다(94다25551 판결).

판례➡ 타인 소유의 토지에 관하여 매도증서, 위임장 등 등기관계서류를 위조하여 원인무효의 소유권이전등기를 경료하고 다시 이를 다른 사람에게 매도하여 순차로 소유권이전등기가 경료된 후에 토지의 진정한 소유자가 최종매수인을 상대로 말소등기청구소송을 제기하여 그 소유자 승소의 판결이 확정된 경우 위 불법행위로 인하여 최종매수인이 입은 손해는 무효의 소유권이전등기를 유효한 등기로 믿고 위 토지를 매수하기 위하여 출연한 금액, 즉 매매대금으로서 이는 기존이익의 상실인 적극적 손해에 해당하고, 최종매수인은 처음부터 위 토지의 소유권을 취득하지 못한 것이어서 위 말소등기를 명하는 판결의 확정으로 비로소 위 토지의 소유권을 상실한 것이 아니므로 위 토지의 소유권 상실이 그 손해가 될 수는 없다(91다33070 전원합의체 판결, 96다38971 판결).

V. 가해행위와 손해발생의 인과관계

1. 인과관계의 개념

가해행위로 인하여 손해가 발생하여야, 그 손해에 대하여 가해자는 불법행위책임을 진다. 즉, 불법행위로 인한 손해배상책임이 인정되려면 가해행위와 손해 사이에 인과관계가 있어야 한다. 통설·판례는 이 경우 인과관계의 개념을 손해배상책임의 성립의 문제와 손해배상의 범위결정의 문제를 구별하지 않고 상당인과관계로 파악하여 왔다(2005다21821 판결, 2005다23599 판결 등). 그런데 이 경우 인과관계는 사실적 인과관계로 족하고, 상당인과관계를 문제삼을 것은 아니라는 견해가 주장되고 있다.[151] 즉, 손해배상책임의 성립의 문제와 손해배상의 범위결정의 문제를 구별하고, 전자(前者)에서의 인과관계는 사실적 인과관계의 문제로 이해하면서 조건적 인과관계로 충분하다고 한다.

본래 인과관계는 어떤 2개 또는 그 이상의 사회적 사실 사이에 서로 원인과 결과의 관계가 있는 것, 즉 그 어떤 사실이 있었기 때문에 그 결과로서 다른 사실이 발생하게 된 관계를 의미한다. 이러한 입장에서 보면 사실적 인과관계설은 일응 타당하다. 그러나 환경오염으로 인한 환경침해사고라든가 의료사고 또는 제조물사고의 경우에는 사실적 인과관계를 증명하기 곤란하고, 따라서 그러한 경우의 인과관계는 개연성 판단 등에 의하여 인정되는 상당인과관계로 파악할 수밖에 없다고 할 것이다.[152] 또한 부작위 불법행위에 있어서는 어떤 기대되는 작위의무를 이행하였더라면 법익침해의 결과가 발생하지 않았을 것이라는 판단이 나올 때 인과관계가 인정될 수 있다. 따라서 부작위불법행위에서의 인과관계도 개연성 판단에 의하여 인정되는 상당인과관계로 파악할 수밖에 없다.

판례 ➡ **〈과실에 의한 방조〉** 민법 제760조 제3항은 교사자나 방조자는 공동행위자로 본다고 규정하여 교사자나 방조자에게 공동불법행위자로서 책임을 부담시키고 있는데, 방조라 함은 불법행위를 용이하게 하는 직접, 간접의 모든 행위를 가리키는 것으로서 작위에 의한 경우 뿐만 아니라 작위의무 있는 자가 그것을 방지하여야 할 제반 조치를 취하지 아니하는 부작위로 인하여 불법행위자의 실행행위를 용이하게 하는 경우도 포함하는 것이고, 손해의 전보를 목적으로 하여 과실을 원칙적으로 고의와 동일시하는 민사법의 영역에서는 과실에 의한 방조도 가능한데, 이 경우의 과실의 내용은 불법

151) 김상용, 채권각론, 644면; 송덕수, 채권법각론, Rn. 264.
152) 이은영, 채권각론, 776면.

행위에 도움을 주지 않아야 할 주의의무가 있음을 전제로 하여 이 의무에 위반하는 것을 말하고, 방조자에게 공동불법행위자로서의 책임을 지우기 위하여는 방조행위와 피방조자의 불법행위 사이에 상당인과관계가 있어야 한다(98다31264 판결, 2006다78336 판결, 2010다92346 판결).

이와 같이 볼 때 불법행위책임의 성립요건으로서의 인과관계를 사실적 인과관계로만 파악하는 것은 의문이 없지 않다. 요컨대 일반불법행위의 경우에는 사실적 인과관계만으로 성립상의 인과관계가 인정될 수 있다고 할 것이지만, 공해라든가 의료과오 또는 제조물의 결함으로 인한 특수한 불법행위의 경우와 부작위불법행위의 경우에는 법률적 인과관계가 인정되어야 성립상의 인과관계가 인정되는 것으로 새겨야 할 것이다.

판례 ➡ 예견가능성도 인과관계의 판단척도로 인정된다. 가령, 무권리자가 위법한 방법으로 그의 명의로 소유권보존등기나 소유권이전등기를 경료한 후 그 부동산을 전전매수한 제3자의 등기부 시효취득이 인정됨으로써 소유자가 소유권을 상실하게 된 경우, 무권리자의 위법한 등기 경료행위가 없었더라면 소유자의 소유권 상실이라는 결과가 당연히 발생하지 아니하였을 것이고 또한, 이러한 소유권 상실은 위법한 등기 경료행위 당시에 통상 예측할 수 있는 것이라 할 것이므로, 무권리자의 위법한 등기 경료행위와 소유자의 소유권 상실 사이에는 상당인과관계가 있다고 할 것이다(92다50874 판결 등).

판례 ➡ 공무원에게 직무상 의무를 부과한 법령의 보호목적이 사회 구성원 개인의 이익과 안전을 보호하기 위한 것이 아니고 단순히 공공일반의 이익이나 행정기관 내부의 질서를 규율하기 위한 것이라면 가사 공무원이 그 직무상 의무를 위반한 것을 계기로 하여 제3자가 손해를 입었다 하더라도 공무원이 직무상 의무를 위반한 행위와 제3자가 입은 손해 사이에는 법리상 상당인과관계가 있다고 할 수 없다(93다30877 판결). 역시 상호신용금고의 대표이사가 상호신용금고법 제12조 등 법령에 위배하여 추가대출을 한 것을 계기로 하여 제3자가 손해를 입었다고 하더라도 상호신용금고 및 그 대표이사가 그 제3자에게 손해배상책임을 지기 위하여는 위 법령에 위배된 행위와 제3자의 손해 사이에 상당인과관계가 있어야 할 것인 바, 상당인과관계 유무를 판단함에 있어서는 결과발생의 개연성은 물론 같은 법조의 입법목적과 보호법익, 위 법령위배행위의 태양 및 피침해이익의 성질 등을 종합적으로 고려하여 판단하여야 한다(94다21320 판결 등).

판례 ➡ 인감증명은 인감 자체의 동일성을 증명함과 동시에 거래행위자의 동일성과 거래행위가 행위자의 의사에 의한 것임을 확인하는 자료로서 일반인의 거래상 극히 중요한 기능을 갖고 있으므로, 인감증명사무를 처리하는 공무원으로서는 그것이 타인과의 권리·의무에 관계되는 일에 사용될 것을 예상하여 그 발급된 인감증명으로 인한 부정행위의 발생을 방지할 직무상의 의무가 있고, 따라서 발급된 허위의 인감증명에 의하여 그 인감명의인과 계약을 체결한 자가 그로 인한 손해를 입었다면 위 인감증명의 교부와 그 손해 사이에는 상당인과관계가 있다(2006다63273 판결).

판례 ➡ 교통사고로 인하여 상해를 입은 피해자가 치료를 받던 중 의사의 과실 등으로 인한 의료사고로 증상이 악화되거나 새로운 증상이 생겨 사망에 이르는 등 손해가 확대된 경우, 특별한 사정이 없는 한 그와 같은 손해와 교통사고 사이에도 상당인과관계가 있다고 보아야 하므로, 교통사고와 의료사고가 각기 독립하여 불법행위의 요건을 갖추고 있으면서 객관적으로 관련되고 공동하여 위법하게 피해자에게 손해를 가한 것으로 인정된다면 공동불법행위가 성립되므로 이들은 연대하여 손해를 배상할 책임이 있다(94다35671 판결).

판례 ➡ 불법행위로 인한 손해배상청구소송에서 가해행위와 손해발생 사이의 인과관계는 존재하거나 부존재하는지를 판단하는 것이고, 이를 비율적으로 인정할 수는 없으므로, 이른바 비율적 인과관계론은 받아들일 수 없다(2006다17539 판결). 역시 민사상 손해배상사건에서 손해의 확대 등에 기여한 기왕증을 참작하는 법리를 유추적용함으로써 산재보험법상 업무와 재해 사이의 인과관계를 비율적으로 인정할 수는 없다(2010두4216 판결).

주의할 것은 가해행위와 인과관계가 인정되는 손해라도 배상이 인정되지 않을 수 있다는 점이다. 제한배상책임 내지 손해의 공평분담의 법리에 비추어 발생된 손해와 배상되어야 할 손해는 구별하여야 하기 때문이다.

2. 인과관계의 구분

(1) 사실적 인과관계

사실적 인과관계(cause-in-fact)는 불법행위 사실과 손해라는 사실과의 사이에 존재하는 관계를 말한다(conditio sine qua non). 즉 '어떤 원인이 있으면 필연적으로 어떤 결과를 발생하게 하는 관계' 내지 '가해자의 행위가 없었더라면 당해 손해는 발생하지 않았을 것'이라는 관계이다. 따라서 가해자의 행위사실과 손해발생과의 사이에 전자가 존재하지 아니한다면 후자도 또한 존재하지 않는다고 하는 조건관계가 존재하게 되면 양자 사이에는 사실적 인과관계의 존재가 인정될 수 있다.

(2) 법률적 인과관계 내지 상당인과관계

법적 인과관계(proximate cause)는 사실적 인과관계의 존재를 전제로 하여 가해자의 책임을 정당화하는 인과관계를 말한다. 일반적으로 상당인과관계로 파악한다. 사실상의 인과관계가 인정되더라도 곧바로 법적 책임을 부과할 수는 없다. 사실상의 인과관계에 부가하여 법적인 인과관계가 인정되어야 한다. 이 경우 상당인과관계의 유무를 판단함에 있어서는 일반적인 결과 발생의 개연성은 물론이고, 의무를 부과하는 법령 기타 행동규범의 목적, 가해행위의 태양 및 피침해이익의 성질 및 피해의 정도 등을 종합적으로 고려하여야 한다(91다43466 판결, 2008다36930 판결 등). 그리고 인과관계의 증명은 법적인 가치판단에 속한다. 따라서 법적 인과관계를 인정함에 있어서는 손해에 기여한 모든 원인을 조사할 필요는 없으며, 주장된 원인이 유일한 원인일 필요도 없다.

판례 ➡ 무릇 불법행위로 인한 손해배상의 범위를 정함에 있어서는 불법행위와 손해와의 사이에 자연적 또는 사실적 인과관계가 존재하는 것만으로는 부족하고 이념적 또는 법률적 인과관계, 즉 상당인과관계가 있어야 할 것이다. 그런데 변호사강제주의를 택하지 않고 있는 우리나라 법제 아래에서는 손해배상청구의 원인된 불법행위 자체와 변호사 비용 사이에 상당인과관계가 있음을 인정할 수 없으므로 변호사 비용을 그 불법행위 자체로 인한 손해배상채권에 포함시킬 수는 없다(2010다15363, 15370 판결).

(3) 역학적 인과관계

역학적 인과관계(판례는 역학적 상관관계라고 한다)란 역학조사를 거쳐 얻은 통계적 연관성에 의하여 인정되는 인과관계를 말한다. 문제는 역학적 인과관계로부터 사실적 인과관계를 추론할 수 있을 것인가에 있다. 즉, 유해물질과 질병 사이의 역학적 인과관계가 인정되면, 개별적・구체적인 개인의 노출과 질병 사이의 인과관계도 증명된 것으로 볼 것인지가 문제된다. 판례는 특이성 질환과 달리, 비특이성 질환의 경우에는 특정 위험인자와 비특이성 질환 사이에 **역학적 상관관계**가 인정된다 하더라도, 어느 개인이 위험인자에 노출되었다는 사실과 비특이성 질환에 걸렸다는 사실을 증명하는 것만으로 양자 사이의 인과관계를 인정할 만한 개연성이 증명되었다고 볼 수 없다고 한다(2006다17539 판결(고엽제), 2011다22092 판결(담배), 2011다7437 판결(자동차배출가스) 등). 판례에 따르면 역학적 상관관계와 개별적 인과관계는 구분된다. 역학적 상관관계가 인정되더라도 위험인자와 개인의 질병 사이에 인과관계가 인정되는 것은 아니다. 불법행위로 인한 손해배상책임이 발생하려면 위험인자와 질병 사이에 개별적 인과관계 또는 법적 인과관계가 인정되어야 한다. 즉, 위험인자와 질병 사이에 통계적인 상관성이 있더라도 원고들의 질병이 그 위험인자로 인한 것으로 볼 수는 없다.

[역학의 개념]

역학이란 집단현상으로서의 질병의 발생, 분포, 소멸 등과 이에 미치는 영향을 분석하여 여러 자연적・사회적 요인과의 상관관계를 통계적 방법으로 규명하고 그에 의하여 질병의 발생을 방지・감소시키는 방법을 발견하려는 학문이다. 역학은 집단현상으로서의 질병에 관한 원인을 조사하여 규명하는 것이고 그 집단에 소속된 개인이 걸린 질병의 원인을 판명하는 것이 아니다. 따라서 어느 위험인자와 어느 질병 사이에 역학적으로 상관관계가 있다고 인정된다 하더라도 그로부터 그 집단에 속한 개인이 걸린 질병의 원인이 무엇인지가 판명되는 것은 아니고, 다만 어느 위험인자에 노출된 집단의 질병 발생률이 그 위험인자에 노출되지 않은 다른 일반집단의 질병 발생률보다 높은 경우 그 높은 비율의 정도에 따라 그 집단에 속한 개인이 걸린 질병이 그 위험인자로 인하여 발생하였을 가능성이 얼마나 되는지를 추론할 수 있을 뿐이다(2006다17539 판결 등 참조).

3. 인과관계의 경합

(1) 가해행위와 자연력의 경합

가해행위와 자연력(폭풍우, 한파, 낙뢰 등)이 경합하여 손해가 발생한 경우에, 가해자의 행위가 손해발생의 불가결의 원인이 되었다면 가해자는 원칙적으로 손해 전부를 배상하여야 한다. 다만, 손해분담의 공평의 원칙에 비추어 자연력의 기여분을 증명할 수 있으면 그 부분은 제외된다(89다카1275 판결, 92다51122 판결 등).

판례 ➡ **〈자연력과의 경합〉** 불법행위에 기한 손해배상사건에 있어서 피해자가 입은 손해가 자연력과 가해자의 과실이 경합되어 발생된 경우 가해자의 배상범위는 손해의 공평한 부담이라는 견지에서 손해발생에 대하여 자연력이 기여하였다고 인정되는 부분을 공제한 나머지 부분으로 제한하여야 함이 상당하나, 다만 피해자가 입은 손해가 통상의 손해와는 달리 특수한 자연적 조건 아래 발생한 것이라 하더라도 가해자가 그와 같은 자연적 조건이나 그에 따른 위험의 정도를 미리 예상할 수 있었고 또 과도한 노력이나 비용을 들이지 아니하고도 적절한 조치를 취하여 자연적 조건에 따른 위험의 발생을 사전에 예방할 수 있었다면 그러한 사고방지 조치를 소홀히 하여 발생한 사고로 인한 손해배상의 범위를 정함에 있어서 자연력의 기여분을 인정하여 가해자의 배상범위를 제한할 것은 아니다(2001다734 판결, 2003다69652 판결).

(2) 가해행위와 피해자의 행위 내지 소인의 경합

가해자의 행위에 피해자의 행위 또는 기왕증이 더해져 손해가 발생하거나 손해가 증가된 경우이다. 이 경우에도 가해행위가 손해발생의 원인이 되었다면, 행위자는 손해배상책임을 부담한다. 다만, 손해의 공평분담의 원칙 내지 과실상계법리에 따라 그에 상응한 손해를 감경하거나 제한할 수 있다.

판례 ➡ **〈피해자의 행위와 경합〉** 불법행위로 인한 손해배상에 있어 가해자의 불법행위만에 의하여 손해가 발생한 것이 아니라 피해자의 행위 기타 귀책사유 등이 경합하여 손해가 발생한 경우에도 가해자의 불법행위가 손해발생의 한 원인이 되었다면 가해자는 그로 인하여 피해자가 입은 손해를 배상할 책임이 있다(99다47129 판결).

판례 ➡ 가해행위와 피해자 측의 요인이 경합하여 손해가 발생하거나 확대된 경우에는 피해자 측의 요인이 체질적인 소인 또는 질병의 위험도와 같이 피해자 측의 귀책사유와 무관한 것이라고 할지라도, 그 질환의 태양·정도 등에 비추어 가해자에게 손해의 전부를 배상하게 하는 것이 공평의 이념에 반하는 경우에는, 법원은 손해배상액을 정하면서 과실상계의 법리를 유추적용하여 손해의 발생 또는 확대에 기여한 피해자 측의 요인을 참작할 수 있다. 다만, 책임제한에 관한 사실인정이나 그 비율을 정하는 것이 형평의 원칙에 비추어 현저하게 불합리하여서는 아니 된다(2014다16968 판결).

판례 ➡ **〈기왕증의 경합〉** 교통사고피해자의 기왕증이 그 사고와 경합하여 악화됨으로써 피해자에게 특정 상해의 발현 또는 치료기간의 장기화, 나아가 치료종결 후 후유장애 정도의 확대라는 결과 발생에 기여한 경우에는, 기왕증이 그 특정 상해를 포함한 상해 전체의 결과 발생에 대하여 기여하였다고 인정되는 정도에 따라 피해자의 전 손해 중 그에 상응한 배상액을 부담케 하는 것이 손해의 공평한 부담이라는 견지에서 타당하고(99다68577 판결), 법원이 기왕증의 상해 전체에 대한 기여도를 정함에 있어서는 반드시 의학상으로 정확히 판정하여야 하는 것은 아니며, 변론에 나타난 기왕증의 원인과 정도, 상해의 부위 및 정도, 기왕증과 전체 상해와의 상관관계, 치료경과, 피해자의 연령과 직업 및 건강상태 등 제반 사정을 고려하여 합리적으로 판단할 수 있다(2009다95714 판결).

(3) 가해행위와 제3자 행위의 동시적 경합

가해행위와 제3자 행위의 동시적 경합에는 중첩적 경합, 필요적 경합, 과잉적 경합이 있다.

① 중첩적 경합

인과관계의 중첩적 경합은 수인이 위법한 행위를 하였고, 그들 각각의 행위가 침해결과를 발생시킬 수 있는 경우이다. 가령, A와 B가 총을 발사하여 C를 명중시키거나, A 공장의 폐수와 B 공장의 폐수가 C의 양어장에 피해를 주기에 충분한 경우이다. 중첩적 경합의 경우에 문제는 어느 행위에 의하여 침해결과가 발생하였는지 알 수 없는 경우이다. 이는 이른바 가해자 불명의 불법행위의 경우에 해당한다. 민법은 가해자 불명의 경우에 행위자 모두 공동행위자로서 연대하여 불법행위책임을 지도록 하고 있다(제760조 제3항). 다만, 내부적으로는 과실의 정도와 기여에 따라 손해를 분담하게 된다. 물론 이 경우 A 또는 B는 C가 맞은 돌이 자기가 던진 돌이 아니라는 것으로 입증하면 책임을 면할 수 있다.

판례 ➡ 차량 등의 3중 충돌사고로 사망한 피해자가 그 중 어느 충돌사고로 사망하였는지 정확히 알 수 없는 경우, 피해자가 입은 손해는 민법 제760조 제2항에서 말하는 가해자 불명의 공동불법행위로 인한 손해에 해당하여 위 충돌사고 관련자들의 각각의 행위와 위 손해 발생 사이의 상당인과관계가 법률상 추정되므로, 그 중 1인이 위 법조항에 따른 공동불법행위자로서의 책임을 면하려면 자기의 행위와 위 손해발생 사이에 상당인과관계가 존재하지 아니함을 적극적으로 주장・입증하여야 한다(2007다76306 판결 등).

② 필요적 경합

인과관계의 필요적 경합은 가해행위와 제3자의 행위가 각자 결과를 야기하기에 부족하지만, 가해행위와 제3자의 행위가 합해져 결과를 야기한 경우이다. 가령, A 공장의 폐수와 B 공장의 폐수가 합쳐져서 비로소 유독성을 띠게 되어 C의 농작물을 훼손시킨 경우이다. 이 경우에는 선택적 경합의 경우와 마찬가지로 제760조 제2항을 유추적용하여 A와 B는 C에 대하여 가해자 불명의 공동불법행위책임을 진다고 할 것이다.[153] 다만, A 또는 B는 자기의 기여분을 증명하여 배상책임을 면제받거나 감경받을 수 있다.

판례 ➡ 불법행위로 인한 손해배상에 있어 가해자의 불법행위만에 의하여 손해가 발생한 것이 아니라 제3자의 행위 기타 귀책사유 등이 경합하여 손해가 발생한 경우에도 가해자의 불법행위가 손해발생의 한 원인이 되었다면 가해자는 그로 인하여 피해자가 입은 손해를 배상할 책임이 있다(97다12082 판결).

③ 과잉적 경합

과잉적 경합은, 가령 A의 가해행위는 결과를 야기하기에 충분한 반면에, B의 가해행위는 결

153) 지원림, 민법강의, Rn. 5-284.

과를 야기하기에 부족한 경우이다. 이 경우 A와 B는 연대하여 손해 전부에 대하여 배상책임을 지지만, B는 자기의 기여분을 증명하면 그에 따라 책임이 감경될 수 있다.

(4) 가해행위와 제3자 행위의 이시(異時)적 경합

가해행위와 제3자 행위의 이시적 경합으로는 조건적 경합과 가정적 내지 추월적 경합을 들 수 있다.

① 조건적 경합

가해행위와 제3자의 행위가 조건관계에 있는 경우이다. 이 경우 문제는 가해행위자가 제3자의 행위로 인하여 확대된 손해까지 배상책임을 부담하는지에 있다. 판례는 1차 사고로 상해를 입은 피해자가 2차 사고로 사망한 경우에 1차와 2차 사고간에 조건적 관계가 존재하는 때에는 후발적 사정을 참작할 것이 아니므로, 1차 사고의 가해자는 2차 사고로 인한 피해자의 사망을 고려함이 없이 피해자가 가동연한에 이를 때까지의 일실수입을 배상하여야 한다(97다47507 판결). 그런데 1, 2차 사고 간에 조건적 관계가 없는 때에는 1차 사고의 가해자는 2차 사고로 피해자가 사망할 때까지의 손해만을 배상하면 된다고 한다(79다156 판결 등).

판례 ➡ 사고로 상해를 입은 피해자가 다른 사고로 인하여 사망한 경우, 그 두 사고 사이에 1차 사고가 없었더라면 2차 사고도 발생하지 않았을 것이라고 인정되는 것과 같은 조건적 관계가 존재하지 아니하는 경우에는 1차 사고의 가해자는 2차 사고로 인하여 피해자가 사망한 때까지의 손해만을 배상하면 된다(94다51895 판결).

판례 ➡ 고속도로나 자동차전용도로에서 선행차량이 사고 등의 사유로 주행차로에 정지해 있는 사이에 뒤따라온 자동차에 의하여 추돌사고가 발생한 경우에, 선행차량 운전자가 정지 후 시간적 여유 부족이나 부상 등의 사유로 자동차를 안전한 장소로 이동시키거나 표지의 설치 등 안전조치를 취할 수 없었다고 하더라도 선행사고 등으로 주행차로에 차량이 정지되게 한 데에 그 운전자의 과실이 있다면 이는 특별한 사정이 없는 한 후행추돌사고로 인한 손해에 대해서도 인과관계가 있다고 보아야 할 것이다(2009다64925 판결, 2011다110692 판결, 2013다5435 판결, 2010다28390 판결).

[인과관계의 단절 여부]

- 감정평가업자가 담보목적물에 대하여 부당한 감정을 함으로 인하여 금융기관이 그 감정을 믿고 정당한 감정가격을 초과한 대출을 함으로써 재산상 손해를 입게 되리라는 것은 쉽사리 예견할 수 있으므로, 다른 특별한 사정이 없는 한 감정평가업자의 위법행위와 금융기관의 손해 사이에는 상당인과관계가 있다 할 것이고, 그 손해의 발생에 금융기관의 과실이 있다면 과실상계의 법리에 따라 그 과실의 정도를 비교교량하여 감정평가업자의 책임을 면하게 하거나 감경하는 것은 별론으로 하고 그로 인하여 감정평가업자의 부당감정과 손해 사이에 존재하는 인과관계가 단절된다고는 할 수 없다(2006다64627 판결).
- 운송물의 수령 · 선적없이 발행되어 담보로서 가치가 없는 무효인 선하증권을 담보로서 가치가 있는 유효한 것으로 기망을 당한 나머지 그 소지인으로부터 수출환어음과 함께 매입한 은행으로서는, 운송물을 수령하지 않고 선하증권을 발행함으로써 위와 같은 기망행위에 가담한 운송인에

대하여 달리 특별한 사정이 없는 한 수출환어음의 매입대금액 상당의 손해배상을 청구할 수 있다. 설사 함께 매입한 수출환어음의 지급인이 사후에 이를 인수하였다 하더라도 위 불법행위와 그로 인한 손해의 발생 사이의 인과관계가 단절된다고 할 수는 없고, 또한 현실적으로 위 수출환어음의 지급이 이루어지지 아니하는 한 위 불법행위로 인한 은행의 손해가 전보되어 손해배상채권이 소멸하게 되는 것도 아니다(2006다47585 판결).

• 운송인이 운송계약에 따라 화물을 운송하던 도중에 화물이 멸실되었다면 특단의 사정이 없는 한 수하인에게는 당연히 그에 따른 손해가 발생하였다고 할 것이어서 화물의 멸실과 손해의 발생 사이에는 상당인과관계가 있다고 할 것이고, 화물의 멸실이 제3자의 강도 등 행위에 의하여 야기되었다고 하더라도 그로써 운송행위와 손해발생 사이의 인과관계가 단절된다고 볼 수는 없다(98다9038 판결).

② 가정적 내지 추월적 경합

가정적 경합은 가해자의 행위가 없었다고 하더라도 이미 존재했던 사정 또는 사후에 발생한 사정에 의하여 동일한 손해가 발생하였을 경우이다. 가령, A가 차고 안에 있는 자동차를 파손한 후에 B가 그 차고를 방화하여 자동차가 전소된 경우를 들 수 있다. 가정적 경합이 그 밖의 경합과 다른 점은 복수의 원인 중에서 하나의 원인이 현실의 결과를 발생시킨 원인인 반면에 다른 원인은 당해 결과를 현실로 발생시키지 않는 것으로, 즉 가정적으로 존재하는 원인이라는 데에 있다.

이 경우 문제는 A는 자신의 행위가 없었더라도 손해가 발생하였을 것이라는 이유로 손해배상책임을 면할 수 있는지에 있다. 즉, 가해자는 가정적 인과관계를 이유로 배상책임을 면할 수 있느냐이다. 가해행위와 제3자의 행위가 동시에 행하여진 중첩적 경합의 경우와의 균형상, 가해행위자는 발생한 손해에 대하여 배상책임을 진다고 할 것이다. 가령, 임차인의 과실로 임차주택이 멸실되었는 데, 그 다음 날 옆집의 화재로 연소될 수 있는 경우에, 만약 가정적 인과관계를 고려하여 임차인의 책임을 면하게 하면, 피해자는 그 손해를 감수하여야 하는 결과가 된다. 그 옆집의 소유자는 화재 당시에 손해발생의 대상이 이미 존재하지 않아 손해배상책임이 인정될 수 없기 때문이다. 물론 손해발생의 사정이 이미 존재하는 경우에는 그 당시의 물건의 가치에 대한 손해만을 배상하거나 배상책임을 감경할 수 있다고 할 것이다.

한편 민법은 이행지체가 성립하는 경우에 채무자는 자기에게 과실이 없는 경우에도 그 이행지체 중에 생긴 손해를 배상하여야 한다(제392조 본문). 그러나 가정적 인과관계를 고려하여 채무자가 이행기에 이행하여도 손해를 면할 수 없는 경우에는 무과실책임을 지지 않는 것으로 규정하고 있다(제392조 단서).

판례 ➡ 고칼륨혈증 및 폐부종은 위에서 보았듯이 그 자체로 사망을 일으킬 수 있는 중대한 응급질환으로서 즉시 치료되어야 하는 점, 망인은 사망 당시 중증 패혈증 상태가 아니었다는 점을 고려하면, 위와 같은 피고병원 의료진의 과실이 망인의 사망원인이 되었다고 볼 수 있으므로, 위 과실과 망인의 사망 사이에 상당인과관계가 인정된다고 할 것이고, 다만 피고병원 의료진의 과실이 없었더라도 망인의 상태가 중증 패혈증 등으로 악화되어 사망할 가능성이 높다고 한다면 이러한 사정을 책임제한사유로 삼을 수는 있을 것이다(2009다45146 판결).

판례 ➡ 피해건물이 이미 타인 소유의 다른 기존 건물에 의하여 일조방해를 받고 있는 상황에서 가해건물이 신축됨으로써 일조방해의 정도가 심화되어 피해건물에 수인한도를 넘는 일조방해의 피해가 발생하고 그로 인하여 피해건물의 재산적 가치가 하락된 경우 신축건물 소유자는 피해건물 소유자에 대하여 불법행위로 인한 재산상 손해배상책임을 부담한다. 그런데 이때 다른 기존 건물의 일조방해가 위와 같이 수인한도를 넘는 데 기여한 부분에 대한 책임을 신축건물의 소유자에게 전부 부담시킨다면 신축건물의 소유자는 이미 건립되어 있던 기존건물로 인한 일조방해를 자신의 전적인 책임으로 인수하는 것이 되어 불합리하고, 반대로 기존건물의 일조방해가 수인한도를 넘는 데 기여한 부분에 대한 책임을 피해건물의 소유자에게 전부 부담시킨다면, 실제로 기존건물과 신축건물에 의하여 생긴 일영이 결합하여 피해건물에 수인한도를 넘는 일조방해의 피해가 발생하였는 데도 피해자가 아무런 구제를 받을 수 없게 될 수 있으므로 이 역시 불합리하다. 따라서 이러한 경우에는 상린관계에 있는 이웃 간의 토지이용의 합리적인 조정이라는 요청과 손해부담의 공평이라는 손해배상제도의 이념에 비추어, 특별한 사정이 없는 한 기존건물의 일조방해가 수인한도를 넘는 데 기여함으로써 피해건물의 소유자가 입게 된 재산적 손해가 신축건물의 소유자와 피해건물의 소유자 사이에서 합리적이고 공평하게 분담될 수 있도록 정하여야 하고, 이를 위해서는 특히 가해건물이 신축되기 전부터 있었던 기존건물로 인한 일조방해의 정도, 신축건물에 의하여 발생하는 일조방해의 정도, 가해건물 신축 후 위 두 개의 원인이 결합하여 피해건물에 끼치는 전체 일조방해의 정도, 기존 건물로 인한 일조방해와 신축건물에 의한 일조방해가 겹치는 정도, 신축건물에 의하여 발생하는 일조방해시간이 전체 일조방해시간 중 차지하는 비율 등을 고려하여야 한다(2008다23729 판결).

4. 인과관계의 증명

인과관계에 대한 증명책임은 손해의 배상을 청구하는 피해자에게 있다. 다만, 피해자를 구제하기 위하여 일정한 경우에 법이 그 증명책임을 전환하거나 완화하기도 한다(제760조 제2항 참조). 나아가 학설·판례는 환경오염피해나 의료과오 및 제조물책임 소송 등 인과관계의 증명상 고도의 전문적인 지식을 요하는 불법행위 유형에서 피해자의 증명책임을 경감하고 있다. 개연성이론이나 사실상의 추정 내지 간접반증이론을 그 근거로 들고 있다. 대체로 환경오염피해의 경우에는 개연성이론 또는 간접반증이론에 의하여, 의료과오 및 제조물책임의 경우에는 간접반증이론에 의하여 인과관계의 입증을 완화하고 있다.

가령, 대기오염이나 수질오염으로 인한 피해의 경우에, 판례는 처음에는 개연성이론에 따라 원인물질이 대기나 물을 매체로 하여 간접적으로 손해를 끼치는 수가 많아 가해행위와 손해의 발생 사이의 인과관계를 구성하는 하나하나의 고리를 자연과학적으로 증명한다는 것은 매우 곤란하거나 불가능한 경우가 많으므로, 이 경우 인과관계의 입증은 당해 행위가 없었더라면 결과가 발생하지 않았으리라는 상당한 정도의 개연성(확실성 내지 고도의 개연성이 아닌)이 있으면 그것으로 족하다고 보았다(72다1774 판결 등). 그러다가 간접반증이론에 따라 가해자가 어떠한 유해한 원인물질을 배출하고 그것이 피해물건에 도달하여 손해가 발생하였다면 가해자 측에서 그것이 무해하다는 것을 증명하도록 하고 있다(2013다10383 판결). 이 경우 피해자는 가해자가 어떠한 유해한 원인물질을 배출한 사실, 그 유해의 정도가 통상의 수인한도를 넘는다는 사실, 그것이 피해물건에 도달한 사실, 그 후 피해자에게 손해가 발생한 사실에 관한 증명책임을 부담한다는 것이다.

[환경소송과 인과관계의 입증완화]

환경오염피해소송의 경우에 인과관계의 입증과 관련하여, 판례는 처음에는 입증책임의 경감을 부정하다가(73다919 판결), 그 후 개연성설을 수용하는 태도를 보인 다음(72다1774 판결), "가해기업이 배출한 어떤 유해한 원인물질이 피해물건에 도달하여 손해가 발생하였다면 가해자 측에서 그 무해함을 입증하지 못하는 한 책임을 면할 수 없다고 봄이 사회형평의 관념에 적합하다"(81다558 판결)고 판시한 이래, 대기오염이나 수질오염에 의한 손해배상소송에서 인과관계의 존재에 대한 간접반증이론에 의하여 입증책임을 완화하고 있다(89다카1275 판결, 95다2692 판결, 2000다65666, 65673 판결, 2003다2123 판결, 2009다42666 판결, 2009다84608, 84615, 84622, 84639 판결, 2013다10383 판결 등). 가령, 수질오탁으로 인한 공해소송 사건에서 i) 피고공장에서 김의 생육에 악영향을 줄 수 있는 폐수가 배출되고 ii) 그 폐수 중 일부가 유류를 통하여 이 사건 김양식장에 도달하였으며 iii) 그 후 김에 피해가 있었다는 사실이 각 모순없이 증명된 이상 피고공장의 폐수배출과 양식 김에 병해가 발생함으로 말미암은 손해 간의 인과관계가 일응 증명되었다고 할 것이므로, 피고가 i) 피고공장 폐수 중에는 김의 생육에 악영향을 끼칠 수 있는 원인물질이 들어 있지 않으며 ii) 원인물질이 들어 있다 하더라도 그 해수혼합률이 안전농도 범위내에 속한다는 사실을 반증(간접반증)을 들어 인과관계를 부정하지 못하는 한 그 불이익은 피고에게 돌려야 한다는 것이다(81다558 판결 참조).

그리고 의료행위상의 주의의무위반으로 인한 손해배상청구에서는, 간접반증이론에 따라 피해자측에서 일련의 의료행위과정에 있어서 저질러진 일반인의 상식에 바탕을 둔 의료상의 과실있는 행위를 입증하고 그 결과와 사이에 일련의 의료행위 외에 다른 원인이 개재될 수 없다는 점을 증명한 경우에는 의료상 과실과 결과 사이의 인과관계를 추정하여 손해배상책임을 지울 수 있도록 증명책임을 완화하고 있다(2009다82275, 82282 판결, 2005다41863 판결, 2010다57787 판결 등). 마찬가지로 제조물의 결함으로 인한 손해배상청구에서도, 소비자측에서 사고가 제조업자의 배타적 지배하에 있는 영역에서 발생한 것이고, 그러한 사고가 어떤 자의 과실없이는 통상 발생하지 않는다고 하는 사정을 입증하면, 제조업자측에서 그 사고가 제품의 결함이 아닌 다른 원인으로 말미암아 발생한 것임을 입증하지 못하는 이상 그 결함과 인과관계를 추정한다(98다15934 판결, 2003다16771 판결 등).

한편 제조물이나 대기오염으로 인한 피해소송에서, 판례는 특이성 질환의 경우에는 역학적 인과관계가 증명되면 법적 인과관계도 있는 것으로 판단하고 있다. 그러나 비특이성 질환의 경우에는 역학적 인과관계의 증명만으로는 개별적 법적 인과관계를 인정할 수 없다고 한다(2011다22092 판결(담배소송 사건), 2006다17539 판결(고엽제피해 소송사건), 2011다7437 판결(자동차배출가스로 인한 대기오염사건)).

판례 ➡ **〈간접사실에 의한 인과관계의 추정〉** 의사의 의료행위가 그 과정에 주의의무위반이 있어서 불법행위가 된다고 하여 손해배상을 청구하는 경우에도 일반불법행위와 마찬가지로 의료행위상 과실과 손해발생 사이에 인과관계가 있어야 하고, 이에 대한 증명책임은 환자측에서 부담하지만, 의료행위는 고도의 전문적 지식을 필요로 하는 분야로서 전문가가 아닌 일반인으로서는 의사의 의료행위 과정에 주의의무위반이 있었는지, 주의의무위반과 손해발생 사이에 인과관계가 있는지를 밝혀내기가 극히 어려운 특수성이 있으므로, 수술 도중이나 수술 후 환자에게 중한 결과의 원인이 된 증상이 발생한 경우 증상 발생에 관하여 의료상 과실 이외의 다른 원인이 있다고 보기 어려운 간접사실들이 증명되면 그와 같은 증상이 의료상 과실에 기한 것으로 추정할 수 있다(2010다57787 판결). 즉, 피해자측에서 일련의 의료행위 과정에 있어서 저질러진 일반인의 상식에 바탕을 둔 의료상의 과실있는 행위를 입증하고 그 결과와 사이에 일련의 의료행위 외에 다른 원인이 개재될 수 없다는 점, 이를테면 환자에게 의료행위 이전에 그러한 결과의 원인이 될 만한 건강상의 결함이 없었다는 사정을 증명한 경우에 있어서는 의료행위를 한 측이 그 결과가 의료상의 과실로 말미암은 것이 아니라 전혀 다른 원인으로 말미암은 것이라는 입증을 하지 아니하는 이상 의료상 과실과 결과 사이의 인과관계를 추정하여 손해배상책임을 지울 수 있도록 입증책임을 완화하는 것이 손해의 공평·타당한 부담을 그 지도원리로 하는 손해배상제도의 이상에 맞는다고 하지 않을 수 없다(93다52402 판결, 99다48245 판결, 98다9915 판결, 2003다50610 판결, 2007다62505 판결, 2009다82275, 82282 판결 등).

판례 ➡ **〈법률상 인과관계의 추정과 번복〉** 민법 제760조 제2항은 여러 사람의 행위가 경합하여 손해가 생긴 경우 중 같은 조 제1항에서 말하는 공동의 불법행위로 보기에 부족할 때, 입증책임을 덜어줌으로써 피해자를 보호하려는 입법정책상의 고려에 따라 각각의 행위와 손해발생 사이의 인과관계를 법률상 추정한 것이므로, 이러한 경우 개별행위자가 자기의 행위와 손해발생 사이에 인과관계가 존재하지 아니함을 증명하면 면책되고, 손해의 일부가 자신의 행위에서 비롯된 것이 아님을 증명하면 배상책임이 그 범위로 감축된다. 차량 등의 3중 충돌사고로 사망한 피해자가 그 중 어느 충돌사고로 사망하였는지 정확히 알 수 없는 경우, 피해자가 입은 손해는 민법 제760조 제2항에서 말하는 가해자 불명의 공동불법행위로 인한 손해에 해당하여 위 충돌사고 관련자들의 각각의 행위와 위 손해발생 사이의 상당인과관계가 법률상 추정되므로, 그 중 1인이 위 법조항에 따른 공동불법행위자로서의 책임을 면하려면 자기의 행위와 위 손해발생 사이에 상당인과관계가 존재하지 아니함을 적극적으로 주장·입증하여야 한다(2007다76306 판결).

[인과관계의 증명 번복]

i) **문서의 진정성립이 인정되는 경우의 번복**: 사문서는 본인 또는 대리인의 서명이나 날인 또는 무인이 있는 때에는 진정한 것으로 추정되므로, 사문서의 작성명의인이 스스로 당해 사문서에 서명·날인·무인하였음을 인정하는 경우, 즉 인영 부분 등의 성립을 인정하는 경우에는 다른 특별한 사정이 없는 한 그 문서 전체에 관한 진정성립이 추정되고, 인영 부분 등의 진정성립이 인정된다면 다른 특별한 사정이 없는 한 당해 문서는 그 전체가 완성되어 있는 상태에서 작성명의인이 그러한 서명·날인·무인을 하였다고 추정되며, 그 문서의 전부 또는 일부가 미완성된 상태에서 서명날인만 먼저 하였다는 등의 사정은 이례에 속하므로 완성문서로서의 진정성립의 추정력을 뒤집으려면 그럴 만한

합리적인 이유와 이를 뒷받침할 간접반증 등의 증거가 필요하다(94다11590 판결). 만일 그러한 완성문서로서의 진정성립의 추정이 번복되어 백지문서 또는 미완성 부분을 작성명의자 아닌 자가 보충하였다는 등의 사정이 밝혀진 경우라면, 그 백지문서 또는 미완성 부분이 정당한 권한에 기하여 보충되었다는 점에 관하여는 그 문서의 진정성립을 주장하는 자 또는 문서제출자에게 그 입증책임이 있다(2001다11406 판결, 2011두21218 판결).

ii) **개연성에 의하여 인과관계가 인정되는 경우의 번복**: 김포시 및 강화군 부근 해역에서 조업하던 어민 갑 등이 수도권매립지관리공사를 상대로 수질오염으로 인한 손해배상을 구한 사안에서, 감정인의 감정결과 등에 의하면 공사가 운영하는 수도권매립지로부터 해양생물에 악영향을 미칠 수 있는 유해한 오염물질이 포함된 침출처리수가 배출되었고, 오염물질 중 일정 비율이 갑 등이 조업하는 어장 중 일부 해역에 도달하였으며, 그 후 어장 수질이 악화되고 해양생태계가 파괴되어 어획량이 감소하는 등의 피해가 발생한 사실이 증명되었다고 보이므로, 갑 등이 조업하는 어장에 발생한 피해는 공사가 배출한 침출처리수에 포함된 오염물질이 해양생물에 작용함으로써 발생하였다는 상당한 개연성이 있다고 할 것이어서 공사의 오염물질 배출과 어장에 발생한 해양생태계 악화 및 어획량 감소의 피해 사이에 인과관계가 일응 증명되었고, 공사가 인과관계를 부정하기 위해서는 **반증**으로 공사가 배출한 침출처리수에 어장 피해를 발생시킨 원인물질이 들어있지 않거나 원인물질이 들어있더라도 안전농도 범위 내에 속한다는 사실을 증명하거나 **간접반증**으로 어장에 발생한 피해는 공사가 배출한 침출처리수가 아닌 다른 원인이 전적으로 작용하여 발생한 것을 증명하여야 할 것인데 원심이 인정한 사정만으로는 인과관계를 부정할 수 없고, 나아가 공사가 배출한 오염물질로 인하여 갑 등이 입은 손해는 수인한도를 넘는 것이어서 위법성이 인정된다(2009다84608, 84615, 84622, 84639 판결). 역시 공해로 인한 손해배상청구소송에 있어서는 가해행위와 손해발생 사이의 인과관계의 고리를 모두 자연과학적으로 증명하는 것은 곤란 내지 불가능한 경우가 대부분이고, 가해기업은 기술적·경제적으로 피해자보다 원인조사가 용이할 뿐 아니라 자신이 배출하는 물질이 유해하지 않다는 것을 입증할 사회적 의무를 부담한다고 할 것이므로, 가해기업이 배출한 어떤 물질이 피해물건에 도달하여 손해가 발생하였다면 가해자측에서 그 무해함을 입증하지 못하는 한 책임을 면할 수 없다고 봄이 사회형평의 관념에 적합하다. 따라서 수질오염으로 인한 공해소송인 이 사건에서 (1) 피고들 공장이 위치한 여천공단에서 재첩양식에 악영향을 줄 수 있는 폐수가 배출되고, (2) 그 폐수 중 일부가 물의 흐름에 따라 이 사건 재첩양식장에 도달하였으며, (3) 그 후 재첩에 피해가 있었다는 사실이 각 모순없이 증명되면 여천공단 공장들의 폐수배출과 재첩양식이 폐사하므로 발생한 손해 사이의 인과관계가 일응 증명되었다고 할 것이므로, 피고들이 **반증으로** (1) 피고들이 배출하는 폐수 중에는 재첩의 생육에 악영향을 끼칠 수 있는 원인물질이 들어 있지 않으며, (2) 원인물질이 들어 있다 하더라도 안전농도 범위 내에 속한다는 사실을 입증하거나, **간접반증으로** 원고(선정당사자) 주정웅과 원고 주식회사 강양통상 및 나머지 선정자들의 재첩양식장의 피해는 피고 공장들이 배출한 폐수가 아닌 다른 원인이 전적으로 작용하여 발생한 것임을 입증하지 못하는 이상 피고들은 그 책임을 면할 수 없다고 할 것이다(2003다2123 판결).

제 3 관 불법행위의 효과

Ⅰ. 개 관

1. 손해배상청구권의 발생

고의 또는 과실로 인한 위법행위로 피해자에게 손해가 발생하여 불법행위가 성립하면, 피해자는 가해자에 대하여 손해의 배상을 청구할 수 있다. 즉, 불법행위의 효과로서 피해자는 가해자에 대하여 손해배상청구권을 취득하고, 이를 행사하여 사후적으로 피해를 구제받을 수 있다.

판례➡ 부당이득반환청구권과 불법행위로 인한 손해배상청구권은 서로 실체법상 별개의 청구권으로 존재하고 그 각 청구권에 기초하여 이행을 구하는 소는 소송법적으로도 소송물을 달리하므로, 채권자로서는 어느 하나의 청구권에 관한 소를 제기하여 승소 확정판결을 받았다고 하더라도 아직 채권의 만족을 얻지 못한 경우에는 다른 나머지 청구권에 관한 이행판결을 얻기 위하여 그에 관한 이행의 소를 제기할 수 있다. 그리고 채권자가 먼저 부당이득반환청구의 소를 제기하였을 경우 특별한 사정이 없는 한 손해 전부에 대하여 승소판결을 얻을 수 있었을 것임에도 우연히 손해배상청구의 소를 먼저 제기하는 바람에 과실상계 또는 공평의 원칙에 기한 책임제한 등의 법리에 따라 그 승소액이 제한되었다고 하여 그로써 제한된 금액에 대한 부당이득반환청구권의 행사가 허용되지 않는 것도 아니다(2013다45457 판결).

판례➡ **〈계약상의 채무불이행책임과 불법행위로 인한 손해배상책임의 경합〉** 운송계약상의 채무불이행책임과 불법행위로 인한 손해배상책임은 병존하고, 운송계약상의 면책특약은 일반적으로 이를 불법행위책임에도 적용하기로 하는 명시적 또는 묵시적 합의가 없는 한 당연히 불법행위책임에 적용되지 않는다(99다8711 판결, 2001다58269 판결).

판례➡ **〈불법원인급여와 불법행위로 인한 손해배상청구권〉** 불법의 원인으로 재산을 급여한 사람은 상대방 수령자가 그 '불법의 원인'에 가공하였다고 하더라도 상대방에게만 불법의 원인이 있거나 그의 불법성이 급여자의 불법성보다 현저히 크다고 평가되는 등으로 제반 사정에 비추어 급여자의 손해배상청구를 인정하지 아니하는 것이 오히려 사회상규에 명백히 반한다고 평가될 수 있는 특별한 사정이 없는 한 상대방의 불법행위를 이유로 그 재산의 급여로 말미암아 발생한 자신의 손해를 배상할 것을 주장할 수 없다고 할 것이다. 그와 같은 경우에 급여자의 위와 같은 손해배상청구를 인용한다면, 이는 급여자는 결국 자신이 행한 급부 자체 또는 그 경제적 동일물을 환수하는 것과 다름없는 결과가 되어, 민법 제746조에서 실정법적으로 구체화된 법이념에 반하게 되는 것이다(2013다35412 판결).

판례➡ **〈이행보조자의 행위가 채권자에 대한 불법행위가 되는 경우, 채무자의 면책 여부〉** 이행보조자의 행위가 채무자에 의하여 그에게 맡겨진 이행업무와 객관적·외형적으로 관련을 가지는 경우에는 채무자는 그 행위에 대하여 책임을 져야 하고, 채무의 이행에 관련된 행위이면 가사 이행보조자의 행위가 채권자에 대한 불법행위가 된다고 하더라도 채무자가 면책될 수는 없다(90다카10343 판결, 2005다69458 판결).

판례 ➡ 불법행위로 인한 손해배상에 관하여 가해자와 피해자 사이에 피해자가 일정한 금액을 지급받고 그 나머지 청구를 포기하기로 합의가 이루어진 때에는 그 후 그 이상의 손해가 발생하였다 하여 다시 그 배상을 청구할 수 없는 것이지만, 그 합의가 손해발생의 원인인 사고 후 얼마 지나지 아니하여 손해의 범위를 정확히 확인하기 어려운 상황에서 이루어진 것이고 후발손해가 합의 당시의 사정으로 보아 예상이 불가능한 것으로서 당사자가 후발손해를 예상하였더라면 사회통념상 그 합의금액으로는 화해하지 않았을 것이라고 보는 것이 상당할 만큼 그 손해가 중대한 것일 때에는 당사자의 의사가 이러한 손해에 대해서까지 그 배상청구권을 포기한 것이라고 볼 수 없으므로 다시 그 배상을 청구할 수 있다고 보아야 할 것이다(99다39418 판결).

물론 불법행위로 인한 피해에 대하여 손해배상을 통한 사후구제도 중요하지만, 피해를 사전에 예방 내지 방지하는 것도 또한 중요하다. 가령, 금전배상을 명하는 것만으로는 피해자구제의 실효성을 기대하기 어렵고 무단이용의 금지로 인하여 보호되는 피해자의 이익과 그로 인한 가해자의 불이익을 비교·교량할 때 피해자의 이익이 더 큰 경우에는 그 행위의 금지 또는 예방을 청구할 수 있어야 한다(2008마1541 결정). 하지만, 민법은 불법행위에 대하여 사전에 그 예방을 청구할 수 있는 명문의 규정을 두고 있지 않다.

판례 ➡ 명예는 생명, 신체와 함께 매우 중대한 보호법익이고 인격권으로서의 명예권은 물권의 경우와 마찬가지로 배타성을 가지는 권리라고 할 것이므로 사람의 품성, 덕행, 명성, 신용 등의 인격적 가치에 관하여 사회로부터 받는 객관적인 평가인 명예를 위법하게 침해당한 자는 손해배상 또는 명예회복을 위한 처분을 구할 수 있는 이외에 인격권으로서 명예권에 기초하여 가해자에 대하여 현재 이루어지고 있는 침해행위를 배제하거나 장래에 생길 침해를 예방하기 위하여 침해행위의 금지를 구할 수도 있다(2003마1477 결정 등).

판례 ➡ **〈환경침해를 이유로 한 유지청구의 이론적 근거〉** 환경침해를 이유로 유지청구를 구하는 이론적 근거 내지 피보전권리로는 물권적 청구권설(환경침해를 피해자가 지배하는 토지·건물의 소유권, 점유권과 같은 물권 또는 물권화한 권리에 대한 침해로 보는 견해), 인격권설(명예, 자유, 성명권, 초상권, 프라이버시 등 개별적 인격권을 아우른 일반적 인격권의 개념을 전제로 하여 환경침해는 곧 인격권의 침해라고 보는 견해), 환경권설(환경권을 추상적인 권리가 아니라 직접 침해행위의 배제를 구할 수 있는 구체적이고 배타적인 지배권으로 보아야 한다는 견해), 불법행위설(불법행위의 효과로서 손해배상뿐만 아니라 원상회복까지도 인정해야 한다고 하면서 원상회복으로서의 방해배제청구도 가능하다는 견해) 등이 주장되고 있으나, 현행법의 해석상 물권적 청구권을 바탕으로 하여 수인한도론에 입각한 이익형량을 통하여 피보전권리의 유무를 판단함이 상당하므로, 결국 이와 같은 물권적 권리는 피보전권리 인정의 전제가 되며, 이러한 전제하에 그 수인한도를 초과하여야 유지청구를 구할 피보전권리가 인정된다 할 것이다(2004라41, 2004라42(병합) 결정).

2. 민법의 규정

민법은 채무불이행으로 인한 손해배상에 관한 일부 규정을 불법행위에 준용하도록 하고 있다(제763조). 채무불이행으로 인한 손해배상의 범위(제393조)와 손해배상의 방법(제394조)과 과실상계(제396조), 손해배상자대위(제399조)에 관한 규정을 불법행위의 경우에 준용한다. 그리하여 불법행위로 인한 손해배상의 법리는 채무불이행으로 인한 법리와 상당부분 유사하다.

그렇지만 민법은 그 특수성을 고려하여 불법행위로 인한 손해배상에 관하여 별도의 규정을 두고 있다. 즉, 불법행위의 경우에는 재산상의 손해 이외의 정신상의 손해에 대한 배상을 인정하는 규정을 두고 있으며(제751조, 제752조), 명예훼손의 경우에는 금전배상의 원칙에 대한 예외로서 명예회복에 적당한 처분이라는 구제방법을 인정하고 있다(제764조). 또한 불법행위로 인한 손해에 대하여는 손해경감제도를 두고 있으며(제765조), 손해배상청구권의 소멸시효에 관하여는 특칙을 두고 있다(제766조).

Ⅱ. 손해배상청구권의 행사

1. 손해배상의 청구권자

(1) 피해자

① 자연인 및 법인

불법행위가 성립하면 피해자는 가해자에 대해 손해배상청구권을 행사할 수 있다. 즉, 손해배상청구권을 행사할 수 있는 자는 원칙적으로 피해자이다. 피해자에는 자연인 만이 아니고 법인도 포함된다. 가령, 법인의 목적사업 수행에 영향을 미칠 정도로 법인의 사회적 명성, 신용을 훼손하여 법인의 사회적 평가가 침해된 경우에는 그 법인에 대하여 불법행위를 구성한다(96다12696 판결). 종중과 같이 소송상 당사자능력이 있는 비법인사단이나 재단 역시 마찬가지이다(96다17851 판결).

판례 ➡ 명예훼손에 의한 불법행위가 성립하려면 피해자가 특정되어 있어야 하지만, 그 특정을 할 때 반드시 사람의 성명이나 단체의 명칭을 명시해야만 하는 것은 아니고, 사람의 성명을 명시하지 않거나 두문자나 이니셜만 사용한 경우라도 그 표현의 내용을 주위 사정과 종합하여 볼 때 그 표시가 피해자를 지목하는 것을 알아차릴 수 있을 정도이면 피해자가 특정되었다고 할 것이다(2008다27769 판결).

② 태아

태아는 손해배상의 청구권에 관하여는 이미 출생한 것으로 본다. 다만, 태아가 취득한 손해배상청구권을 행사할 수 있는 시기에 관해서는, 태아의 법률상의 지위와 관련하여 법정해제조건설에 따르는가 아니면 법정정지조건설에 따르는가에 따라 달라지게 된다. 판례는 법정정지조건설에 따라 태아는 살아서 태어난 후에 비로소 손해배상청구권을 행사할 수 있는 것으로 새긴다

(76다1365 판결, 2004헌바81 전원재판부 결정). 태아자신의 생명침해를 이유로 하는 손해배상청구권은 사고로 인하여 조산되었으나 정상적으로 성장하지 못하고 사망한 경우 등과 같이 일단 출생하여 상당한 정도 생존한 사실이 인정되어야 한다(67다2869 판결).

판례 ➡ 태아는 형성 중의 인간으로서 생명을 보유하고 있으므로 국가는 태아를 위하여 각종 보호조치들을 마련해야 할 의무가 있다. 하지만 그와 같은 국가의 기본권 보호의무로부터 태아의 출생 전에, 또한 태아가 살아서 출생할 것인가와는 무관하게, 태아를 위하여 민법상 일반적 권리능력까지도 인정하여야 한다는 헌법적 요청이 도출되지는 않는다. 법치국가원리로부터 나오는 법적 안정성의 요청은 인간의 권리능력이 언제부터 시작되는가에 관하여 가능한 한 명확하게 그 시점을 확정할 것을 요구한다. 따라서 인간이라는 생명체의 형성이 출생 이전의 그 어느 시점에서 시작됨을 인정하더라도, 법적으로 사람의 시기를 출생의 시점에서 시작되는 것으로 보는 것이 헌법적으로 금지된다고 할 수 없다(2004헌바81 전원재판부 결정).

③ 배아

의학기술의 발달로 인하여 권리의 주체와 객체의 준별에 혼란이 초래되고 있다. 가령, 태아의 전 단계로서 체외수정란(배아)이 사람인지 물건인지 아니면 사람도 물건도 아닌 제3의 것인지 논란되고 있다. 헌법재판소는 배아의 청구인 적격을 인정하지 않고 있다(2005헌마346 결정). 즉, 판례에 따르면 배아는 손해배상청구의 주체가 될 수 없다.

판례 ➡ 출생 전 형성 중의 생명에 대해서 헌법적 보호의 필요성이 크고 일정한 경우 그 기본권 주체성이 긍정된다고 하더라도, 어느 시점부터 기본권 주체성이 인정되는지, 또 어떤 기본권에 대해 기본권 주체성이 인정되는지는 생명의 근원에 대한 생물학적 인식을 비롯한 자연과학·기술발전의 성과와 그에 터잡은 헌법의 해석으로부터 도출되는 규범적 요청을 고려하여 판단하여야 할 것이다. 초기배아는 수정이 된 배아라는 점에서 형성 중인 생명의 첫걸음을 떼었다고 볼 여지가 있기는 하나 아직 모체에 착상되거나 원시선이 나타나지 않은 이상 현재의 자연과학적 인식 수준에서 독립된 인간과 배아 간의 개체적 연속성을 확정하기 어렵다고 봄이 일반적이라는 점, 배아의 경우 현재의 과학기술 수준에서 모태 속에서 수용될 때 비로소 독립적인 인간으로의 성장가능성을 기대할 수 있다는 점, 수정 후 착상 전의 배아가 인간으로 인식된다거나 그와 같이 취급하여야 할 필요성이 있다는 사회적 승인이 존재한다고 보기 어려운 점 등을 종합적으로 고려할 때, 기본권 주체성을 인정하기 어렵다(2005헌마346 전원재판부 결정).

④ 사자(死者)

사망한 자에 대하여 사후에 불법행위가 행해진 경우에 사자가 손해배상청구권을 취득하는지 문제될 수 있다. 가령, 죽은 사람도 명예훼손으로 인한 위자료청구권의 주체가 될 수 있는가? 서울고등법원은 작업 중 사고로 사망한 병사를 군이 월북한 것으로 처리한 것은 사자의 명예훼손에 해당되지만, 죽은 사람은 위자료 청구 주체가 될 수 없으므로 유족은 병사 본인의 위자료를 청구할 수 없다고 판시하였다(2013나2004096, 2004102 판결). 즉, "위자료 청구권은 피해자의 정신적 고통에 대해 금전적 배상으로 회복을 꾀하는 것으로 정신적 고통을 전제로 한다"며 사자에 대한 명예훼손의 경우 이미 사망한 본인의 정신적 고통을 관념하기 어려워 사자 본인의 위자료 청구권을 인정할 수 없다고 한다. 또한 사람은 사망한 후에도 생존 당시의 명예나 인격이 유지되기를 희망한다는 이유만으로 이에 대한 법적 보호를 부여해 사망 후 명예훼손에 대해 살아있을 당시에 정신적 고통을 가한 것으로 의제할 수는 없다는 것이다.

판례 ➡ 형법 제308조의 사자명예훼손죄는 사자에 대한 사회적·역사적 평가를 보호법익으로 하는 것이므로 그 구성요건으로서의 사실의 적시는 허위의 사실일 것을 요하는 바 피고인이 사망자의 사망사실을 알면서 위 망인은 사망한 것이 아니고 빚 때문에 도망다니며 죽은 척 하는 나쁜 놈이라고 함은 공연히 허위의 사실을 적시한 행위로서 사자의 명예를 훼손하였다고 볼 것이다(83도1520 판결).

⑤ 동물

동물이 피해를 입은 경우에, 동물도 손해배상청구의 주체가 될 수 있는지가 문제될 수 있다. 판례는 이를 부정한다. 즉, 동물의 생명보호, 안전보장 및 복지증진을 꾀하고 동물의 생명존중 등 국민의 정서를 함양하는 데에 이바지함을 목적으로 한 동물보호법의 입법취지나 그 규정 내용 등을 고려하더라도, 민법이나 그 밖의 법률에 동물에 대하여 권리능력을 인정하는 규정이 없고 이를 인정하는 관습법도 존재하지 아니하므로, 동물 자체가 위자료청구권의 귀속주체가 된다고 할 수 없다. 그리고 이는 그 동물이 애완견 등 이른바 반려동물이라고 하더라도 달리 볼 수 없다는 것이다(2012다118594 판결).

(2) 직접피해자 이외의 청구권자

민법은 생명침해로 인한 불법행위의 경우에는, 피해자가 아닌 경우에도 손해배상청구권을 인정한다(제752조). 즉, 타인의 생명을 해한 자는 피해자의 직계존속과 직계비속 및 배우자에 대하여는, 재산상의 손해가 없는 경우에도 정신적 손해에 대해서 배상의 책임이 있다고 규정한다.

문제는 정신적 손해의 배상을 청구할 수 있는 자가 위와 같은 자에 한정되는가에 있다. 통설·판례는 제752조는 열거된 가족이나 친족에 대해서 정신적 손해의 입증을 면제하는 취지를 가지고 있는 것으로서, 그 규정에서 열거된 가족이나 친족은 손해의 발생을 입증할 필요없이 위자료를 청구할 수 있음을 인정하고 있는 것이라고 해석한다(72다331 판결 등). 그리고 제752조가 위자료의 청구권자를 한정하기 위하여 규정된 것은 아니므로, 피해자의 형제자매나 사실상의 배우자 등 일정한 관계에 있는 자도 정신적 손해를 입증하면, 이들에게도 손해배상청구권이 인정된다고 새긴다.

판례 ➡ 생명침해의 불법행위로 인한 피해자 본인의 위자료청구권과 민법 제752조에 의한 배우자 등 유족의 정신적 피해로 인한 그 고유의 위자료청구권은 별개이므로 소멸시효 완성 여부도 각각 그 권리를 행사한 때를 기준으로 판단하여야 한다(2013다200568 판결, 2008다1576 판결).

판례 ➡ 타인의 불법행위로 인하여 상해를 입고 그 때문에 사망한 자는 상해를 입음과 동시에 가해자에 대하여 장래 생존하여 얻을 이익의 상실에 따른 손해배상청구권을 취득하는 것이고 그 손해는 사망 이전에 발생하는 것이지 사망을 원인으로 하여 발생하는 것이 아니므로 불법행위일부터 재산상 손해와 위자료를 합산한 금액 전부에 대하여 지연손해금의 지급을 명한 것은 정당하다(92다48413 판결).

판례 ➡ 민법 제752조에 규정된 친족 이외의 친족도 그 정신적 고통에 관한 입증을 함으로써 위자료를 청구할 수 있는 바 타인의 불법행위로 생명을 잃은 피해자의 직계비속의 배우자는 경험칙상 그 직계비속에 비견할 정신적 고통을 받는다 할 것이므로 그에 대한 위자료를 청구할 수 있다(77다1942 판결).

한편 피해자가 사망한 경우에 피해자에 대해 부양청구권을 갖는 자는 피해자의 사망으로 그 청구권을 잃는 손해를 입게 되므로 가해자에 대하여 그로 인한 손해의 배상을 청구할 수 있다. 그리고 부양 내지 보호의무자가 피해자에 대하여 치료비나 개호비 등을 지출한 때에는, 그것은 가해행위가 없었더라면 지출하지 않아도 될 것을 지출한 것이 되므로 가해자에 대하여 그 배상을 청구할 수 있다. 물론 이러한 청구는 피해자도 할 수 있다(81다카737 판결).

판례 ➡ 미성년자가 성년이 되어 수입이 가능할 때까지의 생활비는 그 친권자나 부양의무자의 부담에 속하는 것이므로 불법행위로 사망한 미성년자의 일실이익을 산정함에 있어서는 같은 망인의 성년에 이르기까지의 생활비는 그 일실이익에서 공제할 것이 아니다(69다1388 판결).

2. 손해배상청구의 상대방

손해배상청구의 상대방은 자기책임의 원칙에 따라 위법행위자이다. 다만, 민법은 불법행위의 경우에 자기책임의 원칙에 대한 예외로서 책임무능력자의 행위에 대한 감독자의 책임(제755조)이나 피용자의 행위에 대한 사용자책임(제756조)에 의하여 감독자 또는 사용자가 피감독자나 피용자의 행위에 대하여 책임을 지는 경우를 정하고 있다(대위책임설의 입장). 그리고 공작물의 설치 보존의 하자로 인하여 손해가 발생한 경우에는 점유자 또는 소유자가 그 손해에 대하여 배상책임을 부담한다(제758조). 또한 동물로 인하여 손해를 입은 피해자는 그 점유자에 대하여 손해배상청구권을 행사할 수 있다(제759조).

판례 ➡ 소유자가 상대방이 목적물을 권원없이 점유·사용하여 소유권을 침해함으로 말미암아 재산상 손해를 입었다고 주장하여 그 손해의 배상을 청구하는 경우에는, 무엇보다도 상대방의 그러한 권리침해로 인하여 소유자에게 재산상 손해가 발생하였는지를 살펴보아야 할 것인데, 그 경우 손해의 유무는 상대방이 당해 물건을 점유하는지에 의하여 좌우되지 아니하며, 점유 여부는 단지 배상되어야 할 손해의 구체적인 액을 산정함에 있어서 고려될 여지가 있을 뿐이다(2011다74949 판결).

3. 불법행위로 인한 손해배상청구권의 특질

(1) 상계의 금지

피해자의 손해배상청구권이 고의의 불법행위로 발생한 경우에는, 가해자는 이 손해배상청구권을 수동채권(가해자의 피해자에 대한 손해배상채무)으로 하여, 가해자가 피해자에 대해 가지고 있는 반대채권과 상계하지 못한다(제496조). 이는 가해자의 보복적인 불법행위를 방지하고 피해자의 손해를 현실적으로 배상시키기 위한 것이다.

> **판례 ➡** 민법 제496조가 고의의 불법행위로 인한 손해배상채권에 대한 상계를 금지하는 입법취지는 고의의 불법행위에 인한 손해배상채권에 대하여 상계를 허용한다면 고의로 불법행위를 한 자가 상계권행사로 현실적으로 손해배상을 지급할 필요가 없게 됨으로써 보복적 불법행위를 유발하게 될 우려가 있고, 고의의 불법행위로 인한 피해자가 가해자의 상계권행사로 인하여 현실의 변제를 받을 수 없는 결과가 됨은 사회적 정의관념에 맞지 아니하므로 고의에 의한 불법행위의 발생을 방지함과 아울러 고의의 불법행위로 인한 피해자에게 현실의 변제를 받게 하려는 데 있는 바, 이 같은 입법취지나 적용결과에 비추어 볼 때 고의의 불법행위에 인한 손해배상채권에 대한 상계금지를 중과실의 불법행위에 인한 손해배상채권에까지 유추 또는 확장적용하여야 할 필요성이 있다고 할 수 없다(93다52808 판결).

(2) 양도성

불법행위로 인한 손해배상청구권도 양도성이 있다. 정신적 손해배상청구권도 양도성이 인정된다(반대설 있음). 판례는 위자료청구권은 일신전속권이 아님을 들어 양도성을 인정한다(75다396 판결).

(3) 상속성

손해배상청구권은 양도성이 있으므로 상속성도 인정된다. 다만, 위자료청구권의 상속과 관련하여, 피해자가 즉사한 경우에, 정신적 고통에 대한 피해자의 위자료청구권이 상속인에게 상속되는가에 관해서는 견해가 대립한다.

상속부정설은 위자료청구권은 피해자 본인에게 지급되어야 할 일신전속권이고, 피해자가 즉사한 경우에는 피해자에게 위자료청구권을 취득할 시간적인 여유가 없었으므로, 피해자가 사망을 원인으로 하는 위자료청구권을 취득하고 그것이 상속인에게 상속된다고 하는 것은 이론적으로 모순이라고 한다.[154]

상속긍정설은 아무리 즉사라 하더라도 치명상과 사망 사이에는 이론상 또는 실제상 시간적 간격이 있으므로, 피해자가 치명상을 입었을 때 손해배상청구권을 취득하고, 그의 사망으로 상속인에게 상속된다고 한다(69다268 판결).

위자료청구권의 상속을 부정할 특별한 이유가 없고, 피해자가 즉사한 경우와 치명상을 입은

---

154) 이은영, 채권각론, 773면; 김주수, 채권각론, 817면; 송덕수, 채권법각론, Rn. 313.

다음 잠시 후에 사망한 경우를 구별하여야 할 특별한 이유도 없다. 또한 위자료청구권은 기간에 따라 발생하는 일실이익의 손해가 아니라는 점에서 상속긍정설이 타당하다.

(4) 소멸시효

① 민법규정

불법행위로 인한 손해배상청구권은 피해자나 그 법정대리인이 '그 손해 및 가해자를 안 날'로부터 3년간 이를 행사하지 아니하거나(제766조 제1항), 불법행위를 한 날로부터 10년이 경과한 때에는 시효로 인하여 소멸한다(제766조 제2항). 이는 권리자의 권리의 지(知)·부지(不知)를 묻지 않고 시효가 진행하는 것으로 보는 제166조 제1항에 대한 특칙을 이룬다. 이 두 기간 중 어느 하나가 만료하면 다른 기간의 경과를 기다리지 않고 권리는 소멸한다. 다만, 후자의 기간에 대해서는 제척기간으로 보는 견해가 있다.[155] 판례는 10년의 기간 역시 소멸시효기간으로 해석한다(94다22927 전원합의체 판결). 10년의 기간도 3년의 기간에 준하는 것으로 규정하고, 또 피해자보호의 관점에서 10년의 기간도 소멸시효기간으로 볼 것이다.

② 소멸시효의 기산점

i) 3년의 소멸시효기간의 기산점

3년의 소멸시효의 기산점은 피해자나 그 법정대리인이 '그 손해 및 가해자를 안 날'이다. 여기에서 피해자나 그 법정대리인이 그 '손해'를 안다는 것은 손해의 발생 사실을 아는 것만으로는 부족하고 불법행위를 원인으로 해서 그것의 배상을 소구할 수 있다는 것까지 아는 것을 의미한다(2010다71592 판결). 손해의 발생사실 뿐만 아니라 가해행위가 불법행위를 구성한다는 사실, 즉 불법행위의 요건사실에 대한 인식으로서 위법한 가해행위의 존재, 손해의 발생 및 가해행위와 손해 사이의 인과관계 등이 있다는 사실까지 안 날을 뜻한다(2006다17539 판결). 이 경우 그 손해의 정도나 액수를 구체적으로 알아야 하는 것은 아니다. 따라서 통상의 경우 상해의 피해자는 상해를 입었을 때 그 손해를 알았다고 보아야 할 것이다(99다42797 판결). 하지만, 가해행위와 이로 인한 현실적인 손해의 발생 사이에 시간적 간격이 있는 불법행위에 근거한 손해배상청구권에서 소멸시효의 기산점이 되는 불법행위를 안 날이라 함은 단지 관념적이고 부동적인 상태에서 잠재하고 있던 손해에 대한 인식이 있었다는 정도만으로는 부족하고 그러한 손해가 그 후 현실화된 것을 안 날을 의미한다(2000다11836 판결). 또한 후유증 등으로 인하여 불법행위 당시에는 전혀 예견할 수 없었던 새로운 손해가 발생하였다거나 예상 외로 손해가 확대된 경우에는 그 후유손해의 발생을 안 날로부터 새로이 소멸시효가 진행한다(91다40924 판결, 2009다99105 판결). 그리고 불법행위의 피해자가 미성년자로 행위능력이 제한된 자인 경우에는 다른 특별한 사정이 없는 한 그 법정대리인이 손해 및 가해자를 알아야 민법 제766조 제1항의 소멸시효가 진행한다고 할 것이다(2009다79897 판결). 피해자나 그 법정대리인이 손해 및 가해자를 안 날에 대해서는 시효의 완성을 주장하는 가해자가 입증하여야 한다(2006다17539 판결, 2008다21518 판결).

155) 곽윤직, 채권각론, 472면; 김상용, 채권각론, 871면.

판례 ➡ 법인의 경우 불법행위로 인한 손해배상청구권의 단기소멸시효의 기산점인 '손해 및 가해자를 안 날'을 정함에 있어서 법인의 대표자가 법인에 대하여 불법행위를 한 경우에는 법인과 그 대표자는 이익이 상반하게 되므로, 현실로 그로 인한 손해배상청구권을 행사하리라고 기대하기 어려울 뿐만 아니라 일반적으로 그 대표권도 부인된다고 할 것이므로, 단지 그 대표자가 그 손해 및 가해자를 아는 것만으로는 부족하고, 적어도 법인의 이익을 정당하게 보전할 권한을 가진 다른 임원 또는 사원이나 직원 등이 손해배상청구권을 행사할 수 있을 정도로 이를 안 때에 비로소 위 단기소멸시효가 진행하고(2002다11441 판결), 만약 임원 등이 법인대표자와 공동불법행위를 한 경우에는 그 임원 등을 배제하고 단기소멸시효 기산점을 판단하여야 한다(2012다20475 판결).

판례 ➡ 일반적으로 위법한 건축행위에 의하여 건물 등이 준공되거나 외부골조공사가 완료되면 그 건축행위에 따른 일영의 증가는 더 이상 발생하지 않게 되고, 해당 토지의 소유자는 그 시점에 이러한 일조방해행위로 인하여 현재 또는 장래에 발생 가능한 재산상 손해나 정신적 손해 등을 예견할 수 있다고 할 것이므로, 이러한 손해배상청구권에 관한 민법 제766조 제1항 소정의 소멸시효는 원칙적으로 그때부터 진행한다. 다만, 위와 같은 일조방해로 인하여 건물 등의 소유자 내지 실질적 처분권자가 피해자에 대하여 건물 등의 전부 또는 일부에 대한 철거의무를 부담하는 경우가 있다면, 이러한 철거의무를 계속적으로 이행하지 않는 부작위는 새로운 불법행위가 되고 그 손해는 날마다 새로운 불법행위에 기하여 발생하는 것이므로 피해자가 그 각 손해를 안 때로부터 각별로 소멸시효가 진행한다(2006다35865 판결).

판례 ➡ 헌법재판소에 의하여 면직처분의 근거가 된 법률규정이 위헌으로 결정되어 위헌결정의 소급효로 인하여 면직처분이 당연 무효가 되고 그 면직처분이 불법행위에 해당되는 경우라도, 그 손해배상청구권은 위헌결정이 있기 전까지는 법률규정의 존재라는 법률상 장애로 인하여 행사할 수 없었다고 보아야 할 것이므로 소멸시효의 기산점은 위헌결정일로부터 진행되는 것이다(94다52195 판결).

ii) 10년의 소멸시효기간의 기산점

10년의 소멸시효의 기산점은 불법행위가 행해진 날이다. 여기에서 불법행위가 행해진 날은 손해가 현실화 되었다고 볼 수 있는 때이고, 그 때부터 기간이 개시된다(77다1894, 1895 전원합의체 판결). 계속적인 불법행위의 경우에는 날마다 그 날에 발생한 손해에 대해서 소멸시효가 진행한다. 역시 손해발생시기에 대한 입증책임은 소멸시효의 이익을 주장하는 자에게 있다(2006다17539 판결 등).

판례 ➡ 가해행위와 그로 인한 현실적인 손해의 발생 사이에 시간적 간격이 있는 불법행위에 기한 손해배상채권의 경우, 소멸시효의 기산점이 되는 '불법행위를 한 날'의 의미는 단지 관념적이고 부동적인 상태에서 잠재적으로만 존재하고 있는 손해가 그 후 현실화되었다고 볼 수 있는 때, 다시 말하자면 손해의 결과 발생이 현실적인 것으로 되었다고 할 수 있는 때로 보아야 한다(2010다54566 판결).

4. 손해배상의 방법

(1) 개 관

민법은 손해배상의 방법으로 금전배상주의를 취하고 있고(제763조, 제394조), 원상회복의 방법은 명예훼손의 경우에만 인정한다(제764조). 다만, 특별법에서는 원상회복의 방법이 인정되고 있다(특허법 제131조 등). 그리고 제751조는 정신적 손해배상의 경우에 법원의 재량으로 정기금채무로 지급할 것을 명할 수 있도록 하고 있으며, 판례는 신체적 인격의 침해에 대한 손해배상의 경우도 정기금채무로 지급할 것을 명하고 있다(2009다75574 판결 등).

한편 원상회복을 명예훼손 뿐 아니라 다른 인격권의 침해의 경우에도 준용하는 규정으로 두어야 한다는 의견이 있었으나 2004년의 개정안에서는 제외되었다.

(2) 금전배상의 원칙

불법행위로 인한 손해배상의 방법도 채무불이행에 관한 규정을 준용하여 금전배상을 원칙으로 하고 있다(제763조, 제393조). 그리하여 법률에 다른 규정이 있거나 당사자 사이의 특약이 없는 한 가해자에게 원상회복을 청구할 수는 없고 금전적 배상을 청구하여야 한다(92다52726 판결, 96다10638 판결 등). 재산적 손해에 대해서만이 아니고 정신적 손해(위자료)의 배상에 대하여도 금전으로 평가하여 배상하여야 한다.

손해배상금의 지급방법은 일시금배상과 정기금배상으로 나눌 수 있다. 민법은 일시금배상을 원칙으로 하고, 예외적으로 정신적 손해배상의 경우에 정기금배상을 인정하고 있다. 그리고 정기금배상에 있어서는 장래의 이행을 확보하기 위하여 배상의무자에게 담보의 제공을 명할 수 있도록 하고 있다(제751조 제2항).

다만, 판례는 장래 일정기간에 걸쳐 일정시기마다 발생하는 일정한 이익을 상실하였다 하여 손해배상을 청구하는 경우라든가(87다카2240 판결), 불법행위로 입은 상해의 후유장애로 장래 얻을 수 있는 수익을 상실하거나 향후 계속적으로 치료비 또는 개호비를 지출하여야 하는 손해를 입은 경우에 그 피해자는 위 이익의 발생시기마다 그 금원을 정기적으로 지급하라고 청구할 수도 있고 또 중간이자를 공제하고 그 이익의 현가를 일시에 청구할 수도 있다고 한다(90다카26102 판결). 이 경우 정기금배상을 명할 것인가는 법원의 재량에 속한다고 한다(90다카27587 판결, 91다39368 판결 등). 따라서 피해자가 일시금의 배상을 청구하였다고 하더라도 법원은 정기금배상을 인정할 수 있다(93다48526 판결, 96다21591 판결 등).

정기금배상의 경우에 또한 문제로 되는 것은, 사회적인 또는 경제적인 사정의 변경에 의해 배상액이 실손해액에 상당하지 않게 되는 경우에 발생한다. 가령, 화폐의 가치가 변동하여 실제로 발생한 손해의 가치와 배상금의 실질적인 가치가 일치하지 않게 되는 경우이다. 민사소송법은 이에 대비하기 위하여 '정기금판결과 변경의 소'를 인정하고 있다(제252조). 즉, 정기금의 지급을 명한 판결이 확정된 뒤에 그 액수산정의 기초가 된 사정이 현저하게 바뀜으로써 당사자 사이의 형평을 크게 침해할 특별한 사정이 생긴 때에는 그 판결의 당사자는 장차 지급할 정기금액수를 바꾸어 달라는 소를 제기할 수 있다.

(3) 원상회복

금전배상의 원칙에 대한 예외로서 원상회복이 인정되는 경우로는 법률에 특별한 규정이 있는 경우와 당사자 사이에 특약이 있는 때이다. 민법은 명예훼손의 경우에 법원은 피해자의 청구에 의하여 손해배상에 갈음하거나 손해배상과 함께 '명예회복에 적당한 처분'을 명할 수 있도록 하고 있다(제764조). 적당한 처분으로는 피해자의 명예회복을 위하여 정정광고 등을 가해자의 비용으로 신문에 게재하게 하거나 명예회복에 관한 판결의 내용을 광고의 형식으로 일반에게 알리게 하는 것 등을 들 수 있다. 특히 이전에는 가해자의 이름으로 사죄광고를 게재하는 방법이 명예회복에 적당한 처분으로 사용된 경우가 있었으나, 헌법재판소가 사죄광고는 양심의 자유 및 인격권을 침해하는 것으로서 법원이 이것을 명하는 것은 위헌이라고 판시하였다(헌재 189헌마160 전원재판부 결정).

판례 ➡ 명예는 생명, 신체와 함께 매우 중대한 보호법익이고 인격권으로서의 명예권은 물권의 경우와 마찬가지로 배타성을 가지는 권리라고 할 것이므로, 사람의 품성, 덕행, 명성, 신용 등의 인격적 가치에 관하여 사회로부터 받는 객관적인 평가인 명예를 위법하게 침해당한 자는 손해배상(민법 제751조) 또는 명예회복을 위한 처분(민법 제764조)을 구할 수 있는 이 외에 인격권으로서 명예권에 기초하여 가해자에 대하여 현재 이루어지고 있는 침해행위를 배제하거나 장래에 생길 침해를 예방하기 위하여 침해행위의 금지를 구할 수도 있다(2010다60950 판결).

(4) 금지 내지 예방청구권

위에서 본 바와 같이 민법은 명예회복에 적당한 처분 이외에 금전배상의 원칙을 불법행위에 대한 원칙적 구제수단으로 인정하고 있다. 즉, 불법행위에 대한 구제수단으로서 위법행위의 금지나 장래 행하여질 위법행위의 예방을 요구할 수 있는 권리는 인정하지 않고 있다. 여기에서 판례도 원칙적으로 불법행위의 효과로서 일반적인 금지청구권에 대하여 부정적인 태도를 취하고 있다(92다52726 판결, 96다10638 판결).

판례 ➡ **〈예외〉** '건축허가 또는 신고시 시장, 군수, 구청장(자치구의 구청장에 한한다)이 위치를 지정한 도로'로 지정되었다고 해서 건축허가 등을 받은 사람이나 그 도로를 통행하여 온 사람에게 그 도로를 자유로 통행하고 제3자가 그 도로의 사용을 방해하는 경우에는 그 방해의 배제를 구할 수 있는 사법상의 권리가 부여되는 것은 아니지만(95다2203 판결), 일반공중의 통행에 제공된 도로를 통행하고자 하는 자는, 그 도로에 관하여 다른 사람이 가지는 권리 등을 침해한다는 등의 특별한 사정이 없는 한, 일상생활상 필요한 범위 내에서 다른 사람들과 같은 방법으로 도로를 통행할 자유가 있고, 제3자가 특정인에 대하여만 도로의 통행을 방해함으로써 일상생활에 지장을 받게 하는 등의 방법으로 특정인의 통행자유를 침해하였다면 민법상 불법행위에 해당하며, 침해를 받은 자로서는 그 방해의 배제나 장래에 생길 방해를 예방하기 위하여 통행방해행위의 금지를 소구할 수 있다고 보아야 한다(2010다63720 판결).

그러나 특별법에서는 지적 재산권의 침해와 관련하여 일정한 경우에 침해의 금지 또는 예방을 청구할 수 있는 권리를 인정하고 있다(특허법 제126조 제1항 등). 나아가 학설은 입법론으로 민법에 불법행위에 대한 사후구제수단으로 금지청구권을 인정할 것을 제안하고 있다.[156)]

주지하듯이 손해배상은 사후적 손해전보수단에 불과하다. 반면 금지청구권은 계속되고 있는 침해행위를 중지하거나 침해의 염려가 있을 때에 이를 예방할 수 있는 수단이다. 많은 경우에 사후적 구제만으로는 피해자의 이익을 충분히 보호할 수 없다. 예를 들어 부정경쟁방지법에 열거되어 있지 않지만 위법한 부정경쟁행위를 통하여 계속적으로 영업이익을 침해하는 경우에는 일단 그 영업이익의 침해행위를 중지시키는 것이 사후에 손해배상을 받는 것보다 훨씬 절실할 수 있다. 물론 이 때 가처분이라는 임시의 조치를 생각해 볼 수는 있다. 그러나 불법행위의 구제수단으로서 금지청구권을 인정하여 불법행위를 사전에 예방할 필요가 있다고 할 것이다.

판례 ➡ 경쟁자가 상당한 노력과 투자에 의하여 구축한 성과물을 상도덕이나 공정한 경쟁질서에 반하여 자신의 영업을 위하여 무단으로 이용함으로써 경쟁자의 노력과 투자에 편승하여 부당하게 이익을 얻고 경쟁자의 법률상 보호할 가치가 있는 이익을 침해하는 행위는 부정한 경쟁행위로서 민법상 불법행위에 해당하는 바, 위와 같은 무단이용상태가 계속되어 금전배상을 명하는 것만으로는 피해자구제의 실효성을 기대하기 어렵고 무단이용의 금지로 인하여 보호되는 피해자의 이익과 그로 인한 가해자의 불이익을 비교·교량할 때 피해자의 이익이 더 큰 경우에는 그 행위의 금지 또는 예방을 청구할 수 있다(2008마1541 결정 등).

5. 손해배상자의 대위

손해배상자의 대위에 관해서도 채무불이행에 관한 규정이 준용된다. 즉, 가해자가 불법행위의 목적이 된 물건에 관하여 그 가액의 전부를 배상한 경우에는, 당연히 그 물건에 관한 권리가 가해자에게 이전한다(제763조, 제399조). 가령, 피해자의 물건을 절취하여 훼손하거나 소재불명으로 만든 경우에, 가해자가 손해의 전액을 배상한 때에는 그 물건에 대한 소유권을 취득한다. 이러한 권리는 법률상 당연히 이전되는 것이고, 어떠한 특별한 행위를 필요로 하는 것은 아니다(76다408 판결).

Ⅲ. 손해배상의 범위와 손해배상액의 산정

1. 손해배상의 범위

불법행위로 인하여 손해가 발생한 경우에, 배상되어야 할 손해의 범위에 관해서는, 채무불이행에 있어서의 손해배상의 범위에 관한 제393조가 준용된다. 따라서 손해배상의 범위는 발생한 손해가 아니고 통상손해를 그 한도로 하며, 다만 특별한 사정으로 인한 손해는 가해자가 그 사정을 알았거나 알 수 있었을 경우에만 청구할 수 있다(제763조, 제393조).

156) 김상중, "불법행위의 사전적 구제수단으로서 금지청구권의 소고", 비교사법 제51호, 2010 참조.

그런데 특별한 사정으로 인한 손해에 대해서는 채무자가 그 사정을 알았거나 알 수 있었을 때에만 배상책임을 지도록 하는 제393조 제2항의 규정은 계약관계의 존재를 전제로 하는 규정인데, 이 규정을 계약관계가 없는 불법행위의 가해자와 피해자 사이의 손해배상의 범위에 준용하는 것은 부당하다는 비판이 있어 왔다. 특히 과실에 의한 사고가 결정적인 의미를 갖는 불법행위법에 있어서 특별한 사정에 대한 가해자의 예견가능성을 기준으로 하여 손해배상의 범위를 획정하는 것은 적절하지 못하다는 것이다. 따라서 불법행위로 인한 손해배상의 범위에 대해서 독자적인 규정을 둘 것을 제안하고 있다.[157] 그러나 과실의 요소로서의 예견가능성과 특별손해의 요건으로서 예견가능성은 그 대상을 달리한다고 하는 점에서 위의 비판은 의문이다. 과실의 요소인 예견가능성의 대상은 위법한 결과의 발생이고, 특별손해의 요건인 예견가능성의 대상은 특별한 사정이라고 할 것이기 때문이다.

판례 ➡ 불법행위로 인한 재산상의 손해는 위법한 가해행위로 인하여 발생한 재산상의 불이익, 즉 불법행위가 없었더라면 존재하였을 재산상태와 불법행위가 가해진 이후의 재산상태와의 차이를 말하는 것이고(98다39633 판결, 2002다12659 판결 등 참조), 이러한 손해의 액수에 대한 증명책임은 손해배상을 청구하는 피해자인 원고에게 있으므로(93다57100 판결, 2010다18850 판결 등 참조), 원고는 불법행위가 없었더라면 존재하였을 재산상태와 불법행위가 가해진 이후의 재산상태가 무엇인지에 관하여 이를 증명할 책임을 진다(2011다25695 판결).

아무튼 손해배상의 범위는 통상손해를 그 한도로 하며, 다만 특별한 사정으로 인한 손해는 가해자가 그 사정을 알았거나 알 수 있었을 경우에만 청구할 수 있다(제763조, 제393조). 제393조 제2항 소정의 특별사정으로 인한 손해배상에 있어서 채무자가 그 사정을 알았거나 알 수 있었는지의 여부를 가리는 시기는 불법행위시를 기준으로 판단하여야 할 것이다(판례는 채무불이행의 경우에 계약체결시를 그 기준으로 판단한다. 84다카1532 판결). 그 밖에 불법행위의 경우에는 과실상계(제763조, 396조), 배상액의 감경청구(제765조)를 인정하여 당사자 사이의 손해의 공평한 분담을 조정하고 있다. 다만, 판례는 채무불이행의 경우와 마찬가지로 상당인과관계를 기준으로 손해배상의 범위를 정하면서, 그 상당성의 유무판단의 기준으로 당해 규범의 목적을 고려하고 있다(94다21320 판결, 98다2632 판결, 2001다59842 판결).

판례 ➡ 공무원이 법령에서 부과된 직무상 의무를 위반한 것을 계기로 하여 제3자가 손해를 입은 경우에 제3자에게 손해배상청구권이 발생하기 위하여는 공무원의 직무상 의무위반행위와 제3자의 손해 사이에 상당인과관계가 있지 아니하면 아니되는 것이고, 상당인과관계의 유무를 판단함에 있어서는 일반적인 결과발생의 개연성은 물론 직무상 의무를 부과한 법령 기타 행동규범의 목적이나 가해행위의 태양 및 피해의 정도 등을 종합적으로 고려하여야 할 것인 바, 공무원에게 직무상 의무를 부과한 법령의 보호목적이 사회구성원 개인의 이익과 안전을 보호하기 위한 것이 아니고 단순히 공공

157) 불법행위법개정안 의견서(양창수 집필), 민사법학 15호, 215면 참조.

일반의 이익이나 행정기관 내부의 질서를 규율하기 위한 것이라면, 가사 공무원이 그 직무상 의무를 위반한 것을 계기로 하여 제3자가 손해를 입었다 하더라도 공무원이 직무상 의무를 위반한 행위와 제3자가 입은 손해 사이에는 법리상 상당인과관계가 있다고 할 수 없다(93다30877 판결).

판례➡ 불법행위의 직접적 대상에 대한 손해가 아닌 간접적 손해는 특별한 사정으로 인한 손해로서 가해자가 그 사정을 알았거나 알 수 있었을 것이라고 인정되는 경우에만 배상책임이 있다. 따라서 가해자가 공장지대에 위치한 전신주를 충격하여 전선이 절단된 경우, 그 전선을 통하여 전기를 공급받아 공장을 가동하던 피해자가 전력공급의 중단으로 공장의 가동이 상당한 기간 중지되어 영업상의 손실을 입게 될지는 불확실하며 또 이러한 손실은 가해행위와 너무 먼 손해라고 할 것이므로, 전주충격사고 당시 가해자가 이와 같은 소극적인 영업상 손실이 발생할 것이라는 것을 알거나 알 수 있었다고 보기 어렵지만, 이 경우 그 전신주를 통하여 전력을 공급받고 있는 인근 피해자의 공장에서 예고없는 불시의 전력공급의 중단으로 인하여 갑자기 공장의 가동이 중단되는 바람에 당시 공장 내 가동 중이던 기계에 고장이 발생한다든지, 작업 중인 자료가 못쓰게 되는 것과 같은 등의 적극적인 손해가 발생할 수 있을 것이라는 사정은 가해자가 이를 알거나 알 수 있었을 것이라고 봄이 상당하다(94다5472 판결, 2005다31361 판결).

판례➡ 피해자의 부주의를 이용하여 고의로 불법행위를 저지른 자가 바로 그 피해자의 부주의를 이유로 자신의 책임을 감하여 달라고 주장하는 것은 허용될 수 없다(95다30352 판결, 2005다32197 판결, 2005다21029 판결).

한편 문제는 손해배상액에 관하여 당사자 사이의 합의나 확정판결이 있은 이후에 예상할 수 없었던 후유증으로 인한 손해가 발생한 경우에 추가청구가 가능한가에 있다. 이 경우에는 합의 당시에 예측할 수 있는 손해만을 포기한 것으로 보아야 한다는 점에서, 합의 당시나 판결시에 예상할 수 없었던 후유손해라든가 또는 변론종결 후에 발생한 손해에 대하여는 추가청구가 가능하다고 할 것이다(2000다65666, 65673 판결, 2006다78640 판결).

판례➡ 불법행위로 인한 손해배상에 관하여 가해자와 피해자 사이에 피해자가 일정한 금액을 지급받으면서 향후 일체의 청구를 포기하기로 합의하였으나, 일반적으로 비록 합의서의 권리포기조항이 문언상으로는 나머지 일체의 청구권을 포기한다고 되어 있다 할지라도, 당사자 쌍방 간에 있어 손해의 대체의 범위가 암묵리에 상정되어 있고, 후에 생긴 손해가 위 범위를 현저히 일탈할 정도로 중대하여 당초의 손해금과 비교할 때 심히 균형을 잃고 있으며, 합의의 경위, 내용, 시기 기타 일체의 사정을 고려하더라도 처음의 합의에 의하여 후의 손해 전부를 포함하도록 함이 당사자의 신의, 공평에 반한다고 인정되는 경우에는 먼저의 합의에 있어서 권리포기조항은 그 후에 발생한 손해에는 미치지 않는 것으로, 즉 합의 당시에 예측하였던 손해만을 포기한 것으로 한정적으로 해석함이 당사자의 합리적 의사에 합치한다(2000다65666, 65673 판결).

판례➡ 불법행위로 인한 적극적 손해의 배상을 명한 전 소송의 변론종결 후에 새로운 적극적 손해가 발생한 경우에 그 소송의 변론종결 당시 그 손해의 발생을 예견할 수 없었고 또 그 부분 청구를 포기하였다고 볼 수 없는 등 특별한 사정이 있다면 전 소송에서 그 부분에 관한 청구가 유보되어 있지 않다고 하더라도 이는 전 소송의 소송물과는 별개의 소송물이므로 전 소송의 기판력에 저촉되는 것이 아니다(2006다78640 판결).

2. 손해배상액의 산정

(1) 산정의 기준시기

손해배상액의 산정시기에 관해서는 불법행위시설이 통설・판례이다. 즉, 불법행위로 인한 손해배상액은 원칙적으로는 불법행위 당시를 기준으로 하여 산정하고, 그 이후의 손해는 특별손해로서 예견가능성이 있는 경우에 한해 배상액에 포함시켜야 할 것이다. 다만, 판례는 정신상 손해에 대한 배상인 위자료는 불법행위 자체로 인하여 피해자가 입은 고통의 정도, 가해자가 보인 태도, 가해자와 피해자의 연령, 사회적 지위, 재산상태는 물론 국민소득수준 및 통화가치 등 여러 사정을 종합적으로 고려하여 사실심 변론종결시를 기준으로 수액이 결정되어야 한다고 한다(2011재다199 전원합의체 판결 등).

판례 ➡ 불법행위로 인한 재산상 손해는 위법한 가해행위로 인하여 발생한 재산상 불이익, 즉 그 위법행위가 없었더라면 존재하였을 재산상태와 그 위법행위가 가해진 현재의 재산상태의 차이를 말하는 것이며, 그 손해액은 원칙적으로 불법행위시를 기준으로 산정하여야 한다. 즉, 여기에서 '현재'는 '기준으로 삼은 그 시점'이란 의미에서 '불법행위시'를 뜻하는 것이지 '지금의 시간'이란 의미로부터 '사실심 변론종결시'를 뜻하는 것은 아니다(2009다91828 판결).

판례 ➡ 불법행위로 인한 손해배상에서 재산상 손해에 대한 배상액은 손해가 발생한 불법행위 당시를 기준으로 하여 액수를 산정하여야 하고, 공평의 관념상 별도의 이행최고가 없더라도 불법행위 당시부터 지연손해금이 발생하는 것이 원칙이다. 이에 비하여 정신상 손해에 대한 배상인 위자료는 불법행위 자체로 인하여 피해자가 입은 고통의 정도, 가해자가 보인 태도, 가해자와 피해자의 연령, 사회적 지위, 재산상태는 물론 국민소득수준 및 통화가치 등 여러 사정을 종합적으로 고려하여 사실심 변론종결시를 기준으로 수액이 결정되어야 한다. 그 결과, 불법행위시와 사실심 변론종결시가 통화가치 등의 변동을 무시해도 좋을 정도로 근접해 있는 경우에는 위자료에 대하여도 재산상 손해에 대한 배상액과 마찬가지로 불법행위 당시부터 지연손해금의 지급을 명하더라도 특별히 문제될 것은 없고, 그렇게 하는 것이 원칙이다. 그러나 불법행위시부터 사실심 변론종결시까지 장기간이 경과하고 통화가치 등에 상당한 변동이 생긴 경우에는, 그와 같이 변동된 사정까지 참작하여 사실심 변론종결시를 기준으로 한 위자료의 수액이 결정되어야 하는 것이므로, 그 위자료에 대하여는 원칙적인 경우와는 달리, 사실심 변론종결일 이후의 기간에 대하여 지연손해금을 지급하도록 하여야 하고, 불법행위시로 소급하여 그때부터 지연손해금을 지급할 아무런 합리적인 이유나 근거가 없다(2011재다199 전원합의체 판결).

(2) 산정방법

① 손해 3분설

손해배상은 금전으로 배상하는 것이 원칙이므로, 배상되어야 할 손해는 금전으로 평가되어야 한다. 손해를 금전으로 평가하는 작업이 손해의 산정이다. 그리고 손해는 3분설에 따라 적극적 손해와 소극적 손해, 그리고 정신적 손해로 구분해서 산정하여야 한다.

적극적 손해는 적극재산이 감소하거나 소극재산이 증가하는 형태로 나타나는 데, 그 산정은 일반거래상 인정되는 통상의 가격(시장가격)을 표준으로 한다. **소극적 손해**는 불법행위가 없었더라면 있었을 이익을 얻지 못한 손해이므로, 장래 일정한 시기에 발생할 것인 경우가 대부분이다. 가령, 사고로 다친 사람이 그 부상으로 인하여 일을 못한 경우에, 일정한 기간 동안 벌지 못한 일실이익을 손해액으로 정하여야 하는데, 문제는 이 경우 기간의 산정도 문제이지만(2001다68358 판결), 특히 장래 발생하게 될 일실이익의 손해를 현재의 시점에서 산정하여 배상되어야 하므로, 피해자가 장래 취득할 수 있었을 가액에서 중간이자를 공제하여야 한다는 데 있다. 중간이자의 공제방법이 문제된다. 이에 대해서는 실무상 단리(**單利**)에 의하여 중간이자를 공제하는 Hoffmann식(86다카1009 판결)과 복리(**複利**)에 의하여 중간이자를 공제하는 Leibnitz식(83다191 판결)의 두 방법이 사용되지만, 일반적으로 전자가 피해자에게 보다 유리하다. 그리고 **정신적 손해**는 교환가격을 상정할 수 없기 때문에 정신상 고통을 객관적으로 인정하고 이를 금전으로 평가하기가 어렵다는 점에서 재산적 손해의 산정과는 다른 기준이 요구된다.

실무적으로도 이른바 손해 3분설에 따라 각각 소송물을 달리하는 것으로 본다(76다1313 판결).

> **판례 ➡** 재산적 손해로 인한 배상청구와 정신적 손해로 인한 배상청구는 각각 소송물을 달리하는 별개의 청구이므로 소송당사자로서는 그 금액을 각각 특정하여 청구하여야 하고, 법원으로서도 그 내역을 밝혀 각 청구의 당부에 관하여 판단하여야 하는 것이다(88다카29269 판결, 2006다32569 판결). 따라서 생명 또는 신체에 대한 불법행위로 인하여 입게 된 적극적 손해와 소극적 손해 및 정신적 손해는 서로 소송물을 달리하므로 그 손해배상의무의 존부나 범위에 관하여 항쟁함이 상당한지의 여부는 각 손해마다 따로 판단하여야 한다(2000다63752 판결, 2002다34581 판결, 2006다32446 판결).

② 재산적 손해의 산정

i) 산정기준(차액설)

불법행위로 인한 재산상 손해는 위법한 가해행위로 인하여 발생한 재산상 불이익, 즉 그 위법행위가 없었더라면 존재하였을 재산상태와 그 위법행위가 가해진 현재의 재산상태의 차이를 말한다. 따라서 재산상의 손해액을 산정할 때에는 먼저 위법행위가 없었더라면 존재하였을 재산상태를 상정하여야 한다. 위법행위가 없었을 경우의 재산상태를 상정할 때에 고려할 사정들은 위법행위 전후의 여러 정황을 종합한 합리적인 추론에 의하여 인정될 수 있어야 하고, 당사자가 주장하는 사정이 그러한 추론에 의하여 인정되지 않는 경우라면 이를 위법행위가 없었을 경우의 재산상태를 상정하는 데 참작할 수 없다(2010다21276 판결, 2012다91262 판결).

ii) 물적 손해의 산정방법

a) 적극적 손해

㉠ 소유권 등 본권의 침해

소유물을 멸실 내지 상실시키거나 타인에게 양도하여 선의취득을 시킨 경우에는, 불법행위 당시의 목적물의 교환가격이 통상손해에 해당한다(95다38233 판결).

> **판례➡** 공매처분으로 인한 경매자로부터 소유권을 취득하였는 데 그 후 공매담당공무원의 직무상 과실로 인한 절차상의 하자를 이유로 그 공매처분이 취소됨으로써 소유권을 상실하게 된 경우에는 위 담당공무원의 위법행위와 소유권상실에 따른 손해발생 간에는 상당한 인과관계가 있다고 할 것이고 그 손해액은 손해발생 당시인 공매처분취소 당시의 시가를 기준으로 하여 산정하여야 한다(70다560 판결).

> **판례➡** 매수한 토지상에 타인의 불법행위로 근저당권이 설정되고 그 소유권이전등기 경료 후 위 근저당권의 실행으로 위 토지가 제3자에게 경락되었다면 위와 같은 불법행위로 인한 손해는 위 토지가 제3자에게 경락됨으로써 그 소유권을 상실하게 된 손해이므로 경락 당시의 시가를 기준으로 그 손해액을 산정하여야 한다(91다8333 판결).

> **판례➡** 타인 소유의 토지에 관하여 매도증서, 위임장 등 등기관계서류를 위조하여 원인무효의 소유권이전등기를 경료하고 다시 이를 다른 사람에게 매도하여 순차로 소유권이전등기가 경료된 후에 토지의 진정한 소유자가 최종매수인을 상대로 말소등기청구소송을 제기하여 그 소유자 승소의 판결이 확정된 경우 위 불법행위로 인하여 최종매수인이 입은 손해는 무효의 소유권이전등기를 유효한 등기로 믿고 위 토지를 매수하기 위하여 출연한 금액, 즉 매매대금으로서 이는 기존이익의 상실인 적극적 손해에 해당하고, 최종매수인은 처음부터 위 토지의 소유권을 취득하지 못한 것이어서 위 말소등기를 명하는 판결의 확정으로 비로소 위 토지의 소유권을 상실한 것이 아니므로 위 토지의 소유권 상실이 그 손해가 될 수는 없다(91다33070 전원합의체 판결).

소유물이 훼손된 경우에는 수선이 가능한지 여부에 따라 손해의 산정기준이 다르다. 수선이 가능한 때에는 수리비가 통상손해이다(70다2445 판결, 72다18020 판결). 다만, 수선이 가능하더라도 수선비가 물건의 교환가치를 초과하는 경우에는 형평의 원칙상 그 손해액은 그 물건의 교환가치의 범위내로 제한되어야 한다(95다38233 판결, 98다22048 판결, 97다15104 판결 등). 문제는 수리가 되었더라도 교환가치가 감소한 경우에 그 교환가치의 감소분을 손해로 배상받을 수 있는지에 있다. 판례는 이러한 손해가 통상 예견할 수 있는 것은 아니지만(81다8 판결), 수리불능한 부분이 남아 있는 경우에는 그로 인한 교환가치의 감소액은 통상손해에 해당한다고 한다(91다28719 판결).

수선이 불가능한 때에는 그 훼손 당시의 교환가치가 통상손해이다(91다5150 판결, 94다19129 판결, 2001다52889 판결). 다만, 훼손 당시에 물건의 가치가 남아 있으면 그 대금을 공제하여야 한다. 그리고 건물이 훼손되어 수리가 불가능한 경우에 손해배상의 기준이 되는 건물의 시가에는 건물의 철거비용은 포함되지 않는다(94다19129 판결).

판례➡ 불법행위로 인하여 물건이 훼손된 경우에 있어서 그 손해는 수리가 가능한 때에는 수리비, 수리가 불가능한 때에는 교환가치의 감소가 통상의 손해라 할 것이고, 차량이 충돌사고로 인하여 파손되었으나 수리가 가능한 경우에 수리비 외에 언제나 상당한 교환가치의 감소가 따른다는 경험칙이 있다거나 또는 이러한 손해가 통상예견할 수 있는 것이라고 볼 수 없다(81다8 판결).

한편 지상권이나 임차권 등 용익권이 침해되어 소멸한 경우에는, 그 권리의 교환가격이 손해액이 된다. 가령, 가해자가 임대차의 목적물을 멸실시켜서 임차인의 임차권을 소멸시킨 경우에는 임차권의 교환가격이 손해액에 해당된다. 다만, 교환가격을 정할 수 없는 경우에는 용익권의 행사에 의해 얻을 수 있었던 이익이 손해액이다.

판례➡ 근저당권의 공동담보물 중 일부를 권한없이 멸실·훼손하거나 담보가치를 감소시키는 행위로 인하여 근저당권자가 나머지 저당목적물만으로 채권의 완전한 만족을 얻을 수 없게 되었다면 근저당권자는 불법행위에 기한 손해배상청구권을 취득한다(2006다42818 판결).

판례➡ **〈근저당권의 소멸로 인한 손해의 범위〉** 타인의 불법행위로 인하여 근저당권이 소멸되는 경우에 있어 근저당권자로서는 근저당권이 소멸하지 아니하였더라면 그 실행으로 피담보채무의 변제를 받았을 것임에도 불구하고 근저당권의 소멸로 말미암아 이러한 변제를 받게 되는 권능을 상실하게 되는 것이므로, 그 근저당권의 소멸로 인한 근저당권자가 입게 되는 손해는 특별한 사정이 없는 한 위 부동산의 가액 범위 내에서 채권최고액을 한도로 하는 피담보채권액이라 할 것이나(97다35771 판결 등 참조), 근저당목적물인 부동산의 시가에서 위 소멸된 근저당권에 우선하는 선순위담보권 등의 피담보채권액을 공제한 잔액, 즉 잔존 담보가치 상당액이 채권최고액 또는 피담보채권액보다 적은 경우에는 그 잔존 담보가치 상당액을 손해로 보아야 할 것이다(2008다18284, 18291 판결).

㉡ 점유(권)의 침해

소유권 등 권원을 가진 피해자의 점유가 권원이 없는 가해자에 의해 침해당한 경우에는, 침해기간 동안의 임대료에 상당하는 액수가 손해액이 된다(91다20197 판결, 93다51539 판결). 사용대차나 임대차 등에서 계약기간의 종료로 목적물을 반환하여야 하는데, 제3자의 불법행위로 반환이 늦어진 때에도 동일하게 손해가 산정된다. 그리고 점유권침해로 인한 손해배상은 물건의 점유를 계속하는 것에 의하여 얻는 이익 기타 점유의 효과로서 인정되는 이익을 기준으로 하여야 하고, 이와 달리 본권으로부터 나오는 이익, 즉 물건의 교환가치, 수리비, 사용료, 영업상의 수익을 기준으로 할 것이 아니다(86나958 판결).

판례➡ 불법점유를 당한 부동산의 소유자 또는 용익권자로서는 불법점유자에 대하여 그로 인한 임료 상당 손해의 배상이나 부당이득의 반환을 구할 수 있을 것이나, 불법점유라는 사실이 발생한 바 없었다고 하더라도 부동산의 소유자 또는 용익권자에게 임료 상당 이익이나 기타 소득이 발생할 여지가 없는 특별한 사정이 있는 때에는 손해배상이나 부당이득반환을 청구할 수 없다(2000다57375 판결, 2006다586 판결).

판례 ➡ 타인 소유의 토지 위에 소재하는 건물의 소유자가 법률상 원인없이 토지를 점유함으로 인하여 토지의 소유자에게 반환하여야 할 토지의 임료에 상당하는 부당이득금액을 산정하는 경우에 특별한 사정이 없는 한 토지 위에 건물이 소재함으로써 토지의 사용권이 제한을 받는 사정은 참작할 필요가 없다(91다40177 판결).

㉢ 위자료의 인정 여부

불법행위로 재산권이 침해되어 재산적 손해가 발생한 경우에, 그에 대한 배상 이외에 위자료의 배상을 인정할 수 있는지가 문제된다. 통설・판례는 물적 손해의 배상에 의해 정신적인 고통도 회복된다고 보아야 할 것이므로(88다카27249 판결, 2001다82507 전원합의체 판결 등), 원칙적으로 위자료의 별도청구는 인정되지 않는다고 한다. 다만, 재산적 손해의 배상만으로는 회복될 수 없는 정신적 손해가 발생한 경우에는, 특별손해로서 가해자에게 예견가능성이 있는 한도에서 위자료청구의 대상이 될 수 있다(91다25628 판결, 93다45213 판결 등). 가령, 영업비밀침해행위로 인하여 영업매출액이 감소한 결과 입게 된 정신적 고통을 위자할 의무가 있다고 하기 위하여는 재산적 손해의 배상에 의하여 회복할 수 없는 정신적 손해가 발생하였다는 특별한 사정이 있고 영업비밀침해자가 그러한 사정을 알았거나 알 수 있었어야 한다(96다31574 판결).

판례 ➡ 불법행위의 가해자에 대한 수사과정이나 형사재판과정에서 피해자가 가해자로부터 합의금 명목의 금원을 지급받고 가해자에 대한 처벌을 원하지 않는다는 내용의 합의를 한 경우에, 그 합의 당시 지급받은 금원을 특히 위자료 명목으로 지급받는 것임을 명시하였다는 등의 사정이 없는 한 그 금원은 손해배상금(재산상 손해금)의 일부로 지급되었다고 봄이 상당하다(2000다46894 판결, 2012도7144 판결).

판례 ➡ 물건의 멸실에 따른 정신적 고통은 통상 재산적 손해의 배상에 의하여 회복되나, 그로써도 회복될 수 없는 정신적 고통은 특별사정에 의한 손해이다. 일반적으로 애완견을 소유하는 목적은 애완견과 정신적인 유대와 애정을 나누기 위함이고, 애완견은 보통 물건들과 달리 생명을 가진 동물인 점, 그러한 의미에서 요즘 애완견을 단순한 동물을 넘어서 반려견으로까지 여기는 점 등을 고려하면, 애완견 주인이 가지는 정신적 고통의 손해는 그 애완견의 구매가 또는 시가 상당액을 배상받는 것만으로는 회복될 수 없는 특별사정에 의한 손해이고, 개를 방치하여 사고를 야기한 자는 그러한 특별사정을 알았거나 알 수 있었다고 봄이 타당하다(2013가소35765 판결).

㉣ 변호사비용의 산입 여부

피해자가 불법행위로 인한 손해배상을 청구하기 위해 민사소송을 제기함에 있어서, 변호사에게 소송을 위임한 경우에, 변호사를 선임하기 위하여 들인 선임비용을 불법행위에 의한 손해로 배상청구할 수 있는가 하는 것이 문제된다.

우리나라는 변호사강제주의를 택하고 있지 않으므로, 가해자의 불법행위와 변호사의 선임비용 사이에 상당인과관계를 인정하기 곤란하다. 따라서 변호사의 선임비용은 배상되어야 할 손해라고 할 수 없을 것이다(78다672 판결, 96다27889 판결 등).

다만, 가해자가 자신이 주장한 권리 또는 법률관계에 사실적·법률적 근거가 없음을 알면서 소를 제기하는 등, 소의 제기가 재판제도의 취지와 목적에 비추어 현저하게 상당성을 잃은 부당제소인 경우에는, 소의 제기 자체가 불법행위가 될 수 있다. 따라서 이에 응소한 피해자는 변호사의 선임비용에 관하여 배상청구를 할 수 있을 것이다(65다1707 판결, 71다1297 판결 등).

한편 민사소송법은 소송을 대리한 변호사에게 당사자가 지급하였거나 지급할 보수는 대법원규칙이 정하는 금액의 범위안에서 소송비용으로 인정한다(동법 제109조).

b) 소극적(일실이익) 손해

특정물의 소유권침해를 원인으로 한 손해배상청구에 있어서는 원칙적으로 불법행위시를 기준하여 그때의 교환가격으로 손해액을 산정하고 그 불법행위 후의 목적물의 가격등귀와 같은 특별사정에 의한 손해는 그 예견가능성이 있었던 경우에 한하여 배상책임이 있다(63다242 판결).

문제는 물건이 훼손되거나 멸실한 경우에 이른바 휴업손해의 배상을 청구할 있는지에 있다. 판례는 물건이 훼손된 경우에 수리기간 동안에 목적물을 이용하지 못하여 손해가 발생한 경우에, 그 휴업손해에 대해서도 배상을 인정한다. 가령, 불법행위로 훼손된 자동차를 수리하는 기간 동안의 손해로서 휴차손해와 대차사용료는 선택적 관계에 있어 차주는 휴차손해 대신 대차사용료의 지급을 청구할 수 있다(92다6112 판결 등). 그리고 불법행위로 영업용 물건이 멸실된 경우에도, 이를 대체할 다른 물건을 마련하기 위하여 필요한 합리적인 기간 동안 그 물건을 이용하여 영업을 계속하였더라면 얻을 수 있었던 이익, 즉 휴업손해는 그에 대한 증명이 가능한 한 통상의 손해로서 교환가치와는 별도로 그 배상을 인정한다(2001다82507 전원합의체 판결, 2003다20909, 20916 판결 등). 가령, 불법행위로 영업용 택시와 같은 수익용 차량이 손상되어 수리가 불가능한 경우에 새 차를 구입하여 영업을 개시할 수 있을 때까지의 기간 동안 영업을 하지 못한 휴업손해는 통상손해에 해당한다는 것이다(2003다24147 판결). 이전의 판례는 수선이 불가능하여 교환가치를 배상하는 경우에, 그 교환가격에는 그 물건을 사용·수익할 수 있었던 이익이 포함되어 있어 이를 따로 청구할 수 없다고 하였다(88다카30085 판결(선박), 91다5150 판결(자동차), 2000다29325 판결(건물), 97다15104 판결(임대목적물)).

판례 ➡ 불법압류집행시의 목적물의 시가를 넘는 일실이익액은 불법행위의 직접적인 대상에 대한 손해가 아닌 간접적·소극적 손해로서 이는 특별한 사정으로 인한 손해라 할 것이므로 가해자가 그와 같은 사정을 알았거나 알 수 있었을 것이라고 인정되는 경우에만 배상책임이 있다(2002다39616 판결).

판례 ➡ 고속도로 확장공사 및 차량통행에 따른 소음·진동으로 인하여 종전 사업장에서 더 이상 양돈업을 할 수 없게 된 경우, 양돈업자들이 입은 소극적 손해는 그 곳에서의 양돈장을 폐업, 이전함으로 인하여 상실하게 된 수입이라고 할 것인 바, 그 손해기간은 차량통행으로 인한 소음·진동으로 양돈장의 정상적인 영업이 불가능하여 이를 폐업한 때부터 위 양돈장과 유사한 정도의 시설물 건설 및 양돈상태 조성에 드는 기간에 정상적인 노력으로 위 양돈장을 위한 대체지와 양돈영업시설을 확보하는 데 소요되는 통상의 기간을 더한 기간이다(2001다68358 판결).

판례 ➡ 농지가 흙더미의 방치나 논두렁의 훼손 등으로 인하여 경작이 이루어질 수 없었던 경우에 그로 인한 손해는, 실제로 소유자에 의한 원상회복이 완료되어 경작이 가능할 때까지 계속하여 발생하는 것이 아니라 소유자 스스로 원상회복을 할 수 있었던 상당한 기간까지만 발생하는 것으로 봄이 상당하다(2001다47757 판결).

iii) 인적 손해의 산정방법

a) 적극적 손해

생명이나 신체의 침해로 인한 적극적 손해에는 통상적으로 치료비, 개호비, 장례비 등이 포함된다.

㉠ 치료비

치료비에는 치료하는 데 요구되는 각종의 비용이 포함된다. 입원비, 약값, 진료비, 수술비 등을 들 수 있다.

㉡ 개호비(介護費)

가령, 부상으로 인한 후유증으로 사망할 때까지 개호인을 필요로 하는 때에는 그 비용도 재산적 손해로서 배상에 포함된다. 장래의 의족이나 의수 등의 구입비용도 현재의 가격을 기준으로 산정해서 배상하여야 한다. 그리고 개호라 함은 신체적 장해를 가진 자를 위하여 타인의 노동이 직접 필요한 경우에 한정되는 것이 아니라 지적 또는 정신적 장해로 인하여 타인의 감독 내지 보호가 필요한 경우도 포함된다(99다42797 판결).

판례 ➡ 불법행위로 입은 상해의 후유장애로 인하여 장래에 계속적으로 치료비나 개호비 등을 지출하여야 할 손해를 입은 피해자가 그 손해의 배상을 정기금에 의한 지급과 일시금에 의한 지급 중 어느 방식에 의하여 청구할 것인지는 원칙적으로 손해배상청구권자인 그 자신이 임의로 선택할 수 있는 것이나, 다만 식물인간 등의 경우와 같이 그 후유장애의 계속기간이나 잔존 여명이 단축된 정도 등을 확정하기 곤란하여 일시금 지급방식에 의한 손해의 배상이 사회정의와 형평의 이념에 비추어 현저하게 불합리한 결과를 초래할 우려가 있는 때에는 손해배상청구권자가 일시금에 의한 지급을 청구하였더라도 법원이 재량에 따라 정기금에 의한 지급을 명하는 판결을 할 수 있다(2000다11317 판결, 96다21591 판결 등).

㉢ 장례비

장례에 관한 비용도 손해배상의 대상에 포함된다(66다1456 판결). 손해배상의 대상이 되는 장례비에는 묘지구입비라든가(84다카1125 판결) 사회통념이나 풍속 등에 비추어 합리적인 범위 내의 비석 및 상석 설치비용은 상속재산가액에서 공제되는 장례비용에 해당한다(97누669 판결). 물론 조객접대용 식사나 주류비용 등도 장례비에 포함된다(77다2466 판결). 다만, 관계법령에서 금지하고 있는 행위에 소용된 장례비용(예, 부고장 인쇄비)에 대하여는 불법행위로 인한 손해라고 하여 배상청구할 수 없다(81다35 판결).

판례 ➡ 상속에 관한 비용은 상속재산 중에서 지급하는 것이고, 상속에 관한 비용이라 함은 상속재산의 관리 및 청산에 필요한 비용을 의미하는 바, 장례비용도 피상속인이나 상속인의 사회적 지위와 그 지역의 풍속 등에 비추어 합리적인 금액 범위 내라면 이를 상속비용으로 보아야 한다(2003다30968 판결).

b) 소극적(일실이익) 손해

㉠ 일실이익의 산정

일실수입은 피해자의 노동능력이 가지는 재산적 가치를 정당하게 반영하는 기준에 의하여 산정하여야 한다. 그러므로 사고 당시 일정한 직업에 종사하여 소득을 얻고 있었던 사람은 특별한 사정이 없는 한 그 소득이 일실수입 산정의 기초가 된다. 특히 세무당국에 신고된 피해자의 소득이 있을 때에는, 그 신고소득이 실제로 얻었던 것과 다르다거나 또는 그것이 일시적・우연적 사정에 의한 것으로서 통상 얻을 수 있는 소득이 아니라는 등의 특별한 사정이 없는 한, 그 신고소득을 사고 당시의 소득으로 보아 이를 기초로 일실수입을 산정하여야 한다(98다5661 판결, 2011다82063, 82070 판결). 그리고 불법행위로 인하여 신체에 상해를 입어 노동능력을 상실한 피해자의 일실수입을 산정함에 있어서는 그 노동능력상실 당시의 수익을 기준으로 함이 상당하나, 향후 그 수익이 증가될 고도의 개연성이 있는 경우 장차 증가될 수익도 마땅히 고려하여야 한다(99다27293 판결). 물론 신체의 침해로 인하여 치료기간 동안에 업무를 계속할 수 없어서 수입이 줄어든 경우에는, 그 줄어든 수입액을 배상액의 산정에 포함되어야 한다. 또한 생명이 침해되거나 신체의 침해로 인해 노동능력이 상실된 경우에는, 장래에 얻을 수 있었던 수입액이 배상액의 산정에 포함된다.

판례 ➡ 불법행위로 인한 일실수익액의 산정은 불법행위 당시의 피해자의 수익을 기준으로 하여야 함이 원칙이고, 다만 불법행위시 이후에 있어서 장차 피해자의 수익이 증가하게 되는 특별사정이 있을 때에는 가해자가 그 사정을 알았거나 알 수 있었을 때에 한하여 그 증가된 수익을 기준으로 할 수 있다. 따라서 광부가 그 소속회사를 상대로 손해배상청구를 하는 때에는 그 소속회사는 그 임금인상의 주체이어서 위 특별사정을 예측할 수 있다고 볼 것이고, 일용노동임금을 기초로 손해배상청구를 하는 때에는 동 임금이 상승일로에 있다는 것이 공지의 사실이라고 할 것이므로, 각기 변론종결 당시의 인상된 임금을 기준으로 일실수익을 산정할 수 있다(80다1994 판결).

판례 ➡ 타인의 불법행위로 인하여 상해를 입고 노동능력의 일부를 상실한 경우에 피해자가 입은 일실이익의 산정방법에 대하여서는 일실이익의 본질을 불법행위가 없었더라면 피해자가 얻을 수 있는 소득의 상실로 보아 불법행위 당시의 소득과 불법행위 후의 향후 소득과의 차액을 산출하는 방법(소득상실설 또는 차액설)과 일실이익의 본질을 소득창출의 근거가 되는 노동능력의 상실 자체로 보고 상실된 노동능력의 가치를 사고 당시의 소득이나 추정소득에 의하여 평가하는 방법(가동능력 상실설 또는 평가설)의 대립이 있는데, 당해 사건에 현출된 구체적 사정을 기초로 하여 합리적이고 객관성 있는 기대수익액을 산정할 수 있으면 족한 것이고 반드시 어느 하나의 산정방법만을 정당한 것이라고 고집해서는 안된다고 할 것이지만 사고 전후에 있어서의 현실적인 소득의 차액이 변론과정에서 밝혀지지 않고 있는 경우에는 앞에서 본 차액설의 방법에 의하여 일실이익을 산정하는 것은 불가능하고 평가설의 방법에 의하여 산정하는 것이 합리적이고 정의와 형평에도 합당하다(90다카21022 판결).

판례 ➡ 여명 예측이 불확실하다고 보아 피해자가 확실히 생존하고 있으리라고 인정되는 기간을 기준으로 일시금과 정기금을 혼용하여 일실수입 손해의 지급을 명함에 있어서는 피해자가 확실히 생존하고 있으리라고 인정되는 기간 동안의 일실수입은 중간이자를 공제한 일시금으로, 그 기간 이후 가동연한까지의 일실수입은 생계비를 공제한 금액에서 중간이자를 공제한 일시금으로, 그 기간 이후 가동연한까지의 일실수입 중 생계비 상당의 손해는 피해자의 생존을 조건으로 매월 정기금으로 배상할 것을 명하여야 한다(2001다72678 판결).

판례 ➡ 일반적으로 정년이 보장되어 있는 급여소득자가 재직 중 불법행위로 인하여 사망함으로써 입은 퇴직금 손해는 사망하지 않았더라면 지급받을 수 있는 정년시까지의 총 근속기간에 대한 퇴직금 전액에서 사망으로 인하여 지급받게 된 그 때까지의 근속기간에 해당하는 퇴직금 등을 공제하는 방법으로 산정하여야 한다(82다카140 판결, 86다카1905 판결, 87다카2901 판결, 98다50340 판결, 2005다4208 판결 등).

㉡ 노동능력상실률의 결정

장래의 일실이익의 산정은 1차적으로 노동능력의 상실률에 기초하여 산정되어야 한다. 예컨대, 신체상해로 인해 50%의 노동능력이 상실되어 종전의 직업에 종사할 수 없게 되고, 일용임금노동에 종사하여 일용임금의 50%만을 얻을 수 있게 된 피해자의 일실이익은, 종전의 소득액에서 일용임금의 50%에 상당하는 금액을 공제하여 산정하게 된다.

노동능력상실률은 의학적인 신체장해의 비율과 함께, 피해자의 연령 및 교육 정도, 종전의 직업의 성질과 경력, 유사직종이나 타직종에의 전업 가능성, 기타의 사회적·경제적 조건을 모두 참작하여 경험칙에 따라 정하여야 할 것이다(97다4784 판결).

판례 ➡ 노동능력상실률을 적용하는 방법에 의하여 일실이익을 산정할 경우 그 노동능력상실률은 단순한 의학적 신체기능장애율이 아니라 피해자의 연령, 교육 정도, 종전 직업의 성질과 직업경력, 기능 숙련 정도, 신체기능장애 정도 및 유사직종이나 다른 직종으로의 전업 가능성과 그 확률 기타 사회적·경제적 조건을 모두 참작하여 경험칙에 따라 정한 수익상실률로서 합리적이고 객관성이 있는 것이어야 하고(89다카982 판결, 90다카21022 판결 등), 노동능력상실률을 정하기 위한 보조자료의 하나인 의학적 신체기능장애율에 관한 감정인의 감정 결과는 사실인정에 관하여 특별한 지식과 경험을 요하는 경우에 법관이 그 특별한 지식, 경험을 이용하는 데 불과한 것이며, 궁극적으로는 앞서 열거한 피해자의 제 조건과 경험칙에 비추어 규범적으로 결정할 수밖에 없다(2003다6873 판결, 2013다37722 판결).

㉢ 피해자의 소득의 결정

피해자의 소득은 실질소득을 기초로 하나, 실질소득에 관한 증거가 없는 경우에는, 유사한 직종에 종사하는 사람들에 대한 통계소득에 의해 일실이익을 산정하게 된다(2008다91108 판결). 또한 전업주부와 같이 일정한 수입이 없는 피해자의 소득은 고용근로자의 평균임금에 상당하는 수익이 산정의 기초가 된다(87다카346 판결).

판례 ➡ 불법행위로 인한 손해배상사건에서 피해자의 일실수입은 사고 당시 피해자의 실제소득을 기준으로 하여 산정할 수도 있고 통계소득을 포함한 추정소득에 의하여 평가할 수도 있는 것인 바, 피해자가 일정한 수입을 얻고 있었던 경우 신빙성 있는 실제 수입에 대한 증거가 현출되지 아니하는 경우에는 피해자가 종사하였던 직종과 유사한 직종에 종사하는 자들에 대한 통계소득에 의하여 피해자의 일실수입을 산정하여야 한다(2008다91180 판결).

㉣ 잔여의 노동가능기간의 결정

잔여의 노동가능기간은 피해자가 종사하는 직종의 정년까지인 것이 원칙이나, 정년이 정해지지 않은 경우에는 경험칙에 의해 결정해야 할 것이다. 판례는 일반적인 육체노동자의 가동연한은 60세로 보는 것이 경험칙상 타당하다고 하고(88다카16867 전원합의체 판결), 농업종사자의 경우에는 농업종사실태 등에 비추어 가동연한을 65세가 끝날 때까지로 보고 있으며(96다46491 판결), 약사나 의사 등 전문직에 종사하는 경우에는 경험칙상 65세까지 일할 수 있다고 한다(2008다3619 판결, 2008다3527 판결).

㉤ 생활비의 공제

피해자가 사망한 때에는 평균여명까지의 생활비를 공제하여 배상액을 산정하여야 한다. 다만, 미성년자가 성년이 되어 수입이 가능할 때까지의 생활비는 그 친권자나 부양의무자의 부담에 속하는 것이므로, 사망한 미성년자의 일실이익을 산정함에 있어서는, 피해자의 성년에 이르기까지의 생활비는 일실이익에서 공제할 것이 아니다(65다2523 판결, 69다1388 판결). 그리고 소득에 대하여 과하여지는 소득세 등의 제세금액은 소득액에서 공제하지 아니한다(88다카122 판결).

판례 ➡ 생명이나 신체에 대한 불법행위로 인하여 가동능력의 전부 또는 일부를 상실함으로써 일실하는 이익의 액은 그 피해자가 그로 인하여 상실하게 된 가동능력에 대한 총평가액으로서 소득세 등 제세금액을 공제하지 아니한 금액이라고 보아야 한다(78다1491 전원합의체 판결). 따라서 불법행위 전후의 수입을 비교하여 사고후 수입이 감소된 부분을 수익상실로 산정함은 부당하다(84다카325 판결).

③ 정신적 손해의 산정

정신적 손해는 '재산 이외의 손해'로서 이에 대한 금전배상을 위자료라 한다(제751조, 제752조). 위자료는 정신적 고통에 대한 배상으로서 과연 이를 객관적으로 인정하고, 금전으로 전보될 수 있는지가 문제될 수 있다. 정신적 손해는 재산적 손해와는 달리 교환가격이라는 것이 존재할 수 없기 때문이다. 하지만, 민법이 금전배상주의를 채택한 이상 정신적 손해 역시 금전으로 산정하여 배상하여야 한다. 따라서 위자료액은 배상권리자가 청구하는 범위 내에서 법관이 재량에 의하여 결정할 수밖에 없다(99다24218 판결 참조). 다만, 사실심법원이 가지는 재량에는 손해의 공평한 분담이라는 이념과 형평의 원칙에 현저히 반하는 위자료를 산정하여서는 아니 된다는 한계가 있다(2012다202819 전원합의체 판결). 판례는 일반적으로 타인의 불법행위에 의하여 재산권이 침해된 경우에는 그 재산적 손해의 배상에 의하여 정신적 고통도 회복된다고 보아야 하므로 재산적 손해의 배상에 의하여 회복할 수 없는 정신적 손해가 발생하였다면 이는 특별한 사정으로 인한 손해로서 가해자가 그러한 사정을 알았거나 알 수 있었을 경우에 한하여 그 손해에 대한 위자료를 인정할 수 있다고 한다(88다카27249 판결, 2001다82507 전원합의체 판결 등).

판례 ➡ 불법행위로 입은 비재산적 손해에 대한 위자료 액수에 관하여는 사실심법원이 여러 사정을 참작하여 그 직권에 속하는 재량에 의하여 이를 확정할 수 있는 것이나(2002다43165 판결 등 참조), 이것이 위자료의 산정에 법관의 자의가 허용된다는 것을 의미하는 것은 물론 아니다. 위자료의 산정에도 그 시대와 일반적인 법감정에 부합될 수 있는 액수가 산정되어야 한다는 한계가 당연히 존재하고, 따라서 그 한계를 넘어 손해의 공평한 분담이라는 이념과 형평의 원칙에 현저히 반하는 위자료를 산정하는 것은 사실심법원이 갖는 재량의 한계를 일탈한 것이 된다(2008다3527 판결, 2012다202819 전원합의체 판결 등 참조). 한편 위자료는 불법행위에 따른 피해자의 정신적 고통을 위자하는 금액에 한정되어야 하므로 발생한 재산상 손해의 확정이 가능한 경우에 위자료의 명목 아래 재산상 손해의 전보를 꾀하는 일은 허용될 수 없고(84다카722 판결 등 참조), 재산상 손해의 발생에 대한 증명이 부족한 경우에는 더욱 그러하다(2011다108057 판결). 그리고 법원이 불법행위로 인한 위자료를 산정함에 있어서는 피해자의 연령, 직업, 사회적 지위, 재산 및 생활상태, 피해로 입은 고통의 정도, 피해자의 과실 정도 등 피해자측의 사정에 가해자의 고의, 과실의 정도, 가해행위의 동기, 원인, 가해자의 재산상태, 사회적 지위, 연령, 사고 후의 가해자의 태도 등 가해자측의 사정까지 함께 참작하는 것이 손해의 공평부담이라는 손해배상의 원칙에 부합한다(2007다77149 판결).

판례➡ 민법 제752조는 생명침해의 경우에 있어서의 위자료 청구권자를 열거 규정하고 있으나 이는 예시적 열거규정이라고 할 것이므로 생명침해 아닌 불법행위의 경우에도 불법행위피해자의 부모는 그 정신적 고통에 관한 입증을 함으로써 일반원칙인 같은 법 제750조, 제751조에 의하여 위자료를 청구할 수 있다고 해석하여야 한다(98다41377 판결).

판례➡ 불법행위로 인한 손해배상채무에 대하여는 별도의 이행최고가 없더라도 채무성립과 동시에 지연손해금이 발생하는 것이 원칙이다. 다만 불법행위시와 변론종결시 사이에 장기간의 세월이 경과함으로써 위자료 산정의 기준되는 변론종결시의 국민소득수준이나 통화가치 등의 사정이 불법행위시에 비하여 상당한 정도로 변동한 결과 그에 따라 이를 반영하는 위자료 액수 또한 현저한 증액이 불가피한 경우에는, 예외적으로 불법행위로 인한 위자료 배상채무의 지연손해금은 위자료 산정의 기준시인 사실심 변론종결 당일부터 발생한다고 보아야 한다(2009다103950 판결, 2011재다199 전원합의체 판결, 2011다38325 판결 등).

3. 과실상계

불법행위에 있어서의 피해자에게 과실이 있는 경우에는, 채무불이행에 있어서의 과실상계에 관한 규정이 준용된다(제763조, 제396조). 즉, 불법행위에 관하여도 피해자에게 과실이 있는 때에는, 손해의 공평분담의 원칙에 따라 법원은 손해배상의 책임 및 그 금액을 정함에 있어서 이를 참작하여야 한다. 또한 배상의무자가 피해자의 과실에 관하여 주장을 하지 아니한 경우에도 소송자료에 따라 과실이 인정되는 경우에는 이를 법원이 직권으로 심리·판단하여야 한다(2013다31137 판결). 그리고 불법행위의 경우에 피해자의 과실에는 피해자 본인의 과실 뿐만 아니라 그와 신분상 내지 생활관계상 일체를 이루고 있는 자의 과실도 피해자의 과실로 인정한다(98다31868 판결 등).

판례➡ 불법행위에 있어서 과실상계는 공평 내지 신의칙의 견지에서 손해배상액을 정함에 있어 피해자의 과실을 참작하는 것으로서, 그 적용에 있어서는 가해자와 피해자의 고의 과실의 정도, 위법행위의 발생 및 손해의 확대에 관하여 어느 정도의 원인이 되어 있는가 등의 제반 사정을 고려하여 배상액의 범위를 정하는 것이며, 불법행위에 있어서의 가해자의 과실이 의무위반의 강력한 과실임에 반하여 과실상계에 있어서 과실이란 사회통념상, 신의성실의 원칙상, 공동생활상 요구되는 약한 부주의까지를 가리키는 것이라 할 것이다(99다33397 판결).

판례➡ 소음 등을 포함한 공해 등의 위험지역으로 이주하여 들어가 거주하는 경우와 같이 위험의 존재를 인식하거나 과실로 인식하지 못하고 이주한 경우에는 손해배상액의 산정에 있어 형평의 원칙상 과실상계에 준하여 감경 또는 면제사유로 고려하여야 한다(2008다57975 판결).

판례➡ 가해행위와 피해자측의 요인이 경합하여 손해가 발생하거나 확대된 경우에, 그 피해자측의 요인이 체질적인 소인 또는 질병의 위험도와 같이 피해자측의 귀책사유와 무관한 것이라고 할지라도 그 질환의 태양·정도 등에 비추어 가해자에게 손해 전부를 배상하게 하는 것이 공평의 이념에 반한다고 판단되면, 법원은 손해배상액을 정하면서 과실상계의 법리를 유추적용하여 그 손해의 발생 또는 확대에 기여한 피해자측의 요인을 참작할 수 있다(2008다1576 판결, 2012다37251 판결).

판례➡ 신의칙 또는 손해부담의 공평이라는 손해배상제도의 이념에 비추어 볼 때, 불법행위의 피해자에게는 그로 인한 손해의 확대를 방지하거나 감경하기 위하여 노력하여야 할 일반적인 의무가 있으며 피해자가 합리적인 이유없이 손해경감조치의무를 이행하지 않을 경우에는 법원이 그 손해배상액을 정함에 있어 민법 제763조, 제396조를 유추적용하여 그 손해확대에 기여한 피해자의 의무불이행의 점을 참작할 수 있고, 한편 손해의 확대를 방지하거나 경감하는 데 적절한 법적 조치가 존재하는 경우 이는 손해경감조치에 해당될 수 있고, 피해자가 그 법적 조치를 취함에 있어 감당하기 어려운 많은 비용이 소요된다든가, 그 결과가 불확실하다거나, 판단을 받기까지 현저하게 많은 시간이 필요하다는 등의 사정이 없음에도 불구하고 합리적인 이유없이 그 법적 조치를 취하지 아니한 경우에는 그 손해확대에 기여한 피해자의 의무불이행의 점을 손해배상액을 정함에 있어 참작할 수 있다(99다10714 판결, 2003다22912 판결).

판례➡ 차량사고에 있어 운전자의 과실을 피해자측의 과실로 보아 동승자에 대하여 과실상계를 하기 위하여는, 그 차량운전자가 동승자와 신분상 또는 생활관계상 일체를 이루고 있어 운전자의 과실을 동승자에 대한 과실상계 사유로 삼는 것이 공평의 원칙에 합치한다는 구체적인 사정이 전제가 되어야 한다(98다23232 판결).

4. 손익상계

손익상계란 피해자가 불법행위로 손해를 입는 것과 함께 이익도 취득한 경우에, 손해배상액을 산정하는 데 있어 그 이익을 공제하는 것을 말한다. 가령, 가해자가 피해자의 소유에 속하는 토지를 위법하게 점유하여 도로개설이나 구획정리 등을 한 경우에, 피해자가 손해배상을 청구하는 경우에는 도로개설이나 구획정리 등으로 인한 이익을 공제하여야 한다.

민법은 이에 관하여 명문의 규정을 두고 있지 않지만, 공평의 원칙에 따라 이를 인정하는 것이 통설・판례이다(2009다98652 판결). 그리고 손해배상액의 산정에 있어 손익상계가 허용되기 위해서는 손해배상책임의 원인이 되는 행위로 인하여 피해자가 새로운 이득을 얻었고, 그 이득과 손해배상책임의 원인인 행위 사이에 상당인과관계가 있어야 한다(92다31361 판결, 2002다33502 판결, 2006다19603 판결 등). 따라서 별도의 계약으로 피해자가 취득하는 보험료와 같은 것은 공제의 대상이 되지 않는다.

판례➡ 손해배상은 실손해의 전보를 목적으로 하는 것 만큼 피해자로 하여금 실손해 이상의 이익을 취득하게 하는 것은 손해배상의 본능에 반하는 것이므로 손해를 입은 것과 동일한 원인으로 인하여 이익을 얻을 때에는 그 이익은 공제되어야 한다(76다2168 판결).

판례➡ 불법행위 또는 채무불이행에 관하여 채권자의 과실이 있고 채권자가 그로 인하여 이익을 받은 경우에 손해배상액을 산정함에 있어서는 과실상계를 한 다음 손익상계를 하여야 하고(89다카

29129 판결, 95다24340 판결 등), 이는 과실상계 뿐만 아니라 손해부담의 공평을 기하기 위한 책임제한의 경우에도 마찬가지이다(2007다37721 판결).

5. 손해배상액의 경감

불법행위로 인한 손해배상의 책임을 부담하는 가해자는 그 손해가 고의 또는 중대한 과실에 의하지 않은 것이라는 사실과, 손해배상으로 인해 자신의 생계에 중대한 영향을 미치게 된다는 사실을 입증하여, 배상액의 경감을 청구할 수 있다(제765조 제1항). 이 경우 법원은 피해자와 가해자의 경제상태 및 손해의 원인 등을 참작하여 재량에 의해 배상액을 경감할 수 있다(동조 제2항). 손해의 배상으로 생계의 위협을 받을 가능성이 있는 가해자를 위하여 손해의 공평한 분담이라는 이념에 따라 이와 같은 손해감경의 청구가 인정된다. 물론 법원은 배상액의 감경청구가 있게 되면 형평의 정신에 입각하여 자유로이 경감할 수 있다(67다1430 판결). 특히 실화책임에 관한 법률은 실화의 특수성을 고려하여 실화자에게 중대한 과실이 없는 경우에 손해배상액의 경감에 관한 민법 제765조의 특례를 정하고 있다(동법 제1조).

판례 ➡ 차량의 운행자가 아무런 대가를 받지 아니하고 동승자의 편의와 이익을 위하여 동승을 허락하고 동승자도 그 자신의 편의와 이익을 위하여 그 제공을 받은 경우 그 운행목적, 동승자와 운행자의 인적 관계, 그가 차에 동승한 경위, 특히 동승을 요구한 목적과 적극성 등 여러 사정에 비추어 가해자에게 일반 교통사고와 동일한 책임을 지우는 것이 신의칙이나 형평의 원칙으로 보아 매우 불합리하다고 인정될 때에는 그 배상액을 경감할 수 있으나 사고차량에 단순히 호의로 동승하였다는 사실만 가지고 바로 이를 배상액 경감사유로 삼을 수 없다(91다40993 판결, 98다53141 판결, 2010다60769 판결).

판례 ➡ 실화책임에 관한 법률(이하 '개정 실화책임법'이라고 한다)은 구 실화책임에 관한 법률(2009. 5. 8. 법률 제9648호로 전부 개정되기 전의 것)과 달리 손해배상액의 경감에 관한 특례규정만을 두었을 뿐 손해배상의무의 성립을 제한하는 규정을 두고 있지 아니하므로, 공작물의 점유자 또는 소유자가 공작물의 설치·보존상의 하자로 인하여 생긴 화재에 대하여 손해배상책임을 지는지는 다른 법률에 달리 정함이 없는 한 일반 민법의 규정에 의하여 판단하여야 한다. 따라서 공작물의 설치·보존상의 하자에 의하여 직접 발생한 화재로 인한 손해배상책임 뿐만 아니라 그 화재로부터 연소한 부분에 대한 손해배상책임에 관하여도 공작물의 설치·보존상의 하자와 손해 사이에 상당인과관계가 있는 경우에는 민법 제758조 제1항이 적용되고, 실화가 중대한 과실로 인한 것이 아닌 한 그 화재로부터 연소한 부분에 대한 손해의 배상의무자는 개정 실화책임법 제3조에 의하여 손해배상액의 경감을 받을 수 있다(2010다71318 판결).

제 4 관 특수한 불법행위

Ⅰ. 개 관

자기행위책임의 원칙에 따라 타인의 권리 기타 법익을 침해하여 피해가 발생한 경우에 가해행위자가 손해배상의 책임을 부담함이 원칙이다. 그런데 민법은 피해자보호를 위해서 타인의 가해행위 또는 물건으로 인한 책임을 인정하고 있다. 가령, 책임무능력자의 가해행위에 대한 감독자의 책임(제755조), 피용자의 가해행위에 대한 사용자의 책임(제756조), 공작물 등의 점유자·소유자의 책임(제758조), 동물점유자의 책임(제759조), 공동불법행위자의 책임(제760조)을 인정한다.

이 경우 공동불법행위 책임은 공동행위자에게 연대책임을 지우고 있으며, 그 이외의 책임에 있어서는 일반불법행위의 요건 외에 특수한 요건을 요구한다. 또한 공동불법행위 이외의 책임에서는 과실의 증명책임을 가해자에게 전환하고 있으며, 공작물 등의 소유자책임은 무과실의 위험책임을 지우고 있다.

Ⅱ. 책임무능력자의 감독자의 책임

1. 의 의

불법행위가 성립하기 위해서는 위법한 결과에 대한 예견능력으로서 책임능력이 있어야 한다(제753조, 제754조 참조). 이 때에는 이들을 감독하는 지위에 있는 자(법정대리인 또는 감독자) 또는 그에 갈음하여 감독의무를 지는 자가 손해배상책임을 부담한다. 이 경우 감독자 등은 입증책임이 전환되어 스스로 감독의무를 게을리하지 않았음을 증명하지 못하면 배상책임을 지게 된다. 이를 책임무능력자의 감독자책임이라 한다. 나아가 판례는 가해행위자가 책임능력이 있는 경우에도 그가 경제적 책임능력이 없는 때에는 그를 감독할 의무를 지는 자(예, 친권자)에게 책임을 지우고 있다(97다49404 판결). 이 경우 입증책임은 피해자에게 있다.

판례 ➡ **〈책임능력있는 자의 감독자의 책임〉** 민법 제750조에 대한 특별규정인 민법 제755조 제1항에 의하여 책임능력없는 미성년자를 감독할 법정의 의무있는 자가 지는 손해배상책임은 그 미성년자에게 책임이 없음을 전제로 하여 이를 보충하는 책임이고, 그 경우에 감독의무자 자신이 감독의무를 해태하지 아니하였음을 입증하지 아니하는 한 책임을 면할 수 없는 것이나, 반면에 미성년자가 책임능력이 있어 그 스스로 불법행위책임을 지는 경우에도 그 손해가 당해 미성년자의 감독의무자의 의무위반과 상당인과관계가 있으면 감독의무자는 일반불법행위자로서 손해배상책임이 있다 할 것이다(91다32473 판결, 91다37690 판결, 93다22357 판결). 이 경우에 그러한 감독의무 위반사실 및 손해발생과의 상당인과관계의 존재는 이를 주장하는 자가 입증하여야 할 것이다(93다13605 판결). 그리고 민법 제755조에 의하여 책임능력없는 미성년자를 감독할 친권자 등 법정감독의무자의 보호·감독책임은 미성년자의 생활 전반에 미치는 것이고, 법정감독의무자에 대신하여 보호·감독의무를 부담하는 교사 등의 보호·감독책임은 학교 내에서의 학생의 모든 생활관계에 미치는 것이 아니라 학교에서의 교육활동 및 이와 밀접불가분의 관계에 있는 생활관계에 한하며, 이와 같은 대리감독자가 있다는 사실만 가지고 곧 친권자의 법정감독책임이 면탈된다고는 볼 수 없다(2005다24318 판결).

이와 같은 민법 제755조의 책임무능력자의 법정감독의무자의 배상책임규정은 피해자보호를 위하여 불법행위자에게 그 행위 당시에 책임능력이 있었느냐 여부에 불구하고 감독책임자는 그 배상책임을 지는 것이며 감독의무자의 책임은 피감독자의 책임을 보충하는 것이 아니라 이와 병존하는 것으로 불법행위 자체에 관한 과실이 아니라 피감독자에 대한 일반적 감독 및 교육을 게을리한 과실로서 위험책임과 같은 성질을 가지고 있다. 따라서 책임무능력자에 대한 감독의무자의 배상책임의 요건인 과실은 피감독자에 대한 일반적 감독 및 교육을 게을리한 과실로서 추정되므로 감독의무자가 그 감독을 게을리하지 않았다는 것을 증명하지 않는 한 배상책임을 면할 수 없다(84다카474 판결).

2. 요 건

(1) 가해자가 책임무능력자이어야 한다. 즉, 미성년자가 타인에게 손해를 가한 경우라든가(제753조) 심신상실 중에 있는 자가 타인에게 손해를 가한 경우이어야 한다(제754조). 따라서 타인의 감독을 받는 자라도 책임능력이 있는 자는 스스로 책임을 져야 하고 감독자책임은 발생하지 않음이 원칙이다.

(2) 책임무능력자의 불법행위가 있어야 한다. 즉, 가해자가 불법행위를 하였으나 책임능력이 없기 때문에 책임을 부담하지 않는 경우이어야 한다. 따라서 피감독자의 가해행위는 불법행위의 일반적 요건을 모두 갖추고 있어야 한다.

(3) 감독자가 감독에 관하여 무과실을 입증하지 못하여야 한다. 감독자책임은 감독의무위반이라는 과실에 대한 책임이다. 그리고 감독상의 과실에 대한 입증책임이 피해자가 아닌 감독자에게 전환된 이른바 중간책임에 해당한다.

(4) 감독자의 과실과 피해자의 손해 사이에 인과관계가 있어야 한다. 그러한 인과관계가 존재하지 않는 경우에는, 사용자책임에 있어서 사용자의 면책에 관한 제756조 제1항 단서의 규정을 유추적용하여, 감독자에게 면책을 인정하는 것이 일반적인 견해이다.

판례 ➡ **〈책임능력없는 자의 감독자의 책임〉** 민법 제755조에 의하여 책임능력없는 미성년자를 감독할 친권자 등 법정감독의무자의 보호·감독책임은 미성년자의 생활 전반에 미치는 것이고, 법정감독의무자에 대신하여 보호·감독의무를 부담하는 교사 등의 보호·감독책임은 학교 내에서의 학생의 모든 생활관계에 미치는 것이 아니라 학교에서의 교육활동 및 이와 밀접불가분의 관계에 있는 생활관계에 한하며, 이와 같은 대리감독자가 있다는 사실만 가지고 곧 친권자의 법정감독책임이 면탈된다고는 볼 수 없다. 특히 지방자치단체가 설치·경영하는 학교의 교장이나 교사는 학생을 보호·감독할 의무를 지는데, 이러한 보호·감독의무는 교육법에 따라 학생들을 친권자 등 법정감독의무자에 대신하여 감독을 하여야 하는 의무로서 학교 내에서의 학생의 모든 생활관계에 미치는 것은 아니지만, 학교에서의 교육활동 및 이와 밀접불가분의 관계에 있는 생활관계에 속하고, 교육활동의 때와 장소, 가해자의 분별능력, 가해자의 성행, 가해자와 피해자의 관계, 기타 여러 사정을 고려하여 사고가 학교생활에서 통상 발생할 수 있다고 하는 것이 예측되거나 또는 예측가능성(사고발생의 구체적 위험성)이 있는 경우에는 교장이나 교사는 보호·감독의무위반에 대한 책임을 진다(2005다24318 판결).

3. 배상책임자

책임무능력자에 갈음하여 손해배상책임을 부담하는 감독자에는 친권자나 미성년후견인 내지 성년후견인과 같은 법정의 감독자와 그에 갈음하여 책임무능력자를 감독하는 대리감독자이다.

대리감독자는 법정감독의무없이 계약 또는 법률 등에 기초하여 감독의무를 부담하는 자이며, 유치원의 원장(96다19833 판결)이나 보모 또는 초등학교 교원, 사교육을 담당하는 학원의 설립운영자나 교습자(2007다40437 판결), 정신병원의 의사 등을 들 수 있다.

법정감독자가 대리감독자의 선임에 무과실을 입증하지 못하고, 대리감독자도 감독에 관해 무과실을 입증하지 못한 경우에는 법정감독자와 대리감독자는 부진정연대채무를 부담한다.

〈교장, 교사의 보호·감독의무의 성질〉

교장, 교사의 보호·감독의무의 성질은 친권자 등 법정감독의무자를 대신하여 부담하는 의무이지만, 그 의무는 교사의 교육활동에 부수하여 발생하는 것이고 그것에 의하여 교육활동 아래에 있는 학생의 안전을 담보하고 있는 특수적이고 전문적인 것이라는 점에서, 친권자 등이 부담하는 보호·감독의무는 학생의 전 생활영역에 미치는 것에 비교하여 그 의무와 그 범위, 정도 등의 점에서 동일하다고 할 수는 없다. 즉, 가해학생 등의 부모 등 법정감독의무자의 책임은 교장, 교사 등 대리감독의무자의 책임과 다르게 보고 있다. 가해학생의 성벽, 사고 전후의 언동, 소지품, 친구관계 등 제반사정으로부터 곧바로 당해 가해행위를 예견할 수 없다 하더라도 어떤 가해행위가 있을 수 있다는 추상적 위험성을 예견할 수 있다면 부모로서는 일반적·포괄적으로 주의, 지도, 인격교육, 가정환경정비 등 사고방지를 위한 적절한 노력을 하지 않은 이상 그 결과인 가해행위에 대하여 교사감독하에서 발생하였다 하여 면책된다고 볼 수 없다(93다22357 판결, 91다37690 판결). 판례는 교사의 보호·감독의무의 법적 근거를 교육관계법에서 찾고 있다. 가령, 유아교육법 제21조라든가 초·중등교육법 제20조는 학생을 교육하는 것을 교장, 교감, 교사의 임무로 규정하고 있는데, 보호·감독의무는 이러한 교사 등의 직무에서 당연히 생기는 것으로 본다. 그리고 교육공무원의 교육업무상 발생한 불법행위로 인한 손해배상책임은 국가배상법 제1조, 제2조 소정의 배상책임이고, 공무원이 직무수행에 당하여 고의 또는 과실로 타인에게 손해를 가한 것으로 주장하는 경우는 특별법인 국가배상법이 적용되어 민법상의 사용자책임에 관한 규정은 그 적용이 배제된다(96다19833 판결).

〈보호감독의무자〉

학교의 학교관계자(교장이나 교사)는 학생을 보호·감독할 의무를 지며, 그러한 보호·감독의무는 교육법에 따라 학생들을 친권자 등 법정감독의무자에 대신하여 보호·감독하는 의무로서 학교 내에서의 전 생활관계에 미치는 것이 아니고, 학교에서의 교육활동 및 이와 밀접불가분의 관계에 있는 생활관계에 한한다(92다13646 판결, 96다19833 판결, 96다38070 판결). 그리고 민법 제755조에 의하여 책임능력없는 미성년자를 감독할 친권자 등 법정감독의무자의 보호·감독책임은 미성년자의 생활 전반에 미치는 것이고, 법정감독의무자에 대신하여 보호·감독의무를 부담하는 교사 등의 보호·감독책임은 학교 내에서의 학생의 모든 생활관계에 미치는 것이 아니라 학교에서의 교육활동 및 이와 밀접 불가분의 관계에 있는 생활관계에 한하며, 이와 같은 대리감독자가 있다는 사실만 가지고 곧 친권자의 법정감독책임이 면탈된다고는 볼 수 없다(2005다24318 판결).

〈유치원이나 학교 교사의 학생에 대한 보호감독의무의 범위〉

유치원이나 학교의 교사는 원아와 학생을 보호·감독할 의무를 지는 것이나, 그러한 보호감독의무는 관련 법령에 따라 원아와 학생들을 친권자 등 법정감독의무자에 대신하여 보호·감독하여야 하는 의무로서 유치원과 학교에서의 교육활동 및 이에 밀접·불가분의 관계에 있는 생활관계에 한하고, 그 의무범위 내의 생활관계라고 하더라도 교육활동의 때, 장소, 가해자의 분별능력, 가해자의 성행, 가해자와 피해자의 관계, 원아나 학생의 연령, 사회적 경험, 판단능력, 기타 여러 사정을 참작하여 사고가 학교생활에서 통상 발생할 수 있다고 하는 것이 예측되거나 또는 예측가능성이 있는 경우에만 교사는 보호감독의무위반에 대한 책임을 진다(92다13646 판결, 96다19833 판결, 96다44433 판결, 97다15258 판결, 99다23895 판결, 99다44205 판결, 2000다55126 판결, 2002다10585, 10592 판결 등). 가령, 집단따돌림(학교 또는 학급 등 집단에서 복수의 학생들이 한 명 또는 소수의 학생들을 대상으로 의도와 적극성을 가지고, 지속적이면서도 반복적으로 관계에서 소외시키거나 괴롭히는 현상을 말한다)으로 인하여 피해학생이 자살한 경우, 자살의 결과에 대하여 학교의 교장이나 교사의 보호감독의무위반의 책임을 묻기 위하여는 피해학생이 자살에 이른 상황을 객관적으로 보아 교사 등이 예견하였거나 예견할 수 있었음이 인정되어야 한다. 다만, 사회통념상 허용될 수 없는 악질, 중대한 집단따돌림이 계속되고 그 결과 피해학생이 육체적 또는 정신적으로 궁지에 몰린 상황에 있었음을 예견하였거나 예견할 수 있었던 경우에는 피해학생이 자살에 이른 상황에 대한 예견가능성도 있는 것으로 볼 수 있을 것이나, 집단따돌림의 내용이 이와 같은 정도에까지 이르지 않은 경우에는 교사 등이 집단따돌림을 예견하였거나 예견할 수 있었다고 하더라도 이것만으로 피해학생의 자살에 대한 예견이 가능하였던 것으로 볼 수는 없으므로, 교사 등이 집단따돌림 자체에 대한 보호감독의무위반의 책임을 부담하는 것은 별론으로 하고 자살의 결과에 대한 보호감독의무위반의 책임을 부담한다고 할 수는 없다(2005다16034 판결). 이러한 법리는 학원의 설립·운영자 및 교습자의 경우라고 하여 다르지 않을 것인 바, 대체로 나이가 어려 책임능력과 의사능력이 없거나 부족한 유치원생 또는 초등학교 저학년생에 대하여는 보호감독의무가 미치는 생활관계의 범위와 사고발생에 대한 예견가능성이 더욱 넓게 인정되어야 한다. 특히 유치원생이나 그와 비슷한 연령, 사회적 경험 및 판단능력을 가진 초등학교 저학년생을 통학차량으로 운송하는 방식을 취하고 있는 경우에는 그 유치원·학교 또는 학원의 운영자나 교사 등으로서는 보호자로부터 학생을 맞아 통학차량에 태운 때로부터 학교 등에서의 교육활동이 끝난 후 다시 통학차량에 태워 보호자가 미리 지정한 장소에 안전하게 내려줄 때까지 학생을 보호·감독할 의무가 있는 것으로 보아야 한다(2007다40437 판결).

Ⅲ. 사용자책임

1. 서 설

(1) 의 의

사용자가 피용자를 사용하여 그 행위의 영역을 확대한 경우에 피용자의 불법행위로 인하여 손해가 발생한 경우에는 피용자 뿐 아니라 사용자도 책임을 진다(제756조). 가령, 오토바이로 LPG가스를 배달하는 직원의 과실로 타인이 상해를 입은 경우에 피해자는 직원 뿐 아니라 그 직원의 사용자인 사장에게도 책임을 물을 수 있다. 이를 사용자책임이라고 한다.

다만, 사용자가 피용자의 선임 및 감독에 과실이 없음을 입증하거나, 선임 및 감독에 상당한 주의를 하였어도 손해가 발생하였을 것임을 입증한 경우에는 책임을 부담하지 않는다(제756조 제1항 단서). 사용자책임도 면책사유에 관한 입증책임을 피해자로부터 사용자 또는 대리감독자에게 전환한 이른바 중간책임에 해당한다.

(2) 성 질

사용자책임의 성질에 관해서는 사용자가 피용자에 대위하여 책임을 부담한다는 대위책임설[158]과 사용자가 자신의 과실에 대해 책임을 부담한다는 자기책임설[159]이 대립한다.

대위책임설은 사용자책임의 기능은 자력이 부족한 피용자 대신에 자력이 풍부한 사용자를 상대로 배상을 청구하게 함으로써 피해자를 구제하기 위한 것이므로, 사용자는 피용자를 대위하여 손해배상책임을 부담한다고 한다. 자기책임설은 사용자책임에 있어서 사용자의 귀책근거는 그가 피용자를 제대로 선임・감독하지 못한 과실에 있는 것이므로, 사용자는 피해자에 대해 자신이 응당 부담하여야 할 배상책임을 부담하는 것이라고 한다. 판례는 대위책임설을 취한다(91다33070 전원합의체 판결).

판례➡ 피용자와 제3자가 공동불법행위로 피해자에게 손해를 가하여 그 손해배상채무를 부담하는 경우에 피용자와 제3자는 공동불법행위자로서 서로 부진정연대관계에 있고, 한편 사용자의 손해배상책임은 피용자의 배상책임에 대한 대체적 책임이어서 사용자도 제3자와 부진정연대관계에 있다고 보아야 할 것이므로, 사용자가 피용자와 제3자의 책임비율에 의하여 정해진 피용자의 부담부분을 초과하여 피해자에게 손해를 배상한 경우에는 사용자는 제3자에 대하여도 구상권을 행사할 수 있으며, 그 구상의 범위는 제3자의 부담부분에 국한된다고 보는 것이 타당하다(91다33070 전원합의체 판결).

생각건대 민법이 사용자에게 과실을 요구하고 있지만, 사용자가 피해자에게 배상을 해준 경우에는 피용자에 대해 구상권을 인정하고 있다(제756조 제3항). 자기책임설은 구상권의 근거를 설명하기 곤란하다는 점에서 대위책임설이 타당하다.

---

158) 지원림, 민법강의, Rn. 5-289.

159) 고유책임설이라고도 한다. 이은영, 채권각론, 851면.

(3) 근 거

대위책임설에 따라 사용자가 피용자를 대신하여 대위책임을 부담하여야 하는 근거가 어디에 있는가가 문제된다. 통설은 보상책임의 원리를 들고 있다. 즉, "타인을 통하여 어떠한 사무를 처리하는 자는, 그것에 의하여 자기의 활동범위를 확대하고 그 만큼 많은 이익을 얻고 있는 것이므로, 그 타인이 사무집행에 관하여 제3자에게 손해를 가한 경우 이에 대하여 배상책임을 지는 것이 공평의 관념에 부합하다"는 데에 그 근거를 두고 있다. 그러므로 사용자에게 손해배상책임을 지우는 것이 합당한지 여부는 공평의 관념을 기준으로 하여 구체적 사안에 따라 개별적으로 가려야 할 것이다(84다카979 판결 등).

(4) 다른 책임과의 관계

① 법인의 불법행위책임과의 관계 법인의 불법행위책임에 관한 제35조는 사용자책임에 관한 제756조의 특별규정에 해당한다. 즉, 제35조는 법인의 대표기관의 불법행위에 대해서만 적용되고, 법인의 대표기관이 아닌 법인의 피용자의 불법행위에 대해서는 제756조가 적용된다.

판례 ➡ 법인에 있어서 그 대표자가 직무에 관하여 불법행위를 한 경우에는 민법 제35조 제1항에 의하여, 법인의 피용자가 사무집행에 관하여 불법행위를 한 경우에는 민법 제756조 제1항에 의하여 각기 손해배상책임을 부담한다(2009다57033 판결).

② 국가배상법과의 관계 공무원 또는 공무를 위탁받은 사인이 그 직무를 집행함에 있어서 불법행위를 한 경우에는 국가배상법 제2조가 적용된다. 그러나 국가 등이 공권력의 행사가 아니고 사경제 주체로서의 지위에서 활동을 하면서 불법행위를 저지른 경우에는 민법이 적용된다.

판례 ➡ 교육공무원의 교육업무상 발생한 불법행위로 인한 손해배상책임은 국가배상법 제1조, 제2조 소정의 배상책임이고, 공무원이 직무수행에 당하여 고의 또는 과실로 타인에게 손해를 가한 것으로 주장하는 경우는 특별법인 국가배상법이 적용되어 민법상의 사용자책임에 관한 규정은 그 적용이 배제된다(96다19833 판결).

판례 ➡ 국가 또는 지방자치단체라 할지라도 공권력의 행사가 아니고 단순한 사경제의 주체로 활동하였을 경우에는 그 손해배상책임에 국가배상법이 적용될 수 없고 민법상의 사용자책임 등이 인정되는 것이고 국가의 철도운행사업은 국가가 공권력의 행사로서 하는 것이 아니고 사경제적 작용이라 할 것이므로, 이로 인한 사고에 공무원이 관여하였다고 하더라도 국가배상법을 적용할 것이 아니고 일반 민법의 규정에 따라야 한다(95다6991 판결).

③ 자동차손해배상보장법과의 관계 피용자가 운전한 자동차사고의 경우에는 우선 자동차손해배상보장법 제3조가 적용되고, 민법 제756조는 자동차손해배상보장법 제3조에 따른 경우 외에 적용될 수 있다(자동차손해배상보장법 제4조).

판례 ➡ 자동차손해배상보장법 제3조는 불법행위에 관한 민법 규정의 특별규정이라고 할 것이므로 자동차사고로 인하여 손해를 입은 자가 자동차손해배상보장법에 의하여 손해배상을 주장하지 않았다고 하더라도 법원은 민법에 우선하여 자동차손해배상보장법을 적용하여야 한다(95다29390 판결).

④ 이행보조자책임과의 관계 채무자의 이행보조자가 피용자의 지위에 있는 경우에, 피용자의 불법행위에 대해서 채무자는 채무불이행책임(제391조)과 경합하여 제756조에 의한 사용자책임을 진다.

판례 ➡ 운송인을 위하여 운송계약의 이행을 보조하거나 대행하고 있더라도 운송인으로부터 직접 지휘·감독을 받지 않고 독립하여 영업활동을 수행하고 있을 뿐이라면 그러한 자를 운송인의 피용자라고 할 수는 없는 것이므로, 운송인은 그러한 자의 불법행위에 대하여 사용자로서의 손해배상책임을 지지 아니한다(99다55052 판결).

[사용자책임과 다른 책임과의 관계]

구분	사용자책임	법인의 책임	국가 등의 책임	자동차운행자책임	이행보조자책임
행위자	피용자	법인의 대표	공무원	운전자	이행보조자
사용자의 면책 내지 배제	피용자의 선임·감독에 과실이 없는 경우, 피해자에게 악의 또는 중대한 과실이 있는 경우(97다49978 판결)	외형이론에 따라 상대방에게 악의 또는 중대한 과실이 있는 경우(2003다34045 판결)	외형이론에 따라 상대방에게 악의 또는 중대한 과실이 있는 경우(?)	자동차소유자에게 운행지배 내지 운행이익을 결한 경우	이행보조자의 고의·과실은 채무자의 고의·과실로 봄
적용법규	민법 제756조	민법 제35조	국가배상법 제2조	자배법 제3조	민법 제391조
행위자의 면책 여부	행위자도 책임부담	법인의 대표자도 책임부담	공무원이 고의 또는 중대한 과실이 있는 경우 책임부담	운전자도 책임부담	이행보조자는 계약책임이 아닌 불법행위책임을 부담함
경합 여부	다른 책임과 경합할 수 있음	법인의 이사의 불법행위에 대하여는 제35조를 우선적용함	국가배상법을 우선적용함	자배법을 우선 적용함(94다23876 판결)	경합

2. 요 건

(1) '사용관계'가 존재할 것

① 사용관계의 개념

사용자와 피용자의 사용관계는 반드시 유효한 법률상의 관계에 있을 필요가 없고, 사실상 일정한 자의 의사에 따라서 사무를 집행하는 관계에 있으면 된다(97다13702 판결, 2003다49542 판결 등). 따라서 이 경우 사용관계는 고용관계나 근로관계보다 넓은 개념으로서 그 발생원인이나 보수의 유무는 문제가 되지 않고, 기간의 장단도 문제가 되지 않는다.

다만, 사용관계에 있다고 하기 위해서는 사용자와 피용자 사이에 지휘·감독의 관계가 있어야 한다(98다62671 판결, 2000다26128 판결 등). 따라서 피용자가 사용자에 의해 선임되지 않았다고 하더라도 가해행위 당시에 지휘·감독의 관계에 있으면 사용자책임이 성립한다. 그리고 이 경우 지휘·감독은 가해행위의 발생시에 실질적으로 행해졌을 필요는 없고, 사용자가 객관적으로 지휘·감독을 할 지위에 있었으면 사용자책임이 인정된다. 즉, 사용자로 지목된 자가 불법행위자 본인을 실제로 지휘·감독하지 않았던 경우라 하더라도, 객관적·규범적으로 보아 사용자로 지목된 자가 불법행위자 본인을 지휘·감독해야 할 지위에 있었던 때에는 사용관계의 존재를 인정할 수 있다고 할 것이다(2000다62445 판결 등).

판례➡ **〈사용자와 피용자의 관계〉** 제756조의 사용자와 피용자의 관계는 반드시 유효한 고용관계가 있는 경우에 한하는 것이 아니고, 사실상 어떤 사람이 다른 사람을 위하여 그 지휘·감독 아래 그 의사에 따라 사업을 집행하는 관계에 있을 때에도 그 두 사람 사이에 사용자, 피용자의 관계가 있다고 할 수 있으며, 피용자의 불법행위가 외형상 객관적으로 사용자의 사업활동 내지 사무집행행위 또는 그와 관련된 것이라고 보일 때에는 행위자의 주관적 사정을 고려함이 없이 이를 사무집행에 관하여 한 행위로 볼 것이고, 외형상 객관적으로 사용자의 사무집행에 관련된 것인지의 여부는 피용자의 본래 직무와 불법행위와의 관련 정도 및 사용자에게 손해발생에 대한 위험창출과 방지조치 결여의 책임이 어느 정도 있는지를 고려하여 판단하여야 한다(2003다49542 판결).

② 위임이나 명의대여의 경우

위임이나 명의대여에 있어서도 피용자와 사용자의 관계가 인정될 수 있다. 즉, 위임의 경우에도 위임인과 수임인 사이에 지휘·감독관계가 있고, 수임인의 불법행위가 외형상 객관적으로 위임인의 사무집행에 관련된 경우에는, 위임인은 수임인의 불법행위에 대해 사용자책임을 부담한다(96다25500 판결). 또한 명의대여의 경우에도 대여자와 피대여자 사이의 관계는 외부적으로는 사용자와 피용자의 관계에 있는 것으로 보여지므로, 대여자가 객관적·규범적으로 피대여자를 지휘·감독할 지위에 있는 경우에는 사용자책임의 요건으로서 사용관계가 인정될 수 있다(2001다3658 판결, 2003다36133 판결 등).

판례➡ **〈지입회사의 사용자책임〉** 지입차량의 차주 또는 그가 고용한 운전자의 과실로 타인에게 손해를 가한 경우에는 지입회사는 명의대여자로서 제3자에 대하여 지입차량이 자기의 사업에 속하는 것을 표시하였을 뿐 아니라, 객관적으로 지입차주를 지휘·감독하는 사용자의 지위에 있다 할 것이므로 이러한 불법행위에 대하여는 그 사용자책임을 부담한다고 할 것이다(95다34255 판결, 2000다20069 판결).

판례➡ **〈명의대여자의 사용자책임〉** 명의대여관계의 경우 민법 제756조가 규정하고 있는 사용자책임의 요건으로서의 사용관계가 있느냐 여부는 실제적으로 지휘·감독을 하였느냐의 여부에 관계없이 객관적·규범적으로 보아 사용자가 그 불법행위자를 지휘·감독해야 할 지위에 있었느냐의 여부를 기준으로 결정하여야 한다(2001다3658 판결).

(2) 타인을 사용하여 어느 '사무'에 종사하게 하였을 것

여기서 사무란 일반적으로 '일'을 말하며, 매우 넓은 개념이다. 반드시 영리적인 기업활동과 관련될 필요는 없고, 비영리적인 것이라도 상관없다. 또한 반드시 계속적인 것이어야 할 필요가 없고, 일시적인 사무라도 문제가 되지 않는다(89다카2278 판결). 그리고 법률적인 것이어야 할 것은 아니고, 사실적인 일도 포함한다.

(3) 피용자의 가해행위가 불법행위의 요건을 갖추고 있을 것

사용자책임이 성립하기 위해서는 피용자의 불법행위가 불법행위의 일반적 요건을 갖추고 있어야 하는지에 대해서는 견해가 갈린다. ① 대위책임설에 의할 경우에는 피용자의 불법행위는 불법행위의 일반적 요건을 갖출 것을 요한다.[160] 반면에 ② 자기책임설에 따르면 피용자가 위법행위로 타인에게 손해를 가한 것으로 사용자책임이 성립하고, 피용자에게 귀책사유나 책임능력과 같은 주관적인 요건은 필요하지 않은 것으로 새긴다.[161] 판례는 사용자책임의 요건으로 피용자의 불법행위에 대한 일반적 요건을 요구한다(81다298 판결). 대위책임설의 입장에서 ①의 견해가 타당하다.

그리고 이 경우 피용자의 불법행위는 제3자에 대한 것이어야 한다. 이 경우 제3자란 사용자와 가해행위를 한 피용자 이외의 사람을 가리킨다(65다825 판결). 따라서 동일한 사용자에 의해 고용되어 있는 피용자 사이에 있어서도 사용자책임이 인정될 수 있다(64다1232 판결). 즉, 어느 한 피용자가 근무 중 가해행위에 의해 다른 피용자에게 손해를 가한 경우에 사용자책임이 인정될 수 있다.

(4) 피용자가 '그 사무집행에 관하여' 불법행위를 하였을 것

사용자책임이 성립하기 위해서는 피용자의 불법행위가 사무집행에 관하여 발생하여야 한다. 이른바 사용자의 불법행위는 사무집행관련성을 가져야 한다. 사용자는 사무관련성이 없는 피용자의 불법행위에 대해서는 책임을 지지 않는다. 이 경우에는 피용자 자신만이 피해자에 대하여 불법행위책임을 진다. 문제는 사무집행관련성의 판단기준이다. 통설・판례는 이른바 외형이론을 취한다. 즉, '사무집행에 관하여'의 의미를 사용자의 사무에 속하는 행위는 물론이고(일체불가분의 관계), 그 자체로는 사무집행행위에 속하지 아니하나 행위의 외형상 사무집행행위와 사회관념상 견련성을 가지는 행위를 포함하는 것으로 이해한다. 가령, 피용자의 불법행위가 외형상 객관적으로 사용자의 사업활동 내지 사무집행행위에 포함되거나 또는 그와 관련된 것이라고 보일 때에는, 사무집행에 관하여 한 행위라고 볼 수 있다는 것이다(2003다49542 판결).

다만, 판례에 의하면 피용자의 불법행위가 사용자의 사무집행행위에 해당되지 않음을 피해자 자신이 알았거나 또는 중대한 과실로 알지 못한 경우에는 피해자는 사용자에 대하여 사용자책임을 물을 수 없다(83다카217 판결, 2010다20211 판결 등).

---

160) 곽윤직, 채권각론, 419면; 송덕수, 채권법각론, Rn. 274.
161) 이은영, 채권각론, 853면.

판례➡ **〈사무집행에 관하여의 의미〉** 제756조에 규정된 사용자책임의 요건인 '사무집행에 관하여'라는 뜻은 피용자의 불법행위가 외형상 객관적으로 사용자의 사업활동 내지 사무집행행위 또는 그와 관련된 것이라고 보여질 때에는 행위자의 주관적 사정을 고려함이 없이 이를 사무집행에 관하여 한 행위로 본다는 것이다(2001다58443 판결, 2006다29839 판결 등).

판례➡ 공무원에게 부과된 직무상 의무의 내용이 단순히 공공일반의 이익을 위한 것이거나 행정기관 내부의 질서를 규율하기 위한 것이 아니고 전적으로 또는 부수적으로 사회구성원 개인의 안전과 이익을 보호하기 위하여 설정된 것이라면, 공무원이 그와 같은 직무상 의무를 위반함으로 인하여 피해자가 입은 손해에 대하여는 상당인과관계가 인정되는 범위 내에서 국가가 배상책임을 지는 것이고, 이때 상당인과관계의 유무를 판단함에 있어서는 일반적인 결과발생의 개연성은 물론 직무상 의무를 부과하는 법령 기타 행동규범의 목적이나 가해행위의 태양 및 피해의 정도 등을 종합적으로 고려하여야 할 것이다(91다43466 판결, 97다36613 판결, 2005다48994 판결).

(5) 사용자가 면책사유 있음을 입증하지 못할 것

사용자가 피용자의 선임 및 그 사무의 감독에 상당한 주의를 한 경우이거나, 사용자가 상당한 주의를 하였어도 손해가 발생하였을 경우에는 사용자는 손해배상책임을 부담하지 않는다. 피용자의 선임 및 감독에 상당한 주의를 한 경우에 사용자의 면책을 인정한 것은 사용자책임이 과실책임주의에 기초하고 있다는 것을 의미한다. 다만, 판례는 면책사유의 입증책임을 사용자에게 전환하면서(97다58538 판결), 사용자의 면책의 주장을 거의 받아들이지 않음으로써 사용자책임을 사실상 무과실책임에 가깝게 운용하고 있다.

판례➡ **〈사용자책임의 면책사유〉** 사용자책임이 면책되는 피해자의 중대한 과실이라 함은 거래의 상대방이 조금만 주의를 기울였더라면 피용자의 행위가 그 직무권한 내에서 적법하게 행하여진 것이 아니라는 사정을 알 수 있었음에도 만연히 이를 직무권한 내의 행위라고 믿음으로써 일반인에게 요구되는 주의의무에 현저히 위반하는 것으로 거의 고의에 가까운 정도의 주의를 결여하고, 공평의 관점에서 상대방을 구태여 보호할 필요가 없다고 봄이 상당하다고 인정되는 상태를 말한다(2005다55312 판결, 2000다1327 판결, 2002다62029 판결, 2003다36133 판결).

판례➡ 파견근로자 보호등에 관한 법률에 의한 근로자 파견은 파견사업주가 근로자를 고용한 후 그 고용관계를 유지하면서 사용사업주와 사이에 체결한 근로자 파견계약에 따라 사용사업주에게 근로자를 파견하여 근로를 제공하게 하는 것으로서, 파견근로자는 사용사업주의 사업장에서 그의 지시·감독을 받아 근로를 제공하기는 하지만 사용사업주와의 사이에는 고용관계가 존재하지 아니하는 반면, 파견사업주는 파견근로자의 근로계약상의 사용자로서 파견근로자에게 임금지급의무를 부담할 뿐만 아니라, 파견근로자가 사용사업자에게 근로를 제공함에 있어서 사용사업자가 행사하는 구체적인 업무상의 지휘·명령권을 제외한 파견근로자에 대한 파견명령권과 징계권 등 근로계약에 기한 모든 권한을 행사할 수 있으므로 파견근로자를 일반적으로 지휘·감독해야 할 지위에 있게 되고, 따라서 파견사업주와 파견근로자 사이에는 민법 제756조의 사용관계가 인정되어 파견사업주는 파견근로자의 파견업무에 관련한 불법행위에 대하여 파견근로자의 사용자로서의 책임을 져야 하지만, 파견근로자가 사용사업주의 구체적인 지시·감독을 받아 사용사업주의 업무를 행하던 중에 불법행위를 한 경우에 파견사업주가 파견근로자의 선발 및 일반적 지휘·감독권의 행사에 있어서 주의를 다하였다고 인정되는 때에는 면책된다고 할 것이다(2001다24655 판결).

3. 책임의 내용

(1) 배상책임자

사용자책임을 지는 사람은 사용자와 사용자에 갈음하여 그 사무를 감독하는 자, 즉 대리감독자이다(제756조). 이 경우 대리감독자는 객관적으로 볼 때 사용자에 갈음하여 현실적으로 구체적인 사무를 감독하는 지위에 있는 자이다(92다10531 판결, 97다58538 판결 등). 대리감독자가 책임을 진다고 하여 사용자가 면책되는 것은 아니다.[162] 그리고 피용자도 피해자에 대해서 제750조에 따른 일반불법행위를 한 자로서 손해배상책임을 부담한다(93다53696 판결). 따라서 피해자는 사용자와 대리감독자, 그리고 피용자 모두에 대해 손해배상책임을 물을 수 있으며, 이들은 피해자에 대해 부진정연대책임을 부담한다. 물론 손해의 공평분담의 원칙에 비추어 사용자책임의 경우에도 피해자에게 과실이 있으면 과실상계를 할 수 있다(2000다56952 판결).

판례 ➡ **〈사용자책임의 효과: 부진정연대채무〉** 위법행위로 타인에게 직접 손해를 가한 피용자 자신의 손해배상의무와 그 사용자의 손해배상의무는 별개의 채무여서 그 양자가 배상하여야 할 손해액의 범위가 각기 달라질 수 있고, 그 경우 피용자 본인이 손해액의 일부를 변제한 때에는 그 변제금 중 사용자의 과실비율에 상응하는 수액에 한하여 사용자가 배상하여야 할 손해액의 일부로 변제된 것으로 하고, 따라서 사용자의 손해배상책임이 소멸하는 범위도 상응한 그 수액으로 한정되게 함이 불법행위로 인한 손해배상에서의 지도원리인 공평의 원칙과 신의칙에 합당하다(98다55154 판결).

판례 ➡ 피용자 본인이 불법행위의 성립 이후에 피해자에게 손해액의 일부를 변제하였다면, 피용자 본인의 피해자에 대한 변제금 중 사용자의 과실비율에 상응하는 부분 만큼은 손해액의 일부로 변제된 것으로 보아 사용자의 손해배상책임이 그 범위 내에서는 소멸하게 되고, 따라서 사용자가 배상할 손해배상의 범위를 산정함에 있어 피해자의 과실을 참작하여 산정된 손해액에서 과실상계를 한 다음 피용자 본인의 변제금 중 사용자의 과실비율에 상응하는 부분을 공제하여야 하며, 이러한 법리는 피용자 본인이 불법행위의 성립 이후에 피해자에 대하여 일부 금원을 지급함에 있어서 명시적으로 손해배상의 일부 변제조로 지급한 것은 아니지만 불법행위를 은폐하거나 기망의 수단으로 지급한 경우(불법 차용행위를 은폐하기 위하여 피해자에게 차용금에 대한 이자 명목의 금원을 지급한 경우 등)에도 마찬가지로 적용되어야 하고, 또 이는 법인의 대표자에 의한 불법행위로 법인의 불법행위책임이 성립하는 경우에도 다를 바가 없다(2003다34045 판결).

162) 송덕수, 채권법각론, Rn. 275.

(2) 피용자 또는 대리감독자에 대한 구상

사용자 또는 대리감독자가 피해자에 대해 손해배상을 한 경우에는 피용자에 대해 구상권을 행사할 수 있다(제756조 제3항). 사용자책임의 본질은 대위책임이므로 사용자의 구상을 인정하는 것은 이론상 당연하다고 할 것이다. 다만, 자기책임설에 기초하여 사용자가 선임·감독상의 주의의무를 다하지 못하여 야기된 손해나 그 밖에 제3자에게 손해가 발생할 가능성을 미리 회피해야 할 주의의무를 다하지 못하여 생긴 손해는 사용자 스스로 부담하여야 한다고 하면서, 이들 손해에 대해서는 구상권을 행사할 수 없다는 입장도 있다.[163] 그리고 판례도 사업의 성격과 시설, 피용자의 업무내용, 가해행위의 발생원인, 가해행위의 예방에 관한 사용자의 배려의 정도 등의 사정에 비추어, 손해의 공평한 분담이라는 견지에서 신의칙상 상당하다고 인정되는 경우에는 피용자에 대한 구상권을 제한할 수 있다고 한다(91다7255 판결, 94다17246 판결, 95다52611 판결, 2000다33607 판결, 2009다59350 판결).

판례 ➡ **〈피용자의 불법행위로 사용자가 손해를 입은 경우, 손해배상청구 및 구상권의 범위〉** 일반적으로 사용자가 피용자의 업무수행과 관련하여 행하여진 불법행위로 인하여 직접 손해를 입었거나 그 피해자인 제3자에게 사용자로서의 손해배상책임을 부담한 결과로 손해를 입게 된 경우에 있어서, 사용자는 그 사업의 성격과 규모, 시설의 현황, 피용자의 업무내용과 근로조건 및 근무태도, 가해행위의 발생원인과 성격, 가해행위의 예방이나 손실의 분산에 관한 사용자의 배려의 정도, 기타 제반 사정에 비추어 손해의 공평한 분담이라는 견지에서 신의칙상 상당하다고 인정되는 한도 내에서만 피용자에 대하여 손해배상을 청구하거나 그 구상권을 행사할 수 있다(2009다59350 판결, 2014다202691 판결 등).

판례 ➡ 피용자와 제3자가 공동불법행위로 피해자에게 손해를 가하여 그 손해배상채무를 부담하는 경우에 피용자와 제3자는 공동불법행위자로서 서로 부진정연대관계에 있고, 한편 사용자의 손해배상책임은 피용자의 배상책임에 대한 대체적 책임이어서 사용자도 제3자와 부진정연대관계에 있다고 보아야 할 것이므로, 사용자가 피용자와 제3자의 책임비율에 의하여 정해진 피용자의 부담부분을 초과하여 피해자에게 손해를 배상한 경우에는 사용자는 제3자에 대하여도 구상권을 행사할 수 있으며, 그 구상의 범위는 제3자의 부담부분에 국한된다고 보는 것이 타당하다(91다33070 전원합의체 판결).

4. 도급인의 책임

도급계약에 있어 수급인은 도급인으로부터 독립하여 사무를 처리하므로, 수급인을 도급인의 피용자라고 할 수 없다. 따라서 도급인은 수급인이 사무집행과 관련하여 제3자에게 가한 손해를 배상할 책임이 없다. 그리하여 도급인은 도급 또는 지시에 관하여 중대한 과실이 없는 한 수급인이 그 일에 관하여 제3자에게 가한 손해를 배상할 책임이 없다(제757조). 그러나 도급인이 수급인의 일의 진행 및 방법에 관하여 구체적인 지휘 감독권을 유보한 경우에는 도급인과 수급인의 관계는 실질적으로 사용자 및 피용자의 관계와 다를 바 없으므로 수급인이 고용한 제3자의 불법행위로 인한 손해에 대하여 도급인은 민법 제756조에 의한 사용자책임을 면할 수 없고, 이

163) 이은영, 채권각론, 864면.

러한 이치는 하도급의 경우에도 마찬가지이다(92다48109 판결). 그리고 도급인이 수급인에 대하여 특정한 행위를 지휘하거나 특정한 사업을 도급시키는 경우와 같은 이른바 노무도급의 경우에 있어서는 도급인이라고 하더라도 민법 제756조가 규정하고 있는 사용자책임의 요건으로서의 사용관계가 인정된다(97다58170 판결, 97다29264 판결).

판례 **〈도급인의 사용자책임〉** 도급계약에서 도급인은 도급 또는 지시에 관하여 중대한 과실이 없는 한 수급인이 그 일에 관하여 제3자에게 가한 손해를 배상할 책임을 부담하지 않는 것이 원칙이고, 다만 도급인이 수급인의 일의 진행 및 방법에 관하여 구체적인 지휘감독권을 유보하고 공사의 시행에 관하여 구체적으로 지휘감독을 한 경우에는 도급인과 수급인의 관계는 실질적으로 사용자와 피용자의 관계와 다를 바가 없으므로 수급인이나 수급인의 피용자의 불법행위로 인하여 제3자에게 가한 손해에 대하여 도급인은 민법 제756조 소정의 사용자책임을 면할 수 없는데, 여기서 지휘감독이란 실질적인 사용자관계가 인정될 수 있을 정도로 공사시행 방법과 공사진행에 관하여 구체적으로 공사의 운영 및 시행을 직접 지시·지도하고 감시·독려하는 것이어야 한다. 그리고 위와 같은 사용자 및 피용자 관계를 인정할 수 있는 기초가 되는 도급인의 수급인에 대한 지휘감독은 현장에서 구체적인 공사의 운영 및 시행을 직접 지시·지도하고 감시·독려함으로써 시공 자체를 관리함을 말하며, 단순히 공사의 운영 및 시공의 정도가 설계도 또는 시방서대로 시행되고 있는가를 확인하여 공정을 감독하는 데에 불과한 이른바 감리는 여기에 해당하지 않는다고 할 것이므로 도급인이 수급인의 공사에 대하여 감리적인 감독을 함에 지나지 않을 때에는 양자의 관계를 사용자 및 피용자의 관계와 같이 볼 수 없다(83다카1153 판결, 2013다78372 판결).

Ⅳ. 공작물 등의 점유자·소유자책임

1. 의 의

공작물이나 수목의 설치 또는 보존의 하자로 인하여 타인에게 손해를 가한 때에는, 공작물의 점유자가 1차 책임을 지고, 2차로 소유자가 손해를 배상할 책임을 진다(제758조). 즉, 공작물의 점유자는 공작물 등의 설치·보존에 관하여 무과실(손해의 방지에 필요한 주의를 게을리 하지 않았음)을 입증하면 책임을 부담하지 않는다. 그러나 소유자는 면책사유가 인정되지 않고 무과실책임을 부담하게 된다. 이 책임이 '공작물 등의 점유자·소유자 책임'이다.

한편 도로·하천 등 공공의 영조물의 설치 또는 관리에 하자가 있는 경우에는 국가배상법에 따라 면책이 없이 국가 또는 지방자치단체가 책임을 진다(동법 제5조).

[제조물책임법의 시행과 판례 동향]

제조물의 결함으로 인하여 손해가 발생한 경우에 피해자를 구제하는 법적 수단으로는, 우선 하자담보책임과 불완전이행책임을 들 수 있다. 그러나 계약책임적 구성은 당사자의 계약관계의 존재를 전제로 하기 때문에 제조물의 결함으로 인한 피해를 구제하는 데 한계가 노출되었다. 그리고 피해자는 일반불법행위책임을 물을 수가 있는데, 이 경우에 피해자는 제조물에 결함이 존재한다는 사실, 제조자에게 과실이 있다는 사실, 결함과 손해 사이의 인과관계가 존재한다는 사실을 증명하여야 한다. 그리하여 종래 판례는 결함의 존재와 결함과 손해 사이의 인과관계의 증명을 완화하여 왔다(75다2092 판결(닭사료사건), 98다15934 판결(TV폭발 사건), 2008다16776 판결(혈액제재의 결함 인정 사건)). 그런데 민법 해석의 방법으로 문제를 해결하는 데에는 한계가 있어서, 제조물책임법이라는 특별법을 제정 시행하게 되었다(2000. 1. 12. 제정, 2002. 7. 1. 시행, 2013. 5. 22. 개정).

특히 제조물책임법의 입법으로 제조물의 결함으로 인하여 손해가 발생한 경우에 피해자가 '제조물에 결함이 존재함'을 입증하면 손해배상을 받을 수 있도록 하였다. 즉, 제조물책임법은 제조자의 과실을 책임요건으로 하지 않고 결함이 존재하는 제품의 위험성에서 책임근거를 찾았다. 이른바 제조자 등에게 무과실위험책임을 인정하고 있다. 다만, 면책사유, 면책특약, 소멸시효 등 책임이 발생하지 않는 경우가 매우 넓어 피해자가 제조물의 결함으로 인하여 피해를 입었음에도 불구하고 손해를 배상받지 못하는 경우가 많다.[164] 물론 소비자가 제조업자를 알 수 없는 경우 영리목적으로 제조물을 판매 대여한 자를 상대로 제조업자를 알려줄 것을 통지하고 이에 불응하는 경우 판매업자 등을 상대로 제조물책임을 물을 수 있도록 하였으며(제조물책임법 제3조), 제조물책임의 배제 내지 경감 등 면책특약의 무효조항(제조물책임법 제6조)을 두어 소비자를 두텁게 보호하고 있다.

○ 제조물책임법의 적용범위

- 〈제조물 자체의 손해〉 제조물책임이란 제조물에 통상적으로 기대되는 안전성을 결여한 결함으로 인하여 생명·신체나 제조물 그 자체 외의 다른 재산에 손해가 발생한 경우에 제조업자 등에게 지우는 손해배상책임이고, 제조물에 상품적합성이 결여되어 제조물 그 자체에 발생한 손해는 제조물책임의 적용대상이 아니므로, 하자담보책임으로서 그 배상을 구하여야 한다(97다26593 판결, 98다35525 판결).
- 〈영업상의 손실〉 제조물책임이란 제조물에 통상적으로 기대되는 안전성을 결여한 결함으로 인하여 생명·신체 또는 재산에 손해가 발생한 경우에 제조업자 등에게 지우는 손해배상책임인 데, '제조물에 대하여만 발생한 재산상 손해'는 여기서 제외된다(제조물책임법 제3조 제1항). 그리고 '제조물에 대하여만 발생한 재산상 손해'에는 제조물 자체에 발생한 재산상 손해뿐만 아니라 제조물의 결함 때문에 발생한 영업손실로 인한 손해도 포함되므로 그로 인한 손해는 제조물책임법의 적용 대상이 아니다(2012다4824 판결).

○ 제조물

- '제조물'이란 제조되거나 가공된 동산(다른 동산이나 부동산의 일부를 구성하는 경우를 포함한다)을 말한다(제조물책임법 제2조 제1호).
- 제조물책임의 대상이 되는 제조물은 원재료에 설계·가공 등의 행위를 가하여 새로운 물품으로 제조 또는 가공된 동산으로서 상업적 유통에 제공되는 것을 말하고, 여기에는 여러 단계의 상업적 유통을 거쳐 불특정 다수 소비자에게 공급되는 것 뿐만 아니라 특정 소비자와의 공급계약에 따라 그 소비자에게 직접 납품되어 사용되는 것도 포함된다(2006다17553 판결, 2006다17539 판결).

○ 제조업자

- 제조물책임법은 다음 각목의 자를 제조업자로 규정한다.

  가. 제조물의 제조·가공 또는 수입을 업으로 하는 자

  나. 제조물에 성명·상호·상표 또는 그 밖에 식별 가능한 기호 등을 사용하여 자신을 가목의 자

164) 이은영, "제조물책임 면책특약의 효력에 관한 연구", 외법논집 제38권 제1호(2014. 2), 113면 이하.

로 표시한 자 또는 가목의 자로 오인하게 할 수 있는 표시를 한 자

- 제조물책임을 부담하는 제조업자는 제조물의 제조·가공 또는 수입을 업으로 하는 자 또는 제조물에 성명·상호·상표 기타 식별 가능한 기호 등을 사용하여 자신을 제조업자로 표시하거나 제조업자로 오인시킬 수 있는 표시를 한 자를 말하고, 정부와의 공급계약에 따라 정부가 제시한 제조지시에 따라 제조물을 제조·판매한 경우에도 제조물에 결함이 발생한 때에는 제조물책임을 부담한다(2006다17553 판결, 2006다17539 판결).

○ 결함

- 제조물책임법은 결함의 종류를 제조·설계 및 표시상의 결함으로 구분하면서, 위 세 가지 유형에 해당하지 않더라도 제조물에 통상적으로 기대할 수 있는 안전성이 결여되어 있는 경우[165]도 결함의 개념에 포함시키고 있다(동법 제2조 제2호). 결함은 상품이 통상 가져야 할 양·질을 갖추지 못하였거나 특히 그 상품에 보장된 성능을 갖추지 못하는 등 상품적합성이 결여된 경우를 가리키는 '하자'와 구별된다. 다만, 제조물에 결함이 있는 경우에는 그러한 결함은 하자에도 해당하는 경우도 있을 수 있다. 그리하여 제조물책임법은 당해 제조물에 대해서만 발생한 손해에 대해서는 적용되지 아니함을 분명히 하였다(동법 제3조 제1항). 그리하여 판례도 상품의 흠으로 인해 상품 자체에만 손해가 발생한 경우에는 하자담보책임이 문제되고, 그 손해가 확대되어 이용자의 생명, 신체 또는 당해 제조물 외에 다른 재산에까지 손해가 발생한 경우에는 제조물책임이 문제된다고 하고 있다(98다35525 판결).
- 물품을 제조·판매하는 제조업자는 그 제품의 구조·품질·성능 등에 있어서 그 유통 당시의 기술수준과 경제성에 비추어 기대 가능한 범위 내의 안전성과 내구성을 갖춘 제품을 제조·판매하여야 할 책임이 있고, 이러한 안전성과 내구성을 갖추지 못한 결함으로 인하여 소비자에게 손해가 발생한 경우에는 불법행위로 인한 손해배상의무를 부담한다(2003다16771 판결).
- 〈설계상의 결함〉 일반적으로 제조물을 만들어 판매하는 사람은 제조물의 구조, 품질, 성능 등에서 현재의 기술수준과 경제성 등에 비추어 기대가능한 범위 내의 안전성을 갖춘 제품을 제조하여야 하고, 이러한 안전성을 갖추지 못한 결함으로 인하여 사용자에게 손해가 발생한 경우에는 불법행위로 인한 배상책임을 부담하게 되는데, 그와 같은 결함 중 주로 제조자가 합리적인 대체설계를 채용하였더라면 피해나 위험을 줄이거나 피할 수 있었음에도 대체설계를 채용하지 아니하여 제조물이 안전하지 못하게 된 경우를 말하는 이른바 설계상의 결함이 있는지는 제품의 특성 및 용도, 제조물에 대한 사용자의 기대의 내용, 예상되는 위험의 내용, 위험에 대한 사용자의 인식, 사용자에 의한 위험회피의 가능성, 대체설계의 가능성 및 경제적 비용, 채택된 설계와 대체설계의 상대적 장단점 등 여러 사정을 종합적으로 고려하여 사회통념에 비추어 판단하여야 한다(2011다22092 판결).
- 〈제조상의 결함〉 의약품의 제조물책임에서 손해배상책임이 성립하기 위해서는 의약품의 결함 또는 제약회사의 과실과 손해 사이에 인과관계가 있어야 한다. 그러나 의약품 제조과정은 대개 제

165) 이 경우 '결함' 개념은 민법 제758조 소정의 공작물의 설치·보존의 '하자' 개념과 유사하다. 판례는 민법 제758조 제1항에서 말하는 공작물의 설치·보존상 하자라 함은 공작물이 그 용도에 따라 통상 갖추어야 할 안전성을 갖추지 못한 상태에 있음을 말하는 것으로서, 이와 같은 안전성의 구비 여부를 판단함에 있어서는 당해 공작물의 설치·보존자가 그 공작물의 위험성에 비례하여 사회통념상 일반적으로 요구되는 정도의 방호조치의무를 다하였는지 여부를 기준으로 판단하여야 한다고 한다(94다16328 판결, 2008다61615 판결, 2013다1921 판결).

약회사 내부자만이 알 수 있을 뿐이고, 의약품 제조행위는 고도의 전문적 지식을 필요로 하는 분야로서 일반인들이 의약품의 결함이나 제약회사의 과실을 완벽하게 입증하는 것은 극히 어렵다. 따라서 환자인 피해자가 제약회사를 상대로 바이러스에 오염된 혈액제제를 통하여 감염되었다는 것을 손해배상책임의 원인으로 주장하는 경우, 제약회사가 제조한 혈액제제를 투여받기 전에는 감염을 의심할 만한 증상이 없었고, 혈액제제를 투여받은 후 바이러스 감염이 확인되었으며, 혈액제제가 바이러스에 오염되었을 상당한 가능성이 있다는 점을 증명하면, 제약회사가 제조한 혈액제제 결함 또는 제약회사 과실과 피해자감염 사이의 인과관계를 추정하여 손해배상책임을 지울 수 있도록 증명책임을 완화하는 것이 손해의 공평·타당한 부담을 지도원리로 하는 손해배상제도의 이상에 부합한다(2008다16776 판결).

- 〈지시·경고상의 결함〉 제조상 내지 설계상의 결함이 인정되지 아니하는 경우라 할지라도, 제조업자 등이 합리적인 설명, 지시, 경고 기타의 표시를 하였더라면 당해 제조물에 의하여 발생될 수 있는 피해나 위험을 줄이거나 피할 수 있었음에도 이를 하지 아니한 때에는 그와 같은 표시상의 결함(지시·경고상의 결함)에 대하여도 불법행위로 인한 책임이 인정될 수 있고, 그와 같은 결함이 존재하는지에 대한 판단을 할 때에는 제조물의 특성, 통상 사용되는 사용형태, 제조물에 대한 사용자의 기대의 내용, 예상되는 위험의 내용, 위험에 대한 사용자의 인식 및 사용자에 의한 위험회피의 가능성 등 여러 사정을 종합적으로 고려하여 사회통념에 비추어 판단하여야 한다(2011다22092 판결).

○ 면책사유

- 제조물책임법은 제조업자가 당해 제조물을 공급하지 아니한 사실, 제조업자가 당해 제조물을 공급한 때의 과학·기술수준으로는 결함의 존재를 발견할 수 없었다는 사실(개발위험의 항변), 제조물의 결함이 제조업자가 당해 제조물을 공급할 당시의 법령이 정하는 기준을 준수함으로써 발생한 사실, 원재료 또는 부품의 경우에는 당해 원재료 또는 부품을 사용한 제조물 제조업자의 설계 또는 제작에 관한 지시로 인하여 결함이 발생하였다는 사실 중 어느 하나만을 입증하면 책임을 면하는 것으로 규정하고 있다.

○ 입증책임의 분배[166)]

- 제품이 정상적으로 사용되는 상태에서 사고가 발생한 경우 그 제품의 결함을 이유로 제조업자에게 손해배상책임을 지우기 위해서는 달리 제조업자측에서 그 사고가 제품의 결함이 아닌 다른 원인으로 말미암아 발생한 것임을 입증하지 못하는 이상 소비자측에서 그 사고가 제조업자의 배타적 지배하에 있는 영역에서 발생하였다는 점과 그 사고가 어떤 자의 과실없이는 통상 발생하지 않는다고 하는 사정을 증명하는 것으로서 충분하고, 한편 제조업자가 당해 제조물에 의하여 발생될 수 있는 피해나 위험을 줄이거나 피하기 위하여 필요한 합리적인 설명, 지시, 경고 기타의 표시를 하였는지에 관한 표시상의 결함 유무를 판단함에 있어서는 제조물의 특성, 통상 사용되는 사용형태, 제조물에 대한 사용자의 기대의 내용, 예상되는 위험의 내용, 위험에 대한 사용자의 인식 및 사용자에 의한 위험회피의 가능성 등의 여러 사정을 종합적으로 고려하여 사회통념에 비추어 판단하여야 할 것이다(2003다16771 판결, 2005다31361 판결).
- 제조물책임에서 증명책임을 완화하는 것은 일반적으로 그 제품의 생산과정을 전문가인 제조업자

166) 제조물책임소송에서의 입증책임완화에 관하여는 최영덕, "제조물책임소송에서 정보공개를 통한 입증책임완화에 관한 연구", 법학연구 제17권 1호(2014. 3), 262면 이하 참조.

만이 알 수 있어서 그 제품에 어떠한 결함이 존재하였는지, 그 결함으로 인하여 손해가 발생한 것인지 여부를 일반인으로서는 밝힐 수 없는 특수성이 있어서 소비자측이 제품의 결함 및 그 결함과 손해의 발생과의 사이의 인과관계를 과학적·기술적으로 입증한다는 것은 지극히 어렵다는 정보의 편재 내지 불균형을 감안하여 손해의 공평·타당한 부담을 이루기 위한 것이므로(98다15934 판결, 2003다16771 판결 등), 특별한 사정이 없는 한 제조업자나 수입업자로부터 제품을 구매하여 이를 판매한 자가 그 매수인에 대하여 부담하는 민법 제580조 제1항의 하자담보책임에는 제조업자에 대한 제조물책임에서의 증명책임완화의 법리가 유추적용된다고 할 수 없다(2010다72045 판결).

2. 성질 및 근거

공작물 등의 점유자책임은 이른바 중간책임이고, 소유자책임은 무과실책임이다. 민법이 이와 같이 공작물의 점유자나 소유자에게 무거운 책임을 부담시킨 이유는, 손해발생의 위험성이 큰 공작물을 방치한 데 대한 것으로서 위험책임설의 법리에 근거가 있는 것이라고 할 수 있다.

판례➡ **〈민법 제758조와 제750조의 관계〉** 공작물의 설치 또는 보존상의 하자로 인한 사고라 함은 공작물의 설치 또는 보존상의 하자만이 손해발생의 원인이 되는 경우만을 말하는 것이 아니고, 다른 제3자의 행위 또는 피해자의 행위와 경합하여 손해가 발생하더라도 공작물의 설치·보존상의 하자가 공동원인의 하나가 되는 이상 그 손해는 공작물의 설치·보존상의 하자에 의하여 발생한 것이라고 보아야 하므로(94다32924 판결, 2007다10139 판결), 민법 제758조는 공작물의 설치·보존의 하자로 인하여 타인에게 손해를 가한 경우 그 점유자 또는 소유자에게 일반 불법행위와 달리 이른바 위험책임의 법리에 따라 책임을 가중시킨 규정일 뿐이고, 그 공작물 시공자가 그 시공상의 고의·과실로 인하여 피해자에게 가한 손해를 민법 제750조에 의하여 직접 책임을 부담하게 되는 것을 배제하는 취지의 규정은 아니다(96다39219 판결).

3. 요 건

(1) 손해가 '공작물'로부터 발생할 것

공작물 등의 점유자·소유자책임이 인정되기 위해서는 피해자의 손해가 공작물로부터 발생한 것이어야 한다. 공작물이란 지상 및 지하에 인공적으로 만들어져서 설치된 물건을 가리킨다. 이에는 토지의 공작물, 건물 내의 공작물이나 기업설비 등이 있다. 토지의 공작물로는 건물이나 축대 또는 지하도나 수도시설 및 배수시설, 전신주나 고압선 등을 들 수 있고, 건물에 설치된 계단이나 간판, 전기기구 등은 건물 내의 설비에 속하고, 자동차나 항공기 등은 동적인 기업설비에 해당한다.

판례➡ **〈공작물의 의미〉** 민법 제758조에서 말하는 공작물이라 함은 인공적 작업에 의하여 제작된 물건을 말하는 것으로서 전기 그 자체는 여기에서 말하는 공작물에 해당되지 않는다(93다11913 판결). 그러나 "복스대"는 낫트를 풀고 조이는 데 쓰는 공구로서 인공적 작업에 의하여 제작된 물건으로서 공작물이다(79다714 판결). 노반선상의 토지에 인공적 작업을 가한 광석채취 내지 운반을 위한 통로는 이른바 공작물이다(70다312 판결).

판례➡ **〈토지에 정착하는 공작물의 의미〉** 건축법 제2조 제2항 소정의 '토지에 정착하는 공작물'이란 반드시 토지에 고정되어 이동이 불가능한 공작물만을 가리키는 것은 아니고, 물리적으로는 이동이 가능하게 토지에 붙어 있어도 그 붙어 있는 상태가 보통의 방법으로는 토지와 분리하여 이를 이동하는 것이 용이하지 아니하고, 그 본래의 용도가 일정한 장소에 상당 기간 정착되어 있어야 하고 또 그렇게 보여지는 상태로 붙어 있는 경우를 포함한다(91도945 판결). 따라서 토지에 정착하지 아니한 상태로 있는 '콘테이너 하우스' 그 자체는 건축물이라고 할 수 없고, 이것을 토지에 정착하기 이전에는 하나의 제조물 또는 공작물이라고 보아야 할 것이므로 이와 같은 '콘테이너 하우스'를 제조 또는 제작하는 것 그 자체는 건축행위라고 할 수 없으나 이것을 토지에 정착하는 행위는 건축에 해당한다고 보아야 한다. 그러나 과일노점상을 하기 위하여 땅모서리에 수도 파이프를 세우고 천막이 내려오지 않게 수도 파이프를 몇군데 걸쳐놓고 그 위에 천막을 덮어 겨우 비나 맞지 않을 정도로 쉽게 뜯어낼 수 있는 간이구조물은 건축법 제2조 소정의 토지에 정착한 공작물이라 인정할 수 없다(79도2957 판결).

공작물은 일시적인 것이든 영구적인 것이든 모두 포함되며, 어떤 물건에 부합되어 있는가 부속되어 독립한 것인가를 묻지 않는다.

(2) 설치·보존에 하자가 있을 것

피해자의 손해가 공작물의 설치·보존상의 하자로부터 발생한 것이어야 한다. 하자란 공작물이 그 용도에 따라 통상 갖추어야 할 안전성을 갖추지 못한 상태를 가리킨다(94다16328 판결 등). 그리고 설치의 하자는 공작물을 설치한 때부터 원시적으로 안전성이 결여된 경우를 가리키고, 보존의 하자는 공작물을 설치한 후에 후발적으로 안전성의 결여가 발생한 경우를 가리킨다.

이와 같은 안전성의 구비 여부를 판단함에 있어서는 당해 공작물의 설치·보존자가 그 공작물의 위험성에 비례하여 사회통념상 일반적으로 요구되는 정도의 방호조치의무를 다하였는지 여부를 기준으로 삼아야 한다(85다카2336 판결, 94다16328 판결, 97다27022 판결, 2003다24499 판결, 2007다10139 판결 등). 따라서 공작물에서 발생한 사고라도 그것이 공작물의 통상의 용법에 따르지 아니한 **이례적인 행동의 결과 발생한 사고**라면, 특별한 사정이 없는 한 공작물의 설치·보존자에게 그러한 사고에까지 대비하여야 할 방호조치의무가 있다고 할 수는 없다(2004다21053 판결). 그러나 집중호우로 제방도로가 유실되면서 그 곳을 걸어가던 보행자가 강물에 휩쓸려 익사한 경우, 사고 당일의 집중호우가 50년 빈도의 최대강우량에 해당한다는 사실만으로 불가항력에 기인한 것으로 볼 수 없다(99다53247 판결). 온풍기의 연통을 가연성 물질인 천막지붕에 근접하여 설치한 경우, 온풍기의 설치·보존상의 하자가 있다(99다39548 판결). 그리고 육교의 소유·점유자는 그 실제 높이와 표시가 항상 일치되도록 하여야 하고, 만약 육교의 높이를 실제보다 높게 표시하였다면 이는 육교의 보존, 관리에 하자가 있는 경우에 해당한다(80다3282 판결). 더욱이 고속도로상에 들어온 개를 피하려다 사고가 난 경우 사고의 원인이 된 고속도로의 보존상 하자가 한국도로공사의 고속도로 유지 관리책임의 범위 내에 속한다는 판결도 있다(92다

27164 판결). 특히 경부고속도로는 시속 100킬로미터의 속도로 차량이 빈번히 통행하는 도로로서 도로상에 통행에 방해가 되는 어떠한 장애물의 존재도 허용될 수 없는 것이기 때문에 그 도로의 추월선상에 가로 약 30내지 40센티미터, 세로 약 40내지 50센티미터, 높이 약 20센티미터 크기의 차단 블록이 밀려나와 있었다면 그 사실 자체가 일단은 고속도로가 본래 갖추어야 할 안전성을 갖추지 못한 상태에 있는 것이어서 이는 고속도로의 보존상의 하자가 있는 경우에 해당한다. 그리고 이 경우 고속도로의 보존상의 하자의 존재에 관한 입증책임은 피해자에게 있으나 일단 그 하자있음이 인정되는 이상 고속도로의 점유관리자는 그 하자가 불가항력에 인한 것이거나 손해의 방지에 필요한 주의를 해태하지 아니하였다는 점을 주장입증하여야 비로소 그 책임을 면할 수가 있다(86다카775 판결).

한편 전기사업법이나 전기설비기술기준령은 전기공작물의 설치보존상의 하자 유무를 판단하는 참작기준이 될 수 있을 뿐이지 절대적인 기준은 아닌 것이므로 한국전력이 위 법령의 기준에 따라 전기공작물을 설치하였다고 하더라도 그로써 그 이후에 생긴 공작물 주위의 자연적·인위적 환경변화에 따른 사고예방조치의 강구의무까지 면제되는 것은 아니다(87다카1282 판결, 79다1370 판결, 80다2550 판결, 2007다10139 판결). 또한 사고를 미연에 방지할 수 있는 시설을 갖추지 못한 때에도 이른바 공작물의 설치 또는 보존의 하자로 보아야 한다(70다1592 판결).

하자의 유무는 객관적으로 판단되며, 하자가 점유자·소유자의 귀책사유에 의하여 발생하였는지는 묻지 않는다(통설). 공작물 등의 하자의 존재에 관하여는 피해자에게 입증책임이 있으나, 판례는 하자의 존제를 추정하기도 한다. 가령, 주위에 있는 다른 건물에는 아무 이상이 없었는데 유독 이 사건 제관실의 지붕이 바람에 날려 무너진 것이라면 이 사건 사고는 일응 그 공작물의 하자에 기인한 것이라고 추정함이 타당하다(74다246 판결).

판례 ➡ **〈공작물의 설치관리상의 하자의 의미〉** 공작물의 설치 및 보존의 하자라 함은 공작물이 그 용도에 따라 본래 갖추어야 할 안전성을 결여한 것을 말하는 것으로 여기에서 본래 갖추어야 할 안전성이라 함은 그 공작물 자체만의 용도에 한정된 안전성만이 아니라 그 공작물의 현실적으로 설치되어 사용되고 있는 상황에서 요구되는 안전성을 뜻한다(87다카827 판결). 가령, 제1종의 시설을 두어야 할 건널목에 제3종의 시설을 둔 것은 이른바, 공작물의 하자다(70다711 판결). 공작물 설치 당시의 사정과 기술수준으로 더 이상의 방법을 기대할 수 없도록 그 설치에 만전을 기하였다고 하더라도 사고가 발생할 당시 홍수를 방지함에 족한 제반시설이 갖추어지지 못한 상태라면 그 보존에 하자가 있다(76다2609 판결). 사고를 미연에 방지할 수 있는 시설을 갖추지 못한 때에도 이른바 공작물의 설치 또는 보존의 하자로 보아야 한다(70다1592 판결). 그리고 이와 같은 안전성의 구비 여부를 판단함에 있어서는 당해 공작물의 설치보존자가 그 공작물의 위험성에 비례하여 사회통념상 일반적으로 요구되는 정도의 방호조치의무를 다하였는지의 여부를 기준으로 삼아야 한다(95다22351 판결, 2013다1921 판결). 또한 공작물의 설치 또는 보존상의 하자로 인한 사고는 공작물의 설치 또는 보존상의 하자만이 손해발생의 원인이 되는 경우만을 말하는 것이 아니고, 공작물의 설치 또는 보존상의 하자가 사고의 공동원인의 하나가 되는 이상 사고로 인한 손해는 공작물의 설치 또는 보존상의 하자에 의하여 발생한 것이라고 보아야 한다(2009다101343 판결 등). 그리고 가령, 화재가 공작물의 설치 또는 보존상의 하자가 아닌 다른 원인으로 발생하였거나 화재의 발생원인이 밝혀지지 않은 경우에도 공작물의 설치 또는 보존상의 하자로 인하여 화재가 확산되어 손해가 발생하였다면 공작물의 설치 또는 보존상의 하자는 화재사고의 공동원인의 하나가 되었다고 볼 수 있다(2013다61602 판결 등).

판례 ➡ **〈물적 하자의 판단기준〉** 국가배상법 제5조 제1항에 정하여진 '영조물의 설치 또는 관리의 하자'라 함은 공공의 목적에 공여된 영조물이 그 용도에 따라 갖추어야 할 안전성을 갖추지 못한 상태에 있음을 말하고, 여기서 안전성을 갖추지 못한 상태, 즉 타인에게 위해를 끼칠 위험성이 있는 상태라 함은 당해 영조물을 구성하는 물적 시설 그 자체에 있는 물리적·외형적 흠결이나 불비로 인하여 그 이용자에게 위해를 끼칠 위험성이 있는 경우 뿐만 아니라 그 영조물이 공공의 목적에 이용됨에 있어 그 이용상태 및 정도가 일정한 한도를 초과하여 제3자에게 사회통념상 수인할 것이 기대되는 한도를 넘는 피해를 입히는 경우까지 포함된다고 할 것이다. 그리고 수인한도의 기준을 결정함에 있어서는 일반적으로 침해되는 권리나 이익의 성질과 침해의 정도 뿐만 아니라 침해행위가 갖는 공공성의 내용과 정도, 그 지역환경의 특수성, 공법적인 규제에 의하여 확보하려는 환경기준, 침해를 방지 또는 경감시키거나 손해를 회피할 방안의 유무 및 그 난이 정도 등 여러 사정을 종합적으로 고려하여 구체적 사건에 따라 개별적으로 결정하여야 할 것이다(2003다49566 판결, 2009다10928, 10935, 10942, 10959 판결).

판례 ➡ 국가배상법 제5조 제1항에 정해진 영조물의 설치 또는 관리의 하자라 함은 영조물이 그 용도에 따라 통상 갖추어야 할 안전성을 갖추지 못한 상태에 있음을 말하는 것이며, 다만 영조물이 완전무결한 상태에 있지 아니하고 그 기능상 어떠한 결함이 있다는 것만으로 영조물의 설치 또는 관리에 하자가 있다고 할 수 없는 것이고, 위와 같은 안전성의 구비 여부를 판단함에 있어서는 당해 영조물의 용도, 그 설치장소의 현황 및 이용상황 등 제반 사정을 종합적으로 고려하여 설치·관리자가 그 영조물의 위험성에 비례하여 사회통념상 일반적으로 요구되는 정도의 방호조치의무를 다하였는지 여부를 그 기준으로 삼아야 하며, 만일 객관적으로 보아 시간적·장소적으로 영조물의 기능상 결함으로 인한 손해발생의 예견가능성과 회피가능성이 없는 경우, 즉 그 영조물의 결함이 영조물의 설치·관리자의 관리행위가 미칠 수 없는 상황 아래에 있는 경우임이 입증되는 경우라면 영조물의 설치·관리상의 하자를 인정할 수 없다(2000다56822 판결).

판례 ➡ **〈하자개념의 확장: 기능적 하자 개념의 도입〉**

• 민법 제758조에 정한 '공작물의 설치 또는 보존의 하자'라 함은 공작물이 그 용도에 따라 갖추어야 할 안전성을 갖추지 못한 상태에 있음을 말하고, 안전성을 갖추지 못한 상태, 즉 타인에게 위해를 끼칠 위험성이 있는 상태라 함은 당해 공작물을 구성하는 물적 시설 그 자체에 있는 물리적·외형적 흠결이나 불비로 인하여 그 이용자에게 위해를 끼칠 위험성이 있는 경우 뿐만 아니라, 그 공작물이 이용됨에 있어 그 이용상태 및 정도가 일정한 한도를 초과하여 제3자에게 사회통념상 수인할 것이 기대되는 한도를 넘는 피해를 입히는 경우까지 포함된다고 보아야 하고, 이 경우 제3자의 수인한도의 기준을 결정함에 있어서는 일반적으로 침해되는 권리나 이익의 성질과 침해의 정도 뿐만 아니라 침해행위가 갖는 공공성의 내용과 정도, 그 지역환경의 특수성, 공법적인 규제에 의하여 확보하려는 환경기준, 침해를 방지 또는 경감시키거나 손해를 회피할 방안의 유무 및 그 난이 정도 등 여러 사정을 종합적으로 고려하여 구체적 사건에 따라 개별적으로 결정하여야 한다(2004다37904, 37911 판결(고속도로 소음피해사건)).

• 국가배상법 제5조 제1항에 정하여진 '영조물의 설치 또는 관리의 하자'라 함은 공공의 목적에 공여된 영조물이 그 용도에 따라 갖추어야 할 안전성을 갖추지 못한 상태에 있음을 말하고, 여기서 안전성을 갖추지 못한 상태, 즉 타인에게 위해를 끼칠 위험성이 있는 상태라 함은 당해 영조물을 구성하는 물적 시설 그 자체에 있는 물리적·외형적 흠결이나 불비로 인하여 그 이용자에게 위해를 끼칠 위험성이 있는 경우 뿐만 아니라, 그 영조물이 공공의 목적에 이용됨에 있어 그 이용상태 및 정도가 일정한 한도를 초과하여 제3자에게 사회통념상 수인할 것이 기대되는 한도를 넘는 피해를 입히는 경우까지 포함된다고 보아야 할 것이다. 그리고 수인한도의 기준을 결정함에 있어서는 일반적으로 침해되는 권리나 이익의 성질과 침해의 정도 뿐만 아니라 침해행위가 갖는 공공성의 내용과 정도, 그 지역환경의 특수성, 공법적인 규제에 의하여 확보하려는 환경기준, 침해를 방지 또는 경감시키거나 손해를 회피할 방안의 유무 및 그 난이 정도 등 여러 사정을 종합적으로 고려하여 구체적 사건에 따라 개별적으로 결정하여야 할 것이다(2003다49566 판결(김포공항사건), 2002다14242 판결(매향리사격장사건), 2007다20112 판결(군용비행장사건), 2007다74560 판결(대구비행장사건) 등). 이와 같이 판례는 영조물의 설치·관리상의 하자 유무의 판단과 위법성 여부의 판단을 일체로서 이른바 수인한도론에 의하고 있다. 즉, 하자 유무를 영조물의 설치 또는 관리자의 방호조치의무 여부를 기준으로 판단함과 아울러 영조물이 제3자에게 사회통념상 참을 수 없는 피해를 입혔는가를 기준으로 판단하고 있다. 이는 영조물의 설치 또는 관리상의 하자 유무의 판단과 위법성 여부의 판단을 일체로서 이른바 수인한도론으로 대체하여 판단한 것으로 평가할 수 있다.[167]

(3) 공작물의 하자와 손해의 발생 사이에 인과관계가 존재할 것

공작물 등의 하자와 손해의 발생 사이에 인과관계가 있어야 한다. 따라서 손해가 천재지변 등 불가항력에 의해 발생한 경우에는 공작물책임이 인정되지 않는다(99다53247 판결). 이 경우 입증책임은 점유자·소유자가 진다(82다카348 판결). 그러나 공작물의 하자와 불가항력이 공동의 원인이 되어 손해가 발생한 경우에는 공작물 등의 점유자·소유자책임이 인정된다. 즉, 하자가 자연적 사실, 제3자의 행위, 피해자의 위법한 행위 등과 함께 공동원인의 하나인 경우에는 공작물 등의 점유자·소유자 책임이 발생한다.

판례 ➡ 97.8밀리의 집중폭우가 사고지역에서 통상 예견할 수 없을 정도의 이변에 속하는 자연현상으로서 도로의 안전성을 위하여 필요한 시설을 갖추었다고 하여도 절개지의 붕괴를 방지할 수 없었다고 인정되지 않는 한 97.8밀리의 집중폭우가 있었다는 사실만으로 불가항력이라 단정할 수 없다(82다카348 판결).

판례 ➡ 민법 제758조 제1항에서 정하는 공작물의 설치·보존상 하자로 인한 손해배상청구에서 '손해 및 가해자를 안 날'이라고 함은 손해의 발생, 공작물의 설치·보존상 하자의 존재, 그 하자와 손해의 발생 사이에 상당인과관계가 있다는 사실 등 공작물책임의 요건사실에 대하여 현실적이고도 구체적으로 인식하였을 때를 의미한다(2007다83991 판결).

167) 채영근, "항공기소음피해에 대한 국가배상판결에 대한 고찰", 항공우주법학 제20권 1호(2005. 6), 213면 이하 참조.

판례 ➡ 공작물의 설치 또는 보존상의 하자로 인한 사고는 공작물의 설치 또는 보존상의 하자만이 손해발생의 원인이 되는 경우만을 말하는 것이 아니고, 공작물의 설치 또는 보존상의 하자가 사고의 공동원인의 하나가 되는 이상 사고로 인한 손해는 공작물의 설치 또는 보존상의 하자에 의하여 발생한 것이라고 보아야 한다(2009다101343 판결). 그리고 화재가 공작물의 설치 또는 보존상의 하자가 아닌 다른 원인으로 발생하였거나 화재의 발생원인이 밝혀지지 않은 경우에도 공작물의 설치 또는 보존상의 하자로 인하여 화재가 확산되어 손해가 발생하였다면 공작물의 설치 또는 보존상의 하자는 화재사고의 공동원인의 하나가 되었다고 볼 수 있다(2013다61602 판결).

(4) 점유자에게 면책사유가 없을 것

점유자가 손해의 방지에 필요한 주의를 해태하지 않은 때에는 면책된다(제758조 제1항 단서). 이 경우 면책사유는 책임을 면하려는 점유자가 증명하여야 한다(2007다29287, 29294 판결).

4. 책임주체

(1) 점유자

점유자는 공작물의 설치 또는 보존의 하자로 인한 과실책임을 진다. 간점유관계가 있는 경우에는 1차적으로 직접점유자가 지고, 직접점유자에게 책임을 지울 수 없는 때에 비로소 간접점유자가 책임을 진다(81다209 판결, 92다10082 판결 등). 이 경우 입증책임이 전환된다. 즉, 하자의 존재에 관한 입증책임은 피해자에게 있으나, 일단 하자있음이 인정되는 이상 손해발생이 천재지변의 불가항력에 의한 것으로서 위와 같은 하자가 없었다고 하여도 불가피한 것이었다는 점에 대한 입증책임은 이를 주장하는 공작물의 점유자에게 있다(82다카348 판결).

판례 ➡ 공작물의 설치 또는 보존의 하자로 인하여 타인에게 손해를 가한 때에 공작물의 점유가 간접점유인 경우에는 직접점유자가 일차적 책임을 지고 직접점유자에게 책임을 지울 수 없는 경우에 비로소 간접점유자가 책임을 진다(73다1077 판결, 93다40560 판결). 특히 건물 일부의 임차인이 건물 외벽에 설치한 간판이 추락하여 행인이 부상한 경우 건물소유자는 건물 외벽의 직접점유자로서 민법 제758조 제1항 소정의 손해배상책임을 부담한다(2002다65516 판결).

판례 ➡ 피고 농지개량조합이 관리하는 용수로가 부락 앞을 통과하고 있어 통행인이나 어린이들이 접근하다가 추락할 위험이 큰 곳이어서 피고가 위험표지판이나 방책 등을 설치하여 사람들의 접근을 막고 특히 많은 양의 물이 흐르는 모내기철에는 위험의 발생이 예견되는 지점에 대하여 차단벽을 설치하거나 철조망 등 위험방지시설을 철저하게 점검하였어야 함에도 불구하고 넘어진 받침대를 보수하지 아니하고 그대로 방치한 보존상의 하자로 인하여 그 부락에 사는 7세된 아이가 수로 우측제방에 자란 풀숲으로 숨으려다가 미끄러져 용수로에 추락하여 익사하였다면 피고는 그 점유자로서 손해배상책임이 있다(88다카8750 판결).

판례 ➡ 종전 임차인들이 그 임차 당시에 브로크 칸막이와 기둥을 제거하여 중간 서까래 받침대에 지붕무게가 지나치게 쏠리게끔 시공한 하자로 말미암아 임차건물의 서까래 받침대가 부러져 천정이 무너진 것이고 그들로부터 임차권을 양수한 현 점유자들은 위와 같은 시공사실조차 몰랐고 또 천정이 베니아판으로 덮여 있어 그 내부를 들여다 볼 수 없기 때문에 외부에서 당초의 칸막이나 기둥을 옮긴 여부를 알아 볼 수 없었을 뿐 아니라 외관상으로도 천정에 별다른 이상이 없었다면 현 점유자가 임차인으로서 상당한 주의를 다하였어도 위와 같이 천정내부의 숨은 하자로 인한 손해발생을 미리 예견하여 이를 방지하기는 불가능한 것이었다 할 것이니 주의의무를 해태했다 볼 수 없다(83다카2266 판결).

(2) 소유자

소유자는 공작물의 설치·보존의 하자로 인한 손해에 대하여 위험책임을 진다. 물건의 직접 점유자나 그와 같은 지위에 있는 사람이 공작물의 하자로 피해를 입은 경우에는 소유자가 책임을 지고, 피해자에게 과실이 있는 때에도 이는 과실상계의 사유가 될 뿐이다(92다31668 판결). 소유자에게 무과실의 위험책임을 부담시키는 이유는 손해발생의 위험성이 있는 공작물을 방치한 것에 그 근거가 있다(96다39219 판결 참조).

판례 ➡ 공작물의 설치 또는 보존의 하자로 인하여 타인에게 손해를 가한 때에는 제1차적으로 공작물의 점유자가 손해를 배상할 책임이 있고 공작물의 소유자는 점유자가 손해의 방지에 필요한 주의를 해태하지 아니한 때에 비로소 제2차적으로 손해를 배상할 책임이 있는 것이지만, 공작물의 임차인인 직접점유자나 그와 같은 지위에 있는 것으로 볼 수 있는 사람이 공작물의 설치 또는 보존의 하자로 인하여 손해를 입은 경우에는 소유자가 그 손해를 배상할 책임이 있는 것이고, 이 경우에 공작물의 보존에 관하여 피해자에게 과실이 있다고 하더라도 과실상계의 사유가 될 뿐이다(88다카11121 판결, 92다31668 판결, 2008다21082 판결). 다만, 가옥임대차에 있어서 임대인은 임차인으로 하여금 그 목적물을 사용수익하게 할 의무가 있고 그 의무내용에는 목적물의 수선의무도 포함되는 것인 바, 가옥임차인이 건물의 부엌벽의 균열을 발견하고 임대인에게 보수를 요구하고 임대인도 그 위험을 인식하여 곧 보수하여 주겠다고 약속하고서 그 이행을 지체하고 있던 중 위 벽이 무너짐으로 말미암아 인명사고가 발생하였다면, 공작물을 직접 점유자인 위 임차인으로서는 손해의 방지에 필요한 주의를 해태하지 아니하였다고 볼 것이므로 결국 그 소유자인 임대인이 위 사고에 대한 손해배상책임을 질 수밖에 없다(86다카1705 판결). 그리고 연탄중독사고가 난 방이 신축건물 내에 있는 별로 사용한 적이 없는 새방이어서 수선 등의 필요가 전혀 없어, 직접점유자인 임차인에게는 통상의 관리에 속하는 주의의무해태가 없고, 그 사고가 건물 건축상의 하자로 인하여 발생된 것인 경우에는, 건물소유자는 건물의 설치·보존상의 하자로 인한 2차적 손해배상책임을 진다(79다466 판결).

판례 ➡ 계량기에 대하여 가스사용자의 점유를 전혀 부정할 수는 없다고 하더라도, 가스공급업자도 또한 가스사용자와 함께 계량기에 대하여 직접 지배하면서 이를 점유관리하고 있었다 할 것이고, 오히려 계량기의 보수, 관리에 관련하는 한에 있어서는 가스사용자보다도 가스공급업자가 보다 직접적·구체적인 지배를 하였다고 할 것이므로, 가스공급업자는 민법 제758조 제1항 소정의 점유자에 해당한다고 할 것이다(94다2787 판결).

판례 ➡ 갑회사 운전자가 카고트럭으로 을회사 운전자 운전의 시내버스를 부딪쳐 그 충격으로 시내버스가 특고압전선이 설치된 전주를 충격하여 전주에 설치된 특고압전선이 떨어져 지락전류로 인하여 인근 공장에 화재가 발생한 경우에, 한국전력공사로서는 전주를 인도에 설치하였다고 하여 그와 같은 사유만으로 공작물의 설치·보존의 하자가 있다고 할 수 없고, 나아가 인도에 설치된 전주를 시내버스가 충격할 것까지 예상하여 안전시설이나 보호장치를 갖추어 전주 및 변압기를 설치하여야 할 주의의무가 있다고 보기 어려우며, 그 밖에 달리 전주 및 변압기에 설치·보존의 하자가 있음을 인정할 수 없고, 또한 그 전주에 과전류차단기나 지락전류를 차단하기 위한 중성선 등의 장치 및 접지선과 접지봉 등 접지시설이 설치되어 있었으므로 그와 같은 시설을 제대로 설치·보존하지 않았다거나 관할 변전소의 계전기의 기기상의 하자가 있었다고 인정할 수 없어, 한국전력공사 소유인 그 전주의 하자로 인하여 화재가 발생하였음을 이유로 한 손해배상청구를 배척한 조치는 정당하다(96다52311 판결). 그런데 전기공작물을 설치할 당시에는 법정안전기준에 적합하게 시설되었다고 하더라도 그 후 부근의 자연적·인위적 환경변화에 의하여 그 안전기준에 미달되는 상태가 발생하였음에도 전기공작물의 소유자인 한국전력이 적절한 조치를 취함이 없이 다만 휴전개폐기만을 설치하여 정전상태에서만 건축공사를 하게 하였다면 한국전력은 그 소유물의 보존관리에 하자가 있다고 보아야 한다(80다1799 판결).

(3) 점유자·소유자의 제3자에 대한 구상권

공작물 등의 점유자·소유자책임에 의하여 피해자에게 손해를 배상한 점유자나 소유자는 손해의 원인에 대해 책임이 있는 제3자에 대하여 구상권을 행사할 수 있다(제758조 제3항). 즉, 손해의 원인이 된 공작물의 하자를 제3자가 발생시킨 경우에는 그 제3자는 점유자나 소유자에 대하여 구상의무를 부담하게 된다. 물론 이 경우 제3자가 직접 피해자에게 제750조에 의한 불법행위책임을 부담할 수도 있다(96다39219 판결).

5. 수목에 관한 책임

수목의 식재 또는 보존에 하자가 있는 경우에도 수목의 점유자와 소유자가 공작물에서와 마찬가지의 책임을 진다(제758조 제3항).

6. 책임의 한계

도로의 설치·관리상의 하자는 도로의 위치 등 장소적인 조건, 도로의 구조, 교통량, 사고시에 있어서의 교통사정 등 도로의 이용상황과 본래의 이용목적 등 제반 사정과 물적 결함의 위치, 형상 등을 종합적으로 고려하여 사회통념에 따라 구체적으로 판단하여야 한다. 특히 강설은 기본적 환경의 하나인 자연현상으로서 그것이 도로교통의 안전을 해치는 위험성의 정도나 그 시기를 예측하기 어렵고 통상 광범위한 지역에 걸쳐 일시에 나타나고 일정한 시간을 경과하면 소멸되는 일과성을 띠는 경우가 많은 점에 비하여, 이로 인하여 발생되는 도로상의 위험에 대처하기 위한 완벽한 방법으로서 도로 자체에 융설 설비를 갖추는 것은 현대의 과학기술의 수준이나 재정사정에 비추어 사실상 불가능하고, 가능한 방법으로 인위적으로 제설작업을 하거나 제설제를 살포하는 등의 방법을 택할 수밖에 없는데, 그러한 경우에 있어서도 적설지대에 속하는 지역의 도로라든가 최저속도의 제한이 있는 고속도로 등 특수목적을 갖고 있는 도로가 아닌 일반 보통의 도로까지도 도로관리자에게 완전한 인적·물적 설비를 갖추고 제설작업을 하여 도로통행상의 위험을 즉시 배제하여 그 안전성을 확보하도록 하는 관리의무를 부과하는 것은 도로의 안전성의 성질에 비추어 적당하지 않고, 오히려 그러한 경우의 도로통행의 안전성은 그와 같은 위험에 대면하여 도로를 이용하는 통행자 개개인의 책임으로 확보하여야 한다(99다54998 판결).

판례 ➡ 공작물인 도로의 설치·관리상의 하자는 도로의 위치 등 장소적인 조건, 도로의 구조, 교통량, 사고시에 있어서의 교통사정 등 도로의 이용상황과 그 본래의 이용목적 등 제반 사정과 물적 결함의 위치, 형상 등을 종합적으로 고려하여 사회통념에 따라 구체적으로 판단하여야 한다. 이와 같이 볼 때 편도 2차선 고속도로의 갓길과 2차선에 걸쳐 고여 있는 빗물에 차량이 미끄러져 180°회전하면서 동일한 경위로 미끄러져 갓길에 정차하여 차량을 점검하고 있던 다른 운전자를 들이받은 사고가 발생한 경우, 고속도로의 설치·관리상의 하자가 있다(99다45413 판결). 물론 강설에 대처하기 위하여 완벽한 방법으로 도로 자체에 융설 설비를 갖추는 것이 현대의 과학기술 수준이나 재정사정에 비추어 사실상 불가능하다고 하더라도, 최저속도의 제한이 있는 고속도로의 경우에 있어서는 도로관리자가 도로의 구조, 기상예보 등을 고려하여 사전에 충분한 인적·물적 설비를 갖추어 강설시 신속한 제설작업을 하고 나아가 필요한 경우 제때에 교통통제 조치를 취함으로써 고속도로로서의 기본적인 기능을 유지하거나 신속히 회복할 수 있도록 하는 관리의무가 있다. 따라서 폭설로 차량운전자 등이 고속도로에서 장시간 고립된 사안에서, 고속도로의 관리자가 고립구간의 교통정체를 충분히 예견할 수 있었음에도 교통제한 및 운행정지 등 필요한 조치를 충실히 이행하지 아니하였으므로 고속도로의 관리상 하자가 있다. 이렇게 고속도로의 관리상 하자가 인정되는 이상 고속도로의 점유관리자는 그 하자가 불가항력에 의한 것이거나 손해의 방지에 필요한 주의를 해태하지 아니하였다는 점을 주장·입증하여야 비로소 그 책임을 면할 수 있다(2007다29287, 29294 판결). 또한 도로 부근 축대 위 인가에서 흘러내린 생활오수 등이 얼어붙어 편도 2차선의 자동차전용도로상에 빙판이 형성되어 사고가 발생하였다면 배수시설을 제대로 갖추지 않고, 도로상태의 점검 소홀로 빙판이 생기도록 방치한 후 곧 이를 제거하지 못한 시에게 도로의 설치관리상 하자로 인한 책임이 있다(92다30139 판결). 그리고 도로의 설치 후 제3자의 행위에 의하여 그 본래의 목적인 통행상의 안전에 결함이 발생한 경우에는 도로에 그와 같은 결함이 있다는 것만 가지고 도로의 보존상의 하자를 인정할 수는 없고, 당해 도로의 구조, 장소적 환경과 이용상황 등 제반 사정을 종합하여 그와 같은 결함을 제거하여 원상으로 복구할 수 있는 데도 이를 방치한 것인지의 여부를 개별적·구체적으로 살펴서 하자의 유무를 판단하여야 할 것이고, 객관적으로 보아 도로의 안전상의 결함이 시간적·장소적으로 그 점유·관리자의 관리행위가 미칠 수 없는 상황 아래에 있는 경우에는 관리상의 하자를 인정할 수 없다(99다12796 판결).

판례 ➡ **〈자동차운전자의 주의의무〉** 야간에 빙판이 깔린 교량상을 운행하는 자동차운전자로서는 낮 중의 강우설과 야간의 기온강하로 인하여 교량상의 노면은 일반노면과는 달리 지열이 없어 빙결형성이 되기 쉽다는 사정까지를 감안하여 감속 서행하여 선행차량들에 대하여 빙판 때문에 일어나는 사태를 잘 주시할 주의의무가 있다. 그리고 자동차전용의 도로로서 중앙에 상·하행차선을 분리하는 중앙분리대를 설치하여 고속도로 운행차량이 반대차선 및 중앙분리대를 침범하지 못하게 되어 있는 고속도로상을 운행하는 자동차운전자는 통상의 경우 반대차선의 차량이 자차의 진로전방에 나타나리라는 것을 예견할 수 없다 할 것이고 특별히 반대차선상의 연쇄충돌사태와 반대차선의 차량이 중앙분리대를 넘어 오는 사태를 이미 보아서 알 수 있었다는 사정이 있고 그에 상응하는 다른 조처를 객관적으로 기대할 수 있었을 것이라는 구체적 사정이 인정된다면 예외적으로 반대차선상으로 주행하던 차량이 중앙분리대를 넘어 진로 전면에 나타나는 것에 대비하여 그 위험발생을 방지함에 필요한 피양을 위한 적절한 조처를 기대할 수 있음에 불과하고 중앙분리대를 넘어오는 상대방 자동차의 접근상황을 인식하고 불과 2초 사이에 충돌사고가 일어난 경우에는 충돌사고의 방지에 필요한 조처를 요구하기에는 시간적으로 불가능하다. 따라서 고속도로상의 중앙분리대를 넘어 반대차선에 자차를 들어낸 자동차의 운전자는 반대차선상을 주행하는 차량에 대하여는 불측의 손해를 야기시켰다고 할 것이므로 반대차선을 운행하는 차량의 안전을 위하여 자차가 야기한 위험을 스스로 해소하도록 필요한 조처를 위할 주의의무가 있다(74다1487 판결).

판례 ➡ **〈고속도로 하자의 입증책임〉** 고속도로의 보존상의 하자의 존재에 관한 입증책임은 피해자에게 있으나 일단 그 하자있음이 인정되는 이상 고속도로의 점유관리자는 그 하자가 불가항력에 인한 것이거나 손해의 방지에 필요한 주의를 해태하지 아니하였다는 점을 주장입증하여야 비로소 그 책임을 면할 수가 있다(86다카775 판결).

V. 동물의 점유자책임

1. 의 의

동물의 점유자 또는 점유자에 갈음하여 동물을 보관하는 보관자는, 그 동물이 타인에게 가한 손해를 배상할 책임이 있다(제759조). 그러나 점유자나 보관자가 동물의 종류와 성질에 따라 보관에 상당한 주의를 하였음을 입증하면 책임을 부담하지 않는다. 즉, 동물의 점유자나 보관자가 부담하는 책임은 입증책임이 전환된 중간책임이다. 점유자나 보관자에게 과실의 입증책임을 전환한 것은, 사고의 위험성이 있는 동물에 의해 발생한 손해에 대해서 무거운 책임을 부담시키기 위한 것으로서 위험책임에 그 근거가 있다.

2. 요 건

(1) 동물의 종류는 묻지 않는다.

(2) 동물이 타인에게 손해를 가하여야 한다. 손해는 인적 손해와 물적 손해를 포함한다. 동물을 이용하여 타인에게 손해를 발생시킨 경우에는 이용자가 제750조에 의한 불법행위책임을 진다.

(3) 면책사유가 없어야 한다. 동물의 종류와 성질에 따라 그 보관에 상당한 주의를 해태하지 않은 때에는 면책된다(제759조 제1항 단서). 이 경우 면책사유는 점유자가 증명하여야 한다.

3. 배상책임자

동물로 인한 손해에 대해 배상책임을 부담하는 자는 동물의 점유자 또는 점유자에 갈음하여 동물을 보관하는 보관자이다. 점유자에는 소유자 등의 간접점유자가 포함되는가 하는 것이 문제가 되고 있으나, 제외함이 타당하다.[168] 제759조가 명문으로 소유자를 명시하고 있지 않은 점에서 그렇고, 이 경우 간접점유자에게도 책임을 인정하는 것은 법률에 근거없이 위험책임을 인정하는 결과가 되기 때문이다.

판례는 소유자가 타인에게 동물을 보관시킬 경우에는 동물을 안전하게 관리할 수 있는 시설을 갖추고 있는지 확인하여야 할 의무가 있다고 하면서, 이 주의의무에 위반하여 안전시설을 갖추지 않은 자에게 동물을 보관시킨 경우에는 소유자에게도 손해배상책임이 있다고 하여, 소유자의 배상책임을 인정한다(80다2966 판결).

그리고 동물의 보관자는 동물의 직접점유자를 가리킨다. 다만, 점유보조자는 보관자에 포함되지 않고, 점유주가 점유자 또는 보관자로서 책임을 진다.

판례 ➡ 도사견은 성질이 난폭하여 사람에게 피해를 입힐 위험이 크므로 그 소유자가 이를 타인에게 빌려주는 경우에는 그가 도사견을 안전하게 보관 관리할 수 있는 시설을 갖추고 있는지 여부를 확인하여야 할 주의의무가 있다(80다2966 판결).

Ⅵ. 공동불법행위

1. 의 의

공동불법행위는 여러 사람이 공동으로 불법행위를 하여 타인에게 손해를 가하는 경우를 가리킨다. 민법은 2인 이상이 불법행위로 타인에게 손해를 가하는 i) '협의의 공동불법행위'(제760조 제1항), 공동 아닌 수인의 행위 중 어느 행위가 그 손해를 가한 것인지를 알 수 없는 ii) '가해자 불명의 공동불법행위'(제760조 제2항), iii) '교사 또는 방조행위'(제760조 제3항)를 공동불법행위로 규정하고 있다. 이 경우 공동불법행위자는 피해자에 대하여 연대하여 손해를 배상하여야 한다.

판례 ➡ 민법상 공동불법행위는 객관적으로 관련공동성이 있는 수인의 행위로 타인에게 손해를 가하면 성립하고(2010다28390 판결), 행위자 상호간에 공모는 물론 의사의 공통이나 공동의 인식을 필요로 하는 것이 아니다. 또한 그러한 공동의 행위는 불법행위 자체를 공동으로 하거나 교사·방조하는 경우는 물론 횡령행위로 인한 장물을 취득하는 등 피해의 발생에 공동으로 관련되어 있어도 인정될 수 있다(2012다44969 판결).

2. 공동불법행위책임의 취지

불법행위에 관한 제750조의 규정이 있음에도 불구하고, 민법이 수인이 공동으로 불법행위를 한 경우에 대하여는 제760조 제1항의 규정을 별도로 두어 그 수인으로 하여금 연대하여 손해배상책임을 부담하도록 하는 것은, 공동의 불법행위로 손해가 발생한 경우에는 수인의 행위를 일체로 파악함으로써 불법행위책임의 일반원칙을 수정하여 공동불법행위자의 책임을 무겁게 하려

---

168) 곽윤직, 채권각론, 426면; 송덕수, 채권법각론, Rn. 280.

는 것이라고 볼 수 있다. 원래 불법행위책임의 일반원칙에 따르면 가해자는 ① 자기행위와 인과관계가 있는 손해에 대해서만 책임을 부담하고, ② 자기행위와 인과관계가 있는 손해에 대해서도 자기행위가 기여한 한도내에서만 책임을 부담한다.

제760조 제1항은 이러한 일반원칙에 대하여 수정을 가하여, 경우에 따라서는 i) 각자의 개별적인 행위와 인과관계가 없는 손해에 대해서도 각자가 책임을 부담하게 하거나, ii) 각자의 개별적인 행위와 손해발생 간에 인과관계가 있으면 각자가 기여한 한도를 초과하는 손해에 대하여도 책임을 부담하게 하려는 규정이라고 볼 수 있다. 이 경우 i)과 같은 수정은 수인 사이에 주관적 공동관계가 있는 경우에 인정된다고 볼 수 있고, ii)와 같은 수정은 수인 사이에 주관적 공동관계는 없고 객관적 공동관계만 있는 경우에 인정된다고 볼 수 있다. 그리고 주관적 공동관계가 있으면 i)과 같은 수정이 가능한 이유는, 수인 간에 의사를 교환하거거나 수인이 공동목적을 추구한다는 것은, 각자가 타인의 행위를 이용하고 자기의 행위 역시 타인에 의하여 이용되는 것을 인용한다는 것을 의미하고, 따라서 각자는 타인의 행위에 대한 책임도 인수한다는 것을 의미하는 것으로 볼 수 있기 때문이다. 판례(4289민상551 판결)가 수인 사이에 폭행에 관한 의사의 연락이 있은 후 그 중 1인만이 폭행을 가한 경우에 폭행에 가담하지 않은 자에게도 공동불법행위자로서의 책임을 묻는 것도, 이러한 점에서 그 근거를 찾을 수가 있을 것이다.

또한 수인 사이에 주관적 공동관계는 없지만 객관적 공동관계가 있는 경우(수인의 가해자에 의한 가해행위가 사회관념상의 일체성을 가진 경우)에 ii)와 같은 수정이 가능한 이유는, 그러한 경우에는 피해자가 손해발생에 대한 각 가해자의 기여 정도를 명확히 밝히는 것이 매우 어렵기 때문에, 피해자는 이를 밝힘이 없이 배상범위에 속하는 전 손해를 배상청구할 수 있도록 하고, 기여 정도에 따른 가해자 간의 책임분담의 문제는 그들 사이의 내부문제로 처리하도록 하는 것이 타당하다고 볼 수 있다.[169]

3. 공동불법행위의 유형에 따른 요건

(1) 협의의 공동불법행위

협의의 공동불법행위란 2인 이상이 공동으로 불법행위를 하여 타인에게 손해를 가하는 것을 말한다(제760조 제1항). 가령, 여러 사람이 협력하여 다른 사람을 폭행한다거나 다른 사람의 물건을 훔치는 경우가 그 예이다.

① 각자의 행위가 불법행위의 요건을 갖추어야 하는가. 학설은 긍정설[170]과 경우에 따라 유연하게 새기는 견해[171]가 있다. 판례는 수인이 공동하여 타인에게 손해를 가하는 제760조 제1항의 공동불법행위가 성립하려면 각 행위가 독립하여 불법행위의 요건을 갖추고 있으면서, 객관적으로 관련되고 공동하여 위법하게 피해자에게 손해를 가한 것으로 인정되어야 한다고 한다(96다7854 판결 등). 원칙적으로 긍정하되, 고의·과실이나 인과관계에 있어서는 유연하게 해석할

169) 이상의 설명은 서광민, "한국불법행위법의 변천과 불법행위법학의 과제", 저스티스 제32권 제4호, 106면 참조.
170) 곽윤직, 채권각론, 428면; 이은영, 채권각론, 823면.
171) 김상용, 채권각론, 717면.

필요가 있다고 할 것이다.[172] 가령, 공작물소유자로서 무과실책임을 지는 자는 과실이 없어도 공동불법행위자가 될 수 있으며, 각자의 행위와 손해 사이에 반드시 인과관계가 있어야 할 필요는 없고 주관적 공동관계만 있어도 공동불법행위가 성립할 수 있다.

판례 ➡ 책임능력있는 미성년자의 불법행위로 인하여 손해가 발생한 경우에 그 발생된 손해가 당해 미성년자의 감독의무자의 의무위반과 상당인과관계가 있을 경우에는 감독의무자는 일반불법행위자로서 손해배상의무가 있다. 이 경우 감독의무자는 미성년자와 공동불법행위책임을 진다(90다18500 판결).

판례 ➡ **〈법인의 대표자의 불법행위와 공동불법행위〉** 주식회사의 대표이사가 업무집행을 하면서 고의 또는 과실에 의한 위법행위로 타인에게 손해를 가한 경우 주식회사는 상법 제389조 제3항, 제210조에 의하여 제3자에게 손해배상책임을 부담하게 되고, 그 대표이사도 민법 제750조 또는 상법 제389조 제3항, 제210조에 의하여 주식회사와 공동불법행위책임을 부담하게 된다(79다1230 판결, 2005다55473 판결, 2012다116307 판결).

② 가해행위 사이에 관련공동성이 있어야 한다. 제760조 제1항 소정의 '공동'의 의미를 둘러싸고 견해가 갈린다. 학설은 행위자들 사이에 공모 내지 공동의 인식이 필요하다는 주관적 공동관련설[173]과 행위자들 사이에 공모 내지 공동의 인식은 필요하지 않고 객관적으로 관련공동성이 있으면 된다는 객관적 공동관련설[174]이 대립한다. 판례는 객관적 공동관련설의 입장에 있다(4289민상551 판결). 즉, "공동불법행위의 성립에는 공동불법행위자 상호간에 의사의 공통이나 공동의 인식이 필요하지 아니하고 객관적으로 그들의 각 행위에 관련공동성이 있으면 족하고 그 관련공동성있는 행위에 의하여 손해가 발생하였다면 그 손해배상책임을 면할 수 없다"(98다9205 판결, 2010다28390 판결 등)고 한다. 문언적으로만 보면 주관적 공동관련설이 타당하지만, 그렇게 해석하면 공동불법행위가 성립하는 범위가 너무 협소하여 피해자보호에 미흡하여 적절하지 않다. 각자의 행위가 객관적으로 공동관련성이 있으면 제760조 제1항의 공동불법행위가 성립하는 것으로 새겨야 할 것이다.

판례 ➡ 공동불법행위가 성립하려면 행위자 사이에 의사의 공통이나 행위공동의 인식이 필요한 것은 아니지만, 객관적으로 보아 행위자 각자의 고의 또는 과실에 기한 행위가 공동으로 행하여져 피해자에 대한 권리침해 및 손해발생에 공통의 원인이 되었다고 인정되는 경우라야 할 것이므로, 공동불법행위를 이유로 손해배상책임을 인정하기 위하여는 먼저 행위자 각자의 고의 또는 과실에 기한 행위가 공동으로 행하여졌다는 점이 밝혀져야 한다(2007다44774 판결, 2009다101824 판결).

---

172) 송덕수, 채권법각론, Rn. 282.
173) 지원림, 민법강의, Rn. 5-301; 김증한/김학동, 채권각론, 861면.
174) 곽윤직, 채권각론, 429면; 송덕수, 채권법각론, Rn. 283.

판례➡ 수인이 공동하여 타인에게 손해를 가하는 민법 제760조의 공동불법행위에 있어서는 행위자 상호 간의 공모는 물론 공동의 인식을 필요로 하지 아니하고, 다만 객관적으로 그 공동행위가 관련 공동되어 있으면 족하고 그 관련공동성있는 행위에 의하여 손해가 발생함으로써 이에 대한 배상책임을 지는 공동불법행위가 성립한다(2006다78329 판결, 2005다34377 판결, 99다41749 판결). 따라서 동시에 또는 거의 같은 시기에 건축된 가해건물들이 피해건물에 대하여 전체적으로 수인한도를 초과하는 일조침해의 결과를 야기한 경우, 각 가해건물들이 함께 피해건물의 소유자 등이 종래 향유하던 일조를 침해하게 된다는 점을 예견할 수 있었다면 특별한 사정이 없는 한 각 가해건물의 건축자 등은 일조침해로 피해건물의 소유자 등이 입은 손해 전부에 대하여 공동불법행위자로서의 책임을 부담한다(2005다47014, 47021, 47038 판결).

(2) 가해자불명의 공동불법행위

가해자불명의 공동불법행위는 개별적으로 행해진 2인 이상의 행위 중 어느 자의 행위가 손해의 원인이 된 것인지를 알 수 없는 경우를 가리킨다. 가령, 여러 의사가 의료행위에 관여하여 의료사고가 발생하였는 데 그 중 누구의 과실에 의하여 의료사고가 발생한 것인지 분명하지 않은 경우(2004다52576 판결)라든가, 2대 이상의 자동차가 시간적인 간격을 두고 교통사고를 내어 그로 인하여 피해자가 사망하였는 데 어느 자동차가 치명상을 입혔는지 알 수 없는 때와 같은 경우이다(2007다76306 판결 등). 가해자불명의 공동불법행위는 가해행위에 객관적 공동관련성이 없다는 점에서 협의의 공동불법행위와 다르다.

이와 같이 객관적 공동관련성이 없음에도 불구하고 행위자에게 연대책임을 부담시키는 것은, 가해행위와 손해 사이의 인과관계를 추정하여 피해자를 증명곤란으로부터 구제하기 위한 것이다. 따라서 일부의 행위자가 자신의 행위와 손해 사이에 인과관계가 없음을 입증한 경우에는 그 행위자는 공동불법행위책임을 면하게 된다(2007다76306 판결).

판례➡ **〈민법 제760조 제2항의 가해자불명의 공동불법행위의 취지〉** 민법 제760조 제2항은 여러 사람의 행위가 경합하여 손해가 생긴 경우 중 같은 조 제1항에서 말하는 공동의 불법행위로 보기에 부족할 때, 입증책임을 덜어줌으로써 피해자를 보호하려는 입법정책상의 고려에 따라 각각의 행위와 손해발생 사이의 인과관계를 법률상 추정한 것이므로, 이러한 경우 개별행위자가 자기의 행위와 손해발생 사이에 인과관계가 존재하지 아니함을 증명하면 면책되고, 손해의 일부가 자신의 행위에서 비롯된 것이 아님을 증명하면 배상책임이 그 범위로 감축된다(2005다57189 판결). 그리하여 차량 등의 3중 충돌사고로 사망한 피해자가 그 중 어느 충돌사고로 사망하였는지 정확히 알 수 없는 경우, 피해자가 입은 손해는 민법 제760조 제2항에서 말하는 가해자불명의 공동불법행위로 인한 손해에 해당하여 위 충돌사고 관련자들의 각각의 행위와 위 손해발생 사이의 상당인과관계가 법률상 추정되므로, 그 중 1인이 위 법조항에 따른 공동불법행위자로서의 책임을 면하려면 자기의 행위와 위 손해발생 사이에 상당인과관계가 존재하지 아니함을 적극적으로 주장·입증하여야 한다(2007다76306 판결).

그리고 2인 이상의 불법행위가 개별적으로 행해지고, 각각의 개별적인 불법행위만으로는 손해의 발생을 야기하기에 부족하였으나 이들 행위가 합해져서 손해라는 결과를 발생시킨 경우,

이른바 인과관계의 필요적 경합의 경우에도 가해자불명의 공동불법행위에 관한 규정을 유추적용하여 공동불법행위책임을 부담시킬 수 있을 것이다. 가령, A공장의 폐수와 B공장의 폐수가 합쳐져서 비로소 유독성을 띠게 되어 C의 농작물을 훼손시킨 경우이다. 이 경우에는 제760조 제2항을 유추적용하여 A와 B는 C에 대하여 가해자불명의 공동불법행위책임을 진다고 할 것이다.[175)]

판례 ➡ 교통사고로 인하여 상해를 입은 피해자가 치료를 받던 중 치료를 하던 의사의 과실 등으로 인한 의료사고로 증상이 악화되거나 새로운 증상이 생겨 손해가 확대된 경우에는, 다른 특별한 사정이 없는 한 그와 같은 손해와 교통사고 사이에도 상당인과관계가 있다고 보아야 하므로, 교통사고와 의료사고가 각기 독립하여 불법행위의 요건을 갖추고 있으면서 객관적으로 관련되고 공동하여 위법하게 피해자에게 손해를 가한 것으로 인정된다면, 공동불법행위가 성립되어 공동불법행위자들이 연대하여 그 손해를 배상할 책임이 있다(96다46903 판결).

(3) 교사 또는 방조행위

교사자나 방조자는 공동행위자로 인정되어 공동불법행위의 책임을 부담한다(제760조 제3항). '교사'는 다른 사람으로 하여금 불법행위에 대한 의사결정을 하게 하는 것으로서, 강박이나 기망 등 그 방법은 묻지 않는다. 그리고 '방조'는 가해자의 불법행위를 용이하게 하는 직·간접의 모든 행위로서 불법행위의 보조행위이다(98다31264 판결, 2000다13900 판결, 2001다2181 판결, 2002다35850 판결 등). 방조는 작위에 의한 것만이 아니고, 가해행위를 방지할 작위의무가 있는 자가 그 부작위에 의하여 가해자의 불법행위를 용이하게 하는 경우를 포함한다(2005다32999 판결, 2009다59855 판결, 2010다8709 판결 등). 또한 타인의 불법행위에 대해 도움을 주지 않아야 할 주의의무를 위반한 경우에는 과실에 의한 방조도 인정된다(98다31264 판결 등).

그리고 교사자나 방조자에게 공동불법행위책임을 부담시키기 위해서는 교사나 방조와 불법행위 사이에 인과관계가 있어야 한다. 따라서 이미 불법행위의 의사가 확고한 자에게 행한 교사의 경우에는 교사자에게 공동불법행위책임이 발생하지 않는다.

판례 ➡ **〈민법 제760조 제3항의 적용요건〉** 민법 제760조 제3항은 교사자나 방조자는 공동행위자로 본다고 규정하여 교사자나 방조자에게 공동불법행위자로서 책임을 부담시키고 있는 바, 방조라 함은 불법행위를 용이하게 하는 직접, 간접의 모든 행위를 가리키는 것으로서 작위에 의한 경우 뿐만 아니라 작위의무있는 자가 그것을 방지하여야 할 여러 조치를 취하지 아니하는 부작위로 인하여 불법행위자의 실행행위를 용이하게 하는 경우도 포함하고, 이러한 불법행위의 방조는 형법과 달리 손해의 전보를 목적으로 하여 과실을 원칙적으로 고의와 동일시하는 민법의 해석으로서는 과실에 의한 방조도 가능하며, 이 경우의 과실의 내용은 불법행위에 도움을 주지 말아야 할 주의의무가 있음을 전제로 하여 이 의무에 위반하는 것을 말하고, 방조자에게 공동불법행위자로서의 책임을 지우기 위해서는 방

175) 지원림, 민법강의, Rn. 5-284.

조행위와 피방조자의 불법행위 사이에 상당인과관계가 있어야 한다(98다31264 판결, 2005다32999 판결, 2005다55299판결, 2006다78336 판결, 2010다92346 판결 등).

판례➡ **〈작위의무의 근거〉** 방조란 불법행위를 용이하게 하는 직접·간접의 모든 행위를 가리키는 것으로서 작위에 의한 경우 뿐만 아니라 작위의무 있는 자가 그것을 방지하여야 할 여러 조치를 취하지 아니하는 부작위로 인하여 불법행위자의 실행행위를 용이하게 하는 경우도 포함한다. 여기서 작위의무는 법적인 의무이어야 하므로 단순한 도덕상 또는 종교상 의무는 포함되지 않으나 작위의무가 법적인 의무인 한 그 근거가 성문법이건 불문법이건 상관이 없고 또 공법이건 사법이건 불문하므로, 법령, 법률행위, 선행행위로 인한 경우는 물론이고 기타 신의성실의 원칙이나 사회상규 혹은 조리상 작위의무가 기대되는 경우에도 법적인 작위의무는 있다. 다만 신의성실의 원칙이나 사회상규 혹은 조리상 작위의무는 혈연적인 결합관계나 계약관계 등으로 인한 특별한 신뢰관계가 존재하여 상대방의 법익을 보호하고 그에 대한 침해를 방지할 책임이 있다고 인정되거나 혹은 상대방에게 피해를 입힐 수 있는 위험요인을 지배·관리하고 있거나 타인의 행위를 관리·감독할 지위에 있어 개별적·구체적 사정하에서 위험요인이나 타인의 행위로 인한 피해가 생기지 않도록 조치할 책임이 있다고 인정되는 경우 등과 같이 상대방의 법익을 보호하거나 그의 법익에 대한 침해를 방지하여야 할 특별한 지위에 있음이 인정되는 자에 대하여만 인정할 수 있고, 그러한 지위에 있지 아니한 제3자에 대하여 함부로 작위의무를 확대하여 부과할 것은 아니다(2010다8709 판결).

4. 공동불법행위책임의 내용

(1) 부진정연대채무의 발생

공동불법행위가 성립하면 각 행위자는 피해자에게 연대하여 손해배상책임을 부담한다(제760조 제1항). 이 경우 '연대하여'의 의미에 대하여, 통설·판례는 피해자를 두텁게 보호하기 위하여 성질상 부진정연대채무로 해석한다(83다카208 판결, 96다50896 판결 등).[176] 그리하여 공동불법행위자 1인에게 발생한 사유는 피해자의 손해배상청구권을 만족시키는 사유인 변제·대물변제·공탁·상계만이 절대적 효력이 있고, 그 외의 사유는 상대적 효력을 갖는다. 따라서 피해자가 부진정연대채무자 중 1인에 대하여 손해배상에 관한 권리를 포기하거나 채무를 면제하는 의사표시를 하였다 하더라도 다른 채무자에 대하여 그 효력이 미친다고 볼 수는 없다(96다50896 판결).

판례➡ 부진정연대채무자 중 1인이 자신의 채권자에 대한 반대채권으로 상계를 한 경우에도 채권은 변제, 대물변제 또는 공탁이 행하여진 경우와 동일하게 현실적으로 만족을 얻어 그 목적을 달성하는 것이므로, 그 상계로 인한 채무소멸의 효력은 소멸한 채무 전액에 관하여 다른 부진정연대채무자에 대하여도 미친다고 보아야 한다. 이는 부진정연대채무자 중 1인이 채권자와 상계계약을 체결한 경우에도 마찬가지이다. 나아가 이러한 법리는 채권자가 상계 내지 상계계약이 이루어질 당시 다른 부진정연대채무자의 존재를 알았는지 여부에 의하여 좌우되지 아니한다(2008다97218 전원합의체 판결).

176) 다만, 송덕수, 채권법각론, Rn. 281은 만약 피해자의 보호가 필요하다면 개별적 사항에 대한 예외를 인정하는 것이 민법에 더 합치하는 길이라고 하여, 제760조 '연대하여'의 의미를 연대채무로 이해한다.

(2) 손해배상의 범위

공동불법행위로 인한 통상손해와 특별한 사정에 대한 예견가능성이 있는 특별손해를 배상하여야 한다(제393조). 이 경우 손해배상의 범위는 공동불법행위와 손해 사이의 관계를 전체적으로 평가하여 정하여야 한다. 따라서 가해자 중 1인의 가해행위에 대한 가담 정도가 경미하다고 하더라도, 손해의 전체에 대한 책임을 부담시켜야 하고 책임의 범위를 손해배상액의 일부로 제한하는 것은 인정되지 아니한다(2003다24147 판결, 2005다32999 판결 등).

문제는 피해자에게 특별손해가 발생하였으나 공동불법행위자 중 일부가 예견가능성이 없는 경우에는 특별손해에 대한 배상책임을 부담하지 않는지에 있다. 면책가능성을 인정하지 않는 견해[177]가 있지만, 객관적 관련공동설에 따르면 공동불법행위가 행해졌다고 하더라도 불법행위자 사이에 주관적 공동관계가 항상 존재하는 것은 아니므로 예견가능성이 없는 가해자에 대해서는 면책을 인정할 것이다.[178]

판례 ➡ **〈공동불법행위로 인한 손해배상책임의 범위〉** 공동불법행위책임을 묻는 것은 가해자 각 개인의 행위에 대하여 개별적으로 그로 인한 손해를 구하는 것이 아니라 그 가해자들이 공동으로 가한 불법행위에 대하여 그 책임을 추궁하는 것이므로, 공동불법행위로 인한 손해배상책임의 범위는 피해자에 대한 관계에서 가해자들 전원의 행위를 전체적으로 함께 평가하여 정하여야 하고, 그 손해배상액에 대하여는 가해자 각자가 그 금액의 전부에 대한 책임을 부담하며, 가해자의 1인이 다른 가해자에 비하여 불법행위에 가공한 정도가 경미하다고 하더라도 피해자에 대한 관계에서 그 가해자의 책임범위를 위와 같이 정하여진 손해배상액의 일부로 제한하여 인정할 수는 없다(2006다16550 판결, 2012다30892 판결).

판례 ➡ 공동불법행위자로서 타인에게 손해를 연대하여 배상할 책임이 있는 경우 그 불법행위자들의 손해배상채무액이 동일한 경우에는 불법행위자 1인이 그 손해액의 일부를 변제하면 절대적 효력으로 인하여 다른 불법행위자의 채무도 변제금 전액에 해당하는 부분이 소멸하나, 불법행위자의 피해자에 대한 과실비율이 달라 배상할 손해액의 범위가 달라지는 경우에는 누가 그 채무를 변제하였느냐에 따라 소멸되는 채무의 범위가 달라진다. 즉, 적은 손해액을 배상할 의무가 있는 자가 불법행위의 성립 이후에 손해액의 일부를 변제한 경우에는 많은 손해액을 배상할 의무있는 자의 채무가 그 변제금 전액에 해당하는 부분이 소멸하는 것은 물론이나, 많은 손해액을 배상할 의무가 있는 자가 손해액의 일부를 변제하였다면 그 중 적은 범위의 손해액을 배상할 의무가 있는 자의 채무는 그 변제금 전액에 해당하는 채무가 소멸하는 것이 아니라 적은 범위의 손해배상책임만을 부담하는 쪽의 과실비율에 상응하는 부분 만큼만 소멸하는 것으로 보아야 할 것이다(94다5731 판결, 94다19600 판결).

(3) 구상관계의 인정

연대채무에 있어서는 채권자에 대한 관계에서는 연대하여 채무를 부담하되, 내부관계에서는

177) 송덕수, 채권법각론, Rn. 286은 피해자보호의 취지에 비추어 볼 때, 행위자 중 1인이라도 예견가능성이 있다면 모든 행위자가 연대채무를 진다고 새겨야 한다고 한다.

178) 곽윤직, 채권각론, 430면. 다만, 가해자불명의 공동불법행위의 경우에는 면책될 수 있으나, 제760조 제1항과 제3항의 경우에는 면책될 수 없다는 견해도 있다(이은영, 채권각론, 837면).

일정한 부담부분이 있다. 따라서 어느 연대채무자가 변제 기타 자기의 출재로 공동면책행위를 한 경우에는, 다른 연대채무자의 부담 부분에 대하여 구상권을 행사할 수 있다(제425조 제1항). 그러나 부진정연대채무에서는 원칙적으로 부담 부분을 상정할 수 없기 때문에 구상관계를 인정할 수 있는지가 문제된다.

그런데 공동불법행위는 각각의 가해자의 행위가 경합하여 하나의 손해를 발생시킨 것이므로 이론상 각각의 가해자는 자신의 행위로 인한 손해에 한정해서 책임을 부담하여야 하지만, 피해자의 보호라는 정책적인 이유에서 연대하여 책임을 부담하도록 한 것이므로, 가해자의 1인이 전액을 배상한 경우에는 자신의 행위로 인한 손해를 넘는 부분에 대해서는 다른 가해자에게 구상할 수 있다고 보아야 한다.[179] 이와 같이 구상관계를 인정하는 경우에 각각의 가해자의 부담 부분은 가해자의 귀책사유의 정도, 가해행위의 위법성과 손해발생과의 밀접성의 정도, 가해자들의 변제자력의 정도 등을 고려하여 정할 수 있을 것이다. 부진정연대채무관계에 있는 것으로 보는 통설・판례도 공동불법행위자 중 1인이 채무를 변제한 경우에는, 나머지 공동불법행위자들에게 대하여 과실의 정도에 따라 정해지는 부담 부분의 비율에 따라 구상권을 행사할 수 있다고 한다(2007다89494 판결).

판례 ➡ **〈공동불법행위자 등의 구상권〉** 공동불법행위자는 채권자에 대한 관계에서는 연대책임(부진정연대채무)을 지되, 공동불법행위자들 내부관계에서는 일정한 부담 부분이 있고, 이 부담 부분은 공동불법행위자의 과실의 정도에 따라 정하여지는 것으로서 공동불법행위자 중 1인이 자기의 부담 부분 이상을 변제하여 공동의 면책을 얻게 하였을 때에는 다른 공동불법행위자에게 그 부담 부분의 비율에 따라 구상권을 행사할 수 있다(88다카27232 판결, 96다50896 판결, 2000다69712 판결). 그리고 어느 공동불법행위자를 위하여 보증인이 된 사람이 피보증인을 위하여 손해배상채무를 변제한 경우, 그 보증인은 피보증인이 아닌 다른 공동불법행위자에 대하여 그 부담 부분에 한하여 구상권을 행사할 수 있고, 이러한 법리는 어느 공동불법행위자를 위하여 그가 위 손해배상채무를 변제한 보증인에 대하여 부담하는 구상채무를 보증한 구상보증인이 피보증인을 위하여 그 구상채무를 변제한 경우에도 마찬가지여서 그 구상보증인은 피보증인이 아닌 다른 공동불법행위자에 대하여 그 부담 부분에 한하여 구상권을 행사할 수 있다(2007다37530 판결). 한편 공동불법행위자 중 1인에 대하여 구상의무를 부담하는 다른 공동불법행위자가 수인인 경우에는 특별한 사정이 없는 이상 그들의 구상권자에 대한 채무는 각자의 부담 부분에 따른 분할채무로 봄이 상당하지만, 구상권자인 공동불법행위자측에 과실이 없는 경우, 즉 내부적인 부담 부분이 전혀 없는 경우에는 이와 달리 그에 대한 수인의 구상의무 사이의 관계를 부진정연대관계로 봄이 상당하다(2003다24147 판결).

179) 송덕수, 채권법각론, Rn. 287은 연대채무설의 입장에서 당연히 공동불법행위자 중 1인이 자기의 부담부분 이상을 변제하여 공동의 면책을 얻었을 경우에는 다른 공동불법행위자에게 그 부담부분의 비율에 따라 구상권을 행사할 수 있다고 한다. 그리고 이 경우 부담 부분은 과실의 정도에 따라 정해진다고 한다.

판례 ➡ **〈다른 공동불법행위자의 변제의 효과〉** 피용자 또는 피용자와 공동불법행위 관계에 있는 다른 불법행위자가 불법행위 성립 후에 피해자에게 손해액 일부를 변제하였다면, 변제금 중 사용자의 과실비율에 상응하는 만큼은 사용자가 배상하여야 할 손해액 일부로 변제된 것으로 보아 사용자의 손해배상책임이 그 범위 내에서는 소멸하게 되고, 이러한 법리는 피용자 또는 피용자와 공동불법행위 관계에 있는 다른 불법행위자가 불법행위 성립 후에 피해자에게 일부 돈을 지급하면서 명시적으로 손해배상의 일부 변제조로 지급한 것은 아니지만, 불법행위를 은폐하거나 기망수단으로 지급한 경우에도 마찬가지로 적용되어야 한다(일부변제의 경우, 2010다73765 판결). 그리고 공동불법행위자는 채권자에 대한 관계에서는 부진정연대책임을 지되, 공동불법행위자들 내부관계에서는 일정한 부담 부분이 있고, 이 부담 부분은 공동불법행위자의 과실의 정도에 따라 정하여지는 것으로서 공동불법행위자 중 1인이 자기의 부담 부분 이상을 변제하여 공동의 면책을 얻게 하였을 때에는 다른 공동불법행위자에게 그 부담 부분의 비율에 따라 구상권을 행사할 수 있고, 공동불법행위자 중 1인에 대하여 구상의무를 부담하는 다른 공동불법행위자가 여럿인 경우에는 그들 상호간에 사용자와 피용자 등과 같은 대체적인 책임관계 또는 이에 유사한 관계가 있어서 다른 공동불법행위자에 대한 관계에서도 일체를 이루어 구상에 응해야 하는 등의 특별한 사정이 없는 이상 그들의 구상권자에 대한 채무는 이를 부진정연대채무로 보아야 할 근거가 없으며, 오히려 다수당사자 사이의 분할채무의 원칙이 적용되어 각자의 부담 부분에 따른 분할채무로 봄이 상당하고(2002다15917 판결, 2007다53365 판결 등 참조), 공동불법행위자 중 1인과 체결한 보험계약에 따라 보험자가 손해배상금을 보험금으로 모두 지급하여 공동불법행위자들이 공동면책된 경우, 그 보험자는 보험자대위의 법리에 의하여 다른 공동불법행위자들에게 그 부담 부분의 비율에 따른 구상권을 행사할 수 있다(전부변제의 경우, 98다40466 판결, 2007다89494 판결).

(4) 과실상계의 방법

공동불법행위에서도 당연히 피해자에게 과실이 인정되는 경우에는 과실상계를 할 수 있다(제763조, 제396조). 문제는 공동불법행위에서 피해자의 과실의 정도가 각각의 가해자에 대해 서로 다른 경우에, 과실상계를 인정함에 있어서 각각의 가해자에 대한 피해자의 과실비율을 달리 정하여야 하는가에 있다. 공동불법행위책임은 각각의 가해자의 개별적인 행위에 대해 손해배상을 구하는 것이 아니고 그 가해자들의 공동행위에 대해 손해배상을 구하는 것이므로, 공동불법행위자 각자에 대한 피해자의 과실을 개별적으로 평가할 것이 아니고, 공동불법행위자 전원에 대한 과실로 전체적으로 평가하여야 한다(97다3118 판결, 98다20059 판결, 2005다32999 판결 등). 물론 피해자의 부주의를 이용하여 고의로 불법행위를 저지른 자가 바로 그 피해자의 부주의를 이유로 자신의 책임을 감하여 달라고 주장하는 것은 허용될 수 없다(95다30352 판결 등).

판례 ➡ 공동불법행위의 성립에는 공동불법행위자 상호 간에 의사의 공통이나 공동의 인식이 있을 필요는 없고 객관적으로 각 행위에 관련공동성이 있으면 충분하므로 관련공동성있는 행위에 의하여 손해가 발생하였다면 그 손해배상책임을 면할 수 없으며, 또한 공동불법행위책임은 가해자 각 개인의 행위에 대하여 개별적으로 그로 인한 손해를 구하는 것이 아니라 가해자들이 공동으로 가한 불법행위에 대하여 책임을 추궁하는 것이므로, 법원이 피해자의 과실을 들어 과실상계를 하는 경우에는 피해자의 공동불법행위자 각인에 대한 과실비율이 서로 다르더라도 피해자의 과실을 공동불법행위자 각인에 대한 과실로 개별적으로 평가할 것이 아니고 그들 전원에 대한 과실로서 전체적으로 평가하여야 한다(2010다76368 판결, 2012다7199 판결).

판례➡ 피용자 본인이 불법행위의 성립 이후에 피해자에게 손해액의 일부를 변제하였다면, 피용자 본인의 피해자에 대한 변제금 중 사용자의 과실비율에 상응하는 부분 만큼은 손해액의 일부로 변제된 것으로 보아 사용자의 손해배상책임이 그 범위 내에서는 소멸하게 되고, 따라서 사용자가 배상할 손해배상의 범위를 산정함에 있어 피해자의 과실을 참작하여 산정된 손해액에서 과실상계를 한 다음 피용자 본인의 변제금 중 사용자의 과실비율에 상응하는 부분을 공제하여야 하며, 이러한 법리는 피용자 본인이 불법행위의 성립 이후에 피해자에 대하여 일부 금원을 지급함에 있어서 명시적으로 손해배상의 일부변제조로 지급한 것은 아니지만 불법행위를 은폐하거나 기망의 수단으로 지급한 경우에도 마찬가지로 적용되어야 한다(94다10931 판결).

제 2 편

민사피해구제법 각론

제 1 장 인격적 법익의 침해에 대한 구제법리

제 1 절 인격권의 개념과 승인

Ⅰ. 인격권의 개념

사람은 권리주체로서 그 자신과 분리할 수 없는 인격적 이익의 향수를 내용으로 하는 권리를 가지고 있는데, 이것이 인격권(Persönlichkeitsrecht)이다.[1]

인격권은 일반적으로 사람의 생명, 신체, 건강, 정조, 자유 등 신체적 인격가치와 명예, 성명, 초상, 사생활의 비밀 등 정신적 인격가치를 그 보호의 객체로 한다.[2] 이러한 인격권은 대체로 개별적 인격권과 일반적 인격권으로 구별하여 이해되고 있다.[3] 그리고 인격권을 파악함에 있어서 개별적 인격권부터 시작한다. 개별적 인격권이란 생명·신체·자유·명예·성명·초상·프라이버시 등처럼 인격과 분리할 수 없는 개성적인 것을 내용으로 하는 권리를 의미한다. 일반적 인격권은 인격에 대해서 소극적으로 침해받지 않을 권리와 적극적으로 보호받을 권리를 내용으로 하면서, 법질서에 의하여 존중되어야 할 인간의 존엄과 가치에 대한 권리로서 권리주체와 분리할 수 없는 인격적 이익의 총체를 의미한다. 다만, 인격권을 이와 같이 개념 구별하는 것에 대해서는 근거가 없다는 비판도 있다.[4] 오히려 단순히 인격권이라는 용어를 사용하는 것으로 충분하다는 것이다. 물론 법인이나 법인 아닌 단체도 성명권이나 명예권 등 인격권을 가진다고 할 것이다.

---

1) 김상용, "인격권 침해에 대한 사법적 구제방법의 비교고찰-독일·미국 및 우리나라-", 사법행정 제322호(1987), 70면. 특히 1984년 UN총회에서 채택된 세계인권선언 제12조는 "누구든지 그 사생활(privacy), 가족(family), 가정(home), 통신의 자유에 대하여 자의적인 간섭을 받거나 명예나 신용에 대하여 훼손을 받지 아니한다. 모든 사람은 이와 같은 간섭과 훼손에 대하여 법의 보호를 받을 권리가 있다"고 규정하여, 이른바 일반적 인격권을 선언하고 있다.

2) 신체적 측면의 인격권과 정신적 측면의 인격권은 그 침해의 구제방법에서 차이가 있다. 즉, 신체적 측면의 인격권에 있어서는 피해자의 구제가 중요한 것에 비하여 정신적 측면의 인격권에 있어서는 충돌되는 다른 가치와의 조정이 문제된다. 홍춘의, "인격권의 승인과 보호", 저스티스 제28권 제1호(1995), 151면.

3) 김상용, "인격권 침해에 대한 사법적 구제방법의 비교고찰", 70면. 학자들은 물론이고 법원 및 헌법재판소도 일반적 인격권이라는 개념을 명시적으로 사용하고 있다(2002다49040 판결, 서울고법 2006. 2. 14. 선고 2004나30776 판결, 부산고법 1999. 4. 29. 선고 98나10656 판결, 89헌마165 결정 등). 이와 같은 '일반적 인격권'이라는 용어 사용에 대한 비판적 견해로는 김일환, "한국헌법상 '일반적 인격권'의 존재 여부에 관한 비판적 고찰", 공법연구 제28집 제4호 제2권(2000. 6), 113면 이하가 있다.

4) 김재형, "인격권 일반-언론 기타 표현행위에 의한 인격권 침해를 중심으로-", 민사판례연구 제21권(1999. 7), 639면.

Ⅱ. 일반적 인격권의 승인

헌법은 인간의 존엄과 가치 및 행복추구권을 선언하고 있으며(제10조), 그 밖에 사생활의 비밀과 자유(제17조)[5] 등 인격권을 기본권으로 보장하고 있다(제12조, 제18조, 제19조, 제22조 등). 이와 같은 헌법상의 인격권[6]은 민법 제2조 또는 제103조와 같은 일반조항을 매개로 하여 사인들 사이에서도 적용된다.[7] 그리고 타인의 명예를 훼손한 자를 처벌하는 등 형사법적으로도 인격권은 보호되고 있다(형법 제307조 내지 제310조, 제316조 등). 더구나 언론중재 및 피해구제 등에 관한 법률 제5조는 인격권을 명시적으로 규정하고 있다. 그런데 민법은 인격권을 적극적으로 규정하고 있지는 않고,[8] 소극적으로 명예 등 인격적 가치가 침해된 경우에 불법행위의 성립을 인정하고 있다. 즉, 생명・신체・자유・명예 등 인격적 가치의 침해로 인하여 손해를 입은 경우에 피해자는 가해자를 상대로 정신적 손해배상을 청구할 수 있으며(제751조, 제752조), 또 그러한 인격적 가치의 침해가 일반적 불법행위의 요건을 충족한 경우에는 제750조에 의한 손해배상청구권이 인정되고 있다(통설).[9] 특히 명예침해의 경우에는 특별히 손해배상 이외에 명예회복에 적당한 처분을 할 수도 있는 규정을 마련해 두고 있다(제764조). 다만, 성명권, 초상권, 프라이버시권 등 정신적 인격권에 대해서는 명예를 제외하고는 별도의 규정을 두고 있지 않다.

사정이 이러한 데에도 판례는 인격권이 침해된 경우에 불법행위를 이유로 금전적 손해배상을 인정함은 물론이고 침해의 중지 내지 금지 등 방해배제청구가 인정된다고 하고 있다(85다카29 판결, 93다40614, 40621 판결, 96다17851 판결, 2003마1477 결정 등). 즉, 인격권은 그 성질상 일단 침해된 후에는 금전배상이나 명예회복에 필요한 처분 등의 구제수단만으로는 그 피해의 완전한 회복이 어렵고 손해전보의 실효성을 기대하기 어려우므로, 이와 같은 인격권의 침해에 대하여는 사전예방적 구제수단으로 침해행위의 정지・방지 등의 금지청구권이 인정될 수 있다는 것이다. 그렇다면 이와 같은 방해배제청구권의 법적 근거를 어디에서 찾을 것인가. 이에 대해서는 후술하는 바와 같이 불법행위의 효과로서 이를 인정하는 입장과 물권적 청구권의 확대 내지 유추적

5) 이들 헌법 규정은 개인의 사생활활동이 타인으로부터 침해되거나 사생활이 함부로 공개되지 아니할 소극적인 권리는 물론, 오늘날 고도로 정보화된 현대사회에서 자신에 대한 정보를 자율적으로 통제할 수 있는 적극적인 권리까지도 보장하려는 데에 그 취지가 있는 것으로 해석된다(96다42789 판결 참조).

6) 대법원은 85다카29 판결에서 최초로 헌법에 근거를 두고 인격권을 승인한 바 있다. 그리고 헌법재판소는 89헌마165 결정에서 정정보도청구권은 헌법상 보장된 인격권에 바탕을 둔 것으로 이는 헌법 제10조에서 나온다고 하였다.

7) 연혁적으로 보면, 근대민법전에서는 인격권을 사법상의 권리로 인정하지 않았고, 이것을 명문으로 인정한 것은 1907년의 스위스 민법 제27조 내지 제28조이다. 특히 독일에서는 독일기본법(Grundgesetz)상 공권으로서의 인격권이 점차 사법상의 권리로 인정되었다. 즉, 독일 민법은 인격권을 명문으로 규정하지는 않고, 단지 제12조에서 개별적 인격권으로 성명권을 규정하는 데 그쳤다. 하지만, 학설은 인격권을 민법 제823조 제1항 소정의 '그 밖의 권리'에 포함되는 것으로 해석하고 있다. 홍춘의, "인격권의 승인과 보호", 148면; 강남진, "인격권의 보호에 대한 하나의 제안", 민사법학 제13・14호(1996), 117면; 김일환, "한국헌법상 '일반적 인격권'의 존재 여부에 관한 비판적 고찰", 125면도 참조.

8) 다만, 민법 개정안은 인격권의 보호에 관한 일반규정을 둘 것을 제안하고 있다(제1조의2 제2항). 그런데 이 경우 인격권의 보호객체가 무엇인지 또 그 보호방법은 어떠한지 여부가 불분명하여 법의 예측가능성이나 법적 안정성을 충족시키지 못하는 문제점이 있다.

9) 학설은 대체로 제751조 내지 제752조를 제750조의 예시규정으로 새기고 있다. 곽윤직, 채권각론, 401면.

용을 통해서 이를 해결하고자 하는 입장, 그리고 민법의 해석상 인격권을 절대적 권리로서 승인하고, 그러한 인격권 자체의 효력으로 방해배제청구권을 인정하려는 입장이 있다.

어쨌든 이 경우 인격권 자체의 효력으로 방해배제청구를 인정하는 경우는 물론이고 물권적 청구권을 확대 내지 유추적용을 통해서 이를 인정하기 위해서는 먼저 인격권이 권리로서 승인되어야 한다. 즉, 인격권의 권리성을 바탕으로 그 침해에 대한 적극적이고 사전예방적 구제방법으로 방해배제청구권을 인정할 수 있기 때문이다. 다시말하면 불법행위에 관하여 일반적 포괄적 규정을 두고 있는 현행 민법하에서 인격적 가치 내지 이익의 침해에 대한 손해배상청구만으로 충분하다면 인격권을 굳이 사법상의 권리로 승인할 필요는 없을 것이다.[10] 그러나 인격적 가치 내지 이익의 침해에 대하여 손해배상 외에 방해제거 및 예방을 인정해야 할 필요성이 있는 점, 그리고 앞으로 발생할 개별적 인격적 가치 내지 이익을 적절하게 보호하기 위해서는 권리성을 인정할 실익이 있다고 할 것이다. 또한 그 동안의 경험이 말해 주듯이 앞으로 사회의 발전에 따라 인격적 보호영역이 새롭게 발생할 것이고(예, 의사의 의료행위에 대한 환자의 승낙권), 또 그 침해유형도 다양화될 것이라는 점은 충분히 예상할 수 있을 것이다.[11] 따라서 그러한 인격적 보호영역의 발생과 침해유형에 적절하게 대응하기 위해서는 그에 관한 매개개념으로서 일반적 인격권을 사법상의 권리로 승인할 필요가 있다. 즉, 새롭게 발생할 수 있는 개별적 인격적 가치를 보호할 수 있는 근원적 성격의 인격권을 승인할 필요가 있다고 할 것이다.[12]

판례 ➡ 의사는 응급환자의 경우나 그 밖의 특별한 사정이 없는 한, 환자에 대하여 사전에 질병의 증상, 치료방법의 내용 및 필요성, 예후 및 예상되는 생명, 신체에 대한 위험과 부작용 등에 관하여 당시의 의료수준에 비추어 상당하다고 생각되는 사항을 설명함으로써 환자로 하여금 수술이나 투약에 응할 것인가의 여부를 스스로 결정할 기회를 가지도록 할 의무가 있는데, 이러한 설명을 하지 아니한 채 환자의 승낙없이 의료행위를 한 경우에는, 설령 의사에게 치료상의 과실이 없는 경우에도 그 의료행위는 환자의 승낙권을 침해하는 위법한 행위가 된다(96다7854 판결).

판례 ➡ 이름(성명)은 특정한 개인을 다른 사람으로부터 식별하는 표지가 됨과 동시에 이를 기초로 사회적 관계와 신뢰가 형성되는 등 고도의 사회성을 가지는 일방, 다른 한편 인격의 주체인 개인의 입장에서는 자기 스스로를 표시하는 인격의 상징으로서의 의미를 가지는 것이고, 나아가 이름에서 연유되는 이익들을 침해받지 아니하고 자신의 관리와 처분아래 둘 수 있는 권리인 성명권의 기초가 되는 것이며, 이러한 성명권은 헌법상의 행복추구권과 인격권의 한 내용을 이루는 것이어서 자기결정권의 대상이 되는 것이므로 본인의 주관적인 의사가 중시되어야 하는 것이다(2005스26 결정).

---

10) 특히 법적 주체가 외부의 객체를 지배하는 것을 권리로 파악하는 입장에 의하면 인격권의 권리성을 부정하게 될 것이다.

11) 홍춘의, "인격권의 승인과 보호", 150면.

12) 김재형, "언론의 사실보도로 인한 인격권 침해", 서울대 법학 제39권 제1호(1998), 190면. 다만, 이은영, 채권각론, 732면은 일반적 인격권의 개념을 인정할 필요가 없다고 한다.

그러면 인격권을 권리로 파악할 수 있는 법적 근거를 어디에서 찾을 것인가. 주지하듯이 개인 상호간의 경제적·가족적 생활관계, 즉 재산관계와 가족관계를 규율대상으로 하는 민법이 추구하는 가치에는 계약의 자유, 소유의 보장, 가족의 보호뿐 아니라 일반적 인격의 존중도 포함된다고 할 것이다.[13] 무엇보다도 인격의 주체에게 권리능력이 부여되어 있을 뿐 아니라 인격존중의 원칙은 민법의 기본원리의 하나라는 점에서 그렇다(제3조). 즉, 소유권의 보호라든가 계약의 자유나 과실책임의 원칙 등은 결국 인간으로서의 존엄과 가치를 실현하고 행복을 추구하는 기본수단이라는 점에서 의미를 찾을 수 있다.[14] 또한 민법은 구체적으로 인격적 가치의 보호를 위하여 그 침해에 대한 불법행위책임을 인정하고 있는 바, 이 규정에서 정하고 있는 개별적 인격가치는 인격권을 구성하는 인격적 가치 중 하나의 예시를 정한 것으로 해석된다. 즉, 여기에서의 생명, 신체, 자유, 명예는 한정적 열거가 아니라 예시적인 것이며, 그 밖에도 정조, 성명, 초상 등의 침해도 모두 불법행위가 된다고 할 것이다.[15]

이와 같이 볼 때 민법이 인격권에 관한 명문의 규정을 두고 있지는 않지만, 민법의 해석상 인격권은 인정되고 보호된다고 할 것이다. 물론 경우에 따라 판례는 인격권의 근거를 헌법에서 찾기도 한다(2004다16280 판결, 2005스26 결정).[16] 하지만 법관의 가치판단의 한계를 명확히 하기 위해서는 민법에 인격권의 보호에 관한 명문의 규정을 둘 필요가 있다고 하겠다. 민법개정안 제1조의2 제2항은 "사람의 인격권은 보호된다"고 하는 규정의 신설을 제안하고 있다.

판례 ➡ 사람은 누구나 자신의 얼굴 기타 사회통념상 특정인임을 식별할 수 있는 신체적 특징에 관하여 함부로 촬영 또는 그림묘사되거나 공표되지 아니하며 영리적으로 이용당하지 않을 권리를 가지는데, 이러한 초상권은 우리 헌법 제10조 제1문에 의하여 헌법적으로 보장되는 권리이다(2004다16280 판결).

제 2 절 인격권의 법적 성질

위와 같이 인격권을 권리로서 승인할 때 그 권리는 어떠한 성질의 권리로 파악할 것인지 문

---

13) 김재형, "인격권에 관한 판례의 동향", 민사법학 제27호(2005. 3), 349면도 같은 취지인 것으로 보인다.

14) 양창수, "헌법과 민법", 서울대 법학 제39권 4호(1999), 68면.

15) 홍춘의, "인격권의 보호에 관한 연구", 전북대 법학박사학위논문, 1990, 38면; 김재형, "인격권 일반－언론 기타 표현행위에 의한 인격권 침해를 중심으로－", 637면. 물론 이는 "타인의 신체, 자유 또는 명예를 해하거나 기타 정신상의 고통을 가한 자는 재산 이외의 손해에 대하여도 배상할 책임이 있다"라고 규정하고 있는 제751조의 규정으로부터 명백하다.

16) 환경권에 관한 헌법 제35조의 규정이 개개의 국민에게 직접으로 구체적인 사법상의 권리를 부여한 것이라고 보기는 어렵고, 사법상의 권리로서의 환경권이 인정되려면 그에 관한 명문의 법률규정이 있거나 관계법령의 규정취지 및 조리에 비추어 권리의 주체, 대상, 내용, 행사방법 등이 구체적으로 정립될 수 있어야 한다(95다23378 판결).

제된다. 대체로 사법상의 권리는 그 내용에 따라 인격권, 신분권, 재산권, 사원권으로 구분된다. 그리고 이러한 권리는 의무자를 표준으로 하여 절대권과 상대권으로 구분되고, 또 권리 주체와의 밀접도에 따라 일신전속권과 비전속권으로 구분된다. 일반적으로 인격권의 법적 성질을 일신전속적이면서 절대적 권리로 이해하고 있다.[17]

Ⅰ. 절대적 권리

인격권은 물권과 같은 절대적 권리로서 모든 사람에 대해서 주장할 수 있는 권리이다. 이와 같이 인격권은 절대적 성질의 권리라는 점에서 그 침해에 대해서 방해배제청구권을 인정할 수 있다. 다만, 정신적 가치가 있기 때문에 물권과 구별할 필요가 있으며, 상대권인 채권과도 다르다. 즉, 인격권은 물건에 대한 권리인 물권이나 다른 사람에 대하여 급부를 청구할 수 있는 채권과는 다르다.

판례 ➡ 명예는 생명, 신체와 함께 매우 중대한 보호법익이고 인격권으로서의 명예권은 물권의 경우와 마찬가지로 배타성을 가지는 권리라고 할 것이므로 사람의 품성, 덕행, 명성, 신용 등의 인격적 가치에 관하여 사회로부터 받는 객관적인 평가인 명예를 위법하게 침해당한 자는 손해배상 또는 명예회복을 위한 처분을 구할 수 있는 이 외에 인격권으로서 명예권에 기초하여 가해자에 대하여 현재 이루어지고 있는 침해행위를 배제하거나 장래에 생길 침해를 예방하기 위하여 침해행위의 금지를 구할 수도 있다(2003마1477 결정).

Ⅱ. 일신전속적 권리

인격권은 사람의 인격에 전속되는 권리이다. 즉, 인격권은 인격 주체와 분리할 수 없는 권리라는 점에서 일신전속적 권리에 속한다. 따라서 인격권은 타인에게 양도할 수 없고, 채권자대위권의 대상도 되지 않는다(제404조 제1항 단서). 즉, 인격권은 인격과 결합되어 있다는 점에서 이와 분리하여 양도할 수 없다는 특질이 있다. 가령, 저작재산권은 양도할 수 있으나 저작인격권은 양도할 수 없는 것이다.

판례 ➡ 저작인격권은 저작재산권과는 달리 일신전속적인 권리로서 이를 양도하거나 이전할 수 없는 것이므로, 비록 그 권한행사에 있어서는 이를 대리하거나 위임하는 것이 가능하다 할지라도 이는 어디까지나 저작인격권의 본질을 해하지 아니하는 한도 내에서만 가능하고 저작인격권 자체는 저작권자에게 여전히 귀속되어 있으며, 구 저작권법(1986. 12. 31. 법률 제3916호로 전문 개정되기 전의

---

17) 위에서 언급한 바와 같이 민법에서는 인격권을 적극적으로 규정하지 않고 소극적으로 규정하고 있을 뿐이다. 이러한 측면에서 보면 인격권은 본질적으로 방어적 성격(defensive Charakter)을 띤다. 즉 인격권은 제3자로부터 침해가 있을 때 보호받을 수 있는 권리이지, 적극적으로 일정한 조건하에 제3자에 대하여 인격의 전개(Entfaltung der Persönlichkeit)를 청구할 수 있거나 그것을 위하여 제3자로 하여금 일정한 행위를 할 것을 청구할 수 있는 권리는 아니다. 김상용, "독일의 일반적 인격권에 관한 고찰", 고시계 제34권 제8호(1989. 8), 127면.

것) 제14조에 의하면 저작자는 자기의 저작물에 관하여 그 저작자임을 주장할 수 있는 권리(소위 귀속권)가 있으므로 타인이 무단으로 자기의 저작물에 관한 저작자의 성명, 칭호를 변경하거나 은닉하는 것은 고의, 과실을 불문하고 저작인격권의 침해가 된다(94마2217 결정).

다만, 인격권의 침해에 대해서 이미 구체화된 손해배상청구권에 대해서는 양도가 가능하다고 할 것이다. 역시 인격권은 일신전속권으로 상속의 대상으로 되지 않는다. 이 경우에도 이미 생전에 구체화된 손해배상청구권은 상속의 대상으로 된다. 이러한 인격권은 법인(96다17851 판결)이나 사자(死者)[18]에게도 인정될 수 있다.

판례 ➡ 민법 제764조에서 말하는 명예라 함은 사람의 품성, 덕행, 명예, 신용 등 세상으로부터 받는 객관적인 평가를 말하는 것이고 특히 법인의 경우에는 그 사회적 명예, 신용을 가리키는 데 다름없는 것으로 명예를 훼손한다는 것은 그 사회적 평가를 침해하는 것을 말하고 이와 같은 법인의 명예가 훼손된 경우에 그 법인은 상대방에 대하여 불법행위로 인한 손해배상과 함께 명예회복에 적당한 처분을 청구할 수 있고, 종중과 같이 소송상 당사자능력이 있는 비법인사단 역시 마찬가지이다(96다17851 판결).

제 3 절 인격권의 침해에 대한 구제방법

Ⅰ. 불법행위로 인한 손해배상청구권

1. 인격권이 침해된 경우에 불법행위로 인한 손해배상청구권이 발생할 수 있다는 점은 의문의 여지가 없다(제751조, 제752조).

판례 ➡ 구속영장을 발부받음이 없이 피의자를 보호실에 유치함은 영장주의에 위배되는 위법한 구금이므로(94다37226 판결, 93도958 판결 등 참조), 긴급구속절차를 밟음이 없이 영장집행을 위한 편의를 위해 보호실에 유치하는 것은 불법구금에 해당하고 불법구금된 자로서는 신체의 자유를 박탈당하는 실질적인 손해를 입었다고 할 것이다(98다41377 판결). 또한 초상권 및 사생활의 비밀과 자유에 대한 부당한 침해는 불법행위를 구성하는 데, 위 침해는 그것이 공개된 장소에서 이루어졌다거나 민사소송의 증거를 수집할 목적으로 이루어졌다는 사유만으로 정당화되지 아니한다. 따라서 보험회사 직원이 보험회사를 상대로 손해배상청구소송을 제기한 교통사고피해자들의 장해 정도에 관한 증거자료를 수집할 목적으로 피해자들의 일상생활을 촬영한 행위가 초상권 및 사생활의 비밀과 자유를 침해하는 불법행위에 해당한다(2004다16280 판결). 그리고 일정한 기간 동안의 성적인 언동은 비록 일

18) 장재옥, "사후의 인격과 유족의 인격보호", 중앙대 법학논문집 제24집 제1호(2000. 2), 141-161면; 김재형, "인격권 일반-언론 기타 표현행위에 의한 인격권 침해를 중심으로-", 657면 이하.

정 기간 동안에 한하는 것이지만 그 기간 동안 만큼은 집요하고 계속적인 까닭에 사회통념상 일상생활에서 허용되는 단순한 농담 또는 호의적이고 권유적인 언동으로 볼 수 없고, 오히려 피해자로 하여금 성적 굴욕감이나 혐오감을 느끼게 하는 것으로서 피해자의 인격권을 침해한 것이며, 이러한 침해행위는 선량한 풍속 또는 사회질서에 위반하는 위법한 행위이고, 이로써 피해자가 정신적으로 고통을 입었음은 경험칙상 명백하다(95다39533 판결). 역시 어느 일방이 교섭단계에서 계약이 확실하게 체결되리라는 정당한 기대 내지 신뢰를 부여하여 상대방이 그 신뢰에 따라 행동하였음에도 상당한 이유없이 계약의 체결을 거부하여 손해를 입혔다면 이는 신의성실의 원칙에 비추어 볼 때 계약자유원칙의 한계를 넘는 위법한 행위로서 불법행위를 구성한다. 이 경우 계약교섭의 파기로 인한 불법행위가 인격적 법익을 침해함으로써 상대방에게 정신적 고통을 초래하였다고 인정되는 경우라면 그러한 정신적 고통에 대한 손해에 대하여는 별도로 배상을 구할 수 있다(2001다53059 판결). 또한 본인의 승낙을 받고 승낙의 범위 내에서 그의 사생활에 관한 사항을 공개할 경우 이는 위법한 것이라 할 수 없다 할 것이나, 본인의 승낙을 받은 경우에도 승낙의 범위를 초과하여 승낙 당시의 예상과는 다른 목적이나 방법으로 이러한 사항을 공개할 경우 이는 위법한 것이라 아니할 수 없다(96다11327 판결).

2. 물론 부작위에 의하여 인격권이 침해된 경우에도 불법행위가 성립할 수 있다(95다6823 판결, 2001다59842 판결).

판례 ➡ 사용자는 특별한 사정이 없는 한 근로자와 사이에 근로계약의 체결을 통하여 자신의 업무지휘권·업무명령권의 행사와 조화를 이루는 범위 내에서 근로자가 근로제공을 통하여 참다운 인격의 발전을 도모함으로써 자신의 인격을 실현시킬 수 있도록 배려하여야 할 신의칙상의 의무를 부담한다. 따라서 사용자가 근로자의 의사에 반하여 정당한 이유없이 근로자의 근로제공을 계속적으로 거부하는 것은 이와 같은 근로자의 인격적 법익을 침해하는 것이 되어 사용자는 이로 인하여 근로자가 입게 되는 정신적 고통에 대하여 배상할 의무가 있다(95다6823 판결). 그리고 출근한 교사에 대하여 근무를 못하게 하면서 급료를 지급하지 아니한 채 차별대우를 한 소위는 교사의 인격권 침해로서 불법행위가 된다(79다1883 판결). 또한 소속 대학교수를 본연의 업무에서 배제하려는 의도하에 그 의사에 반하여 전공분야와 관련없는 과목의 강의를 배정함으로써 결국 강의를 할 수 없게 하는 행위는 교원의 인격적 법익을 침해하는 것이 되고, 학교법인은 이로 인하여 그 대학교수가 입게 되는 정신적 고통에 대하여 배상할 의무를 부담한다(2006다30730 판결).

3. 인격권의 침해를 이유로 불법행위로 인한 손해배상을 청구함에 있어서 문제가 되는 것은, 특히 다른 가치와의 충돌이 문제되는 정신적 인격권의 침해의 경우에 어떠한 기준을 가지고 위법성 여부를 판단할 것이냐에 있다. 가령, 언론표현의 자유와 같은 헌법상 보장된 기본권을 행사하는 과정에서 상대방의 인격이 침해되는 경우와 같이 법익의 충돌이 발생하는 경우에 어느 법익을 어떠한 기준에서 우선하여 보호할 것인지가 문제된다. 판례는 언론의 자유와 인격권은 모두 헌법에 기초를 두고 있는 것으로 어느 한쪽을 일방적으로 우선시할 수 없고, 개별적으로 이익형량을 통하여 언론에 의한 인격권 침해 여부를 결정하고 있다(85다카29 판결, 89헌마165 결정). 그리고 이러한 이익형량과정에서 판례는, 첫째 침해행위의 영역에 속하는 고려요소로는 침해행위로 달성하려는 이익의 내용 및 그 중대성, 침해행위의 필요성과 효과성, 침해행위의 보충

성과 긴급성, 침해방법의 상당성 등을 들고, 둘째 피해이익의 영역에 속하는 고려요소로는 피해법익의 내용과 중대성 및 침해행위로 인하여 피해자가 입는 피해의 정도, 피해이익의 보호가치 등을 들고 있다(2004다16280 판결). 그러나 공적 인물의 경우에는 인격권보다는 언론의 자유를 우선시하고 있다(97헌마265 결정, 2000다37524, 37531 판결).[19] 가령, 우리 나라 국민들에게 많은 귀감이 될 수 있는 뛰어난 기업인으로서 이미 우리 사회의 공적 인물이 되었다고 볼 수 있는 경우 그 사람은 자신의 사진, 성명, 가족들의 생활상이 공표되는 것을 어느 정도 수인하여야 하고, 그 사람을 모델로 하여 쓰여진 평전의 표지 및 그 신문광고에 사진을 사용하거나 성명을 표기하는 것, 그 내용에 가족관계를 기재하는 것은 위 평전이 그 사람의 명예를 훼손시키는 내용이 아닌 한 허용되어야 한다(서울지법 1995. 9. 27. 자 95카합3438 결정).

판례 ➡ **〈인격권의 보호와 언론보도의 한계〉** 민사상으로 타인의 명예를 훼손하는 행위를 한 경우에도 그것이 공공의 이해에 관한 사항으로서 그 목적이 오로지 공공의 이익을 위한 것일 때에는 진실한 사실이라는 증명이 있으면 그 행위에 위법성이 없고, 또한 그 증명이 없더라도 행위자가 그것이 진실이라고 믿을 만한 상당한 이유가 있는 경우에는 위법성이 없다고 보아야 할 것이며, 적시된 사실이 공공의 이익에 관한 것인지 여부는 당해 적시 사실의 구체적 내용, 당해 사실의 공표가 이루어진 상대방의 범위의 광협, 그 표현의 방법 등 그 표현 자체에 관한 제반 사항을 감안함과 동시에 그 표현에 의하여 훼손되거나 훼손될 수 있는 타인의 명예의 침해의 정도 등을 비교·고려하여 결정하여야 한다(85다카29 판결, 95도1473 판결, 97다34563 판결, 96다17257 판결, 97도158 판결, 98다31356 판결, 99도1543 판결, 99도3048 판결, 98도2188 판결 등). 그리고 종교적 선전과 타종교에 대한 비판 등은 동시에 표현의 자유의 보호대상이 되는 것이나, 그로 인하여 타인의 명예 등 인격권을 침해하는 경우에 종교의 자유보장과 개인의 명예보호라는 두 법익을 어떻게 조정할 것인지는 그 비판행위로 얻어지는 이익, 가치와 공표가 이루어진 범위의 광협, 그 표현방법 등 그 비판행위 자체에 관한 제반 사정을 감안함과 동시에 그 비판에 의하여 훼손되거나 훼손될 수 있는 타인의 명예침해의 정도를 비교 고려하여 결정하여야 한다(2006다87903 판결).

〈국민의 알권리에 기한 피의사실공표의 한계〉 신문보도에 의한 표현의 자유가 헌법에 의하여 보장되는 권리라고 할지라도 그로 인하여 개인의 명예나 사생활의 자유와 비밀이라는 또다른 법익이 침해되는 결과를 초래하게 될 경우에는 표현의 자유로 얻어지는 이익과 인격권의 보호에 의하여 달성되는 가치를 비교형량하여 그 위법성의 조각 여부를 판단하지 아니하면 아니되고, 이러한 이익을 비교형량함에 있어서는 보도목적의 공익성과 보도내용의 공공성, 보도매체의 성격과 보도내용이 신속한 보도를 요하는 것인가의 여부, 보도의 근거가 된 정보원(情報源)의 신빙성, 보도내용의 진실성과 공정성 및 그 표현방법, 보도로 인하여 피해자 등이 입게 될 피해의 정도 등 여러 사정을 종합하여 판단하여야 한다.

특히 보도내용이 수사가 진행 중인 피의사실에 관한 것일 경우, 일반독자들로서는 보도된 피의사실의 진실 여부를 확인할 수 있는 별다른 방도가 없을 뿐만 아니라 언론기관이 가지는 권위와 그에 대한 신뢰에 기하여 보도내용을 그대로 진실로 받아들이는 경향이 있고, 신문보도가 가지는 광범위하고도 신속한 전파력으로 인하여 사후 정정보도나 반박보도 등의 조치에 의한 피해구제만으로는 사실상

19) 언론보도에 의한 법익침해의 모습에 대해서는 최영덕, "언론피해구제소송에서 당사자적격과 판결의 경향", 법학연구 제21권 1호(2010. 6), 12면 이하 참조.

충분한 명예회복을 기대할 수 없는 것이 보통이므로, 보도내용의 진실 여하를 불문하고 그러한 보도 자체만으로도 피의자나 피해자 또는 그 주변 인물들이 입게 되는 피해의 심각성을 고려할 때, 이러한 피의사실을 보도함에 있어 언론기관으로서는 보도에 앞서 피의사실의 진실성을 뒷받침할 적절하고도 충분한 취재를 하여야 함은 물론이고, 보도내용 또한 객관적이고도 공정하여야 할 뿐만 아니라, 무죄추정의 원칙에 입각하여 보도의 형식 여하를 불문하고 혐의에 불과한 사실에 대하여 유죄를 암시하거나 독자들로 하여금 유죄의 인상을 줄 우려가 있는 용어나 표현을 사용하여서는 아니되며, 특히 공적 인물이 아닌 사인(私人)의 경우 가급적 익명을 사용하는 등 피의자의 신원이 노출되지 않도록 주의해야 하지만, 한편으로 보도기관은 수사기관과는 달리 사실의 진위 여부를 확인함에 있어 현실적으로 상당한 제약을 받을 수밖에 없고, 신속한 보도의 필요성이 있을 때에는 그 조사에도 어느 정도 한계가 있을 수밖에 없는 점도 있다(97다10215, 10222 판결).

〈명예권의 보호와 표현행위의 한계〉 명예는 생명, 신체와 함께 매우 중대한 보호법익이고 인격권으로서의 명예권은 물권의 경우와 마찬가지로 배타성을 가지는 권리라고 할 것이므로 사람의 품성, 덕행, 명성, 신용 등의 인격적 가치에 관하여 사회로부터 받는 객관적인 평가인 명예를 위법하게 침해당한 자는 손해배상 또는 명예회복을 위한 처분을 구할 수 있는 이 외에 인격권으로서 명예권에 기초하여 가해자에 대하여 현재 이루어지고 있는 침해행위를 배제하거나 장래에 생길 침해를 예방하기 위하여 침해행위의 금지를 구할 수도 있다.

그리고 표현행위에 대한 사전억제는 표현의 자유를 보장하고 검열을 금지하는 헌법 제21조 제2항의 취지에 비추어 엄격하고 명확한 요건을 갖춘 경우에만 허용된다고 할 것인 바, 출판물에 대한 발행·판매 등의 금지는 위와 같은 표현행위에 대한 사전억제에 해당하고, 그 대상이 종교단체에 관한 평가나 비판 등의 표현행위에 관한 것이라고 하더라도 그 표현행위에 대한 사전금지는 원칙적으로 허용되어서는 안될 것이지만, 다만 그와 같은 경우에도 그 표현내용이 진실이 아니거나 그것이 공공의 이해에 관한 사항으로서 그 목적이 오로지 공공의 이익을 위한 것이 아니며, 또한 피해자에게 중대하고 현저하게 회복하기 어려운 손해를 입힐 우려가 있는 경우에는 그와 같은 표현행위는 그 가치가 피해자의 명예에 우월하지 아니하는 것이 명백하고, 또 그에 대한 유효적절한 구제수단으로서 금지의 필요성도 인정되므로 이러한 실체적인 요건을 갖춘 때에 한하여 예외적으로 사전금지가 허용된다(2003마1477 결정).

〈사생활의 비밀보호와 정보공개의 한계〉 정보공개법 제9조 제1항 단서 제6호는 비공개대상정보의 하나로 '당해 정보에 포함되어 있는 이름·주민등록번호 등에 의하여 특정인을 식별할 수 있는 개인에 관한 정보'를 규정하면서, 같은 호 단서 (다)목으로 '공공기관이 작성하거나 취득한 정보로서 공개하는 것이 공익 또는 개인의 권리구제를 위하여 필요하다고 인정되는 정보'는 제외된다고 규정하고 있는데, 여기에서 '공개하는 것이 개인의 권리구제를 위하여 필요하다고 인정되는 정보'에 해당하는지 여부는 비공개에 의하여 보호되는 개인의 사생활의 비밀 등의 이익과 공개에 의하여 보호되는 개인의 권리구제 등의 이익을 비교·교량하여 구체적 사안에 따라 개별적으로 판단하여야 할 것이다(2002두1342 판결).

〈양심의 자유와 사죄광고의 요구〉 민법 제764조가 사죄광고를 포함하는 취지라면 그에 의한 기본권 제한에 있어서 그 선택된 수단(手段)이 목적에 적합하지 않을 뿐만 아니라 그 정도 또한 과잉하여 비례의 원칙이 정한 한계를 벗어난 것으로 헌법 제37조 제2항에 의하여 정당화될 수 없는 것으로서 헌법 제19조에 위반되는 동시에 헌법상 보장되는 인격권의 침해에 이르게 된다.

그리고 민법 제764조 '명예회복에 적당한 처분'에 사죄광고를 포함시키는 것은 헌법에 위반된다는 것의 의미는, 동조 소정의 처분에 사죄광고가 포함되지 않는다고 하여야 헌법에 위반되지 아니한다는 것으로서, 이는 동조와 같이 불확정개념으로 되어 있거나 다의적인 해석가능성이 있는 조문에 대하여 한정축소해석을 통하여 얻어진 일정한 합의적 의미를 천명한 것이며, 그 의미를 넘어선 확대는 바로 헌법에 위반되어 채택할 수 없다는 뜻이다(89헌마160 결정).

4. 그리고 인격권이 침해된 경우에 피해자는 정신적 손해와 아울러 재산적 손해도 손해배상으로 청구할 수 있다(93다40614, 40621 판결 참조). 문제는 금전배상의 원칙상 정신적 손해를 그 주된 내용으로 하는 인격권이 침해된 경우에 손해액, 즉 위자료[20]의 산정이 어렵다는 데 있다. 정신적 고통은 이를 금전으로 구체적으로 계량함이 곤란하기 때문이다. 여기에서 판례는 법원은 자유재량에 의하여 공평의 관념과 가해자・피해자 쌍방의 사정을 고려하여 결정・산정할 수밖에 없다고 한다(2004다66001 판결).

또한 인격권의 침해로 인하여 피해자에게 재산적 손해가 생기는 경우에도 인과관계를 입증함에 어려움이 있다. 가령 오보기사로 인하여 피해자의 명예나 신용이 훼손되어 피해자의 회사가 도산하게 되거나 영업상 피해를 보게 되는 경우에, 실제로는 손해발생에 수많은 요인이 작용하고 있는 결과 침해행위와 재산적 손해 사이의 인과관계를 입증하기가 곤란하다는 점이다. 이 경우 판례는 재산상 손해의 발생이 인정되는 데도 입증곤란 등의 이유로 그 손해액의 확정이 불가능하여 그 배상을 받을 수 없는 경우에는 이러한 사정을 위자료의 증액사유로 참작할 수 있다고 한다(2005다5812, 5829, 5836 판결, 2002다53865 판결).

Ⅱ. 인격권의 침해와 방해배제청구권

1. 불법행위법에 의한 인격권의 침해구제의 한계

원칙적으로 불법행위법에 의한 피해구제는 사후적인 금전에 의한 손해배상만을 인정하고 있는 점에서 인격권을 충분하게 보호하기 어렵다(제763조, 제394조). 물론 명예침해의 경우에는 명예회복에 적당한 처분을 할 수 있다(제764조).[21] 그런데 인격권의 침해의 경우에는 재산적인 손해보다는 정신적인 손해가 문제될 뿐 아니라 그러한 정신적 손해는 한번 침해된 경우에는 완전한 회복이 어렵다는 점에서 사전에 그러한 손해를 방지하는 것이 적절하지 않다(93다40614, 40621 판결).[22] 그러므로 인격권을 충분히 보호함에 있어서는 무엇보다도 사전적 예방이 중요하다고 할 것이다.

---

20) 일반적으로 위자료는 불법행위 또는 기타 불법원인으로 피해자가 입은 고통・충격・절망 등의 정신적 손해를 금전적 평가를 통해서 배상해 주는 금전을 말한다. 그러나 이러한 위자료의 기능에 대해서 제재적 기능을 강조하여 가해행위의 위법성의 정도가 매우 강한 때에는 행위주체에 대하여 그 행위를 억제하는 데 알맞은 위자료를 부과하여야 한다는 주장이 있다(이명갑, "제재적 위자료의 입론(Ⅰ)", 사법행정 통권 315호, 28면).

21) 헌법재판소는 민법 제764조 소정의 "명예회복에 적당한 처분"에 사죄광고를 포함시키는 것은 양심의 자유 및 인격권을 침해하는 것으로 헌법에 위반된다고 결정한 바 있다(89헌마160 결정).

22) 이 판결의 평석으로는 윤철홍, "인격권의 침해에 대한 사법적 구제", 민사법학 제16호(1998), 209-227면이 있다.

판례 ➡ 불법행위에 의해 인격권이 침해되는 경우, 현행법상으로는 금전배상의 원칙만이 인정될 뿐 원상회복청구권 내지 이른바 만족청구권은 명문으로 규정되고 있지 않지만, 인격권의 한 부분이라고 생각되는 명예가 훼손된 경우 현행 민법 제764조가 법원이 명예회복을 위한 적당한 처분을 명할 수 있다고 규정하고 있는 점, 저작권법 제95조가 고의 또는 과실로 저작인격권을 침해한 자에 대하여는 손해배상에 갈음하거나 손해배상과 함께 명예회복을 위하여 필요한 조치를 청구할 수 있다고 규정하고 있는 점과 지배적인 학설이 일반적 인격권에 대하여 배타적 지배권으로서 대세적 효력을 인정하는 점에 비추어 보면 법원은 피해자가 바라는 경우 금전으로 손해배상을 명하는 이외에 원상의 회복을 위한 조치 또는 피해자에게 만족을 줄 수 있는 조치를 명할 수 있다고 보는 것이 발전하는 법질서의 요청에 부응할 수 있을 뿐 아니라 피해구제수단을 다양화하여 형평을 기하는 데 적합하다고 할 수 있다(서울고법 1994. 9. 27. 선고 92나35846 제9민사부판결).

판례 ➡ 인격권은 그 성질상 일단 침해된 후의 구제수단(금전배상이나 명예회복 처분 등)만으로는 그 피해의 완전한 회복이 어렵고 손해전보의 실효성을 기대하기 어려우므로, 인격권 침해에 대하여는 사전(예방적) 구제수단으로 침해행위 정지·방지 등의 금지청구권도 인정된다(93다40614, 40621 판결). 특히 사람(종중 등의 경우에도 마찬가지이다)이 갖는 명예에 관한 권리는 일종의 인격권으로 볼 수 있는 것으로서, 그 성질상 일단 침해된 후에는 금전배상이나 명예회복에 필요한 처분 등의 구제수단만으로는 그 피해의 완전한 회복이 어렵고 손해전보의 실효성을 기대하기 어려우므로, 이와 같은 인격권의 침해에 대하여는 사전예방적 구제수단으로 침해행위의 정지·방지 등의 금지청구권이 인정될 수 있다(96다17851 판결).

판례 ➡ 사람은 누구나 자신의 얼굴 기타 사회통념상 특정인임을 식별할 수 있는 신체적 특징에 관하여 함부로 촬영 또는 그림묘사되거나 공표되지 아니하며 영리적으로 이용당하지 않을 권리를 가진다(2004다16280 판결). 물론 표현행위에 대한 사전금지는 원칙적으로 허용되어서는 안될 것이지만, 그 표현내용이 진실이 아니거나 그것이 공공의 이해에 관한 사항으로서 그 목적이 오로지 공공의 이익을 위한 것이 아니며, 또한 피해자에게 중대하고 현저하게 회복하기 어려운 손해를 입힐 우려가 있는 경우에는 그와 같은 표현행위는 그 가치가 피해자의 명예에 우월하지 아니하는 것이 명백하고, 또 그에 대한 유효적절한 구제수단으로서 금지의 필요성도 인정되므로 이러한 실체적인 요건을 갖춘 때에 한하여 예외적으로 사전금지가 허용된다(2003마1477 결정).

2. 인격권의 침해에 대한 유지청구의 근거

앞에서 지적한 바와 같이 인격권의 침해가 있는 경우에 금전적 손해의 배상만으로는 충분하게 피해자를 구제할 수 없고, 그 방해의 제거 또는 사전적 예방을 청구할 수 있어야 피해자를 적절하게 구제할 수가 있다. 문제는 그 방해의 제거나 예방을 청구할 수 있는 법적 근거를 어디에서 찾을 것인가에 있다. 이에 대해서는 불법행위의 효과로서 원상회복을 인정한다거나 물권적 청구권의 확대 적용을 검토하거나 인격권 자체의 고유한 성질로부터 그 근거를 찾기도 한다.

(1) 불법행위의 효과로서 원상회복의 인정 여부

인격권의 침해가 있는 경우에 그 방해의 제거 및 예방을 위한 근거를 불법행위의 효과에서 찾는 입장이 있다. 문제는 민법이 불법행위의 효과로서 금전에 의한 손해배상청구권을 요구하고 있는 상황에서, 과연 순수하게 불법행위의 효과로 이러한 방해제거 및 예방을 청구할 수 있는지에 있다. 하지만, 위의 견해에 의하면 불법행위의 억제는 법의 이념이고, 또한 민법이 금전배상의 원칙을 규정하고는 있지만 이론상 불법행위의 효과로서 방해배제를 인정하는 것을 금하는 것은 아니라고 한다. 그리고 이 견해는 원상회복과 방해배제를 준별하지 않으면서 불법행위의 효과로서 원상회복을 인정하고서는 방해배제도 그 하나의 태양이라고 한다. 즉, 불법행위를 이유로 손해의 배상을 인정하면서 그 손해를 발생케 하는 근원인 위법행위의 제거 또는 예방을 청구할 수 없다면 이는 불법행위제도의 취지에 어긋나고, 또한 고의·과실을 필요로 하지 않는 물권적 청구권에서도 방해제거 및 예방을 인정하는 데 하물며 고의·과실로 본권을 침해하는 경우에 이러한 청구권을 인정하지 않는 것은 모순이라고 하면서 불법행위의 효과로써 방해제거 및 예방청구권을 인정하고자 한다.[23)]

그러나 통설은 불법행위의 효과로서 방해의 제거 및 예방의 청구를 인정할 수는 없다고 한다. 즉, 통설에 의하면 불법행위제도의 목적은 위법행위로부터 발생한 손해를 전보시키는 데 있으므로, 현재 계속중인 위법행위의 정지나 장차 행해질 염려가 있는 위법행위의 예방을 불법행위의 효과로서 인정할 수는 없다는 것이다. 또한 물권청구권을 행사하는 경우와 달리 불법행위의 경우에는 침해자의 고의·과실을 요구하여야 하므로, 방해배제청구권을 불법행위의 효과로 인정하게 되면 인격권을 충분하게 보호할 수 없다는 결과에 이른다.[24)]

(2) 물권적 청구권의 확대 내지 유추적용

인격권의 예방적 보호를 위한 유지청구의 근거를 물권적 청구권의 확대적용 내지는 유추적용에서 찾는 입장이 있다. 이 입장은 인격권도 물권과 같이 절대권적 성질을 가지고 있고, 또한 인격권 역시 물권과 동등하게 보호할 가치가 있기 때문에 물권적 청구권의 확대 또는 유추적용에 의해서 유지청구를 할 수 있다고 한다.[25)] 이 입장에서는 소극적·정신적 생활방해 또는 환경이익이 침해된 경우에도 그 유지청구의 근거를 물권적 청구권에서 찾는다. 가령, 인접지의 건물의 공사로 인하여 일조(日照)가 차단되는 등 환경이익의 침해로 인하여 건강을 해치거나 해할 우려가 있을 경우에,[26)] 이것을 재산가치의 침해—토지가격의 하락 내지 유지비용의 증가—로 파악하여 물권에 기해 유지를 청구할 수 있다는 것이다.[27)]

그런데 물권적 청구권은 본래 소유권 등의 재산권의 보호를 위하여 인정되는 것이므로 인격적 가치 중에서도 재산적 색채가 강한 것에 대해서는 물권적 청구권설을 따른다 하더라도 별 문제가 없겠지만 인격권은 그 성질상 재산적 색채를 띠지 않는 경우가 더 많다는 것이다. 이러한

---

23) 김기선, 한국채권법각론, 455-456면.
24) 홍춘의, "인격권의 승인과 보호", 160면.
25) 지홍원, "인격권의 침해", 사법논집 제10집, 법원행정처, 1979, 219-220면; 박철우, "인격권의 침해", 주석채권각칙(Ⅳ), 한국사법행정학회, 1987, 122-123면.
26) 이와 같은 소극적·정신적 토지생활 방해 또는 환경이익의 침해의 경우에도 제217조에 기해서 방해제거 및 예방을 청구할 수 있다는 입장도 유력하다(이영준, 물권법, 413, 417면; 이상태, 물권법, 206면; 윤철홍, 물권법, 193면; 홍성재, 물권법, 183면).
27) 곽윤직, 물권법, 247면; 김증한/김학동, 물권법, 269, 299면. 95다23378 판결, 96다56153 판결 등.

점에서 인격권이 침해된 경우에 그 방해의 제거 및 예방을 청구할 수 있는 근거를 물권적 청구권의 적용 내지 유추적용에서 찾을 것은 아니고 인격권 자체에서 찾아야 한다는 인격권설이 주장되고 있다.

(3) 인격권에 기한 방해배제청구권

물권적 청구권의 한계에 대해서 비판을 가하면서 인격권설이 주장되었다. 즉 물권적 청구권설은 원래 소유권 등의 재산권의 보호를 위하여 인정되는 것이므로 인격가치 중에서도 재산적 색채가 강한 것에 대해서는 물권적 청구권설을 따른다 하더라도 문제는 없다. 하지만 인격권은 그 성질상 재산적 색채를 띠지 않는 경우가 더 많다는 데 문제가 있다. 여기에서 인격권 자체에 기하여 침해의 제거 및 방해예방을 청구할 수 있다는 입장이 주장되었다.[28] 가령, 소극적·정신적 생활방해 또는 환경이익의 침해의 경우에도 직접 인격권의 침해를 들어 그 절대적 성질에 비추어 방해제거 및 예방을 청구할 수 있다는 것이다.[29] 특히 판례는 명예보호라든가 초상권의 보호를 위해 인격권 자체에 기한 유지청구를 인정해 왔다(2003마1477 결정 등). 다만, 인격권설은 인격권에 기한 유지청구를 인정하고자 하는데, 이를 인정하는 명문의 규정이 없고, 인격권의 내용 내지 범위가 불명확하다는 비판이 있다.[30]

판례 ➡ 명예는 생명, 신체와 함께 매우 중대한 보호법익이고 인격권으로서의 명예권은 물권의 경우와 마찬가지로 배타성을 가지는 권리라고 할 것이므로, 사람의 품성, 덕행, 명성, 신용 등의 인격적 가치에 관하여 사회로부터 받는 객관적인 평가인 명예를 위법하게 침해당한 자는 손해배상(민법 제751조) 또는 명예회복을 위한 처분(민법 제764조)을 구할 수 있는 이 외에 인격권으로서 명예권에 기초하여 가해자에 대하여 현재 이루어지고 있는 침해행위를 배제하거나 장래에 생길 침해를 예방하기 위하여 침해행위의 금지를 구할 수도 있다(2003마2477 결정). 그리고 인격권 침해를 이유로 한 방해배제청구권으로서 기사삭제 청구의 당부를 판단할 때는 그 표현내용이 진실이 아니거나 공공의 이해에 관한 사항이 아닌 기사로 인해 현재 원고의 명예가 중대하고 현저하게 침해받고 있는 상태에 있는지를 언론의 자유와 인격권이라는 두 가치를 비교·형량하면서 판단하면 되는 것이고, 피고가 그 기사가 진실이라고 믿은 데 상당한 이유가 있었다는 등의 사정은 형사상 명예훼손죄나 민사상 손해배상책임을 부정하는 사유는 될지언정 기사삭제를 구하는 방해배제청구권을 저지하는 사유로는 될 수 없다(2010다60950 판결).

(4) 이상에서 본 것처럼 인격권이 침해된 경우에, 물권적 청구권의 유추적용 또는 불법행위의 효과를 확장하는 방법에서 방해배제청구권의 근거를 찾는 태도는 무리가 있다. 오히려 인격권을 사법상의 절대적 권리로 인정하는 이상 인격권 자체에 기하여 그 침해의 제거 및 예방을 청구할 수 있는 것으로 새기는 것이 타당하다고 할 것이다.

---

28) 홍춘의, "인격권의 승인과 보호", 160면.
29) 양창수, 민법주해(5), 246면; 윤진수, "환경권 침해를 이유로 하는 유지청구의 허용 여부", 대법원판례해설, 통권 제23호, 1995년 상반기, 22면.
30) 유원규, 민법주해(5), 310면.

판례 ➡ **〈저작인격권의 성질〉** 저작인격권은 저작재산권과는 달리 일신전속적인 권리로서 이를 양도하거나 이전할 수 없는 것이므로, 비록 그 권한행사에 있어서는 이를 대리하거나 위임하는 것이 가능하다 할지라도 이는 어디까지나 저작인격권의 본질을 해하지 아니하는 한도 내에서만 가능하고 저작인격권 자체는 저작권자에게 여전히 귀속되어 있으며, 구 저작권법(1986. 12. 31. 법률 제3916호로 전문 개정되기 전의 것) 제14조에 의하면 저작자는 자기의 저작물에 관하여 그 저작자임을 주장할 수 있는 권리(소위 귀속권)가 있으므로 타인이 무단으로 자기의 저작물에 관한 저작자의 성명, 칭호를 변경하거나 은닉하는 것은 고의, 과실을 불문하고 저작인격권의 침해가 된다(94마2217 결정).

〈인격권이나 시설관리권에 기한 유지청구〉 인격권이나 시설관리권 등과 같은 대세적 권리를 침해하는 행위에 대한 부작위청구권은 대세적 권리에 대한 침해의 우려가 있다는 점 또는 이미 침해가 있었고 그 재발의 위험성이 있다는 점 등을 요건으로 하는 것이며, 이 경우 부작위명령의 대상이 되는 것은 가해자들이 이미 저지른 행위와 동일한 행위 뿐만 아니라 그와 유사한 행위로서 장래에 저질러질 우려가 있는 행위를 포함한다. 따라서 학교를 설립·운영하는 법인과 그 교장은 자신들의 인격권을 침해하는 위법한 표현행위 등에 대하여 부작위청구권을 행사하는 권리주체가 될 수 있으며, 나아가 학교에 대한 운영주체로서 그 시설관리권 등에 근거하여 면학분위기를 해치는 위법행위에 대한 방해예방청구 등 부작위청구권을 행사할 수 있다(2004다62597 판결).

〈인격권에 기한 반론보도청구권〉 언론기본법 제49조에 규정된 정정보도청구권은 그 제목의 표현과는 달리 언론사에 대해 정기간행물이나 방송의 보도내용을 진실에 부합되게 시정할 것을 요구하는 권리가 아니라 그 보도내용에 대하여 피해자가 주장하는 반박내용을 보도해 줄 것을 요구하는 권리이므로 이의 대상이 된 보도내용의 진실 여부는 그 권리행사의 요건이 아니다. 그리고 언론기본법 제49조 제1항에서 정기간행물과 방송에 공표된 사실적 주장에 의하여 피해를 받은 자라 함은 그 보도내용에서 지명되거나 그 보도내용과 개별적인 연관성이 있음이 명백히 인정되는 자로서 자기의 인격적 법익이 침해되었음을 이유로 그 보도내용에 대한 반론 내지 반박을 제기할 이익이 있는 자를 가리키며, 그 보도내용이 진실한지의 여부는 피해의 유무를 판단하는 데 고려할 사항이 아니다(85다카1973 판결).

Ⅲ. 인격권의 침해로 인한 부당이득의 반환

타인의 인격적 가치를 침해함으로써 침해자가 일정한 경제적 이득을 얻은 경우에, 가령 타인의 초상이나 성명을 선전 또는 상업적 목적으로 이용하였으나 가해자의 귀책사유가 없는 경우에는 피해자는 가해자에 대하여 부당이득의 반환을 청구할 수 있다(제741조). 이때 반환받을 수 있는 부당이득의 범위는 가해자가 절약하게 된 비용의 한도가 될 것이다.

이러한 법리는 이른바 퍼블리시티권의 침해의 경우에 유용하게 적용될 수 있다. 즉, 성명, 초상 등이 갖는 경제적 이익 내지 가치를 배타적으로 지배하는 권리 또는 성명, 초상 등이 갖는 경제적 이익 내지 가치를 상업적으로 사용·통제하는 권리라고 일컬어지는 퍼블리시티권은 재산권적 측면을 갖고 있으므로, 부당이득의 일반적 법리에 의하여 타인의 초상을 정당한 원인없이 상업적으로 사용하여 이득을 얻고 그로 인하여 본인이 손해를 입은 경우는 본인은 타인에게 그 이득의 반환을 청구할 수 있다. 특히 부당이득반환청구권은 침해자의 고의, 과실을 요하지 않고, 그 소멸시효기간은 10년이다. 즉, 불법행위로 인한 손해배상청구권의 소멸시효기간이 손해 및 그 가해자를 안 날로부터 3년 또는 불법행위를 한 날로부터 10년임에 비하여(제766조), 부당이득반환청구권은 소멸시효 기간이 10년(제162조 제2항)이므로 손해배상청구권이 시효로 소멸한 경우라도 부당이득반환청구권을 행사하여 보호받을 수 있다.

판례 ➡ **〈퍼블리시티권 인정〉** 헌법상의 행복추구권과 인격권의 한 내용을 이루는 성명권은 사회통념상 특정인임을 알 수 있는 방법으로 성명이 함부로 사용, 공표되지 않을 권리, 성명이 함부로 영리에 이용되지 않을 권리를 포함한다고 할 것이고, 유명인의 성명이나 초상을 사용하여 선전하거나 성명이나 초상을 상품에 부착하는 경우 유명인의 성명이 상품의 판매촉진에 기여하는 효과가 발생할 것인데 이러한 효과는 유명인이 스스로의 노력에 의하여 획득한 명성, 사회적인 평가, 지명도 등으로부터 생기는 독립한 경제적 이익 또는 가치로서 파악할 수 있는 바, 유명인의 허락을 받지 아니하고 그의 성명을 상업적으로 이용하는 행위는 성명권 중 성명이 함부로 영리에 이용되지 않을 권리를 침해한 민법상의 불법행위를 구성한다고 볼 것이고, 이와 같이 보호되는 한도 내에서 자신의 성명 등의 상업적 이용에 대하여 배타적으로 지배할 수 있는 권리를 퍼블리시티권으로 파악하기에 충분하다고 할 것이며, 이는 인격으로부터 파생된 것이기는 하나 독립한 경제적 이익 또는 가치에 관한 것인 이상 인격권과는 독립된 별개의 재산권으로 보아야 할 것이다(서울중앙지법 2006. 4. 19. 선고 2005가합80450 판결, 서울서부지법 2010. 4. 21. 자 2010카합245 결정).

〈퍼블리시티권 부정〉 고유의 명성, 사회적 평가, 지명도 등을 획득한 배우, 가수, 운동선수 등 유명인의 성명이나 초상 등이 상품에 부착되거나 서비스업에 이용되는 경우 상품의 판매촉진이나 서비스업의 영업활동이 촉진되는 효과가 있는데, 이러한 유명인의 성명, 초상 등이 갖는 고객흡인력은 그 자체가 경제적 이익 내지 가치로 취급되어 상업적으로 거래되고 있으므로, 성명권, 초상권 등 일신에 전속하는 인격권이나 종래의 저작권, 부정경쟁방지 및 영업비밀보호에 관한 법률의 법리만으로는 이를 설명하거나 충분히 보호하기 어렵다. 우리나라에서도 근래에 이르러 연예, 스포츠산업 및 광고산업의 급격한 발달로 유명인의 성명이나 초상 등을 광고에 이용하게 됨으로써 그에 따른 분쟁이 적지 않게 일어나고 있으므로 이를 규율하기 위하여, 성명이나 초상, 서명 등이 갖는 재산적 가치를 독점적·배타적으로 지배하는 권리인 퍼블리시티권(Right of Publicity)이라는 새로운 권리 개념을 인정할 필요성은 충분히 수긍할 수 있다. 그러나 민법 제185조는 "물권은 법률 또는 관습법에 의하는 외에는 임의로 창설하지 못한다"라고 규정하여 이른바 물권법정주의를 선언하고 있고, 물권법의 강행법규성은 이를 중핵으로 하고 있으므로, 법률(성문법과 관습법)이 인정하지 않는 새로운 종류의 물권을 창설하는 것은 허용되지 아니한다. 그런데 재산권으로서의 퍼블리시티권은 성문법과 관습법 어디에도 근거가 없다. 따라서 법률, 조약 등 실정법이나 확립된 관습법 등의 근거없이 필요성이 있다는 사정만으로 물권과 유사한 독점배타적 재산권인 퍼블리시티권을 인정하기는 어렵고, 퍼블리시티권의 성립요건, 양도·상속성, 보호대상과 존속기간, 침해가 있는 경우의 구제수단 등을 구체적으로 규정하는 법률적인 근거가 마련되어야만 비로소 퍼블리시티권을 인정할 수 있다(서울서부지법 2014. 7. 24. 선고 2013가합32048 판결, 서울고법 2002. 4. 16. 선고 2000나42061 판결도 참조).

제2장 계약적 법익의 침해에 대한 구제법리

제1절 개 관

계약이 유효하게 성립하면 당사자가 원하는 내용의 효과, 즉 당사자 사이에 권리와 의무가 발생한다.[1)] 민법은 이러한 계약상의 권리의무를 상대적인 효력을 가지는 채권·채무관계로 규율한다. 다만, 민법은 채무 또는 채무불이행이라는 개념을 사용하고 있을 뿐 계약상의 의무 또는 계약상의 의무위반이라는 개념은 사용하고 있지 않다. 이와 같이 민법은 계약상의 권리의무관계를 채권·채무관계로 규율한다. 따라서 계약상의 권리의무는 계약상의 채권·채무라고 할 수 있다. 이렇게 볼 때, 계약상의 의무는 채무의 내용에 속하고, 그것의 완전한 이행이 있으면 계약상의 권리, 즉 채권은 소멸한다.

그런데 계약상의 의무이행이 언제나 정상적으로 또는 완전하게 이루어지는 것은 아니고, 그 의무위반이 발생할 수 있다. 계약상 의무위반의 결과, 즉 '채무의 내용에 좇은 이행'이 없으면 채무불이행이 발생하고, 이에 대하여 채무자에게 귀책사유가 있으면 채무불이행책임이 발생하게 된다. 이와 같이 민법은 계약상의 의무를 상정하고 각각 그 위반에 따른 구제법리를 설정하지 않고, 그 의무위반의 결과인 채무불이행의 모습에 따라 각각의 구제법리를 설정하고 있다. 따라서 이미 살펴본 채무불이행법리는 당연히 계약상의 의무를 위반한 경우에 적용된다. 그렇지만 계약상의 의무의 내용은 급부의무, 부수적 의무 등 일의적이지 않고 다양하다. 따라서 각각의 계약상 의무의 위반에 따라 그 구제법리를 달리한다. 또한 유상계약상 의무의 불완전이행으로 급부결과에 하자가 있는 경우에는 하자담보책임이 발생한다. 하자담보책임은 채무불이행책임과 달리 무과실책임이다.

그리고 민법은 계약의 당사자에게 해제권과 해지권을 인정하여, 계약의 구속력을 사후적으로 배제시킬 수 있음을 인정한다. 계약이 해제되면 계약의 당사자는 계약의 구속으로부터 해방되고, 상호 원상회복의무를 부담한다(제548조). 또한 계속적 계약관계에서는 계약의 효력을 장래에 향하여만 소멸시키는 해지제도를 두고 있다.

한편 계약은 상대적 효력을 가지므로 계약상의 권리자는 계약상의 의무자에 대해서만 그 권리를 행사할 수 있고, 계약상의 의무자도 계약상의 권리자에 대해서만 의무를 부담한다. 따라서 계약의 당사자 이 외의 제3자는 계약상의 의무를 부담하지 않음이 원칙이다. 따라서 계약의 당

---

1) 계약의 구체적인 법률효과는 계약의 종류·내용에 따라 각각 다르다. 가령, 재산권이전형계약은 재산권이전의무를 발생시키고, 재산권이용형계약은 목적물을 이용한 다음 이를 반환해야 할 의무가 발생한다. 그리고 노무제공형계약은 타인의 사무를 처리해야 할 의무가 발생한다.

사자 이 외의 제3자는 계약적 법익의 침해주체가 될 수 없다. 그리하여 제3자의 관여로 계약적 법익이 침해되었더라도 제3자에 대해서는 원칙적으로 피해구제를 요구할 수는 없다. 그렇지만 후술하는 바와 같이 판례와 학설은 제3자에 대해서 계약위반에 따른 책임은 묻지 못하더라도 불법행위책임을 인정하고 있다.

이하에서는 계약적 법익의 침해에 대한 구제법리로서 계약상의 의무와 그 위반에 따른 효과를 살펴본 다음, 계약체결과정에서의 과실있는 당사자의 책임법리를 알아본다. 그리고 유상계약상의 하자담보책임을 매도인의 하자담보책임과 수급인의 하자담보책임으로 나누어 살펴보기로 한다. 이어서 계약의 해제와 해지제도를 알아본다. 끝으로 계약의 상대적 효력의 예외로서 제3자의 계약침해에 대해서도 살펴본다.

제 2 절 계약상의 의무와 그 위반의 효과

Ⅰ. 서 설

사람은 사회생활을 하면서 타인의 권리 기타 법익을 침해하지 않도록 일정한 '행위의무'를 부담한다. 이러한 '행위의무'는 형법 내지 행정법 등 공법상 요구될 뿐 아니라 사법상으로도 요구된다. 사법의 일반법인 민법상 행위의무는 일단 불법행위법과 계약법상의 행위의무로 구별하여 파악해 볼 수 있다. 불법행위법상의 '행위의무'로는 직무 내지 업무상의 주의의무 등 사회생활상 주의의무(제750조. 86다카1469 판결(부작위 의무위반), 2008다53812 전원합의체 판결(작위의무 위반)), 공작물의 설치보존의 하자로 인하여 발생하는 위험에 대한 안전 내지 방호조치의무(제758조. 86다카2773 판결, 99다39548 판결 등), 적극적 위험방지의무로서의 거래안전의무(92다33190 판결, 98다16012 판결 등) 등을 들 수 있다. 불법행위법상의 행위의무는 법률, 계약, 관습 또는 조리 등에 근거하여 인정될 수 있고, 이는 행위의 성질이나 위험성에 비례하여 요구된다고 할 것이다. 이러한 행위의무를 위반하여 타인의 권리 기타 법익을 침해하면 위법성 조각사유가 없는 한 그 행위는 위법한 행위로 되고 행위자가 그러한 법익의 침해가능성을 예견하였거나 회피할 수 있었다면 과실이 있는 것으로 인정된다고 할 것이다.[2)]

이에 대하여 계약법상의 '행위의무'로는 계약이 유효하게 성립한 경우에 발생하는 급부의무를 들 수 있으며, 급부의무 외에 계약의 체결과정 및 계약의 이행 내지 실현단계에서 급부이익

2) 즉, 불법행위법상 행위의무는 유책성 요소이면서 불법요소라는 이중적 지위를 가진다. 다만, 이 경우 위법성 판단은 피침해법익의 측면과 침해행위의 측면을 상관적으로 고려하여 판단하는 반면(2005다25021 판결 등)에, 과실 여부는 평균인의 입장에서 가해행위자에게 위법한 결과의 발생에 대한 예견가능성 내지 회피가능성이 인정되는지 여부에 따라 판단한다(86다카1469 판결, 2000다12532 판결).

의 보호를 위하여 요구되는 부수적 의무가 있다. 가령, 수임인의 보고의무(제683조), 사무관리자의 보고의무(제738조, 제683조), 업무집행조합원의 보고의무(제707조, 제683조)등을 들 수 있다. 그리고 특정물인도채무자의 선관주의의무(제374조), 수임인의 선관주의의무(제681조), 무상수치인의 주의의무(제695조)는 부수적 의무이면서 과실판단의 기준이 된다.

그런데 계약의 준비 내지 교섭의 과정에서 상대방의 의사결정의 자유를 보호하기 위하여 요구되는 정보제공의무[3]를 계약법상의 의무로 인정하고, 그 위반에 대하여 계약책임의 법리를 적용할 수 있는지에 대해서는 사적 자치의 원칙상 의문이 없지 않지만, 대체로 학설[4]은 이를 계약법상의 의무로 인정한다. 판례는 재산적 거래에 있어서는 원칙적으로 고지의무를 인정하지 않고(2012다54997 판결), 거래 상대방이 일정한 사정에 관한 고지를 받았더라면 그 거래를 하지 않았을 것임이 경험칙상 명백한 경우(2004다48515 판결, 2005다5812, 5829, 5836 판결, 2008다19355 판결, 2008다51120, 51137, 51144, 51151 판결 등)에는 이를 계약상의 의무로 인정한다.

판례 ➡ 일반적으로 매매거래에 있어서 매수인은 목적물을 염가로 구입할 것을 희망하고 매도인은 목적물을 고가로 처분하기를 희망하는 이해상반의 지위에 있으며, 각자가 자신의 지식과 경험을 이용하여 최대한으로 자신의 이익을 도모할 것으로 예상되기 때문에, 당사자 일방이 알고 있는 정보를 상대방에게 사실대로 고지하여야 할 신의칙상의 주의의무가 인정된다고 볼 만한 특별한 사정이 없는 한, 매도인이 목적물의 시가를 묵비하여 매수인에게 고지하지 아니하거나 또는 시가보다 높은 가액을 시가라고 고지하였다 하더라도 상대방의 의사결정에 불법적인 간섭을 하였다고 볼 수 없으므로 불법행위가 성립한다고 볼 수 없다(2012다54997 판결(공유재산매각), 2004다62955 판결(주식매매), 99다38583 판결 및 2000다54406, 54413 판결(교환계약)).

판례 ➡ 부동산거래에 있어 거래 상대방이 일정한 사정에 관한 고지를 받았더라면 그 거래를 하지 않았을 것임이 경험칙상 명백한 경우에는 신의성실의 원칙상 사전에 상대방에게 그와 같은 사정을 고지할 의무가 있으며, 그와 같은 고지의무의 대상이 되는 것은 직접적인 법령의 규정뿐 아니라 널리 계약상, 관습상 또는 조리상의 일반원칙에 의하여도 인정될 수 있다. 가령, 아파트 분양자는 아파트단지 인근에 쓰레기 매립장이 건설예정인 사실을 분양계약자에게 고지할 신의칙상 의무를 부담하고(2004다48515 판결), 또한 아파트단지 인근에 공동묘지가 조성되어 있는 사실을 수분양자에게 고지할 신의칙상의 의무를 부담한다는 것이다(2005다5843 판결, 2005다5812, 5829, 5836 판결). 이 경우 고지의무 위반은 부작위에 의한 기망행위에 해당하므로 원고들로서는 기망을 이유로 분양계약을 취

---

3) 가령, 보증계약 채권자의 정보제공의무(민법 제436조의2), 보험계약자 또는 피보험자의 고지의무(상법 제651조)라든가 약관작성자의 명시·설명의무(상법 제638조의3, 약관의 규제에 관한 법률 제3조), 그리고 판례에 의한 의사의 설명의무(2009다17417 전원합의체 판결 등)을 들 수 있다.

4) 계약체결과정에서의 정보제공의무에 관해서는 이상욱, "프랑스에서의 계약상 정보제공의무", 영남법학 제1권 1호, 1994, 95면; 최상호, "계약상의 정보제공의무에 관한 연구", 채권법에 있어서 자유와 책임(김형배교수화갑기념논문집, 1994), 165면; 박정기, "계약체결과정에 있어서의 정보제공의무", 토지법학 제18호(2002), 65면; 박인환, "독일법상 정보제공의무위반을 이유로 하는 계약해소청구권", 민사법학 제27호(2005), 133면; 박영복, "계약체결전단계의 법규범화", 외법논집 제10집(2001), 93면; 김상중, "매매계약 교섭 당사자의 잘못된 정보제공에 관한 상대방의 보호", 민사법학 제29호(2005), 150면 이하; 동, "계약체결 이전단계의 정보제공의무 – 외국의 입법례와 비교에 의한 규정 신설의 제안을 중심으로 –". 고려법학 제26호(2010. 3), 2면 이하 참조.

소하고 분양대금의 반환을 구할 수도 있고 분양계약의 취소를 원하지 않을 경우 불법행위를 이유로 손해배상만을 청구할 수도 있다는 것이다(2004다48515 판결, 2008다19355 판결 등).

그렇지만 계약의 교섭과정 및 그 실현단계를 거쳐 계약이 종료된 후까지 상대방의 생명, 신체 또는 재산 등 계약외적 법익의 보호를 위해 요구되는 보호의무를 계약법상의 의무로 인정하고, 그 위반으로 인한 피해를 계약책임의 법리에 의하여 구제받을 수 있는지에 대해서는 논의가 있다. 이에 대해서는 적극설[5]과 소극설[6]이 대립한다(학설의 소개는 후술한다).

아무튼 보호의무를 계약법상의 의무로 인정할 것인지 여부에 관한 문제는 이른바 채무구조론[7] 및 그에 따른 채무불이행책임의 체계정립에 관한 것[8]으로서, 불법행위책임법상 거래안전의무와 관련되어 있다.

Ⅱ. 주된 급부의무 위반과 채무불이행

1. 주된 급부의무의 의의

주된 급부의무는 계약의 내용을 결정한다(제554조, 제563조, 제590조, 제596조, 제598조, 제609조, 제618조, 제655조, 제664조, 제675조, 제680조, 제693조, 제703조, 제725조, 제731조 등). 즉, 계약상의 주된 급부의무는 계약의 종류를 결정하고 또 그것에 대한 합의가 없으면 계약이 유효하게 성립할 수 없는 본질적인 의무에 해당한다. 그리하여 주된 급부의무는 소송을 통해서 그 이행을 강제할 수 있을 뿐 아니라 그 위반이 있는 경우에는, 2차적 급부의무로서 손해배상청구권이 발생하고 계약을 해제할 수 있다. 이 경우 급부의 강제이행의 청구와 그에 갈음한 손해배상청구나 해제권의 행사는 우열이 있는 것은 아니다. 가령, 자동차의 매도인이 일정한 기일까지 매수인에게 자동차를 인도하기로 되어 있었던 경우에, 인도없이 그 날짜가 지난 때에는 매도인은 매수인에게 제1차적 급부의무인 자동차의 인도의무 이외에 자동차의 인도의 지체로 인하여 매수인에게 발생한 손해를 배상(지연배상)해 주어야 할 의무를 지게 된다(제390조). 이를 제2차적 급부의무라

---

5) 최봉경, "하자손해 · 확대손해 및 하자와 무관한 결과손해에 대한 유형론적 고찰: 독일의 논의를 중심으로", 비교사법 제11권 4호(상, 2004. 12), 96면 이하; 김규완, "채무자의무의 이원구조", 11면 이하; 박희호, "민법상의 보호의무론－보호의무의 본질 및 그 체계상의 지위와 관련하여－", 277면 이하.

6) 최흥섭, "계약이전단계에서의 책임(소위 계약체결상의 과실책임)과 민법 535조의 의미－특히 독일판례를 중심으로 한 비교법적 고찰－", 556면 이하; 양창수, "계약체결상의 과실", 민법연구 제1권(1991), 386면 이하; 김준호, "독일의 계약체결상 과실제도의 우리 민법학에의 수용 요부", 280면 이하; 김대정, "계약체결상의 과실책임", 89면; 임형택, "착오로 인한 의사표시에서의 신뢰손해와 계약체결상의 과실책임", 외법논집 제27집(2007), 236면 이하.

7) 지원림, "채무구조론－계약상의 의무를 중심으로－", 민사법학 제21호(2002), 558면 이하; 김상중, "채무불이행법체계의 새로운 이해를 위한 시도－채무구조론과 '요건적 유형론'의 극복을 통하여－", 비교사법 제16권 2호(2009), 4면 이하 참조.

8) 김형배, "우리 민법의 채무불이행법 체계", 민법학논총(후암곽윤직교수화갑기념논문집, 1985), 303면 이하; 조규창, "민법 제390조와 적극적 채권침해－통설에 대한 비판적 고찰－", 344면 이하; 고상룡, "민법 제390조의 채무불이행의 의미", 손해배상법의 제문제(성헌황적인박사화갑기념논문집, 1990), 25면 이하; 이은영, "우리 민법에 맞는 채무불이행책임의 체계", 법조 제39권 12호(1990), 4면 이하; 양창수, 민법주해(9), 214면 이하.

한다. 다만, 계약이 합의해제된 경우에는 그 해제시에 당사자 일방이 상대방에게 손해배상을 하기로 특약하거나 손해배상청구를 유보하는 의사표시를 하는 등 다른 사정이 없는 한 채무불이행으로 인한 손해배상을 청구할 수 없다(86다카1147, 1148 판결 등).

2. 주된 급부의무의 유형

사적 자치의 원칙상 계약에 의한 채권관계의 형성은 법률 또는 선량한 풍속 기타 사회질서에 위반하지 않는 한 당사자에게 일임되어 있다(제103조, 제105조). 따라서 채권의 내용, 즉 급부는 다양성을 가진다. 또한 채권의 목적인 급부는 금전으로 산정할 수 없는 것이라도 상관이 없다(제373조). 이러한 급부는 대체로 내용상 '하는 급부'와 '주는 급부'로 구별할 수 있으며, '하는 급부'는 작위·부작위를 포함하고, 대체적 급부와 불대체적 급부로 구별할 수 있다. 특히 이러한 구별은 강제이행의 방법에 차이가 있는 점에서 그 실익이 있다(제398조 제2항, 제3항). 그리고 '주는 급부'(물건 또는 일정액의 금전의 인도)를 내용으로 하는 채무는 특정물채무와 종류물채무로 나눌 수 있다. 이 경우 특정물채무자는 선관주의로 물건을 보관할 의무를 부담하며(제374조), 변제장소에 관한 지참채무의 원칙에 대한 예외가 인정된다(제467조 제1항). 그리고 종류물채무자는 급부의 목적인 종류물이 특정되기 전에 멸실한 경우에는 조달의무를 부담한다. 종류물은 특정에 의하여 비로소 채권의 목적물이 되기 때문이다(제375조 제2항).

그리고 학설[9]과 판례는 '하는 급부'를 내용으로 하는 채무를 결과채무와 수단채무로 구별한다. 결과채무는 급부의 내용이 일정한 결과를 실현하는 데 있는 채무를 말하고, 수단채무는 채무의 이행을 위하여 최선을 다하는 것을 급부의 내용으로 하는 채무를 말한다. 가령, 부동산매도인의 재산권이전의무는 결과채무로서 등기서류의 교부만으로 그 급부의무를 다한 것이 아니고 매수인 명의로 등기가 경료되어야 급부의무가 소멸한다. 이 경우 매도인은 특별한 사정이 없는 한 제한이나 부담이 없는 소유권이전등기의무를 진다(91다6368 판결, 91다12349 판결 등). 그리고 결과채무가 불이행된 경우에는 바로 위법성이 인정되고, 채무자에게 귀책사유가 있었다는 점이 추정된다.

그런데 수단채무는 특정한 결과의 달성을 목적으로 하지 않는 채무로서, 이행 내지 불이행이라는 '결과'보다는 '행위'를 중시한다. 가령, 의사가 환자에게 부담하는 진료채무는 질병의 치료와 같은 결과를 반드시 달성해야 할 결과채무가 아니라 환자의 치유를 위하여 선량한 관리자의 주의의무를 가지고 현재의 의학수준에 비추어 필요하고 적절한 진료조치를 다해야 할 채무, 즉 수단채무이다(85다카1491 판결, 92다15031 판결, 2001다52568 판결 등). 특히 수단채무에서는 의무를 이행하는 자에게 재량권이 인정되는 경우가 많다. 그리하여 의무자가 재량권을 일탈한 경우에 비로소 채무불이행이 인정될 수 있다. 그리고 수단채무는 결과채무와 달리 채권자가 채무의 불이행 사실, 즉 채무의 불완전한 이행을 입증하여야 하는데, 위와 같이 의사의 진료채무를 수단

9) 남효순, "프랑스민법에서의 행위채무와 결과채무 - 계약상 채무의 불이행책임의 체계 -", 민사법학 제13·14호(1996), 135면 이하.

채무로 보게 되면 의사와 환자의 관계가 계약관계임에도 환자측에서 의사가 최선의 주의의무를 다하지 않았다는 사실, 즉 의사의 과실을 입증하여야 한다는 결과로 된다.

3. 계약상의 의무위반과 채무불이행

민법은 채무 또는 채무불이행(제390조 참조)이라는 개념을 사용하고 있을 뿐 계약상의 의무 또는 계약상의 의무위반이라는 개념은 사용하고 있지 않다. 그런데 민법은 계약상의 권리의무관계를 채권관계로 규율한다. 따라서 계약상의 권리의무는 계약상의 채권·채무라고 할 수 있다. 하지만 계약상의 의무와 채무는 동일한 것은 아니다.

본래 채무는 채권의 상대개념이며 채권과 채무는 동전의 양면과 같다. 권리가 존재하지 않는 의무는 있을 수 있지만, 채권없는 채무는 존재하지 않는다. 그리고 채권의 중요한 속성은 급부(예, 목적물의 인도라든가 노무의 제공 등)의 청구력에 있다. 이러한 채권자의 급부청구력에 대응하여 채무자가 부담하는 의무를 채무라고 한다. 따라서 비독립적 부수적 의무나 보호의무와 같이 그 이행을 청구할 수 없거나 소로서 강제할 수 없는 계약상의 의무는 채무 자체는 아니고 원칙적으로 주된 급부의무만이 채무에 해당한다고 할 것이다. 그렇지만 부수적 의무나 보호의무도 제390조 소정의 '채무의 내용'에는 포함된다고 할 것이다.

이렇게 볼 때 계약상의 의무는 채무의 내용에 속하고, 그것의 완전한 이행이 있으면 계약상의 권리, 즉 채권은 소멸한다. 그런데 계약상 의무의 이행이 언제나 정상적으로 또는 완전하게 이루어지는 것은 아니고, 그 의무위반이 발생할 수 있다. 계약상 의무위반의 결과, 즉 '채무의 내용에 좇은 이행'이 이루어지지 않은 상태를 채무불이행이라고 할 수 있다(제390조 참조). 그렇지만 민법은 계약상 의무를 상정하고 각각 그 위반에 따른 구제법리를 설정하지 않고, 그 의무위반의 결과인 채무불이행의 모습에 따라 각각의 구제방법을 설정하고 있다. 즉, 채무불이행의 모습(이행지체, 이행불능, 불완전이행)에 따른 구제방법으로 채무의 이행을 강제하거나 손해배상의 청구 또는 계약의 해제를 인정하고 있다. 또한 유상계약상 의무의 불완전한 이행으로 급부결과에 하자가 있는 경우에는 하자담보책임을 물을 수도 있다(제570조 이하). 다만, 계약위반에 의한 채무불이행으로 인하여 확대손해가 발생한 경우에는 급부이익이 침해된 것이 아니라 계약외적 법익이 침해된 경우라는 점에서 강제이행을 청구할 여지가 없다. 또한 계약의 해제는 계약위반에 대한 제재이면서 해제권자가 자신의 의무로부터 벗어나는 것이 그 목적이라고 할 수 있는 점에서 원상회복이 문제되지 않는 계약외적 법익의 침해에 대한 구제방법으로서 적절한 것은 아니다. 다만, 계속적 계약의 경우에는 해지가 가능할 것이다. 가령, 임차인이 용법준수의무를 위반하는 경우에 임대인은 이를 이유로 하여 임대차계약을 해지할 수 있다(93다31672 판결 참조). 그리고 손해배상을 청구하기 위해서는 그 의무위반으로 인한 손해가 채무자를 비난할 수 있는 사유에 의하여 발생한 것이어야 한다(제390조, 제397조 참조). 즉, 과실책임의 원칙상 계약위반이 있는 경우에도 채무자에게 귀책사유가 없으면 계약위반에 따른 손해배상책임을 물을 수 없기 때문이다. 물론 하자담보책임(제570조, 제580조 등)을 묻거나 강제이행(제389조)을 청구함에는 채무자의 귀책사유는 요구되지 않는다.

아무튼 채무불이행은 채무불이행책임의 하나의 요건사실에 해당한다. 따라서 채무불이행과 채무불이행책임은 구별하여야 할 것이다. 즉, 채무불이행책임은 채무불이행사실이 존재하고 그에 따라 위법성(2000다47361 판결)이 인정되고, 손해의 발생이나 귀책사유 등의 요건사실이 충족되어야 발생한다. 그리고 채무불이행의 효과로는 손해배상책임(제390조) 이외에 강제이행(제389조)이라든가 계약의 해제·해지권(제543조)이 인정된다.

우선 채무불이행책임(손해배상책임)은 채무불이행이라는 사실을 전제로 채무자의 귀책사유를 요건으로 하여, 채권자에게 발생한 손해를 배상할 의무를 지우는 책임을 의미한다. 제390조는 "채무자가 채무의 내용에 좇은 이행을 하지 아니한 때에는 채권자는 손해배상을 청구할 수 있다. 그러나 채무자의 고의나 과실없이 이행할 수 없게 된 때에는 그러하지 아니하다"고 규정하고 있다. 다만, 이행지체로 인한 채무불이행 책임의 경우에 과연 채무자에게 귀책사유가 요구되는지에 대해서는 다툼이 있다.[10] 이는 제390조의 해석에 관한 문제로서, 동 규정은 이행불능만을 규율하는 것이 아니라 구체적 계약에서 발생된 채무의 내용을 제대로 이행하지 않은 채무불이행 일반을 규율하는 것으로 해석할 것이라는 점에서 이행지체로 인한 채무불이행책임의 경우에도 동규정이 적용되어 채무자에게 귀책사유가 요구된다고 할 것이다. 민법이 제392조에서 채무자가 그의 이행지체 중에 생긴 손해에 대하여는 '자기에게 과실이 없는 경우에도' 이를 배상할 책임이 있다고 정한 것은 이행지체책임이 원칙적으로 채무자에게 귀책사유가 있는 경우에 발생함을 전제로 한 것이라 할 것이다. 또한 민법 제397조 제2항에서 금전채무불이행에 대하여 특칙을 두고 있음을 볼 때, 원칙은 과실없음을 항변하여 손해배상책임을 면할 수 있다는 것으로 보아야 할 것이다. 역시 민법 제391조에서 이행보조자의 고의나 과실을 채무자의 그것으로 본다고 규정한 것은 일반적으로 채무자의 고의나 과실이 채무불이행책임의 일반적 요건임을 토대로 하고 있는 것으로 새겨야 할 것이다.[11]

그리고 채권자는 채무자가 그 이행이 가능함에도 채무를 이행하지 않은 경우에는 채권자는 그 강제이행을 법원에 청구할 수 있다(제389조). 강제이행의 경우에는 채무자에게 귀책사유를 요구하지 않는다. 강제이행의 방법으로는 직접강제(주는 채무: 제389조 제1항 전문), 대체집행(작위채무: 제389조 제2항 후단, 대체적 부작위채무: 제389조 제3항), 의사표시의무의 집행(제389조 제2항 전단), 간접강제(불대체적 작위 또는 부작위채무: 민사집행법 제261조 제1항) 등의 집행방법이 허용된다.

또한 당사자가 계약상의 채무를 이행하지 않은 경우에는 상당한 기간을 정하여 최고한 후, 그 기간 내에 이행이 없으면 계약을 해제할 수 있다(제544조). 이행지체로 인한 계약해제의 경우에는 유예기간의 부여와 최고를 필요로 한다. 이 경우 채무자의 귀책사유를 요하는지 문제되

10) 김형배, "우리 민법의 채무불이행법체계", 338면 이하; 안법영, "채무불이행법 체계의 재고찰", 사법질서의 변동과 현대화(김형배교수고희기념논문집, 2004), 132면 참조.
11) 양창수, 민법주해(9), 351면 이하.

고 있으나, 채무자에게 귀책사유가 없더라도 계약을 해제할 수 있다고 할 것이다. 그리고 이행불능의 경우에도 상대방은 해제권을 가지는 데, 이 경우에는 유예기간과 최고를 요하지 않는다. 계약의 성질 또는 당사자의 의사표시에 의하여 일정한 시일 또는 일정한 기간 내에 이행하지 아니하면 계약의 목적을 달성할 수 없는 정기행위의 경우에도 최고를 요하지 않는다(제545조). 이행불능으로 인한 계약해제의 경우에는 이행지체로 인한 계약해제의 경우와 달리 명문으로 채무자의 책임있는 사유를 그 요건으로 하고 있다(제546조). 한편 계속적 채권관계에 있어서는 계약해지권이 문제된다.

4. 주된 급부의무와 부수적 의무의 구별 기준

주된 급부의무와 부수적 의무의 구별은 주로 계약관계에서 문제된다. 계약의 당사자는 급부의무를 둘러싼 단순한 대립적인 관계에 있다고 하기보다는 일정한 목적달성을 위하여 상호 협력하여야 할 뿐 아니라 서로 상대방의 법익을 침해하지 않도록 일정한 배려 내지 필요한 조치를 강구해야 할 특별한 결합관계에 있다고 할 것이기 때문이다. 그리하여 계약의 당사자는 급부의무 이외에 계약체결의 교섭단계[12]에서부터 계약내용의 실현단계[13]를 거쳐 계약관계가 소멸된 후[14]에도 급부이익 등 법익이 침해되지 않도록 서로 상대방에 대하여 계약상의 부수의무로서 일정한 행위의무를 부담한다.

문제는 주된 급부의무와 부수적 의무의 구별기준이다. 판례는 계약상의 많은 의무 가운데 주된 급부의무와 부수적 의무를 구별함에 있어서는 급부의 독립된 가치와는 관계없이 계약을 체결할 때 표명되었거나 그 당시 상황으로 보아 분명하게 객관적으로 나타난 당사자의 합리적 의사에 의하여 결정하되, 계약의 내용・목적・불이행의 결과 등 여러 사정을 고려하여야 한다고 한다(97마575 결정, 2004다67011 판결, 2005다53705, 53712 판결 등). 즉, 이는 계약의 해석의 문제에 속한다는 것이다. 아무튼 주된 급부의무이기 위해서는, 가령 당해 급부의무가 매매계약의 목적달성에 있어 필요불가결하고 이를 이행하지 아니하면 매매계약의 목적이 달성되지 아니하여 매도인이 매매계약을 체결하지 아니하였을 것이라고 여겨질 정도의 주된 것이어야 한다(97마575 결정, 2005다53705, 53712 판결 등). 반면에 계약목적 달성에 필요불가결한 사항 내지 계약체결의 중요한 동기 또는 목적이라고는 할 수 없지만, 계약목적의 달성에 이바지 할 수 있도록 요구되는 의무가 부수적 의무에 속한다고 할 수 있다.

이러한 입장에서 판례는, 가령 상가분양계약상 업종제한약정에 의한 경업금지의무를 분양계약의 주된 급부의무로 본다(97마575 결정 등). 그리고 판례는 매매목적물에 설정된 근저당권의 피담보채무에 대한 매수인의 이행인수채무도 매도인에 대한 관계에서는 주된 급부의무에 해당

12) 가령, 목적물의 사용방법에 대한 설명의무를 들 수 있다. 물론 설명의무는 계약교섭상 상대방의 의사결정의 자유를 보호하기 위하여 요구되기도 한다.

13) 가령, 협력의무를 들 수 있다. 96다14364, 14371 판결 등.

14) 가령, 사용자가 근로자와 체결한 경업금지약정에 따른 경업금지의무를 들 수 있다(2007카합3903 결정. 2009마1136 판결(영업양도)도 참조).

한다고 한다(2007다8464, 8471 판결). 또한 판례는 모델의 품위유지의무에 관하여 약정을 한 경우 이를 주된 급부의무로 본다(2006다32354 판결). 나아가 판례는 아파트 분양계약과 시설이용계약을 함께 체결한 경우에, 분양광고 등을 통해 9홀 골프장을 무료로 이용할 수 있는 점을 강조하였고, 골프장 이용 여부는 분양계약을 체결하게 된 중요한 동기 또는 목적의 하나로 볼 수 있으므로, 골프장을 조성할 의무는 분양계약과 시설이용계약의 주된 의무라고 판시한 바 있다(2013다5671 판결).

그러나 판례는 주차장의 관리·운영자와 그 이용객 사이에 주차 차량에 대한 보관 또는 감시의무를 명시적으로 약정하거나 또는 묵시적으로라도 그와 같은 보관 또는 감시의무를 인수하였다고 보기가 어렵다고 하여, 주차장 관리운영자의 주차차량에 대한 보관 및 관리의무의 위반으로 인한 손해배상책임은 원칙적으로 발생하지 않는다고 한다(98다31479 판결, 2000다591 판결). 또한 판례는 영상물 제작공급계약의 수급인이 내부적인 문제로 영상물제작 일정에 다소의 차질이 발생하여 예정된 일자에 시사회를 준비하지 못한 경우, 그와 같은 의무불이행은 그 계약의 목적이 된 주된 채무를 이행하는 과정에서의 부수된 절차적인 의무의 불이행에 불과하므로, 도급인은 그와 같은 부수적인 의무의 불이행을 이유로 계약을 해제할 수 없다고 한다(96다14364, 14371 판결). 그리고 판례는 채무자가 대물변제예약에 따라 부동산에 관한 소유권이전등기절차를 이행할 의무는 그 궁극적 목적을 달성하기 위해 채무자에게 요구하는 부수적 내용이어서 이를 가지고 배임죄에서 말하는 신임관계에 기초하여 채권자의 재산을 보호 또는 관리하여야 하는 '타인의 사무'에 해당한다고 볼 수는 없다고 한다. 따라서 채권담보를 위한 대물변제예약 사안에서 채무자가 대물로 제공하기로 한 부동산을 제3자에게 처분하였다고 하더라도 형법상 배임죄가 성립하는 것은 아니라는 것이다(2014도3363 전원합의체 판결).

Ⅲ. 부수적 의무와 그 위반에 따른 효과

1. 부수적 의무

(1) 의 의

앞에서 지적한 바와 같이 계약관계는 단순한 대립적인 관계라고 하기보다는 일정한 목적달성을 위하여 상호 협력하여야 할 협동체적 관계라고 할 수 있다. 따라서 계약관계로부터 주된 급부의무 이외에 여러가지 부수적 의무들이 발생할 수 있다. 부수적 의무는 주된 급부의무의 내용을 제대로 실현하기 위하여 채무자가 적절한 배려와 주의를 베풀어야 하는 의무로서 무엇보다도 급부의 결과 내지는 급부이익의 보호를 위하여 요구된다. 가령, 급부의 적절한 이행을 위하여 서로 성실하게 협력할 의무라든가 급부의 이행과정에서 상대방에게 손해가 확대되지 않도록 할 의무 내지 일정한 사항에 대하여 설명할 의무 등이 그것이다.

물론 부수적 의무는 계약의 체결 후 이행과정에서 요구될 뿐 아니라 계약의 체결 내지 교섭단계에서도 요구된다. 가령, 의사결정의 자유를 보호하기 위한 허위사실의 불고지라든가 불이익

사실의 고지 등 고지의무를 들 수 있다. 또한 부수의무는 계약의 종료 후에도 요구된다. 즉, 비밀유지의무 등 계약 종료 후의 부수의무를 위반한 경우에도 채무불이행으로 손해배상책임이 발생할 수 있다.

판례 ➡ 사용자와 근로자 사이에 경업금지약정이 존재한다고 하더라도, 그와 같은 약정이 헌법상 보장된 근로자의 직업선택의 자유와 근로권 등을 과도하게 제한하거나 자유로운 경쟁을 지나치게 제한하는 경우에는 민법 제103조에 정한 선량한 풍속 기타 사회질서에 반하는 법률행위로서 무효라고 보아야 하며, 이와 같은 경업금지약정의 유효성에 관한 판단은 보호할 가치있는 사용자의 이익, 근로자의 퇴직 전 지위, 경업제한의 기간・지역 및 대상 직종, 근로자에 대한 대가의 제공 유무, 근로자의 퇴직 경위, 공공의 이익 및 기타 사정 등을 종합적으로 고려하여야 하고, 여기에서 말하는 '보호할 가치 있는 사용자의 이익'이라 함은 부정경쟁방지 및 영업비밀보호에 관한 법률 제2조 제2호에 정한 '영업비밀' 뿐만 아니라 그 정도에 이르지 아니하였더라도 당해 사용자만이 가지고 있는 지식 또는 정보로서 근로자와 이를 제3자에게 누설하지 않기로 약정한 것이거나 고객관계나 영업상의 신용의 유지도 이에 해당한다(2009다82244 판결). 그리고 경업금지약정은 직업선택의 자유와 근로자의 권리 등을 제한하는 의미가 있으므로, 근로자가 사용자와의 약정에 의하여 경업금지기간을 정한 경우에도, 보호할 가치있는 사용자의 이익, 근로자의 퇴직 전 지위, 퇴직 경위, 근로자에 대한 대상(代償) 제공 여부 등 제반 사정을 고려하여 약정한 경업금지기간이 과도하게 장기라고 인정될 때에는 적당한 범위로 경업금지기간을 제한할 수 있다(2006마1303 결정).

(2) 부수적 의무의 발생근거

부수적 의무는 법률 또는 계약에 의하여 발생할 수 있을 뿐 아니라, 그러한 명시적 정함이 없더라도 채권관계의 성질로부터 발생할 수 있다. 가령, 매도인은 급부의무인 소유권이전의무를 제대로 실현하기 위하여 목적물이 훼손되지 않도록 선량한 관리자의 주의의무를 가지고 보관하거나 목적물의 사용방법을 매수인에게 알려주어야 할 의무 등을 부담하는 데(제374조), 이러한 의무가 부수적 의무에 해당한다.

판례 ➡ 광고주가 모델이나 유명 연예인, 운동선수 등과 사이에 광고모델계약을 체결하면서 출연하는 유명 연예인 등에게 일정한 수준의 명예를 유지할 의무를 부과하는 품위유지약정을 한 경우, 위와 같은 광고모델계약은 유명 연예인 등을 광고에 출연시킴으로써 유명 연예인 등이 일반인들에 대하여 가지는 신뢰성, 가치, 명성 등 긍정적인 이미지를 이용하여, 광고되는 제품에 대한 일반인들의 구매욕구를 불러 일으키기 위한 목적으로 체결되는 것이므로, 위 광고에 출연하기로 한 모델은 위와 같이 일정한 수준의 명예를 유지하기로 한 품위유지약정에 따라 계약기간 동안 광고에 적합한 자신의 긍정적인 이미지를 유지함으로써 그것으로부터 발생하는 구매유인 효과 등 경제적 가치를 유지하여야 할 계약상 의무, 이른바 품위유지의무가 있고, 이를 이행하지 않는 경우에는 광고모델계약에 관한 채무불이행으로 인한 손해배상채무를 면하지 못한다(2006다32354 판결).

또한 부수적 의무는 신의성실의 원칙으로부터 발생할 수 있다(2008다62427 판결). 즉, 계약관계의 당사자들은 거래관행을 고려하여 신의성실이 요구하는 바에 따라 급부를 청구하거나 급부를 하여야 할 의무를 부담한다(제2조, 독일 민법 제157조 참조). 따라서 부수적 의무의 내용과 범위는 계약관계의 종류에 따라 거래관행을 고려하여 신의칙에 기하여 결정될 수 있다. 가령, 책 한권의 매매에 있어서의 매도인의 의무는 복잡한 기계를 매매하는 경우의 매도인의 의무보다 작다. 또한 계속적 채권관계[15]에 있어서의 이러한 의무는 매매의 경우보다 강하다. 그 중에서도 특히 당사자들의 강력한 인적인 유대를 수반하는 채권관계(예, 조합, 고용)에 있어서는 더욱더 큰 중요성을 가진다.

(3) 부수적 의무의 유형

부수적 의무는 계약의 단계에 따라 교섭단계에서 요구되는 부수적 의무(예, 고지의무 등)와 계약의 이행단계에서 요구되는 부수적 의무(예, 협력의무 등), 그리고 계약의 종료 후에 요구되는 부수적 의무(예, 경업금지의무 등)로 나누어 볼 수 있다. 그리고 부수적 의무는 보호목적에 따라 급부이익의 보호를 목적으로 하는 부수적 의무(예, 협력의무, 설명의무)와 상대방의 의사결정의 자유를 그 보호목적으로 하는 부수적 의무(예, 진실의무, 고지의무 등 정보제공의무), 상대방의 완전성 이익(계약외적 법익)의 보호를 목적으로 하는 부수적 의무(예, 안전배려의무)로 구별해 볼 수 있다.

그리고 급부의무의 이행에 이바지 하는 부수적 의무는 다시, 스스로 고유한 목적을 가지고 있지 않는 비독립적 부수적 의무와 자신의 독립적 목적을 추구하는 독립적 부수적 의무로 구별해 볼 수 있다. 대개의 경우 부수적 의무는 주된 급부의무의 이행에 이바지 하는 것으로서 비독립적 부수적 의무에 해당한다.[16] 따라서 비독립적 부수의무 위반의 경우에 채권자는 부수적 의무의 이행을 청구할 수는 없고, 채무자가 그 의무를 위반하여 채권자에게 손해를 발생케 한 경우에 손해배상의무를 지게 된다. 가령, 특정물매도인이 선관주의를 가지고 목적물을 보관할 의무를 들 수 있다(제374조). 이에 대하여 독립적 부수적 의무의 경우, 즉 법률의 규정에 의하여 인정되는 고지의무(채권자의 이익을 위하여 어떤 사실을 통지하여 주어야 할 의무) 등은 주된 급부의무와는 독립하여 그 의무의 이행을 청구할 수 있으며, 그 의무의 이행을 소구할 수도 있다. 가령, 수임인의 보고의무(제683조), 사무관리자의 보고의무(제738조·제683조), 업무집행조합원의 보고의무(제707조·제683조) 등이 이에 속한다.

(4) 부수적 의무와 책무의 구별

부수적 의무와 구별하여야 하는 것으로 책무 내지 간접의무가 있다. 책무란 그것을 준수하지 않으면 그 부담자에게 법에 의한 일정한 불이익이 발생하지만, 그 상대방이 그것을 소로서 강제하거나 그 위반에 대하여 손해배상을 청구할 수는 없다. 가령, 증여자의 하자고지의무(제559조), 청약자의 승낙연착의 통지의무(제528조 제2항), 과실상계에 있어서 채권자 또는 피해자의 주의

15) 가령, 주택의 계속적인 제공, 수도의 계속적인 공급, 노무의 계속적인 제공과 같은 계속적 급부를 내용으로 하는 채권관계를 들 수 있다.

16) 이러한 비독립적 부수의무는 위법 내지 불법요소이면서 유책성 요소에 해당한다고 할 것이다. 따라서 이를 위반한 경우에는 위법성이 인정되고 과실이 추정될 수 있다고 할 것이다.

의무(제396조) 및 채권자의 수령의무(제400조) 등을 들 수 있다. 다만, 과실상계에 있어서의 주의의무(90다6491 판결, 92다20163 판결 등)라든가 채권자의 수령의무가 의무인지 책무인지에 대해서는 논의가 있다. 판례는 책무로 파악한다(83다카1476 판결).

이와 같은 책무는 의무는 아니지만, 책무와 의무의 구분이 명확한 것은 아니다. 특히 계약당사자 사이의 이해관계를 조절하는 기능을 하는 부수적 의무와 책무의 구별은 쉽지 않다.

2. 부수적 의무위반의 효과

앞에서 본 바와 같이 주된 급부의무위반의 경우에는 손해배상청구는 물론이고 강제이행을 청구하거나 계약을 해제할 수 있다. 물론 부수적 의무의 위반으로 인한 채무불이행의 모습이 이행지체 또는 이행불능으로 되는 때에는 주된 급부의무위반에 따른 법리와 마찬가지로 권리구제를 받으면 된다. 이하에서는 급부이익과 의사결정의 자유를 보호하기 위한 부수적 의무위반의 효과에 대해서 설명하고, 부수적 의무로서 안전배려의무위반의 효과에 대해서는 항을 나누어서 보기로 한다.

(1) 급부이익의 보호를 위하여 요구되는 부수적 의무위반의 효과

부수적 의무위반으로 지체와 불능 이외의 태양(態樣)으로 채권자의 법익을 침해한 경우, 가령 매도인이 목적물의 사용방법에 대하여 매수인에게 적절한 지시를 하지 않았기 때문에 매수인이 사용을 잘못하여 목적물을 훼손한 경우라든가 역시 수치인이 부수적 의무를 위반하여 목적물을 훼손한 경우에는 강제이행을 청구하는 것은 적절치 않고 손해배상의 책임을 물을 수 있는데 그쳐야 할 것이다(95다19843 판결). 또한 부수적 의무위반으로 인한 채무불이행의 모습이 적극적 채권침해의 형태로 나타나는 경우에도 그로 말미암아 상대방에게 발생한 손해에 대하여 손해배상청구권을 행사하는 것 이외에 강제이행을 통한 피해구제는 적절한 방법이라고 할 수 없다. 즉, 부수적 의무위반으로 계약외적 법익이 침해된 경우에는 원칙적으로 급부의무위반의 경우와 달리 이를 강제할 수 없다고 할 것이다. 그 내용을 특정하기 어려울 뿐 아니라 그것이 적극적 행위의무인 경우에 이를 강제하면 행동의 자유를 과도하게 침해할 염려가 있기 때문이다. 다만, 이 경우 판례는 간접강제의 방법으로 그 이행을 강요하여 불이행으로 인한 권리침해 상태를 회복할 수 있다고 한다(93다2766 판결 참조).

그리고 부수적 의무의 위반을 이유로 계약을 해제할 수 있는지에 대해서는 다툼이 있다. 앞에서도 지적한 바와 같이 학설은 판례[17]와 마찬가지로 대체로 부수적 의무위반을 근거로 해서는 계약을 해제할 수 없다고 한다. 판례에 의하면, 채무불이행을 이유로 매매계약을 해제하기 위하여는, 그 채무가 매매계약의 목적달성에 있어 필요불가결하고 이를 이행하지 아니하면 매매

17) 가령, 2005다53705, 53712 판결(대기환경보전법상의 배출시설 설치신고에 필요한 사양서 등 서류의 교부의무위반); 2001다20394, 20400 판결(전대차계약을 체결한 후 중도금 수수시에 비로소 전차보증금의 반환을 담보하기 위하여 전대인이 그 소유 부동산에 근저당권을 설정하여 주기로 약정한 경우, 그 전대인의 근저당권설정등기의무위반); 88다카17457, 17464 판결(매도인이 매수인에게 매매부동산에 대한 시장개설허가 문제에 협조하여 주기로 한 경우 그 약정 위반); 93다5123 판결(연체료 지급채무위반) 등에서 그렇다.

계약의 목적이 달성되지 아니하여 계약당사자가 매매계약을 체결하지 아니하였을 것이라고 여겨질 정도의 주된 채무이어야 하고, 부수적 의무를 위반한 경우에 채권자는 그로 인한 손해의 배상을 청구할 수 있을 뿐 계약 자체를 해제할 수는 없다는 것이다(2005다53705, 53712 판결). 그러나 이 경우 중요한 것은 의무위반의 내용이나 정도만이 아니고 의무위반으로 인하여 채권자의 이익이 어느 정도 침해되었는가의 여부도 고려되어야 한다는 점이다. 따라서 부수적 의무위반이라도 그것이 계약목적 달성을 어렵게 하거나 계약의 지속적 이행을 기대할 수 없게 하는 경우에는 계약을 해제할 수 있는 것으로 보아야 할 것이다. 판례도 예외적으로 부수적 의무위반으로 계약의 목적을 달성할 수 없는 경우에는 계약을 해제할 수 있는 것으로 새긴다(68다1808 판결, 2011다102301 판결 등).

물론 부수적 의무위반을 이유로 한 법정해제권을 행사할 수 없다고 하더라도, 부수적 의무의 위반을 이유로 계약을 해제 또는 해지할 수 있다는 약정을 한 경우에는 그러한 약정을 이유로 계약을 해제 또는 해지할 수 있다(81다89, 90 판결 참조).

또한 판례는 부수적 의무위반을 들어 동시이행의 항변권을 행사할 수는 없다고 한다. 가령, 쌍무계약 당사자인 을의 부수적 사항에 관한 선전의무채무와 갑의 새얼음 연간 900톤 인수채무가 서로 동시이행하기로 하는 당사자 간의 특약이 있었거나 또는 선전의무가 계약의 중요한 전제조건이 되었다는 등의 특별한 사정이 없었다면, 을의 부수적 사항에 관한 의무위반만을 이유로 갑은 새얼음 연간 900톤의 인수책임을 거절할 수 있는 을측의 채무불이행이라거나 갑측이 그의 채무이행을 거절할 수 있는 동시이행의 항변권을 갖게 되는 사유가 된다고 할 수 없다는 것이다(73다584 판결 참조).

(2) 계약체결과정에서 요구되는 정보제공의무위반의 효과

계약체결과정에 있어서의 정보제공의무란 계약을 체결하는 당사자 사이에 정보량의 격차가 있는 경우(분양계약, 프랜차이즈계약, 의료계약 등)에, 보다 많은 정보를 가지고 있는 당사자로 하여금 상대방에게 계약정보를 제대로 알고 나서 계약체결을 위한 의사결정을 할 수 있도록 그 결정을 위한 중요한 사항에 대하여 일정한 정보를 제공하여야 하는 부수의무를 말한다.[18] 정보제공의무는 당사자에게 일정한 사항에 대한 명시 · 설명 또는 고지의무 등을 그 내용으로 하는데, 이는 계약체결단계에서 뿐 아니라 계약의 이행과정에서도 요구된다.[19]

물론 정보제공의무가 인정되기 위해서는 무엇보다도 정보제공의무자로 될 당사자 일방이 상

18) 약관규제법 제3조는 약관에 의하여 계약을 체결하고자 하는 사업자에게 고객에 대한 약관의 중요한 내용에 대하여 명시 · 설명의무를 부과하고 있다. 또한 할부거래에 관한 법률 제3조 및 제4조 또는 방문판매 등에 관한 법률 제7조 및 제16조는 매도인 또는 방문판매자 및 다단계판매자에게 계약체결전 정보제공의무와 계약서의 교부의무를 명문으로 부과하고 있다. 특히 약관의 규제에 관한 법률 제3조 제2항 소정의 '중요한 내용'이라 함은 '고객의 이해관계에 중대한 영향을 미치는 사항으로서 사회통념상 그 사항의 지 · 부지가 계약 체결 여부에 영향을 미칠 수 있는 사항'을 말한다(93다39942 판결, 2005다28808 판결 등). 나아가 자본시장과 금융투자업에 관한 법률 제47조 제1항은 금융투자업자가 일반투자자를 상대로 투자권유를 하는 경우에는 금융투자상품의 내용, 투자에 따르는 위험, 그 밖에 대통령령으로 정하는 사항을 일반투자자가 이해할 수 있도록 설명의무를 부과하고 있다.

19) 김현환, "계약체결과정에 있어서의 정보제공의무", 재판과 판례 제19집(2010. 12), 304면 이하.

대방의 의사결정에 영향을 줄 정도로 관련성이 있는 어떤 정보[20]를 알고 있거나 알 수 있어야 한다. 정보제공의무자가 정보를 알고 있거나 알 수 있었다는 점에 관한 입증책임은 상대방에게 있다. 다만, 정보제공의무자가 그 분야의 전문가인 경우에는 악의가 추정되어 그 정보를 알고 있었던 것으로 인정될 수 있거나 입증책임이 완화될 수 있을 것이다. 반면에 상대방은 그 정보에 대하여 알지 못하고, 그러한 부지가 정당하여야 한다. 대체로 상대방의 입장에서는 정보를 취득하는 것이 불가능한 경우, 계약의 성질이나 당사자 사이의 지위 등으로 인하여 특별한 신뢰관계가 요구되어 상대방으로서는 당연히 정보를 얻을 것으로 기대되는 경우 등의 경우에는 일방 당사자의 부지가 정당한 것으로 인정될 수 있다. 정보를 취득하는 것이 불가능한 경우란 절대적으로 불가능할 필요까지는 없고, 정보를 취득하는 데 중대한 어려움이 있는 정도면 족하다고 보아야 할 것이다.

판례 ➡ 재산적 거래관계에 있어서 계약의 일방 당사자가 상대방에게 계약의 효력에 영향을 미치거나 상대방의 권리 확보에 위험을 가져올 수 있는 구체적 사정을 고지하였다면 상대방이 계약을 체결하지 아니하거나 적어도 그와 같은 내용 또는 조건으로 계약을 체결하지 아니하였을 것임이 경험칙상 명백한 경우 계약당사자는 신의성실의 원칙상 상대방에게 미리 그와 같은 사정을 고지할 의무가 있다. 그러나 이때에도 상대방이 고지의무의 대상이 되는 사실을 이미 알고 있거나 스스로 이를 확인할 의무가 있는 경우 또는 거래관행상 상대방이 당연히 알고 있을 것으로 예상되는 경우 등에는 상대방에게 위와 같은 사정을 알리지 아니하였다고 하여 고지의무를 위반하였다고 볼 수 없다는 것이다(2013다97076 판결).

위와 같은 정보를 제공하지 아니한 상태에서 계약이 체결됨으로써 결국 상대방의 의사표시에 하자가 있는 것으로 평가되는 경우에 그 효과는 계약의 취소 및 손해배상의 문제로 귀결될 것이다. 즉, 계약을 체결함에 있어 제공하여야 할 정보가 계약의 중요부분에 해당하여 상대방이 착오를 일으켰거나, 정보를 제공하여야 할 당사자가 기망 등의 방법(예, 침묵의 방법)으로 정보를 고지하지 아니한 상태로 계약이 체결된 경우에는 상대방은 착오 또는 기망행위를 이유로 하여 계약의 취소를 구할 수 있을 것이다. 다만, 계약이 이미 이행되었거나 계약의 취소로도 원상회복이 불가능한 경우 등에는 손해배상으로 해결되어야 한다. 판례도 "고지의무위반은 부작위에 의한 기망행위에 해당하므로 원고들로서는 기망을 이유로 분양계약을 취소하고 분양대금의 반환을 구할 수도 있고 분양계약의 취소를 원하지 않을 경우 그로 인한 손해배상만을 청구할 수도 있다"(2004다48515 판결)고 한다. 이와 같이 법률행위가 사기에 의한 것으로서 취소되는 경우에 그 법률행위가 동시에 불법행위를 구성하는 때에는 취소의 효과로 생기는 부당이득반환청구권과 불법행위로 인한 손해배상청구권은 경합하여 병존하는 것이므로, 채권자는 어느 것이라도 선택하여 행사할 수 있지만 중첩적으로 행사할 수는 없다(92다56087 판결).

---

20) 가령, 계약의 효력에 영향을 미치거나 상대방의 권리 확보에 위험을 가져올 수 있는 사정을 말한다. 2013다97076 판결 등.

문제는 이 경우 손해배상의 법적 근거를 어떻게 파악할 것인가에 있다. 판례는 손해배상책임의 근거를 불법행위로 보고 있다(2004다48515 판결, 2008다19355 판결). 학설은 불법행위책임만이 성립하는 것으로 보는 견해[21)]와 채무불이행책임의 성립도 인정할 수 있다는 견해[22)]가 있다. 후자의 견해는 정보제공의무를 계약체결 전후로 구분하여 이를 달리 취급하게 되면 문제가 지나치게 복잡해질 것임을 이유로 들고 있다. 또한 정보제공의무위반에 기한 손해배상책임의 문제는 우리 민법상으로는 제390조에 의하여 처리될 수 있으므로, 굳이 계약체결상의 과실책임의 법리를 끌어들일 필요는 없다고 하는 견해[23)]도 있다. 물론 계약체결과정에서 급부이익의 보호를 위한 정보제공의무를 위반한 경우에는 부수적 의무위반에 따른 채무불이행책임이 성립하는 것으로 보아야 할 것이다. 즉, 계약체결상 부수적 의무를 위반하여 급부이익을 침해한 경우에는 불완전이행 또는 하자담보책임이 발생할 수 있다(2011다43778 판결). 그런데 계약체결 전에 의사결정의 자유를 보호하기 위하여 요구되는 정보제공의무를 위반하여 원하지 않는 계약을 체결한 경우에는 계약체결상의 과실책임이 성립하는 것으로 보아야 할 것이다(자세히는 후술하는 계약체결상의 과실책임에 관한 서술 부분 참조). 그렇다고 의사결정의 자유의 침해를 이유로 한 불법행위로 인한 손해배상책임이 성립할 수 있음을 부정할 것은 아니다. 즉, 고의로 정보제공의무를 위반하여 원하지 않는 계약을 체결한 경우에는 불법행위가 성립할 수 있을 것이다. 그러나 단순히 과실로 정보제공의무를 위반하여 의사결정의 자유를 침해하여 원하지 않는 계약을 체결한 경우에는 계약체결상의 과실책임이 발생하는 것으로 보아야 할 것이다. 아무튼 정보제공의무위반을 이유로 한 계약체결상의 과실책임이든 의사결정의 자유의 침해를 이유로 한 불법행위책임이든 그 효과로는 다같이 신뢰이익의 배상이 인정된다고 할 것이다.

Ⅳ. 보호의무와 그 위반으로 인한 책임

1. 보호의무

(1) 보호의무의 개념

채무자가 부담하는 의무에는 급부의무 외에 채권자의 생명·신체·재산에 대해 손해를 가해서는 안될 보호 내지 배려의무가 있다. 대체로 계약에 따라서는 그 체결 내지 급부를 이행함에 있어서 당사자의 신체나 재산에 손해가 발생할 수 있는 위험이 존재하는 경우가 많은데, 이 경우 계약당사자들은 그 손해가 현실화되지 않도록 일정한 행위의무를 부담한다고 할 것이다. 이는 그 지향하는 바가 급부의무의 내용을 제대로 실현하는 데 있지 않고, 상대방의 완전성 이익 내지 현상이익의 보호를 지향하고 있다는 점에서 부수적 의무와 구별해서 보호의무라고 한다. 즉, 보호의무는 상대 당사자의 생명이나 신체 또는 재산의 현상을 훼손하는 일이 없도록 필요한 조치를 강구해야 할 의무를 의미한다. 그리고 이러한 보호의무는 계약체결의 교섭단계로부터 계

21) 김대정, 계약법(상), 141면 이하.
22) 김재형, "분양광고와 계약-청약·청약의 유인·손해배상을 중심으로-", 민사판례연구 제31권(2009. 2), 440면.
23) 양창수, "계약체결상의 과실", 387면 이하.

약내용의 실현단계를 거쳐 계약관계의 소멸 이후에까지 존속하고, 또 보호의무는 계약당사자 이외의 제3자도 채권자가 될 수 있다(독일 민법 제311조 제2항, 제3항 참조).

(2) 계약법상 보호의무의 인정

① 문제점

보호의무는 상대방에 대하여 손해를 주지 않도록 배려해야 할 행위의무라는 점에서 사회생활상 요구되는 불법행위법상의 주의의무 내지 거래안전의무와 그 내용을 같이 한다. 불법행위법상의 주의의무 내지 거래안전의무와 계약법상의 보호의무는 상대방에 대한 완전성 내지 현상이익을 그 보호법익으로 한다는 점에서 구별이 어렵다. 그리하여 보호의무를 위반하여 계약외적 법익을 침해한 경우에 불법행위책임과 경합하거나 독자적으로 계약책임을 물을 수 있는지가 문제되는 것이다.

가령, 주택의 임대차계약을 체결하러 갔다가 집주인의 과실로 천장에서 전등이 떨어져 다친 경우에, 전등이 계약체결 직전에 떨어진 경우와 계약체결 직후에 떨어진 경우를 달리하여, 전자의 경우는 불법행위책임에 의하여 후자의 경우는 계약책임에 의하여 피해구제를 하여야 하는지 아니면 전자의 경우에도 계약책임에 의하여 당사자 관계를 규율할 수 있는지 문제된다. 역시 야구경기의 관람을 목적으로 입장권을 구입하기 위하여 매표소 앞에서 기다리던 사람과 방금 입장권을 구입하여 입구에 들어선 사람이 동시에 경기장 외벽에서 관리의 부실로 떨어진 타일조각에 맞아 부상을 당한 경우에도, 양자 간에 위반된 의무와 배상되는 책임의 성질에 차이를 두어 책임관계를 규율할 것인지 아니면 계약책임도 인정할 것인지 문제된다.

② 학설

학설은 앞에서 지적한 바와 같이 적극설과 소극설이 대립하고 있다. 적극적인 입장에 의하면, 피해자는 입증책임과 소멸시효 등에서 보다 유리하고 또 피용자가 보호의무를 위반한 경우에 피해자는 사용자의 면책주장이 허용되는 제756조에 의하지 않고 제391조에 따라 채무불이행책임을 주장할 수 있는 등 법리적으로 우월한 면이 있다고 한다.[24] 그리하여 계약체결의 과정에서 보호의무를 위반하여 상대방에게 손해가 발생한 경우에는 제535조 이외에 계약체결상의 과실책임을 일반적으로 인정하여, 계약책임의 법리에 의한 권리구제를 인정한다. 그리고 계약의 실현단계에서 보호의무를 위반하여 급부이익을 침해하거나 상대방의 완전성 이익을 침해한 경우에는, 불완전이행 내지 적극적 채권침해로서 채무불이행책임의 법리에 의하여 손해를 전보받을 수 있다고 한다.[25] 역시 계약이 종료한 경우에도 비밀유지의무라든가 경업금지의무 등 보호의무를 인정하여 그 위반에 대하여 채무불이행책임을 인정한다.[26] 또한 계약당사자 이외의 제3자도 계약법상 보호의무의 당사자가 될 수 있다고 한다.[27] 즉, 계약당사자가 아닌 제3자에 대하

24) 김규완, "채무자의무의 이원구조", 재산법연구 제21권 2호(2005), 114면 이하 등.

25) 곽윤직, 채권총론, 91면 이하; 김증한/김학동, 채권총론, 74면 이하; 김형배, 채권총론, 220면 이하; 지원림, 민법강의, Rn. 4-14 이하; 송덕수, 신민법강의, Rn. C-214 이하; 양형우, 민법의 세계, 959면 이하 등.

26) 김민중, "사후효적 계약의무", 채권법에 있어서 자유와 책임(김형배교수화갑기념논문집, 1994), 434면 이하 참조.

27) 개정 독일 민법 제311조 제3항. 김형배, "일반급부장애법의 체계와 내용", 독일 채권법의 현대화(2003), 10-11

여도 계약의 효력이 미칠 수 있으며,[28] 또한 계약당사자 아닌 제3자도 보호의무의 당사자로서 책임을 부담하게 될 수 있다는 것이다.[29]

이와는 달리 소극적인 입장에 의하면, 채무불이행에서 말하는 채무란 계약에서 합의된 본래의 급부와 직접 관련을 갖는 것에 한정시키는 것이 채무불이행책임의 제도적 취지에 적합하기 때문에, 급부의무의 위반 이외의 경우인 보호의무위반은 불법행위책임의 영역으로 보아야 한다는 것이다.[30] 더구나 보호의무를 계약법상의 의무로 파악하고자 하는 것은 제한적 열거주의라는 독일 불법행위법의 특수성에 기한 것으로, 독일 민법과 달리 우리나라 불법행위법은 일반적 포괄적 규정의 성격을 가지고 있으므로, 굳이 동 법리를 인정하지 않더라도 피해자구제에 부족함이 없다고 한다.[31] 그리하여 계약체결상 보호의무위반의 경우 계약체결상의 과실책임의 인정에 소극적이고,[32] 또 계약의 실현과정에서 보호의무를 위반하여 상대방의 계약외적 법익이 침해된 경우에도 적극적 채권침해를 채무불이행의 유형으로 인정하지 않고 불법행위책임의 영역으로 파악한다.[33] 역시 제3자보호효를 가진 계약의 법리를 인정함에 있어서도 소극적이다.[34]

③ 판례

판례는 개인은 자신의 자유로운 선택과 결정에 따라 행위하고 그에 따른 결과를 다른 사람에게 귀속시키거나 전가하지 아니한 채 스스로 이를 감수하여야 한다는 '자기책임의 원칙'이 개인의 법률관계에 대하여 적용되고, 계약을 둘러싼 법률관계에서도 당사자는 자신의 자유로운 선

면; 송호영, "새로운 독일 채무불이행법의 체계", 민사법학 제23호(2003. 3), 232면 참조. 또한 이 규정에 의하여 제3자보호효 있는 계약도 규율할 수 있는 것으로 해석되고 있다. 박희호, "제3자에 대한 책임: '제3자 보호효 있는 계약'의 도입을 지지하며", 민사법학 제30호(2005. 12), 386면 참조.

28) 이른바 제3자보호를 가진 계약이론이 그것이다. 송덕수, "제3자보호 효력있는 계약", 민법학논총(후암곽윤직교수화갑기념논문집, 1985), 455면 이하; 김민중, "계약과 제3자", 민법학의 회고와 전망(민법전시행30주년기념논문집, 1993), 486면 이하; 최흥섭, "독일법의 제3자 보호효력을 가진 계약과 우리법에서의 의미", 민사재판의 제문제(상), 1995), 350면 이하; 임건면, "제3자손해청산과 제3자보호효를 가진 계약－독일민법상의 문제점을 중심으로－", 재산법연구 제15권 1호(1998), 105면 이하; 박규용, "계약책임에 있어서 제3자의 보호", 저스티스 제73호(2003. 6), 76면 이하; 박희호, "제3자에 대한 책임－'제3자보호효 있는 계약'의 도입을 지지하며－", 385면 이하; 김상중, "간접피해자의 보호", 민사법학 제36호(2007. 5), 461면 이하 참조.

29) 이른바 전문가책임의 법리가 그것이다. 가령, 박형남, "감정평가과오에 대한 법적 책임－전문가책임의 관점에서－", 법조 제47권 12호(1998), 28면 이하 참조.

30) 이은영, 채권총론, 192면.

31) 김대정, 채권총론, 540면.

32) 최흥섭, "계약이전단계에서의 책임(소위 계약체결상의 과실책임)과 민법 535조의 의미－특히 독일판례를 중심으로 한 비교법적 고찰－", 한국민사법학의 현대적 전개(연람배경숙교수화갑기념논문집, 1991), 556면 이하; 양창수, "계약체결상의 과실", 민법연구 제1권(1991), 386면 이하; 김준호, "독일의 계약체결상 과실제도의 우리 민법학에의 수용 요부", 사법의 제문제(경허김홍규박사화갑기념 II, 1992), 280면 이하; 김대정, "계약체결상의 과실책임", 성균관법학 제11호(1999), 89면; 임형택, "착오로 인한 의사표시에서의 신뢰손해와 계약체결상의 과실책임", 외법논집 제27집(2007), 236면 이하.

33) 조규창, "민법 제390조와 적극적 채권침해－통설에 대한 비판적 고찰－", 민법학논총(후암곽윤직교수화갑기념논문집, 1985), 349면 이하; 양창수, 민법주해(9), 217면 이하; 이은영, 채권총론, 190면 이하; 김대정, 채권총론, 535면 이하 등.

34) 김대정, 계약법(상), 189면. 한편 판례는 제3자보호효를 가진 계약의 법리가 적용될 수 있는 사안(92다23339 판결)에서, 제3자를 위한 계약의 법리를 확대적용하여, 계약의 당사자가 아닌 제3자의 손해배상청구를 인정한 바 있다.

택과 결정에 따라 계약을 체결한 결과 발생하게 되는 이익이나 손실을 스스로 감수하여야 할 뿐 일방 당사자가 상대방 당사자에게 손실이 발생하지 아니하도록 하는 등 상대방 당사자의 이익을 보호하거나 배려할 일반적인 의무는 부담하지 아니함이 원칙이라고 한다. 다만 자기책임의 원칙도 절대적인 명제라고 할 수는 없는 것으로서, 개별사안의 구체적 사정에 따라서는 신의성실이나 사회질서 등을 위하여 제한될 수도 있다고 한다(2010다92438 전원합의체 판결). 그리하여 카지노이용자가 자신의 의지로는 카지노이용을 제어하지 못할 정도로 도박중독 상태에 있었고 카지노사업자도 이를 인식하고 있었거나 조금만 주의를 기울였더라면 인식할 수 있었던 상황에서, 카지노이용자나 그 가족이 카지노이용자의 재산상 손실을 방지하기 위하여 법령이나 카지노사업자에 의하여 마련된 절차에 따른 요청을 하였음에도 그에 따른 조처를 하지 아니하고 나아가 영업제한규정을 위반하여 카지노영업을 하는 등 카지노이용자의 재산상실에 관한 주된 책임이 카지노사업자에게 있을 뿐만 아니라 카지노이용자의 손실이 카지노사업자의 영업이익으로 귀속되는 것이 사회통념상 용인될 수 없을 정도에 이르렀다고 볼 만한 특별한 사정이 있는 경우에는, 예외적으로 카지노사업자의 카지노이용자에 대한 보호의무 내지 배려의무위반을 이유로 한 손해배상책임이 인정될 수 있다는 것이다

④ 사견

문제는 계약체결을 위한 접촉단계에서 당사자의 의사에 기초하지 않은 보호의무를 위반하여 계약외적 법익을 침해한 경우에 불법행위책임과 경합하거나 독자적으로 계약책임을 물을 수 있는지에 있다.

우선 이론적인 측면에서 볼 때 계약의 구속력의 근거, 즉 계약의 내용과 효과를 결정하는 기준을 당사자의 의사에 두는 **의사이론**을 엄격히 관철하면 보호의무를 계약법상의 의무로 파악하기는 곤란할 것이다. 그렇지만 계약의 구속력의 근거를 당사자의 의사를 포함한 그들의 사회적 관계에서 찾는 이른바 관계이론[35]에 따르면, 계약체결 당시의 당사자의 의사뿐 아니라 그 배후에 있는 사회관계 내지 신뢰관계도 중요하다. 따라서 이를 토대로 하여 당사자의 의사와 무관하게 권리의무가 부과될 수 있다고 할 것이다. 그리고 계약의 구속력의 근거를 의사가 아니라 상대방의 신뢰에서 찾는 **신뢰이론**[36]에 의하면 보호의무위반으로 인한 책임을 계약책임도 불법행위책임도 아닌 계약 유사의 법정책임으로 파악할 것이다.

그리고 정책적인 측면에서 볼 때, 보호의무는 모든 자에 대하여 인정되는 것이 아니고 계약과 직·간접적으로 관련이 있는 특별한 결합관계에 들어간 당사자 사이에서만 인정되는 데 대하여, 불법행위법상의 거래안전의무(적극적 위험 내지 손해방지의무를 의미함)는 특별히 결합관계

35) 계약의 구속력의 근거에 관한 의사이론과 신뢰이론 및 관계이론에 대해서는 권영준, "민사재판에 있어서 이론·법리·실무", 서울대 법학 제49권 제3호(2008), 325면 이하. 그리고 일본에서 논의되고 있는 관계이론에 대해서는 정종휴, "계약의 구속력의 근거 - 일본에서의 논의를 중심으로 -", 민사법학 제37호(2007. 6), 425면 이하 참조.

36) 신뢰이론의 소개에 대해서는 이은영, "계약의 구속력의 근거", 법률학의 제문제(유기천박사고희기념, 1988), 421면 이하 참조.

가 없는 경우에도 인정된다. 따라서 법정책적으로 불법행위법상 거래안전의무의 지나친 확장은 사람들의 행동의 자유를 제한하는 결과를 초래할 가능성이 있는데,[37] 보호의무를 계약법상의 의무로 인정하게 되면 거래안전의무의 지나친 확장을 가져오지 않으므로 사람들의 행동의 자유를 침해할 염려가 크지 않다.[38] 즉, 행동의 자유보호와 법익보호의 조화라는 책임법의 과제를 위하여 위법성을 엄격하게 인정할 필요가 있다는 점에서 보호의무를 계약상의 의무로 파악할 필요가 있다고 할 것이다. 특히 이를 긍정하는 입장에서는 보호의무는 모든 자에 대하여 인정되는 것이 아니고, 거래적 접촉관계에 들어간 당사자 사이에서만 인정되는 데 대하여 불법행위법상의 주의의무 내지 거래안전의무는 특별결합관계가 없는 경우에도 인정된다고 새긴다. 그리고 불법행위법상의 주의의무 내지 거래안전의무와 보호의무는 그 기능을 달리한다고 한다. 즉, 계약법상의 보호의무는 '채무의 내용'으로 평가되어 그 위반이 있으면 채무불이행이 되지만, 불법행위법상의 주의의무 내지 거래안전의무는 과실 내지 위법성 판단의 기준이 된다는 것이다.

또한 보호의무를 계약법상의 의무로 파악하게 되면 민사책임법의 목적이라고 할 수 있는 피해자의 구제라는 실질적인 측면에서 불법행위법에 의하기보다 계약책임법에 의하는 것이 우월한 면이 있을 수 있다. 무엇보다도 사용자의 면책의 여지가 있는 불법행위책임에 의하기보다는 이행보조자의 행위에 대하여 채무자의 면책의 여지가 없는 채무불이행책임에 의할 때 피해자가 더 보호될 수 있다(96다20093 판결). 다만, 판례는 사용자의 면책가능성을 전혀 인정하지 않고 있는 데, 이러한 태도는 중소기업의 육성보호라는 헌법의 취지에 부합하지 않는다는 지적도 있다. 그리고 채권의 시효기간에 있어서도 3년의 단기소멸시효가 적용되는 불법행위에 기한 손해배상청구권을 인정하기보다는 10년의 채무불이행으로 인한 손해배상청구권을 피해자에게 인정할 수 있다는 것이다. 역시 입증책임에 있어서도 불법행위의 경우와 달리 채무자가 자신에게 고의·과실이 없음을 입증하여야 한다는 점에서 피해자, 즉 채권자에게 유리하다고 한다.

다만, 채권자는 채무자의 보호의무의 존재 및 그 위반에 대해서 입증책임을 진다는 점(2000다38718, 38725 판결 참조)에서는 불법행위책임의 경우와 차이가 있는 것은 아니라고 한다.

그렇다고 하더라도 불법행위법상 거래안전의무의 지나친 확장은 사람들의 행동의 자유를 제한하는 결과를 초래할 가능성이 있는 데, 보호의무를 계약법상의 의무로 인정하게 되면 거래안전의무의 지나친 확장을 가져오지 않으므로 사람들의 행동의 자유를 침해할 염려가 크지 않다는 장점이 있다. 즉, 보호의무 내지 거래안전의무를 일반인들 사이의 불법행위법상의 주의의무로 인정하여 사람들의 행동의 자유를 제약하기보다는 계약과 직·간접적으로 관련이 있는 특별한 결합관계에서만 그 위반이 있는 경우에 위법성을 인정하는 것이 사람들의 행동의 자유를 보장할 수 있게 된다. 특히 특별결합관계에서는 불법행위법에서와는 달리 재산권보호와 행동의 자

37) 따라서 거래안전의무는 위험물 내지 위험원을 지배하거나 창출 내지 제공한 경우라든가, 위험원을 인수한 경우 또는 선행행위에 의하여 위험을 야기한 경우 등으로 한정하여야 할 것이다(임건면, "독일 불법행위법상 거래안전의무", 177면 이하 참조).

38) 박희호, "계약체결상의 과실책임과 위법성", 외법논집 제18집(2005), 272면 이하 및 동, "민법상의 보호의무론 - 보호의무의 본질 및 그 체계상의 지위와 관련하여 -", 290면 이하 참조.

유보호 간에 '이율배반'이 존재하지 않는다는 지적이 있다.[39] 독일 민법처럼 불법행위를 유형화하지 않고 제750조와 같은 일반조항을 두고 있는 법 상황에서 행동의 자유보호와 법익보호의 조화라는 책임법의 과제를 위하여 위법성을 엄격하게 인정할 필요가 있다는 점에서 보호의무를 계약법상의 의무로 파악할 필요가 있다고 할 것이다.

(3) 계약법상 보호의무론의 한계

보호의무위반으로 인한 손해의 배상책임을 채무불이행책임으로 구성하는 것이 언제나 피해자의 구제에 더 유리한 것만은 아니다. 즉, 불법행위로 인한 손해배상청구권은 그 손해의 발생과 동시에 채무자는 지체에 빠진다고 할 것이나(반면에 소멸시효의 기산점은 빨라진다), 채무불이행으로 인한 손해배상청구권은 최고시부터 지체에 빠진다고 볼 것이기 때문이다(제387조 제2항). 또한 불법행위로 인하여 피해자가 사망한 경우에 상속인은 간접피해자로서 위자료청구권이 인정되나(제752조), 채무불이행으로 인한 경우에는 채권자의 상속인에게 위자료청구권이 인정되지 않는다고 보아야 할 것이다.

판례 ➡ 숙박업자가 숙박계약상의 고객보호의무를 다하지 못하여 투숙객이 사망한 경우, 숙박계약의 당사자가 아닌 그 투숙객의 근친자가 그 사고로 인하여 정신적 고통을 받았다 하더라도 숙박업자의 그 망인에 대한 숙박계약상의 채무불이행을 이유로 위자료를 청구할 수는 없다(2000다38718, 38725 판결).

그리고 보호의무를 채무의 내용으로 평가하더라도 계약상의 채권자는 일반적으로 보호의무의 이행청구권을 가지지는 못한다는 점이다. 따라서 계약상의 채권자는 채무자에 대하여 보호의무의 이행을 소구할 수는 없고, 채무자가 유책적으로 보호의무를 위반하여 급부장애를 초래하거나 상대방의 신체나 재산에 손해를 가한 경우에는, 채권자에 대하여 손해배상책임을 질 뿐이다.

2. 보호의무위반의 효과

위에서 본 바와 같이 보호의무를 위반한 경우에는 계약의 해제나 급부의 이행을 강제하는 것은 적절하지 않고, 손해의 배상만을 청구할 수 있다고 할 것이다. 그리고 이 경우 손해는 신뢰이익을 포함하고, 상대방이 입은 손해가 이행이익을 넘는 경우에도 그 손해배상의 범위는 제393조에 의하여 결정하여야 할 것이다. 즉, 보호의무위반으로 인한 손해배상의 범위도 전 손해가 아니라 통상손해를 그 한도로 하며(제393조 제1항), 특별한 사정으로 인한 손해는 특별손해로서 채무자가 그 사정을 알았거나 알 수 있었을 때에 한하여 배상의 책임을 진다(제393조 제2항).

V. 안전배려의무

1. 의 의

계약의 당사자에게 상대방의 이익을 보호하거나 배려할 일반적 의무는 인정되지 않고(2010

39) 최봉경, "하자손해 · 확대손해 및 하자와 무관한 결과손해에 대한 유형론적 고찰", 117면.

다92438 판결), 일정한 법률관계(예, 근로관계 등)의 당사자에게는 각 상대방의 신체 및 재산을 침해하지 않도록 보호 내지 배려할 급부의무 내지 부수적 의무가 존재하는 데, 이를 안전배려의무라고 한다. 안전배려의무는 독일 게르만법에서 유래하는 고용계약상 피용자의 충실의무에 대응하는 사용자의 배려의무로서 독일 민법 제618조에서 명문으로 규정된 개념이다.

판례 ➡ 사용자는 근로계약에 수반되는 신의칙상의 부수적 의무로서 피용자가 노무를 제공하는 과정에서 생명, 신체, 건강을 해치는 일이 없도록 인적·물적 환경을 정비하는 등 필요한 조치를 강구하여야 할 보호의무를 부담하고(96다53086 판결, 97다50145 판결, 97다10925 판결, 97다12082 판결 등), 사용자가 이러한 보호의무를 위반하는 경우 피용자는 사용자에 대하여 채무불이행책임을 묻거나(97다44676 판결, 97다50145 판결, 97다10925 판결, 97다12082 판결, 99다56734 판결, 2004다44506 판결 등), 또는 불법행위책임을 물을 수 있다(95다45156 판결, 96다53086 판결, 99다60115 판결, 99다47129 판결 등). 즉, 채무불이행책임과 경합하여 불법행위로 인한 손해배상책임을 물을 수 있다(96다53086 판결). 이 경우 근로계약에 수반되는 신의칙상의 부수적인 의무로서 근로자에 대한 보호의무를 부담하는 사용자에게 근로자가 입은 신체상의 재해에 대하여, 이러한 보호의무 위반을 이유로 사용자에게 손해배상책임을 인정하기 위하여는 특별한 사정이 없는 한 그 사고가 피용자의 업무와 관련성을 가지고 있을 뿐만 아니라 또한 그 사고가 통상 발생할 수 있다고 하는 것이 예측되거나 예측할 수 있는 경우라야 할 것이고, 그 예측가능성은 사고가 발생한 때와 장소, 사고가 발생한 경위 기타 여러 사정을 고려하여 판단하여야 한다(99다56734 판결, 2004다44506 판결). 특히 어느 피용자의 다른 피용자에 대한 성희롱행위가 그의 사무집행과는 아무런 관련이 없을 뿐만 아니라, 가해자의 성희롱행위가 은밀하고 개인적으로 이루어지고 피해자로서도 이를 공개하지 아니하여 사용자로서는 이를 알거나 알 수 있었다고 보여지지도 아니하다면, 이러한 경우에서까지 사용자가 피해자에 대하여 고용계약상의 보호의무를 다하지 아니하였다고 할 수는 없다(95다39533 판결).

판례 ➡ 근로자파견은 파견사업주가 근로자를 고용한 후 그 고용관계를 유지하면서 근로자파견계약의 내용에 따라 사용사업주의 지휘·명령을 받아 사용사업주를 위한 근로에 종사하게 하는 것을 말한다(파견근로자보호 등에 관한 법률 제2조제1호). 이러한 근로자파견에서의 근로 및 지휘·명령관계의 성격과 내용 등을 종합하면, 파견사업주가 고용한 근로자를 자신의 작업장에 파견받아 지휘·명령하며 자신을 위한 계속적 근로에 종사하게 하는 사용사업주는 파견근로와 관련하여 그 자신도 직접 파견근로자를 위한 보호의무 또는 안전배려의무를 부담함을 용인하고, 파견사업주는 이를 전제로 사용사업주와 근로자파견계약을 체결하며, 파견근로자 역시 사용사업주가 위와 같은 보호의무 또는 안전배려의무를 부담함을 전제로 사용사업주에게 근로를 제공한다고 봄이 타당하다. 그러므로 근로자파견관계에서 사용사업주와 파견근로자 사이에는 특별한 사정이 없는 한 파견근로와 관련하여 사용사업주가 파견근로자에 대한 보호의무 또는 안전배려의무를 부담한다는 점에 관한 묵시적인 의사의 합치가 있다고 할 것이고, 따라서 사용사업주의 보호의무 또는 안전배려의무 위반으로 손해를 입은 파견근로자는 사용사업주와 직접 고용 또는 근로계약을 체결하지 아니한 경우에도 위와 같은 묵시적 약정에 근거하여 사용사업주에 대하여 보호의무 또는 안전배려의무위반을 원인으로 하는 손해배상을 청구할 수 있다. 그리고 이러한 약정상 의무위반에 따른 채무불이행책임을 원인으로 하는 손해배상청구권에 대하여는 불법행위책임에 관한 민법 제766조 제1항의 소멸시효규정이 적용될 수는 없다(2011다60247 판결).

이러한 안전배려의무는 노동관계(현행법은 안전배려의무를 산업안전보건법 제5조에서 사업주의 의무[40]로 규정하고 있다)에서 뿐만 아니라 도급계약(96다53086 판결 등), 의료계약(2002다63275 판

40) 산업안전보건법 제29조 제3항은 사업주로 하여금 그의 수급인이 사용하는 근로자가 토사 등의 붕괴, 화재, 폭

결 등), 숙박계약(93다43590 판결, 96다47302 판결, 2000다38718, 38725 판결 등), 기획여행계약(98다25061 판결, 2007다3377 판결), 지입계약 등 일정한 법률관계에서 상대방의 안전을 보호해야 할 의무로 확대되어 인정되고 있다. 그리고 대법원은 세월호 사건과 관련하여, 선장이나 승무원은 해당 선박의 해상여객운송사업자와 승객 사이의 여객운송계약에 따라 승객의 안전에 대하여 계약상 보호의무를 부담하므로, 모든 승무원은 선박 위험시 서로 협력하여 조난된 승객이나 다른 승무원을 적극적으로 구조할 의무가 있다고 판시하였다(2015도6809 전원합의체 판결).

판례 ➡ 사용자의 지위에 있는 도급인은 피용자의 지위에 있는 수급인이 노무를 제공하는 과정에서 생명·신체·건강을 해치는 일이 없도록 물적 환경을 정비하고 필요한 조치를 강구할 보호의무를 부담하며, 이러한 보호의무는 실질적인 고용계약의 특수성을 고려하여 신의칙상 인정되는 부수적 의무로서 구 산업안전보건법시행령 제3조 제1항에 의하여 사업주의 안전상 조치의무를 규정한 산업안전보건법 제23조가 적용되지 아니하는 사용자일지라도 마찬가지로 인정된다고 할 것이고, 만일 실질적인 사용관계에 있는 노무도급인이 고의 또는 과실로 이러한 보호의무를 위반함으로써 노무수급인의 생명·신체를 침해하여 손해를 입힌 경우 노무도급인은 노무도급계약상의 채무불이행책임과 경합하여 불법행위로 인한 손해배상책임을 부담한다는 것이다(96다53086 판결).

2. 보호의무와의 구별

안전배려의무는 상대방의 완전성 이익을 보호법익으로 하는 점에서 보호의무와 그 보호법익을 같이 한다. 그런데 보호의무는 채무자가 급부의무와는 무관하게 또는 급부의무를 실현하는 과정에서 당사자가 서로 상대방의 생명·신체·재산에 침해를 가하지 않도록 주의해야 할 의무인 데 반하여, 안전배려의무는 급부의무 내지 부수적 의무로서 상대방의 생명·신체의 안전을 적극적으로 배려해야 할 의무라는 점에서 보호의무와 구별된다. 그리고 법적 효과에 있어서 이행청구권이 안전배려의무에서는 인정될 수 있지만 보호의무에서는 부정된다. 따라서 보호의무 위반의 경우에는 손해배상청구권만이 발생하나, 안전배려의무위반의 경우에는 급부거절권 및 동시이행의 항변권이 인정되며 손해배상청구권도 발생된다. 특히 보호의무와 안전배려의무는 그 연혁을 달리한다. 안전배려의무는 게르만법에서 유래한 반면에, 보호의무는 독일에서 불법행위법상의 규정의 불비를 계약책임의 확장을 통해서 보충하고자 하는 문제의식하에 형성된 개념이다.

3. 안전배려의무의 법적 지위와 그 위반의 효과

안전배려의무는 경호계약상의 의무처럼 급부의무인 경우가 있으며, 또한 상대방의 안전배려를 급부의무의 내용으로 하지 않으면서, 즉 급부의무는 별도로 존재하고 부수적으로 채권자의 생명, 건강 등의 안전을 배려해야 할 의무로서 채무자에게 주어지는 경우가 있다. 가령, 고용계

발, 추락 또는 낙하위험이 있는 장소 등 고용노동부령으로 정하는 산업재해발생위험이 있는 장소에서 작업을 할 때에는 안전·보건시설의 설치 등 고용노동부령으로 정하는 산업재해예방을 위한 조치를 하여야 한다고 규정하고 있다.

약, 도급계약, 숙박계약이나 의료계약, 여행계약 등에 부수하여 인정될 수 있다(98다25061 판결 등).

한편 안전배려의무는 다음과 같이 일정한 시설을 관리·운영하는 자에게 부수적으로 인정되는 경우가 있다. 즉, i) 영화, 음악회, 전시회 등을 개최할 때 주최자는 회장이나 시설의 안전확보에 노력하여 관객·청중의 생명·건강 등에 위험이 미치지 않도록 배려할 의무가 있으며, ii) 공원, 유원지 등의 설치관리자는 그 이용자에 대하여 안전배려의무를 부담한다. 또한 iii) 학교는 학생의 신체·생명에 대한 안전배려의무가 있다.

그런데 이 경우 시설의 관리운영자에게 요구되는 안전배려의무의 내용은 공작물의 점유자 및 소유자에게 요구되는 방호조치의무와 그 내용을 같이 한다. 따라서 그 위반으로 인하여 발생한 손해는 민법 제750조 소정의 일반 불법행위에 의하여 전보받을 수 있을 뿐 아니라, 민법 제758조의 공작물 등의 점유자·소유자의 책임 및 국가배상법 제5조의 공공시설 등의 하자로 인한 책임에 의하여 전보될 수 있으며, 근로기준법 제81조 이하 및 산업재해보상보험법 제38조 이하에 의한 재해보상 및 산재보험에 의해서도 전보될 수 있다. 물론 이 경우 재해보상이나 산재보험에 의한 급부를 받은 경우에도 제750조 내지 제758조에 근거하여 민사상의 손해배상을 청구할 수 있다.

판례 ➡ 정신질환으로 병원에 입원하여 진료를 받던 환자가 병원 옥상에서 떨어져 사망한 사안에서, 망인의 사망원인이 투신에 의한 사망일 개연성이 아주 높고 병원이 망인의 자살 자체를 예견하기 어려웠다고 하더라도 위 옥상에 존재한 설치 또는 보존상의 하자가 사고의 공동원인의 하나가 되었다면, 그 공작물의 설치 또는 관리자는 손해배상책임을 면할 수 없다(2009다101343 판결).

판례 ➡ 일반적으로 술에 취한 사람은 자신을 통제할 능력이 감퇴된다고 보아야 할 것이므로, 그와 같은 상태의 사람에게 재차 영리의 목적으로 술을 판매하는 영업자로서는 추가적인 음주로 말미암아 그가 안전상 사고를 당하지 않도록 구체적인 상황하에서 요구되는 필요한 조치를 취하여야 할 안전배려의무는 인정될 수 있고, 이러한 안전배려의무는 고온의 찜질실 등 이용객의 구체적 상태 여하에 따라 안전에 위해를 초래할 수도 있는 시설을 제공하는 찜질방 영업자에게도 마찬가지로 요구된다(2009다79316 판결).

제 3 절 계약체결상의 과실책임론

Ⅰ. 서 설

일반적으로 계약은 당사자 간에 그 체결을 위한 접촉과 상의 내지 흥정을 거쳐 최종적으로 합의에 이르러 성립한다. 그런데 이러한 계약의 교섭과정에서 당사자 일방의 책임있는 사유(보호의무라든가 불이익사실에 대한 고지의무 등 일정한 '행위의무'의 위반)로 상대방에게 손해가 발생하는 경우가 있다. 이 경우 책임있는 당사자로 하여금 상대방이 입은 손해를 부담하도록 하는 논의가 계약체결상의 과실책임론(culpa in contrahendo)이다.[41)]

주지하듯이 계약체결상의 과실론은 예링(Rudolf von Jhering)으로부터 비롯하며 그의 이론은 학설의 일반적인 지지를 받았고, 이는 독일 민법의 제정에서 개별규정이긴 하지만 입법에 반영되었으며(제122조, 제179조 제2항, 제307조, 제309조), 최근의 채권법개정에서는 이를 일반적으로 인정할 수 있는 토대를 마련하였다.[42)]

그러나 독일 민법과 달리 민법은 제535조 이외에 계약체결상의 과실책임에 관한 일반규정은 물론이고 개별규정도 두고 있지 않다. 즉, 민법은 '목적이 불능한 계약'을 체결한 경우에만 그 불능인 사실을 알았거나 알 수 있었을 자로 하여금 상대방이 계약의 유효를 믿었음으로 인하여 받은 손해를 배상하도록 하고 있다. 다만, 이 경우 신뢰이익의 손해배상은 이행이익액을 넘지 못한다. 이 규정의 적용대상은 계약체결과정에서 당자사의 일방이 급부가 불능인 사실을 알았거나 알 수 있었음에도 불구하고 그 사실을 상대방에게 알리지 아니하고 계약의 체결에 이른 경우로서, 계약의 체결과정에서 계약체결의 의사결정에 중요한 사항인 불이익 사실을 고지하지 않고, 즉 계약체결 전 정보제공의무를 위반하여 계약을 체결한 경우에 해당하는 것으로 볼 수 있다. 그리고 이 규정은 계약의 목적이 원시적으로 불능인 때에는 계약이 성립할 수 없음을 전제로 하고 있으며, 따라서 계약관계가 없음에도 불구하고 불법행위에 기하지 않고 계약법리에 의하여 손해배상을 청구할 수 있는 경우라고 할 수 있다.

이러한 규정에 대하여 학설은 입법론적 타당성에 의문을 제기하기도 하지만,[43)] 대체로 이 규

41) 전하은, "§535 계약체결상의 과실", 주석 채권각칙(Ⅰ), 한국사법행정학회(1985), 147면; 김대정, 계약법(상), fides(2007), 120면.

42) 개정된 독일 채권법은 급부의무 이외에 보호의무를 계약법상의 의무로 인정하는 규정을 신설함과 아울러 계약체결상의 과실책임을 인정할 수 있는 토대를 마련하였다. 즉, "채권관계는 그 내용에 좇아 각 당사자에게 타방당사자의 권리나 법적 이익, 기타 이익을 배려할 의무를 지울 수 있다"(제241조 제2항)는 규정을 신설하고, 제311조 제2항에서 "제241조 제2항에 따른 의무를 발생시키는 채권관계는 아래의 사유에 의하여도 발생한다"고 규정하여, 계약의 성립없이도 채권관계가 성립될 수 있는 법적 근거를 마련하였다. 1. 계약교섭의 개시 2. 계약체결을 위한 접촉을 하면서, 일방당사자가 상대방 당사자에게 장차 성립할지도 모를 법률행위와 관련하여 자신의 권리나 법익 기타 이익에 영향을 미칠 만한 가능성을 부여하거나 혹은 상대방 당사자에게 이를 위탁하는 계약체결의 준비 3. 이와 유사한 거래적 접촉. 한편 제311조 제3항은 "제241조 제2항에서 규정하는 의무의 채권관계는 직접 계약당사자가 되지 않을 자에게도 발생할 수 있다. 그러한 채권관계는 특히 제3자가 특별한 정도의 신뢰를 둘 필요가 있고 이에 의해 계약의 교섭이나 그 체결에 지대한 영향을 미칠 경우에 발생한다"고 규정하고 있다. 즉, 이 규정은 일정한 경우에는 계약당사자 아닌 제3자와의 사이에서도 보호의무를 발생하게 하는 법률관계가 성립할 수 있음을 인정하고 있다. 그리하여 가령, 계약당사자가 아닌 전문가의 감정이나 평가를 신뢰하고 상대방과 계약을 체결한 자는 전문가의 잘못된 감정이나 평가에 대하여 손해배상을 청구할 수 있다. 김형배, "일반급부장애법의 체계와 내용", 독일 채권법의 현대화(2003), 10-11면; 송호영, "새로운 독일 채무불이행법의 체계", 민사법학 제23호(2003. 3), 232면 참조. 또한 제3자보호효 있는 계약도 이 규정에 의하여 규율할 수 있는 것으로 해석되고 있다. 박희호, "제3자에 대한 책임: '제3자 보호효 있는 계약'의 도입을 지지하며", 민사법학 제30호(2005. 12), 386면 참조.

43) 김대정, "계약체결상의 과실책임", 성균관법학 제11호(1999. 12), 86면 이하; 동, 계약법(상), 147면 이하.

정을 유추적용하여 원시적으로 불능한 계약을 체결한 경우를 포함한 독자적 책임유형으로 계약의 준비 내지 교섭상의 '행위의무'위반에 대한 책임으로서 계약체결상의 과실론을 전개하고 있다.

그런데 종래 우리나라에서의 계약체결상의 과실책임에 관한 논의는 대체로 계약의 준비 내지 교섭과정에서 상대방의 계약외적 법익이 침해된 경우의 구제법리로써 불법행위와의 관계에서 과연 이를 독자적인 책임의 유형으로 인정할 필요가 있는 것인가를 둘러싸고 행해져 왔다. 그 결과 학설의 논의는 주로 계약체결상의 과실책임의 법적 성질을 중심으로 전개되어 왔다고 할 수 있다.[44] 하지만, 최근에 계약체결과정에서의 민사책임에 관한 논의는 계약체결과정에서의 정보제공의무를 승인하고, 이를 위반한 경우에 있어서의 책임법리로서 주로 상대방의 계약체결에 대한 의사결정의 자유를 보호하고자 하는 법리로써 논의되는 경향에 있다.[45]

이러한 상황에서 보면 계약체결상의 과실책임론은 이제는 계약의 체결 내지 교섭과정에서 상대방의 법익을 침해하지 않도록 배려하여야 할 일정한 '행위의무'를 위반한 것에 대한 책임으로서, 상대방의 생명·신체·재산 등 계약외적 법익 뿐 아니라 계약체결에 대한 의사결정의 자유 등도 그 보호법익으로 한다고 할 것이다.

Ⅱ. 계약체결상의 과실책임의 법적 성질과 근거

계약체결상의 과실책임은 계약상의 급부의무를 위반한 것이 아니고 계약의 교섭과정에서 일정한 '행위의무'를 위반한 데 대한 책임으로서 계약이 성립하기 전에 발생한 손해에 대한 책임이다.[46] 여기에서 이를 불법행위책임으로 성질·결정할 것인지 아니면 계약책임 내지 제3의 책임으로 성질·결정할 것인지를 둘러싸고 견해가 갈린다. 즉, 계약체결상의 과실책임의 법적 성질에 대하여, 학설은 불법행위책임설,[47] 계약책임설,[48] 그리고 이를 불법행위책임도 계약책임도 아닌 독자적인 책임으로 파악하는 법정책임설[49]이 대립하고 있다. 물론 계약체결상의 과실책임의 본질은 불법행위책임 또는 계약책임에 불과한 것이므로, 계약체결상의 과실책임을 독자적인

44) 가령, 이영준, "계약체결상의 과실책임의 법적 성질에 관한 연구", 법사상과 민사법(춘제현승종박사화갑기념논문집, 1979), 291면 이하 및 조종현, "계약체결상의 과실책임", 현대민법학의 제문제(청헌김증한박사화갑기념논문집, 1981), 477면 이하를 들 수 있다.

45) 박영복, "계약체결전단계의 법규범화", 외법논집 제10집(2001), 94면 이하 및 김동훈, "계약체결 전의 법률관계", 민사법학 제36호(2007), 326면 이하; 김상중, "계약체결 이전단계의 정보제공의무－외국의 입법례와 비교에 의한 규정 신설의 제안을 중심으로－", 고려법학 제56호(2010. 3), 29면 이하.

46) 계약의 성립 후, 즉 계약상의 급부의무를 이행하는 과정에서 이러한 '행위의무'를 위반한 경우에는 불완전이행이 문제될 수 있으나(서광민, "불완전이행론", 한국민법이론의 발전Ⅱ(이영준박사화갑기념논문집, 1999), 498면 이하 참조), 특히 그로 인하여 계약외적 법익이 침해된 경우에는 적극적 채권침해가 문제된다.

47) 김대정, 계약법(상), 132면 이하; 임형택, "약정채권관계에서의 급부의무와 보호의무", 재산법연구 제26권 2호(2009. 10), 149면 이하.

48) 곽윤직, 채권각론, 53면; 김주수, 채권각론, 78면; 김상용, 채권각론, 63면; 지원림, 민법강의, Rn. 5-48; 송덕수, 신민법강의, Rn. D-90.

49) 이영준, "계약체결상의 과실책임의 법적 성질에 관한 연구", 291면 이하; 김형배, "계약체결상의 과실책임과 계약관계", 법학논집 제29집(고려대학교법학연구소, 1993), 1면 이하; 동, 채권각론(계약법), 122면.

책임유형으로 인정할 것은 아니라는 입장도 있다.[50] 판례는 그 입장이 명확하다고 할 수는 없지만, 대체로 계약체결상의 과실책임의 유형에 속하는 사안을 불법행위 책임의 문제로 다루고 있다. 가령, 어느 일방이 교섭단계에서 계약이 확실하게 체결되리라는 정당한 기대 내지 신뢰를 부여하여 상대방이 그 신뢰에 따라 행동하였음에도 상당한 이유없이 계약의 체결을 거부하여 손해를 입혔다면 이는 신의성실의 원칙에 비추어 볼 때 계약자유원칙의 한계를 넘는 위법한 행위로서 불법행위를 구성한다는 판결(99다40418 판결)이나, 투자신탁회사의 직원들이 고객에게 투자신탁재산의 운용방법이나 투자계획 등에 관하여 구체적으로 설명하지 아니한 채 단순히 특별한 고수익상품이라는 점만을 강조하면서 수익증권의 매입을 적극 권유한 경우, 고객보호의무를 게을리 한 것으로 불법행위가 성립한다고 한 사례(2001다11802 판결)를 들 수 있다.

이와 같은 견해의 대립은 계약성립 전 일정한 '행위의무'의 위반으로 인한 계약체결상의 과실책임을 불법행위법상 주의의무의 위반책임이 아니고, 계약법상 의무의 위반책임으로 파악할 것이냐에 있다. 따라서 문제는 계약이 성립하지 않은 상태에서, 즉 당사자 의사에 기하지 않고서도 계약법상의 의무를 인정할 수 있는지에 있다고 할 것이다. 그런데 계약의 구속력의 근거, 즉 계약의 내용과 효과를 결정하는 기준을 당사자의 의사에 두는 의사이론에 따르면, 계약체결상의 과실책임의 법적 성질을 계약책임으로 파악하기는 어려울 것이다. 물론 계약이 성립하더라도 그 성립의 과정에서 계약당사자의 의사에 문제(흠결 또는 하자)가 있는 경우에는 계약의 구속력이 상실되거나 완화되고, 당사자는 무효를 주장하거나 착오 또는 사기·강박을 이유로 계약을 취소할 수 있다(제107조 내지 제110조). 하지만, 계약의 구속력의 근거를 의사를 포함한 당사자의 사회적 관계에서 찾는 이른바 관계이론[51]에 따르면, 계약체결상의 과실책임의 법적 성질을 계약책임으로 파악할 수도 있을 것이다. 관계이론에 의하면 이른바 관계적 계약에서는 계약체결 당시의 당사자의 의사뿐 아니라 그 배후에 있는 사회관계 내지 신뢰관계도 중요하다. 따라서 이를 토대로 하여 당사자의 의사와 무관하게 권리의무가 부과되기도 하고, 계약내용이 수정될 수 있을 것이다. 한편 계약의 구속력의 근거를 의사가 아니라 상대방의 신뢰에서 찾는 신뢰이론[52]에 의하면 계약체결상의 과실책임의 법적 성질을 계약책임도 아니고 불법행위책임도 아닌 계약유사의 법정책임으로 파악할 것이다.

아무튼 계약체결을 위한 당사자관계는 단순한 대립적인 관계라고 하기보다는 일정한 목적달성을 위하여 상호 협력 내지 배려하여야 할 특별한 결합관계라고 할 수 있다. 그리하여 계약 체

50) 양창수, "계약체결상의 과실", 민법연구 제1권(1991), 386면 이하; 최흥섭, "계약이전단계에서의 책임(소위 계약체결상의 과실책임)과 민법 제535조의 의미", 585면 이하; 김준호, "독일 계약체결상의 과실제도의 우리 민법학에의 수용 요부", 사법의 제문제Ⅱ(경허김홍규박사화갑기념논문집, 1992), 280면 이하.

51) 계약의 구속력의 근거에 관한 의사이론과 신뢰이론 및 관계이론에 대해서는 권영준, "민사재판에 있어서 이론·법리·실무", 서울대 법학 제49권 제3호(2008), 325면 이하. 그리고 일본에서 논의되고 있는 관계이론에 대해서는 정종휴, "계약의 구속력의 근거 - 일본에서의 논의를 중심으로 -", 민사법학 제37호(2007. 6), 425면 이하 참조.

52) 특히 P. S. Atiyah(The Rise and Fall of Freedom of Contract, 1979)의 신뢰이론의 소개에 대해서는 이은영, "계약의 구속력의 근거", 법률학의 제문제(유기천박사고희기념논문집, 1988), 421면 이하 참조.

결의 당사자는 계약의 체결 내지 실현에 대해 서로 상대방에 대하여 성실하게 협력해야 할 규범적 구속을 받을 뿐 아니라, 서로 상대방의 법익 등을 침해하지 않도록 배려 내지 주의를 베풀어야 할 일정한 '행위의무'를 부담한다고 할 것이다(독일 민법 제241조 제2항 참조). 이러한 '행위의무'는 그 실정법상의 근거를 신의칙에 두고 있으며,[53] 거래적 결합관계(단순한 사회적 접촉은 여기에서의 결합관계에 있다고 볼 수 없다고 할 것이다)에 의하여 상대방의 인격이나 재산에 대한 영향 가능성이 증대한다는 것을 실제적 이유로 한다. 이러한 '행위의무'는 계약체결의 교섭단계로부터 계약내용의 실현단계를 거쳐 계약관계의 소멸 이후에까지 존속하고, 또한 계약당사자 이외의 제3자도 '행위의무'의 당사자가 될 수 있다(독일 민법 제311조 제2항, 제3항 참조).

그런데 계약교섭의 과정에서 상대방이 계약내용을 결정하는 데 기초가 되는 사실에 대한 진실의무라든가 설명의무 등 정보를 제공할 의무가 계약체결상 '행위의무'에 해당하는 것으로 인정하고, 그 위반에 대하여 계약책임의 법리를 적용할 수 있는지에 대해서는 의문이 없지 않지만, 대체로 학설[54]은 이를 계약상의 의무로 인정한다. 판례는 재산적 거래에 있어서는 원칙적으로 고지의무를 인정하지 않고(2012다54997 판결), 특별한 사정이 있는 경우(2004다48515 판결, 2005다5812, 5829, 5836 판결, 2008다19355 판결, 2008다51120, 51137, 51144, 51151 판결 등)에는 이를 계약상의 의무로 인정한다. 그러나 상대방의 신체 또는 재산을 보호하여야 할 의무로서 이른바 보호의무를 계약법상의 의무로 인정할 것인지에 대해서는 논의가 있다.

앞에서 지적한 바와 같이 보호의무는 당사자 의사에 기초하지 않고 신의칙에 의하여 강제된 의무에 해당한다. 그리고 보호의무를 위반한 경우에는 계약의 해제나 급부의 이행을 강제할 수는 없고, 손해의 배상만을 청구할 수 있다. 특히 보호의무는 상대방의 완전성 내지 현상이익을 보호하여 상대방에 대하여 손해를 주지 않도록 배려해야 할 '행위의무'라는 점에서 사회생활상 요구되는 불법행위법상의 주의의무 내지 거래안전의무[55]와 그 내용을 같이 한다. 즉, 불법행위법상의 주의의무 내지 거래안전의무와 계약법상의 보호의무는 상대방의 계약외적 법익을 그 보호법익으로 한다는 점에서 구별이 어렵다. 그리하여 보호의무를 위반하여 계약이익 이외에 상대방의 완전성 내지 현상이익을 침해한 경우에 불법행위책임(93다26205 판결, 2001다11802 판결 등)과 병존 내지 경합하거나 독자적으로 계약책임을 물을 수 있는지가 문제되는 것이다.

이에 대해서는 적극설[56]과 소극설[57]이 대립하고 있다. 그런데 이는 앞에서 살펴보았듯이 보

---

53) 판례는 계약체결의 과정에서 당사자는 거래상 중요한 사항에 관하여 신의칙상 고지의무 내지 설명의무를 부담한다고 하면서도, 이를 위반하는 것은 기망행위에 해당하므로 당해 계약을 취소하거나 취소하지 않고 불법행위를 이유로 손해배상만을 청구할 수도 있다고 한다(2004다48515 판결; 2005다5812, 5829, 5836 판결; 2008다19355 판결 등.

54) 김상중, "매매계약 교섭당사자의 잘못된 정보제공에 관한 상대방의 보호－대판 1995.3.28, 93다62645 등을 계기로 한 체계적 논의의 발전을 위한 일 고찰－", 민사법학 제29호(2005), 150면 이하 등.

55) 김상용, "부작위불법행위에 있어서의 거래안전의무", 한양대학교 법학논총 제9집(1992), 223면 이하; 윤용석, "서독불법행위법상의 소위 'Verkehrspflicht'에 관한 서설적 연구", 부산대학교 법학연구 제27권 1호(1984), 189면 이하; 임건면, "독일 불법행위법상의 거래안전의무", 성균관법학 제8호(1997), 169면 이하 참조.

56) 최봉경, "하자손해・확대손해 및 하자와 무관한 결과손해에 대한 유형론적 고찰", 96면 이하; 김규완, "채무자의무의 이원구조", 재산법연구 제21권 2호(2005), 11면 이하.

호의무를 계약법상의 의무로 인정할 것인지를 두고 논의되는 내용과 같다.[58] 따라서 이곳에서는 학설의 논리는 생략하고 사견만 제시하기로 한다.

무엇보다도 거래당사자 사이에 행동의 자유보호와 법익보호의 조화라는 책임법의 과제를 위하여 위법성의 인정을 엄격하게 할 필요가 있다는 점에서 보호의무를 계약법상의 의무로 파악할 필요가 있다고 할 것이다. 그리고 계약체결상의 과실책임을 불법행위책임으로서가 아니라 계약책임의 일종으로 파악하게 되면, 당사자 사이에 서로 대립하는 의사표시의 합치에 의한 계약의 성립없이도, 즉 급부의무없는 채권관계라고 하는 일종의 계약과 유사한 관계를 인정하여 손해를 입은 상대방으로 하여금 과실이 있는 자에게 계약법상의 손해배상청구를 할 수가 있게 되며, 소멸시효라든가 입증책임에 있어서도 계약법적 법리가 적용될 수 있다고 할 것이다.

Ⅲ. 계약체결상의 과실책임의 요건과 효과

1. 요 건

(1) 계약체결상의 과실책임을 인정하기 위해서는 당사자 사이에 계약체결을 위한 거래적 접촉이 있어야 한다.[59] 즉, 계약체결상의 과실책임은 적어도 당사자 사이에 계약체결을 위한 접촉 내지 교섭이 시작된 경우에 문제된다. 따라서 비를 피하기 위하여 백화점에 들어간 경우와 같이 단순한 사회적 접촉만으로는 부족하고 적어도 물건의 품질이라든가 그 가격을 물어보는 등 계약체결을 위한 거래적 접촉이 있어야 한다.[60]

(2) 계약체결상의 과실책임은 계약체결상 '행위의무'의 위반에 대한 책임이다. 따라서 당사자에게 일정한 '행위의무'가 존재하여야 한다. 즉, 상대방의 의사결정에 영향을 미치는 중요한 사항에 관하여 고지 내지 설명을 하여야 할 정보제공의무라든가, 상대방의 신체, 재산 등에 관하여 손해의 발생을 방지하여야 할 이른바 보호의무 등 일정한 '행위의무'가 존재하여야 한다. 이러한 '행위의무'의 존재는 신의칙에 기하여 인정될 수 있다고 할 것이다. 가령, 판례는 부동산 거래에 있어 거래상대방이 일정한 사정에 관한 고지를 받았더라면 그 거래를 하지 않았을 것임이 경험칙상 명백한 경우에는 신의성실의 원칙상 사전에 상대방에게 그와 같은 사정을 고지할 의무가 있으며, 그와 같은 고지의무의 대상이 되는 것은 직접적인 법령의 규정 뿐 아니라 널리 계약상, 관습상 또는 조리상의 일반원칙에 의하여도 인정될 수 있다고 한다(2004다48515 판결, 2005다5812, 5829, 5836 판결 등). 그런데 후술하는 바와 같이 판례는 상대방의 완전성 이익의 보호를 위한 보호의무를 계약법상의 행위의무로 보지 않고 불법행위법상의 행위의무로 파악하고, 그

57) 최흥섭, "계약이전단계에서의 책임(소위 계약체결상의 과실책임)과 민법 535조의 의미 -특히 독일판례를 중심으로 한 비교법적 고찰-", 556면 이하; 양창수, "계약체결상의 과실", 386면 이하; 김준호, "독일의 계약체결상 과실제도의 우리 민법학에의 수용 요부", 280면 이하; 김대정, "계약체결상의 과실책임", 89면; 임형택, "착오로 인한 의사표시에서의 신뢰손해와 계약체결상의 과실책임", 외법논집 제27집(2007), 236면 이하.

58) 제2편 제2장 제1절 Ⅳ. 보호의무와 그 위반으로 인한 효과 참조.

59) 전하은, "§535 계약체결상의 과실", 170면 이하 참조.

60) 송덕수, 채권법각론, Rn. 31; 양형우, 민법의 세계, 1260면.

위반에 대하여 불법행위책임을 인정하고 있다.

(3) 계약체결상의 과실책임이 성립하기 위해서는 계약의 성립 전에 고의 또는 과실로 당사자가 '행위의무'를 위반하여야 한다.[61] 계약 성립 후에 '행위의무'를 위반한 경우에는 채무불이행이 문제된다.

(4) 민사책임의 원칙상 계약체결상의 과실책임이 문제되려면 상대방에게 손해가 발생하여야 한다. 문제는 상대방이 선의·무과실이어야 하는가에 있다. 원시적 불능으로 인한 계약체결상의 과실책임은 그 요건으로 상대방의 선의·무과실을 요구한다(제535조 제1항 단서). 따라서 과실상계규정의 적용은 문제되지 않는다. 그렇지만 손해배상액을 산정함에 있어서는 과실상계의 법리를 유추적용하여 상대방의 부주의나 사정을 참작할 수 있다고 보아야 할 것이다(94다23920 판결, 2008다19355 판결 참조). 문제는 다른 유형의 계약체결상의 과실책임의 경우에도 상대방은 선의·무과실이어야 하는가이다. 학설은 입장이 갈린다. 적극설은 다른 유형의 계약체결상의 과실책임의 경우에도 제535조를 유추적용하여 그 요건으로 상대방의 선의·무과실을 요구한다.[62] 소극설은 상대방의 선의·무과실을 특별히 요구하지 않는다. 그 결과 손해배상액의 산정에 있어서 과실상계규정의 적용 내지 유추적용을 인정한다.[63] 계약성립 전의 '행위의무'위반으로 인한 손해의 배상문제라는 점에서 적극설이 타당하다.

2. 효 과

계약체결상의 과실책임의 요건이 충족되면 상대방에게 발생한 손해를 배상하여야 한다. 문제는 이 경우 배상하여야 할 손해의 범위에 있다. 물론 원시적 불능으로 인한 계약체결상의 과실책임의 경우에는 상대방이 계약의 유효를 믿었음으로 인하여 받은 손해, 즉 신뢰이익을 배상하여야 한다. 다만, 그 배상액은 계약의 유효로 상대방이 얻었을 이익, 즉 이행이익을 넘지 못한다(제535조 제1항 본문). 그러면 다른 유형의 계약체결상의 과실책임의 경우에도 제535조를 유추적용하여 이행이익을 넘지 않는 범위에서 신뢰이익의 손해를 배상하여야 하는지 문제된다. 신뢰이익설[64]은 제535조의 유추적용을 인정한다. 즉, 배상의무자는 배상의무를 생기게 한 사정이 없었다면 있었을 상태를 만들어 주어야 한다는 것이다. 다만, 이행이익의 한도에서 배상하면 된다고 한다.

그러나 이행이익설[65]은 제535조의 입법론적 타당성에 의문을 제기하고 배상의무자는 원칙적으로 이행이익의 손해를 배상하는 것이 옳다고 한다. 즉, 제535조는 목적이 불능인 계약은 무효라고 하는 잘못된 전제 위에서 손해배상의 내용도 신뢰이익의 배상으로 규정한 것이고, 급부의 내용이 사실상 실현될 수 없는 경우라도 계약이 성립할 수 있는 것이라면 손해배상의 대상은 이

61) 송덕수, 채권법각론, Rn. 31; 양형우, 민법의 세계, 1261면 이하.
62) 송덕수, 채권법각론, Rn. 31. 다만, 박정기, "계약체결과정에 있어서의 정보제공의무", 78면은 선의만을 들고 있다.
63) 양형우, 민법의 세계, 1267면.
64) 송덕수, 채권법각론, Rn. 31.
65) 김형배, 채권각론(계약법), 132면.

행이익이어야 한다는 것이다. 그런데 계약체결상의 과실책임의 요건으로 상대방의 선의·무과실을 요구할 것이라면 신뢰이익설이 타당하다고 할 것이다.

Ⅳ. 계약체결상의 과실책임법리의 적용 검토

1. 계약의 체결 이전단계에서의 계약체결상의 과실책임

(1) 상대방의 생명·신체·재산 등의 계약외적 법익이 침해된 경우

계약체결의 준비단계에서 일정한 '행위의무'를 위반하여 계약외적 법익, 즉 상대방의 생명·신체·재산을 침해한 경우에 가해당사자는 불법행위책임과 경합하거나 또는 독자적으로 계약책임을 부담하는가이다. 적극설(계약책임설)에 의하면, 계약체결을 위한 교섭에 착수하면 그 순간부터 당사자는 신뢰관계에 서게 되며, 계약체결이라는 공동의 목적을 향해서 서로 협력하여야 할 긴밀한 결합관계가 발생하고, 그에 따라 서로 상대방에 대하여 신의칙상 일정한 '행위의무'를 부담하는 것으로 본다. 따라서 계약체결의 준비 내지 과정에서 그러한 '행위의무'를 위반하여 상대방에게 계약외적 법익을 침해하여 손해를 발생시킨 경우에는 계약체결상의 과실책임을 지는 것으로 해석한다.

그렇지만 소극설[66]에 의하면, 이 경우 '행위의무'는 불법행위법상 주의의무로서 그 위반으로 인하여 이른바 계약외적 법익이 침해된 경우에는 불법행위가 성립하는 것으로 파악한다. 특히 민법은 독일 민법과 달리 불법행위의 성립에 대하여 일반조항(제750조)을 가지고 있고, 또 판례는 사용자책임에 있어 면책조항을 거의 적용하지 않고 있다는 것이다. 그리하여 이 유형의 계약체결상의 과실책임을 인정하는 것은 부당할 뿐 아니라 실익도 별로 없다고 한다.

한편 판례의 경우, 이 유형에 해당하는 사안에 대하여 계약체결상의 과실책임을 인정한 대법원 판결은 찾아 볼 수 없고, 하급심에서는 계약체결을 위한 준비단계에 있어서의 신의칙상의 의무위반을 이유로 계약체결상의 과실책임을 인정한 사례가 있다. 즉, 갑회사가 건설계획을 수립하여 건설구역내 피조개양식장의 어업권자 을 등에게 통보하고 보상금에 관한 약정까지 체결하자 을 등은 어업권 소멸에 따른 보상을 기다린 채 양식장에 피조개 종패를 살포하지 아니하였는데 그 후 갑회사가 일방적으로 건설규모를 축소 조정하여 을 등의 어업권을 보상대상에서 제외시킨 경우 갑회사는 을 등의 양식장을 건설구역에 포함시키고 어업권 소멸에 따른 보상금의 지급을 위하여 협력하여야 할 신의칙상의 의무가 있음에도 이를 위반한 것이고, 이 경우 을 등이 자신들의 어업권이 보상대상이 될 것으로 믿었기 때문에 그 준비를 위하여 종패를 살포하지 못하여 피조개를 생산하지 못함으로 인하여 입게 된 손해, 즉 신뢰이익을 배상할 책임이 있다는 것이다(92가합1625 민사부 판결(확정)). 그런데 다른 하급심은 이른바 '바나나 껍질' 사건이라고 할 수 있는, 즉 고객이 대형마트의 바닥에 떨어져 있던 바나나껍질에 미끄러져 넘어진 사건에서, 대형마트가 고객에 대한 불법행위법상 안전관리의무를 위반하였음을 이유로 손해배상을 해야

66) 불법행위책임설(김대정, 계약법(상), 132면 이하), 법정책임설(김형배, 채권각론(계약법), 127면).

한다고 판시한 바 있다(2007가단73106 판결).

(2) 계약교섭의 부당파기(계약교섭의 결렬)에 대한 책임

계약자유의 원칙상 계약교섭은 언제라도 중단될 수 있으며,[67] 상대방이 계약의 성립을 기대하고 비용을 지출하였다 하더라도 그것은 자기의 위험부담하에 지출한 비용이므로 상대방은 비용을 청구할 수는 없다. 다만, 계약체결을 위한 교섭 중에 당사자 일방이 계약을 체결할 것이라는 확신을 상대방에게 준 뒤에 상당한 이유없이 교섭을 중단하거나 파기한 경우에는 문제다.

판례는 대체로 "어느 일방이 교섭단계에서 계약이 확실하게 체결되리라는 정당한 기대 내지 신뢰를 부여하여 상대방이 그 신뢰에 따라 행동하였음에도 상당한 이유없이 계약의 체결을 거부하여 손해를 입혔다면 이는 신의성실의 원칙에 비추어 볼 때 계약자유원칙의 한계를 넘는 위법한 행위로서 불법행위를 구성한다"(99다40418 판결, 2001다53059 판결)고 하여, 이른바 계약교섭의 부당파기로 인한 손해배상의 문제를 불법행위책임으로 해결하고 있다.

판례 ➡ 학교법인이 원고를 사무직원채용시험의 최종합격자로 결정하고 그 통지와 아울러 '1989. 5. 10일자로 발령하겠으니 제반 구비서류를 5. 8 일까지 제출하여 달라'는 통지를 하여 원고로 하여금 위 통지에 따라 제반 구비서류를 제출하게 한 후, 원고의 발령을 지체하고 여러 번 발령을 미루었으며, 그 때문에 원고는 위 학교법인이 1991. 5. 28일 원고를 직원으로 채용할 수 없다고 통지할 때까지 임용만 기다리면서 다른 일에 종사하지 못한 경우에 대하여, 이러한 결과가 발생한 원인을 위 학교법인이 자신의 경영하는 대학의 재정 형편, 적정한 직원의 수, 1990년도 입학정원의 증감 여부 등 여러 사정을 참작하여 채용할 직원의 수를 헤아리고 그에 따라 적정한 수의 합격자 발표와 직원채용통지를 하여야 하는 데도 이를 게을리 하였기 때문이라면 위 학교법인은 불법행위자로서 원고가 위 최종합격자 통지와 계속된 발령 약속을 신뢰하여 직원으로 채용되기를 기대하면서 다른 취직의 기회를 포기함으로써 입은 손해를 배상할 책임이 있다(92다42897 판결).

학설도 불법행위책임설은 계약교섭의 부당파기는 제750조의 불법행위에 해당된다고 할 수 있으므로, 이 경우 계약체결상의 과실책임을 인정할 필요는 없다고 한다.[68]

그러나 계약교섭의 부당파기로 인한 책임을 불법행위로 구성하는 판례 및 학설의 태도는 무엇보다도 불법행위의 위법성 요건과 관련하여 문제가 없지 않다고 할 것이다.[69] 판례는 상대방이 스스로 야기한 신뢰를 파기할 '정당한 사유'가 없으므로 그 신뢰를 파기하는 것은 신의성실의 원칙에 비추어 '계약자유원칙의 한계를 넘는 위법한 행위'로서 불법행위를 구성한다고 하고 있으나, 계약자유의 원칙상 계약의 교섭을 파기함에 있어서는 '정당한 사유'를 요구하지 않는다고 보아야 할 것이다. 만약 이 경우 정당한 사유를 요구하게 되면 누구든지 일단 계약교섭에 들어간 자는 정당한 사유가 있어야 계약의 체결을 중단하거나 그 교섭을 파기할 수 있다고 해야

67) 계약자유의 원칙에는 계약을 체결하지 않을 자유를 포함한다. 89헌마204 결정 참조.

68) 김대정, 계약법(상), 135면.

69) 박희호, "계약체결상의 과실책임과 위법성", 261면 이하; 김동훈, "계약체결 전의 법률관계", 328면; 지원림, "계약교섭이 부당하게 파기된 경우의 법률관계", 민사판례연구 제25권(2003. 2), 180면.

할 것이기 때문이다. 따라서 계약교섭의 과정에 있는 자가 중도에 계약의 체결을 거절 내지 중단하거나 파기하더라도 원칙적으로 이는 도덕적인 비난을 받을 수 있을지는 몰라도 정당하게 자신의 권리를 행사한 것으로 보아야 할 것이다.

그리고 불법행위법은 당사자의 의사에 반하여 발생한 손해에 대해 법률이 강제적으로 손해배상을 지우는 것이다. 즉, 불법행위법의 적용범위를 확대하는 것은 곧 민법이 최고의 원리로 내세우고 있는 사적 자치의 원칙이나 행동의 자유의 침해를 의미한다. 따라서 불법행위책임의 요건으로서 위법성은 엄격하게 해석되어야 하며 이를 임의적으로 확장할 경우 법적 안정성을 해할 수 있다. 더구나 판례(2002다32301 판결, 2010다65757 판결)가 계약의 교섭과정에서 상대방의 요구로 이행을 위한 준비를 하거나 이행에 착수한 후에 상대방이 계약의 교섭을 파기한 경우까지도 불법행위의 성립을 인정하는 것은 불법행위법의 지나친 확장에 해당한다고 할 것이다. 오히려 계약교섭의 부당파기에 대한 책임은 공정하고 성실하게 계약교섭하여야 할 행위의무를 위반하는 계약책임으로 구성하는 것이 바람직하다고 할 것이다. 특히 계약교섭의 부당파기에 대한 책임을 계약체결상의 과실책임으로 구성하게 되면 상대방은 선의·무과실인 경우에만 과실있는 부당파기자에게 책임을 물을 수 있게 된다. 다행히도 판례는 계약교섭의 부당파기에 대하여 불법행위가 성립할 수 있음을 인정하면서 그 손해배상의 범위는 원칙적으로 신뢰이익의 배상에 한정한다. 즉, 계약교섭의 부당한 중도파기가 불법행위를 구성하는 경우 그러한 불법행위로 인한 손해는 일방이 신의에 반하여 상당한 이유없이 계약교섭을 파기함으로써 계약체결을 신뢰한 상대방이 입게 된 상당인과관계 있는 손해로서 계약이 유효하게 체결된다고 믿었던 것에 의하여 입었던 손해, 즉 신뢰손해에 한정된다고 한다(2001다53059 판결).

판례 ➡ 계약교섭의 부당한 중도파기가 불법행위를 구성하는 경우, 상대방에게 배상책임을 지는 것은 계약체결을 신뢰한 상대방이 입게 된 상당인과관계 있는 손해이고, 한편 계약교섭단계에서는 아직 계약이 성립된 것이 아니므로 당사자 중 일방이 계약의 이행행위를 준비하거나 이를 착수하는 것은 이례적이라고 할 것이므로 설령 이행에 착수하였다고 하더라도 이는 자기의 위험판단과 책임에 의한 것이라고 평가할 수 있지만 만일 이행의 착수가 상대방의 적극적인 요구에 따른 것이고, 바로 위와 같은 이행에 들인 비용의 지급에 관하여 이미 계약교섭이 진행되고 있었다는 등의 특별한 사정이 있는 경우에는 당사자 중 일방이 계약의 성립을 기대하고 이행을 위하여 지출한 비용 상당의 손해가 상당인과관계 있는 손해에 해당한다(2002다32301 판결).

2. 계약이 유효하게 성립한 경우의 계약체결상의 과실책임

(1) 목적물의 하자로 손해가 발생한 경우

개정 전의 독일 민법에서는 매도인이 하자있는 물건을 급부한 경우에, 그에 관하여 사기적 악의가 있거나 보증위반의 경우가 아니면 손해배상의무를 부담하지 않았다(개정 전 독일 민법 제463조). 그리하여 학설은 매도인이 부수적 의무 그 밖의 '행위의무'를 위반하여 하자있는 물건을 급부한 경우에 손해배상책임을 부담시키기 위한 별도의 이론을 보충적으로 전개하여 왔다. 적극적 계약침해 내지 불완전이행책임 및 계약체결상의 과실책임과 불법행위책임 등이 그것이다.

그렇다면 우리 민법하에서 매매목적물의 하자로 인하여 매수인에게 손해가 발생한 경우에, 하자담보책임과는 별개로 계약체결상의 과실책임을 인정할 필요가 있는가? 학설은 물건의 하자담보책임, 즉 매도인의 담보책임(제571조 이하), 증여자의 담보책임(제559조), 소비대주의 담보책임(제602조), 임치인의 담보책임(제697조) 등의 본질을 원시적 일부불능에 대한 계약체결상의 과실책임이라고 파악하면서, 이 경우에는 개별적인 규정에 의하여 규율되고 있으므로 제535조의 유추적용이 인정될 여지가 없다는 견해[70]와 하자담보책임과는 별도로 계약체결상의 과실책임을 인정할 수 있다는 견해의 대립이 있다.[71] 또한 제580조의 특정물매도인의 하자담보책임을 비롯한 담보책임 일반은 유상계약의 특질을 고려하여 무과실책임으로 규정되어 있으나, 그 법적 성질은 순수한 의미에서의 이행의무위반에 대한 제재로서 계약책임이라고 보아야 할 것이므로(채무불이행책임설의 입장), 계약성립과정에서의 설명의무·고지의무 등 이른바 '신의칙에 기한 부수의무위반에 기한 책임'인 계약체결상의 과실책임과는 전혀 근거와 성질을 달리하는 것이라고 보는 견해도 있다.[72]

물론 하자담보책임은 원시적 하자에 대하여 계약이 유효하게 체결된 경우에 발생하는 무과실책임이라는 점에서, 계약교섭 내지 체결과정에서의 과실책임인 계약체결상의 과실책임과는 그 규율영역을 달리한다고 할 것이다. 즉, 매도인이 하자있는 물건을 급부한 경우에 그 하자에 관하여 매도인이 알지 못한 경우에는, 매수인은 매도인에게 하자담보책임을 추급할 수밖에 없고 계약체결상의 과실책임을 물을 수는 없다. 그러나 계약체결과정에서 하자있는 것을 알면서 이를 매수인에게 고지하지 않았거나 과실로 하자가 있는 것을 알지 못한 경우에는 매도인의 신의칙상의 부수적 의무로서의 고지의무를 불이행한 채무불이행책임과 아울러 계약체결상 정보제공의무위반에 따른 계약체결상의 과실책임의 경합을 인정함으로써 피해자를 두텁게 보호할 수 있다고 할 것이다.

(2) 이른바 '행위의무'위반으로 '원치 않은 계약'을 체결하여 손해를 입은 경우

계약의 당사자는 그 교섭의 단계부터 급부 대상 또는 거래적 접촉으로부터 발생할 수 있는 위험에 대하여 배려해야 할 일정한 '행위의무'를 부담한다고 할 것이다. 이러한 '행위의무'는 우선 급부의무의 부수적 의무로서 계약상의 급부이익의 실현을 목적으로 한다. 가령, 매도인은 매수인에게 매매목적물의 적절한 사용방법에 대하여 가르쳐 주거나 급부이행과 관련하여 적절한 조언을 하여야 한다. 이러한 부수적 의무의 위반으로 당사자가 손해를 입은 경우 상대방에게 불완전이행으로서 채무불이행의 책임을 물을 수 있다. 그리고 '행위의무'는 계약체결과정에서 계약당사자의 의사결정의 자유를 그 보호목적으로 한다. 즉, 계약체결의 의사결정에 영향을 미치는 정보제공 등 '행위의무'는 계약체결과정에서 당사자의 의사결정의 자유를 보호한다. 문제는

70) 곽윤직, 채권각론, 93면; 김주수, 채권각론, 198면.
71) 전하은, "§535 계약체결상의 과실", 218면.
72) 김대정, 계약법(상), 139면 참조.

계약이 유효하게 성립하였지만, 계약의 체결과정에서 당사자 일방이 상대방의 의사결정에 영향을 미치는 사항, 즉 불이익 사실을 고지(告知)하지 않거나 허위의 사실을 고지하여, 상대방이 올바른 고지가 이루어졌다면 체결하였을 계약보다 불리한 계약, 즉 '원치 않는 계약'을 체결하여 급부기대가 좌절된 경우에도 계약체결상의 과실책임을 인정할 수 있는가에 있다.

독일의 판례는 계약체결과정에서 정보제공의무를 이행하지 아니함으로써, 이를 이행하였더라면 체결하였을 계약보다 불리한 계약을 체결한 경우에도 계약체결상의 과실책임을 인정하고 있다.[73]

우리 나라의 학설도 독일과 마찬가지로 계약체결과정에서 정보제공의무위반으로 인하여 '원치 않은 계약'을 체결함으로써 급부기대가 좌절된 경우에, 계약체결상의 과실책임을 인정하는 견해가 있다.[74] 그리고 이 경우의 계약체결상의 과실책임의 효과로서 대체로 신뢰이익의 배상을 인정하지만, 대금감액, 이행이익의 배상, 계약해제 등의 효과를 인정하여야 한다는 견해도 있다.[75]

그러나 정보제공의무 위반에 기한 손해배상책임의 문제는 우리 민법상으로는 제390조에 의하여 처리될 수 있으므로, 굳이 계약체결상의 과실책임의 법리를 끌어들일 필요는 없다고 하거나,[76] 계약교섭시의 사소한 설명의무위반이 있는 경우에는 계약체결상의 과실책임은 인정되지 아니하며, 상대방의 의사결정에 중대한 의의를 가지는 사항에 대한 설명의무위반이 있는 경우에 한하여 계약체결상의 과실책임이 문제될 수 있을 뿐인 데, 그렇다면 이 경우도 다른 경우와 마찬가지로 '위법행위'로서 불법행위를 구성한다고 할 수 있을 것이라고 한다. 따라서 계약교섭시의 설명의무위반으로 인한 손해배상책임의 근거를 굳이 계약체결상의 과실책임의 법리에 의존할 필요는 없다는 견해가 있다.[77]

물론 사소한 정보제공의무의 위반이 있음에 불과한 때에는 계약체결상의 과실책임은 인정되지 아니하며, 악의의 기망 또는 묵비의 경우에는 사기에 의한 의사표시의 취소의 문제가 되므로, 계약체결상의 과실책임은 문제되지 않는다. 즉, 고의로 고지의무 내지 설명의무를 위반한 경우에는 사기를 이유로 계약을 취소하거나 불법행위를 근거로 손해배상을 청구할 수 있다고 할 것이다. 판례는 계약체결의 과정에서 당사자는 거래상 중요한 사항에 관하여 신의칙상 고지의무 내지 설명의무를 부담한다고 하면서 이를 위반하는 것은 기망행위에 해당하므로 당해 계약을 취소하거나 취소하지 않고 불법행위를 이유로 손해배상만을 청구할 수도 있다고 한다(2004다48515 판결 등). 그렇지만 과실로 고지의무 내지 설명의무를 위반한 경우에도 위법성을 인정하여

73) BGH NJW 1989, 1793(소방용사다리 사건), BGH NJW 1991, 1673(야간방해 사건). 자세히는 김상중, "매매계약 교섭 당사자의 잘못된 정보제공에 관한 상대방의 보호 – 대판 1995. 3. 28, 93다62645 등을 계기로 한 체계적 논의의 발전을 위한 일고찰 –", 민사법학 제29호(2005), 163면 이하 참조.

74) 곽윤직, 채권각론, 93-94면; 김주수, 채권각론, 78-79면; 전하은, "§535 계약체결상의 과실", 194-219면 참조; 이영준, "계약체결상의 과실책임의 법적 성질에 관한 연구", 320-322면 등.

75) 이영준, "계약체결상의 과실책임의 법적 성질에 관한 연구", 322면.

76) 양창수, "계약체결상의 과실", 387면 이하.

77) 김대정, 계약법(상), 141면 이하.

불법행위를 근거로 손해배상을 청구할 수 있다고 하면, 계약자유의 원칙을 지극히 제한하는 결과를 가져온다는 문제가 있다. 또한 이와 같이 과실로 인하여 고지의무 내지 설명의무를 위반하여 의사결정의 자유를 침해한 경우에는 계약관계가 유효하게 성립하고 있다고 하더라도, 급부이익의 실현을 목적으로 하는 '행위의무'로서 부수적 의무를 위반한 것으로 볼 것이 아니라, 계약체결상 의사결정의 자유를 보호목적으로 하는 '행위의무'로서 정보제공의무를 위반한 것이므로 계약체결상의 과실을 근거로 손해배상을 청구할 수 있다고 보는 것이 타당하다고 하겠다. 즉, 계약의 체결과정에서 신의칙상 고지의무 내지 설명의무를 위반했다고 하는 것은 계약체결의 의사결정에 중요한 사항인 불이익 사실을 고지하지 않고 계약을 체결했다고 하는 것인데, 이는 계약체결과정에서 당자사의 일방이 급부가 불능인 사실을 알았거나 알 수 있었음에도 불구하고 그 사실을 상대방에게 알리지 아니하고 계약의 체결에 이른 경우(제535조)와 맥락을 같이 한다. 따라서 계약체결의 의사결정에 영향을 미치는 불이익 사실을 고지하지 않은 경우에도 불능인 급부를 목적으로 하는 계약을 체결한 경우에 인정되는 계약체결상의 과실책임을 유추적용할 수 있다고 할 것이다.

특히 판례는 대추나무 재배농민이 농약을 혼용살포한 결과 약해로 수확이 감소했다는 이유로 농약판매상을 상대로 손해배상을 청구한 사안에서, 현재까지 대추나무용 농약에 관하여는 농약관리법의 규정에 따라 고시된 농약이 전혀 없고, 또 대추나무에 그 농약을 혼용살포할 수 있는지의 여부 및 그에 따른 약해 유무 등에 관하여 뚜렷한 기준이 없다 하더라도, 원고를 비롯한 대추나무 재배농민들이 종래 농약판매업자인 피고와 상의하여 사과나 배 등의 일반과수에 고시된 농약을 선택하여 대추나무에 혼용살포하여 왔다면, 피고로서는 원고에게 농약을 판매할 때에 그 농약의 성능, 사용방법 등에 관하여 정확한 설명을 하여 줄 주의의무가 있고, 그 성능 등에 관하여 알지 못하면서 함부로 그 사용에 관한 지시나 권유를 하여서는 안될 주의의무가 있다고 판시하고 있는데(93다62645 판결), 이 경우 농약판매상이 계약체결상 주의의무를 위반하였다면 농약판매상의 책임을 계약체결상의 과실책임으로 법리구성할 수 있었을 것이다.[78]

판례 ➡ 의사는 의료행위에 앞서 환자나 그 법정대리인에게 질병의 증상, 치료방법의 내용 및 필요성, 발생이 예상되는 위험 등 당시의 의료 수준에 비추어 상당하다고 인정되는 사항을 설명하여 환자가 그 필요성이나 위험성을 충분히 비교해 보고 그 의료행위를 받을 것인지 여부를 선택할 수 있도록 할 의무가 있고, 특히 그러한 의료행위가 임상시험의 단계에서 이루어지는 것이라면 해당 의료행위의 안전성 및 유효성(치료효과)에 관하여 그 시행 당시 임상에서 실천되는 일반적·표준적 의료행위와 비교하여 설명할 의무가 있다. 또한 의약품 공급자는 임상시험단계에 있는 의약품을 공급함에 있어

78) 다만, 김상중, "매매계약 교섭 당사자의 잘못된 정보제공에 대한 상대방의 보호", 184면; 김동훈, "계약체결전의 법률관계", 민사법학 제36호(2007. 5), 341면은, 위의 경우에 판매상은 매수인의 계약목적에 상응하지 않는 농약을 제공함으로써 매수인에 대한 계약상의 급부의무를 다하지 않은 것으로도 볼 수 있다고 한다. 따라서 계약교섭상의 정보제공의무 위반을 계약상의 의무위반으로 구성이 가능하므로 채무불이행책임의 확장을 통하여 이행이익의 배상을 인정하는 것을 통해 계약교섭상의 과실책임에 따른 보호를 넘어서 널리 보호할 수 있을 것이라고 한다.

해당 의약품의 안전성 및 유효성(치료효과) 등 그 구입 여부의 의사결정에 영향을 줄 수 있는 중요한 사정을 수요자에게 고지할 신의칙상의 의무가 있다(2007다3162 판결).

그리고 판례는 상품의 선전, 광고에 있어 다소의 과장이나 허위가 수반되는 것은 그것이 일반 상거래의 관행과 신의칙에 비추어 시인될 수 있는 한 기망성이 결여된다고 하겠으나, 거래에 있어서 중요한 사항에 관하여 구체적 사실을 신의성실의 의무에 비추어 비난받을 정도의 방법으로 허위로 고지한 경우에는 기망행위에 해당한다고 한다(92다52665 판결, 2007다44194 판결 등). 반면에 부동산거래에 있어 거래 상대방이 일정한 사정에 관한 고지를 받았더라면 그 거래를 하지 않았을 것임이 경험칙상 명백한 경우에는 신의성실의 원칙상 사전에 상대방에게 그와 같은 사정을 고지할 의무가 있으며, 그와 같은 고지의무의 대상이 되는 것은 직접적인 법령의 규정뿐 아니라 널리 계약상, 관습상 또는 조리상의 일반원칙에 의하여도 인정될 수 있다고 한다. 가령, 우리 사회의 통념상으로는 공동묘지가 주거환경과 친한 시설이 아니어서 분양계약의 체결 여부 및 가격에 상당한 영향을 미치는 요인일 뿐만 아니라 대규모 공동묘지를 가까이에서 조망할 수 있는 곳에 아파트단지가 들어선다는 것은 통상 예상하기 어렵다는 점 등을 감안할 때 아파트 분양자는 아파트단지 인근에 공동묘지가 조성되어 있는 사실을 수분양자에게 고지할 신의칙상의 의무를 부담한다(2005다5812, 5829, 5836 판결, 2004다48515 판결). 이처럼 판례는 앞에서 지적한 바와 같이 거래에 있어서 중요한 사항에 관하여 구체적 사실을 신의성실의 원칙에 비추어 고지하지 않았거나 비난받을 정도의 방법으로 허위로 고지한 경우에는 기망행위가 존재한다고 하여, 기망을 이유로 분양계약을 취소하고 분양대금의 반환을 구할 수도 있고 분양계약의 취소를 원하지 않을 경우 불법행위를 이유로 한 손해배상만을 청구할 수도 있다고 한다(2004다48515 판결). 그렇지만 이 경우 **과실**로 고지의무를 위반한 경우의 손해배상책임은 계약체결상 고지의무 위반에 따른 계약체결상의 과실책임으로 법리구성할 수 있다고 할 것이다.

그리고 판례는 "증권회사의 임·직원이 강행법규에 위반한 투자수익보장 투자를 권유하여 이에 따른 결과 투자자가 손실을 본 경우에, 그 거래경위와 거래방법, 고객의 투자상황, 거래의 위험도 및 이에 관한 설명의 정도 등을 종합적으로 고려한 후 당해 권유행위가 경험이 부족한 일반 투자자에게 거래행위에 필연적으로 수반되는 위험성에 관한 올바른 인식 형성을 방해하거나, 고객의 투자상황에 비추어 과대한 위험성을 수반하는 거래를 적극적으로 권유한 경우에 해당하여 결국 고객에 대한 보호의무를 저버려 위법성을 띤 행위인 것으로 평가된다면 이는 불법행위를 구성한다"(97다47989 판결, 99다44588 판결 등)고 한다. 즉, 적합성의 원칙(고객의 특성을 파악할 의무)과 설명의무(상품의 주요내용을 설명할 의무)를 위반한 경우에는 위법성이 인정되어 불법행위를 구성한다는 것이다.[79] 이와 같이 판례는 보호의무가 인정되는 사회생활관계를 증권거래 등과 같은 금융거래의 경우까지 확대시키고 있다(93다26205 판결, 2005다49799 판결 등).

79) 자본시장과 금융투자업에 관한 법률 제46조, 제47조를 근거로 위법성을 인정하고 있다(2011다53683(본소), 2011다53690(반소) 전원합의체 판결).

판례 ➡ 고객의 자산을 관리하는 금융기관은 고객에 대하여 선량한 관리자로서의 주의의무를 부담하는 것이므로, 고객의 투자목적·투자경험·위험선호의 정도 및 투자예정기간 등을 미리 파악하여 그에 적합한 투자방식을 선택하여 투자하도록 권유하여야 하고, 조사된 투자목적에 비추어 볼 때 고객에게 과도한 위험을 초래하는 거래행위를 감행하도록 하여 고객의 재산에 손실을 가한 때에는 그로 인한 손해를 배상할 책임이 있다. 그러나 투자자가 금융기관의 권유를 받고 어느 특정한 상품에 투자하거나 어떠한 투자전략을 채택한 데에 단지 높은 위험이 수반된다는 사정만으로 일률적으로 금융기관이 적합성의 원칙을 위반하여 부당하게 투자를 권유한 것이라고 단정할 수는 없으며, 투자자로서도 예상 가능한 모든 위험을 회피하면서 동시에 높은 수익률이 실현될 것을 기대할 수는 없고 위험과 수익률의 조합을 스스로 투자목적에 비추어 선택할 수밖에 없는 것이다. 또한 금융기관이 일반 고객과 선물환거래 등 전문적인 지식과 분석능력이 요구되는 금융거래를 할 때에는, 상대방이 그 거래의 구조와 위험성을 정확하게 평가할 수 있도록 거래에 내재된 위험요소 및 잠재적 손실에 영향을 미치는 중요인자 등 거래상의 주요 정보를 적합한 방법으로 설명할 신의칙상의 의무가 있다고 할 것이나, 계약자나 그 대리인이 그 내용을 충분히 잘 알고 있는 경우에는 그러한 사항에 대하여서까지 금융기관에게 설명의무가 인정된다고 할 수는 없다(2010다55699 판결).

아마도 판례가 이와 같은 입장을 취한 것은 증권투자나 수익증권투자를 권유하는 단계에서는 당사자 사이에 증권위탁매매 내지 수익증권매매의 계약체결단계까지 이르렀다고 보기 어렵기 때문에 부당한 투자권유를 한 증권회사나 증권투자신탁회사에 대하여 채무불이행책임을 묻기가 어렵다는 점이 작용하지 않았나 생각된다.[80]

그렇지만 계약체결을 위한 준비단계 또는 계약의 성립과정에서 당사자의 일방이 정보제공의무 등 '행위의무'를 책임있는 사유로 위반하여 계약을 체결하게 하여 상대방에게 손해를 준 때에는, 오히려 행위의 자유를 제한하는 불법행위법상의 거래안전의무의 위반을 들어 불법행위로 인한 손해배상책임을 묻기보다는 계약법상의 의무로서 '행위의무'위반을 들어 '계약체결상의 과실책임'을 인정하는 것이 손해의 공평한 분담을 위한 타당한 해결책이 아닌가 한다.

3. 계약이 무효·취소된 경우의 계약체결상의 과실책임

(1) 제한능력의 경우

제한능력자가 법정대리인의 동의없이 한 법률행위는 취소할 수 있는데(제5조, 제13조 제4항), 이 경우 제한능력자에게 계약체결상의 과실책임을 인정하여 상대방의 신뢰이익을 배상하도록 할 것이냐가 문제된다. 그러나 제한능력자제도는 의사능력이 없거나 불완전한 자를 보호하기 위한 제도이므로, 제한능력자에게 과실이 있다고 하여 손해배상책임을 인정하는 것은 타당하지 않다. 또한 의사능력이 흠결된 상태에서 행한 법률행위는 무효인 데, 이 경우 의사능력이 없는 자에게는 계약체결상의 과실책임을 인정하여야 한다는 견해가 있다.[81] 그러나 이는 의사능력이 없는 자, 즉 책임무능력자에게 손해배상책임을 부담하게 하는 결과가 되므로 타당하지 않다.

80) 권순일, "증권투자신탁거래에 있어서 수익보장약정의 효력과 투자자의 보호의무", 상사판례연구 제5권(2000. 7), 352면.

81) 곽윤직, 채권각론, 57면.

(2) 강행법규위반의 경우

개정전 독일 민법 제309조는 "계약이 법률상의 금지를 위반한 때"에도 신뢰이익의 배상책임을 인정하고 있는 원시적 불능에 관한 제307조를 준용하도록 규정하고 있었다. 여기에서 이러한 규정이 없는 우리 민법의 해석으로도 계약이 강행법규에 위반하여 무효인 경우에, 고의·과실로 무효인 계약을 체결한 자는 선의·무과실의 상대방에 대하여 신뢰이익의 배상을 하여야 한다는 견해[82]가 있다. 그러나 독일 민법과 같은 명문의 규정이 없는 우리 민법에서는 강행법규를 위반한 계약의 경우에는 상대방의 신뢰를 보호할 필요가 없다고 하는 것이 강행법규를 둔 입법취지에 부합한다고 할 것이다.[83] 판례는 계약의 당사자가 강행법규를 위반하여 계약을 체결한 경우에 불법행위의 성립을 인정한다(93다26205 판결, 99다44588 판결 등).

(3) 착오의 경우

의사표시에 착오가 있는 경우에 표의자는 중대한 과실이 없는 한 그 의사표시를 취소할 수 있다(제109조 제1항). 이와 같이 표의자에게 경과실만 인정되어 착오취소가 인정될 경우에 선의의 계약상대방이 입은 신뢰이익의 손해를 배상하게 할 것이냐이다. 학설에는 독일 민법 제122조가 신뢰이익의 배상을 인정하는 취지와 마찬가지로 우리 민법하에서도 계약체결상의 과실책임의 한 내용으로서의 제535조를 유추적용하여 이를 인정하자는 견해가 있다.[84] 즉, 취소권자 자신이 과실로 착오의 의사표시를 하고 온전히 체결된 계약을 사후에 취소한 경우, 그로 인하여 상대방이 손해를 입었음에도 취소권자에게 아무런 배상의무를 지우지 않는다는 것은 우리의 건전한 법감정에 반한다는 것이다. 그러나 민법 제535조의 입법론적 타당성에 의문이 제기되고 있는 마당에 이를 확대적용하는 것은 바람직스럽지 못하다는 견해도 있다.[85]

생각건대 독일 민법은 우리 민법과는 달리 표의자에게 중대한 과실이 있는 경우 취소권이 배제된다는 규정이 없다. 또한 현행 민법이 중대한 과실이 있는 경우 취소권을 배제한 것은 경과실의 경우에는 다른 부담을 지우지 않으려는 취지로 보아야 할 것이며, 경과실의 경우 배상책임을 인정하면 착오제도 자체가 유명무실해질 염려가 있다. 더구나 제535조와 달리 제109조 제3항의 신설안은 입법과정에서 격론 끝에 부결되었다는 점을 고려할 때, 이를 부정함이 타당하다.

판례는 착오를 이유로 계약을 취소하는 것을 위법하다고 볼 수 없다고 하여, 착오취소자에게는 불법행위로 인한 손해배상책임도 발생하지 않는다고 한다(97다13023 판결). 즉, 불법행위로 인한 손해배상책임이 성립하기 위하여는 가해자의 고의 또는 과실 이외에 행위의 위법성이 요구되므로, 전문건설공제조합이 계약보증서를 발급하면서 조합원이 수급할 공사의 실제 도급금액을 확인하지 아니한 과실이 있다고 하더라도, 민법 제109조에서 중과실이 없는 착오자의 착오를 이유로 한 의사표시의 취소를 허용하고 있는 이상, 전문건설공제조합이 과실로 인하여 착오

82) 이영준, "계약체결상 과실책임의 법적 성질에 관한 연구", 320면.
83) 김대정, 계약법(상), 1445면.
84) 곽윤직, 민법총칙, 242면; 이영준, 한국민법론(총칙편), 374면 이하; 송덕수, 채권법각론, Rn. 32.
85) 고상룡, 민법총칙, 436면; 김증한/김학동, 민법총칙, 351면; 김대정, 계약법(상), 146면.

에 빠져 계약보증서를 발급한 것이나 그 착오를 이유로 보증계약을 취소한 것이 위법하다고 할 수는 없다는 것이다. 물론 제109조에 따라 경과실 착오자는 착오를 이유로 의사표시를 취소할 수 있는 바 취소행위 자체를 위법하다고 할 수는 없을 것이다. 그렇다면 '경과실로 착오에 빠져 의사표시를 하는 행위'를 위법한 것으로 평가할 수 있는가이다. 이를 긍정하는 견해가 없지 않지만,[86] 현행법은 입법적 결단으로 경과실이 있는 착오자에게 위법성을 배제하여 계약체결상의 과실책임을 인정하지 않은 것으로 새겨야 할 것이다. 따라서 불법행위로 인한 손해배상책임도 발생하지 않는다고 할 것이다. 만약 이러한 경우를 위법하다고 볼 경우에는 오히려 원활한 거래를 저해하고 법률이 경제활동의 걸림돌로 작용할 수도 있을 것이다.

(4) 원시적 불능의 경우

위에서 언급한 바와 같이, 민법은 유일하게 원시적 불능을 목적으로 하는 계약을 체결한 자에게 계약체결상의 과실책임, 즉 상대방에 대한 신뢰이익의 배상책임을 인정하는 명문의 규정을 두고 있다(제535조). 본래 민법 제535조는 민법안에 포함되어 있지 않았으나, 현석호의원 외 19인에 의하여 국회 본회의에 제출된 수정안이 국회 본회의의 의결을 거쳐 채택된 것이다.

이 수정안은 민법안의견서의 내용을 전면적으로 수용한 것인 데, 이 의견서에 따라 제535조의 제안이유를 보면 다음과 같다.

> "매매 기타 유상계약에서는 ……계약의 내용의 전부가 불능한 경우에는 그것을 목적으로 하는 채무는 성립할 수 없으며, 그 계약은 무효가 되지 않을 수 없다. 따라서, 당사자는 손해배상채무도 부담하지 않게 된다. 그러나, 그와 같이 무효한 계약을 체결하는 데 과실이 있는 자는, 상대방에 대하여 그 계약을 유효하다고 오신하였기 때문에 입은 손해를 배상할 의무만이라도 부담시키지 않는다면, 형평을 심히 잃는 결과가 된다.…… 물론, 이 책임을 묻는 데 불법행위의 이론을 적용할 수도 있을 것이다. 더욱이 안 제743조가 불법행위의 요건으로 위법행위를 들고 있으니, 불법행위의 성립을 인정할 수 있을 것이다. 그러나 신의성실의 원칙을 이유로 하는 계약상의 책임으로 하여, 그 거증책임, 이행보조자의 책임 등에 관하여도, 일반의 불법행위보다 무거운 책임을 지우는 것이 훨씬 더 적절하리라고 생각된다."(…… 부분은 필자가 생략한 부분이다. 민사법연구회 편, 민법안의견서, 일조각, 1957, 161면).

이와 같이 볼 때 입법자는 제535조의 계약체결상의 과실책임을 계약책임의 일종으로 파악하여, 제390조 이하의 규정이 적용되도록 한 것으로 판단된다.[87] 그런데도 학설은 제535조의 본질을 둘러싸고 계약책임으로 보는 견해,[88] 불법행위책임으로 보는 견해,[89] 제3의 법정책임으로 보는 견해[90]로 갈리어 있다. 나아가 일부 견해는 제535조에 대한 입법론적 타당성에 의문을 제기하기도 한다.[91]

86) 엄동섭, "착오자의 과실과 손해배상책임", 민사판례연구 제21권(1999), 31면 이하; 최흥섭, "착오로 인한 의사표시의 취소에 대한 위법성 검토－대판 1997. 8. 22, 97다13023의 평석 및 민법개정시안 제109조의2에 대한 비판－", 민사법학 제23호(2003), 615면 이하.

87) 이은영, 채권각론, 107면; 김형배, 채권각론, 128면 이하 등.

88) 곽윤직, 채권각론, 53면; 김주수, 채권각론, 92면.

89) 최흥섭, "계약이전단계에서의 책임(소위계약체결상의 과실책임)과 민법 제535조의 의미", 585면.

90) 이영준, "계약체결상 과실책임의 법적 성질에 관한 연구", 321면; 이은영, 채권각론, 110면.

아무튼 제535조 소정의 계약체결상의 과실책임이 인정되기 위해서는, 계약의 일방 당사자가 계약의 내용이 원시적 객관적으로 불능한 것을 과실로 알지 못하고, 상대방은 선의·무과실한 것이 필요하다. 그리고 그 효과로는 과실있는 당사자는 상대방이 그 계약을 유효하다고 오신하였기 때문에 입은 손해, 즉 소극적 계약이익 또는 신뢰이익의 배상책임을 진다. 예컨대 목적물을 처분하려고 하는데 따르는 비용, 대금지급을 위하여 받은 융자에 대한 이자, 제3자로부터의 유리한 청약을 거절하였음으로 말미암아 생긴 손해 등을 배상하여야 한다. 다만, 이 경우 신뢰이익은 이행이익을 한도로 한다. 제535조가 적용된 판결을 보면 다음과 같다. 즉, 피고가 공사비의 지급에 갈음하여 임야사용권을 부여하기로 약정한 것이 그 임야가 국가의 소유여서 그 사용권 부여가 원시적으로 이행불능이라면, 이 사건 공사계약은 유효하게 성립할 수 없다 할 것이니, 당사자 일방의 채무가 원시적 이행불능이면 계약은 무효이므로 상대방은 계약체결에 있어서의 과실을 이유로 하는 신뢰이익 손해배상을 구할 수 있을지언정 이행에 대신하는 전보배상을 구할 수는 없다(74다584 판결). 역시 피고 갑으로부터 입목을 매수하였다가 피고 갑과 피고 을 간의 확정판결에 의하여, 그 입목매매가 당초부터 이행불능의 목적물에 대한 무효의 것이었으므로 그 입목의 소유권을 취득하지 못하게 되었음을 청구의 원인으로 하는 경우에는 계약체결상의 과실을 이유로 하는 손해배상을 청구할 수 있을지언정 그 계약이 유효하게 성립되었던 것임을 전제로 하는 이행이익에 관한 손해배상청구는 할 수 없다는 것이다(71다792 판결).

판례 ➡ 부동산매매계약에 있어서 실제면적이 계약면적에 미달하는 경우에는 그 매매가 수량지정매매에 해당할 때에 한하여 민법 제574조, 제572조에 의한 대금감액청구권을 행사함은 별론으로 하고, 그 매매계약이 그 미달 부분 만큼 일부 무효임을 들어 이와 별도로 일반 부당이득반환청구를 하거나 그 부분의 원시적 불능을 이유로 민법 제535조가 규정하는 계약체결상의 과실에 따른 책임의 이행을 구할 수 없다(99다47396 판결).

한편 민법 제535조 소정의 계약체결상의 과실책임은 '원시적 객관적 불능을 목적으로 하는 계약은 무효다'라는 법명제를 전제로 한다고 할 수 있다. 그런데 '원시적 객관적 불능을 목적으로 하는 계약도 유효하다'는 법명제를 받아들인다면, 이는 더이상 계약체결상의 과실책임으로 논의할 문제가 아니고, 후발적 불능과 동일하게 채무불이행의 문제로 다루어야 할 것이다. 주지하듯이 독일 민법은 최근에 원시적 객관적 불능을 무효로 하는 제306조 및 제307조를 삭제하였다.

---

91) 양창수, "계약체결상의 과실", 56-57면; 김대정, 계약법(상), 147면 이하; 최흥섭, "우리 법에서 '계약체결상의 과실'책임의 문제점과 재구성", 민사법학 제11·12호(1995. 2), 254면 이하.

제 4 절 유상계약상의 하자담보책임

Ⅰ. 서 설

1. 개 관

민법은 유상계약상의 하자담보책임에 관하여 매매와 도급으로 나누어 각각 별도의 규정을 두고 있다. 매도인의 하자담보책임과 수급인의 하자담보책임은 구제수단, 권리행사기간이 다르게 규정되어 있다. 특히 매매의 경우에는 도급의 경우(제667조 제1항 본문)와 달리 하자보수청구에 관하여 명시하고 있지 않다. 다만, 매매의 경우에도 하자보수청구를 인정할 것인지를 두고 논의가 있다. 매도인의 하자담보책임에 관한 규정은 임대차 등 유상계약에 준용된다(제567조).

한편 상인 간의 매매의 경우에는 매수인이 목적물을 수령한 때에는 지체없이 이를 검사하여야 하며, 하자 또는 수량의 부족을 발견한 경우에는 즉시 매도인에게 그 통지를 발송하지 아니하면 이로 인한 계약해제, 대금감액 또는 손해배상을 청구하지 못한다(상법 제69조 제1항).

2. 매매계약에서의 하자담보책임

매매계약이 유효하게 성립하면 매도인은 재산권을 매수인에게 이전하여야 한다(제568조). 그리고 이 경우 매도인은 매매의 목적물에 존재하는 권리상의 하자 또는 물질적 하자에 대하여 매수인에게 책임을 부담한다. 이를 매도인의 하자담보책임이라 한다. 즉, 민법은 채무불이행책임과 별도로 매도인의 과책을 요하지 않고, 권리행사기간에 제한을 받는 하자담보책임을 인정하고 있다(제573조, 제574조, 제575조 제3항, 제582조). 이러한 매도인의 하자담보책임에 관한 규정은 성질이 허용하는 한 유상계약에 준용된다(제567조). 따라서 교환은 유상계약이므로 매도인의 담보책임규정이 준용된다(74다2236 판결). 하지만 무상계약인 증여계약의 경우 증여자는 증여의 목적인 물건 또는 권리의 하자나 흠결에 대하여 책임을 지지 아니한다. 그러나 증여자가 그 하자나 흠결을 알고 수증자에게 고지하지 아니한 때에는 그러하지 아니하다(제559조 제1항). 그리고 상대부담있는 증여에 대하여는 증여자는 그 부담의 한도에서 매도인과 같은 담보의 책임이 있다(동조 제2항).

3. 도급계약에서의 하자담보책임

도급은 유상계약이므로 매도인의 하자담보책임에 관한 규정이 준용될 수 있다(제567조). 그러나 민법은 도급의 특수성을 고려하여, 수급인의 하자담보책임에 관하여 별도의 규정을 두고 있다. 따라서 도급계약에 따라 완성된 일에 하자가 있는 경우에는, 수급인의 하자담보책임에 관한 특별규정이 우선 적용되고, 매도인의 하자담보책임에 관한 규정은 보충적으로 적용된다.

도급의 경우에 완성된 목적물 또는 완성전의 성취된 부분에 하자가 있는 때에는, 수급인은 도급인에 대하여 담보책임을 부담한다(제667조). 따라서 목적물이 완성되기 전이라도 일부 성취된 부분에 하자가 있는 경우에는, 도급인은 수급인에게 담보책임을 물을 수 있다. 그리고 도급인은 하자로 인하여 계약의 목적을 달성할 수 없는 때에는 계약을 해제할 수 있지만, 건물 기타 토지의 공작물에 대하여는 계약을 해제할 수 없다(제668조).

Ⅱ. 매도인의 하자담보책임

1. 개 관

매도인의 하자담보책임은 그 발생원인에 따라 크게 둘로 구별된다. 권리의 하자로 인한 담보책임과 물건의 하자로 인한 담보책임이 그것이다. 권리의 하자로 인한 담보책임은 매매의 목적이 된 권리의 전부나 일부를 취득할 수 없거나, 취득한 권리에 일정한 제한이 있어서 그 권리를 제대로 행사할 수 없는 경우에 인정된다(제570조 내지 제577조). 그리고 물건의 하자로 인한 담보책임은 매매의 목적물에 하자가 있어, 그 물건을 제대로 사용·수익할 수 없게 되는 경우에 인정된다(제580조, 제581조). 그 밖에 민법은 매매의 목적이 채권인 경우(제579조)와 매매가 경매의 형태로 행해진 경우에 관하여 특별규정을 두고 있다(제578조. 2014다80839 판결 참조).

[매도인의 담보책임의 내용]

<table>
<tr><th>구분</th><th>매수인의 선악</th><th>대금감액 청구</th><th>해제</th><th>손해배상</th><th>제척기간</th><th>비고</th></tr>
<tr><td rowspan="2">전부타인의 권리(제570조)</td><td>선의</td><td>-</td><td>○</td><td>○</td><td>없음</td><td>매도인도 선의인 경우, 손해배상하고, 해제(제571조 1항)</td></tr>
<tr><td>악의</td><td>-</td><td>○</td><td>×</td><td>없음</td><td>매도인이 선의인 경우, 권리불이전 통지하고 해제(제571조 2항)</td></tr>
<tr><td rowspan="2">일부타인의 권리(제572조, 제573조)</td><td>선의</td><td>○</td><td>○</td><td>○</td><td>사실을 안 날로부터 1년</td><td rowspan="2">선의의 매수인은 잔존한 부분만이면 매수하지 않았을 때 해제가능, 96다15596 판결(사실을 안 날의 의미)</td></tr>
<tr><td>악의</td><td>○</td><td>×</td><td>×</td><td>계약시로부터 1년</td></tr>
<tr><td rowspan="2">수량부족·일부멸실(제574조)</td><td>선의</td><td>○</td><td>○</td><td>○</td><td>사실을 안 날로부터 1년</td><td rowspan="2">제572조와 제573조 준용, 2002다65189 판결</td></tr>
<tr><td>악의</td><td>○</td><td>×</td><td>×</td><td>계약시로부터 1년</td></tr>
<tr><td rowspan="2">용익권 등에 의한 제한(제575조)</td><td>선의</td><td>-</td><td>○</td><td>○</td><td>사실을 안 날로부터 1년</td><td rowspan="2">지역권이 없거나 등기나 대항력을 갖춘 임차권이 있는 경우 준용</td></tr>
<tr><td>악의</td><td>-</td><td>×</td><td>×</td><td>-</td></tr>
<tr><td rowspan="2">담보권 등의 행사(제576조, 제577조)</td><td>선의</td><td>-</td><td>○</td><td>○</td><td rowspan="2">없음</td><td rowspan="2">매수인이 출재로 소유권을 보존한 때 매도인에게 상환청구 가능</td></tr>
<tr><td>악의</td><td>-</td><td>○</td><td>○</td></tr>
</table>

<table>
<tr><td rowspan="2">특정물의 하자
(제580조 제1항)</td><td>선의</td><td>-</td><td>○</td><td>○</td><td>사실을 안
날로부터 6월 내</td><td>매수인이 선의임에 과실이 있는 경우에는 행사할 수 없음</td></tr>
<tr><td>악의</td><td>-</td><td>×</td><td>×</td><td>-</td><td>-</td></tr>
<tr><td rowspan="2">불특정물의 하자
(제581조)</td><td>선의</td><td>-</td><td>○</td><td>○</td><td>사실을 안
날로부터 6월 내</td><td rowspan="2">매수인은 계약의 해제 또는 손해배상을 청구하지 않고, 하자없는 물건을 청구할 수 있음(제581조 제2항)</td></tr>
<tr><td>악의</td><td>-</td><td>×</td><td>×</td><td>-</td></tr>
<tr><td>경매의 하자
(제578조)</td><td colspan="5">경락인은 권리의 하자담보책임에 관한 규정에 의하여, 채무자에게 계약의 해제 또는 대금감액을 청구할 수 있고, 채무자가 자력이 없는 때에는 배당받은 채권자에게 대금의 전부나 일부의 반환을 청구할 수 있음. 이 경우 채무자의 흠결불고지 또는 채권자가 악의인 경우에는 손해배상을 청구할 수 있음</td><td>특정물의 하자로 인한 담보책임규정인 제580조 제1항은 준용하지 않음(제580조 제2항)</td></tr>
<tr><td rowspan="2">채권의 하자
(제579조)</td><td colspan="2" rowspan="2">채권의 존재나 채권액에 대하여 담보책임을 지지만, 변제자에게 변제할 자력이 있는지에 대해서는 책임이 없음</td><td colspan="2" rowspan="2">다만, 채무자의 자력을 담보한 때에는 책임을 져야 함</td><td>변제기가 도래한 채권</td><td>매매계약 당시의 자력을 담보한 것으로 추정(제1항)</td></tr>
<tr><td>변제기가 도래하지 않은 채권</td><td>변제기의 자력을 담보한 것으로 추정(제2항)</td></tr>
</table>

2. 권리의 하자담보책임

(1) 타인의 권리의 매매

① 매매계약의 유효

매매의 목적이 된 권리가 타인에게 속한 경우에는 매도인은 그 권리를 취득하여 매수인에게 이전하여야 한다(제569조). 이는 타인의 권리매매라도 유효하고(66다267 판결), 매도인은 그 권리를 취득하여 매수인에게 이전하여야 한다는 의무를 부과한 것이다. 가령, 갑이 을 소유의 토지를 병에게 매도한 경우에, 갑과 병 사이의 매매계약은 유효하고 그에 따라 갑은 병에게 등기와 점유를 이전할 의무를 부담한다(63다43 판결, 73다1639 판결 참조). 따라서 매도인이 그 권리를 취득하여 이전할 수 없는 때에는 매수인에 대하여 담보책임을 진다.

② 권리의 전부가 타인에게 속하는 경우

i) 의의

매매의 목적인 된 권리가 전부 타인에게 속하여 그 권리를 이전할 수 없는 경우의 담보책임이다. 담보책임의 내용으로 매수인은 계약의 해제와 손해배상을 청구할 수 있다. 그러나 매수인이 계약 당시 그 권리가 매도인에게 속하지 아니함을 안 때에는 손해배상을 청구하지 못한다(제570조). 그리고 매도인에게 귀책사유가 없는 경우에는 손해를 배상하고 계약을 해제할 수 있다(제571조 제1항).

ii) 요건

a) 권리가 존재하여야 한다. 권리가 처음부터 존재하지 않거나 계약 후에 목적물이 멸실하여

이행할 수 없게 된 경우에는 원시적 불능이 되거나 후발적 불능으로 인한 채무불이행 또는 위험부담이 문제되고 담보책임은 발생하지 않는다.

b) 권리가 타인에게 귀속하고 있어야 한다. 토지에 관하여 매도인 명의로 등기되어 있더라도 실제 소유자가 따로 있다면, 타인의 권리매매에 해당한다. 문제는 미등기전매가 타인의 권리매매인지에 있다. 즉, 매도인이 소유자로부터 부동산을 매수하였으나 소유권이전등기를 경료받지 못한 상태에서 그 부동산을 다시 전매한 경우에 타인의 권리매매에 해당하는지 문제된다. 판례는 매도인이 부동산을 사실상 처분할 수 있을 뿐 아니라 법률상으로도 처분할 수 있는 권원이 있으므로 타인의 권리매매에 해당하지 않는다고 하는 판결이 있는가 하면(95다55245 판결 등), 타인의 권리매매에 해당한다는 판결도 있다(93다37328 판결 등). 권리가 타인에게 속한 경우에 매도인은 그 권리를 취득하여 매수인에게 이전하여야 할 의무를 정하는 제569조의 취지에 비추어 볼 때, 부동산의 미등기전매를 제569조에서 제외할 이유가 없다. 또한 법률행위로 인한 부동산물권변동에 관하여 등기주의를 채택하고 있는 현행법하에서는 소유권이전등기를 경료받아 소유권을 취득한 경우에 비로소 처분권한이 있는 것으로 보아야 한다는 점에서 미등기전매인에게 법률상의 처분권한이 있다고 볼 수는 없다. 따라서 미등기전매는 타인의 권리매매에 해당한다고 할 것이다.

c) 매도인이 매수인에게 권리를 이전할 수 없어야 한다. 권리를 이전할 수 없다는 것은 사회통념상 이행불능에 해당하는 것을 말한다. 가령, 사회통념상 매수인에게 해제권을 행사하게 하거나 전보배상을 시키는 것이 타당하다고 인정되는 정도의 이행장애가 있으면 된다. 매도인이 이전할 수 없는 원인은 묻지 않는다. 진정한 권리자가 권리의 이전을 거부하는 경우는 물론이고, 진정한 권리자로부터 소송이 제기되어 그 소송이 권리자의 승소로 확정된 경우에도 담보책임이 인정된다. 이 경우 매도인에게 고의·과실이 있는지 여부는 묻지 않는다.

d) 매수인에게 귀책사유가 없어야 한다. 매수인에게 귀책사유가 있는 경우까지 무과실의 담보책임을 매도인에게 부담시키는 것은 공평하지 못하기 때문이다.

판례 ➡ 매도인이 그 타인의 권리를 매수인에게 이전하기 전에 어느 사유로 인하여 이행불능이 된 경우에는 매도인은 이전의무를 이행할 수 없는 데에 따른 하자담보책임을 져야 함은 물론이나, 그 하자, 즉 이행할 수 없는 사유가 오직 매수인의 책임으로 인한 것이라면, 매수인은 자기의 귀책사유는 제쳐놓고, 이행불능된 사실만을 앞세워 매도인에게 하자담보책임을 물을 수는 없는 법리라 할 것이다(79다564 판결).

iii) 효과

a) 계약의 해제

매수인은 계약을 해제할 수 있다(제570조 본문). 매수인이 권리를 이전받을 수 없는 경우에는 계약의 목적을 달성할 수 없기 때문이다. 이 경우에는 매수인의 선의·악의를 불문한다.

b) 손해배상

선의의 매수인은 계약의 해제 외에 손해배상을 청구할 수 있다(제570조 단서의 반대해석). 선의는 타인의 권리매매임을 모르는 것이다. 악의의 매수인은 매도인이 권리를 이전할 수 없게 될지도 모른다는 사실을 예상할 수 있으므로(위험의 인수) 손해배상청구권이 인정되지 않는다.

판례 ➡ 매매계약 당시 그 토지의 소유권이 매도인에 속하지 아니함을 알고 있던 매수인은 매도인에 대하여 그 이행불능을 원인으로 손해배상을 청구할 수 없고, 다만 그 이행불능이 매도인의 귀책사유로 인하여 이루어진 것인 때에 한하여 그 손해배상을 청구할 수 있는 것이므로 그 이행불능이 매도인의 귀책사유로 인한 것인가는 매수인이 입증해야 한다(70다2449 판결). 그러나 채무불이행책임의 경우에 이와 같이 입증책임을 전환할 근거가 없다는 점에서 의문이 있다.[92]

이 경우 손해배상은 이행이익을 내용으로 한다. 타인의 권리를 매매한 자가 권리를 이전할 수 없게 된 때에는 선의의 매수인에 대하여 불능 당시의 시가를 표준으로 하여 그 계약이 완전히 이행된 것과 동일한 경제적 이익을 배상할 의무가 있는 것이다(77다2290 판결).[93]

c) 선의의 매도인의 해제권

매매 당시에 매도인이 그 권리가 자신에게 귀속하는 것으로 믿고 매매계약을 체결하였을 경우에는, 매도인을 보호할 필요가 있다. 제571조는 매도인의 담보책임에 관한 규정은 아니고, 선의의 매도인 보호를 위한 특별규정이다. 이 경우 매도인은 선의의 매수인에게 손해를 배상하고 계약을 해제할 수 있다(동조 제1항). 매수인이 악의인 경우에는 손해배상없이 선의의 매도인은 계약을 해제할 수 있다(동조 제2항). 이 규정은 매매목적물의 일부가 타인에게 속하는 경우에는 적용되지 않고, 수 개의 권리를 일괄하여 매매하였으나 그 중 일부를 이전할 수 없는 경우에도 적용되지 않는다(2002다33557 판결).

③ 권리의 일부가 타인에게 속하는 경우

i) 의의

매매의 목적인 된 권리의 일부가 타인에게 속하여 매도인이 타인에게 속한 권리를 취득하여 매수인에게 이전할 수 없는 경우에 매도인은 담보책임을 부담한다(제572조). 이는 제570조의 담보책임을 그 권리의 일부가 타인의 권리에 속하는 경우에 맞추어 담보책임을 감축한 것으로 보인다. 이 경우에는 특히 매수인에게 대금감액청구권을 인정한다.

판례 ➡ 매매계약에서 건물과 그 대지가 계약의 목적물인 데 건물의 일부가 경계를 침범하여 이웃 토지 위에 건립되어 있는 경우에 매도인이 그 경계 침범의 건물부분에 관한 대지부분을 취득하여 매수인에게 이전하지 못하는 때에는 매수인은 매도인에 대하여 민법 제572조를 유추적용하여 담보책임을 물을 수 있다. 그리고 그 경우에 이웃 토지의 소유자가 소유권에 기하여 그와 같은 방해상태의 배

---

92) 김재형, "부동산의 미등기전매가 타인의 권리매매에 해당하는지 여부", 민법론 Ⅱ, 2004, 133면 이하 참조.
93) 곽윤직, 채권각론, 140면; 김주수, 채권각론, 204면; 이은영, 채권각론, 322면; 양창수/김재형, 계약법, 475면.

제를 구하는 소를 제기하여 승소의 확정판결을 받았으면, 다른 특별한 사정이 없는 한 매도인은 그 대지부분을 취득하여 매수인에게 이전할 수 없게 되었다고 봄이 상당하다(2009다33570 판결).

ii) 요건

권리는 존재하고 있으나 그 일부가 타인에게 귀속되어 있어야 하고, 손해배상과 계약을 해제하기 위해서는 그 권리를 이전할 수 없는 데에 매수인에게 귀책사유가 없어야 한다.

판례 ➡ 매매의 목적이 된 권리의 일부가 타인에게 속한 경우의 매도인의 담보책임에 관한 민법 제572조의 규정은 단일한 권리의 일부가 타인에 속하는 경우에만 한정하여 적용되는 것이 아니라 수개의 권리를 일괄하여 매매의 목적으로 정한 경우에도 그 가운데 이전할 수 없게 된 권리부분이 차지하는 비율에 따른 대금산출이 불가능한 경우 등 특별한 사정이 없는 한 역시 적용된다(88다카13547 판결).

iii) 효과

a) 대금감액청구권

매수인은 권리의 일부가 타인에게 속하여 취득할 수 없게 된 비율에 따라 대금감액청구권을 행사할 수 있다(제572조 제1항). 이는 형성권으로서 계약의 일부해제라고 할 수 있다. 이 경우 매수인의 선의·악의는 문제되지 않는다.

b) 계약의 해제

선의의 매수인은 계약을 해제할 수 있다. 계약의 해제는 잔존한 부분만이면 매수인이 이를 매수하지 않았을 때에 인정된다(제572조 제2항). 이전이 가능한 부분만에 의해서도 계약을 체결하였을 것이라고 인정되는 경우에는 계약의 해제는 인정되지 않는다.

c) 손해배상

선의의 매수인은 대금감액청구 또는 계약의 해제 외에 손해배상을 청구할 수 있다(제572조 제3항). 이 경우 손해배상은 이행이익의 배상을 의미한다(92다37727 판결).

판례 ➡ 매매의 목적이 된 권리의 일부가 타인에게 속함으로 인하여 매도인이 그 권리를 취득하여 매수인에게 이전할 수 없게 된 경우, 선의의 매수인은 매도인에게 담보책임을 물어 그 부분의 비율로 대금의 감액을 청구할 수 있을 뿐만 아니라 이로써 전보되지 못하는 손해가 있는 경우에는 그 손해배상도 청구할 수 있다고 할 것인 데, 피상속인이 매매계약 당시에 매매의 목적이 된 부동산 중 일부분의 소유권이 매도인에게 속하지 아니함을 알지 못하였다면 피상속인은 선의의 매수인에 해당하고, 따라서 피상속인은 매도인에 대하여 감액대금반환을 청구할 수 있을 뿐만 아니라 이로 인한 손해배상도 청구할 수 있다(2000두2976 판결).

d) 권리행사기간

매수인의 권리는 1년의 단기의 제척기간에 걸린다. 매수인이 선의인 경우에는 매수인이 '사실을 안 날'로부터 1년 이내이다. 이는 단순히 권리의 일부가 타인에게 속한 사실을 안 날을 의미하는 것이 아니라 그로 인하여 매도인이 권리를 매수인에게 이전할 수 없게 되었음이 확실하게 된 사실을 안 날을 말한다(91다27396 판결, 96다15596 판결). 매수인이 악의인 경우에는 계약을 체결한 날로부터 1년 이내에 행사하여야 한다(제573조).

(2) 수량부족 또는 일부멸실의 경우

① 의의

당사자가 수량을 지정하여 체결한 매매에서 목적물의 수량이 부족하거나, 또는 매매목적물의 일부가 계약 당시에 이미 멸실된 경우에, 매도인은 그 사실을 알지 못한 매수인에 대하여 매매의 목적물의 일부가 타인에게 속한 경우와 동일한 담보책임을 진다(제574조).

② 요건

i) 수량을 지정한 매매일 것

수량을 지정한 매매라 함은 매매의 목적물이 된 특정물이 일정한 수량을 가지고 있음을 매도인이 표시하고, 이것을 기초로 하여 매매대금을 정한 경우를 의미한다. 가령, 매수인이 일정한 면적이 있는 것으로 믿고 매도인도 그 면적이 있는 것을 명시적 또는 묵시적으로 표시하며, 나아가 계약당사자가 면적이 가격을 정하는 여러 요소 중 가장 중요한 요소로 파악하고 그 객관적 수치를 기준으로 가격을 정한 경우, 매매계약서에 토지의 평당 가격을 기재하지 않았다 하더라도 수량을 지정한 매매에 해당한다(95다48780 판결).

그리고 수량지정매매이기 위해서는 목적물의 수량이 지정된 수량보다 부족한 것이어야 한다. 실제의 목적물이 더 많은 경우에 대금증액청구권을 인정할 것이냐 하는 문제가 있으나, 별도의 약정이 없는 한 이를 부인할 것이다.[94]

판례 ➡ 평당 기준가액을 정하지 아니하거나 매매목적물별로 매매대금을 정하지 아니하고 이를 포괄하여 매매대금을 정하였다 하더라도, 그 매매계약을 체결함에 있어 매수인이 일정한 수량이 있는 것으로 믿고 계약을 체결하였고 매도인도 그 일정수량이 있는 것으로 명시적 또는 묵시적으로 표시하였으며 나아가 매매대금이 그 수량(면적)을 기초로 하여 정하여진 경우에는 그 매매는 수량을 지정한 매매라고 봄이 타당하다(86다카1380 판결).

판례 ➡ '수량을 지정한 매매'라 함은 당사자가 매매의 목적인 특정물이 일정한 수량을 가지고 있다는 데 주안을 두고 대금도 그 수량을 기준으로 하여 정한 경우를 말하는 것이므로, 토지의 매매에 있어 목적물을 등기부상의 면적에 따라 특정한 경우라도 당사자가 그 지정된 구획을 전체로서 평가하였고 면적에 의한 계산이 하나의 표준에 지나지 아니하여 그것이 당사자들 사이에 대상토지를 특정하고 그 대금을 결정하기 위한 방편이었다고 보일 때에는 이를 가리켜 수량을 지정한 매매라 할 수

---

94) 곽윤직, 채권각론, 144면; 양창수/김재형, 계약법, 481면.

없다. 일반적으로 담보권실행을 위한 임의경매에 있어 경매법원이 경매목적인 토지의 등기부상 면적을 표시하는 것은 단지 토지를 특정하여 표시하기 위한 방법에 지나지 아니한 것이고, 그 최저경매가격을 결정함에 있어 감정인이 단위면적당 가액에 공부상의 면적을 곱하여 산정한 가격을 기준으로 삼았다 하여도 이는 당해 토지 전체의 가격을 결정하기 위한 방편에 불과하다 할 것이어서, 특별한 사정이 없는 한 이를 민법 제574조 소정의 '수량을 지정한 매매'라고 할 수 없다(2002다65189 판결). 이 경우에는 매매대금의 수령에 관하여 부당이득의 문제가 발생하지 않는다(77다579 판결).

ii) 매매의 목적물이 특정물일 것

매매가 특정물 매매이어야 한다. 불특정물 매매에 있어서는 인도된 목적물의 수량이 부족한 경우에는, 수량이 부족한 한도에서 매도인이 이행지체 등의 채무불이행책임을 부담하여야 하고, 담보책임은 문제되지 않는다. 따라서 매수인은 당연히 부족분의 급부를 청구할 수 있다.

iii) 매매목적물이 부족하거나 일부가 원시적으로 멸실되었을 것

수량을 지정한 매매의 목적물이 부족되는 경우와 매매목적물의 일부가 계약 당시에 이미 멸실된 경우이어야 한다. 수량부족은 원시적일 것을 요구하지 않는다. 아무튼 이러한 경우는 이른바 원시적 불능에 해당하여 계약체결상의 과실책임이 문제될 것이나, 제574조가 적용되는 범위에서는 예외적으로 그 책임이 배제된다고 할 것이다(99다47396 판결). 일부멸실이 후발적으로 발생한 것이면 매도인의 이행불능책임 또는 위험부담이 문제되고 담보책임은 문제되지 않는다.

판례 ➡ 부동산매매계약에 있어서 실제면적이 계약면적에 미달하는 경우에는 그 매매가 수량지정매매에 해당할 때에 한하여 민법 제574조, 제572조에 의한 대금감액청구권을 행사함은 별론으로 하고, 그 매매계약이 그 미달부분 만큼 일부 무효임을 들어 이와 별도로 일반 부당이득반환청구를 하거나 그 부분의 원시적 불능을 이유로 민법 제535조가 규정하는 계약체결상의 과실에 따른 책임의 이행을 구할 수 없다(99다47396 판결).

iv) 매수인이 선의일 것

매수인이 수량부족 또는 일부멸실에 관하여 선의이어야 한다. 매매계약의 체결 당시에 매수인이 그 사실을 알았을 때에는 계약의 체결 여부 및 그 내용을 결정하는 단계에서 고려할 것이기 때문이다.

③ 효과

매도인은 매매의 목적인 권리의 일부가 타인에게 속한 경우와 같은 담보책임을 진다(제574조, 제572조). 매수인은 대금감액청구권, 계약해제권, 손해배상청구권을 가진다. 이 경우 계약해제권은 그 사실을 알았더라면 계약을 체결하지 않았을 것이라고 판단되는 경우에 한하여 인정된다.

이러한 권리는 매수인이 수량부족이나 일부멸실로 인하여 그에 관한 권리가 이전될 수 없다는 사실을 안 날로부터 1년 이내에 행사하여야 한다(제574조, 제573조).

(3) 목적물에 매수인의 용익을 방해하는 권리가 설정되어 있는 경우

① 의의

매매의 목적물에 지상권, 지역권, 전세권, 질권 또는 유치권이나 등기된 임차권이 존재하거나 그를 위하여 존재하여야 할 지역권이 없어서 매수인이 목적물을 사용 또는 수익할 수 없는 경우에 매도인이 부담하는 담보책임이다(제575조). 이는 매매의 목적물에 질적인 하자가 있는 경우에 관한 것이다.

② 요건

i) 매매의 목적물에 지상권, 지역권, 전세권, 질권 또는 유치권이나 등기된 임차권이 존재하거나 그를 위하여 존재하여야 할 지역권이 없어야 한다(제575조 제1항, 제2항). 이 경우 등기된 임차권에는 대항력을 갖춘 임차권을 포함한다(통설). 따라서 건물의 소유를 목적으로 한 토지임대차의 경우 그 임차권을 등기하지 않았어도 임차인이 그 지상건물을 등기하면 그 임차권은 제3자에게 대항할 수 있으므로(제622조), 그러한 토지가 매매의 목적이 된 경우에도 제575조의 담보책임이 발생한다. 주택임대차보호법 제3조 제4항은 이를 명문으로 정하고 있으며, 상가건물임대차보호법 제3조 제3항도 동일한 취지의 규정을 두고 있다.

판례 ➡ 경매의 목적물에 대항력있는 임대차가 존재하는 경우에 경락인이 이를 알지 못한 때에는 경락인은 이로 인하여 계약의 목적을 달성할 수 없는 경우에 한하여 계약을 해제하고 채무자 또는 채무자에게 자력이 없는 때에는 배당을 받은 채권자에게 그 대금의 전부나 일부의 반환을 구하거나, 위 계약해제와 함께 또는 이와 별도로 경매목적물에 위와 같은 흠결이 있음을 알고 고지하지 아니한 채무자나 이를 알고 경매를 신청한 채권자에게 손해배상을 청구할 수 있을 뿐(주택임대차보호법 제3조 제3항, 민법 제575조 제1항, 제578조), 계약을 해제함이 없이 채무자나 경락대금을 배당받은 채권자들을 상대로 경매목적물상의 대항력 있는 임차인에 대한 임대차보증금에 상당하는 경락대금의 전부나 일부를 부당이득하였다고 하여 바로 그 반환을 구할 수 있는 것은 아니다(96다7106 판결).

ii) 매수인이 선의이어야 한다. 이와 같은 제한이 있음을 안 매수인은 이를 고려하여 계약을 체결할 수 있었을 것이기 때문이다.

③ 효과

매수인은 위와 같은 하자로 계약의 목적을 달성할 수 없는 때에는 계약을 해제할 수 있고(제575조 제1항 1문), 그렇지 않으면 손해배상만을 청구할 수 있다(제1항 2문). 이 경우에는 대금감액청구가 인정되지 않는다. 이러한 권리는 제한되는 권리의 존재 또는 부존재를 안 날로부터 1년의 제척기간에 걸린다(제575조 제3항).

(4) 매매의 목적물에 저당권, 전세권이 설정된 경우

① 의의

매매의 목적이 된 부동산에 설정된 저당권 또는 전세권의 행사로 인하여, 매수인이 그 소유권을 취득할 수 없거나 취득한 소유권을 잃은 경우, 또는 매수인이 자신의 출재로 그 소유권을

보존한 경우에는 매수인은 매도인에 대하여 담보책임을 물을 수 있다(제576조).

② **요건**

i) 저당권 또는 전세권이 설정되어 있을 것

a) 저당권이 설정된 경우

이 경우는 용익권이 설정되어 있는 경우와 달리 저당권이 설정되어 있다는 것만으로는 매도인에게 담보책임이 발생하지 않는다. 매수인은 저당권이 설정되어 있더라도 그 목적물을 사용·수익하는 데 지장이 없다. 또한 저당권은 피담보채권이 변제되면 소멸되므로 저당권의 존재 자체만으로 담보책임을 물을 수 있게 되면 매도인에게 지나치게 가혹하기 때문이다. 다만, 저당권이 실행되면 부동산의 소유권이 제3자에게 이전될 수 있다. 그리하여 매수인은 소유권을 취득할 수 없거나 취득한 소유권을 상실할 위험이 있게 된다. 이러한 위험에 대비하기 위하여 매도인에게 담보책임을 부담지운 것이다.

매수인이 그 '출재로 그 소유권을 보존한 때', 즉 매수인이 저당권의 피담보채권을 변제 등으로 소멸시켜 저당권을 소멸하게 한 경우에는 매도인에게 그 상환을 청구할 수 있다(제576조 제2항). 이 경우 매수인은 변제할 이해관계 있는 제3자로서 매도인에 대하여 구상권을 가질 수 있으나, 매도인이 피담보채권의 채무자가 아닌 경우(물상보증인)에는 매수인은 매도인에 대하여 구상권을 갖지 못하고, 단지 변제자대위에 의하여 그 피담보채권 및 그 담보에 관한 권리를 취득할 뿐이다(제481조, 제482조 참조). 따라서 이러한 경우에 매도인에 대하여 구상권을 인정하여 매수인을 보호하려고 한 것이다(66다2255 판결).

b) 전세권이 설정된 경우

전세권의 실행으로 매수인이 그 소유권을 취득할 수 없거나 취득한 소유권을 잃은 때에도 매도인은 담보책임을 진다. 물론 매매목적물에 전세권이 설정되어 있는 경우에 제575조에 의하여 매도인은 담보책임을 진다. 그런데 전세권자에게는 전세금의 우선변제권과 경매청구권이 인정된다. 따라서 경매절차에서 목적물이 제3자에게 매각되면 저당권이 실행된 경우와 마찬가지의 결과가 발생할 수 있다. 여기에서 제575조와는 별도로 제576조를 둔 것이다. 그 밖에 목적물이 압류 또는 가압류되거나 가등기가 경료된 경우에 그에 기한 경매절차에서 제3자가 경락을 받거나 본등기가 경료되는 경우에도 마찬가지의 결과가 발생할 수 있다. 이 경우에도 제576조를 유추적용하여 매수인은 매도인에게 동조에서 정하는 담보책임을 물을 수 있다고 할 것이다. 판례는 근저당권이 설정된 목적물에 대한 임차권의 매매에 있어서 그 후에 근저당권이 실행되어 제3자가 임대차목적물의 소유권을 취득함으로써 임대인의 의무가 이행불능으로 되거나 임대인의 무자력으로 인하여 임대차보증금반환의무가 사실상 이행되지 않고 있다고 하더라도 임차권 매도인에게 제576조에 따른 담보책임이 있다고 할 수 없다고 한다(2005다34018 판결).

판례 ➡ 가압류 목적이 된 부동산을 매수한 사람이 그 후 가압류에 기한 강제집행으로 부동산 소유권을 상실하게 되었다면 이는 매매의 목적 부동산에 설정된 저당권 또는 전세권의 행사로 인하여 매수인이 취득한 소유권을 상실한 경우와 유사하므로, 이와 같은 경우 매도인의 담보책임에 관한 민법 제576조의 규정이 준용된다고 보아 매수인은 같은 조 제1항에 따라 매매계약을 해제할 수 있고, 같은 조 제3항에 따라 손해배상을 청구할 수 있다고 보아야 한다(2011다1941 판결).

판례 ➡ 가등기의 목적이 된 부동산을 매수한 사람이 그 뒤 가등기에 기한 본등기가 경료됨으로써 그 부동산의 소유권을 상실하게 된 때에는 매매의 목적 부동산에 설정된 저당권 또는 전세권의 행사로 인하여 매수인이 취득한 소유권을 상실한 경우와 유사하므로, 이와 같은 경우 민법 제576조의 규정이 준용된다고 보아 같은 조 소정의 담보책임을 진다고 보는 것이 상당하고 민법 제570조에 의한 담보책임을 진다고 할 수 없다(92다21784 판결).

ii) 특약이 없을 것

매도인의 담보책임을 배제하는 특약이 없어야 한다. 매수인이 저당권의 피담보채권이나 전세금에 대한 반환의무를 부담하기로 하고, 매매대금에서 피담보채권이나 전세금액을 공제하는 특약이 체결되는 경우가 있는데, 이 경우에는 당연히 매도인에게 담보책임을 물을 수 없다.

③ 효과

i) 매수인이 소유권을 취득할 수 없거나 상실한 경우

매수인은 계약을 해제하고 손해배상을 청구할 수 있다(제576조 제1항, 제3항). 매수인의 선의·악의는 문제되지 않는다.

ii) 매수인의 출재로 소유권을 보존한 경우

매수인은 매도인에 대하여 그 출재의 상환을 구하고 손해배상을 청구할 수 있다(제576조 제2항, 제3항). 역시 매수인의 선의·악의는 묻지 않는다.

④ 저당권의 목적인 지상권 또는 전세권의 매매의 경우에 준용

제576조는 저당권의 목적인 지상권이나 전세권의 매매의 경우에 준용된다(제577조). 매매의 목적이 된 지상권이나 전세권에 관하여 저당권이 설정되어 있는 경우에, 피담보채권이 변제되지 않으면 저당권이 실행되어, 매수인은 지상권이나 전세권을 취득하지 못하거나 취득한 지상권 또는 전세권을 상실할 위험이 있다. 이러한 위험을 방지하기 위하여 매수인이 자신의 출재로 저당권을 소멸시키는 경우가 있다. 이러한 경우에도 매매의 목적이 된 부동산에 저당권이나 전세권이 설정되어 있는 때와 유사한 결과가 발생하므로, 그에 관한 규정을 준용하게 한 것이다.

(5) 채권매도인의 담보책임

① 의의

채권도 재산이므로 매매의 목적이 될 수 있다. 그런데 매매의 목적이 된 채권에 하자가 존재하여 그 전부 또는 일부를 매수인이 취득할 수 없는 경우에는 권리의 하자로 인한 담보책임에 관한 규정이 적용된다(제579조). 가령, 매매의 목적이 된 채권의 전부나 일부가 타인에게 속하여 매수인이 이를 취득할 수 없는 경우에는, 제570조 내지 제573조에 따른 담보책임이 인정된다. 또 매매의 목적이 된 채권의 일부가 무효라서 매수인이 취득할 수 없게 된 경우에는 제574조가 적용되고, 채권이 질권의 목적인 경우에는 제576조가 적용된다.

문제는 매수인이 채권을 취득했다고 하더라도 채무자가 무자력인 경우에 채권의 만족을 받을 수 없게 될 수도 있다는 데 있다. 이 경우를 대비하여 매도인이 채무자의 자력을 담보하기로 특약을 하는 경우가 있다. 이렇게 매도인이 채무자의 자력을 담보한 경우에 매수인이 채무자의 무자력으로 매수한 채권의 만족을 얻을 수 없게 된 경우에 매도인에게 담보책임을 물을 수 있도록 하고 있다.

② 담보책임의 내용

i) 현재의 자력담보

이미 변제기가 도래한 채권의 매도인이 채무자의 자력을 담보한 경우에는 매매계약 당시의 자력을 담보한 것으로 추정한다(제579조 제1항). 이 경우 매수인이 청구를 지체하는 동안에 채무자가 무자력으로 된 경우에 매도인은 담보책임을 부담하지 않는다고 할 것이다(제401조의 유추).

ii) 장래의 자력담보

변제기가 도래하지 않은 채권의 매도인이 채무자의 자력을 담보한 경우에는 변제기의 자력을 담보한 것으로 추정한다(제579조 제2항). 이 경우 변제기에 채무자의 자력이 부족하게 되어 매수인이 채권의 전부 또는 일부를 변제받지 못하게 된 때에는 매도인이 손해배상책임을 부담하게 된다.

iii) 손해배상의 범위

담보된 시기의 채권액을 한도로 한다. 이 채권액에는 이자가 포함된다.

3. 물건의 하자담보책임

(1) 하자담보책임의 의의와 문제점

① 의의

매매의 목적물에 하자가 있는 경우에 매도인이 매수인에 대하여 부담하는 책임을 물건의 하자담보책임이라 한다. 물건의 하자담보책임은 특정물매매에 한정하지 않고 종류물매매의 경우에도 인정된다. 즉, 특정물의 매수인은 선의・무과실을 요건으로 해서 그 하자로 인하여 계약의 목적을 달성할 수 없는 경우에는 계약의 해제와 아울러 손해배상을 청구할 수 있고, 그 밖의 경우에는 손해배상만을 청구할 수 있다(제580조, 제575조 제1항). 다만, 매매목적물이 종류물인 경우에는 이에 갈음하여 하자없는 물건을 청구할 수도 있다(제581조). 매수인의 이러한 권리는 매수인이 하자있는 사실을 안 날로부터 6월 내에 행사하여야 한다(제582조).

② 문제점

민법은 하자의 개념, 하자판단의 기준시기, 그리고 매수인의 선의・무과실 여부를 판단하는 기준시점에 대해서는 아무런 규정을 두고 있지 않다. 또한 담보책임의 효과로서 일반적으로 인정되고 있는 대금감액청구권을 명문으로 규정하고 있지 않으며, 또 귀책사유와 연계하지 않고 손해배상책임을 인정하고 있다. 이와 같이 하자담보책임에서는 채무불이행책임과는 달리 그 요건으로 매수인의 선의·무과실을 요구하면서도 매도인의 귀책사유를 명확히 요구하고 있지 않다. 또한 효과에 있어서도 계약의 목적을 달성할 수 없는 경우에 비로소 해제권을 인정하거나 기타의 경우에는 손해배상만이 인정된다. 그리고 단기의 제척기간을 두는 등 권리행사기간에 있어서도 채무불이행책임과는 다른 특징이 있다.

물론 하자담보책임의 본질을 채무불이행책임으로 이해하게 되면, 하자의 개념을 객관적으로 파악하는 법정책임설에 비해서 주관적으로 파악할 것이며, 과실책임의 원칙을 배제하면서도 법정책임설에 비해서 후발적 하자에 대해서까지 하자담보책임을 물을 수 있다. 또한 손해배상의 범위를 신뢰이익 뿐만 아니라 이행이익을 넘어 확대손해까지 확장할 수 있는 여지가 있으며, 또 특정물의 매매에 있어서도 급부청구권의 한 방법으로 하자보수청구권을 인정할 수가 있게 된다. 즉, 하자담보책임의 본질의 이해의 차이는 하자담보책임의 요건 및 효과에 있어서 그 입장을 달리하게 된다.

[매도인의 하자담보책임규정의 특징]

매도인이 매매계약의 이행으로 하자 있는 물건을 매수인에게 인도한 경우에 매수인은 매도인에게 어떠한 청구를 할 수 있는가? 즉, 매수인이 인도받은 물건의 하자로 인하여 입은 손해를 어떠한 방법으로 구제받을 수 있는가이다. 이 경우 매수인이 입은 손해는 매매목적물의 하자 그 자체에 대한 손해일 수도 있고, 그 하자로 인하여 이행이익을 얻지 못하게 된 손해라든가 계약의 목적을 달성할 수 없게 되어 발생하는 손해일 수도 있다. 또한 이행이익을 넘어 매수인의 신체나 건강 기타 다른 법익의 침해로 인한 손해일 수도 있다.[95)]

이러한 손해의 구제방법으로서, 민법은 채무불이행책임과는 별도로 매도인의 하자담보책임을 인정하고 있다. 즉, 매수인은 선의·무과실을 요건으로 해서 그 하자로 인하여 계약의 목적을 달성할 수 없는 경우에는 계약의 해제와 아울러 손해배상을 청구할 수 있게 하고, 그 밖의 경우에는 손해배상만을 청구할 수 있도록 하고 있다(제580조, 제575조 제1항). 또한 매매목적물이 종류물인 경우에는 이에 갈음하여 하자없는 물건을 청구할 수 있게 한다(제581조). 다만, 매수인의 이러한 권리는 매수인이 그 사실을 안 날로부터 6월내에 행사하여야 한다(제582조).

이와 같이 하자담보책임은 채무불이행책임과는 달리 그 책임의 발생요건으로 매수인의 선의·무과실을 요구하면서도 매도인의 귀책사유를 명확히 요구하고 있지는 않다. 또한 효과에 있어서도 계약의 목적을 달성할 수 없는 경우에 비로소 해제권을 인정하거나 기타의 경우에는 손해배상만을 인정하고 있다. 그리고 단기의 제척기간을 두는 등 권리행사기간에 있어서도 채무불이행책임과는 다른 특징이 있다.

더구나 우리 민법이 정하고 있는 하자담보책임제도는 그 요건 및 효과에 있어서 다른 외국의 입법례[96)]와는 다른 내용을 가지고 있다는 점이다. 즉, 우리 민법상의 하자담보책임에 있어서는 대륙법계

95) 서광민, "매도인의 하자담보책임－민법규정상의 문제점과 해석론적 해결방법－", 민사법학 제11·12호(한국사법행정학회, 1995), 167면.

96) 하자담보책임에 관한 연혁적 비교법적 고찰에 대해서는 조규창, "물건의 하자담보책임", 법학논집 제21집(고

국가들이 그 본질적 효과로서 인정하는 대금감액청구권을 인정하지 않고 있으며, 또 손해배상책임을 인정함에 있어서도 이들 국가들과는 달리 매도인의 귀책사유와 연계시키지 않고 있다. 그리고 해제권도 하자로 인하여 계약의 목적을 달성할 수 없는 경우에만 인정하여 그 요건을 가중하고 있다. 또한 하자담보책임의 성립요건으로 매수인의 선의 외에 무과실을 요구하면서도 매도인의 악의의 묵비라든가 하자없음을 보증한 경우에는 채무불이행으로 인한 손해배상책임을 부담한다는 별도의 규정을 두고 있지도 않다.

한편 매수인은 매매목적물의 결함으로 인하여 급부이익 이외의 손해가 발생한 경우에는 제조자 등에게 제조물책임을 물을 수 있다(제조물책임법 제3조). 즉, 물품을 제조하여 판매하는 제조자는 제품의 구조, 품질, 성능 등에 있어서 현대의 기술수준과 경제성에 비추어 기대가능한 범위 내의 안전성과 내구성을 갖춘 제품을 제조하여야 할 책임이 있고, 이러한 안전성과 내구성을 갖추지 못한 결함 내지 하자로 인하여 소비자에게 손해가 발생한 경우에는 계약상의 배상의무와는 별개로 불법행위로 인한 배상의무를 부담한다(92다18139 판결). 이러한 제조물책임은 제조물에 통상적으로 기대되는 안전성을 결여한 결함으로 인하여 생명, 신체나 제조물 그 자체 외의 다른 재산에 손해가 발생한 경우에 제조업자 등에게 지우는 손해배상책임이고(제조물책임법 제3조 제1항), 제조물에 상품적합성이 결여되어 제조물 그 자체에 발생한 손해는 제조물책임이론의 적용대상이 아니다(97다26593 판결). 이 경우에는 하자담보책임으로서 그 배상을 구하여야 한다(98다35525 판결, 92다18139 판결).

(2) 물건의 하자담보책임의 본질

① 개설

앞에서 지적한 하자담보책임의 특징들을 채무불이행책임과 비교하여 어떻게 이해할 것인가? 이것이 하자담보책임의 본질에 관한 문제이다. 하자담보책임의 본질의 이해의 차이는 하자담보책임의 요건 및 효과에 있어서 그 입장을 달리한다. 나아가 하자담보책임의 본질규명은 계약체결상의 과실책임, 채무불이행책임, 위험부담 등과의 관계를 어떻게 설정할 것인가의 문제와도 관련된다. 즉, 하자담보책임의 본질론은 그 자체의 문제에만 머무르지 않고 채무불이행체계의 전반에 걸쳐 이를 어떻게 구축할 것인가라는 문제와 연계되어 있다.[97]

주지하듯이 하자담보책임의 본질에 대해서는 법정책임설과 채무불이행책임설이 대립한다. 법정책임설은 특정물의 매매에 있어서 매도인에게 '하자없는 급부의무'를 인정하지 않는 반면에 채무불이행책임설은 이를 인정한다. 그리고 '하자의 존재시기'에 대해서도 법정책임설은 계약체결시설을 취하는 반면에 채무불이행책임설은 대체로 위험이전시설을 취한다. 다만, 담보책임의 본질론과 하자의 존재시기는 관련이 없다는 입장도 있다.[98] 그러나 '하자'의 개념에 대해서는 법정책임설이든 채무불이행책임설이든 이른바 절충설을 취한다. 또한 법정책임설이든 채무불이행책임설이든 원칙적으로 귀책사유를 불문하고 매도인은 하자담보책임을 진다고 한다. 그리하여

려대, 1983), 224-256면; 김대정, "매도인의 담보책임에 관한 연구"(성균관대 법학박사학위논문), 1990, 13-184면; 남효순, 민법주해(14), 187-216면; 이상광, 하자담보책임론, 7-21면; 김학동, "매도인의 담보책임", 사법연구 제5집, 82-105면 등 참조.

97) 남효순, 민법주해(14), 220면.

98) 김학동, "매도인의 담보책임", 106면 이하.

양 설은 대체로 신뢰이익배상설을 취하고 있으며, 채무불이행책임설의 입장에서 이행이익 내지 확대손해의 배상을 인정하는 경우에는 과실을 요구한다. 그리고 채무불이행책임설의 입장에서는 특정물의 하자담보책임의 내용을 확장하여 하자제거청구권 내지 하자보수청구권을 인정하고 있다.

아무튼 학설은 현행 민법이 제정된 이후부터 1970년대 말까지는 법정책임설이 지배적이었으나, 그 이후에는 채무불이행책임설이 지배적이라고 할 수 있다. 즉, 1979년 이후 하자담보책임의 본질을 채무불이행책임으로 이해하는 견해들이 대두하게 되었으며,[99] 오히려 현재로는 통설의 위치가 바뀌었다고 할 수 있을 것이다.[100] 판례는 그 본질에 관한 태도를 밝히고 있는 경우가 있기는 하나 확립되어 있다고 보기는 어렵다.

판례 ➡ 양도한 목적물의 숨은 하자로부터 손해가 발생한 경우에 양도인이 양수인에 대하여 부담하는 하자담보책임은 그 본질이 불완전이행책임으로서 본계약 내용의 이행과 직접 관련된 책임인 바, 동일한 사실관계에 기하여 하자담보책임과 불법행위책임이 경합하는 경우에 그 불법행위책임의 존부에 관한 분쟁은 본계약 내용의 이행과 밀접하게 관련된 분쟁으로서 영업양도계약서상의 중재조항이 규정하는 중재대상에 포함된다고 보는 것이 타당하다(91다17146, 17153 판결).

판례 ➡ 제작자의 재료에 의하여 주문자가 제시한 견본에 따른 제품을 제작·공급하기로 한 계약에 있어서는 제작자는 당연히 계약내용에 따른 하자없는 완전한 제품을 제작·공급할 의무가 있는 것이므로, 제작과정에서의 하자에 대하여 기술상의 이유 등 특수한 사정으로 주문자가 하자발견의무를 부담하는 특약을 하지 않은 이상 하자를 발견하지 못한 데 대하여 주문자에게 과실이 있다고 말할 수는 없고, 제품의 선적시 주문자측 직원의 검사가 이루어졌으나 이 검사는 대금지급을 위한 신용장상의 지급조건으로 명시되어 있어 이에 따라 이루어진 것으로서 신용장상의 이런 지급조건은 주문자로서 일단 검사해 보고 인수할 수 있다는 권한유보의 규정이라고 해석될 뿐 아니라, 그 제품의 하자는 육안으로도 쉽게 확인될 수 있는 정도의 간단한 것도 아니고 제품을 해체하여 보지 않으면 발견하기 어려운 성질의 것이어서 그와 같은 숨은 하자를 발견하지 못한 점에 과실이 있다고 할 수도 없으므로, 주문자측이 하자의 발생이나 확대에 영향을 미쳤다고 볼 수 없어 이를 과실상계의 사유로 삼을 수 없다(94다23920 판결).

---

99) 황적인, "하자담보책임의 법적 성질", 민법·경제법논집(성헌황적인교수정년기념논문집), 542면; 동, 현대민법론Ⅳ[채권각론], 191면; 김형배, "하자담보의 성질", 민법학연구, 240면; 조규창, "물건의 하자담보책임", 261면; 김주수, 채권각론, 199면; 이은영, 채권각론, 210면; 김대정, "매도인의 담보책임에 관한 연구", 254면; 권영준, "매도인의 하자담보책임", 민법학의 회고와 전망, 581면; 안법영, "매매목적물의 하자로 인한 손해배상", 202면; 안춘수, "하자담보법상의 문제점", 민사법학 제11·12호, 421면; 서민, "매도인의 담보책임과 채무불이행책임의 경합", 민사판례연구(17), 131면; 남효순, 민법주해(14), 256면; 김상용, "매도인의 담보책임", 사법연구 제4집, 54면; 이상광, 하자담보책임론, 338면 등.

100) 그러나 여전히 법정책임설을 취하는 견해로는 어인의, "하자담보책임의 본질", 판례월보 제226호(1989. 7), 19면 이하; 서광민, "매도인의 하자담보책임", 170면; 오종근, "특정물매매에서의 하자담보책임에 관한 학설사", 858면; 김학동, "매도인의 담보책임", 117면 이하, 특히 126면 등.

② **법정책임설**

i) 내용

법정책임설은 하자담보책임을 매매목적물의 원시적 하자에 대한 무과실책임으로서 신뢰이익의 배상을 손해배상책임의 내용으로 하는 '법정'의 책임으로 이해한다.[101)]

법정책임설에 의하면, 특정물에 원시적 하자가 있는 경우에, 급부는 원시적 불능이 되므로 계약이 무효로 되어 채무가 성립하지 않을 것이므로, 매도인에게 '하자없는 급부의무'의 인정은 성립할 수 없다는 것이다. 그리하여 특정물 매매의 경우에는 '있는 그대로의 상태에서 급부의무' 만이 성립하여 매도인은 '하자있는 상태로의 급부의무'를 이행하면 자신의 급부의무를 다하는 것이 된다고 한다.

그렇다면 매도인에게 '하자없는 급부의무'를 인정하지 않으면서 별도로 하자담보책임을 부과하고 있는 이유는 어디에 있는가? 법정책임설은 ⓐ 유상계약에 있어서 등가적(대가적) 불균형을 시정하여 매수인을 보호하고, 또한 ⓑ 매매거래의 동적 안정 내지 신용의 유지를 위하여, 특별히 법률정책상 인정하는 '법정'의 책임을 하자담보책임이라고 한다. 부언하면 원시적 하자부분에 관하여는 본래 채무가 발생하지 않으므로 채무불이행책임을 물을 수는 없지만, 거래의 신용과 형평을 유지하기 위하여 법률의 규정에 의하여 매도인에게 부과된 '법정'의 무과실책임이 하자담보책임이라는 것이다.

그리고 법정책임설에 의하면, 매도인은 '하자없는 급부의무'가 없기 때문에, 매수인에게 인도된 목적물에 하자가 있더라도 일단 이행은 있었던 것이 되므로 이행이익의 배상은 이론상 불가능하고, 다만 원시적 하자가 있으면 매매계약은 적어도 그 부분에 대하여 성립되지 않아 일부가 무효임에도 불구하고 매수인이 계약의 유효를 믿었음으로 인하여 입은 손해의 배상, 즉 소극적 계약이익인 신뢰이익의 배상만을 인정함이 타당하다고 한다.

결국 하자담보책임은 '원시적 하자'에 대한 '무과실'책임이라는 점에서, 그리고 계약의 유효를 믿었음으로 인하여 입은 손해의 배상, 즉 '신뢰이익'의 손해배상을 그 범위로 하는 '법정'의 책임이라는 점에서, '후발적 하자'에 대한 '과실'책임으로서 '이행이익'에 대한 통상의 손해배상을 그 범위로 하는 '채무'의 불이행책임과는 그 본질을 달리한다는 것이다.

그리하여 법정책임설에서는 급부의무의 존재를 전제로 하여 인정되는 채무불이행책임과의 경합은 이론상 문제되지 않는다고 한다. 또한 하자담보책임은 원시적 하자를 대상으로 하는 점에서 후발적 하자를 대상으로 하는 채무불이행책임과는 그 근거와 요건이 다르다는 것이다. 따라서 동일한 사실이 양 책임의 요건을 동시에 충족시켜 양 책임이 경합할 수 있다는 문제는 발생할 수 없다는 것이다.[102)] 그러나 매도인이 매매목적물에 하자가 없음을 명시적 또는 묵시적으

101) 김증한, 채권각론, 146면; 이태재, 채권각론, 183면; 김기선, 한국채권법각론, 133면; 최식, "매주의 담보책임과 불완전이행과의 관계", 법정 제16권 제12호(1961. 11), 50면; 이영환, "종류매매와 하자담보책임-불완전이행과의 관계를 중심으로-", 새법정 제7권 제6호(1977. 6), 122면 등.

102) 남효순, 민법주해(14), 229면.

로 보증한 때에는 매매계약과 병존하는 보증계약을 위반한 채무불이행책임을 물을 수 있고, 하자있는 것을 알면서 이를 매수인에게 고지하지 않았거나 과실로 하자가 있는 것을 알지 못한 경우에는 매도인의 신의칙상의 부수적 의무로서의 고지의무를 불이행한 불완전이행책임으로서의 채무불이행책임의 성립을 인정하고 있다. 다만, 이 경우 손해배상청구권의 행사기간은 10년의 소멸시효기간의 적용을 받는 것이 아니라 제582조에 따라 6개월의 제척기간의 적용을 받는다고 한다.[103)]

ii) 근거

법정책임설이 하자담보책임을 채무불이행책임과는 다른 '법정'의 책임으로 이해하는 핵심적 요소는 무엇보다도 '하자없는 급부의무'의 불인정이라고 할 수 있다. 이를 근거지우는 논거로 법정책임설은 원시적 불능론 내지는 논리적 불능론 그리고 제462조를 든다.

일반적으로 채무의 내용(급부)은 그 성립시에 실현가능성을 가져야 하는 것으로 이해되고 있다. 그러므로 매매의 목적물에 원시적 하자가 있는 경우에는 급부는 원시적 일부불능에 해당하여, 일부무효의 법리에 의하여 매매계약은 전부 또는 일부무효가 된다고 한다(제137조 참조). 즉, 특정물에 원시적 하자가 있는 경우에는 하자없는 물건을 급부한다는 것 자체가 처음부터 불가능하므로 원시적 불능이 되어 매도인의 하자없는 물건의 급부의무의 성립은 인정될 수 없다고 한다. 만약 특정물의 매매에 있어서 하자가 있음에도 불구하고 매도인은 '하자없는 급부의무'를 부담한다고 하면, 이는 처음부터 불가능하여 원시적 불능을 목적으로 하는 계약이 되므로 무효가 될 수밖에 없다는 것이다.[104)] 이것이 원시적 불능론이다.

그리고 특정물이란 당사자가 지정한 그 물건만이 채권의 목적이 되며 다른 물건으로 대체할 수 없는 것을 말한다.[105)] 그러므로 특정물에 원시적 하자가 있는 경우에는 하자있는 그 특정물이 바로 매매의 객체가 된다. 이 경우 매도인은 하자 있는 물건의 급부의무만이 존재하므로 하자있는 물건 그 자체를 매수인에게 인도하여야 한다. 그 결과 매도인은 매수인에게 하자있는 상태로 목적물을 인도하면 자신의 급부의무는 완전히 이행한 것으로 보게 된다. 이것이 논리적 불능론이다.

법정책임설은 제462조는 논리적 불능론의 실정법적 근거가 된다고 한다. 제462조에 의하면 매도인은 매매계약체결 당시에 특정물에 예상하지 못한 하자가 존재하더라도 하자 있는 그대로 이행기의 상태대로 급부를 이행하면 채무를 이행한 것이 되어 채무불이행 내지 불완전이행의 문제가 생기지 않는다는 것이다.

③ 채무불이행책임설

i) 내용

채무불이행책임설은 하자담보책임을 매매목적물의 하자에 대한 무과실책임으로서 신뢰이

103) 서광민, "매도인의 하자담보책임", 188면.
104) 김대정, "매도인의 담보책임에 관한 연구", 202면.
105) 이은영, 채권총론, 91면.

익[106] 또는/및 이행이익의 배상을 손해배상책임의 내용으로 하는 '급부의무'의 불이행책임으로 이해한다.

채무불이행책임설은 매매의 목적물에 원시적 하자가 있는 경우에 이를 불능으로 보아 계약의 성립을 부인할 것인지 아니면 계약의 유효를 인정하여 매도인으로 하여금 '하자없는 급부의무'를 인정할 것인지는 입법정책의 문제라고 전제하면서, 법정책임설의 원시적 불능이론을 비판한다. 또한 유상계약에서 당사자는 '하자없는 특정물과 그 대가와의 등가교환의 합의'를 했기 때문에 그 합의는 존중되어야 한다고 한다. 따라서 매매목적물에 하자가 있더라도 매매계약은 당사자가 합의한 부분 전부에 관하여 체결된 것이므로, 매도인은 계약한 대로 하자없는 완전물을 인도할 채무를 지며 그 채무를 이행하지 않은 데 대한 책임을 하자담보책임이라고 설명하면서, 법정책임설의 논리적 불능론을 비판한다.[107]

그리하여 하자담보책임도 그 요건 및 효과에 있어서 일반의 채무불이행책임과는 다른 특징을 가지고 있을 뿐이지 기본적으로는 계약상 당사자에 의해 약정된 급부의무의 불이행에 대한 책임이라고 한다. 즉, 하자담보책임은 매매목적물의 하자에 대하여 매도인의 귀책사유 여부를 불문하고, 매수인의 선의·무과실을 요건으로 해서 성립하고 계약의 해제 및/또는 손해배상을 내용으로 하는 '특별한' 채무불이행책임이라는 것이다.[108]

이와 같이 보면, 법이론상 특별규정우선의 원칙에 따라 하자담보책임이 채무불이행책임에 우선하여 적용될 것이므로, 하자담보책임과 채무불이행책임의 경합문제는 발생할 여지가 없을 것이다. 즉, 하자의 존재와 관련하여 양 책임의 요건이 동시에 성립하는 경우, 가령 매매목적물의 하자에 대하여 매도인에게 귀책사유가 있는 경우에도 특칙인 하자담보책임만이 발생한다고 할 것이며, 하자담보책임에 특별한 규정이 없는 경우에 대해서만 채무불이행책임법이 적용되어야 할 것이다. 그러나 신뢰이익배상설은 이행이익 내지 확대손해의 배상을 위하여, 그리고 후발적 하자에 대하여도 하자담보책임을 인정하는 입장에서는 매도인의 귀책사유를 요건으로 해서 채무불이행책임과의 경합을 인정한다.[109] 다만, 이 경우 채무불이행책임으로 인한 권리가 10년의 소멸시효의 대상이 되느냐 아니면 6월의 제척기간의 적용을 받느냐에 대해서는 견해가 갈린다.

ii) 근거

채무불이행책임설은 법정책임설과 달리 특정물매도인에게 '하자없는 급부의무'를 인정한다. 로마법에서는 매도인이 목적물의 점유이전의무만을 부담하고 있었지만, 근대법의 매매는 매도인이 소유권을 이전할 의무를 부담하므로 물건에 하자가 있으면 불완전이행으로 보아야 한다는 것이다.[110] 즉, 매도인은 대가를 받고 하자없는 특정물을 인도하기로 하는 채무를 부담했기 때문

106) 김형배, 채권각론(계약법), 342면; 김대정, "채무불이행책임설에 의한 하자담보책임의 재구성", 277면; 안법영, "매매목적물의 하자로 인한 손해배상", 220면; 안춘수, "하자담보법상의 문제점", 441면.
107) 김형배, 채권총론, 246면.
108) 남효순, 민법주해(14), 256면 이하.
109) 김형배, 채권총론, 247면; 양창수, 민법입문, 240면.

에, 그 채무를 이행하지 못한 경우에 그 하자가 원시적 하자인가 후발적 하자인가는 채무불이행책임을 지는 데에 영향을 주지 않는다. 그리고 제580조로부터 매도인의 완전물급부의무가 인정되므로 목적물에 매수인이 계약 당시에 알지 못한 하자가 있는 경우 또는 목적물이 당연히 갖추어야 할 내용·모습·성능을 갖지 않은 경우에는 그것은 채무의 내용에 좇은 이행이 되지 않는다.[111] 역시 현행법은 하자담보책임의 내용으로 법정책임설이 들고 있는 본질적 효과인 매수인의 대금감액청구권을 규정하지 않았을 뿐만 아니라, 법정책임설의 입장에서는 제580조의 손해배상책임을 설명할 수 없다는 것이다.[112] 또한 제575조 제1항은 계약의 목적을 달성할 수 없을 때에만 해제권을 인정하고 있는 바, 이 경우 계약의 목적을 달성할 수 없는 하자란 대금감액으로서 치유될 수 없는 중대한 하자를 말하고, 이로 미루어 해제사유는 채무불이행으로 인한 해제이지 법정책임상의 특수한 해제요건은 아니라고 한다.[113] 나아가 후발적 하자에 대해서도 하자담보책임을 인정하는 입장에서는 법정책임설이 그 실정법적 근거로 들고 있는 특정물의 현상인도에 관한 제462조는 후발적 하자에 있어서는 제374조의 선관주의의무규정과 모순되므로, 현대의 유상·쌍무계약에 있어서는 제462조는 타당하지 못한 규정이므로 그 적용이 배제되어야 한다고 한다.[114] 따라서 제462조를 근거로 이른바 특정물도그마를 주장할 수는 없다는 것이다.

iii) 실익

일부학설은 이른바 특정물도그마를 벗어나 채무불이행책임설을 취함으로써 권리의 하자담보책임 및 종류물의 하자담보책임과 특정물의 하자담보책임을 통일적으로 구성할 수 있다고 한다.[115] 그리고 채무불이행책임설은 이익형량 내지 실익의 측면에서도 법정책임설보다 채무불이행책임설을 취하는 것이 타당하다고 한다. 우선 손해배상의 범위를 신뢰이익에 그치지 않고 이행이익의 배상까지 인정함으로써 매수인을 보다 두텁게 보호할 수 있다고 한다.[116] 또한 채무불이행설에 의하면 하자담보책임의 내용으로 해제 및 손해배상 이외에 하자제거 내지 보수청구권을 인정할 수 있다는 것이다.[117] 나아가 채무불이행책임설은 하자의 존재시기에 대한 계약체결시설(원시적 하자설)을 취하는 법정책임설과 달리, 위험이전시설(인도시설)을 취함으로써 원시적 하자뿐만 아니라 후발적 하자에 대해서도 하자담보책임을 물을 수 있다고 한다.[118]

④ 판례의 태도

하자담보책임에 관한 판례는 그다지 많지 않다. 더구나 하자담보책임의 법적 성질을 언급하고 있는 판결도 일관되어 있지는 못하다. 따라서 판례가 하자담보책임의 본질에 대해서 어떠한

110) 곽윤직, 채권각론, 165-166면.
111) 이은영, 채권각론, 309-310면.
112) 조규창, "물건의 하자담보책임", 257-258면.
113) 조규창, "물건의 하자담보책임", 257면.
114) 이은영, 채권각론, 211면.
115) 김형배, "하자담보의 성질", 247면; 남효순, 민법주해(14), 240면.
116) 황적인, 현대민법론Ⅳ[채권각론], 191면; 김대정, "매도인의 담보책임에 관한 연구", 247면.
117) 조규창, "물건의 하자담보책임", 263면; 김대정, "매도인의 담보책임에 관한 연구", 296면; 동, "채무불이행설에 의한 하자담보책임의 재구성", 269면; 이은영, 채권총론, 242면; 동, 채권각론, 341면.
118) 안춘수, "하자담보법상의 문제점", 428면; 송덕수 집필, 민법주해(8), 120면.

태도를 취하고 있는지 판단하기는 어렵다.

아무튼 판례는, 통설과 마찬가지로 물건의 객관적 성질의 결여를 하자로 보면서도(89다카15298 판결, 89다카28225 판결), 목적물의 성질에 관한 매도인과 매수인의 의사를 기준으로 하자의 존재 여부를 판단하고 있다(96다39455 판결, 95다2616, 2623 판결, 98다18506 판결, 2000다30554, 30561 판결, 2000다17834 판결). 즉, 매매의 목적물이 거래통념상 기대되는 객관적 성질·성능을 결여하거나, 당사자가 예정 또는 보증한 성질을 결여한 경우에 하자가 있는 것으로 보아, 이른바 객관적 하자개념과 주관적 하자개념을 같은 비중으로 인정하고 있다. 그리고 법률적 하자도 일반적으로 물건의 하자로 보아 제580조를 적용하고 있다(79다827 판결, 84다카2525 판결, 84다카2344 판결, 98다18506 판결). 이 경우 하자의 존부는 매매계약 성립시를 기준으로 판단하여야 하고, 매수인의 과실 여부의 판단도 역시 계약체결시를 기준으로 해야 한다는 것이다(4290민상762 판결, 98다18506 판결). 또한 판례는 매도인의 하자담보책임은 법이 특별히 인정한 무과실책임이라는 점을 명확히 하고 있다(4290민상307 판결, 94다23920 판결). 그러면서도 담보책임이 민법의 지도이념인 공평의 원칙에 입각한 것인 이상 하자발생 및 그 확대에 가공한 매수인의 잘못을 참작하여 손해배상의 범위를 정함이 상당하다고 한다. 즉, 과실상계에 관한 규정(제396조)을 유추적용할 수 있다는 것이다.

그리고 판례는 타인의 권리매매로 인한 담보책임의 경우에 이행이익의 배상을 인정하여 채무불이행설을 취하고 있으며(66다2618 전원합의체 판결, 80다3122 판결, 92다37727 판결), 종류물의 하자로 인한 담보책임의 경우에도 채무불이행설을 취하고 있는 것으로 볼 수 있다(94다23920 판결, 89다카15298 판결). 다만, 매매목적물의 하자로 인하여 확대손해 내지 2차 손해가 발생하였다는 이유로 매도인에게 그 확대손해에 대한 배상책임을 지우기 위하여는 채무의 내용으로 된 하자 없는 목적물을 인도하지 못한 의무위반사실 외에 그러한 의무위반에 대하여 매도인에게 귀책사유가 인정될 수 있어야 한다고 한다(96다39455 판결, 2002다35676 판결). 나아가 판례는 매도인의 의무가 매수인의 귀책사유로 이행불능이 되었다면 매수인이 매도인의 담보책임에 관한 민법 제570조 단서의 규정에 의해 손해배상을 청구할 수 없다 하더라도 채무불이행의 일반규정에 좇아서 계약을 해제하고 손해배상을 청구할 수 있다고 한다(93다37328 판결).

그러나 특정물의 하자로 인한 담보책임의 법적 성질에 대한 판결은 일관되지 못할 뿐만 아니라 분명하지 않다고 할 것이다. 즉, 매도인의 하자담보책임은 법이 특별히 인정한 무과실책임이라고 하여 법정책임설을 취한 판결이 있는가 하면(94다23920 판결), 목적물의 숨은 하자로부터 손해가 발생한 경우에 양도인이 양수인에 대하여 부담하는 하자담보책임은 그 본질이 불완전이행책임으로서 본 계약내용의 이행과 직접 관련된 책임이라고 하여 채무불이행책임설을 취한 판결도 있다(91다17146, 17153 판결). 그리고 물건의 하자로 인한 담보책임으로 이해[119]되고 있는 제574조의 적용사안에서 판례는, 민법 제574조가 수량을 지정한 매매의 목적물이 부족되는 경

119) 남효순, 민법주해(14), 401면; 이은영, 채권각론, 327면; 김형배, 채권각론(계약법), 326면.

우와 매매목적물의 일부가 계약 당시 이미 멸실된 경우 매수인이 부족 또는 멸실을 알지 못한 때에 매도인의 담보책임을 인정하여 매수인에게 대금의 감액을 청구할 수 있는 등의 권리를 주고 있는 취지는 그와 같이 매매로 인한 채무의 일부를 원시적으로 이행할 수 없는 경우에 대가적인 계약관계를 조정하여 등가성을 유지하려는 데에 있다고 판시함으로써(92다30580 판결), 이 경우 담보책임의 본질을 법정의 책임으로 보고 있다.

⑤ 사견

원시적 불능론을 전제로 하더라도 특정물 매도인의 '하자없는 급부의무'를 부인할 것은 아니다. 즉, 급부의무는 계약에 의하여 발생하는 것이지 하자가 없다는 사실에 의하여 발생하는 것이 아니라는 점에서 그렇다. 그리고 제462조는 단지 특정물에 있어서 인도의 방법을 정한 데 지나지 않는다고 보아야 할 것이다.

그런데 유의할 것은 특정물 매도인에게 '하자없는 급부의무'를 인정하고 하자담보책임의 본질을 '채무'의 불이행책임으로 이해하더라도 문제가 모두 해결되는 것은 아니라는 점이다. 왜냐하면 민법의 규정상 하자담보책임은 그 요건과 효과에 있어서 일반의 채무불이행책임과는 다른 특징을 가지고 있기 때문이다. 따라서 각론적으로 일반의 채무불이행책임과 하자담보책임과의 관계를 어떻게 규정지을 것인지는 또 다시 문제되는 것이다. 특히 하자담보책임은 물건의 하자 중 원시적 하자에 대해서만 인정되는 책임이라고 할 것인가. 또 하자담보책임의 내용으로 계약비용의 상환 및 대금감액적 손해배상만을 인정할 것인가. 그리고 이 경우에는 당연히 과실책임의 원칙이 배제되고 단기의 권리행사기간이 적용된다고 할 것인가. 또 손해배상청구권에 갈음하여 매수인의 하자보수청구권은 인정될 수 없는가 등 해결되어야 할 과제가 남아 있다.

물론 하자담보책임의 본질을 채무불이행책임으로 이해하게 되면, 매수인의 선의·무과실이 요구되고 단기의 권리행사기간이 적용되지만, 과실책임의 원칙을 배제하면서 법정책임설에 비해서 후발적 하자에 대해서까지 하자담보책임을 물을 수 있고, 또 손해배상의 범위를 신뢰이익뿐만 아니라 이행이익을 넘어 확대손해까지 확장할 수 있는 여지가 있으며, 또 특정물의 매매에 있어서도 급부청구권의 한 방법으로 하자보수청구권을 인정할 수가 있을 것이다. 하지만 후발적 하자에 대해서까지 하자담보책임을 인정하게 되면 위험부담제도와의 경계가 모호해질 염려가 있으며, 또 무과실의 손해배상책임으로 신뢰이익을 넘어 이행이익 내지 확대손해의 배상까지 인정하는 것은 매도인에게 너무 가혹한 면이 있을 뿐만 아니라 이 경우 과실을 요구하면 과실책임의 원칙을 취하는 일반의 채무불이행책임과의 경계도 모호해질 염려가 있다. 그리고 원상회복이 아닌 금전배상주의를 취하고 있는 현행 민법의 해석상 채무불이행책임의 내용으로 하자보수청구권을 인정하는 것도 논의가 있을 수 있다.

더구나 통설·판례는 '하자'의 개념을 하자담보책임의 본질과 연계하지 않고 절충적으로 파악하고 있으며, 또 학설은 '하자의 존재시기'의 판단도 하자담보책임의 본질론과 논리적 관계에 있는 것으로 보지 않는다. 그리고 법정책임설을 취하면서 매도인에게 책임사유가 있으면 이행이익의 배상도 가능하다는 견해가 있는가 하면, 채무불이행설을 취하면서도 손해배상의 범위를 계약비용의 상환 및 대금감액적 손해배상으로 한정하는 견해가 유력하다. 또한 하자보수청구권도 채무불이행책임설을 취하면 당연히 논리적으로 인정될 수 있는 것은 아니고, 법정책임설의 입장에서도 실제적인 필요성 내지 유용성의 차원에서, 즉 신의칙이나 관습을 원용해서 이를 인정하는 견해도 있다. 이렇게 보면 하자담보책임의 본질에 관한 논의가 과연 실익이 있는 것인지 의문이 들기도 한다.

어쨌든 특정물 매도인에게도 '하자없는 급부의무'가 인정된다면 하자담보책임의 본질은 채무불이행책임의 성질을 가지는 것으로 파악해야 할 것이다.

(3) 물건의 하자담보책임의 요건

① 매매의 '목적물'에 '하자'가 있을 것(제580조 제1항 본문)

i) 매매의 '목적물'

매도인의 하자담보책임은 특정물의 매매에 한하지 않고 불특정물의 매매에서도 인정된다(제581조). 즉, 민법은 독일의 입법례(제480조)에 따라 일본 민법의 경우와 달리 불특정물(종류물)의 매매에서도 담보책임을 인정하고 있다.

본래 종류물의 매매에서는 인도해야 할 물건의 종류·품질·규격 등에 의하여 정해지므로, 그러한 종류·품질·규격에 해당하는 물건들이 존재하는 한 이행불능은 있을 수 없다. 종류물 매매의 경우에는 원시적 불능은 성립하지 않고, 매도인이 하자있는 물건을 인도하면 채무불이행이 된다. 그리하여 종류물매매의 경우 매도인이 하자있는 물건을 인도한 때에는 채무불이행이 되고, 이 경우 매도인에게 귀책사유가 있는 때에는 매수인은 매도인에 대하여 채무불이행에 따른 책임(강제이행, 손해배상책임, 계약의 해제)을 물을 수 있으며, 매도인에게 책임이 없는 경우에는 제581조에 의한 하자담보책임을 물을 수 있다.

ii) '하자'의 개념

하자담보책임이 발생하기 위해서는 매매의 목적물에 하자가 있어야 한다. 하자란 물건의 가치, 즉 교환가치나 사용가치를 하락시키는 일체의 불완전성을 말하는 것으로서, 그 존재 여부에 대하여 학설은 객관설, 주관설, 병존설 내지 절충설로 갈린다. 객관설은 하자담보 법정책임설의 입장에서 통상 그 종류의 물건이 가지고 있는 성질을 가지고 있지 않은 경우에는 하자가 있다고 한다.[120] 다만, 객관설은 하자 여부의 판단은 그 물건이 통상적으로 가지고 있어야 할 품질·성능을 기준으로 하여 판단하여야 함이 원칙이지만, 예외적으로 매도인이 견본 또는 광고에 의하여 목적물이 특수한 품질이나 성능을 갖고 있음을 표시한 경우에는 그 특수한 표준에 따라서 하자의 유무를 기준으로 하여야 할 것이라고 한다.

주관설은 당사자 사이에 합의된 성질을 갖추지 못하면 하자가 존재한다고 한다.[121] 즉, 하자담보채무불이행책임설의 입장에서 주관설은 통상의 객관적 용도에는 적합하지만 합의에 의한 물건의 사용목적에 부적합한 경우도 하자담보책임이 인정되기 위해서는, '물건의 부적합성'이라

---

120) 곽윤직, 채권각론, 148면.

121) 김형배, 채권각론(계약법), 337면; 이은영, 채권각론, 335면.

는 하자의 개념은 주관적으로 파악되어야 한다는 것이다.[122] 절충설은 물건이 통상 가지고 있어야 할 객관적 성질이 없는 경우와 매매의 당사자가 합의한 성질을 갖추지 못한 경우 모두 하자가 존재하는 것으로 파악한다.[123]

판례는 절충설에 속한다. 즉, 판례는 매매의 목적물이 거래통념상 기대되는 객관적 성질·성능을 결여하거나, 당사자가 예정 또는 보증한 성질을 결여한 경우에 하자가 있는 것으로 본다(96다39455 판결, 98다18506 판결, 2000다44928, 44935 판결).

판례 ➡ 매도인이 매수인에게 공급한 기계가 통상의 품질이나 성능을 갖추고 있는 경우, 그 기계에 작업환경이나 상황이 요구하는 품질이나 성능을 갖추고 있지 못하다 하여 하자가 있다고 인정할 수 있기 위하여는, 매수인이 매도인에게 제품이 사용될 작업환경이나 상황을 설명하면서 그 환경이나 상황에 충분히 견딜 수 있는 제품의 공급을 요구한 데 대하여, 매도인이 그러한 품질과 성능을 갖춘 제품이라는 점을 명시적으로나 묵시적으로 보증하고 공급하였다는 사실이 인정되어야만 할 것임은 물론이나, 매도인이 매수인에게 기계를 공급하면서 당해 기계의 카탈로그와 검사성적서를 제시하였다면, 매도인은 그 기계가 카탈로그와 검사성적서에 기재된 바와 같은 정도의 품질과 성능을 갖춘 제품이라는 점을 보증하였다고 할 것이므로, 매도인이 공급한 기계가 매도인이 카탈로그와 검사성적서에 의하여 보증한 일정한 품질과 성능을 갖추지 못한 경우에는 그 기계에 하자가 있다고 보아야 한다(2000다30554, 30561 판결).

판례 ➡ 신축건물이나 신축한 지 얼마 되지 않아 그와 다름없는 건물을 매도하는 매도인이 매수인에 대하여 매도건물에 하자가 있을 때에는 책임지고 그에 대한 보수를 해 주기로 약정한 경우 특별한 사정이 없는 한 매도인은 하자없는 완전한 건물을 매매한 것을 보증하였다고 할 것이므로 매도인은 계약 당시 또는 매수인이 인도받은 후에 용이하게 발견할 수 있는 하자뿐만 아니라 건물의 본체 부분의 구조상의 하자 특히 품질이 떨어지는 재료를 사용하는 등 날림공사로 인한 하자 등 바로 발견할 수 없는 하자는 물론 당초의 하자로부터 확산된 하자에 대하여도 책임을 져야 한다(92다38980 판결).

판례 ➡ 매매계약 당시 매수인 스스로 매도인이 제공하는 카탈로그 등에 의하여 자신이 매수하여 가공·완성할 제품의 제원과 사용목적, 사용방법을 검토·고려하여 성능과 용량이 서로 다른 여러 종류의 제품 중 특정 종류를 선택하였다면, 매수인으로서는 매도인에게 매매목적물에 관한 성능과 용량의 차이로 인한 결함을 들어 하자담보책임을 물을 수 없다(95다2616, 2623 판결).

그런데 객관설을 관철하면 통상의 객관적 용도에는 적합하지만 합의한 물건과 다르거나 합의에 의한 물건의 사용 목적에 부적합한 경우를 하지 범주에 포함시킬 수 없으며, 또 주관설을 관철하면 객관적 품질 부적합성에 대한 묵시적 합의가 인정되지 않는 경우에는 하자담보책임을 물을 수 없다. 그리하여 학설은 대체로 원칙과 예외라는 차이는 있지만 결과적으로 하자개념을 절충적으로 파악하고 있다고 할 수 있다. 절충설이 타당하다.

122) 김대정, 계약법(상), 473면.
123) 김상용, 채권각론, 214면; 김준호, 채권법, 556면.

iii) 법률적 하자(제한)

물건의 하자에는 물질적 하자와 법률적 하자가 있다. 가령, 건축을 목적으로 매입한 토지가 도시계획상 소방도로에 편입되어 있어 건축을 할 수 없는 경우에 법률적 하자가 존재한다. 문제는 법률적 하자를 권리의 하자로 볼 것인지, 물건의 하자로 볼 것인지에 있다. 학설은 물건의 하자로 보는 입장[124]과 권리의 하자로 보는 입장[125]으로 갈리어 있으나, 판례는 물건의 하자로 본다(84다카2344 판결, 84다카2525 판결, 98다18506 판결 등).

판례 ➡ 매매의 목적물이 거래통념상 기대되는 객관적 성질·성능을 결여하거나, 당사자가 예정 또는 보증한 성질을 결여한 경우에 매도인은 매수인에 대하여 그 하자로 인한 담보책임을 부담한다 할 것이고, 한편 건축을 목적으로 매매된 토지에 대하여 건축허가를 받을 수 없어 건축이 불가능한 경우, 위와 같은 법률적 제한 내지 장애 역시 매매목적물의 하자에 해당한다 할 것이나, 다만 위와 같은 하자의 존부는 매매계약 성립시를 기준으로 판단하여야 할 것이다(98다18506 판결).

판례 ➡ 매도인이 불법운행하여 150일간 운행정지처분된 차량을 매도한 경우, 매수인이 그 차량을 매수하여 즉시 운행하려 하였다면 매수인으로서는 다른 차량을 대체하지 않고는 그 목적을 달할 수 없는 경우도 예상되므로 매수인이 그런 하자있음을 알지 못하고 또 이를 알지 못한 데에 과실이 없는 때에는 민법 제580조의 매도인에게 하자담보책임이 있는 경우에 해당하여 매수인은 그 매매계약을 해제할 수 있다(84다카2525 판결).

물론 법률적 하자를 물건의 하자로 보게 되면 제580조 제2항에 따라 경매의 경우에는 담보책임이 발생하지 않는다. 또한 이를 물건의 하자로 보게 되면 그 권리행사기간이 6개월인 반면에 권리의 하자로 보면 제578조에 따라 1년으로 매수인에게 유리하다. 즉, 법률적 하자를 권리의 하자로 보면 매수인에게 유리하다. 그렇지만 경매의 확정성을 존중하는 취지에서, 될 수 있으면 경매에 있어서는 담보책임을 문제시하지 않는 것이 바람직하다고 할 것이므로, 법률적 제한은 물건의 하자로 볼 것이다.

iv) 하자의 존재시기

하자담보책임은 매매의 목적물에 원시적 하자가 있는 경우에 한하여 인정되는가, 아니면 후발적 하자가 있는 경우에도 인정되는가. 원시적 불능론을 그 논거로 하는 법정책임설의 입장에서는 하자가 계약의 성립시에 존재하는 경우에 하자담보책임이 발생한다고 볼 것이다.[126] 그러나 특정물의 매매에서 '하자없는 급부의무'를 인정하는 채무불이행책임설에 의하면 하자의 존부를 판단하는 시점은 위험이전시, 즉 물건의 인도시를 기준으로 판단할 것이다.[127]

---

124) 김증한/김학동, 채권각론, 270면; 이은영, 채권각론, 337면; 김준호, 채권법, 556면.

125) 곽윤직, 채권각론, 148면; 김형배, 채권각론(계약법), 338면.

126) 김기선, 한국채권법각론, 144면; 이태재, 채권각론신강, 184면; 남효순, 민법주해(14), 504-505면; 김준호, 채권법, 556면.

127) 김형배, 채권각론(계약법), 338면 이하; 이은영, 채권각론, 339면; 김대정, 계약법(상), 476면; 지원림, 민법강의, Rn. 5-136.

판례는 하자의 존부는 매매계약 성립시를 기준으로 판단하여야 할 것이라고 하면서도(98다18506 판결), 원시적 하자로부터 확산된 하자에 대하여 매도인의 하자담보책임을 인정하고 있는 점(92다38980 판결)에서, 후발적 하자에 대해서도 하자담보책임을 인정하는 것으로 보인다.

판례 ➡ 신축건물이나 신축한 지 얼마 되지 않아 그와 다름없는 건물을 매도하는 매도인이 매수인에 대하여 매도건물에 하자가 있을 때에는 책임지고 그에 대한 보수를 해주기로 약정한 경우 특별한 사정이 없는 한 매도인은 하자없는 완전한 건물을 매매한 것을 보증하였다고 할 것이므로, 매도인은 계약 당시 또는 매수인이 인도받은 후에 용이하게 발견할 수 있는 하자 뿐만 아니라 건물의 본체 부분의 구조상의 하자 특히 품질이 떨어지는 재료를 사용하는 등 날림공사로 인한 하자 등 바로 발견할 수 없는 하자는 물론 당초의 하자로부터 확산된 하자에 대하여도 책임을 져야 한다(92다38980 판결).

주지하듯이 채무자의 책임없이 **후발적 일부이행불능**이 발생한 경우에는 위험부담의 법리에 의하여 규율된다(제537조). 따라서 이 경우에는 특별히 하자담보책임을 인정할 필요는 없을 것이다. 그런데 채무자의 책임없이 **후발적 일부이행지체**가 발생한 경우에는 위험부담의 법리에 의하여 처리할 수는 없고, 따라서 채무자는 책임을 면하나(과실책임주의), 채권자는 반대급부를 이행하여야 한다는 결과가 된다. 여기에서 학설은 채무자의 책임없이 후발적 일부이행지체가 발생한 경우도, 후발적 일부이행불능과 흡사하다는 점을 들어 제580조를 적용하여 이와 유사한 결과를 인정하고자 한다.[128] 생각건대 위험부담의 법리와 충돌하지 않는 범위 내에서, 즉 후발적 하자가 일부 이행지체(추완이 가능한 경우)에 해당하고, 또 그것이 채무자의 책임없이 발생한 경우에는 하자담보책임을 인정하는 것이 공평하다고 할 것이다.

② 매수인이 선의 · 무과실일 것

i) 매수인의 선의

매매의 목적물에 하자가 있더라도 매수인이 목적물의 하자를 알았거나 과실로 알지 못한 때에는 하자담보책임을 물을 수 없다(제580조 제1항 단서). 즉, 하자담보책임이 성립하기 위해서는 숨은 하자가 존재하여야 한다(91다17146 판결, 91다17153 판결). 당사자가 목적물에 하자가 있다는 사실을 알면서 매매계약을 체결하는 경우에는, 하자를 고려하여 매매대금을 결정하였을 것이므로 특별히 문제는 발생하지 않는다. 한편 매도인이 악의인 경우에는 매수인은 착오나 사기를 들어 매매계약을 취소할 수 있을 것이다(제109조, 제110조).

매수인의 선의 여부는, 원시적 하자를 문제삼는 법정책임설의 입장에서는 당연히 계약성립시를 기준으로 판단할 것이다. 그렇지만 하자의 존부를 위험이전시, 즉 물건의 인도시를 기준으로 판단하는 채무불이행책임설의 입장에서는 매수인의 선의 여부는 이론상 물건의 인도시를 기준으로 판단하게 된다.[129]

---

128) 안춘수, "하자담보법상의 문제점", 429면.
129) 김대정, 계약법(상), 479면.

판례는 의용민법 당시 "특정물매매에 있어서 매도인의 하자담보책임을 인정함에 있어서는 매수인이 계약 당시 목적물에 과실없이 알지 못한 하자가 있음을 요한다"(4290민상762 판결)라고 판시한 바 있으며, 현행 민법하에서의 판례도 대체로 계약성립시의 하자를 문제삼고 있는 점(98다18506 판결)에 비추어 볼 때, 매수인의 선의 여부도 계약체결시를 기준으로 판단하는 것으로 보인다.

그런데 매수인은 제462조 및 제374조에 비추어 하자가 원시적으로 존재하는 경우라든가 매매계약의 체결 후 매도인이 선관주의의무를 다했음에도 불구하고 하자가 발생한 경우에는, 원칙적으로 매도인은 하자를 제거하여 인도함으로써 하자담보책임을 면할 수는 있어도, 매수인에게 하자제거청구권이나 하자보수청구권을 인정할 수는 없다고 할 것이다. 따라서 그러한 경우에 매수인은 수령거절권을 행사할 수는 없고 만약 수령을 거절하면 매수인은 수령지체에 빠진다. 그러나 매매계약의 체결 후 매도인이 선관주의의무를 다하지 못하여 하자가 발생한 경우에는 제374조에 의하여 매도인은 책임을 져야 한다. 그렇다면 그에 대응하여 이 경우 매수인은 수령을 거절할 수 있다고 보아야 할 것이다(제460조). 그렇지 않으면 만약 매수인이 그러한 경우에 수령을 거절하게 되면 일단 매수인은 수령지체책임을 부담하게 되어 불이익하고, 그 결과 제374조를 둔 취지가 몰각될 것이기 때문이다.

이와 같이 볼 때 원시적 하자가 문제되는 경우에는 그에 대한 매수인의 선의 여부는 계약체결시를 기준으로 판단하여야 할 것이지만, 후발적 하자가 문제되는 경우에는 위험의 이전시, 즉 물건의 인도시를 기준으로 매수인의 선의 여부를 판단할 것이다.

ii) 매수인의 무과실

하자담보책임이 성립하기 위해서는 숨은 하자가 존재하여야 하는데, 숨은 하자이기 위하여는 그 하자가 용이하게 발견되어질 수 없는 상태이어야 한다. 즉, 용이하게 발견할 수 있는 하자라면 매수인도 쉽게 알 수 있어야 하므로, 태만히 하여 이를 알지 못한 경우, 즉 과실이 있는 경우에는 하자담보책임을 인정할 필요가 없다. 그러한 매수인은 보호가치가 없기 때문이다. 다만, 매수인이 하자의 존재를 알지 못한 데 과실이 있다고 하여 반드시 담보책임 자체를 부정할 것은 아니고, 과실상계법리에 의하여 매수인의 과실을 참작함이 타당하다는 견해도 있다.[130]

판례는 매수인에게 하자를 알지 못한 데 대하여 과실이 있는 경우에는 하자담보책임을 인정하지 않는다(79다827 판결). 그러면서도 매수인의 과실을 극히 제한적으로만 인정하려는 태도를 보이고 있다(68다1832 판결, 84다카2344 판결). 나아가 판례는 하자로 인한 손해배상에 관하여 과실상계의 법리를 유추적용하여 하자발생 및 그 확대에 가공한 매수인의 잘못을 참작하여 손해배상의 범위를 정하기도 한다(94다23920 판결).

---

130) 김대정, 계약법(상), 484면.

> **판례 ➡** 공원지로서의 대지를 매수하는 자는 부동산등기부의 열람 뿐만 아니라, 동 대지가 도시계획상 도로에 저촉하는지의 여부 정도는 미리 조사하여 보는 것이 상례라 할 것인 바, 원고가 본건 매매계약을 체결함에 있어 현장을 답사하였음에도 불구하고, 30평의 대지 중 10평이나 도로로 사용되고 있는 사실을 간과하였다면, 원고에게는 위 하자있음을 알지 못한 데 대하여 과실이 있다(79다827 판결). 그러나 토지매매에 있어서 특단의 사정이 없는 한 매수인에게 측량 또는 지적도와의 대조 등 방법으로 매매목적물이 지적도상의 그것과 정확히 일치하는지의 여부를 미리 확인하여야 할 주의의무가 있다고 볼 수는 없다(84다카2344 판결).

iii) 입증책임

매수인의 선의·무과실의 입증책임은 매도인이 부담한다. 즉, 목적물에 하자가 있음을 매수인이 알았다는 사실에 대한 입증책임은 매도인에게 있다. 그러므로 매도인은 매매의 목적물에 하자가 있음을 매수인이 알았거나 과실로 인하여 알지 못하였다는 사실을 입증하지 못하면 그 책임을 면할 수 없다.

iv) 매도인의 귀책사유

하자담보책임이 무과실책임이라는 점에 대해서는 다툼이 없다. 다만, 하자담보책임의 내용인 손해배상책임이 무과실책임인지에 대해서는 논의가 있다.[131] 그렇지만 대체로 법정책임설의 입장에서는 매도인의 손해배상책임을 무과실의 법정책임으로 파악하고, 그 배상의 범위를 신뢰이익의 배상으로 이론구성한다. 그런데 채무불이행책임설의 입장에서는 논리적으로 보면 법률이 특별한 규정을 두고 있지 않는 이상, 손해배상책임이 인정되기 위해서는 매도인의 고의 또는 과실이 필요하다고 하여야 할 것이나, 하자담보손해배상책임을 무과실책임으로 새긴다.[132] 다만, 채무불이행책임설의 입장에서도 하자담보손해배상의 범위와 요건을 이원적으로 파악하여, 신뢰이익의 범위에서는 무과실책임으로, 이행이익의 범위에서는 과실책임으로 이론구성하는 견해도 있다.[133]

판례도 하자담보손해배상책임을 무과실책임으로 파악한다(4290민상552 판결). 다만, 손해배상의 범위를 정함에 있어서는 매수인의 과실을 참작할 수 있다고 한다(94다23920 판결). 즉, 민법 제581조, 제580조에 기한 매도인의 하자담보책임은 법이 특별히 인정한 무과실책임으로서 여기에 민법 제396조의 과실상계규정이 준용될 수는 없다 하더라도, 담보책임이 민법의 지도이념인 공평의 원칙에 입각한 것인 이상 하자발생 및 그 확대에 가공한 매수인의 잘못을 참작하여 손해배상의 범위를 정함이 상당하다는 것이다.

③ 권리행사기간

i) 제582조 기간의 성질

물건의 하자담보책임에서의 권리는 매수인이 하자있는 사실을 안 날로부터 6월 이내에 행사

---

131) 김대정, 계약법(상), 490면 이하.
132) 김형배, 채권각론(계약법), 342면; 남효순, 민법주해(14), 510면 등.
133) 조규창, "물건의 하자담보책임 - 현행법규정의 비판적 고찰 -", 262면.

하여야 한다(제582조). 제582조의 기간의 성질은 제척기간으로 볼 것이다(통설). 문제는 제척기간의 성질이다. 학설은 분쟁의 조속한 해결을 위하여 이를 출소기간으로 보는 데 반하여, 판례는 재판상 또는 재판외의 권리행사기간으로 본다(63다691 판결, 84다카2344 판결, 2003다20190 판결).

판례 ➡ 제582조 소정의 매수인의 권리행사 기간은 재판상 또는 재판 외에서의 권리행사에 관한 기간이므로 매수인은 소정 기간 내에 재판 외에서 권리행사를 함으로써 그 권리를 보존할 수 있고, 재판 외에서의 권리행사는 특별한 형식을 요구하는 것이 아니므로 매수인이 매도인에 대하여 적당한 방법으로 물건에 하자가 있음을 통지하고, 계약의 해제나 하자의 보수 또는 손해배상을 구하는 뜻을 표시함으로써 충분하다(2003다20190 판결).

기산점은 그 사실을 안 날이다. '그 사실을 안 날'은 목적물에 하자가 존재한다는 사실을 안 날을 의미한다. 판례는 가령, 표고버섯 종균에 하자가 존재하는 사실을 알았다고 하기 위하여는 종균을 접종한 표고목에서 종균이 정상적으로 발아하지 아니한 사실을 알았다는 것만으로는 부족하고, 종균이 정상적으로 발아하지 아니한 원인이 바로 종균에 존재하는 하자로 인한 것임을 알았을 때라야 비로소 종균에 하자가 존재하는 사실을 알았다고 볼 것이라고 한다(2003다20190 판결).

다만, 매수인이 목적물에 하자가 있는 사실을 알지 못하여 제582조의 제척기간이 진행되지 않고 있는 경우라고 하더라도 일반의 소멸시효가 완성된 경우에는 시효로 인하여 소멸한다고 보아야 할 것이다. 즉, 하자담보책임에 기한 손해배상청구권은 그에 대한 제척기간이 경과되지 않았더라도 채무불이행에 기한 손해배상청구권의 소멸시효가 완성된 경우에는 시효로 인하여 소멸한다고 보아야 할 것이다(2004가합5284 판결). 문제는 언제부터 시효가 진행하느냐에 있다. 원심은 민법 제582조의 권리행사기간과는 상관없이 그 권리를 행사할 수 있는 때인 매매계약의 체결시로 보았으나(2010나3451 판결), 대법원은 물건의 인도를 받은 때를 기산점으로 본다(2011다10266 판결).

ii) 상법의 특칙

민법이 하자담보책임에서 매수인의 권리행사에 대하여 6월의 제척기간을 두고 있음에 비하여, 상법은 상인간의 매매에 관하여 특칙을 두어 상거래의 신속한 해결을 꾀하고 있다(동법 제69조 제1항). 즉, 상인 간의 매매에 있어서 매수인이 목적물을 수령한 때에는 지체없이 이를 검사하여야 하며 하자 또는 수량의 부족을 발견한 경우에는 즉시 매도인에게 그 통지를 발송하지 아니하면 이로 인한 계약해제, 대금감액 또는 손해배상을 청구하지 못한다. 매매의 목적물에 즉시 발견할 수 없는 하자가 있는 경우에 매수인이 6월 내에 이를 발견한 때에도 같다. 물론 이 규정은 매도인이 악의인 경우에는 적용되지 않는다(동법 제69조 제2항).

④ 담보책임 면제의 특약

i) 담보책임규정의 임의규정성

매도인의 담보책임에 관한 규정은 매수인을 보호하기 위한 것으로 거래의 안전을 보호하기 위한 강행규정은 아니다. 따라서 매매계약의 당사자는 사회질서에 반하지 않는 한 담보책임의 적용을 배제하거나 가중 또는 경감을 내용으로 하는 특약도 가능하다. 다만, 민법은 매수인을 보호하기 위하여 일정한 요건하에 특약의 효력을 면하게 하고 있으며(제584조), 약관의 규제에 관한 법률에서도 특약의 효력을 제한하는 규정이 있다(동법 제7조 3호).

ii) 민법에 의한 제한

원칙적으로 담보책임을 면제하는 특약은 유효하지만, 그 경우에도 '매도인이 알고 고지하지 아니한 사실' 및 '제3자에게 권리를 설정 또는 의도한 행위'에 대하여는 책임을 면하지는 못한다(제584조).

'매도인이 알고 고지하지 아니한 사실'이란 매도인이 매매목적물의 성능 · 품질에 하자가 있다는 사실을 알고 있음에도 이를 매수인에게 고지하지 아니한 것을 말한다. 이는 일종의 기망행위라 할 수 있고, 신의칙에 반하므로 특약의 효력을 인정하지 않는 것이다. 그러나 매도인이 알고 고지하지 아니한 경우라 할지라도 계약 당시에 이미 매수인이 그 하자를 알고 있었다면, 대금의 결정에 이미 그 하자가 고려되었을 것이므로, 그때에는 기망행위라 할 수 없고 특약은 유효하다.

그리고 '제3자에게 권리를 설정 또는 의도한 행위'란 매도인이 제3자에게 권리를 설정 또는 의도하였으면서도 다시 매도하는 행위로서, 하자를 알고 고지하지 아니하는 행위와 마찬가지로 이 또한 신의칙에 반하는 사기적 행위로서 면책특약의 효력을 배제하는 것이다.

iii) 약관의 규제에 관한 법률에 의한 제한

약관의 규제에 관한 법률에 의하면 상당한 이유없이 사업자의 담보책임을 배제 또는 제한하거나 그 담보책임에 따르는 고객의 권리행사의 요건을 가중하는 조항 또는 계약목적물에 관하여 견본이 제시되거나 품질 · 성능 등에 관한 표시가 있는 경우 그 보장된 내용에 대한 책임을 배제 또는 제한하는 조항을 무효로 하고 있다(동법 제7조 3호).

(4) 하자담보책임의 효과

① 개관

매매목적물에 하자가 있고 그로 인하여 계약의 목적을 달성할 수 없으면 계약을 해제할 수 있고 아울러 손해배상을 청구할 수 있다. 그러나 하자가 있어도 계약의 목적을 달성할 수 있는 경우에는 계약을 해제할 수는 없고 손해배상만을 청구할 수 있다(제580조 본문, 제575조 제1항). 그러나 매수인이 매매의 목적물에 하자가 있음을 알았거나 과실로 인하여 알지 못한 경우에는 매수인은 매도인에게 이러한 책임을 물을 수 없다(제580조 제1항 단서). 그리고 종류물 매매의 경우에도 특정된 목적물에 하자가 있는 때에는, 제580조를 준용하여 계약의 해제나 손해배상책임을 물을 수 있으며, 계약의 해제나 손해배상에 갈음하여 하자없는 물건을 청구할 수 있다(제

581조).

② 계약의 해제

특정물의 매매는 물론이고 종류물의 매매에서도 그 목적물에 하자가 있어 계약의 목적을 달성할 수 없는 경우에는 매수인은 계약을 해제할 수 있다. 매수인이 하자담보해제권을 행사함에 있어서는 i) 매도인의 과실이나 선의 여부는 묻지 않고, 다만 그 하자로 인하여 ii) 계약의 목적을 달성할 수 없어야 한다.

해제의 효과는 일반적 계약의무위반의 해제와 달리 볼 것은 아니므로, 채무불이행으로 인한 해제권의 효력에 관한 제543조 이하의 규정이 적용된다. 하자를 이유로 계약을 해제하면 매매계약상의 법률관계는 소급하여 소멸한다고 볼 것이다(직접효과설). 따라서 매도인과 매수인은 서로 상대방에 대하여 원상회복의 의무가 있다(제548조).

③ 하자보수청구권 및 완전물급부청구권

종류물의 매매에 있어서는 완전물급부청구권이 인정된다(제581조 제2항). 그리고 완전물급부청구권의 일종으로 볼 수 있는 하자보수청구권도 인정된다고 할 것이다.

판례 ➡ 민법의 하자담보책임에 관한 규정은 매매라는 유상·쌍무계약에 의한 급부와 반대급부 사이의 등가관계를 유지하기 위하여 민법의 지도이념인 공평의 원칙에 입각하여 마련된 것인데, 종류매매에서 매수인이 가지는 완전물급부청구권을 제한없이 인정하는 경우에는 오히려 매도인에게 지나친 불이익이나 부당한 손해를 주어 등가관계를 파괴하는 결과를 낳을 수 있다. 따라서 매매목적물의 하자가 경미하여 수선 등의 방법으로도 계약의 목적을 달성하는 데 별다른 지장이 없는 반면 매도인에게 하자없는 물건의 급부의무를 지우면 다른 구제방법에 비하여 지나치게 큰 불이익이 매도인에게 발생되는 경우와 같이 하자담보의무의 이행이 오히려 공평의 원칙에 반하는 경우에는, 완전물급부청구권의 행사를 제한함이 타당하다. 그리고 이러한 매수인의 완전물급부청구권의 행사에 대한 제한 여부는 매매목적물의 하자의 정도, 하자 수선의 용이성, 하자의 치유가능성 및 완전물급부의 이행으로 인하여 매도인에게 미치는 불이익의 정도 등의 여러 사정을 종합하여 사회통념에 비추어 개별적·구체적으로 판단하여야 한다(2012다72582 판결).

문제는 특정물의 매매에 있어서 하자담보책임의 효과로서 하자보수청구권을 인정할 것이냐에 있다.

제462조를 인도의 방법을 정하는 것 뿐이라면, 완전이행설처럼 제462조를 하자담보책임규정의 전제규정으로 새기고 특정물의 매도인에게 '하자없는 급부의무'를 인정하지 않는 것은 타당하지 않다. 즉, 급부의 목적물이 특정물이라고 하더라도 매도인이 '하자있는 물건'을 매수인에게 인도하는 것은 '채무의 내용에 좇은 이행'이 이루어지지 않은 것이고, 특정물의 하자로 인한 담보책임의 본질도 채무불이행책임이라고 보아야 할 것이다. 따라서 매도인은 목적물의 인도 전에 그것이 가능하다면 하자를 제거하여 인도함으로써 매수인에 대한 하자담보책임을 면할 수 있다고 보아야 할 것이다. 다만, 제462조에 따라 원칙적으로 특정물의 인도 전에 매도인에게 하자제

거의무를 부과할 수 없고, 역시 매수인에게 하자제거청구권이나 하자보수청구권을 인정할 수는 없다고 할 것이다.[134] 따라서 그러한 경우에 매수인은 수령거절권을 행사할 수 없고, 만약 수령을 거절하게 되면 매수인은 수령지체에 빠진다. 그렇지만, 이러한 결과는 특정물의 하자가 원시적으로 존재하는 경우라든가 매매계약체결 후 매도인이 선관주의의무를 다했음에도 불구하고 하자가 발생한 경우에 있어서 타당하다고 할 것이다.

그런데 매매계약 체결 후 매도인이 선관주의의무를 다하지 못하여 매매의 목적물에 하자가 발생한 경우에는 제374조에 의하여 매도인은 책임을 져야 한다. 문제는 그 경우 책임의 내용으로 손해배상책임 이외에 매도인은 훼손된 물건을 수선하여 인도할 의무가 있느냐이다. 환언하면 매도인의 잘못으로 물건이 훼손된 경우에 매수인은 수령을 거절하고 하자의 제거 내지 보수를 요구할 수 있는가이다. 법정책임설은 손해배상에 관하여 금전배상주의를 취하고 원상회복을 인정하고 있지 않음을 이유로 이를 부정한다.[135] 그러나 제462조가 있다고 해도 목적물의 훼손이 매도인의 선관주의의무위반으로 발생한 경우에는 매수인은 목적물의 수령을 거절할 수 있고, 만일 매도인이 채무불이행책임을 면하려면 목적물의 하자를 제거하거나 보수하여 인도하여야 하고, 이 경우 매수인은 목적물의 하자제거나 보수를 청구할 수 있다고 할 것이다.

④ 손해배상

i) 문제의 소재

민법은 하자담보책임의 내용으로 손해배상청구권을 인정한다(제580조, 제581조, 제575조 제1항). 그런데 민법은 하자담보책임의 내용으로 대륙법계 국가들이 인정하는 대금감액청구권을 인정하지 않고 있으며, 또 손해배상책임을 인정함에 있어서도 이들 국가들과는 달리 매도인의 귀책사유와 연계시키지 않고 있다. 또한 하자담보책임의 성립요건으로 매수인의 선의 외에 무과실을 요구하면서도 매도인의 악의의 묵비라든가 하자없음을 보증한 경우에는 채무불이행으로 인한 손해배상책임을 부담한다는 별도의 규정을 두고 있지도 않다. 여기에서 민법의 해석상 하자담보책임의 효과로서 인정되는 손해의 의미, 손해배상의 범위, 귀책사유의 유무, 채무불이행책임과의 경합 여부 등이 문제된다.

ii) 손해의 의미

매도인의 하자담보책임에서 문제는 하자있는 물건의 매수인이 받는 손해 내지 불이익을 조정하는 것이라고 할 수 있다. 이 경우 매수인이 받는 손해 내지 불이익으로는 매매목적물에 하자가 있음으로 인하여 그 교환가치가 감소하는 불이익 내지 손해(급부와 반대급부 사이의 등가관계의 파괴)일 수도 있고, 그 하자로 인하여 계약목적을 달성할 수 없는 경우의 불이익 내지 손해(신뢰이익 또는 이행이익에 대한 손해)일 수도 있다. 그런가 하면 그 물건에 대하여 전매차익을 잃게 되는 손해가 생길 수 있으며, 경우에 따라서는 매매목적물의 하자로 인하여 매수인의 신체나 재산 등 다른 법익에 대한 손해(확대손해)가 발생할 수도 있다.

---

134) 김형배, 채권각론(계약법), 341면; 송덕수, 민법주해(8), 118면; 안춘수, "하자담보법상의 문제점", 432면.
135) 김증한, 채권총론, 22면; 김증한/김학동, 채권총론, 30면; 송덕수, 민법주해(8), 122면.

iii) 손해배상의 범위, 귀책사유의 유무, 채무불이행책임과의 경합 여부

학설은 법정책임설을 취하든 채무불이행책임설을 취하든 대체로 귀책사유를 불문하고 매도인은 손해배상책임을 진다고 한다. 이 경우 학설은 신뢰이익배상설을 취하고 있으며, 채무불이행책임설의 입장에서 이행이익 내지 확대손해의 배상을 인정하는 경우에는 과실을 요구한다.

우선 법정책임설은 하자담보책임을 매매목적물의 원시적 하자에 대한 무과실책임으로서, 매매계약이 일부무효로 되는 데도 계약의 유효를 믿었음으로 인하여 입은 손해의 배상, 즉 신뢰이익의 배상을 손해배상책임의 내용으로 하는 '법정'의 책임으로 이해한다. 따라서 '후발적 하자'에 대한 '과실'책임으로서 '이행이익'에 대한 통상의 손해배상을 그 범위로 하는 '채무'의 불이행책임과는 그 본질을 달리한다고 한다.

그리하여 법정책임설에서는 하자담보책임은 원시적 하자를 대상으로 하는 점에서 후발적 하자를 대상으로 하는 채무불이행책임과는 그 근거와 요건이 다르다고 한다. 따라서 동일한 사실이 양 책임의 요건을 동시에 충족시켜 양 책임이 경합할 수 있다는 문제는 발생할 수 없다는 것이다.[136] 그런데 매도인이 매매목적물에 하자가 없음을 명시적 또는 묵시적으로 보증한 때에는 매매계약과 병존하는 보증계약을 위반한 채무불이행책임을 물을 수 있고, 하자있는 것을 알면서 이를 매수인에게 고지하지 않았거나 과실로 하자가 있는 것을 알지 못한 경우에는 매도인의 신의칙상의 부수적 의무로서의 고지의무를 불이행한 불완전이행책임으로서의 채무불이행책임의 성립을 인정하고 있다. 다만, 이 경우 손해배상청구권의 행사기간은 10년의 소멸시효기간의 적용을 받는 것이 아니라 제582조에 따라 6개월의 제척기간의 적용을 받는다고 한다.[137]

그리고 채무불이행책임설은 하자담보책임을 매매목적물의 하자에 대한 무과실책임으로서 신뢰이익 또는/및 이행이익의 배상을 손해배상책임의 내용으로 하는 '급부의무'의 불이행책임으로 이해한다.

그리하여 하자담보책임도 그 요건 및 효과에 있어서 일반의 채무불이행책임과는 다른 특징을 가지고 있을 뿐이지 기본적으로는 계약상 당사자에 의해 약정된 급부의무의 불이행에 대한 책임이라고 한다. 즉, 하자담보책임은 매매목적물의 하자에 대하여 매도인의 귀책사유 여부를 불문하고, 매수인의 선의·무과실을 요건으로 해서 성립하고 계약의 해제 및/또는 손해배상을 내용으로 하는 '특별한' 채무불이행책임이라는 것이다.

이와 같이 보면, 법이론상 특별규정우선의 원칙에 따라 하자담보책임이 채무불이행책임에 우선하여 적용될 것이므로, 하자담보책임과 채무불이행책임의 경합문제는 발생할 여지가 없을 것이다. 즉, 하자의 존재와 관련하여 양 책임의 요건이 동시에 성립하는 경우, 가령 매매목적물의 하자에 대하여 매도인에게 귀책사유가 있는 경우에도 특칙인 하자담보책임만이 발생한다고 할 것이며, 하자담보책임에 특별한 규정이 없는 경우에 대해서만 채무불이행책임법이 적용되어야 할 것이다. 그러나 신뢰이익배상설은 이행이익 내지 확대손해의 배상을 위하여, 그리고 후발

136) 남효순, 민법주해(14), 229면.
137) 서광민, "매도인의 하자담보책임", 188면.

적 하자에 대하여도 하자담보책임을 인정하는 입장에서는 매도인의 귀책사유를 요건으로 해서 채무불이행책임과의 경합을 인정한다. 다만, 이 경우 채무불이행책임으로 인한 권리가 10년의 소멸시효의 대상이 되느냐 아니면 6월의 제척기간의 적용을 받느냐에 대해서는 견해가 갈린다.

iv) 판례

판례는 처음에 하자담보책임의 효과로서의 손해배상을 무과실의 신뢰이익의 배상으로 보았다(4290민상552 판결). 그러나 최근에는 하자담보책임의 본질을 채무불이행책임으로 보면서(80다1171 판결, 91다17146, 17153 판결), 그 손해배상은 이행이익의 배상을 내용(89다카15298 판결)으로 하면서 확대손해의 배상도 포함되는 것으로 새기고 있다(92다38980 판결).

판례 ➡ 매수인이 매도인으로부터 매수한 감자종자가 잎말림병에 감염된 것이어서 이를 식재한 결과 거기에서 자란 감자가 같은 병 등에 감염되어 수확량이 예년에 비하여 현저하게 줄은 경우 매수인이 입은 손해는 감자를 식재, 경작하여 정상적으로 얻을 수 있었던 평균수입금에서 실제로 소득한 금액을 제한 나머지가 되어야 할 것이고(이행이익의 배상), 실제로 들인 비용에서 소득한 금액을 공제한 금액을 기준으로 하여 손해액을 산정할 것은 아니다(신뢰이익의 배상)(89다카15298 판결).

판례 ➡ 매도인이 매수인에게 공급한 부품이 통상의 품질이나 성능을 갖추고 있는 경우, 나아가 내한성이라는 특수한 품질이나 성능을 갖추고 있지 못하여 하자가 있다고 인정할 수 있기 위하여는, 매수인이 매도인에게 완제품이 사용될 환경을 설명하면서 그 환경에 충분히 견딜 수 있는 내한성있는 부품의 공급을 요구한 데 대하여, 매도인이 부품이 그러한 품질과 성능을 갖춘 제품이라는 점을 명시적으로나 묵시적으로 보증하고 공급하였다는 사실이 인정되어야만 할 것이고, 특히 매매목적물의 하자로 인하여 확대손해 내지 2차 손해가 발생하였다는 이유로 매도인에게 그 확대손해에 대한 배상책임을 지우기 위하여는 채무의 내용으로 된 하자없는 목적물을 인도하지 못한 의무위반사실 외에 그러한 의무위반에 대하여 매도인에게 귀책사유가 인정될 수 있어야만 한다(96다39455 판결).

판례 ➡ 토지매도인이 성토작업을 기화로 다량의 폐기물을 은밀히 매립하고 그 위에 토사를 덮은 다음 도시계획사업을 시행하는 공공사업시행자와 사이에서 정상적인 토지임을 전제로 협의취득절차를 진행하여 이를 매도함으로써 매수자로 하여금 그 토지의 폐기물처리비용 상당의 손해를 입게 하였다면 매도인은 이른바 불완전이행으로서 채무불이행으로 인한 손해배상책임을 부담하고, 이는 하자있는 토지의 매매로 인한 민법 제580조 소정의 하자담보책임과 경합적으로 인정된다(2002다51586 판결).

v) 검토

하자담보책임의 법적 성질을 채무불이행책임으로 해석하더라도, 이행이익의 배상, 나아가 확대손해의 배상까지 무과실의 하자담보책임으로서 매도인에게 부담지울 수 있느냐에 대해서는 의문이 있다. 하자담보책임은 무과실책임이라는 점, 하자담보의 효과로서 인정되는 계약의 해제와 손해배상책임의 요건을 달리 보아야 할 근거가 없는 점에서, 그리고 매수인의 급부이익의 보호를 목적으로 하는 하자담보책임의 제도목적에 비추어, 하자담보손해배상책임은 무과실책임으로서 그 배상의 범위는 신뢰이익과 아울러 이행이익까지는 그 배상범위에 포함된다고 할 것이지만 확대손해는 배상범위에 포함할 것은 아니기 때문이다. 결국 매도인의 하자담보책임은 매수인의 급부이익에 한정된다고 보아야 할 것이고, 따라서 확대손해의 경우에는 매도인의 귀책사유를 요한다고 보아야 할 것이다. 즉, 물건의 하자로 인하여 이른바 확대손해가 발생한 경우에는 매도인의 귀책사유를 들어 일반의 채무불이행책임으로 그 손해를 배상받아야 하는 것으로 해석함이 타당하다.

문제는 매도인의 귀책사유로 하자가 발생한 경우에도 매수인은 하자담보책임만을 물을 수 있는지, 아니면 매도인의 귀책사유를 들어 채무불이행책임을 물을 수 있다고 할 것인지에 있다. 하자담보책임과 채무불이행책임의 경합을 인정해서는 안되는 이유를 찾을 수 없는 점에서, 매수인은 그 선택에 따라 무과실의 하자담보책임을 물어 손해배상을 청구하든지, 매도인의 과실을 입증하여 채무불이행책임으로서 손해배상을 청구할 수 있다고 보아야 할 것이다.

Ⅲ. 수급인의 하자담보책임

1. 의 의

도급은 유상계약이므로 매도인의 하자담보책임에 관한 규정이 준용될 수 있다(제567조). 그런데 민법은 도급의 특수성을 고려하여 수급인의 하자담보책임에 관한 특별규정을 두고 있다. 매매는 재산권의 이전에 목적을 두지만, 도급은 일의 완성에 목적을 두고 있는 점에서, 그 하자 및 담보책임의 내용이 다를 수밖에 없기 때문이다. 특히 도급의 경우 하자는 일을 완성하는 과정 중에 잘못으로 인하여 발생할 수 있다. 따라서 도급의 경우에는 일이 완성되기 전이라도 일부 성취된 부분에 하자가 있는 경우에는 도급인은 하자담보책임을 물을 수 있다(제667조). 그리하여 매매의 경우에는 담보책임의 내용으로 대금감액청구, 완전물급부청구, 계약의 해제, 손해배상청구가 인정되지만, 도급의 경우에는 하자보수청구, 계약해제, 손해배상이 인정된다.

2. 수급인의 하자담보책임의 법적 성질

수급인이 부담하는 담보책임의 법적 성질을 법정의 무과실책임으로 이해할 것인지, 아니면 과실을 요건으로 하지 않는 채무불이행책임으로 파악할 것인지에 대해서도 역시 다툼이 있다. 통설・판례는 법정책임설의 입장에 있다(99다12888 판결, 2001다70337 판결). 물론 제667조가 정하는 수급인의 하자담보책임은 무과실책임이다. 그렇다고 수급인의 하자담보책임을 법정책임으로 새겨야 하는 것은 아니다. 도급에 있어서 수급인은 어느 일을 완성하여야 할 의무를 지므로, 수급인의 하자담보책임은 채무불이행의 성질을 가지는 것으로 보아야 할 것이다. 다만, 도급의 유상성을 고려하여 도급인 보호를 위하여 수급인에게 유책사유가 없는 경우에도 책임을 지도록 한 것이다. 따라서 수급인에게 유책사유가 있으면 당연히 채무불이행책임을 진다고 하겠다.

판례 ➡ 액젓 저장탱크의 제작·설치공사 도급계약에 의하여 완성된 저장탱크에 균열이 발생한 경우, 보수비용은 민법 제667조 제2항에 의한 수급인의 하자담보책임 중 하자보수에 갈음하는 손해배상이고, 액젓 변질로 인한 손해배상은 위 하자담보책임을 넘어서 수급인이 도급계약의 내용에 따른 의무를 제대로 이행하지 못함으로 인하여 도급인의 신체·재산에 발생한 손해에 대한 배상으로서 양자는 별개의 권원에 의하여 경합적으로 인정된다. 그리고 수급인의 하자담보책임은 법이 특별히 인정한 무과실책임으로서 여기에 민법 제396조의 과실상계규정이 준용될 수는 없다 하더라도 담보책임이 민법의 지도이념인 공평의 원칙에 입각한 것인 이상 하자발생 및 그 확대에 가공한 도급인의 잘못을 참작할 수 있다(2001다70337 판결).

3. 하자담보책임의 요건

(1) 완성된 목적물 또는 완성 전 성취된 부분에 하자가 있어야 한다. 특히 완성 전의 성취된 부분이라 함은 도급계약에 따른 일이 전부 완성되지는 않았지만 하자가 발생한 부분의 작업이 완료된 상태를 말한다(2001다9304 판결).

판례 ➡ 공사가 도중에 중단되어 예정된 최후의 공정을 종료하지 못한 경우에는 공사가 미완성된 것으로 볼 것이지만, 공사가 당초 예정된 최후의 공정까지 일응 종료되고 그 주요 구조 부분이 약정된 대로 시공되어 사회통념상 일이 완성되었고 다만 그것이 불완전하여 보수를 하여야 할 경우에는 공사가 완성되었으나 목적물에 하자가 있는 것에 지나지 아니한다고 해석함이 상당하고, 예정된 최후의 공정을 종료하였는지 여부는 수급인의 주장이나 도급인이 실시하는 준공검사 여부에 구애됨이 없이 당해 공사 도급계약의 구체적 내용과 신의성실의 원칙에 비추어 객관적으로 판단할 수밖에 없고, 이와 같은 기준은 공사 도급계약의 수급인이 공사의 준공이라는 일의 완성을 지체한 데 대한 손해배상액의 예정으로서의 성질을 가지는 지체상금에 관한 약정에 있어서도 그대로 적용된다(97다23150 판결). 다만 당사자 사이에 건축공사의 완공 후 부실공사와 하자보수를 둘러싼 분쟁이 일어날 소지가 많음이 예상됨에 따라 그러한 분쟁을 사전에 방지할 의도로 통상의 건축공사 도급계약과는 달리 도급인의 준공검사 통과를 대금지급의 요건으로 삼음과 동시에 하자보수공사 후 다시 합격을 받을 때까지 지체상금까지 부담하게 함으로써 공사의 완전한 이행을 담보하기 위해 지체상금의 종기를 도급인의 준공검사 통과일로 정하였다고 볼 만한 특별한 사정이 있다면 그에 따라야 할 것이다(2009다7212, 7229 판결).

(2) 하자는 계약에 의하여 합의된 일정한 성상을 가지지 않은 경우라든가 수급인이 보증한 성질을 갖지 않은 경우 또는 완성된 물건이 그 종류의 물건이 일반적으로 가져야 할 객관적 성질을 가지지 않은 것을 말한다. 이러한 하자는 유형적인 일 뿐만 아니라 환자의 치료와 같은 무형적인 일에도 있을 수 있다. 하자의 원인은 재료에 있을 수도 있고, 시공상의 잘못이나 그 밖의 것일 수도 있다. 판례는 도급인이 수급인에게 도급계약상의 하자담보책임을 묻기 위하여는 그 하자가 공사재료 또는 시공의 불량 기타 도급계약위반으로 인한 것인지 여부 및 하자의 범위를 확정하여야 한다고 한다(87다카876 판결).

판례 ➡ 건축물의 하자라고 함은 일반적으로 완성된 건축물에 공사계약에서 정한 내용과 다른 구조적 · 기능적 결함이 있거나, 거래관념상 통상 갖추어야 할 품질을 제대로 갖추고 있지 아니한 것을 말하는 것으로, 하자 여부는 당사자 사이의 계약 내용, 해당 건축물이 설계도대로 건축되었는지 여부, 건축 관련 법령에서 정한 기준에 적합한지 여부 등 여러 사정을 종합적으로 고려하여 판단되어야 한다(2008다16851 판결).

4. 하자담보책임의 내용

(1) 하자보수청구권

도급인은 수급인에 대하여 '상당한 기간'을 정하여 그 하자의 보수(補修)를 청구할 수 있다(제667조 제1항 본문). 이 '상당한 기간' 동안에는 보수와 함께 하는 손해배상은 청구할 수 있지만, 이 경우 보수에 갈음하는 손해배상은 청구할 수 없다. 민법은 하자보수청구권과 보수에 갈음하는 손해배상청구권을 선택적으로 행사할 수 있는 것으로 규정하고 있기 때문이다(제667조). 그리고 그 기간 동안에 보수를 하지 아니하더라도 도급인이 계약을 해제할 수는 없다. 계약의 해제는 제668조의 요건을 갖춘 경우(하자로 인하여 계약의 목적을 달성할 수 없는 때)에만 할 수 있는 것으로 볼 것이다(통설). 도급인이 보수청구를 하면 보수(報酬)의 지급을 거절할 수 있다(91다33056 판결, 96다7250 판결 등). 즉, 수급인의 하자보수의무와 도급인의 보수지급의무는 동시이행의 관계에 있다. 따라서 도급인이 하자보수청구권을 행사하는 동안에는 도급인의 보수지급의무는 이행지체에 빠지지 않는다. 이 경우 그 지급을 거절할 수 있는 보수의 범위는 하자보수비가 극히 소액인 것과 같은 특별한 사정이 없는 한 보수 전부라고 하여야 한다(2001다9304 판결 참조).[138)]

판례 ➡ 도급계약에 있어서 완성된 목적물 또는 완성 전의 성취된 부분에 하자가 있는 경우에는 도급인은 수급인에게 하자의 보수를 청구할 수 있고 하자보수에 갈음하거나 하자보수와 함께 손해배상을 청구할 수 있으며 이들 청구권은 특별한 사정이 없는 한 수급인의 공사대금채권과 동시이행의 관계에 있는 것이므로 이와 같은 하자가 있어 도급인이 하자보수나 손해배상청구권을 보유하고 이를 행사하는 한에 있어서는 도급인의 공사비지급채무는 이행지체에 빠지지 아니하고, 도급인이 하자보수나 손해배상채권을 자동채권으로 하고 수급인의 공사잔대금 채권을 수동채권으로 하여 상계의 의사표시를 한 다음날 비로소 지체에 빠진다고 보아야 할 것이다(88다카18788 판결, 96다7250, 7267 판결).

판례 ➡ 기성고에 따라 공사대금을 분할하여 지급하기로 약정한 경우라도 특별한 사정이 없는 한 하자보수의무와 동시이행관계에 있는 공사대금지급채무는 당해 하자가 발생한 부분의 기성공사대금에 한정되는 것은 아니라고 할 것이다. 왜냐하면, 이와 달리 본다면 도급인이 하자발생사실을 모른 채 하자가 발생한 부분에 해당하는 기성공사의 대금을 지급하고 난 후 뒤늦게 하자를 발견한 경우에는 동시이행의 항변권을 행사하지 못하게 되어 공평에 반하기 때문이다(2001다9304 판결).

---

138) 하자에 상응하는 금액에 한정된다는 반대설 있음. 김형배, 채권각론(계약법), 625면.

그러나 도급인이 목적물에 하자가 있다는 사실만을 들어 하자의 보수나 손해배상을 청구하지 않고 막바로 보수의 지급을 거절할 수는 없다(64다1802 판결, 91다33056 판결). 보수지급의무의 변제기는 일의 완성 또는 물건의 인도일이라 할 것이지만, 하자보수의무의 기한이 없는 채무로서 그 변제기는 도급인이 그 권리를 행사한 때라고 할 것이다(88다카18788 판결).

한편 수급인의 담보책임은 도급인이 목적물을 인도받은 경우 또는 그것을 제3자에게 양도한 경우에도 존속한다.

(2) 손해배상청구권

도급인은 하자보수가 가능하더라도 하자보수를 청구하지 않고 그것에 갈음하는 손해배상을 청구할 수 있으며, 하자보수와 함께 손해배상을 청구할 수 있다(제667조 제2항). 또한 하자가 중요하지 않고 보수에 과다한 비용을 요할 때에는 하자보수를 청구할 수 없고(제667조 제1항 단서), 그 하자로 인하여 입은 손해의 배상만을 청구할 수 있다(96다45436 판결, 95다30345 판결 등). 특히 하자보수와 함께 청구하는 손해는 보수청구를 하더라도 남는 손해의 배상을 내용으로 한다. 보수하는 동안 사용하지 못한 손해 등을 들 수 있다.

① 수급인의 손해배상채무와 도급인의 보수지급의무도 동시이행의 관계가 인정된다(2007다26455, 26462 판결, 2007다31914 판결 등). 다만, 이 경우 거절할 수 있는 보수액은 손해배상을 청구할 수 있는 액에 한정된다고 할 것이다(90다카230 판결 등).

판례 ➡ 도급인이 하자의 보수에 갈음하여 손해배상을 청구한 경우 도급인은 그 손해배상의 제공을 받을 때까지 손해배상액에 상당하는 보수액의 지급만을 거절할 수 있는 것이고 그 나머지 보수액의 지급은 이를 거절할 수 없는 것이라고 보아야 할 것이므로 도급인의 손해배상채권과 동시이행관계에 있는 수급인의 공사금채권은 공사잔대금채권 중 위 손해배상채권액과 동액의 금원 뿐이고 그 나머지 공사잔대금채권은 위 손해배상채권과 동시이행관계에 있다고 할 수 없다(90다카230 판결, 91다33056 판결, 94다26011 판결, 95다12798 판결 등).

② 손해배상의 범위에 관하여 학설은 신뢰익설과 이행이익설로 갈리어 있다. 신뢰이익설은 수급인은 무과실책임을 지므로 손해배상의 범위는 신뢰이익에 한정되나, 수급인에게 귀책사유가 있는 경우에는 이행이익의 배상을 청구할 수 있다고 한다.[139] 이행이익설은 이행이익을 대상으로 하여야 하고, 하자결과손해가 발생한 경우에는 이에 대해서도 배상하여야 한다고 한다.[140] 도급인은 보수에 대하여 이행책임을 부담하는 데, 수급인이 신뢰이익의 책임만을 부담하는 것으로 보면 형평에 반한다. 이행이익설이 타당하나.

판례 ➡ 도급계약에 있어서 완성된 목적물에 하자가 있는 때에 민법 제667조 제2항에 의하여 도급인이 수급인에 대하여 그 하자의 보수에 갈음하여 또는 보수와 함께 손해배상을 청구할 수 있는 권리

139) 곽윤직, 채권각론, 259면; 김상용, 채권각론, 355면; 김형배, 채권각론(계약법), 625면.
140) 이은영, 채권각론, 524면.

는 민법 제667조 제3항에 의하여 민법 제536조가 준용되는 결과 특별한 사정이 없는 한 수급인이 가지는 보수채권과 동시이행관계에 있는 것이고, 나아가 동시이행항변권제도의 취지로 볼 때 비록 당사자가 부담하는 각 채무가 쌍무계약관계에서 고유의 대가관계가 있는 채무가 아니라고 하더라도 구체적인 계약관계에서 각 당사자가 부담하는 채무에 관한 약정내용에 따라 그것이 대가적 의미가 있어 이행상의 견련관계를 인정하여야 할 사정이 있는 경우에는 동시이행의 항변권이 인정되어야 하는 점에 비추어 보면, 수급인이 도급계약에 따른 의무를 제대로 이행하지 못함으로 말미암아 도급인에게 손해가 발생한 경우 그와 같은 하자확대손해로 인한 수급인의 손해배상채무와 도급인의 보수지급채무 역시 동시이행관계에 있는 것으로 보아야 한다(2007다26455, 26462 판결. 2004다37676 판결, 90다카230 판결, 91다33056 판결, 96다7250, 7267 판결 등도 참조).

③ 판례는 제667조가 정하는 수급인의 하자보수에 갈음하는 손해배상채무는 기한이 없는 채무로서 이행청구를 받은 때부터 이행지체책임이 발생한다고 한다(2007다83908 판결).

(3) 계약해제권

도급인이 완성된 목적물의 하자로 인하여 계약의 목적을 달성할 수 없는 때에는 계약을 해제할 수 있다(제668조 본문). 이 경우 최고(催告)를 필요로 하는지 문제된다. 학설은 필요설[141]과 불필요설[142]로 갈리어 있다. 하자담보책임으로서의 해제는 채무불이행해제와 다르다. 따라서 최고를 필요로 하지 않는다고 할 것이다.[143] 따라서 보수할 수 있다고 하더라도 하자가 중대하여 계약의 목적을 달성할 수 없다면 계약을 해제할 수 있다고 할 것이다.

그러나 건물 기타 공작물에 관하여는 그것이 완성된 경우에는 하자가 중대하여도 계약을 해제할 수는 없다(제668조 단서). 따라서 이 경우 도급인은 손해배상만을 청구할 수 잇을 뿐이다. 다만, 토지의 공작물이 완성되기 전에는 채무불이행의 일반원칙에 따라서 해제할 수 있다(통설. 96다21393, 21409 판결).

한편 계약의 해제는 손해배상의 청구에 영향을 미치지 않는다(제551조). 따라서 도급인에게 손해가 발생한 경우에는 계약의 해제와 함께 손해배상을 청구할 수 있다.

5. 하자담보책임의 발생시기와 존속기간

(1) 담보책임의 발생시기

하자담보책임은 인도를 요하는 경우에는 목적물의 인도를 받은 날로부터 1년 내에 하여야 한다(제670조 제1항). 목적물의 인도를 요하지 아니하는 경우에는 일의 종료한 날로부터 하여야 한다(동조 제2항). 그런데 학설은 목적물의 인도를 요하지 않는 도급에서는 일이 완성된 날부터 담보책임이 발생하고, 인도를 요하는 담보책임에서도 반드시 인도가 있은 날부터라고 할 것은 아니고, 일이 완성된 때부터 담보책임이 발생한다고 한다.[144] 다만, 완성 전 성취 부분에 하자가

141) 곽윤직, 채권각론, 260면.
142) 이은영, 채권각론, 525면.
143) 송덕수, 채권법각론, Rn. 177.
144) 양창수/김재형, 계약법, 282면.

있어서 보수를 청구하는 경우에는 목적물의 인도를 요하지 않는 경우로 보아 그 부분의 일이 종료한 때에 담보책임이 발생하는 것으로 새기는 견해도 있다.[145)]

(2) 책임의 존속기간

① 수급인의 담보책임은 매도인의 담보책임과 같이 목적물의 인도를 받은 날로부터 1년 내에 행사되어야 한다. 인도를 요하지 않는 경우에는 일이 종료한 날로부터 1년 내에 행사되어야 한다(제670조). 물론 약정이 있으면 그에 따른다(93다60632, 60649 판결). 이 기간은 제척기간으로 재판상 행사하여야 하는 것은 아니고 재판 외에서 행사하는 것으로 충분하다(88다카31866 판결).

판례 ➡ 수급인의 담보책임에 기한 하자보수에 갈음하는 손해배상청구권에 대하여는 민법 제670조 또는 제671조의 제척기간이 적용되고, 이는 법률관계의 조속한 안정을 도모하고자 하는 데에 취지가 있다. 그런데 이러한 도급인의 손해배상청구권에 대하여는 권리의 내용·성질 및 취지에 비추어 민법 제162조 제1항의 채권소멸시효의 규정 또는 도급계약이 상행위에 해당하는 경우에는 상법 제64조의 상사시효의 규정이 적용되고, 민법 제670조 또는 제671조의 제척기간규정으로 인하여 위 각 소멸시효규정의 적용이 배제된다고 볼 수 없다(2011다56491 판결 등).

② 토지, 건물 기타 공작물의 수급인은 목적물 또는 지반공사의 하자에 대하여 인도 후 5년간 담보의 책임이 있다(제671조 제1항 본문). 그러나 목적물이 석조, 석회조, 연와조, 금속 기타 이와 유사한 재료로 조성된 것인 때에는 그 기간을 10년으로 한다(같은 조항 단서). 그리고 하자로 인하여 목적물이 멸실 또는 훼손된 때에는 도급인은 그 멸실 또는 훼손된 날로부터 1년 내에 제667조의 권리를 행사하여야 한다(같은 조 제2항).

6. 담보책임의 감면에 관한 특칙

(1) 목적물의 하자가 도급인이 제공한 재료의 성질 또는 도급인의 지시에 기인한 때에는 수급인의 담보책임이 생기지 않는다. 그러나 수급인이 그 재료 또는 지시의 부적당함을 알고 도급인에게 고지하지 아니한 때에는 그러하지 아니하다(제669조. 2014다31691, 31707 판결).

(2) 수급인의 담보책임에 관한 규정은 강행규정이 아니므로, 당사자 사이의 특약으로 그 책임을 면제할 수 있다. 다만, 그러한 특약이 존재한다고 하더라도 수급인이 알고 있으면서 도급인에게 고지하지 않은 하자가 있는 경우에는 수급인의 담보책임이 면제되지 않는다(제672조). 이 규정은 담보책임의 기간을 단축하는 것과 같이 담보책임을 제한 내지 경감하는 경우에도 유추적용되어야 할 것이다(99다19032 판결 참조).

판례 ➡ 민법 제672조가 수급인이 담보책임이 없음을 약정한 경우에도 알고 고지하지 아니한 사실에 대하여는 그 책임을 면하지 못한다고 규정한 취지는 그와 같은 경우에도 담보책임을 면하게 하는 것은 신의성실의 원칙에 위배된다는 데 있으므로, 담보책임을 면제하는 약정을 한 경우 뿐만 아니라

145) 김증한/김학동, 채권각론, 525면.

담보책임기간을 단축하는 등 법에 규정된 담보책임을 제한하는 약정을 한 경우에도, 수급인이 알고 고지하지 아니한 사실에 대하여 그 책임을 제한하는 것이 신의성실의 원칙에 위배된다면 그 규정의 취지를 유추하여 그 사실에 대하여는 담보책임이 제한되지 않는다고 보아야 한다(99다19032 판결).

제 5 절 계약의 해제와 해지

Ⅰ. 해제의 의의와 본질

1. 해제의 의의

계약의 해제는 유효하게 성립한 계약의 효력을 당사자 일방의 의사표시에 의하여 해소시키는 제도를 말한다. 즉, 계약의 해제는 계약의 구속력을 사후적으로 배제시킨다. 그리하여 계약이 해제되면 당사자는 계약의 구속으로부터 해방되고(해방효의 발생), 상호 원상회복의무를 부담한다(제548조).

이러한 계약의 해제는 편무계약(예, 증여계약)에서도 인정될 수 있다고 할 것이나, 주로 쌍무계약에서 그 실익이 있다. 물론 쌍무계약에서 채무불이행이 있는 경우에 채권자는 강제이행과 손해배상을 통해서 피해를 구제받을 수 있지만, 이는 채무자가 변제자력이 있는 경우에 효용가치가 있다. 이에 대하여 해제는 채무자가 변제자력이 없는 경우에도 특히 자기 채무를 이행한 당사자에게 실질적 의미가 있다. 즉, 해제는 쌍무계약의 당사자가 일방적 의사표시에 의하여 계약을 해소시켜, 이미 이행한 급부의 반환을 청구할 수 있도록 한다.

판례 ➡ 상대부담 있는 증여에 대하여는 민법 제561조에 의하여 쌍무계약에 관한 규정이 준용되어 부담의무있는 상대방이 자신의 의무를 이행하지 아니할 때에는 비록 증여계약이 이미 이행되어 있다 하더라도 증여자는 계약을 해제할 수 있고, 그 경우 민법 제555조와 제558조는 적용되지 아니한다(97다2177 판결).

그런데 해제는 일방적 의사표시에 의하여 계약관계를 해소시키는 것이기 때문에 당사자에게 해제권이 있어야 한다. 해제권은 당사자 간의 약정에 의하여 또는 법률의 규정에 의하여 인정된다. 즉, 해제는 그 원인에 따라 약정해제와 법정해제가 있다. 특히 이 경우 법정해제는 당사자 일방의 채무불이행이 있는 경우에 인정된다(제544조-제546조). 그 밖에 민법은 수증자의 망은행위 등으로 인한 해제(제555조-제557조), 해약금 해제(제565조), 하자담보 해제(제570조 등), 무이자 소비대차 또는 사용대차의 경우 목적물의 인도 전 해제(제601조, 제612조), 여행개시 전의 계약해제(제674조의3), 일의 완성 전 도급인의 해제(제673조), 도급인의 파산과 수급인 등의 해제

(제674조), 도급인의 완성물에 대한 하자담보해제(제668조) 등을 인정한다.

판례 ➡ 계약서에 명문으로 위약시의 법정해제권의 포기 또는 배제를 규정하지 않은 이상 계약당사자 중 어느 일방에 대한 약정해제권의 유보 또는 위약벌에 관한 특약의 유무 등은 채무불이행으로 인한 법정해제권의 성립에 아무런 영향을 미칠 수 없다(89다카14110 결정).

한편 계약의 해제는 손해배상의 청구에 영향을 미치지 않는다(제551조). 그리고 원상회복의무 상호 간에는 동시이행의 항변권이 인정된다(제549조).

2. 해제의 본질

본래 계약은 일단 유효하게 성립하면 구속력이 발생하여 당사자는 계약관계로부터 탈퇴할 수 없음이 원칙이다. 그렇다면 이와 같이 당사자 일방의 의사표시에 의하여 계약의 구속력을 배제시키는 해제제도를 인정하는 이론적 근거는 무엇인가?

우선 합의해제는 사적 자치의 원칙 내지 계약자유의 원칙상 인정될 수 있는 것으로 특별한 논거가 필요없다고 할 것이다. 문제는 법정해제를 인정하여 계약의 구속력으로부터 벗어날 수 있게 하는 근거를 어디에서 찾을 것인가에 있다. 다시말하면 일단 유효하게 성립한 계약의 구속력을 당사자 일방의 의사표시에 의하여 깨뜨릴 수 있는 근거가 무엇인지에 있다. 즉, 계약해제의 취지 내지 목적이 계약을 위반한 자에게 책임을 묻는 채무불이행에 대한 제재에 있는가, 아니면 급부장애로 인하여 애초의 계약목적을 달성할 수 없거나 당사자 사이의 신뢰관계가 파괴된 경우에 계약상의 급부의무로부터 벗어날 수 있게 하는 데 있는가이다.

학설은 견해가 갈린다. 계약의 해제제도를 채무자의 채무불이행에 대한 제재수단으로 파악하는 입장이 있으며,[146] 급부장애에 대한 채권자의 구제수단으로 파악하는 입장이 있다.[147] 후자의 입장에 의하면 해제는 "채무자에게 계약관계를 깨뜨린 책임을 물으려는 데 있는 것이 아니라 단지 계약이 제기능을 다하지 못하고 있음을 확정하려는 데 있다"[148]고 한다. 반면에 전자의 입장에 의하면 해제는 단지 '계약이 제기능을 다하지 못하고 있음을 확정하려는 데' 있는 소극적인 제도가 아니라 채권자의 손해를 실질적으로 전보해 주는 데 그 제도적 의의가 있다고 새긴다.[149] 즉, 법정해제제도는 쌍무계약에서의 양 채무의 상호의존적 견련성을 고려하여 당사자 일방의 채무불이행이 있는 경우에 보다 효과적으로 채권자를 보호하기 위하여 신의와 형평의 원칙에 입각하여 인정된 제도로서 손해배상제도를 실질적으로 보완하는 의미를 가지는 제도라고

146) 김욱곤, "해제의 효과에 관한 법리 소고", 손해배상법의 제문제(성헌황적인박사화갑기념논문집, 1990), 725면 이하; 김대정, 계약법(상), 279면 이하.

147) 김형배, 채권각론(계약법), 209면; 정진명, "계약해제의 존재의의에 대한 검토", 민법의 과제와 현대법의 조명(경암홍천용박사화갑기념논문집, 1997), 415면. 특히 이러한 입장의 차이는 마치 이혼사유와 관련하여 논의되고 있는 유책주의와 파탄주의의 대립에 비견된다고 할 수 있다.

148) 정진명, "계약해제의 존재의의에 대한 검토", 416면.

149) 김대정, 계약법(상), 284면.

보아야 한다는 것이다.

특히 위의 입장 차이는 무엇보다도 계약해제의 요건으로 채무불이행에 대하여 귀책사유를 요구할 것인지와 관련하여 그 태도를 달리한다. 채무불이행에 대한 제재설에 의하면, 계약을 해제하기 위해서는 채무자에게 귀책사유가 존재할 것을 요구한다. 반면에 급부장애에 대한 채권자의 구제수단설은 계약해제의 요건으로 채무자의 귀책사유를 요구하지 않는다. 즉, 후자의 입장은 채무자에게 채무불이행에 대하여 귀책사유가 없는 경우에도 채권자는 계약을 해제하여 계약의 구속력으로부터 벗어날 수 있는 것으로 새긴다. 그리하여 후자의 입장에서는 쌍무계약에서 당사자 쌍방의 책임없는 사유로 급부장애가 발생하여 계약목적을 달성할 수 없는 경우에, 계약의 당사자는 급부의 견련관계에 터잡아 위험부담으로 처리하거나 또는 계약을 해제하여 계약상의 반대급부의무에서 벗어나는 방법을 고려할 수 있다고 한다.[150] 즉, 위험부담과 계약해제의 경합을 인정하고 있다.

문제는 계약해제의 요건을 완화하여 보다 쉽게 계약의 구속력을 배제할 것인지, 아니면 계약해제의 요건을 엄격히 하여 계약의 구속력을 유지할 것인지에 있으며, 그 결과 계약의 해제와 위험부담의 경계를 무너뜨려 쌍무계약에서 당사자의 책임없이 급부장애가 발생한 경우에 위험부담의 법리만에 의하지 않고 계약의 해제를 통해서도 계약의 구속으로부터 벗어날 수 있도록 할 것인지에 있다고 할 것이다.

물론 계약해제는 채무자의 급부장애와 해제절차라는 정당화 사유가 갖추어진 경우에 인정되는 제도이지 채권자가 자의적으로 이를 행사할 수 있는 것은 아니다. 그렇지만 채무자의 책임없이 급부장애가 발생한 경우에는 위험부담의 법리에 의해서도 채권자는 당연히 계약의 구속력으로부터 벗어날 수 있다(제537조 참조). 더구나 채무자에게 귀책사유가 없는 경우에도 계약의 해제를 인정하게 되면, 오히려 계약의 해제제도는 급부장애를 야기한 채권자로 하여금 계약의 구속력으로부터 해방될 수 있도록 하는 제도적 장치로 악용될 염려가 없지 않다. 또한 계약의 해제와 위험부담의 경합을 인정하게 되면, 위험부담의 효과와 계약해제의 효과에서 차이가 있다는 점에서 문제가 없지 않다. 위험부담으로 처리를 하게 되면 제537조 소정의 채무자위험부담주의에 따라, 쌍방 급부행위가 없었던 경우에는 계약관계는 소멸하고 이미 이행한 급부가 있는 경우에는 법률상 원인없는 급부가 되어 부당이득의 법리에 따라 반환청구할 수 있다(2008다98655, 98662 판결). 그러나 계약의 해제에 의하여 발생하는 원상회복의무는 부당이득에 관한 특별규정의 성격을 가진 것이어서, 그 이익반환의 범위는 이익의 현존 여부나 선의, 악의에 불문하고 특단의 사유가 없는 한 받은 이익의 전부라고 할 것이기 때문이다(96다47586 판결, 98다43175 판결).

이와 같이 볼 때 쌍무계약에서 채무자의 귀책사유로 급부장애가 발생한 경우에는 계약의 해제를 문제삼고, 쌍방의 귀책사유없이 급부장애가 발생한 경우에는 위험부담이 문제되는 것으로 새기는 것이 타당할 것이다. 그렇다고 해제의 본질을 채무불이행에 대한 채무자의 제재수단으로

150) 정진명, "계약해제와 유책사유", 비교사법 제5권 1호(1998), 22면.

만 볼 것은 아니다. 즉, 해제의 본질을 급부장애에 대한 채권자의 구제수단으로 볼 수도 있을 것이다. 다만 그렇게 보더라도 계약해제의 요건으로 귀책사유는 요구되는 것으로 보아야 할 것이다.

Ⅱ. 법정해제와 구별되는 제도

1. 해제계약: 합의해제

(1) 의 의

해제계약(합의해제)은 당사자의 약정에 의하여 기존의 계약을 해소하여 원상으로 회복시키는 것을 내용으로 하는 계약을 의미한다. 해제계약은 계약자유의 원칙상 당연히 인정될 수 있다(2005다6341 판결). 해제계약은 계약이라는 점에서 단독행위인 해제와 구별되며, 합의된 내용에 따라 효과가 결정된다(95다43044 판결). 물론 당사자는 약정에 의하여 해제권을 유보시킬 수 있다(제543조 제1항). 이 경우 해제권은 당사자 일방 또는 쌍방에 유보될 수 있으나, 기존의 계약에서 반드시 체결하여야 하는 것은 아니며 별개의 계약에 의하여서도 발생시킬 수 있다. 해제권이 유보된 경우에는 계약에 의하여 기존의 계약이 해제되는 해제계약의 경우와 달리 해제권자의 해제의 의사표시에 의하여 비로소 계약이 해제된다. 즉, 해제계약과 해제권의 유보는 구별하여야 한다.

(2) 요 건

해제계약도 계약인 점에서 계약의 해소를 목적으로 하는 청약의 의사표시와 이에 대한 승낙의 의사표시의 합치가 있어야 한다. 해제계약은 명시적 묵시적으로 행해질 수 있으며(2004다37904, 37911 판결), 어느 경우에 해제계약이 이루어진 것으로 볼 것인지는 계약의 해석을 통해서 판단할 수밖에 없다. 가령, 손해배상 합의 후 피해자가 그 합의에 불만을 품고 받은 합의금을 반환하였는데 이를 가해자가 이의없이 수령한 경우(79다643 판결)라든가, 매도인이 지급받은 계약금과 중도금을 공탁하였는 데 매수인이 이의없이 이를 수령한 경우(79다1457 판결)에는 기존의 계약은 묵시적으로 합의해제된 것으로 해석할 것이다.

판례 ➡ 계약 후 당사자 쌍방의 계약실현의사의 결여 또는 포기로 인하여 쌍방 모두 이행의 제공이나 최고에 이름이 없이 장기간 이를 방치하였다면, 그 계약은 당사자 쌍방의 계약을 실현하지 아니할 의사의 일치로 묵시적으로 해제되었다고 해석함이 상당하다(85다카2197 판결, 87다카2503 판결, 2001다63575 판결, 2003다57208 판결).

판례 ➡ 매매계약상의 특약에 근거하여 매매계약을 해제한다면서 계약금을 반환해달라는 의사를 명백히 표시하고, 그 후 계약금반환을 구하는 소를 제기한 경우, 위의 해제통지는 매매계약의 특약에 따른 약정해제권을 행사하는 취지이지, 해약금약정에 기한 해제권행사로 볼 수는 없다(2007다24930 판결).

(3) 효 과

해제계약의 효과는 합의내용에 의하여 정해지지만, 단독적 의사표시를 전제로 하는 제543조 이하의 규정은 적용되지 않는다(79다1455 판결). 가령, 합의해제시 손해배상에 관한 특약이 없는 한 채무불이행을 이유로 하는 손해배상은 청구할 수 없다(86다카1147 판결). 그리고 약정이 없는 한 합의해제로 인하여 반환할 금전에는 그 받은 날로부터의 이자를 가산할 필요가 없다(95다16011 판결). 다만, 계약의 해제는 제3자의 권리를 해하지 못하는 데(제548조 제1항 단서), 이는 합의해제의 경우에도 적용된다(87누607 판결). 당사자 간의 약정으로 제3자의 권리를 해하게 할 수는 없기 때문이다.

판례 ➡ 매매계약이 합의해제된 경우에도 매수인에게 이전되었던 소유권은 당연히 매도인에게 복귀하는 것이므로 합의해제에 따른 매도인의 원상회복청구권은 소유권에 기한 물권적 청구권이라고 할 것이고, 이는 소멸시효의 대상이 되지 아니한다(80다2968 판결).

판례 ➡ 합의해제 또는 해제계약이라 함은 해제권의 유무에 불구하고 계약당사자 쌍방이 합의에 의하여 기존의 계약의 효력을 소멸시켜 당초부터 계약이 체결되지 않았던 것과 같은 상태로 복귀시킬 것을 내용으로 하는 새로운 계약으로서, 그 효력은 그 합의의 내용에 의하여 결정되고, 여기에는 해제에 관한 민법 제548조 제2항의 규정은 적용되지 아니하므로, 당사자 사이에 약정이 없는 이상 합의해제로 인하여 반환할 금전에 그 받은 날로부터의 이자를 가하여 반환할 의무가 있는 것은 아니다(95다16011 판결).

판례 ➡ 채권에 대한 가압류는 제3채무자에 대하여 채무자에게의 지급금지를 명하는 것이므로 채권을 소멸 또는 감소시키는 등의 행위는 할 수 없고 그와 같은 행위로 채권자에게 대항할 수 없는 것이지만, 채권의 발생원인인 법률관계에 대한 채무자의 처분까지도 구속하는 효력은 없다 할 것이므로 채무자와 제3채무자가 아무런 합리적 이유없이 채권의 소멸만을 목적으로 계약관계를 합의해제한다는 등의 특별한 경우를 제외하고는, 제3채무자는 채권에 대한 가압류가 있은 후라고 하더라도 채권의 발생원인인 법률관계를 합의해제하고 이로 인하여 가압류채권이 소멸되었다는 사유를 들어 가압류채권자에 대항할 수 있다(98다17930 판결 등).

그러나 판례는 매도인인 제3채무자가 매매계약을 해제하려고 원상회복의 방법으로 지급받은 매매대금을 공탁한 데 대하여, 매수인인 채무자가 아무런 이의없이 공탁의 취지에 따라 공탁금을 수령함으로써 계약당사자 사이의 합의에 의하여 매매계약이 해제되는 효과를 발생하게 하는 것은 채권자가 채무자를 대위하여 행사하고 있는 채무자의 제3채무자에 대한 매매계약에 따른 소유권이전등기청구권을 처분하는 것에 해당하므로, 채권자대위소송의 소장 부본이 채무자에게 송달된 이후 채무자가 제3채무자가 공탁한 매매대금을 이의없이 수령함으로써 매매계약이 해제되는 효과를 발생하도록 승인하였다고 하더라도 이로써 채권자에게는 대항할 수 없다고 한다(92다44350 판결).

판례 ➡ 상속재산분할협의가 합의해제되면 그 협의에 따른 이행으로 변동이 생겼던 물권은 당연히 그 분할협의가 없었던 원상태로 복귀하지만, 민법 제548조 제1항 단서의 규정상 이러한 합의해제를 가지고서는, 그 해제 전의 분할협의로부터 생긴 법률효과를 기초로 하여 새로운 이해관계를 가지게 되고 등기·인도 등으로 완전한 권리를 취득한 제3자의 권리를 해하지 못한다(2002다73203 판결).

2. 계약금 해제(해약금)

계약금은 계약을 체결할 때 당사자 일방이 상대방에게 교부하는 금전 기타 유가물을 말한다. 이러한 계약금은 당사자 사이에 다른 약정이 없으면 해약금으로 추정한다(제2008다50615 판결. 제565조 제1항). 해약금으로 계약금을 교부한 자는 그것을 포기함으로써, 이를 교부받은 자는 그 배액을 상환함으로써 계약을 해제할 수 있다.[151] 이 경우 해제권의 성질은 채무불이행에 기한 것이 아니므로 법정해제권이 아니라 약정해제권이라고 볼 것이다(4287민상268 판결).[152]

해약금에 기하여 계약을 해제할 수 있는 시기는 '당사자의 일방이 이행에 착수할 때'까지이다. 당사자의 일방이 이미 이행에 착수한 때에는 그 당사자는 그에 필요한 비용을 지출하였을 것이고, 또 그 당사자는 계약이 이행될 것으로 기대하고 있는데 만일 이러한 단계에서 상대방으로부터 계약이 해제된다면 예측하지 못한 손해를 입게 될 우려가 있으므로 이를 방지하고자 함에 있다(92다31323 판결 등). 물론 이행기의 약정이 있는 경우라 하더라도 당사자가 채무의 이행기 전에는 착수하지 아니하기로 하는 특약을 하는 등 특별한 사정이 없는 한 이행기 전에 이행에 착수할 수 있다. 또한 이행기가 지났더라도 이행에 착수하지 않은 경우에는 해약금에 기하여 해제할 수 있다.

아무튼 해약금에 의한 해제가 있으면 계약은 소급하여 무효로 된다. 다만, 이행에 착수하기 전에만 행사할 수 있다는 점에서 원상회복의무는 생기지 않는다. 그리고 법정해제가 아니므로 손해배상의무도 발생하지 않는다(제565조 제2항). 계약금이 교부되었더라도 채무불이행이 발생하면 채무불이행을 이유로 계약을 해제할 수 있음은 물론이다.

3. 해제조건

조건이란 법률행위의 효력발생 또는 소멸을 장래의 불확실한 사실의 성부에 의존하는 법률행위의 부관을 말하는 데, 조건으로 부가된 사실이 성취됨으로써 법률행위의 효력을 소멸시키는 부관이 해제조건이다. 가령, 취직하면 더 이상 생활비를 주지 않겠다고 약정하는 경우에, 증여계약은 유효하게 성립하고 그 효력이 발생하지만 그 증여계약은 취직하면 소멸하게 된다. 이와 같이 해제조건은 해제의 의사표시없이도 일정한 조건이 성취되면 계약이 자동적으로 실효되는 것이라는 점에서, 또 장래에 향하여 계약이 실효되는 점(제147조 제2항. 92다5584 판결)에서 소급효

---

151) 물론 계약당사자 일방이 이행에 착수한 이후에는 해약금에 의한 해제가 불가능하게 되고, 또한 당사자 사이의 약정으로 해약금(계약금의 포기 또는 그 배액상환)에 의한 계약해제를 배제한 경우(2005다41153 판결 등)에는 제565조 제1항의 추정규정이 별다른 기능을 수행하지 못하게 된다.

152) 김대정, 계약법(상), 356면.

가 인정되는 해제와 구별된다(직접효과설의 입장).

4. 실권조항

실권조항이란 일방 당사자의 채무불이행이 있으면 다른 일방의 특별한 의사표시가 없어도 당연히 계약의 효력이 소멸한다는 취지의 조항을 말한다. 이는 실권약관이라고도 한다. 가령, 매매계약을 체결하면서 "매수인이 대금지급기일에 대금을 지급하지 않으면 그 즉시 계약은 자동적으로 해제되고, 이미 지급한 계약금 등에 관해서는 이를 반환청구할 수 없다"는 취지의 약정을 하는 경우가 있는데, 이 경우 매수인이 권리를 잃는 점에서 또 그러한 약정이 약관에 의하여 체결된다는 점에서 실권약관이라 한다. 이러한 약정은 채무불이행을 이유로 하는 계약소멸의 조건을 정한 계약이므로, 해제권과 달리 해제권자의 특별한 의사표시가 없어도 계약의 효력이 소멸된다. 즉, 실권약관은 채무자의 채무불이행을 해제조건으로 하는 약정이라고 할 수 있다.

그런데도 판례는 채무자를 보호하는 취지에서 해제권을 유보하는 약정으로 새기는 경우가 있다(71다1601 판결 등). 가령, 매도인이 위약시에는 계약금의 배액을 배상하고 매수인이 위약시에는 지급한 계약금을 매도인이 취득하고 계약은 자동적으로 해제된다는 조항은 위약 당사자가 상대방에 대하여 계약금을 포기하거나 그 배액을 배상하여 계약을 해제할 수 있다는 해제권 유보조항이라 할 것이고 최고나 통지없이 해제할 수 있다는 특약이라고 볼 수 없다는 것이다(80다851 판결).

판례 ➡ 판례는 계약금의 포기 또는 그 배액상환과 아울러 계약은 자동해제된다는 조항의 해석과 관련하여, 계약상의 의무를 위반한 경우에 최고나 통지없이 계약을 해제할 수 있는 것은 아니라고 한다(80다851 판결, 79다1595 판결). 즉, 계약을 해제하기 위해서는 이행지체 후 최고를 하여야 하고, 채무자의 의무와 채권자의 의무가 동시이행의 관계에 있는 쌍무계약에서는 채권자의 이행의 제공이 없는 한 이행지체에 해당하지 않으므로(96다40851, 40868 판결, 2002다43370 판결 등), 해제권은 발생하지 않는다는 것이다. 가령, 판례는 매매계약서상에 "계약위반시에는 각기 책임에 따라 매도인은 계약금의 배액을 매수인에게 배상하고 매수인은 계약금을 상실함과 동시에 별도의 최고절차를 요하지 아니하고 자연해약을 승인한다"는 기재는 쌍무계약에 있어서 이행의 착수 전 당사자 일방은 상대방에 대하여 계약금을 포기하거나 그 배액을 배상하고 계약을 해제할 수 있다는 일종의 해제권 유보조항일 뿐 상대방이 위약을 하는 경우 최고나 통지없이 계약을 해제할 수 있는 특약이라고 볼 수 없다는 것이다(80다1815 판결). 그러나 부동산매매계약에 있어서 매수인이 잔대금지급기일까지 그 대금을 지급하지 못하면 그 계약이 자동적으로 해제된다는 취지의 약정이 있더라도 매도인이 이행의 제공을 하여 매수인을 이행지체에 빠뜨리지 않는 한 그 약정기일의 도과사실만으로는 매매계약이 자동해제된 것으로 볼 수 없으나, 매수인이 수회에 걸친 채무불이행에 대하여 책임을 느끼고 잔금 지급기일의 연기를 요청하면서 새로운 약정기일까지는 반드시 계약을 이행할 것을 확약하고 불이행시에는 매매계약이 자동적으로 해제되는 것을 감수하겠다는 내용의 약정을 한 특별한 사정이 있다면, 매수인이 잔금지급기일까지 잔금을 지급하지 아니함으로써 그 매매계약은 자동적으로 실효된다(95다55467 판결, 2007도5030 판결 등).

이러한 판례의 법리는 대체로 잔대금의 지급에 관한 실권조항의 해석에도 적용되고 있다. 가령, 판례는 부동산매매계약에 있어서 매수인이 잔대금지급기일까지 그 대금을 지급하지 못하면 그 계약이 자동적으로 해제된다는 취지의 약정이 있더라도 특단의 사정이 없는 한 매수인의 잔대금지급의무와 매도인의 소유권이전등기의무는 동시이행의 관계에 있으므로 매도인이 잔대금지급기일에 소유권이전등기에 필요한 서류를 준비하여 매수인에게 알리는 등 이행의 제공을 하여 매수인으로 하여금 이행지체에 빠지게 하였을 때에 비로소 자동적으로 매매계약이 해제된다고 보아야 하고 매수인이 그 약정기한을 초과하였더라도 이행지체에 빠진 것이 아니라면 대금미지급으로 계약이 자동해제된다고는 볼 수 없다고 한다(76다890 판결, 88다카28891 판결, 91다15614 판결, 98다505 판결). 매도인이 이전등기를 넘겨 줄 아무런 준비를 갖추어 놓지 않고서 상대방의 잔대금지급기일 도과만을 이유로 계약의 당연해제를 주장하는 것은 부당하다는 것이다. 물론 매수인이 자기의 동시이행 항변권을 포기하였다고 볼 수 있는 특별한 사정이 있는 경우(91다32022 판결)에는 잔대금미지급만으로 계약이 자동해제되었다고 볼 수 있을 것이다(95다55467 판결, 94다8600 판결).

그러나 중도금지급의무와 같이 선이행의무를 위반한 경우에는 실권약관으로 해석한다. 즉, 매수인이 중도금을 약정한 일자에 지급하지 아니하면, 계약이 해제된 것으로 한다는 특약이 있는 실권약관부매매계약에 있어서는 매수인이 약정의 중도금지급의무를 이행하지 아니하면, 그 계약은 그 일자에 자동적으로 해제된 것으로 보아야 하며, 매도인이 그 후에 중도금의 지급을 최고하였다하더라도, 이는 은혜적으로 한번 지급의무를 이행할 기회를 준 것에 지나지 아니한다고 한다(79다2035 판결, 91다13717 판결 등).

판례 ➡ 매매계약 당시 매수인이 매도인에게 중도금을 그 약정일자에 지급하지 아니할 때에는 매매계약이 취소되는 것으로 하되, 이미 지급한 대금은 반환하지 않기로 약정하였는 데, 그 후 매수인이 중도금을 그 약정일자에 지급하지 아니하였다면 위 불이행 자체로써 위 매매계약은 그 일자에 자동적으로 해제된 것으로 보아야 한다(92다5928 판결).

물론 실권조항이 약관의 형식으로 체결된 때에는 약관규제에 관한 법률의 적용을 받는다. 따라서 실권약관의 내용은 계약이 해제되는 등 중요한 내용으로서 사업자가 이를 고객에게 명시·설명하지 않으면 이를 계약의 내용으로 주장할 수 없다(동법 제3조 제3항).

5. 해 지

해제와 해지는 어느 것이나 유효하게 성립한 계약의 효력을 당사자 일방의 의사표시에 의하여 해소시키는 제도이다. 다만, 해지는 해제와 달리 장래에 대해서만 계약의 효력을 소멸시킨다. 즉, 기존의 계약관계는 해지에 의하여 영향을 받지 않으므로, 해제와 달리 이미 이행된 급부는 유효하다. 따라서 이미 이행된 급부는 반환청구할 수 없고 아직 이행되지 않은 급부도 이행되어야 한다(자세히는 후술한다).

Ⅲ. 법정해제권의 발생

1. 이행지체를 이유로 한 해제권

이행지체의 경우 채권자는 이행거절의 의사표시가 없는 한 유예기간(상당한 기간)을 정하여 최고 후 해제할 수 있다. 이 경우 상당기간은 채무자가 채무를 이행하는 데 통상 소요되는 기간으로서, 이행하여야 할 채무의 성질 기타 객관적 사정을 고려하여 결정하여야 한다. 그리고 이행의 최고시에 반드시 기간을 명시할 필요는 없고, 기간을 명시하지 않은 경우에는 상당한 기간이 경과하면 해제권이 발생한다(89다카14110 판결). 문제는 과대최고를 한 경우에도 최고의 효력이 인정되는가에 있다. 채무자의 급부의무보다 과대하게 최고한 경우, 그 차이가 비교적 작거나 급부의 수량을 잘못 알고 과다한 최고를 한 경우에는 그 최고는 유효하다고 할 것이나(94다54894 판결), 채무자가 본래의 급부를 하더라도 채권자가 이를 수령하지 않을 것이 예상되는 경우에는 최고로서의 효력이 없다(95다19898 판결). 과소최고의 경우에는 원칙적으로 최고에 표시된 수량에 대해서만 효력이 있다. 그리고 채무의 이행에 기한이 없는 경우에는 채무자는 채권자의 이행청구로서 이행지체에 빠지며, 또 그 이행청구는 최고로서의 효력이 인정된다. 물론 채무자가 미리 이행하지 아니할 의사를 표시한 경우에는 최고를 요하지 않는다(제544조 단서. 자세히는 후술하는 '이행거절을 이유로 한 해제권' 참조). 그리고 정기행위의 경우에도 최고를 요하지 않는다(제545조). 정기행위란 일정한 일시 또는 기간 내에 이행하지 않으면 계약의 목적을 달성할 수 없는 계약을 말한다. 정기행위에서는 이행기에 채무가 이행되어야 계약의 목적을 달성할 수 있는 점에서, 상당한 기간을 정한 최고는 무의미하다. 정기행위에 대하여 상사매매의 경우에는 특칙이 있다(상법 제68조). 즉, 상대방이 즉시 이행청구를 하지 않으면 해제한 것으로 본다.

판례 ➡ 채권자가 채무자의 이행지체를 이유로 계약을 해제함에 있어 전제요건으로서 일정한 기간을 명시하여 이행을 최고한 경우 최고기간 내에 채무자의 이행 또는 이행의 제공이 없어 해제권이 발생하였다고 하기 위하여는 채권자로서는 채무자로부터의 이행일시에 관한 통지 유무에 불구하고 적어도 그 기간의 최종일에는 변제의 장소에서 변제를 수령할 준비를 갖추어야 한다고 보는 것이 상당하고, 이때 변제의 장소는 당해 계약에서 약정된 장소가 있는 경우 그 약정장소라고 할 것이다(92다49430 판결).

판례 ➡ 수급인의 이행지체를 이유로 한 도급계약의 해제도 다른 계약의 해제와 마찬가지로 도급인이 상당한 기간을 정하여 이행을 최고하였음에도 불구하고 수급인이 이행하지 아니하거나 수급인이 미리 이행하지 아니할 것을 표시한 경우라야 적법하다(93다15991 판결).

판례 ➡ 소정의 기간 내에 이행이 없으면 계약은 당연히 해제된 것으로 한다는 뜻을 포함하고 있는 이행청구는 이행청구와 동시에 그 기간 내에 이행이 없는 것을 정지조건으로 하여 미리 해제의 의사를 표시한 것으로 볼 수 있다(92다28549 판결).

유의할 것은 동시이행의 관계에 있는 쌍무계약에 있어서 상대방의 채무불이행을 이유로 계약을 해제하려고 하는 자는 동시이행관계에 있는 자기 채무의 이행을 제공하여야 하고, 그 채무를 이행함에 있어 상대방의 행위를 필요로 할 때에는 언제든지 현실로 이행을 할 수 있는 준비를 완료하고, 그 뜻을 상대방에게 통지하여 그 수령을 최고하여야만 상대방으로 하여금 이행지체에 빠지게 할 수 있는 것이며, 단순히 이행의 준비태세를 갖추고 있는 것만으로는 안된다(94다24565 판결). 다만, 당사자의 일방이 이행을 제공하더라도 상대방이 상당한 기간 내에 그 채무를 이행할 수 없음이 객관적으로 명백한 경우에는 그 일방은 자신의 채무의 이행을 제공하지 않더라도 상대방의 이행지체를 이유로 계약을 해제할 수 있다(93다7204 판결).

판례 ➡ 부동산매매계약의 경우에 매도인이 매수인을 이행지체에 빠뜨리기 위하여 소유권이전등기에 필요한 서류 등을 현실적으로 제공할 필요까지는 없으나, 최소한 위 서류 등을 준비하여 두고 그 뜻을 매수인에게 통지하여 잔금지급과 아울러 이를 수령하여 갈 것을 최고함은 요한다(96다17738 판결). 이 경우 매도인이 제공하여야 할 소유권이전등기신청에 필요한 일체의 서류라 함은 등기권리증, 위임장 및 부동산매도용 인감증명서 등 등기신청행위에 필요한 모든 구비서류를 말한다(92다36373 판결).

판례 ➡ 매수인이 잔대금지급의무를 이행하고 소유권이전등기를 넘겨받을 의사가 없음을 미리 표시한 것으로 볼 수 있는 객관적인 명백한 사정이 있는 경우에는 당사자 일방이 자기의 채무의 이행을 제공을 하지 않더라도 상대방의 이행지체를 이유로 계약을 해제할 수 있는 것으로, 매수인이 이를 번복할 가능성이 있다고 볼 만한 다른 특별한 사정이 없는 한, 이러한 경우까지 매도인에게 매수인을 이행지체에 빠뜨리기 위하여 구두제공의 방법으로라도 자기의 반대채무를 이행제공할 것을 요구할 것은 아니라고 볼 것이다(94다16083 판결).

판례 ➡ 국토이용관리법상의 토지거래허가를 전제로 하는 매매계약의 경우 허가가 있기 전에는 매수인에게 그 계약내용에 따른 대금의 지급의무가 없는 것이므로 설사 그 전에 매도인이 소유권이전등기 소요서류의 이행제공을 하였다고 하더라도 매수인이 이행지체에 빠지는 것이 아니고 허가가 난 다음 그 이행제공을 하면서 대금지급을 최고하고 매수인이 이에 응하지 아니한 경우에 비로소 이행지체에 빠져 매도인이 계약을 해제할 수 있다(94다23319 판결).

한편 일부 이행지체의 경우에도 채권자는 계약 전부를 해제할 수 있다(62다420 판결). 다만, 그 불이행의 부분이 경미한 경우라든가 그 불이행 부분만의 해제로도 채권자의 이익이 충분히 보호될 수 있는 경우에는 일부 해제만이 가능하다고 할 것이다(66다626 판결).[153)]

문제는 이행지체를 이유로 계약을 해제하는 경우에 채무자에게 귀책사유가 요구되는가에 있다. 민법은 이행불능으로 인한 계약해제의 경우에는 명시적으로 채무자에게 귀책사유를 요구하면서(제546조), 이행지체로 인한 계약해제의 경우에는 단지 "당사자 일방이 그 채무를 이행하지

153) 김대정, 계약법(상), 287면.

아니하는 때"(제544조)라고만 규정하고 있기 때문이다.

학설은 귀책사유가 필요 없다는 소극설[154]과 귀책사유가 요구된다는 적극설(곽윤직, 채권총론, 86면)로 갈린다. 요컨대 이행불능으로 인한 해제의 경우와 달리 이행지체를 이유로 계약을 해제하기 위해서는 유예기간의 부여와 최고가 요구된다(제544조 전문). 다만, 채무자에 의한 확정적 이행거절(제544조 후문)이나 정기행위(제545조)의 경우에는 해제권의 취득을 위한 유예기간의 설정을 요구하지 않는다. 그 이유는 이행기 이후의 이행이 채권자에게 이익이 없기 때문인 것으로 판단된다.[155] 물론 이행지체의 경우에는 이행이 가능하다는 점에서 이행기 이후의 이행이 반드시 채권자에게 이익이 없다고 할 수는 없다. 그렇다고 언제까지 채권자로 하여금 채무자의 이행을 기다리라고 요구할 수도 없다고 할 것이다. 그래서 민법은 채무자의 책임있는 사유 여부를 묻지 않고, 유예기간이 경과한 후의 이행은 채권자에게 이익이 없는 것으로 보아 채권자에게 해제권을 인정한 것으로 이해할 것이다. 이와 같이 볼 때 이행지체로 인한 해제의 경우에는 특별히 채무자의 귀책사유가 그 요건이라고 해석할 것은 아니라고 하겠다.[156]

판례 ➡ 쌍무계약에 있어 상대방이 미리 이행을 하지 아니할 의사를 표시하거나 당사자의 일방이 이행을 제공하더라도 상대방이 그 채무를 이행하지 아니할 것이 객관적으로 명백한 경우는 그 일방이 이행을 제공하지 아니하여도 상대방은 이행지체의 책임을 지고 이를 이유로 계약을 해제할 수 있다고 할 것이고, 당사자의 일방이 이행을 제공하더라도 상대방이 상당한 기간 내에 그 채무를 이행할 수 없음이 객관적으로 명백한 경우에도 그 일방은 자신의 채무의 이행을 제공하지 않더라도 상대방의 이행지체를 이유로 계약을 해제할 수 있다고 보아야 한다(93다7204 판결).

2. 이행불능을 이유로 한 해제권

채무자의 책임있는 사유로 이행불능이 발생한 경우에는 채권자는 최고없이 해제할 수 있다(제546조). 즉, 이행지체와 달리 이행불능의 경우에는 이행의 최고는 필요하지 않다. 따라서 이행기가 도래하기 전에 이행불능이 발생한 때에는 이행기를 기다리지 아니하고 해제권을 행사할 수 있다. 이 경우 불능은 후발적 불능을 말하고, 이행불능을 이유로 계약을 해제하려면 이행이 불능하게 된 것만으로는 안되고, 이행이 불능하게 된 것이 채무자의 책임으로 돌릴 수 있는 사유에서 나온 것이라야 된다(67다1338 판결). 다만, 이행지체 중에 불가항력적인 사유로 이행불능이 발생한 경우에도 채권자는 계약을 해제할 수 있다(제392조 참조).

---

154) 이은영, 채권총론, 229면; 김형배, "독일채권법현대화법안", 저스티스 제34권 제5호(2001), 93면 이하; 동, 채권각론(계약법), 209면; 정진명, "계약해제와 유책사유", 7면 이하.

155) 명순구, "민법 제544조 본문의 '최고'와 제387조 제2항의 '이행청구'의 구별", 안암법학 제3집(1995), 430면.

156) 동지: 하경효, "채무불이행과 계약해제의 요건－유책성 요건의 비판적 검토를 중심으로－", 고려법학 제40호(2003. 6), 95면.

판례 ➡ 매수인은 매매목적물에 대하여 가압류집행이 되었다고 하여 매매에 따른 소유권이전등기가 불가능한 것도 아니므로, 이러한 경우 매수인으로서는 신의칙 등에 의해 대금지급채무의 이행을 거절할 수 있음은 별론으로 하고, 매매목적물이 가압류되었다는 사유만으로 매도인의 계약 위반을 이유로 매매계약을 해제할 수는 없다(99다11045 판결).

판례 ➡ 매도인의 매매계약상의 소유권이전등기의무가 이행불능이 되어 이를 이유로 매매계약을 해제함에 있어서는 상대방의 잔대금지급의무가 매도인의 소유권이전등기의무와 동시이행관계에 있다고 하더라도 그 이행의 제공을 필요로 하는 것이 아니다(2000다22850 판결).

판례 ➡ 이행불능을 이유로 계약을 해제하기 위해서는 그 이행불능이 채무자의 귀책사유에 의한 경우여야만 한다 할 것이므로, 매도인의 매매목적물에 관한 소유권이전의무가 이행불능이 되었다고 할지라도, 그 이행불능이 매수인의 귀책사유에 의한 경우에는 매수인은 그 이행불능을 이유로 계약을 해제할 수 없다(2000다50497 판결).

판례 ➡ 임대차계약이 성립된 후 그 존속기간 중에 임대목적물에 대한 소유권을 상실한 경우에도 그 사실만으로 임대차계약이 종료하지 아니하나 임차인이 진실한 소유자로부터 목적물의 반환청구나 차임 내지 그 해당액의 지급요구를 받는 등의 이유로 임대인이 임차인으로 하여금 사용수익시킬 수가 없게 되면 임대인의 사용수익시킬 채무는 이행불능으로 된다 할 것이므로 임차인은 그때 이후의 임대인의 차임지급청구를 거절할 수 있다(78다1103 판결).

한편 매매 기타 유상계약상 권리이전의무를 이행할 수 없는 경우에는 담보책임의 특칙이 있다. 즉, 타인의 권리매매의 경우에 매도인이 그 권리를 취득하여 매수인에게 이전할 수 없는 경우에는, 매수인은 선의 악의를 묻지 않고 계약을 해제할 수 있다(제570조). 이 경우에는 매도인도 선의인 경우에는 손해를 배상하고 계약을 해제할 수 있다(제571조). 그리고 제한물권이 설정되어 있는 경우에는 계약의 목적을 달성할 수 없을 때에 한해 매수인은 계약을 해제할 수 있다(제575조 제1항).

일부 이행불능이 있는 경우에도 그 계약의 목적을 달성할 수 없는 경우에는 그 계약 전부를 해제할 수 있다(86다카2943 판결, 94다57817 판결). 그렇지만 그 급부가 가분적이고 나머지 부분만이라도 계약의 목적을 달성할 수 있는 때에는 불능부분에 대해서만 일부해제를 할 수 있다(94다56098 판결). 물론 이 경우에는 그에 상응한 자신의 채무는 이행하여야 하고 그렇게 하지 아니하면 이행지체의 책임을 진다고 할 것이다(91다43527 판결). 급부가 불가분인 때에는 원칙적으로 계약을 해제할 수 있으나, 불능부분이 없더라도 잔여부분만으로 계약의 목적을 달성할 수 있는 때에는 계약을 해제할 수 없다고 할 것이다.[157]

한편 매매 기타 유상계약의 경우 일부불능에 대해서는 담보책임의 특칙이 있다(제572조 제2항, 제574조). 즉, 권리의 일부가 타인에게 속한 경우 또는 수량부족의 경우에는 잔존부분만이라

157) 김형배, 채권각론(계약법), 219면.

면 매수인이 이를 매수하지 아니하였을 경우에 한하여, 선의의 매수인은 계약을 해제할 수 있다.

3. 불완전이행을 이유로 한 해제권

불완전한 이행의 경우에 채권자는 변제의 수령을 거절할 수 있지만, 채권자가 이를 수령한 경우에도 본래의 채무는 소멸하지 않는다. 따라서 채권자는 당연히 채무자에 대하여 하자의 보수 등 완전한 급부의 이행을 청구할 수 있는 완전이행청구권 내지 추완청구권을 가진다. 다만, 제462조에 관한 완전이행설에 의하면, 특정물의 인도가 채무의 내용인 경우에 이행기 전에 그 특정물이 훼손되었더라도 채무자는 훼손된 대로 인도하면 된다고 한다.[158] 따라서 채무의 이행으로 인도받은 특정물에 하자가 있더라도 채권자는 추완청구권을 행사할 수 없고, 하자담보책임이 문제될 뿐이다(제580조). 물론 이 경우 그 훼손이 채무자에게 책임있는 사유로 발생한 경우에는 제374조의 선관주의의무 위반으로 되어 채무자는 그 훼손으로 인하여 발생한 채권자의 손해를 배상해 주어야 한다는 것이다. 이러한 추완청구권은 완전이행이 가능한 경우에 인정될 수 있고, 완전이행이 불가능한 경우에는 인정될 여지가 없다. 그리고 이 경우 채권자는 채무가 계약에 기하여 생긴 때에는 이행지체(제544조, 제545조)와 이행불능(제546조)에 따른 계약의 해제조항에 근거하여 계약을 해제할 수 있을 것이다. 즉, 완전이행이 가능한 경우라면 채권자는 상당한 기간을 정하여 이행을 최고하였음에도, 채무자가 이행없이 최고기간을 넘긴 때에는 해제권을 행사할 수 있다. 그리고 완전이행이 불가능한 경우에는 채권자는 최고없이 바로 해제할 수 있다.

다만, 판례는 부수적 의무의 불이행을 이유로 계약 전체를 해제할 수는 없다고 한다(93다17966, 17973 판결, 97마575 결정 등). 그러나 중요한 것은 위반된 계약의무의 내용이나 계약위반의 정도뿐 아니라, 의무불이행으로 인하여 채권자의 이익이 어느 정도 침해되었느냐도 고려되어야 한다. 따라서 부수적 위반이라도 그것이 계약목적달성을 어렵게 하거나 계약의 지속적 이행을 기대할 수 없게 하는 경우에는 계약을 해제할 수 있는 것으로 보아야 할 것이다.

판례 ➡ 수임인이 위임계약상의 채무를 제대로 이행하지 아니하였다 하여 위임인이 언제나 최고 없이 바로 그 채무불이행을 이유로 하여 위임계약을 해제할 수 있는 것은 아니고, 아직도 수임인이 위임계약상의 채무를 이행하는 것이 가능하다면 위임인은 수임인에 대하여 상당한 기간을 정하여 그 이행을 최고하고, 수임인이 그 기간 내에 이를 이행하지 아니할 때에 한하여 계약을 해제할 수 있다(96다27148 판결).

판례 ➡ 채무불이행을 이유로 계약을 해제하려면, 당해 채무가 계약의 목적달성에 있어 필요불가결하고 이를 이행하지 아니하면 계약의 목적이 달성되지 아니하여 채권자가 그 계약을 체결하지 아니하였을 것이라고 여겨질 정도의 주된 채무이어야 하고, 그렇지 아니한 부수적 채무를 불이행한 데에 지나지 아니한 경우에는 계약을 해제할 수 없다(2001다20394, 20400 판결, 2005다53705, 53712 판결).

158) 곽윤직, 채권각론, 50면.

그런데 불완전이행으로 인하여 채권자의 생명・신체・재산 등 채권자에게 이행이익을 초과하는 또는 그와 별도의 부가적 손해가 발생한 경우에는, 채권자에게 급부청구권을 강제하는 것은 의미가 없고 부가적 손해에 대한 손해배상청구권이 검토되어야 할 것이다. 역시 계약해제권도 문제되지는 않는다고 할 것이다. 다만, 계속적 채권관계에 있어서는 계약해지권이 문제될 수 있을 것이다.

한편 물건의 하자로 인한 불완이행의 경우에는 담보책임의 특칙이 있다. 우선 하자있는 특정물을 인도한 경우에, 매수인은 그 하자로 인하여 계약의 목적을 달성할 수 없는 경우에 한하여 계약을 해제할 수 있다. 물론 하자담보책임을 원시적 하자가 있는 경우에 한하여 인정하는 입장에 의하면, 목적물에 후발적 하자있는 경우에는 불완전이행으로 인한 해제가 문제된다고 할 것이다. 다만, 특정물의 하자로 인하여 매수인의 생명・신체 등의 침해로 인하여 이행이익을 넘는 또는 그와 별도의 부가적 손해가 발생한 경우에는 계약의 해제는 의미가 없고, 문제의 해결도 담보책임에 의할 수는 없고 채무불이행으로 인한 손해배상에 의할 것이다. 매도인의 담보책임은 매수인의 급부이익에 한정된다고 보아야 할 것이고, 따라서 확대손해의 경우에는 매도인의 귀책사유를 요한다고 보아야 할 것이기 때문이다.

그리고 하자있는 불특정물을 인도한 경우에도 매도인의 하자담보책임에 의하여 계약을 해제할 수 있다. 즉, 매수인은 그 하자로 인하여 계약의 목적을 달성할 수 없는 경우에는 계약을 해제할 수 있다(제581조 제1항, 제580조, 제575조). 물론 이 경우 매수인은 계약의 해제 또는 손해배상 이외에 하자없는 물건을 청구할 수 있다(제581조 제2항). 역시 불특정물의 하자로 인하여 부가적 손해가 발생한 경우에는 계약의 해제는 의미가 없고, 문제의 해결도 담보책임에 의할 수는 없고 채무불이행으로 인한 손해배상에 의할 것이다.

4. 이행거절을 이유로 한 해제권

이행거절이 있는 경우 채권자는 이행기를 기다려서 지연배상과 아울러 강제이행을 청구할 수 있으나, 이행기를 기다리지 않고도 최고 또는 이익 없음의 증명없이 손해배상을 청구할 수 있고, 해제권을 행사할 수 있다(제544조 단서. 2004다53173 판결). 이행거절의 의사표명 여부는 계약의 이행에 관한 당사자의 행동과 계약 전후의 구체적 사정 등을 종합적으로 살펴서 판단하여야 한다(97다30257 판결).

이행거절이 인정되면, 채권자는 아직 이행기가 도래하기 전이라도 바로, 즉 유예기간을 설정함이 없이 계약을 해제하거나 전보배상을 청구할 수 있고, 채권자는 이행기의 도래를 기다려 원래의 구제수단에 호소할 수도 있는 것이다. 채권자는 이행거절이 있는 경우에 두 가지의 선택가능성, 즉 이행불능의 효과를 주장하거나 이행지체의 효과를 주장할 수 있다.

판례 ➡ 채무자의 이행거절로 인한 채무불이행에서의 손해액 산정은 채무자가 이행거절의 의사를 명백히 표시하여 최고없이 계약의 해제나 손해배상을 청구할 수 있는 경우에는 이행거절 당시의 급부목적물의 시가를 표준으로 해야 할 것이다(2005다63337 판결 등).

물론 쌍무계약에서의 이행거절의 경우에도 상대방은 변제기의 도래를 기다리거나 반대급부의 변제제공을 할 필요없이 계약을 해제할 수 있다. 가령, 부동산매도인이 중도금의 수령을 거절하였을 뿐만 아니라 계약을 이행하지 아니할 의사를 명백히 표시한 경우 매수인은 신의성실의 원칙상 소유권이전등기의무이행기일까지 기다릴 필요 없이 이를 이유로 매매계약을 해제할 수 있다(93다11821 판결).

이와 같이 쌍무계약에 있어서 계약당사자의 일방은 상대방이 채무를 이행하지 아니할 의사를 명백히 표시한 경우에는 최고나 자기채무의 이행제공없이 그 계약을 적법하게 해제할 수 있으나(2007다54979 판결), 그 이행거절의 의사표시가 적법하게 철회된 경우 상대방으로서는 자기채무의 이행을 제공하고 상당한 기간을 정하여 이행을 최고한 후가 아니면 채무불이행을 이유로 계약을 해제할 수 없다(2000다40995 판결).

5. 채권자지체를 이유로 한 해제권

채권자지체의 본질에 관한 채무불이행설에 의하면, 채무자는 채권자지체를 이유로 계약을 해제하거나 손해배상을 청구할 수 있는 것으로 새긴다. 그러나 법정책임설에 의하면 그렇지 않다.

물론 당사자의 특약이나 거래관행상 채권자에게 협력이나 수령에 관한 의무가 인정되는 경우에는 그러한 의무위반으로서의 채권자지체에 대하여는 채무자가 채무불이행책임을 물어 해제권을 행사할 수 있다고 할 것이다.[159)]

판례 ➡ 계약해제를 위한 이행최고를 함에 있어서 그 최고되는 채무가 소유권이전등기를 하는 채무와 같이 그 채무의 성질상 채권자에게도 단순한 수령 이상의 행위를 하여야 이행이 완료되는 경우에는 채권자는 이행의 완료를 위하여 필요한 행위를 할 수 있는 일시·장소 등을 채무자에게 알리는 최고를 하여야 할 필요성이 있다(2000다50497 판결).

6. 사정변경의 원칙에 의한 해제권

계약의 성립 후 그 이행까지의 사이에 그 계약체결의 기초가 된 사정이 현저하게 변경되고, 그 결과 당초의 계약내용대로 이행을 요구하는 것이 신의칙상 부당하다고 인정되는 경우에는 당사자에게 일방적으로 계약의 내용을 변경할 수 있도록 하거나 계약을 해소할 수 있는 권리를 부여하여야 한다는 이론이 사정변경의 원칙이다. 이 경우 사정변경이 발생했다는 것은 계약에 정해진 급부 자체의 실현이 어려워졌다거나 불가능하게 된 것을 의미하지는 않는다. 따라서 사

---

159) 최수정, 계약법총론, 한림대학교출판부(2002), 196면.

정변경은 채무불이행 내지 급부장애는 아니다. 문제는 사정의 변경이 있는 경우에 계약의 내용을 수정하거나 계약의 해제권 내지 해지권을 인정할 것인지에 있다.

학설은 사정변경의 원칙을 인정하게 되면 계약의 구속력과 거래의 안전에 큰 위협이 될 것이라는 이유를 들어, 이를 법의 일반원칙으로 인정하는 데 소극적이기도 하지만,[160] 대체로 사정변경의 원칙을 법의 일반원칙으로 인정하는 데 적극적이다.[161] 다만, 적극설은 사정변경의 원칙을 인정하더라도 그 법률효과에 대하여는 계약의 해소에 중점을 두는 견해[162]와 계약내용의 변경에 중점을 두는 입장,[163] 즉 상당한 기간내에 계약의 수정에 관한 합의가 이루어지지 않은 경우에 비로소 계약을 해소할 수 있다는 입장으로 갈리어 있다. 사정변경의 원칙을 인정하더라도 계약의 구속력을 될 수 있으면 견지하여야 한다는 점에서 후자의 입장이 타당하다.

판례는 "사정변경의 원칙은 현행법상 용인되지 않는다"(63다452 판결, 90다19664 판결)는 태도를 견지하여 오다가, 최근에는 해제의 효과를 가져오는 사정변경의 원칙의 적용요건을 일반적으로 전개한 바 있다(2004다31302 판결).

판례 ➡ 이른바 사정변경으로 인한 계약해제는, 계약성립 당시 당사자가 예견할 수 없었던 현저한 사정의 변경이 발생하였고 그러한 사정의 변경이 해제권을 취득하는 당사자에게 책임없는 사유로 생긴 것으로서, 계약내용대로의 구속력을 인정한다면 신의칙에 현저히 반하는 결과가 생기는 경우에 계약준수원칙의 예외로서 인정되는 것이고, 여기에서 말하는 사정이라 함은 계약의 기초가 되었던 객관적인 사정으로서, 일방당사자의 주관적 또는 개인적인 사정을 의미하는 것은 아니다. 또한, 계약의 성립에 기초가 되지 아니한 사정이 그 후 변경되어 일방당사자가 계약 당시 의도한 계약목적을 달성할 수 없게 됨으로써 손해를 입게 되었다 하더라도 특별한 사정이 없는 한 그 계약내용의 효력을 그대로 유지하는 것이 신의칙에 반한다고 볼 수도 없다(2004다31302 판결, 2014다24327, 24334, 24341, 24358, 24365, 24372 판결).

Ⅳ. 해제권의 행사

1. 해제권행사의 방법

해제권은 상대방에 대한 일방적 의사표시로 행사할 수 있으며(제543조 제1항), 상대방에게 도달한 때로부터 그 효력이 생긴다(제111조). 해제권은 일방적 의사표시에 의하여 계약의 효력을 해소시키는 형성권이므로 조건과 기한을 붙이지 못한다. 상대방의 지위를 불안정하게 할 수 있기 때문이다. 따라서 상대방을 불이익한 지위에 놓이게 할 염려가 없는 경우에는 예외적으로 허용된다. 가령, 최고를 하면서 최고기간 내에 이행하지 않으면 다시 해제의 의사표시를 하지 않더라도 당연히 해제된다고 하는 것은 유효하다(92다28549 판결).

160) 김욱곤, 주석민법(1), 261면 이하; 김대정, 계약법(상), 173면 이하.
161) 곽윤직, 채권각론, 93면; 김증한/김학동, 채권각론, 137면.
162) 곽윤직, 채권각론, 93면; 이은영, 민법총칙, 9면.
163) 김형배, 채권각론(계약법), 73면 이하.

판례 ➡ 매수인이 계약의 이행에 착수하기 전에는 매도인이 계약금의 배액을 상환하고 계약을 해제할 수 있으나, 이 해제는 통고로써 즉시 효력을 발생하고 나중에 계약금 배액의 상환의무만 지는 것이 아니라 매도인이 수령한 계약금의 배액을 매수인에게 상환하거나 적어도 그 이행제공을 하지 않으면 계약을 해제할 수 없다(91다33612 판결).

물론 채권자에게 해제권이 발생하더라도 그 행사 여부는 채권자의 자유에 속한다. 그러나 해제의 의사표시는 철회하지 못한다(제543조 제2항). 계약이 해제되었다고 믿는 상대방의 이익을 보호하기 위해서다. 따라서 상대방이 동의하였다면 철회할 수 있다고 할 것이다. 다만, 이 경우 철회의 효과는 제3자에게 대항하지 못한다고 볼 것이다.[164]

2. 해제권의 불가분성

당사자의 일방 또는 쌍방이 수인인 경우에는, 계약해제의 의사표시는 그 전원으로부터 또는 전원에 대하여 하여야 한다(제547조 제1항). 이를 해제권의 불가분성이라 한다. 가령, A, B, C 세 사람이 D로부터 토지를 매수한 경우에 D가 매매계약을 해제하려면 A, B, C 전원에 대하여 해제의 의사표시를 하여야 하고, 매수인측에서 계약을 해제하려면 A, B, C 전원이 D에 대하여 해제의 의사표시를 하여야 한다. 이러한 **해제의 불가분성은 불가분채무에 대해서는 물론이고 분할채무에도 적용된다. 또한 연대채무에서도 해제의 의사표시는 연대채무자 전원에 대하여 하여야 한다.** 문제는 공유물에 관한 계약의 해제의 경우에도 제265조 본문의 규정에 불구하고 해제의 불가분성이 적용되는가에 있다. 학설은 제265조 본문에 따라 공유자가 과반수지분을 가지는 경우에는 단독으로 또 과반수지분권자에 대하여 해제의 의사표시를 할 수 있다는 견해[165]와 제265조는 공유자 간의 내부의 의사결정에 관한 것이고, 해제의 경우에는 제547조 제1항이 적용된다는 견해로 갈린다.[166] 공유물에 대한 매매계약의 해제는 관리행위가 아니고 처분행위라고 할 것이므로, 제265조가 아니고 제264조가 적용된다고 할 것이므로 공유자 전원의 동의를 얻어 전원이 해제의 의사표시를 하여야 하고, 상대방도 전원에 대하여 해제의 의사표시를 하여야 할 것이다.

판례 ➡ 수필의 토지와 지상건물의 매매가 불가분의 상호연관관계가 있는 경우에는 계약의 이행 및 해제는 전체에 대해서만 가능하고 그 중 일부에 대하여 분리하여 이행 또는 해제할 수는 없다(90다8343 판결).

판례 ➡ 민법 제547조 제1항은 "당사자의 일방 또는 쌍방이 수인인 경우에는 계약의 해지나 해제는 그 전원으로부터 또는 전원에 대하여 하여야 한다"고 규정하고 있다. 따라서 매매계약의 일방 당사자가 사망하였고 그에게 여러 명의 상속인이 있는 경우에 그 상속인들이 위 계약을 해제하려면, 상

164) 김대정, 계약법(상), 296면.
165) 김증한/김학동, 채권각론, 144면.
166) 김형배, 채권각론(계약법), 226면; 김준호, 채권법, 485면.

대방과 사이에 다른 내용의 특약이 있다는 등의 특별한 사정이 없는 한, 상속인들 전원이 해제의 의사표시를 하여야 한다(2013다22812 판결).

물론 해제의 의사표시는 이를 공동으로 동시에 행할 필요는 없고, 순차적으로 행하여도 상관없다. 그리고 이 규정은 강행규정이 아니라고 할 것이므로 당사자가 특약으로 그 적용을 배제할 수 있다(93다46209 판결 참조).

판례 ➡ 매매계약의 매수인으로는 갑 외에 3인이 더 있었지만 갑이 매매계약체결시부터 계약해제통지를 받을 때까지 매수인측을 대표하였고, 매매계약서에도 '갑 외 3인'으로 표시되었으며, 매도인이 다른 매수인을 만난 적도 없었다면, 갑 외의 다른 매수인들은 갑에게 매매계약해제의 통지를 수령할 수 있는 권한을 포함한 매매계약에 관련된 모든 권한을 위임하였다고 봄이 상당하므로, 매도인으로서는 갑에게 매매계약의 해제를 통고함으로써 매수인들 전원에 대한 해제의 의사표시를 적법히 하였다고 할 것이다(92다50805 판결).

판례 ➡ 하나의 부동산을 수인이 공유하는 경우 각 공유자는 각 그 소유의 지분을 자유로이 처분할 수 있으므로, 공유자 전원이 공유물에 대한 각 그 소유지분 전부를 형식상 하나의 매매계약에 의하여 동일한 매수인에게 매도하는 경우라도 당사자들의 의사표시에 의하여 각 지분에 관한 소유권이전의무, 대금지급의무를 불가분으로 하는 특별한 사정이 없는 한 실질상 각 공유지분별로 별개의 매매계약이 성립되었다고 할 것이고, 일부 공유자가 매수인의 매매대금지급의무불이행을 원인으로 한 그 공유지분에 대한 매매계약을 해제하는 것은 가능하다고 할 것이다(94다59745 판결).

판례 ➡ 수탁자의 사망으로 인하여 수탁자의 지위가 공동상속되었을 때 신탁해지의 의사표시가 그 공동상속인 일부에게만 이루어졌다면 신탁해지의 효과는 그 일부 상속인에게만 발생하는 것이고, 이 때에는 해제권의 불가분에 관한 민법 제547조의 규정은 그 적용이 없고 그 일부에 한하여 신탁해지의 효과가 발생하는 것일 뿐 수탁자나 수탁자의 지위를 승계한 사람이 수인이라 하여 그 전원에게 신탁해지의 의사표시를 동시에 하여야만 그 효과가 발생하는 것은 아니라 할 것이다(92다9579 판결, 73다467 판결).

한편 당사자의 일방 또는 쌍방이 수인인 경우에 그 중의 한 사람에 관하여 해제권이 소멸한 때에는 다른 당사자에 대하여도 소멸한다(제547조 제2항). 이 경우 소멸의 원인은 묻지 않는다.

Ⅴ. 해제의 효과

1. 해제의 효과에 관한 법리구성

(1) 개 관

계약이 해제되면 당사자는 계약의 구속으로부터 해방된다(해방효의 발생). 그리고 각 당사자는 원상회복의무를 부담한다(제548조). 문제는 해제에 의하여 계약이 처음부터 체결되지 않았던 상태로 소급하여 소멸되는지, 아니면 장래에 향해서만 소멸하는지에 있다.

이에 대해서는 전통적으로 직접효과설과 간접효과설 및 절충설의 대립이 있었으나, 직접효과설이 통설적 입장이었다. 그러다가 최근에는 직접효과설을 비판하고 청산관계설이 주장되고 있다. 직접효과설에 의하면, 계약이 해제되면 계약은 소급적으로 소멸되고, 따라서 아직 이행되지 아니한 채무는 소멸하고 이미 이행된 채무는 법률상 원인을 잃게 되므로, 일종의 부당이득반환의무로서의 원상회복의무가 발생하는 것으로 이해한다. 그러나 간접효과설은 해제에 의하여 곧바로 계약이 소멸하는 것은 아니라고 하면서, 해제의 효과로서 미이행채무에 대해서는 항변권이 생기고 이미 이행된 급부에 대해서는 원상회복청구권이 생기며, 그 원상회복의무의 이행에 의해 비로소 계약관계가 소멸하는 것으로 새긴다. 그리고 절충설 내지 청산관계설은 계약은 해제로 인하여 소급적으로 소멸하는 것이 아니라 장래에 향해서만 소멸된다고 한다. 따라서 계약이 해제되면 아직 이행되지 않은 채무는 소멸되고, 이미 이행한 채무는 청산목적을 위한 반환채무로 변경된다는 것이다.

판례도 직접효과설의 입장에 있다(75다1394 판결).[167] 즉, 원상회복의무의 법적 성질에 대하여 계약의 소급적 소멸을 전제로 하여 부당이득반환에 관한 특별규정의 성격을 가진 것으로 파악한다(4294민상1429 판결). 그리고 해제에 의하여 계약은 계약 당시에 소급하므로, 채무불이행으로 인한 손해배상의 문제는 발생할 여지가 없으나, 채권자보호라는 입장에서 제551조가 손해배상의 청구를 할 수 있음을 명시한 것이라고 한다(82다카1667 판결).

> **판례 ➡** 보증채무는 주채무와 동일한 내용의 급부를 목적으로 함이 원칙이지만 주채무와는 별개 독립의 채무이고, 한편 보증채무자가 주채무를 소멸시키는 행위는 주채무의 존재를 전제로 하므로, 보증인의 출연행위 당시에는 주채무가 유효하게 존속하고 있었다 하더라도 그 후 주계약이 해제되어 소급적으로 소멸하는 경우에는 보증인은 변제를 수령한 채권자를 상대로 이미 이행한 급부를 부당이득으로 반환청구할 수 있다(2004다20265 판결).

이하에서는 종래의 통설인 직접효과설과 이를 비판하고 주장되고 있는 청산관계설에 대해서만 각각의 내용과 근거를 검토하기로 한다.

(2) 직접효과설

직접효과설에 의하면, 해제의 의사표시에 의해 계약은 처음부터 존재하지 않았던 것과 같은 효과가 생기므로, 계약에 의한 모든 채권관계는 소급적으로 소멸하게 된다. 따라서 미이행채무는 소멸하고 기이행채무는 법률상 원인없는 급부가 됨으로써 부당이득으로 반환되어야 한다. 다

167) 다만, 학설은 본 판결이 물권행위의 유인성을 인정한 것으로 들고 있는가 하면(곽윤직, 물권법, 71면; 김욱곤, "해제의 효과에 관한 법리소고", 손해배상법의 제문제, 711면 이하), 매우 비판적인 입장도 있다(김증한, "물권행위론", 민법논집, 31면; 정옥태, "한국민법상 물권행위의 무인성론", 현대재산법의 제문제, 55면; 김용담, "계약해제의 효과에 관한 일고찰", 민사법학 4, 5호합병호, 122면 이하).

만, 채권자의 본래 상태로의 회복을 지향하는 원상회복의무의 성질과 채무자의 본래 상태로의 회복을 지향하는 부당이득반환의무의 성질은 다르다는 비판이 있다.[168]

아무튼 직접효과설은 다시 물권행위의 유인·무인성론과 관련하여 채권적 효과설과 물권적 효과설이 대립한다. 이론상 물권행위의 무인론에 기초한 채권적 효과설에 의하면 제548조 제1항 단서를 주의규정으로 보는 결과 보호되는 제3자의 범위가 물권행위의 유인론에 기초한 물권적 효과설보다 더 넓게 된다. 물권적 효과설에 의하면 계약해제의 소급효에 의하여 영향을 받지 않는 제3자는 원칙적으로 해제의 의사표시가 있기 이전에 해제된 계약에서 생긴 법률효과를 기초로 하여 권리를 취득한 자를 가리키기 때문이다.

그러나 물권적 효과설을 취하는 입장에서도 계약에 기초한 등기를 경료함으로써 물권변동이 발생한 경우, 후에 계약해제에 따라 원상회복등기가 되기 전에 새로운 이해관계를 맺은 제3자도 거래안전을 위하여 보호되어야 한다고 한다. 판례도 같은 태도를 취하고 있다(84다카130, 131 판결). 제3자의 범위에 해제의 의사표시가 있은 후 그 해제에 의한 말소등기가 있기 이전에 이해관계를 갖게 된 자도 포함하여 해석하여야 한다는 것이다. 나아가 이 경우 제3자를 선의의 자만을 의미하는지 악의의 제3자도 포함하는지에 대하여도 물권적 효과설에 의하면 민법 제548조 제1항 단서가 거래안전을 위한 특별규정이라는 점에서, 동 규정에 의해서 보호되는 제3자는 선의의 자에 한한다고 해석한다.[169] 그러나 채권적 효과설에 의하면 제3자에는 선의의 자에 한하지 않고 악의의 제3자까지도 포함하는 것으로 해석한다. 그렇지만 채권적 효과설을 취하면서도 권리남용이나 신의칙에 기하여 악의의 제3자는 자기의 권리를 주장할 수 없다고 해석하는 것이 타당하다는 주장도 있다.[170]

그리고 민법은 해제는 손해배상의 청구에 영향을 미치지 않는다고 규정하고 있다(제551조). 여기에서 청산관계설은 해제에 의하여 계약이 소급적으로 소멸한다고 보는 직접효과설을 취하게 되면, 계약관계의 존속을 전제로 채무불이행으로 인한 손해배상청구권이 인정되는 이유를 설명하기 곤란하다고 한다.[171] 하지만, 직접효과설에 의하면 계약의 해제는 계약상 이행의무의 소멸을 의미하는 것이지 채무불이행에 대한 제재로서의 손해배상의무의 소멸을 의미하는 것은 아니라고 한다.[172] 또한 이론적으로 채권관계의 소급적 소멸과 채무불이행으로 인한 손해배상을 양립시키는 것은 모순되기는 하지만, 해제로 인하여 기이행된 급부의 반환만으로는 계약이 해제될 때까지 채권자가 입은 손해가 제거되는 것은 아니므로, 실질적 공평의 관점에서 법이 해제와 손해배상의 양립을 인정하는 것이라고 한다.[173]

---

168) 청산관계설에서의 비판이다. 김용담, "계약해제의 효과에 관한 일고찰", 130면 이하.
169) 곽윤직, 채권각론, 158면.
170) 정옥태, "물권행위의 무인론", 고시연구(1991. 8), 131면.
171) 김형배, 채권각론(계약법), 249면.
172) 김욱곤, "계약해제의 효과에 관한 법리소고", 손해배상법의 제문제(황적인교수화갑기념논문집, 1990), 711면 이하; 김대정, 계약법(상), 302면.
173) 송덕수, 채권법각론, Rn. 71; 지원림, 민법강의, Rn. 5-97.

한편 계약상의 채권을 담보하기 위하여 보증이나 물적 담보를 설정한 경우에는, 해제에 의하여 계약이 소급적으로 소멸하는 것으로 보면, 보증이나 담보의 부종성에 비추어 논리적으로 볼 때, 그 계약관계에 의한 채권의 보증이나 담보 역시 소멸한다고 보아야 할 것이다. 즉, 원계약상의 채무와 원상회복의무는 동일성을 상실하기 때문이다. 그러나 청산관계설은 물론이고 직접효과설(판례도 같다)의 입장에서도 여전히 기존의 계약관계에 의한 채권의 담보는 해제 후의 원상회복의무 및 손해배상의무를 담보하게 된다고 한다(71다1474 판결. 제429조 참조). 보증은 통상 주채무자가 부담하는 모든 채무를 담보한다고 새기는 것이 보증인의 의사에 부합하기 때문이라는 것이다.

판례 ➡ 계약보증이란 수급인이 공사도급계약상 부담하는 모든 채무의 이행을 보증하는 것으로서 그 보증책임은 특별한 사정이 없는 한 수급인의 귀책사유로 인한 도급계약의 해제에 따른 수급인의 원상회복의무에도 미친다(96다23306 판결).

판례 ➡ 이른바 조건부 제3자를 위한 계약으로서 주택분양보증약정이 있는 경우, 주택건설사업자가 당해 주택의 건축을 지연하거나 그 능력을 상실하는 등 계약상의 조건이 성취되면, 적법하게 분양계약을 체결한 입주자들은 그 조건성취에 대한 등록업자의 귀책사유 유무와 관계없이 그 수익의 의사를 표시하고 등록업자에 대하여 분양계약상의 권리를 행사할 수 있으며, 이에는 주택건설사업자의 채무불이행을 원인으로 분양계약을 해제하고 그에 따른 원상회복이나 손해배상을 청구할 수 있는 권리도 당연히 포함된다(96다34863 판결 등).

(3) 청산관계설

해제의 효과로서 계약의 소급적 소멸을 인정하지 않는 청산관계설에 의하면, 해제는 계약관계의 청산을 목적으로 하는 것으로, 계약을 소급적으로 소멸시키는 것이 아니라 장래에 향하여 동일성을 유지한 채 청산관계로 변형된다고 한다. 따라서 해제에 의하여 원계약상의 미이행채무는 장래에 대하여 소멸하지만, 기이행채무는 청산 내지 원상회복을 위한 반환채무관계로 변형된다고 한다.[174] 그리하여 제548조 제1항 소정의 원상회복을 수령한 급부의 반환의무를 의미하는 것으로 새긴다. 그리고 이 경우 청산목적을 위한 반환의무는 원래의 급부의무의 변형에 지나지 않으며, 또 원래의 계약관계와 동일선상에 있으므로 계약에 관한 법리가 적용된다는 것이다.

또한 해제에 의한 계약의 소급적 소멸을 인정하지 않는 청산관계설을 취하면 해제의 효과로서 인정되는 반환채무관계는 원계약상의 채무관계와 동일·연장의 관계에 있다고 할 것이므로, 채무관계를 전제로 하는 채무불이행으로 인한 손해배상의무와 원상회복의무의 경합을 인정하고 있는 제551조를 자연스럽게 설명할 수 있게 된다고 한다.

그리고 원래의 계약에 기한 채권을 담보하기 위하여 보증이나 물적 담보를 설정한 경우에 있어서, 해제에 의해 원래의 계약관계는 동일성을 유지하면서 존속하게 되므로, 원래의 계약에

174) 김형배, 채권각론(계약법), 232면 이하; 이은영, 채권각론, 251-253면.

기한 채무의 담보는 청산을 위한 원상회복의무 및 손해배상의무도 계속 담보하게 된다고 한다. 또한 청산관계는 원계약의 변형이므로 원계약의 쌍무성은 청산관계에도 유지된다고 한다. 따라서 원계약에 인정되는 동시이행의 항변권은 청산관계에서도 인정된다고 한다.

한편 청산관계설은 계약의 해소로 인한 물권변동에 있어서는 채권적 효력설과 유사한 입장을 취하고 있다. 즉, 계약이 해제되더라도 원래의 계약관계는 그대로 유효하므로, 해제의 의사표시로 인하여 물권은 당연히 복귀되는 것이 아니고, 물권취득자는 물권복귀의무를 부담하는 것으로 이론구성한다. 그런데 이와 같이 선이행한 급부의 회복을 위한 물권적 효력이 인정될 수 없고, 단지 채권적 효력만을 가지는 원상회복의무가 인정되는 것으로 이론구성하면, 또 다시 원상회복의무의 불이행이라는 채무불이행의 문제가 발생할 가능성이 크다는 지적이 있다.[175] 즉, 채무불이행에 대한 구제수단인 해제권의 행사에 의하여 또 다시 채무불이행책임의 문제가 발생하는 순환적 상태에 빠지는 결과가 되므로 해제제도의 실효성이 의문시된다는 것이다.

그리하여 제548조 제1항 단서에 의하여 보호받는 제3자의 범위와 관련하여, 청산관계설은 원권리자 명의로의 이전등기가 경료될 때까지 이해관계를 맺은 제3자는 선의이든 악의이든 언제나 보호받게 되므로, 동 단서의 규정은 주의적 규정에 불과하다고 한다. 즉, 계약해제의 원인은 법률행위의 무효·취소와 같이 의사표시에 하자가 있는 경우가 아니고, 채무불이행이라는 점에서 무효·취소의 경우와는 달리 악의의 제3자도 해제로 인하여 영향을 받지 않는다는 것이다.

(4) 검 토

주지하듯이 청산관계설은 개정 전의 독일 민법이 우리 나라 민법에서와 같은 해지제도를 해제제도와 구별하여 일반적으로 규정하지 않고 또 계속적 채권관계에 관한 규정이 없는 결과, 그로 인하여 발생하는 문제점을 해결하기 위하여 주장된 고육지책의 이론구성이었다. 그리고 해제의 효과에 관하여 손해배상청구권을 인정하고 있지 않았던 결과,[176] 해제권을 행사하면서 손해배상청구권을 행사할 수 있게 하기 위한 문제의식하에 형성된 이론이라고 할 수 있다.

그런데 민법은 계약의 소급효를 가져오는 해제제도와 장래에 대하여서만 계약을 소멸시키는 해지제도를 대립시켜 규정하고 있다(제550조). 또한 해제권의 행사는 손해배상의 청구에 영향을 미치지 않는다고 특별히 규정하고 있다(제551조). 물론 직접효과설의 입장에서 해제의 효과로서 계약의 소급적 소멸을 인정하게 되면, 이론적으로 볼 때 소급적 무효를 가져오는 해제권을 인정하면서 채권·채무관계를 전제로 하는 채무불이행으로 인한 손해배상청구권을 인정하는 것은 모순이다. 견해에 따라서는 "계약을 해제하더라도 계약에서 정하고 있는 내용이 모두 소멸하는 것은 아니고, 해제의 요건이나 효과에 관한 특약, 위약금 등 손해배상에 관한 약정, 중재에 관한 약정은 그대로 효력을 가진다고 보아야 한다"는 이유를 들어, 해제 이후에도 계약이 소급적으로 소멸되지 않는다고 보는 것이 편리하다는 주장도 있다.[177] 하지만 법규범의 형성에 있어서 언제

175) 김대정, 계약법(상), 303면.
176) 현재는 독일 채권법의 개정으로 해제권과 손해배상청구권은 병존한다.

나 그에 대한 이론적인 기초를 가지고 있어야 하는 것은 아니고, 입법정책적인 법규범의 형성도 있는 것이다(프랑스 민법 제1184조 제2항 참조). 즉, 정책적 측면에서 볼 때, 쌍무계약에 있어서 채무불이행이 있는 경우에 당사자가 계약을 해제하여 기이행 급부의 반환을 받는 것만으로 당사자를 충분하게 보호할 수 없는 경우에는, 공평의 관점에서 계약의 해제와 아울러 손해배상을 인정할 수도 있다고 보아야 할 것이다.

오히려 청산관계설은 해제의 효과에 의해서 발생하는 법률관계를 법정채권관계로 이해하지 않고 약정채무관계로 이해하고 있는데, 해제의 의사표시와 같이 형성권의 행사의 효과는 법률의 규정에 의해서 정해진다고 하는 점에서 이를 약정채무관계로 이해할 수 있는지는 의문이다. 그리고 청산관계설에 의하면 계약은 해제에 의하여 장래에 대해서만 소멸의 효과가 발생한다고 하면서도 미이행채무는 소멸한다고 하는데, 기이행채무는 소멸하지 않고 미이행채무만 소멸하는 것으로 볼 수 있는지 의문이다. 더욱이 민법은 계약의 소급적 소멸을 전제로 제548조 제2항에서 원상회복으로 인하여 반환할 금전에는 받은 날로부터의 이자를 가하여야 한다고 규정하고 있다. 이와 같이 볼 때 해제에 의하여 계약은 소급하여 소멸하는 것으로 파악하는 직접효과설이 타당하다.

2. 해제의 구체적 효과

(1) 계약의 소급적 실효

계약이 해제되면 계약이 소급적으로 소멸하므로, 당사자는 계약상의 의무를 면한다(직접효과설의 입장). 그리고 계약에 의하여 발생한 권리는 해제에 의하여 소멸하는 데 반하여, 계약에 의하여 소멸한 권리는 해제에 의하여 부활한다. 가령, 경개로 인하여 소멸한 채권은 경개계약의 해제로 인하여 부활한다(2002다62333 판결). 역시 상계로 인하여 소멸한 채권은 상계약정의 해제에 의하여 부활한다(79다1257, 1258 판결).

판례 ➡ 계약의 해제권은 일종의 형성권으로서 당사자의 일방에 의한 계약해제의 의사표시가 있으면 그 효과로서 새로운 법률관계가 발생하고 각 당사자는 그에 구속되는 것이므로, 일방 당사자의 계약위반을 이유로 한 상대방의 계약해제의사표시에 의하여 계약이 해제되었음에도 상대방이 계약이 존속함을 전제로 계약상 의무의 이행을 구하는 경우 계약을 위반한 당사자도 당해 계약이 상대방의 해제로 소멸되었음을 들어 그 이행을 거절할 수 있다(2001다21441, 21458 판결).

또한 주된 계약이 해제에 의하여 실효되면 종된 계약도 실효된다. 가령, 토지에 관한 매매계약을 체결하면서 행한 토지사용승낙은 매매계약의 유효를 전제로 하는 사용대차계약이라고 할 것이므로, 매매계약이 해제되면 토지사용승낙의 약정도 실효된다고 보아야 할 것이다(91다9756, 9763 판결).

---

177) 김재형, "계약의 해제와 손해배상의 범위 – 이행이익과 신뢰이익을 중심으로 –", 인권과 정의 제320호(2003), 71면 이하.

판례 ➡ **〈토지 매도인의 건물철거 청구, 긍정 판결〉** 토지의 매매에 수반하여 토지소유자가 매수인으로부터 토지대금을 다 받기 전에 그 토지 위에 건물을 신축할 수 있도록 토지사용을 승낙하였다 하더라도 특별한 사정이 없는 한 매매당사자 사이에 그 토지에 관한 지상권 설정의 합의까지도 있었던 것이라고 할 수 없다 할 것이므로 그 매매계약이 적법하게 해제된 경우에는 토지매수인은 비록 당초에 토지사용승낙을 받아 그 토지 위에 건물을 신축 중이었다 하더라도 그 토지를 신축건물의 부지로 점유할 권원을 상실하게 되는 것이고 또 당초에 건물과 그 대지가 동일인의 소유였다가 경매 등의 사유로 소유자를 달리하게 되는 경우가 아닌 이상 관습에 의한 법정지상권도 성립되지 아니한다(87다카2895 판결).

판례 ➡ **〈토지 매도인의 건물철거 청구, 부정판결〉** 대지에 관하여 매매계약을 체결하면서 매수인들에게 한 대지사용승낙은 그들 간에 매매계약이 유효하게 존속하고 있음을 전제로 이에 터잡은 부수적인 사용대차계약이라고 보아 주된 계약인 매매계약이 적법하게 해제된 이상 부수적인 사용대차계약인 대지사용승낙의 약정도 그와 함께 실효되었다. 그런데 이 경우 대지소유자가 건물을 신축하게 한 원인행위자라면 그와 같은 대지사용승낙을 신뢰하여 대지매수인과 건물의 신축에 관한 도급계약을 체결하고 적법하게 건축한 제3자 소유의 견고한 건물을, 그것이 적법하게 준공된 후에 대지에 대한 매수인과의 매매계약이 해제되었음을 이유로 하여 철거를 요구하는 것은, 비록 그것이 대지의 소유권에 기한 것이라고 하더라도 사회적, 경제적 측면에서는 물론이고, 신의성실의 원칙에 비추어서도 용인할 만한 것이 못된다(91다9756, 9763 판결, 2008다90903 판결도 참조).

(2) 원상회복의무

① 법적 성격

계약이 해제되면 각 당사자는 서로 원상회복의 의무가 있다(제548조 제1항). 각 당사자는 자신이 수령한 것을 상대방에게 반환할 의무를 부담한다. 다만, 이 경우 원상회복의무의 법적 성질에 대해서는 견해가 대립한다. 즉, 직접효과설에 의하면 부당이득반환의무의 성질을 가지는 것으로 이해하는 반면에, 청산관계설에 의하면 원계약상의 채무관계와 동일·연장에 있는 반환채무의 성질을 가지는 것으로 이해한다. 판례는 부당이득반환의무의 성질을 가지는 것으로 이해한다(98다43175 판결, 2006다37892 판결 등).

판례 ➡ 계약해제의 효과로서의 원상회복의무를 규정한 민법 제548조 제1항 본문은 부당이득에 관한 특별규정의 성격을 가진 것이라 할 것이어서, 그 이익반환의 범위는 이익의 현존 여부나 선의, 악의에 불문하고 특단의 사유가 없는 한 받은 이익의 전부라고 할 것이다(98다43175 판결).

판례 ➡ 매매계약 당시 계약당사자 사이에 계약이 해제되면 매수인은 매도인에게 소유권이전등기를 하여 주기로 하는 약정이 있는 경우에는 매도인은 그 약정에 기하여 매수인에 대하여 소유권이전등기절차의 이행을 청구할 수 있다 할 것이고, 이 경우의 매도인의 소유권이전등기청구권은 물권변동을 목적으로 하는 청구권이라 할 것이므로, 이러한 청구권은 가등기에 의하여 보전될 수 있는 것이다(81다카1110 판결).

해제에 의하여 양 당사자 모두 원상회복의무를 부담하는 경우에, 양 채무는 동시이행의 관계에 있다(제549조).

② **원상회복의무의 당사자**

해제의 상대방은 물론이고 해제한 자도 급부받은 것이 있으면 원상회복의무를 부담한다. 그러나 계약의 해제로 제3자의 권리를 해하지는 못하므로(제548조 제1항 단서), 이 경우 제3자는 원상회복의무가 없다. 제548조 제1항 단서에서 규정하고 있는 제3자란 일반적으로 계약이 해제되는 경우 그 해제된 계약으로부터 생긴 법률효과를 기초로 하여 해제 전에 새로운 이해관계를 가졌을 뿐 아니라 등기·인도 등으로 완전한 권리를 취득한 자를 말한다(2002다33502 판결). 가령, 갑이 을과의 교환계약에 의하여 취득한 토지를 병이 갑으로부터 전득하고 자신의 앞으로 바로 소유권이전등기를 마쳤다면, 병은 을이 해제되었다고 주장하는 위 '교환계약으로부터 생긴 법률적 효과를 기초로 하여 새로운 이해관계를 가졌을 뿐 아니라 등기를 마침으로써 완전한 권리를 취득한 자'이므로 민법 제548조 제1항 단서 소정의 제3자에 해당한다(96다44860 판결). 또한 매수인과 매매예약을 체결한 후 그에 기한 소유권이전청구권 보전을 위한 가등기를 마친 사람도 위 조항 단서에서 말하는 제3자에 포함된다(2013다14569 판결). 그런데 판례는 계약상의 채권을 양수한 자나 그 채권 자체를 압류 또는 전부한 채권자는 여기서 말하는 제3자에 해당하지 않으므로(99다51685 판결), 계약이 해제된 경우 계약해제 이전에 해제로 인하여 소멸되는 채권을 양수한 자는 계약해제의 효과에 반하여 자신의 권리를 주장할 수 없음은 물론이고, 나아가 특단의 사정이 없는 한 채무자로부터 이행받은 급부를 원상회복하여야 할 의무가 있다고 한다(2000다22850 판결 등). 즉, 계약상의 채권이 양도된 후에 계약이 해제된 경우에는 양수인도 원상회복의무를 진다는 것이다. 이러한 태도는 판례가 제108조 제2항, 제109조 제2항 또는 제110조 제3항의 제3자를 새로이 형성된 법률관계를 기초로 '실질적으로 이해관계를 맺은 자'로 봄으로써 채권의 양수인도 그가 선의이기만 하면 이에 포함된다고 보고 있는 것과 대비된다(94다12074 판결).

판례 ➡ 민법 제548조 제1항 단서에서 말하는 제3자란 일반적으로 해제된 계약으로부터 생긴 법률효과를 기초로 하여 별개의 새로운 권리를 취득한 자를 말하는 것인 바, 해제된 계약에 의하여 채무자의 책임재산이 된 계약의 목적물을 가압류한 가압류채권자는 그 가압류에 의하여 당해 목적물에 대하여 잠정적으로 그 권리행사만을 제한하는 것이나 종국적으로는 이를 환가하여 그 대금으로 피보전채권의 만족을 얻을 수 있는 권리를 취득하는 것이므로, 그 권리를 보전하기 위하여서는 위 조항 단서에서 말하는 제3자에는 위 가압류채권자도 포함된다고 보아야 한다(99다40937 판결).

③ **원상회복의 범위**

i) 반환의무의 범위에 관하여는 제748조가 적용되지 않고 제548조가 적용되므로, 반환의 범위는 이익의 현존 여부나 선의, 악의에 불문하고 특단의 사유가 없는 한 받은 이익의 전부라고 할 것이다(96다47586 판결, 98다43175 판결). 그리고 원상회복은 원물반환이 원칙이나, 원물반환이

불가능하면 그 가액을 반환하여야 한다. 즉, 원물이 존재하면 그 물건을 반환하여야 하고, 원물이 채무자의 귀책사유로 멸실·훼손되었다면 그 급부의 객관적 가격을 반환하여야 한다(96다47913 판결). 이 경우 가액은 해제 당시를 기준으로 한다(통설). 물론 이 경우 목적물의 멸실·훼손이 해제권자의 귀책사유로 인한 것이라면 해제권은 소멸한다(제553조).

판례 ➡ 과실상계는 본래 채무불이행 또는 불법행위로 인한 손해배상책임에 대하여 인정되는 것이고, 이 사건과 같이 매매계약이 해제되어 소급적으로 효력을 잃은 결과 매매당사자에게 당해 계약에 기한 급부가 없었던 것과 동일한 재산상태를 회복시키기 위한 원상회복의무의 이행으로서 이미 지급한 매매대금 기타의 급부의 반환을 구하는 경우에는 적용되지 아니한다(96다40714 판결 등). 그리고 계약의 해제로 인한 원상회복청구권에 대하여 해제자가 그 해제의 원인이 된 채무불이행에 관하여 '원인'의 일부를 제공하였다는 등의 사유를 내세워 신의칙 또는 공평의 원칙에 기하여 일반적으로 손해배상에 있어서의 과실상계에 준하여 그 권리의 내용이 제한될 수 있다고 하는 것은 허용되어서는 아니된다(2013다34143 판결).

ii) 문제는 목적물의 멸실·훼손이 반환의무자의 책임없는 사유로 발생한 경우에도 가액반환을 하여야 하는지에 있다. 이 문제는 쌍방이 반환의무를 부담하는 경우에 발생한다. 즉, 일방만이 반환의무를 부담하는 경우에는 반환의무자의 책임 유무와 상관없이 가액반환을 하여야 할 것이다. 이에 대해서는 긍정설[178]과 부정설[179]이 대립한다. 그런데 이 문제는 목적물의 멸실·훼손이 해제 이전에 발생한 것인지 해제 후에 발생 것인지로 나누어 파악하여야 할 것이다. 해제 전이면 원계약상 채무가 이행불능인 경우에 있어서 위험부담의 문제라고 할 것이고, 해제 후이면 반환채무가 이행불능인 경우에 있어서 위험부담의 문제로 파악할 수 있을 것이기 때문이다.

우선 해제 전에 목적물이 멸실·훼손된 경우에는 가액반환을 인정하여야 할 것이다. 만약 이를 부정하면 해제하지 않은 경우와 해제한 경우에 있어서 불균형이 초래할 것이기 때문이다. 즉, 인도 후 해제 전에 목적물이 반환의무자의 책임없이 멸실·훼손된 경우는 급부위험이 이전된 상태에서 멸실·훼손된 경우로서 반환의무자가 손실을 입어야 할 것이고, 이러한 결과는 해제가 되어도 동일하게 유지되어야 할 것이기 때문이다.

그리고 해제 후에 목적물이 멸실·훼손된 경우에는, 해제의 효과를 어떻게 이해할 것이냐에 따라 입장을 달리할 것이다. 계약이 해제된 경우에도 원계약상의 채권관계를 기준으로 위험부담의 법리를 적용할 것인지, 아니면 해제된 후에는 반환의무를 기준으로 위험부담의 법리를 적용할 것인지가 문제되기 때문이다. 해제에 의하여 본래의 채권관계는 소멸하고 원상회복을 위한 반환관계가 발생한다고 보는 직접효과설을 취하면, 반환의무를 기준으로 위험부담의 법리를 적용할 것이다. 따라서 목적물이 반환의무자의 책임없이 멸실·훼손된 때에는 반환의무를 면하고 상대방에 대한 대금반환청구권도 소멸한다고 할 것이다. 그렇지만 해제를 하더라도 원계약상의

178) 김형배, 채권각론(계약법), 242면; 지원림, 민법강의, Rn. 5-102; 송덕수, 채권법각론, Rn. 72.
179) 김증한, 채권각론, 104면; 곽윤직, 채권각론, 177면.

채권관계는 소멸하지 않고 장래에 향하여 동일성을 유지한 채 반환채권관계로 변용될 뿐이라고 하는 청산관계설을 취하면, 원계약상의 채권관계를 기준으로 위험부담의 법리를 적용할 것이다. 따라서 이 경우는 위의 해제 전에 목적물이 멸실·훼손된 경우와 같이 급부위험이 이전한 상태에서 목적물이 멸실·훼손된 결과가 되므로 반환의무자가 손실을 입어야 할 것이고, 반환의무자는 목적물의 반환에 갈음하여 그 가액을 반환하여야 할 것이다.

생각건대 목적물의 멸실·훼손이 해제 전에 발생한 것인지 후에 발생한 것인지에 따라 그 결론을 달리해야 할 이유를 찾을 수 없다는 점에서, 해제 후에 목적물이 멸실·훼손된 경우에도 가액반환을 인정함이 타당하다. 다만, 직접효과설의 입장에서 해제된 계약에 따른 채권관계와 해제 후의 반환관계를 별개의 것으로 파악하더라도, 해제 후 목적물이 멸실·훼손된 경우에는 위험부담의 법리에 따라 가액반환의무를 면하고 역시 반대급부의무도 소멸하는 것으로 새기면 그다지 불균형은 생기지 않을 것이다.

iii) 금전의 경우에는 그 받은 날로부터 반환할 때까지의 이자를 가산하여 반환하여야 한다(제548조 제2항). 이 경우 이자의 반환은 원상회복의무의 범위에 속하는 것으로 일종의 부당이득반환의 성질을 가지는 것이고 반환의무의 이행지체로 인한 손해배상이 아니다(94다47728 판결, 2000다16275, 16282 판결 등). 따라서 이자는 연체이율에 의한 약정이 있더라도 법정이자에 의하여 산정한다(2001다75295 판결). 같은 취지에서 금전 아닌 물건을 수령한 자는 수령한 날부터 목적물로부터 생긴 천연과실을 반환하여야 한다. 운용이익도 채권자가 그 목적물로부터 당연히 취득하였으리라고 인정되는 범위 내에서 반환하여야 한다(2006다26328, 26335 판결).

판례 ➡ 계약해제로 인하여 계약당사자가 원상회복의무를 부담함에 있어서 당사자 일방이 목적물을 이용한 경우에는 그 사용에 의한 이익을 상대방에게 반환하여야 하는 것이므로, 양도인은 양수인이 양도목적물을 인도받은 후 사용하였다 하더라도 양도계약의 해제로 인하여 양수인에게 그 사용에 의한 이익의 반환을 구함은 별론으로 하고, 양도목적물 등이 양수인에 의하여 사용됨으로 인하여 감가 내지 소모가 되는 요인이 발생하였다 하여도 그것을 훼손으로 볼 수 없는 한 그 감가비 상당은 원상회복의무로서 반환할 성질의 것은 아니다(97다30066 판결).

판례 ➡ 매매계약의 해제로 인하여 매수인이 반환하여야 할 목적물의 사용이익을 산정함에 있어서 매수인이 목적물을 사용하여 취득한 순수입에는 목적물 자체의 사용이익 뿐만 아니라 목적물의 수리비 등 매수인이 투입한 현금자본의 기여도 포함되어 있으므로 매수인의 순수입에서 현금자본의 투입비율을 고려하지 아니하고 단순히 현금자본에 해당하는 금액을 공제하는 방식으로 목적물의 사용이익을 산정할 수 없고, 매수인의 영업수완 등 노력으로 인한 이른바 운용이익이 포함된 것으로 볼 여지가 있는 경우 이러한 운용이익은 사회통념상 매수인의 행위가 개입되지 아니하였더라도 그 목적물로부터 매도인이 당연히 취득하였으리라고 생각되는 범위 내의 것이 아닌 한 매수인이 반환하여야 할 사용이익의 범위에서 공제하여야 한다(2006다26328, 26335 판결).

판례➡ 부동산에 관한 매매계약의 해제로 인한 원상회복의무가 이행불능이 되어 이행불능 당시 가액의 반환채권이 인정되는 경우, 법원으로서는 이행불능 당시의 당해 부동산의 가액에 관한 원고의 주장·입증이 미흡하더라도 적극적으로 석명권을 행사하여 주장을 정리함과 함께 입증을 촉구하여야 하고, 경우에 따라서는 직권으로라도 그 가액을 심리·판단하여야 한다(96다47913 판결).

판례➡ 당사자 일방이 계약을 해제한 때에는 각 당사자는 상대방에 대하여 원상회복의무가 있고, 이 경우 반환할 금전에는 받은 날로부터 이자를 가산하여 지급하여야 한다. 여기서 가산되는 이자는 원상회복의 범위에 속하는 것으로서 일종의 부당이득반환의 성질을 가지는 것이고 반환의무의 이행지체로 인한 지연손해금이 아니다. 따라서 당사자 사이에 그 이자에 관하여 특별한 약정이 있으면 그 약정이율이 우선 적용되고 약정이율이 없으면 민사 또는 상사법정이율이 적용된다. 반면 원상회복의무가 이행지체에 빠진 이후의 기간에 대해서는 부당이득반환의무로서의 이자가 아니라 반환채무에 대한 지연손해금이 발생하게 되므로 거기에는 지연손해금률이 적용되어야 한다. 그 지연손해금률에 관하여도 당사자 사이에 별도의 약정이 있으면 그에 따라야 할 것이고, 설사 그것이 법정이율보다 낮다 하더라도 마찬가지이다. 그리고 계약해제시 반환할 금전에 가산할 이자에 관하여 당사자 사이에 약정이 있는 경우에는 특별한 사정이 없는 한 이행지체로 인한 지연손해금도 그 약정이율에 의하기로 하였다고 보는 것이 당사자의 의사에 부합한다. 다만 그 약정이율이 법정이율보다 낮은 경우에는 약정이율에 의하지 아니하고 법정이율에 의한 지연손해금을 청구할 수 있다고 봄이 타당하다. 계약해제로 인한 원상회복시 반환할 금전에 받은 날로부터 가산할 이자의 지급의무를 면제하는 약정이 있는 때에도 그 금전반환의무가 이행지체 상태에 빠진 경우에는 법정이율에 의한 지연손해금을 청구할 수 있는 점과 비교해 볼 때 그렇게 보는 것이 논리와 형평의 원리에 맞기 때문이다(2011다50509 판결).

④ 계약을 해제하면 그에 의하여 발생한 채권·채무는 당연히 소멸하는 데, 문제는 계약의 이행으로 물권이 변동한 경우에 그 물권변동도 해제로 인하여 당연히 소멸하여 원권리자에게 물권이 복귀하는가, 아니면 등기를 말소하여야만 물권은 복귀하는가에 있다. 이 문제는 물권행위론의 이해의 차이에 따라 그 내용을 달리한다. 물권행위의 무인성을 인정하게 되면 채권행위가 해제로 인하여 실효되더라도 물권행위에는 영향을 미치지 않는 것으로 이해하는 결과 물권변동의 효과에는 아무런 영향이 없고, 다만 물권취득자는 법률상 원인없이 이득을 얻고 있는 점에서 부당이득반환의무를 부담하는 데 지나지 않는 것으로 이해한다. 따라서 이 경우에는 부당이득반환에 기한 등기가 있어야 물권은 복귀하게 된다. 그러나 물권행위의 유인성을 취하게 되면 채권행위가 실효되면 물권행위도 영향을 받아 실효되는 결과 물권행위로 인하여 발생하였던 물권변동은 효력을 잃게 된다.

그렇다면 원인행위인 채권행위가 실효된 경우에 말소등기없이 곧바로 물권은 복귀하는 것으로 이해할 것인가(이하 '당연복귀설'이라 한다), 아니면 원인행위에 대한 해제의 의사표시만으로 물권은 복귀하지 않고 그에 기한 말소등기를 하여야 물권이 복귀하는 것으로 새길 것인가이다(이하 '물권변동설'이라 한다). 이러한 논의의 실익은 등기의 공신력을 인정할 수 없는 현행 민법의 해석상 거래안전보호에 있어서 차이를 가져온다는 점에 있다. 예컨대, 갑이 을에게 부동산

소유권을 이전하였는 데, 채무불이행이 있어 그것이 해제될 수 있는 것이어서 갑은 과연 해제의 의사표시를 하였지만, 아직 그에 기한 말소등기를 하지 않은 채 방치하고 있었다. 그런데 을이 아직 자기 명의의 등기를 기화로 병에게 다시 양도함으로써 제2의 물권변동이 있게 되었다.

이러한 경우에 말소등기없이 해제의 의사표시만으로 물권이 당연히 복귀한다고 보게 되면 병은 그가 선의인 경우에도 등기에 공신력이 인정되지 않으므로 보호받지 못하게 된다. 그러나 해제의 의사표시만으로는 물권이 당연히 복귀하지 않고 말소등기를 행함으로써 비로소 물권이 복귀한다고 보면 병은 그가 악의인 경우에도 유효하게 소유권을 취득하게 된다.

판례 ➡ 민법 제548조 제1항 본문에 의하면 계약이 해제되면 각 당사자는 상대방을 계약이 없었던 것과 같은 상태에 복귀케 할 의무를 부담한다는 뜻을 규정하고 있는 바 계약에 따른 채무의 이행으로 이미 등기나 인도를 하고 있는 경우에 그 원인행위인 채권계약이 해제됨으로써 원상회복된다고 할 때 그 이론 구성에 관하여 소위 채권적 효과설과 물권적 효과설이 대립되어 있으나 우리의 법제가 물권행위의 독자성과 무인성을 인정하고 있지않는 점과 민법 제548조 제1항 단서가 거래안정을 위한 특별규정이란 점을 생각할때 계약이 해제되면 그 계약의 이행으로 변동이 생겼던 물권은 당연히 그 계약이 없었떤 원상태로 복귀한다 할 것이다(75다1394 판결, 2009다57675 판결 등).

학설은 "원인행위가 해제되면 처음부터 그러한 물권변동은 없었던 것이 되므로, 등기를 말소하지 않더라도 물권은 당연히 복귀하게 된다. 이러한 결론은, 민법 제186조・제187조와는 관계없이, 유인주의를 인정하는 때에 당연히 이끌어지는 해석론임을 주의하여야 한다"[180]고 하여, 원인행위가 해제된 경우 물권변동이 처음부터 발생하지 않는 것으로 새긴다. 그리고 "채권행위가 해제되면 물권행위도 소급하여 무효가 되므로, 그 원인행위에 기한 등기가 말소되지 않았다 하더라도 물권은 당연히 원상태로 복귀하고 이에 의하여 상대방의 물권은 당연히 소멸하는 것이다. 따라서 원인행위가 해제되는 경우에 관하여는 민법 제186조가 적용될 여지는 없는 것이다"[181]라고 하여, 역시 당연복귀설을 취하고 있다.

생각건대, 현행 민법의 해석상 물권행위를 물권변동의 요건으로 인정하고 또 원인행위를 물권변동의 요건에서 배제하지 않는다면, 원인행위는 물권변동의 요건이 되므로 당연히 원인행위가 실효되면 처음부터 물권변동의 효력이 발생하지 않는 것으로 이해할 것이므로 당연복귀설이 타당하다. 이러한 결론은 그 이론구성에 있어서 원인행위를 물권변동의 요건으로 보고 있지 않으면서도 이른바 효과상 물권행위의 유인성을 인정함으로써 같은 결론에 이르는 학설의 태도와 차이점이 있다. 물론 원인행위를 물권변동의 요건으로 보지 않더라도 물권행위의 유인성을 인정하고 또 물권행위를 등기를 포함하여 구성한다면 원인행위가 실효되면 이에 영향을 받아 등기를 포함하는 물권행위도 실효되는 바 말소등기 없이도 물권은 복귀하는 것으로 새길 수 있을 것이다.

180) 곽윤직, 물권법, 78면.
181) 이영준, 물권법, 95면.

결국 원인행위가 실효되면 그에 기한 등기는 원인무효의 등기가 되므로 그러한 부실등기를 믿고 거래관계에 들어간 제3자는 무권리자로부터의 권리취득이 되므로 원칙적으로 소유권을 취득할 수가 없다. 여기에서 선의의 제3자 및 거래안전의 보호가 문제된다.

(3) 해제의 소급효와 선의의 제3자의 보호

위에서 본 바와 같이 제548조 제1항 단서 소정의 제3자는 해제된 계약에 기하여 발생한 법률관계를 기초로 하여 새로운 권리를 취득한 자를 의미하지만, 그 제3자는 등기나 인도와 같은 공시방법을 갖추어야 한다.

판례 ➡ 갑이 을과의 교환계약에 의하여 취득한 토지를 병이 갑으로부터 전득하고 자신의 앞으로 바로 소유권이전등기를 마쳤다면, 병은 을이 해제되었다고 주장하는 위 '교환계약으로부터 생긴 법률적 효과를 기초로 하여 새로운 이해관계를 가졌을 뿐 아니라 등기를 마침으로써 완전한 권리를 취득한 자'이므로 민법 제548조 제1항 단서 소정의 제3자에 해당한다(96다44860 판결).

판례 ➡ 계약당사자의 일방이 계약을 해제하여도 제3자의 권리를 침해할 수 없지만, 여기에서 그 제3자는 계약의 목적물에 관하여 권리를 취득하고 또 이를 가지고 계약당사자에게 대항할 수 있는 자를 말하므로, 토지를 매도하였다가 대금지급을 받지 못하여 그 매매계약을 해제한 경우에 있어 그 토지 위에 신축된 건물의 매수인은 위 계약해제로 권리를 침해당하지 않을 제3자에 해당하지 아니한다(90다카16761 판결).

판례 ➡ 제548조 제1항 단서에서 규정하고 있는 제3자란 일반적으로 계약이 해제되는 경우 그 해제된 계약으로부터 생긴 법률효과를 기초로 하여 해제 전에 새로운 이해관계를 가졌을 뿐 아니라 등기·인도 등으로 완전한 권리를 취득한 자를 말하고, 계약상의 채권을 양수한 자는 여기서 말하는 제3자에 해당하지 않는다고 할 것인 바, 계약이 해제된 경우 계약해제 이전에 해제로 인하여 소멸되는 채권을 양수한 자는 계약해제의 효과에 반하여 자신의 권리를 주장할 수 없음은 물론이고, 나아가 특단의 사정이 없는 한 채무자로부터 이행받은 급부를 원상회복하여야 할 의무가 있다(2000다22850 판결). 대법원은 교환계약에 의하여 취득한 권리를 양수한 자(96다44860 판결), 저당권자, 질권자, 주택을 임차하여 인도와 주민등록을 마친 임차인(2003다12717 판결), 부동산을 가압류한 채권자(99다40937 판결), 체납처분에 의하여 부동산을 압류한 채권자(2000다584 판결) 등은 제3자에 포함된다고 하나, 채권의 압류, 가압류, 전부채권자(2000다16169 판결, 99다51685 판결), 주권발행 전의 주식을 양수한 자로부터 이를 다시 양수받은 자(86다카982, 983 판결)는 제3자에 포함되지 않는다고 한다.

문제는 이 경우 제3자는 해제의 의사표시가 있기 전에 이해관계를 맺은 자만을 의미하는가, 아니면 의사표시가 있은 후 말소등기가 있을 때까지 이해관계를 맺은 자도 포함하는가, 혹은 해제의 전·후였든 말소등기의 전·후였든 묻지 않고 이해관계를 맺은 자가 선의이면 족하다고 할 것인가이다.

판례 ➡ 매매계약이 해제되면 그 계약의 이행으로 변동이 생겼던 물권은 당연히 그 계약이 없었던 원상태로 복귀하나, 매매계약해제 이전에 매매목적물에 관하여 제3자에게 소유권이전등기가 경료된 뒤에 계약이 해제된 경우에는 계약해제의 효과로서 당연히 그 소유권이 매도인에게 복귀하지 않으므로 매도인은 소유권에 기하여 매수인 명의의 소유권이전등기의 말소를 청구할 수 없다(81다카1110 판결). 즉, 계약해제의 경우에는 취소(75다카533 판결)와는 달리 해제 이전에 이해관계를 맺은 제3자는 악의인 경우에도 보호된다는 것이다. 다만, 판례는 해제 후 이로 인한 원상회복등기가 이루어지기 전에 계약해제를 주장하는 자와 양립되지 않는 법률관계를 가지게 되었고 계약해제 사실을 몰랐던 제3자에 대하여도 계약해제를 주장할 수 없다(84다카130, 131 판결)고 하여, 해제 후 제3자는 선의인 경우에만 보호된다고 한다.

판례 ➡ 계약당사자의 일방이 계약을 해제하였을 때에는 계약은 소급하여 소멸하여 해약당사자는 각 원상회복의 의무를 지게 되나, 이 경우 계약해제로 인한 원상회복등기 등이 이루어지기 이전에 계약의 해제를 주장하는 자와 양립되지 아니하는 법률관계를 가지게 되었고 계약해제 사실을 몰랐던 제3자에 대하여는 계약해제를 주장할 수 없는바, 이러한 법리는 실권약관부 매매계약이 실권약관에 의하여 소급적으로 실효된 경우에도 같다(94다35343 판결 등).

학설은 해제의 의사표시시가 아니라 말소등기시를 기준으로 그 이전에 이해관계를 맺은 선의의 제3자는 보호된다는 견해[182]와 의사표시라든가 말소등기를 그 기준으로 하지 않고 제3자의 선의를 그 기준으로 하는 견해[183]가 있다. 그러나 부동산물권변동에 있어서 과연 말소등기 후에 선의의 제3자가 나타날 수 있겠는지는 의문이다.

생각건대, 이 문제는 해제권자를 보호할 것인가 아니면 선의의 제3자를 보호할 것이냐의 문제로 귀착하게 된다고 할 것이다. 이러한 점에서 제3자 보호의 기준시점을 말소등기시로 보는 학설의 태도는 일면 타당하다. 그러나 원인행위의 실효에 의하여 등기없이 물권은 당연히 복귀한다는 것을 전제로 하면, 오히려 동 규정들에 있어서 제3자는 의사표시의 시점을 그 기준으로 하여, 그 취소 전에 이해관계를 맺은 선의의 제3자만을 의미한다고 새겨야 할 것이다. 만약 말소등기시를 그 기준으로 보게 되면 당사자관계에서는 제187조를 적용하게 되고 제3자관계에서는 제186조를 적용하게 되는 결과가 되기 때문이다. 그러면 의사표시 후 말소등기 전에 이해관계를 맺은 선의의 제3자는 보호될 수 없는가. 이러한 제3자는 신뢰보호규정의 유추적용에 의한 신뢰법리 구성에 의해서 보호할 수 있을 것이다.[184]

(4) 해제와 손해배상

계약의 해제는 손해배상의 청구에 영향을 미치지 아니한다(제551조). 따라서 계약이 해제되면 원상회복청구권과 손해배상청구권이 발생한다. 이 경우 손해배상은 채무불이행으로 인한 것으로 그 배상범위는 제393조에 의해서 산정한다. 즉, 계약해제의 경우에 인정되는 손해배상은

182) 곽윤직, 물권법, 79면.
183) 이영준, 물권법, 97면.
184) 고상룡, "민법 제108조 2항 유추적용론", 민법학특강(1995), 322면 참조.

채무불이행에 기한 것이기 때문이다.

판례 ➡ 계약상대방의 채무불이행을 이유로 한 계약의 해지 또는 해제는 손해배상의 청구에 영향을 미치지 아니하지만(제551조), 다른 특별한 사정이 없는 한 그 손해배상책임 역시 채무불이행으로 인한 손해배상책임과 다를 것이 없으므로, 상대방에게 고의 또는 과실이 없을 때에는 배상책임을 지지 아니한다(제390조). 이는 상대방의 채무불이행과 상관없이 일정한 사유가 발생하면 계약을 해지 또는 해제할 수 있도록 하는 약정해지·해제권을 유보한 경우에도 마찬가지이고 그것이 자기책임의 원칙에 부합한다(2015다59115 판결).

그리고 채무불이행책임에서 손해배상의 목적은 채무가 제대로 이행되었더라면 채권자가 있었을 상태를 회복시키는 것이다. 따라서 계약해제의 경우에 인정되는 손해배상은 이행이익의 배상으로서, 일반적으로 '계약이 완전히 이행된 것과 동일한 경제적 이익'(66다2618 판결, 72다2207 판결 등)의 배상이다. 다만, 계약해제의 경우 손해배상은 채무불이행으로 인한 손해배상과는 별개의 것으로서 해제에 의하여 새로 발생하는 것이며, 그 범위는 계약이 유효하게 성립한 것으로 믿음으로써 입은 손해에 한한다는 신뢰이익배상설을 주장하는 견해도 있다.[185] 아무튼 이 경우 배상되어야 할 구체적인 손해배상액은 대체로 차액설에 따라 정한다. 가령, 토지의 매매계약이 매수인에게 책임있는 사유로 해제되었다면, 이 경우 손해배상액은 원칙적으로 그 계약이 해제되지 아니하고 이행된 경우에 매도인이 얻게 되는 경제적 이익과 계약이 해제된 경우에 매도인에게 남아있는 경제적 이익의 차액이다(2001다16432 판결).

특히 채무불이행으로 인하여 채권자가 대체거래를 한 경우에는 그 대체거래비용이 산정기준이 될 것이고, 그렇지 않은 경우에는 목적물의 시가가 기준이 될 것이다.[186] 판례는 매매계약이 해제된 후에 매도인이 제3자에게 그 매매목적물을 다시 매도한 경우에는 '매도인이 당초의 매매계약에 의하여 취득할 것으로 예상되었던 매매대금과 제3자와 사이의 매매계약에 의하여 취득하게 되는 매매대금과의 차액'에 '당초의 매매대금의 취득예정 시기로부터 후의 매매대금의 취득시기까지의 기간 동안의 당초의 매매대금에 대한 법정이율에 의한 이자 상당액'을 합산한 금액이라고 한다(2001다16432 판결). 다만 제3자에의 매도가격이 시가에 비추어 현저히 저렴하게 책정된 경우에는 이 방식을 적용할 수 없다고 할 것이다. 그리고 매수인이 매도인의 채무불이행으로 인하여 제3자로부터 동종의 물품을 매수하여야 하는 경우에는 그 매매대금과 그 매매에 소요되는 통상적인 비용이 손해배상의 범위에 포함될 것이다(97다26982 판결 참조).

물론 손해배상액의 특약이 있는 경우에는 그에 따른다. 즉, 손해배상액을 예정한 경우에는 해제가 있더라도 그 특약은 유효하며 해제에 의한 손해배상의 기준이 된다.

185) 김주수, 채권각론, 155면.
186) 김재형, "계약의 해제와 손해배상의 범위 - 이행이익과 신뢰이익을 중심으로 -", 73면 이하 참조.

판례 ➡ 계약 당시 당사자 사이에 손해배상액을 예정하는 내용의 약정이 있는 경우에는 그것은 계약상의 채무불이행으로 인한 손해액에 관한 것이고 이를 그 계약과 관련된 불법행위상의 손해까지 예정한 것이라고는 볼 수 없다(98다48033 판결).

한편 판례는 계약이 이행되리라고 믿고 채권자가 지출한 비용, 즉 신뢰이익의 배상을 구할 수도 있다고 한다(99다13621 판결, 2004다51825 판결 등).

본래 계약상의 채무자가 채무의 내용에 좇은 이행을 하지 않으면 채권자는 손해배상을 청구할 수 있는데(제390조). 이 경우 채권자가 구하는 손해배상은, 계약상의 채무가 그 내용대로 이행되었다면 있었을 상태를 지향하게 된다는 점에서, 이를 '이행이익의 배상'이라고 할 수 있다. 그런데 채권자는 채무자의 이행을 신뢰하여 비용을 들이는 경우도 흔히 있다. 가령, 극장 건물 임대차계약의 경우에 임차인은 계약소개비라든가 선전비 등을 지출할 수 있는데, 임대인이 계약을 이행하지 않으면 이런 비용은 무의미해진다(4294민상667 판결). 또 면제품을 수입하는 사람은 이를 판매하기 위하여 판매사원을 고용하고, 제품의 판매를 위한 홍보비용을 지출하게 되는데, 매도인이 하자있는 물품을 매도하여 이를 팔 수 없게 되었다면 이러한 비용은 무의미해진다(91다29972 판결).

판례 ➡ 매매대금을 완불하지 않은 토지의 매수인이 그 토지상에 건물을 신축하기 위하여 설계비 또는 공사계약금을 지출하였다가 계약이 해제됨으로 말미암아 이를 회수하지 못하는 손해를 입게 되었다 하더라도 이는 이례적인 사정에 속하는 것으로서, 설사 토지의 매도인이 매수인의 취득목적을 알았다 하더라도 마찬가지라 할 것이므로, 토지의 매도인으로서는 소유권이전의무의 이행기까지 최소한 매수인이 설계계약 또는 공사도급계약을 체결하였다는 점을 알았거나 알 수 있었을 때에 한하여 그 배상책임을 부담한다(95다47619 판결).

그리고 이 때의 비용은 자신의 계획과 책임하에 자발적으로 지출하는 것이다. 그런데 자발성의 측면에서 볼 때, 손해라 함은 법익에 대한 모든 비자발적인 손실을 말하고, 이에 대해서 자발적인 희생을 비용이라고 할 수 있다.[187] 따라서 비용은 본래 자기의 위험하에 들이는 것이라는 점에서 타인에게 전가할 수 없다. 다만, 그 비용이 결과적으로 타인에게 이익이 되는 경우에는, 부당이득의 관점에서 일정한 범위의 비용에 대하여 반환을 청구할 수는 있을 것이다. 이것이 일반적인 비용상환의 모습이다(제741조, 제203조 참조).

계약관계에서의 비용지출도 자발적이라고 할 수 있다. 즉, 계약상의 채무자는 급부를 하기 위해 들여야 할 비용을 스스로의 계획과 위험하에 결정하고, 채권자도 급부의 수령과 활용에 필요한 비용을 스스로 결정한다. 그리고 채무자는 반대급부를 통해 비용을 회수할 수 있으며, 채권자는 급부수령을 통해 비용을 회수할 수 있다. 그렇지만 상대방으로부터 급부나 반대급부를

187) 김규완, "손해배상과 비용배상", 재산법연구 제21권 1호(2004. 8), 179면.

받지 못할 경우, 이러한 비용은 결국 무용한 것이 된다. 이 경우 양 당사자 모두에게 귀책사유가 없다면, 각자는 자신이 들인 비용을 스스로 부담해야 한다(제537조). 그러나 상대방에게 귀책사유가 있다면, 상대방으로부터 비용을 회수할 수 있다고 할 것이다. 가령, 채권자에게 책임있는 사유로 급부가 불능이 되면 채무자는 반대급부를 청구할 수 있고(제538조 제1항), 이를 통해 비용을 회수할 수 있다. 반면, 채무자에게 귀책사유있는 사유로 비용이 무용해지면, 채권자는 이행이익의 손해배상을 청구하여 비용을 회수할 수 있다(제390조). 이 때 채권자가 손해배상을 받기 위해서는 그 손해를 증명하여야 하는데, 이행이익을 증명하기 곤란한 경우에는 채무자에게 귀책사유가 있더라도 손해배상을 받지 못하게 될 수 있다. 이러한 경우에 채권자가 자신이 들인 비용 만큼이라도 배상을 받을 수 있는가가 문제된다.[188]

판례는 초기에는 이행이익의 배상만이 가능하다는 입장이었다(82다카1667 판결). 그러나 그 후 대법원은 "계약의 일방 당사자가 상대방의 이행을 믿고 지출한 비용도 그러한 지출사실을 상대방이 알았거나 알 수 있었고 또 그것이 통상적인 지출비용의 범위 내에 속한다면 그에 대하여도 이행이익의 한도 내에서는 배상을 청구할 수 있다"고 하여 그 태도를 변경하였다(91다29972 판결, 98다49104 판결, 99다13621 판결). 이는 비용지출에 관해서 채무자의 인식가능성과 비용의 통상성이라는 두 가지 요건을 갖추었다면 이행이익의 범위 내에서 비용배상이 가능하다는 입장이라고 할 수 있다. 그리고 이러한 입장은 이후의 판결에서 좀더 구체화되었다. 즉, 계약채무의 불이행으로 인해 채권자가 손해배상을 청구하는 경우에, 이행이익의 배상을 구하는 것이 원칙이지만, 그에 갈음하여 그 계약이 이행되리라고 믿고 채권자가 지출한 비용, 즉 신뢰이익의 배상을 구할 수도 있고, 이 때 통상손해는 상대방의 인식가능성과 상관없이 배상되며, 특별손해는 상대방의 인식가능성이 있었던 경우에 한하여 배상을 구할 수 있으며, 다만 과잉배상금지의 원칙에 비추어 이행이익의 범위를 초과할 수 없다고 한다(2002다2539 판결, 2001다75295 판결, 2003다15501 판결, 2004다51825 판결).

Ⅵ. 해제권의 소멸

해제권이 발생하였더라도 채권자가 해제권을 행사하기 전에 채무자가 채무의 내용에 좇은 이행 또는 변제의 제공을 하면, 해제권은 소멸한다. 그리고 해제권은 포기(91다8005 판결)나 실효(94다12234 판결)에 의해서도 소멸한다. 즉, 해제권을 행사할 것인지 여부는 해제권자의 자유에 속하는 문제이므로 비록 해제권이 발생하였다고 하더라도 해제권자가 이를 포기하고 본래의 급부나 손해배상을 청구할 수 있다.

물론 당사자는 약정에 의하여 법정해제권을 배제시킬 수 있으며(2004다22971 판결), 계약이 해제된 후에도 약정에 의하여 해제된 계약을 부활시키는 약정을 할 수 있다(80다1077 판결 참조).

그리고 당사자의 특약 또는 법률의 규정에 의하여 그 행사기간이 정해져 있는 경우(제573조

188) 박영목, "계약채무의 불이행으로 인한 비용배상", 비교사법 제15권 3호(2008. 9), 46면 이하.

내지 제575조 등)에는 그 기간의 경과로 해제권은 소멸한다. 행사기간의 정함이 없는 경우에, 해제권은 형성권이므로 10년의 제척기간에 걸린다. 물론 계약상의 채무가 시효로 소멸하면 해제권도 소멸한다. 또한 해제권의 행사기간의 정함이 없는 경우에, 상대방은 상당한 기간을 정하여 해제권의 행사 여부에 대한 확답을 채권자에게 최고할 수 있는데(제552조 제1항), 그 기간 내에 해제의 통지를 받지 못한 때에는 해제권은 소멸한다고 할 것이다(통설).

판례 ➡ 일반적으로 권리의 행사는 신의에 좇아 성실히 하여야 하고 권리는 남용하지 못하는 것이므로, 해제권을 갖는 자가 상당한 기간이 경과하도록 이를 행사하지 아니하여 상대방으로서도 이제는 그 권리가 행사되지 아니할 것이라고 신뢰할 만한 정당한 사유를 갖기에 이르러 그 후 새삼스럽게 이를 행사하는 것이 법질서 전체를 지배하는 신의성실의 원칙에 위반하는 것으로 인정되는 결과가 될 때에는 이른바 실효의 원칙에 따라 그 해제권의 행사가 허용되지 않는다고 보아야 할 것이다(94다12234 판결).

나아가 해제권자의 고의나 과실로 인하여 계약의 목적물이 현저히 훼손 또는 이를 반환할 수 없게 되거나, 가공이나 개조로 인하여 다른 종류의 물건으로 변경된 경우에는 해제권은 소멸한다(제553조). 이 경우 고의나 과실은 해제권의 존재에 대한 것이 아니고, 목적물의 훼손이나 반환불능을 생기게 한 데 대한 것이다. 문제는 이 경우 고의나 과실없이 목적물이 멸실되거나 반환불능이 발생한 경우에 가액반환을 인정할 것이냐에 있다. 앞에서 본 바와 같이 이를 인정할 것이다.

한편 당사자의 일방 또는 쌍방이 수인인 때에는 그 중의 한 사람에 관하여 해제권이 소멸한 때에는 다른 당사자에 대하여도 소멸한다(제547조 제2항).

Ⅶ. 계약의 해지

1. 의의 및 성질

해지란 계속적 계약관계에서 계약의 효력을 오직 장래에 향하여 소멸시키는 당사자의 일방적 의사표시를 말한다. 따라서 계약의 소급적 소멸을 가져오는 해제와 달리 상호 원상회복의무는 발생하지 않는다.

해지가 인정될 수 있는 계속적 계약관계로는 전형계약 중 소비대차 · 사용대차 · 임대차 · 고용 · 위임 · 조합 · 종신정기금 등을 들 수 있다. 해지권은 해지할 수 있는 권리로서 형성권이다.

판례 ➡ 영업허가권 및 시설물 일체를 매매함에 있어 매수인이 계약금을 지급하고 그 잔금지급 이전에 그 목적물을 인도받아 이를 사용 · 수익하면서 잔금에 대한 이자 상당액으로서 매월 일정 금액 및 그 인도받은 날로부터 그 업소와 관련하여 아직 영업허가 등의 명의가 매도인에게 남아 있는 관계로 매도인 앞으로 부과되는 제세공과금, 임대료 및 관리비 등 건물주가 청구하는 일체의 금원을 지급하기로 한 경우, 그 계약의 법적 성격은 단순한 매매가 아니라 매매계약과 매매계약금을 임차보증금으로 하고 월차임을 잔금에 대한 이자 상당액으로 하는 임대차계약이 혼합된 계약으로 봄이 상당하므로, 그 계약이 매도인의 귀책사유로 이행불능되어 매수인이 이를 해제하였다 하더라도 그 계약으로 생겼던 법률효과가 모두 소급적으로 소멸한다고는 할 수 없고, 그 계약 중 임대차계약의 성질을 가진 부분은 그 이행불능시까지 이미 완전히 목적을 달성하고 있었으므로 그 이행불능으로 해지된 것으로서 장래에 향해서만 계약관계가 종료되었다고 보아야 한다(96다14616 판결).

2. 해지권의 발생

(1) 약정해지

해지권은 당사자의 약정에 의하여 발생할 수 있다(제543조 제1항). 가령, 임대차기간의 약정이 있는 경우에도 당사자 일방 또는 쌍방이 그 기간 내에 해지할 권리를 보류한 때에는 기간의 정함이 없는 임대차의 해지에 관한 규정을 준용하여 해지할 수 있다(제636조).

판례 ➡ 임대차계약을 체결하면서, "임대차계약은 임차인이 임차보증금을 완급한 때부터 효력이 생기고, 그 때부터 한 달 이내에 임차인이 임차 부분에 입점하지 아니하면 자동적으로 해지된다"고 약정하였는 데, 그 후 임차인이 위 기한 내에 입점하지 않았다면 해지의 의사표시를 요하지 않고 그 불이행 자체로써 위 임대차계약은 그 일자에 자동적으로 해지된 것으로 보아야 한다(2000다5336, 5343 판결).

(2) 법정해지

해지권은 법률의 규정에 의하여 발생할 수도 있다. 민법은 각종의 계속적 계약에 관하여 개별적으로 법정해지권의 발생원인을 규정하고 있다. 사용대차(제610조 제3항), 임대차(제625조 이하), 고용(제657조 이하), 위임(제689조 이하), 임치(제698조 이하) 등이 그것이다.

나아가 학설은 명문의 규정이 없어도 해지권의 발생을 인정한다. 다만, 그 발생근거를 위의 개별규정의 유추적용으로부터 찾는 입장[189]이 있으며, 채무불이행이 있으면 제544조 내지 제546조(법정해제권의 발생근거)를 유추적용하여 법정해제권을 인정할 수 있다는 입장[190]이 있다. 그리고 판례는 사정변경을 이유로 또는 신뢰관계의 파괴를 이유로 한 계약의 해지권을 인정한다.

판례 ➡ 계속적 보증계약에 있어서 보증계약 성립 당시의 사정에 현저한 변경이 생긴 경우에는 보증인은 보증계약을 해지할 수 있다고 보아야 할 것인 바, 회사의 임원이나 직원의 지위에 있기 때문에 계약성립 당시의 사정에 현저한 변경이 생긴 경우에는 보증인은 보증계약을 해지할 수 있다고 보아야 할 것인 바, 회사의 임원이나 직원의 지위에 있기 때문에 회사의 요구로 부득이 회사와 제3자 사이의 계속적 거래로 인한 회사의 채무에 대하여 보증인이 된 자가 그 후 회사로부터 퇴사하여 임원이

189) 송덕수, 채권법각론, Rn. 73.
190) 지원림, 민법강의, Rn. 5-105.

나 직원의 지위를 떠난 때에는 보증계약 성립 당시의 사정에 현저한 변경이 생긴 경우에 해당하므로 사정변경을 이유로 보증계약을 해지할 수 있다고 보아야 한다(89다카1381 판결 등). 다만, 사정변경을 이유로 보증계약을 해지할 수 있는 것은 포괄근보증이나 한정근보증과 같이 채무액이 불확정적이고 계속적인 거래로 인한 채무에 대하여 한 보증에 한하는 바, 회사의 이사로 재직하면서 보증 당시 그 채무액과 변제기가 특정되어 있는 회사의 확정채무에 대하여 보증을 한 후 이사직을 사임하였다 하더라도, 사정변경을 이유로 보증계약을 해지할 수 없다(95다27431 판결).

판례 ➡ 계속적 계약은 당사자 상호 간의 신뢰관계를 그 기초로 하는 것이므로, 당해 계약의 존속 중에 당사자의 일방이 그 계약상의 의무를 위반함으로써 그로 인하여 계약의 기초가 되는 신뢰관계가 파괴되어 계약관계를 그대로 유지하기 어려운 정도에 이르게 된 경우에는 상대방은 그 계약관계를 막바로 해지함으로써 그 효력을 장래에 향하여 소멸시킬 수 있다고 봄이 타당하다(2002두5948 판결).

[통상해지권과 비상해지권]

해지권은 통상해지권과 비상해지권으로 구분할 수 있다. 계속적 계약은 존속기간의 만료로 종료되지만, 존속기간의 정함이 없는 경우에 당사자는 계약을 언제라도 해지할 수 있다. 소비대차(제603조 제2항), 임대차(제635조 제1항), 고용(제660조 제1항), 임치(제699조), 사용대차(제613조 제2항 단서)에서 규정하고 있는 해지권이 통상해지권이다. 그리고 계속적 계약에서 존속기간이 정해져 있어도 중요한 이유가 있으면 해지할 수 있다. 이를 비상해지권 또는 특별해지권이라고 한다. 고용에 관한 제661조, 임치에 관한 제698조, 위임에 관한 제689조 제1항에서 '부득이한 사유'가 있는 경우에 해지권을 인정하고 있다. 그리고 당사자의 사망이나 파산 등 일정한 사유가 발생한 경우에 해지를 인정하고 있다(제614조, 제627조, 제617조, 제690조). 또한 민법은 일정한 형태의 채무불이행을 이유로 계속적 계약의 해지를 인정하는 경우도 있다(제610조 제3항, 제654조, 제625조, 제640조, 제657조 제3항, 제658조 제2항).

3. 해지권의 행사

해지권은 형성권으로, 그 행사는 상대방에 대한 일방적 의사표시에 의하여 행하여지며(제543조 제1항), 상대방에게 도달하면 철회하지 못한다(제543조 제2항). 또한 해지권은 불가분성을 가지므로 당사자의 일방 또는 쌍방이 수인인 경우, 해지는 전원으로부터 또는 전원에 대하여 행사하여야 한다(제547조 제1항). 그리고 해지권이 당사자 1인에 대하여 소멸한 때에는 다른 당사자에 대해서도 소멸한다(제547조 제2항). 물론 해지권의 불가분성은 법률관계를 명확하게 하기 위한 것으로, 임의규정이므로 당사자의 특약으로 그 적용을 배제할 수 있다.

판례 ➡ 수탁자의 사망으로 인하여 수탁자의 지위가 공동상속되었을 때 신탁해지의 의사표시가 그 공동상속인 일부에게만 이루어졌다면 신탁해지의 효과는 그 일부 상속인에게만 발생하는 것이고, 이 때에는 해제권의 불가분에 관한 민법 제547조의 규정은 그 적용이 없고 그 일부에 한하여 신탁해지의 효과가 발생하는 것일 뿐 수탁자나 수탁자의 지위를 승계한 사람이 수인이라 하여 그 전원에게 신탁해지의 의사표시를 동시에 하여야만 그 효과가 발생하는 것은 아니라 할 것이다(92다9579 판결).

4. 해지의 효력

계약이 해지되면, 계약은 해지한 때로부터 장래에 향하여 효력을 상실한다(제550조). 즉, 소급효가 없다는 점에서 해제와 구별된다. 따라서 해지 이전의 계약관계에는 영향을 미치지 않으므로, 이미 이행된 부분은 그대로 유효하고 미이행채무도 소멸하지 않는다. 그러므로 해지 이전에 이미 발생한 개개의 채무는 계약이 해지되더라도 이행하여야 한다. 가령, 임대차계약이 해지되는 경우에 임차인은 연체된 차임을 지급하여야 하고 목적물을 반환할 의무를 부담하며, 임대인은 필요비나 유익비 또는 보증금 등을 반환하여야 한다. 해지에 의하여 발생하는 청산의무는 원상회복의무와 달리 계약상 의무의 연장으로 볼 것이다.

판례 ➡ 임차인이 임대차계약에 따라 임대인으로부터 임차목적물을 명도받아 점유를 계속하여 온 경우에는, 임차목적물에 있는 법률적 제한으로 말미암아 임차의 목적을 달할 수 없게 되어 임대인의 담보책임을 묻는다 하더라도 계약의 효력을 장래에 향하여 소멸하게 하는 해지를 할 수는 있으나, 그 효력을 소급적으로 소멸시키는 해제를 할 수는 없다(93다61321 판결).

제 6 절 제3자의 계약침해

Ⅰ. 문제의 소재

'계약침해'라 함은 계약목적의 실현이 방해되는 것을 말한다.[191] 그런데 계약의 목적인 급부의무의 이행을 방해하는 계약침해는 침해자가 누구이냐에 따라서 '채무자에 의한 계약침해'인 채무불이행과 '제3자에 의한 계약침해'로 구분할 수 있는데, 통상 계약침해의 문제를 논함에 있어서는 채무불이행의 문제를 제외하고 제3자에 의한 계약침해만을 다루는 것이 보통이다.

제3자의 계약침해와 관련해서는 물권과 채권을 준별하는 판덱텐체계하에서, 계약으로 인한 채권관계가 제3자에 의해서 침해될 수 있는가 또 있다면 그 요건 및 효과는 어떠한 것인가가 문제된다. 즉, 제3자의 계약침해의 경우에 문제로 되는 것은 첫째 제3자에 의한 계약침해행위가 채권자에 대하여 불법행위를 구성하는가, 그렇다면 그 요건은 어떠한가. 그리고 둘째 제3자의 계약침해행위에 대한 구제수단으로서 채권자에게 채권에 기한 방해배제청구권을 인정할 수 있는지의 여부가 문제되고 있다.

---

191) 대체로 계약침해라는 용어 대신에 채권침해라는 용어를 사용하나, 채권침해는 법정채권의 영역에서는 그다지 문제되지 않고 계약상의 권리침해가 주로 문제된다는 점에서, 이 책에서는 계약침해라는 용어를 병용하기로 한다. 김민중, "계약법에 관한 이론의 발전과 그 최근의 동향-독일의 계약법을 중심으로-", 저스티스 제24권 제2호(1991), 97면 이하 참조.

Ⅱ. 제3자의 계약침해와 불법행위

1. 서 설

의용민법은 불법행위의 성립요건으로서 '권리침해'를 요구하고 있었는 데(제709조),[192] 이 경우 '권리'는 소유권을 비롯한 절대적 권리를 의미하는 것으로 해석되었다. 그리하여 제3자에 의한 계약상의 권리침해가 불법행위를 구성한다고 하기 위해서는 채권을 절대권으로 이론구성할 필요가 있었다. 실제로 당시에는 채권도 물권과 마찬가지로 모든 사람에 대한 관계에서 보호되어야 한다는 점에서 절대성을 가진다는 견해가 지배적이었다.[193] 그러나 물권의 본질적인 속성인 배타성과 지배권성을 채권에는 인정할 수 없다고 하면서, 제3자의 채권침해가 채권자에 대하여 불법행위를 구성할 수 있다고 해서 채권의 본질이 물권과 같이 절대권성을 가지는 권리라고 할 수는 없다고 할 것이다.[194] 즉, 제3자에 의한 채권침해로 인한 불법행위의 성립을 인정하기 위하여 채권의 상대성까지 부인할 필요는 없다고 하겠다.

더구나 민법은 의용민법과는 달리 불법행위의 성립요건으로서 '권리침해' 대신에 '위법행위'로 바꾸어 놓았다.[195] 그렇다면 상대적인 채권에 대한 제3자의 침해행위가 불법행위를 구성하는지 여부에 대한 판단은 제3자의 침해행위가 어떠한 경우에 위법행위로 평가할 수 있는지에 달려 있다고 할 것이다.

2. 판례의 태도

판례는 제3자에 의한 채권침해가 불법행위를 구성할 수 있다는 근거로 채권도 보호의 가치가 있는 객관적 실체라는 점을 들고 있다(4285민상129 판결). 또한 판례는 제3자의 채권침해가 반드시 언제나 불법행위가 되는 것은 아니고 채권침해의 태양에 따라 그 성립 여부를 구체적으로 검토하여 정하여야 할 문제라고 함으로써, 불법행위의 성립을 제한적으로만 인정하는 입장을 취하고 있다(73다1244 판결).

그리고 판례에 의하면 일반적으로 채권에 대하여는 배타적 효력이 부인되고 채권자 상호 간 및 채권자와 제3자 사이에 자유경쟁이 허용되는 것이어서 제3자에 의하여 채권이 침해되었다는 사실만으로 바로 불법행위로 되지는 않는 것이지만, 거래에 있어서의 자유경쟁의 원칙은 법질서가 허용하는 범위 내에서의 공정하고 건전한 경쟁을 전제로 하는 것이므로, 제3자의 행위가 채권을 침해하는 것으로서 불법행위에 해당한다고 할 수 있으려면, 제3자가 채권자를 해한다는 사정을 알면서도 법규에 위반하거나 선량한 풍속 또는 사회질서에 위반하는 등 위법한 행위를 함

---

192) 고의 또는 과실로 인하여 타인의 권리를 침해한 자는 이로 인해 발생하는 손해를 배상할 책임이 있다.

193) 김기선, 한국채권법총론, 170면; 현승종, 채권총론, 97면.

194) 김대정, 채권총론, 6면.

195) 1957년에 나온 민법안심의록 상권의 제743조(현행 민법 제750조)에 대한 심의경과에 따르면, "현행법에서 '권리침해'로 되어 있던 것을 '권리침해' 뿐만 아니라 '위법행위'에 의하여 이익을 침해한 경우 전반을 포함시키는 것이 현시의 학설이므로 이에 따라 초안이 규정한 것은 타당하다"고 한다.

으로써 채권자의 이익을 침해하였다면 이로써 불법행위가 성립한다고 하지 않을 수 없고, 여기에서 채권침해의 위법성은 침해되는 채권의 내용, 침해행위의 태양, 침해자의 고의 내지 해의(害意)의 유무 등을 참작하여 구체적·개별적으로 판단하되, 거래자유보장의 필요성, 경제·사회정책적 요인을 포함한 공공의 이익, 당사자 사이의 이익균형 등을 종합적으로 고려하여야 한다는 것이다(2000다32437 판결, 2005다21029 판결, 2006다9446 판결). 이러한 법리는 제3자가 위법한 행위를 함으로써 다른 사람 사이의 계약체결을 방해하거나 유효하게 존속하던 계약의 갱신을 하지 못하게 하여 그 다른 사람의 정당한 법률상 이익이 침해되기에 이른 경우에도 적용된다고 한다(2004다11162 판결).

3. 계약침해의 위법성 판단기준[196]

앞에서 본 바와 같이 판례에 의하면, 계약침해의 위법성은 침해되는 채권의 내용, 침해행위의 태양, 침해자의 고의 내지 해의의 유무 등을 참작하여 구체적·개별적으로 판단하되, 거래자유보장의 필요성, 경제·사회정책적 요인을 포함한 공공의 이익, 당사자 사이의 이익균형 등을 종합적으로 고려하여 판단하여야 한다.

판례 ➡ 일반적으로 채권에 대하여는 배타적 효력이 부인되고 채권자 상호 간 및 채권자와 제3자 사이에 자유경쟁이 허용되는 것이어서 제3자에 의하여 채권이 침해되었다는 사실만으로 바로 불법행위로 되지는 않는 것이지만, 거래에 있어서의 자유경쟁의 원칙은 법질서가 허용하는 범위 내에서의 공정하고 건전한 경쟁을 전제로 하는 것이므로, 제3자가 채권자를 해한다는 사정을 알면서도 법규에 위반하거나 선량한 풍속 또는 사회질서에 위반하는 등 위법한 행위를 함으로써 채권자의 이익을 침해하였다면 이로써 불법행위가 성립한다고 하지 않을 수 없고, 여기에서 채권침해의 위법성은 침해되는 채권의 내용, 침해행위의 태양, 침해자의 고의 내지 해의의 유무 등을 참작하여 구체적·개별적으로 판단하되, 거래자유보장의 필요성, 경제·사회정책적 요인을 포함한 공공의 이익, 당사자 사이의 이익균형 등을 종합적으로 고려하여야 한다(2000다32437 판결).

(1) 거래자유보장의 필요성

제3자의 계약침해로 인한 불법행위책임을 넓게 인정하게 되면 거래계의 자유로운 경제활동이 위축되고 재화의 효율적인 분배도 왜곡될 수 있다. 여기에서 판례는 "독립한 경제주체간의 경쟁적 계약관계에 있어서는 단순히 제3자가 채무자와 채권자 간의 계약내용을 알면서 채무자와 채권자 간에 체결된 계약에 위반되는 내용의 계약을 체결한 것만으로는 제3자의 고의·과실 및 위법성을 인정하기에 부족"(99다38699 판결)하다고 한다. 경쟁적 계약관계에서 계약상의 권리에 어느 정도의 법적 보호를 줄 것인가는 경제현실을 감안하여 합리적으로 정하여야 할 것이다. 즉, 매매계약과 같이 합리성에 기초한 거래관계에 있어서는 경쟁성의 측면이 강조되어야 할 것이고, 반면에 고용계약이나 계속적 공급계약과 같이 신뢰관계가 중요한 거래관계에 있어서는

196) 박홍대, "제3자의 계약침해와 불법행위", 판례연구 제15집(2003), 486면 이하 참조.

경쟁성의 측면 뿐만 아니라 안정성도 충분히 고려되어야 할 것이다.[197] 따라서 부당한 스카우트 등에는 엄격한 통제의 기준이 적용되어야 할 것이다.

판례 ➡ 한국도로공사와 정유업체 갑 사이에 고속도로상의 특정 주유소에 대한 갑의 석유제품공급권을 부여하는 계약이 체결되었으나, 한국도로공사로부터 위 주유소의 운영권을 임차한 자가 갑과의 관계가 악화되자 다른 정유업체로부터 석유제품을 공급받아 판매하고 다른 정유업체의 상호와 상표를 사용하여 주유소를 운영하면서, 한국도로공사의 고속도로 주유소에 대한 석유제품공급업체 지정행위가 불공정거래행위라는 공정거래위원회의 시정권고에 따라 한국도로공사와 석유제품공급업체 지정조항을 삭제하는 주유소운영계약을 체결한 경우, 주유소운영자의 위와 같은 주유소운영행위 및 계약체결행위가 갑의 석유제품공급권을 침해하기 위해 한국도로공사와 적극적인 공모에 의해 이루어진 것도 아니고 그 수단이나 목적이 사회상규에 반하는 것도 아니어서 위법하지 않다(99다38699 판결).

(2) 당사자의 이익균형과 공공의 이익

제3자의 계약침해행위의 위법성을 판단함에 있어서는 제3자가 기도하는 이익과 침해되는 이익을 비교형량을 하여야 할 것이다. 즉, 보호대상자를 위하여 취해진 조치와 예상되는 피해를 견주어 합리적이면 정당한 권리행사가 될 것이다. 이러한 권리는 제한이 없으므로 자신의 재산권, 영업권, 선행계약, 피설득자의 업무에 대한 재정적인 이해관계 뿐만 아니라 부도덕한 기업활동에 대처하기 위한 시민단체의 활동 등 공익을 보호할 우선권도 이에 해당된다고 할 것이다(98다51091 판결). 그러나 이해관계가 아직 실현되지 아니한 향후 사업에 대한 경쟁 등과 같은 단순한 장래의 이익에 불과한 경우에는 이에 해당되지 않는다고 할 것이다.

판례 ➡ 시민단체 등의 공익목적수행을 위한 정당한 활동은 바람직하고 장려되어야 할 것이나 그러한 목적수행을 위한 활동이라하더라도 법령에 의한 제한이나 그러한 활동의 자유에 내재하는 제한을 벗어나서는 안될 것이고, 그러한 활동의 자유의 한계는 그들이 반대의 대상으로 삼은 공연 등의 내용 및 성격과 반대활동의 방법 및 정도 사이의 상관관계에서 결정되어야 할 것인 바, 시민단체의 간부들이 그들의 공익목적을 관철하기 위하여 일반시민들을 상대로 공연관람을 하지 말도록 하거나 공연협력업체에게 공연협력을 하지 말도록 하기 위하여 그들의 주장을 홍보하고 각종 방법에 의한 호소로 설득활동을 벌이는 것은 관람이나 협력 여부의 결정을 상대방의 자유로운 판단에 맡기는 한 허용된다고 할 것이고, 그로 인하여 공연기획사의 일반적 영업권 등에 대한 제한을 가져온다고하더라도 이는 시민단체 등의 정당한 목적수행을 위한 활동으로부터 불가피하게 발생하는 현상으로서 그 자체에 내재하는 위험이라 할 것이므로 시민단체의 간부들의 그와 같은 활동이 위법하다고 할 수는 없을 것이나, 공연기획사가 관계당국으로부터 합법적으로 공연개최허가를 받고 은행과 적법하게 입장권판매대행계약을 체결한 데 대하여 시민단체의 간부들이 위 은행에게 공연협력의 즉각 중지, 즉 공연기획사와 이미 체결한 입장권판매대행계약의 즉각적인 불이행을 요구하고 이에 응하지 아니할 경우에는 은행의 전 상품에 대한 불매운동을 벌이겠다는 경제적 압박수단을 고지하여 이로 말미암아

197) 김동훈, "제3자의 계약침해와 불법행위의 성부", 정보와 법 연구 제4호(2002. 2), 137면.

은행으로 하여금 불매운동으로 인한 경제적 손실을 우려하여 부득이 본의아니게 공연기획사와 체결한 입장권판매대행계약을 파기케 하는 결과를 가져왔다면 이는 공연기획사가 은행과 체결한 입장권판매대행계약에 기한 공연기획사의 채권 등을 침해하는 것으로서 위법하다고 하여야 할 것이고, 그 목적에 공익성이 있다 하여 이러한 행위까지 정당화될 수는 없는 것이다(98다51091 판결).

(3) 침해되는 계약의 성격

보호대상이 되는 계약은 제한이 없다. 그러나 그 계약은 유효하고, 불법적이지 않아야 하며, 공공의 정책에 부합되어야 할 것이다. 계약에 들어갈 단순한 가능성만 있는 경우에는 보호의 대상이 되지 않는다. 계약당사자 일방에게 해지권이 유보된 계약이나, 투기적 성격이 강한 계약, 여러 조건에 의존되어 있는 계약 등은 외부의 침해에 대하여 그리 넓은 보호를 줄 수는 없을 것이다.

(4) 침해자의 고의 내지 해의(害意)

계약관계는 공시되지 않으므로 제3자의 계약침해는 고의를 기본요건으로 하며, 과실에 의한 방해는 원칙적으로 책임을 지지 않는다고 할 것이다. 따라서 계약당사자 사이에 계약이 체결되어 있다는 것과 일방당사자에 대한 영향력의 행사가 계약상대방의 계약상의 권리를 해하여 계약상대방에게 손해를 끼치게 된다는 것을 인식하고 있어야 한다. 물론 구체적인 손해의 내용이나 범위까지 알 필요는 없다.

특히 부동산의 이중매매에 관하여 판례는 "부동산의 이중매매가 반사회적인 법률행위로서 무효가 되기 위하여는 매도인의 배임행위와 매수인이 그 행위에 적극 가담한 행위로 이루어진 매매로서, 그 적극 가담하는 행위는 매수인이 다른 사람에게 매매목적물이 매도된 것을 안다는 것만으로는 부족하고, 적어도 그 매도사실을 알고도 매도를 요청하거나 유도하여 매매계약에 이르는 정도가 되어야 한다"(99다19865 판결, 2003다23250, 23267 판결 등)고 하여, 배임행위에의 적극가담을 그 요건으로 요구한다. 또한 판례는 계약침해행위가 적극적인 공모에 의해 이루어진 것임을 요구한다(99다38699 판결).

판례 ➡ 제3자에 의한 채권침해가 불법행위를 구성할 수는 있으나 제3자의 채권침해가 반드시 언제나 불법행위가 되는 것은 아니고 채권침해의 태양에 따라 그 성립 여부를 구체적으로 검토하여 정하여야 하는 바, 독립한 경제주체 간의 경쟁적 계약관계에 있어서는 단순히 제3자가 채무자와 채권자 간의 계약내용을 알면서 채무자와 채권자 간에 체결된 계약에 위반되는 내용의 계약을 체결한 것만으로는 제3자의 고의·과실 및 위법성을 인정하기에 부족하고, 제3자가 채무자와 적극 공모하였다거나 또는 제3자가 기망·협박 등 사회상규에 반하는 수단을 사용하거나 채권자를 해할 의사로 채무자와 계약을 체결하였다는 등의 특별한 사정이 있는 경우에 한하여 제3자의 고의·과실 및 위법성을 인정하여야 한다(99다38699 판결).

판례 ➡ 어떠한 부동산에 관하여 소유자가 양도의 원인이 되는 매매 기타의 계약을 하여 일단 소유권 양도의 의무를 짐에도 다시 제3자에게 매도하는 등으로 같은 부동산에 관하여 소유권 양도의 의무를 이중으로 부담하고 나아가 그 의무의 이행으로, 그러나 제1의 양도채권자에 대한 양도의무에 반하여, 소유권의 이전에 관한 등기를 그 제3자 앞으로 경료함으로써 이를 처분한 경우에, 소유자의 그러한 제2의 소유권양도의무를 발생시키는 원인이 되는 매매 등의 계약이 소유자의 위와 같은 의무위반행위를 유발시키는 계기가 된다는 것만을 이유로 이를 공서양속에 반하여 무효라고 할 것이 아님은 물론이다. 그것이 공서양속에 반한다고 하려면, 다른 특별한 사정이 없는 한 상대방에게도 그러한 무효의 제재, 보다 실질적으로 말하면 나아가 그가 의도한 권리취득 자체의 좌절을 정당화할 만한 책임귀속사유가 있어야 한다. 제2의 양도채권자에게 그와 같은 사유가 있는지를 판단함에 있어서는, 그가 당해 계약의 성립과 내용에 어떠한 방식으로 관여하였는지(당원의 많은 재판례가 이 문제와 관련하여 제시한 '소유자의 배임행위에 적극 가담하였는지' 여부라는 기준은 대체로 이를 의미한다)를 일차적으로 고려할 것이고, 나아가 계약에 이른 경위, 약정된 대가 등 계약내용의 상당성 또는 특수성, 그와 소유자의 인적 관계 또는 종전의 거래상태, 부동산의 종류 및 용도, 제1양도채권자의 점유 여부 및 그 기간의 장단과 같은 이용현황, 관련 법규정의 취지·내용 등과 같이 법률행위가 공서양속에 반하는지 여부의 판단에서 일반적으로 참작되는 제반 사정을 여기서도 종합적으로 살펴보아야 할 것이다(2009다23283 판결).

(5) 불법행위를 구성하는 침해행위의 모습

① 제3자가 채권자의 채권을 상실시키는 경우

i) 제3자의 변제수령　　채권의 준점유자 또는 영수증 소지자에 대한 변제는 변제자가 선의·무과실인 경우에는 변제의 효력이 있으므로(제470조, 제471조), 제3자가 채권을 준점유하고 있거나 영수증을 소지하고 있음을 기화로 하여 채무자로부터 변제를 수령하여 채권을 소멸시킨 경우에는 불법행위가 성립한다는 것이 통설이다.

ii) 제3자의 채권의 처분　　채권의 처분권이 없는 제3자가 채권자의 대리인으로서 행한 채권의 양도·입질 등의 처분행위가 표현대리행위로서 유효한 경우(제125조, 제126조, 제129조)에는 채권자는 채권을 상실한다. 이 경우 제3자의 처분행위가 채권자에 대하여 불법행위가 됨은 물론이다. 그리고 채권자가 채권을 이중으로 양도하고 제2양수인에게 대항요건을 갖추게 한 경우에는 제1양수인은 제2양수인에게 대항하지 못하므로(제450조), 제1양수인은 결과적으로 채권을 상실하게 된다. 이 경우 통설·판례는 이중양도 당시에 채권자는 이미 처분권없는 자이므로 제2양수인에 대하여 불법행위책임을 진다고 해석한다(67다1255 판결). 반면에 채권양도인의 제1양수인에 대한 채무불이행책임의 성립만을 인정하는 소수설도 있다.[198] 채권을 양도한 채권자를 제3자에 대한 관계에서까지 처분권없는 자라고 해석하는 것은 무리라는 점에서 채권의 이중양도인의 불법행위의 성립을 인정하기는 어렵다고 할 것이다.

iii) 제3자가 채권증서를 멸실·훼손한 경우　　어음·수표 등의 지시채권 또는 상품권과 같은 무기명채권의 경우 채권자는 반드시 증서를 제시하여야 하며(제517조), 채권자는 배서의

198) 이은영, 채권총론, 47-48면.

연속에 의하여 진정한 권리자로 추정되는 바(제513조, 제514조), 증서가 멸실·훼손된 경우에는 증서제시에 의한 간이한 지급청구를 하지 못하게 된다. 물론 채권증서가 멸실·훼손되었다고 해서 채권이 당연히 소멸하는 것은 아니지만, 타인의 증권적 채권증서를 멸실·훼손시키는 행위는 채권자의 권리행사를 곤란하게 하므로 불법행위가 된다고 할 수 있다.

② 제3자가 급부 자체를 침해하는 경우

i) 제3자가 인도채무를 급부불능의 상태로 만든 행위 　제3자의 침해행위로 물건의 인도채무가 이행불능하게 된 경우에는 채무자는 인도채무를 면하므로 채무자의 채무불이행책임은 성립하지 않고 채권은 급부불능상태에서 소멸하게 된다. 다만, 쌍무계약에 있어서의 귀책사유없는 급부불능의 경우에는 위험부담의 문제가 발생한다. 가령, 임대차목적물이 임차인의 과실없이 제3자의 방화행위에 의하여 멸실된 경우, 그 위험은 채무자위험부담의 원칙(제537조)에 따라 임차물을 사용·수익하게 할 의무를 부담하는 채무자인 임대인이 부담하여야 하므로 임대인은 임차인에게 임대차보증금을 반환할 의무가 있다(65다1898 판결). 따라서 이 경우에는 제3자의 채권침해가 문제되는 것이 아니고, 이 경우 임대인은 제3자에 대하여 임대목적물의 소유권 상실을 들어 불법행위로 인한 손해배상책임을 물을 수 있다.

ii) 하는 채무를 내용으로 하는 채권의 침해행위 　제3자가 행위채무를 부담하고 있는 채무자(예, 연주자·교수)를 납치·감금·협박등의 방법에 의하여 채무의 이행을 방해하거나 사망·중상에 이르게 함으로써 급부를 불능하게 한 경우에도, 채무자의 채무불이행책임은 발생하지 않는다. 오히려 이 경우에 채권자는 제3자에 대하여 불법행위책임을 물을 수 있다고 할 것이다.

iii) 제3자가 채무자와 공동행위로 급부를 침해한 경우 　이 경우 제3자의 불법행위책임을 인정함에는 신중한 고려가 있어야 할 것이다. 즉, 제3자가 채무자와 이중매매계약을 체결하는 행위는 자유경쟁이 허용되는 범위 내의 것인 한 위법성이 없기 때문이다. 그런데 제3자의 채권취득행위가 부정한 경업의 영위를 목적으로 하거나, 제3자가 채무자를 협박 또는 교사하여 체결한 이중매매계약은 건전한 거래질서를 해하는 위법행위로서 불법행위를 구성한다고 할 것이다. 물론 이 경우 채무자의 채무불이행책임이 성립함은 당연하다.

③ 책임재산의 감소행위

채무자의 책임재산을 감소케 하는 제3자의 행위도 채권의 실행을 곤란하게 하여 궁극적으로 채권을 침해하는 것이므로, 불법행위가 될 수 있다. 제3자가 채무자와 공모하여 위계의 채권을 만들거나 위계의 채권을 기초로 하여 채무자의 재산을 압류하여 채권자의 채권실행을 방해하는 경우와 같이, 정당한 거래행위에 의하지 아니하고 채무자의 일반재산을 감소시키는 행위는 채권자에 대하여 불법행위를 구성한다.

그러나 채권자취소권(제406조)을 행사하여 책임재산을 회복한 경우에는 제3자에 대한 불법행위책임을 논의할 실익이 없다 할 것이다.

판례 ➡ 제3자가 채무자의 책임재산을 감소시키는 행위를 함으로써 채권자로 하여금 채권의 실행과 만족을 불가능 내지 곤란하게 한 경우 채권의 침해에 해당한다고 할 수는 있겠지만, 그 제3자의 행위가 채권자에 대하여 불법행위를 구성한다고 하기 위하여는 단순히 채무자 재산의 감소행위에 관여하였다는 것만으로는 부족하고 제3자가 채무자에 대한 채권자의 존재 및 그 채권의 침해사실을 알면서 채무자와 적극 공모하였다거나 채권행사를 방해할 의도로 사회상규에 반하는 부정한 수단을 사용하였다는 등 채권침해의 고의·과실 및 위법성이 인정되는 경우라야만 할 것이다. 따라서 강제집행면탈목적을 가진 채무자가 제3자와 명의신탁약정을 맺고 채무자 소유의 부동산에 관하여 제3자 앞으로 소유권이전등기를 경료한 경우에, 제3자가 채권자에 대한 관계에서 직접 불법행위책임을 지기 위하여는 단지 그가 채무자와의 약정으로 당해 명의수탁등기를 마쳤다는 것만으로는 부족하고, 그 명의신탁으로써 채권자의 채권의 실현을 곤란하게 한다는 점을 알면서 채무자의 강제집행면탈행위에 공모가담하였다는 등의 사정이 입증되어 그 채권침해에 대한 고의·과실 및 위법성이 인정되어야 한다(2005다25021 판결).

Ⅲ. 채권에 기한 방해배제청구권

물권의 내용의 실현이 방해받는 경우에는 물권의 효력으로 그 방해의 배제를 청구할 수 있다(제214조). 문제는 채권의 실현이 제3자에 의하여 방해 내지 침해받는 경우에도 그 방해의 배제를 청구할 수 있는지에 있다.

채권도 권리로서 그 불가침성이 인정되므로 채권의 효력으로 제3자에 대한 침해의 배제를 청구할 수 있다는 견해가 있으나,[199] 통설은 공시가 수반되는 물권과 달리 채권침해의 경우에도 방해배제청구권을 인정하게 되면 거래의 안전을 해하고 또 재화의 원활한 거래를 처리하는 채권의 성질에도 반한다는 점을 들어 이를 부정한다. 다만, 등기된 임차권과 같이 채권이라도 공시되고 있는 경우에는 채권에 기한 방해배제청구권이 인정된다는 것이다. 판례도 대항력을 갖춘 임차권에 기한 방해배제청구권을 인정하고 있다(99다67079 판결).

판례 ➡ 등기된 임차권에는 용익권적 권능 외에 임차보증금반환채권에 대한 담보권적 권능이 있고, 임대차기간이 종료되면 용익권적 권능은 임차권등기의 말소등기없이도 곧바로 소멸하나 담보권적 권능은 곧바로 소멸하지 않는다고 할 것이어서, 임차권자는 임대차기간이 종료한 후에도 임차보증금을 반환받기까지는 임대인이나 그 승계인에 대하여 임차권등기의 말소를 거부할 수 있다고 할 것이고, 따라서 임차권등기가 원인없이 말소된 때에는 그 방해를 배제하기 위한 청구를 할 수 있다(99다67079 판결).

생각건대 특정한 채권을 보전하기 위하여서도 채권자대위권을 행사할 수 있으므로, 제3자가 채권을 침해하는 경우에 채권 자체의 효력으로서 침해배제청구권을 인정할 실익은 그다지 크지 않을 것이다. 그리고 채권이 공시방법을 갖추었다고 해서 그 권리의 성질이 물권으로 전환되는

199) 현승종, 채권총론, 103면.

것은 아니다. 이와 같이 볼 때 대항력을 갖춘 채권의 경우에 방해배제청구권을 곧바로 인정하는 것은 의문이 없지 않다. 물론 임차인처럼 채권자가 목적물을 점유하고 있는 경우에는 점유권에 기한 점유보호청구권이 인정될 수 있을 것이다.

판례 ➡ 채권자는 채무자에 대한 채권을 보전하기 위하여 채무자를 대위해서 채무자의 권리를 행사할 수 있는 바, 채권자가 보전하려는 권리와 대위하여 행사하려는 채무자의 권리가 밀접하게 관련되어 있고 채권자가 채무자의 권리를 대위하여 행사하지 않으면 자기채권의 완전한 만족을 얻을 수 없게 될 위험이 있어 채무자의 권리를 대위하여 행사하는 것이 자기채권의 현실적 이행을 유효·적절하게 확보하기 위하여 필요한 경우에는 채권자대위권의 행사가 채무자의 자유로운 재산관리행위에 대한 부당한 간섭이 된다는 등의 특별한 사정이 없는 한 채권자는 채무자의 권리를 대위하여 행사할 수 있어야 하고, 피보전채권이 특정채권이라 하여 반드시 순차매도 또는 임대차에 있어 소유권이전등기청구권이나 명도청구권 등의 보전을 위한 경우에만 한하여 채권자대위권이 인정되는 것은 아니다(99다38699 판결).

판례 ➡ 전세권은 전세금을 지급하고 타인의 부동산을 점유하여 그 부동산의 용도에 좇아 사용·수익하며 그 부동산 전부에 대하여 후순위권리자 기타 채권자보다 전세금의 우선변제를 받을 권리를 내용으로 하는 물권이지만, 임대차는 당사자 일방이 상대방에게 목적물을 사용·수익하게 할 것을 약정하고 상대방이 이에 대하여 차임을 지급할 것을 약정함으로써 그 효력이 발생하는 채권계약으로서, 주택임차인이 주택임대차보호법 제3조 제1항의 대항요건을 갖추거나 민법 제621조의 규정에 의한 주택임대차등기를 마치더라도 채권계약이라는 기본적인 성질에 변함이 없다(2004다69741 판결).

제 3 장 물건의 지배법익의 침해에 대한 구제법리

제 1 절 서 설

Ⅰ. 물건 지배의 모습

지배는 물건을 보존·이용 내지 사용·수익·개량·처분하는 것을 그 내용으로 한다. 물건에 대한 이러한 지배는 채권 또는 물권에 근거하여 인정된다. 다만, 채권에 기초한 권리는 그 권리의 실현을 위하여 타인의 행위를 개입시킬 것이 요구되지만, 물권에 기초한 권리는 타인의 행위를 개재시킴이 없이 직접 물건을 지배함으로써 그 실현이 가능하다. 즉, 물건에 대한 채권적 지배는 간접적이고, 물권적 지배는 직접적이다.

한편 물건을 그 정해진 용법에 따라 사용함으로써 얻는 이익을 사용이익이라고 할 수 있고, 이러한 사용이익과 아울러 천연과실 내지 법정과실을 수취함으로써 얻는 이익을 사용수익이라고 할 수 있다.[1] 이처럼 물건을 사용하거나 그 물건으로부터 수익을 얻을 수 있는 권리를 포괄하여 사용·수익권이라고 할 수 있다. 이러한 사용·수익권은 소유권(제211조)이나 용익물권(제279조, 제303조)의 내용으로 인정되고, 사용차주나 임차인도 물건을 사용·수익할 채권적 권리를 가지고 있다(제609조, 제618조). 그리고 천연과실의 소유권은 원물의 사용·수익권자에게 귀속하지만(96다25463 판결 참조), 법정과실의 수취권은 당사자 간의 약정에 따르되, 그 분배비율은 제102조 제2항에 따른다. 또한 지상권이 설정된 토지에 권원없는 자가 건물을 건축하여 대지를 점유하는 경우에 대지를 사용·수익할 수 없는 건물소유자는 불법점유자에 대하여 임대료 상당액의 손해배상을 청구할 수 없고(74다1150 판결), 지상권자가 권원없는 점유자에 대하여 점유하여 얻은 사용이익을 부당이득으로 반환청구할 수 있다. 그런데 양도담보설정자가 대지를 양도담보의 목적으로 소유권을 이전한 상태에서, 권원없는 점유자가 그 대지에 건물을 건축하여 대지를 점유하는 경우에, 양도담보권자는 담보권의 실행을 위하여 담보물의 인도를 구할 수 있고, 인도를 거부하는 때에는 담보권의 실행이 방해된 것을 이유로 하는 손해의 배상을 청구할 수는 있으나, 목적부동산에 대한 사용수익권이 없으므로 임료 상당의 손해배상을 구할 수는 없다(90다9780 판결). 나아가 신탁계약에 기하여 소유권 및 점유를 이전한 상태에서, 권원없는 점유자가 신탁의 목적물을 점유함으로써 사용이익을 얻은 경우에는, 신탁계약의 경우 대내외적으로 소유권이 수탁자에게 완전히 이전되므로 권원없는 점유자가 법률상 원인없이 건물을 점유함으로 인하여 부담하게 되는 임료 상당의 부당이득반환채무에 대한 청구권은 수탁자가 갖는다(93다62119 판결). 그리고 부동산을 명의신탁한 경우에는 사용·수익에 관해 당사자 간에 다른 약정을 하지 않는 한 명의신탁자만이 사용수익권을 가진다. 그런데 명의수탁자가 목적물을 직접 사용하는 경우에는 명의

---

1) 제철웅, "사용, 수익권의 침해와 그 권리구제수단", 민법학의 현대적 양상(라암서민교수정년기념논문집, 2006), 113면.

수탁자만이 권원없는 점유자에 대하여 임대료 상당의 부당이득반환청구권을 가진다(91다17207 판결).

Ⅱ. 물건의 지배법익의 침해에 따른 구제방법

물건의 지배법익의 침해에 대한 구제방법은 그 침해의 유형에 따라 차이가 있다. 먼저 물건에 대한 채권적 지배법익이 침해된 경우, 즉 물건의 인도를 목적으로 하는 채권이라든가 목적물의 채권적 사용·수익권이 침해된 경우에 그에 대한 구제방법으로는 채무불이행과 불법행위, 부당이득을 들 수 있을 것이다. 그리고 물건에 대한 물권적 지배법익의 침해는 물권의 침해를 말하는 바, 물건에 대한 사실적 지배법익으로서 점유의 침해와 물건에 대한 법률적 지배법익의 침해로 구분해서 파악할 수 있을 것이다. 이 경우 물건에 대한 법률적 지배법익의 침해[2]는 소유권에 기한 지배법익의 침해와 제한물권에 기한 지배법익의 침해로 구분할 수 있다. 또한 물권적 지배법익의 침해는 물권의 권능, 즉 보존권, 사용·수익권, 환가권이 침해된 경우와 점유를 침탈 내지 방해하거나 물건을 멸실·훼손하거나 물권 자체를 소멸시켜서 물권을 침해하는 경우로 구별해서 파악해 볼 수 있을 것이다.

제 2 절 채권적 지배법익의 침해와 그 구제방법

Ⅰ. 개 관

물건에 대한 채권적 지배법익은 우선 매매, 교환, 증여와 같은 재산권이전형 계약이 체결된 경우에 물건의 인도를 목적으로 하는 채권의 형태로 발생한다. 이 경우 매도인, 교환계약의 당사자, 증여자는 각각의 계약에 따라 물건의 인도의무를 부담하고, 그에 따라 상대방은 물건의 인도를 목적으로 하는 채권자로서 물건에 대한 채권적 지배법익을 가진다.[3] 따라서 물건을 인도해야 할 채무자가 인도의무를 이행하지 않으면 채권자는 물건에 대한 채권적 지배법익을 침해받은 결과가 되므로, 채권자는 채무자에 대하여 강제이행 내지 채무불이행책임을 물을 수 있다고 할 것이다. 다만, 인도의무의 불이행이 제3자의 행위로 인한 경우에는 제3자의 계약 내지 채권침해로서 불법행위의 성립 여부가 문제될 수 있을 것이다.

---

2) 물론 물건에 대한 법률적 지배는 공법적 지배와 사법적 지배로 구분할 수 있고, 사법적 지배는 다시 물권적 지배, 채권적 지배, 가족법적 지배로 구분할 수 있을 것이다. 그런데 이 책에서는 물권적 지배법익의 침해와 채권적 지배법익의 침해에 대해서만 설명한다.

3) 이 경우 채무자가 물건의 인도의무를 이행하게 되면 채권자는 물건에 대한 물권적 지배법익을 취득하게 될 것이다. 물론 물건이 부동산인 경우에는 부동산의 인도만으로 채권자가 물권적 지배법익을 취득하는 것은 아니고, 그의 명의로 소유권이전등기를 하여야 한다(제186조). 그리고 조합계약으로 어느 조합원이 현물출자의무를 부담하는 경우에 다른 조합원은 역시 물건에 대한 채권적 지배법익을 취득하고, 그 조합원이 현물출자의무를 이행하게 되면 그 물건은 조합재산으로서 조합원들의 합유에 속한다(제704조).

그리고 임대차, 사용대차와 같은 재산권이용형계약이나 물건의 보관을 목적으로 하는 임치계약에 따라 임차인이나 사용차인, 수치인 등은 물건에 대한 채권적 지배법익을 가지게 된다. 이와 같은 물건에 대한 채권적 지배법익은 임대인, 사용대인이 각각의 계약에 따라 부담하는 물건의 인도의무의 이행으로 발생한다.[4] 물론 임차인이나 사용차인, 수치인 등은 물건에 대한 채권적 지배법익을 가짐과 동시에 선량한 관리자의 주의의무[5]로 물건을 보관해야 할 의무를 부담한다. 특히 임차인이나 사용차인, 수치인 등이 가지는 물건에 대한 채권적 지배법익은 상대적이고 대인적인 권리이면서 간접적인 권리라는 점에서 절대적이고 대물적인 권리이면서 직접적인 권리인 물권과 준별된다. 그리하여 이러한 물건에 대한 채권적 지배법익이 침해된 경우[6]에는 물권이 침해된 경우와 달리 곧바로 위법성이 인정되어 불법행위가 성립하는 것이 아니고, 또한 물권의 실효성을 확보하기 위하여 인정되는 물권적 청구권이 채권자에게 인정되지 못한다.[7] 물론 채무자가 물권을 가지고 있는 경우에는 채권자는 채권자대위권을 행사하여 소정의 목적을 달성할 수는 있을 것이다.

Ⅱ. 물건의 인도를 목적으로 하는 채권의 침해와 구제

1. 목적물의 인도의무불이행으로 인한 책임

(1) 목적물의 인도의무불이행의 의의

물건의 인도를 내용으로 하는 이른바 '주는 채무'에서는 급부의 결과로서 물건이 채권자에게 인도되었느냐가 중요하다. 따라서 '주는 채무'에서는 채무자가 아무리 물건의 인도를 위하여 노력하였다 할지라도 인도의 결과가 없는 한 채무불이행책임을 면할 수 없다.[8] 그리고 '주는 채무'의 강제이행은 직접강제의 방법만이 허용된다(제389조 제1항). 또한 '주는 채무' 중에서 특정물의 인도를 급부의 내용으로 하는 채무를 특정물채무라고 하는데, 특정물채무의 경우에는 제462조와 관련하여 하자있는 특정물을 인도한 경우에, 이른바 특정물도그마의 인정 여부에 따라 하자담보책임 또는 불완전이행의 성립 여부가 문제된다. 완전이행설에 의하면 매도인이 하자있는 특정물을 인도한 경우에도 인도의무를 완전히 이행한 것으로 되고, 단지 매도인은 매수인에 대하여 하자담보책임을 질 뿐이라고 한다. 반면에 불완전이행설에 의하면 매도인이 하자있는 특정물을 인도한 경우에는 급부의무를 불이행한 것으로 되고, 매도인은 매수인에 대하여 채무불이행책임을 진다고 한다. 이 경우 매수인은 수령을 거절할 수 있으며, 수령한 다음 매도인에 대하여 하

---

4) 임치인에게 목적물의 인도의무가 있는지에 대해서는 다툼이 있다. 부정설(이은영, 채권각론, 583면; 김형배, 채권각론(계약법), 705면; 지원림, 민법강의, Rn. 5-214; 송덕수, 채권법각론, Rn. 192)과 절충설(곽윤직, 채권각론, 287면)이 대립한다. 임치계약에서 수치인을 채권자로 보호할 필요는 없다는 점에서 임치인은 임치물의 인도의무를 부담하는 것은 아니라고 할 것이다.

5) 다만, 무상수치인은 자기재산과 동일한 주의의무를 가지고 물건을 보관할 의무를 진다(제695조).

6) 이 경우 침해는 주로 물건에 대한 사용·수익권의 침해형태로 나타날 것이다.

7) 다만, 판례는 대항력을 갖춘 임차권에 기한 방해배제청구를 인정하고 있다(99다67079 판결). 물론 임차인이 물건에 대한 점유자로서 점유권에 기하여 점유보호청구권을 행사할 수 있다고 할 것이다.

8) 김대정, 채권총론, 22면.

자담보책임을 물을 수 있는 것으로 새긴다. 불완전이행설이 타당하다.[9)]

판례 ➡ **〈종전 판결〉** 자신의 소유 토지에 불법폐기물을 매립한 후 원고에게 매도한 사안에서, 종전의 대법원 판결은 "이 사건 토지에 폐기물이 매립되어 있는 것이 원고 주장과 같은 하자에 해당될 수는 있겠지만, 피고가 폐기물관리법에서 규정한 환경부장관 등으로부터의 허가를 받지 아니하고 자신의 소유였던 이 사건 토지에 폐기물 등을 무단매립하여 그로 인하여 행정적인 제재나 형사처벌 등을 받는 것은 별론으로 하고, 피고가 자신의 소유였던 이 사건 토지에 폐기물 등을 매립한 행위는 피고 자신에 대한 행위로서 제3자에 대한 행위가 아니므로 불법행위가 성립되지 않을 뿐만 아니라, 피고가 이 사건 토지에 폐기물 등을 매립한 행위 자체만으로는 당연히 원고에게 어떤 손해가 발생하였다고 볼 수는 없으므로 피고가 자신의 소유였던 이 사건 토지에 폐기물 등을 매립하였다는 사실만으로는 그 후 이 사건 토지에 관한 소유권을 취득한 원고에 대하여 불법행위를 구성하는 것은 아니라고 할 것이며, 위 폐기물매립행위로 인하여 이 사건 토지와 인접한 토지소유자(이 사건 토지의 공유지분권자도 포함)나 거주자에게 손해를 가한 경우, 그에 대한 불법행위는 성립할 수 있어도 그 토지의 새로운 취득자인 원고에 대하여까지 불법행위가 성립한다거나 당연히 그 손해배상청구권이 승계되는 것은 아니"라고 판시하였다(99다16460판결[10)]). 그러나 이 판결은 아래의 전원합의체 판결에 의하여 폐기되었다.

판례 ➡ **〈새로운 판결〉** 헌법 제35조 제1항, 구 환경정책기본법, 구 토양환경보전법 및 구 폐기물관리법의 취지와 아울러 토양오염원인자의 피해배상의무 및 오염토양 정화의무, 폐기물 처리의무 등에 관한 관련 규정들과 법리에 비추어 보면, 토지의 소유자라 하더라도 토양오염물질을 토양에 누출·유출하거나 투기·방치함으로써 토양오염을 유발하였음에도 오염토양을 정화하지 않은 상태에서 그 오염토양이 포함된 토지를 거래에 제공함으로써 유통되게 하거나, 토지에 폐기물을 불법으로 매립하였음에도 이를 처리하지 않은 상태에서 그 해당 토지를 거래에 제공하는 등으로 유통되게 하였다면, 다른 특별한 사정이 없는 한 이는 거래의 상대방 및 위 토지를 전전취득한 현재의 토지소유자에 대한 위법행위로서 불법행위가 성립할 수 있다고 봄이 타당하다. 그리고 위 토지를 매수한 현재의 토지소유자가 오염토양 또는 폐기물이 매립되어 있는 지하까지 그 토지를 개발·사용하게 된 경우 등과 같이 자신의 토지소유권을 완전하게 행사하기 위하여 오염토양 정화비용이나 폐기물 처리비용을 지출하였거나 지출해야만 하는 상황에 이르렀다거나 구 토양환경보전법에 의하여 관할 행정관청으로부터 조치명령 등을 받음에 따라 마찬가지의 상황에 이르렀다면 위 위법행위로 인하여 오염토양 정화비용 또는 폐기물 처리비용의 지출이라는 손해의 결과가 현실적으로 발생하였다고 할 것이므로, 토양오염을 유발하거나 폐기물을 매립한 종전 토지소유자는 그 오염토양 정화비용 또는 폐기물 처리비용 상당의 손해에 대하여 불법행위자로서 손해배상책임을 진다(2009다66549 전원합의체 판결).

그리고 채무의 내용이 특정물의 인도를 목적으로 하는 경우에 목적물이 멸실한 때에는 그 멸실 시기에 따라 어떠한 사유로 멸실되었느냐에 따라 그 법률효과를 달리한다. 계약의 체결 전에 이미 목적물이 멸실된 경우에는 원시적 불능의 효과로서 계약체결상의 과실책임(제535조)이

9) 홍성재, "특정물의 하자로 인한 담보책임의 본질", 저스티스 제62호(2001. 8), 19면 이하.
10) 이들 판결에 대한 하자담보책임과 관련한 평석으로는 김대정, "불완전이행과 하자담보책임의 관계", 판례실무연구Ⅶ(2004. 12), 413-433면 참조.

문제되고 계약이 무효인 경우에 발생하는 부당이득의 반환의무가 발생한다(제741조 이하). 목적물이 계약 후에 채무자의 책임있는 사유로 멸실한 경우에는 이행불능으로 인한 전보배상책임이 문제된다(제390조). 채무자에게 책임없는 사유로 이행이 불가능하게 된 경우에는 반대급부의 위험부담이 문제된다(제537조, 제538조). 그리고 목적물의 멸실이 이행지체 중에 발생한 경우에는 손해에 대한 채무자의 책임이 가중되고(제392조), 수령지체 중에 발생한 경우에는 손해에 대하여 채무자의 책임이 경감된다(제401조). 그리고 수령지체 중에 이행불능이 발생한 경우에는 반대급부위험의 이전이 있게 된다(제538조 제1항 후단). 또한 목적물의 인도의무가 계약상의 의무인 경우에는 채권자는 계약을 해제하거나 해지할 수 있으며, 이 경우 채권자는 계약의 해제 및 해지와 아울러 손해배상을 청구할 수 있다(제546조, 제551조).

(2) 목적물인도의무의 불이행의 요건

① 부동산매도인이 매수인을 이행지체에 빠뜨리기 위한 이행제공의 방법과 정도

쌍무계약에 있어서 당사자의 채무에 관하여 이행의 제공을 엄격하게 요구하면 불성실한 상대당사자에게 구실을 주게 될 수도 있으므로 당사자가 하여야 할 제공의 정도는 그의 시기와 구체적인 상황에 따라 신의성실의 원칙에 어긋나지 않게 합리적으로 정하여야 하는 것이며(95다40397 판결 참조), 부동산매매계약에서 매도인의 소유권이전등기절차이행채무와 매수인의 매매잔대금지급채무가 동시이행관계에 있는 한 쌍방이 이행을 제공하지 않는 상태에서는 이행지체로 되는 일이 없을 것인 바, 매도인이 매수인을 이행지체로 되게 하기 위하여는 소유권이전등기에 필요한 서류 등을 현실적으로 제공하거나 그렇지 않더라도 이행장소에 그 서류 등을 준비하여 두고 매수인에게 그 뜻을 통지하고 수령하여 갈 것을 최고하면 되는 것이어서(93다777 판결, 96다17738 판결 등 참조), 특별한 사정이 없으면 이행장소로 정한 법무사 사무실에 그 서류 등을 계속 보관시키면서 언제든지 잔대금과 상환으로 그 서류들을 수령할 수 있음을 통지하고 신의칙상 요구되는 상당한 시간 간격을 두고 거듭 수령을 최고하면 이행의 제공을 다한 것이 되고 그러한 상태가 계속된 기간 동안은 매수인이 이행지체로 된다 할 것이다(2001다6053, 6060, 6077 판결, 2012다83827 판결).

② 목적물인도의무가 이행불능이 되는 경우

i) 부동산의 매도인이 목적물에 대하여 제3자에게 지상권을 설정해 주고 등기를 마침과 아울러 저당권을 설정하고 등기를 마친 경우에는 매도인의 인도채무는 이행불능이 된다. 가령, 원고에게 목적소유부동산(177평)을 매도한 피고가 그 중 7평을 타인에게 소유권이전등기를 해주고, 나머지 부분에 대하여서는 타인에게 건물소유를 목적으로 하는 30년 기한의 지상권과 매도가격의 3/4에 달하는 액의 저당권을 설정하고 그 등기까지 넘겨준 경우에는 피고의 원고에 대한 소유권이전의무는 이행불능으로 된 것이다(73다1133 판결).

ii) 임차인은 임차건물의 보존에 관하여 선량한 관리자의 주의의무를 다하여야 하고, 임차인의 임차물반환채무가 이행불능이 된 경우, 임차인이 그 이행불능으로 인한 손해배상책임을 면하려면 그 이행불능이 임차인의 귀책사유로 말미암은 것이 아님을 입증할 책임이 있다. 즉, 임차건물이 건물구조의 일부인 전기배선의 이상으로 인한 화재로 소훼되어 임차인의 임차목적물반환채무가 이행불능이 되었다고 하더라도, 당해 임대차가 장기간 계속되었고 화재의 원인이 된 전기배선을 임차인이 직접 하였으며 임차인이 전기배선의 이상을 미리 알았거나 알 수 있었던 경우에는, 당해 전기배선에 대한 관리는 임차인의 지배관리영역 내에 있었다 할 것이므로, 위와 같은 전기배선의 하자로 인한 화재는 특별한 사정이 없는 한 임차인이 임차목적물의 보존에 관한 선량한 관리자의 주의의무를 다하지 아니한 결과 발생한 것으로 보아야 한다(2005다51013, 51020 판결, 99다64384 판결).

판례 ➡ 주택 기타 건물 또는 그 일부의 임차인이 임대인으로부터 목적물을 인도받아 점유·용익하고 있는 동안에 목적물이 화재로 멸실된 경우, 그 화재가 건물소유자 측이 설치하여 건물구조의 일부를 이루는 전기배선과 같이 임대인이 지배·관리하는 영역에 존재하는 하자로 인하여 발생한 것으로 추단된다면, 그 하자를 보수·제거하는 것은 임대차목적물을 사용·수익하기에 필요한 상태로 유지할 의무를 부담하는 임대인의 의무에 속하는 것이므로, 그 화재로 인한 목적물반환의무의 이행불능 등에 관한 손해배상책임을 임차인에게 물을 수 없다(2009다13170 판결).

iii) 임치계약상 수치인이 반환할 목적물은 당사자 사이에 특약이 없는 한 수치한 물건 그 자체이고 그 물건이 전부 멸실된 때에는 임치물 반환채무는 이행불능이 되는 것이고, 임치한 물건이 대체물인 경우라도 그와 동종 동량의 물건을 인도할 의무가 없고 수치인의 과실로 인하여 임차물이 멸실된 경우에는 멸실 당시의 그 물건 싯가액 상당의 손해를 배상할 책임이 있다(76다1932 판결).

③ 계약상의 권리에 기초한 인도청구의 상대방

불법점유를 이유로 하여 부동산의 인도를 청구하는 경우에는 현실적인 점유자를 상대로 하여야 하는 것과 달리, 약정에 의하여 인도를 청구하는 경우에는 그 상대방이 직접점유자로 제한되지 아니하며 간접점유자를 상대로 하는 청구도 허용된다(81다187 판결, 90다19695 판결 참조). 다만, 다른 사람의 직접점유로 인하여 간접점유자의 인도의무의 이행이 불가능한 경우에는 그러하지 아니하며, 이 경우 인도의무의 이행불능은 단순히 절대적·물리적으로 불능인 경우가 아니라 사회생활에서의 경험법칙 또는 거래상의 관념에 비추어 볼 때 채권자가 채무자의 이행의 실현을 기대할 수 없는 경우를 말한다(2000다22850 판결, 2011다5813 판결 등).

(3) 목적물인도의무의 불이행으로 인한 효과

① 목적물인도의무의 이행지체와 매매목적물로부터 발생한 과실의 귀속

제587조에 의하면, 매매계약이 있은 후에도 인도하지 아니한 목적물로부터 생긴 과실(果實)은 매도인에게 속하고, 매수인은 목적물의 인도를 받은 날로부터 대금의 이자를 지급하여야 한다고 규정하고 있는 바, 이는 매매당사자 사이의 형평을 꾀하기 위하여 매매목적물이 인도되지 아니하더라도 매수인이 대금을 완제한 때에는 그 시점 이후의 과실은 매수인에게 귀속되지만(93다28928 판결 참조), 매매목적물이 인도되지 아니하고 또한 매수인이 대금을 완제하지 아니한

때에는 매도인의 이행지체가 있더라도 과실은 매도인에게 귀속되는 것이므로 매수인은 인도의무의 지체로 인한 손해배상금의 지급을 구할 수 없다(2004다8210 판결, 91다32527 판결). 즉, 매매계약 후 인도하지 않은 목적물은 다른 특약이 없는 한 매도인이 이를 사용·수익할 수 있는데, 매매대금을 완납받은 이후에는 다른 특약이 없는 한 매도인은 이를 더 이상 사용·수익할 수 없고, 매매대금의 완납 이전에는 매도인에게 이행지체가 있더라도 과실은 매도인에게 귀속된다.

그러나 매수인의 대금지급의무와 매도인의 소유권이전등기의무가 동시이행관계에 있는 등으로 매수인이 대금지급을 거절할 정당한 사유가 있는 경우에는 매매목적물을 미리 인도받았다 하더라도 위 민법 규정에 의한 이자를 지급할 의무는 없다고 보아야 한다(96다6554 판결, 2011다98129 판결).

② 임치인의 수령지체 중에 임치물이 멸실훼손된 경우 수치인의 책임

수치인이 적법하게 임치계약을 해지하고 임치인에게 임치물의 회수를 최고하였음에도 불구하고 임치인의 수령지체로 반환하지 못하고 있는 사이에 임치물이 멸실 또는 훼손된 경우에는 수치인에게 고의 또는 중대한 과실이 없는 한 채무불이행으로 인한 손해배상책임이 없다(제401조). 이와 같이 볼 때 수치인이 임치인에게 보관 중인 건고추를 속히 처분하지 않으면 벌레가 먹어 못쓰게 되니 빨리 처분하든지 인도받아 가라고 요구하였다면 이는 임치계약을 해지하고 임치물의 회수를 최고한 의사표시라고 볼 여지가 있고, 이에 대하여 임치인이 시세가 싸다는 등 이유로 그 회수를 거절하였다면 이때로부터 수령지체에 빠진 것이라고 하겠다(83다카1476 판결). 따라서 그 후 수치인이 보관 중인 위 건고추가 변질되고 벌레가 먹음으로써 상품가치가 상실되었다고 하여도 그것이 수치인의 고의 또는 중대한 과실로 인한 것이 아닌한 수치인에게 그 배상책임을 물을 수 없을 것이다.

③ 매매목적물의 멸실과 가등기의 효력

매매목적물인 건물 중 일부는 화재로 소실되고 일부는 철거되어 현재 전부 멸실된 경우에는 매수인은 비록 가등기가처분결정에 의하여 위 건물에 대하여 가등기를 하고 등기부에 그대로 등재되고 있다 하여도 이에 대한 가등기는 효력이 없어지는 것이므로 특별한 사정이 없는 한 이에 대한 소유권이전등기나 소유권확인을 구할 수 없다(75다399 판결).

④ 임대차목적물의 훼손과 손해배상의 범위

건물의 규모와 구조로 볼 때 그 건물 중 임차한 부분과 그 밖의 부분이 상호 유지·존립함에 있어서 구조상 불가분의 일체를 이루는 관계에 있고, 그 임차 부분에서 화재가 발생하여 건물의 방화구조상 건물의 다른 부분에까지 연소되어 피해가 발생한 경우라면, 임차인은 임차 부분에 한하지 않고 그 건물의 유지·존립과 불가분의 일체관계가 있는 다른 부분이 소실되어 임대인이 입게 된 손해도 배상할 의무가 있다(2002다39456 판결). 그리고 임대차목적물인 건물이 훼손된 경우에 그 수리가 불가능하다면 훼손 당시의 건물의 교환가치가 통상의 손해일 것이고 수리가 가능한 경우에는 그 수리비가 통상의 손해일 것이나 그것이 건물의 교환가치를 넘는 경우에는 형평의 원칙상 그 손해액은 그 건물의 교환가치 범위 내로 제한되어야 한다. 특히 임대차목적물을 멸실한 임차인이 원상복구비를 부담하겠다는 의사를 표시하였다 하더라도 이는 목적물이 완전히 멸실되어 그 수리나 수선을 통한 원상복구가 불가능한 경우에는 멸실 당시의 교환가치를 배상하여 주겠다는 취지라고 해석하여야 하고, 이를 새로 건물을 지어 주어 임대인에게 멸실된 건물의 교환가치를 넘는 이득까지 취득시켜 주겠다는 취지라고 해석할 것은 아니다(94다3964 판결).

⑤ 특정물인도채무의 이행불능과 전보배상액의 산정시기

특정물인도채무가 채무자의 책임에 돌릴 수 있는 사유로 인하여 목적물이 상실되어 이행불능이 되었을 경우에 그 이행에 대신할 전보배상을 청구함에 있어서는 그 이행의 불능으로 된 때에 있어서의 그 목적물의 시가를 기준으로 하여 그 배당액을 산정할 것이다(4292민상306 판결). 가령, 매매계약의 목적물이 된 과수원에 식재되어 있던 단감나무가 매수인에 의하여 베어져 버리고 같은 수령의 단감나무를 이식하여도 생존할 가능성이 전혀 없어서 과수원 본래의 상태대로의 원상회복이 처음부터 불가능하였던 경우에 있어서 매수인의 원상회복의무의 범위는 단감나무가 매수인에 의하여 베어질 당시의 가액 상당이다(94다7942, 7959 판결).

⑥ 수량지정매매와 매도인의 담보책임의 내용

부동산매매계약에 있어서 실제면적이 계약면적에 미달하는 경우에는 그 매매가 수량지정매매에 해당할 때에 한하여 민법 제574조, 제572조에 의한 대금감액청구권을 행사함은 별론으로 하고, 그 매매계약이 그 미달 부분 만큼 일부 무효임을 들어 이와 별도로 일반 부당이득반환청구를 하거나 그 부분의 원시적 불능을 이유로 민법 제535조가 규정하는 계약체결상의 과실에 따른 책임의 이행을 구할 수 없다(99다47396 판결).

⑦ 해상운송화물임치계약상의 인도의무불이행과 손해배상책임

선하증권이 발행된 화물의 해상운송에 있어서 운송인 또는 그 선박대리점은 선하증권과 상환하여 화물을 인도함으로써 의무의 이행을 다하는 것이므로, 선하증권상의 통지처에 불과한 화주의 의뢰를 받은 하역회사에 의하여 하역되어 통관을 위해 지정장치장에 입고되었다면, 화물이 운송인 등의 지배를 떠나 화주에게 인도된 것으로 볼 수는 없고, 운송인 등은 지정장치장 화물관리인을 통하여 화물에 대한 지배를 계속하고 있고 지정장치장 화물관리인의 입장에서도 운송인 등으로부터 점유를 이전받았다고 할 것이므로, 운송인 등과 지정장치장 화물관리인 사이에는 화물에 관하여 묵시적인 임치계약관계가 성립하고, 지정장치장 화물관리인은 운송인 등의 지시에 따라 임치물을 인도할 의무를 지게 된다. 따라서 해상운송화물은 선하증권과 상환으로 그 소지인에게 인도되어야 하고 선하증권없이 화물이 적법하게 반출될 수 없으므로, 선하증권을 제출하지 못하여 운송인 또는 그 선박대리점으로부터 화물인도지시서를 발급받지 못한 화주에게 화물을 인도하면 그 화물이 무단 반출되어 선하증권 소지인이 화물을 인도받지 못하게 될 수 있음을 예견할 수 있고, 따라서 지정장치장 화물관리인이 화물인도지시서나 운송인의 동의를 받지 않고 화물을 인도하였다면 그로 말미암아 선하증권 소지인이 입은 손해에 대하여 불법행위에 기한 손해배상책임을 진다(2003다47362 판결).

⑧ 전세권자의 전세목적물에 대한 경매청구의 요건

전세권자의 전세목적물 인도의무 및 전세권설정등기말소등기의무와 전세권설정자의 전세금반환의무는 서로 동시이행의 관계에 있으므로, 전세권자인 채권자가 전세목적물에 대한 경매를 청구하려면 우선 전세권설정자에 대하여 전세목적물의 인도의무 및 전세권설정등기말소의무의 이행제공을 완료하여 전세권설정자를 이행지체에 빠뜨려야 한다(77마90 결정).

2. 매도인의 동시이행의 항변권의 포기에 따른 위험

부동산매매에 있어서 당사자 사이에 다른 특약이 있는 등 특별한 사정이 없다면 매매부동산의 인도 및 명도의무도 그 잔대금지급의무와 동시이행의 관계에 있는 것이므로 매도인이 그 명도의무의 이행을 제공하고 또 이를 상대방에게 통지한 후 그 이행을 수령할 것을 최고한 사실의 인정도 없이 피고의 잔대금지급채무불이행만을 이유로 매도인의 매매계약해제를 인정하였음은 잘못이다(80다725 판결).

그런데 부동산매도인이 매매대금을 다 지급받지 아니한 상태에서 매수인에게 소유권이전등기를 마쳐주어 목적물의 소유권을 매수인에게 이전한 경우에는, 매도인의 목적물인도의무에 관하여 동시이행의 항변권 외에 물권적 권리인 유치권까지 인정할 것은 아니다. 왜냐하면 법률행위로 인한 부동산물권변동의 요건으로 등기를 요구함으로써 물권관계의 명확화 및 거래의 안전・원활을 꾀하는 우리 민법의 기본정신에 비추어 볼 때, 만일 이를 인정한다면 매도인은 등기에 의하여 매수인에게 소유권을 이전하였음에도 매수인 또는 그의 처분에 기하여 소유권을 취득한 제3자에 대하여 소유권에 속하는 대세적인 점유의 권능을 여전히 보유하게 되는 결과가 되어 부당하기 때문이다. 또한 매도인으로서는 자신이 원래 가지는 동시이행의 항변권을 행사하지 아니하고 자신의 소유권이전의무를 선이행함으로써 매수인에게 소유권을 넘겨 준 것이므로 그에 필연적으로 부수하는 위험은 스스로 감수하여야 한다. 따라서 매도인이 부동산을 점유하고 있고 소유권을 이전받은 매수인에게서 매매대금 일부를 지급받지 못하고 있다고 하여 매매대금채권을 피담보채권으로 매수인이나 그에게서 부동산소유권을 취득한 제3자를 상대로 유치권을 주장할 수 없다(2011마2380 결정).

3. 물건의 인도청구권의 보전과 채권자대위권

건물을 신축하여 원시적으로 그 소유권을 취득한 자로부터 그 건물을 등기않은 채 매수한 자가 일단 매도인으로부터 그 건물을 인도받았다 하더라도 매도인은 장차 적법한 소유권이전등기를 하여줄 의무와 그 건물에 대한 완전한 권리행사를 함에 지장이 없도록 협력하여 줄 의무가 있다 할 것이므로 매수인은 그 건물의 불법점거자에 대하여 매도인을 대위하여 명도청구를 할 수 있다 할 것이다(73다114 판결, 78다1928 판결). 그리고 재산을 타인에게 신탁한 경우 대외적인 관계에 있어서는 수탁자만이 소유권자로서 그 재산에 대한 제3자의 침해에 대하여 배제를 구할 수 있으며, 신탁자는 수탁자를 대위하여 수탁자의 권리를 행사할 수 있을 뿐 직접 제3자에게 신탁재산에 대한 침해의 배제를 구할 수 없다(77다1079 전원합의체 판결).

4. 제3자의 목적물인도채권의 침해에 따른 효과

(1) 제3자의 변제수령행위

채권의 준점유자 또는 영수증 소지자에 대한 변제는 변제자가 선의·무과실인 경우에는 변제의 효력이 있으므로(제470조, 제471조), 제3자가 채권을 준점유하고 있거나 영수증을 소지하고 있음을 기화로 하여 채무자로부터 변제를 수령하여 채권을 소멸시킨 경우에는 불법행위가 성립한다. 또한 이 경우 채무자는 면책이 되고 채권자는 채권을 상실하게 된다. 이로 인하여 채권의 준점유자가 얻은 이득은 채권자와의 관계에서 부당이득이 된다. 따라서 채권자는 제3자에 대하여 불법행위로 인한 손해배상을 청구하거나 부당이득의 반환을 청구할 수 있다(98다61593 판결, 92다38812 판결, 89다카27420 판결 등).

(2) 제3자가 목적물을 멸실한 경우

제3자가 목적물을 멸실한 경우에 물건의 인도채무는 이행불능이 된다. 이 경우 채무자에게 귀책사유가 없으므로 채무불이행책임은 성립하지 않고, 따라서 채무는 소멸한다. 결국 채권자는 목적물을 멸실하여 이행불능상태를 일으킨 제3자에 대하여 불법행위책임을 물을 수밖에 없다. 다만, 쌍무계약에 의하여 성립한 급부가 채무자의 책임없는 사유로 불능으로 된 경우에는 위험부담의 법리(제537조)에 의하여 해결하여야 한다는 점을 들어 채권자의 제3자에 대한 불법행위책임을 부정하는 견해도 있다.[11]

판례는 건물신축공사의 진행 중 공사도급계약이 수급인의 해제통고로 해제된 경우 해제 당시 골조공사를 비롯한 상당한 부분이 이미 완성된 상태였다면 원상회복이 중대한 사회적·경제적 손실을 초래하게 되고 완성된 부분이 도급인에게 이익이 된다고 할 것이므로 도급인은 수급인에게 기성부분에 대한 보수를 지급할 의무가 있는데, 수급인이 도급인에게 공사금을 지급하고 기성부분을 인도받아 가라고 최고하였다면 수급인은 이로써 자기의무의 이행제공을 하였다고 볼 수 있으므로, 도급인이 아무런 이유없이 수령을 거절하던 중 쌍방이 책임질 수 없는 제3자의 행위로 기성부분이 철거되었다면 도급인의 수급인에 대한 공사대금지급채무는 여전히 남아 있다고 한다. 따라서 수급인이 기성부분을 인도할 의무는 채권자인 도급인의 책임있는 사유로(제538조 제1항 전단) 또는 그의 수령지체 중에 당사자 쌍방의 책임없는 사유로(제538조 제1항 후단) 이행할 수 없게 되었다 할 것이므로, 도급인의 수급인에 대한 공사대금지급채무는 아직도 남아있고, 따라서 제3자가 위 채권을 침해한 것으로 보아야 한다는 논지는 받아들일 수 없다. 그리고 이 경우 기성부분의 소유자인 수급인이 제3자의 불법행위로 기성부분에 대한 소유권을 상실하기는 하였으나 부지소유자에게 대항할 권원이 없어서 조만간 손해배상없이 이를 자진철거하거나 강제로 철거당할 운명이었다면 불법철거로 인한 손해는 기성부분의 교환가격이나 투자비용이라고 할 수 없고, 기성부분이 적법히 철거될 때까지 당분간 부지를 불법점유한 채 기성부분을 사실상 사용할 수 있는 이익, 철거 후 기성부분의 폐자재를 회수할 수 있는 이익의 침해로 인한

---

11) 이은영, 채권총론, 72면.

손해에 한정된다는 것이다(91다14116 판결).

(3) 제3자가 채무자와 공동하여 채권을 침해하는 경우

가령, 매매계약에 의하여 제1매수인에게 매매목적물의 인도채무를 부담하고 있는 매도인이 제3자인 제2매수인에게 이중으로 매도하여 목적물의 인도채무가 이행불능[12]이 된 경우와 같이 제3자가 채무자와 공동하여 채권을 침해한 때에는, 채무자는 당연히 채무불이행책임을 져야 한다. 그리고 이 경우 채무자는 채무불이행책임과 경합하여 불법행위책임도 진다고 할 것이다(통설).[13] 그런데 자유경쟁이 허용되는 범위에서 행해진 이중매매의 경우 제2매수인에게는 위법성이 없다고 할 것이고, 따라서 제1매수인은 제2매수인에 대하여 불법행위책임을 물을 수는 없다.

그러나 제3자가 채무자의 배신행위에 적극 가담하여 행한 제2매매행위는 반사회적 행위로서 불법행위가 된다. 이 경우 판례와 통설에 의하면 제1매수인은 제2매매행위에 대하여 제103조를 들어 무효를 주장하고 채무자를 대위하여 목적물의 인도를 받아 매매의 목적을 달성할 수 있다(82다카672 판결, 96다29151 판결 등). 물론 이 경우에도 채권자가 손해를 입은 경우에는 채무자 또는 제3자에 대하여 채무불이행 또는 불법행위를 이유로 그 손해의 배상을 청구할 수 있다.

(4) 제3자의 인도채권의 침해와 사해행위

특정물의 인도의무를 부담하고 있는 채무자가 그 특정물을 제3자에게 처분한 경우에 채권자는 사해행위를 들어 그 처분행위를 취소하고 원상회복을 청구할 수 있는지 문제된다. 즉, 채권자취소권은 채무자의 책임재산을 보전하는 제도이므로, 채권자의 피보전채권은 금전채권이어야 하는데, 특정물의 인도청구권(소유권이전등기청구권도 같음)과 같은 특정채권을 보전하기 위해서도 채권자취소권을 행사할 수 있는가가 문제되는 것이다. 판례는 특정채권이 손해배상채권으로 전환된 이후에 발생한 사행행위가 아닌 한 특정채권을 피보전채권으로 하는 채권자취소권은 허용될 수 없다는 입장이다.[14] 학설은 견해가 갈린다. 적극설은 이중매매가 행해진 경우에 제1매수인은 소유권이전등기청구권 또는 특정물인도청구권을 피보전채권으로 하여 채권자취소권을 행사할 수는 없지만, 채무자가 사해의사로서 이중매매를 함으로써 무자력이 되는 등 사해행위의 다른 요건을 갖춘 경우에는 채권자취소권을 행사할 수 있다고 한다.[15] 이러한 학설의 태도는 예외적으로 채권발생 이전에 이미 채무자가 채권발생을 예견하고 미리 사해행위를 하는 경우에는

---

12) 물론 이중매매의 사실만으로 채무가 이행불능으로 되는 것은 아니다. 즉, 매매목적물에 관하여 이중으로 제3자와 매매계약을 체결하였다는 사실만 가지고는 매매계약이 법률상 이행불능이라고 할 수 없고, 채무의 이행이 불능이라는 것은 단순히 절대적, 물리적으로 불능인 경우가 아니라 사회생활에 있어서의 경험법칙 또는 거래상의 관념에 비추어 볼 때 채권자가 채무자의 이행의 실현을 기대할 수 없는 경우를 말한다(96다14616 판결).

13) 특히 불법행위의 성립요건에 관하여 제750조와 같은 규정을 두고 있는 우리 민법에 있어서는 채무불이행으로 인한 손해배상청구권과 불법행위로 인한 손해배상청구권이 동시에 발생하는 경우에는, 청구권의 경합을 부정하고 채무불이행으로 인한 청구권만을 인정하는 쪽으로 이론구성하여야 할 것이라는 주장이 있다(서광민, "한국불법행위법의 변천과 불법행위법학의 과제", 저스티스 제32권 제4호(1999), 90면). 그렇지 않게 되면 심지어 이행지체인 경우에도 불법행위로 인한 손해배상청구가 가능할 것이기 때문이라고 한다.

14) 물론 판례는 주로 소유권이전등기청구권을 피보전채권으로 한 사안에서 특정채권을 피보전채권으로 한 채권자취소권은 허용될 수 없다고 한다(66다2007 판결, 95다1965 판결).

15) 김대정, 채권총론, 260면.

아직 발생하지 아니한 채권을 피보전채권으로 하여 채권자취소권을 행사하는 것을 허용해야 한다는 판례의 태도와 조화될 수 있을 것이다(95다27905 판결, 97다34334 판결, 2000다37821 판결). 또한 아직 재산분할청구권이 구체적으로 확정되기 전에 재산분할청구권을 피보전권리로 하는 사해행위취소권을 판례(99다29916 판결)에 좇아 명문으로 인정하게 된 것(제839조의3)도 함께 고려할 때, 적극설의 태도는 수긍이 가지 않는 것은 아니나, 이를 인정하면 물권변동의 원칙이 흔들릴 염려가 있을 뿐 아니라 제407조와의 관계에서도 문제가 없지 않다. 따라서 특히 소유권이전등기청구권을 피보전권리로 하는 채권자취소권은 허용되지 않는다고 보아야 할 것이다.

(5) 제3자의 불법행위로 목적물을 취득하지 못한 경우의 손해액 산정의 기준시

타인의 불법행위로 인하여 취득할 수 있었던 목적물을 취득하지 못한 경우에 그로 인한 손해액은 특별한 사정이 없는 한 불법행위 당시의 그 목적물의 가격 상당이라고 할 것이고, 여기서 불법행위 당시란 사회통념상 그 목적물을 취득할 수 없게 되어 불법행위가 완성된 때를 가리킨다(97다29424 판결). 가령, 타인의 불법행위로 인하여 경락한 농지에 대한 소유권을 취득하지 못한 경우에 그로 인한 손해액은 특별한 사정이 없는 한 경락대금이 아니라 불법행위 당시의 그 토지의 가격에 상당한 금액, 즉 시가라고 봄이 상당하다(67다1014 판결). 마찬가지로 환매권의 상실로 인한 손해배상액은 환매의무자가 환매목적물을 제3자에게 매도하여 소유권이전등기를 경료함으로써 환매권자의 환매권을 박탈할 당시의 환매목적물의 시가에서 환매권자가 환매권을 행사할 경우 반환하여야 할 보상금 상당액을 공제한 금원으로 정함이 상당하다(94다13435 판결).

Ⅲ. 물건에 대한 채권적 사용·수익권의 침해와 구제

1. 물건에 대한 채권적 사용·수익관계의 형성과 효과

(1) 미등기매수인의 목적물 사용·수익과 부당이득

부동산의 매수인이 아직 소유권이전등기를 경료받지 아니하였다고 하더라도 매매계약의 이행으로 그 부동산을 인도받은 때에는 매매계약의 효력으로서 이를 점유·사용할 권리가 생기는 것으로 보아야 할 것이고,[16] 매수인이 그 부동산을 이미 사용하고 있는 상태에서 부동산의 매매계약을 체결한 경우에도 특별한 약정이 없는 한 매수인은 그 매매계약을 이행하는 과정에서 이를 점유·사용할 권리를 가진다고 보는 것이 상당하다(92다10197, 10203 판결). 그러므로 원고는 적어도 이 사건 매매계약을 체결한 이후에는 매수인으로서 이 사건 매매계약의 대상인 위 각 부동산을 점유·사용할 권리가 있다고 할 것이고, 따라서 피고로서는 원고에 대하여 민법 제587조에 따라 미지급 잔대금에 대한 법정이자 상당의 지급을 구함은 별론으로 하고, 위 매매계약 후

16) 판례는 토지구획정리사업시행자가 환지처분 전에 체비지 지정을 하여 이를 제3자에게 처분하는 경우 그 양수인이 토지의 인도 또는 체비지대장에의 등재 중 어느 하나의 요건을 갖추었다면 양수인은 당해 토지에 관하여 물권 유사의 사용수익권을 취득하여 당해 체비지를 배타적으로 사용·수익할 수 있음은 물론이고 다시 이를 제3자에게 처분할 수도 있는 권능을 가지며, 그 후 환지처분공고가 있으면 그 익일에 최종적으로 체비지를 점유하거나 체비지대장에 등재된 자가 그 소유권을 원시적으로 취득하게 된다고 한다(2010다590 판결).

의 원고의 위 각 부동산에 대한 점유·사용이 법률상 원인이 없는 이득이라고 하여 부당이득반환청구를 할 수는 없다고 할 것이다(95다12682, 12699 판결).

(2) 취득시효기간의 완성과 당사자 간의 법률관계

시효기간 완성 당시의 등기명의자는 시효취득의 당사자이므로 점유자에게 소유권을 행사하지는 못한다. 즉, 점유자가 등기명의자에 대하여 소유권이전등기청구권을 가지는 한 그는 등기전이라도 점유물을 사용·수익할 수 있는 권리를 가지며, 따라서 등기명의자는 점유자에 대하여 소유권에 기하여 목적물의 인도나 그 지상건물의 철거 등 물권적 청구권을 행사할 수 없고, 또한 그 목적물의 점유로 인한 부당이득의 반환청구나 불법행위를 이유로 손해배상도 청구할 수 없다. 반면에 시효기간 완성 후 목적물이 소유자에 의하여 사실적으로 변경된 경우에는 시효완성점유자는 점유권에 기한 방해배제청구를 할 수 있다(2004다23899 판결).

(3) 목적물의 사용·수익에 지장이 있는 경우와 임차인의 차임지급의 거절 범위

임대차계약에 있어서 목적물을 사용·수익하게 할 임대인의 의무와 임차인의 차임지급의무는 상호 대응관계에 있으므로 임대인이 목적물을 사용·수익하게 할 의무를 불이행하여 임차인이 목적물을 전혀 사용할 수 없을 경우에는 임차인은 차임 전부의 지급을 거절할 수 있으나, 목적물의 사용·수익이 부분적으로 지장이 있는 상태인 경우에는 그 지장의 한도 내에서 차임의 지급을 거절할 수 있을 뿐 그 전부의 지급을 거절할 수는 없다(96다44778, 44785 판결). 또한 이는 임대인이 수선의무를 이행함으로써 목적물의 사용·수익에 지장이 초래된 경우에도 마찬가지이다(2014다65724 판결). 그리고 임대차계약에서 특별히 임대차의 목적을 단란주점영업용으로 정한 것이 아니었을 뿐 아니라 계약 당시에는 별도의 단란주점영업허가 시설기준조차 제정되어 있지 아니하였던 경우, 임대인으로서는 그 목적물이 통상의 사용수익에 필요한 상태를 유지하여 주면 족하고 임차인의 특별한 용도인 단란주점영업을 위한 사용수익에 적합한 구조나 성상 기타 상태를 유지하게 할 의무까지 있다고 할 수는 없다(96다28172 판결).

(4) 임대인의 책임있는 사유에 의한 임대차계약의 종료와 효과

임대인의 방해행위로 임차인의 임대차목적물에 대한 임차권에 기한 사용·수익이 사회통념상 불가능하게 됨으로써 임대인의 귀책사유에 의하여 임대인으로서의 의무가 이행불능되어 임대차계약이 종료되었다고 하는 경우에도, 임대인이나 제3자의 귀책사유로 그 임대차계약의 목적물이 멸실되어 임대인의 이행불능 등으로 임대차계약이 종료되는 경우와 마찬가지로, 임차인으로서는 임대인에 대하여 그 임대차보증금반환청구권을 행사할 수 있고 그 이후의 차임지급의무를 면하는 한편 다른 특별한 사정이 없는 한 그 임대차목적물을 대신할 다른 목적물을 마련하기 위하여 합리적으로 필요한 기간 동안 그 목적물을 이용하여 영업을 계속하였더라면 얻을 수 있었던 이익, 즉 휴업손해를 그에 대한 증명이 가능한 한 통상의 손해로서 배상을 받을 수 있을 뿐이며,[17] 더 나아가 장래 그 목적물의 임대차기간 만료시까지 계속해서 그 목적물을 사용·수

17) 그 밖에 다른 대체건물로 이전하는 데에 필요한 부동산중개료, 이사비용 등은 별론으로 한다.

익할 수 없음으로 인한 일실수입 손해는 이를 별도의 손해로서 그 배상을 청구할 수 없다(2005다16591, 16607 판결).

(5) 임대권한없는 자와의 임대차계약의 효력

임대차는 당사자의 일방이 상대방에게 목적물을 사용·수익케 할 것을 약정하면 되는 것으로서 나아가 임대인이 그 목적물에 대한 소유권이나 기타 그것을 처분할 권한을 반드시 가져야 하는 것은 아니며, 임대인이 임대차목적물에 대한 소유권 기타 이를 임대할 권한이 없다고 하더라도 임대차계약은 일단 유효하게 성립하고 임대인이 목적물을 인도하여 임차인이 이를 사용·수익하고 있었다면 그 후에 임대인의 목적물에 대한 사용·수익권의 상실 등으로 그 계약의 목적을 달성할 수 없는 사정이 발생한다 하더라도 특별한 사정이 없는 한 그 계약이 소급하여 무효로 되는 것은 아니고 위와 같은 사정으로 임대차계약이 종료되면 임차인은 임대인이 목적물에 대한 소유권 기타 사용수익권이 있는지 여부와 관계없이 점유하고 있는 임차물을 임대인에게 반환하여야 할 계약상 의무가 있는 것이다(88다카30702 판결). 하지만, 임차인이 진실한 소유자로부터 목적물의 반환청구나 임료 내지 그 해당액의 지급요구를 받는 등의 이유로 임대인이 임차인으로 하여금 사용·수익케 할 수가 없게 되었다면 임대인의 채무는 이행불능으로 되고, 임차인은 이행불능으로 인한 임대차의 종료를 이유로 그 때 이후의 임대인의 차임지급청구를 거절할 수 있다(94다54641 판결, 2008다38325 판결).

(6) 토지임차인의 건물의 양도담보설정과 임차권의 이전 여부

건물 소유를 목적으로 한 대지임차권을 가지고 있는 자가 위 대지상의 자기소유 건물에 대하여 제3자에 대한 채권담보의 목적으로 제3자 명의의 소유권이전등기를 경료하여 준 이른바 양도담보의 경우에는, 채권담보를 위하여 신탁적으로 양도담보권자에게 건물의 소유권이 이전될 뿐 확정적, 종국적으로 이전되는 것은 아니고 또한 특별한 사정이 없는 한 양도담보권자가 건물의 사용수익권을 갖게 되는 것도 아니므로, 이러한 경우 위 건물의 부지에 관하여 민법 제629조 소정의 해지의 원인인 임차권의 양도 또는 전대가 이루어지지 않았다고 해석함이 상당하다(94다46428 판결).

(7) 가등기담보권의 실행에 따른 청산절차 후 목적물의 사용·수익권자(채권자)

일반적으로 담보목적으로 가등기를 경료한 경우 담보물에 대한 사용·수익권은 가등기설정자인 소유자에게 있다고 할 것이나, 가등기담보약정은 채무자가 본래의 채무를 이행하지 못할 경우 채권자에게 담보목적물의 소유권을 이전하기로 하는 예약으로서 유상계약인 쌍무계약적 재산권이전약정에 해당하므로 그 성질에 반하지 않는 한 매매에 관한 민법 규정이 준용된다 할 것이고(제567조), 채권자가 가등기담보권을 실행하여 그 담보목적부동산의 소유권을 취득하기 위하여 가등기담보 등에 관한 법률에 따라 채무자에게 담보권 실행을 통지한 경우 청산금을 지급할 여지가 없는 때에는 2월의 청산기간이 경과함으로써 청산절차는 종료되고, 이에 따라 채권자는 더 이상의 반대급부의 제공없이 채무자에 대하여 소유권이전등기청구권 및 목적물인도청구권을 가진다 할 것임에도 채무자가 소유권이전등기의무 및 목적물인도의무의 이행을 지연하

면서 자신이 담보목적물을 사용·수익할 수 있다고 하는 것은 심히 공평에 반하여 허용될 수 없으므로 이러한 경우 담보목적물에 대한 과실수취권 등을 포함한 사용·수익권은 청산절차의 종료와 함께 채권자에게 귀속된다고 보아야 한다(2000다20465 판결).

(8) 건물임대차계약 종료 이후 계속 건물을 점유·사용하는 임차인의 의무

임대차계약의 종료에 의하여 발생된 임차인의 임차목적물반환의무와 임대인의 연체차임을 공제한 나머지 보증금의 반환의무는 동시이행의 관계에 있는 것이므로, 임대차계약 종료 후에도 임차인이 동시이행의 항변권을 행사하여 임차건물을 계속 점유하여 온 것이라면 임차인의 그 건물에 대한 점유는 불법점유라고 할 수는 없으나, 그로 인하여 이득이 있다면 이는 부당이득으로서 반환하여야 하는 것은 당연하다(91다45202, 45219(반소) 판결). 그런데 법률상의 원인없이 이득하였음을 이유로 한 부당이득의 반환에 있어서 이득이라 함은 실질적인 이익을 가리키는 것이므로 법률상 원인없이 건물을 점유하고 있다 하여도 이를 사용·수익하지 않았다면 이익을 얻은 것이라고 볼 수 없는 것인 바, 임차인이 임대차계약 종료 이후에도 동시이행의 항변권을 행사하는 방법으로 목적물의 반환을 거부하기 위하여 임차건물 부분을 계속 점유하기는 하였으나 이를 본래의 임대차계약상의 목적에 따라 사용·수익하지 아니하여 실질적인 이득을 얻은 바 없는 경우에는 그로 인하여 임대인에게 손해가 발생하였다 하더라도 임차인의 부당이득반환의무는 성립되지 않는다(90다카24076 판결 등). 즉, 임대차계약기간 만료 후 임대인의 보증금반환의무와 임차인의 목적물반환의무는 특단의 사정이 없는 한 동시이행의 관계에 있다 할 것이므로, 임대인이 자신의 보증금반환의무의 이행제공을 하지 아니하는 한 임차인의 점유는 불법점유가 아니어서 임차인은 이에 대한 손해배상의무가 없으며, 또한 임차인이 그 점유로 인하여 얻은 이익이 없다면 부당이득반환의무도 성립하지 않는다(91다35823 판결).

판례 ➡ 건물에 관한 임대차계약이 종료된 이후 이를 건물임대인에게 반환하지 않고 그대로 계속 점유·사용하는 자는 점유기간 동안 건물의 사용·수익에 따른 차임 상당액을 부당이득으로 반환할 의무가 있는데, 차임 상당액을 산정할 때 통상적으로 건물을 임대하는 경우 당연히 부지 부분의 이용을 수반하는 것이고 차임 상당액 속에는 건물 차임 외에도 부지 부분 차임(지대)도 포함되므로, 건물 차임은 물론이고 부지 부분 차임도 함께 계산되어야 한다. 그리고 건물소유자가 부지 부분에 관한 소유권을 상실하였다 하여도 건물소유자는 의연 토지소유자와 관계에서는 토지 위에 있는 건물의 소유자인 관계로 건물부지의 불법점유자라 할 것이고, 따라서 건물부지 부분에 관한 차임 상당의 부당이득 전부에 관한 반환의무를 부담하게 되며, 건물을 점유하고 있는 건물임차인이 토지소유자에게 부지 점유자로서 부당이득반환의무를 진다고 볼 수 없다. 그러므로 건물소유자는 이러한 채무의 부담한도 내에서 건물임차인의 건물 불법점유에 상응하는 부지 부분의 사용·수익에 따른 임료 상당의 손실이 생긴 것이고, 건물에 관한 임대차계약 종료 이후 이를 계속 점유·사용하는 건물임차인은 건물소유자에 대한 관계에서 건물 부지의 사용·수익으로 인한 이득이 포함된 건물임료 상당의 부당이득을 하였다고 보아야 한다(2012다4633 판결).

2. 목적물 소유자의 변경과 채권적 사용·수익권의 효력

(1) 토지에 대한 채권적 사용·수익권과 새로운 공유자와의 관계

단독으로 토지를 소유하고 있을 당시 그 소유자로부터 그 토지에 대한 사용·수익권을 부여받은 후 종전의 소유자 아닌 다른 사람이 그 토지에 대한 공유자가 된 경우에는 그 사용수익권이 지분과반수로서 결정된 것으로 인정될 수 없는 한 종전의 사용수익권을 새로운 공유자에게 주장할 수 없다(65다2618 판결, 89다카19665 판결). 가령, 한 사람이 물건을 단독으로 소유하고 있을 때에 그 물건의 사용에 관하여 대차관계가 맺어진 뒤에 그 물건의 소유자가 그 지분의 일부를 남에게 이전하여 공유관계에 들어갔을 때에는 그 차주는 새로운 공유자에 대하여 그 사용수익권으로서 대항할 수 없다(62다744 판결).

(2) 임대인의 목적물 사용·수익권의 상실과 임대차의 효력

임대차는 당사자의 일방이 상대방에게 목적물을 사용, 수익케 할 것을 약정하면 되는 것으로서 나아가 임대인이 그 목적물에 대한 소유권이나 기타 그것을 처분할 권한을 반드시 가져야 하는 것은 아니며, 임대차계약이 일단 유효하게 성립하고 임대인이 목적물을 인도하여 임차인이 이를 사용 수익하고 있었다면 그 후에 임대인의 목적물에 대한 사용수익권의 상실 등으로 그 계약의 목적을 달성할 수 없는 사정이 발생한다하더라도 특별한 사정이 없는 한 그 계약이 소급하여 무효로 되는 것은 아니고 위와 같은 사정으로 임대차계약이 종료되면 임차인은 임대인이 목적물에 대한 소유권 기타 사용수익권이 있는지 여부와 관계없이 점유하고 있는 임차물을 임대인에게 반환하여야 할 계약상 의무가 있는 것이다(88다카30702 판결).

(3) 물건의 사용·수익을 목적으로 하는 채권의 대항력

채권계약에 터잡은 통행권은 지역권과 같이 물권적 효력이 있는 것이 아니고 채권적 효력만 갖는 것이므로, 계약을 체결한 상대방에 대해서만 통행권을 주장·청구할 수 있고, 토지 자체를 지배하는 효력이 없을 뿐만 아니라 당사자가 변경되면 승계인에 대하여 통행권을 주장할 수 없다(92다30528 판결).

지상권설정등기가 경료되면 그 지상권의 내용과 범위는 등기된 바에 따라서 대세적인 효력이 발생하고, 제3자가 지상권설정자에 대하여 해당 토지를 사용·수익할 수 있는 채권적 권리를 가지고 있다고 하더라도 이러한 사정만으로 지상권자에 대항할 수는 없다(2005다47205 판결). 즉, 토지소유자의 건물건축을 위한 토지사용의 승낙만으로는 지상권이 설정되었거나, 관습상의 지상권이 발생하는 것이라 할 수 없기 때문이다(79다438 판결).

임대차계약에 있어 임대인의 지위의 양도는 임대인의 의무의 이전을 수반하는 것이지만 임대인의 의무는 임대인이 누구인가에 의하여 이행방법이 특별히 달라지는 것은 아니고, 목적물의 소유자의 지위에서 거의 완전히 이행할 수 있으며, 임차인의 입장에서 보아도 신소유자에게 그 의무의 승계를 인정하는 것이 오히려 임차인에게 훨씬 유리할 수도 있으므로 임대인과 신소유자와의 계약만으로써 그 지위의 양도를 할 수 있다 할 것이나, 이 경우에 임차인이 원하지 아니하면 임대차의 승계를 임차인에게 강요할 수는 없는 것이어서 스스로 임대차를 종료시킬 수 있어야 한다는 공평의 원칙 및 신의성실의 원칙에 따라 임차인이 곧 이의를 제기함으로써 승계되는 임대차관계의 구속을 면할 수 있고, 임대인과의 임대차관계도 해지할 수 있다고 보아야 한다(98마100 결정).

한편 주택임대차보호법이 적용되는 임대차로서는 반드시 임차인과 주택의 소유자인 임대인 사이에 임대차계약이 체결된 경우에 한정된다고 할 수는 없고, 주택의 소유자는 아니지만 주택에 관하여 적법하게 임대차계약을 체결할 수 있는 권한(적법한 임대권한)을 가진 임대인과 임대차계약이 체결된 경우도 포함된다. 그리고 매매계약의 이행으로 매매목적물을 인도받은 매수인은 그 물건을 사용·수익할 수 있는 지위에서 그 물건을 타인에게 적법하게 임대할 수 있으며, 이러한 지위에 있는 매수인으로부터 매매계약이 해제되기 전에 매매목적물인 주택을 임차하여 주택의 인도와 주민등록을 마침으로써 주택임대차보호법 제3조 제1항에 의한 대항요건을 갖춘 임차인은 민법 제548조 제1항 단서에 따라 계약해제로 인하여 권리를 침해받지 않는 제3자에 해당하므로 임대인의 임대권원의 바탕이 되는 계약의 해제에도 불구하고 자신의 임차권을 새로운 소유자에게 대항할 수 있다. 따라서 아파트 수분양자가 분양자로부터 열쇠를 교부받아 임차인을 입주케 하고 임차인이 주택임대차보호법상 대항력을 갖춘 후, 수분양자가 분양계약상 아파트 입주를 위하여 요구되는 의무를 다하지 못하여 분양계약이 해제되어 수분양자가 주택의 소유권을 취득하지 못한 사안에서, 임차인은 아파트 소유자인 분양자에 대하여 임차권으로 대항할 수 있다(2007다38908, 38915 판결).

3. 물건의 사용·수익을 목적으로 하는 채권에 기한 방해제거청구권

(1) 임차권에 기한 방해배제청구권

등기된 임차권에는 용익권적 권능 외에 임차보증금반환채권에 대한 담보권적 권능이 있고, 임대차기간이 종료되면 용익권적 권능은 임차권등기의 말소등기없이도 곧바로 소멸하나 담보권적 권능은 곧바로 소멸하지 않는다고 할 것이어서, 임차권자는 임대차기간이 종료한 후에도 임차보증금을 반환받기까지는 임대인이나 그 승계인에 대하여 임차권등기의 말소를 거부할 수 있다고 할 것이고, 따라서 임차권등기가 원인없이 말소된 때에는 그 방해를 배제하기 위한 청구를 할 수 있다(99다67079 판결).

(2) 상가건물에 대한 업종제한의 약정과 방해배제청구권

건축회사가 상가를 건축하여 점포별로 업종을 정하여 분양한 후에 점포에 관한 수분양자의 지위를 양수한 자 또는 그 점포를 임차한 자는 특별한 사정이 없는 한 상가의 점포 입점자들에 대한 관계에서 상호 묵시적으로 분양계약에서 약정한 업종제한 등의 의무를 수인하기로 동의하였다고 봄이 상당하므로, 상호 간의 업종제한에 관한 약정을 준수할 의무가 있다고 보아야 하고, 따라서 점포 수분양자의 지위를 양수한 자 등이 분양계약 등에 정하여진 업종제한약정을 위반할 경우, 이로 인하여 영업상의 이익을 침해당할 처지에 있는 자는 침해배제를 위하여 동종업종의 영업금지를 청구할 권리가 있다. 그리고 상가분양회사가 수분양자에게 특정영업을 정하여 분양한 이유는 수분양자에게 그 업종을 독점적으로 운영하도록 보장함으로써 이를 통하여 분양을 활성화하기 위한 것이고, 수분양자들 역시 지정품목이 보장된다는 전제 아래 분양회사와 계약을 체결한 것이므로, 지정업종에 관한 경업금지의무는 수분양자들에게만 적용되는 것이 아니라 분양회사에도 적용된다(2006마164, 165 결정, 2003마482 결정, 2004다20081 판결, 2002다45284 판결, 2001다46044 판결).

(3) 채무자의 방해배제청구권의 대위행사

지하도상가의 운영을 목적으로 한 도로점용허가를 받은 자로서 그 상가의 소유자 겸 관리주체인 시에 대하여 그 상가 내 각 점포의 사용을 청구할 수 있는 권리를 가지는 자는, 시에 대한 위 각 점포사용청구권을 보전하기 위하여 그 점포들의 소유자인 시가 불법점유자들에 대하여 가지는 명도청구권을 대위행사할 수 있고, 이러한 경우 불법점유자들에 대하여 직접 자기에게 그 점포들을 명도할 것을 청구할 수도 있다(93다59502 판결).

4. 제3자의 채권적 사용 · 수익권의 침해로 인한 불법행위책임

임대점포를 제3자가 파손함으로 인해서 임차인이 입은 영업상의 손실에 관하여는 임차인이 그 제3자(가해자)에게 손해배상청구권을 갖는 것은 별론으로 하고, 임대인으로서는 이를 배상할 의무가 없으므로 임대인이 임차인에게 위 손실금 상당액을 지급하였다 하더라도 제3자(가해자)에 대하여 이의 상환을 구할 수 없다(88다카27249 판결). 그리고 임대인인 피고 갑은 이행보조자인 피고 을이 임차물인 점포의 출입을 봉쇄하고 내부시설공사를 중단시켜 임차인인 원고로 하여금 그 사용 · 수익을 하지 못하게 한 행위에 대하여 임대인으로서의 채무불이행으로 인한 손해를 배상할 의무가 있고, 또한 피고 을이 원고가 임차인이라는 사정을 알면서도 위와 같은 방법으로 원고로 하여금 점포를 사용 · 수익하지 못하게 한 것은 원고의 임차권을 침해하는 불법행위를 이룬다고 할 것이므로 피고 을은 원고에게 불법행위로 인한 손해배상의무가 있다고 할 경우, 피고 갑의 채무불이행책임과 피고 을의 불법행위책임은 동일한 사실관계에 기한 것으로 부진정연대채무관계에 있다. 이 경우 채무불이행자 또는 불법행위자는 특별한 사정의 존재를 알았거나 알 수 있었으면 그러한 특별사정으로 인한 손해를 배상하여야 할 의무가 있는 것이고, 그러한 특별한 사정에 의하여 발생한 손해의 액수까지 알았거나 알 수 있었어야 하는 것은 아니다(94다22446 판결).

한편 임대인이 임차인과의 임대차계약상의 약정에 따라 제3자에게 도급을 주어 임대차목적 시설물을 수선한 경우에는 그 수급인도 임대인에 대하여 종속적인지 여부를 불문하고 이행보조자로서의 피용자라고 보아야 할 것이고, 이러한 수급인이 시설물 수선공사 등을 하던 중 수급인의 과실로 인하여 화재가 발생한 경우에는 임대인은 민법 제391조에 따라 위 화재발생에 귀책사유가 있다 할 것이어서 임차인에 대한 채무불이행상의 손해배상책임이 있다(2001다44338 판결).

제 3 절 물권적 지배법익의 침해와 그 구제방법

Ⅰ. 물건에 대한 사실적 지배의 침해와 그 구제방법

1. 개 설

물건에 대한 사실적 지배는 점유를 가리키는 것인 바, 사실적 지배의 침해는 점유의 침해를 의미한다. 특히 물건을 사실상 지배하는 자는 점유권이 있으므로(제192조 제1항), 점유의 침해는 곧 점유권의 침해에 해당한다. 점유의 침해에 대한 물권적 구제방법으로는 점유자에게 자력구제권이 인정되고(제209조), 점유자는 본권의 유무와 상관없이 점유권에 기한 물권적 청구권으로서 점유회수청구권, 점유보유청구권, 점유보전청구권 등 점유보호청구권을 행사할 수 있다(제204조 내지 제205조).

판례 ➡ 물건에 대한 점유란 사회관념상 어떤 사람의 사실적 지배 아래에 있는 객관적 상태를 말하는 것으로서, 사실적 지배가 있다고 하기 위해서는 반드시 물건을 물리적·현실적으로 지배하는 것만을 의미하는 것이 아니고, 물건과 사람과의 시간적·공간적 관계와 본권 관계, 타인지배의 배제 가능성 등을 고려하여 사회관념에 따라 합목적적으로 판단하여야 한다. 특히 임야에 대한 점유의 이전이나 점유의 계속은 반드시 물리적이고 현실적인 지배를 요한다고 볼 것은 아니고, 관리나 이용의 이전이 있으면 인도가 있었다고 보아야 하고, 임야에 대한 소유권을 양도하는 경우라면 그에 대한 지배권도 넘겨지는 것이 거래에서 통상적인 형태라고 할 것이다. 또한 대지의 소유자로 등기한 자는 보통의 경우 등기할 때에 대지를 인도받아 점유를 얻은 것으로 보아야 하므로 등기사실을 인정하면서 특별한 사정의 설시없이 점유사실을 인정할 수 없다고 판단해서는 아니 된다. 그러나 이는 임야나 대지 등이 매매 등을 원인으로 양도되고 이에 따라 소유권이전등기가 마쳐진 경우에 그렇다는 것이지, 소유권보존등기의 경우에도 마찬가지라고 볼 수는 없다. 소유권보존등기는 이전등기와 달리 해당 토지의 양도를 전제로 하는 것이 아니어서, 보존등기를 마쳤다고 하여 일반적으로 등기명의자가 그 무렵 다른 사람으로부터 점유를 이전받는다고 볼 수는 없기 때문이다(2012다201410 판결).

물론 점유자는 채권적 구제방법으로 점유자가 손해를 입은 경우에는 손해의 배상을 청구할 수 있으나, 점유자는 물건을 사용·수익할 수 있는 권한은 없다는 점에서 점유의 침해에 대하여 부당이득의 반환을 청구할 수는 없다고 할 것이다.

2. 자력구제권의 행사 범위

제209조가 인정하는 자력구제권으로는 자력방위권과 자력탈환권이 있다. 제1항에 규정된 점유자의 자력방위권은 점유의 침탈 또는 방해의 위험이 있는 때에 인정되는 것이다. 그리고 제2항에 규정된 점유자의 자력탈환권은 점유가 침탈되었을 때 시간적으로 좁게 제한된 범위 내에서 자력으로 점유를 회복할 수 있다는 것이다. 특히 위 규정에서 말하는 '직시'란 '객관적으로 가

능한 한 신속히' 또는 '사회관념상 가해자를 배제하여 점유를 회복하는 데 필요하다고 인정되는 범위 안에서 되도록 속히'라는 뜻으로 해석할 것이므로, 점유자가 침탈사실을 알고 모르고와는 관계없이 침탈을 당한 후 상당한 시간이 흘렀다면 자력탈환권을 행사할 수 없는 것이다(91다14116 판결).

3. 점유회수청구의 당사자

물건에 대한 점유를 침탈당한 자는 점유회수청구권을 가진다. 직접점유자·간접점유자이든 상관없고(제207조 제1항), 본권이 있든 없든 상관이 없다. 점유회수청구의 상대방은 현재 그 물건을 점유하는 자이고 그 보조자는 아니다(77다865 판결). 물론 중첩된 점유침탈관계에 놓인 때 그 중 어느 하나를 골라 점유를 풀라는 청구를 할 수 있음은 본권을 가진 자의 자유이다(73다703 판결). 또한 침탈자의 특별승계인은 악의인 경우에 한하여 상대방이 될 수 있다(제204조 제2항. 95다12927 판결). 이 경우 손해배상청구권의 상대방은 침탈자이다. 다만, 선의의 특별승계인으로부터 점유를 승계받은 악의의 특별승계인에게는 반환을 청구할 수 없다. 그리고 침탈자가 간접점유자인 경우에도 반환을 청구할 수 있으며, 직접점유자가 선의인 경우 그에게는 반환을 청구할 수 없다.

판례➡ 점유자가 점유의 침탈을 당한 때에는 그 물건의 반환 등을 청구할 수 있다(제204조 제1항 참조). 이러한 점유회수의 소는 점유를 침탈당하였다고 주장하는 당시에 점유하고 있었는지만을 살피면 되는 것이고, 여기서 점유란 물건이 사회통념상 사람의 사실적 지배에 속한다고 보이는 객관적 관계에 있는 것을 말하고 사실상의 지배가 있다고 하기 위하여는 반드시 물건을 물리적·현실적으로 지배하는 것만을 의미하는 것이 아니고 물건과 사람 사이의 시간적·공간적 관계와 본권관계, 타인지배의 배제가능성 등을 고려하여 사회관념에 따라 합목적적으로 판단하여야 한다. 그리고 점유회수의 소의 점유에는 직접점유뿐만 아니라 간접점유도 포함되나, 간접점유를 인정하기 위해서는 간접점유자와 직접점유를 하는 자 사이에 일정한 법률관계, 즉 점유매개관계가 필요하다. 이러한 점유매개관계는 직접점유자가 자신의 점유를 간접점유자의 반환청구권을 승인하면서 행사하는 경우에 인정된다(2011다61424, 61431 판결).

문제는 점유를 침탈당한 자가 점유를 탈환한 경우 피탈환자에게도 점유회수청구권이 성립하느냐이다. 가령, 갑이 자기 소유의 자전거를 을이 절취하여 타고 다니는 것을 발견하고 실력으로 빼앗은 경우 을은 갑에 대하여 점유회수청구권을 행사할 수 있는가이다. 통설은 이를 부정한다. 그러나 사회의 평화와 질서의 유지라고 하는 점유제도의 존재이유에 비추어 볼 때 이를 인정함이 타당하다. 다만, 본권에 관하여 확정판결이 있는 경우에는 예외를 인정하여 피탈환자의 점유회수청구권을 허용할 것이 아니다. 물론 이 경우 갑의 침탈행위가 자력구제에 해당하는 경우에는 을의 점유회수청구권은 허용되지 않는다(제209조 제2항).

4. 취득시효가 완성된 점유자의 방해배제청구

취득시효가 완성된 점유자는 점유권에 기하여 등기부상의 명의인을 상대로 점유방해의 배제를 청구할 수 있다 할 것인데, 시효취득자가 점유취득시효의 완성을 원인으로 하여 소유권이전등기를 청구하면서, 그와 동시에 시효완성 후에 토지소유자가 멋대로 설치한 담장 등의 철거를 구하고 있을 뿐, 소유권에 기한 방해배제청구권에 기하여 위 담장 등의 철거를 구한 바 없고, 오히려 "토지소유자가 기존의 담장을 허물고 새로운 담장을 쌓은 것은 시효취득자의 점유를 침탈한 행위에 해당한다"고 주장하였으며, 원심의 변론종결 직전에는 소유권에 기한 주장은 하지 아니하고 담장 등 철거 청구도 시효취득에 의하여서만 구하는 것이라고 진술하였는 바, 그렇다면 시효취득자는 점유권에 기한 방해배제청구권의 행사로서 토지소유자를 상대로 담장 등의 철거를 청구하고 있는 것으로 보아야 한다(2004다23899, 23905 판결).

5. 점유의 침해에 대한 손해배상청구와 부당이득의 성부

(1) 점유의 침해로 인한 손해배상청구권

점유권침해로 인한 손해배상이란 물건의 점유를 계속하는 것에 의하여 얻는 이익 기타 점유의 효과로서 인정되는 이익을 기준으로 하여야 하고, 이와 달리 본권으로부터 나오는 이익, 즉 물건의 교환가치, 수리비, 사용료, 영업상의 수익을 기준으로 할 것이 아니다(서울고법 1987. 5. 21. 선고 86나958 제15민사부 판결).

(2) 점유권 자체의 방해와 부당이득

점유권은 '물건을 사실상 지배하는 권리'로서 점유권으로부터 타인 소유의 물건을 사용·수익할 권능은 발생하지 않는 것이고, 점유방해배제청구권이나 점유물방해예방청구권은 물건에 대한 사실상의 지배에 대한 방해나 방해의 염려를 제거하는 권리로서 거기에 타인 소유의 물건을 사용·수익할 권능은 포함되어 있지 않다(2003다11530 판결, 대구고법 2007. 2. 20. 자 2007라4 결정 참조). 따라서 점유권 자체의 방해를 받은 점유자는 방해자에 대하여 부당이득의 반환을 청구할 수 없다고 할 것이다.

Ⅱ. 물건에 대한 법률적 지배권의 침해와 그 구제방법

1. 개 설

물건에 대한 사실적 지배와 달리 물건에 대한 법률적 지배권은 점유할 권리[18]를 가지고 물건을 지배할 수 있는 권리를 가리킨다. 민법은 물권적 권리로서 물건에 대한 완전한 지배권으로서 소유권과 그 소유권능을 제한하는 제한물권을 인정한다.

소유권은 완전한 지배권으로서 절대성과 배타성을 가지는 권리이다. 따라서 소유자는 소유물을 침해당한 경우, 즉 소유권이 침탈 내지 방해당하고 있는 경우에는 그 내용의 실현을 위하

18) 점유할 권리는 공법적 권리와 사법적 권리로 나누어 볼 수 있을 것인데, 사법적 권리로는 물권적 권리와 채권적 권리, 그리고 가족법적 권리를 들 수 있을 것이다. 다만, 이곳에서는 물권적 권리와 관련해서만 다룬다.

여 그 소유물의 반환과 방해의 제거 및 예방을 청구할 수 있다(제213조, 제214조). 소유권에 기한 물권적 청구권은 다른 물권에 준용된다. 제213조는 지상권, 전세권에 준용되며, 제214조는 지상권, 지역권, 전세권, 저당권에 준용된다(제290조 제1항, 제301조, 제319조, 제370조). 그러나 유치권과 질권에는 명문의 준용규정을 두고 있지 않다. 하지만 학설은 질권에는 소유권에 기한 물권적 청구권이 준용된다는 것이 통설이다. 유치권의 경우에는 유치권자가 그 물건에 대한 점유를 상실하는 때에는 물권적 청구권을 부여하지 않고 유치권 자체가 소멸한다(제328조). 물론 유치권자가 점유회수청구권을 행사하여(제204조 제1항), 점유를 회복한 경우에는 유치권은 소멸하지 않은 것으로 된다(제192조 제2항 단서).

이러한 물권적 청구권은 물권의 완전한 실현이 어떤 사정으로 말미암아 침해 내지 방해당하거나 침해 내지 방해당할 염려가 있는 경우에, 물권자[19]가 방해 상태의 지배자에 대하여 목적물의 반환 및 그 방해의 제거 또는 예방에 필요한 행위를 청구할 수 있는 권리를 가리킨다. 본래 권리가 위법하게 침해받는 경우에 피해자는 불법행위를 이유로 손해배상을 청구할 수 있다(제750조). 그런데 불법행위는 가해자의 고의·과실이 있는 때에 성립하고 손해배상은 금전배상을 원칙으로 하므로 물권 내용 자체를 실현시킬 수 없고, 따라서 그것만으로는 물권의 보호로서 충분하지 않다. 불법행위 제도는 피해자보호를 위해 위법한 행위를 한 자에게 그 책임을 묻는 제도임에 대하여, 물권적 청구권은 물권의 실효성을 확보하기 위한 제도이다. 다만, 물권적 청구권의 행사가 권리남용이 되는 경우에는 물권자의 권리주장이 제한된다(제2조 제2항, 2003다40422 판결 등 참조). 그리고 점유자는 점유권에 기하여 타인의 소유물을 사용·수익할 수는 없지만, 타인의 소유물을 법률상 원인없이 점유하고 있으면 점유 그 자체가 이득이 되므로(점유는 점유권을 발생케 하고, 이 점유권에 관하여는 여러 법률효과가 인정된다), 물권자에게는 물권적 반환청구권과 함께 점유의 부당이득반환청구권이 발생한다(제741조). 즉, 소유자는 그 소유에 속한 소유물을 점유할 수 있는 권원이 없이 점유하는 자에 대하여 소유물반환청구권을 행사하여 그 반환을 구할 수 있으며, 점유의 부당이득으로서 그 반환을 구할 수 있다.

특히 소유권에 기한 물권적 청구권은 소유권으로부터 발생하는 권리로서 소유권과 분리하여 양도할 수 없으며(68다725 전원합의체 판결), 독립하여 시효로 인하여 소멸하지 않는다. 그리고 소유권에 기한 물권적 청구권의 행사를 위하여 상대방의 귀책사유는 묻지 않으며, 침해 내지 방해행위가 위법하면 족하다. 물론 소유권에 기한 물권적 청구권과 계약상의 청구권, 부당이득반환청구권, 불법행위에 기한 손해배상청구권과는 경합할 수 있다

2. 물건에 대한 보존권의 침해와 구제

물건에 대한 현상이익이 침해 내지 훼손되거나 그 가치가 감소된 경우에 피해자는 가해행위의 중지 및 예방을 청구할 수 있으며, 그 가해행위가 불법행위를 구성하는 경우에 그로 인한 손

19) 명의신탁이 이루어진 경우에는 명의수탁자가 물권적 청구권자이고(77다1079 판결), 임차권자는 임대인의 물권적 청구권을 대위행사할 수 있다(93다59502 판결).

해의 배상을 청구할 수 있을 것이다.

(1) 생활방해와 건물소유자 또는 점유자의 유지청구

건물의 소유자 또는 점유자가 인근의 소음으로 인하여 평온하고 쾌적한 일상생활을 향유할 수 있는 생활이익이 침해되고 그 침해가 사회통념상 수인한도를 넘어서는 경우에 건물의 소유자 또는 점유자는 그 소유권 또는 점유권에 기하여 소음피해의 제거나 예방을 위한 유지청구를 할 수 있다. 이 경우 그 침해가 사회통념상 일반적으로 수인할 정도를 넘어서는지의 여부는 피해의 성질 및 정도, 피해이익의 공공성, 가해행위의 태양, 가해행위의 공공성, 가해자의 방지조치 또는 손해회피의 가능성, 인·허가관계 등 공법상 기준에의 적합 여부, 지역성, 토지이용의 선후관계 등 모든 사정을 종합적으로 고려하여 판단하여야 한다(2004다37904, 37911 판결).

판례 ➡ 〈**일조이익의 방해**〉 토지의 소유자 등이 종전부터 향유하던 일조이익이 객관적인 생활이익으로서 가치가 있다고 인정되면 법적인 보호의 대상이 될 수 있는데, 그 인근에서 건물이나 구조물 등이 신축됨으로 인하여 햇빛이 차단되어 생기는 그늘, 즉 일영이 증가함으로써 해당 토지에서 종래 향유하던 일조량이 감소하는 일조방해가 발생한 경우, 일조방해의 정도, 피해이익의 법적 성질, 가해건물의 용도, 지역성, 토지이용의 선후관계, 가해방지 및 피해회피의 가능성, 공법적 규제의 위반 여부, 교섭경과 등 모든 사정을 종합적으로 고려하여 사회통념상 일반적으로 해당 토지소유자의 수인한도를 넘게 되면 그 건축행위는 정당한 권리행사의 범위를 벗어나 사법상 위법한 가해행위로 평가된다(2009다98652 판결). 한편 일조권 침해에 있어 객관적인 생활이익으로서 일조이익을 향유하는 '토지의 소유자 등'은 토지소유자, 건물소유자, 지상권자, 전세권자 또는 임차인 등의 거주자를 말하는 것으로서, 당해 토지·건물을 일시적으로 이용하는 것에 불과한 사람은 이러한 일조이익을 향유하는 주체가 될 수 없다(2008다41499 판결).

판례 ➡ 〈**조망이익의 방해**〉 어느 토지나 건물의 소유자가 종전부터 향유하고 있던 경관이나 조망이 그에게 하나의 생활이익으로서의 가치를 가지고 있다고 객관적으로 인정된다면 법적인 보호의 대상이 될 수 있는 것인 바, 이와 같은 조망이익은 원칙적으로 특정의 장소가 그 장소로부터 외부를 조망함에 있어 특별한 가치를 가지고 있고, 그와 같은 조망이익의 향유를 하나의 중요한 목적으로 하여 그 장소에 건물이 건축된 경우와 같이 당해 건물의 소유자나 점유자가 그 건물로부터 향유하는 조망이익이 사회통념상 독자의 이익으로 승인되어야 할 정도로 중요성을 갖는다고 인정되는 경우에 비로소 법적인 보호의 대상이 되는 것이고, 그와 같은 정도에 이르지 못하는 조망이익의 경우에는 특별한 사정이 없는 한 법적인 보호의 대상이 될 수 없다(2003다64602 판결, 2004다54282 판결, 2005다72485 판결).

판례 ➡ 〈**안온이익의 방해**〉 도로에서 유입되는 소음때문에 인근 주택의 거주자에게 사회통념상 수인한도를 넘는 생활이익의 침해가 발생하였다고 하더라도, 그 주택을 건축하여 분양한 분양회사는 도로의 설치·관리자가 아니고 그 주택의 건축으로 인하여 소음이 발생하였다고 볼 수도 없으므로, 주택의 거주자들이 분양회사를 상대로 소음때문에 발생한 생활이익의 침해를 원인으로 하는 불법행위책임을 물을 수는 없다. 다만 분양회사는 주택의 공급 당시에 주택법상의 주택건설기준 등 그 주택이 거래상 통상 소음방지를 위하여 갖추어야 할 시설이나 품질을 갖추지 못한 경우에 집합건물의 소유

> 및 관리에 관한 법률 제9조 또는 민법 제580조의 담보책임을 부담하거나, 수분양자와의 분양계약에서 소음방지시설이나 조치에 관하여 특약이 있는 경우에 그에 따른 책임을 부담하거나, 또는 분양회사가 수분양자에게 분양하는 주택의 소음상황 등에 관한 정보를 은폐하거나 부정확한 정보를 제공하는 등 신의칙상의 부수의무를 게을리한 경우에 그 책임을 부담할 뿐이다(2008다9358, 9365 판결).

(2) 건물의 일부에 시설물을 부착·고정시킨 경우와 방해배제청구

타인소유 건물의 일부분에 시설물을 부착·고정시켜 설치하여 소유하는 것은 달리 특별한 사정이 없는 한 그 건물의 소유와 보존·관리 기타 사용 등에 직접적인 방해를 가하고 있는 것이라고 볼 여지가 없지 않고, 또한 그 방해의 배제를 위하여는 그 시설물의 설치 경위와 위치, 구조 및 규모 등에 비추어 그 전체를 철거할 수밖에 없다(97다19373 판결).

(3) 주위토지통행권의 방해와 토지소유자의 통행방해배제청구

주위토지통행권의 본래적 기능발휘를 위하여는 그 통행에 방해가 되는 담장과 같은 축조물도 위 통행권의 행사에 의하여 철거되어야 하는 것이고, 그 담장이 비록 당초에는 적법하게 설치되었던 것이라 하더라도 그 철거의 의무에는 영향이 없다(90다5238, 90다카27761(병합) 판결, 2005다70144 판결). 한편 주위토지통행권에 관한 분쟁은 통행권자와 피통행지의 소유자 사이에 발생하나, 피통행지의 소유자 이외의 제3자가 일정한 지위나 이해관계에서 통행권을 부인하고 그 행사를 방해할 때에는 그 제3자를 상대로 통행권의 확인 및 방해금지청구를 하는 것이 통행권자의 지위나 권리를 보전하는 데에 유효·적절한 수단이 될 수 있다(2003다18661 판결).

(4) 구분소유권의 보존과 일체성의 법리

집합건물의 대지사용권은 구분소유자가 전유부분을 소유하기 위하여 건물의 대지에 대하여 가지는 권리로서 그 성립을 위해서는 집합건물의 존재와 구분소유자가 전유부분 소유를 위하여 당해 대지를 사용할 수 있는 권리를 보유하는 것 이외에는 다른 특별한 요건이 필요하지 않고(2009다26145 판결), 대지사용권이 없는 구분소유자가 사후적으로 사용권을 취득한 경우에는 그 때에 대지사용권이 성립한다(2011다73090 판결). 그리고 집합건물의 소유 및 관리에 관한 법률은 제20조에서 구분소유자의 대지사용권은 그가 가지는 전유부분의 처분에 따르고, 구분소유자는 규약이나 공정증서로써 다르게 정하였다는 특별한 사정이 없는 한 그가 가지는 전유부분과 분리하여 대지사용권을 처분할 수 없으며, 그 분리처분금지는 그 취지를 등기하지 아니하면 선의로 물권을 취득한 제3자에게 대항하지 못한다고 규정하고 있는데, 위 규정의 취지는 집합건물의 전유부분과 대지사용권이 분리되는 것을 최대한 억제하여 대지사용권이 없는 구분소유권의 발생을 방지함으로써 집합건물에 관한 법률관계의 안정과 합리적 규율을 도모하려는 데 있으므로(2004다742 판결), 전유부분과 대지사용권의 일체성에 반하는 대지의 처분행위는 그 효력이 없다(98다45652, 45669 전원합의체 판결, 2012다18038 판결). 역시 이를 위반한 대지사용권의 처분은 법원의 강제경매절차에 의한 것이라 하더라도 무효이다(2009다26145 판결, 2012다74175, 74182, 74199 판결). 그러나 구분소유자의 의사에 기하지 않고 대지사용권 발생의 원인이 된 계약에 따라 대

지사용권이 소멸한 경우에는 이를 위 조항에서 금지하는 대지사용권의 분리처분에 해당한다고 볼 수 없고, 집합건물의 부지가 되는 토지의 소유자로서 구분소유자 아닌 자가 위 토지를 처분하였다고 하여 위 조항에 위배된다고 볼 수도 없다(2010다15158 판결).

(5) 공유물에 대한 보존행위와 한계

① 공유물의 보존행위와 공유물의 인도청구

지분을 소유하고 있는 공유자나 그 지분에 관한 소유권이전등기청구권을 가지고 있는 자라고 할지라도 다른 공유자와의 협의없이는 공유물을 배타적으로 점유하여 사용·수익할 수 없는 것이므로, 다른 공유권자는 자신이 소유하고 있는 지분이 과반수에 미달되더라도 공유물을 점유하고 있는 자에 대하여 공유물의 보존행위로서 공유물의 인도나 명도를 청구할 수 있다(93다9392, 9408 전원합의체 판결). 마찬가지로 집합건물의 구분소유자는 집합건물의 소유 및 관리에 관한 법률 제16조 제1항에 의하여 공용부분에 대한 보존행위를 단독으로 할 수 있고, 그 보존행위의 내용에는 지분권에 기한 방해배제청구권과 공유물의 반환청구권도 포함된다(98다61746 판결).

② 공유지분권에 기한 보존행위와 방해배제청구

물건을 공유자 양 인이 각 1/2 지분씩 균분하여 공유하고 있는 경우 1/2 지분권자로서는 다른 1/2 지분권자와의 협의없이는 이를 배타적으로 독점사용할 수 없고, 나머지 지분권자는 공유물보존행위로서 그 배타적 사용의 배제, 즉 그 지상건물의 철거와 토지의 인도 등 점유배제를 구할 권리가 있다(2002다57935 판결, 93다9392, 9408 전원합의체 판결).

③ 구분소유적 공유자의 제3자에 대한 방해배제청구

1필지의 토지 중 일부를 특정하여 매수하고 다만 그 소유권이전등기는 그 필지 전체에 관하여 공유지분권이전등기를 한 경우에는 그 특정부분 이외의 부분에 관한 등기는 상호 명의신탁을 하고 있는 것으로서, 그 지분권자는 내부관계에 있어서는 특정부분에 한하여 소유권을 취득하고 이를 배타적으로 사용, 수익할 수 있고, 다른 구분소유자의 방해행위에 대하여는 소유권에 터잡아 그 배제를 구할 수 있으나, 외부관계에 있어서는 1필지 전체에 관하여 공유관계가 성립되고 공유자로서의 권리만을 주장할 수 있는 것이므로, 제3자의 방해행위가 있는 경우에는 자기의 구분소유 부분 뿐 아니라 전체토지에 대하여 공유물의 보존행위로서 그 배제를 구할 수 있다(93다42986 판결).

④ 보존행위의 한계

공유물의 보존행위는 공유물의 멸실·훼손을 방지하고 그 현상을 유지하기 위하여 하는 사실적 법률적 행위로서 이러한 공유물의 보존행위를 각 공유자가 단독으로 할 수 있도록 한 취지는 그 보존행위가 긴급을 요하는 경우가 많고 다른 공유자에게도 이익이 되는 것이 보통이기 때문이므로 어느 공유자가 보존권을 행사하는 때에 그 행사의 결과가 다른 공유자의 이해와 충돌될 때에는 그 행사는 보존행위로 될 수 없다고 보아야 한다(93다54736 판결).

(6) 합유물의 보존행위의 방법

합유재산의 보존행위는 합유재산의 멸실·훼손을 방지하고 그 현상을 유지하기 위하여 하는 사실적·법률적 행위로서 이러한 합유재산의 보존행위를 각 합유자 단독으로 할 수 있도록 한 취지는 그 보존행위가 긴급을 요하는 경우가 많고 다른 합유자에게도 이익이 되는 것이 보통이기 때문이다. 민법상 조합인 공동수급체가 경쟁입찰에 참가하였다가 다른 경쟁업체가 낙찰자로 선정된 경우, 그 공동수급체의 구성원 중 1인이 그 낙찰자 선정이 무효임을 주장하며 무효확인의 소를 제기하는 것은 그 공동수급체가 경쟁입찰과 관련하여 갖는 법적 지위 내지 법률상 보호받는 이익이 침해될 우려가 있어 그 현상을 유지하기 위하여 하는 소송행위이므로 이는 합유재산의 보존행위에 해당한다(2011다80449 판결).

(7) 총유물의 보존행위의 방법

제276조 제1항은 "총유물의 관리 및 처분은 사원총회의 결의에 의한다", 같은 조 제2항은 "각 사원은 정관 기타의 규약에 좇아 총유물을 사용·수익할 수 있다"라고 규정하고 있을 뿐 공유나 합유의 경우처럼 보존행위는 그 구성원 각자가 할 수 있다는 제265조 단서 또는 제272조 단서와 같은 규정을 두고 있지 않고 있다. 이는 법인 아닌 사단의 소유형태인 총유가 공유나 합유에 비하여 단체성이 강하고 구성원 개인들의 총유재산에 대한 지분권이 인정되지 아니하는 데에서 나온 당연한 귀결이라고 할 것이므로 총유재산에 관한 소송은 법인 아닌 사단이 그 명의로 사원총회의 결의를 거쳐 하거나 또는 그 구성원 전원이 당사자가 되어 필수적 공동소송의 형태로 할 수 있을 뿐 그 사단의 구성원은 설령 그가 사단의 대표자라거나 사원총회의 결의를 거쳤다 하더라도 그 소송의 당사자가 될 수 없고, 이러한 법리는 총유재산의 보존행위로서 소를 제기하는 경우에도 마찬가지라 할 것이다(2004다44971 전원합의체 판결).

3. 물권적 사용·수익권의 침해와 구제

물건을 그 정해진 용법에 따라 사용함으로써 얻는 이익을 사용이익이라고 할 수 있고, 또 원물로부터 과실을 얻는 이익을 포함한다. 이처럼 물건을 사용하거나 그 물건으로부터 수익을 얻을 수 있는 권리를 사용·수익권이라 할 수 있다. 물권적 사용·수익권은 소유권(제211조) 및 용익물권(제279조, 제303조)의 내용으로서 인정된다. 이러한 사용·수익권이 침해되는 경우에 피해자는 우선 불법행위로 인한 손해배상청구권을 행사하거나 부당이득반환청구권을 행사하여 피해구제를 받을 수 있다. 물론 피해자는 점유보호청구권 또는 물권적 청구권을 행사하여 침해의 배제나 물건의 반환을 청구할 수 있다.

(1) 물권적 사용·수익권을 적법하게 차단하는 유치권의 취지와 한계

우리 법에서 유치권제도는 무엇보다도 권리자에게 그 목적인 물건을 유치하여 계속 점유할 수 있는 대세적 권능을 인정한다(민법 제320조 제1항, 민사집행법 제91조 제5항 등 참조). 그리하여 소유권 등에 기하여 목적물을 인도받고자 하는 사람(물건의 점유는 대부분의 경우에 그 사용수익가치를 실현하는 전제가 된다)은 유치권자가 가지는 그 피담보채권을 만족시키는 등으로 유치권이

소멸하지 아니하는 한 그 인도를 받을 수 없으므로 실제로는 그 변제를 강요당하는 셈이 된다. 그와 같이 하여 유치권은 유치권자의 그 채권의 만족을 간접적으로 확보하려는 것이다. 그런데 우리 법상 저당권 등의 부동산담보권은 이른바 비점유담보로서 그 권리자가 목적물을 점유함이 없이 설정되고 유지될 수 있고 실제로도 저당권자 등이 목적물을 점유하는 일은 매우 드물다. 따라서 어떠한 부동산에 저당권 또는 근저당권과 같이 담보권이 설정된 경우에도 그 설정 후에 제3자가 그 목적물을 점유함으로써 그 위에 유치권을 취득하게 될 수 있다. 이와 같이 저당권 등의 설정 후에 유치권이 성립한 경우에도 마찬가지로 유치권자는 그 저당권의 실행절차에서 목적물을 매수한 사람을 포함하여 목적물의 소유자 기타 권리자에 대하여 위와 같은 대세적인 인도거절권능을 행사할 수 있다. 따라서 부동산유치권은 대부분의 경우에 사실상 최우선순위의 담보권으로서 작용하여, 유치권자는 자신의 채권을 목적물의 교환가치로부터 일반채권자는 물론 저당권자 등에 대하여도 그 성립의 선후를 불문하여 우선적으로 자기 채권의 만족을 얻을 수 있게 된다. 이렇게 되면 유치권의 성립 전에 저당권 등 담보를 설정받고 신용을 제공한 사람으로서는 목적물의 담보가치가 자신이 애초 예상·계산하였던 것과는 달리 현저히 하락하는 경우가 발생할 수 있다. 이와 같이 유치권제도는 “시간에서 앞선 사람은 권리에서도 앞선다”는 일반적 법원칙의 예외로 인정되는 것으로서, 특히 부동산담보거래에 일정한 부담을 주는 것을 감수하면서 마련된 것이다.

유치권은 목적물의 소유자와 채권자와의 사이의 계약에 의하여 설정되는 것이 아니라 법이 정하는 일정한 객관적 요건(민법 제320조 제1항, 상법 제58조, 제91조, 제111조, 제120조, 제147조 등 참조)을 갖춤으로써 발생하는 이른바 법정담보물권이다. 법이 유치권제도를 마련하여 위와 같은 거래상의 부담을 감수하는 것은 유치권에 의하여 우선적으로 만족을 확보하여 주려는 그 피담보채권에 특별한 보호가치가 있다는 것에 바탕을 둔 것으로서, 그러한 보호가치는 예를 들어 민법 제320조 이하의 민사유치권의 경우에는 객관적으로 점유자의 채권과 그 목적물 사이에 특수한 관계(민법 제320조 제1항의 문언에 의하면 ‘그 물건에 관한 생긴 채권’일 것, 즉 이른바 ‘물건과 채권과의 견련관계’가 있는 것)가 있는 것에서 인정된다. 나아가 상법 제58조에서 정하는 상사유치권은 단지 상인 간의 상행위에 기하여 채권을 가지는 사람이 채무자와의 상행위(그 상행위가 채권 발생의 원인이 된 상행위일 것이 요구되지 아니한다)에 기하여 채무자 소유의 물건을 점유하는 것만으로 바로 성립하는 것으로서, 피담보채권의 보호가치라는 측면에서 보면 위와 같이 목적물과 피담보채권 사이의 이른바 견련관계를 요구하는 민사유치권보다 그 인정범위가 현저하게 광범위하다.

이상과 같은 사정을 고려하여 보면, 유치권제도와 관련하여서는 거래당사자가 유치권을 자신의 이익을 위하여 고의적으로 작출함으로써 앞서 본 유치권의 최우선순위담보권으로서의 지위를 부당하게 이용하고 전체 담보권질서에 관한 법의 구상을 왜곡할 위험이 내재한다. 이러한 위험에 대처하여, 개별 사안의 구체적인 사정을 종합적으로 고려할 때 신의성실의 원칙에 반한다고 평가되는 유치권제도 남용의 유치권 행사는 이를 허용하여서는 안 될 것이다(2011다84298

판결).

(2) 토지소유자의 공작물의 설치와 인근 건물소유자에 대한 권리남용

토지소유자가 자신 소유의 토지 위에 공작물을 설치한 행위가 인근 건물의 소유자에 대한 관계에서 권리남용에 해당하고, 그로 인하여 인근 건물 소유자의 건물사용수익이 실질적으로 침해되는 결과를 초래하였다면, 인근 건물 소유자는 건물소유권에 기한 방해제거청구권을 행사하여 토지소유자를 상대로 공작물의 철거를 구할 수 있다(2014다42967 판결).

(3) 원인무효의 소유권이전등기로 인한 임대지연에 따른 손해배상의 인정기준

부동산에 대하여 원인무효의 소유권이전등기가 이루어졌다고 하더라도, 타인 소유의 부동산에 관한 임대계약도 가능한 점 등을 고려하면, 다른 특별한 사정이 없는 한 위와 같은 원인무효의 소유권이전등기는 부동산을 임대함에 있어서 법률상의 장애가 되는 것은 아니다. 다만 타인 명의로 소유권이전등기가 되어 있는 부동산을 임차하려는 자로서는 부동산에 대한 임차권을 완전하게 취득하지 못하게 될 위험을 고려하여 부동산의 임차를 꺼리게 됨으로써, 결과적으로 타인 명의로 소유권이전등기가 되어 있다는 사정은 부동산을 임대함에 있어 사실상의 장애가 될 수는 있다. 따라서 진정한 소유자가 당해 부동산에 대한 임대를 계획하고 또 시도하였으나 임대하지 못하였고, 그와 같이 부동산을 임대하지 못한 것이 원인무효의 소유권이전등기로 인하였을 것이라는 점이 증명되는 경우에만 원인무효의 소유권이전등기와 해당 부동산의 임대지연 사이에 상당인과관계가 있다.

이러한 법리에 기초하여 대법원은 담당공무원이 위법하게 집행문을 부여하여 갑이 을과 공유인 토지 중 을의 지분에 관하여 원인무효의 등기를 마쳤는데, 을이 담당공무원의 과실 때문에 원인무효 등기의 시정이 있기 전까지 임대지연으로 인한 차임 상당의 손해를 입었다고 주장하면서 대한민국을 상대로 손해배상을 구한 사안에서, 위 토지는 갑과 을의 공유이어서 을의 의사만으로 타에 임대할 수 없는데, 을이 갑에게 임대에 관한 동의나 협조를 요구한 적이 없는 점 등에 비추어 을이 위 지분을 임대하지 못한 것이 원인무효의 소유권이전등기 때문이라고 볼 수 없으므로, 담당공무원의 과실에 기초한 갑 명의의 소유권이전등기와 을이 입은 차임 상당의 손해 사이에 상당인과관계가 있다고 단정할 수 없다고 하였다(2014다200305 판결).

(4) 소유물의 사용 · 수익의 방해와 손해액의 산정 방법

창고의 소유자인 원고가 창고를 점포로 개조하여 사용하는 것을 피고가 방해한 경우에 그로 인하여 소유자가 입은 손해액을 산정함에 있어서는 점포로 개조함에 필요한 비용과 기간을 위 이익상실액과 그 기간을 산정함에 있어 고려하여야 함은 물론이며, 또 소유자가 그 점포로서의 사용을 방해당한 기간 동안에도 종래의 시설물을 창고로서 계속 사용하여 왔다면 점포로서 사용할 경우의 차임 상당의 금액에서 창고로 사용함으로써 얻은 이익을 공제하여야 하고, 원고 소유 창고 부분의 등기부상 면적 전체에 대한 차임을 손해액산정의 기준으로 한 조치는 정당하고 공유면적을 제외한 전용면적만을 기준으로 차임을 산정하여야 한다는 논지는 이유없다(88다카14311 판결).

(5) 소유권에 기한 자동차의 반환과 아울러 부당이득반환청구의 당부

선의의 점유자는 점유물의 과실을 취득하고(제201조 제1항), 점유자는 선의로 점유한 것으로 추정되지만(제197조 제1항), 선의의 점유자라도 본권에 관한 소에서 패소한 때에는 그 소가 제기된 때부터 악의의 점유자로 본다(제197조 제2항). 같은 취지에서 선의의 수익자가 패소한 때에는 그 소를 제기한 때부터 악의의 수익자로 간주되고(제749조 제2항), 악의의 수익자는 그 받은 이익에 이자를 붙여 반환하고 손해가 있으면 이를 배상하여야 한다(제748조 제2항). 여기에서 '패소한 때'라고 함은 점유자 또는 수익자가 종국판결에 의하여 패소 확정되는 것을 뜻하지만, 이는 악의의 점유자 또는 수익자로 보는 효과가 그때 발생한다는 것뿐이고 점유자 등의 패소판결이 확정되기 전에는 이를 전제로 하는 청구를 하지 못한다는 의미가 아니다. 그러므로 소유자가 점유자 등을 상대로 물건의 반환과 아울러 그 권원없는 사용으로 얻은 이익의 반환을 청구하면서 물건의 반환청구가 인용될 것을 전제로 하여 그에 관한 소송이 계속된 때 이후의 기간에 대한 사용이익의 반환을 청구하는 것은 허용된다고 할 것이다(2016다220044 판결).

(6) 공유자 1인의 공유물의 배타적 관리와 부당이득 내지 불법행위책임

부동산의 공유자는 그 공유물의 일부라 하더라도 협의없이 이를 배타적으로 사용 수익할 수는 없는 것이므로 원·피고와 소외인들의 공동상속재산인 이 사건 건물에 관한 피고의 배타적 사용은 공유지분 과반수의 결의에 의한 것이 아닌 한 부적법하다(81다454 판결). 따라서 부동산의 1/7 지분 소유권자가 타공유자의 동의없이 그 부동산을 타에 임대하여 임대차보증금을 수령하였다면, 이로 인한 수익 중 자신의 지분을 초과하는 부분에 대하여는 법률상 원인없이 취득한 부당이득이 되어 이를 반환할 의무가 있고, 또한 위 무단임대행위는 다른 공유지분권자의 사용, 수익을 침해한 불법행위가 성립되어 그 손해를 배상할 의무가 있다(91다23639 판결). 물론 공유건물에 관하여 과반수지분권을 가진 자가 공유건물의 특정된 한 부분을 배타적으로 사용·수익할 것을 정하는 것은 공유물의 관리방법으로서 적법하지만, 이 경우 비록 그 특정 부분이 자기의 지분비율에 상당하는 면적의 범위 내라 할지라도 다른 공유자들 중 지분은 있으나 사용·수익은 전혀 하고 있지 아니함으로써 손해를 입고 있는 자에 대하여는 과반수지분권자를 포함한 모든 사용·수익을 하고 있는 공유자가 그 자의 지분에 상응하는 부당이득을 하고 있다고 보아야 한다. 왜냐하면 모든 공유자는 공유물 전부를 지분의 비율로 사용·수익할 수 있기 때문이다(2011다42430 판결).

(7) 소유자의 배타적 사용·수익권의 포기와 점유자의 부당이득 여부

① 배타적 사용·수익권의 포기 여부의 판단 기준

어느 사유지가 종전부터 자연발생적으로 또는 도로예정지로 편입되어 사실상 일반공중의 교통에 공용되는 도로로 사용되고 있는 경우, 그 토지의 소유자가 스스로 그 토지를 도로로 제공하여 인근 주민이나 일반공중에게 무상으로 통행할 수 있는 권리를 부여하였거나 그 토지에 대한 독점적이고 배타적인 사용수익권을 포기한 것으로 의사해석을 함에 있어서는, 그가 당해 토지를 소유하게 된 경위나 보유기간, 나머지 토지들을 분할하여 매도한 경위와 그 규모, 도로로

사용되는 당해 토지의 위치나 성상, 인근의 다른 토지들과의 관계, 주위 환경 등 여러 가지 사정과 아울러 분할·매도된 나머지 토지들의 효과적인 사용·수익을 위하여 당해 토지가 기여하고 있는 정도 등을 종합적으로 고찰하여 판단하여야 한다(2005다31736 판결, 2006다34206 판결 등).

② 배타적 사용·수익권의 포기와 부당이득반환청구권의 부인

종전부터 자연발생적으로 또는 도로예정지로 편입되어 사실상 일반공중의 통행로로 사용되어 온 토지의 소유자가 그 독점적이고 배타적인 사용수익권을 포기한 것으로 볼 경우에도, 일반공중의 통행을 방해하지 않는 범위 내에서는 토지소유자로서 그 토지를 처분하거나 사용수익할 권능을 상실하지 않는다고 할 것이므로, 그 토지를 불법점유하고 있는 제3자에 대하여 물권적 청구권을 행사하여 토지의 반환 내지 방해의 제거, 예방을 청구할 수 있다고 할 것이나, 특별한 사정이 없는 한 토지소유자는 그 이후에도 토지를 독점적, 배타적으로 사용수익할 수는 없고, 따라서 제3자가 그 토지를 불법점유하였다 하더라도 이로 인하여 토지소유자에게 어떠한 손실이 생긴다고 할 수 없어 그 점유로 인한 부당이득의 반환을 청구할 수는 없다(2001다8493 판결). 즉, 지방자치단체가 종전부터 사실상 일반의 통행에 공용되던 토지에 대하여 인근주민들이 참여한 주민자조사업의 기회에 그 비용의 상당 부분을 지원하여 포장공사 등을 완료하고 이를 일반공중의 교통에 공용되는 공도로 제공하고 있다면 그때부터 위 토지는 지방자치단체의 점유관리하에 있다고 볼 것이나, 토지소유자가 이를 주민의 통행로로 스스로 제공하거나 주민의 통행을 용인하여 소유자로서의 배타적 사용수익권을 포기 또는 상실한 사실이 있다면 지방자치단체의 점유로 인하여 토지소유자에게 어떤 손실이 생긴다고도 할 수 없으므로 그 점유로 인한 부당이득의 반환을 청구할 수 없다(91다11889 판결).

③ 배타적 사용·수익권을 포기한 토지의 승계와 사용·수익권의 제한

토지의 원소유자가 토지의 일부를 도로부지로 무상 제공함으로써 이에 대한 독점적이고 배타적인 사용수익권을 포기하고 이에 따라 주민들이 그 토지를 무상으로 통행하게 된 이후에 그 토지의 소유권을 경매, 매매, 대물변제 등에 의하여 특정승계한 자는 그와 같은 사용·수익의 제한이라는 부담이 있다는 사정을 용인하거나 적어도 그러한 사정이 있음을 알고서 그 토지의 소유권을 취득하였다고 봄이 상당하므로 도로로 제공된 토지 부분에 대하여 독점적이고 배타적인 사용수익권을 행사할 수 없고, 따라서 지방자치단체가 그 토지의 일부를 도로로서 점유·관리하고 있다고 하더라도 그 자에게 어떠한 손해가 생긴다고 할 수 없으며 지방자치단체도 아무런 이익을 얻은 바가 없으므로 이를 전제로 부당이득반환청구를 할 수 없다(97다52844 판결, 97다47118 판결, 96다42529 판결, 96다36852 판결, 94다20013 판결).

(8) 주위토지통행권의 방해와 통행권의 확인 및 방해배제청구

주위토지통행권은 통행을 위한 지역권과는 달리 그 통행로가 항상 특정한 장소로 고정되어 있는 것은 아니고, 주위토지통행권확인청구는 변론종결시에 있어서의 민법 제219조에 정해진 요건에 해당하는 토지가 어느 토지인가를 확정하는 것이므로, 주위토지소유자가 그 용법에 따라 기존 통행로로 이용되던 토지의 사용방법을 바꾸었을 때에는 대지소유자는 그 주위토지소유자

를 위하여 보다 손해가 적은 다른 장소로 옮겨 통행할 수밖에 없는 경우도 있다(2008다75300, 75317, 75324 판결). 통상 주위토지통행권에 관한 분쟁은 통행권자와 피통행지의 소유자 사이에 발생하나, 피통행지의 소유자 이외의 제3자가 일정한 지위나 이해관계에서 통행권을 부인하고 그 행사를 방해할 때에는 그 제3자를 상대로 통행권의 확인 및 방해금지청구를 하는 것이 통행권자의 지위나 권리를 보전하는 데에 유효·적절한 수단이 될 수 있다(2003다18661 판결).

(9) 용수지역권의 침해와 수리방해죄

사유지가 부지의 일부로 편입된 유지의 몽리토지경작자들이 20년간 평온, 공연하게 계속하여 그 유지로부터 인수하여 몽리토지의 관개에 제공하여 왔다면 그 인수 내지 용수상태가 표현된 것으로서 그 몽리토지경작자들은 위 유지의 부지로 편입된 사유지에 대하여 민법 294조, 245조에 의하여 용수지역권을 시효취득하였다고 할 것이다(73나790 제3민사부 판결). 따라서 몽리민들이 계속하여 20년 이상 평온 공연하게 본건 유지의 물을 사용하여 소유농지를 경작하여 왔다면 그 유지의 물을 사용할 권리가 있다고 할 것이므로 그 권리를 침해하는 행위는 수리방해죄를 구성한다 할 것이다(67도1677 판결). 따라서 그 침해행위로 인하여 지역권자에게 손해가 발생하면 불법행위가 성립한다.

(10) 법정지상권자의 임료 상당의 부당이득

본래 지상권의 설정에 있어서 지료의 지급은 그 요건이 아니다. 따라서 지료지급에 관한 특별한 약정이 없으면 무상의 지상권을 설정한 것으로 볼 것이다. 그러나 법정지상권이 성립한 경우에 지료는 당사자의 청구에 의하여 법원이 정하도록 하고 있다(제366조 단서). 즉, 법정지상권자라고 할지라도 대지소유자에게 지료를 지급할 의무는 있는 것이고 법정지상권을 취득할 지위에 있는 자 역시 지료 또는 임료상당이득을 대지소유자에게 반환할 의무를 면할 수는 없는 것이므로, 이러한 임료상당 부당이득의 반환청구까지도 신의성실의 원칙에 반한다고 볼 수 없다(87다카1604 판결, 84다카1131, 1132 전원합의체 판결).

(11) 전세권 설정 후 소유자의 변경과 전세관계

전세권이 성립한 후 전세목적물의 소유권이 이전된 경우 민법이 전세권 관계로부터 생기는 상환청구, 소멸청구, 갱신청구, 전세금증감청구, 원상회복, 매수청구 등의 법률관계의 당사자로 규정하고 있는 전세권설정자 또는 소유자는 모두 목적물의 소유권을 취득한 신소유자로 새길 수밖에 없다고 할 것이므로, 전세권은 전세권자와 목적물의 소유권을 취득한 신소유자 사이에서 계속 동일한 내용으로 존속하게 된다고 보아야 할 것이고, 따라서 목적물의 신소유자는 구 소유자와 전세권자 사이에 성립한 전세권의 내용에 따른 권리의무의 직접적인 당사자가 되어 전세권이 소멸하는 때에 전세권자에 대하여 전세권설정자의 지위에서 전세금 반환의무를 부담하게 된다(2006다6072 판결, 99다15122 판결).

(12) 저당권의 담보가치를 확보하기 위하여 설정한 지상권의 효력

토지에 관하여 저당권을 취득함과 아울러 그 저당권의 담보가치를 확보하기 위하여 지상권을 취득하는 경우, 특별한 사정이 없는 한 당해 지상권은 저당권이 실행될 때까지 제3자가 용익

권을 취득하거나 목적토지의 담보가치를 하락시키는 침해행위를 하는 것을 배제함으로써 저당부동산의 담보가치를 확보하는 데에 그 목적이 있다고 할 것이므로, 그와 같은 경우 제3자가 비록 토지소유자로부터 신축 중인 지상건물에 관한 건축주 명의를 변경받았다 하더라도, 그 지상권자에게 대항할 수 있는 권원이 없는 한 지상권자로서는 제3자에 대하여 목적토지 위에 건물을 축조하는 것을 중지하도록 요구할 수 있다. 따라서 토지 위에 건물을 신축 중인 토지소유자가 토지에 관한 근저당권 및 지상권설정등기를 경료한 후 제3자에게 위 건물에 대한 건축주 명의를 변경하여 준 경우, 제3자가 지상권자에게 대항할 수 있는 권원이 없는 한 지상권자는 제3자에 대하여 목적토지 위에 건물을 축조하는 것을 중지하도록 요구할 수 있다(2003마1753 결정). 그리고 물권은 법률 또는 관습법에 의하는 외에는 임의로 창설하지 못하는 것이므로(제185조), 지상권설정등기가 경료되면 그 지상권의 내용과 범위는 등기된 바에 따라서 대세적인 효력이 발생하고, 제3자가 지상권설정자에 대하여 해당 토지를 사용·수익할 수 있는 채권적 권리를 가지고 있다고 하더라도 이러한 사정만으로 지상권자에 대항할 수는 없다고 할 것이다(2005다47205 판결).

(13) 양도담보설정자의 목적물의 사용·수익과 부당이득

일반적으로 부동산을 채권담보의 목적으로 양도한 경우 특별한 사정이 없는 한 목적부동산에 대한 사용·수익권은 채무자인 양도담보설정자에게 있는 것이므로, 설정자와 양도담보권자 사이에 양도담보권자가 목적물을 사용·수익하기로 하는 약정이 없는 이상 목적부동산을 임대할 권한은 양도담보설정자에게 있다(2001다40213 판결). 또한 양도담보권자는 사용·수익할 수 있는 정당한 권한이 있는 채무자나 채무자로부터 그 사용·수익할 수 있는 권한을 승계한 자에 대하여는 사용·수익을 하지 못한 것을 이유로 임료상당의 손해배상이나 부당이득반환청구는 할 수 없다(87다카2555 판결, 2007다37394, 37400 판결). 동산양도담보의 경우도 마찬가지이다. 즉, 동산에 관하여 양도담보계약이 이루어지고 양도담보권자가 점유개정의 방법으로 인도를 받았다면 그 청산절차를 마치기 전이라 하더라도 담보목적물에 대한 사용수익권은 없지만 제3자에 대한 관계에 있어서는 그 물건의 소유자임을 주장하고 그 권리를 행사할 수 있다(93다44739 판결).

물론 양도담보권자는 담보권의 실행으로 제3자에 대하여 담보물의 명도를 구할 수 있고 또한 명도를 거부하는 경우에는 담보권 실행이 방해된 것을 이유로 하는 손해배상청구를 할 수 있으나, 그러한 경우에도 양도담보권자에게는 목적부동산에 대한 사용·수익권이 없으므로 차임상당의 손해배상을 구할 수는 없다(79다1545 판결, 87다카2555 판결, 90다9780 판결). 따라서 담보권자가 담보로 제공받은 중기를 수시로 사용하였다면 특별한 사정이 없는 한 담보권자로서는 위 중기를 사용한 만큼의 이득을 얻었다고 아니할 수 없다(85다카119 판결).

4. 물건에 대한 처분권의 침해와 구제

물건에 대한 처분권은 소유권과 담보물권을 근거로 인정될 수 있다. 또한 이들로부터 처분권을 부여받은 자에게 인정될 수 있다. 이러한 처분권이 침해된 경우에 처분권자는 불법행위로 인

한 손해배상청구권과 부당이득반환청구권을 행사하여 피해구제를 받을 수 있으며, 또 물권적 청구권을 행사하여 피해구제를 받을 수 있다.

(1) 소유자의 제3자에 대한 처분권의 부여와 처분권능의 제한 여부

소유권은 물건을 배타적으로 지배하는 권리로서 대세적 효력이 있으므로, 그에 관한 법률관계는 이해관계인들이 이를 쉽사리 인식할 수 있도록 명확하게 정하여져야 한다. 그런데 소유자에게 소유권의 핵심적 내용에 속하는 처분권능이 없다고 하면(제211조 참조), 이는 결국 민법이 알지 못하는 새로운 유형의 소유권 내지 물권을 창출하는 것으로서, 객체에 대한 전면적 지배권인 소유권을 핵심으로 하여 구축되어 있고 또한 물권의 존재 및 내용에 관하여 일정한 공시수단을 요구하는 물권법의 체계를 현저히 교란하게 된다. 따라서 소유자가 제3자에 대하여 목적물의 소유권을 이전하기로 하는 매매·증여·교환 기타의 채권계약을 체결하는 것만에 의하여서는 자신의 소유권에 어떠한 물권적 제한을 받지 아니하여서, 그는 다른 특별한 사정이 없는 한 자신의 소유물을 여전히 유효하게 달리 처분할 수 있고, 또한 소유권에 기하여 소유물에 대한 방해 등을 배제할 수 있는 민법 제213조, 제214조의 물권적 청구권을 가진다.

나아가 소유자는 제3자에게 그 물건을 제3자의 소유물로 처분할 수 있는 권한을 유효하게 수여할 수 있다고 할 것인데, 그와 같은 이른바 '처분수권'의 경우에도 그 수권에 기하여 행하여진 제3자의 처분행위(부동산의 경우에 처분행위가 유효하게 성립하려면 단지 양도 기타의 처분을 한다는 의사표시만으로는 부족하고, 처분의 상대방 앞으로 그 권리취득에 관한 등기가 있어야 한다. 민법 제186조 참조)가 대세적으로 효력을 가지게 되고 그로 말미암아 소유자가 소유권을 상실하거나 제한받게 될 수는 있다고 하더라도, 그러한 제3자의 처분이 실제로 유효하게 행하여지지 아니하고 있는 동안에는 소유자는 처분수권이 제3자에게 행하여졌다는 것만으로 그가 원래 가지는 처분권능에 제한을 받지 아니한다. 따라서 그는, 처분권한을 수여받은 제3자와의 관계에서 처분수권의 원인이 된 채권적 계약관계 등에 기하여 채권적인 책임을 져야 하는 것을 별론으로 하고, 자신의 소유물을 여전히 유효하게 처분할 수 있고, 또한 소유권에 기하여 소유물에 대한 방해 등을 배제할 수 있는 민법 제213조, 제214조의 물권적 청구권을 가진다(2009다105215 판결).

(2) 소유자의 승낙없이 유치권자가 체결한 임대차계약의 효력

유치권의 성립요건인 유치권자의 점유는 직접점유이든 간접점유이든 관계없지만, 유치권자는 채무자 또는 소유자의 승낙이 없는 이상 그 목적물을 타에 임대할 수 있는 권한이 없으므로(제324조 제2항 참조), 유치권자의 그러한 임대행위는 소유자의 처분권한을 침해하는 것으로서 소유자에게 그 임대의 효력을 주장할 수 없다. 따라서 소유자의 승낙없는 유치권자의 임대차에 의하여 유치권의 목적물을 임차한 자의 점유는 소유자에게 대항할 수 있는 적법한 권원에 기한 것이라고 볼 수 없다(2002마3516 결정, 2003다56694 판결, 2010다94700 판결).

(3) 소유자의 저당목적물의 점유태양과 저당권의 침해

저당권은 경매절차에 있어서 실현되는 저당부동산의 교환가치로부터 다른 채권자에 우선하여 피담보채권의 변제를 받는 것을 내용으로 하는 물권으로, 부동산의 점유를 저당권자에게 이

전하지 않고 설정되고, 저당권자는 원칙적으로, 저당부동산의 소유자가 행하는 저당부동산의 사용 또는 수익에 관하여 간섭할 수 없고, 다만 저당부동산에 대한 점유가 저당부동산의 본래의 용법에 따른 사용・수익의 범위를 초과하여 그 교환가치를 감소시키거나, 점유자에게 저당권의 실현을 방해하기 위하여 점유를 개시하였다는 점이 인정되는 등, 그 점유로 인하여 정상적인 점유가 있는 경우의 경락가격과 비교하여 그 가격이 하락하거나 경매절차가 진행되지 않는 등 저당권의 실현이 곤란하게 될 사정이 있는 경우에는 저당권의 침해가 인정될 수 있다(2005다3243 판결).

(4) 저당목적물의 침해에 대한 방해배제청구권

저당권자는 저당권 설정 이후 환가에 이르기까지 저당물의 교환가치에 대한 지배권능을 보유하고 있으므로 저당목적물의 소유자 또는 제3자가 저당목적물을 물리적으로 멸실・훼손하는 경우는 물론 그 밖의 행위로 저당부동산의 교환가치가 하락할 우려가 있는 등 저당권자의 우선변제청구권의 행사가 방해되는 결과가 발생한다면 저당권자는 저당권에 기한 방해배제청구권을 행사하여 방해행위의 제거를 청구할 수 있다(2003다58454 판결).

가령, 대지의 소유자가 나대지 상태에서 저당권을 설정한 다음 대지상에 건물을 신축하기 시작하였으나 피담보채무를 변제하지 못함으로써 저당권이 실행에 이르렀거나 실행이 예상되는 상황인 데도 소유자 또는 제3자가 신축공사를 계속한다면 신축건물을 위한 법정지상권이 성립하지 않는다고 할지라도 경매절차에 의한 매수인으로서는 신축건물의 소유자로 하여금 이를 철거하게 하고 대지를 인도받기까지 별도의 비용과 시간을 들여야 하므로, 저당목적 대지상에 건물신축공사가 진행되고 있다면, 이는 경매절차에서 매수희망자를 감소시키거나 매각가격을 저감시켜 결국 저당권자가 지배하는 교환가치의 실현을 방해하거나 방해할 염려가 있는 사정에 해당한다. 따라서 저당권자는 그 방해의 제거 또는 예방을 청구할 수 있다.

Ⅲ. 물권 자체의 침해와 구제방법

1. 점유의 침탈 내지 방해로 인한 물권의 침해와 구제

(1) 타인 소유물을 질권의 목적물로 이용한 자의 손해배상책임

타인의 물건을 자기채무에 대한 질물로 이용한 자는 그 질권계약의 내용 여하에 불구하고 소유권자에 대하여 채무의 변제 기타 방법으로써 소유권이행의 방해를 제거할 법률상 의무가 있고 그 의무의 불이행으로 인하여 소유권자에게 손해를 발생하게 한 경우에는 이를 배상할 의무가 있다(4287민상116 판결).

(2) 점유물의 도난과 소유권의 침해

권원없이 물건을 점유한 자가 주의를 게을리하여 이를 도난당함으로써 소유자의 소유권을 침해한 경우, 점유자는 이러한 불법행위로 인하여 소유자가 입은 손해를 배상할 의무를 진다(2008다54617 판결).

판례 ➡ 집행관이 민사소송법 제690조에 의한 건물명도청구의 집행시 집행목적물인 건물 내에 있는 채무자 또는 제3자 소유의 집행목적외 동산을 스스로 보관하지 않고 채권자의 승낙을 얻어 채권자에게 보관하게 한 경우, 채권자의 그 보관에 관한 권리나 의무는 원칙적으로 집행관과의 사이에 체결된 임치계약 등 사법상의 계약에 의하여 정하여 진다고 할 것이므로, 채권자가 집행관과의 약정에 따라 그 동산을 보관하던 중 이를 분실한 경우 채권자가 그 보관에 필요한 계약상의 주의의무를 다하였다고 인정되는 때에는 집행관이나 그 동산의 소유자 등에 대하여 계약상의 손해배상책임은 물론 불법행위로 인한 손해배상책임까지도 부담하지 않지만, 이 경우 채권자가 보관상의 주의의무를 제대로 이행하지 못한 과실의 정도가 불법행위의 요건을 충족시킬 수 있고 또한 그 보관상 주의의무의 위반행위가 구체적인 태양이나 정도 등에 비추어 위법하다고 인정되는 경우에는 달리 특별한 사정이 없는 한 채권자는 집행관이나 그 동산의 소유자 등에 대하여 불법행위로 인한 손해배상책임을 진다(95다19843 판결).

(3) 점유의 상실과 유치권의 소멸

물건에 대한 점유권은 그 물건에 대한 점유의 상실로 당연히 소멸한다. 역시 유치권도 점유를 요건으로 하여 성립하는 물권으로서 점유의 상실에 의하여 소멸한다(제328조). 그러나 점유의 상실로 인정되지 않는 경우(제192조 제2항 단서), 즉 유치물의 점유가 제3자에 의하여 침탈당한 후 점유회수청구권(제204조 제1항)에 의하여 점유를 회복한 때에는 유치권은 소멸하지 않았던 것으로 된다. 이 경우 유치권자는 점유 상실 중에 발생한 과실에 대하여 유치권을 행사할 수 있다(제323조). 그리고 점유를 확정적으로 상실한 후 전 유치권자가 다시 목적물의 점유를 취득한 경우에는 동일 채권에 관하여 그 물건 위에 다시 유치권을 취득한다고 할 것이다. 판례도 "유치권은 채권과 물건과의 관련 있음으로써 족하고 채권과 물건의 점유와의 관련을 요하지 아니하는 것이므로 물건에 관련한 채권을 가진 자가 후에 그 물건을 점유하게 이른 경우 또는 유치권자가 물건의 점유를 일시 상실하였다가 후에 다시 동일 물건을 점유하게 된 경우에는 각각 그 채권을 위하여 유치권을 취득할 수 있는 것"(4288민상136 판결)이라고 한다.

판례 ➡ 물건에 대한 점유란 사회관념상 어떤 사람의 사실적 지배에 있다고 할 수 있는 객관적 관계를 가리키는 것으로서, 사실상의 지배가 있다고 하기 위하여는 반드시 물건을 물리적·현실적으로 지배할 필요는 없고, 물건과 사람과의 시간적·공간적 관계와 본권관계, 타인의 간섭가능성 등을 고려하여 사회관념에 따라 합목적적으로 판단하여야 하므로, 물건에 대한 사실상의 지배를 상실했는가의 여부도 역시 위와 같은 사회관념에 따라 결정되어야 한다(2011다74949 판결).

(4) 점유의 침탈 또는 방해에 대한 물권적 청구권

① 불법건물의 소유와 부지점유, 건물의 철거청구와 상대방

건물은 사회통념상 그 부지를 떠나서는 존재할 수 없는 것이므로 건물의 부지가 된 토지는 그 건물의 소유자가 점유하는 것으로 볼 것이고, 이 경우 건물의 소유자가 현실적으로 건물이나 그 부지를 점거하고 있지 아니하고 있더라도 그 건물의 소유를 위하여 그 부지를 점유한다고 보아야 한다(2002다57935 판결). 따라서 건물의 소유자에게 그 건물이 차지하고 있는 대지의 반환을 청구할 수 있다. 그리고 건물소유자가 그 건물소유권을 타에 넘겨 주었을 때에는 다른 특별한 사정이 없는 한 그 부지에 대한 점유도 함께 넘겨주었다고 할 것이다(80다2718 판결). 그런데 미등기건물을 양수하여 건물에 관한 사실상의 처분권을 보유하게 됨으로써 그 양수인이 건물부지 역시 아울러 점유하고 있다고 볼 수 있는 등의 다른 특별한 사정이 없는 한 건물의 소유명의자가 아닌 자로서는 실제로 그 건물을 점유하고 있다고 하더라도 그 건물의 부지를 점유하는 자로는 볼 수 없다(2002다57935 판결). 그러나 미등기건물을 전 소유자로부터 매수하여 점유하고 있는 이상, 그 권리의 범위 내에서는 그 점유 중인 건물에 대하여 법률상 또는 사실상 처분을 할 수 있는 지위에 있고 그 건물이 건립되어 있음으로써 불법히 점유를 당하고 있는 대지소유자는 위와 같은 지위에 있는 건물점유자에게도 그 철거를 요구할 수 있다(66다2228 판결, 86다카1751 판결, 87다카3073 판결 등).

한편 불법건축이 아닌 건물의 불법점유자에 대하여는 가옥소유자가 명도청구를 할 수 있고, 대지등기명의자는 그 대지가 자기 소유라 하여 그 명도를 청구할 수 없다(75다1950 판결). 그리고 기성부분의 소유자인 수급인이 제3자의 불법행위로 기성부분에 대한 소유권을 상실하기는 하였으나 부지소유자에게 대항할 권원이 없어서 조만간 손해배상없이 이를 자진철거하거나 강제로 철거당할 운명이었다면 불법철거로 인한 손해는 기성부분의 교환가격이나 투자비용이라고 할 수 없고, 기성부분이 적법히 철거될 때까지 당분간 부지를 불법점유한 채 기성부분을 사실상 사용할 수 있는 이익, 철거 후 기성부분의 폐자재를 회수할 수 있는 이익의 침해로 인한 손해에 한정된다(91다14116 판결).

② 토지사용권 없는 건물점유자에 대한 토지소유자의 퇴거청구

건물이 그 존립을 위한 토지사용권을 갖추지 못하여 토지의 소유자가 건물의 소유자에 대하여 당해 건물의 철거 및 그 대지의 인도를 청구할 수 있는 경우에라도 건물소유자가 아닌 사람이 건물을 점유하고 있다면 토지소유자는 그 건물점유를 제거하지 아니하는 한 위의 건물철거 등을 실행할 수 없다. 따라서 그때 토지소유권은 위와 같은 점유에 의하여 그 원만한 실현을 방해당하고 있다고 할 것이므로, 토지소유자는 자신의 소유권에 기한 방해배제로서 건물점유자에 대하여 건물로부터의 퇴출을 청구할 수 있다. 그리고 이는 건물점유자가 건물소유자로부터의 임차인으로서 그 건물임차권이 이른바 대항력을 가진다고 해서 달라지지 아니한다. 건물임차권의 대항력은 기본적으로 건물에 관한 것이고 토지를 목적으로 하는 것이 아니므로 이로써 토지소유권을 제약할 수 없고, 토지에 있는 건물에 대하여 대항력 있는 임차권이 존재한다고 하여도 이를 토지소유자에 대하여 대항할 수 있는 토지사용권이라고 할 수는 없다. 바꾸어 말하면, 건물에 관한 임차권이 대항력을 갖춘 후에 그 대지의 소유권을 취득한 사람은 민법 제622조 제1항이나 주택임대차보호법 제3조 제1항 등에서 그 임차권의 대항을 받는 것으로 정하여진 '제3자'에 해당한다고 할 수 없다(2010다43801 판결).

③ 사용 · 수익권 없는 토지소유자의 방해배제청구권

i) 토지소유자의 배타적 사용수익권의 포기와 방해배제청구권 종전부터 자연발생적으로 또는 도로예정지로 편입되어 사실상 일반공중의 통행로로 사용되어 온 토지의 소유자가 그 독점적이고 배타적인 사용수익권을 포기한 것으로 볼 경우에도, 일반공중의 통행을 방해하지 않는 범위 내에서는 토지소유자로서 그 토지를 처분하거나 사용수익할 권능을 상실하지 않는다고 할 것이므로, 그 토지를 불법점유하고 있는 제3자에 대하여 물권적 청구권을 행사하여 토지의 반환 내지 방해의 제거, 예방을 청구할 수 있다고 할 것이나, 특별한 사정이 없는 한 토지소유자는 그 이후에도 토지를 독점적, 배타적으로 사용수익할 수는 없고, 따라서 제3자가 그 토지를 불법점유하였다 하더라도 이로 인하여 토지소유자에게 어떠한 손실이 생긴다고 할 수 없어 그 점유로 인한 부당이득의 반환을 청구할 수는 없다(2001다8493 판결).

ii) 지상권을 설정한 토지소유자의 방해배제청구권 무릇 토지소유권은 그 토지에 대한 지상권설정이 있어도 이로 인하여 그 권리의 전부 또는 일부가 소멸하는 것도 아니고 단지 지상권의 범위에서 그 권리행사가 제한되는 것에 불과하며, 일단 지상권이 소멸되면 토지소유권은 다시 자동적으로 완전한 제한없는 권리로 회복되는 법리라 할 것이므로 소유자가 그 소유토지에 대하여 지상권을 설정하여도 그 소유자는 그 토지를 불법으로 점유하는 자에게 대하여 방해배제를 구할 수 있는 물권적 청구권이 있다(74다1150 판결).

iii) 법정지상권설정의무를 부담하는 토지소유자의 건물철거청구 법정지상권을 가진 건물소유자로부터 건물을 양수하면서 법정지상권까지 양도받기로 한 자는 채권자대위의 법리에 따라 전건물소유자 및 대지소유자에 대하여 차례로 지상권의 설정등기 및 이전등기절차이행을 구할 수 있으므로 이러한 법정지상권을 취득할 지위에 있는 자에 대하여 대지소유자가 소유권에 기하여 건물철거를 구하는 것은 지상권의 부담을 용인하고 그 설정등기를 이행할 의무가 있는 자가 그 권리자를 상대로 한 청구라 할 것이어서 신의성실의 원칙상 허용될 수 없다(87다카1604 판결).

다만, 법정지상권자라고 할지라도 대지소유자에게 지료를 지급할 의무는 있는 것이고 법정지상권을 취득할 지위에 있는 자 역시 지료 또는 임료 상당 이득을 대지소유자에게 반환할 의무를 면할 수는 없는 것이므로 이러한 임료 상당 부당이득의 반환청구까지도 신의성실의 원칙에 반한다고 볼 수 없다(87다카1604 판결, 84다카1131, 1132 전원합의체 판결).

④ 소유자의 방해배제청구와 권리남용

권리행사가 권리의 남용에 해당한다고 할 수 있으려면, 주관적으로는 그 권리행사의 목적이 오직 상대방에게 고통을 주고 손해를 입히려는 데 있을 뿐 권리를 행사하는 사람에게 아무런 이익이 없는 경우이어야 하고, 객관적으로는 그 권리행사가 사회질서에 위반된다고 볼 수 있어야 하는 것이며, 이와 같은 경우에 해당하지 않는 한 비록 그 권리의 행사에 의하여 권리행사자가 얻는 이익보다 상대방이 입을 손해가 현저히 크다고 하여도 그러한 사정만으로는 이를 권리남용이라 할 수 없다고 할 것이다(2002다22083, 22090 판결, 2002다62319 판결, 2003다40422 판결 등).

(5) 질권의 목적물이 침탈된 경우와 질권자의 구제방법

질권의 목적물을 침탈당한 경우에 질권자는 점유회수청구권에 의하여 보호되며, 그 침해로 인하여 손해가 발생한 경우에는 손해배상청구권이 인정됨은 물론이다. 그러나 이 경우 질권에 기한 물권적 청구권을 인정할 것인가에 대해서는 다툼이 있다.

부정설에 의하면 질권의 침해에 대해서는 점유권에 기한 점유보호청구권으로 만족하고 질권에 기한 물권적 청구권을 인정하지 않으려고 했던 것이 입법자의 의사라고 하여 질권에 기한 물권적 청구권을 인정하지 않는다. 나아가 질권의 성립에 있어서 질물의 인도는 그 요건이며 질권자가 점유를 상실하면 질권이 소멸하는 데, 소멸한 동산질권에 기한 물권적 청구권을 인정하게 되면 다른 채권자를 해할 염려가 있다는 것이다.[20]

긍정설은 질권자에게 질권에 기한 물권적 청구권이 인정되지 않는다면 질권자가 질물을 상실하거나 또는 사기에 의해서 인도해 준 경우에는 점유물반환청구권을 행사하지 못하기 때문에, 결국 이러한 경우에는 어떠한 방법에 의해서도 질물을 회수하지 못한다는 부당한 결과가 된다는 것을 그 이유로 질권에 기한 물권적 청구권을 긍정한다.[21]

물론 사기에 의하여 질물을 인도해 준 경우에는 취소함으로써 부당이득으로서 점유의 반환을 청구할 수 있으며, 유실한 경우에는 유실물법에 의하여 유실자는 습득자에 대하여 유실물의 반환을 청구할 수는 있다. 그러나 부당이득반환청구나 유실물법에 의한 청구는 채권적이라는 점에서 질권자의 보호에 미흡하다고 할 것이다.

오히려 긍정설이 지적하는 바와 같이 질권자가 질물을 유실하거나 제3자의 사기(詐欺)에 의하여 점유를 인도하여 준 경우에는 점유보호청구권을 행사할 수 없게 되는 점에서, 이러한 경우에 질권자를 충분히 보호할 수 있는 물권적 청구권을 인정함이 타당할 것이다.

(6) 점유의 침탈 또는 방해로 인한 물권자의 손해배상청구권

① 소유자가 점유를 침탈당한 경우와 손해배상

소유자가 점유를 침탈당한 경우에, 그 점유기간 동안의 차임 상당액이 통상의 손해로 된다. 이는 임차권이 타인의 불법행위로 침해된 경우 또는 임차인이 임대차 종료 후에 정당한 이유없이 임차목적물을 인도하지 않은 경우에도 마찬가지이다. 이 경우 정당한 이유가 있는 경우에는 부당이득이 문제된다. 또한 불법점유자가 점유한 토지에 관하여 도로를 개설하거나 토지구획정리사업 등을 시행함으로써 그 지가가 상승한 경우에, 그러한 개발이익은 손익상계의 법리에 따라 손해액에서 공제되어야 할 것이라는 견해가 있으나,[22] 의문이다. 위의 개발이익은 불법점유로 인한 것이 아니고, 더구나 만약 개발이익이 손해액보다 큰 경우에는 불법점유자는 전혀 책임을 지지 않을 것이기 때문이다. 따라서 불법점유자의 점유물의 운용과 관련없는 개발이익은 손해액에서 공제할 것은 아니라고 하겠다. 물론 점유물을 회복하는 데 드는 비용은 통상손해로서

20) 양창수, "동산질권에 관한 약간의 문제", 저스티스 제20권, 69면 이하.
21) 김상용, 물권법, 674면.
22) 지원림, 민법강의, Rn. 5-324.

배상의 대상이 된다고 할 것이다.

판례 ➡ 물건의 소유자는 다른 특별한 사정이 없는 한 법률의 범위 내에서 그 물건에 관한 모든 이익(제211조에서 명문으로 정하는 '사용, 수익, 처분'의 이익이 대표적인 예이다)을 배타적으로 향유할 권리를 가진다. 따라서 소유자가 상대방이 목적물을 권원없이 점유·사용하여 소유권을 침해함으로 말미암아 재산상 손해를 입었다고 주장하여 그 손해의 배상을 청구하는 경우에는, 무엇보다도 상대방의 그러한 권리침해로 인하여 소유자에게 재산상 손해가 발생하였는지를 살펴보아야 할 것인데, 그 경우 손해의 유무는 상대방이 당해 물건을 점유하는지에 의하여 좌우되지 아니하며, 점유 여부는 단지 배상되어야 할 손해의 구체적인 액을 산정함에 있어서 고려될 여지가 있을 뿐이다(2011다74949 판결).

② 지입회사의 지입차량의 점유이전행위의 위법성 여부

지입회사는 계약에 의하여 지입차주에게 차량의 반환을 요청하고 이를 임의로 처분할 수 있는 지위에 있었고, 또 지입회사가 차량을 보관하게 된 경위와 목적, 점유취득 이후 지입차주와의 관계 등 제반 사정에 비추어 보면, 지입차주의 점유하에 있던 차량을 지입회사의 점유로 이전한 행위는 사회통념상 허용될 수 있을 정도의 상당성이 있는 것으로서 위법성이 없다(95다11207 판결).

③ 물적 침해로 인한 정신적 고통에 대한 위자료 청구

일반적으로 타인의 불법행위로 인하여 물적 침해를 입은 피해자는 그 재산상 손해의 배상에 의하여 정신적 고통도 회복된다고 보아야 하므로 이를 이유로 위자료 청구권을 행사하는 것이 허용되지 아니하나, 재산상 손해의 배상이 이루어진다 하여도 그것만으로 회복될 수 없는 정신적 손해가 남는 경우라고 인정된다면 그 물적 침해로 인한 정신적 고통에 대한 위자료 청구를 그냥 배척할 것은 아니다(94다25551 판결). 가령, 건물을 신축하면서 인근 토지의 지반붕괴에 대비한 예방조치 등을 함이 없이 공사를 함으로써 인근 주택의 지반이 붕괴되고 벽에 균열이 생기고 지붕이 파손되었다면 피해자로서는 재산상 손해 외에 일상생활의 안온상태가 파괴되고 언제 어떠한 손해가 발생할지 모르는 불안에 떨어야 하는 정신적 고통에 대한 위자료청구도 할 수 있다(92다34162 판결).

(7) 점유의 침탈 또는 방해로 인한 부당이득

① 지상권을 설정한 토지소유자의 불법점유자에 대한 부당이득반환청구

지상권을 설정한 토지소유권자는 지상권이 존속하는 한 토지를 사용 수익할 수 없으므로 특별한 사정이 없는 한 불법점유자에게 손해배상을 청구할 수 없다(74다1150 판결).

② 어떤 물건에 대하여 직접점유자와 간접점유자가 있는 경우, 점유·사용으로 부담하는 부당이득반환의무의 법적 성질(=부진정연대채무)

어떤 물건에 대하여 직접점유자와 간접점유자가 있는 경우, 그에 대한 점유·사용으로 인한 부당이득의 반환의무는 동일한 경제적 목적을 가진 채무로서 서로 중첩되는 부분에 관하여는 일방의 채무가 변제 등으로 소멸하면 타방의 채무도 소멸하는 이른바 부진정연대채무의 관계에 있다(2011다76747 판결).

판례 ➡ **〈파출소가 타인의 토지를 불법점유한 경우의 부당이득의 주체〉** 정부조직법 제3조 제1항과 경찰서직제(1973. 7. 14. 대통령령 제6764호)에 의하면 경찰서 및 그 산하 파출소는 지방자치단체의 사무를 관장하는 지방행정기관이 아니고 국가사무를 시행하기 위하여 설치된 특별지방행정기관이므로 파출소가 사인소유의 토지를 정당한 권원없이 점유사용하였다면 국가가 부당이득금반환의 책임을 져야 하고 지방자치단체에게 부당이득금의 반환을 명할 수는 없다(88다카33039 판결).

③ 타인 소유물의 권원없는 점유와 부당이득

i) 임료 상당의 부당이득 　타인 소유의 토지 위에 권한없이 건물을 소유하고 있는 자는 그 자체로서 특별한 사정이 없는 한 법률상 원인없이 타인의 재산으로 토지의 차임에 상당하는 이익을 얻고 그로 인하여 타인에게 동액 상당의 손해를 주고 있다고 보아야 한다(98다2389 판결). 즉, 일반적으로 타인의 토지를 법률상 권원없이 점유·사용함으로 인하여 수익자가 얻는 이득은 특별한 사정이 없는 한 그 토지의 임료 상당액이라 할 것이고(93다51539 판결), 이는 건물 이외의 공작물의 소유를 목적으로 한 토지 전차인이 당해 토지 위에 권한없이 공작물을 소유하고 있는 경우에도 이와 마찬가지로 풀이하여야 한다(2007다21856, 21863 판결). 이 경우 토지소유자가 그 점유자에 대하여 부당이득반환청구권을 장기간 적극적으로 행사하지 아니하였다는 사정만으로는 부당이득반환청구권이 이른바 실효의 원칙에 따라 소멸하였다고 볼 수 없다(2001다60019 판결).

따라서 불법점유를 당한 부동산의 소유자로서는 불법점유자에 대하여 그로 인한 임료 상당 손해의 배상이나 부당이득의 반환을 구할 수 있을 것이며, 법률상 원인없이 타인 소유의 건물을 점유하여 거주하는 자는 건물의 소유자에게 그 점유기간 동안 건물의 사용, 수익에 따른 차임 상당액을 부당이득으로 반환할 의무가 있다고 할 것인데, 여기서 그 차임 상당액을 산정함에 있어, 통상적으로 건물을 임대하는 경우는 당연히 그 부지 부분의 이용을 수반하는 것이고 그 차임 상당액 속에는 건물의 차임 외에 부지 부분의 차임(지대)도 포함되는 것이므로, 건물의 차임은 물론이고 그 부지 부분의 차임도 함께 계산되어야 한다(95다11955, 11962(반소) 판결). 그러나 불법점유라는 사실이 발생한 바 없었다고 하더라도 부동산소유자에게 임료 상당 이익이나 기타 소득이 발생할 여지가 없는 특별한 사정이 있는 때에는 손해배상이나 부당이득반환을 청구할 수 없다(2000다57375 판결).

ii) 과실과 이자의 반환 여부 　타인 소유물을 권원없이 점유함으로써 얻은 사용이익을 반환하는 경우 민법은 선의점유자를 보호하기 위하여 제201조 제1항을 두어 선의점유자에게 과실수취권을 인정함에 대하여, 이러한 보호의 필요성이 없는 악의점유자에 관하여는 민법 제201조 제2항을 두어 과실수취권이 인정되지 않는다는 취지를 규정하는 것으로 해석되는 바, 따라서 악의수익자가 반환하여야 할 범위는 민법 제748조 제2항에 따라 정하여지는 결과 그는 받은 이익에 이자를 붙여 반환하여야 하며, 위 이자의 이행지체로 인한 지연손해금도 지급하여야 한다(2001다61869 판결).

iii) 부당이득의 구체적 산정 기준 　타인 소유의 토지 위에 소재하는 건물의 소유자가 법률상 원인없이 토지를 점유함으로 인하여 토지의 소유자에게 반환하여야 할 토지의 차임에 상당하는 부당이득금액을 산정하는 경우에, 특별한 사정이 없는 한 토지 위에 건물이 소재함으로써 토지의 사용권이 제한을 받는 사정은 참작할 필요가 없다(94다61144 판결). 이 경우 타인의 토지를 점유함으로 인한 부당이득반환채무는 이행의 기한이 없는 채무로서 이행청구를 받은 때로부터 지체책임이 있다(2007다8914 판결). 그리고 타인의 토지 위에 정당한 권원없이 시설물을 설치·소유함으로써 그 시설물에 관련된 관련 법규에 의하여 이격거리를 두어야 하고 이에 따라 나머지 토지 부분이 과소토지로 남게 되어 사실상 소유자가 그 과소토지 부분을 자신이 원하는 용도로 사용할 수 없게 된 경우에, 그 토지의 소유자는 당해 토지 전부에 대한 사용불능으로 인한 손해를 입게 되었다 할 것이고, 이와 같은 경우 토지소유자의 과소토지 부분에 대한 사용불능은 당해 시설물의 설치로 인하여 발생한 것이므로 사회통념상 그 과소토지 부분도 당해 시설물을 설치·소유한 자가 사용·수익하고 있다고 봄이 상당하고 이렇게 풀이하는 것이 부당이득제도의 이념인 공평의 원칙에도 부합하므로, 타인의 토지 위에 정당한 권원없이 시설물을 설치·소유한 자는 사용이 불가능하게 된 그 과소토지 부분을 포함한 당해 토지 전부에 대한 임료 상당의 이득을 소유자에게 반환할 의무가 있다(94다27069 판결). 이 경우 구체적인 점유·사용의 일환으로 수익자가 토지에 나무를 식재한 후 이를 처분하였다고 하더라도 그 처분대금 중에는 수익자의 노력과 비용이 포함되어 있을 뿐만 아니라, 이를 제외한 나머지 대금 상당액이 임료 상당의 부당이득과 서로 별개의 이득이라고 보기는 어렵다고 할 것이므로, 수익자가 임료 상당액과는 별도로 그 처분대금을 부당이득으로 반환해야 하는 것은 아니라고 할 것이다(2006다56367 판결).

④ 일부 공유자의 공유물의 배타적 사용·수익과 부당이득

토지의 공유자는 각자의 지분비율에 따라 토지 전체를 사용·수익할 수 있지만, 그 구체적인 사용·수익 방법에 관하여 공유자들 사이에 지분 과반수의 합의가 없는 이상, 1인이 그 전부를 배타적으로 점유·사용할 수 없는 것이므로, 공유자 중의 일부가 그 전부를 배타적으로 점유·사용하고 있다면, 다른 공유자들 중 지분은 있으나 사용·수익은 전혀 하지 않고 있는 자에 대하여는 그 자의 지분에 상응하는 부당이득을 하고 있다(2000다17803 판결).

⑤ 사유지를 권원없이 도로로 점유하고 있는 경우와 부당이득액의 산정기준

일반적으로 타인의 토지를 권원없이 점유하고 있는 자가 그 토지의 소유자에게 반환하여야 할 부당이득액을 산정하기 위한 토지의 기초가격은 점유자가 점유를 개시할 당시의 현실적 이용상태를 기준으로 평가되어야 한다(2005다31736 판결). 그런데 국가 또는 지방자치단체가 도로로 점유·사용하고 있는 토지에 대한 임료 상당의 부당이득액을 산정하기 위한 토지의 기초가격은 국가 또는 지방자치단체가 종전부터 일반공중의 교통에 사실상 공용되던 토지에 대하여 도로법 등에 의한 도로설정을 하여 도로관리청으로서 점유하거나 또는 사실상 필요한 공사를 하여 도로로서의 형태를 갖춘 다음 사실상 지배주체로서 도로를 점유하게 된 경우에는 도로로 제한된 상태, 즉 도로인 현황대로 감정평가하여야 하고, 국가 또는 지방자치단체가 종전에는 일반공중의 교통에 사실상 공용되지 않던 토지를 비로소 도로로 점유하게 된 경우에는 토지가 도로로 편입된 사정은 고려하지 않고 그 편입될 당시의 현실적 이용상황에 따라 감정평가하여야 한다(98다56232 판결). 다만, 도로에 편입된 이후 당해 토지의 위치나 주위 토지의 개발 및 이용상황 등에 비추어 도로가 개설되지 아니하였더라도 당해 토지의 현실적 이용상황이 주위 토지와 같이 변경되었을 것임이 객관적으로 명백하게 된 때에는, 그 이후부터는 그 변경된 이용상황을 상정하여 토지의 가격을 평가한 다음 이를 기초로 임료 상당의 부당이득액을 산정하여야 한다(2002다31483 판결).

(8) 저당부동산의 점유와 저당권의 침해

저당권은 경매절차에 의하여 실현되는 저당부동산의 교환가치로부터 다른 채권자에 우선하여 피담보채권의 변제를 받는 것을 내용으로 하는 물권으로서 부동산의 점유를 저당권자에게 이전하지 않은 상태에서 설정되므로 저당권자는 원칙적으로 저당부동산의 소유자가 행하는 저당부동산의 사용 또는 수익에 관하여 간섭할 수 없다고 할 것이나, 저당부동산에 대한 소유자 또는 제3자의 점유가 저당부동산의 본래의 용법에 따른 사용·수익의 범위를 초과하여 그 교환가치를 감소시키거나, 점유자에게 저당권의 실현을 방해하기 위하여 점유를 개시하였다는 점이 인정되는 등, 그 점유로 인하여 정상적인 점유가 있는 경우의 경락가격과 비교하여 그 가격이 하락하거나 경매절차가 진행되지 않는 등 저당권의 실현이 곤란하게 될 사정이 있는 경우에는 저당권의 침해가 인정될 수 있다고 할 것이다(2005다3243 판결, 2006다586 판결).

2. 물건의 멸실·훼손으로 인한 물권의 침해와 구제

(1) 물건의 멸실·훼손으로 인한 물권의 침해와 손해배상

① 물권은 그 객체인 목적물이 멸실하면 절대적으로 소멸한다. 여기에서의 멸실은 제202조 소정의 멸실과 마찬가지로 물리적 멸실만이 아니고 그 반환이 현실적으로 곤란한 경우도 포함된다. 따라서 동산을 선의의 제3자에게 양도한 경우도 멸실에 해당한다. 이와 같이 목적물의 멸실로 물권이 소멸하거나 목적물의 훼손(물리적인 완전성을 해치는 경우만이 아니고 그 물건의 가치를 저하시키는 일체의 행위를 말한다)으로 인하여 물권이 침해된 경우에 물권자는 가해자를 상대로 불법행위를 들어 손해배상을 청구할 수 있다. 이 경우 채무불이행으로 인한 손해배상청구권이 경합하여 발생할 수 있다. 가령, 해상운송인이 화물운송 중 자기나 사용인 등의 고의 또는 과실로 인하여 화물을 멸실 또는 훼손시킨 경우 화주는 운송인에 대하여 운송계약불이행으로 인한 손해배상과 불법행위로 인한 손해배상을 경합적으로 청구할 수 있다(88다카11428 판결).

판례 ➡ 집행관이 민사소송법 제690조(현 민사집행법 제258조 참조)에 의한 건물명도청구의 집행시 집행목적물인 건물 내에 있는 채무자 또는 제3자 소유의 집행목적외 동산을 스스로 보관하지 않고 채권자의 승낙을 얻어 채권자에게 보관하게 한 경우, 채권자의 그 보관에 관한 권리나 의무는 원칙적으로 집행관과의 사이에 체결된 임치계약 등 사법상의 계약에 의하여 정하여 진다고 할 것이므로, 채권자가 집행관과의 약정에 따라 그 동산을 보관하던 중 이를 분실한 경우 채권자가 그 보관에 필요한 계약상의 주의의무를 다하였다고 인정되는 때에는 집행관이나 그 동산의 소유자 등에 대하여 계약상의 손해배상책임은 물론 불법행위로 인한 손해배상책임까지도 부담하지 않지만, 이 경우 채권자가 보관상의 주의의무를 제대로 이행하지 못한 과실의 정도가 불법행위의 요건을 충족시킬 수 있고 또한 그 보관상 주의의무의 위반행위가 구체적인 태양이나 정도 등에 비추어 위법하다고 인정되는 경우에는 달리 특별한 사정이 없는 한 채권자는 집행관이나 그 동산의 소유자 등에 대하여 불법행위로 인한 손해배상책임을 진다(95다19843 판결).

② 이와 같이 물건이 멸실·훼손되어 물권자가 손해배상을 청구하는 경우에는 통상손해는 물론이고 특별손해가 손해배상의 범위에 포함되며, 정신적 손해도 특별손해로서 배상받을 수 있다. 나아가 영업상의 손실도 손해배상으로서 전보되어야 할 것이다.

i) 통상손해 　　일반적으로 물건이 멸실되었을 때에는 멸실 당시의 시가를, 물건이 훼손되었을 때에는 수리 또는 원상회복이 가능한 경우에는 수리비 또는 원상회복에 드는 비용을, 수리 또는 원상회복이 불가능하거나 그 비용이 과다한 경우에는 훼손으로 인하여 교환가치가 감소된 부분을 통상의 손해로 보아야 한다(2005다44633 판결, 2005다44626 판결, 2001다52889 판결, 97다39520 판결, 95다38233 판결 등). 즉, 불법행위로 인하여 건물이 훼손된 경우 그 손해는 수리가 가능하다면 그 수리비를, 수리가 불가능하다면 그 교환가치(시가)를 통상의 손해라고 할 것이다(88다카28518 판결). 역시 채무불이행으로 소유물이 훼손되었을 때에도 같다(94다13008 판결). 가령, 건물이 화재로 인하여 수선 가능한 정도로 손괴되어 건물의 통상용법에 따른 사용이 불가능하게 되었다면 수선에 소요되는 상당한 기간 중 이를 사용하지 못함으로 인한 손해는 손괴로 인한 통상의 손해라 할 것이고, 또 이와 같은 손괴에 대하여 사회통념상 곧바로 수선에 착수할 수 없는 특별한 사정이 있는 경우에는 수선의 착수가 가능한 시점까지 이를 사용을 하지 못함으로 인한 손해 역시 통상의 손해라 할 것이다(84다카1162 판결, 96다27469 판결, 2000다38718, 38725 판결). 그리고 임야의 소나무가 절단됨으로써 산림이 훼손되고 그로 인하여 비가 올 경우에 흙이 무너져 내리고 심할 경우 산사태가 날 가능성까지 있는 경우에는, 대체교환이 가능한 소나무에 대한 대체비용과 산사태 등을 방지하기 위한 사방공사비용이 모두 원상회복에 필요한 비용으로서 통상의 손해액이라고 할 것이다(95다38233 판결). 특히 농지가 흙더미의 방치나 논두렁의 훼손 등으로 인하여 경작이 이루어질 수 없었던 경우에 그로 인한 손해는, 실제로 소유자에 의한 원상회복이 완료되어 경작이 가능할 때까지 계속하여 발생하는 것이 아니라 소유자 스스로 원상회복을 할 수 있었던 상당한 기간까지만 발생하는 것으로 봄이 상당하다(2001다47757 판결).

ii) 특별손해 　　특정물의 멸실로 소유권을 상실하게 한 경우에는 불법행위시를 기준으로 하여 그 당시의 교환가격에 의하여 그 손해액을 산정하여야 함이 원칙이다. 다만, 그 특정물이 머지않아 적법한 절차에 의하여 철거를 당할 운명에 있다든가 하는 등 특별한 사정이 있는 경우에는 위 원칙은 적용되지 않는다. 그런데 가옥이 빈 집 상태로 방치되어 있으며 또 인근 건축공사로 인하여 붕괴될 위험성이 있고 도시미관상 혐오감을 유발한다고 하여 관할구청장으로부터 가옥주와 협의하여 철거를 요청받은 일이 있다는 사정은 위와 같은 특별한 사정으로 보기 어렵다(90다20220 판결). 그리고 불법행위로 물건이 훼손된 경우 그 손해는 수리가 가능하면 그 수리비, 수리가 불가능하면 그 교환가치의 감소가 통상의 손해이고, 선박이 사고로 경미한 손해를 입어 이를 수리한 경우에 이로 인한 일정비율의 교환가치의 감소액과 이에 대한 결항기간 동안의 연 5푼의 비율에 의한 손해금 지급을 구하는 것은 특별손해라 할 것이니 특별사정의 존재와 그 사정을 가해자가 알거나 알 수 있었다는 주장·입증이 있어야 하며, 선박이 경미한 손상을 입어 수리가 가능한 경우 수리후에도 교환가치가 감소된다는 경험칙이 있다 할 수 없다(78다1820 판결).

판례 ➡ 불법행위의 직접적 대상에 대한 손해가 아닌 간접적 손해는 특별한 사정으로 인한 손해로서 가해자가 그 사정을 알았거나 알 수 있었을 것이라고 인정되는 경우에만 배상책임이 있다. 따라서 가해자가 공장지대에 위치한 전신주를 충격하여 전선이 절단된 경우, 그 전선을 통하여 전기를 공급받아 공장을 가동하던 피해자가 전력공급의 중단으로 공장의 가동이 상당한 기간 중지되어 영업상의 손실을 입게 될지는 불확실하며 또 이러한 손실은 가해행위와 너무 먼 손해라고 할 것이므로, 전주충격사고 당시 가해자가 이와 같은 소극적인 영업상 손실이 발생할 것이라는 것을 알거나 알 수 있었다고 보기 어렵지만, 이 경우 그 전신주를 통하여 전력을 공급받고 있는 인근 피해자의 공장에서 예고 없는 불시의 전력공급의 중단으로 인하여 갑자기 공장의 가동이 중단되는 바람에 당시 공장 내 가동 중이던 기계에 고장이 발생한다든지, 작업 중인 자료가 못쓰게 되는 것과 같은 등의 적극적인 손해가 발생할 수 있을 것이라는 사정은 가해자가 이를 알거나 알 수 있었을 것이라고 봄이 상당하다(94다5472 판결, 95다11344 판결).

iii) 정신적 손해 본래 피해자 소유의 물건을 파손하거나 멸실함으로 인한 손해의 배상은 그 가격 상당액을 보상함으로써 회복된다고 보는 것이 통상이고 특별한 사정이 없는 한 그 가격배상 외에 다시 위자료를 지급하라고 함은 부당하다(89다카11333 판결). 즉, 불법행위로 인하여 물건이 감소된 경우 그 손해는 물건의 소실 당시의 가격에 의하여 이를 정하여야 하며 그 가격에는 물건의 현재 및 장래의 있어서의 통상의 사용수익으로 인한 이익이 포함되어 있다고 보아야 하며 또 재산권의 침해로 인한 정신적 손해는 특별사정으로 인한 손해라고 볼 것이다(70다2826 판결).

iv) 영업이익의 손실 불법행위로 인하여 영업용 물건이 전부 파손된 경우에 있어서 이를 대체할 다른 물건을 마련하기 위하여 필요한 합리적인 기간 동안 그 물건을 이용하여 영업을 하지 못함으로 인하여 발생한 영업손실 상당의 휴업손해는 그에 대한 증명이 가능한 한 통상의 손해로서 그 교환가치와는 별도로 배상하여야 하고, 이는 영업용 물건이 일부 손괴된 경우 수리를 위하여 필요한 합리적인 기간 동안의 휴업손해와 마찬가지라고 보아야 할 것이다(2001다82507 전원합의체 판결, 2001다66314 판결, 2000다38718, 38725 판결, 2003다20909, 20916 판결).[23] 가령, 영업용 차량이 사고로 인하여 파손되어 그 유상교체나 수리를 위하여 필요한 기간 동안 그 차량에 의한 영업을 할 수 없었던 경우에는 영업을 계속하였더라면 얻을 수 있었던 수익상실은 통상의 손해에 해당된다(97다8526 판결). 그리고 총수입액에 대응하는 필요경비를 계산함에 있어서 그 필요경비 중에 사업용 고정자산의 멸실 등으로 인한 특별손실이 포함되는 경우에는 그 특별손실은 경상손익과는 달리 멸실된 자산가액 자체가 아니라 멸실된 자산가액에서 손해배상이나 보험료 등 그 자산가액을 직접 전보하는 대체수입액을 공제한 나머지 금액이다(86누20 판결).

③ 물론 점유권도 물권인 이상 점유물의 멸실로 소멸한다. 이 경우 점유자는 멸실자를 상대로 손해의 배상을 청구할 수 있는데, 멸실을 침탈에 상응하는 것으로 보면 제750조가 아닌 제204조 제1항을 근거로 손해의 배상을 청구할 수 있을 것이며, 이와 달리 멸실을 침탈에 해당하지 않는다고 본다면 제750조 소정의 불법행위를 이유로 손해배상을 청구할 수 있을 것이다. 그리고 점유물의 훼손으로 점유자가 점유의 방해를 받는 경우에는 점유물을 훼손한 자를 상대로 손해의 배상을 청구할 수 있을 것이다(제205조 제1항, 제750조).

판례 ➥ 시유지상에 건축되어 있는 개인 소유의 건물을 임차하였다가 화재로 멸실됨으로써 임차인이 임대인에 대하여 임차목적물반환채무이행불능으로 인한 채무불이행책임을 지는 경우, 그 건물이 시 소유의 토지상에 건축되어 있어 일반적으로 그 매매 등에 있어서는 건물 자체의 가격뿐 아니라 건물의 부지인 시유지에 대한 점유권(부지사용권)까지 포함된 가격으로 거래되고 있으나, 건물이 멸실되었다하여 이로 인하여 그 부지사용권까지 소멸되었다고 볼 수 있는 증거는 없다. 따라서 건물의 멸실로 인한 손해액은 부지사용권을 제외한 건물만의 교환가치라고 보아야 할 것이다(96다19420, 19437 판결).

④ 그리고 소유권은 소멸시효의 대상이 아니라도 목적물이 멸실하면 절대적으로 소멸한다. 가령, 화재 등으로 인하여 건물이 소실하면 그 건물에 대한 소유권은 절대적으로 소멸한다. 따라서 건물의 멸실 후 같은 부지에 종전의 건물과 거의 동일한 구조를 가진 건물을 새로이 신축한 경우에도 신축건물과 종전의 건물은 동일한 주택이 아니다(92다15574 판결). 그리하여 신축건물을 위하여 종전 건물의 소유권 등기를 유용할 수 없다(69다2216 판결). 특히 신축건물의 소유자가 멸실건물의 등기를 신축건물의 등기로 전용할 의사로써 멸실건물의 등기부상 표시를 신축건물의 내용으로 표시변경등기를 하였다고 하더라도 그 등기가 무효임에는 변함이 없다(80다

23) 이와 달리 불법행위로 영업용 선박, 자동차, 건물 등의 물건이 멸실된 경우에 그 물건의 교환가격 상당액의 배상 이 외에 그 물건을 대체할 다른 물건의 제조 또는 구입시까지의 기간 동안 그 멸실된 물건을 사용·수익하지 못하여 입은 손해의 배상을 구할 수 없다는 취지로 판시한 2000다29325 판결, 90다카20210 판결, 88다카30085 판결, 80다1840 판결을 비롯하여, 이 판결의 견해에 배치되는 판결들은 그 배치되는 범위 내에서 이를 변경하였다.

441 판결).[24] 또한 건물이 멸실된 경우에 멸실된 건물에 대한 등기용지는 폐쇄될 운명에 있으므로, 그 건물에 관하여 경료된 소유권이전등기가 원인무효로 될 사정이 있다 하여도 그 건물의 종전의 소유자로서는 등기부상의 소유명의자에게 그 말소등기를 소구할 이익이 없다(93다24810 판결).

물론 이처럼 물건의 멸실로 소유권을 상실한 소유권자는 그 멸실이 불법행위 및/또는 채무불이행을 구성하는 경우에, 가해자 또는 채무자에 대하여 손해배상을 청구할 수 있다. 그리고 특정물에 대한 소유권을 침해한 경우 그 목적물이 현존하지 아니함을 원인으로 하는 손해배상 청구에 있어서는 원칙적으로 불법행위시를 기준으로 하여 그 때의 교환가격에 의하여 손해액을 산정하여야 하고(95다48025 판결), 그 불법행위 후의 목적물의 가격등귀와 같은 특별사정에 의한 손해는 그 예견가능성이 있었던 경우에 한하여 배상책임이 있다(63다242 판결). 가령, 불법행위로 인하여 건물이 훼손된 경우 그 수리가 가능하다면 그 손해는 원칙적으로 불법행위 당시의 수리비를 통상의 손해라고 보아 그 때의 건설물가에 의하여 손해액을 산정하여야 하고, 사고 후에 건설물가의 등귀로 증대된 수리비는 특별사정에 의한 손해라고 할 것이어서 그 예견가능성이 있었던 경우에 한하여 배상책임이 있다(92다52726 판결).

판례 ➡ 기성부분의 소유자인 수급인이 제3자의 불법행위로 기성부분에 대한 소유권을 상실하기는 하였으나 부지소유자에게 대항할 권원이 없어서 조만간 손해배상없이 이를 자진철거하거나 강제로 철거당할 운명이었다면 불법철거로 인한 손해는 기성부분의 교환가격이나 투자비용이라고 할 수 없고, 기성부분이 적법히 철거될 때까지 당분간 부지를 불법점유한 채 기성부분을 사실상 사용할 수 있는 이익, 철거 후 기성부분의 폐자재를 회수할 수 있는 이익의 침해로 인한 손해에 한정된다(91다14116 판결).

그런데 그 멸실이 천재지변 기타 불가항력에 의하여 이루어진 경우에는 손해배상을 청구할 수는 없다. 다만, 하천법은 포락으로 인하여 토지소유권을 상실한 경우에 보상규정을 두고 있다(후술).

⑤ 한편 목적물의 멸실로 인하여 그 목적물에 설정된 제한물권도 소멸한다. 다만, 이 경우 제한물권이 설정된 목적물이 멸실 내지 훼손된 경우에는 후술하는 바와 같이 특별한 법리가 적용되는 경우가 있다.

(2) 포락으로 인한 토지소유권의 소멸과 구제 여부

토지소유권은 포락에 의하여 상실한다. 포락(浦落)이라 함은 토지가 바닷물이나 적용하천의 물에 개먹어 무너져 바다나 적용하천에 떨어져 그 원상복구가 불가능한 상태에 이르렀을 때를

24) 기존건물이 멸실된 후 그곳에 새로이 건축한 건물의 물권변동에 관한 등기를 멸실된 건물의 등기부에 하여도 이는 진실에 부합하지 아니하는 것이고 비록 당사자가 멸실건물의 등기로서 신축된 건물의 등기에 갈음할 의사를 가졌다 하여도 그 등기는 무효이니 이미 멸실된 건물에 대한 근저당권설정등기에 신축된 건물에 대한 근저당권이 설정되었다고는 할 수 없으면 그 등기에 기하여 진행된 경매에서 신축된 건물을 경락받았다하더라도 그로써 소유권취득을 내세울 수는 없다(75다2211 판결).

말하고, 그 원상회복의 불가능 여부는 포락 당시를 기준으로 하여 물리적으로 회복이 가능한지 여부를 밝혀야 함은 물론, 원상회복에 소요될 비용, 그 토지의 회복으로 인한 경제적 가치 등을 비교 검토하여 사회통념상 회복이 불가능한지 여부를 기준으로 하여야 하고, 이와 같이 원상복구가 불가능하게 되어 소유권이 소멸하였다는 사실은 사권의 소멸을 주장하는 자가 입증하여야 하며, 원상복구비용과 복구 후의 토지가액을 비교하여 원상복구비용이 복구 후의 토지가액보다 적은 경우와 같이 원상복구에 과다한 비용을 요하지 아니하여 원상복구할 경제적 가치가 있는 경우에는 원칙적으로 사회통념상 원상복구가 가능하여 그 소유권이 상실되지 않는다(67다213 판결, 79다2094 판결, 91다31562 판결, 92다11176 판결, 94다25209 판결, 93다25585 판결).

포락된 토지는 무주물로 되어 국유로 된다. 판례는 포락된 토지가 다시 성토화되어도 종전의 소유권자가 다시 소유권을 취득할 수는 없다고 한다(84다카1072 판결, 92다24677 판결). 그러나 다시 제방공사를 하게 되면 종전 소유자에게 선점권을 부여함이 타당할 것이다.[25] 그렇다면 소유권을 상실한 토지소유자는 국가에 대하여 보상 내지 부당이득의 반환을 청구할 수 있는가?

헌법재판소는 소극적이다. 즉, 자연해몰지가 일정한 이용가능성과 그에 따른 지배가능성을 가지는 경우를 전혀 배제할 수는 없다 할지라도 자연해몰지에 대한 그러한 사실상의 이용가능성 및 지배가능성을 재산권으로 인정하여 보호할 것인가는 역사적·사회적·경제적 여건에 따라 달라질 수 있고, 자연해몰지를 사유재산권으로 인정할 경우에도 자연해몰지의 특성상 그 시기, 범위 및 보호 정도에 관하여 입법자는 광범위한 선택·결정의 재량권을 가지는 바, 우리나라 현행 법체계상 자연해몰지를 재산권으로 법률로써 보장하고 있지 않는데, 이는 입법자가 해면의 공공성, 해면에 대한 경제적 이용가능성, 바다와 육지의 기술적 구분가능성 등 여러 가지 자연적·사회적·경제적 사정을 고려하여 결정한 것으로서, 헌법 제23조 제1항의 재산권보장정신이나 사유재산제에 반하는 것이라 할 수 없다.

이와 같이 볼 때 이 사건 포락토지는 자연해몰지로서 현행법상 재산권의 객체가 되지 못하고 해상(海床)으로서 해수와 일체를 이루어 바다를 구성하여 자연의 상태 그대로 일반공용에 제공되는 것이므로, 이에 대하여는 수용 등의 처분이 있을 수 없고, 국가가 이를 공공사업지구로 편입, 매립하여 사용한다 하더라도 이는 옛소유자들에 불과한 청구인들의 배타적 지배를 박탈하는 것이 아니라 새로이 매립된 토지에 대한 소유권을 원시적으로 취득하여 국가 자신의 소유권을 행사하는 것일 뿐이므로, 따라서 피청구인이 이 사건 포락토지에 대하여 공공사업을 시행하였다 하더라도 청구인들에 대하여 보상조치를 취하거나 보상입법을 하여야 할 의무는 헌법 제23조 제1항, 제3항 등 헌법규정이나 헌법해석상 도출할 수 없으며 달리 그러한 의무를 구체적으로 발생시킨다고 볼 만한 법률상의 근거도 없다고 한다(98헌마456 결정).

자연해몰지의 경우와 달리 구 하천법(1984. 12. 31. 법률 제3872호로 개정되고 1999. 2. 8. 법률 제5893호로 전문개정되기 전의 것) 제74조 제2항에서는 하천의 물이 계속하여 흘러 하천구역으로 된

25) 이영준, 물권법, 484-485면.

토지에 대하여 보상규정을 두고 있으나, 하천의 경우 인위적 관리·유지의 가능성과 필요성 등 여러 가지 점에서 바다와 다르므로 하천구역으로 된 토지와 자연해몰지로 된 토지 간에 법적인 취급을 달리 하더라도 여기에 합리적 이유가 있다고 한다. 즉, 토지가 하천에 포락되어 소유권을 상실한 경우에 토지소유자는 하천법에 따른 보상규정에 의하여 보상을 받을 수 있다(하천법 제74조 제1항). 이 경우, 판례는 포락으로 인하여, 자기소유부동산이 하천으로 지목이 변경되고 국가 명의로 소유권보존등기가 경료되자 보상청구권마저 상실될 우려가 있어 보상청구를 한 것이라면, 비록 위 보상청구를 하였다가 다시 소유권확인의 소를 제기하였다 하여도 신의칙에 위배된다고 할 수 없다고 한다(92다11176 판결).

(3) 목적물의 멸실로 인한 용익물권의 소멸

① 승역지 또는 요역지가 멸실한 경우에 지역권이 소멸함은 당연하다. 그런데 승역지의 일부가 멸실한 경우, 가령 포락으로 승역지의 일부 소유권이 상실된 경우에 그로 인하여 지역권설정행위로 정한 목적을 달성할 수 없는 때에는 지역권은 소멸하는 것으로 보아야 할 것이다. 그리고 요역지의 일부가 멸실한 경우에 그로 인하여 승역지의 편익이 필요없게 되었다면 지역권은 소멸하는 것으로 새길 것이다.

② 지상권이 설정되어 있는 토지가 멸실하면 지상권 역시 소멸함은 당연하다. 가령, 지상권의 목적인 토지가 포락되어 그 소유권이 절대적으로 상실하면 당연히 그 토지상의 지상권도 소멸하게 된다. 그러나 기존의 건물 기타의 공작물이나 수목이 멸실되더라도 존속기간이 만료되지 않는 한 지상권은 소멸되지 아니한다(95다49318 판결). 그리고 제366조 소정의 법정지상권이 성립하려면 저당권의 설정 당시 저당권의 목적이 되는 토지 위에 건물이 존재하여야 하고, 저당권 설정 당시 건물이 존재한 이상 그 이후 건물을 개축, 증축하는 경우는 물론이고 건물이 멸실되거나 철거된 후 재축, 신축하는 경우에도 법정지상권이 성립하며, 이 경우의 법정지상권의 내용인 존속기간, 범위 등은 구 건물을 기준으로 하여 그 이용에 일반적으로 필요한 범위 내로 제한된다(90다19985 판결).

③ 전세권의 목적인 부동산이 전부 멸실한 경우에는 전세권도 물권인 점에서 소멸함이 원칙이다. 다만, 이 경우 그 멸실에 대하여 전세권자에게 책임이 있다면 그는 전세권설정자에 대하여 손해배상책임을 부담하는 데(제315조 제1항), 전세권설정자는 전세금으로 손해의 배상에 충당하고, 잉여가 있으면 반환하여야 하며, 부족하면 다시 청구할 수 있다(동조 제2항).

판례 ➡ 전세권자는 전세물인 가옥을 선량한 관리자의 주의로써 보관할 의무가 있고 계약이 해지되면 전세물을 반환하여야 하는 채무를 지는 것이므로 전세권자의 실화로 인하여 가옥을 소실케 하여 그 반환의무를 이행할 수 없게 된 때에는 한편으로는 과실로 인하여 전세물에 대한 소유권을 침해한 것으로서 불법행위가 되는 동시에 한편으로는 과실로 인하여 채무를 이행할 수 없게 됨으로써 채무불이행이 되는 것이다(67다2251 판결).

그런데 불가항력으로 전세목적물의 일부가 멸실한 경우에는 그 멸실 부분에 한하여 전세권이 소멸한다(제314조 제1항). 이 경우에는 그에 상응하는 전세금의 반환의무가 발생한다. 즉, 전세목적물이 그 당사자 쌍방의 귀책사유 아닌 다른 사유로서 멸실된 관계로 전세권설정자가 전세권자로 하여금 사용수익케 할 의무를 이행할 수 없게 된 경우에는 그 의무있는 전세권설정자가 소위 채무자로서 위험을 부담한다(제537조). 다만, 잔존부분만으로 전세권의 목적을 달성할 수 없을 때에는 전세권자는 전세권 전부의 소멸을 통고할 수 있다(제314조 제2항). 그리고 이 경우에는 전세금 전액의 반환을 청구할 수 있다.

한편 전세권자의 책임있는 사유로 전세목적물의 일부가 멸실한 경우에는 그에 상응하여 용익물권으로서의 전세권은 소멸하지만, 전세금의 감액은 청구할 수 없고, 오히려 전세권설정자가 멸실된 부분에 대한 손해배상을 청구할 수 있다(제315조 제1항). 물론 잔존한 부분만으로 전세권의 목적을 달성할 수 없는 때에는 잔세권자는 전세권의 소멸을 통할 수 있다고 할 것이다(통설). 전세권자의 소멸통고를 허용하면 전세권설정자의 기한의 이익을 박탈하는 결과로 된다는 점에서 전세권자의 소멸통고를 허용할 수 있는지 의문지 없지 않다. 어쨌든 이 경우 전세권설정자는 전부에 관하여 전세권의 소멸을 청구할 수 있다(제311조 제1항).

(4) 담보목적물의 멸실·훼손과 담보물보충청구권 및 물상대위권의 행사

① 일반적으로 담보목적물을 권한없이 멸실·훼손하거나 담보가치를 감소시키는 행위는 위법한 행위로서 불법행위를 구성한다. 이 경우 담보물권자는 방해배제청구권을 행사하여 방해행위의 제거를 청구할 수도 있다(2003다58454 판결). 그 밖에 담보목적물이 멸실·훼손된 경우에는 담보권자의 담보물보충청구권과 물상대위권이 문제될 수 있다.

판례 ➡ 저당권자는 저당권 설정 이후 환가에 이르기까지 저당물의 교환가치에 대한 지배권능을 보유하고 있으므로 저당목적물의 소유자 또는 제3자가 저당목적물을 물리적으로 멸실·훼손하는 경우는 물론 그 밖의 행위로 저당부동산의 교환가치가 하락할 우려가 있는 등 저당권자의 우선변제청구권의 행사가 방해되는 결과가 발생한다면 저당권자는 저당권에 기한 방해배제청구권을 행사하여 방해행위의 제거를 청구할 수 있다(2003다58454 판결).

판례 ➡ 담보물을 권한없이 멸실·훼손하거나 담보가치를 감소시키는 행위는 위법한 행위로서 불법행위를 구성하며, 이 때 채권자가 입게 되는 손해는 담보목적물의 가액의 범위 내에서 채권최고액을 한도로 하는 피담보채권액으로 확정될 뿐 그 피담보채무의 변제기가 도래하여 그 담보권을 실행할 때 비로소 발생하는 것은 아니다(98다34126 판결).

그리고 채무자가 담보를 손상, 감소 등 훼손한 경우에는 아직 변제기가 도래하지 않았다 하더라도, 채권자는 기한의 이익상실을 주장하고 즉시 변제를 청구할 수 있다(제388조 제1호). 이 경우 채무자에게 귀책사유가 요구된다고 할 것이다.

② **담보물보충청구권**

저당권설정자의 책임있는 사유로 저당목적물이 멸실·훼손되어 저당물의 가액이 현저히 감소된 경우에, 저당권자는 저당권설정자에 대하여 그 원상의 회복 또는 상당한 담보의 제공을 청구할 수 있다(제362조). 저당권자가 이러한 담보물보충청구권을 행사하면, 손해배상청구권이나 즉시변제청구권을 행사할 수 없다(통설). 특히 저당목적물의 멸실·훼손으로 인한 저당권의 침해가 채무자의 책임있는 사유에 기한 경우에 채무자는 기한의 이익을 상실하므로(제388조 제1호), 채권자는 즉시변제를 청구할 수 있다. 따라서 채권자는 저당권을 실행할 수 있게 된다. 이 경우 저당권자는 담보물보충청구권을 행사할 수는 없지만, 손해배상청구권을 행사할 수는 있다.

이러한 담보물보충청구권은 당사자 사이에 별도의 합의가 없는 한 질권이 소멸한 경우에는 적용되지 않는다고 할 것이다. 담보물보충청구권에 관한 제362조는 저당권설정자의 책임있는 사유로 인하여 그 담보물이 멸실·훼손된 경우를 규율목적으로 하기 때문이다.

③ **물상대위권의 행사**

담보목적물이 멸실·훼손하면 담보물권이 소멸한다는 것은 당연하다. 그러나 민법은 담보물권자를 보호하기 위하여 담보목적물의 멸실·훼손으로 인하여 담보권설정자가 받을 금전 기타 물건에 관하여도 담보물권을 행사할 수 있도록 하였다(제342조, 제370조). 가령, 제3자의 불법행위로 저당건물이 멸실된 경우에, 저당권설정자는 제3자에 대하여 불법행위로 인한 손해배상청구권을 행사할 수 있다. 이 경우 저당권자는 물상대위권을 행사하여 저당권설정자의 제3자에 대한 손해배상청구권에 담보권의 효력을 미치게 하여 우선변제를 받을 수 있다. 물론 이 경우 저당권자는 저당건물을 멸실한 제3자를 상대로 불법행위로 인한 손해배상청구권을 행사할 수도 있다. 그리하여 저당권자는 물상대위권을 가지면서 동시에 그 제3자에 대하여 불법행위로 인한 손해배상청구권을 가지게 된다. 이 때 양 권리는 그 제3자에 대한 관계에서 부진정연대의 관계에 있다.

판례➡ 저당목적물이 소실되어 저당권설정자가 보험회사에 대하여 화재보험계약에 따른 보험금청구권을 취득한 경우 그 보험금청구권은 저당목적물이 가지는 가치의 변형물이라 할 것이므로 저당권자는 민법 제370조, 제342조에 의하여 저당권설정자의 보험회사에 대한 보험금청구권에 대하여 물상대위권을 행사할 수 있다고 봄이 상당하다(2004다52798 판결).

판례➡ 신탁법 제19조는 "신탁재산의 관리·처분·멸실·훼손 기타의 사유로 수탁자가 얻은 재산은 신탁재산에 속한다"고 규정하고 있는 바, 이는 신탁재산의 형태가 변하더라도 당초 신탁재산에 속하는 것은 물론 수탁자가 신탁재산의 권리주체라는 지위에서 얻게 되는 모든 재산도 신탁재산이 된다는 것을 밝힌 것이고, 이 규정에 따라 수탁자가 신탁재산의 관리를 적절히 하지 못하여 신탁재산이 멸실·훼손되는 등의 손해가 발생한 때에 수탁자가 부담하는 손해배상금이 직접 신탁재산에 귀속된다고 하더라도, 그 멸실·훼손된 재산이 물상대위에 의하여 수탁자에게 귀속되는 것이라고는 할 수 없다(2006다42566 판결).

(5) 목적물의 멸실로 소유자가 보상을 받은 경우와 저당권자의 부당이득반환청구권

저당권도 저당목적물이 멸실하면 소멸한다. 이 경우 소유자 및/또는 저당권자는 저당목적물을 멸실시킨 자에 대하여 불법행위로 인한 손해배상청구권을 행사할 수 있다. 그리고 저당권자는 물상대위에 의하여 소유자가 받은 손해배상금 기타 대표물을 압류하여 우선변제권을 행사할 수 있다(제370조). 이러한 물상대위권의 행사에 나아가지 아니한 채 단지 수용대상토지에 대하여 담보물권의 등기가 된 것만으로는 그 보상금으로부터 우선변제를 받을 수 없고, 저당권자가 물상대위권의 행사에 나아가지 아니하여 우선변제권을 상실한 이상 다른 채권자가 그 보상금 또는 이에 관한 변제공탁금으로부터 이득을 얻었다고 하더라도 저당권자는 이를 부당이득으로서 반환청구할 수 없다(2002다33137 판결).

그렇다면 문제는 저당권자가 물상대위권을 행사할 수 있는 권한을 상실한 경우에 소유자에 대하여 부당이득의 반환을 청구할 수 있는가에 있다. 판례는 부당이득의 성립을 인정하고 있다.

판례 ➡ 침몰 당시 성동호는 경매절차의 진행에 따라 경락이 될 처지에 있었고, 원고는 그 경락대금 중에서 제2순위로 자기의 근저당권이 담보하는 최고액 범위 내에서 채권변제를 받을 수 있는 지위에 있었다. 한편 피고는 경락으로 선박소유권을 상실하고 모든 저당채무를 변제한 잔여경락대금을 차지할 지위에 있는, 다시 말하면 부담있는 소유권을 가지고 있었다. 이러한 상황에서 위 성동호가 제3자의 불법행위로 침몰하게 되자, 원고는 근저당권을 상실하고, 따라서 저당채권의 변제를 못받게 되는 손해를 보았다. 반면에 피고는 침몰선박의 대가로 금 39,000,000원에 해당하는 금품을 받아, 근저당권의 부담없는 소유권의 대가를 취득하게 되었다. 그런데 이 경우 피고가 취득한 금품 중에서 적어도 원고의 손실에 해당하는 한도에서는 이익을 얻었다고 보아야 할 것이다. 즉, 원고의 손실과 피고의 이득 사이에 인과관계가 있고, 피고의 위 이득은 법률상 원인없는 것이라고 할 것이고, 따라서 피고는 부당한 이득을 취하고 있다고 봄이 타당할 것이다. 그 이유로는 이렇게 보는 것이 공평관념에 위배되는 재산적 가치의 이동이 있는 경우 수익자로부터 그 이득을 되돌려 받아 손실자와의 사이에 재산상태의 조정을 꾀하는 부당이득제도의 목적에 합당하다고 보기 때문이다. 물론 원고에게 가해자에 대한 손해배상청구권이 있다고 하여, 피고에 대한 부당이득반환청구를 하지 못하는 것도 아니며, 제370조에 의한 물상대위는 저당권자가 저당권의 효력으로서의 우선변제를 받기 위한 규정이므로, 이 규정 때문에 부당이득의 성립에 무슨 지장이 있는 것은 아니라 할 것이다. 다만 물상대위로 추급하여 채권변제를 받았으면 그 한도에서 부당이득이 성립되지 않을 뿐이다(73다29 판결, 2008다17656 판결).

3. 물권의 소멸과 물권자의 피해구제

(1) 소유권 자체의 소멸과 구제방법

① 소유권은 소멸시효의 대상이 되지 않아 아무리 오랫 동안 소유권을 행사하지 않더라도 소멸시효에 의하여 소유권이 소멸하지는 않는다(제162조 제2항). 그런데 취득시효에 의하여 점유자가 소유권을 취득하게 되면 점유자는 점유개시시로 소급하여 소유권을 취득하게 되므로(제247조 제1항), 그 반사적 효과로서 소유자는 소급하여 소유권을 잃게 된다. 더구나 이 경우 소유권을 상실한 소유자를 구제할 법적 수단은 없다.

어쨌든 통설은 점유취득시효로 인한 소유권의 취득을 원시취득으로 이해한다.[26] 판례도 원시

취득으로 파악한다(92다3489 판결, 2004다31463 판결). 따라서 전주(前主)의 권리에 존재하였던 부담 또는 제한은 소멸한다고 한다. 다만, 취득시효의 기초가 된 점유가 이미 타인의 지역권을 인용하고 있었던 것과 같은 경우에는, 지역권의 제한이 있는 소유권을 취득한다는 것이다. 이에 대하여 유력설은 취득시효에 의한 소유권의 취득을 소급효를 갖는 특수한 승계취득으로 이해한다.[27] 유력설에 의하면 승계취득인가 원시취득인가의 문제는 "그 소유권의 취득으로 종전의 제한물권이나 기타 대항력 있는 권리가 모두 소멸하는가"의 문제와 관련하여 결정하여야 한다고 하면서, 취득시효로 인한 등기 전에 담보물권이 설정되어 있는 경우에 그 담보물권은 시효취득 등기에 관계없이 존속하여야 하며, 시효취득자는 담보 부동산의 제3취득자의 지위에 놓임이 타당하고, 시효완성자가 지역권의 부담을 안고 부동산을 점유한 경우에 그 지역권은 존속한다는 것이다.

본래 시효기간완성 전은 물론이고 시효기간이 완성되었더라도 그에 기한등기가 이루어질 때까지는 점유자는 소유권을 취득할 수 없고, 원래의 소유자가 여전히 점유물의 소유권을 보유한다(97다53632 판결). 그러므로 소유자는 원칙적으로 어떠한 제한을 받지 않고 소유권을 행사할 수 있으며, 역시 그 효과를 부인하거나 제한할 수는 없다고 할 것이다. 즉, 이 경우 그 소유권의 행사가 시효기간완성 전에 행해지고 그것이 점유자의 점유를 배제하거나 점유의 태양을 변경시키는 경우에는 시효가 중단되고, 그것이 시효중단사유가 아니더라도 그 효과가 부인된다고 할 수는 없다. 다만, 판례에 따르면 시효기간이 만료하였음을 소유자가 알았거나 알 수 있었음에도 불구하고, 그 소유 명의에 터잡아 제3자에게 당해 부동산을 처분하는 등 점유자의 권리를 침해한 경우에만 소유자는 점유자에 대하여 불법행위의 책임을 질 뿐이다(93다60779 판결). 따라서 점유가 지역권의 존재를 용인하고 진행된 경우는 물론이고, 취득시효로 인한 등기 전에 소유자가 담보물권을 설정한 경우에도 그 담보물권은 시효취득등기에 관계없이 존속하는 것으로 보아야 할 것이다. 만약 취득시효로 인한 소유권의 취득을 원시취득으로 보아 전주의 권리에 존재하였던 부담 또는 제한이 소멸하는 것으로 해석하면 등기명의자가 행한 처분의 효력이 소멸하게 되어 부당하게 소유자의 처분권을 제한하는 결과가 된다. 이와 같이 볼 때 취득시효로 인한 소유권의 취득은 이를 승계취득으로 볼 것이다.

② 그리고 동산의 소유권은 선의취득에 의하여 취득할 수 있는데(제249조), 이 경우 소유권의 취득은 원시취득이다.[28] 그리고 선의취득자는 그 물건 위에 존재하던 타물권의 부담이 없는 완전한 소유권을 취득한다. 따라서 그 반사적 효과로서 진정한 소유자의 소유권은 상실하게 된다. 물론 이 경우 진정한 소유자는 무권리처분자에 대하여 부당이득의 반환을 청구할 수 있다. 또한 채무불이행 또는 불법행위를 이유로 손해배상청구권을 행사할 수도 있다. 문제는 선의취득자가 원권리자에 대하여 부당이득반환의무를 부담하느냐이다. 무상취득의 경우에는 긍정되어야

26) 곽윤직, 물권법, 265면; 김증한/김학동, 물권법, 160면.
27) 이영준, 물권법, 516면; 이은영, 물권법, 393면.
28) 이영준, 물권법, 258면은 승계취득설을 취한다.

한다는 견해가 있으나,[29] 이에 관한 명문규정이 없는 이상 그렇게 해석하기에는 무리가 있다고 할 것이다.

다만, 도품・유실물에 대하여는 특칙이 있다(제250조, 제251조). 즉, 선의취득의 요건이 충족되었다고 하더라도, 목적물이 진정한 권리자의 의사에 반하거나 의사에 기하지 않고 그 점유가 이탈한 도품・유실물인 때에는 피해자・유실자는 선의취득자에 대하여 2년 간 그 물건의 반환을 청구할 수 있다. 이 경우 반환청구권의 법적 성질은, 이를 채권적 청구권으로 보는 견해가 통설이나, 소수설은 소유물반환청구권이 아니라 특별히 인정된 법정의 원상회복청구권으로서 형성권으로 이해한다.[30]

그런데 이 경우 반환청구권은 환취권이라고 하는 형성권으로 이해함이 타당하다고 할 것이다. 즉, 피해자 또는 유실자가 2년 내의 기간 동안에 환취권을 행사하면 선의취득은 장래에 향하여 소멸하고, 소유권은 피해자 또는 유실자에게 복귀되어 그는 소유권에 기하여 도품・유실물의 반환을 청구할 수 있는 것으로 해석할 것이다. 따라서 그 기간은 제척기간으로 봄이 타당하다. 그리하여 원소유자는 도난 또는 유실한 날로부터 2년 내의 기간에 형성의 의사표시로서 환취권을 행사하면 법률의 규정에 의하여 소유권이 선의취득자로부터 원소유자에게 복귀하고, 그에 기하여 원소유자는 선의취득자에 대하여 점유물의 반환을 청구할 수 있다고 새길 것이다. 물론 2년 내의 기간 동안은 소유권이 이전하지 않는다는 견해에 따르면, 이 경우 반환청구권은 당연히 소유권에 기한 것으로 이해할 것이다.

③ 한편 판례에 의해서 형성된 명의신탁의 법리에 따르면, 명의신탁은 "당사자의 신탁에 관한 채권계약에 의하여 신탁자가 실질적으로 그의 소유에 속하는 부동산의 등기명의를 매매 등의 형식으로 실체적인 거래관계 없는 수탁자에게 이전하여 두는 것을 일컫는 것"을 말한다(72다1789 판결). 그런데 판례는 "명의신탁을 '신탁행위의 법리'라는 것을 내세워 대내적 관계에 있어서는 신탁자가 소유권을 보유하고 이를 관리・수익하며 공부상의 소유 명의만을 수탁자로 해두는 것"(65다312 판결)이라고 한다. 따라서 신탁자는 언제든지 수탁자에게 유보한 실질적 소유권을 주장할 수 있고 수탁자는 신탁자에 대하여 소유권을 주장할 수 없다고 한다(82다카247 판결). 그러나 대외적으로는 수탁자가 완전한 소유권자이므로 당연히 명의수탁자의 거래의 상대방은 선의・악의에 관계없이 보호된다고 한다(80다1819 판결, 91다6221 판결). 따라서 1필지의 토지 중 일부를 매도하면서 토지가 등기부상 분할되어 있지 아니한 관계로 전부에 관하여 매수인에게 소유권이전등기가 이루어진 경우에도 명의수탁자인 매수인으로부터 처음에 매도하지 아니한 부분까지 포함하여 토지 전체를 매수하여 소유권이전등기를 경료받은 제3자는 처음에 매도하지 않은 부분에 관하여도 유효하게 소유권을 취득한다는 것이다(92다33954 판결). 다만, 제3자가 수탁자의 배임행위에 적극가담한 경우에는 소유권을 취득할 수 없다고 한다(91다6221 판결, 91다29842 판결). 어쨌든 제3자가 소유권을 취득하면 신탁자는 소유권을 잃게 되고, 수탁자에 대하여

29) 이영준, 물권법, 259면.
30) 이영준, 물권법, 297면; 김진우, "점유이탈물과 선의취득", 인권과 정의 제341호(2005. 1), 157면.

채무불이행 또는 불법행위를 이유로 손해배상을 청구할 수밖에 없다. 그리고 제3자가 신탁재산을 불법점유하거나 공부상의 소유명의를 불법적인 방법에 의하여 넘겨간 경우에도 신탁자는 수탁자를 대위함이 없이 직접 제3자에 대하여 신탁재산에 대한 침해의 배제를 청구할 수 없다고 한다(77다1079 판결).

그리고 화물자동차운송사업면허를 가진 운송사업자와 실질적으로 자동차를 소유하고 있는 차주 간의 계약으로 외부적으로는 자동차를 운송사업자 명의로 등록하여 운송사업자에게 귀속시키고 내부적으로는 각 차주들이 독립된 관리 및 계산으로 영업을 하면서 운송사업자에게 지입료를 지불하는 운송사업형태(이른바 지입제)에 있어, 지입차량은 지입회사가 대외적으로는 소유자이므로 그 소유권침해로 인한 손해배상을 구하는 것은 대외적으로 소유권자인 지입회사의 권한에 속한다(88다카18641 판결, 2006다61055 판결). 마찬가지로 중기관리법 제14조의 규정에 의하면 중기대여업은 건설부장관의 허가를 받은 중기사업자만이 영위할 수 있도록 되어 있는 관계로 갑이 중기사업자인 을회사와 중기수위탁계약을 체결하여 갑소유의 중기를 을회사 명의로 이전등록하고 갑이 그 중기를 관리운영하기로 약정하였다면, 위 중기는 갑이 을회사에 지입한 차량으로서 갑과 을 사이의 내부관계에 있어서는 갑의 소유이나 대외적으로는 을회사의 소유이고 지입차주인 갑은 을을 대리하여 을소유 중기의 관리운영권을 행사하는 것으로 볼 것이므로, 갑이 그 중기를 병에게 임대한 경우 그 임대차계약 종료로 인한 임차물의 반환청구권과 그 채무불이행으로 인한 손해배상청구권은 임대인인 갑에게 있으나 위 임대차종료 후 그 중기의 소유권에 기하여 반환을 구하거나 그 소유권침해로 인한 손해배상을 구하는 것은 대외적으로 소유권자인 을의 권한에 속하는 일이므로 병이 정당한 이유없이 그 중기의 인도를 거부할 경우에는 을은 병에 대하여 소유권침해로 인한 손해배상을 청구할 수 있다(88다카18641 판결).

④ 채무자 소유 아닌 동산의 경매와 채권자의 부당이득

채무자 이외의 자의 소유에 속하는 동산에 대한 경매절차에서 그 동산의 매득금은 채무자의 것이 아니어서 채권자가 이를 배당을 받았다고 하더라도 채권은 소멸하지 않고 계속 존속하므로, 배당을 받은 채권자는 이로 인하여 법률상 원인없는 이득을 얻고 소유자는 경매에 의하여 소유권을 상실하는 손해를 입게 되었다고 할 것이니, 그 동산의 소유자는 배당을 받은 채권자에 대하여 부당이득으로서 배당받은 금원의 반환을 청구할 수 있다(2002다39616 판결). 그리고 경매목적물의 소유자가 경매로 인하여 입게 된 손해의 범위는 소유권을 상실할 당시의 그 목적물의 객관적인 교환가치이며, 비록 그 경매절차에서 경매신고인이 없어 2차에 걸쳐 최저경매가격이 저감된 후에야 경락되었다고 하더라도 제1차 경매기일에서의 평가액(최저경매가격)이 그 객관적인 교환가치라고 할 것이다(95다42621 판결).

⑤ 가등기된 부동산을 매수한 자의 소유권 상실과 구제

가등기의 목적이 된 부동산을 매수한 사람이 그 뒤 가등기에 기한 본등기가 경료됨으로써 그 부동산의 소유권을 상실하게 된 때에는 매매의 목적부동산에 설정된 저당권 또는 전세권의 행사로 인하여 매수인이 취득한 소유권을 상실한 경우와 유사하므로, 이와 같은 경우 민법 제

576조의 규정이 준용된다고 보아 같은 조 소정의 담보책임을 진다고 보는 것이 상당하고 민법 제570조에 의한 담보책임을 진다고 할 수 없다(92다21784 판결). 이와 같이 제576조를 준용하고 제570조에 의하지 않으면, 가등기부동산을 매수한 자는 그가 악의인 경우에도 손해배상을 청구할 수 있게 된다. 또한 이 경우 이행이익의 배상을 인정하는 제570조의 경우와 달리 그 손해배상의 범위도 신뢰이익의 배상에 한정된다. 그리고 타인의 권리매매의 경우에는 선의의 매도인에게 계약해제권을 인정하고 있으나(제571조), 제576조는 매도인이 선의인 경우에도 계약해제권을 부여하지 않고 있다.[31)]

⑥ 조합재산권의 상실과 조합원의 손해배상청구의 가부

조합의 업무를 집행하는 조합원이 개인적인 자금의 융통을 위하여 조합재산을 담보로 제공하였다가 그 소유권을 잃게 한 경우에는 이로 인하여 손해를 입은 것은 조합재산을 상실한 조합체이므로, 이로 인하여 조합원들이 그 재산에 대한 합유지분을 상실하였다고 하여도 이는 개인으로서 입은 손해가 아니라 조합원의 지위에서 입은 손해에 지나지 아니하므로, 결국 피해를 입은 조합원으로서는 조합관계를 벗어난 개인의 지위에서 그 손해의 배상을 구할 수는 없다(95다35302 판결).

(2) 용익물권 자체의 소멸과 구제방법

① 승역지의 시효취득과 지역권의 소멸 여부

점유취득시효에 의한 소유권의 취득을 원시취득으로 이해하는 통설에 의하면 승역지가 제3자에 의하여 시효취득되면 승역지 위의 지역권은 소멸함이 원칙인 데, 승역지의 점유자가 지역권의 존재를 인용하면서 점유를 계속한 경우에는 지역권이 소멸하지 않는다고 한다. 다만, 취득시효에 의한 소유권의 취득을 소급효를 갖는 특수한 승계취득으로 이해하는 견해[32)]에 의하면, 시효완성자가 지역권의 부담을 안고 부동산을 점유한 경우에 그 지역권은 당연히 존속한다고 한다. 승계취득설이 타당하다.

② 지료의 연체로 인한 지상권의 소멸과 지상매수청구권

관습상의 법정지상권에 대하여는 다른 특별한 사정이 없는 한 민법의 지상권에 관한 규정을 준용하여야 할 것이므로 지상권자가 2년분 이상의 지료를 지급하지 아니하였다면 관습상의 법정지상권도 민법 제287조에 따른 지상권소멸청구의 의사표시에 의하여 소멸한다. 그리고 민법 제283조 제2항 소정의 지상물매수청구권은 지상권이 존속기간의 만료로 인하여 소멸하는 때에 지상권자에게 갱신청구권이 있어 그 갱신청구를 하였으나 지상권설정자가 계약갱신을 원하지 아니할 경우 행사할 수 있는 권리이므로, 지상권자의 지료연체를 이유로 토지소유자가 그 지상권소멸청구를 하여 이에 터잡아 지상권이 소멸된 경우에는 매수청구권이 인정되지 않는다(93다10781 판결).

31) 박영복, "가등기에 기한 본등기경료와 담보책임", 고시계 제45권 11호, 60면.
32) 이영준, 물권법, 516면; 이은영, 물권법, 393면.

③ **전세권설정자의 소멸청구**

전세권자가 설정계약 또는 목적부동산의 성질에 정하여진 용법으로 이를 사용·수익하지 않는 경우, 전세권설정자는 전세권의 소멸을 청구할 수 있다(제311조 제1항). 이 경우 전세권설정자는 전세권자에 대하여 원상회복 또는 손해배상을 청구할 수 있다(제311조 제2항).

④ **저당권과 전세권의 경합**

전세권과 저당권이 경합하는 경우에 그 우선순위가 문제된다. 우선 저당권이 먼저 설정되고 후에 전세권이 설정된 경우에는 어느 쪽이 경매를 신청하든 양자 모두 소멸하고 배당에 있어서는 저당권자가 우선한다. 이에 대하여 전세권이 먼저 설정되고 그 후에 저당권이 설정된 경우, 가령 최선순위저당권자에게 대항할 수 있는 전세권자라도 그가 배당요구를 하면 그 전세권은 소멸한다. 즉, 민사집행법은 저당권·압류채권·가압류채권에 대항할 수 있는 전세권자가 경매절차에서 배당요구를 하지 아니한 경우에만 전세권은 소멸하지 않고, 경락인은 전세권을 인수하여야 하는 것으로 규정하고 있다(동법 제91조 제3항, 제4항).

판례 ➡ 전세권을 목적으로 한 저당권이 설정된 경우, 전세권의 존속기간이 만료되면 전세권의 용익물권적 권능이 소멸하기 때문에 더 이상 전세권 자체에 대하여 저당권을 실행할 수 없게 되고, 저당권자는 저당권의 목적물인 전세권에 갈음하여 존속하는 것으로 볼 수 있는 전세금반환채권에 대하여 압류 및 추심명령 또는 전부명령을 받거나 제3자가 전세금반환채권에 대하여 실시한 강제집행절차에서 배당요구를 하는 등의 방법으로 물상대위권을 행사하여 전세금의 지급을 구하여야 한다.

전세권저당권자가 위와 같은 방법으로 전세금반환채권에 대하여 물상대위권을 행사한 경우, 종전 저당권의 효력은 물상대위의 목적이 된 전세금반환채권에 존속하여 저당권자가 전세금반환채권으로부터 다른 일반채권자보다 우선변제를 받을 권리가 있으므로, 설령 전세금반환채권이 압류된 때에 전세권설정자가 전세권자에 대하여 반대채권을 가지고 있고 반대채권과 전세금반환채권이 상계적상에 있다고 하더라도 그러한 사정만으로 전세권설정자가 전세권저당권자에게 상계로써 대항할 수는 없다.

그러나 전세금반환채권은 전세권이 성립하였을 때부터 이미 발생이 예정되어 있다고 볼 수 있으므로, 전세권저당권이 설정된 때에 이미 전세권설정자가 전세권자에 대하여 반대채권을 가지고 있고 반대채권의 변제기가 장래 발생할 전세금반환채권의 변제기와 동시에 또는 그보다 먼저 도래하는 경우와 같이 전세권설정자에게 합리적 기대이익을 인정할 수 있는 경우에는 특별한 사정이 없는 한 전세권설정자는 반대채권을 자동채권으로 하여 전세금반환채권과 상계함으로써 전세권저당권자에게 대항할 수 있다(2013다91672 판결).

⑤ **저당권의 실행으로 인한 지상권의 소멸과 법정지상권의 성립**

대지에 대하여 저당권을 설정할 당시 저당권자를 위하여 동시에 지상권을 설정하여 주었다고 하더라도 저당권설정 당시 이미 그 대지상에 건물을 소유하고 있고 그 건물에 관하여 이를 철거하기로 하는 등 특별한 사유가 없으며, 저당권의 실행으로 그 지상권도 소멸한 경우에는 건물을 위한 법정지상권이 발생하지 않는다고 할 수 없다(91다23462 판결).

⑥ 담보지상권의 소멸사유

토지를 매수하여 그 명의로 소유권이전청구권보전을 위한 가등기를 경료하고 그 토지상에 타인이 건물 등을 축조하여 점유 사용하는 것을 방지하기 위하여 지상권을 설정하였다면 이는 위 가등기에 기한 본등기가 이루어질 경우 그 부동산의 실질적인 이용가치를 유지 확보할 목적으로 전소유자에 의한 이용을 제한하기 위한 것이라고 봄이 상당하다. 따라서 그 가등기에 기한 본등기청구권이 시효의 완성으로 소멸하였다면 그 가등기와 함께 경료된 위 지상권 또한 그 목적을 잃어 소멸되었다고 봄이 상당하다. 이와 같이 가등기에 기한 소유권이전등기청구권이 시효의 완성으로 소멸되었다면 그 가등기 이후에 그 부동산을 취득한 제3자는 그 소유권에 기한 방해배제청구로서 그 가등기권자에 대하여 본등기청구권의 소멸시효를 주장하여 그 등기의 말소를 구할 수 있다(90다카27570 판결).

(3) 담보물권 자체의 소멸과 구제방법

① 담보물권의 침해는 보통은 담보목적물 자체를 멸실시키거나 그것을 훼손하여 교환가치를 감소시키는 행위에 의하여 일어난다. 하지만 담보물권의 침해는 담보물권 자체를 소멸시키는 행위에 의해서도 이루어진다. 물론 담보물권의 불성립으로 인하여 담보물권자가 피해를 보는 경우도 있을 수 있다. 이 경우 가령, 근저당권의 불성립으로 인하여 입은 손해액을 산정하려면, 우선 그 저당채무의 변제기 후이며 그 근저당권의 실행이 예상되는 시기 또는 손해배상청구권을 행사할시 소송으로 그 권리를 행사할 경우에는 그 사실심변론 종결 당시를 표준으로 하여 위 목적물의 그 시가를 확정하여야 하고, 그 시가가 위 채권최고액 이상이 될 때에 한하여 그 채권최고액 상당액을 손해액으로 인정할 수 있다(78다626 판결).

② 유치권의 상실

본래 "가처분의 피보전권리는 채무자가 소송과 관계없이 임의로 의무를 이행하거나 본안소송에서 피보전권리가 존재하는 것으로 판결이 확정됨에 따라 채무자가 의무를 이행한 때에 비로소 법률상 실현되는 것이어서 채권자의 만족을 목적으로 하는 이른바 단행가처분의 집행에 의하여 피보전권리가 실현된 것과 마찬가지의 상태가 사실상 달성되었다 하더라도 그것은 어디까지나 임시적인 것에 지나지 않고, 가처분이 집행됨으로써 그 목적물이 채권자에게 인도되었다고 하더라도 그와 같은 잠정적인 상태를 고려함이 없이 그 목적물의 점유는 채무자에게 있다." 그런데도 "목적물을 경락받은 집행채권자가 유치권자인 집행채무자의 점유하에 있던 목적물을 단행가처분의 집행을 통하여 인도받은 후 제3자에게 처분·인도하고 그 목적물에 관하여 소유권이전등기까지 경료하여 그 제3자로 하여금 목적물에 관한 완전한 소유권을 취득하게 하여 버림으로써 목적물에 관한 소유권이나 점유를 환원시킬 수 없는 새로운 사태가 만들어진 경우, 그 때 비로소 가처분의 집행채권자로서 인도집행받은 목적물의 점유를 타에 이전하거나 점유명의를 변경하여서는 아니되는 가처분의 결정취지에 반하여 점유를 타에 이전하여 그 점유명의를 변경한 것이 되고 집행채무자의 점유를 침탈하여 유치권을 상실하게 하는 불법행위를 저지른 것이라고 보아야 한다"(95다25770 판결)는 것이다.

판례 ➡ **〈유치권의 대항력〉** 어느 부동산에 관하여 경매개시결정등기가 된 뒤에 비로소 민사유치권을 취득한 사람은 경매절차의 매수인에 대하여 그의 유치권을 주장할 수 없다(2005다22688 판결). 이러한 법리는 어디까지나 경매절차의 법적 안정성을 보장하기 위한 것이므로, 경매개시결정등기가 되기 전에 이미 그 부동산에 관하여 민사유치권을 취득한 사람은 그 취득에 앞서 저당권설정등기나 가압류등기 또는 체납처분압류등기가 먼저 되어 있다 하더라도 경매절차의 매수인에게 자기의 유치권으로 대항할 수 있다(2009다60336 전원합의체 판결, 2010다84932 판결).

③ 질권의 소멸

근질권의 목적이 된 금전채권에 대하여 근질권자가 아닌 제3자의 압류로 강제집행절차가 개시된 경우, 제3채무자가 그 절차의 전부명령이나 추심명령에 따라 전부금 또는 추심금을 제3자에게 지급하거나 채권자의 경합 등을 사유로 위 금전채권의 채권액을 법원에 공탁하게 되면 그 변제의 효과로서 위 금전채권은 소멸하고 그 결과 바로 또는 그 후의 절차진행에 따라 종국적으로 근질권도 소멸하게 되므로, 근질권자는 위 강제집행절차에 참가하거나 아니면 근질권을 실행하는 방법으로 그 권리를 행사할 것이 요구된다. 이런 까닭에 위 강제집행절차가 개시된 때로부터 위와 같이 근질권이 소멸하게 되기까지의 어느 시점에서인가는 근질권의 피담보채권도 확정된다고 하지 않을 수 없다. 근질권자가 제3자의 압류사실을 알고서도 채무자와 거래를 계속하여 추가로 발생시킨 채권까지 근질권의 피담보채권에 포함시킨다고 하면 그로 인하여 근질권자가 얻을 수 있는 실익은 별 다른 것이 없는 반면 제3자가 입게 되는 손해는 위 추가된 채권액 만큼 확대되고 이는 사실상 채무자의 이익으로 귀속될 개연성이 높아 부당할 뿐 아니라, 경우에 따라서는 근질권자와 채무자가 그러한 점을 남용하여 제3자 등 다른 채권자의 채권회수를 의도적으로 침해할 수 있는 여지도 제공하게 된다. 따라서 이러한 여러 사정을 적정·공평이란 관점에 비추어 보면, 근질권이 설정된 금전채권에 대하여 제3자의 압류로 강제집행절차가 개시된 경우 근질권의 피담보채권은 근질권자가 위와 같은 강제집행이 개시된 사실을 알게 된 때에 확정된다고 봄이 타당하다(2009다43621 판결).

④ 저당권의 소멸

i) 저당권은 그 부종성으로 인하여 피담보채권이 소멸하면 당연히 소멸하게 된다. 그러므로 저당권의 말소등기가 경료되기 전에 그 저당권부채권을 가압류하고 압류 및 전부명령을 받아 저당권 이전의 부기등기를 경료한 자라 할지라도, 그 가압류 이전에 그 저당권의 피담보채권이 소멸된 이상, 그 근저당권을 취득할 수 없고, 실체관계에 부합하지 않는 그 근저당권 설정등기를 말소할 의무를 부담한다(2002다27910 판결).

ii) 판례에 의하면 등기는 물권변동의 효력발생요건이고 효력존속요건은 아니므로 등기가 불법말소되더라도 물권이 소멸하는 것은 아니다(87다카1232 판결 참조).[33] 따라서 근저당등기가 불

33) 등기부가 멸실된 경우에도 마찬가지로 소유권을 상실하는 것은 아니다. 즉, 민법 시행일 이전에 이미 법률행위로 인한 물권의 득실 변경에 관한 등기가 경료된 경우에는 비록 그 등기부가 멸실되었다 하더라도 민법 부칙

법말소된 경우에 그러한 사정만으로 곧바로 근저당권이 소멸하는 것은 아니고, 근저당권자는 불법말소된 근저당권의 회복등기를 할 수 있다. 이 경우 저당권등기의 불법말소가 채무자(또는 그 이행보조자)에 의하여 이루어진 경우에는 채무자는 기한의 이익을 상실하므로(제388조 제1호), 저당권자는 회복등기를 한 다음 저당권을 실행할 수 있다. 그리고 이 경우에는 근저당권의 소멸로 인한 손해배상청구권은 발생할 여지가 없다. 하지만 저당권등기의 불법말소가 제3자 또는 물상보증인에 의하여 이루어진 경우에는 저당권자는 제3자 또는 물상보증인에 대하여 손해배상을 청구할 수 있다. 가령, 자동차저당법에 의한 저당권의 목적은 자동차등록을 받은 자동차에 한하므로 근저당권의 목적이 된 자동차의 등록말소를 고의로 빚은 자는 저당권을 침해한 것이 되므로 담보권자에게 손해배상책임이 있다(78다835 판결).

그러나 불법말소된 근저당권 등기가 회복되기 전에 저당부동산이 경매로 인하여 매각되면 근저당권도 소멸하고(민사집행법 제91조 제2항), 이미 소멸한 근저당권에 관한 말소등기의 회복등기를 위하여 현소유자를 상대로 그 승낙의 의사표시를 구할 수는 없다(98다27197 판결). 물론 불법말소된 근저당권자는 배당을 받을 수 없게 된다(97다43406 판결). 이 경우 근저당권자가 입게 되는 손해는 근저당목적물인 부동산의 가액 범위 내에서 채권최고액을 한도로 하는 피담보채권액이 된다(97다35771 판결, 91다6764 판결). 그리고 이 경우 후순위담보권자가 우선배당을 받은 경우 불법말소된 근저당권자는 그 후순위담보권자에게 부당이득반환청구권을 행사할 수 있다. 그렇다고 이러한 사실이 불법말소에 관여한 가해자를 상대로 한 근저당권자의 손해배상청구에 영향을 미치는 것은 아니다(97다35771 판결). 즉, 타인의 불법행위로 인하여 근저당권이 소멸되는 경우에 있어 근저당권자로서는 근저당권이 소멸하지 아니하였더라면 그 실행으로 피담보채무의 변제를 받았을 것임에도 불구하고 근저당권의 소멸로 말미암아 이러한 변제를 받게 되는 권능을 상실하게 되는 것이므로, 그 근저당권의 소멸로 인한 근저당권자가 입게 되는 손해는 특별한 사정이 없는 한 위 부동산의 가액 범위 내에서 채권최고액을 한도로 하는 피담보채권액이라 할 것이나(97다35771 판결 등), 근저당목적물인 부동산의 시가에서 위 소멸된 근저당권에 우선하는 선순위담보권 등의 피담보채권액을 공제한 잔액, 즉 잔존담보가치 상당액이 채권최고액 또는 피담보채권액보다 적은 경우에는 그 잔존 담보가치 상당액을 손해로 보아야 할 것이다(2008다18284, 18291 판결).

iii) 전세권의 소멸과 전세권저당권의 효력　　전세권이 기간만료로 종료된 경우 전세권은 전세권설정등기의 말소등기 없이도 당연히 소멸하고, 저당권의 목적물인 전세권이 소멸하면 저당권도 당연히 소멸하는 것이므로 전세권을 목적으로 한 저당권자는 전세권의 목적물인 부동산의 소유자에게 더 이상 저당권을 주장할 수 없다. 그리고 전세권에 대하여 저당권이 설정된 경우 그 저당권의 목적물은 물권인 전세권 자체이지 전세금반환채권은 그 목적물이 아니고, 전세권의 존속기간이 만료되면 전세권은 소멸하므로 더 이상 전세권 자체에 대하여 저당권을 실행

제10조 제1항이 적용될 여지가 없으며, 등기부 멸실 당시의 소유자가 회복등기 기간 내에 회복등기를 하지 않았다 하여 소유권을 상실하는 것이 아니다(78다2278 판결).

할 수 없게 되고, 이러한 경우에는 민법 제370조, 제342조 및 민사소송법 제733조에 의하여 저당권의 목적물인 전세권에 갈음하여 존속하는 것으로 볼 수 있는 전세금반환채권에 대하여 압류 및 추심명령 또는 전부명령을 받거나 제3자가 전세금반환채권에 대하여 실시한 강제집행절차에서 배당요구를 하는 등의 방법으로 자신의 권리를 행사하여 비로소 전세권설정자에 대해 전세금의 지급을 구할 수 있게 된다는 점, 원래 동시이행항변권은 공평의 관념과 신의칙에 입각하여 각 당사자가 부담하는 채무가 서로 대가적 의미를 가지고 관련되어 있을 때 그 이행에 있어서 견련관계를 인정하여 당사자 일방은 상대방이 채무를 이행하거나 이행의 제공을 하지 아니한 채 당사자 일방의 채무의 이행을 청구할 때에는 자기의 채무이행을 거절할 수 있도록 하는 제도인 점, 전세권을 목적물로 하는 저당권의 설정은 전세권의 목적물 소유자의 의사와는 상관없이 전세권자의 동의만 있으면 가능한 것이고, 원래 전세권에 있어 전세권설정자가 부담하는 전세금반환의무는 전세금반환채권에 대한 제3자의 압류 등이 없는 한 전세권자에 대해 전세금을 지급함으로써 그 의무이행을 다할 뿐이라는 점에 비추어 볼 때, 전세권저당권이 설정된 경우에도 전세권이 기간만료로 소멸되면 전세권설정자는 전세금반환채권에 대한 제3자의 압류 등이 없는 한 전세권자에 대하여만 전세금반환의무를 부담한다고 보아야 한다(98다31301 판결, 95마684 결정).

⑤ 이중양도담보권자의 목적물의 처분과 불법행위

동산에 대하여 점유개정의 방법으로 이중양도담보를 설정한 경우 원래의 양도담보권자는 뒤의 양도담보권자에 대하여 배타적으로 자기의 담보권을 주장할 수 있으므로, 뒤의 양도담보권자가 양도담보의 목적물을 처분함으로써 원래의 양도담보권자로 하여금 양도담보권을 실행할 수 없도록 하는 행위는, 이중양도담보 설정행위가 횡령죄나 배임죄를 구성하는지 여부나 뒤의 양도담보권자가 이중양도담보 설정행위에 적극적으로 가담하였는지 여부와 관계없이, 원래의 양도담보권자의 양도담보권을 침해하는 위법한 행위이다(99다65066 판결).

제 4 장 환경적 법익의 침해에 대한 구제법리

제 1 절 서 설

근대민법이 제정될 당시에는 오늘날과 같은 환경침해에 따른 심각한 피해가 별로 없어 환경을 법적 보호대상으로 인정하여 보호할 필요성을 느끼지 않았다. 또한 환경소재인 대기·물·일조·통풍·경관 등은 누구라도 자유롭게 이용할 수 있는 자유재로서 사권의 대상이 되지 않고 단순히 토지이용권에 수반하는 이익으로 보아 타인이 이를 침해하였다고 하더라도 당해 부동산에 대한 본질적인 침해가 아닌 한 이를 수인하여야 하는 것으로 보았다.[1] 그러나 과학의 발달과 산업화에 따른 환경오염과 파괴가 심각한 상황에 이르게 되면서, 이러한 환경문제에 적절히 대처하기 위해서는 좋은 환경상의 이익을 향유할 수 있는 권리를 소유권이나 점유권과 같은 새로운 구체적인 권리로 인정하여야 한다는 필요성이 주장되고 있다. 환경권에 관한 논의가 그것이다. 하지만, 환경권은 실정법의 제정 또는 판례의 누적을 통하여 그 권리성이 부각되기 시작하였으나 아직까지도 환경권의 개념 및 환경권 실현에 관한 법리는 확립되어 있지 않은 상태에 있다고 할 것이다.[2]

환경이익은 생활방해, 환경방해, 환경침해로 나누어 그에 피해구제법리를 살펴봄이 적절하다. 생활방해는 매연 등 불가량물에 의하여 이웃 토지의 사용을 방해하거나 이웃 거주자의 생활에 고통을 주는 방법으로 공동체 생활을 방해하는 것이고, 환경방해는 일조 내지 조망이익 등을 간접적으로 방해하는 것이고, 환경침해는 환경오염 또는 환경훼손을 통하여 인격적 내지 재산적 법익을 침해하는 것인 점에서, 그 침해의 방법과 피침해 이익이 다르기 때문이다. 어쨌든 환경이익의 침해에 대한 사법적 구제조치로는 사후적 구제방법으로 손해배상청구권과 사전적 구제방법으로 방해제거 내지 예방청구권을 들 수 있다. 다만, 민법은 환경이익의 침해로 인한 사전적 피해구제에 대해서는 생활방해의 경우만 명시적인 규정을 두고 있다(제217조). 그리하여 환경침해로 인한 인격적 법익이나 재산적 법익의 침해에 대해서는 불법행위의 일반적 법리에 의해서 사후적인 손해배상의 방법에 의한 피해구제를 받을 수밖에 없다. 그리고 환경방해에 대해서 학설·판례는 생활방해에 관한 규정을 적용하거나 물권적 청구권을 근거로 유지청구를 인정하여 환경이익을 보호하고 있다.

한편 환경침해를 이유로 하는 피해는 일반적으로 불법행위에 근거하여 구제받을 수 있지만,

1) 정기웅, "환경권의 침해로 인한 손해배상청구권에 관한 연구", 민사법학(23호), 한국사법행정학회, 2003, 150면.
2) 전창조, "환경권의 확립", 법과 환경, 한국법학교수회편, 1977, 200면; 송오식, "환경오염과 사법적 구제: 환경권 정립을 위한 시론", 비교사법 제5권 2호(98. 12), 422면.

환경정책기본법 등 특별법에서 마련하고 있는 구제방법을 통해서도 피해구제를 받을 수 있다. 다만, 환경침해는 적법한 활동에 의해서도 발생할 수 있다는 점, 환경오염으로 인한 손해는 그 규모면에서 보통의 불법행위와 비교하여 매우 크다는 점, 한번 환경오염이 되면 그로부터 지속적으로 손해가 발생한다는 점 등에서 일반적인 불법행위와 다른 특징이 있다. 여기에서 환경정책기본법은 자기의 행위 또는 사업활동으로 환경오염 또는 환경훼손의 원인을 발생시킨 자는 그 오염·훼손을 방지하고 오염·훼손된 환경을 회복·복원할 책임을 지며, 환경오염 또는 환경훼손으로 인한 피해의 구제에 드는 비용을 부담함을 원칙으로 한다(동법 제7조). 또한 환경정책기본법을 비롯한 특별법들은 환경오염 원인자로 하여금 환경오염의 피해에 대한 무과실의 위험책임을 지우고 있다(환경정책기본법 제44조, 토양환경보전법 제10조의3, 원자력손해배상법 제3조, 유류오염손해배상보장법 제4조, 광업법 제75조, 수산업법 제80조 등). 물론 환경이익의 침해(공해)문제는 공법적으로 행정적 규제를 내용으로 하는 환경정책기본법을 위시하여 소음·진동관리법, 대기환경보전법, 토양환경보전법, 수질 및 수생태계보전에 관한 법률, 환경분쟁조정법 등이 제정 시행되고 있다.

제 2 절 생활방해

Ⅰ. 생활방해금지의 원칙

생활방해란 토지의 소유자가 매연, 열기체, 액체, 음향, 진동 등으로 이웃 토지의 사용을 방해하거나 이웃 거주자의 생활에 고통을 주는 것을 말한다. 생활방해에 대하여 민법은 토지소유자 상호 간의 상린관계로 규율하고 있다. 상린관계에 의하여, 토지소유자는 매연 등으로 이웃토지의 사용을 방해하거나 이웃 거주자의 생활에 고통을 주지 아니하도록 적당한 조처를 할 의무가 있다(제217조 제1항). 다만, 이웃 거주자는 생활방해의 사태가 이웃 토지의 통상의 용도에 적당한 것인 때에는 이를 인용하여야 한다(동조 제2항).

본래 토지소유자는 그 소유권을 방해당하거나 생활에 고통을 받는 경우에 소유권에 기한 방해배제청구권을 행사하거나, 불법행위에 기한 손해배상청구권(제750조)을 행사하여 그 피해를 구제받을 수 있는데, 제217조는 소유권에 기한 방해배제청구권을 조정하고 있다. 제217조 제1항은 제211조가 보장하고 있는 토지소유자의 적극적인 이용권능에 대한 한계를, 제217조 제2항은 제214조가 규정하고 있는 토지소유자 등의 소극적인 방어권능에 대한 한계를 규정하고 있는 것이다. 그 결과 생활방해로 인하여 피해가 발생한 경우에도 제217조 제2항에 따라 수인의무가 인정되는 때에는 위법성이 조각되어 피해자는 적절한 조처를 요구할 수 없게 된다. 그렇다고 제217조가 토지소유권의 한계만을 정하고 있는 것으로 새길 것은 아니다. 제217조의 보호법익은 토지의 사용이익 뿐 아니라 이웃거주자의 생활이익을 포함하고 있기 때문이다.

Ⅱ. 생활방해금지의 요건

1. 생활방해금지의 청구가 인정되기 위해서는, '불가량물'[3] 내지는 '일정한 토지 이용과 불가피적으로 결합되어 있는 간섭'[4]에 의한 토지의 이용자 또는 거주자에 대한 생활방해가 있어야 한다.[5] 이 경우 방해는 자연적 방해에 의하여 발생한 것이고 인공적 시설에 의한 방해는 본조의 적용이 없다. 따라서 폭파시의 돌조각 등과 같은 고형적 물체로 인한 방해라든가 도랑이나 파이프 등과 같은 인공시설을 통하여 전달되는 경우에는 본조의 적용이 없다(따라서 이 경우 피해자는 인용의무가 없고 방해제거청구권 또는 불법행위로 인한 손해배상청구권을 행사할 수 있다).

2. 그런데 이웃 토지의 사용방해나 이웃 거주자의 생활방해가 토지의 통상의 용도에 적당한 것인 때에는 이웃 거주자는 이를 인용하여야 한다. 즉, 토지를 그 지역의 통상적인 방식으로 이용함으로써 발생하는 방해는 허용된다. 생활방해가 경미한 경우에는 지역 통상적이라고 보아야 할 것이다(독일 민법 제906조 제1항 참조). 역시 생활방해가 경미하다고 볼 수 없는 경우에도 그것이 이웃 토지의 통상의 용도에 적합한 것인 때에는 이웃 거주자는 이를 인용하여야 한다. 이 경우에는 방해행위가 있다고 하더라도 위법성이 조각되므로 이웃 토지의 사용자 또는 거주자는 방해제거 및 손해배상을 청구할 수 없다. 그리고 이 경우 이웃 토지는 반드시 연접한 토지에 한한다고 볼 것은 아니고 매연 등의 유입으로 인하여 토지사용이나 생활이익의 침해를 받는 범위의 토지는 이에 해당한다고 보아야 할 것이다(97카합613 판결).

그렇다면 이웃 토지의 통상의 용도에 적당한지 여부를 판단하는 기준은 무엇인가? 생활방해의 정도와 기간, 주위 토지의 이용상황 등을 고려한 이익형량을 통하여 사회 통념상 인용할 수 있는지 여부를 판단할 것이다(68다1489 판결). 사회통념상 일반적으로 수인할 정도를 넘어서는지 여부는 피해의 성질 및 정도, 피해이익의 공공성, 가해행위의 태양, 가해행위의 공공성, 가해자의 방지조치 또는 손해 회피의 가능성, 인·허가관계 등 공법상 기준에의 적합 여부, 지역성, 토지이용의 선후관계 등 모든 사정을 종합적으로 고려하여 판단하여야 한다(98다47528 판결 등). 물론 이 경우에는 합리적이고 이성적인 일반인의 감각이 그 기준이 되어야 할 것이다. 다만, 이때 이웃 토지가 방해를 일으키는 토지를 가리키는지, 아니면 방해를 받는 토지를 가리키는지 문제된다. 문언상으로 제217조 제2항의 이웃토지는 피해지를 가리키는 제1항의 이웃 토지와 달리 가해지를 가리키는 것으로 보이지만,[6] 방해받는 토지를 의미한다는 견해,[7] 양 토지의 사정을 모두 고려하여야 한다는 견해[8]가 대립한다. 인접토지 상호 간의 상린관계를 규율함에 있어서는 어

3) 이영준, 물권법, 411면.
4) 곽윤직, 물권법, 180면.
5) 특히 판례는 학생처럼 토지·건물을 일시적으로 이용하는 자는 일조이익을 향유하는 주체가 될 수 없다고 한다. 2008다41499 판결, 2008다23729 판결 참조.
6) 이영준, 물권법, 455면.
7) 이은영, 물권법, 465면.

느 일방만을 기준으로 할 것이 아니라 양자의 조화적 해결을 기할 필요가 있다는 점[9]에서, 양 토지의 사정을 고려하여 장소 통상적인지 여부를 판단함이 합리적일 것이다.

판례 ➡ 피고병원이 시체실에 안치한 시체로부터 발산하는 악취의 확산방지나 제거를 위한 조치, 유족이나 조객들의 곡성이 외곽에 전파되지 않도록 하는 조치, 시체봉구시의 시체의 일반인에의 노출방지 조치 등 적절한 조치를 취하지 않고 계속 사용한다면 원고가 받게 되는 피해와 고통은 사회 관념상 일반적으로 요구되는 수인의 정도를 초과함을 인정할 수 있다(68다1489 판결).

판례 ➡ 도로에서 유입되는 소음 때문에 인근 주택의 거주자에게 사회통념상 수인한도를 넘는 생활이익의 침해가 발생하였다고 하더라도, 그 주택을 건축하여 분양한 분양회사는 도로의 설치·관리자가 아니고 그 주택의 건축으로 인하여 소음이 발생하였다고 볼 수도 없으므로, 주택의 거주자들이 분양회사를 상대로 소음 때문에 발생한 생활이익의 침해를 원인으로 하는 불법행위책임을 물을 수는 없다(2008다9358, 9365 판결).

Ⅲ. 생활방해금지의 효과

1. 적당한 조처의 청구

생활방해금지의 요건이 구비된 경우에 피해자는 수인의무를 부담하지 아니하며(제217조 제2항), 토지 소유자로 하여금 적당한 조처를 취할 것을 청구할 수 있다(제217조 제1항).

이 경우 적당한 조처의 내용에 대해서는 견해가 갈린다. 우선 방지조치란 장래에 향하여 방해를 받지 않도록 하기 위한 장치의 설치(작위), 방해행위의 중단(부작위) 등을 의미한다는 견해[10]가 있으며, 이 경우 조처에는 방해제거청구권과 불법행위에 의한 손해배상청구권은 해당되지만 방해예방청구권은 해당되지 않는다는 견해[11]가 있다. 또한 방해제거청구권과 방해예방청구권 및 손해가 발생하면 손해배상을 청구할 수 있다는 견해[12]가 있으며, 나아가 방해제거청구권과 방해예방청구권은 물론이고 손해가 생긴 때에는 손해배상청구권과 아울러 손실보상을 청구할 수 있다는 견해[13]가 있다.

생각건대 제217조 소정의 '적당한 조처'는 토지사용의 방해 내지 생활방해를 배제하는 데 필요하고도 적절한 모든 조치를 의미한다고 새겨야 할 것이다. 따라서 토지사용의 방해 내지 생활방해에 대한 사전적 예방조치와 아울러 사후적 피해구제조치가 이에 포함된다고 할 것이다. 그러므로 방해예방청구권은 물론이고 방해제거청구권도 이에 포함되는 것으로 보아야 할 것이다.

8) 유원규, 민법주해(5), 307면.
9) 김증한/김학동, 물권법, 270면.
10) 이은영, 물권법, 467면.
11) 곽윤직, 물권법, 181면; 김증한/김학동, 물권법, 267면.
12) 김상용, 물권법, 363면.
13) 이영준, 물권법, 457면.

그리고 물권적 피해구제조치는 물론이고 채권적 피해구제조치도 이에 포함된다고 할 것이다. 따라서 물권적 구제방법으로서 방해배제청구권은 물론이고 채권적 구제방법으로서 불법행위로 인한 손해배상청구권 및 부당이득반환청구권도 행사할 수 있다고 할 것이다. 또한 방해자의 작위를 내용으로 하는 적극적 방해배제조치는 물론이고 방해자의 부작위를 내용으로 하는 소극적 방해배제조치도 이에 포함된다고 할 것이다. 가령, 피해자는 방해자에 대하여 방해행위의 중지는 물론이고 방해시설의 제거라든가 방해가 일어나지 않도록 적절한 수단을 강구할 것을 요구할 수 있다고 할 것이다. 다만, 적당한 조처이므로 기술적으로 가능할 뿐 아니라 가해자측에게 이러한 조처를 취하는 것이 경제적으로 가능하여야 한다.

문제는 이 경우 가해지의 소유자가 기대가능한 방해방지의 조처를 다하였는 데도 방해사태가 계속해서 발생하고 있는 경우에 이웃토지 이용자 및 거주자는 그대로 수인하여야 하는가이다. 적당한 조처가 기대 불가능한 경우에는 본조에 기한 방해의 중지나 금지의 청구는 할 수 없는 것으로 보아야 할 것이다. 즉, 가해자에게 기대가 불가능한 것을 요구할 수 없을 뿐 아니라, 가해자 측의 생존권의 보장을 고려하여야 할 것이기 때문이다. 기대불가능에 대한 입증책임은 가해지의 소유자가 부담한다고 할 것이다. 그러나 이웃 토지 이용자 및 거주자는 이러한 침해를 수인하되, 부당이득반환청구의 한 가지 방법으로 가해자에 대하여 손실보상책임을 물을 수 있다고 새겨야 할 것이다.[14)]

결국 제217조 소정의 적당한 조처에는 물권적 피해구제방법으로서 제214조의 방해배제청구는 물론이고, 채권적 구제방법으로서 제750조라든가 제758조의 불법행위로 인한 손해배상을 청구할 수 있고, 나아가 예방조치도 불가능한 경우에는 부당이득반환청구의 변형이라고 할 수 있는 일정한 조정적 보상청구로서 손실보상청구를 할 수 있다고 하겠다.

2. 불법행위로 인한 손해배상청구와 고의 · 과실

피해자는 생활방해자에 대하여 적당한 조처의 방법으로 방해배제청구와 병행하여 손해가 있으면 불법행위를 이유로 손해배상을 청구할 수 있다. 그런데 불법행위로 인한 손해배상책임이 성립하기 위해서는 그 가해행위가 위법하고 피해자에게 손해가 발생하여야 할 뿐 아니라 가해행위와 손해 사이에 인과관계가 존재하여야 한다(제750조). 이 경우 방해행위의 위법성은 수인한도를 기준으로 판단함이 통설 · 판례(95다15599 판결)이며, 인과관계의 입증에 대하여도 개연성의 증명으로 족하다고 하는 것이 통설 · 판례(72다1774 판결)이다. 문제는 일반 불법행위와 마찬가지로 피해자가 생활방해를 이유로 불법행위에 기한 손해배상을 청구하기 위해서는 가해자의 고의 · 과실을 요한다고 할 것인가이다. 즉, 가해자에게 고의 · 과실이 있어야 생활방해로 인

14) 이영준, 물권법, 457면은 생활방해가 지역 통상적인 범위를 초과한다고 하더라도 그 방지조치가 경제적 · 기술적으로 불가능한 경우에는 인용을 하여야 하되, 특별희생이론에 의해서 보상을 청구할 수 있다고 한다. 그러나 생활방해가 지역에 통상적인 침해에 해당하지 않는 경우에는 원칙적으로 인용의무가 발생하지 않는다는 입장도 있다(김재형, "소유권과 환경보호", 324-325면). 이 경우 인용의무가 발생하지 않는 것으로 보더라도 피해자는 가해지 소유자를 상대로 불법행위로 인한 손해배상을 청구할 수 있지만, 적절한 조처를 취할 것을 청구할 수는 없을 것이다.

한 손해배상을 청구할 수 있느냐이다.

학설은 일반 불법행위와는 달리 환경오염피해의 경우와 마찬가지로 생활방해의 경우에도 고의·과실은 그 요건이 아니라는 견해[15]와 생활방해로 인한 손해배상책임에 있어서도 고의·과실은 요건이며, 다만 그 입증책임이 경감된다는 견해[16]가 있다. 특히 고의·과실은 그 요건이 아니라는 견해는 손해배상책임은 피해자가 인용하여야 할 정도를 넘지 않도록 적당한 조처를 하여야 할 의무에 위반한 데 대한 책임이기 때문에 과실을 인정할 수 있다는 것을 그 근거로 한다.

요컨대 환경이익의 침해와 생활방해는 그 존재의 평면을 같이 하는 영역은 아니라고 할 것이다. 즉, 생활방해가 특정 이웃 토지 이용자 및 거주자 사이의 문제라고 한다면 환경이익의 침해는 불특정 다수인의 또는 지역사회적인 문제라고 할 수 있다. 그러므로 환경이익의 침해로 인한 손해배상책임의 법리(무과실책임의 법리)를 곧바로 생활방해로 인한 손해배상책임에 적용하는 것은 문제가 없지 않다. 생활방해로 인한 손해배상책임을 곧바로 무과실책임으로 이해하는 것은 타당하지 않다.

다만, 환경이익의 침해는 생활방해현상의 대규모화·광역화라고 할 수 있고, 그 점에서 생활방해의 대부분은 환경이익의 침해를 가져온다고 볼 수 있다. 따라서 생활방해가 환경이익의 침해로 인정되는 경우에는 생활방해로 인한 불법행위책임을 무과실책임으로 새길 수 있을 것이다.

제 **3** 절 환경방해

문제는 적극적으로 생활을 방해하는 것이 아니고 소극적으로 햇빛을 차단하거나 전망을 가로막는 행위라든가(일조권 및 조망권의 침해), 이웃 토지에서 사창가를 운영하는 것과 같이 단순히 정신적 고통을 주는 환경방해에 대하여도 제217조의 적용을 인정하여 유지청구의 허용 내지 수인의무를 인정할 것이냐이다. 판례는 이를 긍정한다.[17] 이른바 환경방해의 경우에도 제217조에 의해서 수인한도를 정할 것인가의 문제이다.

학설은 견해가 갈린다. 우선 본조의 적용을 인정하는 입장은, 토지의 생활방해는 소극적·정신적 침해를 포함한다고 할 것[18]이므로, 계속하여 침해할 우려가 있고 또 수인한도를 넘는 한 제214조에 기한 소유물 방해배제청구권으로서의 유지청구보다는 제217조 소정의 '적당한 처분'에서 환경이익의 침해의 중지 및 예방청구의 근거를 찾아야 앞으로 발생할 수 있는 다양한 형태의 침해에 대한 구제가 용이하다는 이유[19]로, 또는 소극적 침해도 소유권침해로 보아야 한다고

---

15) 곽윤직, 물권법, 181면; 고상룡, 물권법, 265면.
16) 이영준, 물권법, 457면.
17) 일조권과 관련하여 2003다64602 판결, 2008다41499 판결 등, 조망권과 관련하여 98다47528 판결, 2000다72213 판결 등, 교육 및 종교적 환경이익의 침해와 관련하여 95다23378 판결, 96다56153 판결 등을 들 수 있다.
18) 이영준, 물권법, 453면.

전제한 다음, 이를 인정하는 이상, 이러한 경우에도 제217조를 적용 또는 적어도 유추적용하여 수인의무를 정하는 것이 바람직하다고 한다.[20]

본조의 적용을 부정하는 입장은, 그러한 경우에는 개인적 법익에 대한 침해로서 불법행위가 성립할 수 있다고 하거나,[21] 이러한 소극적 혹은 정신적인 방법에 의한 환경방해는 본조가 규율하는 생활방해가 아니므로, 이는 일반적인 소유물방해제거청구권에 의하여 해결할 것이라고 한다.[22] 또한 소극적 침해, 즉 정신적 또는 미학적 침해는 일반적으로 물건의 완전한 지배를 내용으로 하는 소유권을 해치는 것이 아니라, 오히려 사람의 인격적 이익을 해친다고 보아야 할 것이므로, 이러한 정신적 침해에 대하여는 보다 엄격한 요건 내지 이익형량을 요구하는 인격권에 기한 방해배제청구만을 원칙적으로 허용할 것이고, 그 침해가 단순히 정신적인 것이 아니고 어떠한 유형적인 모습을 가지게 되는 경우는, 소유권에 기한 방해배제를 허용할 것이라고 한다.[23]

생각건대 제217조 제1항은 토지의 사용을 방해하거나 이웃 거주자의 '생활에 고통'을 주지 아니하도록 적당한 조처를 할 의무를 토지소유자에게 부과하고 있다. 즉 동조는 토지의 사용이익과 아울러 거주자의 생활이익도 규율범위에 포섭하고 있다. 그리고 일조와 조망과 같은 환경이익도 생활이익에 속하는 것으로 볼 수 있다. 이러한 점에서 토지·건물 등 소유권의 침해뿐 아니라 소극적 또는 정신적 환경방해가 있는 경우에도 본조가 적용될 수 있다고 해석할 것이다. 따라서 적극적 침해든 소극적 또는 정신적 침해든 원칙적으로 제217조에 따라 수인한도를 정하여야 할 것이다.

제 4 절 환경침해

Ⅰ. 의 의

대체로 환경은 인간에게 직접·간접으로 영향을 주는 자연 내지 사회적 조건을 의미한다. 환경정책기본법은 '환경'을 자연환경[24]과 생활환경[25]으로 정의한다(동법 제3조 제1호). 그리고 동법에 의하면, '환경오염'은 사업활동 및 그 밖의 사람의 활동에 의하여 발생하는 대기오염, 수질오

19) 윤철홍, "환경이익의 침해와 유지청구권", 법률신문 제2707호(1998. 7. 6), 13면.
20) 김재형, "소유권과 환경보호", 한국민법이론의 발전(Ⅰ), 박영사, 1999, 318-319면. 다만, 정신적·도덕적·미학적 침해는 인격권의 문제로 해결하는 것이 바람직하다고 한다. 하지만, 제217조를 유추적용하여 방지조치의 요건과 한계를 정하여야 한다고 한다.
21) 곽윤직, 물권법, 181면.
22) 김증한/김학동, 물권법, 269, 299면.
23) 양창수, 민법주해(5), 246면.
24) 지하·지표(해양을 포함한다) 및 지상의 모든 생물과 이들을 둘러싸고 있는 비생물적인 것을 포함한 자연의 상태(생태계 및 자연경관을 포함한다)를 말한다.
25) 대기, 물, 토양, 폐기물, 소음·진동, 악취, 일조(日照) 등 사람의 일상생활과 관계되는 환경을 말한다.

염, 토양오염, 해양오염, 방사능오염, 소음·진동, 악취, 일조방해 등으로서 사람의 건강이나 환경에 피해를 주는 상태를 말하고(동조 제4호), '환경훼손'은 야생동식물의 남획(濫獲) 및 그 서식지의 파괴, 생태계질서의 교란, 자연경관의 훼손, 표토(表土)의 유실 등으로 자연환경의 본래적 기능에 중대한 손상을 주는 상태를 말한다(동조 제5호).

그런데 환경책임은 환경오염 또는 환경훼손 등 환경침해 자체에 대한 책임이 아니라 자신의 신체나 소유권의 침해를 이유로 하는 손해배상의 문제에 해당한다. 환경책임은 환경침해를 매개로 하여 불이익을 입은 피해자가 그에 대한 제재를 구하는 구제수단이라고 할 수 있다.[26] 그리고 위에서 본 바와 같이 환경정책기본법은 일조나 조망의 방해를 환경오염에 포함시키고 있으나, 환경침해와 환경방해는 구별해서 파악할 필요가 있다. 환경침해는 대기, 물 등의 매개체를 통해 환경을 오염 또는 훼손시켜 타인의 신체나 재산상의 법익을 간접적으로 침해하는 반면에, 환경방해는 일조나 조망의 방해와 같이 단지 자신의 권리를 행사하는 과정에서 그에 수반하여 타인의 생활환경을 소극적으로 침해하기 때문이다. 그리하여 가령, 일조나 조망방해 등 소극적 환경방해는 인과관계의 증명이 용이하나, 환경오염 또는 환경훼손으로 인한 간접적 환경침해는 인과관계의 증명이 쉽지 않다.[27]

Ⅱ. 환경침해로 인한 피해의 구제방법

환경침해가 발생한 경우에, 사법적으로 구제받는 방법에 관해서는 두 가지를 생각할 수 있다. 즉, 이미 발생한 침해의 결과를 제거하고 장래에 발생할 침해의 방지를 목적으로 하는 유지청구권과 환경침해로 발생한 손해를 전보하기 위한 손해배상청구권을 행사하는 방법이다.

1. 유지청구권

민법은 매연, 열기체, 액체, 음향, 진동 기타 이에 유사한 것으로 이웃 토지의 사용을 방해하거나 이웃 거주자의 생활에 고통을 주지 아니하도록 적당한 조처를 할 의무를 토지소유자에게 부과하고 있다(제217조). 학설은 이 규정을 확대 내지 유추적용하여 환경오염 내지 훼손의 피해자는 그 침해의 중지 또는 예방을 청구할 수 있다고 한다.[28]

그리고 민법은 점유자(제204조)와 소유자(제213조)에게 물권적 청구권을 인정하고 있는데, 판례는 인근의 소음으로 인하여 생활이익이 침해되고 그 침해가 사회통념상의 수인한도를 넘는 경우에는, 건물이나 토지의 점유자나 소유자는 그 점유권 또는 소유권에 기하여 소음피해의 제거나 예방을 위한 유지청구권을 행사할 수 있다고 한다(2004다37904, 37911 판결).

---

26) 김형석, "민사적 환경책임", 서울대 법학 제52권 1호(2011), 208면.
27) 송덕수, 채권법각론, Rn. 295; 김형석, "민사적 환경책임", 210면.
28) 곽윤직, 채권각론, 441면.

판례 ➡ **〈고속도로 소음피해에 대한 유지청구〉** 고속도로로부터 발생하는 소음이 피해주민들 주택을 기준으로 일정 한도를 초과하여 유입되지 않도록 하라는 취지의 유지청구는 소음발생원을 특정하여 일정한 종류의 생활방해를 일정 한도 이상 미치게 하는 것을 금지하는 것으로 청구가 특정되지 않은 것이라고 할 수 없고, 이러한 내용의 판결이 확정될 경우 민사집행법 제261조 제1항에 따라 간접강제의 방법으로 집행을 할 수 있으므로, 이러한 청구가 내용이 특정되지 않거나 강제집행이 불가능하여 부적법하다고 볼 수는 없다. 따라서 건물의 소유자 또는 점유자가 인근의 소음으로 인하여 정온하고 쾌적한 일상생활을 영유할 수 있는 생활이익이 침해되고 그 침해가 사회통념상 수인한도를 넘어서는 경우에 건물의 소유자 또는 점유자는 그 소유권 또는 점유권에 기하여 소음피해의 제거나 예방을 위한 유지청구를 할 수 있다(2004다37904, 37911 판결).

[환경이익의 침해와 유지청구의 근거]

생활방해의 대규모화 내지 광역화라고 할 수 있는 환경이익의 침해가 있는 경우에, 행위자에 대하여 일정한 작위 또는 부작위를 청구(유지청구)할 수 있는 근거를 어디에서 구할 것인지가 문제된다. 학설은 물권적 청구권설, 인격권설, 불법행위설, 환경권설이 주장되고 있다. 물권적 청구권설에 대해서는 환경이익의 침해가 토지사용에 대한 방해가 되기는 하지만 실제에 있어서는 그 거주자의 인격적 이익 내지 환경적 이익에 대한 침해라는 점을 파악하지 못했다는 비판이 있다. 인격권설은 환경이익의 침해의 본질을 인적 생활 자체에 대한 침해, 즉 사람의 생명·신체·건강을 침해하는 데에 있다고 보고 또 인격권을 배타성을 가지는 권리로 이해하면, 환경이익의 침해에 대하여 인격권에 기한 방해제거청구권을 인정할 수 있다는 것이다.[29] 다만, 인격권설에 대해서는 인격권에 기한 유지청구를 인정하는 명문의 규정이 없고, 인격권의 내용 내지 범위가 불명확하다는 비판이 있다.[30] 불법행위설에 의하면 환경이익의 침해에 의하여 불법행위를 구성하는 경우에는 그 효과로서 손해배상뿐 아니라 방해배제까지 청구할 수 있다고 하지만, 불법행위로 인한 손해배상은 금전배상의 원칙을 취하고 있는 점에서 환경이익의 침해로 인한 구제로서 유지청구권을 인정하는 것은 무리가 있다는 비판이 있다. 환경권설에 의하면 종래의 수인한도론이 이익형량론의 입장에 서서 공해로 인한 피해가 있더라도 사회생활상 어느 정도까지는 수인하여야 하고 그 정도를 넘어설 때에만 위법성을 띠게 된다고 주장하는데 대하여, 이는 결과적으로 공해를 일으키는 기업을 보호하는 것이 된다고 비판하면서, 환경권은 배타성을 가지는 절대적 권리이므로 환경오염이라는 피해가 존재하면 곧바로 위법성이 인정되고 가해행위의 태양 등은 고려할 필요가 없다고 한다. 더구나 환경권에 근거하면 현저한 정신적 고통이나 생활상의 불이익을 가져오지 않는 자연환경의 파괴행위에 대하여도 환경권에 기하여 유지청구를 할 수 있다고 한다.[31] 다만, 환경권설에 대해서는 그러한 권리를 인정하는 실정법적 근거가 없고, 또한 기업과 주민 사이의 이익형량을 함이 없이 일방적으로 환경이익의 침해의 위법성을 인정하게 되어 균형있는 사회발전에 대처하지 못하는 결과를 초래할 우려가 있다는 비판이 있다. 판례는 사권으로서의 환경권은 인정될 수 없다고 하면서 물권적 청구권설을 취한다(95다23378 판결. 특히 부산고등법원 95카합5 판결은 환경권을 청구권원으로 인정하고 있다).

다만, 대법원 94마2218 결정은 환경침해를 이유로 하는 유지청구에 있어서 환경권은 그 청구권원이

29) 윤진수, "환경권 침해를 이유로 하는 유지청구의 허용 여부", 대법원판례해설 통권 제23호, 1995년 상반기, 22면.
30) 유원규, 민법주해(5), 310면.
31) 윤진수, "환경권 침해를 이유로 하는 유지청구의 허용 여부", 16면.

될 수 없다고 하였다. 즉, 판례는 고속도로 소음피해에 대한 구제방법으로서, 건물의 소유자 또는 점유자는 도로관리자에 대하여 그 소유권 또는 점유권에 기하여 소음피해의 제거나 예방을 위한 유지청구를 할 수 있고, 또한 피해자는 제758조를 근거로 고속도로의 설치·관리의 하자에 따른 손해배상책임을 물을 수 있다고 판시한 바 있다(2004다37904, 37911 판결).

문제는 환경침해의 본질을 권리의 침해로 볼 것인가에 있다. 권리법력설을 취하는 법률체계에서 권리의 주체나 객체, 내용에 관하여 아무런 규정이 없는 현행법하에서는 환경권설을 취하는 데에는 문제가 없지 않다. 그리고 현행법상 환경이익의 침해가 불법행위가 된다고 하더라도 곧바로 불법행위에 근거하여 이른바 유지청구권을 인정하는 것은 받아들이기 어렵지 않은가 생각된다. 이와 같이 볼 때 현행법하에서 환경이익의 침해는 이론구성상의 문제가 없지는 않지만 물권적 청구권설(인격권설도 물권적 청구권을 유추적용하는 점에서 물권적 청구권설에 귀착한다고 하겠다)에 의함이 적절하다. 대법원은 천성산 터널공사중지가처분사건에서 토지소유자는 환경영향평가의 실시나 환경이익의 침해를 예방할 수 있는 적절한 조치를 행한 후 사업을 시행할 것을 사법상의 권리로 청구할 수 있다고 판시한 바 있다(2004마1148, 1149 결정).

2. 손해배상의 청구권

환경침해로 발생한 손해를 전보하는 방법으로 불법행위로 인한 손해배상청구권이 인정될 수 있음은 물론이다. 즉, 가해자의 환경오염 내지 훼손행위는 위법행위로서 불법행위를 구성할 수 있고, 그로 인한 법익의 침해로 손해가 발생한 경우에는 피해자는 그 손해에 대하여 손해배상을 청구할 수 있다. 특히 환경정책기본법은 환경오염(동법 제3조 4호) 또는 환경훼손(제3조 5호)의 경우에 원인자로 하여금 그 피해를 배상하도록 하면서 무과실책임을 인정하고 있다(동법 제44조 제1항). 다만, 이 경우 무과실책임은 제한된 사업자에게만 적용된다.

판례➡ 토지의 소유자라 하더라도 토양오염물질을 토양에 누출·유출하거나 투기·방치함으로써 토양오염을 유발하였음에도 오염토양을 정화하지 않은 상태에서 그 오염토양이 포함된 토지를 거래에 제공함으로써 유통되게 하거나, 토지에 폐기물을 불법으로 매립하였음에도 이를 처리하지 않은 상태에서 그 해당 토지를 거래에 제공하는 등으로 유통되게 하였다면, 다른 특별한 사정이 없는 한 이는 거래의 상대방 및 위 토지를 전전취득한 현재의 토지소유자에 대한 위법행위로서 불법행위가 성립할 수 있다고 봄이 타당하다. 그리고 위 토지를 매수한 현재의 토지소유자가 오염토양 또는 폐기물이 매립되어 있는 지하까지 그 토지를 개발·사용하게 된 경우 등과 같이 자신의 토지소유권을 완전하게 행사하기 위하여 오염토양 정화비용이나 폐기물 처리비용을 지출하였거나 지출해야만 하는 상황에 이르렀다거나 구 토양환경보전법에 의하여 관할 행정관청으로부터 조치명령 등을 받음에 따라 마찬가지의 상황에 이르렀다면 위 위법행위로 인하여 오염토양 정화비용 또는 폐기물 처리비용의 지출이라는 손해의 결과가 현실적으로 발생하였다고 할 것이므로, 토양오염을 유발하거나 폐기물을 매립한 종전 토지소유자는 그 오염토양 정화비용 또는 폐기물 처리비용 상당의 손해에 대하여 불법행위자로서 손해배상책임을 진다(2009다66549 전원합의체 판결).

Ⅲ. 환경침해로 인한 손해배상책임의 요건

1. 과실의 입증

일반적 불법행위의 법리에 의하면, 환경오염 내지 환경훼손으로 손해가 발생한 경우에 피해자가 손해배상청구권을 행사하기 위해서는 가해자의 과실을 입증하여야 한다. 그러나 환경오염 내지 환경훼손의 특성상 피해자가 가해자의 과실을 입증하는 것이 쉽지 않다. 환경침해로 인한 손해는 오염원의 배출 후 상당기간이 지나야 발생하는 것이 보통인 점에서, 그 동안에 과실의 입증자료가 대부분 소실될 염려가 있다. 또한 환경침해에 있어서 가해자는 대부분이 기업인 데, 과실을 증명할 수 있는 자료를 가해자인 기업이 가지고 있음으로 해서 피해자의 접근이 어렵다.

이와 같은 가해자의 과실의 입증곤란을 해결하기 위하여, 환경정책기본법은 환경오염으로 인한 손해의 책임을 무과실책임으로 규정하고 있다(동법 제44조 제1항). 문제는 환경정책기본법이 적용되지 않는 나머지 경우에도 무과실책임을 인정할 것인가에 있다. 환경정책기본법은 민법에 대한 특별법이라는 점에서 무과실책임의 법리를 확대적용하는 것은 문제가 없지 않다. 따라서 환경정책기본법을 적용할 수 없는 환경오염 내지 환경훼손으로 원인으로 하여 손해배상책임을 묻기 위해서는 피해자가 가해자의 과실을 입증하여야 할 것이다.

판례 ➡ 환경정책기본법 제44조 제1항의 규정은 손해의 책임과 발생에 관한 입증책임을 환경오염을 발생시키는 사업자에게 지우는 것으로서 민법 제750조에 대한 특별규정이라고 보아야 하므로 환경오염으로 인한 손해배상사건에 관하여는 그 피해자가 위 법률의 적용을 구하는 주장을 하였는지 여부를 가리지 아니하고 민법상의 손해배상 규정에 우선하여 적용하여야 한다(2002가단23361 판결).

2. 위법성 요건

환경오염 내지 환경훼손이 기업 등의 활동에 필연적으로 동반되는 것일 경우에는 환경오염 내지 환경훼손이 있다고 하여 모두 위법한 것으로 볼 수는 없다. 따라서 환경오염 내지 환경훼손이 위법한 것이 되기 위해서는 사회통념상 참을 수 있는 피해인지 여부에 관한 기준으로서 '수인한도'를 넘는 것이어야 한다(2008다57975 판결 등).

문제는 수인한도를 정하는 판단요소이다. 판례에 의하면, 수인한도 기준을 결정할 때는 일반적으로 침해되는 권리나 이익의 성질과 침해 정도 뿐만 아니라 침해행위가 갖는 공공성의 내용과 정도, 지역환경의 특수성, 공법적인 규제에 의하여 확보하려는 환경기준, 침해를 방지 또는 경감시키거나 손해를 회피할 방안의 유무 및 난이 정도 등 여러 사정을 종합적으로 고려하여 구체적 사건에 따라 개별적으로 결정하여야 한다(2009다84608, 84615, 84622, 84639 판결 등).

물론 사람의 사망과 같은 인적 손해가 발생한 경우에는 환경오염이 수인한도를 넘는 것으로 인정될 가능성이 크다. 생명이나 신체를 위협하는 환경오염 내지 환경훼손을 피해자로 하여금 참으라고 하는 것은 가혹하기 때문이다.

판례 ➡ 사회통념상 참을 수 있는 피해인지 여부에 관한 기준(수인한도의 기준)을 결정함에 있어서는 일반적으로 침해되는 권리나 이익의 성질과 침해의 정도뿐만 아니라 침해행위가 갖는 공공성의 내용과 정도, 그 지역환경의 특수성, 공법적인 규제에 의하여 확보하려는 환경기준, 침해를 방지 또는 경감시키거나 손해를 회피할 방안의 유무 및 그 난이 정도 등 여러 사정을 종합적으로 고려하여 구체적 사건에 따라 개별적으로 결정하여야 한다(2008다57975 판결).

3. 인과관계

(1) 인과관계의 입증

일반적으로 손해배상책임의 요건으로서의 인과관계는 사실적 인과관계를 의미한다. 그러나 환경오염 내지 환경훼손으로 인한 환경침해사고라든가 의료사고 또는 제조물사고의 경우에는 사실적 인과관계를 증명하기 곤란하고, 따라서 그러한 경우의 인과관계는 개연성 판단 등에 의하여 인정되는 상당인과관계로 파악할 수밖에 없다고 할 것이다.[32] 여기에서 환경침해로 인한 손해배상책임의 요건으로서 인과관계의 입증방법으로는 개연성설과 간접반증이론이 주장된다.

개연성설은 피해자가 인과관계의 존재를 과학적으로 엄격하게 입증할 필요는 없고, 침해행위와 손해 사이에 인과관계가 존재할 개연성만 입증하면 인과관계가 입증된 것으로 다룬다. 이 경우 가해자는 반증에 의하여 인과관계의 부존재를 증명하여야 면책된다는 입장이다.

간접반증[33]이론(신개연성설)은 인과관계의 입증을 위한 사실관계를 **피해발생의 원인물질 → 가해자의 원인물질의 배출 → 원인물질의 도달**의 3가지 주요사실로 나누어, 피해자가 간접사실에 의해 이 중에서 두 가지만 입증하면 인과관계가 입증된 것으로 보고, 가해자가 다른 간접사실을 증명하여 인과관계를 단절하지 않는 한 인과관계를 인정할 수 있다는 입장이다. 판례는 처음에는 개연성설을 취하다가(72다1774 판결) 간접반증이론을 채택하고 있다(2003다2123 판결 등).

판례 ➡ 공해로 인한 불법행위에 있어서의 인과관계에 관하여 당해행위가 없었더라면 결과가 발생하지 아니하였으리라는 정도의 개연성, 즉 침해행위와 손해와의 사이에 인과관계가 존재하는 상당 정도의 가능성이 있다는 입증을 함으로써 족하다(72다1774 판결).

판례 ➡ 일반적으로 불법행위로 인한 손해배상청구사건에 있어서 가해행위와 손해발생 간의 인과관계의 입증책임은 청구자인 피해자가 부담하나, 대기오염이나 수질오염에 의한 공해로 인한 손해배상을 청구하는 소송에 있어서는 기업이 배출한 원인물질이 대기나 물을 매체로 하여 간접적으로 손해를 끼치는 수가 많고 공해문제에 관하여는 현재의 과학수준으로도 해명할 수 없는 분야가 있기 때문에 가해행위와 손해의 발생 사이의 인과관계를 구성하는 하나 하나의 고리를 자연과학적으로 증명한다는 것이 매우 곤란하거나 불가능한 경우가 많으므로, 이러한 공해소송에 있어서 피해자에게 사실적인 인과관계의 존재에 관하여 과학적으로 엄밀한 증명을 요구한다는 것은 공해로 인한 사법적 구

---

32) 이은영, 채권각론, 776면.

33) 본증의 대상이 되는 주요사실을 직접 공격하지 않고, 그와 별개의 간접사실을 증명하여 본증의 대상이 된 사실의 부존재를 추인시키는 것을 가리킨다.

제를 사실상 거부하는 결과가 될 우려가 있는 반면에, 가해기업은 기술적 · 경제적으로 피해자보다 훨씬 원인조사가 용이한 경우가 많을 뿐만 아니라, 그 원인을 은폐할 염려가 있기 때문에, 가해기업이 어떠한 유해한 원인물질을 배출하고 그것이 피해물건에 도달하여 손해가 발생하였다면 가해자측에서 그것이 무해하다는 것을 입증하지 못하는 한 책임을 면할 수 없다고 보는 것이 사회형평의 관념에 적합하다(89다카1275 판결, 2003다2123 판결, 2009다42666 판결, 2013다10383 판결).

(2) 인과관계의 경합

다수의 환경오염 내지 환경훼손행위가 경합하여 손해를 발생시킨 경우에, 피해자가 각각의 가해행위와 손해 사이의 인과관계를 입증하는 것이 쉽지 않게 된다. 이러한 경우에는 민법상 가해자불명의 공동불법행위로서 복수의 가해자에게 연대책임을 부담시킬 수 있을 것이다. 환경정책기본법도 환경오염 또는 환경훼손의 원인자가 둘 이상이 경우에 어느 원인자에 의하여 피해가 발생한 것인지를 알 수 없을 때에는 각 원인자는 연대하여 배상하여야 한다고 규정하고 있다(동법 제44조 제2항).

판례 ➡ 공해사건에서 피해자의 손해가 한파, 낙뢰와 같은 자연력과 가해자의 과실행위가 경합되어 발생된 경우 가해자의 배상의 범위는 손해의 공평한 부담이라는 견지에서 손해에 대한 자연력의 기여분을 제한 부분으로 제한하여야 한다(89다카1275 판결).

주요 참고문헌

[통합책 및 주석집]
김형배/김구완/김명숙, 민법학강의[제15판], 신조사, 2016
송덕수, 신민법강의[제4판], 박영사, 2014
양형우, 민법의 세계[제8판], 진원사, 2015
지원림, 민법강의[제14판], 홍문사, 2016
곽윤직 집필대표, 민법주해, 박영사, Ⅳ(1993), Ⅴ(1993), Ⅷ(1995), Ⅸ(1995), ⅩⅣ(1997), ⅩⅧ(2005)

[민법총칙]
고상룡, 민법총칙[제3판], 법문사, 2003
곽윤직, 민법총칙[수정판], 박영사, 1998
김증한/김학동, 민법총칙[제9판], 1995
이영준, 한국민법론(총칙편), 박영사, 2003
홍성재, 민법총칙[제6판], 대영문화사, 2016

[물권법]
고상룡, 물권법, 법문사, 2001
고상룡, 민법학특강, 법문사, 1995
곽윤직/김재형, 물권법[제8판], 박영사, 2014
김상용, 물권법[전정증보판], 법문사, 2003
백경일, 물권법[제2판], 고래시대, 2016
송덕수, 물권법, 박영사, 2012
윤철홍, 물권법강의, 법원사, 2009
양창수/권영준, 권리의 변동과 구제, 박영사, 2011
양창수, 권리의 보전과 담보, 박영사, 2010.
이상태, 물권법[9정판], 법원사, 2015
이영준, 물권법[전정신판], 박영사, 2010.
이은영, 물권법[제4판], 박영사, 2006.
홍성재, 물권법[신정판], 동방문화사, 2014
황적인, 현대민법론Ⅱ(물권)[전정판], 박영사, 1988

[채권총론]
곽윤직, 채권총론 [제6판], 박영사, 2004
김대정, 채권총론, 도서출판 fides, 2006
김상용, 채권총론[개정판증보], 법문사, 2003
김용한, 채권총론, 박영사, 1983
김주수, 채권총론, 삼영사, 1988
김준호, 채권법[제6판], 법문사, 2015
김증한, 채권총론, 박영사, 1988
김증한/김학동, 채권총론[제6판], 박영사, 1998
김현태, 신채권법총론, 일조각, 1982
김형배, 채권총론[제2판], 박영사, 1998
송덕수, 채권법총론, 박영사, 2013
이은영, 채권총론[제4판], 박영사, 2009
이태제, 채권총론[개정판], 진명문화사, 1982
현승종, 채권총론, 일신사, 1975

[채권각론]
곽윤직, 채권각론[신정판], 박영사, 1995
김기선, 한국채권법각론[제3전정판], 법문사, 1988
김대정, 계약법(상), 도서출판 fides, 2007
김상용, 채권각론[개정판], 법문사, 2003
김주수, 채권각론, 삼영사, 1992
김준호, 채권법[제6판], 법문사, 2015
김증한, 채권각론, 박영사, 1988
김증한/김학동, 채권각론[제7판], 2006
김형배, 채권각론(계약법)[신정판], 박영사, 2001
김형배, 사무관리 · 부당이득, 박영사, 2003
송덕수, 채권법각론, 박영사, 2014
양창수/김재형, 계약법, 박영사, 2011
이은영, 채권각론[제5판], 박영사, 2007
이태제, 채권각론[개정판], 진명문화사, 1985
황적인, 현대민법론Ⅳ(채권각론)[증보판], 박영사, 1987

찾아보기

[저자약력]

대전고등학교 졸업
성균관대학교 법과대학 졸업
성균관대학교 대학원 법학과 수료(법학석사, 박사)
충청남도 행정심판위원회 및 소청심사위원회 위원
충청남도교육청 행정심판위원회 및 소청심사위원회 위원
대전광역시교육청 소청심사위원회 위원
사법시험 및 군법무관임용 시험위원
국회입법고등고시 시험위원
변호사시험 시험위원
법무부 민법개정위원회 위원
공주대학교 인문사회과학대학 학장 및 경영행정대학원장
현, 공주대학교 법학과 교수

〈저 서〉

민법총칙[제6판](대영문화사, 2016)
물권법[신정판](동방문화사, 2014)
주석 민법[물권 I](공저, 한국사법행정학회, 2011)
민법총칙기본판례평석 100선(공저, 현암사, 1998)
민법판례해설 Ⅰ, Ⅱ, Ⅲ(공저, 경세원, 1990-1995)
부동산물권변동론(법문사, 1992)

민사피해구제법

펴낸날 제1판 제1쇄 2017년 1월 2일
지은이 홍성재
펴낸이 임춘환
펴낸곳 도서출판 대영문화사
주소 서울특별시 용산구 청파로 61길 5(청파동 1가) 제일빌딩 2층
등록 1975년 12월 26일 제3-16호
전화 (02)716-3883, (02)714-3062
팩스 (02)703-3839
홈페이지 http://www.dymbook.co.kr

ISBN 978-89-7644-577-3
값 29,000원